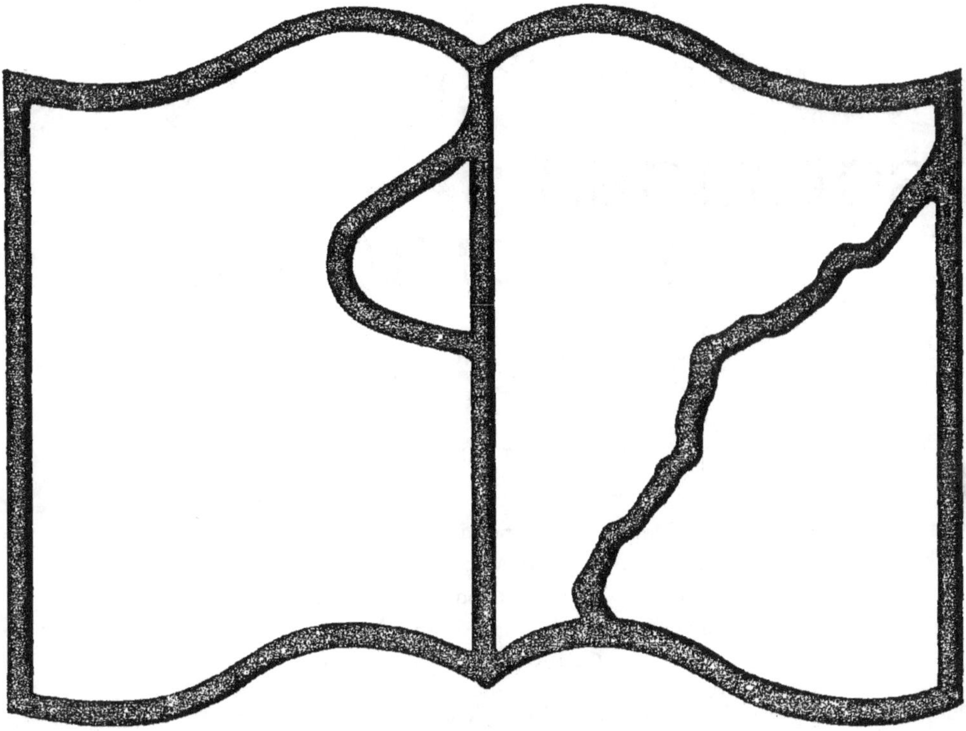

Texte détérioré — reliure défectueuse

NF Z 43-120-11

Albert L. CAILLET I. C.

✝✝✝✝✝✝✝✝✝

MANUEL BIBLIOGRAPHIQUE
des
SCIENCES
PSYCHIQUES
ou
OCCULTES

✝✝✝✝✝✝✝✝✝✝✝✝

Sciences des Mages. — Hermétique. — Astrologie
Kabbale. — Franc-Maçonnerie
Médecine ancienne. — Mesmérisme. — Sorcellerie
Singularités. — Aberrations de tout ordre
Curiosités

Sources Bibliographiques et Documentaires sur ces sujets
Etc.

TOME I — A.-D.

« *Quærite et Invenietis...* »
Matth. VII, 7.

PARIS
LUCIEN DORBON, libraire
6, Rue de Seine, 6
1913

MANUEL BIBLIOGRAPHIQUE
des
SCIENCES PSYCHIQUES
ou
OCCULTES
✦✦✦✦✦✦

Albert L. CAILLET I. C.

✝✝✝✝✝✝✝✝✝

MANUEL BIBLIOGRAPHIQUE
des
SCIENCES
PSYCHIQUES
ou
OCCULTES

✝✝✝✝✝✝✝✝✝✝✝✝

Sciences des Mages. — Hermétique. — Astrologie
Kabbale. — Franc-Maçonnerie
Médecine ancienne. — Mesmérisme. — Sorcellerie
Singularités. — Aberrations de tout ordre
Curiosités

Sources Bibliographiques et Documentaires sur ces sujets
Etc.

TOME I — A.-D.

« *Quærite et Invenietis...* »
Matth. VII, 7.

❀❀❀❀❀❀❀❀❀❀❀❀

PARIS
LUCIEN DORBON, libraire
6, Rue de Seine, 6
1912

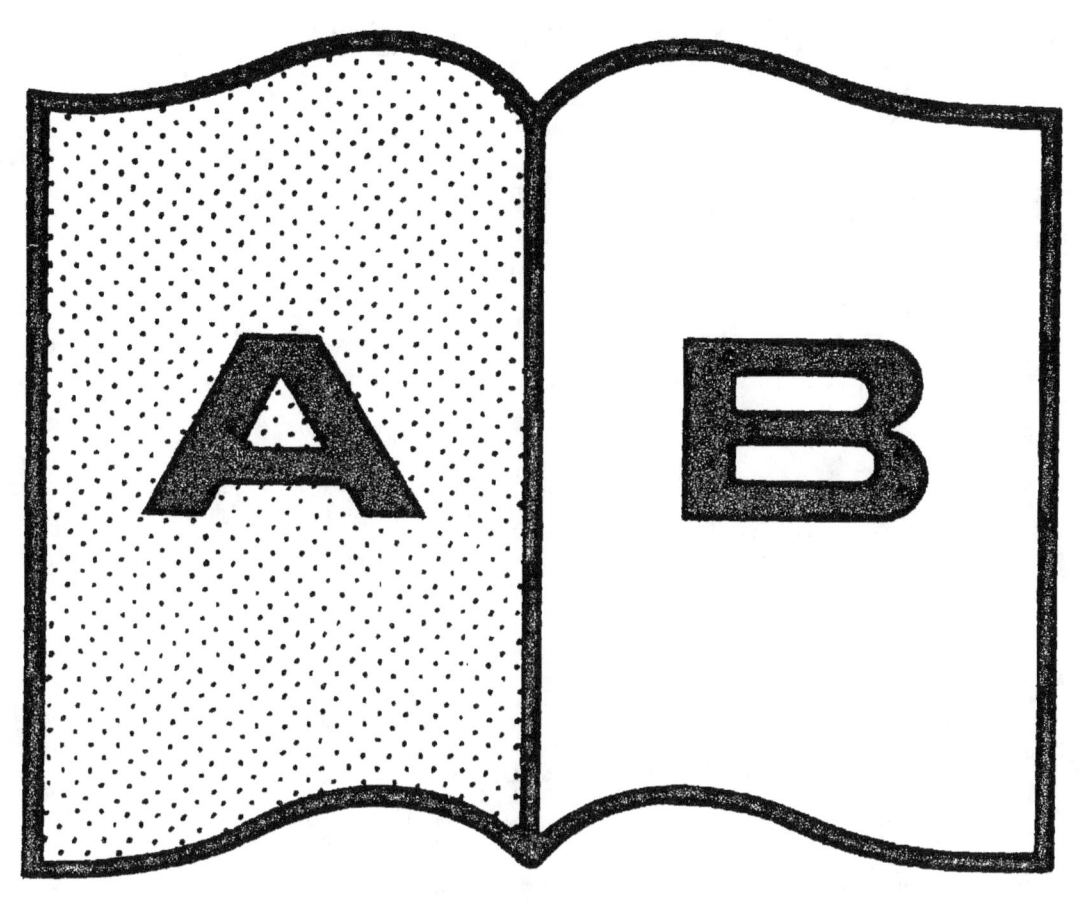

Contraste insuffisant

NF Z 43-120-14

AVANT-PROPOS

Avant d'entrer en matière, il ne sera peut-être pas superflu d'établir notre sujet par une définition précise.

Les SCIENCES PSYCHIQUES sont les *Sciences de la Vie*, c'est à dire celles qui étudient la conversion, ou INVOLUTION, de l'Esprit en Pensée, en Force, puis en Matière, et inversement, le retour, ou ÉVOLUTION, de la Matière en Force, en Pensée, puis en Esprit.

De là vient que l'on peut commodément les diviser en trois sections :

I — L'ESPRIT pur, et sa première manifestation, la Vie.

II — La MATIÈRE pure.

III — Le MÉLANGE, pour ainsi dire, d'Esprit et de Matière.

Ce sont là les *Trois Mondes* des Théosophes et des anciens Mages : Monde DIVIN ; MATÉRIEL, ou NATUREL, et HUMAIN. Ou encore dans leur langage archaïque : l'ARCHÉTYPE, le MACROCOSME, et le MICROCOSME.

Ces Sciences, dans les premiers âges, ont constitué la MAGIE, ou l'ART ROYAL et étaient l'apanage de quelques rares Initiés. On les a nommées aussi « SCIENCES OCCULTES » sans doute parceque leurs principes fondamentaux, l'Esprit et la *Force*, sont à tout jamais inconnaissables au cerveau des Hommes, et par conséquent, « *Occultes* ».

Mais la Magie a été détournée — et combien ! — de son rôle primitif ; et les « *Sciences Occultes* » ont été brandies comme un épouvantail devant la Religion, à propos des Miracles et de la Sorcellerie, branches assez infimes, on pourrait presque dire négligeables, de la grande Science Unique.

Nous avons donc pensé que le titre de « SCIENCES PSYCHIQUES » était celui des noms un peu connus le moins mal adapté à cette Synthèse des Connaissances Humaines, le plus haut point limite que puisse jamais espérer atteindre l'Esprit Humain, science autrefois justement qualifiée du nom de MAGIE ; la racine Hébraïque MA signifiant, d'après FABRE d'OLIVET « *tout ce qui sert d'Instrument à la Puissance Génératrice, et la manifeste à l'extérieur* » (Grammaire Hébraïque, 1-75) ou encore si l'on préfère, la racine celtique MAG caractérisant la pensée : « *grand, chef, ou supérieur* » (COURT de GÉBELIN, *Monde primitif*, V-670).

Le Savant Bibliothécaire de l'Arsenal, P. CHRISTIAN, de son nom véritable Christian PITOIS, donne dans le Préambule de son « *Histoire de la Magie* » les plus amples confirmations de ces étymologies, comme aussi de la grandeur passée de cette Science des Sciences.

PRÉFACE

Ce Manuel Bibliographique est la réunion de plusieurs bibliographies partielles et de catalogues, célèbres mais peu communs, fondus en un seul corps aussi homogène que possible.

On y trouve tous les Ouvrages imprimés cités dans les trois grands Catalogues de Stanislas de GUAITA, du comte Alexis OUVAROFF, de l'abbé Pierre Jacques SEPHER (*Sciences Psychiques* seules, naturellement), plus tous les ouvrages cités par A. DUREAU dans ses « *Notes bibliographiques sur le Magnétisme Animal* », et la plupart de ceux donnés par YVE-PLESSIS dans sa « *Bibliographie de la Sorcellerie* » ; le tout in extenso avec les Notices originales des divers Rédacteurs, soigneusement revues, corrigées et complétées, quand il y avait lieu.

En outre, plusieurs centaines de Fascicules, soit de Ventes publiques (du *Rite Écossais Philosophique* (1863) et du Docteur BOURNEVILLE (1910) entre autres), soit de Libraires spécialistes, comme MM. DORBON, VIGOT frères, Lucien BODIN, DUJOLS et THOMAS, (1) CHACORNAC, NOURRY, et, parmi les étrangers, ROSENTHAL, de Münich, ont été soigneusement collationnés pour tout ce qui concernait le sujet.

Le tout a été mis à jour jusqu'en 1910-1912.

Incidemment, on a aussi mis à contribution ce qui a paru de la « *Bibliographie*

---

(1) Monsieur Dujols — successeur actuel de MM. Dujols et Thomas qui m'avaient fort gracieusement accordé jadis la permission de reproduire les notices de leurs premiers catalogues, — m'a manifesté tout récemment le désir d'être spécialement mentionné comme étant le rédacteur d'un certain nombre des notices les plus développées que je reproduis plus loin et qui sont sans autre signature. Afin de ne pas multiplier indéfiniment les références, et comme M. Dujols ne m'avait pas exprimé ce désir aussi péremptoirement tout d'abord, je n'avais signé de son nom (et de celui de son associé), que quelques unes de ces notices (N°⁹ 249, 5272, etc.).

Dès que sa réclamation m'est parvenue, en cours d'impression, j'ai aussitôt multiplié ces indications, principalement dans le Tome III, qui était alors encore sous presse.

Mais il reste bien entendu que je n'entends nullement me donner personnellement comme le rédacteur de la totalité des quelques 10 à 12.000 notices du présent recueil.

Je n'ai pas voulu, non plus, les démarquer en les citant, ce qui eût été si facile, et ce, afin de permettre au lecteur éclairé de pouvoir rendre sans aucune difficulté, à chacun ce qui lui est dû.

Cette Note était prête pour l'impression quand M. Dujols a cru devoir se livrer contre moi et mon ouvrage à des allusions qui, pour un autre, eussent pû être blessantes (voir la couverture intérieure de son Catalogue N° 2, Juin 1912). Nous avons, dès lors, rompu tout rapport avec lui.

Générale des Sciences Occultes » de M. Bosc, la « *Bibliographie des Sciences Religieuses* », de M. Edmond Peneau, et une foule de documents moins étendus, ou un peu vieillis, comme le Catalogue des Auteurs Hermétiques du Tome III de l' « *Histoire de la Philosophie Hermétique* » de Lenglet-Dufresnoy, les *Dictionnaires* de l'abbé Migne, etc.

Dans ce travail d'assimilation, on a pu vérifier sur le vif combien l'ordre alphabétique était préférable à l'ordre par sujets traités, au point de vue de la rapidité des recherches : on l'a donc adopté.

Néanmoins, nous donnons aussi, comme une sorte de Table des Matières, une Classification numérique de presque tous les Ouvrages décrits, laquelle Table est ensuite résumée en un seul Tableau Synoptique, servant d'index Général.

On pense avoir ainsi combiné la rapidité de recherches de l'ordre Alphabétique et le secours documentaire de l'ordre par sujets traités.

On a omis presque partout les mentions : « *Rare* », « *Très rare* », « *Introuvable* », etc., qui sont assez vagues, les neuf dixièmes des livres anciens cités étant de cette classe. Il a semblé plus intéressant pour le Travailleur de donner, quand cela est possible, une notion du Prix auquel se vend le plus généralement l'Ouvrage en question.

Ce Prix indiqué à chaque N° ou à peu près, a toutefois une allure assez souvent étrange, dépendant de la fantaisie antagoniste de l'Amateur et du Vendeur. On en a cependant exclu les variantes extrêmes, que rien ne justifie — sinon l'ignorance, ou les circonstances fortuites — et on s'est efforcé d'indiquer une valeur normale et équitable.

C'est une simple indication, un jalon, et rien de plus.

Depuis 1850 jusqu'à nos jours le prix ne se trouve guère mentionné que dans les cas *exceptionnels* (ouvrages très recherchés, ornés de planches, etc.) : on peut suppléer assez exactement à cette omission volontaire en remarquant qu'un volume in-12 (in-16 ou in-18) de cette classe vaut à peu près 3 fr. 50 neuf et la moitié d'occasion, ou s'il est in-8°, 5 à 6 fr. neuf, avec dépréciation de moitié toujours s'il est d'occasion.

Dans la mesure du possible, on s'est attaché à donner pour le plus grand nombre des ouvrages leur *Cote à la Bibliothèque Nationale*, et les mentions dont ils font l'objet dans les divers Catalogues, Bibliographies, Dictionnaires, etc. afin de faciliter les vérifications de toute nature.

La plupart des Auteurs le moins du monde connus, font le sujet de quelques notes Biographiques succinctes, définissant brièvement leur personnalité.

Enfin on a donné un grand nombre de Renvois, tant aux Sources originales extérieures qu'aux divers passages du Manuel même ayant trait au même sujet ou à un sujet très analogue, afin de faciliter d'autant la besogne des travailleurs.

Règles de Classement adoptées

Il ne sera pas inutile, pour éviter des pertes de temps, de rappeler brièvement les Règles que nous nous sommes efforcé de suivre dans le classement alphabétique, bien que ce procédé semble échapper à toute équivoque, et ne demander aucune explication.

Chaque compilateur suit des errements qui lui sont propres, à ce sujet, et certains, comme Larousse, par exemple, paraissent s'abandonner à l'inspiration du moment, et suivre tantôt une règle, tantôt une autre. De sorte que l'art de savoir chercher un renseignement est loin d'être aussi vain qu'il apparaît au premier abord.

Bien plus, il nous a été démontré à l'essai qu'il est pour ainsi dire impraticable de s'en tenir à des règles rigides, sans admettre d'exceptions : on tomberait dans des anomalies choquantes.

Mais il n'en est pas moins vrai que l'on peut formuler un code de règles intéressant, quitte ensuite à admettre des exceptions, bien prévues d'avance.

Voici l'ensemble du système que nous avons suivi :

Les Auteurs sont classés, d'abord suivant l'ordre alphabétique de leurs *noms de famille ou patronymiques* et secondairement par celui de leurs prénoms, initiales ou qualités, quand ces renseignements sont connus.

On a choisi comme nom de famille (en cas de doute) celui de leurs noms véritables sous lequel ils sont le plus généralement connus, ou le premier quand il y en a deux.

Exemple : Deslandes (Boureau). — Voyez : Boureau-Deslandes.

On fait abstraction, dans le classement, de la particule « de », dans les noms comportant seulement un ou plusieurs noms de baptême avant cette particule.

Exemple : Stanislas de Guaita. Voy.: Guaita (Stanislas de).

Mais pour ceux qui comportent un autre nom de famille avant la particule, on les a classés *autant que possible à ce premier nom de famille.*

Ex. : de Puysegur (Chastenet). Voy. : Chastenet de Puysegur.

Cependant la particule n'est retranchée dans le classement que sous ses formes simples : De, d', ou, en allemand : Von.

Sous ses autres formes étrangères : Van (Hollandais) ; Da (Portugais) ; Mac ou O' (Irlandais et Ecossais) elle est considérée comme formant *un seul mot* avec celui qui la suit immédiatement.

Il en est de même des formes composées françaises, Du et Des, qui sont aussi supposées faire partie intégrante du mot qui les suit : cela a son importance, car le classement alphabétique se faisant théoriquement mot par mot, sans cette convention on risquerait de classer Du Potet, par exemple tantôt à Du tout court, et tantôt à Dupotet.

Les noms commençant par Le, La, Les, sont également considérés comme ne formant qu'un mot avec ce qui les suit immédiatement.

Ex. : de la Villirouet. Voy. : Lavillirouet (de).

Les Auteurs dont le pseudonyme est dévoilé avec un degré de certitude suffisant sont presque toujours classés à leur nom véritable : mais qui voudrait classer Voltaire à Arouet, Fénelon à Salignac, ou Albert le Grand à Bollstædt ? Il y aura donc des exceptions.

Les autres auteurs pseudonymes non connus restent classés à leur pseudonyme, comme aussi ceux dont le pseudonyme est par trop diversement interprété.

Les *Initialismes* et les *Termes vagues*, (comme par exemple : « *Un Initié* », « *Un ancien Chanoine* », etc.). sont classés à la Lettre ou au mot strictement initial de l'Initialisme ou du Terme vague, sans suppression d'article ou de la lettre M. (pour *Monsieur*).

Le classement des ouvrages complètement anonymes est le plus pénible. Nous avons renoncé à trouver « *le mot le plus saillant* » du titre parceque il y a généralement désaccord complet sur ce point, et nous avons pris en général pour mot d'ordre *le premier mot* qui ne soit ni un article, ni une préposition, ni un pronom: enfin le premier substantif ou adjectif ou analogue qui se trouve sur le titre.

Ex. De Tribus Impostoribus, Voy. : Tribus Impostoribus (De) et non pas « Impostores » qui me paraîtrait cependant assez le mot le plus saillant du titre.

Quand le premier mot ne suffit pas à déterminer le classement, on prend secondairement celui qui suit ; s'il ne suffit pas non plus on prend le troisième, etc ; *Mot par Mot*, et non pas *Lettre par Lettre* comme on le fait quelquefois.

Ainsi dans le classement des noms patronymiques débutant par « Saint » nous donnons d'abord *tous* les Saint-N··· sans y intercaler les noms comme Saintier, par exemple.

Dans ce classement secondaire on ne supprime aucun mot, ni particule, ni article.

Les *Noms latins* sont en général énoncés au *Nominatif* — à moins que ce cas ne soit indécis, et non énoncé dans le titre.

Les auteurs sont classés, de préférence, à leur nom dans leur propre langue, à moins que cela n'entraîne à de grandes complications, comme les noms *Arabes*, par exemple. Mais à part cela, nous avons classé le Chancelier Thomas More à ce nom, et non pas à Morus, et John of Holywood à ce nom plutôt qu'à « de Sacro Bosco » qui en est la traduction latine.

Cette règle est toutefois une des plus indécises : faut-il classer Melanchton à Schwarzerde ? Nous ne l'avons pas fait, afin d'éviter une surabondance par trop grande de renvois.

Les Saints canonisés sont classés à leur nom de *Saint*, abstraction faite de ce qualificatif : les familles dont le nom débute par « *Saint* » sont, comme nous l'avons dit, classées à ce mot, compté comme distinct de ce qui le suit.

Les Revues, Journaux, etc., sont en principe classés comme anonymes. Toutefois, quand leur Directeur est un personnage marquant dans les *Sciences Psychiques*, c'est à son nom que se trouve la description détaillée de l'ouvrage, et au nom même de la publication, il n'y a qu'un renvoi.

Les ouvrages collectifs sont presque toujours classés au *Premier* nom d'auteur du titre.

Les diphtongues ä, ö, ü, sont en général classées comme deux lettres séparées: oe, ae, ue. D'autres fois on a négligé l' « e ».

Pour le classement des ouvrages d'un même auteur, on a adopté la règle générale du classement des anonymes, mais avec ces importantes restrictions que :

1° : — Les « Œuvres » ou « Œuvres complètes » sont toujours présentées les premières.

2º : — Les ouvrages qui se complètent mutuellement, les traductions diverses d'un même ouvrage sont, autant qu'il se peut, groupés ensemble.

3º : — On a rapproché les diverses éditions ou les traductions d'un même ouvrage, même publiées sous des titres différents.

Enfin, par une extension de l'Ordre Alphabétique, on a classé les CATALOGUES d'amateurs ou de bibliothèques *au nom de ces amateurs ou de ces bibliothèques*.

On a aussi groupé autour de sujets célèbres les anonymes qui s'y rapportent et qui eussent été sans cela disséminés un peu partout.

Par exemple, l' « *Affaire du Collier* » est le sujet d'un article (voir COLLIER) comme aussi « SALERNE » pour son Ecole, LOURDES, pour ses miracles ; etc.

Les CAUSES CÉLÈBRES qui nous concernent font le sujet d'un article, Urbain GRANDIER, JEANNE D'ARC, par exemple (classée à *Jeanne*) ; également certains personnages connus aux titres les plus divers : Louise LATEAU, la Stigmatisée ; Magdeleine BAVENT, la Possédée, etc.

Suivant l'usage, on s'est efforcé de mettre entre crochets : [...] *tous* les Noms des auteurs qui ne sont pas donnés comme tels sur le titre même du livre, mais cette règle est encore sujette à exceptions parceque, entre autres choses, il arrive que, de deux éditions d'un même ouvrage l'une est anonyme et l'autre ne l'est pas. Puis, malheureusement, certains catalogues où nous avons puisé n'ont suivi cette règle que de fort loin, (le Catalogue SEPHER pas du tout, entre autres). Enfin, d'autres fois, le nom de l'auteur est à moitié sur le titre, comme DEL······pour DELANDINE, par exemple, etc.

La classification des auteurs de même nom, suivant les *Prénoms* qu'il possèdent nécessite une remarque : comme le *Prénom usuel* (ou, en tout cas celui qui est sur le titre) n'est pas toujours le *Premier* de la liste, il s'ensuit que l'ordre respectif que nous avons assigné aux articles peut *apparemment* ne pas être toujours celui que semblerait indiquer le *Premier prénom* mentionné.

Il est donc *Impérieux* de suivre la *Règle* bien connue de tous ceux qui ont un peu pratiqué des recherches, savoir :

QUAND ON NE TROUVE PAS UN ARTICLE EXACTEMENT OU L'ON PENSE QU'IL DEVRAIT ÊTRE, NE PAS ABANDONNER LA RECHERCHE AVANT D'AVOIR JETÉ UN COUP D'ŒIL RAPIDE, MAIS ATTENTIF, SUR **TOUS** LES ARTICLES QUI **PRÉCÈDENT** ET QUI **SUIVENT** IMMÉDIATEMENT.

Neuf fois sur dix on y trouvera un renseignement qui mettra sur la voie.

D'ailleurs, avant d'abandonner une recherche d'auteur peu connu — ou même d'un autre — il est bon de ne pas s'en tenir strictement au nom que l'on croit connaître : par exemple, on cherchera au *nom latinisé*, ou inversement, au *nom traduit*, tant en français qu'en la langue originelle de l'auteur en question.

On épuisera les *transformations* courantes par redoublement de lettres (L, S, T, principalement) ; on verra (ou, inversement, on traduira) les *formes archaïques* ; et enfin, on se méfiera des particules indûment rattachées aux noms qu'elles précèdent, comme dans DESLON pour d'ESLON, par exemple.

Enfin la *Table par ordre des Matières* sera, dans quelques cas un précieux aide-mémoire pour retrouver le nom que nous avons cru devoir choisir comme titre de notre article.

ABRÉVIATIONS
SIGNES CONVENTIONELS, etc.

Autant qu'il nous a été possible, nous avons indiqué d'un signe la source d'où provenaient les ouvrages mentionnés. Voici la clef de ces abréviations :

(Bb	Diction^{re} des Ouvrages anonymes de BARBIER.
(Bib	Bibliothèque...
(Bib. Nat.	Bibliothèque Nationale de Paris.
(Bo	Bibliographie de M. Ernest BOSC.
(Coll.	Collection.....
(D. p. 70	Bibliographie de M. DORBAU, page 70. (Cette Bibliographie ne comporte pas de N^{os}).
(Do	Catalogues de la Librairie DORBON.
(F	Petit Dictionnaire Bibliographique de FOURNIER.
(G-1925	Catalogue de Stanislas de GUAITA, N° 1925
(Gr. p. 28	Bibliotheca Magica de GRAESSE, p. 28.
(L.	Grand Dictionnaire du XIXe Siècle de LAROUSSE.
(L.-D.	Hist. de la Philos. Hermétique de LENGLET DUFRESNOY.
(Le	Dictionnaire des Prophéties de LECANU.
(O-1412	Catalogue OUVAROFF, N° 1412.
(O. P. C.	Occult Publishing C° de Boston (Libraires).
(Pen	Bibliographie Religieuse de PENEAU.
q. v.	« quem vide » : renvoi.
(Ros	Librairie ROSENTHAL, de Münich.
(S-3570 b	Catalogue de l'Abbé SEPHER, N° 3570 b.
S. de G.	Stanislas de GUAITA.
Sep.	Abbé SEPHER.
S. I.	Sine Indicatione : sans indication.
(St-Y-897	Catalogue de la Bib. du Chateau de SAINT-YLIE (Jura) N° 897.
S. U. I.	Sine ulla indicatione : Sans aucune indication.
(Ye	Catalogue YEMENIZ.
(III-789)	Tome III, page 789.
(4s 0d)	4 shillings et 0 pence.
(2 d. 25 c)	2 dollars et 25 cents.

COTES DE LA BIBLIOTHÈQUE NATIONALE et N^{os} DE CATALOGUES. — On s'est attaché à différencier le plus possible ces deux classes de renseignements, afin d'éviter le plus possible leur confusion.

Voici les principales distinctions adoptées :

1°) — Les Cotes de la *Bibliothèque Nationale* sont *Toujours* précédées d'un CROCHET [, et les Nos de *Catalogues* d'une PARENTHÈSE (.

2°) — Les Cotes de *Bibliothèque* ont généralement un POINT entre la ou les lettres du début et le groupe de chiffres qui les termine. Les Nos de *Catalogue* ont toujours un TIRET - entre lettres et chiffres.

3°) — Les Cotes de la *Bibliothèque* suivent immédiatement la collation des pages, après l'énoncé du titre et AVANT toute remarque. Les Nos de *Catalogues* terminent toujours les articles.

Quand il n'y a aucune remarque, toutes les indications se trouvent forcément groupées : dans ce cas, les COTES DE LA BIBLIOTHÈQUE NATIONALE, sont toujours données en premier lieu.

NOTA. — Le mot « *Pièce* », que l'on rencontre assez souvent dans les *Cotes de la Bibliothèque*, s'applique à tout opuscule de moins de *quarante huit pages*, (4 feuilles in-8°).

NOTA II. — Quelques fautes d'impression n'ont pu être évitées dans le libellé de certaines cotes de la Bibliothèque. Il est recommandé, en général, de consulter les ADDITIONS et CORRECTIONS à la fin du Tome III, où nous avons corrigé toutes les erreurs que nous avons aperçues.

Voici, en ce qui concerne les fautes d'impression, une petite stance latine qui se trouve à la fin de la Préface de la *Bibliotheca belgica* de FR. FOPPENS : sa philosophie sereine est toujours vraie :

Quis liber a mendis liber ? vix ullus in orbe.

Semper habent mendas devia prela suas.

Quas ergo invenies hic mendas, candide lector,

Emenda, et mendis disce cavere tuis.

Brunoy, le 7 Septembre 1912.

Albert L. CAILLET.

Classifications par Sujets Traités

On a proposé un grand nombre de Méthodes de Classification des Connaissances humaines et il n'en est que plus singulier de constater le défaut général de principe de toutes d'entre elles. La question de religion (ou d'anti-religion, suivant les cas) a paru primordiale à presque tous les classificateurs ; de sorte que leur classification est tout au plus caractéristique de leurs opinions religieuses ou scientifiques et parfaitement inacceptable à tout groupe d'opinions différentes.

Nous n'avons pas l'intention de donner une critique de tous les Systèmes, tant bibliographiques, que de simple classification des Connaissances Humaines. On peut voir sur ce sujet un ouvrage intéressant de M. Marc Antoine JULLIEN : un autre qui l'est moins de M. L. Aimé MARTIN (tous deux décrits dans le présent Manuel) etc. Ces auteurs renvoient à beaucoup qui les ont précédés, et si l'on a la patience de creuser le sujet on aura une belle occasion de plus de déplorer le défaut d'ampleur — disons même l'étroitesse — de l'esprit humain, en général.

Il nous semble que, pour qu'une classification soit acceptable, elle doit être *Synarchique*, c'est à dire *Universelle*, indépendante des conditions ambiantes de son auteur, et enfin basée sur un principe solide quelconque autre que la bonne volonté de celui qui en entreprend la tâche.

Il nous semble aussi qu'elle doit présenter au début les conceptions les plus élevées, les plus immatérielles, et ensuite celles qui se concrètent de plus en plus : enfin qu'elle doit suivre l'ordre normal et naturel de la Création elle-même, puisque les Connaissances humaines se bornent au Créateur et à la Création.

Bref, nous trouvons dans l'antique *Science des Mages* ce qui nous paraît les meilleurs éléments de cet édifice : de leur immortel Principe de l'UN UNIQUE et des TROIS MONDES, tout va découler avec une étonnante simplicité, et point ne sera besoin de moyens mnémotechniques singuliers pour nous y retrouver, comme dans le système de M. ARAGO, qui nécessitait, pour ce faire, un Poème Latin, sans que cela ajoutât d'ailleurs à sa logique.

Nous diviserons les connaissances humaines en Trois ORDRES: DIVIN, NATUREL et HUMAIN. Ce sont les Trois Mondes : l'ARCHÉTYPE, le MACROCOSME, le MICROCOSME des Mages.

Le PREMIER ORDRE, purement immatériel (avec cette restriction toutefois que, strictement *rien* n'est absolument immatériel, en réalité), comprendra d'abord les Conceptions les plus larges, qui ne préconisent l'exclusivité d'aucun culte et qui ne sont ennemies d'aucune religion, tout en ayant pour unique objet la pure THÉOSOPHIE. Elles sont purement *Synarchiques* et comme telles certainement les premières.

Strictement cet ordre se bornerait à la *Doctrine et à la Science des Mages* pure et simple. Mais le *Principe Synarchique* lui-même nous ordonne de classer toute conception par son point le plus haut, pour ainsi dire, et non par ses faiblesses inévitables dans toute œuvre humaine car c'est la tête qui caractérise le mieux l'individu.

Nous ajouterons donc au début de ce premier ordre la YOGHA Hindoue, — autre nom de la *Doctrine des Mages*, — les *Mystères Antiques* et la *Kabbale*, qui en sont des dérivés, et enfin, non sans quelque hésitation, la *Société Théosophique*, de création relativement récente, et le *Spiritisme*, malgré les abus auquel il a donné lieu. Sa tête est bien dans le ciel, mais ses pieds, hélas, bien près de la boue.

Passé ces *Doctrines Synarchiques*, l'ORDRE DIVIN se ramifiera en trois grandes branches: la MYSTIQUE, les RELIGIONS et la PHILOSOPHIE, qui en sont des spécialisations diverses.

A la MYSTIQUE se rapporteront tous les faits d'*Extase* en général : les Miracles, les Apparitions, les Prophéties, les Songes; enfin l'étude des Stigmatisés, qui sont des Mystiques d'un genre exalté particulier.

Sous l'article RELIGIONS, on classera l'Histoire et la Science de ces institutions, qui comportent d'innombrables détails, puis aussi l'Histoire et la Science des Sectes et Sociétés Secrètes, contre-poids équipole habituel des premières ; le tout dans un ordre déterminé par leur importance relative présumée.

La PHILOSOPHIE renfermera les Conceptions exotériques des Mages et des Philosophes, et les différents Systèmes qu'ils exposent, parmi lesquels nous citerons en particulier la *Métaphysique Occulte* et cette nouveauté qu'on désigne assez généralement sous le nom de « PSYCHISME MODERNE » ou étude aussi scientifique que possible de phénomènes plutôt hyper-scientifiques.

Pour terminer, enfin, cet ordre où tout est pure pensée, il nous faudra y joindre, en appendice, pour ainsi dire, les Théories bizarres et paradoxales, fruits du Fanatisme ou simplement d'une tournure d'esprit peu commune. Et ce ne sera pas la classe la moins curieuse, bien que ceux qui la composent aient été qualifiés par MM. BRUNET, DELEPIERRE et autres, de la triste épithète de « *Fous Littéraires* ».

Le SECOND ORDRE, purement matériel, sera l'Ordre NATUREL, qui comprend évidemment au dessus de ce que l'on nomme d'habitude « *les Sciences* », ces Phénomènes bien plus intéressants, d'où elles découlent et que l'on pourrait nommer la « *Méta-Science* »: ce sont eux qui constituaient la Science des Mages appliquée à la nature : la MAGIE. Nous voici assez loin comme on le voit, de ce Spectre figurativement coloré en blanc ou en noir, qui a subsisté comme *Magie blanche ou noire* (il y en a même une rouge !) dans la Prestidigitation moderne.

La MAGIE est proprement la source d'où sont sorties les Mathématiques, l'Astronomie, la Chimie, etc. Que cette source ait été empoisonnée, presque à son origine par une fausse direction, nommée Sorcellerie, nous en sommes si bien d'accord, que notre classification présente dans cet ordre : d'abord la *Magie*, en général, puis la *Sorcellerie*, qui en est la perversion, avec tout son cortège de Satanisme, de Superstitions, de Secrets variés, de Grimoires, etc. — et enfin les *Sciences*, dont seule l'origine nous concerne : la Science des Nombres, l'Astrologie, l'Alchimie, etc.; plus, le peu de Géographie — Science de la Terre — qui nous intéresse.

Nous arriverons ensuite au TROISIÈME ordre, qui est, de tous, le plus chargé et le plus compliqué : c'est lui qui correspond au MICROCOSME, c'est l'ORDRE HUMAIN, où se classeront les ouvrages dont l'Homme est le sujet plus ou moins direct, dans le Visible ou dans l'Invisible.

La plus haute Science concernant l'Homme était la Branche de la Science des Mages appliquée à l'homme; de nos jours à peu près totalement perdue, à cause, sans doute, du très grand secret dans lequel elle était tenue, ce que nous nommons le MAGNÉTISME ANIMAL en est la seule épave subsistante.

Nous classerons donc, d'abord ici, tout ce qui concerne le *Magnétisme*, *Hypnotisme*, *Suggestion*, etc. C'est ce qui concerne l'*Homme Invisible*.

Puis viendront quatre grands rameaux intitulés Ethnologie, Lettres et Arts, Anthropologie, et enfin, Médecine.

L'Ethnologie comprendra en outre, l'*Histoire*, avec la Pré-histoire, la *Linguistique*, la *Sociologie*, la *Jurisprudence* et tout ce qui concerne l'Espèce humaine en général.

Les Lettres et les Arts renfermeront, pour ce qui nous concerne, surtout la *Fiction*: Poésie, Théâtre, Romans, Contes et Légendes, Badinages, Facéties, etc. Comme Arts, nous ne rencontrerons guère que la *Musique* et accessoirement la *Danse* qui soient de notre ressort.

L'Anthropologie, pour nous, exprime l'étude de l'individu de race humaine, donc, d'abord, ce qui concerne la Naissance et la Vie de cet Individu, c'est-à-dire la Génération et l'Amour, l'Éducation (Magnétisme personnel, etc.) et l'Hygiène (Gymnastique, Alimentation, etc.) puis ensuite les Individualités qui ont plus ou moins bouleversé le Monde ou un Peuple, comme le Bouddha, Jésus-Christ, Jeanne d'Arc ; dans un autre ordre d'idées, Pythagore, Platon, etc. et enfin diverses célébrités de tout ordre.

La Médecine, qui est, nous le craignons un peu, la *Science de la Mort*, de la Fin, par conséquent, plutôt qu'autre chose, embrassera la *Médecine naturelle*, la *Médecine Spagyrique*, ou *Hermétique*, l'*Homœopathie* et enfin divers sujets assez secondaires mais curieux que nous nommons « *Aberrations et Maladies diverses* » : les Traités sur la *Flagellation*, l'*Érotisme*, la *Morphinomanie*, l'*Alcoolisme*, la Folie.

Un peu en hors d'œuvre, nous ajouterons ensuite quelques ouvrages sur ce que l'on appelle souvent « Medicina Curiosa », et enfin le Sommeil, la Crémation, les Sépultures et la Mort en général.

Nous pensons avoir ainsi parcouru logiquement le Cycle des Connaissances humaines, et dans un ordre tel que la simple réflexion permet de classer ou de rechercher instantanément tout ouvrage d'un sujet donné, suivant que son sujet comporte ou non plus que l'*Idée de Dieu*, de la *Nature* ou de l'*Homme*. Et dans ces trois Divisions, suivant qu'il s'éloigne plus ou moins du sujet qui détermine l'Ordre.

Quant à séparer une connaissance quelconque de son Histoire, cette méthode bien que quelquefois employée, est d'une incertitude telle que l'on trouve continuellement dans ce cas, un identique ouvrage classé une fois à l'objet lui-même et une seconde fois à son Histoire.

Évidemment aucune classification possible ne peut éviter entièrement cet inconvénient sans en accepter d'autres plus graves : la raison en est surtout aux ouvrages eux-mêmes qui comportent fréquemment des sujets fort divers. En ce qui nous concerne, nous les avons simplement classés à leur sujet principal et à quelques uns des autres, si leur importance le justifie.

Il nous paraît superflu de pousser ici plus loin l'exposé de notre Système, qui ne doit nous servir, présentement, que d'une sorte de *Table des Matières raisonnée*. Une fois sa base bien posée, rien n'est plus facile, en s'aidant des travaux des Bibliographes nos maîtres, que de l'établir dans tous les détails voulus, et d'y adapter la classification dite « *Décimale* », due à M. Melvil Dewey, et légèrement modifiée par nous.

Malgré notre ardent désir de rester avant tout Synarchique, c'est-à-dire en état d'Union active avec le Bien dans tout ce qui nous entoure, il nous a été totalement impossible d'adopter le numérotage original donné dans les Ouvrages de M. Dewey. L'auteur prend bien la précaution de nous exhorter (p. 9 de l'éd. de 1894) à utiliser son Système tel qu'il le présente, même si l'ordre des matières ne nous paraît pas tout à fait ce qu'il devrait être ; et il explique que le Répertoire qu'il publie est le résultat de fortes dépenses de temps et d'argent, etc.

Nous n'aurions pas demandé mieux que de nous ranger sous sa bannière s'il n'avait pas classé malheureusement la MAGIE (133) à la suite des « *Dérangements mentaux* », entre la KLEPTOMANIE (132.6) et le CHARLATANISME (133.7). Ce serait manquer de respect tant à la Science qu'à nos lecteurs que d'adopter et de propager de tels errements. Il y a là une non-vérité absolue, manifeste et de tous points déplorable, qui nous fait craindre que ce système ne soit fondé sur l'idée prédominante que l'ordre des matières importe assez peu, pourvu qu'elles soient soigneusement et dûment numérotées. Nous pensons pour notre part que, dans un Classement, il faut d'abord trouver la Loi naturelle de groupement, puis ensuite la schématiser si l'on veut par des chiffres.

Voici comment nous avons procédé :

Notre INDICE numérique se compose d'une quantité quelconque de chiffres, d'autant plus nombreux que le sujet est plus spécialisé et spécifié.

Le premier chiffre à *gauche*, est celui de l'ORDRE : 1 pour l'ORDRE DIVIN, 2 pour l'ORDRE NATUREL, 3 pour l'ORDRE HUMAIN.

Le second chiffre à la suite exprime le rang dans la seconde division : 1, 2, 3, correspondant respectivement (pour le premier ordre) à la *Mystique*, la *Religion*, la *Philosophie*. Puis un autre chiffre pour exprimer les subdivisions de ces Classes, et ainsi de suite.

Pour exprimer les subdivisions intérieures d'un ordre, nous faisons précéder leur N° dans cet ordre d'un *zéro*. Ainsi, par exemple, un ouvrage *spirite* (que nous classerions dans la 5-me subdivision intérieure non ramifiée, de l'ORDRE DIVIN, dont la première est la *Doctrine des Mages*) aurait pour indice : 105 c'est à dire : 1 en sa qualité d'ouvrage se rattachant à l'ordre divin, et 05 comme faisant partie de la 5-me subdivision intérieure de cet ordre.

Au moyen d'un Tableau Synoptique que nous donnons plus loin, il est aisé et rapide de trouver le sens d'un Indice quelconque ou de déterminer cet indice d'après le sujet d'un livre.

Nous allons maintenant donner un aperçu de la répartition des principaux auteurs de notre manuel, suivant les sujets qu'ils ont traité.

Il ne faut pas demander à ce travail plus de précision qu'il n'en comporte. Outre que nous n'avons évidemment pas lu en totalité la majorité des ouvrages décrits, certains titres semblent avoir été choisis à plaisir pour exprimer ce qui à coup sûr ne se trouve pas dans l'ouvrage.

Les Alchimistes sont des Maîtres incontestés sur ce point.

Cependant, comme aide-mémoire, nous espérons que les listes suivantes rendront d'importants services.

ORDRE DIVIN

Caractéristique : 1.

Première Subdivision :

SCIENCE DES MAGES, YOGA OU YOGHA ; PHILOSOPHIE COSMIQUE
(*Indice* 101)

Cette série est assez pauvre, surtout en langue française ; il y a peu d'auteurs qui se soient livrés à cette étude de l'extrême limite spirituelle de l'Esprit Humain.

En anglais, il existe toutefois quelques ouvrages extrêmement remarquables au point de vue de leur clarté pratique. Le plus récent de ces importants exposés de la YOGA est celui publié sous le nom du Yogi RAMACHARAKA par M. William ATKINSON : il est presque indispensable à connaître à fond si l'on veut juger sainement et intelligemment des *Sciences Psychiques*. C'est un résumé net et précis d'à peu près toute l'ancienne *Science des Mages*, dans sa partie Philosophique.

La Collection complète comprend *Neuf* Volumes in-8° de 250 à 300 pages chacun (sauf « *The Hindu-Yogi Science of Breath* » qui n'a que 73 pages, les plus remarquables en leur concision que j'aie lues sur ce sujet). Les huit autres volumes sont : « *Hatha Yoga* », « *Psychic Healing* », « *Fourteen Lessons in Yogi Philosophy* », « *Advanced Course in Yogi Philosophy* », « *Raja Yoga* », « *Gnani Yoga* », « *The Philosophies and religions of India* », « *Mystic Christianity.* »

A cette forte collection on peut encore ajouter le « *Kybalion* », exposé succinct et des plus intéressants de la Tradition des Temples de l'Ancienne Egypte.

Tous ces ouvrages datent de 1909 à 1911.

Un autre ouvrage à signaler sur ces sujets est la « *Cosmic Consciousness* » du Dr BUCKE. Il jette un jour tout particulier sur les *Mystiques* en général.

101

DOCTRINE & SCIENCE DES MAGES ; PHILOSOPHIE COSMIQUE ; CONSCIENCE COSMIQUE

Aucler	Chassang	Pitois
Auzoles	Crombach	Principes
Barlet	Gerosa	RAMACHARAKA
Bhagavad Gita	HERMÈS TRISMÉGISTE	Sarak
BLAVATSKY	Heurnius	Tradition Cosmique
Borch	KYBALION	VIVEKANANDA
Bose	Lloyd	Whitman
BUCKE	Michel (Louis)	
Carpenter	Oupnekat	

Deuxième Subdivision :

MYSTÈRES ANTIQUES

(*Indice* : 102)

comprenant aussi les Initiations anciennes et modernes.

Cette Série est également assez pauvre pour que nous puissions y mélanger sa dérivée : « *Fêtes et Cérémonies en général* » (*Indice* : 1021, ou Dérivée 1 de la subdivision 102).

XV

Voici les principaux auteurs à consulter :

Apulée	Foucart	Quillard
Boileau	Jamblique	Robin
Boulage	Lajard	Rolle
Bouterweck	Michaeler	Starck
Delaage	Nonnos	Taylor
Dutillot	Orphée	Traité des Anciennes
Foigne	Prat	Cérémonies....

Troisième Subdivision

Kabbale, Talmud, etc.

(*Indice* : 103)

Cet indice est naturellement formé de la réunion de la Caractéristique de l'Ordre Divin, qui est « 1 », et de la caractéristique d'une troisième subdivision, qui est « 03 » : donc : 103.

Le terme « *Kabbale* » est vague et étendu, ou plutôt il est possible de traiter de sujets apparemment fort divers, tout en restant au fond purement *Kabbalistiques*.

D'ailleurs nos listes ne sont que de simples aide-mémoires et n'ont aucune prétention à une précision absolue, qui serait illusoire.

Abarbanel	Fludd	Mathers
Abendana	Forcatula	Mauritius
Agrippa	Franck	Millius
Aquin	Gaffarel	Moliter
Barclay	Galatinus	Montfaucon de Villars
Barrett	Gaulmyn	Morestel
Bartolocci	Genebrardus	Moristellus
Basnage	George	Nissim ben Jacob
Becker	Goulianoff	Pauly
Bellarmino	Guaita	Pechméja
Benincasa	Hackepanius	Picus (Mirandulanus)
Bona	Imbonatus	Pistorius
Boyer d'Argens	Israël	Pitois
Buddeus	Jouret	Postel
Bukentop	Kabbala	Rabbinowicz
Burgenove	Karppe	Raphaël à Purificatione
Buxtorf	Khunrath	
Carpovius	Knorr de R.	Reuchlin
Chiarini	Lacour	Riccius
Constant	Lanci	Rittangelius
Cornay	Larmandie	Rochen
D. R.	Leheurt	Rohling
Dorscheus	Lempereur	Ruhig
Drach	Lenain	Sabbathier
Drusius	Léon de Modène	Scherzer
Dupont	Leusden	Schickard
Du Soucy	Liber lézirah	Schwab
Encausse	Lulle	Scinfleni
Fabre d'O.	Maimonide	Serario

Sheringham	Voisin	Wolf
Sommerus	Vulliaud	Zanchius
Spencerus	Wagenseil	Zohar
Van Bashuisen	Weill	Zoroastre
Vial	Welling	

Quatrième Subdivision :

Néo-Buddhisme ou Société Théosophique

(Indice : 104)

Outre les principaux auteurs de la *Société Théosophique*, cette liste donne aussi quelques-uns de leurs adversaires, car ce n'est pas un des moins tristes côtés de notre tâche d'avoir à constater que, même dans un milieu où la péremptoire supériorité de la *Synarchie* est un Dogme reconnu, la pratique n'a pas toujours été subjuguée à la théorie, et que la division a parfois réussi à se glisser même parmi des philosophes !

Bailly	Hickey (ou St-Patrice)	Müller (F. Max)
Besant	Judge	Olcott
BLAVATSKY	Leadbeater	Oliphant
Caithness	Lillie	Rama Prasad
Coryn	Lotus	Revel
Coulomb	Lumière….	Rosny
Elliott	Maitland	Sinnett
Encausse	Mead	Steiner

Cinquième et dernière Subdivision de l'Ordre Divin direct :

Spiritisme

(Indice : 105)

Outre les auteurs classiques du Spiritisme moderne proprement dit, nous avons cru devoir donner deux ou trois livres anciens (avec les dates accolées au nom des auteurs) pour indiquer que, si le Spiritisme en tant que doctrine isolée est de fondation récente, les faits sur lesquels il se base non seulement étaient parfaitement connus de toute antiquité, mais encore ont fait le sujet d'études spéciales de quelques rares auteurs dans presque tous les Siècles.

Aksakow	Bénézet	Carion
Alba	Binet	Chaigneau
[Amade]	Blot	Chevillard
Assier	Bodisco	Crouzet
Audouard	Behm	Crowe
Auguez	Bonnamy	Darget
Auvard	Bonnemère	Dariex
Babin	Bonsens	Dauvil
Babinet	Boucher	Davis
Badaire	Bourdin	Debans
Baptiste	Bouvéry	Delanne
Baraduc	Brownson	Delassus
Barthe	Burnet	Denis
Beaumont	Calmet	Denton

Dozon
Dufaux
Dulora de la H.
Du Prel
Edoux
Encausse
Emy
Espérance
Falcomer
Feytaud
Flammarion
Flavin (1579)
Flournoy
Fontenay
Galichon
Gardy
Gasparin
Gibier
Gilbert
Girard de C.
Gougenot des M.
Goupy
Grange
Grasset
Guérin
Guldenstubbé
Gurney
Guyomar
Home
Hubert (1757)
Jacolliot
Jésupret

Jochnick
Katie King
Kerner
Kerrias
Krijanowski
Lacroix
Le Loyer (1586)
Leymarie
Matignon
Maygrier
Michel
Mirville
Morin
Myers
Nichols
Noeggerath
Noël
Noirac
Nordmann
Noury
Nus
Owen
Pezzani
Pillet-Will
Poussin
Rambaud (voir Gilbert)
Rancé
Randolph
Raphaël
Renucci
Riols

Rivail
Rochester
Roubaud
Rouget
Roussel
Roustaing
Rouxel
Roys
Roze
Sage
St-Jacques (1675)
Sari Flégier
Savenay
Sebron
Spirite (Congrès)
Stainton Moses (ou M. A. Oxon)
Star
Stecki
Thiboudet
Thiry
Tissandier
Tournier
Tridon
Tromelin
Trufy
Valabrègue
Viollet
Vitoux
Wahu
Weldon
Xefolius

ORDRE DIVIN

Caractéristique : 1

Première Branche :

Mystique ou Pneumatique

(*Indice* : 11)

Ainsi qu'on peut le voir en se reportant au Tableau Synoptique qui résume notre classification, les subdivisions intérieures du premier Ordre sont épuisées.

Prenons donc maintenant la première des Branches qui ont jailli de cette souche : c'est-à-dire l'Etude des *Mystiques*, dans leurs manifestations diverses.

Tout d'abord il nous faut donner une liste générale d'auteurs, soit eux-mêmes Mystiques, soit autorités dans cette étude :

Abarbanel
Abbadie
Abd-Oul-Béha

Abdolonyme
Abraham
Agréda

Alacoque
Armbruster
Arndt

Augustin
Auvard
Baader
Baldit
BALZAC
Barrigue
Belin
Benson
Bernard
Blake
Blois
Blot
BOEHME
Bogue
Bonaventure
Boulland
BOURIGNON
Bowden
BRICAUD
Bromeley
Buchon
BUCKE
Burggravius
Caraccioli
Carpenter
Chaho
Chaillot
Charbonnel
Chavannes
Cheneau
Coëssin
Colberg
Conor
Daillant de la Touche
DEE
Delage
Denys l'Aréopagite
DENYS LE CHARTREUX
Desessarts
Dippel
Divonne
Dodsley
Du Bosroger
Duca
Dupont
DUSEDANT
ECKHARTSHAUSEN
Ellies du Pin
Emmerich
ENCAUSSE

Engelbert
Fabre
Falconnet
Fielding
FLUDD
Fournié
Franckenberg
Gebhart
Gichtel
Gonzalès
GOURMONT
Guyon
Hagelgans
Heidecke
HOBURG
Hugo
Ignace
IMITATION..
Instruction..
Kahrel
KINGSFORD
Kopken
Krüdener
Labadie
La Vallière
Law
LE BOYS DES GUAYS
LE LOUP
Lloyd
Logothete
Lopoukhine
Loriah
Madrolle
Maeterlinck
Maitland
Marie d'Agréda
MARTINÈS DE PASQUALLY
MATTER
Méry
MICHEL
MOLINOS
Morin
Mouttet
Naundorff
Nicolas
Nicolson
Nordau
Œtinger
OMAR KHAYYAM
Orin

Paillot de Montabert
Péladan
Philon
Poiret
POSTEL
Pouvourville
Querdu
Quevedo
Quillard
Rabanus
Ratze
Recéjac
Revel
Ribet
Richeome
Richer
Rousselot
Russell
SABBATHIER
St-Georges de Marsay
ST-MARTIN
ST-YVES D'A.
Sardou
Savonarole
Saxe-Weimar
Schubert
SCHURÉ
Sebonde
Sillig
Sedelius
Sperber
Stilling
Street
Suso
SWEDENBORG
TAULER
Theophilus
Thérèse
Thomas de Cantimpré
Tourreil
Tscheer
Tschesch
VIAL
Vianney
Vintras
Waite
Whitman
Wille
Windisch-Graetz

Subdivisions de la MYSTIQUE

Comme on le voit sur notre Tableau, les branches naissant de la Mystique peuvent se classer en : « EXTASES & APPARITIONS » (*Indice* 111) avec une ramification secondaire : « SONGES & RÊVES » (*Indice* 11101, formé de l'Indice de sa souche, 111, augmenté du suffixe de première division intérieure, 01); puis « PROPHÉTIES & ORACLES » (*Indice* 112) & « STIGMATISÉS » (*Indice* 113).

Pour simplifier, nous allons donner ensemble les deux premières branches avec la sous-branche 11101 et séparer seulement les quelques auteurs relatifs aux « STIGMATISÉS. »

111, 112 et 11101

Amort	Examen des Esprits..	Mirabilis Liber
Arnoux	Fabrice	Mirbel
Arpe	Farre	Mollinger
Assier	Fatacioli	Montalembert
Bachelet-V.	Flisco	Morgard
Balthus	Fontenelle	Morin
Bareste	Fréret	Moult
Barret	Griffet	Müller
Baudot	Guibelet	Munter
Bavières	Hab	Nativité..
Bernard	Hautteville	Navez
Blondel	Helvetius	NOSTRADAMUS
BOMBASTE	Hermier	Nourry
Bourrassé	Hervieux	Novaye
Bourdin	HOLZHAUSER	Obsequens
Bovillon	Joachim	Orient (A.d') voir
Bovillus	Jordanus	VIAL
Brettes	Kermor	PARACELSE
BUCKE	KERNER	Péladan
Busson	Kirchenhoffer	Pérez
CALMET	Lachèze	Poupart
Campbell	La Dixmérie	Pouplart
Castalion	La Luzerne	Prouvost
Chaho	La Rivey	Raulin
Champion	LAVATER	Ricard
Charvoz	Lemaistre	Richard
Chauffard	LENGLET-DUFRESNOY	Roussat
Christophe de Bordeaux	Lettre sur la...	Rousselot
	Lichtenberger	Russell
Clasen	Lignac	St-André
Clavel	Loth	SALETTE
[COLLIN DE LA HERTE]	Loys	Scheretz
COLLIN DE PLANCY	Luchet	Seguier
Condamin	Magnin	Serces
Couëdon	Maitre	Servatus
Cuisin	Malachie	SILVY
CURICQUE	Martin	Simonnet
Cusa	Massard	Spencer
Damas-Hinard	Meignan	TAILLEPIED
Delepierre	Mélinge	Télesphore
Denormandie	Merlin	Thiboudet
Doré	Methodius	Tholon
Du Moulinet	MICHEL	Thomas
ENGELBERT(ou 'brecht')	Middleton	Thyræus

Torné-Chavigny	Varignon	Viguier
Turpin	Vattier	Villette
TURREL	Vendelinus	Weyland
Van der Moere	Vergile	
Vanier	VIAL	

STIGMATISÉS

113

Peu d'auteurs, relativement, se sont consacrés uniquement à cette étude. Parmi eux, citons :

IMBERT-GOURBEYRE

Parmi les Stigmatisées célèbres :

LATEAU (Louise)

ORDRE DIVIN

Deuxième Branche :

RELIGIONS

12

Passons immédiatement à la THÉOLOGIE PRÉ-CHRÉTIENNE (*Indice* 121). Voici ensemble, les RELIGIONS DE L'ORIENT (*Indice* 1211), et la MYTHOLOGIE (*Indice* 1212) :

Anselme	Desjardin	MONTFAUCON
Arnold	Desmarets	Moreau de Jonnès
Auber	Drexler	MULLER
Balthus	Dufrasnay	Olivet
Banier	Dupuy	Picart
BERGAIGNE	Du Verdier	Pictet
Bergier	Flotard	Pouvourville
Bergmann	Foucaux	Pluche
Bernard	Gensius	Prémare
Binet	Herbelot	Purper
Blondel	Jacolliot	RAMACHARAKA
Bosc	Kastner	Rama-Prasad
Bourquin	Lafont	Riotor
Brassey	Lajard	Roger
Briot	Lord	Rondet
Cartari	Mallet	Schœbel
Chaboseau	Martin	Schuré
Chartarius	Maury	Sulau
CREUZER	Milloué	Vincent
Denys	Minayeff	

Des RELIGIONS ET PHILOSOPHIES DE L'ORIENT on peut détacher une Section relative au BUDDHISME et BRAHMANISME, qui nous donnerait alors les auteurs suivants, sous l'Indice 12111.

Arnold.	Foucaux	Rama Prasad
Barthélemy S. Hil.	Lamairesse	Ramacharaka
Bourquin	La Mazelière	Sainte Croix
Burnouf	Maillet	Vassilieff
Chaboseau	Muller (Max.)	Vindevogel
Dubois	Oldenberg	

Les Religions secondaires (Indice 1213) comprennent, par exemple le Druidisme qui ne s'est guère étendu hors de la Gaule et de la Bretagne. C'est la seule des Religions secondaires dont nous nous occuperons *(Indice 12131)*. Voici une liste des Auteurs qui s'y rapportent :

Druidisme
12131

Bailly	Frey	Monbarlet
Bertrand	Gatien Arnoult	Pezron
Bouché	Guénebault	Pictet
Cooke	La Rochemacé	Renneville
Dameavald	Leabar Gabala	Smith
David	Leblanc	Taillepied
Davidson	Lefèvre	
Freppel	Lizeray	

Au culte de ces Religions restreintes, ou secondaires on peut également rattacher les Auteurs qui ont traité des Vestales (Indice 12132).

Cantour	Mailly	Nadal
Lazaire		

Également ceux qui ont pris le Phallicisme (Indice 12133) pour objet de leurs recherches :

Dulaure	Jennings	Knight

Viennent ensuite les Livres Sacrés antérieurs à ou autres que la Bible (Indice 1214).

Burnouf	Hailez	Mormon
Darmesteter	Pauthier	Muller (Max)
Eddas (les)		

Parmi ces livres antiques nous réservons une division spéciale au Tarot :

Tarot
(Indice 12141)

Allemagne	Encausse	Pitois
Alliette	Falconnier	Picard
Bourgeat	Gilkin	Tarot (le)
Constant	Guaita	Vaillant
Court. de Géb.	Odoucet	
(T. VIII)	Perenna	

XXII

Voir aussi :

CARTOMANCIE *(Indice 2034)*

Nous voici maintenant arrivés à la Théologie Chrétienne (Indice 122) dont la première section est la Bible (Indice 1221) qui pourrait à la rigueur se spécialiser en *Ancien et Nouveau Testament*, Etudes sur l'*Apocalypse*, etc., mais que nous laisserons indivis.

Astruc	Byse	OSTERWALD
Auzolle-Lapeyre	Cabanès	Potter
Bacuez	Calmet	RAMACHARAKA
BASSET	Crinzoz	Russell
Bertet	Le Boys des Guais	Scheuchzer
Bèze	Le Maistre	Taffin
Blondel	Loisy	VIGOUROUX
Bossuet	Michel et Peters	
Brunet	NAPEIR	

L'intérêt du sujet nous conduit toutefois à séparer une section intitulée JÉSUS-CHRIST, de cet ensemble biblique : Ce sera l'Indice 12211.

Binet-Sanglé	Jounet	RAMACHARAKA
Bosc	Notovitch	Ramée
Brentano	Péladan (Adrien)	Renan
Girard et Garredi	Peyrat	Strauss
Herbert	Postel (Guillaume)	Tissot

Voici maintenant une très importante section : l'HISTOIRE ET PHILOSOPHIE RELIGIEUSES (Indice 1222), qui nous donnera un certain nombre de sous-sections intéressantes.

Donnons d'abord les Auteurs de Traités singuliers, Controverses générales, etc. :

Aconce	Budæus	Dumoulin
Aiken	Bullet	Enfantin
Alfonsus	Campanella	Espagne
Badère	Cantu	Eznig
Badius	Chais S...	Fay
Baleus	Chrysostomus	Fénelon
Berteaux	Clauzel	Franckius
Berthaldus	Clément	Frédéricus
Beverland	Conor	Gautier
Boileau	Crellius	Gersonius
Bonivard	Croii	Gin
Bouglé	Cruice	Girard
Boursier	Debreyne	Grégoire
Brenius	Derham	Grotius
Briffaut	Deslyons	Index
Brown	Digby	Jacob
Bruys	Dulaure	Jacolliot

XXIII

Jean XXII	Spiess	Spina
Kircher	Orobio	Strauss
La Croze	Paravey	Swinden
Lavater	Parisot	Thiers
Leuterbreuver	Philosophumena	Turretin
Lignac	Pillon	Une réunion d'Ecclé-
Lizeray	Platine	siastiques
Loisy	Pluquet	Valderama
Maillet	RAMACHARAKA	Valentinus
Mayer	Ramée	Voltaire
Meaulme	Reville	Vossius
Mickiewicz	Roca	Voragine
Nieuwentyt	Rodrigues	Vougny
Nonotte	Roselly	Wisemann
Ockam	Scribanus	Zimpel
Origène	Serres	

Première sous-section :

HISTOIRE DE L'INQUISITION

(*Indice 1221*)

Æginaldus	Gouget	Molènes
Comensius	Index	Molinier
Coustos	Lavallée	Morellet
Dellon	Lea	Pignata
Ellies du Pin	Limborch	Sacro Arsenale…
Eymeric	Llorente	Sarpi
Gallois	Marsollier	Ursinus
Gaudence de Luques	Martin	Van Halen

Deuxième sous-section :

LE MODERNISME ACTUEL

12222

Beauredon	Gout	Sabatier
Bonnefoy	Hébert	TYRREL
Catholici	Loisy	
Chaine	Loriaux	

Troisième sous-section :

ANTI-CLÉRICALISME

12223

Alexis	Custos de Nocte	Jeannin
Antichrist	Desachy	JOGAND-PAGÈS
Beaujoint	Emiliane	Lachâtre
Bobart	Erdan (v. *Jacob*)	Louis
Briffault	Gastineau	MAGEN
Caracciolo	Guénot-Winger	Méliton

XXIV

Michon
Mouls
Renoult

Rive
Sixte IV
Ste Marie Magdeleine

Suberwick
Verax

Quatrième sous-section :
ANTE-CHRIST

12224

Cayet
Charliac
Ferrier
Hager
Haraucourt
Huchedé

Lessius
Malvenda
Montjoye
Poille
Poirier
Raymond

Richer
Roemond
Telesphore
Vuicelio

Cinquième sous-section :
PAPESSE JEANNE

12225

Allatius
Blondel
Casti
Cooke

La Montagne
Maresius
Papesse Jeanne
Raymond

Roemond
Spanheim
Stanelus

Sixième sous-section :
LE SAINT SUAIRE

12226

Chevalier
Chifflet

Esplicatione de l'...
Mély

Vignon (D^r)
(cite denomb. auteurs)

Septième sous-section :
SYMBOLISME DES CLOCHES

12227

Blavignac

Thiers

Les sous-sections de l'Histoire et Philosophie religieuses étant épuisées, passons maintenant à la Troisième section de la Théologie Chrétienne, la DOGMATIQUE :

1223

Adam
Alva
Benoît
Crusius
Denys le Chartreux

Drusius
Duguet
Grimod
Grotius
Lebrun

Ménéses
Vallemont
Valmont

Viennent ensuite les HAGIOGRAPHES

1224

Barelli

Huysmans

Vidieu

Nous voici arrivés à la Troisième et dernière section de la Classe Religions, celle qui concerne les Ordres, Sectes, et Sociétés secrètes : (Indice 123).

Cette classe, bien que parfaitement définie, renferme des genres si divers que nous donnerons seulement des subdivisions précises, en commençant par les *Ordres Chrétiens Orthodoxes*, continuant par les *Hétérodoxes*, et terminant par la *Franc-Maçonnerie* et autres *Sociétés secrètes* moins importantes.

Première Section :

Ordres Chrétiens Divers

1231

Les *Templiers* nous fourniront une sous-section à part (voir plus loin).

Arnould	Chauvelin	Le Maistre de S...
Balzac	Coudrette	Pasquier
Basnage	Dulaurens	Picart
Boissat	Fumée	Pinault
Boucher	Harenberg	Quesnel
Bouhours	Hermant	Rigaud de Vaudreuil
Caradeuc	Lablée	Schoonebeck
Charbonnel	Le Bouthillier...	Trithème

Templiers

12312

Barrau	Gurtler	Moldenhawer
Cadet-Gassicourt	Hammer	Montagnac
Campomanès	Histoire de l'abolition	Munter
(voir Rrodriguez)	Hodin	Nicolaï
Curzon	Jacquot	Raynouard
Dupuy	[Jeune]	Rebière
Esquieu	Joly	Rigaud de Vaudreuil
Fabre-Palaprat	Lavocat	St-Yves d'Alveydre
Ferreira	Maillard de Chambure	Trudon des Ormes
Findel	Manuel des	Une Réunion d'Ecclésiastiques
Fraissinet	Mansuet	
Grégoire	Michelet	Wall
Grouvelle	Mignard	

L'*Histoire des Sectes Religieuses* par l'abbé Grégoire, Paris, 1828, Tome II, pp. 392-428 donne un fort intéressant article sur des détails peu connus relatifs à à cet ordre : la chute du Grand Maître Jean Marc Larménius, etc.

Le « Manuel des Chevaliers du Temple » contient une bonne bibliographie, à la fin.

Deuxième Section :

Sectes Hétérodoxes Diverses

(*Indice* 1232)

XXVI

Cette section comprend d'abord les Sectes Chrétiennes Hétérodoxes, puis le Mahométisme, et enfin les Juifs.

Première sous-section :

Sectes chrétiennes Hétérodoxes

12321

Anastase	Court de Gébelin	Mathieu
Arnauld	Del Prato	Meshovius
Athanase	Des Vallées S...	Perrin
Beausobre	Doucin	Pluquet
Benoist	Heidanus	Poldo
Boyer	Hulsius	Puaux
Bussy	Langlois	Richard
Cavellier	Léger	Théocosmites
Chassanion	Marion	Tsakni
Chatel	Martin	Varillas

Et en particulier sur le Quiétisme :

1232101

Bossuet	Molinos	Phélipeaux
Lamotte Guyon	Ozorio	

Sur le Jansénisme :

1232102

Carré de Montgeron	Doyen	Mey
Colonia	Fontaine	Noailles
Convulsionnaires	Hecquet	Racine
Delisle	Lacroix	Ricard
Desvœux	Mathieu	St Cyran

Sur la Gnose :

1232103

Amélineau	Faye (E. de)	Simon-Théophane
Bricaud	Fugairon	Sophronius
Clément d'Alexandrie	Haus	Valentin
Doinel	Prudence	Vindevogel

Sur les Hussites, Frères Moraves, Sociniens :

1232104

Ashwell	Huss	Socin
Bérard	Le Blanc	Vanini
Bost	Servet	

Sur les Anabaptistes, Quakers, Mormons

1232105

XXVII

Benoist	Etourneau	Souvenirs religieux
Brès	LAMBERTUS	Trembleurs
Bussières	Montfort	Tuke
Catrou	PENN	
Croesius	Quakers	

Le MAHOMÉTISME, sur lequel nous avons peu à dire, forme néanmoins une section assez importante pour que nous ayions cru devoir la distinguer par le Zéro avant le suffixe et lui attribuer l'Indice 123201.

Les auteurs que nous citons ci-dessous, se sont pour beaucoup occupés de Sectes Musulmanes singulières comme les *Assassins* et les *Aïssaouas*, par exemple :

Bailly	Maraccio	Nicolas
Baudier	Melanchton	RAMACHARAKA
Depont	Mills	(sur les Soufis)
Hammer	Ney	Rouquette

Les JUIFS forment aussi une Secte à part, caractérisée par l'Indice à Zéro :

123202

Aurogallus	Kimon	Palvy
Basnage	Ledrain	Puig
Cohen	Le Fèvre	Rabelleau
Drach	Léon de Modène	Relandus
Drumont	Leusden	Saint Yves d'A...
Gougenot des M...	Lévèque	Vitoux
Josèphe	Mossé	Weill
Joukowsky	Nicolas	

Voici maintenant une des plus importantes sections de notre travail : la FRANC-MAÇONNERIE en général (*Indice 1233*).

Nous y rattacherons aussi, en sous-sections, des Associations particulières qui, à l'heure actuelle font (ou ont fait) partie de la Franc-Maçonnerie, à un titre plus ou moins direct ou caché, comme la *Rose ╪ Croix*, le *Compagnonnage*, la *Théophilanthropie*, etc.

1233

Abrahamson	Bancel	BIDEGAIN
Abt	Barbet	Blatin
Alaux	Barbier	Bober
Alhaiza	Baron	Bobrik
Alméras	BARRUEL	Bock
Amiable	Baume	Bode
Andrea	BEDARRIDE	Boileau
Anton	Benoît	Bonneville
Antonini	BÉRAGE	Bord
Arbonnoise	Berchtold-Beaupré	Boscamp
Ashe	Bernardin	Boubée
Avesne	BEYERLE	Bouilly
Bailleul	Bézot	Boulage
Ballacey	BEZUCHET	Boullaud

Bourdet
Bournand
Bremer
Bresciani
Brissot
Brunet
CAGLIOSTRO
Cagnard
Caignart
Caillot
Calabritti
Cartier
Caubet
Cauchois
Cerneau
Chappron
Charpy
Chenu
Chéreau
CHERPIN
Clavel
Clément
Clémente-Amitié
COLLIN de Plancy
Coltat
Copin-Albancelli
Cosandey
Cosmann
Couret
Court de Gébelin
Coustos
Creuze
Crivelli
Da Cunha
Daruty
Davin
Dechevaux
Decembre-Alonnier
Decourcelle
Delaroue
Delaulnaye
Delose
Dequeire
DESCHAMPS
Des Etangs
Desormes et B.
Devoille
DOINEL
Ditfurth
Dubreuil
Dumont
Dupanloup
Duplais
Dussaud

Gabanon
Gadicke
Gautier
Gauttelet
Gerlach
Gilliard
Globe
Gochhausen
Godard
Gotter
Goue
Goyau
Gravelle
Guerrier de D.
GUILLEMIN DE ST-VIC-
   TOR
Gyr
HACKS
Haugwitz
Haus
Hauterive
Heldmann
Herold
Hippel
Homme
Hutchinson
Hymmen (von)
J. G. D. etc.
Jacquelin
Jacques
Jeannet
Jeandre
Jeudi
Jouaust
Juge
Kanne
Kauffmann
Ketteler
Kiener
Kleuker
Koehler
Koeppen
Krause
Krestschmann
Laffert
LA HODDE
Lange
Lanoë
LARIVE
LARUDAN
La Tierce
Laurens
Lawrie
Le Bauld de Nans

Lebègue
Le Caille
Le Couteulx
Lefranc
Le François
Lemaitre
Lenoir
Léon XIII
Lessing
LEVEL
Levesque
Limousin
Lindner
Lioy
Loeve-Veimars
Loge Rouge
Lombard
Loos
Lopoukhine
Loucelles
LUCHET
Maistre (J. de)
Maitre
Malet
Malvesin
Manuel
MARCONIS
Margiotta
Mason
MAZAROZ
Menke
Méry
Meurin
Meyer
Montlosier
Moreau
Moritz
Moser
Moszdorf
Mounier
Murr
Naudot
Neyen
Nicolaï
Nicoullaud
Niebuhr
Nodier
Nogaret
Nourrisson
Olivier
Onclair
Paillafini
Parascandolo
Peeters

Pelletier-V...	St André	Velthusen
Pénavaire	St Germain	Vernhes
PÉRAU	Sautier	Viator
Pillon-Duch.	Schlegel	Vidal Ferzandié
Plésent	Schmalz	Vidal Naquet
Poisson-Gr.	Schumacher	Vignoles
Pouvourville	Scriblerus	Vigoureux
Prache	Ségur	Vitoux
Prichard	Sprengseysen	Vogel
Pyton	TACXI	Vogt
Quentin	Téder	Vuillaume
Rabe	Teissier	Wanckel
RAGON	Tempels	Wedeking
Ragotzky	Ternisien...	Wentz
Rautert	Testut	Werdermann
REBOLD	Thomin	Werner
Recke	Thévenot	White
Rédarès	THORY	Windisch-Graetz
Reghellini	Tissot	Winkler
Reinhold	Tourmentin	WIRTH
Restif de la Bretonne	Travenol	Wollner
Ries	Uden	Wurtemberg
Robinson	Vaillant	Xefolius
Rose	Van Duerne	Zaccone
Rosen	Van Raveschot	Zacharias
St Albin	Vassal	Zwarck

Première sous-section

ROSE ✠ CROIX

12331

Albrecht	Larmandie	Potier
Ecker	Lohrbach	Rose✠Croix
Fama...	Maier	Semler
Fludd	Murr	Waite
Garassus	Naudé	Wezel
Heindel	Neuhous	
Jennings	Péladan	

Deuxième sous-section

COMPAGNONNAGE

12332

Chovin	Michelet	Secret...
Connay	Perdiguier	
Dudevant	Sciandro	

Troisième sous-section

CARBONARI

12333

Forster
Niebuhr
Regnault-Warin

Rühs
St-Edme
Schleiermacher

Schmalz

Quatrième sous-section

Théophilanthropie

12.334

Chemin-Dupontès

Grégoire

Mathiez

Ordre de la Félicité

Indice: 12335

(Voir à ce mot, dans le Manuel)

ORDRE DIVIN

Troisième Branche :

Philosophie

(*Indice* : 13)

Nous allons d'abord donner l'ensemble des auteurs dont les Œuvres sur ce sujet sont décrites dans le Manuel ; les subdivisions se réduisant à peu de chose.

Abailard (voir *Héloïse*)
Alaux
Alhaiza
Alliot
Alstedius
Altmeyer
Anglemont
Aristoteles
Arnauld
Assier (d')
Astruc
Azaïs
Azbel
Bacon
Ballanche
Balmès
Barin
Barnout
Barruel-Beauvert
Barsalon-Fromenty
Bartez
Barthélemy - St-Hilaire.
Bartholmès
Batteux
Bautain

Bazin
Beausobre
Beauverger
Béliard
Benoist de...
Benoit
Berger de la Magne
Bergson
Bernard
Bussario
Bichat
Blairat
Blanc de St-Bonnet
Boëce
Bonnet
Bordier
Boudon
Boudsot
Bouillier
Bourgeat
Boureau-Deslandes
Bouy
Boyer d'Argens
Brerevvood
Brieu
Brochard
Brodeau

Brück
Brunetière
Bruno
Buchez
Buchner
Butte
Cagniard de la Prée.
Campanella
Cantagrel
Cardan
Caro
Cassiodore
Cébès
Cériziers
Chaignet
Channing
Charma
Charron
Chasles
Chassang
Circus
Cochet
Condillac
Condorcet
Constant
Cudworth
Cueur de Philosophie

Damiron
Darel
Darmanson
Darwin
Delaunay
Delisle de Sales.
DESCARTES
Descottes
Destrem
Diogène de Laerte
Doiet
Doumer
Dumesnil
Du Pleix
Du Pont
Eldir
Encausse
ÉPICTÈTE
ÉRASME
Etchegoyen
Euler
FABRE D'OLIVET
Fawcett
Feuchtersleben
FICIN
Fontenelle
Franck
Franklin
Frey
Gabet
Genu-Soalhat
Gerando
GOCLENIUS
Galart
Godard
Gratien de Semur.
Gratry
Guépin
HAECKEL
Hannotin
Hartmann
Heliu
Hemsterhuys
Heurnius
HIEROCLES
HOLBACH (d')
Houssaye
Huarte
JANET
Julien (l'Empereur)
Kant
KYBALION
La Beaucie

La Boétie
La Chambre
La Codre
LACURIA
Laffitte
Lagrange
La Mettrie
Landur
Laplace
Laromiguière
Larrey
Lasalle
Latena
Lau
LEBAILLY-GRAINVILLE
LE BON
Le Brun
Le Dantec
Leibnitz
Lenormant
Leos
Le Pelletier
Levesque de Pouilly
Luzac
Madrolle
Malebranche
MALFATTI
Maréchal
Mauroy
Maxime de...
Mélinge
Ménant
Ménard
Mendelsohn
Mérian
More
MORIN DE VILLEFRANCHE
Mourgues
Muys
Naigeon
Nélis
NER
Nogaret
Noizet
Ocellus Lucanus
Paulhan
Patritius.
Paw
PELADAN
Pérearque
Philostrate
Pezzani
Pioger
Piorry

Platel
PLOTIN
Poilly de Burigny
POMPONACE
PORPHYRE
Proudhon
Quillard
RAMACHARAKA
Renooz
Renouvier
Renucci
Reynaud
Ribot
Ritter
Robinet
Rougemont
Royer
St-Hyacinthe
St-Yves d'Alveydre
Saisset
Sanford
Savérien
Schopenhauer
Secchi
Senault
Sheurléer
Simon
Snider
Soury
Souverain
SPINOZA
Strada
Tiphaine
Toland
Tolstoï
Toulouse
Traité...
Tremaux
Vacherot
Venius
Victoria
Villeneuve-Bargemont
Volney
VOLTAIRE
Vulliaud
Vurgey
Waddington
Wallenberg
Warrain
Weber
Weil
Wichard
Woolston
WRONSKI

XXXII

Zeller   Zimmermann

CLASSIFICATION DES CONNAISSANCES HUMAINES

(*Indice* : 1301)

Ce sujet n'étant que secondaire pour nos recherches présentes, nous donnons seulement les trois ou quatre auteurs suivants, lesquels d'ailleurs renvoient à tous leurs prédécesseurs.

ARAGO   DEWEY   Martin
D. R.   JULLIEN

Parmi les *doctrines particulières* (Indice 131) la seule qui nous concerne intimement est celle de PYTHAGORE à cause de ses liens étroits avec la Science des Mages. Nous aurons donc :

PYTHAGORE ET SA DOCTRINE

131

Chaignet   Hiéroclès   Mourgues
Dacier   Jamblique   Porphyre
Deray   Laugel   Rhodio
Duguet   Martin
FABRE d'OLIVET   Meursius

Vient maintenant la Classe intitulée Métaphysique occulte ou Psychisme moderne (Indice 132). Elle comprend les auteurs, tous *Modernes*, qui ont étudié par les procédés de la Science Moderne les Manifestations de l'Invisible, abandonnées jusque là à la pure superstition et à l'ignorance, en dehors des Initiés qui les conservaient plus ou moins secrètes.

MÉTAPHYSIQUE OCCULTE OU PSYCHISME MODERNE, comprenant : *Télépathie, Psychométrie, Transmission de Pensée, Traitement mental ou Guérison Psychique*, etc. dans les XIXe et XXe siècles.

Voir aussi 303

132

AKSAKOW   DENTON   Lemoine-Moreau
Anglemont   Du Prel   Lermina
Atkinson   Encausse   Lombroso
BARADUC   FLAMMARION   Lucas
Bennett   FLOURNOY   MAXWELL
Binet   Gasc-Desfossés   Meunier
Bodisco   Gibier   Mulford
Bonnaymé   Gilbert   MYERS
Bonniot   Goupy   Neumann
Bonsens   Grasset   Nordau
BUCHANAN   Gurney   Nus
BUCKE   Gyel   Oliphant
Caillet   HUDSON   Owen
Chabaneix   Janet   Podmore
COATES   KERNER   QUESNÉ
Crookes   La Beaucie   RAMACHARAKA
Cudworth   Lazare   Reichenbach
Dariex   LE BON   Revel

Rochas	Stainton-Moses (ou	Thore
Roubaud	M. A. Oxon)	Tromelin
Sabin	Stewart	Viollet
Sanford	Tascher	Wallace
Sollier	Thomas	

Nous terminons enfin l'Ordre divin par une Classe assez singulière que les Bibliographes n'hésitent pas, d'ordinaire à qualifier de Littérature de la Folie. Il y a probablement une part de vrai dans cette opinion, comme dans presque toutes les opinions humaines en général, mais, à coup sûr, pour une autre part, c'est absolument faux, et la majorité des auteurs qui vont suivre n'étaient pas fous au sens propre du mot — pas plus que ne le sont certains peuples étranges, les Chinois, par exemple, dont les coutumes nous paraissent parfois si bizarres — ils sont simplement différents des autres hommes, et envisagent les choses sous un angle qui ne nous est pas familier. Que cet angle soit assez souvent dangereux, et les conduise à la démence, cela paraît, hélas, vraisemblable, mais, d'autres fois, le malentendu entre eux et nous est plutôt un défaut de compréhension, dans lequel l'aliénation mentale n'a rien du tout à voir.

Troisième Classe de la Branche PHILOSOPHIE : Bizarreries, Paradoxes et Singularités philosophiques

(*Indice* : 133).

Béliard	Iksmokul	Proyart
Bolswert	Jaulnay	Prudent-le-Choiselat
Boulenger	Jodelet	Rabelais
Chassaignon	Le Serre	Rampalle
Demons	Madrolle	Raulin
Erasme	Maiole d'Ast	Restif
Fuzi	Manzoli	Rollin
Gagne	Marconville	Rosset
Garzoni	Maubert de Gouvest	Rumpler
Giraldi Cynthien	Mure	Star
Godard de Beau-	Nemzelzeg	Suarès
champs	Palaephate	Tabourot
Graves	Pallavicino	Tagereau
Hennequin	Pancirol	Thomas d'Embry
Henrion	Pascal	Vial
Howel	Pigenat	Vignier
Humières	Placet	Wilkins

ORDRE NATUREL

(Caractéristique : 2)

Cet ordre comprend, tout d'abord naturellement, la doctrine des Mages appliquée à la Nature, c'est-à-dire la MAGIE. (Indice 201).

Il ne donne naissance qu'à une seule branche, d'ailleurs des plus vastes : les SCIENCES, en général, qui se subdivise en deux Classes : les Sciences *Mathématiques* et les Sciences dites *Physiques & Naturelles*, avec de nombreuses sections décrites en leur lieu et place. (Indice 21).

La MAGIE étant double de sa nature nous donnera d'abord une subdivision consacrée exclusivement à la *Sorcellerie*, où nous réunirons les ouvrages traitant du *Diable*, de l'*Enfer*, des *Démons*, du *Satanisme*, du *Sabbat*, etc. (Indice 202) ; puis une autre subdivision consacrée exclusivement aux Sciences Divinatoires, ou à la *Divination*, en général (Indice 203). Cette dernière subdivision sera même fractionnée à son tour pour signaler quelques sujets plus importants que d'autres, particulièrement certains qui, bien que n'appartenant pas strictement à l'Ordre Naturel, y ont été classés pour ne pas opérer une fâcheuse scission dans la *Divination* : nous voulons parler de la *Phrénologie*, de la *Physiognomonie*, et de la *Chiromancie*, par exemple, qui, bien que se rattachant à l'ORDRE HUMAIN (Caractéristique 3) ont été néanmoins classées à la suite de la *Divination* par les moyens Naturels seuls.

Voici tout d'abord les Auteurs relatifs à la MAGIE en général :

AGRIPPA	Chauvin	Ecchellensis
Alba	Chevreul	ENCAUSSE
ALBERT LE GRAND	Cigogna	Fabart
Albinius	Colonne	Fayol
Amar	Comiers	Figuier
Arcons	CONSTANT	Fourcroy
Aucler	Costadeau	François
Baricellus	Couillard du P.	Frazer
BARRETT	Daugis	Freitag
Begouen	DEE	Frinellan
Berger de Xivray	Delaporte	Frommann
Binet	Della Riviera	Gachet d'Art...
Blanc	Delormel	Garlarel
Blanche	Denis	Garinet
Boaisteau	Denton	Garnier
Boissard	Deschamps	Gaudin
Bordelon	Deshayes	Gelasio
Boué de Villiers	Domayron	Gesner
Bourdelot	Doni	Gomez
Bourgeat	Donnelli	GUAITA
Brewer	Doneux	Guines
Broca	Doutté	Gutierrus
Calmet	Dragon Rouge	Haen
Caurres de M...	Dramard	Hartmann
Caus	Drexelius	Henry
Célestin	Dufournel	Hiebner
Chabas	Du Pleix	Honorius
Champerius (Champier)	Du Potet	Hornius
	Du PREL	Horst

Joco-seriorum..	Morestel	Santanelli
KIRCHER	Naudé	Schott
Kirchmajer	Nausea	Simonnet
Laborde	Nieremberg	Soldi
La Perrière	Pagès	Sorel de Souvigny
Larmandie	Panthoz	Souchu de Rennefort
LE BON	Patricius	Stoll
Legran	PELADAN	Strack
Lejeune de...	Philalethes	Tandler
Le Large	Picard	Tissandier
Lenormant	Piobb	Torquemade
Leonardus	Plahn	TROMELIN
Levin Lemne	Pline	Vallemont
Locatellus	Plytoff	Vergile
Longin	Poncelet	Viglionus
LUCAS	Porte du Trait...	Virgille
Mager	Pottius	Voigtius
Magnus	Porta	Wagner
Mansuy	Randolph	Waite
Marcolino	Renaud	Wecker
Maury	Rozier	Wlafart
Messie	Rodigerus	Wulson de la Colomb.
Meyssonnier	Salerne	Yervale
Mizauld	Salgues	Zimara
Moebius	Salomon	Zoroastre
Moncæius	Salverte	
Monnier	Sarak	

SORCELLERIE

(*Indice* : 202)

Sous l'Indice 202 nous donnons la Liste d'auteurs traitant des Questions de Sorcellerie en général ; mais certains sujets spéciaux nous ont paru suffisamment intéressants pour donner à part des groupes d'auteurs qui les ont traités. On a même pris la liberté de rattacher à la *Sorcellerie* deux sujets: les *Talismans* et les *Secrets*, qui par eux-mêmes ne se sont pas nécessairement de la *Sorcellerie* proprement dite, en ce sens qu'ils *peuvent* être bienfaisants tandis que, par définition, la *Sorcellerie* ne saurait l'être. Mais comme nous n'avons pas rencontré d'auteur traitant ces sujets à un point de vue *exclusivement* orienté vers le bien, on a cru pouvoir les réunir à la *Sorcellerie*, avec la restriction sus-énoncée.

Aconce	Basin	Bizouard
Adolphus	Basset	Bodin
Allier	Baurens de M.	Boguet
Anania	Bayle	Bois
Ancre	Beaune	Boissier
Aretin	Benedicti	Borchen
Argentinus	Bénet	Borre
Aubin	Bergham	Borvius
Badel	Bernard	Bossard
Baissac	Bernou	Boulœse
Bancius	Bérulle	BOURNEVILLE
Barthety	Binsfeld	Brognolus

Brossier
CALMET
Cannaert
Capellis
Cauzons
Cayet
Cayla
Cazotte
Chais
Chevannes
Ciacono
Closmadeuc
Codelman
Codronchius
COLLIN DE PLANCY
Conway
Coynart
Crespet
Dalmas
Daneau
Davanzati
Delacroix
Delassus
Delepierre
Della Torre
Delrio
Desmarests
Deusingius
Dogé
Du Bosroger
Durastans
Elich
Epernon (d')
Eynatten
Fauconney
Fesselius
Foë
Fontaine
Forget
Foslard
Franchillon
Freytag
Gambillionibus
Garnier
Gastineau
Gener
Gilbert
Giraldo
Godefroy-Menilglaise
Godelmann
Grillandus
Groscius

GUAITA
Guaccius
Hautefeuille
Hédelin
Hoffmann
Institor
Jacquerius
Jacques Ier
Kerdaniel
Labadie
Ladame
La Bucaille
La Caille
La Ménardaye
La Ménardière
Lancelin
Lancre
Landes
Le Breton
Le Caron
Legué
Lenormant de C.
Louandre
Louise
Louviers
Luther
Madonis
Margherini
Maldonat
MALLEUS MALEFICARUM
Marescot
Maresius
Marne
Martinus de Arles
Massé
Médrane
Mengus
Michaelis
MICHELET
Millet
Molitor
Monnoyer
Montaigu
Naudé
Niess
Nodé
Nynauld
Ordinaire de...
Paban
Peignot
Pennafort
Perreaud

Pic de la M.
Pichard
Pizzurni
Plutarchus
Polidorus
Pommerel
Porée
Prieratis
Prieur
Psellius
Puymaigre
Regnard
Regnault
Reuss
Rhodes
Richet
Rick
Rigault
Roger
St-Albin
St-André
Sandras
Sanson Birette
Schwaeblé
Scot
Serclier
Sinistrari d'A.
SPRENGER
Stampa
Surin
Tandler
Tanner
Tartini
Thesaurus...
Thuernius
Tieck
Torquemada
Torreblanca
Tranquille
Tuetey
Twells
Vair
Valmont
Verdun
Vitelinis
Voisin
Volet
Von Spée
Webster
Wier

XXXVII

Abraxas, Talismans, Phylactères, Amulettes, Gamahés, etc.

2021

Arpe	Hombergius	Porta
Belin	Lamare	Poskin
Béranger-Féraud	Leber	Puissant
BLOCQUEL	Lebrun	Rodet
Brown	Lecompte	Rothius
Calvin	Montfaucon	Salgues
Castilhon	Nicolay	Salverte
Fonvielle	PARFAIT	Schlumberger
GAFFAREL	Placet	Sorel
Gilbert	Platel	WOLFF

Secrets, Grimoires, Enchiridion, etc.

2022

Aaron	Dumatz	Nacla
Aban	Emery	Piobb
Albert	ENCHIRIDION	PORTA
ALEXIS Piém.	Fontberg	Poule Noire
Alletz	Garnier	Regnault
Barrida	Gauthier	Robville
Bâtiment des ...	Génie..	Ruscelli
Bogaerts	Goletti	SALOMON
Bourgeois	Grand Grimoire	Séjour
Chevalier	Guines	Staffe
COUSIN	Honorius	Terrasse
Dauvergne	Le Camus	Vénus Magique
Dejean	Le Rouge	Wecker
Dragon Rouge	Mallemans	Wesley
Ducret	Mathers	

ENVOUTEMENT

(*Indice* : 2023)

Nous faisons de ce sujet un article spécial à cause du renouveau dont il a joui de nos jours par les savantes études du Colonel de ROCHAS, principalement. La possibilité d'envoûter, qui avait longtemps paru une illusion superstitieuse, se présente maintenant sous un jour nouveau, grâce aux auteurs ci-dessous :

Decrespe	Porte du Trait des	Rozier.
Encausse	Ages	
Phaneg	ROCHAS (Albert de)	

DIVINATION

(*Indice* : 203)

Cette troisième subdivision de l'Ordre Naturel est fort complexe. Nous ne nous risquerons pas à donner une liste de tous les moyens connus d'interroger l'avenir au moyen de la Nature. M. Bosc, page 3 de sa « *Bibliographie générale des Sciences Oc-*

culles » nous donne une liste d'environ *soixante dix* « *Mancies* » ou procédés connus et employés à cet effet. Il distingue encore de ces « *Mancies* » ce qu'il appelle les « *Sciences Divinatoires* », telles que la *Cartomancie* (?), la *Chiromancie*, la *Chirognomonie*, la *Graphologie*, la *Phrénologie*, la *Physiognomonie*, la *Cryptographie* (?), etc.

Ces distinctions nous semblent manquer de netteté, et nous ne les suivrons pas.

Toutes les *Mancies*, ou *Sciences de Divination* sont basées sur un seul principe : savoir : que *le Hasard n'existe pas*, et que tout, à peu près, autour de nous, est un miroir de la Vie, passée, présente et future, miroir dans lequel, malheureusement, seuls certains privilégiés sont capables de voir, et ce, par des moyens divers qui constituent les « *Mancies* ».

Il y aurait cependant deux Classes possibles de *Sciences Divinatoires* : celle dans lesquelles le Voyant dispose lui-même son Miroir (comme dans la *Cartomancie*, etc.) et celle où il se contente d'interpréter les signes naturels, comme dans l'*Astrologie*. Cette dernière science nous a paru d'une telle importance que nous l'avons classée comme la première des Sciences Physiques et Naturelles : les connaissances mathématiques qu'elle nécessite justifiant cette mesure.

La GRAPHOLOGIE nous a paru plus à sa place comme sous-section de l'ÉCRITURE.

Quant aux diverses «*mancies*» nous les donnons ci-après, sous le titre «DIVINATION » : (Indice 203).

Adamantius	ENCAUSSE	Mond
Albumazar	Egyptien ('l)..	Moulth
Allemagne	Flamel	Neuphasius
Alliette	Fuschius	Niphus
Apomazar	Gérard de C.	Norma
Arnauld de Villeneuve	Guillois	NOSTRADAMUS
Artémidore	Guynaud	Odoucet
Bareste	Habil-el-Masri	Olivarius
Beaujoly	Hagecius	Orsini
Béchon	Hagen	Othon
Belot	Halbert d'A.	Para
Béraud	Hasius	Parent
Bohabdil	I. N.	Perenna
Boiteau	INDAGINE	Pererius
Boyvin du V.	Ingebert	Peruchio
Bourgeat	Jacobs	Peucer
Burlen	Job	Petitus
Camerarius	La Bellière	Peuschel
CARDAN	Laborde	Phinella
Chavigny	La Grange	Picard
Cicéron	Lenormand	Piccioli
COLLIN de P.	Leroux	Pighius
Decourdemanche	Magus	PITOIS
Delaage	Marande	PORTA
Delestre	Marcolino	Ragusius
Desbarolles	Menut de St M.	Renaud
Dumoulin	Merlin	Roch-le-B.
Duresnel	Moebius	Ronphile
Du Vignois	Monceius	Salerne

XXXIX

Sawyer	Thèbes	Vaught
Segny	Thyane	Vilbussière
Sicler	TORNE-CHAVIGNY	Wulson de la Col.
Spontoni	Tricasse	Zanchius
Taisnier	Vallemont	ZOROASTRE

PHYSIOGNOMONIE ET PHRÉNOLOGIE

(Indice : 2031)

Azaïs	Fuschius	Lepelletier
Bessières	Gall	Lioubow
Bichat	Gallimard	Morel de R.
Broussais	Gautier	Mouton
Bruyères	Genlis	Normant
CARDAN	Ghirardelli	Péladan
Castle	Girodet	Penot
Combes	Gratiolet	Plane
Cruikshank	Harembert	PORTA
Cubi y Soler	La Bellière	Rouvin
Cureau de la...	LA CHAMBRE (V. Cureau)	Scouteten
Delestre	LAVATER	Serrurier
Duchenne de Boul.	Le Clerc	Spontoni
Flourens	Leclercq	SPURZHEIM
Foscati	Ledos	Vimont
Fowler	Lelut	Ysabeau

CHIROMANCIE

(Indice : 2032)

ARPENTIGNY	ENCAUSSE	Ronphile
Belot	Gouget	Rothmanus
Burlen	Indagine	Science curieuse
Cattan	May	Sicler
Cheiro	Mayen	Taisnerius
Cocles	Moreau	Thèbes
Cureau de La Chambre	Perruechio	Tibertus
DESBAROLLES	Pompeius	VASCHIDE
Edmond	Prætorius	

BUCCOMANCIE

(Indice 2033)

Dorigny   Roges

CARTOMANCIE

(Indice : 2034)

Voir aussi : TAROT *(Indice : 12141)*

xxxx

Allemagne	Collin de Pl.	Perenna
Alliette	Encausse	Pitois
Boiteau	Lenormand (Mlle)	
Bourgeat	Odoucet	

ORDRE NATUREL

Branche unique

Sciences

(Caractéristique 21)

Nous diviserons les *Sciences* en DEUX CLASSES : les *Sciences mathématiques* qui sont, pour ainsi dire, une « Théorie de la Nature », et les *Sciences Physiques et Naturelles*, qui en sont la « Pratique. »

Sur les Sciences en général

(Indice : 21)

| Agrippa | Kraemer | Wouwerus |
| Dutens | Waflart | |

Première Classe

Les *Sciences mathématiques* (Indice 211), se réduiront, pour nous, à celle des *nombres*, aux *carrés magiques* et à quelques curiosités mathématiques :
Ce sera donc une première (et unique) subdivision de ces sciences, soit l'Indice 2111.

Mathématiques

(Indice : 2111)

Alberti	Fax	Portier
Bachet	Frolow	Pujals de...
Ball	Gosselin	Riollot
Bungus	Jouvin	Roilof
Buteus	Latz	Villot
Chardon	Lesprit	Violle
Delezinier	Mallement	Westcott
Dessoye	Marchand	
Euclide	Mariage	

Deuxième Classe

Sciences physiques et naturelles

(Indice : 212)

Nous divisons immédiatement cette classe en Sections, telle que l'*Astrologie* (Indice 2121), la *Géographie* (Indice 2122), la *Géologie et Minéralogie* (Indice 2123), l'*Alchimie* (2124), avec sa sous-section, la *Chimie* (21241), la *Physique* (2125) avec une sous-section, la *Prestidigitation* (21251), et enfin la *Botanique*, réduite pour nous aux *Drogues et Simples* (21261) que nous classons comme sa première sous-section, avec les *Poisons, Empoisonneurs*, etc., sous l'Indice 212611.

XXXXI

Parmi les sujets qui se rattachent à l'*Astrologie*, nous citons l'Almanach ou Calendrier auquel nous joignons la question du *Zodiaque de Denderah* (voir ce mot à son ordre alphabétique), laquelle fait le sujet d'une légion de Mémoires. (Indice 21211).

Les autres sujets détachés sont peu nombreux et relativement assez peu importants. On les indique à leur lieu et place.

(*Indice* : 2121)

Aguila	Flammarion	Morrisson
Alboazen	FLUDD	MULLER
Albohali	Fomalhaut [*Nicoul-*	Newton
Albumazar	*laud*	Oloug Beg
Alchabitius	Fortia d'Urban	Oursel
Alexander	François	Pagan
Angeli	Gadbury	Pighius
Angelus	Gadrois	Pingré
Apianus	Garcaeus	Pisani
Arcandam	Gauric	Pithoys
Arcoli	Gemma	Pluche
Artémidor	Glanvil	Pollacus
Beckius	Goclenius	Porthaise
Belot	Gratarole	Pours
Bengel	Guérin	PTOLÉMÉE
Billy	Haatan	Radinus
Biot	Hemminga	Rambosson
Blaeu	Heurlevyn	Rantzau
Blagrave	Holywood	Raphael
Bonai	Houzeau	Rousselius
Bose	Iatromathematicæ	Roussat
BOUCHÉ-LECLERCQ	Indagine	Salmaise
Bouchet	Jacobs	Sarrauton
Bourdin	Joffrancus	Saulnier
Bourgade	Julevno [*Evno*]	Schornerus
Camerarius	Junctin	Schylandrus
CARDAN	Képler	Sédillot
Carteron	Kingsford	Selva
Censorinus	Knight	Sibley
Chamsky	Lansbergue	Siderocratès
Christian	Leupoldus	Sigorgne
Christmann	Liber...	Simmonite
Comiers	Liechtenstein	Souchon
Cortez	Lilly	Spadacime
CUMONT	Maginus	Teissier
Descartes	Manilius	Taxil
Delestre	Marstallerus	Titis
Derham	Maury	Tollin
E. C.	Melanchton	Tripolita
FERRIER	Mellin de St-Gelais	TYCHO-BRAHÉ
Finarencis	Menekel	Vigenères
Fine	Mizauld	Villanovensis
FIRMICUS MATERNUS	Mollan	Villon
Flambart	MORIN DE VILLEFRANCHE	

XXXXII

Almanach, Calendrier, Zodiaque de Denderah

(*Indice* : 21211)

Biot	Lachèze	St-Martin (J.)
Brière	Lallemant	Saulnier fils
Bouchet	Le Boyer	Seligny
Champier	Lecocq-Mad.	Seville
Delambre	Lenoir	Stoffer
Denderah	Orazi	Tycho-Brahe
Dupuis	• Paravay	Véritable Almanach
Grand Compost	Rivard	Villot
Halma	Robert	

Géographie

(*Indice* : 2122)

Sous le titre « *Géographie* », nous classons tout ce qui a trait à la description de la *Terre*, tandis que l'*Histoire* est, pour nous, une classe de l'*Ethnologie*.

Nous ne donnons donc ici que quelques rares auteurs de *Voyages*, principalement :

Huc (le P.)	Le Clercq
Landor	Sven Hedin

Géologie et Minéralogie

(*Indice* : 2123)

Dans cette Section, nous ne trouvons guère nous intéressant que quelques traités se rapportant aux *Cataclysmes naturels* (Tremblements de terre, etc.) et autres catastrophes, plus quelques Traités de Minéralogie ancienne.

Bertrand	Marbdæus Gallus	Théophraste
Boece de Boodt	Mercati	Warburton
Du Thocelle	Souchu de R.	
Gesner	Tardin	

Alchimie

(*Indice* : 2124)

Voici, par contre, l'une de nos listes les plus importantes. Bien que forcément incomplète, nous pensons toutefois qu'elle réunit l'ensemble de tous les principaux *Philosophes Hermétiques* et de ceux qui ont écrit pour et contre leur Doctrine, jusqu'à nos jours.

L'*Alchimie* est un des sujets sur lesquels on a le plus écrit, et surtout sur lequel on rencontre le plus d'opuscules insignifiants, d'auteurs absolument inconnus d'ailleurs.

Abbatia	Bombaste	Eck de Sultzbach
Abdallah Juraïn	Bono	Eckhart
Abraham	BOREL	ELIE L'ARTISTE
Acxtelmeier	Borrichius	ENCAUSSE
Adepte	Boyle	Espagnet
Agricola	Brandau	Esquiros
Albineus	Brentzi	Eyquem de Martineau
Albinius	Brotoffer	FABRE
Aldrovandus	Brouault	Fanianus
Aletophile	Bruhier d'A.	Faust
Alexandre	Cadet-Gassicourt	Ferrari
Ali Puli	Cæsalpinus	Ficin
Alphonse X	Cailleau	Fictuld
ALTUS	Cambriel	FIGUIER
Alvetanus	Caneparius	Figulus
Amelongius	Cariculius	Flame
Andrea	Castagne	Floretus
Andrenas	Caravantes ou Cava...	FLUDD
Angélique	Chambon	Franck
Anrach	Charas	Frydau
Antiprassus	Chartier	Fueger
Arislæus	Chevalier	Fumée
Arnauld	Chrysander	GEBER
ARNAULD DE VILLENEUVE	Chrysogone	Geisler
Artefius	Chrysostomus	Geoffroy
Artesius	Christophe de Paris	Germain
Atremont	CHYMICA VANNUS	Glaser
Aubry	Clauder	Glauber
Augurelle	Clave	Gobineau de...
AUREA CATENA	Clavier du P.	Gohorry
Bacon	Clodius	Grand Livre...
Balbian	Clopinel	Grasshoff
Balduinus	Celestinus	Grassot
Barba	Collectanea Chemica	Grever
Barchusen	Collesson	Groszschedel
Barent Coenders	Colonne	Gügler
Baricelli	CONSTANT (abbé)	Guillelmus
Barlet	Constant	Gulden-falk
BARNAUD	Conti da Mace	Haatan
Bartholin	Coutan	Hammer
BASILE Valentin	Creiling	Hapelius
Batsdorf	Cyliani	Harprecht
Becher	Dammy	Hartung
Becker	Dariot	Hasolle
Bégin	Davissonne	Haymon
Belin	DEE	Helcher
Benedictus	Delobel	Heliophibus
Bergmann	Democrite	Hellwig
Berlich	Dickinson	Helvetius
Bernard le Trevisan	Dorn	Henkel
BERTHELOT	Drebel	HERMES
Beuther	Duchesne de la V.	Hermogenes
Blawen	Dulco	Hermophile
Boerhaave	Du Soucy	Herverdi

Heusing
HOEFER
Hogghelande
Horlacher
Horn
Hortulain
Huginus à B.
Hyginius
Indagine
Isaac Hollandais
Jani
Janitor...
Jaussin
Jean XXII
Jolivet-Castelot
Joly
Josephus
Jugel
Kelley
Kellner
Kerckingius
Ketmia
KHUNRATH
Koffsky
Korndorffer
Kortum
Krautermann
Kunckel
KYBALION
Labrosse
Lachastre
Lacinius
Lacombe
La Fontaine
L'Agneau
Lamartinière
Lambspring
Lancillotti
Langeloth
Lapis...
Lasnioro
La Tourrete
Lavinius
Leade
Lebreton
Lecouteulx de C.
Leemans
Lefèvre
LENGLET-DUFRESNOY
Lepelletier
Libavius
Libois
Limojon
Loen

Loos
LUCAS
Ludolf
LULLE
Lumière...
Lupius
MAIER
Manget
Mangin de R.
Marie la Juive
Marot de la G.
Marsciano
Matte la F.
Medices
Meisner
Melchior
Ménart
Mennens
Menseuriet
MERCURE
Meung
Meurdrac
Meyer
Micrer
Moebius
Moïse
Mondenstein
Monnet
Montanor
Montanus
Monte-Cubiti
Monte-Hermetis
Monte-Raphaïm
Monte-Snyder
Moresinus
Morhoff
Mullner
Muller
Mundan
Mynsicht
Naxagoras
Nenter
Niger
Nollius
Northon
Nuisement
Odom are
Œtinger
Olliffe
Orthelius
Ortholain
Palissy
Palmarius
Pantaléon

Pantheus
PARACELSE
Penot
PERNETY
Petræus
Pezel
Phædron
Philalèthes
Philothaume
Philovite
Pic de la M.
Plata
Poisson
Polydorus
Pontanus
Pordaedsche
Potier
Pousse
Poyssel
Prugmayr
Qualdianus
Respour
Rhumelius
Richardus
Richtel
Rigaud
RIPLEY
Robertus
Rochas d'Aiglun (Henry de)
Roquetaillade
Rosenkreutzer
Rosinus
Rosnel
Rossignol
Roth Scholtz
Rouillac
Rudolf
Ruesenstein
Rupert
Sachs
Saignier
SALMON
Saltzthal
Schauberdt
Schmid
Schroder
Sohrodern
Schuler
Schwaeblé
Schwaertzer
Scott
Sendivog
Siebmacher

XXXXV

	THEATRUM CHEMI-	
Silento	CUM	Villain
Soanen	Tolde	Villanovensis
Soucy	Thomas d'Aquin	Wagentruz
Sprengel	Thornburgh	Walte
Stahl	Tiffereau	Walchin
Starkey	Tollius	Wedel
Steinbergen	Tripied	Weigel
Sternanker	Trognianus	Welling
Sternhal	Ulmann	Wiegleb
Stiller	Ulstade	Wigand
Stolcius	Urbiger	Xamolxid
Stoltz (voir le précédent)	Vadis	Zachaire
Strindberg	Vaughan	Zanetinis
Suchten	Ventura	Zimmermann
Synesius	Vigenère	

CHIMIE

(*Indice* : 21241)

Sur la *Chimie*, nous avons peu à dire. Beaucoup de ces successeurs des anciens Alchimistes ont cru devoir mépriser leurs prédécesseurs ; mais leur triomphe (s'ils en ont jamais eu un) est, en tous cas terminé de nos jours, et les idées sur la *Chimie* des Savants actuels ne sont ni plus ni moins que celles des anciens Alchimistes.

La transmutation, en général, par exemple, n'a absolument rien qui choque à priori le Chimiste contemporain, bien au contraire.

Baumé	Engestrom	LUCAS
BERTHELOT	Fourcroy	Macquer
Bourguet	Gaudin	Morin
Charas	Gontard	Mougin
Cohausen	Henry	Pasteur
CROLLIUS	Jagnaux	Petermann
CURIE	La Garaye	Scheele
Decremps	Lavoisier	Teixeira
Dumas	Lemery	Thibaut

ETAT RADIANT DE LA MATIÈRE, RADIUM, etc.

Sur cet intéressant sujet, qui était loin d'être inconnu des Anciens, l'on peut consulter :

Besson	CURIE	Ramacharaka
Blondlot	LE BON	
BOYLE	Mager	

PHYSIQUE

(*Indice* : [2125)

Nous considérerons surtout de cette science l'*Electricité* et le *Magnétisme* :

Aubé	Gratarole	Robertson
Becquerel	Haldat	Roessinger
Bertholon	Helmholtz	Santanelli
Beyer	Humboldt	SCHOTT
Boujeant	Huygens	Sestier
Caus	Kastner	Sigaud de la F.
Chardin	KIRCHER	Souchu de R.
Chevreul	Niceron	Tressan
Claude	Nickles	Van Mussenbrock
Dalencé	PASCAL	Van Swinden
Duchâtelet	Quet	Watkins
Euler	Radau	
Gilbertus	Rebold	

PRESTIDIGITATION

(*Indice* : 212501)

L'étude de cet Art ne laisse pas que d'être instructive, parfois, quand il s'agit d'estimer la vérité des phénomènes produits par certains Médiums. Il y en a bien peu qui aient résisté à la tentation d'adjoindre ces petits procédés tout matériels aux secours qui leur viennent si irrégulièrement de l'Invisible.

Beaujoly	Evans	Raynaldi
Blismon	Guyot	ROBERT-HOUDIN
Cazeneuve	Magie...	Robertson
Comte	Magus	
Decremps	Ponsin	

BOTANIQUE (2126). — DROGUES ET SIMPLES

(*Indice* : 21261)

Sous l'Indice 21261 nous examinerons ce qui a trait aux *Drogues et Simples*.

Catelan	Fuchs	LEMERY
CHARAS	Houel	POMET

POISONS

(*Indice* : 212611)

Aux *Drogues* se rattache l'étude des *Poisons* et des *Empoisonneurs*, qui était autrefois inséparable de toute Sorcellerie. Voici quelques auteurs qui en ont traité :

ABAN	Charpentier	Linder
Abra	Coutance	Mangin
ARNAULD DE VILLENEUVE	Flandin	Montmahou
Brouardel	FUNCK-BRENTANO	Masson
CABANÈS	Grévin	Perkins
Chapuis	Hugonnenq	

Ordre humain

(*Caractéristique* : 3)

Cet ordre comprend, en premier lieu, la Doctrine des Mages appliquée à l'Homme. Puis, en seconde ligne, tout ce qui concerne l'*Humanité*, en général ; nous trouvons ainsi *quatre* grandes branches ; l'Ethtologie, les Lettres et Arts, l'Anthropologie et la Médecine. Ces diverses Branches se subdivisent elles-mêmes en cinq ou six classes chacune, et ces Classes en Sections elles-mêmes assez nombreuses.

L'*Ordre humain*, outre qu'il nous est le plus accessible des trois, est en même temps celui qui nous touche le plus pendant notre passage sur la Terre. Il est donc naturel qu'il ait la littérature la plus abondante.

Magnétisme animal

(*Indice* : 301)

Sous ce titre, vient le peu qui nous reste de la Doctrine des Mages appliquée à l'Homme. Cette Science, dont on trouve des traces dans les plus anciennes inscriptions Chaldéennes, s'est dégradée à travers les siècles, et était arrivée à un oubli à peu près total, quand Mesmer, dans l'avant-dernier siècle, la remit en lumière, tant bien que mal, au milieu d'un tumulte scientifique sans précédent dans l'Histoire.

Même de nos jours, la Science Officielle est loin de considérer le Magnétisme avec calme et impartialité.

Voici la liste des auteurs qui s'y rattachent :

Adelon	Barré et R...	Boissière
Adkin	Barreau	Bombay
Albert d'Angers	Bauche	Bonnefoy
Alexandre	Baudot	Bonnet
Alexis	Beaumont	Boret
Almignana	Beaunis	⁎Bormes
Amouroux	Beautain	Bouillaud
Anglemont	Beaux de M...	Boujean
Arcade d'Orient (voir Vial)	Beckensteiner	Bourdin
	Becquerel	Bourru
Archbold	Bégué	Bouvier
Archives...	Bellanger	Bouvignier
Arrêt	Belot	Bouys
Assézat	Berco	Brack
Athénée	Bergasse	Braid
Auguez	Bérillon	Brasseur
Azaïs	Berjon	Breton
Azam	Berjot	Brierre de B.
B. D.	Berna	Brissot de W.
Bacher	Bernheim	Broca
Bâchelier d'A...	Bersot	Broussais
Bacot	Bertrand	Brown-Séquard
Bailly (J. S.)	Billaudel	Browyne
Bapst et Azaïs	Billot	Brück
Baragnon	Binet	Brughat
Barbeguière	Boin	Brullard
Baréty	Boisseau	Buchanan

Bué
Burdin et D.
Burq
C.
C. D.
Cadet
CAHAGNET
Cambry
Cancans...
Canelle
Caron
Carra
Castera
Casti
Caullet de V.
Caylus
Cazalis
Cazotte
Chambard
Chardel
Chappelain
Charcot
Charpentier
Chapignon
CHASTENET-PUYSEGUR
Chautard
Choquet
Clocquet
Colardeau
Colin
Coll
Collongues
Comperet
Compte-Rendu
Constantin
Coste
Court de Gebelin
Crampon
Crocq
Cullerre
Dalloz
Dampierre
Dardeps
Dauger
Debay
Defer
Delandine
Delbœuf
Deleuze
Demongeon
Demarquay
Denis
Desages
Desmartis

Desnos
Despine
Desprez
Devilliers
Dichas
Didot
Dionis
Docteurs modernes
Donato
Donné
Doppé
Dubois
Dubreuil
Dulora de la H.
Dumey
Dunaud
Dupau
Du Pleix
DU PONTET
Dupuy
Duroy
Durville
E. F.
Edard
EDDY
Eldir
Encausse
Espinouse
Esdaile
ESLON
Eymard
F. D. P.
Fabius de C.
Fabre
Farémont
Faria
Fauvelle
Fauvety
Favré
Feinkind
Féré
Ferret
Fiard
Filassier
Filiatre
Fleurville
Fluidus
Fodéré
Foissac
Fontette-S.
Forel
Fortia de P.
Fos
Fournel

Foutan
Fournier
Foutan
Foveau de C.
Franco
Frapart
Frère
Friedlander
Frommann
Frotté
Fugairon
Fustié
FYENS
G. C.
Gaden
Galart de M.
Gandon
Garcin
Garrigue
Gasparin
Gathy
Gauthier
Gaver
Gédéon
Gentil
Gérard
Géraud-Bonnet
Gerdy
Gigot
Gilbert
Gilibert
Girardin
Giron
Goclenius
Gorgeret
Goupil
Goyard
Gragnon
Grandvoinet
GRASSET
Guibert
Guigout-Pig.
Guillaud
Guiollot
Gutierus
Guyomar
Haldat
Hamard
Hannapier
Harembert
Harau
Hautefeuille
Hébert
Heddo

Hélot
Hénin de Cuv.
Hermès
Hervier
Horne
Houssay
HUDSON
Hue
Hugueny
Huguet
Humbert
Husson
Idjiez
Imbert-Gourbeyre
Jacob
Jacquier
James
Janin de C.
Jésupret
Joire
Joly
Jonas
Jozwick
Judel
Jussieu
Klinkosch
Koreff
Kuhnoltz
La Chave
La Favrye
Lafont
Lafontaine
La Grézie
Lallart
Landresse
Landsperg
La Poterie
La Salzède
Lassaigne
La Tourette
Laugier
Laurent
Leblanc
Le Brumont
Lelut
Lemonnier
Léonard
Léonidas
Lepelletier
Lequine
Leroux
Licetus
Liebeault
Liégeois

Linguet
Loisel
Loisson
Lo-Looz
Lombard
Long
Longecourt
Lordat
Loubert
Love
Lovy
Lucas
Luthereau
Lutzelbourg
Luys
M.
M. A.
M. G. C.
M. J. D.
Mabru
Mahon
Maine de B.
Majewski
Mandaroux
Maricourt
Marin
Marrin
Masson
Mauclerc
Meletier
Méric
MESMER
Mesnet
Michal
Millet
Mirville
Moilin
Moll
Montgruel
Monin
Montègre
Morand
Morel
Morety
Moricourt
Morisson
Morogues
Mouillescaux
Moulinier
Moulivetz
Moutin
Mukhopadhyaya
Neyremand
Nicolas

Nizet
Noizet
Ochorowicz
Œgger
Olivier
Oppert
Orbet
Ordinaire
Orlut
Orient (voir VIAL)
Orosz
O'Ryan
Osteopathy
Pailloux
Pambour
Panin
Paramelle
Parrot
Paulet
Paumier
Pauwels
Peaumecelle
Pelin
Pellieux
Perrières
Perry
Pérusson
Pétetin
Pétiau
PEZZANI
Philip
Piel
Pierquin
Pierrart
Pigault Lebrum
Pigeaire
Pitres
Plain
Pointcarré
Poissonnier
Possin
Postel
Pressavin
Pretreaux
Prométhée
Puel
PUYSÉGUR (voir CHASTE-
    NET)
R.
Rabache
RAMACHARAKA
Rambosson
Rapport
Raubin

L

Rebold	Saint-Amour	Thouret
Recueil	Salaville	Thouvenel
Redern	Salah	Tissart du R.
Regnault	Salles	Tissot
REICHENBACH	Salzède	Tollemare
Reste	Santanelli	Touchard
Resimont	Sarlandière	Touroude
Retz	SARRAZIN de M.	Trécourt
Rhubarbini	Saura	Triden
Ricard	Sauviac	Trismégiste
Richemont	Schneider	Tromelin
Richer	Ségouin	Un Bénédictin
Richet	Sempé	Valleton
Riols	Séré	VAN HELMONT
Robert	Servan	Van Hove
Robertus	Silas	Vasseur
Robiano	Simon	Vélye
Robillard	Simonin	Vial
Roboam	Sirmon	Villers
Roche	Skepto	Virey
Roisselet	Sollier	Vision...
Rolfi	Sousselier de la Tour	Voisin
Rossi	Soulié	Volter
Rostaing	Spatantigarude	Wanner
Rostan	Stevensen	Warlomont
Rouget	Suard	Wendel-Wurtz
Roullier	Sue	Wetterstrand
Roussel de V.	Sulaville	Whipple
Roux	Suremain de M.	Wiart
Roussel	Tanchou	WIRDIG
Rovère	Tandler	Wirth
Roy	Tarchanoff	Wisermann
Royer-Coll.	Tardy de Mont.	Wurtz
S.	Tascher	Yung
Sabatier	Thirial	Ziegler
Sabin	Thomas d'O.	

MAGNÉTISME PERSONNEL.

(*Indice* : 302)

Ce titre, relativement récent, nous vient croit-on d'Amérique, où l'antique Science de l'Éducation Psychique (une partie de la Tradition des Mages) est l'objet d'un intérêt aussi louable que remarquable.

Il semblerait que c'est depuis la visite en Amérique du Swâmi VIVEKANANDA en 1892 à l'occasion du Congrès des religions, à la World's Fair de Chicago, que ce mouvement a pris des proportions d'intensité croissante.

Sans vouloir en aucune façon déprécier la valeur très réelle des auteurs modernes sur le sujet, il n'en est pas moins fort intéressant de constater que *tout* le fond de leurs ouvrages est emprunté à et se trouve dans la « *Yoga* » hindoue, dont le Sage PATANJALI n'a fait lui-même que réunir la tradition en un corps de Doctrine, bien avant l'ère chrétienne.

On ne saurait trop admirer la puissante vitalité — indice certain de Vérité — de cette *Science des Mages*, qui depuis des temps bien plus que Pré-historiques, si l'on peut ainsi dire, continue invariable à porter en soi la Lumière à travers tous les cataclysmes des Continents et des Races, avec l'impassibilité et l'infaillibilité de la Nature elle-même.

L'Education Psychique après avoir été le Secret des Sages de l'Hindoustan, et des Temples de l'Egypte, s'épanouit à nouveau au XX° siècle sous le nom Américain de *Magnétisme personnel*.

La supériorité des ouvrages modernes consiste surtout dans leur esprit pratique, et dans leur clarté, qui leur a fait choisir entre de nombreux procédés, ceux qui sont susceptibles de conduire le plus droit au but, par les voies les plus intelligibles.

Et parmi tous, ce sont encore très certainement les ouvrages Américains qui sont à la fois les meilleurs et les plus nombreux. Il serait d'une suprême injustice de les réprouver tous, en bloc, à cause de certaines publications peu recommandables, qui ne sont que des perversions d'un Système remarquable — et qui a fait ses preuves.

Le *Magnétisme personnel* est pour ainsi dire la Capacité Magnétique de l'Individu considéré comme Accumulateur de la Force Vitale ; et les ouvrages qui en traitent ont pour but d'apprendre à leurs lecteurs à développer cette capacité au maximum par des méthodes d'entrainement tout à fait comparables au développement des muscles du corps par la gymnastique et l'hygiène.

Dans la liste qui suit, on trouvera, non seulement les auteurs les plus récents sur le sujet, mais encore quelques autres, plus anciens, généralement, qui ont, pour ainsi dire, touché au sujet, sans toutefois le traiter réellement.

Amoros	Franklin	Ramacharaka
Arnulphy	Gebhart	Raviart
Asturel	Guyot-Daubès	Rocine
Atkinson	Haig	Roudès
Berrier	Jackson	Roy
Blackie	Jullien	Santini de R.
Bosc	Kadir	Secrets de la Vie
Boyer-Rebiab	Kybalion	Segno
Channing	Lermina	Smiles
Doumer.	Lévy	Turnbull
Durville	Masset	Vivekananda
Encausse	Mukhopadhyaya	Weller
Feuchtersleben	Mulford	Williams
Filiâtre	Patanjali	Zam
Fletcher	Payot	
Foissac	Pons	

Traitement mental.
(*Indice* : 303)

Bien que ce sujet soit Particulièrement *Métaphysique* et que certains de ses auteurs aient déjà été nommés sous l'Indice 132 (Métaphysique Occulte), néanmoins, au point de vue *Humain*, nous désirons le signaler à nouveau ici.

Antoine	Eddy	Puller
Atkinson	Evans	Quimby
Buchanan	Fletcher	Ramacharaka
Caillet	Greatrakes	Sabin
Cutten	Harlan	Saltzmann
Deubner	Houssay	Sempé
De Voë	Hudson	Trine
Dresser	Jacob	Wood
Durand de Gros	Milmine	

Ethnologie
(*Indice* : 31)

L'*Ethnologie* est la Première Branche du Troisième Ordre. On lui adjoint en Sous-Branches les Descriptions de certains Peuples ou de certaines Races intéressantes, telles que les Basques, les Druses, les Lapons, les Bohémiens, etc., que l'on donne sous l'Indice 31 suivi de 01, 02, 03, etc.

Pays basque
(*Indice* : 3101)

Blanc St-Hilaire	Monteiro	
Hirmenech	Vinson	

Druses
(*Indice* : 3102)

Labrunie	Pujet de St-P.	Sacy

Lapons
(*Indice* : 3103)

Scheffer

Bohémiens
(*Indice* : 3104)

Grellmann	Liszt	Vaillant

L'*Ethnologie* fournit en outre *cinq* Classes : La Pré-Histoire, l'Histoire, la Linguistique, la Sociologie et la Jurisprudence ou le Droit.

La Pré-Histoire ou Archéologie (Indice 21), nous donne :

Pré-Histoire
(*Indice* : 311)

Barraud	Fabre d'Olivet	Ménard
Barrois	Fortia d'Urban	Mignard
Bourquenod	Gayet	Moreau de J.
Brasseur de B.	Gusman	Paravey
Brotonne	Halma	Penhouet
Brunton	Hammer	Pignotius
Cassanione	Hancarville	Rivière
Chabas	Herbelot	Roisel
Charencey	Lagrange	Soldi
Court de Gebelin	Lasteyrie	Turro
Daremberg	Loiseleur-Desl.	Valerian
Deal	Maule-Pl.	

C'est à la *Pré-Histoire*, ou *Archéologie* que se rattachent les Ouvrages spéciaux sur l'*Atlantide*, la *Chaldée*, ou *Iran*, même l'*Egypte* dont la véritable antiquité ne fait que d'être entrevue.

Ces Subdivisions particulières recevront des Indices à zéro, comme suit :

Atlantide
(*Indice* : 31101)

Bailly
Donnelly

Laurie
Roisel

Snider

CHALDÉE
(Indice : 31102)

BÉROSE
Fontane

Fourmont
Herbelot

Strozza

EGYPTE
(Indice : 31103)

Affre
Ancessi
Arago
Audouard
Bovet
Casalius
Caussinus
Chabas
CHAMPOLLION
Dufeu
Fontane
Fourmont
Gayet
Greppo
Halma
Jablonski
Jannello
Klaproth

KYBALION
Laborde
Langlois
Lebas
Lefébure
Lenoir
Lesueur
Letronne
MANÉTHON
Maspéro
Middendorp
Ollivier-Beauregard
Origny
Orus Apollo
Paravey
Passalacqua
Paucton
Perrot

Philpin de R.
Pierret
Pignotius
Pleyte
Revillout
Rhoné
Salt
Saulcy
Saulnier
Salvolini
Silvestre de S.
Soldi
Ursinus
Valérian
VALENTIN
Vattier
Vismes
Warburton
Witsius

HISTOIRE
(Indice : 312)

C'est à l'*Histoire* que nous rattachons les *Mémoires* (Indice 3121), les *Epistolaires* (Indice 3122), et les *Folk-Lore* et *Légendes* (Indice 3123).

MÉMOIRES
(Indice : 3121)

Anecdotes, Histoires curieuses. Monographies, etc.

Baber
Backer
Barrès
Barthélemy
Bloy
Bulau
Cabanès
Du Rosset
FONTANE
Genlis

Gleichen
Gonon
Goulard
Guyon
Herbelot
Hersart de la V.
Labrunie
Le Leu
Marcouville
Maxwell

Mignard
Nerval (v. LABRUNIE).
Olaüs
Potocki
Quinet
Reinach
Rocoles
Solis
Weldon

EPISTOLAIRES
(Indice : 3122)

| Boyer d'Argens | Glaser | Héloïse |

FOLK-LORE ET LÉGENDES

(*Indice* : 3123)

Berger de X.	Fraysse	Prêtre-Jean
Berthoud	Hearn	VORAGINE
Casalis	ΚΡΥΠΤΑΔΙΑ	
Chaussard	Mélusine	

LINGUISTIQUE, IDÉOGRAPHIE ET SYMBOLIQUE

Cette Classe donne comme Section l'*Ecriture* (*Indice* 3131) avec ses assez nombreuses Dérivées: la *Tachéographie*, ou *Notes tironiennes*, la *Cryptographie*, ou *Stéganographie* et la *Graphologie*, dont on forme les Indices, comme de coutume par l'addition de 1, 2 et 3 à la droite 3131.

Voici d'abord la LINGUISTIQUE

(*Indice* : 313)

ASSIER	Desgranges	Letellier
Barrois	Duret	Marcel
Bergier	FABRE D'OLIVET	Onffroy de T.
Besnier	Harris	Trévoux
Chassant	Imbault-Huart	
COURT DE GEBELIN	Léopold	

Plus particulièrement certains auteurs ont traité des EMBLÈMES, HIÉROGLYPHES, etc. (*Indice* : 31301).

Affre	Ferrero	Montfaucon
Alciati	Greppo	Pierus
Arago	Hammer	Pignotius
Auber	Jannello	Portal
Ayssac	Kirchmann	Soldi
Barrois	Lagrange	Valérian
Blavignac	Langlois	
Curtius	Menestrier	

SYMBOLISME DE LA CROIX

(*Indice* : 313011)

Certains auteurs se sont attachés en particulier au *Symbolisme de la Croix*, si usité dans l'Eglise Chrétienne. Leurs travaux sont d'autant plus intéressants qu'ils ont fait ressortir la très haute antiquité de ce Symbole qui est immensément antérieur à l'Ere chrétienne, et semble originaire de cet Orient où le Christ a sans doute puisé sa Doctrine.

ANSAULT	Letronne	Mourant-Brock
Boucher	Madrolle	Rochette (Raoul)
Gaume	Marchall	Van Drival
Lajard	Mortillet	

En particulier sur la CROIX ANSÉE (*Symbole de la Vie qui vient*) Consulter les *Mémoires de l'Académie des Inscriptions et Belles-Lettres* (tome XXII), 1874, qui est la *Table des Matières* contenues dans les volumes XII à XXI (Voir p. 29).

[Casier M. Bibl. Nat.

On y trouvera l'indication des Mémoires de MM. LETRONNE (X, p. 199) et

(XVI, ii, 236-284). — Raoul Rochette (XVI-ii, 285-382) et (XVII-ii, 134 à 143 et 375 à 387). — Félix Lajard (XVII-i, 348-378).

Tous ces Mémoires se trouvent dans le Casier M, dans la Salle de Travail de la Bibliothèque Nationale.

D'après M. Letronne :

« En Egypte, les premiers Chrétiens ont employé concurremment avec la « Croix Chrétienne la *Croix ansée des Egyptiens*, qu'ils ont prise pour un signe « prophétique de la venue du Sauveur ; *ce qui ne se trouve point hors de l'Egypte* ». (XVI, ii, 284).

En fait la Croix Ansée se trouve aussi sur quelques cylindres assyriens.

Ecriture, Manuscrits, Alphabets

(*Indice* : 3131)

Bangius	Chesnier-Duchesne	Moussaud
Bergier	Delisle	Prou
Bordier	Faulmann	Tory
Chabas	Hourwitz	
Chassant	Jannello	

1re Sous-Section : Tachéographie ou Notes tironiennes

(*Indice* : 31311)

Carpentier	Chesnier-Duchesne	Ramsay

2e Sous-Section : Cryptographie ou Stéganographie

(*Indice* : 31312)

Du Carlet	Porta	Trithème
Hiller	Riols	Vésin de Romanini
Hourwitz	Schott	Vigenère
Jacob	Selenus	
Mailhol	Thybourel	

3e Sous-Section : Graphologie

(*Indice* : 31313)

Beauchamp	Hocquart	Rochetal
Binet	Joire	Salberg
Crépieux-Jamin	Michon	Salvator
Decrespe	Pelhat	Varinard
Giraud	Riols	Vars

Sociologie

(*Indice* : 314)

Cette Classe, qui comprend aussi, naturellement, la Politique, et tous les Systèmes Socialistes plus ou moins équitables, n'offre comme Section que l'Etude des *Noms propres*, sujet aussi curieux qu'intéressant, particulièrement au point de vue du développement de la mémoire.

(*Indice* : 314)

Alhaiza	Bory	Charlety
Anglemont	Cabet	Chauffard
Barrault	Cantagrel	Colins
Bodin	Castel de St P.	Comettant

Considérant	Le Bon	Paléologue
Desmoulins	Lecouturier	Proudhon
Enfantin	Le Moyne	Prudhommeaux
Eon de B.	Leroux	Reybaud
FOURIER	Machiavel	St-Simon
Gohier	Madrolle	St-Yves
Hupay	Malon	Sudre
Jauner-Sponville	Méray	Testut
Kropotkine	Mure	Villegardelle

NOMS PROPRES
(Indice : 3141)

Bélèze	La Roque	Scott
Cazeneuve	Rochetal	
LARCHEY	Salverte	

DROIT OU JURISPRUDENCE
(Indice : 315)

Nous voici arrivés à une Classe tout importante pour les anciens bibliographes. Elle ne nous intéresse que par un côté plus moderne de la question : la *Criminologie* (Indice 3151) et aussi pour les Traités sur les *Châtiments et Supplices* (Indice 3152). Dans cette dernière sous-section, toutefois, nous ne comprenons pas tous les ouvrages de *Flagellation*, par exemple : ils se trouveront en majeure partie sous l'Indice 34411, Sous-Section de l'*Erotisme* (3441), Classe des *Aberrations diverses* (344), Branche de la *Médecine* (34), Ordre *humain* (3).

Toutefois dans la *Jurisprudence* en général, nous retiendrons quelques *Causes célèbres* qui nous intéressent et quelques *Curiosités juridiques*.

Agnel	Capitulaires	Jaybert
Ayrault	Dupray de la M.	La Motte
Bensa	Favre	La Roncière
Bermondus	Francus	Legué
Bocerus	Ganges (Mse de)	Mullers
Bonnelier	Garsault	Nicolas
Bouvet	Gayot de P.	Peleus Julianus
Brinvilliers	Grandier	Pertoch
Cadière	Hautefeuille	Wagensell

CRIMINOLOGIE, SUPPLICES ET CHATIMENTS
(Indices : 3151 et 3152)

Ces Sections sont si peu importantes que nous les donnons ensemble :

Bocerus	Lacassagne	Nicolay
Desmaze	La Grasserie	Perrier
Dortel	Lanjuinais	Pertoch
Dupray de la M.	Ledos	Prudhomme
Ferri	Lefort	Rick
Gallonus	LOMBROSO	St-Edme
Garofalo	Mitton	Sanson
Jaybert	Nicolas	Strigoni

LETTRES ET ARTS
(Indices : 32 et 33)

Ces deux Branches du Troisième Ordre sont, pour ainsi dire jumelles, car toutes deux représentent la Nature maniée par l'Homme (et c'est à ce titre qu'elles figurent ici).

Lettres
(32)

Dans les *Lettres*, nous allons d'abord détacher quelques Sous-Branches d'un caractère très spécial : les *Mélanges* (3201) ; les *Périodiques*, auxquels, pour les reconnaître à première vue nous attribuons notre seul indice à double Zéro : 32003 ; les *Encyclopédies et Dictionnaires* (Indice 3202), et enfin la *Bibliographie* (Indice 3203).

Nous ne donnons pas de liste d'auteurs de *Mélanges* ; on trouvera des renvois aux titres des sujets qu'ils ont traités.

Les *Périodiques* (32001) comprennent naturellement tant les *Journaux* proprement dits que les *Revues* de toute nature intéressant nos recherches. On les trouvera dans le corps de l'ouvrage, tantôt au nom de la Revue elle-même, tantôt à celui de son Directeur, ou principal Rédacteur, mais toujours avec Renvoi de l'un à l'autre.

Dans la liste suivante, on trouvera donc tantôt des noms de personnages, tantôt des noms d'ouvrages.

Périodiques
(*Indice* 32001)

Annales	Houssay	Orient
Anti-Clérical	Hyperchimie	Palladium
Anti-Maçon	Initiation	Plume
Aurore	Intermédiaire des C.	Possin
Bastille	Jacob (Zouave)	Psyché
Blavatsky	Jollivet-Castelot	Purity
Chaîne	Journal...	Ragon
Curiosité	Lotus	Rénovation morale
Echo	Lotus bleu, etc.	Revue
Etoile	Lumière	Ricard
Etoile d'Orient	Madeuf	Salles
Globe	Magie du XIXe	Science sans M.
Gnose	Minerve	Transactions...
Haute-Science	Monde Maçon.	Union Magnétique
Hermès	New Thought	Voile d'Isis
Hiram	Nlle Jérusalem	Vraie Lumière

Encyclopédies et Dictionnaires
(*Indice* : 3202)

Cette liste comprend tant les Ouvrages généraux que les Ouvrages spéciaux, publiés sous la forme ou le titre de *Dictionnaire* ou d'*Encyclopédie*.

Barbier	Collin de P.	Herbelot
Bayle	Delacroix	Heylli
Calmet	Desormes	Jacquez
Chassant	Dictionnaire de...	Jehan
Chaudon	Du Cange	Jouffroy
Chauffepié	Franck	Lacroix
Chesnel	Garnier	Lecanu
Chevin	Guérin	Macquer
Chompré	Guyot	Migne

Montfaucon　　　　　Osmont　　　　　　Trévoux
Moreri　　　　　　　Peignot　　　　　　Vacant
Œttinger　　　　　　Sivry　　　　　　　Voltaire

Bibliographie
(Indice : 3203)

Cette Sous-Branche renferme naturellement, outre les *Bibliographies* proprement dites, tout ce qui se rapporte à cette science : *Catalogues* de Bibliothèques ou de Librairies, *Histoires littéraires*, etc.

Astier	Guaita	Peneau
Barbier	Hayn	Rahlenbeck
Bosc	Jordell	Renan
Cœnobium	Lacroix du M.	Rosenthal
Costa de B.	Ladrague	Scheible
Delisle	Laporte	Sepher
Dewey	Lassize	Stamhammer
Dureau	Méon	Tassin
Elzevir	Nisard	Vinson
Encausse	Nodier	Vogt
Gardner	Œttinger	Wheeler
Gay	Ouvaroff	Yve-Plessis
Græsze	Peignot	

Incunables, Gothiques, etc.
(Indice : 3203)

Dans le courant de nos recherches, il nous est tombé sous les yeux certains ouvrages décrits par les catalogues comme de remarquables curiosités bibliographiques. Ceci n'est point notre spécialité, et en laissant toute responsabilité aux sources d'où nous les avons tirées, voici quelques titres d'articles (car ce sont généralement des anonymes).

Cautelles (Les)...	Histoire véritable de la plus sainte...
Chante-Pleure...	Imago, Figura...
Chapelet (Le) de..,	Interpretationes, seu Somnia...
Charmes et Caractères...	Thresor admirable de la Sentence...

A la suite des Sous-Branches qui précèdent, la Branche des Lettres fournit d'assez nombreuses Classes, que nous donnons ci-dessous dans l'ordre de leur Matérialité croissante, suivant le principe même de toute notre Classification.

Ce sont : la *Poésie* (Indice 321) ; la *Fiction* (Indice 322) ou *Romans, Contes et Nouvelles* ; le *Théâtre* (Indice 323) ; et enfin les *Singularités, Satires et Pamphlets* (Indice 324) qui terminent les *Lettres*.

C'est surtout dans cette partie de notre travail que nous avons été contraint de nous borner le plus : le Merveilleux a de tout temps, en effet, été le favori des plus grands Artistes, et la quantité d'ouvrage sur ce sujet est à peu près innombrable. Nous nous sommes laissé guider un peu par la commune renommée, par la tradition, tout en nous efforçant de présenter un choix succinct dans le plus grand nombre de genres possible.

Poésie
(Indice : 321)

Adelsward
Amerval
AROUX
Auriac
Backer
Celtil
Damcavald
DANTE
Fabre d'Olivet

GAGNE
Genu Soalhat de Mainville
Gilkin
Gourmont
Guaita
Jounet
Largeris
Leconte de Lisle

Lermontoff
Lourdoueix
Parny
Pierquin
Porte du Trait des Ages
Pottecher
Randon

ROMANS. CONTES

(*Indice* : 322)

Adam
Adelsward
Apulée
Argis
Aubier
Ayguals de Izco
Balzac
Barbey d'A.
Bargone
Baudelaire
Bérard
Blanpain
Bloy
Bocon de Lam.
Borel
Bosc
Boué de Vil.
Boulard
Boutet
Brasseur
Briffault
Brisset
BRITTEN
Bulwer
Butty
Caston
Cordier
Cuisin
Crawford
Delbruck
DESCHAMPS
Dubarry
Duval

Du Murat
Ebers
Epheyre [*Richet*]
Esquiros
Flammarion
Flaubert
Gaillet
Galland
Gautier
Glowacki
GOURMONT
Grendel
Guiraud
Hautefeuille
Hérold
Hoffmann
Hucher
Huysmans
Janin
Klarmann
Kolbac
La Montjoie
La Rochefoucauld
La Vaudère
Lear
Lemonnier
LERMINA
Lescure
Lewis
Lombard
Lucius
Maeterlinck
Martin

Maupassant
Méhégan
MICHON
Minturn
Montfaucon de Villars
Moore
Nau
Nicoullaud
Patin
Paulmy
PÉLADAN
Poë
Poinsot
Quillot
Riotor
Saur
Sauvenière
Schwaeblé
Solovioff
Souffrance
Soulié
Stevenson
Suberwick
Terrasson
Tournaire
Valdès
Vallette (Mme)
Van der Naillen
Villiers de l'Isle-A.
Wells
Wylm [*Maxwell*]
Wyzewa

THÉATRE

(*Indice* : 323)

Bois
Bonnefoy
Bougeant
Brulovius
Chilliat

Dumas
Gautier
Naubert
Renan
Richepin

Théâtre érotique
Vérola
Villiers de l'I.
WAGNER

LX

SINGULARITÉS, SATIRES. PAMPHLETS
(Indice : 324)

BERBIGUIER	DEMONS	RUMPLER DE R.
Billard	Garzoni	Vautier
Bloy	Holberg	Véron
Bonaventure des P.	Jacques Jacques	Vérone
BORDELON	Liron	
Brusquambille	Longue	

ARTS
(Indice 33)

Dans les *Arts*, nous ne rencontrerons guère nous intéressant que la *Musique* (Indice 331), la *Danse* (Indice 332), et enfin les *Arts plastiques* (Indice 333) comprenant la Peinture, la Sculpture, la Gravure et l'Architecture. Et encore ces classes sont-elles peu importantes.

ARTS EN GÉNÉRAL
(33)

Bordeaux	Euclide	Soldi
Bridgman	PELADAN	Witkowski
Cozanet	Perrot	

MUSIQUE (331) et DANSE (332) ensemble :

Bonnet	HELMHOLTZ	Rambosson
Chomet	Kastner	Roussier
Combarieu	Lucas	Suarez de Mend.
Durand	Radau	WAGNER

ARTS PLASTIQUES
(333)

Peinture, Gravure, Sculpture et Architecture.

Abarbanel	Caldain	Wirth
Altus	Pailloux	

ANTHROPOLOGIE
(Caractéristique 34)

Cette Branche nous donnerait comme subdivisions immédiates la *Divination par les signes de l'homme*, que nous avons cru devoir reporter à la *Divination Naturelle*, à cause des liens intimes qui les unissent : on essaierait vainement, par exemple de séparer la *Chiromancie* de l'*Astrologie* : la première n'est, pour ainsi dire que le Signe matérialisé de la seconde, et nous pensons qu'il y a pour le classement, un avantage sérieux à grouper ensemble les *Sciences de Divination* ; Donc, voir, voir à l'Indice 2031 et suivants.

Nous distinguons d'autre part dans l'*Anthropologie* quatre Classes importantes: la *Génération*, (Indice 341) avec plusieurs Sections fort intéressantes : l'*Amour* (Indice 3411), les *Femmes* (Indice 3412), les *Monstres* (Indice 3413), etc., puis l'*Education* (Indice 342), avec sa Section, la *Mnémonique* (Indice 3421) ; ensuite l'*Hygiène* (Indice 343) avec ses Sections, le *Régime Alimentaire* (Indice 3431), la *Gymnastique* (Indice 3432), le *Vêtement* (Indice 3433) ; et enfin, les *Personnages* ou *Individualités* célèbres ou illustres (Indice 344).

De cette dernière Classe, nous avons déjà détaché par anticipation les Fondateurs de Religions ou de sectes importantes que nous avons classé avec leur *Religion* ou secte : par exemple :

BUDDHA, voir Indice 1211 ; — JÉSUS-CHRIST, voir 1221 ; — MAHOMET, voir 123201 ; — PYTHAGORE, voir 1311 ; et c'est à peu près tout.

GÉNÉRATION
(*Indice* 341)

La première Section a trait à la perpétuation normale de la race humaine, c'est-à-dire à l'*Amour* (Indice 341). Nous avons cru devoir donner à part (sous l'Indice 3541, plus loin) les Auteurs qui ont traité des perversions et aberrations de cette importante fonction, de l'*Erotisme*, en un mot, mais d'autre part, certains auteurs, d'Erotologie Ancienne, ou Orientale, par exemple, sont assez difficiles à répartir entre ces deux Sections.

AMOUR (3411) et FEMMES (3412).

Abdul-Haq…	Mantegazza	Schneider
Bartholinus	Millot	Tiphaine
Bhartrihari	Nefzaoui	Vénus Magique
Couteau	Noirot	Villemont
Desjardins	Purity	Weill
Lamairesse	Rambaud	
Larcher	Richelieu (sur)	

MONSTRES
(3413)

Sous ce titre, nous groupons les Auteurs qui ont traité des Monstruosités Humaines Naturelles.

Berger de X.	Maupertuis	Sangutelli
Habicot	Petit	Schenkius
La Chapelle	Rainaudus	Schott
Licetus	Riolan	
Martin	Robin	

EDUCATION
(342)

Après la perpétuation de l'Espèce vient naturellement son *Education* d'où nous avons détaché une Sous-Section curieuse, la *Mnémonique*, que nous donnons ensuite.

(342)

Berrier	Nicolay	Surier
Blackie	Peignot	Thulié
BUCKE	Purity	
Buyse	Rouhet	

Voir aussi à MAGNÉTISME PERSONNEL : 302

MNÉMONIQUE
(*Indice* : 3421)

André	Chavauty	Didier
ATKINSON	Courdavault	Guyot-Daubès

Hygiène, Naturisme, etc.
(Indice : 343)

Ce titre un peu étendu, comprend d'abord tous les auteurs cités sous l'Indice 302, Magnétisme Personnel, et en outre :
Biltz, Kellogg, Kneipp, Kuhne, Platen, Ramacharaka, Sandoz.

Régime Alimentaire, et en particulier : Végétarisme, Fruitarisme, etc.
(Indice : 3431)

Arbuthnot	Dufour	Lessius
Ballant	Desjardins-B.	Mauriès
Blegny	Fletcher	Moll-Weiss
Blot-Lequesne	Fontenay	Monteuuis
Bonnejoy	Freitage	Pascault.
Bruzen de la M.	Gleizes	Porphyre
Collière	Hancock	Salerne
Confalonius.	Husson	Salmaise
Cornaro	Kellogg	Schulz
Cornet	Ledesma	Végétarisme
Dewey	Lemery	Viaud
Drews	Leon-Pinello	

Gymnastique
(Indice : 3432)

Amoros	Guermonprez	Paz
Arnulphy	Hancock	Rouhet
Ciccolini	Lutterbach	Schreber
Demeny	Mercurialis	Strehly
Desbonnet	Müller	Tissié

Vêtement
(Indice : 3433)

Pacichellius   Rouillard

Personnages ou Individualités célèbres
(Indice : 344)

Voici une liste d'Auteurs ayant traité de Biographie générale ou particulière :

Barrès	Larrieu	Pastoret
Bauchamp	Lefèvre-Deumier	Peignot
Cabanès	Le Leu	Petit
Cap	Majus	Plutarque
Descaux	Matex	Schuré
Diogène Laerte	Matter	Toulouse
Ellivan	Milmine	
Hoefer	Oettinger	

Comme nous l'avons déjà fait observer, les Fondateurs de Religions ou d'Écoles ont été classés en tête de ces Religions ou de ces Écoles. En voici quelques-uns :

Buddha voir Indice 1211
Jésus-Christ, voir Indice 1221.

MAHOMET, voir Indice 123201.
PYTHAGORE, voir Indice 1311.

HERMÈS OU MERCURE TRISMEGISTE
(Indice 3441)

Voir à ce nom dans le MANUEL.

ZOROASTRE
(Indice : 3442)

Voir à ce nom, et :

Jessenius à Jansen	Nietsche	Vérola
Ménant	Richepin	

JEANNE D'ARC
(Indice : 3443)

Voir à ce nom, et :

Andrée	Hordal	Le Nordez
Dufaux	Lenglet-Duf.	

MÉDECINE
(Indice 35)

Voici une des Branches les plus importantes du Troisième Ordre. Mais nous n'avons point à l'étudier sous toutes ses faces, et nous n'en retiendrons guère que des généralités, ou des curiosités.

Tout d'abord se présente une Sous-Branche, la *Philosophie Médicale* (Indice 3501) qui est le lien, pour ainsi dire, de la *Médecine à la Science des Mages*.

Puis nous trouvons six Classes, la *Médecine Naturelle*, (Indice 351) ; la *Médecine Magique* (Indice 352); la « *Medicina Curiosa* », (Indice 353) ; les *Aberrations ou Maladies diverses* (Indice 354) ; le *Sommeil* (Indice 355) ; et enfin la *Mort* (356), qui termine notre Classification par l'Achèvement du Cycle Humain.

Les Sous-Sections, nombreuses, se développeront en leur lieu et place ; voir le *Tableau Synoptique*.

PHILOSOPHIE MÉDICALE
(Indice : 3501)

Avicenne	Digby	Le Baillif
Barthez	Dioscoride	Locques
Bernard	Draper	Longueville-H.
Bichat	Dresser	Malbec de T.
Boderius	Durey	Marat
Bouchut	ENCAUSSE	Marot de la G.
Bruzen de la M.	Fernel	Mathiole
Bruzon	Fioravanti	Mavéric [PETIT JEAN]
BUCKE	Freitagius	Meyssonnier
Cabanis	FYENS	Monteil
Catelan	Galien	Oehme
Cattier	Geisler	Papin
Charleton	Goclenius	Paré
Conringius	Hansfurtus	PELADAN (Adrien)
Daremberg	Hippocrate	Pettigrew
Devaux	Lapasse	Pithopæus
Deusingius	La Favrye	Planis-Campy

LXIV

Polemann	St-Romain	theticum
Regnerus à C.	Salerne	Tymogue
Rengade	Schutze	Van Helmont
Robertus	Sennertus	Wenckh
Roch le Baillif	Servitis	Whipple
Rousseau	Tenzel	White
Ruland	Theatrum Sympa-	Zimara

Médecine Naturelle
(*Indice : 351*)

Bien que de la plus haute importance, cette classe est peu nourrie: ce sont surtout les Allemands, qui, de nos jours se sont livrés passionément à sa culture, et presque tous les Ouvrages importants en ce genre sont des traductions de cette langue.

Bilz	Kühne	Raspail
Fischer (Anna)	Lane	Sandoz
Kellogg	Platen	Smith
Kneipp	Ramacharaka	

Médecine magique et psychique
(*Indice : 352*)

Sous ce titre nous groupons les Auteurs qui ont traité de *Médecine psychique* ou *singulière, Spagyrique, Hermétique* ou *Rosicrucienne*, avec les controverses, etc., auxquelles ils ont donné lieu. Il est à remarquer que ces mêmes auteurs ont presque toujours écrit aussi sur la *Philosophie médicale* (Indice 3401), de sorte que l'on pourra aussi se reporter à cette dernière liste. Voir aussi *Traitement mental* (Indices 303 et 132).

Antoine	Evans	Peyronnet
Aurigo	Houssay	Puller
Burq	Lane	Quimby
Chardin	Laurentius	Ramacharaka
Christian Science	Mavérick [*Petit jean*]	Sabin
Deubner	Moricourt	Vieillard
Duz	Osteopathy	Wood
Eddy	Perkins	

Homœopathie, Electro-Homœopathie
(*Indices : 3521 et 3522*)

Ces deux Sous-Sections de la *Médecine magique* sont intéressantes parce qu'elles sont modernes et qu'on ne semble pas rencontrer trace de leur existence dans le passé, contrairement à presque toutes les autres « *Inventions* » modernes

Homœopathie
3521

Bigel	Hahnemann	Péladan (Adrien)
Burggraeve	Hering	Rucco
Encausse	Mure	

Electro-Homœopathie
3522

Genty de Bonqueval   St-Germain (?)
MATTEI   Saturnus .

MEDICINA CURIOSA
353.

Comme son nom l'indique, ce groupe réunit des Curiosités Médicales de toute nature :

Alexandre	Deusingius	Mirabeau
Alpini	Dinouard	Monin
Alquié	Domergue	Moreau
Ancillon	Dutoit-Membrini	Osteopathy
Anel	Duval	Paramananda
Auber	Ecchellensis	Paré
Audin	ENCAUSSE	Peyronnet
Aurigo	Fauconnet	Peyssonnel
Azaïs	Fernel	Pigeon
Barthez	Finot	Prévost
Bauhinus	Flourens	Priscien
Baumgartner	Franco	Procope
BAYLE	FYENS	Provenchères
Beauchesne	Goizet	Ramon
Bernard	Grimaldy	Randolph
Bienville	Grube	Rega
Bollinger	Guybert	Reymond
Bordeu	Hecquet	Rhazès
BOURGEOIS	Hill	Roch
Brown-Sequard	Hostius	Rulow
Brunfels	Houel	Salmaise
Bruzen de la M.	Imbert-G.	Sanctorius
Burton	Joly	Saurel
CABANÈS	Jordanus	Schoockius
Cangiamila	Joubert	Senguerdius
Charcot	Kornthaver	Sonnet
Chardin	Lair	Theophilos
Chauliac	Lane	Tissot
Cohausen	Marat	Toulouse
Col de Villars	Marin	VAN HELMONT
Coullery	Marinis	Vaulx
Curion	Massard	Venette
Dareste	Mathiole	Warfisius
Davach de...	Maupertuis	Willoff
Decombes	Mayer	Witkowski
Des Innocens	Minime	

ABERRATIONS ET MALADIES DIVERSES
(Indice : 354)

Nous avons groupé dans cette classe des sujets qui touchent un peu indirectement aux Sciences Psychiques, mais sur lesquels l'étude de celle-ci jette la plus vive lumière. A tel point que nul ne peut les bien connaître sans avoir connaissance de la Doctrine de l'Invisible.

En premier lieu vient l'*Erotisme* (Indice 3541), qui, on peut le dire, est la plaie de notre Age, avec sa Sous-Section la *Flagellation* au point de vue érotique (Indice 35411); puis la *Folie* (Indice 3542) qui est bien, suivant l'euphémisme d'Allan KARDEC, une « *Subjugation* » d'un Homme par un Invisible ; les *Maladies nerveuses* (Indice 3543), où le Fluide Magnétique joue un rôle tout important ; l'*Alcoolisme* (Indice 3544) curieux cas de « *Subjugation* » par une substance matérielle, ainsi que la *Morphinomanie* et *Empoisonnements analogues* (Indice 3545).

Comme on le voit, tous ces sujets relèvent d'un dérangement des fontions naturelles de l'Homme et sont toutes d'un ordre guérissable par les seuls procédés Psychiques. C'est à ce titre que nous les avons mentionnés ici.

Erotisme, Prostitution
3541

Ancillon	Imbert	Proudhon
Bagneux de V.	Jacobus X...	QUIVOGNE
Casti	L.	Regnault
Cleland	Lacour	Regno
Craisson	Lacroix	Remo
Daudet	Lamairesse	Reuilly
Decombes	Lampsaque	Scopit
Delepierre	Laupts	Sérails...
Deschanel	Lautréamont	Serge
Drialys	Lear	Syveton
Dubut de Laf.	Leroy	THÉATRE ÉROTIQUE
Dumont	Lucine	Tissot
Famin	Martin	Un Ancien Chanoine
Forberg	Meissner	Vèze
Gallus	Méry	Virmaitre
Gygès	Moll	Yvermont
HERVEZ	Morency	
Hill	PIERRUGUES	

Flagellation
35411

Boileau	Lanjuinais	REBELL
DOPPET	MEIBOMIUS	SACHER-MASOCH
Drialys	Querero	Villiot

Folie
(Indice : 3542)

Antheaume	Delepierre	Marie
Biquet	Garzoni	Nodier
Brierre de B.	Féré	Postel
Broussais	Legrand du S.	Rollin
Brunet	Lemoine	Rouy
Calmeil	Mandon	Trélat

Maladies Nerveuses
(Indice : 3543)

Fauconney   Gérard

Alcoolisme
(Indice : 3544)

Morphinomanie & Empoisonnements analogues
(Indice : 3545)

Baillard	Lair	Sallengre
Baudelaire	Moreau	Textor
Cohausen	Mousin	Trousset
Hutten	Neander	
Jennings	Neveu-Derotrie	

SOMMEIL
(Indice 345)

Ce sujet est encore un de ceux qui touchent le plus intimement aux Sciences Psychiques, et le mécanisme de cette séparation quotidienne ou presque de l'Ame et du Corps est encore malgré sa fréquence extrême un des phénomènes les moins intimement connus.

A cause de leur grande affinité avec les *Visions* et les *Apparitions* nous avons classé une partie de ce qui concerne les *Songes* et *Rêves* avec les premières (Indice 11101). D'autres auteurs, moins élevés de pensée, sont classés ici.

Barth	Manacéïne	Synesius
Feltmann	Mosont	Tissié
Horstius	Richard	Yung
Lemoine	SERGUEYEFF	
Macario	Stentzel	

MORT
(Indice 356)

Nous voici arrivé au Terme de la Vie Humaine, comme aussi au dernier terme de notre Classification, qui la suit pas à pas, depuis son « *Existence en Puissance* » jusqu'à son « *Retour à l'Invisible* », en passant par tous les développements intermédiaires.

A la *Mort* se rattachent toutes les généralités qui ont trait à la *Crémation*, à la *Sépulture*, à l'*Embaumement*, etc.

Nous noterons les deux Sous-Sections :

La *Longévité* (Indice 3561) qui est l'art d'éluder la mort le plus longtemps possible.

Le *Suicide* (Indice 3562) qui est au contraire l'art de la précipiter.

CRÉMATION, EMBAUMEMENT, SÉPULTURE, etc.
(Indice : 356)

Bellonius	Garmann	Lanzonius
Bonneau	Girard	Louis
Bruhier	Gyraldus	Palma
Cabanès	Kirchmann	Penicher
Gannal	Kornmann	Quensted

LONGÉVITÉ
(Indice : 3561)

Burgraeve	Lapasse	Noirot
Finot	Longeville-Harcouet	Préville
Foissac	Monteux	
Hufeland	Moreau	

SUICIDE
(Indice : 3562)

Brierre de Boismont	Dumas	Guillon
Douay	Ebrard	

Manuel Bibliographique

des

SCIENCES PSYCHIQUES

ou

OCCULTES

1   A. L. J. D. — Voir : DALOZ ou DALLOZ.

2   A. S. B. — Le Vrai Jésus ou Harmonie de la Révélation avec la Science et la Société moderne, avec réponse à tout et à tous, par A. S. B. Lyon, 1869, in-12.

AARON. — Voir : BLOCQUEL (Simon).

ABAN (Pierre d') ou d'APONE, ou encore d'ALBANO ; en latin : PETRUS DE ABANO, ou APONO ou ALBANO. Né vers 1246 dans le village dont il porte le nom, et qui est situé dans la Vénétie, près de Padoue ; mort vers 1320. Grand Médecin, Disciple des Arabes, et fort riche, il fut aussi un profond Astrologue, un grand Kabbaliste et un Alchimiste de renom. Accusé de magie par l'Inquisition, il mourut pendant l'instruction de son procès, échappant ainsi à la condamnation qui le frappa ; et, sa servante ayant pu soustraire son corps à la justice, il ne fut brûlé qu'en effigie.

3   La Bibliothèque de l'Arsenal possède un curieux Manuscrit de cet auteur (N° 80) : « Eléments pour opérer dans les Sciences Magiques, avec les façons de faire les cercles magiques, les Conjurations des Anges et les Jours et les Heures que l'on doit les invoquer. »

L'Heptaméron de Pierre d'Aban a été souvent joint aux Œuvres d'Agrippa, bien que ce dernier lui soit postérieur d'au moins un siècle et demi, et cela a donné lieu à plusieurs anachronismes que nous relèverons en leur lieu.

4   ABAN (Pierre d'). — Comincia la

Geomantia di Pietro d'Albano, trad. di lat.
Venetia, 1556, in-12. Figures et lettres ornées. (6 fr.)

Ouvrage rare.

5   ABAN (Pierre d'). — Les œuvres Magiques de Henri-Corneille Agrippa, par Pierre d'Aban, Latin et Français, avec des Secrets Occultes.
Liège, 1788, in-18 de 139 pages et 2 ff. de table, avec 5 pl. en taille douce, hors texte. (12 fr.).

Édition ancienne et très rare de ce petit Grimoire. On y trouve toutes les Conjurations des Esprits, et le Rite des Cercles Magiques. A la fin une quinzaine de pages de Secrets divers : pour l'Amour, contre la Teigne, pour guérir des « Hémoroïdes ». — Divination par l'Ange Uriel (au Verre d'eau), etc.

Voir aussi à *AGRIPPA*

6   ABAN (Pierre d') — Petri de Abano. Remedia Venenorum.
Basileæ, 1531, in-12.
(S-3221.

ABARBANEL (Iehuda) ou ABRABANEL, ou LEON L'HEBREU. Rabbin et médecin juif, espagnol, ou portugais, né en Castille vers le milieu du XVᵉ siècle, d'autres disent à Lisbonne en 1437, et mort en 1508. Obligé de quitter l'Espagne en 1492, il alla exercer la médecine à Naples, puis à Gênes. Kabbaliste et Mystique converti (?) au catholicisme, il avait été ministre d'Alphonse V de Castille et de Ferdinand le Catholique.

7   ABARBANEL. Leo Hebraeus. Dialogi di amore.
Venegia, Aldus, 1541, in-12. (20 fr.).

Ouvrage rare, dont l'auteur s'efforce de concilier Aristote et les Néoplatoniciens. — Il s'occupe de l'amour dans Dieu, dans l'Univers, etc....

8   ABARBANEL. Hebr. Doct. Leonis de Amore. Dialogi Tres.
Venetiis, 1564, fort in-12. (10 fr.).

Excellente édition des célèbres dialogues sur des sujets pieux et profanes, nombreuses dissertations sur les divers caractères de l'Amour, sa nature, son essence et sa réciprocité, son étendue et son origine.

9   ABARBANEL. Portraict dv temple de Salomon, dans lequel se s'escrit briesvement la constitvtion de la fabrique dv Temple et de tous les vases et vtensils d'iceluy : dont le modelle se trouve apres le mesme autheur comme chacvn peut voir. Par Léon Hébrev (Iacob Iuda) habitant de Middelbourg en la Province de Zeelande.
Amsterdam, 1643. Pet. in-4°, 3 pl. gravées, repliées. (12 fr.).

Ouvrage curieux, donnant une description minutieuse du Temple de Salomon et de tout ce qu'il contenait.

10   ABARBANEL. — La saincte Philosophie d'Amour, contenant les hauts points desquels elle traite, tant pour les choses morales que naturelles et divines. De nouveau reveue et augm. pour la troisième édition. Traduite de l'Italien en François par S. du Parc, Champenois.
Paris, 1596. Pet. in-12. (20 fr.).

Savant traité de haute mystique imprégné de kabbale, où le savant rabbin Abarbanel donne la clef des mysteres divins, l'analogie et les rapports du macrocosme et du microcosme et la sublime alchimie des choses spirituelles.

Autres éditions :
Lyon G. Rouille, 1550. Fort. in-16. (9 fr.).
Cl. Micard 1580, in-10. (14 fr.).

11   ABARBANEL. — Philosophie d'amovr. de M. Léon Hébrev, traducte d'Italien en Françoys par le Seigneur Du Parc Champenois. [Pontus de Thiard].
A *Lyon, chez Rouille, et Payen*, 1551, in-8°. (10 fr.).

Édition rare.

Autre édition de 1559, in-10.
Lyon Benoist Rigaud 1595 in-12. (10 fr.).

Avec un portrait de l'auteur sur le titre. Voir sur ce très curieux ouvrage l'article du Dʳᵉ des Sciences philosophiques.
(Sᵗ-Y-2246.
(G-489-490-1549-1550.

12   ABARBANEL (Don Isaac) rabbin espagnol, père du précédent, célèbre adversaire de la foi chrétienne.

Le principe de la foi ou la discussion des croyances fondamentales du judaïsme. Traduit par le G. Rabbin Mossé. &c.

Avignon, 1884, in-8°.

ABBADIE. (Jacques). Grand Théologien Protestant, né à Nay, dans le Béarn, entre 1654 et 1658, mort à Londres en 1727. Il prit à Sedan le degré de Docteur en Théologie, et fut Pasteur à Berlin et à Londres.

13 ABBADIE (Jacques).L'Art de se connoître soi même, ou la Recherche des Sources de la Morale, par Jacques Abbadie....

Rotterdam, P. Vander Slaart, 1692. 2 parties in-12. (2 à 4 fr.).

[D². 3942

Autres éditions.
Rotterdam et la Haye, 1693, in-12.
Rotterdam, 1711, in-12.
La Haye, 1741, in-12.

Rare. — Abbadie par son ouvrage fut l'initiateur du philosophe mystique Claude de St Martin, le Philosophe Inconnu et l'initia à un ensemble d'études de soi et de méditations sur le divin type de toutes les perfections.

La Bibliothèque Nationale en offre 20 éditions différentes.

Catalogue Général : 1-19.

(S-2916

14 ABBADIE. Traité de la Vérité de la Religion Chrétienne [par Abbadie.]
Rotterdam R. Leers, 1684. 2 volumes in-8°. (5 fr.).

[D. 21534
[D. 22434

Autres éditions :
Rotterdam, 1662. 3 volumes in-12.
Rotterdam, Leers, 1701.2 vol. in-12 (5 fr.).
Dijon, 1820. 4 vol. in-12, 5ᵉ édit.

«Curieux ouvrage d'Abbadie, l'initiateur du théosophe Claude de St Martin.» (S. de G.). Initiateur posthume, alors car Jacques Abbadie, ministre calviniste, auteur de ce traité mourut à Londres en 1727 alors que le Philosophe Inconnu ne naquit qu'en 1743.

Excellent ouvrage. Voici ce que disent à ce sujet MM. Haag dans leur France protestante : « Des catholiques même ardents et personne ne s'étonnera de nous voir citer dans le nombre la célèbre Mᵐᵉ de Sévigné poussaient jusqu'à l'enthousiasme leur admiration : « c'est le plus divin de tous les livres » écrivait-elle à Bussy Rabutin, et celui-ci lui répondait sur le même ton : « Il n'y a que ce livre là à lire au monde... »

15 ABBADIE (d') et AUGUSTIN CHAHO. Etudes grammaticales sur la langue Euskarienne.
Paris, 1836, in-8° (4 fr.).

[X. 20571

16 ABBATIA. (Antonius de). Anthonii de Abbatia Send-Schreiben von dem Stein der Weisen und von Verwandlung der Metallen, aus dem Lateinischen ins Teutsche übersetzet ; dans « Deutsches Theatrum chemicum» de Roth-Scholtz (1732) III, 651-80.

(O-1087-1088

17 ABBATIA (Antonius de) Zwei vortreffliche und noch nie im Drück gewesene chymische Bücher. I. Des... Münchs Antonii de Abbatia Bericht von Verwandelung der Metallen. II Aufrichtigteutscher Wegweiser zum Licht der Natur oder ad Tincturam Physicam Paracelsi, und lapidem Philosophorum authore Domino in Limo, non malo malo... In Teutscher Sprach übergesetzt...

S. L., 1759, in-8°.

[R. 25999.

Instruction sur la transmutation des Métaux par Abbatia, et Guide vers la Lumière de la Nature, ou la Pierre Philosophale par le Seigneur de Limo.

18 ABBÉ***, auteur d'une série de Romans anti-religieux: le Maudit, le Jésuite, le Moine, la Religieuse, etc. Voir : MICHON (l'abbé Jean-Hippolyte).

Ce pseudonyme n'a été dévoilé réellement qu'à la mort de l'abbé Michon, dont les exécuteurs testamentaires ont publié en 1885 : « Fils de Prêtre, Roman Posthume le l'auteur du Maudit. » (Paris, in-12).

19 'ABD-OUL-BEHA. Les Leçons de Saint-Jean d'Acre, recueillies par Laura Clifford Barney, Traduit du Persan par Hippolyte Dreyfus.

Paris E. Leroux, 1908. Pet. in-8° de 416 p.

[8ⁿ R. 22089

Étranges Révélations d'un grand Mystique Persan. C'est toute la Philosophie du Béhaïsme la nouvelle Religion Universaliste, telle qu'elle est enseignée par le Maître : — La Destinée. — L'Influence des Étoiles. — Visions et Communications avec les Esprits. — Guérison des Malades par les Moyens spirituels. — etc.

Le Texte Persan de cet ouvrage est annoncé comme sous presse chez le même éditeur.

La Version Anglaise est publiée par Kegan Paul, Trench, Trübner and Cⁱᵉ Londres.

20 ABDALLAH JURAIN (alchimiste arabe)

Des Arabers Abdallah Jurain Varkadamia oder Gold-kunst im filosofischen Steine ; dans Schröder (F. J.-W.) Neue Sammlung der Bibliothek für . . . . Chemie (1776). II. 91-112.

L'éditeur dit ne pas pouvoir assurer l'authencité de cet ouvrage qui a été trouvé chez un ermite arabe : il était écrit sur parchemin en caractères d'or, et l'ermite en faisait le plus grand cas.

(O-1324

ABDEKER. Voir LE CAMUS

21 ABDOLONYME. Antwort auf die 177 theosophische Fragen in Jacob Böhm, aus dem Geistes-Zusammenhang seiner Schriften, mit dessen eigenen Worten im Lichte zum Aufschlusz seiner ganzen Theosophie, verfasset von Abdolonymo.

S. L. N. D. *(Leipzig, Böhme, selon Heinsius)*, 1785.

2 volumes in-8° de XXXII-322, et 366 pp.

Les pp. 1-64 du 1ᵉʳ vol. contiennent la réimpression des 14 Fragen contenues dans « Betrachtung gottlicher Offenbahrung »... de J. Böhme ; le travail d'*Abdolonyme* remplit le reste de l'ouvrage.

(O-44 & 45

22 ABDUL-HAQQ-EFFENDI. Le Livre de Volupté (Bah-Namch), traduit du Turc, par *Abdul-Haqq-Effendi*.

Erzeroum, chez Oizmich-Aga. [*Bruxelles, Gay et Doucé*]. S. D. [1875], in-8° (15 fr.).

[Enfer, 20

Edition originale de cet ouvrage tiré à petit nombre sur papier vergé.

Autre édition :

Erzeroum ; etc. [Gay et Doucé], 1884. Pet. in-8°. (10 fr.).

23 ABENDANA (Jacob). — Cuzari. Libro de grande Sciencia y mucha Doctrina, traducido por Jacob Abendana.

Amsterdam, 5423.

[A.2054

ABOULFARADJ (Grégoire) en latin ABULFARAGIUS, historien et médecin de la Secte des Chrétiens Jacobites, né à Malatia en 1226, mort en 1286. Primat des Jacobites d'Orient.

24 ABOULFARAG. Le Livre de l'ascension de l'esprit sur la forme du ciel & de la terre. 1ʳᵉ partie. Texte syriaque.

Paris, E. Bouillon, 1899, in-8°. (15 fr.).

[8° Z. 114

25 ABRA (Henri) Henricus Abra, de Curandis Venenis, per Medicamenta simplicia.

Leovardia [Leeuwarde, en Frise], 1616, in-12.

(S-3221 b.

26 ABRAHAM. Préceptes et instructions du père Abraham à son fils, contenant la vraie Sagesse hermétique, traduits de l'arabe ; avec cette épigraphe :

Omnia mecum :

Nosce te ipsum.

dans Bibliothèque des philosophes alchimiques (1754), IV. 552-95.

Rien n'indique que ce soit un ouvrage du rabbin Abraham dont le livre a été entre les mains de Nicolas Flamel.

(O-708

27 ABRAHAM. Das von Jesu Christo dem Richter der Lebendigen und der Toden, aller Creatur zu predigen befohlene ewige Evangelium von der durch Ihn gefundenen ewigen Erlsung, wodurch alles was da heisset Teuffel, Sünde, Hölle und Todendlich

gantz und gar vernichtiget, und also alle Geschöpffe... an unzehlich vielen Orten durch diesen Druck verbessert. und nebst Hinzufugung eines Neuen Capitels über Hebr. 2 v. 16 ; vom Samen Abraham handelnd vermehret von Georg Paul Siegvolck, einem einfältigen Schuler der himmlischen Weiszheit.

Gedruckt zu Pamphilia auf Kosten guter Freunde. 1705. in-8° de X — 130 pages.

(O-101.

28 ABRAHAM (Le F∴ [Firmin]). L'art du thuileur, dédié à tous les Maçons des deux hémisphères, par le F∴ [Firmin] Abraham...
Paris, s.d. (An XII). in-8°, Pièce. (4 fr.). [H p. 555.

29 ABRAHAM (Firmin). Miroir de la Vérité, dédié à tous les Maçons. *Paris* chez le F∴ *Abraham* 5800-5805 [1800-1805].
4 volumes in-8°. (20 fr.).
[H. 11828-831.

Ouvrage d'une excessive rareté & du plus grand intérêt au point de vue initiatique. Réfutation de Barruel. — Protection accordée par le Roi de Prusse aux F∴ M∴ de ses états. — Les dangers de l'athéisme. — Traits d'union entre le G∴ O∴ de France & le Rite Ecossais. — Initiations aux anciens mystères. — Un aveugle peut-il être reçu maçon. — Inauguration du temple des Elèves de Minerve & description de ce temple. — Nombreuses poésies initiatiques.— Discours.— Installations de loges. — etc......

30 ABRAHAM (Firmin). Tableau général des LL∴ de la correspondance du G∴ O∴ de France, à l'époque du 27ème J∴ du 10e M∴ de l'an de la V∴ L∴ 5800
S.l. [*Paris*. 1800]. in-8°. de 16 pp. (4 fr.).

Contenant la liste de toutes les Loges du Grand-Orient avec les noms & adresses des Vénérables & des Députés.

31 ABRAHAM (Eléazar) (le Rabbin) R [abbi] Abrahami Eleazaris uraltes chymisches Werk, welches ehedessen von dem Autore theils in Lateinischer und Arabischer, theils auch in Chaldäischer und Syrischer Sprache geschriebe, nachmals von einem Anonymo in unsere deutsche Muttersprache übersetzet, nun aber nebst zugehorigen Kupfern, Figuren Gefäszen............ ingleichen einigen philosophischen Regeln von dem Steine der Weisen zu Nutz und Gebrauch aller Liebhaber der edlen hermetischen Philosophie, in II Theilen zum öffentlichen Druck befördert worden durch Julium Gervasium Shwartzburgicum. Zweite Auflage.

Leipzig, Lank, 1760, in-8° de XXVIII-122-XIV pp. avec 8 pl. reprts. les fameuses figures décrites par Nicolas Flamel, plus un gd. nombre de fig. grav. s. b. dans le texte.
La 1re édition de cet ouvrage est d'*Erfurt*, 1735.

(O-705.

32 ABRAHAM Eléazar. Donum Dei Samuelis Baruch, des Juden Rabbi, Astrologi und Philosophi, gebohren aus dem Stamm Abrahams, Isaacs, Iacobs und Iuda, velcher erlernet das grosze Geheimnisz des groszen Meisters Tubalkains aus dessen Tabell, gefunden von Abrahamo Eleazare, dem Juden I. N. U. CXI (sans autre indication.)

In-8° de XIV-104-XII p. avec 8 pl. représentant 15 sujets, plus un gd. nombre de figures gr. s. b. dans le texte.

(O-700 et 707

33 ABRAHAM Portaleone de Mantoue. De Auro Dialogi Tres, in quibus non solum de Auri in re Medica facultate, verum etiam de specifica ejus et cæterorum rerum forma, ac duplici Potestate... Abrahamo e Porta Leonis, Mantuano.... auctore.

Venetiis apud F. B. à Porta, 1584, in-4°.

[R. 8277.
(St Y-1503.

34 [ABRAHAMSON (Werner Hans Friedrich)], Deklamationen und Reden über Maurer-Pflichten und bey Feyerlichkeiten, nebst Maurer-Gedichten ; von Werner Hans Friedrich Abrahamson.

Kopenhagen, Christian Gottllob, Prost, 1785. in-8° de XII-452 pp.
(O-341.

35 [ABRAHAMSON) (W. H. F.)] — Deklamationen über einige Maurer-Pflichten, nebst einer Kantate auf die hohe Johannisfeyer, von dem Bruder [Werner Hans Friedr. Abrahamson], Redner d. L. Z. z. N. i. K [der Loge Zorobabel zum Nordstern in Kopenhagen].
Kopenhagen, Christ. Gottl. Prost, 1776, in-8° de VIII-104 pp.
(O-338 et 340.

36 ABRAHAMSON (W.H.F). — Neue Deklamationen über einige Maurer-Pflichten gehalten in den LL. Z. z. N. und Fr. z. gekr. H. i. K ; von Br. Redner W. H. F. Abrahamson.
Kopenhagen, Christ. Gottl. Prost. 1779, in-8° de VIII-152 pp.
(O-339.

37 ..... — ABRÉGÉ de l'histoire de la Franche-Maçonnerie, précédée (sic) et suivie de quelques pièces en vers et en prose, et d'anecdotes qui la concerne (sic), d'un Essai sur les Mystères [qui ne s'y trouve pas] et le véritable objet de la confrérie des Francs-Maçons, auquel on a joint un Recueil complet des Chansons dont ils font usage dans leurs assemblées et dans leurs repas ; rédigé par un membre de cet ordre.
Londres et se trouve à Lausanne, François Grasset, et Cie, 1779, in-8°, de 272 pp. (4 à 5 fr.).
Le même — Londres et se trouve à Lausanne, François Grasset et Cie, 1783, in-18, de 341 p.
Le titre n'est pas exact ; car outre que l'Essai sur les Mystères annoncé ne se trouve pas dans le volume, cette prétendue Histoire, avec ses annexes, est contenue en 40 pages environ tout le reste est occupé par des chansons.
(O-214 et 215.
(G-1.

38 ABRICOSSOFF (Glafira). L'Hystérie aux XVIIe et XVIIIe S. (étude historique).
Paris, 1897, in-8°.
Curieuse étude historique sur les épidémies hystériques aux 17e et 18e Siècles.

39 ..... ABSCHIEDSREDE eines Bruders wahrer und ächter Maurerey alten Systems gehalten am Ende des gegenwärtigen Decenniums.
Philadelphia, s. adr. ; [Leipzig. Böhme]. 5787. in-8° de IV-93 p.
La dédicace est signée : Ca.. us Pl.. nus de S.
(O-1585-1586.

40 ABT (Emmanuel). Les Loges maçonniques et la liberté d'Enseignement. Encore les Francs-Maçons : récents et impudents mensonges.
1899. gr. in-8°. de 100 pages.
(Extr. des Etudes des PP. de la Cie de Jésus).Violentes critiques.

41 ..... ACHTE(Der) illuminat oder die wahren, unverbesserten Rituale der Illuminaten. enthaltend: 1) die Vorbereitung, 2) das Noviziat 3) den Minervalgrad. 4) den kleinen und 5) groszen Illuminatengrad.
Edessa [(Frankfurt, Hermann)] s. adr. 1788. in-8° de 212-VIII p. avec 1 tabl.
(O-505.

42 ...ACHTUNDSECHZIGSTE (Der) Geburtstag Friederichs des Grossen, gefeyert und besungen in der Mutterloge zu den drey Weltkugeln.
Berlin, Decker. 24 jenner 1779. In-8° de 14 p.
Deux odes, l'une par H. l'autre par G.
(O-363.

ACOLUTH (André), orientaliste allemand, né à Bernstadt en 1654, mort à Breslau en 1704. On lui doit une édition du Coran en quatre langues.

43 ACOLUTH (André). De aquis amaris maledictionem inferentibus, vulgo dictis zelotypiæ, et Num V. v. II, usque ad finem cap. descriptis, ex anatolica antiquitate, hoc est : fontibus sacris, eorumdemque variis tum orientalibus, tum occidentalibus versionibus, Thalmude utroque, etc.
Lipsiæ, typis J. Brandii, 1682.Pet. in-4°. (12 fr.).
Cet ouvrage du célèbre orientaliste allemand est plein d'érudition rabbinique.
[A. 3047 et bis..

44 ACONCE (Jacq.) Satanæ stratagemata libri octo. Jacobo Acontio authore. Accessit eruditissima epistola de ratione edendorum librorum, ad Iohannem Vuolfium Tigurinum eodem authore.
Basileæ, apud P. Pernam. 1565. Pet. in-4°. (15 fr.).
|D². 3357*
Edition originale, d'un ouvrage singulier qui fit jadis beaucoup de bruit parmi les théologiens protestants.- L'auteur qui avait quitté la religion catholique pour se faire protestant avait pour but de réduire à un très petit nombre les dogmes nécessaires à la religion chrétienne, et d'établir une tolérance réciproque entre toutes les sectes qui divisent le christianisme.

45 ACONCE (Jacques). Stratagematum Satanæ, libri octo. Jacobo Acontio authore. editio novissima.
Amstelædami, apud Joannem Ravesteynium, 1664. Pet. in-12. (3 fr.).
Jolie édition.
Autre édition :
Basileæ. 1610. in-12 (titre gravé sur bois). (10 fr.).
Ouvrage rare de ce celebre philosophe italien qui accepta la Réforme. Ces Stratagèmes de Satan furent accusés du crime de tolérance par les disciples de Calvin. Ce livre est écrit avec méthode et d'une bonne latinité.

46 ACXTELMEIER. (Stanislas Reinhard) Des aus der Unwissenheits-Finsternus erretteten Natur-Liechts, oder der vernünfftigen und Kunstweisen Enldedigungen aller würdigsten Wesens-Arten des Natur. Welt Staats-und Kunst-Veraderungen sambt deren Urheben . Umwechslungs Ursachen. des Himmels oder des Gestirns immerwährendem Verlund mit der Erden.......... ; von Stanislao Reinhard Acxtelmeier.
Augspurg, Caspar Brechenmacher. 1699-1702. 6 vol. in-4° d'environ 175 à 200 pages chaque. avec un gr. nombre de pl. grav.
(O-1062.

47 ACXTELMEIER. (S. R.). Calendarium perpetuum universale, das ist : immerwährender allgemeiner Calender, der Natur und Zucht, Kunst und Wissenschafft, Tugend und Gesundheit, Vernunfft und Weisheit, Wirthschafft und Vergnüglichkeit, Erbauung der Gemüts-Ruhe und Pflanzung der Seeligkeit ; hohen, mittleren und niedrigen Standes-Personen auf den Horizont des christ. Microcosmi gerichtet,........ durch Stanislaum Reinhard Acxtelmeier, der himmlischen Influenzen Betrachter.
Nüruberg, Francfurt und Leipzig, Job. Leonhard Buggel, 1707. in-4° de XX-488 p.: avec grav.
(O-1604

48 ACXTELMEIER. (S. R.). Idaea harmonicæ Correspondantiæ superiorum cum inferioribus. das ist : Fürbild der gletchförmigen . Ubereinstimmung der obern Kräfften mit denen untern, desz Firmamentischen Himmels mit der Ein-und Auszstrahlung der Gewächsen. Thieren und Mineralen; wie das obere Gestirn desz Macrocosmi. das ist, der grossen Welt sich verstehet mit der Irradiation desz Gestirns in der Kleinen Welt, desz Meschen, etc; durch die Menge der Exemplen und derer in der Vernunfft gegründeten Ursachen entworffen, von Stanislaus Reinhard Acxtelmeier.
Augspurg, Abrah. Gigger, 1706. pet. in-8° de VIII-224-XVI p.
(O-1823

49 ACXTELMEIER. (S. R.) Des weit eröffneten Pallastes des Natur-Lichts letzer Theil, worinnen enthalten allerhand Natur-Lehren. Experimenten, Schöne Kunsten und Wissenschafften,...... an Tag geben durch Stanisl. Reinh. Acxtelmeier.
Augspurg, Daniel Walder, 1707; in-4° de IV-374 p., avec des grav.
Espèce d'encyclopédie. mais principalement des sciences physiques et mathématiques ; somme toute. un désordre dans lequel il n'est pas facile de se retrouver.
(O-1663

50 [ADAM. curé de S¹-Barthélemy. à Paris].
L'avocat | du Diable | ou Mémoires Historique et Critiques | sur la

Vie et sur la Légende | du *Pape Grégoire VII*. | Avec | Des Mémoires de même Goût | sur la Bule de Canonization | de *Vincent de Paul* | Instituteur des Peres de la Mission | Et | des Filles de la Charité. |
A Saint Pourçain | chez *Tansin Pas Saint* 1743. |
3 vol. in-12 Titres gravés. Pl. hors texte.

[Rés. Ld⁴ 2200. 2 et p.

Orné de trois titres gravés et d'une figure. (7 fr.).

Curieux ouvrage ; attribué à J. Adam Curé de S. Barthelemy à Paris.

(S-5158

51 ADAM (Alexander). Antiquités romaines ou Tableau des mœurs, usages et institutions des romains par Alexandre Adam... Traduit de l'Anglais [par le Comte Emmanuel de Laubespin].

Paris. Firmin Didot, Verdière, 1818. 2 vol. in-8°. (7 fr.).

[J. 10481 et 2

Religion, gouvernement, lois, magistratures, procédures judiciaires, tactique et discipline militaires, marine, fêtes, jeux publics et particuliers, repas, spectacles, exercices, mariages, funérailles, habillements, poids et mesures, monnaies, édifices publics, maisons, détails curieux et très nombreux sur les mœurs la vie somptueuse, économique et sociale de tout le peuple romain, etc........

52 ADAM (Dr M). La tradition Celtique et ses adversaires.

Joinville le Pont, Roger. 1901. in-16 de 240 p.

[La². 223.

L'âme celtique. — Croyances celto-gauloises. — La Franc-Maçonnerie. — Le Jacobinisme ou application des idées maçonniques par la Révolution. — Race celtique et race semitique. — La Voie Celtique. — etc......

53 ADAM (Paul). Basile et Sophia. Dessins de C. H. Dufau gravés sur bois par G. Lemoine.

Paris. Paul Ollendorf. 1900. in-12 carré de 325 p. et tab. couv. en couleurs, illust. pl. hors-texte.

[8° Y² 51049

Daniélis. Sophia. Les Pauliciennes. L'E-

vêque d'Hermapolis. L'Initiation des Purs Euphrosyne, etc. |

Intéressant roman Byzantin du genre de celui de Jean Lombard.

54 ADAM (Paul). — Le conte futur.

Paris. — Librairie de l'art indépendant. 1893. in-8° (4 fr.).

Edition originale.

[8° Y 47071.

55 ADAM (Paul). Les feux du Sabbat.

Paris. Bibl. des Auteurs Modernes S. D. [1907]. in-12 de 286 p.

[8° Y² 56034.

Œuvre littéraire et sanguinaire sur la Sorcellerie du Moyen Age. Cet ouvrage a obtenu un vif succès lors de son apparition (1907) et se trouve aussi bien dans les bibliothèques sataniques que chez les amateurs de littérature.

56 ADAM (Paul). Le mystère des foules.

Paris. Ollendorf. 1895. 2 vol. in-16.

[8° Y² 49400.

Edition recherchée.

57 ADAM (Paul). Les volontés merveilleuses : Être.

Paris, A. Savine 1891. in-8°.

[8° Y² 44487.

Suggestion, étude sur la magie et les magiciens. Une émouvante description du Sabbat, toute vibrante de poétiques épisodes, est à signaler tout particulièrement.

Autres éditions : *Tresse et Stock*, 1899. in-18

[8° Y² 43403.

Librairie Illustrée [1899] in-18.

[8° Y² 45187.

58 ADAMANTIUS et MELAMPE. La physionomie, ov des indices qve nature a mis au corps humain, par où l'on peut descouvrir les mœurs et les inclinations d'vn chacun : Avec un traité de la Diuination par les palpitations et vn autre par les marques naturelles. Le tout traduit du Grec par Henry de Boyvin du Vavroüy, aagé de douze ans.

S. l. Chez *Lovis de Vandosme* 1630 In-8° (15 fr.).

Autre édition.
Paris, T. du Bray, 1635, in-8°.
[V. 21864
(G-1097)

59 ADAMKIEWICZ (Docteur Albert.). Pensée inconsciente et vision de la pensée. Essai d'une explication physiologique du processus de la pensée et de quelques phénomènes surnaturels et psychopathiques.
Paris, J.Roussel, 1909, in-18 de 68 pages. (1 fr. 75.).
[8° R. 20521

ADAMS (Fr.) auteur supposé d'un « Voyage en Icarie » traduit par DUTRUIT ou DUFRUIT.
Voir : CABET (Etienne) qui s'est dissimulé sous cet agencement compliqué.

60 ADELON (le Docteur N. P.). Physiologie de l'homme par le Dr N. P. Adelon.
Paris, Crochard, 1820-31, 4 vol. in-8° (2e édition). (10 fr.).
[T57. 124 A

Du sens. — Des odeurs. — De l'odorat. — Histoire du son. — De la lumière. — Du tact. — Du plaisir. — De la douleur. — etc....
Très curieux.

61 ADELON (le D^r). — Rapport de la Commission (Académie de médecine) sur la question du magnétisme animal, commission composée de MM. Adelon, Pariset, Marc, Burdin ainé, Husson rapporteur.
Paris, 1825, in-8°, 24 p.
(D. p. 183

62 ADELSWARD de FERSEN (le baron Jacques d'). — Messes noires. — Lord Lyllian.
Paris, A. Messein, 1905, in-8° de 200 p. (6 fr.).

Edition originale de ce volume curieux, devenu rare. — De Fersen est un des noms du baron Jacques d'Adelsward.

63 .... — L'ADEPTE moderne, ou le Vrai secret des Francs-Maçons, histoire intéressante.
Imprimé cette année à Londres, aux dépens de l'auteur. [sans date. 1747], in-12 de II-220 p.

Il n'est nullement question des francs-maçons dans ce volume : c'est un roman sur la transmutation des métaux, dont le titre : « histoire intéressante » est exact.
(O-597

64 ADKIN (Thomas W.) — Un cours par correspondance, sur la Vitaopathie.
Rochester, (New-York) New-York State Publishing Co. s. d ; in-8° de 44 p. (4 fr.).

Non mis dans le commerce.
La Vitaopathie est une combinaison faite du magnétisme personnel, de la thérapeutique magnétique et de la thérapeutique suggestive. Ce cours est très clair et pratique et contient des figures explicatives.

65 .... — ADMONITIO, instructio et probatio contra omnes eos, qui Aurum Potabile extra processum et tincturam Lapidis philosophici universalis brevi tempore spatio præparare sibi et aliis falso persuadent ; per Sophiæ laboris studiosum descripta : dans Theatrum chemicum (1661). VI, 382-93.
(O-576

66 ADOLPHUS (Juif Anglais).Histoire des diables modernes par le feu M. Adolphus, juif Anglois.
Clèves, chez J.G. Baerstecher, 1771, in-12. (4 fr.).

Ouvrage très curieux.
(G-1098
Edition originale. Anonyme.
Londres, 1763, in-12.
(Y.-P.-405.

67 .... — L'ADOPTION ou la Maçonnerie des femmes, en trois grades.
A la fidélité chez le Silence, 1000 700 75.
[La Haye, Gosse et Pinet ; Genève, Bardin, 1775], in-8° de 64 p. avec 5 pl. (12 fr.).

« C'est dans cet ouvrage que Guillemain de Saint-Victor a pris le fond de son catéchisme »,dit Quérard ; je ne vois trop sur quoi il a pu se baser pour avancer ce qu'il dit ; le fond de tous ces interrogatoires est à peu près le même dans tous ces ouvrages, mais il n'y a que le fond.

Voyez sur cet ouvrage A. Dinaux : les Sociétés badines, bachiques, (1867) I, 341. Tout son article : les Franches-Maçonnes (pages 339-45). est curieux, quoiqu'incomplet.

(O-335

68 ADRIAN (L.). Essais sur quelques points de Philosophie Positive.
Paris, P. Ritti, 1877. in-12. (1 fr.).

[8° R. 091.

De la morale positive dans ses rapports avec le Christianisme — Etude sur l'Imitation de J-C- Réflexions sur l'éducation. — De l'obligation morale — De la religion au XIXe siècle.

69 ADRIEN. médium — A la France communication spirite (donnée d'un seul trait par un esprit chargé de veiller au cours des événements).
Paris, Dentu, 1850. in-8°. Pièce. (1 fr. 50).

[Lb⁵⁶.774.

70 .... — ADUMBRATIO Kabbalæ Christianæ, ou Syncatabase hébraïque ou brève application des Doctrines des Hébreux quabbalistes (sic) aux dogmes de la nouvelle Aliance, dans le but de former une hypothèse profitable à la conversion des Juifs.
Paris, Chacornac, 1899. in-8°.

Ce précieux ouv. de Kabbale fut publié en appendice à la Kabbala Denudata de Knorr von Rosenroth, en 1684 ; il contient les données les plus profondes sur la Philosophie Esotérique, et l'on y trouve la solution des problèmes les plus ardus relatifs à la Création, à la Chute, à la Rédemption et à la constitution des Mondes supérieurs. Cet ouvrage intéresse tous les occultistes et notamment les francs-maçons. Il est même indispensable pour quiconque désire pénétrer les arcanes de la Kabbale. Il a été condamné par la cour de Rome : les chrétiens imités par les Juifs, ont voulu en détruire tous les exemplaires.

71 ADVIELLE (Victor) d'Arras. Documents inédits sur les prophéties de Nostradamus et sur Vincent Sève son continuateur.
Paris, Aubry, 1878. in-8° de 58 pp.

72 ÆGINALDUS GONSALVIUS. Sanctæ Inquisitionis Hispanicæ Artes aliquot detectæ, ab Æginaldo Gonsalvio.
Heidelbergæ, 1567. In-8°.
Rare.

(S-5378

AFFRE (l'abbé, puis Mgr. Denis Auguste) Vicaire général d'Amiens. Archevêque de Paris, né en 1793 à St-Rome-de-Tarn, mort sur une barricade du faubourg St Antoine en 1848. Frappé par une balle perdue.

73 AFFRE (l'abbé). Nouvel essai sur les hiéroglyphes Égyptiens.
Paris. A Le Clère. 1834. In-8°, Pièce.

[J.23920
(G-1099

74 AGENDA annuaire du suprême Conseil, et de la Grande Loge de France du Rite Ecossais, pour la France et ses dépendances. Année 1901.
Paris, 1901. in-10. (4 fr.).

Avec 35 portraits de présidents d'ateliers. On trouve à la fin de l'annuaire la bibliographie maçonnique pour l'année 1899.

75 ...... — AGENDA Maçonnique, ou les FF∴ visiteurs à l'O∴ de Paris. Ouvrage utile à tous les Maç∴ dans lequel on trouve le nom de toutes les LL∴ et Cha∴, en vigueur .... ; par F∴ R. J. D. R∴ S∴ P∴ R∴ C∴

Paris, les concierges des L... 5810, in-32 de 54 pp.

(O-237

76 AGNEL. (Emile). Curiosités judiciaires et historiques du Moyen-Age : Procès contre les animaux, par Emile Agnel.
Paris, J. Dumoulin, 1858. in-8°, 48 p. (4 fr.).

[Li ¹⁹. 26

Brochure rare et fort curieuse.

(G-1054

AGRÉDA (Marie D'). Supérieure du couvent des Cordelières de l'Immaculée Conception d'Agréda (Espagne) née dans cette ville en 1602, morte en 1665. Célèbre par ses Extases et ses visions, elle écrivit une

"Vie de la S¹ᵉ Vierge" fruit de ses Révélations.

77 AGRÉDA (Marie D'). La Cité Mystique de Dieu, avec les révélations de Marie d'Agréda, trad. de l'Espagnol par le P. Th. Croset.
Bruxelles, 1715, 3 vol. in-4".
(S-869.

78 AGRÉDA (Marie D'). Mystica Ciudad de Dios, que contienen los Introductions à la vida della Reyna del Cielo, per Maria Dagreda en Perpinen.
S. L... 1688. in-12.
(S-875

AGRICOLA (Georges). Minéralogiste et alchimiste allemand, né à Glenchen (Misnie), vers 1494, mort à Chemnitz, vers 1555. Son vrai nom était « Landmann ». Il fut un des Créateurs de la Minéralogie.

79 AGRICOLA (Georges). Georgii Agricolæ ... Bermanus. sive. De Re Metallicâ.
Basileæ, in Ædibus Frobenianis 1530. in-8°. [S. 20580
Autres éditions : Basileæ.1546. In-f°
Ibid. 1556, 1558 ; 1561, 1621, etc.
Généralement illustrées de figures sur bois.

80 AGRICOLA (G). De re metallica libri XII. Qvibus officia, instrumenta, machinæ ac omnia deniq. ad metallicam spectantia non modo luculentissime describitur, sed et per effigies, suis locis insertas, adiunctis Latinis Germanisq. appellationibus ita ob oculos ponuntur. ut clarius tradi non possint. Eivsdem de Animantibus svbterraneis liber.
Basileæ, apvd H. Frobenium et N. Episcopivm. 1556. in-f°, (25 fr.).
[Rés. S. 447
Ouvrage recherché, orné de 250 grandes figures sur bois des plus importantes au point de vue alchimique et donnant de précieux enseignements sur les mines du XVIᵉ siècle, les procédés d'extraction et de traitement des minéraux.

81 AGRICOLA (Joann - Wilhelm). Geschichte des Feuer-Waszers und höllischen Feuers, nebst einigen damit angestellten Versuchen, von Johann Wilhelm Agricola ; dans « Magazin für die ... Chemie » (1784), I. 217-76.
(O-1131

AGRIPPA (Henri-Corneille) Kabbaliste fameux, né à Cologne en 1486. Sa vie fut on ne peut plus mouvementée. Il professa la Philosophie dans plusieurs villes de l'Europe, et entre temps trouva moyen d'être soldat pendant plusieurs années. Tour à tour Secrétaire de Maximilien Iᵉʳ, Conseiller de Charles Quint. Médecin de Louise de Savoie, il mourut à Grenoble, entre les années 1534, et 1538, très probablement dans la maison de M. François de Vachon , Président au Parlement du Dauphiné, bien plus vraisemblablement qu'à l'hopital où ses ennemis ont raconté qu'il avait terminé ses jours.

Son nom d'Agrippa lui vient de sa ville natale en latin : Colonia Agrippinæ. Quant à ses titres de noblesse, ils ne sont, très probablement qu'un léger travers de ce grand homme.

Voir, sur Agrippa, le remarquable ouvrage de M. Prost, en 2 vol. in-8°, après lequel il ne reste plus rien à dire.

Les Ouvrages de ce grand Philosophe ayant été de bonne heure défendus et condamnés au feu (voir l'«Index Tridentinum» de Pie VI, publié vers, en 1596), presque toutes les dates de ses Œuvres Complètes sont fictives — quand il y en a.

On en cite au moins cinq datées, de ces " Opera Omnia " sous les millésimes 1510. 1531. 1533, 1580, et 1600.

Les deux premiers sont presque à coup sûr faux, puisque le " Traité de Philosophie Occulte " qu'ils contiennent n'a paru qu'en 1533.

Ces éditions sont toutes données par les célèbres " Beringos Fratres, " les frères Godefroy et Marcel Béring, qui en ont publié également plusieurs autres sans dates.

La plus remarquable de ces éditions sans date (et de toutes d'ailleurs), est celle imprimée en lettres italiques et marquée " Lugduni, per Beringos fratres." (Bibiliothèque de l'Arsenal. S. A., in-8° 712). Son Tome 1 est de 779 p. — On en cite une autre (aussi en italique) dont le Tome 1 est de 677 p. seulement.

Les éditions en lettres rondes, (flétries quelquefois, sans raison, d'ailleurs du nom de 'contrefaçons' des italiques) contiennent en plus de ces dernières :
Tome 1 : — Ars Notoria.
II : — Epigrammata IV — et 3 ou 4 Lettres ou Pièces, sur Raymond Lulle, notamment. (Prost. II. — 519. noté).

Le célèbre IV° Livre de la Philosophie Occulte parut pour la première fois avec l'Eptameron de Pierre de Abano, sans nom de lieu ni d'imprimeur, sous la date 1565 (Bibliothèque Mazarine N° 28.460) puis en 1567 (Bibliothèque Ste Geneviève, R. 457, in-8°).

Il n'a été introduit dans les Œuvres complètes d'Agrippa qu'après la mort de ce dernier, et malgré les vives protestations de Jean Wier, son disciple.

82 AGRIPPA. Henrici Cornelii Agrippæ ab Nettesheym, Armatæ Militiæ Eqvitis Aurati, et Ivris Vtrivsqve ac Medicinæ Doctoris. Opera. In Dvos Tomos concinne Digesta, et nunc denuo, sublatis omnibus mendis φιλομοῦσων gratiam accuratissime recusa. Qvibus post omnium Editiones de novo accessit *Ars Notoria*, ut satis indicat Catalogus, post Præfationem positus.

Lugduni, per *Beringos fratres*.

2 tom. in-8° de 11 f°»-604 p. et 7 f°»-1156 p. Port. sur bois au verso du titre. Nombreuses figures kabbalistiques et tableaux dans le texte. (30 fr.).

C'est l'édition dite « contrefaite et mutilée » — mais c'est la plus complète de beaucoup. Outre les quatre livres de la Philosophie Occulte d'Agrippa et sa « Lecture sur la Géomancie» elle contient : l'"Heptameron" de *Pierre d'Aban* (ou les "Élémens Magiques") — Un Résumé de Goétie par *Pictorius Villinganus*, et une étude sur les Sorcières par le même. — Des Extraits de *Pline le Jeune*. — Une Étude de Démonomanie du même *Villinganus*. — La Géomancie Astronomique de *Gérard de Cremone*. — La Magie d'*Arbatel*. — Des Lettres de *Jean Trithème*, sur sa Stéganographie. — L'Ars Notoria, d'*Apollonius Flores*, révélé à *Salomon*. Dans le Tome II, se trouvent tous les autres opuscules célèbres d'Agrippa ; La Vanité des Sciences ; — Le Commentaire de *Raymond Lulle* ; — La Préexcellence du Sexe Féminin ; — le Sacrement de Mariage ; — La vie Monastique ; — Les Reliques de Saint Antoine ; — l'Antidote de la Peste ; — La Trigamie de Sainte Anne · Sept livres de Lettres ; — Dix discours ; — L'Histoire du Couronnement de Charles-Quint ; — et enfin diverses Épigrammes en Vers Latins au sujet de ce Couronnement.

Puissent toutes les Éditions être ainsi mutilées !

Le Second volume porte le Titre de : *Operum pars posterior*, quorum Catalogum exhibebunt tibi paginæ sequentes vna cvm rervm et verborvm hoc Tomo memorabilium indice et locuplete et certe.

L'index en question est assez maladroitement intercalé pages 664 à 680 de ce Tome II, et ne porte aucun chiffre de pagination, quoique ses pages comptent dans la pagination générale, qui reprend à 681.

L'impression est en lettres rondes.

(S-3108 b).

83 AGRIPPA (H. C.) Henrici Cornelii Agrippæ ab Nettesheym... Opera... Quibus post omnium editiones de novo accessit Ars notoria...

Lugduni per *Beringos fratres* —S.D. 2 vol. in-8°. [Z. 10063 et 4
2) Lugduni — per *Beringos fratres*. — S. D. 2 vol. in-8°.
[Z. 10065 et 6
3) Do — [Z. 10067 (T. II seul)

84 AGRIPPA (H. C.) — H. C. Agrippa ab Nettesheym armatae militiae eques auratus et I. V. ac medicinae doctor. Opera qvaecvmqve hactenvs vel in lucem prodierunt, vel inueniri potuerunt omnia, in duos tomos concinne digesta., et diligenti studio recognita.

Lugduni, Beringos-fratres. S. D. 2 tomes en 3 vol. In-8° (80 fr.).

Édition rarissime dite de toutes la meilleure et la plus complète (?). Elle est imprimée en caractères italiques de même grosseur partout, ne porte point de date d'impression. a au verso du titre un portrait gravé sur bois de Corn. Agrippa ; en un mot contient toutes les particularités signalées par De Bure et Brunet qui la distinguent de la réimpression exécutée en 1550 chez les mêmes éditeurs « Beryngos fratres » de Lyon. — Voici un extrait de la bibliographie de De Bure: « Cette édition outre le mérite de la beauté de son impression bien supérieure à l'autre passe encore pour être entière au lieu que la contrefaçon est taxée de changement, et de mutilation.» [Nous nous sommes expliqué à ce sujet].

(G-1101)

84 bis AGRIPPA (H.C.). — H.C. Agrippa ab Nettesheim. Operum pars posterior. Huic accesserunt Epistolarum ad familiares libri septem et orationes decem antehac seorsim editæ.

Lugduni, per *Beringos-fratres*, S. D. pet. in-8°. (0 fr.).

Contenant entr'autres , De incertitudine scientiarum. — In artem Brevem R. Lullii commentaria— De nobilitate et præ excellentia foeminei sexus.— De sacramento matrimonii. — De beatissimæ Annæ monogamia. — Etc.

(G-1102)

85 AGRIPPA (H. C.) — Henricus Cornelius Agrippa. Caroli V cum Hispaniarum tum duplicis Germaniæ & Romanorum Archiregis, utriusque & in Longobardorum Regem,& in Romanorum Imperatorem coronationibus Historia.

S. L. [*Antverpiæ*], excudebat *Martinus Cesar*. 1530. pet. in-8° (50 fr.). Très rare.

C'est la Relation des Fêtes célébrées dans les différentes villes d'Italie pour le couronnement de l'Empereur Charles Quint.

A été réimprimé en 1535 avec les « Orationes X »... à Cologne par J. Soter. in-8° :

3 exemplaires : [X. 18042 (1)
[V.21.863 (2)
[Z. 19062

Et aussi page 1121 des « Operum pars posterior.»

86 AGRIPPA. — De l'excellence et de la supériorité de la Femme ; ouvrage traduit du latin avec les commentaires de Roëtig. [François Peyrard].

Paris, 1801, in-12. (7 fr.).
[R. 24172

Traduction très rare d'Agrippa. — Le dernier paragraphe des commentaires du traducteur est malheureusement obscène.

87 AGRIPPA. — De Incertitudine et Vanitate Scientiarum declamatio inuectiva, denuo ab autore recognita et marginalibvs annotationibvs aucta, capita tractandorum totius operis sequentes indicant pagellæ.

1537. in-8° (15 fr.).

Autre : S. L. N. D., pet. in-8°.

Belle édition sans lieu ni date d'impression, vraisemblement l'une des toutes premières, non citée par *Brunet* & portant au titre un fort beau portrait d'Agrippa gravé sur bois. — L'auteur cherche à prouver qu'il n'y a rien de plus pernicieux pour la vie des hommes et le salut de leurs âmes que les arts et les sciences.

Idem, *Coloniæ*, apud *Baumium*. 1575. in-12. Au titre portrait d'Agrippa.

[S-127 Supp.

88 AGRIPPA. (H. Cornelius).De incertitudine et vanitate omnium scientiarum et artium liber, lectu plane jucundus et elegans.

Francofurti sumpt. *Adami Pleneri* 1693, fort in-10. (8 fr.).

89 AGRIPPA. — Paradoxe sur l'incertitude, vanité et abus des Sciences, trad. du lat. de Henri Corneille Agrippa, par L. Turquet.

1603. in-12. (15 fr.).
[Z. 10078
S. l. 1605.

Pet. in-12 de 12 ff. non chiffrés et 300 chiffrés.

(S-2059
(G-1635

90 AGRIPPA (Henri Corneille.) — Paradoxe sur l'incertitude, vanité et abus des sciences. Trad. en François. Œuvre qui peut profiter, et qui apporte merveilleux contentement à ceux qui veulent fréquenter les cours des grands seigneurs & qui veulent apprendre à discourir d'vne infinité de choses contre la commune opinion.

S. L. 1608, in-12 [R. 26107
[Z. 19079

Edit. fort estimée. (25 fr.).

(Traduit par Louis de Mayerne-Turquet).

Des sciences en général, des Lettres, de la Grammaire, de la Poésie, de la Mémoire artificielle, de la Géomantie, des Jeux du hasard, de la Musique, de la Danse ou bal, de l'Astrologie, de la Physionomie de la chiromancie, de la Magie en général, de la Magie naturelle, de la Caballe, de la Métaphysique, des Images &c..

(G-2.

91 AGRIPPA. (Henri Corneille). — Die Kabbala.
Stuttgart, 1855, in-12, (15 fr.).

Joli compendium allemand de l'ouvrage rarissime d'Agrippa.
Avec nombreuses figures et tableaux kabbalistiques.

92 AGRIPPA DE NETTESHEIM (Henri Corneille).
Sur la noblesse et excellence du sexe féminin, de sa prééminence sur l'autre sexe et du sacrement de mariage. Avec le traité sur l'incertitude aussi bien que la vanité des sciences et des arts. Ouvrage joli et d'une lecture tout à fait agréable, traduit par le célèbre Sr de Gueudeville.
Leiden, T. Haak, 1726. 3 vol. in-12 ou pet. in-8°.

Avec un portr. de Corneille Agrippa et un frontispice gravés par R. Blokh. (15 fr.).

[R. 24170-24171 bis.
(S-2977
(G-4 et 1102

93 Henricus - Cornelius AGRIPPA, eques auratus et utriusq. Iuris doctor, Sacrae Cesareae Maiestatis a consilio et archiuis indiciarius. — De occulta philosophia, sive de magia libri tres.
S. L. [Coloniae Jean Soter]. in fine ; « anno 1533, mense Iulio ».
in-f° nombreuses figures sur bois.
(40 fr.). [Z. 621.
La Même, tirage différent : [R. 664

Très rare. Edition originale : « C'est » à Cologne que Johan. Soter a imprimé » pour la première fois les trois livres du » traité « de Occultà Philosophià ». Telle » est la présente édition, s. l. n. d. mais » avec un portrait d'Agrippa sur le titre » et au verso, le Privilège de l'Empereur » Charles-Quint rédigé en français : ce qui » constitue une double anomalie pour un » ouvrage latin publié en Allemagne ». (S. de G.).

(S-3109. b.
(G-1100.

04 AGRIPPA. — Henrici Cornelii Agrippae, de Occultà philosophià, seu de Ceremoniis Magicis ; cui accesserunt Elementa magica Petri de Abano.
Marpurgi, [Marpurg]. 1550, in-8°.
(S-3109.

De toute rareté.

95 AGRIPPA. — La Philosophie occulte de Henr. Corn. Agrippa [de Nettesheim] divisée en III livres & traduite du latin [par A. Le Vasseur]
La Haye R. Chr. Alberts. 1727. 2 vol. in-8° de XXII-427. & II-317 p.

Les f°s liminaires contiennent : Apologie pour H.C. Agrippa, par G. Naudé, tirée de son « Apologie pour les grands hommes soupçonnez de Magie ».
Edition fort recherchée.
(70 fr.). [Z. 10000 & 70.
[Rés. Z. 2726-2727.

Ouvrage capital pour l'étude de l'occulte & très rare. — Figures magiques dans le texte.
C'est non seulement le meilleur traité de Kabbale qui existe, mais aussi le traité le plus pratique de Haute Magie.
(O-1096.
(G-5 et 1104.

96 AGRIPPA (H. C.) — La Philosophie Occulte. Seule traduction française complète, avec le Quatrième Livre, comprenant en outre : Les Eléments Magiques de Pierre d'Aban & Le Traité de Magie d'Arbatel. Précédée : d'une Préface au Lecteur, par Agrippa ; d'une Lettre d'Agrippa à Trithème & d'une Réponse de Trithème à Agrippa.
Paris Librairie du Merveilleux [Dujols & Thomas] 1911 & ?
2 vol. in-8° écu d'environ 500 p. chacun. Nomb. fig. & hors textes ;

portrait d'Agrippa en Frontispice.
Edition entièrement revue sur le Texte original Latin par un Kabbaliste Hébraïsant.
(15 & 20 francs les 2 vol.)
Cette édition promet d'être fort intéressante, parcequ'elle rassemble en un seul ouvrage en langue vulgaire, tout ce qui se rapporte à la Magie Cérémonielle.

97 AGRIPPA. — Les Œuvres magiques de Henri Corneille Agrippa, [trad] par Pierre d'Aban. Latin & français, avec des secrets occultes.
Rome, s. adr. 1800, in-18 de 108 p. avec 4 planches cabalistiques.
Apocryphe : Pierre d'Aban est antérieur à Agrippa de plus d'un siècle et demi.
Idem
Rome, 1744 [vers 1830], in-16.
(25 fr.).
Idem
Lille, [vers 1850], in-18.
Edition très rare et recherchée, ornée du portrait du traducteur, de 5 planches hors texte et de figures dans le texte. — Secrets occultes, notamment celui de la Reine des mouches velues.
(O-1697 (G-545.
AGRIPPA (sur)
Voir : Folet (D').
Prost (Aug.).
Philibert-Soupé (A.).

98 AGRIPPA (contre). Les Fleurs de la Philosophie chrétienne et morale ou Réfutation de Henry Corneille Agrippa et de Pierre d'Albano.
Paris, 1603, in-12.
Inconnu à Barbier et à la Bibliothèque Nationale.
(S-3200

99 AGRIPPA (Live) de Cosal dans le Montferrat. — Discours de la nature et complexion de l'homme tiré de l'italien de Live Agrippa, natif de Casal, dans le Mont-Ferrat.
Paris, 1652, pet. in-12 de 30 p.
(8 fr.).   [V. 21881
Petit volume très rare.

AGUILA (C. J. E. H. d') officier du Génie, voyageur et philosophe, mort à Paris en 1815.

100 AGUILA (C.J.E.H. d'). Découverte de l'orbite de la terre, du point central de l'orbite du Soleil.
Paris Imprimerie de *Delance* 1806 fort in-8° de XVI-432 pages. 8 planches hors texte pliées.
(Très rare) (10 fr.).
3 ex : [V.21139. [V.29789. [Rés. V. 2147.

« La Terre a une orbite particulière et le Soleil a la sienne sur l'Ecliptique ». — Traité Moral sur le Monde Elémentaire.— Abrégé historique. — Systèmes astronomiques. — Astrostatique. —
Au cours de cet ouvrage singulier, l'auteur-ancien élève du Génie, étudie la Grande Période Solaire dont le chevalier Louville d'Allonville publia en 1714 la théorie, démarquée plus tard par Delormel, qui se garda bien de le dire. On y voit que les P. P. Riccioli et Souciet etc., ont discuté cette grave question que d'aucuns prétendent avoir été le privilège secret de certains initiés. La découverte qui est la base du livre de M. d'Aguila, bien que rompant avec les opinions reçues n'est pas, comme on pourrait le croire, le produit d'un dérangement cérébral. Les récentes déclarations de notre grand mathématicien Poincaré lui seraient plutôt favorables. Tout est rigoureusement scientifique dans l'étrange hypothèse de l'auteur qui en appelle même à la tradition primitive, altérée, selon lui, par l'esprit satanique des peuples dévoyés. Sa thèse se compose d'un Traité moral sur le monde élémentaire, d'une Histoire de l'astronomie depuis la plus haute antiquité, et enfin de la découverte proprement dite intitulée : Astrostatique.
Cette œuvre, pour le moins originale, témoigne d'une connaissance très étendue de l'antiquité et des systèmes philosophiques les plus reculés.

AIGUILLETTE (Nœud, ou Nouement de l') voir Bibliographie d'*Yve-Plessis* N°s 996-1002.
Voir aussi : *Benoist*.— *Tagereau*.— *Brubier D'Ablaincourt*.— *Cousin*.

101 AIKEN (Ch. F). Bouddhisme et Christianisme, trad. par l'abbé L. Collin.
Paris, *Lethielleux*. S. D. [1905], in-8° de VIII-384 pages.
[O² m. 200

AILHAUD (Jean) Médecin français né à Lourmarin (Provence) en 1674.

mort à Vitrolles en 1756. Célèbre à cause de sa poudre dont la vente lui procura une fortune considérable.

102 AILHAUD (Jean). Traité de l'origine des maladies et de l'usage de la poudre purgative, par M. Jean Ailhaud docteur en médecine de la ville d'Aix en Provence. Avec un recueil de plusieurs guérisons opérées par ce remède.
Avignon, F. Labaye. 1742. in-8°. pièce. (4 fr.).
[Te¹⁵¹. 1002.

103 AISSAOUAS. (Les.) Fakirisme. — Doctrine et Initiation des Aïssaouas. — Origine de la Secte des Aïssaouas. — Fakirs du Désert Africain. — Légende de Ben-Aïssa. — Appréciation des Aïssaouas. — Communication Psychologique. — Communication par Incarnation Médianique. — Opinion d'un Voyant. — etc.
S. l. 1900. in-18. — Avec 28 Clichés photographiques. (1 fr.).

Étude sur les Aïssaouas de l'Exposition de 1900. Ils se livraient publiquement aux expériences les plus extraordinaires : pointes dans les yeux, brûlures, morsures de serpents venimeux, absorption de scorpions, etc.

Le Docteur *Encausse*, q. v. a également étudié ces thaumaturges.

104 AKSAKOW (Alexandre) Animisme et Spiritisme. Essai d'un Examen critique des Phénomènes médiumniques spécialement en rapport avec les hypothèses de la « Force nerveuse » de l' « Hallucination » et de l' « Inconscient » ; comme Réponse à l'ouvrage du Dr Ed. von Hartmann, intitulé : « Le Spiritisme ». — Trad. du russe par Berthold Sandow.
Paris, Leymarie. 1900. in-8°. (15 fr.).

L'un des ouvrages les plus intéressants, et en tous cas le plus documenté, sur le surnaturel et les phénomènes du spiritisme. — Avec portrait de l'auteur et 10 planches d'après des photographies d'apparitions et de matérialisations,

Autre édition : *Paris, P. G. Leymarie.* 1895. Fort in-8°. XXXII-635 pages et 10 planches.
2 exemplaires : [8° R. 13157.
[8° R. 13200.

105 AKSAKOW (Alexandre). — Animismus und Spiritismus, versuch einer kritischen prüfung der mediumistischen phaenomene mit besonderer beruksichtigung der hypothesen der hallucination und der unbewussten.
Leipzig. 1890. 2 vol. in-8° (4 fr.).
[A été imprimé en français en 1895 et 1906.].

106 AKSAKOW (Alexandre). — Etude sur les matérialisations des formes humaines. (Ecriture directe ; empreintes de mains matérialisées ; etc.)
S. L. [1897]. in-8°. (1 fr. 25).

107 AKSAKOW (Alexandre). — Un cas de dématérialisation partielle du corps d'un médium. Enquête et commentaires.
Paris, Librairie de l'Art Indépendant. 1896. in-8° de 221 pages. 2 pl. hors texte et fig. dans le texte.(4 fr.).
[8° R. 14742.

Disparition de la moitié inférieure du corps du médium (p. 27) ; les vêtements restant en place (v. aussi p. 113).

Ouvrage capital pour l'intelligence des faits de matérialisation des Esprits. Complément indispensable de l'ouvrage de Mme *d'Espérance* : « Au Pays de l'Ombre » ; c'est elle le Médium en question.

ALACOQUE. (Marguerite) plus connue sous le nom de «*Marie*» Alacoque. Religieuse Visitandine, née en 1647, à Lauthecour (Diocèse d'Autun), morte en 1690. Célèbre voyante.
Voir aussi, à son sujet : *Cucheval.*

108 ALACOQUE. L'Excellence de la dévotion au cœur adorable de Jésus-Christ (par le P. Joseph de GALLIFET, jésuite) avec le Mémoire qu'à laissé de sa vie la V. M. Marguerite Alacoque religieuse de la Visitation.
Avignon, Domergue. 1733. 2 parties en 1 vol. in-4°.

ALAIN DE LILLE. Grand Philosophe Hermétique et Théologien, né à Lille en Flandre, vers 1114, si l'on en croit, son propre témoignage dans l'« Anticlaudianus » (Bâle. 1536). Il mourut, sans doute à Citeaux, vers 1203.

Son savoir encyclopédique le fit surnommer le « *Docteur Universel* ».

Il vécut avec St Bernard à l'abbaye de Clairvaux, et fut nommé Évêque d'Auxerre, dignité qu'il résigna pour se retirer à Citeaux, où il pratiqua avec succès la Philosophie Hermétique.

Beaucoup de ses Œuvres sont restées manuscrites et sont conservées dans les grandes Bibliothèques de France et d'Angleterre.

Son nom latin est: *Alanus de Insulis*, ou encore *Alanus Insulensis*.

Voir une Bio-Bibliographie de cet auteur dans l'*Initiation*. Numéro de Juillet 1889 (2ᵉ Année. 4ᵐᵉ Vol. page 58), par M. Bosc.

La Bibliothèque Nationale est bien pourvue d'ouvrages de cet auteur, en latin et en français et en allemand.

109 ALAIN DE LILLE. Alani de Insulis... Opera Omnia... accurante J. P. Migne..
Parisiis, Migne, 1855, in-4°.
[C. 1001 (210).

Tome 210 de la Patrologie Latine publiée par l'abbé Migne, au Grand Montrouge. Cet éditeur s'est donné beaucoup de peine pour ne mettre au jour que des éditions parfaitement correctes et en effet ses dernières productions sont assez heureuses sous ce rapport.

110 ALAIN DE LILLE. — Anticlaudianus, sive de Officio Viri boni et perfecti.
Basileæ, 1536.

Cette édition, citée par M. Bosc, est très difficile à trouver mentionnée ailleurs.

111 ALAIN DE LILLE. — Anticlaudiani... libri IX... complectentes τὴν κυκλοπαίδειαν universam et humanas divinasque res omnes...
Venetiis, Combeis sumptibus, 1582.
In-12. [Yc. 8883

112 ALAIN DE LILLE. — Cyclopaediæ Anticlaudiani, seu de Officio viri boni libri Novem, heroïco carmine conscripti (ab Alano de Insulis).
Antuerpiæ apud J. Trognaesium 1611. In-8°. [Yc. 8884

113 ALAIN DE LILLE. — Dicta Alani... de Lapide Philosophico, e germanico idiomate latine reddita per Justum a Balbian.
Lugduni Batavorum [Leyde] apud *Raphelingium*, 1599.
In-8°. [R. 27416

Se trouve aussi dans le Tome III du Theatrum Chemicum de Strasbourg. 1659-61. (Bo (O-764.

114 ALAIN DE LILLE. — Alani Magni de Insulis, Explanationum in Prophetiam Merlini Ambrosii Boitamii, Libri VII.
Francofurti, 1607, in-8°.
— Commentator Merlini : Prophetia Anglicana.
Francofurti, 1603, in-8°. [Na. 22
— Idem.
Ibidem, 1640. in-8°.
[Na. 23

115 ALAIN DE LILLE. — Alani Magni de Insulis Opera Moralia parænetica & polemica, edita à Carolo de Visch.
Antuerpiæ, apud G. Lesteenium et E. Grussicum. 1654.
In-f°. [D. 433

116 ALAIN DE LILLE. — Parabolæ.
Engolismæ [*Angoulême*] 1491, in-4°.
[Rés. m. Yc 32.
Eædem
[*Engolismæ*] S. D., in-4°.
[Rés. m. Yc 34.
Eædem
Lugduni, 1494. in-4°.
[Rés. m. Yc 30.
Autres éditions : *Lugduni*, 1495, in-4°
[Rés. m. Yc 29]. — *Lugduni*. S. D. in-8°
[Res. p. Yc 50]. — *Lugduni*, 1513, in-f°
[Rés. R. 622 (2)]. — & en 1519, 1528, 1538. (Bibliothèque Nationale.).

117 ALAIN DE LILLE. Les Paraboles Maistre Alain en françois [traduites du latin en vers français].
Paris, Anth. Vérard, 1492.
[Vélins 580 & 581.
In-f° Gothique. Figures sur bois (Hain, 385)

Un exemplaire sur vélin provenant du Duc de La Vallière a été vendu 530

Sciences. — T. I. — 2.

francs, à la vente Mac Carthy. Il est orné de 205 miniatures.

L'Original en latin est le « *Doctrinale minus* » en vers élégiaques publié à Lyon en 1491, in-4°
(Bo.

ALAN LEO. Astrologue Anglais moderne, auteur de nombreux petits Manuels d'Astrologie traduits en français. Voir : GREEN (H. S.) auteur du dernier Manuel de la Collection.

118 ALAUX (Gustave d'). — L'empereur Soulouque et son empire par Gustave d'Alaux.
Paris, Michel Lévy, 1856, in-12.
[Pu. 188.

Les sociétés secrètes d'Haïti jouent un grand rôle dans ce livre, où tout un côté mystérieux de la vie nègre apparaît en des scènes vraiment étranges. La singulière Franc-Maçonnerie du Vaudoux, avec ses initiations dramatiques et ses œuvres sanglantes, offre un intérêt palpitant au lendemain de la terrible révolution dont les cruels tableaux sont encore présents à la mémoire de tous.

Les mystiques liront surtout avec fruit l'important chapitre consacré à l'Illuminisme nègre qui rappelle le culte des gnostiques-ophites.

119 ALAUX (J. E.) — La Religion progressive. — Etudes de philosophie sociale par *J. E. Alaux*.
Paris, G. Baillière, 1860, in-18.
[R. 20142

Catholicisme et démocratie. — La Raison dans la foi. — La philosophie dans le clergé. — Le nouveau droit public. — Pape et roi. L'Eglise catholique et la Révolution, etc.

120 ALAUX (J. E.) — Théorie de l'âme humaine. Essai de psychologie métaphysique.
Paris, F. Alcan, 1899, in-8° de 500 pp.
[8° R. 13481

Un des plus beaux manifestes spiritualistes du XIXᵉ siècle qui contient des pages magnifiques sur la Psychologie, la Volonté, la Vie éternelle, et la Réintégration.

121 ALBA (d') Mage. — Les nouveaux horizons de la vie.
Paris, 1909. In-12.

Résumé clair et précis des connaissances d'occultisme auquel l'auteur a joint des expérimentations personnelles faites dans le domaine de la magie, du spiritisme et de l'hypnotisme. Il tient à démontrer à l'adepte la voie à suivre, espérant que celui-ci parviendra à lire entre les lignes.

122 ALBA (d'). — Traité élémentaire de magie scientifique : la culture psychique, les maniements des forces cosmiques, la science magique & ses applications pratiques. Développement des pouvoirs latents en l'Etre humain. L'astral & ses réactions.
Paris, 1910. In-18 de 8 pp. (3 fr.)

Excellent traité de magnétisme personnel. En un mot, c'est une méthode facile à mettre en pratique & permettant de faire avancer sa personnalité psychique à un degré élevé de développement.

Autre édition : *Paris*, 1900. In-8°.

123 ALBA (d'). — Traité élémentaire de Magie-Vie, avec portrait du Mage d'Alba & de Mme d'Alba. Le fluide cosmique : la constitution de l'homme ; le corps astral ; le corps physique ; les différents plans de la nature ; le nombre 3, clef de l'occultisme ; la vie, la folie, la mort ; la loi de la réussite ; l'équilibre psychique, l'idéal terrestre ; le spiritisme ; correspondance relative à l'occultisme, etc....
Paris, 1910. In-18. (3 fr.).

ALBANO, NOBLE PORTUGAIS. — voir : BLOCQUEL (Simon) imprimeur libraire à Lille.

ALBERT LE GRAND, ou de BOLLSTŒDT, né à Lauingen, sur le Danube, vers 1193 de la famille des comtes de Bollstœdt, mort à Cologne en 1280. De l'Ordre de St Dominique. Maître de St Thomas d'Aquin, il enseigna à Paris sur la Place Maubert, qui a gardé son nom : *Magister*, ou *Magnus Albertus*. Il fut Provincial de son ordre & Evêque de Ratisbonne.

124 Ses œuvres complètes, publiées en 1651 forment XXI vol. in-f° :

Beati Alberti Magni, Epicospi Ratisbonensis, Opera Omnia.
Lugduni sumptibus C. Prost 1651. 21 vol. in-f°. [D. 97.

Il était un profond Kabbaliste & un très savant Chimiste.

Sa biographie est publiée par Mr. SEGHART, q. v. avec bibliographie de ses œuvres.

C'est très probablement à l'un ou l'autre de ses Disciples, Thomas de Cantimpré (Cantaprinatus) ou Henri de Saxe, que l'on doit attribuer les Recueils célèbres du Grand & du petit Albert.

Les noms divers sous lesquels il est connu sont : Albertus Magnus, Albertus Teutonicus, Albertus Grotus, Frater Albertus, Albertus de Colonia, Albertus Ratisbonensis.

125 ALBERT LE GRAND. — Beatus Albertus Magnus, (Ordinis prædicatorum). — Opera omnia, notis illustrata vitaque B. Alberti locupletata cura et studio Borgnet sacerdotis diocesis Remensis·

Paris, Vivès. 38 vol. in 4°. (500 fr.).

B. Alberti Magni... Opera Omnia, ex editione Lugdunensi religiosé castigata auctaque B. Alberti Vita ac Bibliographia operum a PP. Quétif & Echard exaratis, etiam revisa et locupletata curà ac labore Augusti Borgnet.

Parisiis, apud L. Vivès. 1800-92, 20 vol. gr. in-8°.
[D. 11320.

126 ALBERT LE GRAND. — Libellus de Alchymia
Lugduni. 1653. In-f°.

Se trouve dans le Tome 21 de ses œuvres complètes de Lyon 1353. & dans le Tome II du Theatrum Chemicum.
(Bo.

127 ALBERT LE GRAND. — Le livre d'Albert le Grand lequel traite des merveilles du monde.
Lyon, Jean Hoguetan, 1616. In 12. (10 fr.).
(G-633.

128 ALBERT LE GRAND. — De Rebus Metallicis Mineralibus Libri quinque.
Augustæ Vindelicorum, [Augsbourg] 1519, in-4°.

Autres éditions:
Argentorati 1541 in-8" ; — *Coloniae.* 1508, in-12. etc.
Alberti Magni, de Mineralibus et Rebus metallicis libri quinque.
Venitiis 1542. In-8".
[R.42365.
(Bo.

129 ALBERT LE GRAND. — De Secretis Mulierum ; item de Virtutibus Herbarum, Lapidum, Animalium.
Amstelodami apud Janssonium 1655 et encore 1702. In-16.
[R. 10708.

D'après M. Bosc, c'est la plus belle édition de ce livre, maintes fois édité. Il est généralement considéré comme apocryphe, c'est-à-dire qu'il aurait été rédigé probablement par Henri de Saxe disciple d'Albert, plutôt que par Thomas de Cantimpré, un autre de ses disciples. Ce dernier, ainsi que son maître ayant moins de facilité à étudier ces sujets qu'un simple laïc.

Certaines éditions d'Augsbourg 1498 in 4° & Francfort 1615, in 12 portent d'ailleurs le nom d'Henri de Saxe sur leur titre : cette dernière est cotée à la Bib. Nat: [R. 10753 et R. 38375.
(Bo
(G-1657.

130 ALBERT LE GRAND. — Albertus de Virtutibus Herbarum, Lapidum & Animalium.
In-4° Gothique, sans date, chiffres ni réclames.
[Rés. R. 854.
(Pellechet 351 ?).   (S.-3266 b.

131 ALBERT LE GRAND. — Les admirables secrets contenant plusieurs traités sur la conception des femmes & les vertus des herbes, des pierres précieuses, etc.
A Cologne, chez le *Dispensateur des secrets*, 1705. In-12. (20 fr.).
Frontispice gravé, & nombreuses figures sur bois.   [8° R. 7303.

Autres éditions :
Lyon. Béringos, 1629, in-16. (15 fr.).
Lyon, chez les héritiers de Béringos fratres, 1721, in-12. (18 fr.).
Edition ancienne fort recherchée, ornée de 5 fig. en taille douce.

Cologne, chez le *Dispensateur des secrets*, 1722, in-12. (20 fr.).

Titre frontispice et quatre planches gravées.

(S-3185 b.
(G-549.

132 ALBERT LE GRAND. — Les admirables secrets contenant plusieurs secrets sur la conception des femmes, des vertus des herbes, des pierres précieuses et des animaux, augmentés d'un abrégé curieux de la Physionomie etc...

Lyon chez les héritiers de *Béringos frères*, 1791. [*Avignon, Offray aîné, 1840*], in-16. (20 fr.).

[R. 10724.

Edition rare de ce livre fort recherché.

Autres éditions :

Lyon, chez les héritiers de *Béringos* 1774, in-12. (20 fr.).

(G-1100.

Cette édition est une des plus rares existantes, elle contient treize chap. sur les secrets des femmes, un recueil des vertus des herbes, des pierres précieuses & des animaux, une table de la domination des astres & des planètes sur toutes les heures du jour et des nuits de la semaine ; elle contient aussi huit cents secrets faciles à éprouver, un traité des fientes, un abrégé de physionomie sur toutes les parties du corps humain & un petit traité des fièvres malignes.

Lyon chez les héritiers de *Béringos* 1755, in-12. (25 fr.).

Cette édition est l'une des plus rares, c'est d'ailleurs la mieux imprimée.

133 ALBERT LE GRAND. — Admirables secrets du Grand Albert, etc., etc.,

Paris, Renault, 1839. In-16

[R. 10719.

« Il est bon d'observer que cette édition du Grand-Albert quoiqu'étant une réimpression reproduit du moins assez fidèlement le texte des éditions anciennes et n'est pas sottement expurgée comme plusieurs réimpressions modernes... »
(S. de G.)

(G-548 & 1106.

134 ALBERT LE GRAND. — Les secrets admirables du Grand Albert comprenant les influences des astres, les vertus magiques des végétaux, minéraux et animaux, les curiosités merveilleuses, la physiognomie et des recettes infaillibles pour la santé.

Paris, chez tous les libraires, s. d. in-12. (2 fr.).

Edition moderne illustrée de nombreuses figures.

(G-1107.

135 ALBERT LE GRAND. Les admirables secrets du Grand Albert comprenant son traité des vertus des herbes, des pierres et des animaux, avec son traité des merveilles du monde, suivi du trésor des merveilleux secrets du petit Albert, avec préface et annotations par Marius Decrespe.

Paris, s. d., in-12. (6 fr.).

Cette édition, qui réunit en un seul volume les deux grimoires fameux du Grand Albert et du Petit Albert, est la seule intégre présentée par l'occultiste savant et réputé qu'est Marius Descrespe. En plus d'une belle préface ésotérique, cette réimpression probe est enrichie de notes explicatives qui ont fait de cette réédition moderne le véritable manuel des adeptes.

136 ALBERT LE GRAND. Nouvelle découverte des secrets les plus curieux, tirés des secrets d'Albert le Grand, qui n'avoient point encore paru.

Troyes, Garnier, s. d. (1700) in-16 (10 fr.).

137 ALBERT LE GRAND. — Secrets merveilleux de la magie naturelle et cabalistique du Petit Albert.

A *Lion* (sic) chez les héritiers de *Béringos frères*, 1751, in-12 (20 fr.)

Idem

Edition de *Lion*, chez les héritiers de *Béringos*, 1729, in-12

[R. 10730.

« Ce livre est tellement recherché en « texte français et en édition ancienne, « qu'en dépit de ses très nombreuses im-« pressions, il est assez difficile à rencon-« trer, &c » (St. de Guaïta.)

Autres éditions:

Lion (sic) chez les héritiers de *Béringos* 1744

Très rare édition ancienne de ce fameux grimoire, enrichie de nombreuses fig. gravées (pantacles, talismans main de gloire etc.) C'est la meilleure édition qui n'a rien de commun avec les contrefaçons postérieures.
(G-540-547.
(S-3185 b.

138 ALBERT. — Secrets merveilleux de la magie naturelle et cabalistique du Petit Albert. Enrichis de figures (sic) mystérieuses et de la manière de les faire. Nouvelle édition corrigée et augm. par Lhermite.
Paris, Camuzeaux, 1838. in-16. (8 fr.)
[R. 10733.
Édition assez rare du Petit Albert, ornée de nombreuses figures, hors et dans le texte.

Autres éditions.
Lyon, Beringos 1668, in-12.
Genève, aux dépens de la Compagnie, 1704, pet. in-8°.
Lyon, chez les héritiers de Beringoss, 1758 puis 1772. in-12.
(G-548.

139 ALBERT (Le Petit). — Les secrets merveilleux de la magie naturelle du Petit Albert, tirés de l'ouvrage latin intitulé : Alberti Parvi Lucii libellus de mirabilibus naturæ arcanis. et d'autres écrivains philosophes.
Lyon, 1868. [Paris, impr. de F. Bonaventure]. in-16. (8 fr.)
[R. 10730.
Édition recherchée de « Beringos » avec de nombreuses figures sur bois hors et dans le texte.

Idem.
Nouvelle édition corrigée et augmentée.
Paris, Gueffier 1815. In-12
Édition rare « enrichie de figures mystérieuses et manière de les faire. »
(G-6 & 1105.

140 ALBERT (Le Petit). — SECRETS MERVEILLEUX de la magie naturelle et cabalistique du Petit Albert. Traduit sur l'original latin.
Lyon chez les héritiers de Beringos fratres. s. d. (v. 1850) in-16. (12 fr.)

Enrichi de figures mystérieuses et de la manière de les faire.
(G-967.

141 ALBERT (Le Petit). — Les merveilleux secrets du petit Albert.
S. l., in-12. (3 fr. 50).
Édition moderne avec figures dans le texte.
(G-1105 bis.

142 ALBERT (Le Petit). — Secrets merveilleux de la magie naturelle et cabalistique du petit Albert, trad. exactement sur l'original latin intitulé : Alberti Parvi Lucii libellus de mirabilibus naturæ arcanis : enrichis de figures mystérieuses, et la manière de les faire. Nouv. édit. corr. et augm.
Lyon les héritiers de Beringos fratres, à l'enseigne d'Agrippa, 0516.
In-18 de 216 pp. (10 fr.).
Cet ouvrage dont le contenu est à peu près le même que celui des Admirables secrets du grand Albert, est censé tiré des écrits d'Albert de Bollstadt.
(O-1720-1721

ALBERT LE GRAND (sur). — Voir : Ni-Luge.
— Séghart.
— Pouchet.

ALBERT (Grand et Petit). — voir la Bibliographie d'Yve-Plessis, Nos 1078 à 1088 p. 135-137.

ALBERT MODERNE. — Voir : ALLETZ (Pons-Augustin).

143 ALBERT D'ANGERS. — (voir aussi HALBERT d'Angers). — L'Ancienne et la Nouvelle Clef des Songes, ou l'Art et les Moyens de faire toute Interprétation Cabalistique touchant les Songes, Visions, Oracles, Rêves, Apparitions, etc. Suivie de l'Enchyridion du Pape Léon III dédié à l'Empereur Charlemagne en l'an 800, Ouvrage orné de 30 Gravures allégoriques.
Paris, Le Bailly 1897 in-18.
(Y-P-1131

144 ALBERT D'ANGERS. — Magnétisme et guérisons. Considérations sur le Magnétisme curatif. Effets produits par l'action magnétique. Exemples

de guérisons obtenues par le magnétisme.
Paris, 1906, in-18, figures.(1 fr.).

145 ALBERT D'ANGERS. — Manifeste adressé par L. Albert [Albert d'Angers] de Nozay (Loire-Inf) à Monsieur le Ministre de la Justice, au Corps Législatif, au public et à la Presse à l'occasion des poursuites intentées contre lui par le Syndicat des Médecins de la Loire-Inférieure sur l'instigation des médecins de Nozay et de Niort (Loire Inférieure).
Grande affiche 1909. (0 fr. 60).

146 ALBERTI (Gius-Ant). — I Giochi numerici fatti arcani palesati da Giuseppantonio Alberti.
Bologna, 1747. pet. in-8°. (7 fr).
[V. 20116.
Rare.
Ouvrage sur les nombres et sur les secrets et recettes, enrichi de figures gravées hors texte.

ALBINEUS (Nath). — nom latinisé de Nathan *Aubigné de la Fosse*, un des fils du célèbre Agrippa d'Aubigné, et qui fut Médecin à Genève dans la première moitié du XVII° siècle.

147 ALBINEUS (Nath). — Bibliotheca chemica contracta ex delectu et emendatione, in gratiam et commodum artis chemicæ studiosorum.
Genevæ, sumpt J. A. et S. de Tournes 1653. 4 vol. in-8°.
[R. 20174-7
Ouvrage fort rare.
Autre édition: Ibidem, lidem, 1673 in-12.
L'un des volumes comprend : 4 feuillets non chiffrés pour la préface, 2 pour l'Hermetis Trismegisti Tabvla Smaragdina, et 78 pp. pour Augurellus, Chrysopœia et vellus aureum seu Chrysopœia maior et minor cum Nathanis Albinei Carmine aureo et ænigma. — Marque des de Tournes sur le Titre.

148 ALBINIUS (Constantius, Villanovensis). — Magia Astrologia, hoc est P. Constantii Albinii Villanovensis. Clavis Sympathiæ septem Metallorum.
Parisiis apud *C. Sevestre D. Gillium, et J. Petit-Pas* 1611, in-8°.
4 exempl. à la Bibl. Nat. :
[R. 35275
[V. 21707 & 29300.
[Rés. Z. Fontanin. 274 (5)
D'une insigne rareté
Autre édition :
Hambergi apud C.Liebeçeil, 1716, in-8°.
[S.20388
(S-3171 b et 3172

149 ALBOAZEN (ou Albo-Hazen) HALI. — Alboazen Hali. Libri de Judiciis Astiorum, per Ant. Stupam, Rhætum.
Basileæ ex officinâ Henr. Petri 1551. in-f°. (20 fr.).
[V. 1804
Autre édition (Hain * 8349 *Venetiis* 1485 in-f°.
[Rés. V. 290
Le nom véritable de l'auteur est : Aboul Hasan Ali, ibn Aboul Ridjal, Al Schaibani. On trouve sept de ses ouvrages à la Bibl. Nat : Catal. Général 1-83. *Liechtenstein* (q. v.) publié aussi un de ses ouvrages.
(S- 3442 b

150 ALBOHAZEN HALY filii Abenragel, scriptoris arabici, de judiciis astrorum libri octo, doctorum aliquovirorum opera in latinum sermonem conversi, postremo autem summa cura et diligenti studio à barbarie vindicati et puritati linguæ donati, per Antonium Stupam Rhætum.
Basileæ, ex officinâ Henricpetrina 1571 in-f°. (20 fr.).
[V. 1832

151 ALBOHALI. — Albohali Arabis Astrologi antiquissimi, de Judiciis Nativitatum Liber.
Noribergæ 1540. In-4°.
(S-3448.

152 ALBRECHT. (H. C.) — Geheime Geschichte eines Rosenkreuzers (Cedrinus, e.-à-d. J. Friedrich Radike) aus seinen Papieren ; herausgegeben von H. C. Albrecht.
Hamburg. F.. Bachmann, und J. H. Sunderman. 1792, in-8° de VIII-

202 pp. avec 1 pl. d'alphabet symbolique.
(O-1500

ALBUMAZAR ABALACHUS, célèbre Astrologue Arabe, né à Balkh, dans le Khoraçan, vers 770, mort à Wasith en 885.

Cet auteur possède des noms variés : on l'appelle quelquefois APOMAZAR, et son véritable nom en arabe, serait : DJAFAR IBN MOHAMMED. AL BALKHI (ABOU MASCHAR) ; ou DJAFAR BEN MOHAMMED. BEN OMAR.

Le Catalogue de la Bibliothèque Nationale le classe à DJAFAR.... et cite une dizaine de ses ouvrages.

153 ALBUMAZAR. — Apomasaris Apatelesmater, sive de Significatis & Eventis Insomniorum ex Indorum, Persarum, Ægyptiorumque Disciplinà...Jo Leunclaio, interprete.

Francofurti excudebat A. Wechelus, 1577, in-8°, pièces liminaires 405 p. & Index.

Rarissime.
[V. 21858

Traduction française (par l'éditeur) *Paris. — Denys du Val.* — 1581 in-8°, pièces liminaires 312 p. & l'Index.
[V. 21859.

L'auteur est le même qu'Albumazar Abalachus.
(S- 3461 b

154 ALBUMAZAR.— De magnis Conjunctionibus, annorum Revolutionibus ac eorum Profectionibus.
Venetiis, 1515.
[Rés. V 1291 & 1292.
— Introductorium in Astronomiam Albumasaris Abalachi.
Venetiis, 1506, in-4° Gothique. Figures sur bois.
[Rés. p. V. 379.
(S- 3409

155 ALBUMAZAR. Flores Astrologiæ.
[*Venise, Erhard Ratdolt, 1484*].
[In fine :] Impressum in Venetiis per Erhardum Ratdolt de Augusta. Die mensis januarii 1484.
[Réserve G. 1257 bis

Autres éditions :
Augsbourg. Erhard Ratdolt. 1488 et 1495. (Pellechet, 412)
Venetiis, per J. B. Sessam, s. d. (Pellechet, 413) in-4°, gothique de 18 ff. n. c. fig. bois.
[Rés. V. 1296

Dans l'explicit de l'édition de 1488, Ratdolt mentionne son déplacement de Venise à Augsbourg.

156 ALBUMAZAR. De magnis conjunctionibus, annorum revolutionibus ac eorum profectionibus, octo continens Tractatus.
Augusta Vindelicorum, arte E. Ratdolt, 1489, in-4° gothique 118 ff. (Pellechet 414).
[Rés. V. 1286
[Rés. G. 1257

Autre édition :
Venetiis, per Jacobum pentium de Leucho, 1515, in-4°, de 94 f°s, goth., fig. bois.
[Rés. V. 1291 et 1292

157 ALBUMAZZAR de Carpenteri. — La clef d'or, ou l'astrologue fortuné devin, contenant une liste générale de tous les arts, songes & visions nocturnes avec les noms des choses & les numéros à qui elles se rapportent, pour s'en servir aux tirages de la loterie de France : Traduit de l'italien. Nouvelle édit. augm. des Nombres Sympathiques, des payans de chaque numéro & de leurs adversaires. Par M. Peregrinus.
Avignon, J. A.Joly, 1815. (réimprimé en 1820) in-12 (5 fr.).
[V. 20859.

Enrichi de 90 planches qui expriment les arts, les animaux et tout ce qui peut correspondre aux 90 numéros. Y joint la figure Pentagone pour la Cabale mathématique.

Autre édition :
Lyon, Malheron, s.d. [1832] in-12.
[V. 20800

Edition rare et peu connue.

158 ALCAN (Mme Th.) sous le pseudonyme de « Félicien » ou de « Vicomtesse NACLA ». — Dictionnaire des 36.000 recettes.

Paris, s. d. fort in-12. (2 fr. 50)
Recettes de médecine et d'économie domestiques faciles à pratiquer et très efficaces [dit le catalogue].

150 ALCHABITIUS. en Arabe : ABD AL AZIZ IBN OTHMNAN (AL KABI-SI).— Preclarum Summi in Astrorum scientia principis Alchabitii opus ad scrutanda Stellarum magisteria isagogicum impristino candori nuperrime restitutum ab excellentissimo doctore Antonio de Fantis Larnisino, qui notabile ejusdem auctoris libellum de Planetarum coiunctionibus nusqz antea impressum addidit et pleraqz scitu dignissima cuz castigatissimo Joanis de Saxonia commentario.
Veneliis, in edibus P. Liechlensh in. 1521, in-4°.
[Rés. V. 1307
(45 fr. Très bien conservé, dans une reliure du XVIII° S. attribuée à Derôme).

Ouvrage d'astrologie de la plus grande rareté imprimé en lettres gothiques avec quelques figures et tableaux dans le texte et la grande marque du libraire P. Liechtenstein en rouge et noir au verso du dernier feuillet.
(G- 10

160 ALCHABITIUS. — Alcabitii ad Magisterium judiciorum Astrorum. Isagoge. cum Commentariis Jo Saxonii
Parisiis venumdatur à S. Colinæo 1521, in-4° (12 fr.).
2 ex. [Rés. V. 1310 ou 11
Traité fort rare d'astrologie.
(S- 3440 b

161 .... — ALCHYMIA vera, das ist : der Waren und von Gott hoch gebenedeyten, Natur gemessen Edlen kunst Alchymia wahre, beschreibung Etliche kurtze und nützliche Tractätlein zusammen getragen...... Jetzo aber zum andermal auffgeleget und mit vielen schönen Tractätlein vermehret und verbessert. durch J. P. S. H. M. S.
Sans l., s. adr. & s. d. (mais 1604) in-8° de VIII-176 ff. non chiffrés.
Voy. Beytrag z. Gesch. der Chemie 587, qui m'a donné la date de ce petit recueil contenant XVI pièces dont :
1) Premium de arte...... chymica.
2) Mons philosophorum.
3) Via veritatis.
4) J. Licinius : Pretiosa Margarita.
5) Paracelse : Schreibet an ein...... Freund.
6) Colloquium Spiritus Mercurii......
7) Eine sonderlich Practica...... Vitrioli.
8) Lux lucens in tenebris.
9) Der Creutzhern in Preussen Practica.
10) Isaac Holl : Libellus de Salibus.
11) » » Tractat von der Mineral. Animal...
12) Eine schöne Disputation.... dem Gold....
13) Bernard Trevis : Symbolum.
14) Maria prophetissa : Practica in artchim.
15) Paracelse : Lieber Apocalypsis, etc. etc.
(O-007-040-817-818

102 .... — ALCHYMISCHER Gold-Topff, welcher bereits zweyhundert Jahre vergraben gelegen, nunmehro aber von einem wohlmeinenden Freund hervorgezogen, und an das Licht gestellet wird, worinn auf das Deutlichste gezeiget, wie die wahre tingirende Tinctur zu verfertigen ; nebst vielen anderen kostbahren chymischen und medicinischen Arcanis.
Basel, Joh. Rudolff, 1731. in-8° de 50 pp.
(O-1407

103 .... — ALCHYMISTISCHE Sieben-Gestirn, das ist : sieben schöne und auszerlesene Tractätlein, vom Stein des Weisen, darinn der richtige Weg zu solchem allerhöchsten Geheimnisz zu kommen hell und klar gezeiget wird :...... aus dem Latein ims Hochdeutsche treulich übergesetzet, und in Druck gefertiget.
Hamburg, George Wolff, 1675.
In-8° de VII-232 pp. avec 1 portr. de J. Dee, de la collection de Roth-Scholtz.
Réunion de sept petits traités de Hermes Trism., Raymond Lulle, Aristote

Joh Daustein, Albert le Grand, et Joh Pontanus.
Il y a une autre édition de Frankfurt am M. *Joh. Friedr. Fleischer.* 1756. in-8° de 224 pp.
(O-613-614-639-680-703-759-779-786-1006.

ALCIATI ou ALCIAT (André) jurisconsulte italien né dans le Milanais en 1492, mort en 1550. Professeur de droit à Avignon, Bourges, Milan, Ferrare, il fut, dit-on, avare et intempérant.

164 — ANDREÆ ALCIATI Embletum libellus.
Parisiis, C. Wechelus, 1534. in-8° (20 fr.).
[Rés. Z. 2511
Ornée de jolies figures gravées sur bois.

2) — AND. ALCIATI Emblemata. Omnia, adjectis Commentariis et Scholiis per Cl. Minoem.
Antverpiæ ex officinâ *Christ. Plantini,* 1574. pet. in-12. Figures sur bois.

3) — AND. ALCIATI Emblemata, cum Commentariis variorum, Operâ J. Thuilii : accessit Fred. Morelli Corollaria.
Patavii, apud *P. P. Tozzium.* 1621 in-4°. Tit. gravé. Figures.
Cette dernière est l'édition la plus ample.
[Z. 3520
(St-Y-2391 et 92

ALDROVANDUS ou, en Italien, Ulisse Aldrovandi, célèbre naturaliste italien né à Bologne en 1552, mort en 1607. Professeur d'Histoire naturelle à Bologne. Il a donné une Histoire Naturelle en TREIZE volumes in-f° (1599-1668).

165 ULYSSIS ALDROVANDI Musæum Metallicum, in libros IV distributum.
Bononiæ, typ. J. B. Ferronii. 1648, in-f°
[S. 450 et S. 451
(Bo

166 ALÈGRE (Léon). — Levi ben Gerson, philosophe astronome et médecin né à Bagnols en 1288, mort à Perpignan, vers 1370.

Bagnols, A. Baile, 1880, in-8° 19 p.
(G.-1658.
Et aussi dans « Notices biographiques du Gard (canton de Bagnols) par Léon Alègre (14 Xbre 1876) » pages 29-45. Contient en outre une notice sur Barruel-Beauvert (Ant. J". de)
[Ln²². 82

167 ALETHOPHILE ou ALETOPHILUS — Alethophili philosophische Betrachtung von Berwandlung der Metallen, aus dem Lateinischen ins Teutsche übersetzet : dans Deutsches Theatrum chemicum de Roth-Scholtz (1732). III. 557-99.
(O-1325

168 ALETOPHILUS Sincerus. — Via ad transmvtationem metallorvm fideliter aperta.
Norimbergæ, in officinâ *Cremeriana,* 1742. in-4°. (10 fr.).
Traité peu commun d'alchimie.

169 ALEXANDRE LE GRAND. (Traités apocryphes d'Alchimie attribués à) Epistel oder Send-Brief des Kaysers Alexandri, welcher zuerst in Griechenland und Macedonien regieret hat : Auch ein Kayser der Persianer gewesen, darinnen der Stein der Weisen durch ein Gleichnüsz und Parabel sehr lustig und wohl beschrieben erkläret wird ; dans Deutsches Theatrum chemicum de Fr. Roth-Scholtz (1732). III. 227-44.
(O-054.

170 ALEXANDRE. — Sendchreiben Alexandri des Kön. der Macedonier, von der geheimen Composition des Steines des Weisen ; dans Geberi.... chymische Schriften (1751), 257-66
(O-655

171 ALEXANDRE. — Les mystères de la nature dévoilés. Existence de Dieu et fatalisme, par M. Alexandre.
Paris, E. Lachaud, 1870, in-12 (2 f. 50).
[R. 26209
Somnambulisme et spiritisme. Des Songes. Propriétés de certaines plantes. Indication par les cartes de la destinée comme par les lignes de la main. Astrologie de la main, etc...

ALEXANDRE, en Italien ALES-

SANDRO (Alessandri), jurisconsulte napolitain, né en 1461, mort vers 1523. Archéologue érudit.

172 ALEXANDRI AB ALEXANDRO, Genialium Dierum, Libri Sex.
Parisiis, apud *J. Petrum*, 1532 puis 1550, in-f°
[Z. 406]
Autre édition :
Lugduni, apud. *P. Frellon*, 1608, puis 1616, in-8°.
[Z. 12503 et 12594]
Auteur érudit et bon philologue, mais d'une très grande crédulité au sujet des Sortilèges, de l'apparition des Esprits, de l'Interprétation des Songes, etc. (Note de M. Weiss, Bibliothécaire de Besançon).
(S¹Y-2272 (S-3448 b

173 ALEXANDRE (Dom Nicolas). — La médecine et la chirurgie des pauvres, qui contiennent des remèdes pour la plupart des maladies internes & externes, qui attaquent le corps humain.
Paris. L. Le Conte, 1714, puis *V° L. Leconte, 1740* et *1741*, fort in-12 (7 fr.).
[Te¹⁷. 88, puis A à I
Recueil de recettes et de secrets de médecine ancienne que l'on peut joindre aux ouvrages analogues de Mme Fouquet, de Guybert, d'Hémery, etc..... que pratiquaient, avec succès les médecins et apothicaires des siècles passés.
Autres éditions :
Rouen, 1787, in-12.
Paris, 1769, 2 vol. in-12.
Paris, 1758, 2 vol. in-12.
Ces deux dernières édit. sont très rares.
Un des meilleurs livres sur la médecine des pauvres ; contient deux parties ; la première renferme les remèdes propres aux maladies internes, soumises à la médecine, la seconde contient ceux qui sont du ressort de la chirurgie. A la fin se trouve une seconde table alphabétique de toutes les maladies pour lesquelles il y a des remèdes dans ce livre.

174 ALEXIS [DIDIER]. — Le sommeil magnétique expliqué par le somnambule Alexis en l'état de lucidité précédé d'une introduction par Henri Delaage.
Paris, E. Dentu, 1856. In-12, 173 pages et portrait de l'Auteur.(3 fr.).
[R. 26212
Ce livre contient la relation de curieuses séances de somnambulisme. L'Auteur est Alexis DIDIER, commis de M. Marcillet, entrepreneur de Roulages rue Grange-Batelière (Voir Lafontaine. Mémoires... II-9)
(D. p. 162

175 ALEXIS (Em). — Horreurs, massacres & crimes des papes.
S. l. 1868, in-12.

176 ALEXIS (Em.). — Les immoralités des prêtres catholiques.
S. l. [*Bruxelles*] pet. in-8° ou in-12
[Enfer. 200

ALEXIS PIÉMONTOIS. — Pseudonyme supposé de Girolamo Ruscelli (1520-1566)

177 ALESSIO PIEMONTESE. — Secreti di Don Alessio Piemontese novamente stampati. Con vna bellisima aggivnta de Secreti inauti da un religioso pratichissimo, e eccelente, e esperimentati.
S. l. n. d. (in Lucca 1557), in-4°.
(12 fr.).
Une des premières éditions de ces célèbres secrets que l'on considère comme merveilleux. Quelques personnes qui ont fait l'essai de plusieurs affirment que les résultats sont prodigieux.
In Venetia, 1575 et encore 1030, fort in-12 ou pet. in-8°.

178 ALEXIS PIÉMONTOIS. — Les secrets dv S. Alexis Piémontois, diuisez en six liures, reuuz de nouueau sur le dernier exemplaire Italien, et augm. d'un liure de Distillations non par cy deuant imprimé.
Lyon, par *Gvill. Roville*, 1572, in-16
Ouvrage fort rare, dont le véritable auteur serait, dit-on, l'alchimiste Jérôme Ruscelli. — Le livre des Distillations qui parait dans cette édition pour la première fois est orné d'un certain nombre de fig. s. b:
Autres éditions :
Lyon, 1657, Fort in-8° (18 fr.).
Edition rare de ces fameux secrets. On peut classer cet ouvrage parmi ceux de

haute philosophie hermétique, il renferme beaucoup de choses utiles sur les métaux, leur dissolution, calcination et purification. Il contient des secrets occultes admirables et plusieurs personnes qui en ont fait l'essai assurent que les résultats obtenus sont prodigieux.

(G-11)

179 ALEXIS PIÉMONTOIS. — Les secrets dv seignevr Alexis Piemontois. Reueu, corr. et augm., outre les précédentes impressions, d'vne infinité de rares secretz esprouuez.

A Rouen, chez *Raphaël dv Petit-Val*, *1606*, in-10 de 950 pp. env.

Autres éditions :

Rouen, chez la *Vefue de Lovys Coste*, *1638*. Pet. in-8°.

Rouen, de l'imprimerie de *Robert de Rovves*, *1614*. fort vol. in-10.

Le traité de la distillation qui fait partie de cet ouvrage est orné de 7 gravures sur bois. — A la fin du vol. se trouve le singulier livre de Christofle Landre, intitulé « Occoïatrie » relatif à la « fiente » et aux urines de l'homme & des différents animaux, etc...

(G-12 et 550

ALEXIS (Léon d'). Voy : *BERULLE* (le Cardinal de).

180 ALFONSUS (P.) de Madrid — ALFONSUS (P.) MADRILIENSIS — Libellvs avrevs de vera Deo apte inseruiendi methodo, iam olim Hispanice editus a F. Alfonso Madriliensi : nunc autem in latinum traductus per F. J. Hentenivm. Cvi accessit Speculum illustrium personarum, eiusdem authoris et interpretis. Quibus.... adiecimus Laurentii Justiniani.... libellum de disciplina et perfectione conuersationis monasticæ.

Ingolstadii, excudebat *Dauid Sartorius*, *1678*. In-12 (10 fr.).

Autre édition :

Parisiis, apud *T. Brumennium*, *1584*. in-16, xiv-367 p. 1 fig.

[D. 23196.

Ouvrage ascétique.

181 ALHAIZA (A.)— Catéchisme dualiste, essai de synthèse physique, vitale et religieuse.

Paris, G. *Carré*. *1892*. In-18.

[8° R. 11472

De l'Univers et de la vie. De l'Homme De la Religion naturelle, etc...

182 ALHAIZA (A). — Ce qu'est la Franc-Maçonnerie.

Paris, *1907*. In-12. (0 fr. 50).

[8° H. Pièce. 970.

Intéressant opuscule de critique maç.'., contenant un exposé historique et philosophique.

183 ALHAIZA (A). — Historique de l'Ecole sociétaire fondée par Ch. Fourier, suivi d'un résumé de la doctrine fouriériste et du sommaire du Garantisme, élucidé par Hipp. Destrem.

Paris, *Bureau de la Rénovation*, *1894*, pet. in-8° (5 fr.).

2 ex. : [8° R. 12120
[8° R. 12409

184 ALHAIZA (A).— Synthèse dualiste universelle cosmogénique, biologique, sociale et morale et culte spirituel.

Paris, 1910. In-8° (8 fr.).

La cosmogénie et la physique. — La vie terrestre. — L'homme, la sociologie, morale et religion, culte spirituel.

185 ALI PULI, auteur arabe. — Centrum Naturæ concentratum, oder ein Tractat von dem Wiedergebohrnen Saltz (der Natur), insgemein und eigentlich genandt : der Weisen Stein-in Arabisch beschrieben durch Ali Puli, einem Asiatischen Mohren, und um seiner Fürtrefflichkeit willen, auch ins Nieder-Teutsch gebracht.... und auf eigenen Kosten herausgegeben von N. F. G. B. Ietzo aber auch in Hochteutsch übersetzet und zum Druck befördert.

S. l. & adr. *1705*, pet. in-8° paginé 241-76.

Cette édition est extraite du vol. Die hellscheinende Sonne........ de J. Fabre. La traduction n'est pas la même que dans l'édition de 1756, qui, si elle n'est pas nouvelle, a au moins subi une révision.

(O.-1194

186 ALI PULI. — Centrum Naturæ

concentratum, oder ein Tractat von dem Wiedergebohrnen Saltz (der Natur), insgemein und eigentlich genandt : der Weisen Stein, in Arabishen geschrieben von Ali Puli, einem Asiatischen Mohren, darnach in Portugisische Sprache durch H. L. V. A. H. und ins Hoschteutsche übersetz, und herausgegeben von Johann Otto Helbig Rittern.
Franckfurt, Joh. Friedr. Fleischer, 1756, in-8° de 40 pp.

La 1ʳᵉ édition est de 1682. Il y en a une en latin, de 1683. Gedani, typis D. F. Rhetii, in-12. [R. 38284 bis. (O-1193).

ALIBERT (Le Baron Jean-Louis). Médecin de Louis XVIII et de Charles X, né à Villefranche (Aveyron) en 1766, mort à Paris en 1837. Médecin en chef de Saint-Louis.

187 ALIBERT (le Baron). Physiologie des passions, ou nouvelle doctrine des sentimens moraux, par M. le baron Alibert, docteur en médecine. Édition revue et augmentée.
Paris, Béchet, 1825, puis 20, etc.... 1837. 2 vol. in-8°. Figures.
[T¹⁹. 88. A. &c.

Autre édition en 1843. (5 fr.).

Ouvrage très curieux contenant de nombreuses planches gravées hors texte. De l'Instinct de relation, considéré comme loi primordiale du système sensible. Les Pestiférés de Villefranche, ou histoire du magistrat Pomairols, etc....

ALLÆUS ARABS CHRISTIANUS (Franc.). — Pseud. de YVES (le P. François) Capucin de Paris, né vers 1503.

ALLAN KARDEC. — Voir : RIVAIL (Hippolyte-Léon-Denizard) qui a pris ce pseudonyme et SAUSSE (H) son biographe.

188 ALLATIUS (Léon) — Leonis Allatii Confutatio Fabulæ de Joanna Papissa... Bart. Nihusius recensuit.
Coloniæ Agrippinæ, typis J. Kalcovii, 1645, in-4°.

3 ex. : [H. 3210, 0137, 9376 (S-488]

180 ALLEMAGNE (Henry René d') — Cartes à jouer du XIVᵉ au XXᵉ siècle par Henry d'Allemagne.
Paris, P. Hachette, 1906. 2 gr. in-4° de XVI-504 & 640 pp. (50 frs.)
[Fol. Li¹³. 59

Superbe ouvrage, reproduisant de nombreux spécimens de Tarots anciens, (Miniatures du Jeu du Cardinal Sforza) (I-22) Jeux de cartes rondes (I-40) — Curieux jeu révolutionnaire (I-134) — Jeu du Comte de St Simon (I-139). — Cinquième partie : les Naïbi (I-172) (Tarot de Montegna). — Sixième partie : le jeu de Tarot (I-179-197).

190 ... — ALLERNEUESTE und sicherste Erfindung sein Glück in der Zahlen-Lotterie zu versuchen und sich darin glücklich zu machen nach Anleitung eines alphabetischen Traum-Buches auf vieles Verlangen zum Druck befördert ; aus dem Italiänischen übersetzt.
Genua, s. d., in-8° de 32 pp.
(O-1847

ALLETZ (Edouard) littérateur, né à Paris en 1798, mort en 1850. Consul à Gènes et à Barcelone.

191 ALLETZ (Ed.). Essai sur l'homme ou accord de la philosophie et de la religion.
Le Clère, 1826. 2 vol. in-8° (8 fr.).

ALLETZ (Pons-Augustin) laborieux compilateur, né à Montpellier en 1703, mort à Paris en 1785.

192 ALLETZ (P.-A.). Albert moderne (L') ou nouveaux secrets éprouvés et licites recueillis d'après les découvertes les plus récentes, les uns ayant pour objet de remédier à un grand nombre d'accidens qui intéressent la santé ; les autres quantité de choses utiles à savoir pour les différens besoins de la vie ; d'autres, enfin tout ce qui concerne le pur agrément tant aux champs qu'à la ville.
Paris, veuve Duchesne, 1768. In-12 (7 fr.).

Édition originale.

[R. 26164

Autres éditions :

Neuchatel, Fauche, 1780.
Paris, veuve Duchesne, 1782 2 vol
in-12
[R. 26169 & 170.

En forme de dictionnaire : recueil de
« secrets » ou formules, etc.... par ce
polygraphe de Montpellier.

193 ALLETZ (Pons Augustin). —
L'Albert moderne ou nouveaux
secrets éprouvés et licites, recueillis
d'après les découvertes les plus récentes. Les uns ayant pour objet de
remédier à un grand nombre d'accidens qui intéressent la santé, etc.,
etc..

Paris, Duchesne, 1769 pet. in-8°
(7 fr.).
[R. 26165
(G-8

194 ALLETZ. — L'Albert moderne
ou nouveaux secrets éprouvés et
licites recueillis d'après les découvertes les plus récentes, les uns ayant
pour objet de remédier à un grand
nombre d'accidens qui intéressent
la santé ; les autres quantité de
choses utiles à savoir pour les différens besoins de la vie ; d'autres enfin tout ce qui concerne le pur agrément tant aux champs qu'à la ville.

A Paris, chez la veuve Duchesne,
1783, in-8° (8 fr.)

Edition ancienne, rare avec un très
joli frontispice gravé par Le Roy.

Autres éditions : 1764-68-69-70-
72-73-77-03, etc..
[R. 26167 etc.
(G- 1656

195 ALLETZ (Pons Augustin). — Description historique de la tenue du
Conclave et de toutes les cérémonies
qui s'observent à Rome, depuis la
mort du Pape, jusqu'à l'exaltation
de son successeur. A laquelle on a
ajouté la chronologie des Papes successeurs de Saint-Pierre, jusqu'à
Clément XIII, avec les noms et l'âge
des cardinaux qui composent aujourd'hui le sacré collège.

Paris, G. Desprez, 1769, In-4°
Pièce (5 fr.)

4 ex : [H. 3075 bis
[Hp. 225
[Hz. 1217
[Z. Beuchot 1902 (47)

196 ALLETZ (Pons Augustin). — Dictionnaire portatif des Conciles.
Paris, veuve Didot, 1758. In-8°.
(3 fr.).
[B. 5699

Contenant un sommaire de tous les
conciles généraux, nationaux, provinciaux et particuliers ; leurs décisions ;
une collection des canons les plus remarquables, etc......

Autre édition.
Paris, 1767, In-8°.

197 ALLETZ (P. A.). — Histoire abrégée des papes, depuis Saint-Pierre
jusqu'à Clément XIV, tirée des auteurs ecclésiastiques.
Amsterdam et Paris, Moutard,
1770, 2 vol. in-12. (3 fr.).
[H. 0005 & 6

198 ALLETZ (P. A.). — Histoire des
singes et autres animaux curieux
dont l'instinct et l'industrie excitent
l'admiration des hommes, comme
les éléphans, les castors, etc......
Paris, Duchesne, 1752. In-12.
(3 fr.).
[S. 11757

199 .... — ALLEGMEINE Grundregeln der Freymaurer ; nebst einer
Rede über den Zweck der Maurerey.
*Preszburg, gedr. mit Weberisch.
Schriften,* 1784, Pet. in-8° de 45 pp.
(O-481.

200 ALLIER (Elisabeth). — Relation
véritable contenant ce qui s'est passé
aux exorcismes d'une fille appelée
Elisabeth Allier natife de la Coste
S.André en Dauphiné, possédée depuis 20 ans par deux Démons, nommez Orgueil et Boniface.
Paris, 1649, in-8° de 31 pp..
(1 fr. 50).

Réimpression de Lyon, par Louis
Perrin, vers 1875-76.

ALLIETTE, nom véritable du célèbre ETTEILLA, perruquier, cartomancien et philosophe de l'époque révolutionnaire.

201 ALLIETTE. — Apperçu (sic) d'un rigoriste sur la cartonomancie et sur son auteur.

S. l. n. d. (vers 1785) pet. in-8° (4 fr.).

Rare. — Avec de nombreuses et jolies figures gravées, reproduction de tarots, ainsi que quelques tableaux cabalistiques.

(G-288.

202 [ALLIETTE]. ETTEILLA. — Aperçu sur la nouvelle école de magie établie à Paris le 1er Juillet de la 2e année de la Liberté française & Second discours tenu dans cette école publique & gratuite le 10 Juillet 1790.

S. l., 1790, in-12. (10 fr.).

203 [ALLIETTE] ETTEILLA.— Code pratique de la cartomancie Egyptienne ou les principes de la permutation des 78 feuillets du Livre de Thot. Chapitre I. où l'on passe les 77 derniers feuillets avec le premier qui désigne toujours l'homme pour qui on a consulté les oracles.

S. l. n. d., in-12 de 16 pp. (3 fr.).

204 [ALLIETTE] ETTEILLA.— Collection sur les hautes sciences et pratique de la sage magie des anciens peuples. Complet en 12 ouvrages.

2 vol. in-8°. (30 fr.).

Les sept nuances de l'œuvre philosophique hermétique. — Philosophie des hautes sciences. — Manière de se récréer avec le jeu de cartes nommées tarots. — Le livre de Thot. etc.. etc... Avec de nombreuses planches en taille douce.

(G-1350

205 [ALLIETTE] ETTEILLA—Cours théorique et pratique du Livre de Thot, pour entendre avec justesse l'Art, la Science et la sagesse.

S. l. 1790, in-8° (4 fr.)

[R. 13747 bis

« La présente brochure est rare et ne « figure pas dans la collection des œuvres « d'Etteilla, qui se trouvent elles-mêmes « assez difficilement et se cotent toujours « à des prix fort élevés. » [St. de Guaita].

[G-287.

206 [ALLIETTE] ETTEILLA. — Dictionnaire synonimique du livre de Thot ou synonimes des significations primitives tracées sur les feuillets du livre de Thot ; précédé d'un discours préliminaire par un membre de la Société des Interprètes de cet ouvrage.

Etteilla fils. 1791, in-8° de 104 p. (5 fr.).

[R. 33715

Brochure très rare, complément du Cours de Thot, et que ne possédait pas St. de Guaita.

207 [ALLIETTE] ETTEILLA.— L'homme à projets.

Paris. 1791. in-8° (4 fr.).

Sous le pseudonyme d'Etteilla, le singulier personnage que fut le coiffeur Alliette a révélé dans ses nombreux ouvrages un ésotérisme souvent profond, principalement au point de vue divinatoire dans lequel il est resté justement célèbre. Cet ouvrage est certainement le plus curieux qu'il ait produit. L'Homme à projets était un oracle dont tous les projets passés, présents et à venir relatifs à la Révolution, sont les chaînons du cercle de l'oracle.

208 [ALLIETTE] ETTEILLA. — Jeu des Tarots, ou le livre de Thot ouvert à la manière des Egyptiens, pour servir ici à l'interprétation de tous les rèves, songes et visions diurnes et nocturnes.

A Memphis et à Paris. s. d. In-12. (2 fr.).

209 [ALLIETTE] ETTEILLA. — Leçons théoriques & pratiques du Livre de Thot.

Amsterdam, 1787. in-8°. (4 fr.).

Avec de nombreuses et jolies figures gravées. reproduction de tarots, ainsi que quelques tableaux cabalistiques. Entre autres la curieuse planche gravée représentant le Tableau des Lames du Livre de Thot placé dans le Temple. du Feu à Memphis.

(G-288.

210 [ALLIETTE] ETTEILLA.— Manière de se récréer avec le jeu de cartes nommées tarots.
Amsterdam et Paris. 1783-85, 4 vol. (12 fr.).
[R. 33406 (2 premières parties.)
Avec de nombreuses et jolies figures gravées, reproduction de tarots, ainsi que quelques tableaux cabalistiques.
(G-288.

211 [ALLIETTE] ETTEILLA.— L'Oracle pour & contre 1791.
S. l. novembre 1791. Pet. in-8° de 16 pp. (8 fr.).
[8° Y° pièce 4857

212 [ALLIETTE] ETTEILLA.— La perfection des métaux.
S. l. n. d. (1786).Pet. in-8° (4 fr.)
(G-288.
Ouvrage fort rare.

213 [ALLIETTE] ETTEILLA—Philosophie des hautes sciences ou la clef donnée aux enfans de l'Art, de la Science, de la sagesse.
Amsterdam. 1785. Pet. in-8° (5 fr.).
(G-288.
Ouvrage fort rare.

214 [ALLIETTE] ETTEILLA— Recueil de 13 projets parus en 1791 & réunis en 9 parties.
Paris, imp. de Végard et le Normant 1791. (8 fr).
[Lc² 2450
Vraie Pension bourgeoise Nationale. — L'impôt à découvert. — Petite partie d'administration morale, civile et politique. — Moyen prompt d'occuper ceux qui ne le sont pas. — Banqueroute deux fois mal-à-propos manquée. — Ouvrages à faire pour subvenir aux frais d'un club. — Souscription ouverte pour le développement de la Pension bourgeoise Nationale. — Pétitions proposées aux 83 départements. — La nouvelle science. — Prix des assurances totales et partielles de la vraie Pension bourgeoise Nationale. — A son ami et élève Etteilla. Mme le Blanc, maitresse de clavecin, élève de Rameau (Avec une page de musique intitulée : *Etteilla ou le devin du siècle*). — Pétition à l'Assemblée Nationale pour qu'il soit accordé à l'auteur de la vraie Pension bourgeoise Nationale, le don de l'Impression du développement de la dite pension. — Etc...

31

215 ALLIETTE ETTEILLA. — Les sept nuances de l'œuvre philosophique hermétique, suivies d'un traité de la perfection des métaux.
S. l. n. d. (1786) Pet. in-8° (5 fr.).
[8° R. 8291 (1)
(G-288

216 [ALLIETTE] ETTEILLA. Sommaire des objets propres et furtifs insérés dans l'épitre adressée publiquement à Court de Gébelin.
S. l. 1784, in-4°. (2 fr. 50).

217 [ALLIETTE] ETTEILLA. Le Zodiaque mystérieux ou les oracles d'Etteilla.
Amsterdam et Paris, Gueffier jeune, 1792 [puis 1820]. In-8°. (12 fr.).
[R. 54334.
« Cette 1ʳᵉ édit. était déjà fort dif-« ficile à trouver du vivant d'Etteilla, « sous la Révolution. Elle est aujour-« d'hui d'une insigne rareté, comme l'a-« vance dans son avant-propos l'éditeur « de la réimpression de 1820. » (St.-de « G.)
Autre édit. : *Amsterdam et Paris*, 1772. in-8°.
(G-289.

ALLIETTE. — M. MILLET DE SAINT-PIERRE a donné une intéressante étude et une remarquable bibliographie de cet auteur.Voir : « Recherches sur le dernier sorcier... »
[Ln²⁷ 35308
Le même auteur donne le véritable nom, HUGAND, du Disciple d'ETTEILA dit JEJALEL, ainsi que nombre de curieux détails.

219 ALLIOT (F). — Discours sur la saine philosophie pour être annexé au livre du « Progrès ou des destinées de l'humanité sur la terre » suite de la démonstration des erreurs des sciences.
Bar-le-Duc, Contant-Laguerre. 1868 In-12. (2 fr.)
[R. 26280.

220 ALLOCUTION prononcée dans la R∴ L∴ Franç∴ Ecos∴ des Trinosophes O∴ de Paris, le 19 Octobre 1827, au sujet du serment prescrit par les nouveaux réglements du

G∴ O∴ pour être admis comme député né ou élu....
Paris, 1827, in-12.

221 ALMA (Jean d') — La Controverse du Quatrième Evangile, par Jean d'Alma.
Paris, Emile Nourry, 1907.
In-12 de CCLV-570 p. + 10 p. de tab. & 1 f° d'errata.
[J.A 22093.

C'est l'Etude la plus scientifique sur ce sujet si controversé, depuis les publications de l'abbé LOISY, q. v.
A la fin se trouve un Appendice sur « Philon et le Quatrième Evangile »

ALMERAS (Henri d'), littérateur, né à Pézenas (Hérault) en 1861.

222 ALMERAS (H. d'). — Marie-Antoinette & les pamphlets royalistes & révolutionnaires, avec une bibliographie de ces pamphlets. — Les amoureux de la reine.
Paris, Libr. Mondiale, s. d., in-16 de 424 pp.
[8° Lb³⁹ 11033.

Edition originale. Très curieux et intéressant ouvr. orné de 14 fig. h. t. reproduisant des tableaux & gravures de l'époque.

223 ALMERAS (Henri d'). — Le marquis de Sade. — L'homme et l'écrivain.
Paris, Albin Michel, s. d. gr. in-12. (3 fr. 50).

Inconnu de tous les bibliographes.
Avec 16 portraits & gravures. Terminé par une Bibliographie.

224 ALMERAS (H. d'). — Les romans de l'histoire. Cagliostro (Joseph Balsamo). La Franc-Maçonnerie et l'occultisme au XVIII° siècle, d'après des documents inédits.
Paris, Société Française d'Imprimerie et de Librairie (Lecène-Oudin) 1904. Fort in-16 de 386 p. portrait. (2 fr.).
[8° K. 3568

Beau portrait.
C'est ici la seule biographie sérieuse qui ait été faite sur l'énigmatique personnage que fut le célèbre Cagliostro. — Sa rencontre avec Lorenza Feliciani. — L'affaire Duplessis. — Le procès du Collier. — La L∴ maç∴ de l'Espérance. — La Maç∴ occultiste de Swedenborg à Cagliostro. — Fondation du Rite égyptien. — Cagliostro thaumaturge. — Le Cardinal de Rohan. — Le congrès des Philalètes. — Théveneau de Morande. — La L∴ des vrais amis. — L'arrestation de Cagliostro. — Devant le Tribunal du Saint-Office. — Sa mort. — L'ouvrage se termine par des considérations sur la famille de Cagliostro, la Bulle d'excommunication du pape Clément XII contre les F∴ M∴, la pierre philosophique & le Grand Œuvre, les plantes médicinales & les herbes magiques.

225 ALMIGNANA (l'Abbé). — Magnétisme. Le Christ qualifié de magnétiseur par la synagogue et l'incrédulité modernes, et le magnétisme plaidant lui-même la cause du Christ, par l'abbé Almignana.
Batignoles (sic) l'auteur, 1848 [et 1849] In-18, 36 pages. (2 fr.).
[Tb⁶³. 103

L'auteur est magnétiseur, mais il n'admet pas que l'on enlève rien de la divinité aux actions de Jésus.
(D. p. 142
(G-1110

226 ALMIGNANA (l'Abbé). — Du somnambulisme, des tables tournantes et des médiums, considérés dans leurs rapports avec la théorie et la physique. Examen des opinions de MM. de Mirville et Gasparin, par M. l'abbé Almignana, docteur en droit canonique, théologien, magnétiste et médium.
Paris, Dentu, 1854. In-12.
[R p. 0017

Autre éd. :
Paris, 1880, in-8° (1 fr. 25).
[8° R. Pièce 4313.
(D.p. 158

227 ALOTTE (Louis). Primordialité de l'écriture dans la genèse du langage humain.
Paris, E.Vitery, 1888, in-12.
[8° X. 4236

Très intéressant ouvrage dans lequel l'auteur, d'accord avec la tradition ésotérique, prouve que le langage humain primitif fut d'abord figuratif et hiéroglyphique.

228 .... ALPHABETISCHES Verzeichnis

aller bekannten Freimaurer Logen aus oeffentlichen Urkunden dieser ehrwürdigen Gesellschaft zusammen getragen.
Leipzig, Adam Friedr. Barbme, 1778, in-8° de XVI-128 pp.

Moscou ne compte qu'une loge. Pétersbourg, cinq.
(O-206.

ALPHONSE X DE CASTILLE, ou ALFONSE EL SABIO (1252-1284) surnommé le Sage, c'est-à-dire le Savant, tenta vainement de devenir Empereur d'Allemagne. Détrôné par son fils, Don Sanche, il mourut de chagrin. Outre ses Œuvres Astrologiques et alchimiques, l'Espagne lui doit son premier code de Lois.

229 ALFONSE X, dit EL SABIO. — Sapientiss. Arabum philosophi, Alphonsi, etc ; dans Theatrum chemicum.
(O-740-741

ALPINO (Prospero) médecin et voyageur Hollandais, mort à Batavia (Java), vers 1031.

230—Prosperi Alpini, De Medicina Egyptiorum, lib. quat...
Venetiis, apud F. de Franciscis, 1591, in-4° (10 fr).
[T°.]

Rare ouvrage de ce célèbre médecin vénitien qui passa une partie de sa vie en Egypte ; avec de curieuses figures sur bois.

Ou encore, avec « Jacobi Bontii de Medicina Indorum ».
Parisiis, apud N. Redelichuysen, 1645, in-4°.
[Rés. T°. 3

231 ALQUIÉ DE RIEUPEYROUX (Mme Louise d'). — Le carnet du vieux docteur transcrit par Mme Louise d'Alq. 1re Partie. Causeries humoristiques.
Paris, Bureau des Causeries familières ; s. d. [1884].
[Te 17. 262
— M. *Dreyfous* 1890. 2 vol. in-8°. Tome I pub. à 5 frs. 362 pp.

Curieux ouvrage de médecine populaire mis à la portée de tout le monde. Des médecins et de la manière de s'en servir. — Gens qui se soignent trop et pas assez. — Maladies de nerfs. — Pour vivre longtemps. — Hygiène de la beauté (Teint, dents, cheveux, mains, pieds et taille) — etc......

232 ALSTEDIUS (J.H.) Clavis artis Lullianæ et veræ logices duos in li bellos tributa. Id est solida dilucitatio artis magnæ, generalis et ultimæ quam Raymundus Lullius invenit ut esset quarumcunque artium et scientiarum clavigera et serperastra. Accessit novum speculum logices minime vulgaris.
Argentorati, sumptibus Lazari Zetzneri, 1609, puis « *barcdum* » 1673 in-8° (15 fr.).

Avec 6 figures explicatives du système philosophique de Raymond Lulle.
[R. 20300 et 20797

ALTA (Docteur en Sorbonne), nom Mystique de MELINGE (l'Abbé Calixte) q. v.

233 ALTMEYER (Jean-Jacques). — Introduction à l'étude philosophique de l'histoire de l'humanité.
Bruxelles, 1846, in-8° (5 fr.).

234 ALTUS. — Mutus liber, in quo tamen tota Philosophia hermetica, figuris hieroglyphicis depingitur, ter optimo maximo Deo misericordi consecratus, solisque filiis artis dedicatus ; authore cuius nomen est Altus :
21. 11. 82. Neg ;
93. 82. 72. Neg ;
82. 81. 33. Tued.
[*Rupellæ. (La Rochelle)* 1677] in-f°, de 15 pl. gravées sans aucun texte.

C'est d'après Lenglet-Dufresnoy et autres que nous indiquons le lieu de provenance et la date, car l'exemplaire Ouvaroff n'en portait pas.

Brunet et Barbier citent Jacob Saulat, sieur des Marez, qui a obtenu le privilège d'impression, comme l'auteur de cet ouvr, mais Barbier ajoute : « Je crois que « le vrai auteur est Tollé, médecin de la « Rochelle, grand chimiste ; le nom em-« prunté Altus le désigne assez ».

Cet ouvr. a été reproduit à la fin du tome I de la Bibliotheca chemica curiosa de Manget.
(O-1146.

Sci psych. — T. I. — 3.

235 ALTUS.— Mutus Liber, in quo tota Philosophia Hermetica Hieroglyphis depingitur. Autore cujus nomen est Altus.
Rupellæ. [la Rochelle]. P.Savouret 1677, in-f°, composé seulement d'un Titre et de 14 Planches gravées sur cuivre, avec 1 f° de Privilège. (200 fr.).

Voir Brunet. I-203. Édition originale de ce mystérieux ouvrage. Attribué par Barbier au Médecin Tollé, et par le Catalogue Rosenthal, de Münich, à Jacques Saulat, Seigneur des Marez.
« Le livre muet traité dogmatique d'al-
« chymie tout en figures symboliques sans
« même une ligne de texte ou de légende
« est devenu à peu près introuvable. Très
« estimé des adeptes d'Hermès, les ama-
« teurs le paient parfois des prix exorbi-
« tants trop heureux de mettre enfin la
« main sur cette singulière rareté. Le
« fait est que depuis une dizaine d'années
« que je suis assidument les catalogues,je
« ne l'ai jamais vu passer même dans ceux
« composés exclusivement d'ouvrages de
« sciences occultes.— Quinze figures sur
« cuivre,estampes à pleine page embléma-
« tiques des opérations du Grand Œuvre.
« L'auteur qui se cache sous le pseudony-
« me d'Altus serait soit Tollé médecin de
« la Rochelle et grand chimiste soit Jacob
« Saulat, sieur des Marez ». (Stanislas de Guaita).

(G-1045-40.

236 ALVA Y ASTORGA (le P.Pedro de) Funiculi nodi indissolubiles, de Conceptu mentis et Conceptu ventris, etc. autore Petro de Alva et Astorga.
Bruxellis. Typis P. Vleugaert. 1663. in-f°.

[D. 0157
Rare et singulier. — » 7 liv. 4 sols » Vente Sepher, en 1780.
(S.-500.

237 ALVETANUS (Cornelius) Arnsrodius de conficiendo divino Elixire, sive lapide philosophico ; dans Theatrum chemicum. V (1662) 011-17, ou dans l'édition de 1661 : VI-301 a 7.
(O-055-050

238 .... AM Schlusse des J. 1777 in einer feyerlichen Versammlung der Loge zu den drey Weltkugeln in Berlin.
Berlin. Decker. in-8° de 8 pp. non chiff.
(O-354.

239 AMAD. — Bréviaire secret des amoureuses, suivi des Recettes Magiques d'amour...
[*Paris*] L. Hayard, s. d. [1893] In-16 Pièce.
[8° R. Pièce. 5561

240 [AMADE (Général d')].— Le problème de l'Au-delà. Conseils des invisibles recueillis par le général d'A-[made.]
Paris. Librairie des Sciences psychologiques. 1902. in-12. (2 fr).

241 AMAR (L. V. F.) Homme, Univers et Dieu, ou religion et gouvernement universels.
Paris. Ladrange. 1844. 2 vol. in-8°. (15 fr.).
(G-14

AMARAVELLA. — Voir : COULOMB (E. J.).

242 AMELINE (le P. Claude) Oratorien. —Traité de la Volonté, de ses principales actions, de ses passions, et de ses égarements.
Paris. G. Desprez. 1684.
In-12 de 6 f. limin. 306 p. et 1 f° de privilège.
[R. 18708
(S-3137 b

AMÉLINEAU (E.). Professeur à l'école des Hautes Études. Né à la Chaize-Giraud (Vendée) en 1850.

243 AMÉLINEAU. Les Actes des Martyrs de l'Église Copte. Etude Critique par E. Amélineau (Janvier 1887).
Paris. E. Leroux. 1890, in-8°. (10 fr.).
[O³a. 747
(Pen. p. 57

244 AMÉLINEAU (E.). Contes et Romans de l'Egypte Chrétienne, par E. Amélineau.
Paris. E. Leroux. 1888. 2 vol. in-18. (6 fr.).
[8° Z. 1629 et Z Renan. 8894

Collection de contes et chansons populaires. XIII et XIV.
(Pen. p. 57)

245 AMELINEAU (M. E.). — Essai sur le gnosticisme égyptien... Thèse pour le doctorat ès-lettres.
Paris, E. Leroux, 1887 In 4" (8 fr).
2 ex : [O³ a 690
[Z. Renan 271
Simon le magicien, Ménandre et Sartonilus, Basilide, Valentin, leurs vies, leurs écrits, leurs systèmes, &c............

246 AMELINEAU (E.). — Etude sur le Christianisme en Egypte au VII° Siècle, par E. Amélineau professeur à l'école des Hautes Etudes.
Paris, E. Leroux. 1887. In-4°
(15 fr.).
[O³ b. 754
Couronné par l'Académie des Sciences Morales et Politiques. Tirage à part des « Mémoires de l'Institut Egyptien ». II° vol.
(Pen. p. 57)

247 AMELINEAU (E.). Les idées sur Dieu dans l'ancienne Egypte, par E. Amélineau.
Paris, A Faivre et H. Teillard, 1803 In-8° (1 fr. 50).
[8° R. 12201

248 AMELINEAU (E.). — Les Moines égyptiens par E. Amélineau. Vie de Schnoudi.
Paris, E. Leroux.. 1889, in-12.
(1 fr. 25).
Portrait.
3 ex : [O². 765
[O³ v. 38
[Z Renan 1664

249 AMELINEAU (E.) Monuments pour servir à l'Histoire de l'Egypte Chrétienne au IV° Siècle. Histoire de Saint Pakhôme et de ses Communautés. Documents Coptes et Arabes inédits, publiés et traduits.
Paris, E. Leroux. 1889.
In-4° d'environ 800 pages. (35 fr.).
[O ² 619 et Z. Renan, 1403.
Annales du Musée Guimet. T. XVII
Académie des Inscriptions et Belles-Lettres. — Prix Delalande-Guérineau.

Ouvrage monumental (précédé d'une introduction de 122 p) où le savant Egyptologue fait revivre, à l'aide de textes primitifs irréfutables, les premiers siècles du Christianisme exaltés par un mysticisme ardent et aussi, hélas ! brûlés par des passions africaines.. Il résulte en effet de ce colossal volume que les mœurs religieuses de cette époque n'étaient pas toujours filtrées au papier Joseph. et que la piété monacale couvrait de charité très large, des égarements sur lesquels l'histoire impartiale ne peut que passer une éponge trempée dans l'eau bénite. Mais la part faite aux faiblesses inhérentes à la nature humaine, il se dégage de ce travail gigantesque une philosophie très haute dont Saint Pakhôme - irréprochable d'ailleurs au point de vue des mœurs - est comme une incarnation lumineuse. Le mystique, après cette robuste lecture, connaîtra mieux et sentira tout le poids de sa nature physique qui · écrase son esprit comme le rocher de Sisyphe qu'il doit rouler jusqu'à la délivrance suprême. Inutile d'ajouter que les Diableries tiennent une place considérable dans ces annales sincères jusqu'à l'indécence. (Dujols & Thomas).
(Pen. p. 57)

250 AMELINEAU (E.). Monuments pour servir à l'Histoire de l'Egypte Chrétienne, aux IV°, V°, VI° et VII° Siècles. Textes Coptes, publiés et traduits.
Paris, E. Leroux. 1888-95. In-f°.
(36 fr).
[O³ a. 603
Mémoires publiés par les membres de la Mission archéologique française au Caire. T. IV. Fasc. 1-2.
(Pen. p. 57)

251 AMELINEAU (E.). — Notice sur le Papyrus Gnostique Bruce, Texte et Traduction. Tiré des " Notices et extraits des mss. de la Bibliothèque Nationale et autres Bibiliothèques — Tome XXIX. 1re Partie. —
Paris. Imprimerie Nationale, 1891 In-4° (10 fr.).
[O³ a. 751
(Pen. p. 57)

252 AMELINEAU (E.). — Le nouveau traité Gnostique de Turin.

Paris, Chamuel, 1895, in-10, fig. Pièce. (1 fr. 75).
[O³ a. 842.

Importante contribution à l'étude de la Théologie Alexandrine et Gnostique.
Avec 1 figure gnostique. Cette excellente traduction d'une prière gnostique évoquant les Eons, est précédée de quelques pages qui en sont en quelque sorte la préface nécessaire. L'auteur explique la provenance plausible du manuscrit et l'époque probable où l'œuvre fut écrite. Le texte est illustré d'une image naïvement symbolique et fort intéressante. Recommandé à ceux qui s'intéressent à la Théologie Alexandrine.

253 AMELINEAU (E.). — Voyage d'un moine égyptien dans le désert.
[*Rome*] [1884] In-4° (1 fr 50.).
[Z. Renan. 273

AMELINEAU. — Voir: *VALENTIN*. Pistis Sophia.
[8° R. 13428

254 AMELUNGIUS ou AMELUNGHI (Pierre). 1) — D. Petri Amelungii Tractatus Nobilis primus, in quo de Alchimiæ Inventione, Necessitate et Utilitate agitur.
Lipsiæ sumtibus J. Apelii, 1607.
[R. 54300
2) — Apologia, seu Tractatus Nobilis Secundus, pro Defensione Alchimiæ, adversus Bockelium.
Lipsiæ, sumptibus J. Apelii. 1608. 2 parties in-8°.
[R. 30423
(Bo

AMERVAL. (Eloy d') ecclésiastique attaché à l'église de Béthune vers la fin du XVme siècle. Membre de la célèbre famille artésienne où Henri IV, plus tard, prit un moment un époux pour Gabrielle d'Estrées.

255 AMERVAL (E. d'). La grande diablerie. Poème du XVe siècle, par Eloy d'Amerval.
Paris, Georges Hurtrel, 1884. pet. in-32 colombier de 216 p. 4 eaux fortes hors texte et 80 vignettes. (5 fr.)
[Rés. p. Ye. 53

Ravissante publication tirée à petit nombre, enrichie d'une quantité de têtes, de chapitres, culs-de-lampe et hors texte en couleurs, finement gravés et du meilleur goût. Comment Lucifer appelle Satan pour qu'il vienne lui parler. Comment Lucifer apaise et flatte Satan. Des Prodigues et Lubriques qui nourrissent filles à plaisir. De l'influence de Lucifer sur les Friands, les Avaricieux, les Usuriers. Du breuvage des damnés préparé par Lucifer. Des bouchers qui trompent leurs pratiques, etc....
Curieux ouvrage de bibliophile.

L'édition originale (?): *Paris Michel Le Noir, 1508*. in-f° gothique à deux colonnes :
[Rés. Ye. 43

AMIABLE (Louis) jurisconsulte, ancien Maire du Ve arrondiss^t de Paris, mort à Aix en Provence, le 23 Janvier 1897.

256 [AMIABLE (L.)]. (Grand orateur du Grand Collège des Rites. Vén.·. de la R.·. L.·. [Respectable Loge] Isis-Montyon). — Le Franc-Maçon Jérôme Lalande.
Paris, 1889. gr. in-8° (2 fr.).

Intéressante biographie de l'Astronome Jérôme Lalande maçon distingué né à Bourg-en-Bresse en 1732, et mort à Lyon, en 1807 après avoir contribué au réveil de la L.·. des Neuf-Sœurs. Astronome célèbre, il fut membre de toutes les académies connues de l'Europe. Il prit une part importante à la fondation du G.·. O.·. de France où il prononça en 1774 le discours d'inauguration dans l'ancien noviciat des Jésuites, près de l'Église St-Sulpice. Outre ses savants travaux astronomiques, il écrivit plusieurs suppléments au Dictionnaire des Athées de Sylvain Maréchal.
Orné de trois beaux portraits.

257 AMIABLE et COLFAVRU. — La Franc-Maçonnerie en France depuis 1725 (Exposé historique et doctrinal). Discours.
Paris. Secrétariat du Grand Orient de France. 1890, in-8° de 72 pp.(4 fr.)
[8° H. 5549

258 AMIABLE (L). — Une loge maçonnique d'avant 1789, la R.·. L.·. [Respectable Loge] les Neuf Sœurs.
Paris, Alcan, 1897. in-8° de 390 p. la dernière imprimée en rouge,

avec 7 pl. ou vignettes, dont détail au V° du Titre. (8 fr.).
[8° H. 6305

Cette intéressante monographie de la Loge des Neuf Sœurs, qui eut comme adeptes Voltaire, Franklin, Dupaty, le célèbre marin Paul Jones, l'avocat de Sèze, Condorcet, Lacépède, etc..... contient les portraits de l'auteur et de Voltaire au Théâtre Français et une reproduction du diplôme de la L.·., les Neuf Sœurs délivré au F.·. Pastoret en 1782.

« L'usage pour les abréviations, des « trois points disposés triangulairement « (∴) ne remonte pas au delà de la fon- « dation du G.·. Orient... Il ne s'est guè- « re répandu hors de France (note p. « 19) ». — Histoire de la mort de Voltaire (p. 72 et s). —

259 AMICUS VERITATIS. — Wer ist unter der Parabel : die Familie der Amicitier (im Beobachter an der Spree) eigentlich zu verstehen ? und sollte sich der Verfasser derselben Persönlichkeiten haben zu Schulden kommen lassen oder nicht ? impartheisch beantwortet von Bruder Amicus Veritatis.
Berlin, Joh. Wilh. Schmidt, 1802. In-8° de 48 pp.
(O-229.

260 AMO et alii. — Le Congrès de l'Humanité : L'Union idéaliste (Sédir). — Occultistes et Théosophes (Amo). — L'Unité (Ern. Hello). — L'esprit sectaire (Amo). — La Synthèse des Druides (Amo). — La peur du Mysticisme (Amo). — Science et Mystique (Amo). — Les voies initiatiques (Amo). — La Société Théosophique (Blavatsky). — etc... articles groupés et annotés par Marius Decrespe.
Paris, Chamuel, 1897, in-18 (3 fr.)
[8° R. 14939
(G.-1660

261 AMO. — Le miroir spirituel. Extrait du Voile d'Isis.
Paris, in-4°. (6 fr.)

Œuvre des plus attachantes, qui traite de la culture psychique personnelle.

AMORINI (Le Chevalier). — voir : JAYBERT (Léon).

AMOROS (don Francisco). — Marquis de Sotelo, réfugié espagnol naturalisé français né à Valence en 1769, mort à Paris en 1848. Rénovateur de la gymnastique en France. Colonel et Ministre espagnol.

262 AMOROS (Colonel Francisco). — Nouveau Manuel d'Education physique, gymnastique et morale.
Paris, Rorel, 1839. 2 vol. in-18 de XVII-488 et 528 p. & atlas de L pl. in-8° oblong.

Curieux ouvrage de gymnastique militaire et civile. — « Feuille physiologique » (1-66) « Education de la Voix » (1-85 à 126).
[V. 35702 à 4

263 AMORT (Eusebius). — Euseb. Amort, de revelationibus, visionibus, et apparitionibus.
Augustæ Vindelicorum (Augsbourg) sumpt. M. Veith 1744. In-4°.
[D. 3672
(S-3158

264 .... — AMOUR (L') glorifié, ou Traité de la vraie sagesse et du vrai bonheur, selon la triple lumière divine de la Grace, de l'Ecriture et du Bon Sens. Ouvrage d'un gout nouveau, très curieux, très instructif et très important pour un chacun.
Altona, s. adr., 1768. gr. in-8° de II-120 pp.
(O-133.

265 AMOUROUX (J. A.). — Le magnétisme à Chateauroux, par J. A. Amouroux.
Chateauroux Nuret 1845, in-8° 98 pages et 3 de table (3 fr.).

Brochure contre le magnétisme que l'auteur assure être dangereux pour les mœurs. Cependant, « une fois les femmes éloignées dit-il, on l'étudiera comme une découverte intéressante ; » Soit ignorance, soit mauvaise foi, l'habitant de Chateauroux cite imparfaitement Deleuze, si scrupuleux, on le sait, pour cette question de magnétisation des sexes, et il s'appuie sur le rapport secret de Bailly de 1784 et cela en 1845, alors que la magnétisation par les pouces et le contact était déjà abandonnée par les nouveaux magnétiseurs, MM. du Potet, Charpignon etc...
(D. p. 131

38

AMPÈRE (André-Marie). — Savant Philosophe, né à Lyon en 1775, mort à Marseille en 1836. Il fut professeur de Physique à Bourg, puis à Lyon et enfin à l'Ecole Polytechnique de Paris. Créateur de l'Electrodynamique, il n'en continuait pas moins ses poursuites philosophiques, notamment de Philosophie des Sciences, sur laquelle il laissa un ouvrage inachevé.

266 [AMPÈRE (André-Marie)]. — Carmen mnemonicum. — Classification des connaissances humaines, ou Tableaux synoptiques des sciences et des arts. [Par André Marie Ampère] S. l. n. d. in-f°.
[Fol. R Pièce 145

Un grand tableau pareil, très curieux, intitulé aussi « Carmen Mnemonicum », se trouve à la fin de chacun des deux tomes de l' « Essai sur la Philosophie des Sciences » du même auteur. Là, il est dédié : « Optimo et carissimo Filio ».

267 AMPÈRE (André Marie). — Essai sur la philosophie des sciences, ou Exposition analytique d'une classification naturelle de toutes les connaissances humaines.
Paris, Bachelier, 1834 et 1843.
2 volumes in-8°, avec 2 tableaux in-f°, pliés à la fin de chaque vol. (Au tome II les 2 tableaux sont imprimés sur une seule feuille double.) Le tome II, publié par J. J. Ampère, est précédé de notices sur A. M. Ampère par Ste Beuve et E. Littré. (10 fr).
[R. 11124 et 25.
Réédité en 1838 [R. 11126] et 1856 [R.11127], pour la première partie seule.

Très curieux ouvrage, malheureusement un peu compliqué et obscurci par l'emploi de quantité de termes scientifiques inusités : Oryctotechnie, Cerdoristique, Phytographie, Œconomie, Threpsiologie, Crasioristique, et ainsi de suite, à l'infini.

Plan de l'ouvrage ; 1-25. Mais l'auteur ne trouve que *Deux* Règnes et ignore à peu près totalement la Théologie, ou Théosophie. Dans aucun de ses néologismes — ni ailleurs —, on ne trouve de science commençant par, ou contenant : « Théo... » : il y a bien une « Hiérologie », mais elle est encadrée entre l'Histoire et l'Economie Sociale ! !

Les Arts sont également peu étudiés, ils figurent sur le titre du Tableau « Tableaux Synoptiques des Sciences et des ARTS et dans la Terpnologie et la « Technesthétique : C-7-N et O du Tableau.

Le plus curieux est le « Carmen Mnemonicum », dédié « Optimo et carissimo filio », et qui, dans le tome I, forme un 2e tableau plié à la suite du 1er.

Fruit remarquable d'une philosophie apparemment matérialiste, concordant peu avec l'idée qu'on se fait en général du grand électricien Ampère.

AMPÈRE (Jean-Jacques Antoine) — fils du précédent, littérateur et historien, né à Lyon en 1800, mort à Paris en 1864. Professeur au Collège de France.

268 AMPÈRE (J.-J.-A.). Histoire littéraire de la France avant le douzième siècle, par M J. J. Ampère.
Paris, L. Hachette 1839-40, 3 vol. in-8°. (10 fr.).
[Z. 40200 a 8

Les Ibères. — Les Basques. — Les Celtes. — Langue celtique. — Les Bardes. — Les Druides et les Mages. — Gnosticisme. — Dante. — Merveilleux du moyen-âge. — Traditions mythologiques. — Visions. — etc.....

AMUSEMENT PHILOSOPHIQUE sur le Langage des Bêtes. — voir : BOUGEANT (le R. P. Guillaume-Hyacinthe.)

269 AN OXONIAN. — Thaumaturgia, or elucidationes of the Marvellous, by an Oxonian. —
London, 1835, in-12. (3 fr. 50).

Magi and magical rites. Jewish magi. The british Druids or magi. Esculapian mysteries. Judicial astrology. Alchemy. Amulets, charms, talismans, philters, etc..... Paracelse, Van Helmont, Rose Crucians or Theosophists, etc.....

270 ANABAPTISTES. — Enchiridion ou Manuel de la Religion chrétienne, premièrement composé par Théod. Philippe, avec plusieurs autres Traités touchant la doctrine évangé-

lique, faite par MENNO SIMONIS et autres Auteurs, traduit par Virgile de Las.
Imprimé l'an 1026. in-4".
Connu sous le nom de Manuel des Anabaptistes.
Très rare.
(S-1511

271 ..... — ANALOGIE der biblischen und geistlichen Geburt.
Breslau, Gotll. Löwe. 1780. in-8°. de XXIV-72 pp.
(O-134.

ANANIA (Ioannes Laurentivs) — savant Italien, né à Taverna, en Calabre, mort vers 1582. Protégé de Caraffa, archevêque de Naples.

272 ANANIA (I. L.). De natvra dœmonvm libri quatuor. Quorum : I Agit de origine et differentia dœmonum. II. De eorundem in homines potestate. III. De his, quæ dœmones, per se operantur in nobis. IV. De his quæ hominum auxilio peragunt.
Veneliis, apud Aldum. 1580. in-8° (25 fr.).
[D. 11934
(G-1111
Autre édition : *Venetiis*, 1581. In-8°
[D. 11933

273 ANASTASE (le P.) — Histoire du Socinianisme, où l'on voit son origine, et les progrès que les Sociniens ont faits dans différents royaumes de la chrétienté. Avec les caractères, les avantures (sic) les erreurs, et les livres de ceux qui se sont distinguez dans la secte des Sociniens.
Paris, chez Fr. Barois, 1723. In-4° (12 fr.).
(S-5339
(G-1112

274 ANCESSI. — (Abbé Victor). Job et l'Egypte ; Le Rédempteur et la vie future dans les civilisations primitives par l'abbé Victor Ancessi.
Paris, E. Leroux 1877. In-8° de 318 pp.
2 ex : [O³ a 446
[Z Renan 1682
L'auteur s'est efforcé de mettre en lumière les croyances des anciens peuples d'Egypte. On y rencontre en effet, dix siècles avant Moïse et plus tôt encore, à peu près tous nos dogmes et toutes nos espérances. On y voit un peuple dont les origines sont encore inconnues, croire, dès les premiers jours de sa vie, au jugement de chacun à l'heure de la mort à l'éternité des peines et à l'éternel bonheur des élus, à la résurrection de la chair, à l'intervention d'un rédempteur sauveur et juge des âmes, en un mot, à presque tous les dogmes que professent aujourd'hui les nations chrétiennes en plein XX° siècle.

ANCILLON (Charles), littérateur protestant, fils de David Ancillon, et né à Metz en 1650. Mort en 1715 à Berlin où il professait l'histoire à l'Académie Militaire.

275 [ANCILLON (Ch.)]. Traité des Eunuques, dans lequel on explique toutes les différentes sortes d'Eunuques, quel rang ils ont tenu et quel cas on en a fait.... On examine principalement s'ils sont propres au Mariage, et s'il leur doit être permis de se marier. Et l'on fait plusieurs Remarques curieuses et divertissantes à l'occasion des Eunuques..... [par Charles Ancillon le fils.].
La dédicace est signée C. d'Ollincan (anagramme de Ch. Ancillon)
S. l. 1707. in-12. (5 fr.)
[E. 4584
(S-3287 b

ANCRE (CONCINO CONCINI Maréchal Marquis d') fils d'un notaire de Florence, gentilhomme de la Maison de Marie de Médicis. Epoux de la femme de chambre favorite de cette princesse, Léonora DORI, dite GALIGAI. Concini fut massacré sur le Pont-Neuf, devant le Louvre par Vitry capitaine des gardes du roi Louis XIII, sur l'ordre de ce monarque (24 Avril 1617). Sa femme fut condamnée à mort par le Parlement pour crimes de Sorcellerie, décapitée puis brûlée en place de Grève (9 juillet 1617).

276 ANCRE (Maréchal, Marquis d') Dialogve de la Galigaya et de Mosiqvin, esprit follet qui lui amene

son mary. La rencontre dudit esprit avec l'Ange Gardien de Monsieur le Prince.

A Paris, par Jean Sara, 1617, pet. in-8" de 15 pp. (4 fr).

Pièce rare sur Léonora Galigaï, accusée de sortilèges, avec 2 très curieuses figures sur bois à pleine page : « Portraict du mauvais démon gardant Conchini » et « Fantosme de Conchini ».

277 ANCRE (Maréchal Marquis d'). — Histoire des plus illustres favoris anciens et modernes, recueillie par feu Monsieur P.D.P. (Pierre Du Puy) avec un Journal de ce qui s'est passé à la mort du mareschal d'Ancre.
Leide, Jean Elsevier, 1650 pet. in-4"
Première édition.

278 ANCRE (M. d'). — Ombre (L') du marquis d'Ancre apparue à Messievrs les Princes.
Paris, Bourriquant, 1617, pet. in-8" de 7 p. (3 fr. 50).
Pamphlet historique, rare.
(G-782

279 ANCRE (Marquis d'). — Oraison funèbre du marquis d'Ancre. Auec la prophétie de Barbin.
Paris, Nic. Alexandre, 1617. In-8" de 8 pp. (3 fr. 50).
Pamphlet très rare.
(G-783

280 ANCRE (Maréchal Marquis d'). — Recueil des charges qui sont au procez faict à la mémoire du Conchino Conchini n'aguères mareschal de France, et à Léonora Galigaï sa vesue, sur le chef du crime de leze majesté divine.
Paris, 1617, in-12 de 14 pp. (4 fr.)

Ce recueil d'accusations, où il n'est parlé que de maléfices, sortilèges, sacrifices, consultations astrologiques, etc., est des plus curieux.

ANCRE (Maréchal Marquis). — Voir ROZART, Champenois ......

281 ANDRE (A.). — Méthode Suggestive ou Mnémotechnie rationnelle & classique.

Angers, Germain et G. Grassin. — 1894, in-16. (3 fr.).
[8°.R. 12259

282 [ANDRÉ (Christian Carl)]. — Der Freymaurer oder compendiöse Bibliothek alles Wissensvür digen über geheime Gesellschaften; (von Christ. Carl André).
Gotha (und Halle). Joh. Christ. Dietrich (J. J. Gebauer). 1799-00.
4 vol. in-8° dans un étui.
Heft I de 104 pp.
— II de IV-98 pp.
— III de 110 pp.
— IV und V de II-172 pp. avec 1 p. d'alphabets symboliques.
(O-427

283 ANDRÉ (Marius)—" Les Saints " Le Bienheureux Raymond Lulle (1232-1315). 2° édit. *Paris. V. Lecoffre* 1900. In-18. (2 fr.).
[8°.4.0227

L'auteur du " Livre des merveilles du monde" qui combattit la Doctrine d'Averroés est une fois de plus sorti de l'ombre imméritée pour les amoureux de la belle philosophie.

284 ANDREA (Johann Valentin). — Chymische Hochzeit : Christiani Rosencreütz. Anno 1459. Arcana publicata vilescunt ; et gratiam prophanata amittunt. — Ego : ne Margaritas objice porcis, seu Asino substerne rosas. (Auctore Joh. Valentino Andrea). Gedruckt zuerst zu Straszburg bey Lazari Zetzners seel. Erben MDCXVI und der äuszersten Seltenheit wegen wieder aufgelezet.
Regenspurg. (Berlin, Nicolaï). 1781, in-8° de 173 pp.
(O-1535

285 ANDREE (F.). — La Pucelle et les sociétés secrètes de son temps. Ses ennemis, ses Auxiliaires, sa Mission, avec 2 figures.
Paris. 1900. Fort in-12. (5 fr.).
Ouvrage inconnu aux bibliographes (?)
De tous les ouvrages qui ont été écrits sur les Sociétés secrètes, celui-ci est vraiment le plus original, le plus curieux, le plus substantiel et le plus vrai. F. An-

drée apporte dans le débat une érudition neuve qui jette d'étranges lumières sur certains mystères de l'Histoire. Il ouvre dans tous les cas, une voix inexplorée grosse de révélations sensationnelles, lorsque, sur ses données troublantes, des investigations profondes auront fait tomber le dernier voile qui recouvre la noble figure de Jeanne d'Arc, dont l'auteur a pu retrouver, par des rapprochements inattendus, l'origine cachée et son affiliation au grand mouvement occulte du moyen-âge.

286 ANDRENAS (Philippe). Seigneur d'Aubigny et d'Ormenō.—Premier extrait d'vn livre intitvlé. Or potable levain, ov discours de l'or potable levain et l'offre faite au public d'en faire de très parfait et achevé en présence de MM. les Notaires d'un témoignage irréprochable et de deux cents autres illustres témoins qui voudront bien y estre interessez, etc...
Paris, Bovillerot, 1674, in-12. (15 fr.).

[Te¹³¹ 128

Ouvrage fort rare et des plus bizarres.

(G-1113)

287 ANDRIEU (J.). — Chiromancie ; études sur la main, le crâne, la face.
Paris, 1860, in-18. (2 frs.).

Topographie de la main. Du rêve, des visions, de la seconde vue. Des vocations. Des amours heureuses et malheureuses. Mariage astral, etc.......

ANEL (Dominique). — Chirurgien français né à Toulouse en 1619 mort vers 1725. Il exerça longtemps à l'étranger.

288 ANEL (Dominique). — L'art de sucer les Plaies, par Dominique Anel.
Amsterdam, F. Vander Plaats, 1707 in-8°

[Te⁵⁶ 35
(S-3341 b)

289 ANGELIN (J. P.). — Expédition du Louxor ou relation de la campagne faite dans la Thébaïde pour en rapporter l'obélisque occidental de Thèbes.
Paris, Thomine, 1833. in-8° de 142 pp. 3 pl. (3 fr. 50).

[L k⁷ 7561

3 grandes planches hors texte.

290 ANGELIQUE. (Le Sieur de) — La vraie Pierre Philosophale de Médecine, trouvée par le moyen des sept planètes.
Paris, 1622. In-12.

(Bo

291 ANGELIS (Alexander de). — In astrologos coniectores libri qvinqve. Secundo prodeunt ab auctore multis Amanuensium erroribus liberati, nouisque exemplis illustrati.
Romæ, ex. typ. B. Zanetti, 1615. in-4°. (40 fr.).

Ouvrage rare.

[V. 8831
(G-15)

292 ANGELSTEIN (C.). — Angelstein, de Perkinismi et Magnetismi mineralis Historiā.
Berolini, (Berlin), 1825, in-8°

(Gr. p. 43

293 ANGELUS (Johannes). — Astrolabium planum in tabulis ascendens : cōtinens qualibet horā atque minuto. Equationes domor cœli : moraque nati in vtero matris cum quodaque tractatu natiuitatum vtili ac ornato nec non horas inequales pro quolibet climate mundi.

[In fine :] Impressum Venetijs per Johannē Emericū de Spira Alemanus, anno 1494 quinto idūs Junij.
Venetijs, Johannes Emericus de Spira 1494.
Pet. in-4°. (50 fr.).

" Cette seconde édition n'est guère moins précieuse que la précédente de 1488" (Brunet) Impression en caractères gothiques noirs. Curieux portrait au verso du titre, nombreuses figures sur bois et initiales ornées.

(G-1114)

294 ANGLEMONT (Arthur d'). — Anatomie de l'esprit humain : science exacte des sens, des facultés affectives & morales & de l'intelligence.

Paris, Librairie des Sciences psychologiques. 1892, in-8°, (3 fr.).
2 exempl : [8° R.10008 et R.14459

Fluides psychiques & vitaux. Sens intimes. L'amour du couple. Clairvoyance, etc.....

205 ANGLEMONT (A. d'). — Enseignement populaire de l'Existence Universelle, comprenant l'anatomie de l'âme humaine et la démonstration du mécanisme de la pensée.
Paris, Comptoir d'éditions. 1880. in-18. (4 fr.).
[8° R. 10347

Rare et intéressant ouvrage tendant à démontrer scientifiquement les données fondamentales de l'ésotérisme, principalement en ce qui concerne la constitution, la vie et les lois de l'être humain dans tous les plans.

206 ANGLEMONT (Arthur d'). L'Hypnotisme, le magnétisme, la médiumnité scientifiquement démontrés.
Paris, Comptoir d'éditions. 1891, In-8° de 98 pp. et tab. (1 fr.)
[8° R. 10413
Rare.

ANGLEMONT (Arthur d'). — Omnithéisme. Dieu dans la Science et dans l'amour.
Paris, Comptoir d'éditions. 1891-1894.
[8° R. 11227

6 vol. in-8°, savoir :
I. — Le Fractionnement de l'Infini. Synthèse de l'Être.
II. — Les Harmonies Universelles. Synthèse de la Nature.
III. — L'Ame Humaine et le Fonctionnement de la Pensée.
IV. — Le Corps Humain, les Règnes et les Sous-Règnes Anthropoïdes.
V. — L'Etre Astral Social.
VI. — Dieu & les Règnes Déitaires.
Suit le détail :

297 ANGLEMONT. (A. d'). — Omnithéisme, I. Le Fractionnement de l'Infini, synthèse de l'Etre.
1891. in-8° (Tableaux).

De l'Essence divine. L'Architype divin. L'âme universelle. Principes originels. L'immuable. L'incréation. Sexualité corporelle & animique. Grands effluves divins. Radiations. etc......

298 ANGLEMONT(A. d'). — Omnithéisme : II. Les Harmonies universelles synthèse de la nature.
1891. Fort in-8° de 900 pp. (Tableaux). (4 fr.).

Propriétés masculines & féminines Constitution intime des nombres. Statique fluidique & psychique. Les deux sexes. L'Hypnotisme. Magnétisme curatif. Lévitation. Le sommeil & les Rêves. etc..

299 ANGLEMONT. (A. d'). — Omnithéisme : III. L'Ame humaine et le fonctionnement de la Pensée.
1892. Fort in-8° de 800 pp. (Nombreux tableaux et figures). (4 fr. 50).

L'Etre animique humain. Fluides vitaux animiques et psychiques. De la corporéité animique. Organisation sexuelle. L'esprit animique. Sens intimes. L'Amour universel. Vitalité animique. Sous-inconscient et inconscient. etc.....

300 ANGLEMONT (A. d'). — Omnithéisme : IV. Le corps humain, les règnes et sous-règnes anthropoïdes.
1892. Fort in-8° de 800 pp. (Tableaux). (4 fr. 50).

Organes de l'amour. Appareils sexuels. L'ordre moteur-vital. Hygiène fluidique vitale et psychique. Réserves fluidiques. Le secret de la vie. L'être animique. etc...

301 ANGLEMONT (A. d'). — Omnithéisme : V. L'Etre astral social.
1893, très fort in-8° de 1050 pp. Nomb. tableaux hors texte & figures. (6 fr.).

L'Etre humain intégral interne, externe. Système nerveux cérébral. Système sexuel. Atmosphère fluidique vitale et psychique. Germinallité. L'âme corporelle astrale. — Transmissions hypnoti-magnétiques. Attentats. Violation humaine. Vies. Dépravation. Immoralité. etc...

302 ANGLEMONT (A. d'). — Dieu et l'Etre universel, abrégé de Dieu dans la science et dans l'amour. Paris, 1880, fort vol. in-12, planches. (2 fr. 50).

Ouvrage de philosophie s'appuyant sur des sciences positives pour découvrir le véritable idéal de l'humanité. (Planches et tableaux).

303 ANGLEMONT (A. d'). La Société harmonieuse par la Science et le fraternel amour.
Paris, Librairie psychologique et Sociologique. 1803. in-8°. (tableaux). (3 fr. 50).

[8° R. 11847

L'Ame sociale. Transmissions hypno-magnétiques à distance. Transmissions médianimiques. Système sexuel social. Courants psychiques, etc...

304 ANGLEMONT (d'). — Abrégé de la société harmonieuse.
Paris. Librairie psychologique et sociologique. s. d. [1803]. in-8°. (2 fr. 50).

[8° R. 11846

Système économique, participation sociale. Ordre nutritif. Système sexuel social: coopérations, gouvernement économique. Œuvre très vaste d'un sociologue synarchique.

305 . — ANLEITUNG zur primitiven gabalistischen (sic) Wissenschafft und zur symbolischen Zahlenkenntnisz für alle Sprachen anwendbar : der Söhnen des Lichts gewidmet von J. J. W. G.
Gedruckt zu Heliopolis in Egypten s. d., in-8° de 232 pp. avec 1 pl.

(O-1715

ANNA MARIE. — Voir : *HAUTE-FEUILLE* (Anna Marie, comtesse d').

306 ANNALES de la société harmonique des Amis réunis de Strasbourg ou Cures que des Membres de cette société ont opérées par le magnétisme animal.
Strasbourg. Corenz et Schuler. 1789. T. III°. in-8°.

Important recueil à consulter.

(D. p. 76

307 ANNALES du magnétisme animal. 1er Juillet 1814 à fin 1816.
Paris, "Au bureau de rédaction" et J. G. Dentu. 1814-16. 8 vol. (souvent reliés en 4 tomes) in-8° d'environ 280 pp. chacun. (10 fr.).

Ce recueil périodique est le premier qui ait paru avec le magnétisme pour sujet d'études. MM. Deleuze, Du Commun, de Lausanne [Serrazin de Montferrier] (qui en était le propriétaire), Gréa Mouillescaux, de Puységur, Colonel Masson etc, en furent les principaux collaborateurs. La collection est difficile à rencontrer.
Nous citerons les principaux articles : T. I. — Histoire du magnétisme animal ; Recherches sur les opinions et les pratiques anciennes qui se rapportent au M. A. par de Lausanne : De la clairvoyance des somnambules par Deleuze : Des procédés magnétiques, par de Lausanne : recherches sur l'analyse des phénomènes du M. A. avec les autres phénomènes de la nature par Deleuze. — II : Histoire d'une maladie nerveuse observée à Mer par M. Guéritaut, pharmacien et qui motiva un rapport du docteur Latour, inséré dans le bulletin de la société des sciences physiques et naturelles d'Orléans. — III. — Une note sur la chute de Tertullien par de Joannis ; Recherches sur les moyens de se magnétiser soi-même par Birot : De la volonté par Du Commun ; Des traitements magnétiques par Deleuze. IV — : Du danger de publier certains faits, par le même (excellent article contre l'exagération et l'enthousiasme) ; de quelques écrits sur le magnétisme par le même. — V. — Notions des anciens sur le somnambulisme (article très intéressant). — VI — Notes sur l'abbé Faria, le Démon de Socrate. Jeanne d'Arc (celle relative à l'abbé Faria qui venait d'arriver à Paris donne les plus grands détails sur les expériences du célèbre abbé). — VII : Dissertation sur les charmes en médecine, divers articles de Deleuze, le comte d'Aunay, le colonel Masson; divers articles de MM. de Lausanne. Gréa, et Mouillescaux. — VIII — Une notice par M. de Puységur ; Le règlement de la société du magnétisme. fondée à Paris en 1815 par l'initiative de MM. Miallet Gréa. Cette société fut présidée par M. de Puységur. Un des articles du règlement stipule que tous les membres devront faire du magnétisme gratuitement et que toute idée de spéculation entrainera l'exclusion. Enfin chaque volume des Annales contient un grand nombre de cures importantes.

(D. p. 85

308 ANNEAU LUMINEUX — L'Anneau Lumineux, ou les Mystères de-

l'Orient, contenant les Aventures de Frédérick de DORNA, traduit de l'Allemand par un M∴ d'Hérédon.

Paris, Imprimerie de Doublet, Barba, libraire, 1811, in-12 de 201 pp. et errata, frontispice gravé. (15 fr.).

[Y². 14096

Ouvrage singulier et rare, dont l'action se passe en 1268, et qui reconstitue le tableau des Initiations Maçonniques du XVIII° siècle. Frédérick de DORNA, dernier fidèle de Conrad V, mis à mort par l'inflexible Charles d'Anjou, rencontre dans sa fuite un vieillard qui appartenait à une association secrète. Celui-ci, après avoir éprouvé le cœur droit du jeune homme, soulève à ses yeux un pan du voile qui recouvre les grands Mystères Maçonniques. Enflammé par cette révélation, Frédérick parcourt toutes les épreuves terribles, alors en usage et renouvelées des Initiations Antiques. En même temps se déroule tout le programme Politique des Loges, dont la Révolution de 1789 a été un des résultats, en attendant les autres.

309 ANNUAIRE DU GRAND ORIENT de France, suprême conseil pour la France et les possessions françaises pour l'année maçonnique commençant le 1 Mars 1888.

Paris, 1888, in-16.

310 ANNUAIRE du Suprême Conseil, pour la France et ses dépendances. Années 1884 à 1900.

Or∴ de France, 1884-1900, in-16. 28 portraits des membres du conseil fédéral. (3 fr. l'année).

311 ANNUAIRE maçonnique de la Grande Loge de l'Etat de la Louisiane pour l'année 1845 publié par l'ordre de la G∴ L∴

Nouvelle Orléans, 1845. In-8°. (2 fr. 50).

ANQUETIL DU PERRON (Abraham Hyacinthe), né et mort à Paris (1731—1805) Illustre Orientaliste qui résida un certain temps à Surate, et à qui on doit la première ébauche de traduction du Zend Avesta. Il était académicien, et de mœurs très pures.

312 ANQUETIL DU PERRON. — Oupnek'at, id est secretum... legendum...... continens..... doctrinam.... e quatuor sacris Indorum libris..... excerptum.....

Argentorati, Fratrum Levrault [Strasbourg] 1801. — An IX, 2 vol. in-4° le 1ᵉʳ de 24-CXI, 735 pp.le 2° de 880-36 pp.

Traduction de l'Upanisad.

[O² K. 438

313 ANQUETIL DU PERRON.—(Abraham Hyacinthe) Zend-Avesta, ouvrage de Zoroastre, contenant les idées théologiques, physiques et morales de ce législateur, les cérémonies du culte religieux qui a été établi et plusieurs traits importants relatifs à l'ancienne histoire des Perses. Trad. en français sur l'original Zend, avec les remarques de plusieurs traités propres à éclaircir des matières qui en font l'objet, orné de pl. grav.

Paris, 1771, 3 vol. in-4" (90 fr.)

[O² h. 237

Introduction au Zend-Avesta. — Le Vendidad Sade (Izeschné, Vispered, et Vendidad). — Notices des manuscrits Zends Pehlvis, Persans et Indiens. — Vie de Zoroastre. — Les Ieschts Sadés, le Si Rouzé, le Boun-Dehesch. — Vocabulaires zend, pehlvi, français, pehlvi, persan et français. — Usages civils et religieux des Parses, Système cérémonial, moral et théologique. — Suivi d'une très explicite table des matières.

314 ANRACH ou AURACH, (Georgius) Philosophe Hermétique.

De Lapide Philosophorum, qui de Antimonio minerali conficitur.

Basileæ, 1686, in-8°.

C'est l'auteur du « Hortus Divitiarum »

(Bo

315 ANSAULT (Abbé Etienne) — La croix avant Jésus-Christ. Album de 400 gravures hors texte, exécutées d'après les monuments de l'Antiquité.

Paris, Retaux, 1894, in-8° 400 gravures. (8 fr.).

Ouvrage prospectus inachevé

[4" H. 189

316 ANSAULT (Abbé Etienne). — Le culte de la Croix avant Jésus-Christ Extrait du « Correspondant »
Paris, de Soye, 1880, in-8°.
Mis à l'Index (1892)
[D. 81940

317 ANSAULT (Abbé Etienne) Le culte de la Croix avant Jésus-Christ. — Réponse à M. de Harlez. Extrait de la « Science catholique ».
Lagny, Collin, 1800, in-8°.
[8° H. Pièce.542

318 ANSAULT (Abbé Etienne). Mémoires sur le culte de la Croix av. J-C.
Paris, V. Retaux, 1891 In-8°
[8° H. 5038

319 ANSELME DE PUYSAYE (Le Mis Hubert d'). Un avocat du diable. Extrait d'une histoire générale de la tradition sacrée et de ses variations chez les peuples, par M. Hubert d'Anselme
Avignon, F. Séguin ainé, 1870.In-8°
[D. 60478
(G- 1277

320 ANSELME — Dissertation sur ce que le Paganisme a publié de merveilleux.
Paris, 1733, in-4°.

321 ANSELME. — Dissertation sur le Dieu inconnu des Athéniens.
Paris, in-4°.

322 ANTHEAUME et DROMARD. — Poésies et folie.
Paris, O. Doin, 1908, in-18 XII-639 p.
[8° T^85 d. 1390
Rempli de poésies d'aliénés. — qui paraissent aussi bonnes que d'autres, d'ailleurs: — Etude sur les « Décadents » (P. 526)

323 ANTI-MAÇON (L') ou les mystères de la maçonnerie dévoilés par un prophane.
En la ville sainte, s.d., in-12.(3 fr.).
(G-821
Pour une publication moderne (1896) de même titre, voir au nom de son éditeur, et directeur, Alfred *PIERRET*.

324 ANTI-MAGNÉTISME (L')martiniste ou barberiste, observations manuscrites en marge d'une brochure intitulée : Réflexions impartiales sur le magnétisme.
Lyon, 1784, in-12 43 p.
Brochure contre le magnétisme datée du 18 Septembre.
(D. p. 46

325 ..... ANTI-SARSENA für Freymaurer und Nicht- Freumaurer.
Sondershausen, Beruh. Friedrich Voigt, 1817, in-8° de XII-244 pp.
(O-326.

326 ANTICHRIST. — Le Belzébuthisme, par Antichrist-Antidotes.
Marseille, 1878, in-12. (1 fr 50).

ANTIMOINE (Jean d'). Pseudonyme de: *BORN* (Ignaz Von).

327 ANTIPRASSUS (le Dr Valentius). DesDoctoris Valentii Antiprassi Sileriani Prologus über die Bücher Teophrasti Paracelsi; dans Neue Sammlung von .... alchym. Schriften (1770), II, 457-02.
(O-1326.

328 ANTOINE LE GUÉRISSEUR. — Louis ANTOINE, dit « le Guérisseur » né à Mons-Crotteux (Belgique), en 1846, fut d'abord mineur, puis employé aux usines Cockerill, et en dernier lieu aux Forges et Tôleries Liégeoises, à Jemeppe-sur-Meuse (Province de Liège). Il a créé en Belgique un mouvement spiritualiste fort important, un peu du genre de la « CHRISTIAN SCIENCE ». Il guérit, comme Jean Sempé, l'abbé Julio, l'évêque Oliver C. Sabin, etc., par la méthode généralement dénommée « *Traitement mental* », c'est-à-dire par la seule influence psychique, sans contact, ni suggestion. Cette méthode est décrite dans l'ouvrage (en anglais) du Yogi RAMACHARAKA : « Psychic Healing », p. 196-185.
[Titre sur le plat du cartonnage d'éditeur :] Culte ANTONISTE. Révélation par ANTOINE LE GENE-

REUX. [En faux-titre :] Révélation par Antoine le Guérisseur.

[Sans titre, ni aucune indication : mais JEMEPPE-lez-LIEGE. F. Deregnaucourt, 1910]

In-8°, de 9 ff. n. c., 195 p. LXXIV p., 2 ff. n. c. Cartonnage d'éditeur, toile pleine noire, Titre en BLANC sur le plat. (3 fr.).

Débute par une biographie d'Antoine le Guérisseur, ou le « Généreux ». La « Révélation » publiée dans ses pages a été « faite dans son Temple de Jemeppe-« sur-Meuse, le dimanche de 10 heures « à midi, de 1906 à 1909 ».

« ...Des milliers de cures, tant physi-« ques que morales ont été obtenues, et « s'obtiennent encore journellement au « contact du GUERISSEUR que nous « pouvons appeler à juste titre : « Le « Régénérateur de l'Humanité ».

La deuxième partie est intitulée « Le Couronnement de l'Œuvre révélée ».

Dix Principes en prose révélés par Antoine le Guérisseur. — Loi de la conscience. — L'Origine de la Vie. — Le Rôle de Dieu. — La Non-Existence du MAL. — La PRIERE — La Science et la Foi. — L'importance de la Pensée.— La Science et les Phénomènes Psychiques. — L'Intelligence et la Foi — L'Amour et la Solidarité. — La FOI et la CHARITE. — Comment nous progressons. — TOUT SAVOIR, C'EST TOUT AIMER. — Le MOI Conscient et le MOI Intelligent. Dieu pourrait-il avoir créé la Souffrance : — L'Existence de DIEU est la Négation de la Matière et l'Existence de celle-ci, la Négation de celle de DIEU.

Deuxième Partie : « Le couronnement de l'Œuvre révélée »

L'Arbre de la Science de la vue du MAL. — Le Libre Arbitre. — UNITE INDIVIDUELLE DE L'ENSEMBLE. — Apparence de la Réalité. — REINCARNATION. — Intelligence. — Le Mystère : AMOUR, INTELLIGENCE & CONSCIENCE — Cause, Développement et Perfectionnement de l'Etre. — Etc.

329 [ANTON (Karl Gottlob)]. — Versuch einer Geschichte des Tempelherrenordens (von K. G. Anton).

Leipzig, Adam Friedr. Böhme, 1779. Pet. in-8° de VIII-143 pp.

(O-471

330 ANTON (Karl-Gottlob). Karl-Gottlob Anton's Versuch einer Geschichte des Tempelherrenordens. II-te vermehrte und verbess. Auflage.

Leipzig, Adam Friedr. Böhme, in-8° de XVI-329 pp.

(O-472.

331 [ANTON (K. G.)]. — Ueber die Kuldeer, (als Handschrift für Maurer) (von Karl Gottl. Anton.).

Görlitz, C. G. Anton, 1819. pet. in-8° de 36 pp.

(O-190

332 ANTON — Untersuchung über das Geheimnis und die Gebräuche der Tempelherren : von Karl Gottlob Anton.

Dessau, Gelehrt, 1782. In-8° de 64 pp.

(O-473

333 ANTON. — Vorträge welche in Logen Versammlungen mit Schwestern gehalten worden sind (von Carl. Gott. von Anton).

Görlitz, C. G. Anton, 1818. In-8° de 131 pp.

(O-377

334 ANTONINI (Paul). — Docteur en droit. — Doctrine du Mal. Son Dieu, ses adeptes.

Paris, 1898. in-8° (7 fr.).

Œuvre passionnée, mais nourrie de faits curieux inconnus et d'une grande importance pour les études maçonniques et occultistes. C'est l'histoire critique des Sociétés secrètes depuis leur plus lointaine origine jusqu'à nos jours, mais présentée avec une érudition très riche en documents de toute sorte. Beaucoup de faits nouveaux jettent une vive lumière sur des points demeurés obscurs. Contrairement à l'opinion reçue, l'auteur prouve, par exemple, qu'Agrippa n'a jamais renié ses croyances magiques, et que sa Philosophie occulte doit être considérée comme ses ultima verba ; que Cazotte fut condamné à mort pour avoir trahi auprès du roi les secrets de la maçonnerie, etc.... Tout un grand chapitre est consacré à la Kabbale dans ses rapports avec la Franc-Maçonnerie ; un autre aux Rose-Croix. Enfin l'Illuminisme y est l'objet d'une longue diatribe qui apporte néanmoins son contingent de révélations. De tous les ouvrages écrits dans cet esprit, c'est certainement un des plus sérieux et des plus abondants en pièces originales. Les initiés et les profanes y trouveront de précieux renseignements qu'ils chercheraient vainement ailleurs.

335 ANTONINI (P.). — Le Serment. *Paris, Dauvin frères*, 1878, in-8°, (4 fr.).

[8° R. 1400

Curieuse eau-forte symbolique hors texte. — C'est l'histoire de l'institution du serment chez tous les peuples à travers les âges, aux points de vue philosophique et chrétien. La religion et le serment en Israël, en Égypte, en Inde, en Chine, en Islam, en Grèce, à Rome, chez les Gaulois, etc....

336 .... ANWEISUNG eines Adepti hermetische Schriften nützlich zu lesen ; mit Anmerkungen begleitet und zum Druck befördert von einem wahren Freymaurer. *Leipzig, Christ. Gottlob Hilscher*, 1782, in-8° de 121 pp.

(O-1562

337 APCHER. — Le Jéhovah de Moïse ou la Divinité méconnue, ouvrage philosophique. *Bordeaux, Imp. de Lavigne jeune*, 1830, in-8°, (4 fr.).

[D. 23584

De la création de l'homme. — Le genre humain proscrit. — Les peuples divisés de croyance. — Dépérissement des cultes, etc...

338 APERÇU de la manière d'administrer les remèdes indiqués par le magnétisme animal à l'usage des magnétiseurs qui ne sont pas médecins. 1785, in-8°, 10 pp. (1 fr. 50).

L'auteur a cédé évidemment à un bon mouvement, mais ses idées sont originales. Il pense que l'abus des remèdes est dangereux, mais qu'il faut cependant employer ceux-ci quand cela est utile.

Il dit en parlant des lavements qu'il faut se conduire à leur égard « comme pour les remèdes qui entrent par la bouche (sic) » dans tous les cas il recommande de bien étudier les indications physiologiques fournies par la marche de la maladie.

(D. p. 57

339 APHORISMES d'ASTROLOGIE. — tirée (sic) de Ptolémée, Hermès, Cardan, Munfredus et plusieurs autres. Traduit en français par A. C. (André Corve) et augm. d'une préface de la vraye astrologie de L. Meyssonnier. *Lyon, M. Duban*, 1657, in-12, (20 fr.).

Orné d'un frontispice.

340 APHORISMES BASILIENS ou Canons hermétiques de l'esprit et de l'âme ; comme aussi du corps mitoyen du grand et du petit monde. Nouvellement mis en lumière par Grillot de Givry. *Paris*, 1901, in-8° de 8 pp. (4 fr.)

Très rare. Lumineux compendium d'alchimie tiré à soixante douze exemplaires numérotés. Indispensable à tout occultiste arrivé à un certain degré d'initiation, il réserve d'agréables moments à qui en connaît la clef ésotérique. Cette œuvre est attribuée à un moine du XVI° siècle.

APIANUS (Petrus BIENEWITZ, en latin), astronome et mathématicien allemand, né à Leipznick (Misnie) en 1495, mort en 1551. Professeur d'Astronomie à Ingolstadt. « Biene » signifie « abeilles » en allemand.

341 APIANUS (Petrus). Cosmographia, per Gemmam Frisium, apud Louanienses medicum et mathematicum insignem, iam demum ab omnibus vindicata mendis ac nonnullis quoque locis aucta. Additis eiusdem argumenti libellis ipsius Gemmæ Frisii. *Antuerpiæ, apud G. Bontium*, 1550, in-4°, (50 fr.).

[Ge. F F. 8490

Ouvrage enrichi de lettres ornées, d'une belle vignette au titre, de nombreuses figures sur bois, dont 3 mobiles, hors et dans le texte.

APOLLONIUS DE THYANE, célèbre Initié Thaumaturge et philosophe pythagoricien, né à Cappadoce au début de l'ère chrétienne, mort à Ephèse vers 97. — Le NUCTEMERON d'APOLLONIUS DE THYANE.

Voir : CONSTANT (l'abbé) « Dogme et Rituel » II-411. (Traduction française).
ELLIES DU PIN.
GAUTRINUS (Gilbertus).
MOSHEIM (Jean-Laurent de).
LEGRAND d'AUSSY.

342 .... APOLOGIE des Freimaurer-Ordens, aus dem Manuscripte eines alten Freimaurers ; als Anhang : Maurerisches Todtenopfer gebracht zum Andenken eines verewigten Bruders von Weihe.
S. l. ni adr. (Bamberg, König), 5817, gr. in-8° de 103 pp.
(O-440

343 .... APOLOGIE pour l'Ordre des Francs-Maçons.
La Haye, 1742, in-8°.
(S-5394

344 .... APOLOGIE pour l'ordre des Francs-Maçons ; par m. N*** membre de l'ordre *.* *.* avec deux Chansons. Nouv. édit. augm. par l'auteur.
La Haye, Pierre Gosse ; Dresde, G. Conr. Walther, 1742, in-12 de XIV-126-V (pour les chansons grav.) pp.
Attribué faussement à Fr. F. Nogaret qui ne peut en être l'auteur, étant né en 1740.
(O-501

APOMAZAR.
Voir : ALBUMAZAR.

345 .... APPARITION admirable et prodigieuse (du Diable), advenue à la personne de Jean Helias [laquais protestant], le premier jour de l'an 1623, au fauxbourg St-Germain ; ensemble la conversion du dit Helias, à la religion catholique [racontée par son maître], tiré de l'impr. à Paris. 1623 ; dans Lenglet-Dufresnoy : Recueil de dissert... sur les apparitions, I, part II, 140-65.
(O-1765

346 APPARITION MERVEILLEUSE de Trois Phantosmes dans la Forest de Montargis.
Paris, 1040, in-8°. de 11 pp. (1 fr. 50).
Réimpression de Lyon, chez Louis Perrin, vers 1875-76.

347 APPARITORES SEPTEM, tam diaboli q. dei cū suis armis atq. insignibus quae sunt septe capitalia vitia et todidē eisdem opposite virtutes cū suis diffinitionib. comparationibus et caeteris proprietatibus.
Vaenundantur Iodoco Badio Ascensio, 1521, pet. in-8°, gothique. (30 fr.).

348 APPERT (Charles), propriétaire à Massy (S. & O.), ancien confiseur et distillateur.
APPERT. — L'Art de conserver pendant plusieurs années les Substances Animales et Végétales.
Paris, Patris et Cie, 1810, in-8°. (4 fr.)
Réédité : Ibid., Id., 1811, in-8°, 225 pp.
[V.30484

Fort intéressants procédés anciens de stérilisation du bouillon, du pot au feu, du lait concentré, des petits pois, des cerises, du moût de raisin ou vin doux, des abricots, etc., au bain-marie, comme on le fait encore maintenant. L'auteur préconise déjà, (avec beaucoup de justesse) les vases de VERRE, surtout les bouteilles forme Champagne ; i les bouchait au liège, avec beaucoup de soins et de précautions. L'ébullition au bain-marié pouvait ensuite durer de une minute seulement (tomates, etc..) à une heure (pot au feu, etc.).

349 APPY (Félix), dit le GROS, ancien libraire à Nice, né à Lacoste (Vaucluse) en 1847. Ecrivain, philosophe et économiste français.
La Vie de l'Humanité sur la Terre. — Première Partie : au commencement, Dieu créa les cieux, la terre et les choses qui y sont. — Deuxième partie : l'Homme. — Le Berceau du Genre Humain. — Les Migrations.
Paris, Fischbacher, puis Chacornac. Nice, librairie Visconti, 1909 et 1911, 2 parties in-8°, paginées XII-164-10 ; puis de 174 à 316, av. 1 carte. (5 fr.).

APULEIUS ou APULÉE (Lucius) de Madaure, en Afrique, né vers 114, mort vers la fin du règne de Marc Aurèle. Initié et Philosophe Platonicien, qui fut accusé de Magie. Son « Ane d'Or » est imité de celui de LUCIUS de PATRAS, q. v.

350 APULEIUS. — L. Apuleii Madavrensis, philosophi Platonici, opera, quae extant omnia, cum Philippi Beroaldi in Asinum Aureum eruditissimi commentariis; recensq. Godelcalci Stewechi Heusdani in L. Apuleii opera omnia quaestionibus et conjecturis, nec non aliorum doctorum virorum in eundem emendationibus adjectis.

Lugduni, sumptibus *Sib. a Porta*, 1587, 2 vol. pet. in-8°. (12 fr.).

Edition rare avec les commentaires de Philippe Béroalde.

Autres éditions :

Lugduni, in officina *H. a Porta*... 1604, 2 vol. in-8°.

[R. 9333-4

L. Apuleii Opera quae quidem extant Omnia.

Basileae per Henricum Petri, 1560, 2 vol. in-8°.

[R. 9327 et 9329
[S-4453

351 APULÉE. — Œuvres complètes comprenant : Les Florides. — Du Démon de Socrate. — De la Doctrine de Platon. — Traité du monde. Apologie. — L'âne d'or (roman initiatique). Le même volume contient le licencieux Satyricon, de Pétrone et les Nuits attiques d'Aulu-Gelle. Traduction Nisard.

Paris, 1842, gr. in-8° (10 fr.).

[4° Z. 943

Toute la philosophie du fameux magicien Apulée se trouve réunie dans cette traduction, avec le texte latin. C'est la seule édition complète, enrichie de notes très savantes.

352 APULÉE. — Œuvres complètes traduites en français par V. Bétolaud.

Paris, Garnier, 1883, 2 vol. in-12. (5 fr.).

[8° R. 5721

L'édition originale est de :

Paris, C. L. Panckoucke, 1835-38, 4 vol. in-8°.

Bibl. Panckoucke (Tomes 44-47)
[Z. 18777-80
[G-552

353 APULEIUS. — L'Ane d'or; avec le Démon de Socrate [par Apulée] trad. par Compain de Saint-Martin.

Paris, 1736, 2 vol. in-12.

[R. 9360-61

Id. traduit par J. A. Maury.

Paris, Bastien, 1822, 2 vol. in-8° (8 fr.).

Illustré d'un portrait et de 40 figures gravées au trait.

[R. 9364-65
[O-1814
[G-1661

354 APULÉE. — Les Métamorphoses, ou l'Ane d'Or d'Apulée, traduit par J. de MONTLYARD.

Paris, 1631, in-8°. Figures de Crisp de Pas.

Autres éditions :

Paris, Brunet, 1707, 2 vol. in-12
Francfort, et Leipzig, 1709, 1 fort vol. in-12.
Paris, Bastien, 1787, 2 vol. in-8°
Paris, Didier, 1834, 1 vol. in-18.
Paris, Didot, 1872, gr. in-8°

[S-4142

355 APULEIUS. — L'Ane d'or ou la Métamorphose......

Paris, 1736, 2 vol. in-12.

Le livre XI est entièrement consacré aux initiations.

[R. 9360-61
[O-192

356 APULÉE. — L'esprit familier de Socrate, traduction nouvelle avec des remarques par le Baron des Coutures.

Paris [B. Girin?] 1702, in-12. (10 fr.).

[R. 9375

Apulée, philosophe platonicien, ne traite pas dans cet ouvrage du Dieu de Socrate mais de son Démon, espèce de divinité qui était si étroitement attachée à lui, qu'elle l'avertissait ordinairement de faire une chose ou de s'abstenir quand elle devait lui être fâcheuse.

C'est la même édition que :

Paris, B Girin, 1698, in-12.

[R. 9374

Sc. psych. — T. I. — 4.

Seul le titre est réimprimé (Bibl. nationale).

APULÉE (sur). — voir : MONCEAUX.

357 AQUIN (Philippe d'). Savant rabbin, né à Carpentras vers 1578, mort à Paris en 1650. Il se nommait MARDOKHAI. Converti au Christianisme, il devint professeur d'Hébreu au Collège de France, sous Louis XIII.

358 AQUIN (Philippe d'). — Discours du Tabernacle et du Camp des Israélites, par Philippe d'Aquin.
Paris. T. Blaise, 1623, in-4°.
2 exemplaires : [A. 3052 (2)]
[Rés. A. 2511 bis (3)]
(S-5440)

359 AQUIN (Philippe d'). — Explications literales, allégoriques et morales du Tabernacle, de la Loy ancienne et toutes ses parties, des Habits du pontife Juif... Et ensemble la Forme des Sacrifices Mosaïques, par Philippe d'Aquin.
Paris, Imp. de Laquehay, 1624, 3 vol. in-4°.
[A. 3052 (1)]
(S-5457)

360 AQUIN (P. d'). — L'Examen du Monde, Sentences morales des anciens Hébreux, et les treize modes dont ils se servoient pour interpréter la Bible, par P. d'Aquin. Traduicts en françois. Suivis des Sentences et Proverbes des anciens Rabbins.
Parisis, Lacquehay, 1620, in-8°.
[A. 0582]

Ouvrage très rare de Kabbale dont le texte est dû à Rabbi Iacob, ou Rabbi Iadaia. L'examen du Monde est accompagné du texte hébreu en regard de la traduction, ainsi que les Treize Modes ; les Sentences et Proverbes des anciens Rabbins sont avec le texte hébreu, la trad. italienne et la trad. française.
(S-2083)

361 AQUIN. — Interprétation de l'arbre de la Cabale, enrichi de sa figure, par Philippe d'Aquin.
Paris, Imp. de J. Laquehay, 1625, 2 part. in-8°.
[A. 7730 (1-2)]
La figure manque toujours. Fort rare.

Autre édition :
Paris.
Réimpression de l'édition de 1625, augm. d'une préface et de la figure inédite de l'Arbre de la Cabale, par le Docteur Marc Haven. [Emmanuel Lalande].
In-8° tiré à 250 exemplaires (4 fr.).

On trouvera, dit Marc Haven, dans l'étude de ce livre, la meilleure préparation que l'on puisse faire à la lecture du Zohar aujourd'hui en cours de publication, événement significatif qui accomplit l'antique prophétie du Zohar lui-même. Il est vraiment dommage, qu'en raison de l'actualité dont elle jouirait maintenant, cette publication n'ait eu qu'un tirage aussi restreint depuis longtemps épuisé.
(S-3170 b)

362 ARAGO (Dominique François), né en 1786 à Estagel (Pyrénées-Orientales) mort à Paris en 1753. Illustre savant, académicien. Directeur de l'Observatoire. — Biographie de Jean Sylvain Bailly, astronome, premier président de l'Assemblée constituante, premier maire de Paris.
Paris, Institut national de France, Imp. de F. Didot frères, 1852, in-4° de 172 pp. (2 fr. 50).
[Ln²⁷ 016]
Pas dans le commerce.

363 ARAGO. — Sur l'écriture hiéroglyphique Egyptienne.
S. L. N. D. [Paris], Imp. de F. Didot frères, [1872] in-8° pièce (2 fr. 50).
[J. 24230]
(G-1099)

364 ARBATEL. — De Magia Veterum.
Basilæ, 1575, in-10.
Autre édition :
Hesel, 1686, in-4°.

Se trouve aussi généralement dans les pièces jointes aux « Opera Omnia » d'Agrippa, q. v. (l'édition « mutilée » en lettres rondes).
(Gr. p. 46)

365 ARBONNOISE (Jules de l'). — A bas la Calotte.
Paris, s. d. fort in-12, (5 fr.).

Sous ce titre subversif, l'auteur de cet ouvrage a condensé en près de 600 pp. de texte, une histoire critique de la Franc-Maçonnerie à travers les siècles, très intéressante à lire à beaucoup d'égards. Gnostiques. Manichéens. Albigeois. Sociniens. Spinosa. Weishaupt. Marquis de Pombal. Voltaire. Les Assassins. Les Templiers et leur filiation. Le couvent de Silhemsbad. Cagliostro. La révolution. Les mystères maç∴, etc...

306 ARBUTHNOT (Jean). Médecin de la reine Anne, né en Ecosse en 1658, mort à Londres en 1735. Savant Mathématicien. — Essai sur la Nature et le Choix des Alimens ; par J. Arbuthenot.
Paris, G. Cavelier, 1741, in-12 (3 fr.).
[Te²⁰ 23
(S-111 Supp

ARCADE, ou plus exactement ARCADE D'ORIENT VIAL, fut une personnalité énigmatique du XIXᵉ siècle. Tout ce qu'on sait de lui, c'est qu'à l'exemple de Jacob Bœhme, il consacrait tous ses loisirs à des études mystérieuses. Son ouvrage le plus populaire : « La Destinée de l'âme » est une puissante tentative d'élargissement du dogme catholique. Dans sa « Philosophie naturelle », Arcade donne libre carrière à ses convictions néo-platoniciennes. Il démontre, par les lois de la mécanique la transmutation des métaux, le triangle philosophique, et résout par des arguments imprévus les problèmes les plus troublants de la métaphysique. Végétarien convaincu et ascète rigoureux, il combla de ses bienfaits le quartier de Saint-Sulpice qu'il habitait. Les pauvres, ses amis, l'avaient surnommé « l'homme du bon Dieu ».

307 ARCADE. — Philosophie naturelle, où les phénomènes naturels sont expliqués par les lois de la mécanique, par Arcade.
Paris, Delaroque Jeune, 1820, 2 vol. in-8°. (20 fr.).
[R. 26813-4
Seul et unique au Catalogue de la Bibliothèque Nationale. Les autres ouvrages sont, sans doute, catalogués à VIAL.

ARCADE D'ORIENT, ou A. d'ORIENT ; voir aussi : *VIAL*, son véritable nom.

308 ARCANDAM, Docteur et Astrologue. — Le Livre d'Arcandam docteur et astrologue traitant des Prédictions d'Astrologie....
Paris, N. Bongous, 1573, in-16 figures.
[V. 30511
(S-3445

309 ARCANDAM. — Livre d'Arcandam, docteur et astrologve, traictant des prédictions d'astrologie, principalement des naissances, ou fatales dispositions, et du jour de la natiuité des enfans. Avec faciles inventions pour trouuer le signe et planète, dominant en la natiuité d'vn chacun.
Lyon.-P. Rigaud, 1625, in-16, avec 12 fig. sur bois. (15 fr.).
(G-16

370 ARCANUM. — Arcanum hermeticæ philosophiæ opvs : in qvo occvlta natvræ et artis circa lapidis philosophorum materiam et operandi modum canonice et ordinate sunt manifesta. Opus ejusdem authoris Anonymi. Penes nos vnda tagi.
Genevæ, de Tournes, 1673, in-12, (10 fr.).
Rare ouvrage d'alchimie.

371 ARCHBOLD. — Recueil d'observations de faits relatifs au magnétisme animal, présenté à l'auteur de cette découverte, et publié par la société de Guienne.
Paris et Bordeaux, Pallandre Jeune 1785, in-8°, (3 fr.).
[Th⁶¹ 262
Intéressant rapport de l'une des sociétés fondées en province à l'instar de la Société de l'Harmonie de Paris.

372 L'ARCHE SAINTE ou le Guide du Franc-Maçon, destiné à perfectionner l'instruction des récipiendaires à tous les degrés et contenant l'origine, les principes, la doctrine, cérémonies, fêtes, usages de la Maçonnerie, etc..
Lyon, 1861, in-16, (4 fr.).

373 ARCHIVES de la société magnétique de Cambrai. 1845. in-8°.

Ce journal vécut 2 ans.

(D. p. 131

ARÇONS (César d'). avocat au Parlement de Bordeaux, mort en 1681. Savant Physicien Théologien, et Philosophe. — ARÇONS (C. d'). Œuvres contenant le secret du flux et du reflux de la mer ; le canon de mer suspendu ou le moyen très facile pour bien tirer l'artillerie navale. avis sur la jonction des deux Mers et sur les autres travaux que l'on peut faire en Languedoc pour la navigation, etc..
Imprimé à *Bordeaux* et se vend à *Paris chez Jacques Collin*, 1697, in-4° (12 fr.).

[R. 3304

Cet ouvrage contient « la Sape de la philosophie des Cartésiens »

(G-1278)

374 ARÇONS (César d').— Le systeme dv monde ov le nombre, la mesvre et le poids des Cieux et des Elemens. selon l'Écriture Sainte. Présenté à Monsievr l'abbé Dysavlt povr en faire la dédicace av Savveur dv Monde.
Bordeaux, par Jacques Mongiron Millanges. 1665. in-4° (12 fr.).

[V. 7490
(G- 1278

375 ARDUIN (Abbé Alexis). — La Religion en face de la Science.
Lyon, Ville et Lutrin.
Paris, J Vic. 1877. 3 vol. in-8°. (12 fr.).

[D. 64700

Les théories scientifiques modernes et les traditions mosaïques qui semblent se livrer aujourd'hui une lutte à mort, doivent-elles tôt ou tard, au moyen d'une exégèse hardie, s'harmoniser dans un duo parfait ? L'auteur emploie à soutenir cette thèse une érudition fort riche. On peut conclure contre son hypothèse, mais son grand savoir s'impose à l'attention.

376 AREMI (le Sage).— Les secrets du vieux druide de la Forêt Menapienne accompagnés des préceptes et avis salutaires de Jean de Milan, publiés et mis en langage vulgaire par le sage Aremi.

Lille, Imprimerie Blocquel Castiaux, 1840, in-18. (4 fr.).
Autres éditions :
Lille, Blocquel Castiaux. 1840. in-16, sur papier vert, figures sur bois. dont une coloriée.
Ibid. Id. 1844. in-18.

(G-905

377 ARETIN (Auguste). — Augusti Aretini, Tractatus de Maleficiis.
Coloniæ Agrippinæ, 1599. in-4°.

(S-3201 b

ARETIN (Pierre BACCI dit). fameux poëte satirique italien né en 1492 à Arezzo (en latin ARETIUM). d'où son nom : ARETINUS. mort en 1550. son caractère ne fut pas des plus élevés et l'on dit qu'il vécut de chantage. Ses productions sont presque toutes d'une extrême licence.

378 ARETIN. Trois livres de l'Humanité de Iesuchrist (sic) duement descripte et au vif représentée par Pierre Arétin Italien nouellement traduictz en François.
Lyon. M. et G. Trechsel 1539. in-8°.

[D. 11802
[G-1115

(In fine) Melchior et Gaspar Treschsel frères finirent d'imprimer ce livre à Lyon le premier jour de Mars 1539. (50 fr.).

Rarissime ouvrage de l'Aretin traduit par J. de Vauzelles. Avec une figure dans le genre de G. Tory représentant l'Annonciation de la Vierge, une curieuse marque de libraire sur le titre et quelques majuscules ornées.

379 ARGENTINUS (Ricardus). — Ricardus Argentinus. de Præstigiis et Incantationibus Dæmonum.
Basileæ. 1568. in-8°. [R. 44100
(S-3202 b

ARGENS (Marquis J. Boyer d').
Voir : BOYER d'Argens.

380 ARGIS (Henri d'). — Gomorrhe.
Paris, en dépôt chez *Charles*, 1889, in-12, 355 pp. 10 figures par X*** (F. Bac?) (4 fr.).

[8° Y² 43430.

Roman de mœurs contemporaines.

381 ARGIS (H. d'). — Sodome. Préf. de Paul Verlaine.
Paris, Piagel. 1888. in-18 de X-283 pp. (4 fr.)
[8° Y² 41879
Rare. Roman sur les aberrations sexuelles contemporaines.

ARGOLI (André), mathématicien italien distingué, né vers 1570, mort vers 1653. Professeur de mathématiques à Padoue.

382 ARGOLI (A.). D. Marci, serenissimo annuente senatu equitis in Patauiono lyceo mathematicas scientias profitentis, de diebus criticis et ægrorum decubitu libri duo.
Patavii, apud P. Frambottum. 1639. in-8°. (20 fr.).
[V. 8365
Ouvrage aussi curieux que rare.
Réédité :
Ibid. Id. 1652. in-4°
[V. 8366

383 ARGOLI (André). — Ptolemæus parvus in Genethliacis iunctis Arabibvs, nvnc postremvm avctvs indice rervm prorsvs necessario et innumeris prope mendis purgatus.
Lvgdvni, sumplibus J. A. Hvgvelan, 1650. in-4°. (14 fr.)
[2 ex. : V. 8370 et 8371
Rare ouvrage du célèbre mathématicien et astrologue italien.
Édition originale :
Lugduni, sumplibus J. et P. Vitort. 1652. in-4°.
[V. 8367

384 ARGOLI (André). — Ptoleomæus parvus, in Genethliacis Junctus Arabibus, auctore And. Argolo D. Marci.
Parisiis, 1652. in-4°.
Il y a une édition, — l'édition originale — de Lyon même date et format ; (voir ci dessus) celle-ci est sans doute une erreur du Cat. Sépher. Si l'on connaissait l'éditeur on pourrait être fixé.
(S-3451

ARIANYS (Le Professeur d'). — Voir : POINS (Edouard).

385 ARISLAEUS. La Turbe des Philosophes qui est appellée le Code de Vérité en l'Art ; auquel livre Pythagoras a assemblé les paroles de ses plus sages disciples, et d'Arisleus ; dans *Divers Traités de la Philosophie naturelle* (1672). 1-96.

Ce n'est pas l'ouvrage latin, mais un extrait remanié sans doute par Bernard Trevisan, qui le cite fréquemment.
(O-713.

386 ARISTIDE (P. L.) La superstition chrétienne, étude critique et exégétique précédée d'une dédicace à Mgr Dupanloup, évêque d'Orléans et suivie d'un exposé de l'hédonisme rationnel.
Bruxelles, 1801 in-12. (1 fr. 50).

ARISTOTE, célèbre philosophe grec, fondateur de la secte des Péripatéticiens, né à Stagire, en Macédoine, vers 384 av. J. C. mort à Chalcis, en Eubée, vers 322. Fils de Nicomaque, médecin du roi de Macédoine.

387 ARISTOTE. Aristotelis Opera omnia, graecae latinae. Edit. Guill. du Val.
Lutetiæ Parisiorum, Typis Regiis. 1619, 2 vol. in-f°. (20 fr.)
4 exemplaires :
[R. 89-90
[Fol. R. 251 etc.

388 ARISTOTE. — Logique, traduite en français pour la première fois par J. Barthélemy Saint-Hilaire.
Paris Ladrange. 1839-1844. 4 vol. in-8°. (00 fr.).
[8° R. 12570

389 ARISTOTE. — Morale et Politique, traduites du grec par M. Thurot.
Didot. 1823, 2 forts vol. in-8° (5 fr.)
Avec 2 portraits.

390 ARISTOTE. — Rettorica et poetica, tradotte di greco il lingua vulgare Fiorentina da Bernardo Segni.
In Vinegia, per Bartholomeo det-

to d'Imperador, et *Francesco* suo genero. 1551. pet. in-8°. (12 fr.).

3 ex. : [R.9476
[X.16701 et 2

Traduction rare dit Brunet. — Curieux titre orné sur bois.

391 ARISTOTE. — La Rhétorique, trad. en franç. par M. Cassandre.
Paris, 1798, fort in-12. (4 fr.).
(Frontispice gravé).

Aristote consigna les principes de son premier enseignement dans sa Rhétorique, qui est, selon lui, l'art de faire naitre la conviction dans l'esprit de ceux qui écoutent.

Édition originale.
Paris, L. Chamhoudry, 1654. in-4° de 556 p. et tab.

[X. 3038

392 ARISTOTE. — Traité de la production et de la destruction des choses, suivi du Traité sur Mélis, Xénophane et Gorgias, traduits en franç. pour la première fois, et accompagnés de notes perpétuelles, avec une introduction, par J. Barthélemy Saint-Hilaire.
Paris, A. Durand, 1886 in-8°. (20 fr.).

[8° R. 12573

393 ARISTOTE. — Traité du Ciel, traduit en français pour la première fois et accompagné de notes perpétuelles par J. Barthélemy Saint-Hilaire.
Paris, A. Durand, 1886 in-8° (16 fr.).

[8° R. 12572

394 ARISTOTE Arabe, Disciple d'Avicenne, ou ouvrages apocryphes du célèbre philosophe grec précédent.—In hoc libro continentur probleumata (sic) Aristotelis varias questiones cognoscit admodum dignas et ad naturalem philosophias potissimum spectantes discutientia.
Venundantur Parisiis a Dionysio Roce, in-12, (15 fr.)

Ouvrage très rare imprimé dans les dernières années du XVe siècle.

(G-962

395 ARISTOTELES. Aristotelis, philosophorum maximi de secretis secretorum ad Alexandrum opusculum. Eiusdem de regum regimine. De sanitatis conservatione. De physionomia signis tempestatum. De mineralibus. Alexandri Aphrodisei clarissimi Perepatetici (sic) de intellectu. Averroys. Magni commentatoris de animæ beatitudine. Alexandri Achillini, Bononiensis, de vniuersalibus Alexandri Macedonis in septentrione monarchae de mirabilibus Indiæ ad Aristotelem.
Impressus Veneliis per Bernadinum Venetum de Vitalibus. s. d ; in-f°. 56 fol. non chif. (30 fr.).

« Aristote, Arabe, disciple d'Avicenne, ne doit par être confondu avec le précepteur d'Alexandre » Cat.Ouvaroff, N° 677. p. 70.

(G-1662

Il y a 3 incunables de ce genre à la Bib. nat. S. L. N. D. tous in 4°.

[Rés. R. 790
[Rés. R. 1234
[Rés. R. 791-2-3

ARLENSIS (Petrus); de Scudalupis, Astrologue et Alchimiste Italien.—Voir: LEONARDUS (Camillus). Le « traité de la Sympathie des Sept métaux » est joint au « Miroir des Pierres » de ce dernier.)

396 ARLES Y ANDOSILLA (Martin de) Tractatus insignis de Superstitionibus, contra Maleficia, seu Sortilegia, quæ hodie vigent in Orbe terrarum, in lucem nuperrime editus. à Martino de Arles.
Parisiis. 1517 in-8°, (6 fr.).

Rare traité d'exorcismes contre les maléfices et les sortilèges.

Réédité ; *Romæ apud V. Luchinum*, 1559. in-8°.

[D. 81409(³)

Voir aussi le Recueil « Flagellum haereticorum » du frère Nicolas JACQUIER.

(S-3213

397 ARMBRUSTER. (Christian). Die sieben lezten Posaunen oder Wehen wann sie anfangen und aufhören und von den 70 Danielischen Wochen und

42 prophetischen Monaten : von der zahl 666 als das Mahlzeichen des Thiers ; von dem Gläsern Meer ; von den zwey Zeugen ; von der Zukunft Christi in welchem Jahr und Monat diese erfolgen soll :..... von Christian Armbruster.
Germanien, s. a. n. d. (*Birmigheim*, 1813). in-8°.
(O-103.

398 ARNAUD (E. R.). — Introduction à la chymie ou à la vraye physique. *Lyon, C. Prost*. 1656. in-8°. (10 fr.)
|R. 20957

ARNAUD (Henri), Pasteur et Colonel des Vaudois, né près de Die en 1641, mort en 1721.

399 ARNAUD (Henri). Histoire de la Glorieuse rentrée des Vaudois dans leurs Vallées, par H. Arnaud.
|*Cassel*|. 1710 in-8°
|R-s. I. d¹⁹⁸. 182

C'est le Récit de la fameuse expédition des Vaudois contre les troupes réunies de Victor-Amédée, Duc de Savoie et du grand Roi Louis XIV. Arnaud était leur Pasteur et leur Chef. Ils tinrent leur position pendant près de huit ans, mais finalement durent s'exiler dans le Wurtemberg, où Arnaud finit ses jours.
(S-5293

400 ARNAUDO (J. B.). — Le Nihilisme et les Nihilistes ; (Al. Herzen ; les premiers Nihilistes ; les Nihilistes de Tchernicevski ; le Nihilisme Sanguinaire).
Paris Dreyfous |1880| in-12 (2fr.50)
|S° M. 1579

ARNAULD DE VILLENEUVE, né très probablement en France, à Villeneuve-Loubet, arrondissement de Grasse, de 1235 à 1240, fut le plus grand Alchimiste & Médecin de son temps et le maître de Raymond Lulle.

Le nom de BACHUONE, ou BACHINONE, qui accompagne assez souvent son prénom, peut être considéré comme un Nom de famille, assez inconnu, en tout cas (Lalande).

Il eut pour Maîtres ou amis Roger Bacon, Albert de Bollstedt, S¹ Thomas d'Aquin, Alexandre de Halès, et Pierre d'Apono, c'est à dire Pierre d'Aban, qui enseignaient ou vivaient à cette époque à Paris. Arnauld était alors âgé d'une vingtaine d'années.

Il vécut ensuite une dizaine d'années à Montpellier, puis voyagea en Espagne, à Valence, Barcelone, & en Italie, où il acquit une réputation toujours grandissante de Philosophe Hermétique.

Toujours voyageant, il repasse par Paris, où il fut arrêté par l'Official, à cause de ses écrits & prédictions. Il retourne en Italie, puis en Espagne et sa réputation grandissait toujours. Ses écrits devenaient de plus en plus libres contre l'Eglise. A Paris, il professa brillamment mais se vit obligé de fuir devant l'Inquisition ; toujours errant, il alla se réfugier en Sicile. En 1313, le Pape Clément V, alors à Avignon l'y manda pour le soigner & Arnauld mourut pendant le voyage, en vue des côtes de Gênes. Il fut, dit-on enterré dans cette ville.

Le Pape Clément V, son ami, mourut l'année suivante, et aussitôt, pendant la vacance du S¹ Siège, ses Ouvrages furent à nouveau condamnés par l'Inquisition. (Directorium Inquisitorium Nicolai Eymerici, édition de 1585, p. 232.)

Nous avons suivi dans toutes les notes qui précèdent la Thèse du Dr Emmanuel Lalande, sur Arnauld de Villeneuve.

La Bibliographie Complète & détaillée des Ouvrages tant imprimés que manuscrits d'Arnauld de Villeneuve, se trouve dans cette même Thèse, pages 181 à 198.

Voici quelques recueils où on trouve certaines de ses Œuvres :

MANGETUS, Jo. Jac. — Bibliotheca Curiosa Chemica. (T I-662-704). —

THEATRUM CHEMICUM. — T. III & IV. —

TURBA PHILOSOPHORUM. — T. I-408, II-419-527. Edition de 1572.

Le Dr Lalande dans sa Thèse analyse longuement la dernière édition des Opera Omnia. (p. 51-76), celle de Lyon, Ant. Tardif, 1586

Les divers Traités d'Arnauld sont connus sous des Titres variables. Ainsi, le « Semita Semitae » n'est qu'un fragment du « Flos Florum » avec quelques rares interpolations. Ce dernier est parfois intitulé « Magisterium et Gaudium ad Inclytum Regem Aragonum » etc.

401 ARNAULD DE VILLENEUVE. — Haec sunt opera Arnaldi de Villanova Quae in hoc volumine continentur.

Lyon, édité par Thomas Murchius, chez François Fradin. 1504 in-f° Gothique à 2 col. de XV f° non chif. et 308 f° numérotés en chiffres arabes.

L'Explicit, au V° du F° 307 donne : Lyon, 14 des Kal. de Décembre 1504, chez François Fradin.

C'est l'ÉDITION PRINCEPS.

[Réserve T²¹ 7
Bibl. de l'Ec. de Médecine. N° 110.

Réimprimé à Venise, 1505, in-f° ; Lyon, 1509 (voir le détail plus loin) ; Venise, 1514, in-f° ; Bâle, 1515, 2 vol. in-f° ; Lyon 1520, 1532, in-f° ; Bâle, 1560, 1565 in-8° ; Bâle 1585, apud Pernea, in-f°

[T²¹ 10

EDITION DE 1509 : Hec [Haec] sunt opera Arnaldi de villa | noua nuperrime recognita | ac emendata diligentique | opere impressa que [quae] | | in hoc volumi- | ne contine- nen | tur.

[*Lyon, François Fradin,* 1509].

2 ex. : [T²¹, 8 et Rés. T²¹ 8

In-f° Gothique à 2 col. de 74 lignes à la page; contient le Titre, 8 f° de Table non chiffrés, 1 f° blanc et 317 f° numérotés en chiffres arabes.

Le f° 317 se termine ainsi :

Explicit opus Magistri Arnaldi de villa noua. Lugduni impressum per Franciscum Fradin : anno dni M. cccc. ix. die vero vigentesimo (?) mensis Decembris.

L'Epître dédicatoire (au verso du Titre) est de Thomas Murchius, adressée au Comte de Flisco, et datée de Lyon, la veille des Kalendes de Mars, M. cccc. iiij. (1504)

Voici la Reproduction de la Table des Matières qui se trouve, sur deux colonnes, sur le Titre même de cette édition.

1) — Speculum Medicinae.
2) — De Intentionibus Medicorum.
3) — De Humido Radicali.
4) — Commentum Arnaldi super Textum Galieni, de mala Complexione diuersa.
5) — Questiones super eodem Libello.
6) — De Regimine Sanitatis.
7) — De Conseruatione Sanitatis Regis Aragoniae.
8) — De cosernenda Iuuentute, et retardanda Senectute.
9) — De considerationibus Operis Medicinae.
10) — De Flobothomia.
11) — Parabolae Meditationis : quae alio nomine a Medicis appellantur Regulae Generales seu Canones Generales Curationis Morborum.
12) — De Tabulis generalibus quae Medicum informant specialiter, cum ignoratur Aegritudo.
13) — De Amphorismis (sic).
14) — De Parte Operativa.
15) — De Regimine Castra sequentium.
16) — De Regimine Sanitatis Salernitano.
17) — Breviarium Practicae : cum capitulo generali de Vrinis, et Tractatu de omnibus Febribus.
18) — Practica Summaria : seu Regimen ad instantiam Domini Papae Clementis.
19) — De Modo praeparandi Cibos et Potus infirmorum, in Aegritudine acuta.
20) — Compendium Regimenti Acutorum.
21) — Regimen Quartanae.
22) — De Cura Febris Ethicae.
23) — De Regimine Podagrae.
24) — De Sterilitate, tam ex parte Viri quam ex Mulieris.
25) — De Conceptione.
26) — De Signis Leprosorum.
27) — De Bonitate Memoriae.

28) — De Amore Heroyco.
29) — DE MALEFICIIS.
30) — De Cautelis Medicorum.
31) — De Venenis.
32) — De Arte cognoscendi Venena.
33) — De Dosibus Tyriacalibus.
34) — De Graduationibus Medicinarum Amphorismi.
35) — De Simplicibus.
36) — Antidotarium.
37) — De Vinis.
38) — De Aquis laxatiuis.
39) — De Ornatû Mulierum (curieux).
40) — De Decoratione.
41) — Commentum super suis Parabolis.
42) — De Coïtu.
43) — De Conferentibus et Nocentibus principalibus Membris nostri Corporis.
44) — Repetitio super Canonem.
45) — Tabula super « Vita brevis ».
46) — Expositio super Ampho. in Morbis minus.
47) — De Febribus Regulæ generales.
48) — DE PRONOSTICATIONE VISIONUM QUÆ FIUNT IN SOMNIS.
49) — DE ASTRONOMIA.
50) — DE PHYSICIS LIGATURIS.
51) — ROSARIUS PHILOSOPHORUM.
52) — LUMEN NOUUM.
53) — DE SIGILLIS.
54) — FLOS FLORUM.
55) — EPISTOLA SUPER ALKIMIA AD REGEM NEAPOLITANUM.
56) — RECEPTA ELECTUARIJ MIRABILIS PRESERUANTIS A EPIDEMIA et CONFORTANTIS MINERAM OMNIUM VIRTUTUM.
57) — Tractatus contra Calculum, dictus Opus Manus Dei ad Pontificem Romanum.
58) — Regimen præseruatiuum et curatiuum contra Catarrum.
59) — Regimen præseruatiuum et curatiuum contra Tremorem Cordis.
60) — Tractatus de Epilentiâ.
61) — Tractatus de Esu Carnium pro sustentatione Ordinis Cartusiensis contra Iacobitas.

Comme on peut le voir, il s'y trouve, outre les Traités d'Alchimie si célèbres du « Rosarius » et du « Flos florum » plusieurs Traités de Magie, sur les Maléfices, l'Interprétation des Songes, et l'Astrologie.

402 ARNAULD DE VILLENEUVE. Tractatus Arnaldi de Villanovâ, de Arte Cognoscendi Venena.
S. l. in-f°.
[T²² 6 et Rés T²² 6 Pellechet. 1105.
(S-3219 b.

403 ARNAULD DE VILLENEUVE. Des .... Arnaldi de Villa-Nova chymische Schrifften, darinnen begriffen :
I. — Der Schatz aller Schätze (seu Novum Lumen)
II. — Der Philosophen Rosen-Garten (seu, Rosarium).
III. — Das gröste Geheimnusz aller Geheimnüssen (seu Flos florum).
IV — Spiegel der Chymischen Kunst.
IV b. — Epistel Arnaldi de V. N. von der Alchymie an den Neapolitanischen König. Worbey Zugleich mit angefüget.
V. — Die edle Practica der Prophetin Mariæ, moysis Schwester.
VI. — Das Buch Calidis, des Sohns Jazichii, von den Geheimnüssen der Alchimie.
VII. — Kallid Rachaidibi, von den 3 Worten.
VIII. — Aristotelis Tractätlein von der Practic des philosophischen Steins
IX. — Ludus puerorum, das Kinder Spiel und der Weiber-Arbeit. Allen Liebhabern der wahren Alchymie zu Gefallen aus dem Latein mit höchstem fleisz in Teutscher Sprache übersetzet, durch Johannem Hoppodamum.
Franckfurt und Hamburg, Georg Wolf. 1683. in-8° de XVI-350 pp.
La 1re édit. de cette trad. par Jean Hoppodam est de Franckfort, 1604.
(O-687-690-740-750-1274

404 ARNAULD de VILLENEUVE. Arnaldus de Villanova. — Regimen sa |

nitatis cum expositione magistri Arnal | di de Villanova Cathellano | noviter impressus.
[In fine] *Impressum. Venetijs, per Bernardinum Venetum de Vitalibus.* in-8° Incunable gothique.
(Pellechet, 1280).

[Rés.T.c¹ᵉ 3A

L'Ecole de Salerne occupe les N⁰ˢ Tc 10 de 2 à 40. (datées de 1480 à 1844) à la Biblioth. Nationale dans le Catalogue des Sciences Médicales : 2 vol. gr. in-4° (Casier X. sous le pupitre).

Le Poème de « l'Ecole de Salerne » lui-même est dû, sans doute à Jean de MILAN, peut-être à d'autres, mais en tout cas certainement pas à Arnauld de Villeneuve.

405 ARNAULD DE VILLENEUVE. — Medicina Salernitana ; id est conservandæ bonæ valetvdinis praecepta, cvm lvcvlenta et svccincta Arnoldi Villanouani in singula capita Exegesi per Ioannem Cyrionem recognita et repurgata, etc....
Deaci, 1624. fort in-32. (8 fr.).

Excellente édition de ce curieux traité d'Arnauld de Villeneuve surnommé le père de la Chimie ; ce fameux médecin alchimiste fut accusé de magie, et quoique médecin du pape Clément V, ses livres furent brûlés par ordre de l'Inquisition.

406 ARNAULD DE VILLENEUVE. — Villanova (Arnold de). L'Eschole de Salerne en vers burlesques. Duo poemata macaronica : de Bello Huguenotico. Et de gestis magnanimi et prudentissimi Baldi. Suivant la copie imprimée à *Paris (à la sphère)* pet. in-12, 1651. (100 fr.).

Un des volumes les plus recherchés et une des plus élégantes productions des presses elzéviriennes de Leyde. — La traduction burlesque de l'Eschole de Salerne est l'œuvre d'un médecin nommé Louis Martin. Le poème macaronique De Bello huguenotico est de R. Belleau. Le ; De gestis Baldi est de Théophile Folengo (Voir Willems, les Elzevier, N° 693)

407 ARNAULD DE VILLENEUVE. — Le sentier des Sentiers. — Musique de Nicolas Flamel. — Mesué. Alphabetum Nigrum, trad. franç.
S. l. (vers 1600), in-12, (5 fr.).

Petite plaquette fort rare, sans titre, donnant 3 rarissimes traités de philosophie hermétique, notamment celui d'Arnauld de Villeneuve.

408 ARNAULD DE VILLENEUVE. — Speculum Alchimiæ ; qvo videlicet artis chimicæ mysteria etiam secretissima, luculenter enodantur, et quam maxima licet et potest fieri, perspicuitate explicuntur, etc...
Francof. 1602. in-12. (4 fr.).
Pièce alchimique rare.

409 ARNAULD DE VILLENEUVE. — Villanova (Arn de). Thesaurus thesaurorum ; seu Rosarius Philosophorum ; ac omnium secretorum maximum secretum. Lumen nouum, Flos florum, et Speculum Alchimiæ ; qvibvs numervm artis hvivs mysteria etiam secretissima, lucenter enodantur, et quam maxima licet, et potest fieri perspicuitate explicuntur.
Francof, 1603, in-12. (4 fr. 50).
Les pièces alchimiques d'Arnauld de Villeneuve sont fort recherchées.

410 ARNAULD de VILLENEUVE. — Le trésor des pavvres avqvel sont contenvs plvsievrs remèdes brevages, oignemens, emplastres, pillules, electuaires, preservatifs et receptes contre toute sorte de maladies, fait par maistre Arnovl de Ville-Nove et autres docteurs en médecine.
A Paris par A. Bourriquant, 1618. pet. in-12. (10 fr.).

La Bibliothèque Nationale en possède plusieurs éditions anciennes. Paris. Vve de J. Trepperel et J. Jehannot 1512. in-4° gothique de 6 fᵉˢ n. c. 134 fᵉˢ figures sur bois.

3 exemplaires   [Rés. Tc¹⁷ 24
                [Rés. Tc¹⁷ 24 A
                [Rés Tc¹⁷ 25

411 ARNAULD DE VILLA-NOVA. — Perfectum Magisterium et Gaudium Arnoldi de Villa Nova dans Auriferæ artis....
(O-754-755-756

412 ARNAUD DE VILLENEUVE. — Arnaldus de Villanova, de Somniorum Interpretatione,

S. l. [*Tolosæ typ. H. Mayer*, 1488] in-4° gothique (Pellechet, 1302)
[Rés. V. 1350 (S-3460 b

Incunable très rare.

413 ARNAUD DE VILLA-NOVA. — Testament attribué à Arnauld de Villeneuve ; dans le roman de la Rose, édit. de Lenglet-Dufresnoy, tome III (1735) 233-34.
(O-730-760

ARNAUD de VILLENEUVE. Voir : LALANDE (Emmanuel), son biographe, dont le nom mystique est Marc HAVEN.

ARNAULD (Antoine, dit le Grand Arnauld). Théologien, Janséniste et Controversiste célèbre, fils de l'avocat Antoine Arnauld, né à Paris en 1612, mort à Bruxelles en 1694. Solitaire de Port-Royal, il jugea prudent de se retirer en Belgique, vers 1679. —

414 ARNAULD (A.). Dissertation de Monsieur Arnauld, Docteur en Sorbonne, sur la manière dont Dieu a fait les fréquens Miracles de l'ancienne Loy par le Ministère des Anges, etc...
Cologne, N. Schouten, 1685, in-12. (4 fr.).
[D. 12165

Curieux ouvrage de ce célèbre janséniste surnommé le Grand Arnauld.

415 ARNAULD (Antoine, prêtre) dit le Grand Arnauld. — De la fréquente communion ou les sentiments des Pères, des Papes et des Conciles touchant l'usage des sacrements de pénitence et d'Eucharistie.
Lyon, chez Claude Plaignard, 1739, pet. in-8° (10 fr.).
[D. 23760 & 1

Ouvrage capital du célèbre janséniste.

Edition originale (?)
Paris, A. Vitré, 1643, in-4°
[Rés. D. 0291

416 ARNAULD (dit le Grand Arnauld) et LANCELOT — Grammaire générale et raisonnée de Port-Royal précédée d'un Essai sur l'origine & les progrès de la langue française par M. Petitot, & suivie du Commentaire de M. Duclos., auquel on a ajouté des notes.
Paris, 1809, in-8°. (3 fr. 50).
L'édition originale (?) est de *Paris P. Le Petit*, 1660, in-12.
[X. 9740

417 [ARNAULD et NICOLE]. — La logique ou l'art de penser, contenant outre les règles communes, plusieurs observations nouvelles, propres à former le jugement.
Paris, Savreux, 1662, in-12.
[R. 10083
Puis, *Ibid, Id*, in-12, 1064.
[R. 25045
Paris, Desprez, in-12, 1730.
Paris, Desprez, in-12, 1750.
[R. 11008
Paris, Humblot, in-12, 1775.
[R. 11013
Paris, Hachette, in-12, 1865.

Précédé d'une notice sur les travaux philosophiques d'Ant. Arnauld et accompagnée de notes par Ch. Jourdain.

418 ARNAULD et NICOLLE. — Port-Royal, Objections contre les méditations de Descartes, traités des vraies et des fausses idées avec introd. et notes par C. Jourdain.
Paris, 1846, fort in-12 de 550 pp. (2 fr. 50).

419 ARNAULD (Ant.), dit le Grand Arnauld. — Œuvres philosophiques, nouv. édit. précédée d'une introduction par J. Simon.
Paris, Charpentier, 1843, in-12. (3 fr. 50).
[R. 26953

420 ARNAULD et NICOLE. — La perpétuité de la foy de l'église catholique touchant l'Eucharistie, défendue contre le sieur Claude, ministre de Charenton.
Paris, 1669-1713, 5 vol. in-4° (10 fr.).
L'édition originale (?) est de : *Paris, C. Savreux*, 1664, in-12.
[D. 45880

421 ARNAULD (Antoine). — Des vrayes et des fausses idées contre ce qu'enseigne l'auteur de la recherche de la vérité.
Cologne, N. Schouten, 1683, in-12. (4 fr.).
[R. 11350

Edition originale (?)

ARNAULD et NICOLLE (Antoine).
Voir : *LARRIÈRE* (Noël de)
— *VARIN* (Pierre).

ARNAULD d'ANDILLY (Robert) frère aîné du précédent, né en 1589, mort en 1674. Vécut longtemps à la Cour, puis se retira à Port-Royal.

422 [ARNAULD D'ANDILLY] — L'échelle sainte ou les degrez pour monter au Ciel, composez par St Jean Climaque, père de l'Eglise grecque trad. par Arnauld d'Andilly.
S. l. n. d. (XVIIIe) in-8°. (5 fr.).
Partie de la collection des Pères du désert.

Autre édition : *Paris*, 1658. in-12
[C. 2761 bis et Rés. C. 2761

423 ARNAULD D'ANDILLY (Robert). — Vies des Pères du désert d'Orient, leur doctrine spirituelle et leur discipline monastique. Nouv. édit. d'après le R. P. Michel-Ange Marin, avec introduction, notes par Eug. Veuillot.
Paris, Vivès, 6 vol. in-8°. (18 fr.).
L'édition originale (?) est de *Paris*, 1647 et 1653, 2 vol. in-4°.
[H. 3078 et o

424 ARNAULD D'ANDILLY et NICOLE. Les vies des Saints Pères des déserts et de quelques saintes, écrites par des pères de l'Eglise et autres anciens auteurs ecclésiastiques.
Bruxelles, Frick, 1694. in-4°. (6 fr.).
Voir ante.

425 ARNAULD (Pierre), sieur de la Chevallerie, en Poictou.—Philosophie naturelle de trois anciens philosophes renommez Artephius, Flamel et Synesius, traitant de l'art occulte et de la Transmutation métallique. Dernière édit. augm. d'un Traité du Mercure et de la Pierre des Philosophes de G. Ripleus.
Paris, d'Houry. 1682. in-4° (20 fr.)
[R. 6742
(G-17

Très rare. Avec une gr. pl. sur bois hors texte et quelques petites figures.
Paris. 1650. in-4°.
[R. 0895

426 ARNAULD DE LA CHEVALLERIE. Trois Traictez de la philosophie naturelle, non encore imprimez ; scavoir : le Secret livre du tres ancien philosophe Artephius, traictant de l'art occulte et transmutation metallique latin, françois ; plus : les Figures hiérogliphiques de Nic. Flamel, ainsi qu'il les a mises en la quatriesme arche qu'il a bastie au Cimetière des Innocens à Paris... ensemble : le Vray Livre du docte Synesius abbé grec, tiré de la Bibliothèque de l'Empereur, sur le même sujet, le tout traduit par P. Arnauld, sieur de la Chevallerie, Poictevin. (II édit).
Paris, Thomas Jolly. 1650. *Paris, l. d'Allin*, 1650. in-4° de 98 pp. (20 fr.).
[R. 0895

La 1re édit. est de *Paris* 1612. in-4°.
[R. 0893   et R.6891
Rés.Z.
Voy. David Clement . Bibliothèque Fontanieu
curieuse. II. 148-49. Il y a deux éditions 142 [85]
de la même date.

Autre édition : *Paris, J. Sara*, 1618. in-8° [R.29627-29
(0-034-058)
ARNAULT (Antoine Vincent), ancien membre de l'Institut, né à Paris le 22 janvier 1766, fils de la première femme de chambre de Madame, comtesse de Provence. Il fut valet de la garde-robe chez Monsieur (depuis Louis XVIII). Académicien, député, exilé par Louis XVIII son ancien maître, etc..

427 ARNAULT (A. V.). Les loisirs d'un banni, par A. V. Arnault, ancien Membre de l'Institut ; pièces recueillies et publiées avec notes par A. Imbert.
Paris, l'éditeur, 1823. 2 vol. in-8° (4 fr. 50).
[Z. 40002-3

L'ouvrage débute par une Protestation de l'auteur, signifiée par Ministère d'huissier !

Histoire de la Magie en France. — Des Sorciers. — Les Prophétesses. — Le diable : Essai historique et philosophique. — L'existence de l'homme. Noms prénoms surnoms et sobriquets. Etc.

428 ARNDT (Jean ou Johann). — Les Quatre Livres du vrai Christianisme, par Jean Arndt, traduit de l'allemand en françois par Samuel de Beauval.
Amsterdam, 1723, in-8°, de 1014 pp. (30 fr.).

Traité de haute mystique qui fut un des livres de chevet de Saint Martin le philosophe inconnu où il puisa la substance de ses sublimes méditations. La traduction de Samuel de Beauval est unique et rarissime.

Intéressant ouvrage, qui, plus de cent ans après la mort de son auteur a été repris par les MARTINISTES. — Adam MICKIEWICZ, dans son « Cours professé au Collège de France » cite notre auteur avec éloges. Arndt, en effet, ne cessa de proclamer que, pour convertir les autres, il faut avant tout se convertir soi-même ; qu'un Théologien n'a de valeur qu'autant qu'il est lui-même sanctifié ; que les Livres ne sont que d'une importance secondaire, et que la Vie, les Actes, constituent l'exercice du Christianisme.

Les Ouvrages d'ARNDT furent adoptés par les Martinistes Russes pour commencer une Réforme dans l'Église Orthodoxe. Enfin l'on peut encore considérer cet auteur comme un précurseur de ce curieux mouvement « Sillonniste » contemporain qui vient d'être condamné par le Pape.

En Allemand et latin seulement, à la Bibliothèque Nationale :

Gosslar, J. und H. Sternen, 1620, in-8°.
[D² 5003]
Nürnberg, W. Endter, 1649, in-8°.
[D² 5604]

En latin : *Lipsiæ, sumtibus Gleditschii senioris*, 1704, in-12 agenda.
[D. 21504]

429 ARNOLD (Edwin). — La lumière de l'Asie. — Le grand renoncement. (Mahabhinish kramana). La vie et la doctrine de Gautama, prince indien et fondateur du Bouddhisme (selon le récit d'un bouddhiste indien). Traduit de l'anglais avec l'autorisation de l'auteur et augm. d'un avant-propos et de notes par Léon Sorg.
Paris, Chamuel, 1800, in-8°. (5 fr.).
[8° Y k. 563]

Bel ouvrage d'une lecture facile et attachante, où la doctrine bouddhique est exposée sous la forme attrayante du poème. Certaines pages, avec leurs citations nombreuses sont aussi éloquentes que persuasives.

Édition anglaise :
London, Trübner, 1885, in-4°
[4° Y k. 10]

430 ARNOLD (Gottfried). — Consilia und Responsa theologica, oder gottsgelehrte Rathschläge und Antworten, über denen wichtigsten Stücken und zuständen eines göttlichen Wandels, nebenst neuen geistlichem Gedichten, der Weiszheit Garten-Gewächs genannt, gemein gemacht von Gottfried Arnold.
Franckfurt, Th. Fritsch, 1705, in-8° de XVI-010 pp.

Terminé par des cantiques, dont un en latin.

Arnold dit qu'il n'est que l'éditeur de cet ouvrage qui est attribué du reste à Jeanne Eléonore de Merlan, femme de Petersen, qu'on appelait la sibylle de Lunebourg.
(O-96)

431 ARNOLD (G.). — Das Geheimnisz der Göttlichen Sophia oder Weiszheit, beschrieben und besungen von Gottfried Arnold.
Leipzig, Thoma Fritsch, 1700, in-8°, de XVI-192-351 pp.
[R. 18417]

Ouvrage d'un mysticisme exagéré et peu orthodoxe qui a été vivement censuré par le clergé luthérien.

« Les Mystères de la Divine Sagesse. »
(O-98)

432 ARNOLD (G.). — Gottfried Arnolds wahre Abbildung des inwendigen Christenthüms, nach dessen Anfang und Grund, Fortang oder Wachsthum, und Ausgang oder Ziel im lebendigen Glauben und gottseligen Leben, aus den Zeugnissen und Exempeln der gottseligen Alten als eine Fortsetzung und Erläuterung zur Abbildung der ersten Christen dargestellet. III-te Auflage.

Leipzig, Sam. Benj. Walther, 1733, in-4° de XX-468-VIII pp.

Cet ouvrage est l'exposition du système mystique d'Arnold ; quoi qu'il ne respire pas la même exaltation que sa Sophia, il ne peut pourtant pas être rangé dans la catégorie des ouvrages mystiques autorisés par un des cultes chrétiens constitués.

(O-00

433 ARNOULD (Arthur). — Les croyances fondamentales du bouddhisme avec préface et commentaires explicatifs par Arthur Arnould.

Paris, public. de la Société Théosophique, 1805, in-18, (1 fr. 25).

[O² m. 145

434 ARNOULD (Auguste). — Les Jésuites depuis leur origine jusqu'à nos jours ; histoire, types, mœurs, mystères.

Paris, Michel Lévy frères, Dulairie, 1849, 2 tomes in-8° figures, (10 fr.).

[G-1804-5

Ignace de Loyola, François-Xavier, Jacques Clément, Jean Chatel, Ravaillac, Urbain Grandier, l'édit de Nantes, Damiens, la belle Cadière, Jean Colas, etc. Le premier tirage est orné d'un frontispice gravé sur bois, de 20 planches hors texte sur acier et de 100 vignettes dans le texte, de Tony Johannot, J. David, Janet Lange, etc.

(G-1110

435 ARNOUX (François), chanoine de la Cathédrale de Riez. — Les Merveilles de l'autre monde, par Fr. Arnoux [ou Arnoulx].

Tolose, 1644, in-8°.

Autre édition :
Lyon, P. Rigaud, 1614, 3 parties in-12.

[D. 23807 (S-663

436 ARNOUX (F.). — Les merveilles de l'autre monde, divisées en trois livres : le premier traicte de l'Enfer et de ses peines, le second du Paradis et de ses joyes, et le troisième contient la pratique spirituelle pour acquérir l'un et éviter l'autre par François Arnoux, chanoine en l'église cathédrale de Riez.

Lyon. Carteron, 1677, in-12. (12 fr.)

(G-18

437 ARNULPHY (Dr. V.) et J. G. BOURGEAT. — Respiration transcendante. Méthode de culture psychique. Art de développer en soi des pouvoirs merveilleux et cachés et de prolonger la Vie, bien au delà des limites ordinaires.

Paris, Bibliothèque universelle Beaudelot, Bruxelles J. Lebègue et Cie, 1908, in-12 de 252 pp. (10 fr.).

[8° Tbas. 7.

Cette méthode, fruit d'une grande expérience, est divisée en 8 leçons qui marquent autant de degrés dans l'évolution psychique. Elle est par excellence le livre de chevet, le guide le plus sûr pour acquérir la santé physique et la plénitude du bonheur.

438 ARNULPHY (Dr V.) et J. G. BOURGEAT. — La Santé par la Science de la Respiration. Cours complet de gymnastique respiratoire suivi d'un manuel de Thérapeutique, 2e édit. augmentée d'un important chapitre sur la Respiration dans les Sports et l'Athlétisme.

Paris, Bibliothèque Universelle Beaudelot, Nice, chez l'auteur, 1908, in-8° de 85 pp. (2 fr.).

Résumé précis de l'hygiène de la respiration et de son importance, 12 exercices suffisent pour développer la poitrine, fortifier le corps et traiter nombre de maladies, même la tuberculose, sans médicament. A été inspiré par l'ouvrage Anglais du Yogi *RAMACHARAKA* : « *The Hindu-Yogi Science of Breath* ».

Et encore (Troisième édition) : *Ibidem, Idem*, 1910, in-8° de V-90 pp. figures. 3 f⁰ˢ d'annonces et 1 f° d'errata.

439 AROLA. — L'art de lire dans la main. La chiromancie dévoilée.
Paris, Massoni, s. d. [1890] in-12 de 72 pp. (2 fr.). Figures.
[8° V. 21805

AROUX (Eugène), littérateur, ancien magistrat, et député français, né à Rouen en 1793, mort à Paris en 1859.

440 AROUX (E.). Clef de la comédie anti-catholique de Dante Alighieri : donnant l'explication du langage symbolique des fidèles d'amour, dans les compositions lyriques, romans et épopées chevaleresques des troubadours.
Paris, héritiers J. Renouard, 1856, in-8° de 30 pp. (5 fr.).
[Yd. 7350

Fragment du Tome III de l'ouvrage suivant : La Comédie de Dante.

441 AROUX (E.) — La Comédie de Dante (Enfer, Purgatoire, Paradis), trad. en vers selon la lettre et commentée selon l'esprit, suivie de la clef du langage symbolique des Fidèles d'Amour.
Paris, héritiers J. Renouard, 1856-57, 3 forts vol. in-8°. (25 fr.).
[Yd. 7834-6

Travail colossal, formant de l'avis de nombreux connaisseurs, la traduction française la plus parfaite. Les notes nombreuses et importantes sont ce qu'on peut plus curieuses. L'auteur démontre que dans les ouvrages de Dante, le symbolisme mystique se compliquant du symbolisme philosophique, et que les symboles de l'amour pur, de l'amour divin, deviennent les symboles d'une doctrine secrète, religieuse et politique. Ce livre est complété de la Clef du langage kabbalistique et symbolique de Dante.

442 AROUX (E.). — Dante hérétique, révolutionnaire et socialiste. Révélations d'un catholique sur le Moyen-âge.
Paris, J. Renouard, 1854, fort in-8° (12 fr.).
[K. 9682

Excessivement curieux. Bon ouvrage sur le mysticisme du Dante. L'hérésie au Moyen-Age. Langage secret des Sectaires, ce langage connu à Rome. Du Mysticisme. La Cité du Soleil, etc.....

443 AROUX (E.). — L'hérésie de Dante, démontrée par Francesca de Rimini, devenue un moyen de propagande Vaudoise, et coup d'œil sur les romans du Saint-Graal, notamment sur le Tristan de Léonnois. Notes du Paradis illuminé, par E. Aroux.
Paris, V͞ve J. Renouard, 1857, in-8° de 22 pp. (2 fr.).
[K. 9681•

444 AROUX (E.) — Les mystères de la Chevalerie et de l'amour platonique au moyen-âge.
Paris, V͞ve J. Renouard, 1858, in-8° de XIX-207 pp. (9 fr.).
[G. 19012

Les Mystères de la Chevalerie. La Massenie du Saint-Graal. Influence de l'albigéisme sur les évènements politiques. Les Skaldes, les Niebelungen, etc... Le Roman de la Rose, etc.....

AROUX. — Voir : *BOISSARD* (F.).

ARPE (Pierre-Frédéric), Philosophe et Jurisconsulte Danois, né en 1682 à Kiel, dans le Holstein, mort en 1748. Ses ouvrages sont souvent des monuments d'érudition.

445 ARPE (P. F.). — Apologia pro Julio Cæsare Vanino. Neapolitano.
Cosmopoli, typis Philaletheis, 1712 pet. in-8° de IV-108 pp. (15 fr.).
[D² 5163

Rare ouvrage sur le célèbre libre penseur Vanini, auteur de « l'Amphitheatrum æternæ Providentiæ » qui fut condamné à avoir la langue coupée, à être pendu, puis enfin brûlé.

446 ARPE. — Petr. Frid. Arpe de Prodigiosis naturæ et artis operibus Talismanes et Amuleta dictis, cum recensione scriptorum huius argumenti Liber Singularis.

Hamburgi apud Christian Liebezeit, 1717, in-8° de 2 ff., 184 pp. et l'Index (composé de beaucoup de noms d'Auteurs). Frontispice et Vignette sur le Titre. Tit. noir et rouge. (25 fr.).

[R. 20985

Contient des remarques sur environ 550 auteurs et ouvrages occultes, dont le Catalogue alphabétique termine le volume. L'auteur finit :
« O he jam satis est : O he libelle ».
« Jam pervenimus ad umbilicum ».

(S-3175

447 ARPE (P. F.). — Theatrum Fati, sive notitia Scriptorum de Providentia, Fortuna, et Fato, autore Petro Frederico Arpe.
Roterodami Typis Fritsch et Böhm, 1712, in-8° de VIII-101 pp.

[Q. 3378
(S-3112 b

ARPENTIGNY (Le capitaine Stanislas d'), célèbre chirognomaniste et rénovateur moderne de cette Science.

448 ARPENTIGNY. — La chirognomonie. La science de la main ou l'art de reconnaître les tendances de l'intelligence d'après les formes de la main.
Paris, Coulon Pineau, s. d. [1850] in-8° de 348 p.

[V. 30708
Paris, C. le Clère, 1843, in-8° de 352 pp. (4 fr.).

[V. 30707
Troisième édition : *Paris, Dentu*, 1865, in-18 de 348 pp. et 6 de catalogue. (3 fr.).

[V. 30706
L'ouvrage d'Arpentigny est très recherché, c'est le seul qui traite de l'étude du caractère d'après les formes de la main. Dénomination des mains. Mains dures et molles. Les mains anglaises et de l'Amérique du Nord. Les mains romaines. La main philosophique. Les mains psychiques. Sur les mains des femmes, etc.

(G-1279

449 .... — ARREST des commissaires du Conseil d'état du roi, contre plusieurs cordeliers de la ville d'Orléans, qui avoient supposé de fausses apparitions, en 1534, vieux style, tiré du ms. 7170 A in-4° de la Biblioth. du roi ; dans Lenglet-Dufresnoy : Recueil de dissertations...... (1752). T. I. partie I. 91-120.
Signé A. Fumée et Bongars.

(O-1745

450 ARREST mémorable de la Cour de parlement de Dole, du dix-huictiesme jour de Janvier, 1573, contre Gilles Garnier, Lyonnois, pour auoir en forme de loup-garou deuoré plusieurs enfans, et commis autres crimes : enrichy d'aucuns poincts recueillis de diuers autheurs pour esclaircir la matiere de telle transformation. (Imprimé à Sens, par Jean Sauine 1574) : réimprimé par Danjou et Cimber, dans les Archives curieuses de l'hist. de France, I° Série, VIII. 7-11.

(O-1734

451 ARRÊT de la Cour suprême touchant le magnétisme animal. M. J. J. A. Ricard, professeur de magnétologie et Mlle Virginie somnambule magnétique.
Paris, l'Auteur, 1845, in-12 72 pp.

Intéressante affaire appelée devant la cour de cassation qui annule un arrêt par lequel M. Ricard avait été condamné et renvoya l'affaire devant la cour d'Angers. Nous verrons plus loin que les prévenus furent acquittés. Cette brochure contient le mémoire de M. Mandaroux Vertamy qui soutenait l'appel de M. Ricard.

(D. p. 120

452 ... ARRÊT de mort donné au parlement de Bretagne, contre demoiselle Marie de Sornin, accusée et convaincue d'homicide ; dans Lenglet Dufresnoy : Recueil de dissertations... (1752) I. part. II. 13-20.
L'ombre du mari revient. Se trouve aussi dans Leloyer : Traité des spectres. (Angers : 1586). Livre III, ch. IV, et dans les édit. suiv.

453 .... ARRÊT mémorable du Parlement de Toulouse, contenant une Histoire prodigieuse de notre tems, avec cent belles Annotations, etc...
Paris, 1565, in-8°.

(S-3229

454   ARRÊTÉ du Comité de la Société
de l'Harmonie pour communiquer à
M. Mesmer.
   1785, in-8° 3 pages.

   Très rare. Cette pièce est datée du 6
Mai 1785 et inaugure avec les précédentes
une scission qui fut bientôt définitive entre les adeptes du mesmérisme.

                              (D. p. 66

455   ARRIGHI. (Paul-Pierre). — L'Arche nouvelle. Histoire anecdotique et
descriptive de la mystérieuse demeu-
re de la Sainte-Vierge à Nazareth gar-
dée et vénérée dans la basilique de
Lorette.
   Paris, H. Chapelier ; Montpellier,
J. Calas, 1889, in-12, (4 fr.).
                          [8° k. 1845

   Histoire curieuse de la Santa Casa
qui aurait été apportée miraculeusement
par les anges de Nazareth à Lorette. La
polémique ardente que vient de soulever
sur ce point le Chanoine Ulysse Chevalier, donne à cet ouvrage, un caractère
de passionnante actualité, au moment
où, de part et d'autre dans l'Eglise, on
rompt des lances pour ou contre le stupéfiant miracle.

   Réimprimé en 1821 :
   Montpellier, Veuve Arrighi, 1801,
2ᵐᵉ édit, in-8°.
                          [8° k 2210

456   .. ARS MAGICA sive Magia naturalis, et artificiosa, etc...
   Francofurti, 1631, in-12.
                              (S-3210

457   ARS MEMORANDI. — Rationarium evangelistarum omnia in se
euangelia prosa, uersu, imaginibusqz
quā mirifice cōplectens. (In fine)....
ista tibi, lectori ingenuo, Thomas
Badensis cognomento Anshelmi tradi-
dit...
   1522, in-4° de 18 ff. (290 fr.).

   Edition rarissime en caractères gothiques de l' « Ars memorandi » ornée de
15 grandes et curieuses figures sur bois
et imprimée à Hagueneau (Alsace).

   Voir aussi une autre édition à
« RATIONARIUM »...

458   ART (l'). — Art de gagner à la
loterie et à tous les jeux.

   Bruxelles, Biblioth. occulte, 1000,
in-16, (1 fr.).

459   ART DE JUGER. — L'Art de Juger du Caractère des Hommes sur leur
Ecriture, avec 24 Planches représentant les Ecritures de divers Personnages Célèbres, gravées d'après les Originaux Autographes. Nouvelle édition augmentée : 1° d'un Essai de
l'Art de Juger les Hommes sur leur
Style ; 2° des Ecritures de Louis XVI,
de la Reine Marie-Antoinette et du
Dauphin, etc. ; 3° d'un Alphabet curieux des Sourds et Muets, avec lequel on peut apprendre en quelques
heures à converser avec eux.
   Paris, 1816, in-16 carré, frontispice
colorié, et 24 pl. (10 fr.).

   Ecritures de Mᵐᵉ de Genlis, Voltaire,
etc...

460   ART (L') de prévoir l'avenir
par une méthode nouvelle, fondée sur
la physionomie, et à l'aide de laquelle on peut résoudre les questions les
plus intéressantes de la vie humaine.
   Paris, Moronval, 1815, in-16 carré, (5 fr.).

   Frontispice à l'eau forte et 8 pl. hors
le texte gravées et col.

                              (G-10

461   ART (l') de prolonger la vie et
de conserver la santé, d'après Hippocrate, Galien, Celse, Arnault de
Villeneuve, Paracelse, Cornaro, Lessius, de l'Orme, La Framboisière,
Gratarolle, Mme Fouquet, Du Laurens, Lemery, Buchan, Arnould, etc...
   Paris, 1852, in-8°, (3 fr.).

   Petit volume rare et fort curieux publié par le bibliophile Jacob dans les Secrets de nos Pères.

462   ART (l') de tirer les cartes, oracle parfait, avec explication claire et
facile de toutes les cartes du jeu de
piquet, leur interprétation et signification d'après les plus plus célèbres
cartomanciens, Mlle Lenormand, Etteilla, etc...
   S. l, in-12, (2 fr.).

   Signification des cartes d'après Mlle

Lenormand, explication des 36 nombres. Art de tirer les cartes d'après la méthode d'Etteilla. Différentes manières de tirer les cartes etc... (Nombreuses figures.)

463 ART (l') de tirer les cartes, ou le moyen de lire dans l'avenir par le rapprochement des évènements qui démontrent sans réplique l'art chronomancique ; auquel on a joint l'interprétation des Songes en se servant des mêmes cartes ; et un Traité des Songes et des visions nocturnes, d'après les Egyptiens et les Perses : avec leur application aux 90 n°⁵ de la Loterie : trad. d'un manuscrit arabe.

Lyon, 1815. in-18 frontisp. gravé.
Autre édition.
Rouen, Labbey, s. d. in-24 (3 fr. 50).

464 .... ART (L') hermétique à découvert, ou nouvelle Lumière magique où sont contenus diverses (sic) Mystères des Egyptiens, des Hébreux et des Caldéens.
S. l. et s. a. (......) 1787. in-8° de 98 pp. (10 fr.)

Le style et l'impression du vol. décèlent une production étrangère à la France, tout nous porte à croire que c'est une production russe ; l'orthographe est beaucoup plus ancienne que la date indiquée sur le vol.

(O-599.
(G-20.

ART MAGIC... voir : *BRITTEN* (Emma Hardinge).

ARTAUD de MONTOR (le Chevalier Alexis François), diplomate et littérateur né à Paris en 1772, mort en 1849.

465 ARTAUD de MONTOR (Le chev. A. F.). — Histoire de Dante Alighieri.
Paris, A. Le Clère, 1841 in-8° VI-035 p. portr. et pl. (4 fr.).
|K. 9085

Edition originale de cet intéressant ouvrage ornée de 3 fig. gr. hors-texte.

Autre édition :
Paris, Didot 1840 in-12

On doit aussi à cet auteur une traduction de la Divine Comédie — entre autres en 9 volumes in-32, 1828-1813-1830 (Cat. Gén de la Bib. Nat⁾. IV.667 et 8).

ARTEMIDORE DALDIANOS. Savant Grec, contemporain d'Adrien ou de Marc-Aurèle.

La meilleure édition de son «Interprétation des Songes», est celle de *Reiff. Leipzig*, 1805. Comme Traduction française, il n'y a guère que celle de *Dumoulin Troyes*. 1634, et *Rouen*, 1664.

466 Ἀρτεμιδώρου ὀνειροκριτικά. Artemidori Oneirocritica ex duobus codicibus mss. venetis recensuit... Johannes Gothofredus Reiff.
Lipsiæ-sumptibus S. L. Crussi, 1805 2 vol. in-8°.
|V.21853-4

467 ARTEMIDORE. — De l'explication des songes. Auec le liure d'Augustin Nyphus des diuinations.
Rouen, Reinsart. 1600. in-16. (20 fr.).
(G-21

468 ARTEMIDORE. — Les Jugemens Astronomiques des Songes, par Artemidorus, et un Traité sur les Divinations, par Anthoine du Moulin.
Rouen et se vend à Paris, chez Jean Romé 1664. (12 fr.)

Autre édition.

Troyes, N. Oudot, 1634. in-12.
|V. 21857
(S-5464

469 ARTEMIDORUS. Des Griechischen Philosophen Artemidori grosses und vollkommenes Traum-Buch, in dem der Ursprung, Unterschied und die Bedeutung allerhand Träume, die einem im Schlafe vorkommen können, aus natürlichen Ursachen hergeleitet und erkläret wird ; nebst einer Erinnerung Philipp Melanchtons vom Unterschied der Träume und angehängtem Berichte, was von Träumen zu halten sey. Neue verbesserte...... und einer astronomischen Traum-Tafel vermehrte Auflage.
Leipzig, Joh. Gottfr. Dyck. 1753. in-8° de 468-LX pp. avec 1 fig.

La 1re édit. de cette traduction est de 1624.
(O-1825

470 ARTEMIDORUS. Artemidori Daldiani Oneirocritica, (gr. cum latina versione Jani Cornarii), et Achmetis Sereimi F. Oneirocritica, (cum latina versione Joann. Leunclavii), Astrampsychi et Nicephori versus etiam oneirocritici, (cum interpretatione latina J. Opsopaei et Nic. Rigaltii). Accedunt Nic. Rigaltii ad Artemidorum Notae.
Luteliae, ex officina Claudii Morelli, 1603.
[V. 8837

3 part. pet. in-4° de 12 non ch.-209- (1 f. bl.) -XVIII pp. non ch- 1 f. bl. pour Artemidore, 275-XVI pp. non ch. pour Achmet, 20 pp. pour Astrampsychus et Nicephore, et 95 pp. pour les notes de Rigault.
(O-1824

471 ARTEMIDORE. Artemidori et Achmetis. — Oeniro critica. Texte grec et latin en regard, suivi d'index très complet et de notes précieuses.
Lutetiae, 1953, in-4°. (8 fr.).
Rare. Cette œuvre sur l'interprétation des songes est des plus célèbres et constitue un document de grande valeur.

472 ARTEMIDORE. Artemidori Daldiani, de somniorum interpretatione, libri quinque iam primum à Iano Cornario medico physico Francofordensi, latina lingua conscripti.
Basileae, per H.Frobenium et N. Episcopium, 1530, in-8°. (20 fr.).
[8° V. 7855

L'un des ouvrages les plus curieux sur l'interprétation des songes. — Édition rare.

ARTEPHIUS. Alchimiste Juif ou Arabe, qui vivait vers l'an 1130. On le connait aussi sous le nom d'ARTEFIUS, ou ARTESIUS.
Son « Traité de la Pierre Philosophale » a été traduit en Français par Pierre Arnauld, *Paris,* 1612.

473 ARTEFIUS; Artefii Clavis majoris sapientiæ. *Argentorati,* 1699, in-12.

Édition originale ; avec en plus... nunc primum in lucem prodit.
Parisiis 1609 in-8° de 33 pp.
[R. 27024

Traduction française, par *ARNAULD DE LACHEVALLERIE* (Pierre). q. v.
(G-439

474 ARTEFIUS ou ARTESIUS.—Artesius, incipit liber qui Clavis majoris sapientiæ dicitur.
S. titre, s. lieu ni date, (vers 1627). in-8° de 33 pp.
Voyez ce que nous en disons à Stolcius de Stolcenberg, auquel il est joint.
(O-693.

475 ARTEFIUS. Clavis Sapientiæ, das ist : ein edles und köstliches Buchlein vom Stein der Weisen, welcher gennant wird : der Schlüssel der grössern Weisheit, vor etlichen hundert Jahren in lateinischer Sprache von dem uralten Mago und Philosopho Artephio beschrieben, ietzt ins Teutsche versetzt.
Leipzig und Hof, Joh. Gottl. Vierling, 1748, in-8° de 44 pp.

Autre édition :
Halle in Sachsen, J. Krusicken, 1018, in-8°.
[R. 54416
(O-695 et 690

ARTHAUD (Dr Joseph), médecin en chef de l'asile des aliénés de l'Antiquaille.

476 ARTHAUD (Dr). Relation d'une hystéro-démonopathie épidémique, observée à Morzine (H^{te}-Savoie).
Lyon, Imp. de A. Vingtrinier, 1862, in-8° de 79 pp. (3 fr.).
[T d⁸⁶. 241

ARTIGNY (l'Abbé Antoine GACHET d'). — Voir : *GACHET D'ARTIGNY* (l'abbé Antoine).

477 ARTIS AURIFERÆ. Artis auriferæ quam chemiam vocant quæ continent Turbam Philosophorum, aliosq3 antiquiss. auctores.
Basileae, Waldkirchi, 1610, pet. in-8° (50 fr.).

[R. 27028 - 31

Recueil rare et important, orné (pour le Rosarium philosophorum) de nombreuses et curieuses vignettes sur bois. — Contient les principaux traités de Turban, R. Lulle, Arnauld de Villeneuve, Roger. (Manquait à St. de Guaita).

478 ..... ARTIS Divinatricis quam Astrologiam vocant, seu Judiciariam, Encomia.
Parisiis, 1540, in-4°.
Rarissime.

(S-3438

479 ARTUS (E.). — Histoire complète du défi public à la libre-pensée sur les miracles de Notre-Dame de Lourdes. — La guérison de Juliette Fournier. — Les miracles de Lourdes et les négateurs vulgaires. — Les miracles et les médecins et la Presse.
Paris, Palmé, 1877, in-12. (3 fr.50)

Du même auteur Les Miracles de N. D. de Lourdes .. Guérison de Juliette Fournier, par E. Artus.
Paris. V. Palmé. 1872. in-16.

[Lk⁷. 10127

21 éditions du même jusqu'en 1873.

480 ASHE. (The Rev. Jonathan). D. D. M. M. — The Masonic Manual, or Lectures of Freemasonry, containing the instructions, documents and discipline of the Masonic economy : by the rev. Jonathan Ashe, D. D. M. M.
London. John Cawthorn. 1814. in-8° de XXXVI-208-104 pp.

(O-445

481 ASHWELL (George). — De Socino et Socinismo, dissertatio authore Geo Ashwello.
Oxoniæ. H. Hall. 1680. in-8°.

[D². 4870
(S-1327

482 ASSEZAT (Jules) et DEBUIRE (H.) Magnétisme et crédulité, par Jules Assézat et H. Debuire.
Paris, Garnier Frères. 1853, in-8° pièce.

[Rp. 0995

Nous ignorons si cet ouvrage a été mis en vente. [C'est probable, car il a été déposé à la Bib. Nat.]

(D. p. 150

483 ASSIER (Alexandre). — Le Diable en Champagne.
Paris, 1860, in-12. (2 fr. 50).

Réimpression avec figures sur bois (?) d'un opuscule rarissime.

Se trouve dans la Bibliothèque de l'Amateur Champenois.

Tome V.
Paris. A. Aubry. 1858-70. 12 vol. in-12.

[Lk². 2854
(G-329

ASSIER (Adolphe d'). littérateur français, né à La Bastide-de-Sérou (Ariège) en 1828. Académicien de Bordeaux.

484 ASSIER (Ad'). Essai de grammaire générale d'après la comparaison des principales langues Indo-Européennes.
Paris, B. Duprat. 1861. in-8°.

[X. 20510 bis

Avec 3 planches de signes hiéroglyphiques et d'alphabets anciens.

485 ASSIER (Ad. d'). — Essai sur l'humanité posthume et le spiritisme, par un positiviste.
Paris. A. Ghio. Pedone-Lauriel 1883. in-12. (3 fr.).

[8° R. 4917
(G-207

486 ASSIER (Adolphe d'). — Revenants et Fantômes. Essai sur l'humanité posthume et le spiritisme, par Adolphe d'Assier.
Paris. Baillière. 1883. in-12. 308 pp. (3 fr. 50).

[8° R. 12288

Belle collection d'histoires de revenants. — Martin (de Gaillardon) (p. 172). — Incubes et esprits galants. (p. 247). — Cas de « Subjugation » (249) terminé par les vampires (299). — Révélations du plus haut intérêt scientifique sur la faune des morts et les manifestations d'outre-tombe. Les documents mis à jour par l'auteur n'ont traîné nulle part et sont absolument neufs et inédits. Ce travail a une valeur d'autant plus considérable que d'Assier, tout en certifiant l'absolue véracité de phénomènes inouïs qu'il rapporte, n'admet pas les conclusions des écoles spiritualistes. Son point de vue est vraiment original et mérite qu'on s'y arrête.

487 ASTIER né en Provence en 1784. Répétiteur de Mathématiques à Marseille, puis Maç∴ militant à Paris, mort en 1852. — Notice des Livres manuscrits et imprimés sur la Franc-Maçonnerie, les Templiers, et Sociétés qui en dépendent, provenant du Cabinet de feu Mr. ASTIER ancien membre de la plupart desdites Sociétés, dont la vente aura lieu les.... Avril 1850.... Maison Silvestre....
Paris, Guillemot ; Londres, Barthès et Lowell. 1850, pet. in-8°, de 45 pp. (2 fr. 75).

[Δ. 18118

Catalogue de 574 N°. — Journaux Histoire, Initiations anciennes. Ouvrages en faveur de la F∴ M∴, ouvrages contre, etc. — Biographie et Nécrologie Maç∴ — Pays étrangers. — Ordre du Temple. — Grand-Orient de France. — Loges d'Adoption. — Rites divers (Hérédon, Écossais, Misraïm, etc.) — Rituels, Thuileurs, etc... Poésies, Gravures. Curiosités. Autographes.

488 ASTOLFI (Gio. Felice). — Cento Avenimenti miracolosi, stupendi et rare, descritti da Gio. Felice Astolfi ne quali sono compresi distruggimenti di oracoli, maleficii et tradimenti.
In Venetia, appresso Sebastiani Combi. 1603, in-4°. (15 fr.).

[G. 4870

Édition originale.

489 ASTROLOGIÆ. — Astrologiæ ad medicinam adplicatio breuis deque conuenientia earundem canones aliquot non contemnendi.
S. l. pet. in-4°. (20 fr.).

Très rare ouvrage d'astrologie médicale du XVI° siècle avec de nombreuses figures sur bois.

490 ASTROLOGUE. — Astrologue françois (l'), président les événements singuliers et universels, des estats et empires du monde, selon le changement des globes célestes en l'année présente astronomique.

A Paris, chez Morlot. 1649, pet. in-4° de 8 pp. (4 fr.).

ASTRUC (Jean). Célèbre médecin né à Sauves (Languedoc) en 1684, mort à Paris en 1766. Professeur à Toulouse, Montpellier, et Paris. Médecin du roi de Pologne, de Louis XV et Régent de la Faculté.

491 [ASTRUC (Jean)]. — Conjectures sur les Mémoires originaux dont il paroît que Moyse s'est servi pour composer la Genèse [par Jean Astruc.]
Bruxelles, Impr. de Fricx. 1753, in-12.

[A. 7395
(S-228

492 [ASTRUC (Jean)]. — Dissertation sur l'immatérialité et l'immortalité de l'âme [par Jean Astruc].
Paris, Vve Cavelier et fils. 1755, in-12. XV-444 pp. (20 fr.).

[R. 15208

493 ASTUREL. — The Mystery of Breath. By ASTUREL. A Treatment on the Twelve Breaths.
Harrogate [Angleterre], The Talisman Publishing C°, 1907, pet. in-12 de 99 pp. et 16 de catalogue. (1 Shill. 6 pence).

Petit livre assez singulier où s'amalgament le « Pranayama » (Science du Souffle) des Hindous, et l'Astrologie. Sous ce rapport, il n'est pas sans analogie avec l'ouvrage, sur le même sujet de Mrs. FLETCHER. q.v.

ATHANASE. — Histoire du Socianisme, par le P. Athanase. Voir : ANASTASE (le P.).

494 ATHÉNÉE électro magnétique, programme et statuts de la société.
Lyon. 1844, in-8° 16 pp. Deuxième édition.

(D. p. 130

495 ATKINSON (William Walker) professeur de magnétisme américain moderne. — La Force-Pensée, Son Action et son Rôle dans la Vie, par William Walker Atkinson.

Paris, *Bureaux d'Etudes psychiques* : 1904, in-8° de 106 pp.

Un des plus singuliers et des plus utiles opuscules sur le "Magnétisme Personnel". C'est un des premiers en date et il a fourni des matériaux aux innombrables imitations qui l'ont suivi. Aucun auteur n'a, depuis Atkinson, écrit sur ce sujet sans lui emprunter plus ou moins ; mais les honnêtes seuls le citent comme source.

Il fait partie d'une Collection de Quatre brochures : les trois autres sont : Le Magnétisme Personnel par Victor *Turnbull*, q. v. ; — Le Traitement Magnétique (Anonyme) ; — et l'Hypnotisme. par Hiram *Jackson*. q. v.

L'ensemble constitue "Les Secrets de la Vie" et forme une extrêmement intéressante collection d'Etudes Psychiques.

496 ATKINSON (William Walker), un des « leaders » de la « New-Thought » américaine, membre du Barreau de Pennsylvanie.

1. — The New Psychology : Its Message, Principles and Practice.
2. — Memory : How to develop. Train and Use it.
3. — Suggestion and Auto-Suggestion.
4. — The Will : its Nature, Power, and Development.
5. — The Subconscious and Superconscious Planes of Mind.
6. — The Art of Logical Thinking : Or the Laws of Reasoning.
7. — Thought Culture : Or Practical Mental Training.
8. — The Art of Expression and the Principles of Discourse.
9. — The Psychology of Salesmanship.
10. — Human Nature : Its Inner States and Outer Forms
11. — Mind and Body : Or Mental States and Physical Conditions.
12. — The Psychology of Success : Or Mental Paths to Power.

London, I. N. Fowler & C°. In-8°. Publiés tous à 4 sh. net, vers 1909 ou plus récemment.

Le même auteur a publié encore un grand nombre d'autres ouvrages sur les mêmes sujets (Même éditeur).

497 ATKINSON (William-Walker). — The Law of the New-Thought. A Study of Fundamental Principles and their Application. By William Walker Atkinson. Associate Editor of "New Thought", Chicago, etc.

London, the Psychic Research C°. 1902. In-8° de 93 p. (4 s.).

What is New-Thought. — Thoughts are Things. — The Law of Attraction. — Mind Building. — The Dweller of the Threshold. — Mind and Body. — The Mind and its Planes. — The Sub-Conscious Plane. — The Super-Conscious Faculties. — The Soul's Question. — The Absolute. — The Oneness of All. — The Immortality of the Soul. — The Unfoldment. — The Growth of Consciousness. — The Soul's Awakening.

498 ATKINSON (William Walker). — Memory Culture. The Science of Observing, Remembering and Recalling. By William Walker Atkinson, of the Pennsylvania Bar, etc. Third Edition.

London, New-Thought Publishing C° s. d. In-8° de 92 pp. et abondant catalogue. (4 s.)

The Subconscious Storehouse. — Attention and Concentration. — Acquiring Impressions. — Eye Perception and Memory. — Exercises in Eye Perception. — Ear Perception and Memory. — Exercises in Ear Perception. — Association. — Remembrance, Recollection and Recognition. — General Principles regarding Impressions. — The Cumulative System of Memory Culture. — The Ten-Question Thought System. — Memory of figures, Dates and Prices. — Memory of Places. — Memory of Faces. — Memory of Names. — Artificial Systems.

499 ATKINSON (William-Walker). — Reincarnation and Law of Karma. By Wm-W. Atkinson.

Chicago (Illinois), Yogi Publication Society (Masonic Temple). In-8°. (1 d. 10 c.

Du même auteur, une série de petites monographies toutes intéressantes :

Secret of Success (0 d. 50 c.). — Inner Consciousness (0 d. 50 c.). — Practical Mental Influence (0 d. 50 c.). — Practical Mind Reading (0 d. 60 c.). —

Practical Psychomancy and Crystal Gazing (od.50 c.).— etc. Toutes publiées par le même éditeur, dans la même collection, et récentes.

Enfin on attribue au même auteur les remarquables Leçons sur la philosophie Yoga, publiées sous le nom du "*Yogi Ramacharaka*".

500 [ATREMONT (le sieur d')] gentilhomme et Philosophe hermétique français — Le Tombeau de la Pauvreté, dans lequel il est traité clairement de la transmutation des métaux et du moyen qu'on doit tenir pour y parvenir ; par un Philosophe inconnu (le sieur d'Atremont, gentilhomme françois). IIe édition rev. et augm. de la Clef ou explication des mots obscurs ; avec un Songe philosophique sur le sujet de l'art.

Paris, L. d'Houry. 1081, petit in-12 de XXIV (non chiff.) 103-XV non chiff.) pp. (20 fr.).

Francfort, Droulhmann. 1672, in-12.

|R. 52578

Livre rarissime de d'Atremont sur l'alchimie, incompréhensible sans la clef, mais qui devient limpide, grâce à ce moyen de déchiffrement qui se trouve dans certains exemplaires.

(O-1220
(G-208

501 ... ATTESTATION de la naissance de l'Ante-Christ par les Chevaliers de Malthe.

Paris, 1023.
(S-571

502 AUBÉ (Philippe-Ambroise). — Le Brahmane français. Ombre du passé. Édition revue et augm. de la Découverte de l'anneau primitif, des chiffres de la pensée, dit le serpent d'airain.

Elbeuf, imprimerie de Barbé, 1856-58, 3 parties in-8° (6 fr.).

|R. 29015-7

L'auteur a signé à la fin "Philippe-Ambroise Aubé" Ouvrage curieux et rare. "LeBrahmane" ou "Le Brahmane français." était le pseudonyme de Philippe

Ambroise Aubé. Ses ouvrages sont catalogués, Bibliothèque Nationale : IV-col. 1.051.

503 AUBÉ (Philippe-Ambroise). — De l'électricité, soit de l'âme universelle considérée dans ses forces motrices.

Elbeuf imp. de Barbé. 1852, in-8° (1 fr. 50).

|R. 27082

504 AUBER (Dr Théophile-Charles Emmanuel-Edouard).— Hygiène des femmes nerveuses ! ou conseils aux femmes pour les époques critiques de leur vie.

Paris, Baillière Germain, 1841, fort in-12, (2 fr. 50).

|T^{e18} 9

Beauté, élégance de la femme. Art cabalistique et magique. Des habillements et des cosmétiques, coiffures, etc.... Des bains. Des excrétions. Veille et sommeil. De la menstruation. Age critique et de retour, etc. .

505 AUBER (l'abbé Charles-Auguste. Chanoine de Poitiers). — Histoire et théorie du symbolisme religieux avant et depuis le Christianisme contenant l'explication de tous les moyens symboliques religieux employés dans l'art plastique, monumental ou décoratif chez les anciens et les modernes avec les principes de leur application à toutes les parties de l'art chrétien d'après la bible, les artistes païens, les Pères de l'Eglise, les Légendes et la pratique du Moyen-Age et de la Renaissance.

Paris, A. Franck, 1884, 4 fort vol. in-8° (plus de 2350 pp.).

Paris, Franck, 1870-71.

4 vol. in-8° de VII-383, 700, 594 et ? pp. (25 fr.).

|V. 30986-9

Jamais le symbolisme religieux n'a été traité aussi à fond et avec une aussi grande compétence que dans cette œuvre remarquable à tous points de vue. Voici un aperçu des principaux sujets traités : Du symbolisme dans l'antiquité. — Les langues écrites et parlées. — Symbolisme dans les sciences. — Les Hiéroglyphes égyptiens. — Les Nombres — Usages nationaux, anciens et modernes. — L'architecte, la Statuaire, la Peinture, les

Couleurs symboliques dans l'Antiquité. — Système symbolique de Dupuis. — Considérations générales sur les causes et les développements successifs du symbolisme chrétien. — Symbolisme scripturaire. — Symbolisme biblique du Cantique des Cantiques, de l'Apocalypse (250 pp. de texte). — Symbolisme de la Légende dorée, de la Divine Comédie, du Roman de la Rose. — Symbolisme architectural et décoratif. — L'Église dans son orientation, son extérieur et son intérieur. — Démonologie. — Les obscœna. — Zoologie et Flore murale. — La liturgie catholique et les drames liturgiques. — La Musique sacrée. — L'orfèvrerie sacrée. — Décadence du symbolisme et sa renaissance au XVIII° siècle. — Développement du symbolisme dans les monuments religieux. — Le tome quatre de l'ouvrage comprend une très importante table générale et analytique des matières (170 pp. de texte) par ordre alphabétique qui permet de se diriger avec facilité dans cette œuvre immense digne de figurer dans la bibliothèque de tout occultiste.

506 AUBERY (Jean). — L'antidote d'amour. Avec vn ample discours, contenant la nature et les causes d'iceluy, ensemble les remèdes les plus singuliers pour se préserver et guérir des passions amoureuses.
A Delff, chez Arnold Bon, 1603, in-12, de 258 pp. (30 fr.).
[8° R. 10321

Frontispice gravé, intéressant pour les costumes du temps.
Serait-ce le même personnage que son contemporain : l'abbé-docteur Jean d'Aubry de Montpellier ?
(G-22

507 AUBIER (F.). — Hors de l'envoûtement.
Paris, P. V. Stock, 1901, in-10, 310 pp. (2 fr.).
[8° Y² 52708

Roman. — Histoires cléricales de Sulpiciens défroqués.
Un extrait de la table des matières de ce livre nous dispensera d'entrer dans plus de détails : "Les différentes manières d'aimer. — Le succubat. — Printemps de lévite. — L'œuvre de chair ne désireras. — Vers la résurrection" etc...

AUBIN (Nicolas), écrivain et Pasteur protestant né à Loudun vers le milieu du XVII° siècle, émigré en Hollande lors de la Révocation de l'Edit de Nantes.

508 [AUBIN (Nicolas)]. Cruels effets de la vengeance du Cardinal de Richelieu, ou histoire des diables de Loudun, de la possession des religieuses Ursulines et de la condamnation et du suplice (sic) d'Urbain Grandier, curé de la même ville. [par Nicolas Aubin].
Amsterdam, E. Roger, 1716, in-12.
[Lb³⁶ 3033
(G-1663

Frontispice gravé.

Idem :
Amsterdam, A. Wolfgang, 1693 puis 1694, in-18.
[Lb³⁶ 3032
[Lb³⁶ 3032 A

Amsterdam, 1752, in-12.
Amsterdam, 1737, in-12. (8 fr.).

509 [AUBIN (Nicolas)]. — Histoire des Diables de Loudun, ou de la Possession des Religieuses Ursulines, et de la condamnation, du suplice (sic) d'Urbain Grandier, curé de la même ville. [par Nicolas Aubin].
Amsterdam, Roger, 1716, pet-in-8° (8 fr.).
[Lb³⁶ 3032B

Frontispice gravé.
Bonne édition de ce fameux ouvrage sur le procès de Sorcellerie d'Urbain Grandier, qui fut brûlé vif à Loudun en 1634.
(S-3232
(G-23-553 et 1663

510 AUBIN. — Histoire des diables de Loudun, ou de la possession des religieuses Ursulines et de la condamnation et du suplice (sic) d'Urbain Grandier, curé de la ville. Cruels effets de la vengeance du Cardinal de Richelieu.
Amsterdam, aux dépens de la Compagnie, 1752, in-12, (9 fr.).

Edition la plus complète avec frontispice gravé de cette relation de la possession de Loudun.
(G-1118

511   AUBRUN (René Georges). — Péladan, par René Georges Aubrun : biographie...

Paris, E. Sansot, 1904, in-12 de 49 pp. avec 6 illustrations dont 2 portraits. (1 fr.)   [8° Ln²⁷ 51510.

De la Collection des Célébrités d'aujourd'hui. 31 pp. de biographie (caractères italiques) signées R. G. Aubrun, facsimilés. Opinions et documents, 3 caricatures. Près de 8 pp. de Bibliographie, par Gabriel Boissy.

AUBRY (Jean d'). Alchimiste et médecin, en même temps que moine, et Docteur. Né à Montpellier, vers le milieu du XVIII° siècle, il mourut à Paris vers 1607. Il y a un autre médecin, de la même époque, dont le nom s'écrit AUBERY. Serait-ce le même personnage ?

512   AUBRY (Jean d') de Montpellier, prestre, docteur, conseiller & médecin ordinaire du Roy, etc... La doctrine de Raymond Lulle, ou l'Encyclopœdie (sic) parfaite contenant les principes et les fondements de toutes les connaissances et de toutes les disciplines du monde, qu'on nomme sciences ; avec le raccourci de toutes choses en l'opération de l'Archée.

Paris, s. d. (1650), fort in-4°. (50 fr.).

Avec une grande figure mobile astrologique très curieuse.

513   AUBRY (Jean d') de Montpellier. — Le triomphe de l'Archée et la merveille du monde, ou la Medecine universelle et véritable pour toutes sortes de maladies les plus désespérées, qu'elle guerit par les sueurs ou les transpirations insensibles, en rafraichissant, sans aucune incommodité ny vomissement et sans ayde de l'Art Magique, comme l'on s'estoit persuadé, nouvellement découverte ;.. où se void encore les principes & les fondements de toutes sortes de Sciences, disciplines et arts, et de toutes les connoissances du Monde, passées, presentes et advenir, d'une manière très-admirable..... avec les plus hautes perfections qui peuvent arriver à l'entendement humain. Dédiée à la Reyne des Anges. IV° édition augm. de l'Apologie de l'autheur, contre certains docteurs en médecine, les persecuteurs de son emprisonnement, respondant à leurs calomnies que l'autheur a guery par Art Magique beaucoup de maladies incurables & abandonnées......: par Jean d'Aubry de Montpellier, doct. en la science, abbé de N. Dame de l'Assomption, conseiller et médecin du roi.

Paris, l'autheur, sans date [1660-1665 ?] in-4° de XXII-36-227-319 pp. avec un calendrier alchimique mobile. (50 fr.).

[Te¹³¹ 110

Que ne trouve-t-on pas dans cette indigeste production ? plus de la moitié du vol. est consacré à des consultations, correspondances, témoignages envoyés à l'auteur.

(O-1914. (S-3302 b.(G-209

514   .... — AUCH der eifrigste beste Christ, kann mit gutem Gewissen in den Ehrwürdigen Orden der Freimäurer treten. Eine Rede in der Magdeburgisch-Freimäurer-loge zur Glükseligkeit am 12 januar 1779.....; gehalten von Redner der Loge.

S. l. ni adr. pet. in-8° de 22 pp.

(O-360

515   .... — AUCH noch Etwas für ordens-und nicht-ordens- Leute, durch Madame Cagliostro und durch das Rosen-System nunmehro beyderley Geschlechts ; zum Aufschlusz aller und jeder Bundesladen nach zeitüblichem Geschmack.

Philadelphia, s. adr. 178. 2 vol. in-8° de XVI-272, et II- 302 pp.

La préface qui occupe quatorze pages, est ainsi disposée : Vorrede. Wer | Ohren | hat | zu | hören, | der | höre ! | Dies | Buch | spricht | für | sich | selbst. | Didicisse Fideliter artes, emollit mores, nec sinit esse feros ; neque Effeminatos : ut taceam Pandoratos ! :

(O-521.

AUCLER (Gabr. André), ou AUCLERC dit Quintus-Nantius Aucler, né à Argenton (Berry), vers le milieu du XVIIIe siècle, mort à Bourges en 1815. Il était avocat et prêcha le rétablissement du paganisme, revêtu de la Toge des Pontifes de l'ancienne Rome.

516 AUCLER (Gabr. André). — La Thréicie, ou la seule voie des sciences divines et humaines, du culte vrai & de la morale.
Paris, Moutardier, an VII, in-8° de 440 p. (30 fr.).
2 ex. : [R. 12205
[R. 27706

Sur ce livre curieux et peu connu, voir G. de Nerval. Les illuminés. — Quérard : France littéraire. — Eliphas Lévi : Science des esprits, etc. De la longue et fort intéressante note qu'à écrite sur son ex. St de Guaita nous extrayons ce passage : « Il est surprenant que l'abbé Cons-« tant n'ait point été frappé par toutes « les beautés et toutes les vérités ésoté-« riques que renferme la Thréicie, sous « une forme païenne et d'un archaïsme « étrange. — Les amateurs de la Science, « si souvent calomniée sous le nom de « Magie, trouveront dans ce livre des « vues infiniment précieuses et qu'ils se-« raient fort empêchés de trouver ailleurs. »

(G-24

517 AUCTORITATES Aristotelis. Senece, Boetii, Platonis, Apulei, Affricani, Empedoclis, Phorphirij et Guilberti potritani.
S. l. in-12, (15 fr.).

Fort rare. Cet ouvrage imprimé en caractères gras à grandes lignes date des dernières années du XVe siècle.

(G-902

518 AUDIER (V.). — Le Maréchal-Ferrant de Salon à la cour de Louis XIV. Documents nouveaux sur Sainte-Croix.
Salon, 1907, in-8°, (30 pp).

Ce Maréchal-ferrant était un voyant du genre de Martin de Gallardon, et se nommait François *MICHEL*. Voir ce nom.

519 AUDIN-ROUVIÈRE (Dr Joseph Marie). — La médecine sans médecin, ou manuel de santé ; ouvrage destiné à soulager les infirmités, à prévenir les maladies aigues, à guérir les maladies chroniques, sans le secours d'une main étrangère.
Paris, (15e édition), *L'Auteur*, 1840, in-8°, (2 fr. 50.)

[Te¹⁷ 137 M

Edition originale. Titre légèrement différent.)
Paris, L'auteur, 1823, in-8°.

[Te¹⁷ 137

AUDOUARD (Olympe), épouse divorcée de M. Alexis Audouard, & née de Jouval ; éditeur de « Le Papillon », femme de lettres française originaire d'Aix-en-Provence (1830). Morte à Nice en 1890. Spirite convaincue.

520 AUDOUARD (Olympe). Les mystères de l'Egypte dévoilés.
Paris, Dentu, 1865, in-18, 504 pp. portr. (2 fr. 50).

[O¹ b. 04

(2e et 4e édit. ibid. 1866 et 84).

521 AUDOUARD (Olympe). — Les mondes des Esprits ou la Vie après la mort.
Paris, 1874, in-18, (3 fr.).

[R. 27120

Divers genres de médiumnité. Périsprit ou l'âme dédoublée. Enveloppe fluidique des âmes. Communications spontanées. Médiums des siècles passés, etc.. Très intéressantes explications des sentiments d'attractions, de répulsion et même d'horreur irréfléchie que nous éprouvons.

522 ..... AUFGEZOGNE (Der) Vorhang der Freymaurerey vermittelst der einzig wahren Geschichte derselben.
Frankfurt am Mayn, Gebhard und Körber, 1790, in-8° de IV-354 pp. avec titre gravé.

(O-216

523 ..... AUFKLARUNG über die wichtige Gegenstände in der Freymaurerey, besonders über die Entstehung derselben ohne alle Schwärmerey eigentlich nur für Freymaurer.... (aus dem Französischen übersetzt).
Sans lieu (Braunschweig), aus der

loge Purilas, 1787. in-8° de X-235 pp. avec fig.

C'est la traduction de Lettres (XI) d'un père à son fils.

(O-422.

524 ..... AUFRICHTIGES chymisches Glaubens-Bekänntnüsz mit allem noth-wendigen Beweiszthum, darinnen der Stein der Weisen deutlich vor die Augen gestellet ;..... Allen Liebhabern der verborgenen Weiszheit zu einer sicheren Handleitung aus eigener Erfahrung mitgetheilet von Benedict Gutwasser. Gedruckt, 1728. In-8° de VIII-118 pp. avec une belle pl. grav.

(O-1440

..... AUFRUF an alle Freimaurer im protestantischen Deutschland, ihrem Ruhme in der gegenwärtigen Zeit ein bleibendes Denkmahl zu setzen; von einem protestantischen Geistlichen.

Iena, Friedr. Mauke. 1819, pet. in-8° de 95 pp.

(O-453

525 ..... AUFSCHLUSZ über Mysterien oder Geheimnisse, zur Beruhigung forschbegieriger Vernunft-und Religionsfreunde.

Zittau und Leipzig, J. D. Schöps, 1810, gr. in-8" de 176 pp.

Série d'articles sur les mystères et ceux qui les ont pratiqués à toutes les époques et dans toutes les religions.

(O-188

AUGÉ (Lazare AUGER, dit) écrivain français né à Auxerre en 1798, mort à Paris en 1874. Frère du littérateur Hippolyte Auger. Il fut un grand disciple de Hoëné Wronski. —

526 AUGÉ (Lazare). — Documents pour l'Histoire du Messianisme.... Exposition de la philosophie absolue de Wronski, précédée d'un historique sur de nouveaux incidents relatifs aux ms. de Wronski.

Paris, Gauthier - Villars, 1868, in-8°, (3 fr.).

[R. 27120

Nombreux autres ouvrages du même sur Wronski (Cat. Gén. de la Bibliothèque Nationale : V-274-275).

527 AUGÉ (Lazare). — Notice sur Hoëné Wronski.

Paris, Ladrauge, 1865, in-8° de 23 pp.

[Ln²⁷ 20957

528 AUGÉ (Lazare). — Supplément à la notice sur Hoëné Wronski.

Paris, Gauthier Villars, 1866, pet. in-8°.

[Ln²⁷ 20957 bis

529 AUGÉ (Lazare). — Thèses d'après Hoëné Wronski : philosophie de la religion ou solution des problèmes de l'existence de Dieu et de l'immortalité ; et comme corollaires : constitution de la philosophie absolue dans ses trois conditions de philosophie spéculative, de philosophie pratique et de philosophie de l'histoire ; et finalement, accomplissement des destinées de l'humanité sous la garantie d'une politique péremptoire.

Paris, Durand, 1866, in-8° de 470 pp. (10 fr.).

[R. 27128

Ouvrage peu commun de L. Augé. « Il peut être considéré en quelque « sorte comme la synthèse dogmatique « de la philosophie absolue d'Hoëné « Wronski. (St. de Guaita.) »

(G-554

530 AUGER (Ernest) ancien élève de l'Ecole des chartes. — La Prophétie de ROUELLOND DE LA ROUELLONDIERE, de Cholet, Manuscrit du XVI° Siècle, édité pour la première fois avec une préface et des renseignements bibliographiques sur les Prophéties Historiques, par E. AUGER.

Beauvais, Pineau, 1861, in-12, (5 fr.).

[La ¹ˢ. 21

Tiré à 150 ex. Imprimé par Louis Perrin de Lyon, connu par ses Réimpressions de Pièces de Sorcellerie.

531 AUGUEZ (Paul). — Les élus de l'avenir ou le progrès par le christianisme.

Paris, Pillet, 1864, in-8° (2 fr. 50)

[D. 24405

(G-1110

532 AUGUEZ (Paul). — Les Manifestations des esprits, réponse à M. Viennet, par Paul Auguez.
Paris, E. Dentu et Germer Baillière, 1857, in-8° de 176 pp. (1 fr. 50)
[R. 27130

Un certain nombre de faits dus à des magnétistes modernes, leurs idées sur le magnétisme sont consignés dans cet écrit. Brochure sans grand intérêt maintenant ; beaucoup de citations qui se retrouvent ailleurs, devenues banales (le P. Huc, de Puységur, etc...).

(D. p. 103

533 AUGUEZ (Paul) et DELAAGE (Henri). — Religion, magnétisme philosophie. Les Élus de l'Avenir ou le Progrès réalisé par le Christianisme, par Paul Auguez avec une introduction par Henri Delaage.
Paris, E. Dentu 1860, in-8° XI-200 pp. et des notes non paginées. (2 fr. 50).
[R. 27135

Ce livre a été classé parmi les ouvrages de magnétisme. C'est une défense des doctrines chrétiennes ainsi que l'indique bien le titre. Le magnétisme dans ses généralités est donc le sujet d'un plaidoyer éloquent de l'auteur mais ce n'est pas un ouvrage de magnétisme pratique.

(D. p. 103

534 AUGUEZ (Paul). — Spiritualisme, faits curieux précédés d'une lettre à M. G. Mabru suivis de l'extrait d'un compte rendu de la fête Mesmérienne du 23 Mai 1858, et d'une relation américaine des plus extraordinaire publiés par Paul Auguez.
Paris, Dentu et Germer Baillière, 1858, in-8°, 88 pp. (2 fr.).
[R. 27137

L'exposé de la « Relation américaine » est singulier et original.

(D. p. 105

AUGURELLE. — Jean Aurèle AUGURELLI, né à Rimini, vers 1454, mort vers 1537, était un Alchimiste et Poëte de talent.
C'est à lui, dit-on, que le Pape Léon X offrit, en retour de la dédicace de son poëme « De Chrysopœia » une grande bourse vide, pour qu'il pût y renfermer l'or qu'il savait créer.

535 AUGURELLE. — Vellus aureum, et Chrysopoeia, seu Chrysopoeia major et minor, das ist : Gülden-Vliesz, und Gold-erziehungs-Kunst, oder grosse und kleine Gold-erziehungs-Kunst Joannis (Aurellii) Augurelli, gecrönten Poeten von Romulen gebürtig an ihre päbstliche Heiligkeit Leonem X, aus dem Lateinischen ins Teutsche übersetzet von M. Valentino Weigelio.
Hamburg, Samuel Heyl, 1716, in-8° de XII-112 pp. avec 1 pl.
[R. 54419
(O-886

Bonne collection d'ouvrages du même en français & en latin. Catal. Gén. de la Bib. Nat., T. V., col. 305.

AUGUSTIN (Saint), le plus célèbre des Pères de l'Église latine, né à Tagoste, dans l'Afrique romaine, en 354, mort à Hippone, siège de son évêché, en 430. Fils de Ste Monique.

536 AUGUSTIN (Saint). — Œuvres complètes. Traduites en français et annotées par MM. Peronne, Vincent Ecalle, Charpentier et H. Barreau. Renfermant le texte latin et les notes de l'édition des Bénédictins.
Paris, L. Vivès, 1869-78, 34 tomes gr. in-8° à 2 colonnes dont 1 de Tables. (150 fr.).
[C. 2321

La plus récente édition de ces Œuvres.

537 AUGUSTIN (Saint). — St-Augustin, de la cité de Dieu, par Th. Hervet, avec les notes de Belleforest.
Paris, 1610, in-f°.
(S-20 Supp.

Autres éditions :
Paris, Mariette 1701, 2 vol. in-8°.
Cette édition la plus estimée est accompagnée du texte latin. St Augustin trace le développement des deux cités bâties par deux amours contraires ; l'amour de soi jusqu'au mépris de Dieu, qui fait la Cité du monde ; l'amour de Dieu jusqu'au mépris de soi qui fait la cité de Dieu.
Paris, 1889, 3 vol. in-12, (8 fr.).

538 AUGUSTIN (S^t). — Les confessions de St Augustin, traduites en

françois par M. Arnauld d'Andilly, avec ses notes par M. Arnauld son frère. [Traduction plus élégante que correcte].
Paris, 1651. in-8°. (8 fr.).
Autres éditions :
Paris, Coignard, 1686, fort in-12.
Paris, Coignard, 1737 in-8°.
Paris, Garnier, 1865 in-12.
Paris, Charpentier, s. d. in-12 etc.
AUGUSTIN (S¹). Voir : FERRAZ. — DUBIEF.

539 AUGUSTIN-THIERRY (Gilbert). — Le Masque. Conte Milésien.
Paris, Armand Colin et C¹ᵉ, 1894. in-12 de 308 pp.
[8° Y². 48542

Extraordinaire histoire égyptienne, mais qui se passe à Paris (!) réincarnation contemporaine de l'hétaïre Kallista ou Ahmès et de l'esclave Parménon, en une moderne prêtresse d'Isis, Rédemption, et un gentilhomme français le vicomte Raoul d'Herival.

540 AUGUSTIN-THIERRY (Gilbert). — Récits de l'Occulte. La Bien-Aimée. Rediviva. La Rédemption de Larmor.
Paris, s. d. [1892], in-18.
[8° Y². 46234

541 .... AUGUSTIN und Numa, und die Ritter des bessern Zeitalters. Ein wichtiger Aufschlusz über die jezzige Tendenz der Geheimen Gesellschaften und der Frei-Maurerei insbesondere ; aus Original-Schriften. Cairo gedruckt unter den Pyramiden. (Köthen, Aue). 5797.
In-8° de 103 pp.
(O-204

542 AUMONT (Le D¹ F.) de Neuilly-sur-Seine). — L'Estomac des Gens du Monde. Neurasthénie digestive.
Paris. Ernest Flammarion. s. d. [1908 ?]. Pet. in-8° de 11-205 pp. (2 fr. 50).

L'avant-propos est daté de Neuilly, 1908. Intéressante étude sur une des principales causes de la dégénérescence moderne. L'auteur fait le procès de toutes les méthodes préconisées habituellement et termine par quelques mots sur son systeme particulier, lequel consiste en une sorte de Massage-Magnétisation vibratoire de l'Estomac exécuté avec des soins et un rhythme particuliers. Sans en avoir l'air, ce procédé dérive intuitivement de la Médecine Psychique.
On peut voir sur ce sujet le remarquable ouvrage (malheureusement non traduit en français) du Yogi Ramacharaka : « The Science of PSYCHIC HEALING » p. 105 de l'édition de 1909.

543 .... AUREA Catena Homeri, oder : eine Beschreibung von dem Ursprung der Natur und natürlichen Dingen, wie und woraus sie geboren und gezeuget, auch wie sie in ihr uranfänglich Wesen zerstöret werden, auch was das Ding sey, welches alles gebäret und wieder zerstöret, nach der Natur selbst eigener Anleitung und Ordnung auf das einfältigste gezeiget, und mit seinen schönsten Rationibus und Ursachen überall illustriret.
Franckfurt und Leipzig. Joh. Georg Böhme, 1723. in-8° de X-404-XI. pp. avec fig.

Le second Buch ou Theil commence à la page 213.
1. — Lenglet-Dufresnoy (hist. de la philosophie herm. III-133), cite, avec une note plaisante, une édition de ce livre, de Francfort, 1623. Barbier (N° 23, 013) dit qu'il y a une traduction latine de Francfort, 1762. Le premier écrivain est dans l'erreur, la 1ʳᵉ édition est celle dont nous donnons ici le titre ; et Barbier a raison : nous trouvons dès W. Heinsius (allgem. Bücher-Lexicon. I, 146.) Aurea..... lat a l'aurat. in-8°. Francf., Esslingen. 1762, et Brunet : Manuel du libraire, II. 1197. l'annonce, au nom de Lud. Favrat, qui est celui du traducteur et non de l'auteur resté inconnu, avec la date de Francfort, 1763. pet. in-8°. — Heinsius, en fait d'éditions allemandes n'en cite qu'une de Wien. Krausz, 1759. 3 vol. in-8° ; il est donc très loin de compte.
II. — Fictuld (Probier-Stein, II, 33-4), est à peu près nul pour les renseignements, car il ne cite que l'édition de Leipzig, de 1738, quoiqu'il cite ensuite le dritter Theil imprimé en 1726 (lisez 1727) dont nous parlons plus bas.
L'écrivain le plus exact sur ce livre, est l'auteur du Beytrag zur Gesch. der

chemie, (p. 661) qui cite notre édition de 1723, notre seconde de 1728, une de Leipzig, 1738, et une de Iéna, de 1757 ; il parle aussi du troisième vol. imprimé à Francfort, en 1727. Il dit ensuite ; « cet ouvrage remarquable a été écrit vers 1654, probablement par un Rose-Croix d'Utrecht et il se trouve (en manuscrit ?) dans la bibliothèque impériale de Wienne. » Puis il parle de l'édition publiée en 1781, sous le titre d'Annulus Platonis.

Lenglet-Dufresnoy (loco cit. 245) reparle de l'Aurea Catena Homeri qu'il attribue en cet endroit, à l'écrivain caché sous le pseud. de Johannes Eques von Naxagoras ; il pourrait se faire que Naxagoras soit l'éditeur de l'ouvrage, mais pour l'auteur cela ne se peut. [Ladrague, dans le Catalogue Ouvaroff page 138]

(O-1442

544 .... AUREA Catena Homeri, oder: eine Beschreibung von dem Ursprung der Natur und natürlichen Dingen, wie und woraus sie geboren und gezeuget, auch wie sie in ihr uranfänglich Wesen zerstöret werden auch was das Ding sey, welches alles gebäret und wieder zerstöret nach der Natur selbst eigener Anleitung und Ordnung auf das einfältigste gezeiget, und mit seinen schönsten Rationibus und Ursachen überall illustriret.... welche nach einem accuraten und wollständigen Manuscript fast auf allen Blättern verbessert, und an sehr vielen Orten um ein grosses Theil vermehret, in zwey Theilen, weil kein echter dritter Theil vorhanden ist.

Leipzig, Samuel Benj. Walther, 1728, in-8° de XIV-400-XVI pp. avec fig.

(O-1443

545 .... AUREÆ Catena Homeri dritter Theil, de Transmutatione Metallorum, welcher zeithero von vielen vor viel Geld vom vorigen Verleger, welchen Er. p. 250 versprochen verlangt worden, aber nie selben recht in Manuscript bekommen können, worzu noch ein Anhang der Sächsis. Processe und des Hermetis Trismegisti Kunst und Kath in Curirung der Patienten nach den sieben Planeten, von einem Liebhaber der Wahrheit ietzo ohne Hass der Meynt. *Herausgegeben, Franckfurt und Leipzig, zufinden bey dem Autori,* 1727, in-8° de VIII-88 pp. rel. avec l'édit. de 1723.

Cette troisième partie qui a été rarement réimprimée pourrait bien être de Joh. von Naxagoras ; mais elle n'est pas de l'auteur des deux premières.

(O-1444

546 .... « AUREA CATENA HOMERI » (sous ce titre :)

Annulus Platonis, oder physikalisch-chymischen Erklärung, der Natur nach ihrer Entstehung, Erhaltung und Zerstöhrung, von einer Gesellschaft ächter Naturforscher aufs neue verbessert und mit vielen wichtigen Anmerkungen herausgegeben.

Berlin und Leipzig, George Jacob Decker, 1781, gr. in-8° de XXXII-551 pp. avec 2 pl.

La dernière et la plus belle des éditions de l'Aurea Catena Homeri ; elle ne contient aussi que les deux premières parties authentiques.

(O-1445

547 .... Chaîne d'or d'Homère, c'est-à-dire Description de l'Origine de la Nature et des choses naturelles, savoir d'où elles naissent et s'engendrent, de quelle manière elles se conservent, comment elles se détruisent et retournent en leur origine première, et quel est le sujet qui les produit et qui les détruit toutes. La ditte Description faite simplement selon la Nature même et selon l'ordre qu'elle observe, et partout appuyée des plus beaux raisonnements naturels. Tirée d'un manuscript complet et exact, et traduit de l'allemand en françois par Sitandre. Manuscrit in-fol. de XXVI-203 pp. écriture du 18e siècle, plus plusieurs feuillets blancs..

Dans la Dedicace à Mad. la Marquise (initiale biffée à l'encre), le traducteur dit ne faire la traduction de cet ouvrage que pour elle seule. Les figures faites à la plume sont très soignées, surtout les frontispices des deux parties. Cette traduction de l'*Aurea Catena Homeri* nous semble plus fidèle que celle imprimée qui porte le titre : la Nature dévoilée.

Malgré la tache d'encre, on peut encore distinguer d'U. qui signifie, sans doute, la marquise d'Urfé, adepte de la science hermétique. Cette dame possédait une belle collection d'ouvrages sur les sciences occultes, et elle l'avait augmentée de manuscrits qui lui avaient coûté plus de cent mille francs. Le fameux Jacques Casanova profita de sa crédulité et lui mangea environ cinq cent mille francs ; sur les rapports de ces deux personnages lisez les Mémoires de J. Casanova (édit. de Brux. Rozez, 1863) depuis le tome III, p. 251, jusqu'au dernier vol. c-à-d. jusqu'à l'époque de la mort de la marquise. Du reste, les personnes qui veulent bien connaître les hautes classes de la société au siècle dernier, doivent braver le dégoût des scènes licencieuses, et lire ces Mémoires. Qui Casanova n'a-t-il pas connu et fréquenté ? Dans quel pays n'a-t-il pas été à même d'observer bien des détails de mœurs qu'on ne peut révoquer en doute ? [Note de Ladrague, dans le catalogue Ouvaroff, p. 130].

(O-1446

Traduction française de l' « *Aurea Catena Homeri* »

Voir : *NATURE DÉVOILÉE* (La).

AURELLE AUGURELLE ou Aurelius Augurellus. — Voir : *AUGURELLE* (Aurèle).

548 AUREOLUS MAGNUS. — Satan spirite.
Paris, E. Dentu, 1864, in-8°.
[Rp. 8847
(Y.P-362

549 AURIAC (Victor d'). — Astarté.
Paris, Genonceaux et compagnie, 1903, in-18 de 147 pp.
[8° Ye. 5859

Recueil de Poésies, de mètres divers.

550 ...... AURIFERAE artis das ist : der Goldtkunst die man Chemiam nennt, uhrälteste Authores und Anfänger, oder : Turba philosophorum-zum Aüdern... Tractat des... Philosophi Rogeri Bachonis... von der warhafftigen Composition desz Lapidi, Philosophorum theorice et physice..., soder Lateinischer Sprach unerfahren, mit fleisz auffs best zusammen gelesen, und in Truckgegeben, durch... Paulum Hildenbrandt, von Hildenbrandseck.
Franckfort am M. Nicol. Bassæus, 1597, in-8°.

Ce recueil a-t-il le même contenu que celui qui porte le même titre et qui est en latin ? je ne le crois pas. Notre exemplaire contient les Propositiones Maximæ (XIII) : Turba philosophorum ; et Tractat von der warh. Composition desz Lapidis Philos. de Roger Bacon : etc...

(O-000-712

551 ...... AURIFERAE artis, quam Chemiam vocant, volumen primum (et secundum) .....
Basile, apud Petr. Pernam, 1572. 2 vol. in-8° de XIV-672, et 568 pp. plus des tables analyt.

Contient plus de 30 ouvrages : la dernière édit. de 1610, en 3 vol. en contient 45.

(O-Une vingtaine de numéros de 602 à 1022

552 AURIGO (D' Francis). — Méthode vivante enseignée par les lois de la Nature. La Fégatothérapie.
Marseille, 1907, in-16. (3 fr.).

Méthode rationnelle pour combattre efficacement les phlegmasies externes et internes, fièvres, affections des organes respiratoires, du cerveau, de l'utérus, maladies chroniques générales.

553 AURIGO (D' Francis). — Le Soleil générateur et régénérateur.
Paris, A. Maloine 1906, in-16 de 110 pp. (2 fr.).
[8° V. 31140

Influence du soleil sur la naissance de la cellule. Rien ne se crée, rien ne se perd.

554 AURIGO (D' Francis). — La Variole jugulée en moins de 2 jours, méthode abortive.
Marseille, 1907, gr. in-8° (1 fr.).

L'Etiologie de cette maladie conduit clairement au remède logique, rationnel, certain...

Autre édition : — Désormais plus de Variole, par le Dr Aurigo.
Marseille. Imp. de Moullot fils ainé, 1908, in-8° de 30 pp.
[8° Td⁸⁵. 797

555 AURIGO (Dr Francis). — La Vérité sur la Tuberculose.
Paris, 1905, in-8°. (2 fr.).
Méthode précieuse à vulgariser.

AUROGALLUS (Matthaeus), philologue allemand, né à Commettau (Bohême) en 1480, mort en 1543. Professeur d'Hébreu, de Grec et de Latin à Wittemberg.

556 AUROGALLUS (Matthaeus).De Hebraeis vrbivm, locorvm, popvlorvm qve nominibvs, e Veteri Instrvmento congestis, pev Matthaeum Aurogallum Libellus.
Wittenbergæ, in ædibus J. Clugi, 1526, in-8° (o fr.).
[X. 0088 (2)
Ouvrage curieux et rare de ce fameux philologue allemand et ami de Luther. (titre à encadrement sur bois).

557 AUSFUHRLICHER (Ein) Tractat von philosophischen Werck des Steins der Weisen, durch eine Jungfer E. H. genannt, anno 1574 geschrieben; samt einer gründlichen Untersuchung und Entdeckung, der Art und Eigenschafft des Goldes ; worinnen nicht allein die wahre Materie desselben wohl vernemlich entdecket, sondern auch die Handlung seiner Bearbeitung treulich angewiesen wird, imgleichen die Tabula Smaragdina Hermetis in vielen...
Hamburg, Gottfr. Biebezeil, 1702, in-8° de VIII-102 pp.
Le second traité avec un titre particulier commence à la p. 45 : les quatre dernières pages contiennent un petit Catalogue très abrégé, de 69 ouvrages cabalistiques.
(O-1432

558 .... AUSWAHL von Freymaurer—Liedern. (für die Loge Gustav zu den drei Strahlen).
Stralsund, Königl. Regier. Buchhandlung (Löffler), s. d. (1818), pet. in-8° de IV-64 pp.
(O-385

559 ... AUTHENTISCHEN achricht von den Ritter und Brüder-Eingeweihten aus Asien ; zur Beherzigung für Freymaurer.
S. l. ni adr.
(*Kopenhagen, Proft*), 1787, pet. in-8° de XXX-II 32 pp.
(O-490.

560 AUTREVAUX (C. R. d'). — Chroniques populaires, surnaturelles, dramatiques et religieuses de la Flandre.
Lille, Lefeu, 1852, in-8°. (5 fr.).
Edition originale.

AUTUN (Jacques d') — Voir : CHEVANES (le R. P.).

561 AUVRARD (Paul). Etablissement du Seigneur en France. Saint-Dictamien, reçu (clauso ostio) 800 pages de 1870 à 1882, par Paul Auvrard.
Brives, Imprimerie de M. Raynaud, 1903, in-8° de 628 pp.
[8° Z. 10331
Curieux ouvrage de haute métaphysique. Les Visions de l'Auteur, et les connaissances des Lois Cosmiques qu'elles comportent, touchent à une véritable Révélation.
Religion et Subaissements divins. — Origines Spirituelles. — Direction des Orbes de la Divinité. — Gradation de l'Etre. — Quintessence. — Symbolisme. — Harmonies lointaines des Astres. — Etc.

AUZOLES (Jacques d') sieur de la Peyre, né au château de la Peyre, en Auvergne, en 1571, mort en 1642. Il fut Secrétaire du Duc de Montpensier et s'attacha beaucoup à l'étude de la Chronologie.

562 AUZOLES sieur de LA PEYRE (Jacques).— Le Berger chronologique, contre le prétendu Géant de la Science des Tems... par Ja. d'Auzolles Lapeyre.
Paris, G. Alliot, 1633, in-8°.
[G. 11568
(S-4704

503 AUZOLES LAPEIRE (Jacques d') fils de Pierre d'Auzoles et de Marie Fabry d'Auvergne. — Melchisédech ov discours auqvel on voit qvi est ce grand Prestre Roy, et comme il est encore aujourd'huy vivant en corps et en âme bien qu'il y aye plus de trois mille sept cens ans qu'il donna sa bénédiction à Abraham, par Jacques d'Auzoles Lapeire.

Paris, Séb. Cramoisy, 1622, in-8°. (45 fr.).

[A. 7377

Ouvrage de la plus haute curiosité et d'une rareté insigne.

(G-1285

504 AUZOLES LAPEYRE. — Le Mercure charitable, par Jacques d'Auzoles La Peyre.

Paris, G. Alliot, 1638, in-f°.

[G. 1842
(S-4316

505 AUZOLES LA PEYRE. L'Epiphanie ou Pensées nouvelles à la gloire de Dieu touchant les trois Mages, par Jacques d'Auzoles la Peyre.

Paris, G. Alliot, 1638, in-4°.

[A. 5482
(S-1009

506 AUZOLLE-LAPEYRE FILS (Jacques). Les saincts Evangiles de Notre Seigneur Jésus-Christ, selon les saincts Evangélistes, par Jacques d'Auzolle Lapeyre fils.

Paris, 1610, in-4°.

2 ex. : [A. 2003
[Rés. A. 2004
(S-02

507 AVENIR (l') dévoilé, traité complet de l'art de la divination, contenant : l'Oracle des Dames. La Phrénologie. La Bibliomancie. L'Art de connaitre les capacités, les goûts, les défauts, etc., par l'examen du nez. Les Horoscopes. La Cartonomancie. La Chiromancie. L'Art de découvrir l'avenir à l'aide des Tarots. L'Explication des songes. L'art de lire l'avenir, dans la marc de café. La Science du magnétiseur.

Paris, 1838, in-12, (3 fr. 50).

AVESNES (d')—Voir : *ROUVIER* (le R. P. Frédéric).

AVICENNE. Ce nom est la corruption d'IBN-SINA (Abou-Ali-el-Hossein) ; Avicenne, le plus illustre des médecins arabes né en 980, mort en 1037, a composé plus de cent ouvrages, de Médecine, d'Astrologie, etc., en vers et en prose.

508 AVICENNE. — Clarissimi et praecellentissimi doctoris Abvali Ibn-Tsina, qui hactenus perperam dictus est Avicenna, Canon medicinæ interprete et scholiaste Vopisco Fortunato Plempio.

Lovanii, typis ac sumptibus Hieronymi Nempæi, 1658, in-f°. (9 fr.).

[T²⁹. 15

Principal ouvrage du célèbre médecin arabe. Au jugement de S. de Sacy, V. F. Plempius a donné la traduction la plus conforme au texte arabe.

509 AVICENNE. — Avicenna, Opera medica arabice.

Romæ, in Typographia Medicea 1593, in-f° (22 fr.).

[Rés. T²⁹. 5

Texte arabe, fort bien imprimé, des œuvres complètes du célèbre médecin arabe Avicenne, surnommé « le Prince des Médecins ».

570 AVICENNE. — Abugalii filii Sinæ, dicti Avicennæ, de Morbis mentis Tractatus, interprete P. Vatterio.

Parisiis apud Interpretem, et apud J. Huart, 1659, in-8°.

2 ex. : [R. 0569
[Td.¹⁹ 23
(S-3205 b

571 AVOUT (Baronne d') — De l'invocation des Saints dans les maladies et les besoins particuliers, par Mme la Baronne d'Avout.

Paris, 1844, in-16. (3 fr.).

Petit volume curieux et devenu rare.

Autre édition :

Paris, V. Palmé, S. D. [1883], in-16.

[D. 67277

572 AVRAINVILLE (P. - W. - H. - Arthur d'). — Origine & effets ad-

Sc. psych. — T. I. — 6.

mirables de la Croix ou Médaille de saint Benoît, exposés par l'illustrissime & révérendissime Abbé de Saint Paul, sur la Voie d'Ostie, & D. Francesco-Leopoldo ZELLI-JACOBUZJ, du Mont-Cassin, trad. de l'Italien par P. W. H. A. d'Avrainville.

Paris, A. Le Clère, S. D. [1800] In-16 pièce de 16 p. sans couverture, figures.

[D. 54896

Cet ouvrage n'est qu'une brochure prospectus sur ce sujet ; de même titre, mais format in-12, il y a en fait de livres :

Paris, 1860, in-12.
[H. 19666
Paris, 1868, 2 part. in-16.
[D. 58012
Tours, 1894, 7me édition, in-10.
[D. 70394

573 AVRILLON (R. P. Jean-Baptiste-Elie). — Traités de l'amour de Dieu à l'égard des hommes, et de l'amour du prochain, par le R. P. Avrillon.

Paris, D. A. Pierres, 1740, in-12. (1 fr. 50).

2 exemplaires :
[D. 20205
[D. 24777

Traité d'ascétisme estimé où l'auteur qui jouit longtemps d'une grande réputation, développe avec éloquence la doctrine de Saint-Jean.

574 AXENFELD (le Docteur Alexandre) — Jean Wier, et la sorcellerie, par le Dr Axenfeld.

Paris, Germer Baillière, 1866, in-8°.

[M. 23508

Dichotomie théo-démoniaque (manichéisme). Diablerie active et passive. 15 crimes reprochés aux Sorciers. 10 Crimes contre la Divinité. Possession. H. C. Agrippa. Procès de Sorcellerie, etc.
(G-406
(Y-P-1651

575 AXENFELD (le Docteur Alexandre). — Traité des Névroses. Deuxième édition augm. de 700 pp. par Henri Huchard.

Paris, Germer-Baillière, 1883, très fort vol. gr. in-8°, (20 fr.).

[Td⁸⁵. 605

576 AYGUALS DE IZCO (Wenceslas). — Marie l'Espagnole, ou la Victime d'un Moine. Histoire de Madrid. Mœurs et Usages de ses habitants, Combats de Taureaux, Fêtes. Histoire des Evènements Politiques, avec d'importantes révélations.... sur la Ténébreuse Société de l'Ange Exterminateur, le tout encadré dans une Intrigue Dramatique.

Paris, Dutertre, 1840. 2 vol. in-4°. (4 fr.).

[Y² 623 et 4

AYMANS. Voir : BLOCQUEL (Simon).

577 AYRAULT (Pierre). Lieutenant criminel au siège présidial d'Angers. — Des procez faicts av cadaver, avx cendres, a la mémoire, aux bestes brutes, choses inanimées et aux contumax. Liure IIII de l'ordre, formalité et instruction iudiciaire.

Angers, par Antoine Hernault, 1591, in-8°. (50 fr.).

[F. 23300
(G-1130

578 AYROLES (Le P. Jean-Baptiste-Joseph). — La vraie Jeanne d'Arc.

Paris, Gaume, 1860-08, 4 vol. in-4°. (20 fr.).

[Lb²⁶ 260

579 AYZAC (Félicie d'). — Mémoire sur 32 statues symboliques des Tourelles de Saint-Denys. Précédé du symbolisme dans l'architecture par César Daly.

Paris, 1847, in-8°, avec 4 planches représentant les 32 statues. (5 fr.).

[Li⁹.757

580 AZAIS Père (Jacques). — Dieu, l'homme et la parole ou la langue primitive, par J. Azaïs père.

Béziers Imp. de Mademoiselle Paul, 1853, in-8.

[X. 20588

Intéressante étude tendant à prouver que la langue hébraïque est le langage primitif et contenant un vocabulaire où à coté du mot hébreu se trouvent les mots des autres langues qui en sont dérivés.

(G-1665

AZAIS (Pierre Hyacinthe), philosophe français né à Sorrèze en 1766, mort à Paris en 1845. Secrétaire de l'évêque d'Oléron, puis Organiste à Villemagne, près Béziers, Professeur à S¹ Cyr, etc...

581 AZAIS (Pierre-Hyacinthe). Des compensations dans les destinées humaines. Augm. de six nouvelles par Mme Azaïs.
Paris, Leblanc. 1810, 3 vol. in-8°. (8 fr.).
[8° li 1793-5
Paris. 1818, 3 vol. in-8°.
[R. 14420-22

582 AZAIS. (H.) — Explication universelle.
Paris, 1826-1828, 2 vol. in-8°, (3 fr.).
[R. 14437-1440

583 AZAIS (Hyacinthe). — De la Phrénologie, du Magnétisme et de la Folie ; ouvrage dédié à la mémoire de Broussais.
Paris, Dessessart, 1830. 2 vol. in-8°, (4 fr.). [Tb⁵⁰ 55
Savant ouvrage d'un fervent disciple du Magnétisme. (Théologie de l'écriture et du sommeil. Physiologie de la santé et des maladies. Somnambulisme. Des caractères, des affections et des passions, etc..).

584 AZAIS (Hyacinthe). — Physiologie du Bien et du Mal, de la Vie et de la Mort, du Passé, du Présent et de l'Avenir, par H. Azaïs. Troisième livraison du Cours d'Explication universelle.
Paris, Dessoyes, 1836, in-8°. (2 fr.).
[R. 27266
Etude très judicieuse et synthétique, remplie d'aperçus originaux.

585 AZAM (Dr Eugène). — Hypnotisme et double conscience, origine de leur étude et divers travaux sur des sujets analogues ; préface de Paul Bert, Charcot et Ribot.
Paris, F. Alcan, 1887, in-16.
[Te¹⁴ 93
Paris, Alcan, 1893. gr. in-8°, (9 fr.).
[Te¹⁴ 168
Hypnotisme. Double conscience. Amnésie périodique ou dédoublement de la vie. Altérations de la personnalité. Dédoublement de la personnalité. Somnambulisme. Caractère de l'individu et des animaux. Le merveilleux, etc.... (documents intéressants sur le dédoublement de la personnalité).

586 AZBEL. — L'Esthétique nouvelle « Althétique ». Le Beau et sa loi, loi de l'intelligence, de l'action et de l'harmonie.
Paris, H. Robert. M.DCCC.IC [sic] [1899], in-8° de XII-329 p. avec 80 fig. (4 fr. 50).
[4° R. 1441

Définitions :
Althâ : Substance unique, nécessaire, universelle, ayant l'idée de son état. — Althée (Althâ sublimée) : Unité atomique en puissance de vibrations à qualités déterminées.... (p. IV-V).

587 B*** docteur en médecine. — Lettre écrite à M. Bourdelot par M. B. docteur en médecine, et lue dans la conférence de M. l'abbé (Pierre Michon, dit) Bourdelot, sur le sujet de l'apparition des Esprits; dans Lenglet-Dufresnoy : Recueil de dissert. II, partie I, 3-21.
(O-1770

588 B*** (Charles). — Premières Notions de l'art de magnétiser, par Charles B***, magnétiseur spiritualiste.
Perpignan, imp. A. Tastu, 1857. in-4°.
(D. p. 163

589 B. D. — Dissertation sur la médecine et le magnétisme, triomphe du somnambulisme par B. D.
Paris, Imp. Doyen, 1826, in-8°, 80 pages (2 fr. 50).
(D. p. 99

BAADER (François - Xavier ou Franz de), né à Münich, en 1765, mort en 1841. Il était professeur de Philosophie à l'Université de Münich, et accordait une importance prépondérante au Mysticisme.

590 BAADER (F. de). — Le catholicisme d'Orient et d'Occident. Traduit par F. de Rougemont.
Neuchâtel, s. d. (vers 1860), in-8°. (2 fr. 50).
(G-25

591 BAADER (Franz von). — Les Enseignements secrets de Martines de Pasqually. Traduits pour la première fois de l'allemand et précédés d'une nouvelle notice historique sur le Martinésisme et le Martinisme, par un chevalier de la R. C.
Paris, Chacornac, 1900. (De la Biblioth. Rosicrucienne) in-16, (4 fr.).
[8° Z. 14619

Les Enseignements secrets de Martines de Pasqually sont initiateurs d'un Kabbalisme transcendant. Une notice très savante rend cette édition précieuse et recherchée.

592 BAADER (Franz). — Ueber die Extase oder das Verzücktsehn der Magnetischen Schlafredner.
Leipzig, 1817, in-12, (2 fr. 50).

593 BAADER (Franz). — Ueber den Bliz als Vater des Lichts ; aus einem Schreiben an den geheimen Hofrath von Jung, selbem gewiedmet von Franz Baader.
S. l. n. d. [datée de Munchen, 5 Julius 1815], in-8° de VI-23 pp.
(O-164

594 BABER. (Zahir Al Din Mohammad) ou BABOUR, arrière petit-fils de Tamerlan, né vers 1483, mort vers 1530. Ses Mémoires donnent l'Histoire de sa Vie et de ses Conquêtes, ainsi que des détails curieux sur le Caboul et l'Hindoustan. — Mémoires de Baber (Zahir-ed-Din-Mohammed), fondateur de la dynastie mongole dans l'Hindoustan, traduits pour la première fois sur le texte djagataï par A. Pavet de Courteille.
Paris, Maisonneuve, 1871. 2 vol. gr. in-8°. (18 fr.).
[O³q. 53

Ouvrage peu commun.

595 BABIN (Augustin). — Collection générale de ses ouvrages scientifiques, psychologiques et moraux.
Paris, 1870, gros in-8° (4 fr.).

1ʳᵉ partie. Le guide du bonheur. — 2ᵉ partie. Philosophie spirite. — 3ᵉ partie. Notions d'astronomie scientifique, psychologique et morale. — 4ᵉ partie. Le catéchisme universel. — 5ᵉ partie. Petit dictionnaire d'encyclopédie morale à l'usage de tout le monde.

1ʳᵉ Partie	[R. 27324
2ᵉ —	[R. 30025
3ᵉ —	[R. 27326
4ᵉ —	[8°R. 1218
5ᵉ —	[8°R. 1407

596 BABIN (A.). — Le petit catéchisme psychologique et moral avec un supplément. 3ᵉ édit. modifiée.
Paris, Libr. spirite, 1876, in-18.
[8° R. 250

Véritable catéchisme de la doctrine spirite.

597 BABIN (Aug.), spirite sincère (sic). — **Trilogie spirite, c'est-à-dire scientifique, psychologique et morale**. Comprenant : 1° Le guide du bon-

heur ou devoirs généraux de l'homme par amour pour Dieu 2º Philosophie spirite, c'est-à-dire psychologique et morale, contenant les principes de la doctrine spirite, etc... 3º Notions d'astronomie scientifique, psychologique et morale.
Paris, Libr. Spirite, 1872 et 1873, fort in-18.

[R. 27320

598 BABINET de l'Institut, né à Lusignan, Vienne, en 1794, d'abord militaire, puis professeur de Mathématiques et Astronome-Adjoint du Bureau des Longitudes. Savant remarquable par son esprit. — Les Sciences Occultes au 19ᵉ siècle: les Tables tournantes et les manifestations prétendues surnaturelles, considérées au point de vue des principes qui servent de guide dans les sciences d'observation. — Des tables tournantes au point de vue de la mécanique et de la physiologie.
Paris, Mallet-Bachelier, 1850, in-16, (le second de 8 Volumes).

[V. 31172

Forme le t. II des « Études et lectures sur les sciences d'observation et leurs applications pratiques ».

599 [BACHELET-VAUXMOULINS (Adolphe)]. — Les habitants du monde invisible ou les purs esprits, les anges déchus et les possédés. Histoire récente dont les faits surnaturels sont démontrés. Ouvrage dont le but est de rattacher à la vie et de ranimer l'amour de vivre, chez les malheureux qui sont affectés d'hypocondrie, spleen, ou maladie noire ; et aussi, où le narrateur a en vue de désiller les yeux de ceux qui ont le malheur d'être athées, impies, gens sans foi et sans espérance de la vie future, les aveugles, en un mot.
Paris, Charpentier, 1850, in-8º de 223 p.

[R. 38103

Œuvre courageuse, logique, essentiellement utile.

600 BACHELIER d'AGÈS. — De la nature de l'homme et des moyens de le rendre plus heureux par Bachelier d'Agès.
Paris, Buisson, An VIII (1800), in-8, 223 p. (2 fr.).

En faveur du magnétisme.

(D. p. 77
(G-1160

601 BACHER (Alexandre André Philippe Frédéric). — Grande belle découverte du Magnétisme animal par M. Bacher, docteur médecin.
S. l. 1785, in-8º de 15 pp.

C'est la lettre de Mesmer au Docteur Philip, avec les observations critiques du Dʳ Bacher.

(D. p. 16

602 BACHET (Clavde Gaspar) sieur de Meziriac. — Problèmes plaisans et délectables, qvi se font par les nombres.
Lyon, chez P. Rigavd et Associez, 1624, pet. in-8º de XVI-248 p. (12 fr.).

[V. 19291

L'édition originale : Ibidem Idem, 1612, in-8º de XVI-172 p.

[V. 29219

Différentes manières de deviner les nombres pensés par quelqu'un. Calcul des probabilités. — Combinaisons numériques. — Carrés magiques et diaboliques. — Subtilités des nombres qu'on propose, etc.

(G-555

BACHET. — Voir : KERVILER.

BACHOU (Jean) (traducteur de « la Philosophie naturelle »). — Voir ESPAGNET (Jean d').

603 BACKER (Dʳ Félix de). — La Fermentation Humaine. Maladies chimiques et Maladies Microbiennes et parasitaires, traitées par les Ferments purs.
Paris, Revue générale de l'Asepsie, 1899, in-18 de 336 p. Port. de Pasteur en frontispice. (d'après Fournier).

[Te⁷. 374

La Fermentation humaine et ses conséquences. — Application de la méthode des Ferments Purs. — Maladies dues à l'altération chimique du Moût humain, ou Maladies Chimiques. — Maladies venues du dehors, et introduisant une fermentation pathologique dans le Moût humain, ou Maladies Microbiennes. — Des Maladies Mécaniques (Contusions, Fractures, Plaies).

604 BACKER (D' Félix de). — Les Ferments Thérapeutiques, par le Docteur De Backer, en collaboration avec J. Bruhat et le Docteur A. Charlier.
Paris, Société des Editions Scientifiques, 1896, in-8° de XVI-573 p. 16 fig. dans le texte. (4 fr. 50).
[Te¹. 300

Ferments et fermentations. — Levûres et fermentations alcooliques. — Phagocytose des Ferments figurés. — Levûres pures et appareils pour leur emploi. — Levûres accoutumées, et Alexines mycodermiques. — Action des Levûres en présence d'Organes et d'Organismes sains. — Principes généraux de la Mycodermothérapie. — De la Tuberculose. — Pathologie expérimentale. — Traitement de la Tuberculose. — Etc.

605 BACKER (F. de). — Lourdes et les médecins.
Paris, Maloine, 1905, in-12, (2 fr.50) 50).
[Lk⁷. 55290

606 BACKER (Louis de). — Bidasari. Poème malais, précédé des Traditions poétiques de l'Orient et de l'Occident.
Paris, E. Plon, 1875, in-8° de 268 p. (5 fr.).
[Ya. 003

Légende du Saint-Graal, les Nibelungen. Transmigration des âmes. Le Kalevala.

607 BACKER (L. de). — L'Extrême-Orient au Moyen-Age d'après les manuscrits d'un Flamand de Belgique, moine de St-Bertin à St-Omer, et d'un Prince d'Arménie, moine de Prémontré à Poitiers.
Paris, E. Leroux, 1877, in-8° de III-502 p.
[O². 551

Les premiers voyageurs du Moyen-Age. — Invasions tartares dans l'antiquité. Missionnaires dans l'Extrême-Orient. Voyageurs dont les relations se trouvent dans le manuscrit. « Le Livre des merveilles du monde ». Marco Polo, Oderic, J. de Mandeville, etc.... **Huns et Mongols. Traits caractéristiques de la race Mongole. Américains du Nord. Les peuplades sauvages de l'Indo-Chine. Les Hollandais au Cambodge. Langues et religions ; langues monosyllabiques, le Thibet ; le culte du Lama, langue du Thibet. Découverte, langue et croyances siamoises et annamites, le Cambodge et ses monuments religieux, le Schamanisme. Chine. Corée, Mantchourie, etc...**

BACLÉ (Louis), ingénieur civil des Mines, né à Auteuil (Oise) en 1853.

608 [BACLÉ] : Louis Elbé.— La vie future devant la Sagesse antique et la science moderne.
Paris, Perrin et Cie, 1905, in-16.

La sagesse antique. — L'idée de la survivance dans les civilisations antiques. — Traditions et monuments préhistoriques, etc...

BACON (Français). — François ou plutôt Francis BACON, de, ou Lord VERULAM, Vicomte de St Albans, Grand Chancelier d'Angleterre, est né à Londres en 1561 et mort en 1626. Il reste comme une preuve vivante et fâcheuse qu'il est possible d'être à la fois un grand philosophe et un peu honnête homme. Le cas est rare ; sans doute, même, unique, mais la culpabilité du sujet ne peut être mise en doute : il s'est accusé lui-même devant les Pairs. Cette déplorable faiblesse ne l'empêche d'ailleurs pas d'être le créateur des méthodes expérimentales Scientifiques actuelles. Personne avant lui n'avait connu la Philosophie expérimentale. Ses Œuvres en sont le point de départ. Il en est le Vulgarisateur. On lui attribue aussi un rôle important dans la Franc-Maçonnerie.

Son nom latin est *BACO DE VERULAMIO*.

609 BACON (François). — Œuvres. Traduction revue, corrigée et précédée d'une introduction par F. Riaux.
Paris, Charpentier, 1843. 2 vol. in-12. (2 fr. 50).
[Z. 33022 et 3

La Première série contient : De la dignité et de l'accroissement des sciences.
(G-1666

610 BACON (Francis). — Œuvres philosophiques de Bacon publiées d'après les textes originaux avec des notices et des éclaircissements par N. Bouillet.
Paris, L. Hachette, 1885, 3 vol. in-8°.
La première édition : Ibidem. Idem. 1834, 3 vol. in-8° (15 fr.).
[R. 27350-2
(G-1667

611 BACON (Francis). — Œuvres Philosophiques, Morales et Politiques ; avec une Notice Biographique par BUCHON.
Paris, A. Desprez, 1838, gr. in-8° de XVI-788 p. et 1 tab. (8 fr.).
[Z. 9005 (3)
De la Dignité et de l'Accroissement des Sciences. — NOVUM ORGANUM, ou Méthode pour l'Interprétation de la Nature. — Phénomènes de l'Univers. — Echelle de l'Entendement ou Fil du Labyrinthe. — De la Sagesse des Anciens. NOUVELLE ATLANTIDE. — Grande Restauration de la Puissance Humaine sur l'Univers. — Etc.
Autre édition :
Paris, 1842, gr. in-8° (6 fr.).

612 BACON (Francis). — Histoire de la Vie et de la Mort, ov il est traitté de la Longue et covrte dvrée de toute sorte de Corps ; des Cavses de levr Decadence ; et des Moyens d'en reparer les Défauts, avtant qu'il se peut ; par François Bacon. Fidèlement traduit par I. Bavdoin.
Paris, chez G. Loyson, et J. B. Loyson, 1647, fort in-8° de XXI-510 p. Frontispice emblématique en taille douce. (8 fr.).
[T^{ell}. 108
Rare ouvrage du Chancelier Bacon ; le Prophète des Vérités que Newton est venu ensuite révéler aux Hommes.

613 BACON (Francis). — Francisci de Verulamio Summi Angliæ Cancellarii, Instauratio Magna.
Londini, apud J. Billium, 1620, in-f°

de IV-300-37 p. Lettres ornées et titre-frontisp. (30 fr.).
[R. 641
Edition originale, contenant, outre le « NOVUM ORGANUM, sive Indicia vera de Interpretatione Naturæ », le Traité non réimprimé postérieurement intitulé : « Parasceve ad Historiam Natvralem et experimentalem. »

614 BACON (François). — La Nouvelle Atlantide de François Bacon.
Paris, J. Musier, 1702, in-12 de XII-XIV-256 p.
[Z. 17349
(S-6199

615 BACON (Francis). — Novum Organum : Nouvelle Traduction en Français, avec une Introduction et des Notes par A. Lorquet.
Paris, 1847, in-12. (3 fr.).
[R. 33497
Cette traduction avait précédemment paru dans un Recueil :
René Descartes. — Discours de la Méthode.
Leibnitz. — Théodicée.
Françis Bacon. — Novum Organum.
Paris, Hachette, Amiens, Caron Vitet, 1840, in-12. Le Novum Organum occupe les Pages 83-258.
[R. 33496

616 BACON (Francis). — La Sagesse Mystérieuse des Anciens, ombragée du Voile des Fables appliquées moralement aux Secrets de l'Estat et de la Nature, par François BACON. De la Traduction de I. Baudoin.
Paris, F. Julliot, 1619, in-12 de XXIV-186 folios. (8 fr.).
[* E. 2550 (2)
[R. 27340
Très rare. Francis Bacon est considéré par les Francs-Maçons comme un des premiers Fondateurs de leur Ordre, dont il aurait tracé le plan et défini le Rôle dans sa Nouvelle Atlantide.
Ce présent ouvrage est plein de l'enseignement ésotérique de la Tradition Antique : Pan, ou la Nature. — Orphée ou la Philosophie. — Le Ciel ou l'Origine. — Protée ou la Matière. — Cupidon, ou l'Atome. — Deucalion ou la Rénovation. — Prométhée ou l'Estat de

l'Homme. — Le Sphinx ou la Science. — Proserpine ou l'Esprit. — Etc.

617   BACON (Francis). — *Francisci Baconis de Verulamio, Scripta in Natvral et vniversali Philosophia.*
Amstelodami apud Lud. Elzevirium 1653, in-18. Titre gravé. (35 fr.).
(Exemplaire parfait, relié Maroquin par Ténot).

Cette édition des Œuvres Philosophiques, contient le Tableau de la Répartition Universelle des Sciences Humaines.

618   BACON (Francis). — *Francisci Baconis de Verulamio, Sylva Sylvarum, sive Historia Naturalis et Nova Atlantis.*
Amstelodami ex Officina Elzeviriana. 1661, 2 parties in-12 de XXXII-540-XXXIX et 66 p. Frontispice gravé. (4 fr.).

[R. 25550-60

BACON (Francis). — Voir : REMUSAT (Charles de) et DELEYRE (A.).

BACON (Roger). — Moine Franciscain anglais du XIII° Siècle, né en 1214 à Ilchester (Somerset), mort vers 1294. Surnommé le « *DOCTEUR ADMIRABLE* ». Docteur en Théologie de l'Université de Paris, il était Astrologue et Alchimiste. Il a étudié la Poudre à canon, dont il tenait, sans doute, la recette des Arabes. Philosophe profond, il est un des premiers Maîtres du Moyen-Age à comprendre et à appliquer la Science Expérimentale. Naturellement il finit ses jours en butte à des persécutions monastiques : Le Supérieur des Franciscains le fit condamner à la prison perpétuelle, et il ne recouvra sa liberté que peu avant sa mort.

Son grand ouvrage, l' « Opus Majus », n'a été publié qu'en 1733, à Londres, par Samuel Jebb, en 1 Vol. in-folio ; la suite de cet ouvrage, l' « Opus Minus » et l' « Opus Tertium » sont restés à l'état de manuscrits.

Son nom s'écrit aussi *BACHON*. En latin : Rogerius *BACO*, ou *BACHO*.

619   BACON. (Roger). — De l'admirable povvoir et pvissance de l'art, et de nature ou est traicté de la pierre philosophale, trad. en françois par Iacq. Girard de Tournus.
A Lyon, par Macé Bonhomme. 1557, très pet. in-8° de 95 pp. (12 fr.).

[R. 27365

De la page 81 à la p. 95, on trouve une lettre de J. Girard à maistre Charles Fontaine, parisien et poëte françois, son ami, dans laquelle il développe ses idées sur le grand œuvre. Ce vol. se joint à la petite Collec. d'ouvr. alchimiques dont le Miroir d'Alquimie de R. Bacon forme la tête.

Autre édition :
Paris, Billaine, 1629, in-8°.

(S-3392
(O-728
(G-26

620   BACON. (Roger). — Rogerii Baconis, angli, chymisch-und philosophische Schrifften, die zum Theil in deutscher Sprache noch niemals gedruckt ; sondern zum erstenmal aus dem Englischen übersetzt worden... nebst einer Vorrede darinnen von dem Leben und Schrifften Rogerii Baconis... durch Friedr. Roth-Scholzen.
Nürnberg. 1731.

Forme une partie du tome III de : Deutsches Theatrum chemicum, et contient :

Notice pp. 2-22.
Radix Mundi, 23-72.
Medulla alchemiae 73-102.
Spiegel der Alchemie, 103-29.
Tractat vom Solde, 130-78.
— vom... Vitriols, 179-204.
— vom... Antimonii 205-26.
Send-Schreiben von geh. Würckung 245-86.
Epistola de Secretis (la même que la préced.) 287-349.

On trouve encore intercalés au milieu de ces œuvres : Epistel oder Send Brief des Keysers Alexandri, pp. 237-44

Responsum ad fratres Rosaceae-Crucis, 346-56.

Le portr. de Bacon est en tête du tome II du Deutsches Theatr.

(O-722

021. BACON (Roger). — Epistolæ Fratris Rogerii Baconis, de secretis operibus artis et naturæ, et nullitate Magiæ, opera Johannis Dee.
Hamburgi, ex bibliopolio Frobeniano, 1618, in-8° de 80 p.
[R. 27308
(S-3203

022 BACON (Roger). — Lettre sur les prodiges de la nature et de l'art. Trad. et comm. par A. Poisson.
Paris, Chamuel, 1803, in-12 de 71 p.
[8° R. 11557
Avec un portr. de Bacon. (1 fr 50).
Caractères Magiques. Puissance du Verbe. Instruments Merveilleux. Suggestion Mentale. L'Art de prolonger la Vie. Cryptographie. La Pierre Philosophale. Etc...
[G-28

023 BACON. (Roger). — Rogerii Baconis, Medulla Alchemiæ, darinnen vom Stein der Weisen, und von den vornehmsten Tincturen des Goldes, Vitriols und Antimonii, gehandelt wird ; item eine Alchymische Epistel so Alexandro zugeschrieben worden ; vormahls durch Joachim. Tanckium ; dans Deutsches Theatrum chemicum (1731), III, 73-102.
C'est un abrégé de la doctrine de Bacon, mais l'ouvrage est de Tanckius.
Sur Roger Bacon, un vrai philosophe, comme il l'appelle, voy. Hoefer : Histoire de la chimie. I, 390-402
(O-739

024 BACON (Roger). — Le Miroir d'Alqvimie de Rogier Bacon philosophe très excellent, traduict de latin en françois par vn gentilhomme du Daulphiné (Nic. Barnaud). La page suivante déclare le contenu en cette œuvre.
A Lyon, par Macé Bonhomme, 1557, très pet. in-8°, de 135 pp.
Lettres ornées et figures sur bois, (20 fr.).
[R. 27363-66
Au verso, on trouve l'indication d'une collection, celle indiquée d'une manière incomplète par Lenglet-Dufresnoy, III, 41, de son Histoire de la philos. hermétique ; mais mieux indiquée par Brunet I, 602, qui se trompe en indiquant J. Girard de Tournus comme le traducteur du Miroir ; il a seulement traduit de l'Admirable pouvoir... et l'ouvrage de C. Célestin ; voici l'indication des Traités contenus dans notre vol.

1) Miroir d'Alquimie de R. Bacon, pp. 5-34.
2) Table d'Emeraude de Hermés Tr. pp. 35-8.
3) L'Hortulain sur la dite table, pp. 39-56.
4) Secretz de Calid juif, pp. 57-108.
5) Miroir de maitre Jean de Mehun, pp. 109-34.

Viennent ensuite les Traités suivants qui ont une autre pagination :
6) L'Elixir des philosophes de Jean XXII.
7) L'Art transmutatoire du même pape, ensemble 205 pp.
8) De l'Admirable puissance de l'Art... ou Traité de la pierre philosophale de Roger Bacon. 95 pp.
9) Des Choses merveilleuses en nature (par Claude Celestin) 192 pp. Ce dernier traité ne concerne pas l'Alchimie ; il traite de l'Astrologie et de la Divination.

Le dernier exemplaire que nous voyons annoncé dans un catalogue de vente, celui de M. Yemeniz relié en veau jaspé a été vendu 85 frs ; le nôtre qui est cartonné, non rogné, et dont beaucoup de feuillets n'ont pas été coupés, vaudrait au moins autant. [Ladrague].

Le Catalogue de St Ylié n° 1500 indique une édition dont la tête de collection est est de 1559, les autres traités, conservant la date de 1557(Lyon, Macé Bonhomme, in-8°).

(O-041-686-730-792
(S^tY-1500
(G-27

025 BACON. (Roger). — Rogerii Baconis, Radix Mundi, oder Wurtzel der Welt, verdeutscht nach dem Englischen von William Salmon, med. Prof. mit Anmerckungen versehenen Exemplar ; herausgegeben durch Fr. Roth-Scholtz ; dans Deutsches Theatrum chemicum (1731), III, 23-72.
(O-737-738

026 BACON (Roger). — Rogerii Ba-

conis, Send-Schreiben von geheimen Würckungen der Kunst und der Natur, und von der Richtigkeit der falschen Magiæ, ans Licht gestellet durch Fr. Roth-Scholtzen ; dans Deutsches Theatrum chemicum (1732). III, 245-86.

(O-726

627 BACON (Roger). — Rog. Baconis. Tractat von der Tinctur und Oel des Vitriols, welchen er als ein Edel, köstlich, und allergewisseste Secretum und Medicin der Menschen und Metallen, seinem geliebten Bruder Wilhelmo communicirt und überschicket ; dans Deutsches Theatrum chemicum de Fr. Roth-Scholtz (1732). III, 179-204.

(O-733

628 BACON (Roger). — Rogerius Bacon von den Geheimen Wirkungen der Kunts und Natur und Richtigkeit der Magie, mit Joh. Dee und eines ungenanten Anmerckungen aus dem lateinischen übersetzt und mit einer Nachricht von den Leben und Schriften des Verfassers vermehret ; nebst Raym. Lullus Clavicula.

Hof. Joh. Gottlieb Vierling. 1776. in-8° de 112 pp.

(O-727-778

BACON (Roger) (sur). Voir : CHARLES (Émile-Auguste) son Biographe.

629 BACOT (G. F.). — Des Facultés magnétiques de l'homme; des moyens par lesquels elles se manifestent etc... etc... par G. F. Bacot.

Paris, Voitelain, 1868. in-8° 31 p. (1 fr.).

[T b⁰¹. 253

Extrait de l'Union magnétique. Action à distance. Communication des pensées non exprimées. Facultés magnétiques. Fluide universel. Instruction magnétique. Moyens de perception des remèdes pendant l'état lucide. Traitement magnétique, etc...

(D. p. 181

630 BACUEZ et VIGOUROUX. — Manuel biblique ou cours d'Écriture Sainte.

Paris, A. Roger et F. Chernoviz, 1899-1900. 4 vol. in-12.

Autre édition : *Ibid, iid* 1894. 4 vol. in-12. avec 320 illustrations hors et dans le texte. (7 fr.).

Edition originale : *Ibid. Iid.* 1878-80 4 vol. in-8°

[A. 14715

631 BADAIRE (A. E.). — La joie de mourir. Consolations à tous ceux qui pleurent un être tendrement aimé. Avec un autographe de Victorien Sardou.

Paris, 1894. in-12.

Exposition claire, nourrie de faits, coupés de citations bien divisées des raisons d'ordre scientifique et philosophiques qui confirment la doctrine de la pluralité des existences. Et c'est en outre une œuvre de réconfort pour ceux qui s'attristent à la pensée de la mort.

BADAUD (U. N). — Voir : MARIN (Capitaine Paul).

632 BADEL (E.). — D'une sorcière qu'aultrefois on brusla dans Sainct-Nicholas. Le tout habillé d'ymaiges, par J. Jacquot.

Nancy, Berger-Levrault, 1801. In-8° de 232 pp. (6 fr.).

[8° Y². 45800

Curieux, bizarre ouvrage, écrit en vieux français, bizarrement composé, imprimé en caractères Baskerville du XVIIIᵐᵉ siècle ; illustré de 40 compositions originales. Les lettres ornées tiennent tout le recto du feuillet (avec le mot qu'elles commencent), et le texte continue au verso.

Terminé par une bibliographie des ouvrages sur la sorcellerie en Lorraine, où se rencontrent quelques notes sur le célèbre démonologue Nicolas Rémy.

(Y-P-1582

633 BADÈRE (Clémence). — La vérité sur le Christ ; la création et ses mystères dévoilés : l'amour aux premiers siècles.

Paris, E. Dentu, 1884. in-12 de 340 p.

[D². 14949

L'Esprit auteur du mal. L'amour sexuel. Origine des cultes. Le Dieu des prêtres et le nôtre. Mission du Christ. etc...

Autre édition :
Paris, 1876 (?), in-12.

BADIUS (Conrad.), né en 1510, mort vers 1560, fut Imprimeur comme son père, le célèbre Josse Badius Ascensius (d'Assche, près Bruxelles). Associé de son beau-frère, Robert Estienne, il a donné une traduction connue de l'Alcoran des Cordeliers.

634 [BADIUS (Conrad)]. — L'Alcoran des Cordeliers tant en latin qu'en françois, c-à-d, recueil des plus notables bourdes et blasphèmes de ceux qui ont osé comparer Sainct François à Jésus-Christ, tiré du grand livre des conformitez, jadis composé par Barthelemi de Pise, cordelier en son vivant.

Amsterdam, aux dépens de la Compagnie, 1734. 2 vol. pet. in-8°, figures. (25 fr.).

[H. 10699-700

Edition très rare, de cet ouvrage, qui, avec la Legende dorée des frères mendiants, par Nic. Vignier, est l'un des plus curieux ouvrages dirigés contre les ordres religieux. — Frontispice, grand tableau et 20 figures fort belles gravées par Bernard Picart.

(S.-4950
(G-29

635 BAGNEUX de VILLENEUVE. — Le Baiser. Babylone et Sodome.
Paris, H. Daragon, 1906, in-8° (5 fr.).

Tiré à petit nombre, ne sera jamais réimprimé. Orné d'un frontispice. Préparation au baiser : Le baiser conjugal à l'encan ; Les pyramides d'amour ; La lice des femmes ; La foire aux paillards ; Le baiser de Sodome ; Les courtisanes sacrées ; La pélerinage de volupté.

636 BAGNEUX de VILLENEUVE. — Le baiser en Grèce.
Paris, H. Daragon, 1906, in-8° de 206 p. planche. (5 fr.).

[8° R. 21607

Tiré à nombre limité, orné d'un frontispice, texte dans un gracieux encadrement. — Les préceptes du baiser conjugal ; Le baiser et la philosophie ; Dictériades, courtisanes et aulétrides ; Tarifs du baiser ; Tableaux vivants ; Concours de beauté ; La science du baiser ; Le baiser de Sapho et d'Alcibiade.

637 BAGNEUX DE VILLENEUVE. — Le Baiser : L'Orgie Romaine.
Paris, H. Daragon, S. D. [1908] in 8° de 215 p. Frontispice. (5 fr.).

Tiré à 750 ex. Les Dieux du lit nuptial. La Ronde orgiaque des Empereurs. — Messaline au lupanar. — Les manies de Néron. — Les monobiles d'Héliogabale, pensionnaires des deux sexes au Lupanar. — Impôt du baiser. — Le Code de la Volupté. — Exhibitions érotiques.

638 BAILLARD. — Discours du Tabac, où il est traité particulièrement du Tabac en poudre, par Baillard.
Paris, 1671, in-12.

(S-3334

639 BAILLEUL (Ant.). — CRATA REPOA ou initiation aux anciens mystères des prêtres d'Egypte, trad. de l'Allemand [de Carl Friedrick Köppen] et publiés par le F∴ Ant. Bailleul.
Paris, 5821, in-8° (10 fr.).

[H. 20001

Edition quelquefois attribuée à Ragon q. v., qui y a collaboré, ou à Kœppen.

640 BAILLOD (Mlle Cl.) — L'Art de la divination, par Mlle Cl. Baillod.
Paris, H. Daragon, 1909, in-18. 105 p.

[8° R. 22090

Les voies de la nature. Remèdes secrets. — Recherche de la vérité et du bonheur. Nos actes et la vie future. Les devins dans l'antiquité. Découvertes de nos secrets et de nos ennemis. Conjuration des mauvais sorts. Influences extérieures. Lutte pour l'existence. Bien contre mal et mal pour mal.

641 BAILLY (Edmond), pseudonyme de M. L.*** qui désire conserver l'anonyme. — L'Islamisme et son enseignement Esotérique, par un M. S. T. [Membre de la Société Théosophique].
Paris, Art Indépendant. 1903, in-18 jésus. (1 fr.).

642 BAILLY (Edmond). — La Légende de Diamant, par Edmond Bailly. Sept Récits du Monde Celtique, reconstitués d'après les Inscriptions Astro-Mentales, en accord avec la Tradition orale ou écrite.
Paris, Art indépendant, 1909, in-18 jésus de 324 p.
[8° Y². 57182

Etude sur l'Initiation Druidique, avec un Vocabulaire (p. 289-317) et une bonne Bibliographie (p. 318-324)

Sous ce titre poétique, l'érudit écrivain qu'est Ed. Bailly vient de publier un travail magistral sur le Druidisme, fruit de longues et patientes recherches aidées d'une merveilleuse intuition. Ces pages, d'une lecture exquise, ont l'avantage de présenter, sous une forme épisodique des plus captivantes, l'exposé limpide et complet de la pure tradition celtique. Un grand nombre d'erreurs accréditées depuis longtemps, faute d'une connaissance assez complète sur ce sujet si méconnu, y sont définitivement élaguées. Les mystérieuses Triades bardiques y sont lumineusement étudiées et il n'est aucun point obscur que l'auteur ait laissé dans l'ombre.

BAILLY (Jean Sylvain), né à Paris en 1736, mort guillotiné en 1793. Académicien et premier Maire de Paris, il a laissé, comme principal ouvrage, une « Histoire de l'Astronomie » en trois parties.

Il a joué un rôle important dans les débuts du Mesmérisme, au moment des démêlés de Mesmer et de l'Académie.

643 BAILLY (J. S.). — Essai sur les fables et leur histoire, adressé à la citoyenne du Bocage.
Paris, Guillaume de Bure l'aîné, an VII. 2 vol. in-8°. (8 fr.).
[J. 25800-1

644 BAILLY (J. S.). — Exposé des expériences qui ont été faites pour l'examen du magnétisme animal lu à l'Académie des sciences, par M. Bailly en son nom et aux noms de MM. Franklin, Le Roy, de Bory, et Lavoisier. Imprimé par ordre du Roi.
Paris, Imp. royale, 4 Septembre 1784, in-4° pièce, 15 pages, (Il y a une édition in-8° de 16 Pages.) (3 fr.)
[T b⁶⁴. 48

Dans cet exposé, les Membres de l'Académie des sciences rendent compte à leurs collègues de diverses expériences qu'ils ont faites ; ils concluent « La recherche d'un agent qui n'existe pas, sert donc à connaître une puissance réelle de l'homme, qui a le pouvoir d'agir sur son semblable, d'ébranler le système de ses nerfs, et de lui imprimer des convulsions. »

En ce temps là on s'occupait beaucoup plus de provoquer les crises, que de chercher à les calmer, et il est bon de se le rappeler pour bien apprécier les rapports que nous avons énumérés et que nous analyserons autre part.
(D. p. 36

645 BAILLY (J. S.). — Histoire de l'Astronomie ancienne depuis son origine jusqu'à l'établissement de l'Ecole d'Alexandrie.
Paris, les frères de Bure, 1779-1782. 3 vol. in-4°.
[V. 8101-3
Nombreuses et grandes planches gravées par De La Gardette et Le Gouaz.

646 BAILLY (J. S.). — Histoire de l'Astronomie moderne depuis la fondation de l'Ecole d'Alexandrie jusqu'à l'époque de 1702.
Paris, De Bure, 1785. 3 vol. in-4°.
[Rés. V. 1697-9
Nombreuses et grandes planches gravées par De La Gardette et Le Gouaz.

647 VOIRON. — Histoire de l'Astronomie, depuis 1781 jusqu'à 1811, pour servir de suite à l'histoire de l'astronomie de BAILLY.
Paris, chez Courcier, 1810, in-4°. (5 fr.).

648 BAILLY (J. S.). — L'Immortalité de l'âme, ou essai sur l'excellence de l'homme.
Dijon, 1781, in-12. (4 fr.).
Cette œuvre d'un spiritualiste enthousiaste répond pleinement à son titre.

649 BAILLY (J. S.). — Lettres sur l'Atlantide de Platon et sur l'ancienne histoire de l'Asie. Pour servir de suite aux lettres sur l'origine des sciences ; adressées à M. de Voltaire.
A Londres, chez M. Elmesly et à Paris, chez les frères Debure, 1777-79. 2 vol. in-8°.
[Z. 27585

Autre édit :
> Paris, Debure, 1805, 2 vol. in-8°. (9 fr.).

Un des plus intéressants écrits du célèbre Maire de Paris. L'auteur y attribue la création de tous nos arts à un peuple ancien, originaire du nord, habitant primitivement les hauts plateaux de la Tartarie orientale. De ce peuple détruit, les arts auraient passé aux Chinois, aux Indiens, aux Chaldéens, aux Grecs etc....
Il existe une édition
> Ibid. Idem, 1779, in-8° de 443 p. en un seul volume, avec Carte pliée à la fin. (4 fr.).

650 BAILLY. (J. S.). — Lettres sur l'origine des sciences et sur celle des peuples de l'Asie, adressées à M. de Voltaire par M. Bailly, et précédées de quelques lettres de M. de Voltaire à l'auteur.
> Londres et Paris, Elmesly et les Fr. Debure, 1777, in-8°.
> [Z. 27584]

651 [BAILLY (J.S.)]. — Rapport des commissaires chargés par le Roi de l'examen du magnétisme animal, imprimé par ordre du Roi.
> Paris, Imprimerie Royale, 11 Août 1784. In-4°, 66 p.

Il y a aussi une édition :
> Moutard, In-8°, 80 p. (4 fr.).
> [T b⁶¹ 32]

Ce rapport est celui connu sous le nom de rapport de Bailly parce que ce dernier en fut le rédacteur. La commission se composait des docteurs Borie, Sallin, d'Arcet, Guillotin, de la Faculté de Paris et de Franklin, Leroy, Bailly, de Bory, Lavoisier et de Jussieu de l'Académie des Sciences ; mais de Jussieu ne voulut pas signer le rapport et de Bory étant décédé fut remplacé par le docteur Majault. Nous examinerons autre part cet important document. Bornons-nous à rappeler que ses conclusions sont formelles et sans ambiguité. Le fluide n'existe pas, tous les faits du magnétisme sont exacts Ils sont dus à l'attouchement, à l'imagination, à l'imitation. Les crises convulsives ne peuvent être utiles en médecine que comme les poisons, etc.

Dans une page ajoutée au rapport, la commission répond aux objections qui lui avaient été faites par Mesmer et ses disciples de s'être rendue de préférence chez d'Eslon : elle n'indique pas les motifs de cette préférence.

Ce rapport, tiré à 20.000 exemplaires (dit Bergasse), eut un grand retentissement. Il fut le signal d'une nouvelle lutte, les brochures, articles, mémoires se croisèrent, et comme toujours le prosélytisme s'accrut.

Il y a peu d'années, le rapport de Bailly fut de nouveau discuté, et Arago en prit texte pour sa fameuse déclaration devenue la sauvegarde des magnétiseurs : « Qu'en dehors des mathématiques pures, il ne faut jamais prononcer le mot impossible ».

(D. p. 33)

652 [BAILLY] (J. S.). — Rapport secret présenté au ministre et signé par la commission précédente.
> 11 Août 1784, in-8°, 10 pages.

Ce rapport également rédigé par Bailly, n'aurait jamais été imprimé à part. Il contient la valeur de 10 pages in-8° a été reproduit dans le Conservateur de Fr. de Neufchateau et dans l'ouvrage de Montègre : Du magnétisme et de ses partisans. — La commission insiste sur les dangers qui résultent pour la morale et les mœurs, de l'emploi du magnétisme et d'Eslon, questionné par le Lieutenant général de police Lenoir qui assistait à quelques séances de la commission partage la même opinion que celle émise récemment par MM. Devergie, Brocquier, etc.

Bailly homme bon et doux ne devait point aimer Mesmer. Celui-ci faisait trop de bruit, et ses allures n'annonçaient ni la simplicité, ni la modestie. Mesmer dut garder rancune à Bailly, mais ce n'était pas non plus un méchant homme, et il a raconté que plus tard, trottant dans Paris, il fut arrêté par les clameurs de la foule insultant et jetant de la boue à un homme pâle et courageux que l'on conduisait à l'échafaud. C'était Bailly que Mesmer revoyait pour la première fois depuis 1784..... il se découvrit et s'inclina ému.

(D. p. 30)

653 .... — SUPPLÉMENT aux deux rapports de MM. les commissaires de l'Académie et de la Faculté de médecine et de la Société royale de médecine.

Amsterdam et Paris, Gueffier, 1784, in-4º, 80 pages, (4 fr.).

A la suite de quelques critiques sensées des rapports des commissaires en ce qui touche l'action thérapeutique du magnétisme, l'auteur donne la relation de cent onze cures certifiées soit par les malades et leurs proches, soit par des médecins. Les certificats sont signés par un certain nombre de personnages : M. de Bruno, introducteur des ambassadeurs, le prince de Beauffremont, le marquis de Rochegude, le comte de Miromenil, le marquis de Chateaurenaud, etc., par les médecins Patillon, Houry, Magraines, Pinovel, Pinon Michau, Magnine, etc., qui décrivent les maladies. Si plusieurs de ces cures laissent à désirer, quant au diagnostic et à la part réelle du traitement magnétique, un grand nombre sont incontestables et fort intéressantes autant par les détails du traitement que par son heureux résultat. — Nous aurons occasion de revenir sur le contenu de ce mémoire.

(D. p. 45

BAILLY (J. S.). — Voir : ARAGO.

654 BAIN (A.). — L'Esprit et le corps considérés au point de vue de leurs relations, suivis d'études sur les erreurs généralement répandues au sujet de l'esprit.
Paris, Germer-Baillière, 1873, in-8º, de 281 p.
[8º R. 81

655 BAISSAC (Jules). — L'âge de Dieu (Annus Dei). Etude sur les grandes périodes cosmiques et l'origine de la fête de Pâques, pour faire suite aux Origines de la Religion, du même auteur.
Paris, M. Dreyfous, 1879, in-8º, de XII-164 p. (6 fr.).
[8º G. 708

Dramaturgie du calendrier. Le Mythe d'Hercule, les fêtes cycliques. Du nom de Sothis donné a l'étoile d'Isis. Seth antérieur à Jéhovah. Le Phénix, symbole cyclique. Le feu céleste, l'oiseau lumière. Symbolisme de l'aigle. Le Bélier céleste. La Pâque égyptienne et la Pâque chrétienne symbole de la résurrection de la nature. Le Cycle d'Apis et la triacontaétéride. Les fêtes dites Heb Seth. Le Double Phénix, le vrai et le faux. Apparitions différentes, etc..........

656 BAISSAC (Jules). — Les grands jours de la sorcellerie, par Jules Baissac.
Paris, C. Klincksieck, 1890, in-8º, de V-725 pp. (15 fr.)
[8º R. 9852

Résumé de tous les grands procès de sorcellerie jugés tant en France qu'en Angleterre, Allemagne, Italie, et Espagne.
Travail prodigieux et hautement réputé, le plus sérieux et le plus documenté sur l'histoire de la sorcellerie à travers les âges.
(G.-1121

657 BAISSAC (Jules). — Histoire de la diablerie chrétienne : Le diable, la personne du diable, le personnel du diable.
Paris, Dreyfous, s.d. [1882], in-8º, de XI-911 p. (10 fr.).
[8º R. 4204

Dieu et le Diable. Deux frères consanguins, le diable est l'aîné. Les démons de la Kabbale. Incubes et succubes. Tentations charnelles. Morts violentes des sorciers et sorcières. Exorcismes. Magiciens Miroirs magiques etc..........
(G-31

658 BAISSAC (Jules). — Les origines de la religion.
Paris, G. Decaux, 1877. 2 vol. in-8º, (6 fr.).
[8º G. 206

Satan. Début du prêtre comme magicien. La main phallique. La prostituée sacrée. Sperma. Hermaphrodisme de la mère divine. Le Sabbat. Symbolisme des Pyramides. L'Ovum anguinum, etc..........

659 BAKER (Thomas). — Traité de l'incertitude des Sciences, trad. de l'Anglois [de Thomas BAKER, par Nicolas BERGER]
Paris, P. Miquelin, 1014.
[R. 27415.
De la certitude des connoissances humaines, trad. de l'Anglois.
Londres, 1641, 2 vol. in-12.
(S-2000

BAKER EDDY (Mary). — Voir : EDDY (Mary Baker).

660 BALBIAN (Josse van). — Justi a Balbian Flandri Tractatus septem de

Lapide philosophico ; dans Theatrum chemicum (1013), III, 678-734.

C'est au nom de *VAN BALBIAN (Josse)* que renvoie le Cat. de la Bibl.-Nat.

(O-960)

661 BALDIT (Mich.). — Specvlvm sacro-medicvm octogonvm : in qvo medicina octo ex angulis, veluti totidem fontibus a primo et in primum fluentibus, etc.., præfixa appendice gemina, tanquam vita speculum æquilibraliter suspensura.

Legdoni, apud D. Gayel. 1660, in-8° de 363 p. (3 fr. 50).

[T*¹ 102

Ouvrage de haute mystique. — (curieuse figure symbolique).

662 BALDUINUS (Christian Adolphe). — Aurum superius et inferius auræ superioris et inferioris hermeticum. Christiani Adolphi Balduini.....

Amstelodami, apud J. Janssonium, à Waesberge, 1675, in-12, (8 fr.).

[R. 27427

Petit traité fort rare de la Pierre philosophale, avec 3 eaux-fortes hors texte.

(G-32

663 BALE (John). — Les Vies des Evêques et Papes de Rome, depuis la Dispersion des Disciples de Jésus-Christ, par J. Baleus.

Genève, C. Badius, 1561, in-8°, LVI-706 p. et Tab.

[H. 9080

De toute rareté.

(S-4870

BALFOUR STEWART et TAIT. — Voir : *STEWART* (Balfour) et Tait.

664 BALL (Docteur Benjamin), professeur à la Faculté de Médecine. — La Morphinomanie. Les Frontières de la Folie. Le dualisme cérébral. Les Rêves prolongés. La Folie gémellaire, ou aliénation mentale chez les jumeaux.

Paris, Asselin et Houzeau, 1885, in-18, de 166 p. et tab.

[Tf²⁰ 130 (5)

665 BALL (W. ROUSE) Fellow and Tutor of Trinity College, Cambridge, né à Londres en 1850.— Récréations Mathématiques et Problèmes des Temps Anciens et Modernes par W. Rouse BALL.

Deuxième édition française.... par J. Fitz Patrick.

Paris, A. Hermann, 1907-1908-1909, 3 vol. pet. in-8°, fig. (15 fr.).

[8° V. 32206

Tome I. — Histoire des Nombres. — Questions et problèmes d'arithmétique et d'Algèbre. — Les Nombres de Mersenne.

Tome II. — Questions de Géométrie. — de Mécanique. — diverses. — Des CARRÉS MAGIQUES. — Problèmes des tracés continus. — Trois problèmes de Géométrie : Duplication du Cube, Trisection de l'Angle, Quadrature du Cercle.

Tome III. — Carrés Magiques. — Astrologie. — Hyperespace. — Du Temps et de sa mesure. — Géométrie par le pliage et le découpage du papier.

666 BALLACEY (H.). — L'Antre des Mystères.

Auxerre, Imp. de E. Devillaire. [1874] in-16 de VI-370 p.

[Y² 15470

Relatif à la Franc-Maçonnerie.

BALLANCHE (Pierre Simon). — « Philosophe Mystique », nous dit Larousse, est né à Lyon en 1776 et mort à Paris en 1847. D'abord imprimeur à Lyon, il se fit l'apôtre de la Palingénésie, tout en s'occupant aussi de politique et même de mécanique. En 1842, il fut élu Académicien. Il fut l'ami de Mme Récamier.

667 BALLANCHE de l'Académie de Lyon. — Œuvres : Antigone. Le vieillard et le jeune homme. Camille Jordan, L'homme sans nom. Palingénésie sociale, etc.

Paris, « Encyclopédie des Connaiss. Utiles », 1833, 6 vol. in-12, (12 fr.).

[Z. 30080-5

Idem :

Paris, J. Barbezat, 1830, 4 vol. in-8°.

[Z. 41231-4

Créateur d'une théosophie chrétienne très élevée. Ballanche est au premier rang des philosophes mystiques. Dans sa Palingénésie sociale, il ouvre les horizons les plus larges à l'avenir, et considère le catholicisme comme une simple forme évolutrice du christianisme. Son Orphée est resplendissant de lumière, et la Vision d'Hébal témoigne d'un don indéniable de seconde vue.

(G.-1122

668 BALLANCHE (P. S.). — Antigone, par P. S. Ballanche. Nouvelle édition ornée de 6 gravures d'après les dessins de M. Bouillon.
Paris, Beaujouan et Jourdan, 1830 in-8° de 328 pp. (4 fr. 50).
[Ye. 14712 (?)

Édition rare de ce fameux palingénésiste, enrichie de 6 belles gravures sur acier de Bouillon.

669 BALLANCHE (P. S.). — Essais de Palingénésie Sociale : Prolégomènes. Orphée.
Paris, Imp. de J. Didot aîné, 1827-29, 2 forts gr. in-8° (7 fr.).
[Z. 41229-30

670 BALLANCHE (P. S.). — L'Homme sans nom.
Paris, Le Normant, 1832, 2 vol. in-12.
[Y² 15479-80
Autre édition :
Paris, Imp. de J. Didot aîné, 1828, 158 pages in-8°. (3 fr. 50).
[Y² 15478

Remarquable ouvrage de ce philosophe, voyant et prophète du monde moral qui eut l'honneur de remettre en lumière le dogme palingénésique.

671 BALLANCHE (P. S.). — La ville des Expiations, ouvrage posthume.
Paris, Falque, s. d. in-8°. (2 fr.).

Les idées émises par l'auteur ne sont que les conséquences des principes posés par le christianisme.

Autre édition (?)
[Paris], Imp. de A. Pinard, s. d. [1832], in-8° de 24 p.
[Y²p. 901
BALLANCHE (P. S.). — Voir : HUIT (Charles).

672 BALLAND (A.), ancien pharmacien à l'Intendance. — Les aliments. Analyse, expertise. Valeur alimentaire, Céréales, farines, pains, légumes, fruits, viandes, poissons, etc...
Paris, J. B. Baillière, 1907, 2 in-8° (14 fr.).
[8° Te²⁸ 94

Tome I : — Traité de la chimie des aliments. Céréales. Moutures du blé, farines, etc... Analyse du pain : expériences à l'Intendance (pain du siège de 1871). Biscuits. Pâtisseries. Avoine, maïs, orge, riz, sarrazin, sorgho. Seigle et Méteil, (I-413) : 1/3 seigle et 2/3 froment. Curiosités alimentaires exotiques, (I-423).

Tome II : — Légumes, fruits, condiments par ordre alphabétique. Analyses de tous ces corps : très complet et curieux ; jusqu'aux terres comestibles, (II-191) qui sont « sans valeur alimentaire » (p. 192). Viandes, poissons, fromages, conserves. Boissons ; Eaux, bières, cidres, vins, hydromels (II-318) : la pulque mexicaine. Café, thé, chocolat. Fromages. — Terminé par « le Phosphore et le Soufre des aliments » (II-463).

673 BALLET (l'abbé François). — Histoire des Temples des Payens, des Juifs, des Chrétiens, par M. l'abbé Ballet.
Paris, Cailleau, 1760, fort in-12 de XIV-422 p. Front. gravé et fig. (5 fr. 50).
[D. 12888

Antiquités des Autels en général. Le Temple de Jérusalem. Lieux où s'assemblaient les premiers chrétiens, etc...

674 BALLET (Dr Gilbert). — Histoire d'un visionnaire du XVIIe siècle. Swedenborg, par le Dr Gilbert Ballet.
Paris, Masson, 1899, in-16, 228 p. portrait.
[8° M. 11142

675 BALMÈS (Jacques). — Art d'arriver, ou vraie Philosophie pratique. Trad. de l'Espagnol, par M. Ed. Manec. Préface de M. de Blanche-Raffin.
Paris, A. Vaton, 1850, pet. in-8° de XII-312 p.
[R. 27444

Autre édition :
Paris, Bray, 1893, in-12. (2 fr.).
Réimprimé 10 fois de 1850 à 1887. Intéressant ouvrage de philosophie moderne et essentiellement pratique. Clair, et rempli d'exemples à la portée de tout le monde.

676 BALSAMO (Joseph). — Les petits mystères de la destinée : la Chiromancie ou la science de la main : la Physiognomie ou la science du corps de l'homme ; l'Astrologie ou connaissance de l'influence des corps célestes sur le caractère des hommes, etc...
Paris, Garnier frères, s. d. [1861]. in-18 de 248 p. figures.

[V. 31249

Un des rares traités où l'on trouve des données sur la chiromancie des doigts. Il traite également des chiffres et de leur influence occulte, et de la Kabbale.

Réimpr. : *Ibid, l.l,* 1883. in-18 de 180 p.

[8° V. 6382

BALTHUS, ou BALTUS (le P. Jean François), Jésuite, né à Metz, vers 1667, mort à Reims en 1743, dirigea plusieurs collèges de Jésuites, et doit la célébrité à sa Réfutation de l'Ouvrage de Fontenelle sur les Oracles.

677 BALTHUS (le P. J. F.). — Réponse à l'Histoire des oracles de M. de Fontenelle. Dans laquelle on réfute le système de M. Van Dale, sur les auteurs des oracles du paganisme, sur la cause et le temps de leur silence ; et où l'on établit le sentiment des Pères de l'Église sur le même sujet.
Strasbourg, J. Renauld-Doulssecker, 1707-8. 2 vol. in-8°. frontispice. (4 fr.).

[J. 21025-6

Ouvrage aussi célèbre que celui même de Fontenelle, qui reconnaissant le mérite de son adversaire, déclarait plaisamment que « le diable avait gagné sa cause ». Avec un frontispice allégorique de toute beauté gravé par Seupel.

(G-1123 & 1761

678 BALTHUS (le P. J. F.). — Suite de la réponse à l'Histoire des oracles, dans laquelle on réfute les objections insérées dans le XIII° Tome de la bibliotéque (sic) choisie et dans l'article II de la République des lettres ; et où l'on établit sur de nouvelles preuves le sentiment des SS. Pères touchant les Oracles du Paganisme.
Strasbourg, Doulssecker, 1708. in-8°. (4 fr.).

[J. 21026

Réfutation de l'Histoire des Oracles du savant hollandais Van Dale, traduit en français par Fontenelle.

(G-1124

BALZAC (Honoré), dit « DE » Balzac. Né à Tours, le 27 floréal an VII (16 mai 1799) ; mort à Paris, le 20 août 1850. Sa vie présente un remarquable exemple de l'évolution psychique savamment étudiée par le Dr Richard BUCKE (q. v.) sous le nom de « CONSCIENCE COSMIQUE ». D'après cet auteur, « Louis Lambert » serait, en réalité une sorte d'autobiographie de Balzac ; et il fixe à l'année 1831 (où Balzac a atteint sa 32° année), l'époque de son accession consciente au monde spirituel. Il est de fait que, avant cette époque Balzac avait publié sous le pseudonyme de « *Horace de Saint-Aubin* » une quarantaine de volumes de si peu de valeur qu'ils n'ont pas été donnés dans les « Œuvres complètes » tandis que, subitement, après cette date il est devenu un des plus grands et des plus incontestés génies du siècle. Ses ouvrages mystiques semblent certainement l'œuvre d'un Voyant.

Dans son ouvrage cité ci-dessus, le Dr Bucke lui consacre les pages 165-178.

679 [BALZAC (H. de)]. Horace de St Aubin. — La dernière fée.
Bruxelles, 1836, in-12, (5 fr.).

(Manque généralement aux « Œuvres complètes »).

Œuvre de jeunesse de l'auteur, sévère-

Sc. psych. — T. I. — 7.

ment jugée par Larousse : œuvre charmante et peu connue, dans laquelle le Maître affirme son universel talent.

La Bibliothèque Nationale en possède au moins *cinq* exemplaires de diverses éditions :

Paris, H. Souverain, in-8°.
[Y². 15738
Paris, Lib. Nouvelle et Michel Lévy frères, in-16.
[Y². 1582
Paris, J. N. Barba. 1825. 2 vol. in-12.
[Y². 15010-1
Poissy, Imp. de S. Lejay. 1874, in-8° de 48 p.
[Y². 680
Paris, Maresq. 1855. in-8°.
[Y². 804

680 BALZAC (H. de). — Études philosophiques (La comédie du Diable. L'enfant maudit. L'Elixir de longue vie, Melmoth. Les deux rêves. Maître Cornélius. Jésus-Christ en Flandre. L'auberge rouge. La messe de l'Athée. Facino Cane. Le secret des Ruggieri. Louis Lambert, etc..)
Bruxelles, 1836. 4 vol. in-16.

Rare recueil de ces contes philosophiques où Balzac a su mettre en action plusieurs données secrètes de l'Occultisme et de la Mystique divine et diabolique. Dans ces histoires, il expose les doctrines mystiques de J. Böhme, de Swédenborg, etc...

681 BALZAC (H. de). — Études philosophiques. La recherche de l'absolu.
Libr. nouvelle, 1860. in-16. (1 fr. 50).

682 BALZAC (H. de). — Histoire impartiale des Jésuites.
* Paris, C. Lévy, 1880. in-8° de 98 p. Portrait du P. Beckx. (1 fr, 50).
[Ld³⁹ 1031
Orné d'un portrait.

683 BALZAC (H. de). — Le Livre mystique. Les proscrits. Histoire intellectuelle de Louis Lambert. Séraphita.

Paris, Werdet, 1832, 2 vol. in-8°.
[Y² 15687-8
Edition originale :
Paris, Werdet. 1836, 2 vol. in-8°, (10 fr.).
[Y² 15689-90
Édition qui présente certaines différences avec l'édition précédente. Elle renferme dans le tome I : les Proscrits et l'Histoire intellectuelle de Louis Lambert, et dans le tome II Séraphita.

BALZAC (Honoré de). — Voir : SILAS (Ferdinand).

684 BANCAL DES ISSARTS, député au Corps législatif par le département du Puy-de-Dôme. — Du nouvel ordre social fondé sur la religion, par Jean Henri Bancal des Issarts.
Paris, Baudoin, vendémiaire an V, in-8° de 355 p. (7 fr.).
[R. 27513
Ouvrage rare et des plus curieux.
(G-33

685 BANCEL. (F. Désiré). — Histoire des révolutions de l'esprit français, de la langue et de la littérature française au Moyen-Age.
Paris, A. Claudin, 1878. in-16 de XXV-200 p. portrait. (3 fr.).
[8° Z. 766

On sait le rôle mystérieux des troubadours au moyen-âge. Ils faisaient partie tous de la massenie, terme qui correspond à celui plus moderne de maçonnerie. Bancel les suit dans leurs chansons de geste, scrute leurs satires, pénètre dans leurs allégories, et nous fait de cette époque obscure un tableau plein de vie et de lumière.

686 BANCIUS (Charles de). — Caroli de Bancii, Modus interrogandi Dæmonem ab Exorcistâ.
Venetiis, 1643. in-8°.
(S-3223

687 BANGIUS (Thomas). — Cœlum Orientis et prisci mundi triade, exercitationum literariarum repræsentatum.
Hafniae. typis P. Morsingii, 1667, pet. in-4°, frontisp. et pl. (25 fr.).

De Pliniana literarum æternitate, primis literarum natalibus libro Henochi et literis cœlestibus. — De litteratura patriarchali : literis Adami, Sethianorum, Henochi, Noachi, Hetruscorum ; item de literarum cœlestium et angelicarum figura et futilitate.Exercitatio literariæ antiquitatis tertia Hieronymi opinioni de Esdraco hodierni characteris Hebraici novo invento modeste opposita.

Avec un curieux frontispice gravé et nombreuses reproductions dans le texte de caractères orientaux.
Ecriture d'Adam. Hénoch et son livre. Les caractères célestes de Gaffarel expliqués, etc....
Edit. originale (?)
Ibid. P. Hauboldi. 1057. in-4° xii-224 pp. et frontisp. gravé.

[Z. 3093

688 BANIER (abbé Antoine), académicien, né à Dalet (Auvergne) vers 1673, mort à Paris, vers 1741. — Cérémonies des grandes et petites messes, avec les messes solennelles du Pape, des évêques, des morts et de la conduite qu'on doit tenir à l'église.
Paris, 1806. in-12, (20 fr.).

Petite édition rare, renfermant 35 figures de Séb. Le Clerc, gravées sur cuivre par Bernard Picart, tirées sur les planches originales de 1722 et enluminées au pinceau.

689 BANIER (l'abbé). — Explication historique des Fables où l'on découvre leur origine et leur conformité avec l'histoire ancienne.
Paris, F. Le Breton, 1715, 3 vol. in-12. (12 fr.).

[J. 24943-5

Seconde édition fort augmentée avec un frontispice gravé par Scotin. (8 fr.).
L'édition originale :
Ibid. Id. 1711, 2 vol. in-12.

[Rés. J. 3178-9
(G-1125

690 BANIER (abbé Antoine). — La Mythologie et les Fables expliquées par l'Histoire, par l'abbé Banier.
Paris, Briasson, 1738 à 40, 3 vol. in-4°.

[J. 7818-20

C'est la 3ᵉ édition, entièrement refondue, de l' « Explication Historique des Fables ».

(S-3992

99

691 BAPST (F. G.) et AZAIS. — Explication et emploi du magnétisme par Bapst et Azaïs.
Paris, Grabit et Emery, 1817, in-8° 64 pages (4 fr.).

[Tb⁶⁴ 106

Bapst était un ancien joaillier, et Azaïs est le philosophe auteur du système des compensations. Tous deux furent des partisans du magnétisme.
Très rare ouvrage sur le magnétisme.
(D. p. 89

692 BAPTISTE (Marc). — Lettres aux paysans sur le spiritisme.
Paris, Librairie spirite, 1870. in-18 de IV-126 p. (2 fr.).

[R. 43025
(G-1466

693 BARADUC (Dʳ Hippolyte- André-Ponthion). — Etudes théoriques et pratiques des affections nerveuses considérées sous le rapport des modifications qu'opèrent sur elles la lumière et la chaleur ; théorie de l'inflammation ; des ventouses vésicantes.
Paris, J. B. Baillière, 1850, in-8° de 289 p. (3 fr. 50).

[Td⁸⁵ 208

694 BARADUC (Dʳ Hippolyte-Ferdinand). — L'âme humaine, ses mouvements, ses lumières et l'iconographie de l'invisible fluidique.
Paris, Geo. Carré, 1896, in-8° de 200 p. et fig. (12 fr.).

[8° R. 13792

Avec 70 simili-photographies. La découverte du Dʳ Baraduc ne consiste en rien moins qu'à photographier directement le Plan astral inférieur. Notre double sideral lumineux projette ses rayons qui sont visibles dans l'obscurité pour les sensitifs. L'auteur a réalisé une importante découverte ouvrant le Plan astral à l'investigation des savants. Mouvements de l'âme vitale. Lumières de l'âme vitale. Science de lumière et de vie. Communion de l'âme humaine avec les forces extra-humaines cosmiques. L'extase et la prophétie, etc...

(G-1126

695 BARADUC. (Dʳ H. F.). — La biométrie appliquée à l'électrothérapie.

Paris, Géo. Carré, 1803, in-8° de 87 p. et fig. (3 fr.).

[Td¹⁵ 211

Extrait de « La Force Vitale ».

696 BARADUC (Dʳ H. F.). — La Force courbe : photographies des vibrations de l'Éther. Loi des Aura.
Paris, 1897, in-8°. (3 fr. 50).

Dans ce travail remarquable, le savant auteur de l'âme humaine étudie les émanations fluidiques de l'être, et prouve, avec documents à l'appui, la réalité de l'emprise et de l'imprégnation fluidiques. D'une importance capitale pour l'étude de la magie ; cette brochure se recommande encore par 22 photographies du plus haut intérêt.

697 BARADUC (Dr H. F.). — La Force curative à Lourdes, et la psychologie du Miracle, avec six Planches hors texte.
Paris, Bloud. 1907, in-16 de V-30 p. et pl. (1 fr.).

[8° Td³³ 846

Contrairement à la plupart des médecins qui s'obstinent à nier les phénomènes extraordinaires de Lourdes, le Dr Baraduc, si avantageusement connu par ses publications savantes a étudié, sans parti-pris, le miracle, non point seulement dans ses résultats, mais surtout dans sa cause. Il a voulu connaître la force mystérieuse opérante puisqu'il ne peut y avoir d'effets sans cause, et muni de plaques photographiques de la plus grande sensibilité, il a été assez habile pour obtenir des négatifs merveilleux (reproduits dans sa brochure) au moyen desquels on peut voir les énergies d'En-Haut descendre, bénéfiques, sur la foule extasiée. Document du plus grand intérêt.

698 BARADUC (Dr H. F.). — La Force vitale. Notre corps vital fluidique, sa formule biométrique.
Paris, Georges Carré, 1803, in-8° VIII-224 p. (7 fr.).

[Tb¹¹. 125

Ouvrage de tout premier ordre, fruit de longues et patientes recherches, et d'un caractère scientifique. Il contient de nombreuses gravures et schémas. Expressions enregistrables de la vie. La force vitale et la loi de consommation du mouvement libre par les modes de l'énergie. Le corps vital fluidique. Enermon (Ame psychique). Puissances et centres hiérarchiques animiques du corps vital. Interprétation de la formule biométrique. Changement de la personnalité. Influence de la suggestion, etc.....

699 BARADUC (Dr H. F.). — L'Iconographie en anses de la force vitale cosmique et la respiration fluidique de l'âme humaine. Son atmosphère fluidique.
Paris, Géo Carré, 1800, in-8° 80 p. et fig. (7 fr.).

[Tb¹¹, 155

L'Iconographie, c'est le graphique des formes des images ou des vibrations invisibles totalement différent de l'électrographie, ainsi que des photographies dites spirites.
Extrait de « l'Ame humaine, ses mouvements, ses lumières ». L'édition a été rachetée par Paul Ollendorff qui l'a remise en vente sous son nom, et la date 1897.

700 BARADUC (Dr H. F.). — Mes Morts, leurs manifestations, leurs influences, leurs télépathies.
Paris, P. Leymarie, 1908, in-8° de 80 p. fig. 8 pl.

[8° R. 22133

Nombreuses photographies hors texte reproduisant les diverses évolutions de l'âme après la vie terrestre.

Avec une émotion communicative et une conviction pénétrante, le Docteur Baraduc nous initie dans cet ouvrage rempli de faits étranges, aux mystères les plus intimes de sa vie privée. Jamais l'au-delà n'a été sondé si avant que dans ces pages, où les sciences positives mettent leur précision au service du grand inconnu qu'est le problème de la vie et de la mort. L'éminent praticien, en commerce constant avec l'invisible, l'a photographié dans ses manifestations diverses. Il a connu de visu, le terrible gardien du seuil familier aux occultistes, et compris sa mission sacrée. Magistes, théosophes, spiritualistes de toute école trouveront dans ce livre des clartés nouvelles appuyées sur les expériences les plus sincères. Un chapitre important où l'auteur révèle le moyen de faciliter, au moment suprême, le dégagement de l'âme, sans crainte ni souffrance, par des procédés inédits d'extériorisation suffirait à lui seul à consacrer ce travail déjà si suggestif par ailleurs.

701 BARADUC (Dr H. F.). — Obser-

vations sur le magnétisme (électro magnétisme).
S. l. (1890). in-8°. (o fr. 75).

702 BARADUC (Dr H. F.). — Précis des méthodes électrothérapiques spéciales aux affections : 1° du système nerveux ; 2° de la matrice ; 3° de l'estomac.
Paris. (1889). in-8° figures. (1 fr. 50).

703 BARADUC (Dr H. F.). — Les Vibrations de la Vitalité humaine.
Paris, J. B. Baillière et fils. 1000, in-8° (Extrait).

Et encore : Ibid. Id. 1904. in-8° de VIII-280 p. fig. (10 fr.).
[Te¹¹ 221

Ouvrage de la plus grande valeur pour la réalisation de l'œuvre magique, et le plus savant qui ait été écrit sur les propriétés occultes du corps humain, depuis Agrippa. L'étude des correspondances y est poussée à fond. Carré orienté aux quatre points cardinaux. Distribution dans ce carré cosmogonique des 12 flux de force éthérique, suivant 12 orientations différentes correspondant aux 12 mois de l'année, aux 12 heures du jour et de nuit, et aux 12 formules bimanuelles. Révolution intérieure de la force plastique dans les 12 secteurs du cercle inscrit faisant des 12 orientations 12 heures vivantes pour le jour, comme 12 vitalités particulières en rapport avec chacun des 12 mois de l'année. Ces 12 heures correspondent aux forces verticales, horizontales, diagonales et diaboliques qui traversent les 4 parallélogrammes de force entourant le corps humain dans les trois dimensions en hauteur, largeur et épaisseur, c'est-à-dire dans les 12 parallélogrammes à considérer de jour et de nuit. Le cerveau mis dans le carré cosmogonique, sa faculté de cohérer les vibrations de l'Ether, de les adapter à son actif par notre conscience spiritualisée, démontrée par la télégraphie, la télépathie, la psychométrie. — Les bons et les mauvais fluides. Condensation et décondensation. Adaptation des forces fluidiques. Forces concordantes et discordantes. Orientation. Les vibrations de l'Ether en rapport avec la foi, l'imagination, la prière, la volonté, etc...

De nombreuses figures cabalistiques illustrent ce merveilleux volume.

704 BARAGNON (P. Pétrus). — Etude du magnétisme animal sous le double point de vue d'une exacte pratique, suivie d'un mot sur la rotation des tables, par P. Pétrus Baragnon.
Paris, Germer Baillière, Toulouse Feillès, Juillet 1853. in-8° 2° éd. VII-411 pages. (5 fr.).

La première édition, annonce l'auteur aurait été publiée à l'étranger. M. Baragnon n'accorde à la volonté aucune importance. Il n'admet pas l'application du somnambulisme comme ressource médicale ; ses procédés de magnétisation sont compliqués et rappellent l'essai d'Aubin Gauthier qui voulait spécialiser les passes ou gestes du magnétiseur ce qui est regardé aujourd'hui comme inutile. Ce livre contient un essai sommaire d'histoire chronologique du magnétisme.
(D. p. 151
(G-1127

705 BARBA (l'abbé Alvaro Alonso). Berg-Büchlein, darinnen von der Metallen und Mineralien Generalia und Ursprung, wie auch von derselben Natur und Eigenschafft. Mannigfaltigkeit.... anfangs in Spanischer Sprache beschrieben..... in Teutschübersetzet von J. L. M. C.... ; (Johann Lange).
Hamburg. Gottfr. Schultz. 1676, pet. in-8° de IV-208 pp.
Autre : Franckfurt am Mayn. J. F. Fleischer. 1739.- in-8°.
[S. 19915
(O-1182

706 BARBA (abbé Alvaro Alonso). — Traité de l'art métallique, auquel on a joint un Mémoire concernant les Mines de France ; avec un tarif qui démontre les Opérations qu'il faudrait faire pour tirer de ces mines l'or et l'argent qu'en tiroient les Romains, lorsqu'ils étaient maîtres des Gaules.
Paris, Saugrain père, 1730, in-12 de XX-264 p. et pl. gravées.
[V. 25520
Paris. 1733, in-12, (10 fr.).

Volume rare et recherché contenant de fort curieux préceptes d'hermétisme et des données sur l'art métallique. L'éditeur de ce livre Hautin de Villars, fut un très habile transmutateur. L'ouvrage est accompagné de 7 planches, gravées et pliées, hors texte, fort belles et curieuses.

Cet ouvrage est un abrégé de l'ouvrage de Barba : Arte de los Metales, in-4°, publié à Madrid en 1640. [V. 11045. Barba était à son époque un auteur très estimé sur l'art métallique.

707 BARBÉ (Daniel). — Lourdes, hier, aujourd'hui, demain.— Préface de Mgr. de Rovérié de Cabrières.
Bordeaux, Moullouis, 1895. in-8° pl. en coul. h. t. (4 fr.).

[Lk⁷ 28535

708 BARBEAU DE LA BRUYÈRE. — La vie de M. François de Paris, diacre. S. L. 1731, in-12 de 80 p. (5 fr.).
Orné d'un portrait. — A la fin, se trouve : Prière d'un malade qui demande à Dieu sa guérison par l'intercession du S. diacre Monsieur Paris. (8 p.)

[Ld⁴ 1732

709 [BARBEGUIÈRE (docteur)]. La Maçonnerie mesmérienne, ou les Leçons prononcées..... en loge mesmérienne de Bordeaux, l'an des influences 5784 et du mesmérisme le premier par M. J. B.... [docteur Barbeguière]. D. M.
Amsterdam, 1784, in-8° 83 pages
[Tb⁶⁵ 3
Brochure contre Mesmer. Très rare.
(D. p. 56

710 [BARBET (L. R.)]. — Loge centrale des véritables Francs-Maçons, ou Lettre d'un Philosophe du Nord à madame la princesse de N... (par L. R. Barbet),
Paris, Michelet, X-1802, in-12 de VIII-272 pp.
C'est bien la plus drôlatique histoire de la Franc-Maçonnerie.
Les trois hommes illustres ou dissertations sur les institutions politiques de César-Auguste, de Charlemagne (sic) et de Napoléon Bonaparte.
Paris, Michelet 1803. in-12. (7 fr. les deux).
Ouvrages peu connus se faisant suite l'un à l'autre et qui donnent non seulement l'hist. de la Franc-Maçonnerie moderne, mais encore celles des sociétés secrètes antiques depuis les législateurs Isis, Thaut (sic) et Zoroastre.

(O-463
(G-35

711 BARBEY d'AUREVILLY (J.). — L'ensorcelée.
Paris, Lemerre, 1873 in-12 de 292 p. Portr. (6 fr.).

[Y² 16101-2
Portrait de Barbey d'Aurevilly, gravé à l'eau-forte par Rajon, et 6 eaux-fortes de Buhot.
L'édition originale est de :
Paris, A. Cadot, 1855. 2 vol in-8°
[Y² 16101-4

712 BARBEY d'AUREVILLY. (J.). — Poussières.
Paris. A. Lemerre. 1897 pet in-8°, de 92 p. (5 fr.).

[8° Yc. 4445
Ouvrage rare de ce célèbre philosophe et polémiste. tiré à 500 exemplaires.

713 BARBIER (Antoine Alexandre). — Né à Coulommier en 1795. savant bibliographe, bibliothécaire de Napoléon. — Dictionnaire des ouvrages anonymes et pseudonymes composés, traduits ou publiés en Français et en latin avec les noms des auteurs, traducteurs et éditeurs, accompagné de notes historiques et critiques. 2ᵉ édit. revue et augm. (Édition encore estimée car elle renferme en plus des suivantes. une table des pseudonymes et une table des auteurs.). Portrait. (10 fr.)
Paris.Barrois, 1822-27. 4 forts vol. in-8°.
Paris. Impr. Bibliogr.1806. 4 vol. gr. in-8°.
[Q 4588-91
Autres éditions :
Paris. Daffis. 1869-1879. 4 vol. gr. in-8°.
Paris, P. Daffis 1872-79. gr. in-8° (45 fr.)(avec le suppl.).
[8° Q.1021
Gust. Brunet a publié en 1889 un Supplément à la dernière édition de 1872-79 (voir : *BRUNET* Gustave).

714 BARBIER (Ant.Alex.) et N. L. M. Desessarts. — Nouvelle bibliothèque d'un homme de gout, entièrement

refondue, corrigée et augm., contenant des jugements tirés des journaux les plus connus et des critiques les plus estimés, sur les meilleurs ouvrages qui ont paru dans tous les genres, tant en France que chez l'Etranger jusqu'à ce jour.

Paris. Duminil-Lesueur, 1808-1810 5 vol. in-8° (18 fr.).

[Q. 5538-42

Rare.

La meilleure et la plus complète de toutes les éditions de ce recueil qui donne d'intéressants renseignements bibliographiques sur les ouvrages les plus connus, des aperçus de la valeur littéraire des traductions des auteurs anciens ou étrangers, etc....

La 1re édit. publiée en 1772, est l'œuvre de l'abbé L. Mayeul-Chaudon.

715 BARBIER (Abbé Emmanuel). Les Erreurs du Sillon. Histoire documentaire. I. Erreurs religieuses. II Erreurs sociales. III. Erreurs de polémique et de conduite.

Paris. P. Lethielleux, 1906, in-16 de 380 pp.

[8° R. 20877

Plusieurs autres études du même auteur sur le même sujet : [8°R.21030 [8° R. 20101 — [8° R. 20385.

715 bis BARBIER (Abbé Emmanuel). — Les Infiltrations Maçonniques dans l'Eglise.

Paris, 1910, in-8°. (3 fr.50).

Violente critique, copieusement documentée, de tout le mouvement Maçonnique et Esotérique contemporain.

L'Occultisme ; son Histoire et ses Doctrines. — La Gnose ; sa Restauration, le Rôle de la Gnose contemporaine. — Le Gnosticisme dans ses rapports avec l'Occultisme et la Franc-Maçonnerie.— La Kabbale. — La Théosophie. — Le Martinisme. — L'Ordre Kabbalistique de la Rose † Croix. — Catholicisme et Esotérisme. — La Rose † Croix Catholique. — Joséphin Péladan ; le Comte de Larmandie ; le Docteur Alta ; Albert Jouney. — Les Entretiens Idéalistes et M. Paul Vulliaud. — Les Sociétés secrètes Catholiques. — etc.

716 BARCKHAUSEN ou BARCHUSEN (Johannes Conradus). — Elementa chemiae. quibus subjuncta est confectura lapidis philosophici imaginibus repræsentata.

Lugd. Batav. apud T. Haak, 1718 pet. in-4° de 532 p. et pl. (15 fr.).

[R. 6927

Ouvrage peu connu malgré la célébrité de son auteur, dans lequel en outre des applications de la chimie à la médecine on trouve une partie toute entière consacrée à la recherche de la pierre philosophale, procédé représenté en 78 figures symboliques gravées.

717 BARCHUSEN (J. C.). — Pyrosophia, succincte atque breviter Iatro-Chemiam, rem metallicam et Chrysopoeiam pervestigans ; opus Medicis, Physicis,. Chemicis. Pharmacopœis Metallicis. etc....

Lugduni. Batavorum, impensis C. Boutesteni. 1698. in-4° de 400 p. (15 fr.).

[Te¹³¹ 140

Enrichie de figures grav. hors texte. Barchusen était un habile chimiste, dont les ouvrages sont fort recherchés. On assure qu'il connaissait le secret des vrais chimistes. La seconde et la troisième partie de cet ouvrage qui regardent la métallique et la science hermétique, sont très curieuses et méritent d'être consultées.

BARCLAY (Jean), d'une famille Ecossaise fixée en France à cause de sa fidélité au catholicisme, il naquit à Pont-à-Mousson vers 1582, et mourut à Rome en 1621.

718 BARCLAY (Jean). — Le Tableau des Esprits, de M. Jean Barclay.

Paris, J. Petit-Pas, 1625, in-8° de 443 p.

[R. 19889
(S-5143

719 BARCUS (Leo). — « Barcus » est le nom du *Génie de la Quintessence* (Cinquième heure du Nuctéméron d'Apollonius de Thyane). — Les secrets des secrets, contenant des remèdes naturels et efficaces pour conjurer et guérir toutes sortes de maladies des bêtes domestiques à quatre pattes.

S. l. in-12, (3 fr.).

Curieux et très recherché.

720 [BARELLI (le P. Jean François) Jésuite.], — La Thaumaturge du XIXᵉ Siècle, ou Sainte Philomène, Vierge et Martyre. Nouvelle édition, corrigée et augmentée de Prières et de Cantiques.
A Lyon, chez Rusand. A Paris, chez Poussielgue-Rusand. 1855. (3 fr.)
In-12 de 525 p. Frontisp. et 1 pl. hors-texte.

Étrange histoire des apparitions de cette Sainte a trois personnes différentes auxquelles elles révèle sa biographie.
La similitude entre ces « Miracles » et les manifestations spirites courantes est vraiment frappante.
Découverte du saint corps de sainte Philomène. — Histoire du Martyre de Ste Philomène. — Translation du corps de Ste Philomène à Mugnano. — Divers Miracles opérés par l'intercession de Ste Philomène. — Pratiques de Dévotion en l'honneur de Ste Philomène, etc.
Édition originale : Lausanne, Samuel de Lisle, 1834, in-18 (Barbier. IV-686)

BARENT COENDERS VAN HELPEN. — Voir : *COENDERS VAN HELPEN (Barent).*

721 BARÈS (J.). — L'Univers, la Terre et l'Homme.
Paris, Imp. de la Bourse du Commerce. 1904, in-16 de 160 pp. portr.
[8° R. 10704

BARESTE (Eugène). Littérateur et Journaliste Parisien, né en 1814, mort en 1861. Commentateur de Nostradamus, il a aussi laissé un Roman sur sur la Marquise de Brinvilliers. Il fut rédacteur en chef de la « République » en 1848.

722 [BARESTE (Eug.)]. — Mémoires et prophéties du petit Homme Rouge par une sibylle. Depuis la Saint Barthélemy jusqu'à la nuit des temps. [par E. Bareste].
Paris, Aubert, 1843, in-32 de 120 p. 8 pl. (4 fr.).
[Lb⁵¹ 3778

Petite plaquette rare avec 8 curieuses figures hors texte naïvement gravées à l'eau forte dont 2 représentant Napoléon et 1 une exécution révolutionnaire.
(G-1130

723 BARESTE (Eug.). — Nostradamus, par Eugène Bareste.
Paris, Maillet, 1840, in-12, XVIII-527 p. portr.
Trois éditions différentes de même date et éditeur, deux in-12, une in-8° de XII-527 p. (6 fr.).
[Ln²⁷, 30411 A et B
I. Vie de Nostradamus. — II. Histoire des oracles et des prophètes. — III. Centuries de Nostradamus. — IV. Explication des quatrains prophétiques. (Nombreux renseignements Bibliographiques).
Eugène Bareste, surnommé Barestadamus, s'était passionnément adonné à l'étude des centuries du médecin de Salon. Son livre est précieux par la longue étude qu'il consacre aux prophètes de tous les temps et de tous les lieux, dans un copieux chapitre intitulé : Prophètes et prophéties. Une vie de Nostradamus, et enfin les fameuses centuries suivies d'une interprétation font de cet ouvrage un travail très substantiel.

724 BARESTE (Eug.). — Prophéties. La fin des temps, avec une notice par Eugène Bareste.
Paris, Lavigne, 1840, in-18 de XII-130 p. (3 fr. 50).
[R. 27003

Devenu rare malgré 4 éditions françaises et au moins deux belges. (Bib. Natᴸᵉ)

725 BARETY (Dr.). — Le magnétisme animal étudié sous le nom de force neurique rayonnante et circulante dans ses propriétés physiques, physiologiques et thérapeutiques.
Paris, O. Doin, 1887, fort in-8° de XVI-662 pp. fig. (8 fr.)
[Tb⁶³ 58

Orné de 82 figures dans le texte.
(Œuvre remarquable d'un mesmériste. L'auteur, dans une longue suite d'expériences et d'observations, démontre qu'il existe réellement dans le corps humain une force particulière, qu'il appelle force neurique, identique à l'action du magnétisme animal, analogue à l'électricité.

726 BARGONE (Charles), officier de marine, né en 1875, pseud. Claude FARRÈRE. — La Maison des Hommes Vivants.
Paris, Ollendorff, 1910 (?) in-12.
Roman de merveilleux.

727 BARICELLI (Jules César). — Julii Cæsaris Baricelli a Sancto Marco Hortvlvs Genialis ; siue Arcanorum valde admirabilivm tam in arte Medica quam reliqua Philosophia, compendium curiosis naturæ scrvtatoribvs, etc...
Genevæ, apud P. Albert. 1620. 2 part. in-16. (4 fr.).

[Z. 41311
(S-3198

728 BARIN (Théodore). — Le monde naissant ou la création du monde, démonstrée par des principes très simples et très conformes à l'histoire de Moyse.
Utrecht, pour la Compagnie des libraires, 1686. in-12 de 413 p. fig. (10 fr.).

Édition « à la Sphère » avec des figures gravées hors texte.

[A. 6693
(G-556

729 BARLET (Annibal). — Abrégé des choses plvs nécessaires. Dv vray et méthodiqve covrs de la physiqve resolvtive vvlgairement dicte Chymie, extraict de la Theotechnie ergocosmiqve. C'est-à-dire l'art de Dieu en l'ouvrage de l'Univers.
S. l. n. d. (vers 1640). in-12 de 241 p. (10 fr.).

[R. 27611

Avec 2 grands tableaux hors texte.

(G-37

730 BARLET. (Annibal). — Le vray et méthodique cours de la Physique resolutive, vulgairement dite Chymie representé par figures générales et particulières, pour connoistre la Theotechnie Ergocosmique, c'est-à-dire l'Art de Dieu en l'ouvrage de l'Univers : par Annibal Barlet, doct. en médecine et démonstrateur d'icelle.
Paris, N. Charles, 1653. In-4° de X-526-X pp. avec de nombr. fig. s. b.

Ouvrage de peu de valeur ; chimie non dégagée de l'alchimie; l'ouvrage est divisé en deux parties, ensuite par sections pour la deuxième partie ; la 1re traite des Animaux, la 2e des Végétaux, la 3e des Minéraux, et la 4e des Métaux.
Id. 1657. (30 fr.).

[R. 6930

Avec un frontispice et de nombreuses figures sur bois du plus haut intérêt représentant les diverses opérations de la chimie (le maître entouré de ses élèves dans un grand laboratoire) les « Fourneaux » et autres instruments en usage pour cette science, des tableaux cosmiques, allégoriques des planètes, etc. En un mot l'un des ouvrages les plus intéressants et les plus documentaires dans ce genre.

(O-1136
(S-3390
(G-1134

731 BARLET (F. Ch). Licencié en Droit, né à Paris en 1838. — L'Art de demain. — La Peinture autrefois et aujourd'hui. — Simple conseil en faveur du Grand-Art. Dédié aux peintres de toutes les écoles.
Paris, Chamuel, 1897. in-16 de 170 p. (2 fr.).

[8° V. 26991

Ouvrage de haute initiation, extrêmement intéressant, contenant des aperçus tout nouveaux sur l'application de l'ésotérisme à la Peinture. L'érudit auteur, après une savante préface sur l'histoire de l'art, analyse les œuvres des maîtres et en tire de lumineux rapprochements avec le tempérament de chacun. Ce travail consciencieux est le fruit de longues et patientes recherches et d'expériences pratiques, et c'est le premier qui ait été fait sur la question.

732 BARLET (F. Ch.). — Essai de Chimie synthétique.
Paris, in-16 jésus. Orné de 4 dessins, (2e édition). (2 fr. 50).

On sait avec quel soin et quelle méthode l'auteur écrit ses ouvrages. Les lecteurs qui voudront s'initier à l'alchimie trouveront, dans cette brochure des aperçus liminaires dont ils tireront grand profit et savoir, s'ils désirent seulement satisfaire leur curiosité ; mais qui leur seront du plus grand secours, s'ils vont plus avant dans la science hermétique.

733 BARLET (F. Ch.). — Essai sur l'Évolution de l'Idée.

Paris, Chamuel, 1891, in-18 de 175 p. (10 fr.).

[8º R. 10685

Voici le chef-d'œuvre de celui que Papus appelle le plus savant des occultistes contemporains. Tous les systèmes philosophiques y sont passés au crible d'une critique judicieuse, et après avoir fait ressortir les défectuosités de chacun d'eux, l'auteur arrive à démontrer positivement la supériorité de l'Esotérisme et de l'initiation, synthèse des connaissances humaines, léguées par l'antiquité et qui se retrouvent partout plus ou moins défigurées. De nombreux tableaux synthétiques d'une admirable clarté permettent d'embrasser d'un coup d'œil ce qui demanderait des centaines de pages d'explication. On ne saurait être plus clair et plus concis à la fois ; c'est un immortel chef-d'œuvre.

(G-1132

734 BARLET (F. Ch.). — L'Evolution sociale.
Paris, 1900, in-8º de plus de 200 pp. (5 fr.).

Le talent du maître vient de s'affirmer une fois de plus, et nous avons enfin la chance de pouvoir étudier la Synarchie, qu'on connaissait si peu jusqu'ici. Voici les grandes lignes de cette belle œuvre que tous devraient avoir lue : L'organisme quaternaire de la Société. Les 4 classes sociales ; le cours de leur évolution donne la philosophie de l'histoire. Physiologie sociale : Recherche et classement des diverses constitutions. Revue des révolutions politiques et religieuses de l'Antiquité : en Inde, Perse, Assyrie, Egypte, Chine, Grèce, etc... Biologie sociale : Evolution et Involution preuves historiques. Loi générale de l'Evolution. Loi de l'achèvement du Cycle. Constitution idéale sociale : La Synarchie. L'ouvrage est enrichi de nombreux tableaux synthétiques montrant l'application des lois de l'Esotérisme à l'organisme social.

735 BARLET (F. Ch.). — L'instruction intégrale. — Programme raisonné d'instruction à tous les degrés.
Paris, Chamuel, 1895, in-18 de VIII-350 p. fig. (Nombreux tableaux synthétiques). (4 fr.).

[8º R. 12911

F. Ch. Barlet, est, avec St-Yves d'Alveydre, le plus savant des occultistes contemporains : joignant à une immense érudition les plus belles qualités mystiques. Ce magnifique ouvrage est une application des théories de l'ésotérisme à l'instruction primaire, véritable synthèse scientifique et chef-d'œuvre de pédagogie. Dans une remarquable préface, l'auteur expose et développe la théorie de la trinité, et il en étudie à fond les applications d'une manière tout à fait originale et indiscutable. Puis, les sciences viennent se classer d'elles-mêmes dans des tableaux d'une clarté admirable. Le reste est consacré à l'adaptation des connaissances humaines aux divers âges, avec une méthode rigoureuse et claire. Cet ouvrage est avec « l'Evolution de l'Idée » le plus savant travail de l'auteur qui a bien mérité de l'occultisme.

736 BARLET (F. Ch.). — L'Occultisme. Définition. Méthode. Classification. Applications.
Paris, 1909, in-8º de 132 pp. (3 fr.).

Jamais l'occultisme n'avait été présenté d'une façon aussi précise, méthodique, claire et scientifique. Il a fallu la plume et le cerveau de celui que les occultistes considèrent comme le plus savant de tous pour mener à bonne fin une œuvre semblable. Barlet a fait pour l'Occultisme, ce qu'Ampère a fait pour la classification des sciences : il en donne une idée précise et conforme à nos connaissances modernes, et en explique en quelques mots chacune des branches, tant au point de vue théorique que pratique. Un grand tableau hors texte, comme l'auteur sait si bien les construire, présente l'ensemble de tout ce qui constitue la science occulte d'où procèdent toutes les autres et qui s'accrédite de plus en plus auprès des savants du monde entier.

737 BARLET (F. Ch.). — Principes de sociologie synthétique.
Paris, Chamuel, 1894, in-10 de 42 p. (1 fr.).

[8º R Pièce 5702

L'auteur expose magistralement dans cette suggestive brochure les lois générales de l'organisme social. Application des théories de l'ésotérisme, également instructive pour les initiés et pour les profanes.

(G. 1133

738 BARLET (F. Ch.). — Saint-Yves d'Alveydre. Comprenant une table

raisonnée de la « Mission des Juifs » et des notions précises sur l'Archéomètre.

Paris, Henri Durville fils, 1910, in-12 de 218 pp. portrait et autographe de St Yves. (3 fr.).

Biographie complète et très détaillée du Maître Saint-Yves. — Table détaillée des chapitres des œuvres principales rapportées au Tarot. — Analyse de Fabre d'Olivet, et parallèle avec St-Yves. — Doctrine secrète de St-Yves. — Clef absolue de l'Archéomètre. — Explication complète de la Synarchie (avec tableau synthétique), etc... Portrait et horoscope de St-Yves.

739 BARLET (F. Ch.). — Université libre des Hautes Etudes.
Paris, Chamuel, in-12. (2 fr.).

740 BARLET (F. Ch.). — Le Véritable Almanach Astrologique, d'après les fidèles traditions et les données exactes de la Science, par F. Ch. Barlet. Première année, 1910.
Paris, Librairie du Merveilleux, P. Dujols et A. Thomas, 1910, in-16 jésus de près de 100 pp.

741 BARLET (F. Ch.). — L'étoile d'Orient. Revue d'Etudes psychiques, organe officiel du Centre ésotérique Oriental de France. (Directeur : Charles Barlet.) —
Paris, 122, Avenue Victor Hugo. — 1re Année, 1908. gr. in-8°. Fig. et Pl.

[4° R. 2210

742 BARLET (F. Ch.). — Barlet, Ferran, Papus, Nus, Lejay et St. de Guaita. — La science secrète.
Paris, Carré, 1890, pet. in-8° frontispice. (5 fr.).

[8° R. 9446

Barlet, Initiation. — Dr Ferran, Les Symboles et les origines de la Fr∴ M∴. — Papus, La Kabbale. — E. Nus, Synthèse Théosophique. — J. Lejay, La Science occulte. — St. de Guaita, Discours d'Initiation Martiniste.

(G-38

743 BARLOT (D^r.). — Dissertation sur le pouvoir de l'imagination des femmes enceintes, dans laquelle on passe successivement en revue tous les grands hommes qui, depuis plus de deux mille ans, ont admis l'influence de cette faculté sur le fœtus, et dans laquelle on répond aux objections de ceux qui combattent cette opinion.
Paris, 1788, in-8°. (4 fr.).
Curieuse dissertation ancienne.

BARNAUD (Nicolas). — Alchimiste et Théologien Protestant, né à Crest, en Dauphiné, au XVIe siècle.

744 BARNAUD (Nicolas). — De Occulta Philosophia ; Epistola cuiusdam Patris ad Filium. A Nicolao Baravdo, Medico a Cristà Arnaudi Delphinate Gallo.....
Lugduni Batavorum, ex Officinà Thomæ Basson Anno. 1601 pet. in-8° sign. A-B (15 folios non chiffrés). (3 fr.).

[R. 54435

745 BARNAUD (Nicolas). — Quadriga Aurifera, nunc primum à Nicolao Barnavdo à Cristà-arnaudi Delphinate, Gallo philosopho et medico in lucem edita.
[Leyde] Ex officina Plantiniana, apud Christophorum Raphelengium (1599), in-8° de 95 p. et Tableau faisant 97.(Celui-ci manque souvent)

[R. 27617. [incomp. du tableau]
[R. 54433, [avec le Tableau p. 97].

Le Tableau à la fin de l'ouvrage est paginé 97 et intitulé COELUM PHILOSOPHORVM, il est à peu près de format in-4°.

746 BARNAUD (Nicolas). — Quadrigæ Auriferæ 1-a rota ab anonymo, 2-a rota a Georgio Ripleo, anglo, 3-a rota ab eodem, 4-a rota ab anonymo ; dans Theatrum chemicum. (1613) III, 836-81.

C'est la réimpression du recueil édité par Nicolas Barnaud à Leyde en 1599 ; pour plus de détails voy. à G. Ripley, à Philosophia Metallorum, et à Elixir solis.

(O-605

747 BARNAUD (Nicolas). — Tractatvlvs Chemicvs Theosophiae Palmarivm dictvs. Anonymi cuiusdam Philosophi antiqvi, a Nicolao Barnavdo, Medico à Crista Arnaudi Delphinate Gallo nunc primum editus et AVRIGA ad quadrigam auriferam. quam superiore anno...
(*Leyde*), *Lugduni Batavorum ex Officina Thomæ Basson Anno* 1601. pet in-8", sign. A-D. (25 folios non chiffrés) (3 fr.).
[R. 54434

748 BARNAUD (Nicolas). — TRIGA CHEMICA : de Lapide Philosophico Tractatvs Tres. Editore et Commentatore Nicolao Barnavdo...
[*Leyde*]. *Ex officina Plantiniana. apud Christophorum Raphelengium.* cl⊃. i⊃. ic. (1599).in-8" de 40 p. et 8 folios.
[R. 27618

749 BARNAUD (Nicolas). — Triga chemica de Lapide Philosophico Tractatus tres, editore et commentatore Nicolao Barnavdo Delphinate. (Lugduni Batavorum. Christoph. Raphelingius, 1599) ; dans Theatrum chemicum (1613) III. 785 et suiv.
Recueil imprimé d'abord séparément et réimprimé ici.
Pour plus de détails sur ces trois traités : voy : Lambspringk. Liber secreti maximi. et Cymbalum aureum.
(O-004

750 BARNI (Jules). — Philosophie de Kant, examen des fondements de la Métaphysique des mœurs et de la critique de la Raison pure.
Paris, 1861. in-8". (8 fr.).
[R. 27624
Appendice aux traductions de Kant de cet auteur.

751 BARNOUT (Hippolyte). — Le monde sans Dieu et le dernier mot de tout, par H. Barnout.
Paris, C. Marpon et Flammarion, 1890. in-18 de 396 p. (3 fr. 50).
[8° R. 9594
La vie. La mort. Science des forces réputées occultes. Magnétisme animal. Hypnotisme. Somnambulisme. Médiumnisme, Suggestion, etc....
H. Barnout fut le fondateur du Journal l'Athée. Adversaire de toutes les religions, il fait le procès de l'immortalité de l'âme dans cet ouvrage. qui est un traité puissant de philosophie matérialiste.

752 BARNUM (Phineas-Taylor). né à Bethel, Connecticut, vers 1810 ; célèbre « Exhibiteur ». (La Bibliothèque Nationale possède aussi ses Mémoires). — Les Blagues de l'Univers, par P. T. Barnum.
Paris. Achille Faure. 1860. in-12 de 307 p. Couv. ill. (3 fr.).
[G. 10150
Singulier ouvrage contre les Supercheries de tout genres. — La Blague des Esprits frappeurs et des Médiums. — Les Photographies Spirites. — Falsification des Matières alimentaires. — La Blague du Pétrole. — Les médecins et l'Imagination. — Spectres. — Fantômes et Sorcellerie. — Maisons hantées. — La Magie et ses Blagues. — Le comte de Cagliostro (Chap. XXXIX). — Le Comte de St Germain (Chap. XLI). — Charmes et Incantations (Chap. XXXVIII). — Etc.

Traduction de :
The humbugs of the world. by P. T. Barnum.
London, J. C. Hotten, 1866, in-8" VI-315 p.
[G. 19149

753 BARON (André). — [Louis DASTÉ]. — Les sociétés secrètes, leurs crimes, depuis les Initiés d'Isis, jusqu'aux Francs-Maçons modernes.
Paris, H. Daragon. 1906, in-8" de XI-383 pp. (6 fr.).
[8° H. 6782
Sous prétexte de combattre la Fr∴ M∴ l'auteur a donné dans cet ouvrage, une quantité prodigieuse de documents du plus grand intérêt dus à ses longues et patientes investigations. Triple caractère des Sociétés secrètes antiques. L'Initiation égyptienne. Le mythe d'Isis et d'Osiris. La Magie dans les Mystères chaldéosyriens. Prostitutions sacrées. La sorcière d'Endor. Les sacrifices humains. Les Brahmes. Les Mages. Zoroastre. Les mystères d'Eleusis, de Mithra. de Bacchus. Les Druides. La Ma-

gie. La Gnose. Les Albigeois et les Templiers. La Rose-Croix. La Fr.˙. M.˙. et les Illuminés. etc...

754 BARRAL. (Adrien de). — Les chroniques de l'Histoire de France. — Légendes mérovingiennes. par Adrien de Barral.
Tours, Collier, 1885, in-12 de 275 p. (3 fr.).

[L a° 88

Traditions merveilleuses relatives aux rois de France et à certains personnages illustres de nos annales.

755 [BARRAU (Hippolyte de)]. — Documents sur les Ordres du Temple et de S¹ Jean de Jérusalem dans le Rouergue... [par H. de Barrau].
Rodez, imprimerie de N. Rolery, 1861, in-8° de 501 p.

[Lk² 1483

756 BARRAUD (abbé Pierre Constant). — Notice archéologique et liturgique sur l'encens et les encensoirs.
S. l. n. d.
(Extrait du Bulletin monumental). in-8° de 117 pp. figures. (2 fr.)

Le même auteur a étudié les Bagues des Evêques, leur Bâton, l'Eau bénite, les Gants des Clercs, les Trônes, les Ciboires, les Mitres, les Calices, les Chaires, les Cloches, les Confessionnaux, etc. etc. (Catalog. Général de la Bibliothèque Nationale. VII-col. 1050-1053).

757 BARRAUD (abbé). — Notice sur les calices et les patènes.
Caen, Hardel, in-8° de 23 pp. Orné d'une planche. (3fr.).

[B. 5099

758 BARRAUD (abbé). — Notice sur les instruments de paix.
Caen (Extrait du Bulletin monumental) 1865. in-8° de 61 pp. avec figures. (3 fr. 50).

[L. j°°. 75

759 BARRAULT (Emile). — Le Christ.
Paris E. Dentu, 1865, in-8° de 448 p. (5 fr.).

[H. 12418

Ouvrage recherché d'un Saint Simonien célèbre et dont voici un rapide sommaire : Qu'est-ce que le Saint-Simonisme. — Le nouveau christianisme. — Le péché originel. — Le Monothéisme et le Panthéisme. — La vie future. — Théorie philosophique du Christ. — La Religion et la philosophie. — L'Epoque messiaque (sic), etc...

760 BARRÉ, auditeur des Comptes. — Apparition de la mère Marie Angélique Arnaud, abbesse de Port-Royal, peu avant la mort de la sœur Dorothée Perdereau, abbesse intruse de la dite maison ; précéd. de l'Apparition d'un esprit dans la rue des Ecouffes en 1663, et de l'Esprit du Mont-Cenis ; tiré des mss. de Barré, auditeur des Comptes : dans Lenglet-Dufresnoy : Recueil de dissert.... sur les apparitions (1752). I. part. II. 181-92.

(O-1768

761 BARRÉ. — Esprit du château d'Egmont ; tiré du Segraisiana. pp. 213. 10-20 ; dans Lenglet-Dufresnoy : Recueil de dissertations.... sur les apparitions (1752). I. partie II. 178-80.

Chaise qui se promène. livre qui se feuillète. etc. et autres faits d'un médium. Tiré des mss. de Barré.

(O-1707

762 BARRÉ et RADET. — Les Docteurs modernes. comédie-parade en un acte et en vaudevilles, suivie du Baquet de Santé, divertissement analogue, mêlé de couplet ; représentée pour la 1ʳᵉ fois à Paris. par les Comédiens italiens ordinaires du Roi, le mardi 16 nov. 1784.
Paris, 1784. in-8° (4 fr.).

Ces deux pièces sont très spirituelles, les couplets sont gentiment tournés. et ne pouvaient faire aucun tort au magnétisme.

763 BARREAU (Ferdinand). — Le magnétisme humain en cour de Rome.
Paris, Saguier et Bray, 1845. in-12. 308 pages.

[R. 27710

Ouvrage intéressant à lire. L'auteur appartenait à cette catégorie d'adeptes nouveaux du magnétisme qui voulaient persuader au monde catholique que le magnétisme n'était pas incompatible avec les doctrines de l'Église orthodoxe. L'Abbé Loubert et Ferd. Barreau, son ami, étaient à la tête de ces magnétistes qui, non seulement se heurtaient à de vives oppositions venant de la part de ceux qu'ils voulaient convaincre, mais étaient vivement critiqués par les magnétiseurs d'alors qui leur reprochaient de n'en pas assez dire.

(D. p. 132)

764 BARRÈS (Maurice). — Un rénovateur de l'Occultisme. Stanislas de Guaita. (1861-1872), souvenirs avec deux portraits de Stanislas de Guaita.
Paris, Chamuel. 1898. in-8° de 32 pp. 2 ports. de Guaita. (2 fr.).
[Ln²⁷ 46426

Notes bibliographiques d'un vif intérêt, prenant au collège S. de Guaita, dont l'auteur fut le condisciple et l'ami, et cessant le jour de sa mort. S. de Guaita donna, dans ces dernières années, une énergique poussée à l'étude des sciences occultes, et les livres qu'il a écrits resteront les Guides les plus sûrs consultés des adeptes de la Kabbale.

765 BARRÈS (Maurice). — Trois stations de Psychothérapie.
Paris, Perrin, et Comp. 1891. in-16 de XX-68 p. (4 fr.).
[8° R. 10007

Études sur Léonard de Vinci. — Maurice Quentin de La Tour. — La Légende d'une Cosmopolite (Marie Bashkirtseff).

766 BARRET (Jacques). Tourangeau. — Le chant du coeq françois. Av Roy. Où sont rapportées les prophéties d'un hermite Allemand de nation, lequel vivoit il y a six-vingts ans dont aucunes ont desia esté accomplies au royaume de Boheme, et Palatinat ; et les autres prédisent que le Roy doit réunir toutes les fausses religions à la Catholique et se rendre Empereur de l'univers.
Paris, Langlois. 1621. in-8°. (25 fr.).]
[Lb³⁶ 1632
(G-30)

767 BARRETT (Francis). — The Magus, or celestial intelligencer, being a complete system of Occult Philosophy, containing the ancient and modern Practice of the Cabalistic Art : Natural and Celestial Magic, etc... schewing the wonderful effects that may be performed by a knowledge of the Celestial Influence, the Occult Properties of Metals, Herbs, and Stones, and the application of active to passive principles. Alchymy, or Hermetic Philosophy. Magnetism. The times, bonds, offices and conjuration of spirits, etc...
London, Lackington, Allen et C°. 1801. 2 part. en 1 vol. in-4° de XV-175-198 pp. 18 pl portrait de l'auteur, et pl. en noir et en couleur. (Pub. à 60 sh.) (30 fr.).
[R. 6032

Jupiter. (pl. I.) — Fortement extrait d'Agrippa. — Curieuse pl. en couleurs au frontispice du liv. II. — Apollyon et Bélial, (liv. II p. 42). — Autres têtes en couleur (p. 44, 46, 48). — Curieux alphabets magiques. (p. 64). — Hiéroglyphes (p. 78).
Singulier et remarquable ouvrage d'une importance capitale pour les études magiques : les figures sont des plus curieuses et belles.

768 BARRIDA (Eusèbe). — L'Electre magique, d'après le Grimoire ou Magie naturelle de Benoît XIV.
Paris, Chamuel. 1897. in-8°. 61 p. (1 fr.).

Très curieux opuscule, où l'on trouve la fabrication magique des armes d'Achille selon le dix-huitième Livre de l'Iliade ; — l'Electre de Paracelse (p. 15) ; — sa Composition (p. 32) ; Comment on doit préparer l'Electre, (p. 43) ; — Eau de Magnanimité, (p. 57) ; sa Recette, (p. 60).

769 BARRIGUE de FONTAINIEU (G. de). — Le livre de l'Amour de Tirouvallouva, traduit du tamoul.
Paris, Lemerre. 1889, in-12, (2 fr. 25.).
Orné d'un frontispice à l'eau-forte sur Japon.
Édition originale :
Paris. 1889, in-16.
[8° Ya 66

770 BARROIS (Joseph), libraire à Paris. Dactylologie et langage primitif restitué d'après les monuments.
*Paris, Firmin Didot frères, Re-

nouard. Techener 1850, in-4°, (20 fr.).
[X. 4679

Ouvrage fort documenté et très rare : Langage primitif. — Langage patriarcal. Dactylologie. — Assyrie. — Egypte. — Phénicie. — Mythologie. — Graphie. — Protophonie et mnémonie. — Iliade mnémonique. — Térence et Virgile. — Midi et Septentrion. — Chansons françaises. — Etc. etc.

Composé de 58 planches lithographiées reproductions de figures antiques exprimant la manière dactylologique d'écrire, depuis le XV° s. avant notre ère, jusqu'au XV° s. de notre ère.
(G-1136

771 BARROIS (J.). — Application de la Doctrine Dactylologique ; lecture littérale des Hiéroglyphes et des Cunéiformes.
Paris, Didot. 1855, in-4°, 15 pl. (10 fr.).
[X. 4078

Ce volume est le complément du précédent ; les pl. 5 et 6 qui semblent manquer, n'ont jamais paru.

On y trouve les reproductions des plus anciennes peintures connues, des inscriptions hiéroglyphiques (celle de l'Obélisde Lousqsor, entre autres) des anciens alphabets, etc.

772 BARRUEL. (l'abbé). — Mémoires pour servir à l'histoire du Jacobinisme ; par M. l'abbé Barruel, (V° édit.).
Hambourg. P. F. Fauche et compagnie. 1800.
Ibid. 1803, 5 vol. in-8°.
[La³³ 11. A.
Paris, 1818, 4 vol. in-8°. (18 fr.).

Rare. — D'une exagération qui retire toute créance à l'auteur qui a du reste puisé à pleines mains dans l'ouvrage de Robison.

Cet ouvrage est toutefois le plus documenté sur les Sociétés secrètes au XVIII° siècle et principalement à l'époque de la Révolution française ; les Illuminés, les Francs-Maçons, les Philosophes inconnus et les Martinistes. Le nom de Jacobin, vient de Jacobus Molay et non comme on le croit communément, de l'église des religieux Jacobins, lieu de réunion que la secte occulte de la Maçonnerie dut, à raison même de la coïncidence nominale, choisir de préférence à tout autre. L'illuminé Cazotte appelle aussi les Jacobins les Néos-Templiers, leur mot d'ordre était « Jakin, Booz, Mac-Benac, Adonaï, 1314 » dont les lettres initiales sont celles de « Jacobus Burgundus Molaybeat anno 1313 » L'édition de 1818 contient le tableau des loges allemandes illuminées qui manque souvent.
(O-203 et 204
(G- 40

773 BARRUEL (l'abbé). — Abrégé des Mémoires pour servir à l'histoire du Jacobinisme : par M. l'abbé Barruel, (extrait par l'abbé Jacquemin).
Londres, Ph. Le Boussonnier ; Hambourg et Brunswick, P. F. Fauche et compagnie, 1799, in-8° de IV-IV-XVI-424 pp. avec 1 tabl. (10 fr.).
[La³³ 12. A.

Une précédente édition (de Londres, Le Boussonnier, 1798, in-8°) antérieure à toutes celles que mentionnent les bibliographies est probablement bien de l'abbé Barruel, et non pas comme les autres de Jacquemin, professeur à Nancy. — Cet extrait contient presque tout ce qui a trait aux Francs-Maçons et aux illuminés.

Précieux pour l'étude et l'état des sociétés et sectes secrètes au XVIII° siècle et à l'époque de la Révolution Française contient un grand tableau géogr. et politique des Loges allemandes Illuminées. A la fin se trouve un abrégé de l'ouvrage de l'abbé Proyart, intitulé : Louis XVI détrôné avant d'être roi ou tableaux des causes de la Révolution française.

Idem. :
Paris, Le Clère, 1817, 2 vol. in-12.
[La³³ 12.B.

Et encore :
Luxembourg, 1880, in-8°.
(O-205.

774 BARRUEL-BEAUVERT (Antoine Joseph, ci-devant comte de). — Actes des philosophes et des Républicains ; recueillis et remis en évidence.
Paris, et se vendent chez le portier du N°8, cour du Prince, à l'abbaye de St-Germain, ainsi que chez la plupart des libraires, in-8°, (361 p.) 1807, (12 fr.).

La³² 356

Composition d'imprimerie négligée : voir une lézarde de « les » et « lui » p. 133.

C'est une Satire de la Révolution.
On dit que l'ouvrage fut saisi dès son apparition et qu'il n'en existe plus que 5 ou 6 exemplaires.

775 BARSALOU-FROMENTY (Gustave). — La Philosophie Terrestre.
Genève, 1876, fort in-8° de près de 500 pp. (8 fr.).

D'après certaines lettres autographes qui se trouvent dans un exemplaire décrit, cet ouvrage fut interdit en France, par le ministère Buffet. Cette mesure, qui en dit suffisamment long, nous dispense de toute analyse de ce livre, qui, au temps de l'inquisition, aurait inmanquablement valu à son auteur l'apothéose du bucher.

776 BARTH (H.). — Du sommeil non naturel, ses diverses formes.
Paris, Asselin et Houzeau, 1880, in-8°.

Maladies du sommeil. Somnambulisme Noctambulisme ou rêves en action. Hypnose. Sommeil léthargique. Phénomène de l'hypnose. Actions psychiques, etc...

(G-1157

777 BARTHE (Anatole). — Le livre des esprits spiritualistes, réfutant la réincarnation ou recueil de communications obtenues par divers médiums. Suivi d'une réfutation du livre de H. Renaud : « Destinée de l'homme dans les deux mondes » par Mme Nordmann médium.
Paris, Patissier, 1805 in-18 de 103 p. (4 fr.).

[R. 44950

778 BARTHELEMY (Ch.). — Erreurs et mensonges historiques.
Paris, Gautier, Blériot, s. d. |1805-1883|16 vol. in-12. Catalogue Général de la Bib. Nat¹ᵉ, VIII-Col. 153-158. (32 fr.).

La papesse Jeanne. L'Inquisition. Galilée, martyr de l'Inquisition. L'homme au masque de fer. L'évêque Virgile et les Antipodes. Calas. Les crimes des Borgia. Ce que Versailles a coûté à Louis XIV. Mozart libre-penseur. Le Grand Inquisiteur Torquemada. Erreurs et mensonges historiques de la Papauté. Le dernier repas des Girondins. Savonarole fut-il hérétique et révolutionnaire ? La vérité sur le Jansénisme. Le droit de l'homme au Moyen-Age. Dante fut-il un hérétique et un révolutionnaire ? Cervantès libre-penseur. La vérité sur Urbain Grandier. La légende d'or. Les vainqueurs de la Bastille. Fontenelle, libre-penseur. Le pape Honorius fut-il hérétique ? Le chevalier de la Barre. Les terreurs de l'an 1000. Fénelon, libre-penseur. L'excommunication au Moyen-Age. Ce qu'étaient les Albigeois. Le procès des Templiers. Le pape Jean XXII.

779 BARTHELEMY (Charles). — L'esprit du comte Joseph de Maistre. — Précédé d'un essai sur sa vie et ses écrits.
Paris. Gaume, 1889, in-10 de 140 pp. (2 fr.).

[Z. 54377

780 BARTHELEMY St HILAIRE (Jules) né à Paris en 1805, érudit, philosophe et homme politique. — Le Bouddha et sa religion (Les origines du Bouddhisme 543 ans avant J-C). Le Bouddhisme dans l'Inde au VIIᵉ siècle de notre ère. — Le Bouddhisme actuel de Ceylan. (1858).
Paris, Didier, 1860, in-8° de XXIV-441 p. (10 fr.).

[8° Un. 1541

Idem.
Paris, Didier, 1862, in-18 XXVII-XXIV-441 p.

[O² m 32. B.

Et encore :
Paris, Didier, 1860, in-18.

[O² m 32. C.

781 BARTHELEMY St HILAIRE (J.). Du Bouddhisme.
Paris, B. Duprat, 1855, in-8° VII-248 p. (4 fr. 50).

[O²m. 20

Chronologie du Bouddhisme, caractère, vie, influence de la morale et de la métaphysique de Çakyamouni, etc...

782 BARTHELEMY St HILAIRE (J.). De l'école d'Alexandrie, Précédé d'un essai sur la méthode des Alexandrins et le Mysticisme et suivi d'une traduction de morceaux choisis de Plotin.
Paris, Ladrange, 1845, in-8° de CXI-515 p. (9 fr.).

[8° li. 1838. A
(G-1669

783 BARTHELEMY St HILAIRE (J.). — Mahomet et le Coran, précédé d'une introduction sur les devoirs mutuels de la philosophie et de la religion.
Paris, Didier, 1865, in-8° de CXIII-348 p. (9 fr.).

[O²g. 178

Cet ouvrage remarquable de ce savant membre de l'Institut contient l'histoire de Mahomet d'après le Sirat er Racoul et les preuves de l'authenticité de son histoire ; un aperçu de l'Arabie avant le mahométisme ; une étude sur le caractère de Mahomet ; et un jugement sur le mahométisme. L'ouvrage se termine par des extraits du Coran.

784 BARTHELEMY St HILAIRE (J.). — La philosophie dans ses rapports avec les sciences et la religion.
Paris, F. Alcan, 1889, in-8° de 280 p.

[8°R. 10025

785 BARTHELEMY St HILAIRE (J.). — Politique d'Aristote, traduite en français d'après le texte collationné, sur les mots et les éditions principales. 3° édition revue et corrigée.
Paris, Ladrange, 1874, in-8° (9 fr.).

[*E. 1409

786 BARTHETY (Hilarion). — Pratiques de sorcellerie ou superstitions populaires du Béarn.
Pau, L. Ribaut 1874, in-8° de 28 pp. (5 fr.).

[Li²⁵. 100

Brochure fort curieuse et très peu commune.
Yve Plessis (n° 1532) la signale (Ibid. Id. in-8°) comme de 1879. est-ce une réimpression ? ou une erreur ?

(G-41

787 BARTHEZ (Paul Joseph) ou Barthès, célèbre médecin, naquit à Montpellier, en 1734. Il fut nommé, en 1773, coadjuteur et survivancier du chancelier de la faculté de Paris. La même année vit naître le germe de la méthode philosophique qu'il développa six années plus tard, dans ses Nouveaux éléments de la Science de l'Homme. — Nouveaux éléments de la science de l'homme, 2° édit. revue et considérablement augm.
Paris, Goujon et Brunot, 1806, 2 vol. in-8°. (9 fr.).

[Tb⁷ 82. A.

788 BARTHEZ (P. J.). — Nouvelle méchanique des mouvements de l'Homme et des animaux.
Carcassonne. Imp. de P. Polère, 1798, in-4° de 246 p. (5 fr.)

[R. 3459

789 BARTHEZ (P. J.). — Pauli Josephi Barthez, Nova doctrina de Fonctionibus Naturæ humanæ.
Monspelii apud A. F. Rochard, 1774, in-4° de 92 p. (5 fr.).

[Tb⁷ 77

790 BARTHEZ (P. J.). — Traité des maladies goutteuses.
Paris, Déterville, an X-1802, 2 vol. in-8°.

[Td¹²⁸ 77

Le même, 2° édit :
Paris, 1819. (4 fr.).

[T d¹²⁸ 77. A.

791 BARTHOLIN (Thomas). — Question dans laquelle on examine s'il est possible de ressusciter une plante de ses Sels ; extrait de Ol. Borrichius, par Th. Bartholin, tiré des Actes de Copenhague ; dans Mémoires littéraires contenant... tr. de l'angl. (par Eidous, 1750) 207-70.

(O-1252

792 BARTHOLIN (Thomas). — Th. Bartholini, de Antiquitatum veteris Puerperii Synopsis.
Amstelodami sumptibus H. Wetsteinii, 1676, in-12 de 179 p. fig.

[J. 15514 bis
(S-6539

793 BARTHOLMESS (Christian). — Histoire critique des doctrines religieuses de la philosophie moderne.
Paris, C. Meyrueis, 1855, 2 vol. in-8°. (6 fr. 50).

[R. 27738-9

794 BARTHOLMESS (Christian). — Histoire philosophique de l'Académie de Prusse, depuis Leibnitz, jusqu'à

Sc. psych. — T. I. — 8.

Schelling, particulièrement sous Frédéric le Grand.
Paris, M. Ducloux, 1850-1851. 2 vol. in-8°, (8 fr.).
[R. 27740-1

795 BARTHOLMESS (Christian). — Jordano Bruno.
Paris, Ladrange, 1846 et 47. 2 vol. in-8° de XV-377 p. et tab. et 433 p. et tab. (15 fr.).
[K. 9822-3

Cette intéressante étude sur la vie et les travaux de Bruno, est ornée d'un portrait de Bruno en lith.

796 BARTOLOCCI (Jules), Bernardin Italien, professeur d'Hébreu au Collège de la Sapience, à Rome. Né en 1613, à Celano dans l'Abbruzze, mort en 1687. — Bibliotheca Magna Rabbinica de Scriptoribus et Scriptis Hebraicis ordine alphabetico Hebraice et Latine digestis, auctore D. Iulio Bartolocio de Celleno. Congreg. S. Bernardi Reform. Ord. Cistere et S. Sebastiani ad Catacumbes Abbato.
Romæ, ex Typis Sacræ Congreg. de Propaganda Fide, 1675-1693. 4 vol. in-f° à 2 col. paginés à l'Orientale. (200 fr.).
[A. 704

Admirable Bibliographie de la Kabballe, avec une traduction latine de tout l'hébreu cité. A chaque sujet, l'auteur renvoie, non seulement aux ouvrages hébreux, mais encore à tous autres traitant de la question. Décrit environ 4000 ouvrages en Hébreu.

A été continué et complété par *Imbonatus*, q. v.

Ouvrage rarissime qui n'existe pas dans toutes les grandes Bibliothèques.

BASILE VALENTIN. Adepte célèbre dont la personnalité est incertaine. On le croit moine Bénédictin d'un des couvents d'Erfurth, en Prusse, et vivant au XIV° ou au XV° Siècles. Il dit dans ses ouvrages qu'il naquit en Alsace, sur les bords du Rhin, et qu'il voyagea en Angleterre, Hollande et Espagne.

Ses manuscrits furent, dit-on retrouvés dans l'Eglise d'Erfurth, après un coup de foudre qui en avait brisé une colonne.

Il employa le premier l'Antimoine comme médicament. On ne sait si c'est lui qui, par des expériences dangereuses dans un couvent, a donné ou fait donner à ce métal le nom qui lui est resté : « Anti-Moine. »

797 [BASILE VALENTIN]. — Aureliæ occultæ Philosophorum partes duæ, M. Georgio Beato interprete ; dans Theatrum chemicum, IV (1613), 518-81, avec fig. sur bois.

C'est le traité connu généralement sous le titre d'Azoth ; il contient Colloquium Adolphi et Senioris ; — Verba Hermetis in Poemandro ; — Symbolum novum.
(O-842

798 BASILE VALENTIN. — Azoth, ou le Moyen de faire l'or caché des Philosophes, revû corrigé et augm. par m. L'agneau médecin.
Paris, Pierre Moët, 1659. in-8° de 190 pp. avec fig. sur bois.
[R. 53114

Cet ouvrage est celui indiqué sur le titre des Douze clefs auxquelles il est joint.

Le même, dans Bibliothèque des philosophes chimiques, T° III (1741), 84-158.

Et aussi à la suite des « Douze Clefs de Philosophie » plus loin.
(O-845-846

799 BASILE VALENTIN. — Fr. Basilii Valentini ordinis Benedict. chymische Schriften, aus einigen alten Msten aufs fleiszigste verbessert, mit vielen Tractaten, auch etlichen Figuren vermehret und nebst einem vollständigen Register verfasset ; samt einer neuen Vorrede von Beurtheilung der alchymistischen Schriften und dem Leben des Basilii, begleitet von Bened. Nicol. Petræo. Fünfte Edition.
Hambourg, Gottfr. Richter, 1740. 2 vol. in-8° ensemble de CLVIII-992 pp. avec un grand nombre de pl. allégoriques

La 1ʳᵉ édition de cette traduction par Benedict Nicolas Peträus, est de Hambourg, 1677.

Basile Valentin qui a été un des créateurs de la chimie, a le premier observé les effets de l'antimoine.
(O-841

800 BASILE VALENTIN. — Les douze Clefs de Philosophie de Frere Basile Valentin Religieux de l'Ordre de Sainct Benoist. Traictant de la Vraye Medecine Metalique. Plus l'Azoth, ou le moyen de faire l'Or caché des Philosophes. Tradvction françoise.
TRAICTE de la Natvre de l'Oevf des Philosophes. Composé par Bernard, Comte de Treues, Allemand.
A Paris chez Ieremie et Christophle Perier, M. DC. XXIIII (1624) (25 fr.).
[R. 53110-1
Pet in-8° de 177-194-2 f° n. c.-64 pp. (le feuillet 63-64 de l'Azoth, est répété deux fois) Frontisp. en taille douce et grossières gravures sur bois dans le texte.

Edition originale (?) de cette rarissime traduction, réimprimée :
Paris, Moël. 1659-60. pet. in-8°. (25 fr.).
[R. 53113-4
Cette réimpression a 12 fig. hors texte, gravées à l'eau forte par J. Gobille, outre le Frontispice.
L'attribution du « Traicté de la Natvre de l'oevf » est erronée : ce traité appartient à Bernard de Trevise, italien, q. v.
(G-2182 et 83

801 BASILE VALENTIN.— Les Douze clefs de philosophie de frère Basile Valentin religieux de l'ordre de St Benoist, en III livres ; dans Bibliothèque des philosophes chimiques. Te III (1741). 1-83.
(O-850

802 BASILE VALENTIN.— Les douze Clefs de Philosophie de fr. Basile Valentin.... traictant de la vraie médecine metalique (suivies du Colloque de l'Esprit de Mercure à frere Albert) ; plus l'Azoth, ou le moyen de faire l'or caché des Philosophes. Traduction françoise (par.....)
Paris, Pierre Moël. 1659, in-8° de II-176 pp. sans l'Azoth avec fig. grav.
[R. 53113
Le Colloque occupe les pp. 151-69. L'Azoth a une pagination séparée.
Paris, 1660, pet in-8°.
Paris, 1899, in-8°.
(O-849

803 BASILE VALENTIN.— Liecht der Natur, das ist : der warhafftigen kunst Alchimiæ höchste Geheimnisz, ausz welchem alle alte und newe philosophischem universal und general Werck, fr. Basilii Valentini Schrifften, gründlich zu verstehen, und nützlich zu laboriren in Druck geben durch Hans Christoff Reinhart.
Darmstat, Balthasar Hofman, 1608. très pet. in-12 de 47 ff. non chifr.
L'édition originale est de Halle, 1608, in-8°.
(O-158

804 BASILE VALENTIN. — Fr. Basilii Valentini.... Tractatus chymicus de Quinta Essentia, das ist : Chymisches Werck von dem fünfften Wesen, welches bishero niemals gedruckt, nunmehr aber wegen dessen Vortrefflichkeit, auf vielfältiges Begehren gutter Freunde, nebst zugehörigen Oefen, einer kurtzen Vorrede und Register, wie auch einem andern raren Msto eben dieses Auctoris,... zu sonderbaren Nutz und Gebrauch ans Licht gestellet worden von Sincero Aletophilo.
Erfurt, Aug. Crusius. 1738, in-8°, de 78 pp. titre sur double fol. en noir et en rouge.
[R. 53132
(O-859

805 BASILE VALENTIN. — Occulta philosophia von den verborgenen Philosophischen Geheimnussen der heimlichen Goldblumen und Lapidis Philosophorum, was derselbige, und wie Erlangung dessen zu procediren, auszführlicher Bericht in einem philosophischen Gespräch verfasset, sempt der Schmaragd Taffel, Parabolin, Symbolis, und 18 sonderbaren Figuren der hochberühmten Philosophen Hermetis Trismegisti, und F. Basilii Valentini durch Welche diese Kunst der philosophischen Goldblumen vollkomlich erkläret an Tag gegeben.
Franckfurt am M. Joh. Bringer, 1613, in-4° de VIII-78 pp. avec un gd. nombre de fig. dans le texte.
Contient : Colloquium oder Gespräch

zwischen einem alten und jungen Studenten (Adolphus et Senior) pp. 1-46, qui forme la 1re partie. La 2e intitulée Aurelia occulta philosophorum, contient Schmaragt. Tafel Hermetis, pp. 50-52 ; et Symbolum fratris Basilii Velentini (presqu'entièrement en vers) 52-78 avec beaucoup de figures. Cette IIe partie a été reproduite dans Prodromus Rhodo-Stauroticus. C'est la traduction du précéd. (Aurelia Occ. philosophorum.)

(O-843

806 BASILE VALENTIN. — Révélation des mystères des teintures essentielles des sept métaux et de leurs vertus médicinales. Traduite par le sieur I. Israel, médecin allemand.
Paris chez Jacques de Senlecque. 1645, in-4", (25 fr.).

Très rare avec vignette gravée sur le titre représentant les portraits de Bas. Valentin et d'Hermès Trismegiste, et la planche cabalistique de la fin qui manque presque toujours.
Edition inconnue à Brunet qui ne cite que celle parue en l'année suivante 1646.

(G-1040

807 BASILE VALENTIN. — La Table d'Emeraude d'Hermès, ou les Paroles des secrets de ce philosophe : dans Bibliothèque des philosophes chimiques. Te III (1741), 158-80.

Le titre courant indique cet ouvrage comme une suite de l'Azoth des Philosophes de Valentin ? C'est un commentaire de ce court ouvrage d'Hermès.

(O-851

808 BASILE VALENTIN. — Tractatus chymico-philosophicus. De rebus naturalibus et supernaturalibus metallorum et mineralium.
Francofurti ad Mænum, sumptibus J. G. Seyler, 1676, in-12 (4 fr.).
|R. 53160

Curieuses figures hermétiques sur le titre.

809 BASILE VALENTIN. — Triumph Wagen Antimonii fr. Basilii Valentini (nebst VII andern Tracktätlein), allen, so den Grund suchen der Uhralten Medicin, auch zu der hermetischen Philosophy beliebnis tragenn zu gut publiciret, und an Tag geben, durch Johann Thölden, mit einer Vorrede doctoris Joachimi Tanckii.

Leipzig, Jacob Apels, 1604, in-8° de XI-622-XXVIII pp.

Les sept traités annexes, sont de R. Bacon, G. Phaedron, Joh. Isaac Holl., et les suivants anonymes : Consideratio oder philos. Betrachtung ; von der Occulta chemicorum Philosophia Tractat von der particul. und universal Tincturen ; Uhralter Ritterkrieg.
Il y a une édit. de 1611, in-8°.

(O-734-822-823-852-853-1048-1049-1050.

810 BASILE VALENTIN. — Vier Tractätlein fr. Basilii Valentini.... von dem grossen Stäin der uralten weyssen Maister, und Artzneyen Menschlicher Gesundheit, deren er in seinen andern Schrifften gedencket, aber vor diesem niemahlen an Tag kommen seind, als nemblich seine : 1) Handgriffe, uber die Bereitung desz grossen Steins, 2) Handgriffe wie er seine Artzneyen gemacht hat. 3) Schluszreden vom Sulphure, Victriole, und Magnete. 4) Supplementum oder Zugabe : Jetzo den Filiis doctrinæ zum besten in Truck gegeben durch H. C. D. Herman, Condesyanus doctor (Johann Grasshof): dans Dyas chymica tripartita (1625), 1-81. avec beaucoup de fig. grav. dans le texte.

Aussi : *Franckfurt am Mayn*, 1625, in-4°.

|R. 8090
(O-857

811 BASILE VALENTIN. — Fr. Basilii Valentini Tractat von dem grossen Stein der Uralten, daran so viel tausendt Meister anfangs der Welt hero gemacht haben : 1) nebenst seiner selbst eigenen klaren Repetition und kurtzen Wiederholung, darinnen da srechte Licht der Weisen nach philosophischer Art für Augen gestellet. II) de Microcosmo, oder der kleinen Welt des Menschen ; III) von der grossen Deutligkeit der Welt, und ihrer Artzney, den Menschen zugehörig.. ; IV) von der Wissenschafft und verborgenen Geheimnüssen der sieben Planeten, den Filiis doctrinæ zu gu-

ten publiciret... durch Joh. Thölden. Hessum
(Leipzig), Jacob Apel. 1612. in-8° de 256 pp.

(O-856

812 BASIN ou BAZIN (Bernard) de Saragosse. — Tractatus exquisitissimus de magicis artibus et | magorum maleficiis per sacre scientie parisiensem do | ctorem Magistrum bernardum Basin Canonicum | Cesar augustanensem in suis vesperiis compilatus Anno | a natali Christiano Millesimo. cccc. l xxxii. |

In fine :
Explicit tractatus de magicis art | ibus et magorum maleficiis impressus | parisius [sic]. Anno salutis nostre 1483 [sic].
Parisiis, Guido Mercator. 1483, in-4° gothique de 15 f⁰ˢ non chiffrés, (34 lignes à la page). Place des Lettres ornées en blanc. (Pellechet, 2.004).

[Réserve E. 2335
(Bo-1974

BASNAGE Sieur de BEAUVAL (Jacques), né à Rouen, vers 1653, mort en Hollande, en 1723. Théologien protestant, et Ministre, quitta la France en 1685 et se retira en Hollande. Des services qu'il rendit, comme diplomate lui firent restituer ses biens confisqués à la suite de la Révocation de l'Edit de Nantes. Ses ouvrages sont fort estimés.

813 [BASNAGE (de)]. — Dissertations historiques sur les Duels et les Ordres de Chevalerie, [par Basnage.]
Amsterdam, P. Brunel. 1720, in-12.

[* E. 2288
(S-3081

814 BASNAGE (J. de). — Histoire de la religion des églises réformées.
Rotterdam, A. Acher, 1721, 5 vol. pet. in-8°. (20 fr.)

[H. 12435-39

815 BASNAGE (Jacques). — L'histoire et la Religion des Juifs, depuis Jésus-Christ jusqu'à présent.... par M. Basnage.
Rotterdam. R. Leers, 1706-1707, 5 vol. in-12. (15 fr.).

[H. 6947-52

Donné par Papus (le Dʳ Encausse) comme contenant une Table des Auteurs cités précieuse pour ses renseignements bibliographiques. (La Kabbale, Paris 1892, p. 144).

816 BASNAGE (J. de). — Histoire des Juifs depuis Jésus-Christ jusqu'à présent par M. Basnage.
La Haye. H. Scheurleer, 1716, 15 vol. in-12.

[H. 6961-6975

Intéressant pour l'étude de la Kabbale juive.

(S-5420

817 BASNAGE (sur). — Réflexions sur l'Histoire des Juifs, par J. Plantin.
Genève. 1721. 2 vol. in-12.

(S-5420

818 BASNAGE (J.). — Instruction pastorale aux Réformés de France, sur la persévérance dans la foi et la fidélité pour le souverain.
Rotterdam, Abrah. Acher. 1719, in-12 de 32 pp. (3 fr.).

On trouve à la fin : Extraits de quelques lettres, écrites de Niort et de Poitiers sur les Assemblées de Religion.

819 BASNAGE (Jacques de). — Antiquités Judaïques ou remarques critiques sur la République des Hébreux, par Basnage.
Amsterdam, les frères Chatelain 1713. 3 vol. in-8°. Figures.

[A. 7694-
Amsterdam. 1703. 3 forts vol. in-8°. (25 fr.).

Illustré de nombreuses planches magnifiquement gravées et se déployant, cet ouvrage jouit d'une grande faveur auprès des bibliophiles et des philosophes. Nous citons quelques-unes de ces figures, qui sont en même temps révélatrices de l'intérêt du texte : Armoiries des étendards des XII tribus. Les Chérubims et leur diverses figures. Le Chandelier de la vision de Zacharie. Les Dudaïms. Cérémonie des eaux de Jalousie. Les Voix de Dieu par l'Urim et le Thummin. Dieux d'Egypte et de Syrie. Les Bénédictions et les malédictions. Le grand hosanna. La vache rousse brûlée au camp d'Israël. Dans ce travail de vaste érudition, Basnage s'est surtout inspiré des écrits rabbiniques, notamment Maïmonides, Abarbanel, etc... et a scruté profondément toutes les traditions mystérieuses des hébreux, la Kabbale, la Magie, etc...

(S-5415)

820 BASSET (Ph). — Explication raisonnée de l'Apocalypse, d'après les principes de sa composition, par Ph. Basset.

Paris, J. J. Risler, 1832, 3 forts vol. in-8°, carte. (20 fr.).

[D².5759

L'auteur a tenté, dans cet énorme travail, d'appliquer à l'Apocalypse la méthode employée par Champollion pour le déchiffrement des hiéroglyphes, ainsi qu'il le déclare au début de son ouvrage. « Par cette méthode exacte et rigoureuse, dit-il nous estimons avoir obtenu le vrai sens positif des quatre cinquièmes de l'Apocalypse... On peut ainsi reconnaître une vraie analogie de ce travail avec celui de M. Champollion. L'un donne le sens de signes hiéroglyphiques ; l'autre, celui des termes figurés. L'un explique par là les écrits égyptiens ; l'autre l'Apocalypse, etc... Cette œuvre de proportions cyclopéennes est une tentative hardie d'exégèse d'une valeur considérable.

821 BASSET (René). — Les Apocryphes Ethiopiens, traduits en Français par René Basset, directeur de l'Ecole supérieure des Lettres d'Alger.

Paris, Bibliothèque de la Haute Science, 1893-1906.

1) — Le Livre de Baruch et la Légende de Jérémie, 1893.
2) — Mas'h'afa Tomar. (Livre de l'Epitre) 1893.
3) — L'Ascension d'Isaï. 1894.
4) — Légende de Tertag et de Sousnyos, 1894.
5) — Prières de la Vierge à Bartos et au Golgotha, 1895.
6) — Les Prières de St Cyprien, et de Théophile, 1896.
7) — Enseignement de Jésus-Christ à ses Disciples et Prières Magiques, 1896.
8) — Les Règles attribuées à Saint-Pakhôme, 1899.
9) — L'Apocalypse d'Esdras, 1899.
10) — Le livre de Sibylle, 1900.
11) — Fekkâré Iyasous. (Explication de Jésus) 1909.

In-8° écu [dit in-16 à la Bib. Nat.].
[A. 20873

Suit le détail :

822 BASSET (René). — Les Apocryphes Ethiopiens. II. Mas'H'Afa Tomar, le Livre de l'Epitre, ou l'Apocalypse d'Athanase.

Paris, Bibliothèque de la Haute Science, 1893, in-12. (4 fr.).

De tous les livres apocryphes qui nous ont été conservés, celui-ci est le plus récent. Il comprend une lettre soi-disant envoyée du Ciel pour recommander particulièrement l'observation du dimanche, et une sorte d'épitre pastorale composée par le patriarche de Rome et traitant de divers sujets de discipline ecclésiastique.

823 BASSET (René). — Les Apocryphes Ethiopiens. III. L'Ascension d'Isaïe.

Paris, Bibl. de la Haute Science, 1894, in-12. (5 fr.).

Cet ouvrage se compose de deux parties : La première raconte comment Isaïe fut mis à mort par Manassé, obéissant aux suggestions de Balkira. Le second décrit l'ascension d'Isaïe dans les sept cieux et sa vision de la Mission du Christ.

824 BASSET (René). — Les Apocryphes Ethiopiens. IV. Les Légendes de St Tertäg et de St Sousnyos.

Paris, Bib. de la Haute Science, 1894, in-12. (4 fr.).

Tertäg n'est autre que Tiridate le Grand, sous lequel l'Arménie fut convertie au christianisme. La légende de Sousnyos se compose de 2 parties : l'aventure avec sa sœur Ouerzèlyä et la prière magique qui lui est attribuée et qui rentre dans la catégorie des charmes si nombreux en Orient.

825 BASSET (René). — Les Apocryphes Ethiopiens. V. Les Prières de la Vierge à Bartos et au Golgotha.

Paris, 1895, in-12, (4 fr.).

Recueil de prières magiques. Dans l'une d'elles, on lit : Quiconque sera malade et m'implorera par cette prière, je le guérirai ; ceux qui sont en prison, je les délivrerai, quand on récitera pour eux cette prière. Si on la prononce sur de l'eau et de l'huile et qu'on en asperge un possédé, il sera délivré. Si quelqu'un la porte, que les maléfices soient impuissants contre lui, etc...

826 BASSET (René). — Les Apocryphes Éthiopiens. VII. Enseignement de J-C à ses disciples et Prières magiques.
Paris, Bibl. de la Haute Science 1896, in-12. (5 fr.).
Les prières de ce recueil, épuisé dès son apparition, sont de véritables conjurations contre toute sorte de maux, qu'on peut écarter quand on connait les noms magiques de Dieu et de J-C.

827 BASSET (René). — Les Apocryphes Éthiopiens. VIII. Les règles attribuées à Saint Pakhome.
Paris, 1896, pet. in-8°. (1 fr. 50).

828 BASSET (René). — Les Apocryphes Éthiopiens. IX. Apocalypse d'Esdras.
Paris, 1899, in-12. (5 fr.).
C'est dans ce livre singulier que Christophe Colomb puisa des arguments pour convaincre ses adversaires de l'existence d'un nouveau monde. Il contient la révélation des plus grands mystères et donne la clef de l'avenir.

BASSET (Serge). — Voir : RIBON (Paul).

829 BASTIER (A.). — Sous une influence hypnotique. Aventures, remarques générales, voix, accidents rêves, maladies, conseils.
Paris, 1906, in-8° (1 fr.).
Récit curieux d'une personne sous l'influence hypnotique.

830 BASTILLE (la). — Journal anti maçonnique hebdomadaire illustré, directeur Copin-Abancelli et L. Dasté. Du 14 Décembre 1902 au 17 Décembre 1904. in-4°, (15 fr.).
Nombreuses caricatures de Bruno.

BATAILLE (Docteur). — Voir : HACKS (Docteur Charles).

831 BATIMENT DES RECETTES. — Bastiment de plusieurs Receptes, pour faire diverses senteurs et lavements...
Ouvrage de NOSTRADAMUS, q. v. publié par son fils, César Nostradamus.

832 BATIMENT DES RECEPTES (Le) traduit d'italien en françois et augm. d'une infinité de beaux secrets depuis peu mis en usage. Avec un autre petit traité de receptes, intitulé le Grand Jardin.
Troyes, Jean-Antoine Garnier, s. d. (vers 1738) in-12 de 140 pp. et 1 f° de « permission ». (8 fr.).
De la Bibliot. Bleue. La permission, à la fin, est du 22 Octobre 1738.
Autre édit :
Montbéliard, Deckher, 1824, in-8°. Édition de Colportage.

BATSDORFF (Heinrich von). — Pseudonyme de : REIBEHAND, (Christophe).

833 BATTEUX (L'abbé Charles.) — Histoire des causes premières, ou exposition sommaire des pensées des philosophes sur les principes des êtres.
Paris, Saillant, 1769. in-8° de XIX-452 pp. (4 fr.).
[R. 11859
L'abbé Batteux était très lié avec le comte de Saint-Germain, sous l'inspiration duquel, il écrivit plusieurs ouvrages. Ce volume fut cause de la suppression de sa chaire au Collège de France. On y trouve une analyse des dogmes chaldéens, des Perses et des Égyptiens, des mystères d'Éleusis et d'Orphée, de Pythagore et des nombres principes, etc...
(G-557

834 BAUCHAMP (Alphonse de). — Biographie Moderne, ou Dictionnaire Biographique de tous les Hommes morts et vivants qui ont marqué à la fin du XVIII° Siècle et au commencement de celui-ci, par leurs écrits, leur rang...
Deuxième édition :
Leipzig, 1806, 4 vol. in-8° (12 fr.).
Cette Biographie, composée par Alphonse de Beauchamp, Caubrières, Jos. Giraud, Joseph Michaud, H. L. de Coiffier le Baron de Verseux et autres fut saisie

par la Police dès son apparition en 1802. Elle est connue sous le nom de BIOGRAPHIE DE LEIPZIG.

Réimprimée à nouveau :
Leipzig, [Paris] chez Paul-Jacques Besson. 1807. 1 vol. in-8° à 2 col. (12 fr.).

Ouvrage intéressant qui cite des personnages négligés par les autres Biographes.

835 BAUCHE (Alexandre). — Causeries mesmériennes : enseignement élémentaire (histoire, théorie, et pratique) de magnétisme animal par A. Bauche membre titulaire de la société de médecine de Paris.
Paris, Imp. de E. Voitelain. L'auteur. 1865. in-8°. 212 pp. (2 fr. 50).
[T b⁶⁵. 251

Extrait du journal l'Union magnétique. 1864/1865.
Le magnétisme avant Mesmer. Des crises. Procédés magnétiques. Passes magnétiques. Démagnétisation. Somnambulisme. Charme. Extase, etc...
(D. p. 186

836 BAUDELAIRE (Charles). — Les Paradis artificiels. Opium et Haschisch.
Paris, Poulet Malassis, et de Broise, 1860. in-12 de IV-304 pp. (12 fr.).
[R. 27810
Édition originale rare.
Effets vécus de ces drogues véritablement magiques.

837 BAUDELAIRE (Charles). — Traductions d'ouvrages d'Edgar Poë.
Paris, Calmann-Lévy. 1887-03. 3 vol. in-12, (6 fr.).
1) Histoires extraordinaires. 1 vol.
2) Nouvelles histoires extraordinaires. 1 vol. 3) Aventures d'Arthur Gordon Pym 4) Eureka. 1 vol.
1) [8° Y² 0541
2) [8° Y² 0750
3) [8° Y² 12863
4) [R. 47140

838 BAUDELAIRE (Charles). — Biographie ornée de nombreux portraits et de gravures publiée par la revue « la Plume ».
Paris, s. d. gr. in-8° de 00 pp. (2 fr. 50).

839 BAUDELOT de DAIRVAL (Charles-César). né à Paris en 1648. mort en 1722 ; d'abord avocat, puis archéologue. — De l'utilité des voyages et de l'avantage que la recherche des antiquités procure aux Sçavans, par M. Baudelot de Dairval.
Paris. P. Aubouin et P. Emery. 1686. 2 vol. in-12. fig. (10 fr.).
[J. 10000-1
Intéressant ouvrage sur les médailles, les statues, les dieux Lares, les pierres gravées, les talismans, les antiques de tout genre, les manuscrits, et contenant à la fin une liste des cabinets et bibliothèques des plus célèbres amateurs de tous les pays. Avec de nombreuses figures gravées de médailles et antiques.
(G-44

840 BAUDIER (Michel). né en Languedoc vers 1580. mort en 1645. Gentilhomme de la Maison du Roi, et Historiographe de France. — Histoire générale de la religion des Turcs. avec la naissance, la vie, la mort de leur prophète Mahomet.
S. l. (?) 1625. in-8°.
Autre édition :
Paris. J. Guignard. 1632. in-8° de 726 pp. et le tab. (6 fr.)
[J. 11804
(G-1139

841 BAUDIN (le P. Noël). — Fétichisme et féticheurs.
Lyon, Séminaire des Missions africaines, 1884. gr. in-8° de 112 pp. fig. (3 fr.).
[O³ n. 84
Extrait des Missions catholiques.

842 BAUDOIN (Le F∴). — Travaux franc-maçonniques. Conférences sur divers sujets d'économie sociale.
Paris, Blanc. s. d. [1879]. in-12, (3 fr. 50).

843 BAUDOT (Jacques), chirurgien. — Les Visions de Jacques Baudot, chirurgien à Frolois, qui depuis 1777 jusqu'à 1787, ont annoncé la désolation de la France Chrétienne et de toute la Catholicité. Première partie [Seule parue].

S. L. 1802. in-8° de XXXI-223 pp. (10 à 12 fr.).

[D. 25174

Ouvrage rare.

C'est un bel exemple de Style Apocalyptique moderne : l'auteur débute par affirmer qu'il aurait, dès 1777, annoncé « les malheurs dont la France chrétienne « serait affligée depuis 1789 » (p. 1.) « Pressé de l'Esprit-Saint, » continue-t-il. « je m'adressai à la Cour, et je n'y trou- « vai que des incrédules. » Ceci se conçoit assez.

844 BAUDOT (Louis-Antoine). Quelques mots sur le magnétisme animal, suivis d'une observation de variole congénitale, par L. A. Baudot, docteur en médecine.

Rouen, Imp. de Alleaume, chez l'auteur, 1830. In-8°. 10 pp. (1 fr.).

[Tb⁶¹ 144

Travail fort estimable où l'auteur examine avec soin les effets du magnétisme humain.

(D. p. 115)

845 BAUDRILLART (Henri). — J. Bodin et son temps. Tableau des théories politiques et des idées économiques au XVIᵉ siècle.

Paris, Guillaumin, 1853. in-8°. (8 fr.).

[Ln²⁷ 2176

846 BAUHINUS (Gasp.). — De Hermaphroditorum, Monstrosorumque partuum naturâ.

Oppenheimii, typis H. Galleri, 1614. in-8°. 504 pp. Figures et portr. par Théodore de Bry.

[Tb⁷³ 9
(S-3285 b

847 BAUMÉ (Antoine). Eléments de pharmacie théorique et pratique, contenant toutes les opérations fondamentales de cet art, avec leur définition et une explication de ces opérations par les principes de la Chymie, 3ᵉ édit.

Paris, 1773, portrait.

Paris, Veuve Damonneville et Musier fils, 1762. in-8° de XVI-853 pp. 1ʳᵉ édit. sans portr. (4 fr.).

[Te¹⁴⁶ 131

848 BAUME (Louis). — Une religion secrète.

Paris, Letouzey et Ané, 1880, in-18 de 151 pp.

[8° H. 5415

Curieux vol. où l'auteur a pris à tâche de prouver que la F∴ M∴ est toute une religion. Pour lui, la F∴ M∴ est antérieure au déluge. Il la rattache au culte d'Eblis, dont il étudie la transformation chez les Caïnites, les Tyriens, les Egyptiens, les Gnostiques, les Manichéens, les Albigeois, les Templiers et les Sociniens. Il assure avoir découvert le Secret de l'Institution qui a fait couler tant d'encre en pure perte. Quoi qu'il en soit, sa thèse est émaillée d'aperçus originaux et mérite une place spéciale parmi les meilleurs écrits du genre.

849 BAUMGARTNER (Dʳ. Karl-Heinrich). — Physiognomica pathologica. Krangen Physiognomik.

Stuttgart et Leipzig. 1839, in-4° avec 1 atlas en couleur peint à la main. (Cité par Ochorowicz : De la Suggestion mentale, supplément p. 443).

2ᵉ édition :

Stuttgart, L. F. Rieger, 1842. in-8° de 250 pp. et 80 pl. en coul.

[Réserve Td¹¹ 16

Ouvrage singulier de Physiognomonie Pathologique.

850 [BAURENS DE MOLINIER]. — le comte Reinilom de Sneruab — Le Diable révolutionnaire, ou Histoire d'une possédée encore vivante, traduit de l'Espagnol par Marti (Esteban) curé de Llivia ; avec introduction et conclusion sur les œuvres diaboliques en général et sur les œuvres diaboliques modernes en particulier.

Toulouse, Hébrail, Durand et Delprech, s. d. [1873]. in-18 de X-133 pp. (3 fr.).

[Oo. 841

Il s'agit d'un cas de possession moderne, celui de Carmette Trasfi, de Llivia, dont l'histoire, inconnue des démonologues est très curieuse et fort émouvante. Le prêtre qui exorcisa la démoniaque avait communiqué à l'auteur un manuscrit très détaillé dont ce vol. est la traduction analysée et commentée. Les documents y contenus sont très sujets à caution : en note (p. 13) l'auteur nous informe que la sentence d'Urbain Grandier condamné à être brûlé vif « n'a jamais été exécutée » (?). Passages amusants : (p. 22) « elle me lance une émanation fétide...... » le démon Alforgas (p. 24). « grands coups sur la gorge » et boisson « d'une grande quantité d'eau bénite ». (p. 28). Puis viennent Barrabas (p. 33) Garlopas (p. 66) Silvirvé-Répropi et Lucifer lui-même (p. 76).

Conclusion (p. 99). Epilogue (p. 120) : examen dogmatique des faits.

851 BAUTAIN (l'abbé Louis-Eugène-Marie). —Avis aux chrétiens sur les tables tournantes et parlantes, par l'abbé Bautain.

Paris, Dévarenne, 1853, in-8°, 24 pp.

[Rp. 3841
(D. p. 154

852 BAUTAIN (abbé). — Les choses de l'autre monde. Journal d'un philosophe recueilli et publié par l'abbé Bautain.

Paris, L. Hachette, 1868, fort in-8° de VIII-439 pp. (5 fr.).

[D. 58481

On sait qu'avant sa conversion, l'abbé Bautain, professeur de philosophie, célèbre par ses écrits, occupa une place éminente parmi les esprits larges de son temps. Le présent volume, publié sans imprimatur de l'évêché, se ressent des idées premières du philosophe et aborde les sujets les plus controversés de notre époque avec une belle indépendance : le spiritisme, le magnétisme, le platonisme, les peines éternelles, le Christ mythique ou le Christ incarné, en sont autant de suggestifs chapitres, toujours au plan de l'actualité.

BAVENT (Magdeleine), née à Rouen, vers 1607, religieuse du couvent de Saint-Louis et Sainte-Elisabeth de Louviers, rendu célèbre par des Scènes de Possession scandaleuses, contemporaines de celles de Loudun, au cours desquelles Urbain Grandier fut brûlé vif. L'histoire de Magdeleine Bavent a été écrite sous sa dictée par son confesseur, le R. P. Desmarets, Père de l'Oratoire et sous-Pénitencier de Rouen ; Magdeleine Bavent a du mourir vers 1650, obscurément, et peut-être en prison.. Son « Histoire » a été publiée à Paris, chez Jacques le Gentil, en 1652, in-4° de 80 pp. et a eu au moins trois éditions anciennes, toutes datées de même, 1652. La 2e n'a pas de nom de libraire et est de 70 pp. La 3e comporte en plus 30 pages pour l'Interrogatoire, soit 100 pages en tout.

Cette histoire a été réimprimée avec beaucoup de soins, à Rouen, par Léon Deshays, le 24 avril 1878, Cette édition qui est souvent donnée comme de Lemonnyer a été tirée à très petit nombre, sur papier de Hollande, et comporte en outre tout un recueil de XV pièces relatives à cette possession de Louviers, parmi lesquelles un « Traicté des Marques des Possedez... » par P. M. (Simon Pietre, sous les initiales de son beau-père P. Marescot). Rouen, 1643, pet. in-4° de IV-04 pp. chez Charles Osmont.

853 BAVENT (Magdelaine). — Histoire de Magdelaine Bavent, Religieuse du Monastère de Saint Louis de Louviers. Avec sa Confession generale et testamentaire, où elle declare les abominations, impietez et sacrileges qu'elle a pratiquez & veu pratiquer tant dans ledit Monastere qu'au Sabat, et les Personnes qu'elle y a remarquées, Ensemble l'Arrest donné contre Mathurin Picard et Thomas Boullé, brûlez pour le crime de Magie, l'un Vif, & l'autre Mort. Et aussi trois Arrests du Conseil d'Estat donnez en faveur de la petite Mere Françoise, de la Place Royale. Dediée a Madame la Dvchesse d'Orléans.

A Paris, chez Jacques le Gentil, M. DC. LII., in-4° de 80-3 folios blancs-VIII-15-14-32-28-7 1-8-30-22-4-7-4-56-24-38 pp. (50 fr.).

Au V° de la page 80 : « Achevé de Réimprimer Par Léon DESHAYS, Imprimeur à Rouen, Le 24 avril 1878 ».

[Réserve Lk⁷ 4183 B

Réimpression sur grand papier de Hollande et avec beaucoup de soins, de l'Histoire sus-énoncée (due au R. P. DESMARETS, q. v.) et de XV autres pièces des plus curieuses relatives à la Possession de Louviers. Ce « Recueil de Pièces sur les Possessions des Religieuses de Louviers » daté de ROUEN 1879 débute par un Registre de ces Pièces et deux pages de Notes Bibliographiques intéressantes, mais qui ne signalent pas d'ouvrage qui ne soit indiqué dans la présente Bibliographie. (sauf qq. mss.)

C'est sans doute la même édition, avec un Titre un peu modifié, qui a été donnée à ROUEN, par LEMONNYER, en 1878, généralement annoncée comme in-8°, tirée à 177 exemplaires numérotés, et ornée de deux Eaux-fortes.

sur BAVENT (Madeleine) et Picart et Boullé ses séducteurs.

Voir : Bibliographie Yve-Plessis. Nos 1340-1370, pp. 171-176.

et aussi : *BENET*
DESMARETS
DU BOSROGER
LE BRETON
PIERART
YVELIN

854 BAVIÈRES (de), Angoumois. — Les Grandes et effroyables Merveilles veues le premier jour du mois de Juin près la Ville d'Authun... en la Duché de Bourgogne, de la Caverne nommée aux Fées et la Déclaration de ladite Caverne, tant de Fées, Seraines, Geans, et autres Esprits, le tout veu par le Seigneur Dom Nicolle de GAULTHIERES...,

Rouen, l'Allemand, 1582, in-8° de 53 pp. (2 fr.).

Réimpression moderne, sans doute de Lyon chez Louis Perrin vers 1875-76.

855 BAVOUX (Evariste). — Philosophie politique, ou de l'ordre moral dans les sociétés humaines.

Paris, Delloye, 1840, 2 vol. in-8° (7 fr.).

[R. 27890-1

J.-C. interprétation mythologique, interprétation philosophique. — Les dogmes dénaturés par les Chrétiens. Mysticisme, merveilleux. Songes, pressentiments. Ouvrage précieux à consulter pour tous les phénomènes mystérieux, manifestés pendant le règne de Napoléon Ier et dont furent principalement l'objet les maréchaux et généraux de cette grande époque.

856 BAYLE (François), médecin de Toulouse, où il professa ; né à Saint-Bertrand de Comminges en 1622, mort à Toulouse en 1709. — Histoire Anatomique d'une Grossesse de vingt cinq ans, par François Bayle.

Toulouse, B. Guillemette, 1693, in-12 de 71 pp. avec une figure.

[Te^{123} 35
(S-3557

857 BAYLE (François). — Relation de l'État de quelques personnes prétendues possédées, faite d'autorité du Parlement de Toulouse, par Fr. Bayle.

Toulouse. Veuve Fouchac et Belg 1682, in-12 de 118 pp.

[Lk^i 19939

Autre édition :
Ibid, 1693.

(S-3236

BAYLE (Pierre) Fils d'un Ministre Protestant ; naquit au Carlat (Comté de Foix), en 1647, mourut à Rotterdam, en 1706. Les Jésuites de Toulouse le convertirent au catholicisme, mais pas pour longtemps, et rentré dans la religion de ses pères il se trouvait ainsi Relaps, et contraint de fuir et de se cacher. Il professa la Philosophie à Sedan et à Rotterdam. Son grand ouvrage est le « Dictionaire Historique et Critique », ancêtre et source de la grande Encyclopédie et du moderne Larousse.

Sa première édition parut en 1696 (2 vol. in-f°), mais la meilleure, d'après Larousse, est celle due à M. Beuchot, en 16 vol. in-8° (1820-24).

858 BAYLE (Pierre). — Dictionaire (sic) historique et critique. Seconde édition revue, corrigée et augmentée par l'auteur.

Amsterdam, chez Reinier Leers, 1702 3 vol. in-f°.

[G. 997-9

Supplément au Dictionnaire historique et critique de Bayle.

Genève, chez Fabri et Barillot, 1722 1 vol. in-f°. (ensemble 35 fr.)

Dictionnaire encore estimé à cause des biographies critiques qu'il contient des principaux réformateurs de religions, théologues philosophes religieux, occultes et mystiques et autres personnages célèbres des XVIe et XVIIe siècles. Beau portrait de Bayle gravé par Chéreau en tête du Supplément.

(G-1140

859 BAYLE (Pierre). — Œuvres diverses contenant tout ce que cet auteur a publié sur des matières de théologie, de philosophie, de critique, d'histoire et de littérature.

La Haye, P. Husson. 1727-31 4 vol. in-f°. (38 fr.).

[Z. 792-4

860 BAYLE (Pierre). — Pensées diverses écrites à un docteur en Sorbonne, à l'occasion de la comète qui parut au mois de décembre 1680.

Rotterdam, [*Trévoux*], *R. Leers* 1704 2 vol. in-12. (12 fr.).

[Z. 20579-80

Ouvrage fort savant et très curieux du célèbre Bayle, et qui est tout à fait d'actualité avec le retour de la comète de Halley. L'auteur y étudie toutes les traditions, croyances et superstitions relatives aux comètes. L'astrologie, la démonologie, la magie, la cabbale, etc..., tiennent une place considérable dans ces quatre volumes très compacts, et on peut dire que le sujet s'y trouve absolument épuisé. C'est, en outre, une mine précieuse de renseignements de toute sorte dans le domaine de l'occulte.

861 BAYONNE (Le docteur Augustin-Théodore). — De l'Ignium, ou Magnétisme Animal, par le Docteur A.—T. Bayonne, ancien externe des Hôpitaux de Paris, Médecin des Chemins Fer du Midi à Gimont (Gers). (Médaille de Bronze 1865).

Auch, imprimerie Cocharaux Frères, 1884 gr. in-8° de 106 pp. et table (2 fr.).

[Tb⁸⁴. 280

BAZIN (l'Abbé) Voir : — *VOLTAIRE*, dont c'est un des Pseudonymes.

862 BAZIN (Abbé). — La Terre qui meurt.

Tours, A. Mame, s. d. in-4°, (10 fr.).

D'un auteur moderne, qu'il ne faut pas confondre avec le Pseudonyme de Voltaire.

BAZIN (Bernard.). — Voir : *BASIN*.

Voir aussi : *Malleus Maleficarum*.

863 BAZOT (Et. Fr.). — Contes maçonniques dédiés aux sœurs et aux frères.

Paris, Teissier, 1845. in-12 de 134 pp. (4 fr.).

[Ye. 15080

864 BAZOT (E. F.). — Code des Francs-Maçons ou Lois doctrines, morale, secrets mystères, cérémonies, etc. etc. de l'institution maçonnique.

Paris, J. Lefebvre, Aimé André 1830. in-12 de XV-320 pp. (2 fr.50).

[H. 12482

Origine, filiation et importance de la Franc-Maçonnerie. Excellence de la Fr∴ M∴. Systèmes les plus connus sur l'origine de la Fr∴ M∴. Dictionnaires des mots et explications maçonniques. Sociétés profanes et maç. Grades. Recherches sur les nombres usités en Maç∴. Histoire des institutions maç. en France. Sociétés d'hommes et de femmes, etc.

(G-1670

865 BAZOT (E. F.). — Manuel du Franc-Maçon : par E. F. Bazot. IIIe édit.

Paris, J. Moreuval, 1817, in-12 de VIII-376 pp. avec 1 pl. et titre grav.

[H. 12473
(O-319

Idem : 4e édition. Ornée d'une gravure allégorique représentant les maçonneries tant anciennes que modernes.

Paris, Caillot, 1814. in-12.
Autres éditions :
Paris, 1819, in-18.
Paris, Boisle, 1828, pet. in-8°.
Paris, Seignot-Plancher, de La Noé, 1835, 1 fort vol in-12.
Paris, 1845, 2 vol. in-12.
Paris, 1846, 2 vol. in-12.

866 BAZOT (E. F.). —Morale de la

Franche-Maçonnerie et esprit, pensées et maximes des Francs-Maçons les plus distingués ; avec une préface, un discours préliminaire, des observations et des notes historiques, dogmatiques et critiques.

Paris, Boiste fils ainé, 1827, in-12 de 257 pp. (0 fr.).

[H. 12481

Exposition des doctrines maçonniques, extraites des rituels des statuts de l'ordre, des règlements généraux ou particuliers dans des citations de Francs-Maçons ou d'auteur profanes, littéraires et poètes

867 BAZOT (E. F.). — Profession de principes francs-maçonniques ou lettre à l'auteur anonyme de deux brochures intitulées, la première Dénonciation aux cours royales des Clubs menaçants de la Franc-Maçonnerie, la seconde : Révélation au roi d'un affreux complot tramé dans les repaires de la Franc-Maçonnerie ; dédiée aux Francs-Maçons de tous les rites par un vieux F∴ M∴ dignitaire de l'Ordre.

Paris, Boiste fils ainé, 1827, in-8° 15 pp. (2 fr. 50).

[Hp. 832

868 BAZOT (E. F.) — Tableau historique, philosophique et moral de la Franche Maçonnerie en France ; divisé en trois parties. Influence de la Fr∴ M∴ sur l'esprit et les mœurs du XVIII° siècle. Persécutions que cette institution a éprouvées, sa persévérance et ses progrès. Principes et enseignements. De l'intérieur des LL∴ — Officiers, règlements, statuts. — Des principales époques de la Fr∴ M∴ de 1725 à 1836. Situation actuelle de l'Institution, etc...

Paris, Michallet. 1836, in-8° de de 48 pp. (2 fr. 50).

[H. 12483

869 BAZOT (Et. Fr.). — Le tuileur expert des sept grades du rite Français ou rite moderne ; trente-trois degrés du rite Ecossais ancien et accepté ; grades symboliques de la grande Loge d'Ecosse, &c.

Paris, Michallet. 1830. in-12 de XXIV-206 pp. et pl.

[H. 19046

Frontispice symbolique à l'eau-forte.

Paris, 1828, in-12 (10 fr.).

(G-45

870 BEATITUDE DES HOMMES (la), tant sur la terre, que dans le ciel, sur leur nouvelle métamorphose, ou le tableau de ces objets. Dialogues singuliers entre Caron et la Parque : les uns sur la nouvelle métamorphose des hommes et le bien-être, l'accord et le contentement communs qu'il en résulte pour tous dans chacune de leurs sociétés, etc...

La Haye, 1721, pet. in-8°, (12 fr.)

871 BEATTIE (James). — Réflexions sur les songes ; par James Beattie, trad. de l'angl. (par Jansen); dans Recueil de pièces intéress. concernant les Antiquités. III (1787), 230-88.

(O-1830

872 BEAUCHAMP (G. de). — Traité de Graphologie théorique et pratique

Paris, 1895, fort in-12 (Nombr. fac-similés) (2 fr. 50).

Ecriture plébéienne. Ecriture patricienne. Ecriture vulgaire. Ecriture noble. De la volonté. Egoïsme. Guide pour relever les pistes principales. Des Chiffres. Profits graphologiques, etc...

873 BEAUCHESNE (Edme Pierre Chauvot de). — De l'influence des affections de l'âme dans les maladies nerveuses des femmes, avec le traitement qui convient à ces maladies. Nouvelle édit. revue et augm du traitement des maux de nerfs des femmes enceintes.

Amsterdam et Paris, Méquignon, 1783, in-8°, 248 pp. (4 fr.)

[Td³⁵. 37. A

Curieux et intéressant volume.

Des Vapeurs. Maladies nerveuses hystériques. Maladies nerveuses des femmes enceintes, etc...

874 [BEAUHARNAIS (la Comtesse Fanny de)]. — Le Somnambule, Œuvres Posthumes en Prose et en Vers, où.

l'on trouve L'histoire générale d'une Isle très-singulière, découverte aux grandes Indes en 1784.

A l'Isle de France ; Et se trouve à Paris, chez P. Fr. Didot le Jeune, 1786, in-8° de vj-310 pp. belle impression (4 fr.).

[Z. 41458

Cet ouvrage est un de ceux qu'Ersch, « France littéraire » (1-393), attribue à P. Didot, et dont Quérard, « France Littéraire, » T. II, s'est dit autorisé à déclarer l'attribution mal fondée. (Barbier. IV-525).

(D. p. 67

875 BEAUJOINT (J.). — Les Faiseurs de Miracles imposteurs religieux et crimes célèbres des gens d'Eglise, par J. Beaujoint. F. de la Bruyère, Francis Enne. O. Montprofit, Alf. de Bougy, etc...

Paris, Librairie républicaine, 1880, gr. in-8°. Nombreuses illustrations. (5 fr.).

Miracles de la Salette, de Lourdes, de Liesse, de Saint-Antoine de Padoue, etc. Torquemada. — Calvin et le bûcher de Michel Servet. — Les Jésuites et les assassins des rois. — La belle Cadière et le jésuite Girard. — Le Frère Léotade. — Les prêtres empoisonneurs, égorgeurs, voluptueux, découpeurs de femmes, etc..

876 [BEAUJOLY (J.)]. — J. de Grandpré. — L'Art de prédire l'avenir, divination par les songes, les pressentiments, les visions, les apparitions. Magnétisme, somnambulisme, spiritisme, sorcellerie, cryptographie, etc., Astrologie, chiromancie, graphologie physionomie, phrénologie, cartomancie, arithmancie.

Paris. A. Fayard ; s. d. (1878), in-8°. (6 fr.).

[8° V. 4678

Nombreuses illustrations.

877 [BEAUJOLY (J.)]. — J. de Grandpré. — Le magicien moderne, récréations amusantes et instructives de physique et de chimie.

Paris. A. Fayard, s. d. [1878], fort in-8° de 565 pp. fig. (6 fr.)

[8° V. 2363

Nombreuses gravures. — Suivi d'un Recueil d'expériences de prestidigitation, de tours de cartes, escamotages, etc...

878 BEAUMONT (Ch. et Aug.). — Les Francs-Maçons, comédie en trois actes en prose, précédée de l'Initiation antique, prologue en quatre tableaux.

Paris, Dentu, 1867. in-12. (4 fr.).

Cette comédie fut écrite en réponse à une diatribe violente contre les francs-maçons, publiée en 1862, à Paris. C'est un résumé de l'histoire et des principes de la Franc-Maçonnerie, ainsi que les dépositions et les plaidoyers de ses amis et de ses ennemis.

879 BEAUMONT (Johann). — Johann Beaumont historich-physiologisch- und theologischer Tractat von Geistern Erscheinungen, Hexereyen und andern Zauber-Händeln, darinnen von denen Geniis oder Spiritibus familiaribus, so wohl guten als bösen, welche die Menschen in diesem Leben begleiten Sollen.......... wie auch von Erscheinungen derer Geister nach dem Tod, auserordentlichen Träumen, Wahrsagereyen, Personen, die Geister sehen, und dergleichen, Nachricht ertheilet, ingleichen die Gewalt derer Hexen und dasz es würcklich magisch würckungen gebe, klärlich dargethan, anbey D. Bekkers bezauberte Welt nebst andern Schriften, die sich dergleichen Glaubwürdigkeiten widersetzt, widerlegt wird ; aus der Englischen Sprache in die Teutsche mit Fleisz übersetzt von Theodor Arnold nebst einer Vorrede des H. Geheimbden Raths Thomasii.

Halle in Magdeburgischen, in Verlegung der neuen Buch-handlung, 1721, in-4° de XXXVIII-360-XL pp. plus XIV-78 pp. pour l'addition de Thomasius avec 1 pl.

(O-1675

880 BEAUMONT-BRIVAZAC (le comte L. C. Hubert de). — Eléments de l'électro-magnétisme animal, par le comte Hubert de Beaumont-Brivazac.

Grenoble, Prud'homme, 1845, in-8° de 24 pp.

[T b⁶⁴ 257
(D. p. 133

881 BEAUMONT - VASSY (Edouard-

Ferdinand. Vie de). — Swedenborg ou Stockholm en 1750.
Paris, 1842. in-8°, (5 fr.).
[Yf. 8231

882 BEAUNE (Henri). — Les sorciers de Lyon, épisode judiciaire du XVIII siècle.
Dijon, Imp. de J. E. Rabutot, 1868. in-8°, 00 pp. (3 fr.).
[R. 27039
(G.-1141

883 BEAUNIS (Doct Henri Etienne). Le somnambulisme provoqué. Etudes physiologiques et psychologiques. par H. Beaunis.
Paris, chez J. B. Baillière et fils, 1886, in-16, de 250 pp. (2 fr. 50).
[Te¹⁵ 77
Réimprimé. Paris. Baillière, 1887, in-12.
(G-46 et 1142

884 BEAURREDON (le chanoine). — Le Modernisme et les Bases de la Foi.
Paris. A. Savaète. s. d. [1908]. in-8°. VIII-224 pp.
[8° Z 16183
Collection Arthur Savaète (3 fr. 50) N° 8.
Le Modernisme et la Croyance en Dieu. — Le Modernisme et les Livres Saints. — Le Modernisme et l'Eglise.
BEAUSOBRE (Isaac). Théologien et Ministre protestant, né à Niort (1659), mort à Berlin (1738). Le véritable nom de ses ancêtres était : « Beauxpuis de Beaussart ». Pasteur à Châtillon-sur-Indre, il fut obligé de fuir lors de la Révocation de l'Edit de Nantes, et se réfugia en Hollande, puis en Allemagne.

885 BEAUSOBRE (Isaac). — Histoire critique de Manichée et du Manichéisme, par de Beausobre.
Amsterdam, J. Frédéric Bernard, 1734, in-4°. Titre rouge et noir, vignette de Janus Bifrons. C'est le premier volume, seul paru du vivant de l'auteur.   [H. 4863
Histoire critique de Manichée et du Manichéisme. Où l'on trouve aussi l'histoire de Basilide, de Marsion, de Bardesanes, etc... et de leurs sentiments, et où l'on découvre l'origine de plusieurs cultes, cérémonies, etc.. qui se sont introduits dans le Christianisme.
Amsterdam, Bernard, 1734-39, 2 vol. in-4°, (40 fr.).
[H. 4863-4
Titre cartonné en noir seulement. L'ouvrage est rare, et fort recherché pour l'immense érudition dont il témoigne (S. de G.). — Le Tome II manque assez souvent car il a paru 5 ans après le premier.
(S.-5283
(G.-1143
(Y. P.-869

886 BEAUSOBRE (Isaac). — Supplément à l'Histoire de la Guerre des Hussites, par de Beausobre.
Lausanne, 1745, in-4°.
(S.-5303

887 BEAUSOBRE (Louis de). — Dissertation philosophique dont la première roule sur la nature du feu ; et la seconde sur les différentes parties de la philosophie et des mathématiques.
Paris, Durand, 1753, in-12. 231 pp. et Tableau. (3 fr.).
[R. 12913
(G-558

888 BEAUSOBRE (L. de). — Le Pirrhonisme raisonnable, par Louis de Beausobre.
Berlin, E. de Bourdeaux, 1755, in-12 de LXII-284 pp.
[R. 9669
(S-2790

889 BEAUVERGER (Auguste Edmond Petit Bᵒⁿ de). — Tableau historique des progrès de la philosophie politique, suivi d'une étude sur Sieyès.
Paris, Leiber et Commelin, 1858, in-8° VII-337 pp. (3 fr.).
[R. 27962
Platon. Aristote, Gilles de Rome, Dante. Marsile de Padoue, Savonarole, Bodin. Bacon. Spinosa, Th. Morus. Rousseau, Kant, de Maistre, de Bonald, Malthus, Bollanche, A. Comte, etc.....

890 BEAUVOYS de CHAUVINCOURT. — Discovrs | de la Lycantropie | ov | de la transmvtation | des hommes en loups : | par le sieur de

Beaunoys de Chauuincourt. | Gentil-homme Angeuin.
Paris, Iacques Rezé. 1599, in-8° de [3 fts] 51 pp.
[Réserve R. 2440

891 BEAUX (Dr Jean-Jacques). — De l'influence de la magnétisation sur la voix et le goût en musique, par le docteur J. Beaux.
Paris, E. Garnot, 1855, in-18, 155 pp. (2 fr. 50).
[Tb61. 275

Contient la relation de faits de somnambulisme dont la lecture fit sourire les journaux sérieux, l'auteur ayant laissé au langage de ses sujets, toute leur... pittoresque expression (faire caca, etc.,)
(D. p. 150

892 BEAUX de MAGUIELLE. — Recherches sur l'influence universelle et réciproque des êtres, etc.., par M. Beaux de Maguielle. 1788. In-8°. 64 pp.

En faveur du magnétisme.
(D. p. 70

893 BEBESCOURT. — Les mystères du christianisme approfondis radicalement, et reconus (*sic*) physiquement vrais. La 1re partie dévelope (*sic*) l'histoire génésiale du monde ; base des saints Livres qui constituent l'Ancien Testament des Chrétiens. La 2e éclaircit les trois grands Mystères ainsi que les quatre évangiles de Jésus ; base de nos sept Sacremens, de tous nos dogmes théologaux et de toutes les cérémonies de notre Loi Nouvelle.
Londres, P. Elmsly. 1771. 2 vol. in-8°, pl. (25 fr.).
[D. 25445
(G-47

Cette édition originale de 1771 comporte deux frontispices et plusieurs vignettes et culs-de-lampe de Gravelot qui ne figurent point dans la seconde édition publiée quatre ans plus tard.
En 1775 a paru la 2e édition.
[D. 9637
Ce stupéfiant ouvrage dont Moët, le traducteur de Swedenborg était seul à connaître l'auteur, très rare autrefois, est maintenant introuvable. Entièrement basé sur la Cabale, dont il révèle le profond mécanisme à chaque ligne, ce monument d'érudition singulière aboutit à des conclusions inouïes et renversantes.

894 BÈCHE (Ph. de). — Principes de grammaire hébraïque, accompagnés d'une chrestomathie, d'un vocabulaire et de quelques notions philologiques sur les principaux termes hébreux qui ont été conservés dans la Vulgate, etc.....
Malines (et Paris) E. F. Van Velsen, 1872, in-8° VIII-248 pp. (3 fr. 50).
[8° X. 5012

895 BECHER (Joh. Joachim). — Institutiones Chimicæ prodromæ : Œdipus Chimicvs obscuriorum terminorum et principiorum chimicorum, mysteria aperiens et resolvens, etc.....
Francof, apud J. M. a Sande. 1705, in-12 de XVI-100 pp. fig. (5 fr.).
[R. 27903

Avec 2 figures hieroglyphiques parlantes des plus curieuses, gravées. Ouvrage curieux et rare de ce célèbre chimiste et alchimiste allemand, comme le dit Lenglet-Dufresnoy, dans sa Philosophie Hermétique, l'un des plus véridiques et des plus habiles qui ait travaillé sur la Chimie.

896 BECHER (Joh. Joachim). — Joh. Joachim Bechers. Oedipus chymicus, oder Chymischer Rätseldeuter, worinnen derer Alchymisten dunckelste Redens-Arten und Geheimnüsse.... aus dem Lateinischen ins Deutsche übersetzet ; nun aber zum Druck befördert durch Fried Roth-Scholtzen : dans Deutsches Theatrum chemicum (1730), II. 619-822, avec 1 beau front. gravé.
La 1re édition latine est d'Amsterdam, 1664.
Voir ci-dessus. (O-1225

897 BECHON (R.). — La Divination et sa Répression dans l'Histoire.
Riom, 1896, in-8°, (2 fr.).

La Divination et la Sorcellerie à travers les Ages.
Devins, Sorciers, Thaumaturges. Sibyl-

les, Astrologues. Procédures contre les Sorciers, etc.

808 BECKENSTEINER (Christophe). — Études sur l'électricité [animale] par Beckensteiner.
Lyon, Imprim. de A. Vingtrinier, 1808. in-8° de XV-64 pp. fig.
[Te¹³ 62

Cet ouvrage de même que celui de Petetin doit être compris dans notre travail : l'auteur fut converti aux idées magnétiques par son ami feu le docteur Despine, et il se livra à des recherches intéressantes pouvant démontrer la présence de l'électricité chez les animaux ; son livre contient une étude intéressante sur les corpuscules de Pacini.
(D. p. 140

809 BECKER (Daniel). — Der chymische Wahrsager oder Beschreibung eines Rubinrothen, fixen und durchdringenden Oels, so ohne alles Feuer und Zusatz fremder Dinge aus dem Thau bereitet und denen Chymicis und Alchymicis zu fernern Erforschung aufrichtig mittheilet D. D. Becker.
Langensaltz, Joh. Christ. Martini, 1755. in-8° de 78 pp.
[R. 54453

Description d'une huile rouge comme le rubis.
(O-108.)

900 BECKHER (Daniel). — Medicus microcosmus, seu spagyria microcosmi exhibens medicinam corpore hominis, tum vivo, tum extincto docte eruendam, scite præparandam et dextre propinandam.
Londini, prostant apud J. Martin, J. Allestry et T. Dick, 1660. in-12 XXX-304 pp. et l'index. (15 fr.).
[Te¹³¹ 74

(très rare, manquait à Guaita)

Savant traité de médecine spagyrique basée sur l'emploi thérapeutique de toutes les parties du corps de l'homme, avec un grand nombre de références à l'appui : De l'emploi de la semence, des urines, des excréments, des cheveux, des ongles, de la salive, du crâne, etc……
L'auteur donne la recette d'un philtre magique très actif composé avec le sang, dont les effets sympathiques sont irrésistibles, et en rapporte des exemples très émouvants. Beckher fournit en même temps un préservatif contre ce maléfice de manière à pouvoir en annuler l'effet, le cas échéant.

901 BECKIUS (Matthias Fridericus) — Ephemerides Persarum per totum annum, juxtà Epochas celebriores Orientis, cum Commentario Mat. Frid. Beckii.
Augustæ Vindelicorum (Augsbourg) apud L. Kronigerum et T. Goebelii hæred, 1696. 2 vol. in-f°.
[V. 1879
(S-3414

902 BECQUEREL (Edmond). — Résumé de l'histoire de l'électricité et du magnétisme et des applications de ces sciences à la chimie, aux sciences naturelles et aux arts.
Paris, Firmin Didot frères, 1858. in-8° de XVI-700 pp. (5 fr.).
[R. 28027

Ensemble des découvertes et des recherches les plus importantes, faites dans l'électricité et le magnétisme, non seulement avant 600 ans, mais encore depuis cette époque.

903 BECQUEREL (Edmond). — Traité des applications de l'électricité thérapeutique médicale et chirurgicale.
Paris, Firmin Didot frères, 1857. in-8°. figures. (5 fr.).

Appareils électro-magnétiques et magnéto-électriques. Électro-puncture. Paralysies hystériques. Impuissances. Épilepsie. Catalepsie, etc…

904 BECQUEREL (E.). — Traité expérimental de l'électricité et du magnétisme, et de leur rapport avec les phénomènes naturels.
Paris, Didot, 1834-1840. 6 vol. in-8°. et Atlas in-4°. (12 fr.).
[R. 14360-73.
l'Atlas : [R. 6334

Ouvr. très intéressant et très curieux, le plus complet publié jusqu'alors sur l'électricité et le magnétisme. Avec un *catalogue bibliographique* de 25 pp. donnant la liste de tous les ouvrages parus sur ces deux sciences depuis 1780 jusqu'en 1834.

Sc. psych. — T. I. — 9.

905 BEDARRIDE (Marc). — De l'ordre maçonnique de Misraïm depuis sa création jusqu'à nos jours, de son antiquité et de ses progrès.
Paris, Imp. de Bénard, 1845, 2 vol. in-8°, portrait. (10 fr.).
[H. 12525-6

Portrait à l'eau-forte.
L'auteur étudie la Maç∴ depuis les Pyramides jusqu'à nos jours, en passant par les Rose-Croix d'Allemagne. Le rite de Misraïm possédait la véritable initiation, aussi Papus en recommande-t-il l'étude dans ses ouvrages didactiques.

(G-48)

906 .... BEDENCKEN über die Frage : Ob die Transmutatio metallorum möglich ? nebst einem Responso einer berühmten Juristen-Facultaet : Da sich ein Ehemann belehren lässet : Ob ihm das seiner Frauen in Gold transmutirte silberne Gefässe nicht zukomme ? oder doch wenigstens der usus fructus davon ? (datée Facult. Jurid. L. mense Aug. 1715). nebst einer Vorrede ans Licht gestellet : dans Deutsche Theatrum chemicum de Fr. Roth-Scholtz (1730). II, 87-118.

(O-582)

907 BEGIN. — Chimie et Alchimie dans le Moyen-Age et la Renaissance (1848), II, 12 ff. avec 3 pl.
Terminé par une Bibliographie de plus de 40 ouvr. Le meilleur ouvrage à consulter sur cette matière, du moins en français, est l'Histoire de la Chimie, par Ferd. Hoefer, Paris, 1842-45, 2 vol. in-8°. Il y en a une II° édit. Paris, 1866, c'est cette édit. qui m'a fourni les quelques indications qu'on trouvera ici. L'Alchimie et les alchimistes, par L. Figuier, dont la III° édit. est de Paris, 1860, écrite avec facilité, suffit pour les gens du monde qui ne veulent pas se fatiguer sur un sujet qui ne peut intéresser que les savans.

(O-567)

908 BEGOUEN (Comte). — La création évolutive.
Toulouse, E. Privat, 1879, in-8° de 50 pp. (1 fr. 50).
[8° S. 1612
(G.-1145)

909 BEGOUEN. — La matière radiante de Crookes et son application à l'astronomie.
Toulouse, 1879, in-8°.
Autre édition :
Tours, Rouillé-Ladevèze, 1886, gr. de 16 pp. (1 fr. 50).
[4° V. Pièce 2420
(G.-1145)

910 BÉGUÉ (J.). — Dispensaire magnétothérapique de Toulouse : par J. Bégué, médecin.
Toulouse, Impr. Froment, 1855, in-8°. 16 pp.

(D. p. 160)

911 BEGVIN (Jean). — Les éléments de chymie de Mr Jean Begvin. Reueus expliquez et augmentez par Lucas de Roy, médecin Boleducois.
Rouen, chez Jean Behoert, 1647, in-12. (12 fr.).
Ouvrage fort rare d'alchimie orné de figures sur bois dans le texte.
Idem.
Paris, M. Le Maistre, 1624, 1 vol. in-8° de XVI-432 pp. et Tabl.
[R. 28042
Rouen, chez Jean Behoert, 1632, in-8°.
Lyon, Rigand, 1656, in-12.
[R. 28046
Édit. beaucoup plus rare et plus complète que celle de 1626.
Lyon, 1665, in-12.

(G 1146)

912 BEGUIN (Jean), Aumônier du Roy. — Les éléments de Chymie. Reueuz, notez, expliquez et augmentez par Jean Lucas de Roy.
Lyon, Rigaud et Michalet, 1658, in-8° (15 fr.).

(G-49)

913 BEGUIN (Jean). — Tyrocinivm Chymicvm; (notis elegant. illust. formulisque medicamentorum optimis et secretis locupletatum, etc.....

Venet. et Amstel., 1043, in-12. (20 fr.)

Ouvrage rare et curieux de ce célèbre adepte traducteur du Cosmopolite. Ce manuel a joui, à son époque, d'une vogue universelle. Béguin mit, l'un des premiers, en ordre les préceptes épars de la chimie. A remarquer le 1ᵉʳ chap. du Livre III "De quinta essentia sanguinis humani".

Autre édition :

Wittenbergæ. Impensis hæredum C. Bergeri. 1640 , in-8⁰ LXXX-480 pp. et table.

[R. 28052

914 BEHEMOTH et Leviathan ou Société du Dragon avec le Lion de S. Marc à Venise. Solution du problème de 666 par le Signe de la Croix, par l'Hermite du Mont Anis.

Paris, impr. de Stahl. 1830. in-plano d'une demi-feuille.

Calculs Hermétiques sur la Venue de l'Ante-Christ. et sur les Propriétés du Nombre 666, ou Nombre de la Bête.

(Y-P-1113

915 BEKKER (Balth.). — Le monde enchanté de Balthasar Bekker ou examen des communs sentiments touchant les Esprits leur nature leur pouvoir, leur administration et leurs opérations. Et touchant les éfets (sic) que les hommes sont capables de produire par leur communication et leur vertu.

Amsterdam. chez Pierre Rotterdam 1694. 4 vol. in-12 portr. (15 fr.).

[D² 3759

Edition peu commune la seule reconnue par l'auteur, dont le portrait gravé se trouve en tête du Tome I.

Très important au point de vue historique et précieux pour l'état de la Sorcellerie à cette époque. La Kabbale y est amplement démontrée et Bekker donne l'invocation des intelligences qui président aux quatre parties du monde.

(S-3155
(G-559 et 1147

916 BEL (J. J.). — Le Nouveau Tarquin, Comédie en trois Actes.
S. l. [1731] in-12, (10 fr.).

Cette Comédie, publiée à l'occasion du Procès célèbre du P. Girard et de la Belle Cadière a été condamnée au feu par arrêt du Parlement d'Aix, comme étant « pleine d'obscénités. » Elle est très rare.

Autre édition :

Amsterdam, J. Desbordes. 1732, in-8⁰ de 76 pp.

[8⁰ Yth. 12815

Et encore : S. l. n. d. in-8⁰ de 48 pp.

[8⁰ Yth. 12816
(G-2041

917 BELLEVILLE (l'Abbé F.). — La Conversion de M. Huysmans.

« *Chez l'Auteur à Bourges* » s. d. [1898], in-12 de 234 pp. (3 fr.).

[Ln.²⁷ 46238

Virulente critique du grand Romancier passé du Naturalisme à la Dévotion. L'abbé est dur pour tous ces grands convertis et leurs partisans : il appelle Barbey d'Aurevilly un « catholique honoraire... un d'Artagnan, qui caracolait autour de l'Eglise, toujours prêt à prendre sa défense et non sa discipline » (p. 159).
Divisé en Trois Entretiens, entre un Chanoine, un Aumônier, un Missionnaire, un Vicaire général, et même un Parisien qui fait triste figure au milieu de tous ces Clercs.
La question Léo TAXIL.-Diana VAUGHAN est un moment amenée sur le tapis et donne lieu à d'amusantes réflexions.

918 BELEUCHTUNG der Niebuhrschen Aeuszerung über Freimaurerei, mehr für Nicht-Maurer als Maurer.

Leipzig. Gräff. 1816, gd. in-8⁰ de 24 pp.

(O-529

919 BÉLÈZE (Guillaume-Louis-Gustave). — Dictionnaire des noms de baptême.

Paris, L. Hachette, s. d. [1863] in-8⁰, de IV-484 pp. (8 fr.).

[H. 12621

Ce curieux ouvrage donne tous les noms que renferme le Rituel, ceux fournis par le Martyrologe romain, ainsi que les noms qui sont journellement l'objet du choix des familles ; la liste des professions et corps de métiers, avec le nom de leurs patrons ; les étymologies, les noms profanes, le symbolisme et la superstition des noms, etc...

920 BELHACHE (E.). — Les forces immatérielles. La pensée et le principe pensant, par E. Belhache.

Paris, Perrin, s. d. [1801] in-8°, 370 pp. (5 fr.).

[8° R. 10333

921 BELIARD (Dr Octave) et LÉO GAUBERT (Dr). — Le Périple.

Paris, F. Tassel, s. d. [1008] in-16 de 224 pp.

Sous ce titre laconique les Drs Béliard et Léo Gaubert ont livré naguère à la publicité un ouvrage des plus détaillés sur l'occultisme et ses différentes branches, et qui jouit de la plus haute estime parmi les initiés. L'Ésotérisme du Pentagramme, le symbolisme des nombres, l'envoûtement microbien, l'Astral, la limite des pouvoirs magiques, etc..... Ce rapide aperçu ne peut donner qu'une bien faible idée de l'importance de ce travail, un des plus sérieux et le plus récent sur le sujet.

922 BELIN (François-Alphonse). — Notice bibliographique et littéraire sur Mir-Ali-Chir-Nevâii, suivie d'extraits tirés des œuvres du même auteur, par M. Belin.

Paris, Impr. Nationale, 1861, in-8°, de 158 pp.

[O² s. 70

Mir-Ali-Chir-Nevâii fut l'un des écrivains les plus éminents de la Perse de la fin du IX° et du commencement du X° siècle de l'hégire, c'est-à-dire en l'an 1490 de J. C. Ce fut aussi un spiritualiste remarquable et fit partie de la secte des Soufis.

923 [BELIN (Dom Jean Albert)], savant bénédictin né à Besançon vers 1610 mort en 1677. Il fut évêque de Bellay. — Abhandlung von den Talismans oder astralischen Figuren, in welcher gezeigt wird, dasz ihre Wirkungen und wunderbahren Eigenschaften natürlich sind, und die Art sie zu verfertigen und sich ihrer mit einem bewundernswürdigen Vortheil zu bedienen, gelehrt wird ; aus dem Französischen, (von Jean Alb. Belin) übersetzt.

Sorau, Gottlob Hebold, 1703, in-8° de 44 pp.

(O-1802

924 BELIN (Dom Jean Albert). — Apologie du Grand Œuvre ou élixir des philosophes, dit vulgairement pierre philosophale, où la possibilité de cette œuvre est démontrée très clairement. Et la porte de la vraye philosophie est tout à fait ouverte.

Paris, P. de Bresche, 1659, in-12, de X-230 pp. (5 fr.).

[R. 52007
(G-1140

925 [BELIN (Dom Jean Albert)]. — Les Aventures du philosophe inconnu, en la recherche et en l'invention de la Pierre Philosophale, divisées en IV livres, au dernier desquels il est parlé si clairement de la façon de la faire, que jamais on n'en a parlé avec tant de candeur. (par dom Albert Belin, rel. Bénédictin et évêque du Bellay). II° édit.

Paris, Jacq. de Laize-de-Bresche, 1674, in-12 de XII-215 pp. (15 fr.).

[R. 27184

Roman dirigé contre les souffleurs : dom Belin, après avoir travaillé au grand Œuvre et n'avoir pas réussi, s'en vengea par cette curieuse satyre.

Intéressant traité contre les Alchimistes.

Idem :

Paris, Est. Dangvy, 1646, in-12 de VI-225 pp.

[R. 27185
(O-572
(G-50-560 et 1148

925 bis BELIN (Dom J.-A.). — La poudre de sympathie justifiée. 3ᵉ édition [par J.-A. Belin].
Paris, de Bresche, 1671, in-12 de XVI-80 pp.
[R. 52606

Idem :
Paris, 1658, pet. in-18. (4 fr.).
[8° Te 1130
Cet ouvrage a été réfuté par le P. Placet.
(G-1149

926 [BELIN (Jean Albert)]. — Traité des Talismans ou Figures astrales, dans lequel est montré que leurs effets et vertus admirables sont naturels et enseigné la manière de les faire et de s'en servir avec un profit et avantage merveilleux : où les Talismans justifiés, la Poudre de Sympathie victorieuse, et l'Apologie du Grand Œuvre, ou Elixir des philosophes, dit vulgairement Pierre Philosophale, par D. B. (Jean Albert Belin).
Paris, de Bresche, 1658.
2ᵉ édition en 1671, de XII-120 pp.
[R. 52695

3ᵉ édition en 1774.

Toutes in-12.

Cet ouvrage a été réfuté par le P. Placet.
(S-3173
(G-51 et 1149

BELL (Georges). — Pseudonyme de : HOUNEAU (Joachim).

927 BELLANGER (Dʳ Augustin René) — Le magnétisme. Vérités et chimères de cette science occulte. Un drame dans le somnambulisme, épisode historique, par M. le docteur Bellanger.

Paris, Guilhermet, 1854, in-18 de XIV-342 pp.
[R. 28093

Réunion d'articles parus dans le Journal « l'Abeille médicale ». Ce travail sans être complet est assez consciencieusement fait. L'auteur connait mieux le somnambulisme.
(D. p. 157

928 BELLARMINO (Cardinal Roberto), né vers 1542, à Montepulciano (Toscane), mort vers 1621. Jésuite et neveu du pape Marcel II. — Institvtiones lingvæ hebraicæ, et ad qvantam maximam fieri potuit breuitatem perspicuitatem, adque ordinem reuscatæ : vna cum exercitatione in Psalmum XXXIII.

Lugdeni, 1500, in-12. (3 fr.).

Autre édition :

Antverpiæ ex officina Plantiniana, ap. J. Moretum. 1606, in-8° de 207 pp.
[X. 6247

Voir les œuvres de cet auteur dans le catal. gén. de la Bib. Natᵉ. X-233 à 257.

929 BELLOT (Etienne). — Albert Jounet. Son Œuvre.

Paris, Bibliothèque Chacornac, 1905, in-12 de 64 pp. (1 fr.).

Manque à la Bib. Nat.
Analyse de l'œuvre du Grand Kabbaliste dépourvue de tout détail biographique.

930 BELON (Pierre) (en latin: Petrus Bellonius) né vers 1517 près du Mans, Sarthe, mort vers 1594. Célèbre naturaliste. — Petri Belloniis Cenomanis, de Admirabili opervm antiquorvm et rerum suspiciendarum prestantia, liber primus. De medicato funere seu cadauero condito et lugubri defunctorum eiulatione, liber secundus. De medicamentis nonnullis seruandi cadaueris vim obtinentibus, liber tertius.

Parisiis apud C. Cavellat, 1553, in-4° de VIII-54 fᵒˢ et tab.(8 fr.)
[S. 5513

Intéressant ouvrage sur les anciennes sépultures, les Pyramides d'Egypte, les momies et contenant aussi quelques remèdes et formules alchimiques.

Autre :
Parisiis, apud B. Prenost. 1553, in-4º de VIII-54 fᵒˢ et tab.

[S-5516
(G-1673

931 BELON (Pierre). — Les observations de plvsievrs singvlaritez et choses mémorables trouuées en Grèce, Asie, Iudée, Egypte, Arabie et autres pays estranges. Reueuz de rechef et augmentez de figures, auec vne nouuelle table de toutes les matières traictées en iceux.
En Anvers, de l'impr. de Christofle Plantin 1555, in-12. (30 fr.).

Cet ouvrage fort rare, l'un des trois premiers sortis des presses de Christ. Plantin, l'année même où il fonda son imprimerie, est orné de figures sur bois et de capitales ornées.

Autre édit :
Paris. G. Corrozet. 1553. in-4º de XII-212 fᵒˢ fig.

[S. 5470
(G-52

932 BELOT (Camille). — Les secrets du magnétisme.
Paris, E. Dentu. 1884. in-18 de 172 pp. (2 fr.).

[T bⁿˢ. 282

Fluide magnétique. — Magnétiseurs et magnétisés. — Manières de procéder. — Le réveil. — Précautions à prendre. — Sujets magnétiques, — etc.,

933 BELOT (Iean). — Curé de Mil-Mont, maistre es sciences diuines et célestes. — Familières instructions povr apprendre les sciences de chiromancie et physionomie. Dans lesquelles se trouvent les plus admirables secrets des Sciences diuinatrices, propres particulièrement pour ceux qui font profession des exercices militaires, iudicature et arts libéraux et par icelles leur donner le parfait de la Mémoire selon la doctrine de R. Lulle, auec vn traité des diuinations augures et songes par M. Jean Belot.
Imprimé à Paris aux dépens de l'Autheur, 1624. 2 parties 1 vol. in-8º. (20 fr.).

[R. 28142

Edition originale, ornée de figures sur bois dans le texte et d'une grande planche de chiromancie hors texte.

(G-1151

934 BELOT (Jean). — Les Œuvres de m. Jean Belot, curé de Milmonts, professeur aux Sciences divines et célestes : contenant la chiromancie, physionomie, l'art de memoire de Raymond Lulle ; traité des divinations, augures et songes ; les sciences steganographiques, Paulines, Armadelles et Lullistes ; l'art de doctement prêcher et haranguer, etc. Nouv. édit. rev. corr. et aug. de divers Traitez.
Liège. C. H. Streel. 1704. in-12 de X-528 pp. fig.

[R. 28149

Id. Rouen chez Iacques Cailloué, 1640. 2 tomes in-8º, figures.

[R. 54458-9

Lyon 1049, in-12.
Idem : Lyon. de Ville. 1672. 2 tom. pet. in-8º, fig.

[R. 28147

Dernière édition reueue corrigée et augmentée de diuers traictez.
Lyon, chez Claude La Rivière. 1654 2 tom. in-8º fig.

[R. 28143

Rouen, chez David Berthelin. 1669, 2 parties en 1 vol. in-8º de XVI-480 pp. fig. (15 fr.).

[R. 28146

Ouvrage qui n'est pas commun. — Très recherché. Bonne édition très complète avec la grande planche ployée, qui représente une main chiromantiquement analysée, qui manque souvent. (Note de St. de Guaita). — Outre la planche mentionnée par St. de G. se trouve un curieux portrait sur bois de l'auteur.

(O-1829
(G-1152-1675-1676

935 BELOT (Jean) curé de Milmonts, professeur aux sciences divines et célestes. — Les œuvres contenant la chiromence, physionomie, l'art de mémoire de Raymond Lulle, traité

des divinations, augures et songes, les sciences stéganographiques Paulines, Armadelles et Lullistes, l'art de doctement prescher et haranguer. Dernière édit. augm. de divers traitez.
Rouen, P. Amiot. 1688, in-8° de XVI-464 pp. fig. (15 fr.).

[R. 28148
(S-3446
(G-501-1152-1674-5-6

936 BELOT (Jean). — L'Œuvre des Œuvres, ou le plus parfaict des Sciences Stéganographiques Paulines Armadelles... Par M. J. Belot.
Paris, 1622, in-8°.

Autre édit :
Ibidem, N. Bourdin. 1623. in-8° de VIII-144 pp.

[Z. 11288
(S-3493

937 BELOT (Jean). — Centuries Prophétiques, révelées par Sacrée Théurgie, et Secrette Astrologie à M. Jean Belot.
Paris, A. Champenois. 1621, in-8° de 23 pp.

[Ye 7384
(S-3446 b

938 BELOT (Jean). — Instruction familière et très facile, pour apprendre la Chiromancie et la Physiognomie... Plus un Discours Astrologique.
Paris, N. Roussel. 1619, in-8° de XII-100 pp. fig.

2 exempl.
[R. 28141
[V. 21880
(S-3446 b

939 BELOT (sur Jean). — Apologie de Jean Belot, contre les Calomnies de ses Ennemis et Religionnaires de ce Tems.
Paris, 1709, in-8°.

(S-3446 b

940 BEMBO (le cardinal Pierre), né à Venise vers 1470, mort vers 1547. Il fut ami de Lucrèce Borgia, érudit délicat et latiniste très pur. — Les Azolains de Monseigneur Bembo de la nature d'amovr. Traduictz de l'italien par Jean Martin, secrétaire du Cardinal de Lenoncourt.
A Paris, par la veufue François Regnault. 1555, in-16, (20 fr.).

Autre édit.
Paris, Imprimé par M. de Vascosan, pour luy et G. Corrozet. 1545, in-8° de 155 fos.

[Réserve Z. 2461
(G-1153

941 BÉNARD (Charles Magloire). — Platon, sa philosophie, précédée d'un aperçu de sa vie et de ses écrits.
Paris, Alcan. 1892, in-8° de VIII-546 pp. (10 fr.).

[8° R. 11530

942 BENEDICTI (le R.P.F.I.). — La somme des pechez et le remède d'iceux. Comprenant tous les cas de conscience et la résolution des doutes touchant les pechez, simonies, vsures, changes, commerces, censures, restitutions, absolutions et tout ce qui concerne la réparation de l'âme pécheresse par le sacrement de pénitence, selon la doctrine des saincts conciles théologiens canonistes, etc.
A Lyon, par Charles Pesnot, 1584, in-4°, (20 fr.).

On trouve en maints endroits de cette Somme des passages qui mériteraient de la faire ranger au nombre des ouvrages décrits dans la bibliographie cléricogalante.

Autre édit.
Paris C. Chappelet, 1601, in-4° de 827 pp.

[D. 6502
(G-1154

943 BENEDICTI (le P. Jean). — La triomphante victoire de Vierge Marie sur sept Esprits malins chassés du corps d'une femme, par le P. Jean Benedicti.
Lyon, P. Rigaud, 1611, in-32 de 171 pp.

[Ln²⁷. 30503

Sur l'affaire de Périnette Pinay.

(S-3238

944 BENEDICTINS (les RR. PP.). — Bibliographie des Bénédictins de la

Congrégation de France, par des Peres de la Même Congrégation.

Paris, Champion, 1906, in-8° de XXVIII-XI-179 pp. & 2 f^{os} de Catalogue Deux portraits en Héliogravure : Dom Guéranger et Dom Pitra. Titre et Couverture en Noir et Rouge.

Tiré à 585 ex. Remarquable travail fait avec la conscience et la minutieuse érudition qui a toujours caractérisé l'Ordre.

945 BENEDICTUS. — Liber aureus de principiis Naturae et Artis, das ist : ein güldenes Büchlein, so da beschreibet wie die Metallen in den Klüfften der Erden, durch die Natur in iren Mineren geboren ; und darausz die Wissenschafft der Primae oder Materiae, oder Lapis Philosophorum erlernet... ; mit Anhang folgender Tractätlein : I) Definition Alchymiae ; II) der Phaenix ; III) ein Tractätlein ausz Französischem ins Teutsche ubersetzt.... anthore Liberio Benedicto.

Francfurt am M., Lucas Jennisius, 1630, pet. in-8° de 160 pp.

(O-1030-1047-1244

946 BENET (Armand). — Procès verbal fait povr délivrer vne fille possédée par le Malin Esprit à Lovviers. Publié d'après le manuscrit original et inédit par A. Benet... et précédé d'une introduction par B. de Moray.

Paris, Delahaye aux bureaux du Progrès Médical, 1883, in-8° CXIV-98 pp. (5 fr.).

[8° R. 8040

De la Bibliotheque Diabolique du Dr Bourneville. Fort intéressante étude sur une possédée de Louviers, Françoise Fontaine, peu connue et généralement oubliée de ceux qui se sont occupés du satanisme et des possessions.

(G-1077 et 2015

947 BENEZET (E.). — Des tables tournantes et du Panthéisme.

Paris, 1854, in-8°. (2 fr. 50).

Faits. Manifestations extraordinaires. Panthéisme et polythéisme, etc...

948 BENGEL (Johann Albrecht), né vers 1787 à Winneden dans le Wurtemberg, mort vers 1752. Pasteur et professeur à Denkendorf. — D. Johann Albrecht Bengels Cyclus oder sonderbare Betrachtung über das grosze Welt jahr zum Wachsthume prophetischer und astronomischer Kenntnisse ; aus dem Lateinischen übersetzt, und durchgängig mit Anmerkungen erläutert ; nebst einer vorläufigen kurzen Abhandlung von der Göttlichkeit der Offenbarung Johannis von Johann Gotthold Böhnern.

Leipzig, Ulrich Christ. Saalbach, 1773, in-8° de XVI-234 pp.

Bengel explique dans cet ouvrage son système bizarre sur la fin du monde.

L'édition latine est : *Ulmæ* [Ulm], *apud D. Bartholomaei et filium,* 1745 in-8° de 110 pp.

[V. 31878
(O-1875

949 BENINCASA (Rottilio). — Die algebraische Lotterie Kabala von Rottilio Benincasa, 1552 ; dans Handschriften für Freunde... (1794), 519-32.

(O-1850

950 BENNETT (Edward T.). — La société Anglo-Américaine pour les recherches psychiques ; son origine, ses progrès, aperçu de son œuvre ; trad. et intr. par M. Sage.

Paris, Lucien Bodin, 1904, in-18 de 104 pp. (1 fr. 75).

[8° R. 10705

951 BENOIST (le P. Jean). — Histoire des Albigeois et des Vaudois ou Barbets... par le R. P. Benoist.

Paris, J. Le Febvre, 1691, 2 vol. in-12, portr. et carte.

[La[10], 10
(S-5205

952 [BENOIST (Elie, Ministre à Delft).]. — Histoire de l'Edit de Nantes, contenant les choses les plus remarquables qui se sont passées en France, avant et après sa Publication.

Delft, A. Bemann, 1693-1695, 5 vol. in-4°.

[Ld[173] 12

Par Elie Benoist, Ministre à Delft, suivant Barbier.

(S-5300

953 BENOIST (René) ou BENOIT, curé de St Eustache (à Paris).

a) Catholicque et utile discours des chandelles, torches et tout autre usage du feu en la profession de la foy et Religion Chrestienne.... et principalement le jour de la Feste de la Purification de la Glorieuse Vierge Marie. [la Chandeleur] par M. René Benoit.

Paris, F. Chaudière, 1566, in-8° de 23 pp.

[D. 13142 (6)

b) Traicté du sainct jeusne de Caresme...

in-8° de 357 f°°.

[D. 13188 (3)

c) Le premier Livre de la Communion des Saints.

Paris, G. Chaudière, 1566, 1566, et 1565. 3 ouvrages in-8°.

Les Œuvres de Benoist occupent les col. 887-905 du Cat. Gén. de la Bibl. Nat°° (Tome X)

(S-635

954 BENOIST (René) curé de Sainct-Eustache. —

1) Petit Fragment cathéchistique d'une plus grande cathéchèse, de la Magie, etc., pris des Œuvres de R. Benoit. (36 pp.)

[R. 43297

2) Traité enseignant en brief les causes des Maléfices.

3) Trois sermons de S. Avgvstin, sur la nécessité de payer les Dismes, et sur les Magiciens, Sorciers, etc., par le même.

(S-3212

4) Trois Sermons de S. Avgvstin, non moins doctes qve vtiles en ce temps. Avqvels il est enseigné qve ceux qui adhèrent aux Magies, Sorceleries, Superstitions et Infestations diaboliques, pour néant sont Chrestiens, et abusent de leur Foy.

[C. 3671 et R. 43298
(G-696 et 1598

5) Traicté enseignant en bref les causes des Maléfices, sortilèges et Enchanteries, etc... (voir à *MASSE* Pierre.)

Tous ces ouvrages du curé Benoit se trouvent en général joints à ceux de Pierre Massé du Mans, ou de Frère Pierre Nodé, minime, quelquefois même sans pagination spéciale.

Les cinq cités ci-dessus sont tous in-8°, et publiés à Paris, par Jean Poupy, la même année, 1579.

Pièces très rares.

955 BENOIST de la GRANDIÈRE (Dr. Auguste). — De la nostalgie ou Mal du Pays.

Paris, A. Delahaye, 1873, in-18, (4 fr.).

[Td⁸⁸. 315

Les ouvrages sur cet état mystérieux de l'âme — qui est une des plus puissantes preuves de l'action de l'esprit sur la matière - sont en fort petit nombre. On peut même dire que c'est le seul volume important sur ce point. Le psychologue et le magiste y trouveront des observations précieuses, et le philosophe des hypothèses originales sur le *deus ex machina*.

BENOIT (Saint) : sur sa Médaille, ou Croix, célèbre Talisman orthodoxe.

Voir :

AVRAINVILLE (*P.-W.-H.-A. d'*) traducteur...

GUERANGER (Dom *Prosper*).

PARFAIT (*Paul*) "Arsenal de la Dévotion" p. 163, etc.

956 BENOIT (sur Saint) Effets et vertus de la Croix ou médaille du grand patriarche de S. Benoit.

S. l. n. d.

(G-1282

957 BENOIT (Edmond) Psychologie de l'amour. L'humanité heureuse....

Paris, H. Daragon, s. d. in-18 de 305 pp. (3 fr. 50).

[8° R. 22536

Au seuil du mystère. Extraits : Fourier et disciples. Extraits de Briancourt ; dans la cité future. Horizons nouveaux. Olympe la Sorcière. Langage des fleurs. Science et analogie. Infidélité. Beauté et longévité humaine. Impudicité. Education unitaire. Les jeux de l'amour. Les temps nouveaux. Mœurs nouvelles Ralliement d'amour entre ages extrêmes. Recueil de lettres. La puissance de l'amour. Rose et pinson. Conclusion.

958 BENOIT (Jacques-Toussaint) et BIAT (Chrétien). — Communication Universelle et Instantanée de la Pensée, à quelque distance que ce soit, à l'aide d'un Appareil portatif appelé Boussole Pasilalinique Sympathique, par MM. Jacques-Toussaint BENOIT (de l'Hérault) et BIAT-CHRETIEN (Américain).

Paris au *Bureau de l'Institut Polytechnique*, 1850. pet. in-12 de 80 pp. (1 fr. 50).

[V. 31887

C'est un Mémoire sur les célèbres "Escargots sympathiques" rédigé en grande partie par *Jules Alix*, qui a signé. p. 66. Les escargots étaient fixés sur une sorte de disque voltaïque, et une "commotion escargotique" se produisait en leur présentant un autre escargot. C'est, somme toute une sorte de Télégraphie sans fil par le moyen des ondes magnétiques propres (parait-il) aux escargots.
Singulier phénomène, en tout cas.

959 BENOIT (R. P. Dom Paul). — La cité anti-chrétienne au XIXᵉ siècle. I. Les Erreurs Modernes. Deuxième partie. La Franc-Maçonnerie ou les Sociétés secrètes.

Paris, Lyon. V. Palmé. 1885-86, 4 vol. in-18. (15 fr.).

[D. 80659

Ouvrage fort bien fait et très documenté sur la franc-maçonnerie. Il est divisé en 3 parties, savoir : 1° le plan du Temple maçonnique ou le but des sociétés secrètes ; 2° les ouvriers du Temple et les différents grades ; 3° travail de construction du Temple. Sa documentation porte sur un certain nombre de textes empruntés à des ouvrages de Maçons célèbres ou pris dans quelques discours des hauts grades.

La 4ᵐᵉ édition a paru à *Paris, Delhomme et Briguet*, 1894. 2 vol. in-18 (pour la 1ʳᵉ Partie).

[D. 83082

960 BENSA (Thomas). — Urbain Grandier ou le précurseur de la libre-pensée.

Paris, Société d'éditions scientifiques et littéraires, 1899, in-8°. (2 fr.).

[Ln²⁷. 46040

Poésie. Très intéressant ouvrage donnant de curieux détails, sur la vie et la fin d'Urbain Grandier qui fut, comme on sait, accusé de sorcellerie, et brûlé publiquement.

961 BENSON (Robert-Hugh). — La lumière invisible, scènes et récits de la vie mystique. Traduits de l'anglais... par T. de Wyzewa.

Paris, Perrin, 1909, in-16 de XV-288 pp.

[8° Y² 57739

Edition originale.

C'est une sorte de Roman auto-biographique, où un vieux prêtre catholique anglais raconte à l'auteur les principales étapes de son développement mystique. Les différents récits, presque tous d'ordre dit surnaturel, sont fort intéressants.

962 [BENTZ (Adolph Christoph)]. — Das in der tieffesten Krufft vergrabene und nunmehro entdeckte Kleinod, welches ist der alleredelste Schatz der Philosophorum, nemlichen Lapis Philosophorum seu Medicina universalis.... nebst einem Anhang einer Warnungs-Schrifft der falschen Gold- und Silber-Tincturen. Pulver und Pruen ab autore A. C. B. M. D. (Adolph Christoph Benzius doct. med.) Stadt-physico zu Uffenheim in Francken.

Franckfurt, Joh. Adolph, 1714. in-8° de XXX-112 pp.

[R. 54461

Sur la Pierre Philosophale.

(O-1034

963 BENTZ (Ad. Christ). — Thesau-

rus processuum chimicorum, oder Schatz chimischer Processen, welcher von denen vornehmsten und gelehrtesten Medicis je und allezeit secretirt, dem Autori aber schrifftlich communicirt worden, fast in allen Kranckheiten, dienlich und nutzlich zugebrauchen, worinnen auch noch andere curieuse Medicinische Heyl-Mittel und Kunst-Stücklein begriffen, ... von Adolph Christoph Benz, M. D.

Nürnberg, Joh. Adolph und Joh. Wilh. Reunagel. 1715. in-4" de VIII-178-XXV pp.

[Te¹³¹. 146
(O-1633

904 BENTZ (Ad. Christ). — Curioses und nutzliches Tractätlein von dem in der gantzen Welthoch-gepriesenem Menstruo Universali, so wohln, was dessen Ursprung, Natur und Eigenschafft, als auch die Kräfften und Tugenden anbetrifft, in Præparirung der allerkostbaresten und heilsamsten Medicamenten, abhandlend von dem autore Adolpho Christophoro Benzio.

Nürnberg, Johann Adolph. 1700. in-8° de X-10 pp.

(O-1308

905 BÉRAGE. — Origine et objet de la Franche Maçonnerie, augm. de discours relatifs à cet ordre.

Aux dépens des orientaux genevois, 1774. in-12. (12 fr.).

966 BÉRAGE. — Les Plus secrets mystères des hauts grades de la Maçonnerie dévoilés, ou le Vrai Rose-Croix, trad. de l'angl. suivi du Noachite ou Chevalier Prussien, trad. de l'alle. par m. de Berage, inspecteur-général des Loges prussiennes en France.

IIᵉ édit. *Jérusalem, 1768, in-12 de XVI-160 pp. avec fig.* (Les Acta Latomorum citent la première édit. de 1766, qui est portée au Cat. de l'abbé Sépher, n° 5387).

Edition originale : *Jérusalem, 1766, in-8° de XVI-149 pp. et pl.*

[H. 19727

Id. : *Jérusalem, 1774, in-12 avec 2 planches hors texte.*

Idem : *Jérusalem, 1771, in-12.*

Frontispice gravé, planche hors texte en couleurs, se dépliant, représentant 20 figures différentes.

Ce rare ouvrage débute par une histoire de la Franc-Maçonnerie et se continue par une étude détaillée des 6 grades : — Ornements. — Signes. — Attouchements. — Catéchisme. — Discours. —. Réception. — Appartements. — Voyages.

(S-5387
(O-281 et 282
(G-53, 54, 1678 et 1679.

907 BÉRARD (Alexandre). — Les Vaudois. Leur Histoire sur les deux versants des Alpes, du IVᵉ siècle au XVIIIᵉ, par Alexandre Bérard.

Paris, Fischbacher, Lyon, A. Storck, 1892. gr. in-8°. X-328 pp. Planche pliée et reproductions. (7 fr.).

[8° H. 5777

968 BÉRARD (Cyprien)]. — Lord Ruthwen, ou Les Vampires, Roman de C. B. publié par l'auteur de "Jean Sbogar" et de "Thérèse Aubert" [Charles NODIER].

Paris, Ladvocat, 1820, 2 vol. in-12.

[Réserve Y². 1069-70

Suite du Roman faussement attribué à Lord *BYRON* : " Le Vampire ". *Voy.* "*BYRON*". Nodier a désavoué également toute collaboration au présent ouvrage.

(Y-P-1092

969 BÉRARD (Michel). — Manifeste du nouveau Pape légitime "Lumen in Cœlo", l'oint de l'Esprit de toutes Vérités spirituelles : à tous les peuples de la Terre.

Paris, 1893. in-12 (o fr. 50)

Curieux.

970 BÉRARD (Michel). — Nouveaux principes de Sciences naturelles, surnaturelles.... d'après une méthode complètement inconnue à l'humanité traduite par Michel Bérard.

Paris, Cassier, 1879, in-8° de 40 pp.

[8° R. Pièce 1304

971 BERAUD (P.). — De la Phréno-

140

logie humaine appliquée à la philosophie, aux mœurs et au socialisme.
Paris, Durand, 1848, in-8°.

Intéressant ouvrage sur les applications du système phrénologique dont il est surtout une étude approfondie. Orné de nombreuses figures hors texte.

072 BÉRAULT-BERCASTEL (Abbé Antoine Henri de). — La Solitaire des Pyrénées, ou Jeanne Marguerite de Montmorency....
Bruxelles, imp. de J. Vandereydt, 1853, in-18, 36 pp.
[Z. 01473

Sur la même mystique, voir aussi: NICOLSON et Bérault Bercastel.
[Ln²⁷. 14710

073 BERBIGUIER (Alexis Vincent Charles). — Les farfadets ou tous les démons ne sont pas de l'autre monde, par Alexis Vincent Charles Berbiguier de Terre Neuve du Thym, natif de Carpentras, domicilié à Avignon.
Paris, l'Auteur, P. Gueffier, 1821 3 vol. in-8° pl. de lciv [pour xciv] 392 pp. 403 pp. et 447 pp. [Erreur de pagination. 1-177]. (12 fr.).
[R. 28248-50

Ouvrage des plus singuliers et d'autant plus rare que l'auteur qui s'intitule modestement "Le Fléau des Farfadets" en détruisit lui-même, pris d'un remords tardif, tous les exemplaires qu'il put retrouver. — Avec son portrait et 8 curieuses figures dessinées par Quinart et lithographiées par Langlumé. On trouve de bien curieuses notices sur l'auteur dans les "Fous littéraires" de Philomneste Junior dans les excentriques de Champfleury dans le Bibliophile Jacob, etc...
L'explication des figures est donnée. Tome III, p. 303.
(G-1155 et 1680

074 BERCHTOLD - BEAUPRÉ (Docteur). — Isis ou l'Initiation maçonnique.
Fribourg, 1859, in-8°. (25 fr.).
Manque à la Bib. Nat¹ᵉ.

Ouvrage rarissime et presque inconnu, précieux pour l'étude du symbolisme et de l'histoire de la F.·. M.·. et des branches qui s'y rattachent. Tradition fondamentale. La Loge. L'Initiation. Les 3 grades symboliques.·. Ecossisme. Origine et développement de la F.·. M.·. L'Inde. Le Brahmanisme. Le Bouddhisme. La Perse. L'Egypte. La Grèce. Pythagore Socrate et Platon. Gnostiques. Esséniens. Kabbalistes. Le Druidisme ; Croisades. Templiers. Architectes du moyen-âge. Mystères. Secrets, épreuves, serments. Comput et alphabet maç.·..·. etc...

075 BERCO (J. M.). — Analogies et différences entre le magnétisme et l'hypnotisme par J. M. Berco.
Librairie du magnétisme, 1900, in-18 de 72 pp. portr. (0 fr. 60).
[Th⁶¹. 300

Orné de 8 portraits.

076 BERANGER-FERAUD (Dr Laurent Jean-Baptiste). — Superstitions et survivances étudiées au point de vue de leur origine et de leurs transformations par L. J. B. Bérenger - Féraud.
Paris, Ernest Leroux, 1896, 5 vol. in-8° (30 fr.).
[8° R. 13382

Recueil considérable de véritables monographies sur les superstitions et les survivances, fruit de 40 années de recherches, principalement en Provence.

077 BERGAIGNE (Abel). — La Religion Védique, d'après les Hymnes du Rig Véda, par Abel Bergaigne.
Paris, F. Vieweg (E. Bouillon), 1878-1897, 4 vol. in-8° (100 fr.).
[8°Z. 114

BERGASSE (Nicolas). — Né à Lyon en 1750, mort à Paris en 1832. Il fut surtout un avocat célèbre. Député aux Etats Généraux de 1789, il resta fidèle Royaliste, et faillit être guillotiné en 1793 : le 9 Thermidor le sauva.

Bergasse a tout d'abord rédigé la majeure partie des ouvrages que Mesmer voulait publier en français ; dans la suite, ils se brouillèrent, et Bergasse écrivit contre son ancien Maître.

Ce qu'il est important de retenir, c'est que Bergasse n'a fait que mettre sa grande facilité d'élocution et de rédaction au service d'un Savant étranger embarrassé pour s'exprimer ;

mais que, à part cela, il n'a rien eu d'un Magnétiseur de marque.

A cause de cela, nous avons reporté au nom de *MESMER*, leur véritable auteur, un assez grand nombre d'ouvrages, généralement anonymes, presque toujours attribués à Bergasse.

978 [BERGASSE]. — Confession d'un médecin académicien et commissaire d'un rapport sur le magnétisme animal, avec les remontrances et avis de son directeur. [Attribué à Bergasse].

1785, in-12, 70 pp. (1 fr.).

Critique qui ne manque pas d'esprit, de la conduite des médecins en général, vis-à-vis des nouveautés, et du caractère de quelques-uns d'entre eux. Le médecin mis en scène confesse tous ses torts, mais ses vingt mille livres de rentes le retiennent.

(D. p. 58

979 BERGASSE. — Considérations sur le magnétisme animal ou sur la théorie du monde et des êtres organisés d'après les principes de M. Mesmer, par M. Bergasse avec des pensées sur le mouvement, par M. le Marquis de Chastellux, de l'Académie française.

La Haye, 1784, in-8°, 140 pp. (3 fr.).

[Tb⁶¹. 1

Cet ouvrage fut l'un des motifs de la brouille qui sépara définitivement Bergasse de Mesmer. Bergasse y défend cependant Mesmer de toutes les attaques dont il est l'objet, mais il s'écarte sur quelques points de la doctrine du médecin allemand, et néanmoins Mesmer lui reprocha vivement d'avoir divulgué sa doctrine. A côté de détails inutiles sur la nature, les Beaux Arts, les mœurs publiques, etc., l'ouvrage de Bergasse contient quelques renseignements précieux sur l'histoire de la fameuse souscription des cent louis.

(D. p. 49
(G-56

980 [BERGASSE]. — Dialogue entre un docteur de toutes les universités et académies du monde connu, notamment de la Faculté de médecine fondée à Paris dans la rue de la Bûcherie, l'an de notre salut 1472 et un homme de bon sens, ancien malade du docteur.

Paris, Gastellier, Mai 1784, in-8°, 24 pp. (2 fr.)

Autre édit. S. l. [1826] de 31 pp. in-8°.

[Tb⁶¹. 68

La même brochure contient un deuxième dialogue entre le même docteur et son égal en science, dignité et importance. Cette satire assez spirituelle, dirigée contre les médecins est de Bergasse. Il y a eu une deuxième édition en 1826 augmentée de quelques pages.

(D. p. 23

981 [BERGASSE]. — Dialogue entre un magnétiseur qui cherche les moyens de propager le magnétisme et un incrédule qui croit l'avoir trouvé.

1818, in-8°, 10 pp.

[Tb⁶¹. 108

Cet écrit est attribué à Bergasse.

(D. p. 62

982 [BERGASSE]. — Discours prononcé dans une assemblée de la Société de l'Harmonie de Paris.

1784.

Attribué à Bergasse par M. Mialle. Ce discours m'est inconnu. [Dureau].

(D. p. 50

983 BERGASSE (Nicolas). — Lettre d'un médecin de la Faculté de Paris à un médecin du collège de Londres, ouvrage dans lequel on prouve contre Mesmer que le Magnétisme animal n'existe pas.

La Haye, Juillet 1781, in-8°, 70 pages.

[Tb⁶¹. 5

Cette brochure est de Nicolas Bergasse, successivement avocat à Lyon, puis au Parlement de Paris, où il plaida avec autant de chaleur que de talent pour le banquier Kornmann, qui fut aussi l'élève de Mesmer, dans le procès d'adultère intenté par ce banquier contre sa femme. Bergasse, que sa popularité fit nommer député aux Etats Généraux donna bientôt sa démission et fut plus tard arrêté comme l'auteur d'un plan de constitution rédigé d'accord avec le roi Louis XVI et trouvé aux Tuileries dans la fameuse armoire de fer. Rendu à la liberté on le voit plus tard l'ami de l'empereur Alexandre ; il publie des brochures politiques qui lui attirent un procès et 1830 le nomme conseiller d'état. Cette vie si agitée, si inconséquente, explique suffisamment l'engouement et peu après l'inimitié de Bergasse pour Mesmer ; prompt à l'enthousiasme, il fallait peu de chose pour que cet enthousiasme tombât. La lettre d'un médecin a été écrite pour faire connaître les démêlés de Mesmer avec ses confrères. Omis par la Biographie Didot.

(D. p. 13

984 [BERGASSE] Mémoire contre d'Eslon. 1784.

Très rare.

Ce mémoire, rédigé par Bergasse, était destiné à appuyer la poursuite intentée à D'Eslon devant les Tribunaux par Mesmer celui-ci n'étant pas content de la consultation écrite par son avocat. Il a été tiré 6 copies de ce mémoire (Voir Bergasse, Observations, 1785) mais je ne pense pas que ce soit par voie d'impression.

(D. p. 54

985 BERGASSE. — Observations de M. Bergasse sur un écrit du docteur Mesmer, ayant pour titre lettre de l'inventeur du magnétisme animal à l'auteur des réflexions préliminaires. 1785, in-8°, 108 pages. (2 fr.).

[Tb⁶¹. 82

Bergasse, pour la deuxième ou troisième fois brouillé avec Mesmer, cité dans la lettre ci dessus, se décide enfin à faire connaître au public ses relations avec l'ancien maître et ami dont il est resté seulement semble-t-il « créancier ». Ses observations indispensables à consulter contiennent un grand nombre de détails historiques.

(D. p. 63

986 BERGASSE. — Supplément aux Observations de M. Bergasse, ou Règlemens des sociétés de l'Harmonie universelle, adoptés par la société de l'Harmonie de France, dans l'Assemblée générale tenue à Paris, le 12 Mai 1785 ; avec des notes pour servir à l'intelligence du texte.

S. l. [1785]. in-8° de 32 pp. (1 fr. 50).

[8° R. Pièce. 7251

987 BERGASSE. — Prospectus de la souscription ouverte pour un cours de magnétisme animal.

1782, in-4°, 4 pages.

Ce prospectus est de Bergasse. La souscription a pour but une association de cent personnes qui, moyennant 100 louis, auront de Mesmer un cours complet de sa doctrine. « Cette doctrine sera mise à l'abri des évènements qui pourraient lui faire perdre la trace, etc. » (V. Observations de M. Bergasse, page 21, ce prospectus s'y trouve reproduit).

(D. p. 17

988 [BERGASSE]. — Recueil de pièces pour servir à l'histoire du magnétisme animal.

Paris, 1780, in-8°, 155 pages.

Cité par divers auteurs ce livre m'est inconnu. Les diverses biographies n'en font pas mention au nom de Bergasse.

(D. p. 70

989 BERGER (Philippe). — Histoire de l'Écriture dans l'antiquité.

Paris, Imprimerie Nationale, 1891 in-8° de XVII-380 pp., Fig. et Facsimilés.

[8° R. 6879

2ᵐᵉ édition :
Paris, Hachette, 1892, in-8°.
[4° V. 3402
[Z Renan. 562

Très bel ouvrage, avec neuf planches hors textes, Héliogravures Dujardin, tirées sur Whatman, dont une en couleurs (Quippo péruvien).

Origine et Histoire de l'Écriture. — Inscriptions figuratives. — Tatouages. — Écritures hiéroglyphiques de l'Amérique. Les grands Systèmes hiéroglyphiques de l'Ancien Monde. — Clef de l'Écriture Chinoise. — Écriture Cunéiforme, Égyptienne, Perse, etc. — Histoire de l'Alphabet. — Alphabet Phénicien, Étrusque, Hébreu, Araméen, Indien, Syriaque, etc. L'ÉCRITURE RUNIQUE. — Le sens du mot RUNE. — Idée Mystérieuse attachée par les Peuples anciens à l'Écriture. — L'Alphabet RUNIQUE considéré comme MAGIQUE.

Déchiffrement des Cunéiformes, p. 58. Alphabet comparatif Hébreu, p. 72. — Déchiffrement des hiéroglyphes Égyptiens, p. 92. — TABLE DE ROSETTE, p. 96.

En résumé, cet ouvrage complète et

met à jour l'Œuvre imposante de Court de Gébelin (Monde Primitif).

990 BERGER de la MAGNE. — Récits nouveaux des premiers siècles au point de vue rationaliste, par Berger de la Magne.
Paris. Didier. 1880, in-18 de 356 pp. (4 fr.).
[8° G. 819

Les Esséniens et la famille de Jésus. École d'Alexandrie. Philon, la théorie du Verbe et des Anges. Analogies du Bouddhisme et du Christianisme. Simon le Magicien. Apollonius de Tyane. Les Chrétiens et leurs désordres. Évêques abominables, etc.. Les Livres apocryphes. Prophéties des Sybilles. etc...

991 BERGER de XIVRAY (J.). né à Versailles en 1801, mort en 1863. Académicien et érudit. — Traditions tératologiques. ou récits de l'Antiquité et du Moyen Age en Occident sur quelques points de la fable. du merveilleux et de l'histoire naturelle publiés d'après plusieurs manuscrits inédits. grecs, latins et en vieux français.
Paris, Imp. Royale. 1836, in-8° LXXIII-603 pp. (8 fr.).
[S. 23142

Curieux et rare ouvr. sur les monstres et les phénomènes réels ou chimériques tant dans l'homme que chez les animaux.

992 BERGHAM (Aug. Wilh.). — Aug. Wilh. Bergam. Disjudicatio judicii, de non existentiâ Diaboli.
Halæ Magdeburgi. 1737, in-4°.
(S-3151

993 BERGIER (Nicolas). né à Reims en 1567. — Archimeron, ov traicté dv commencement des iovrs. Auquel il est monstré le particulier endroit sur la rondeur de la terre et de la mer, ou le jour de 24 heures prend son commencement (sic).
A Paris, chez Abraham Saugrain, 1617, pet. in-8° de 52 pp. (10 fr.).
[V. 21652

Nicolas Bergier, propose de déterminer sur la terre un point de convention où commencerait le jour civil de façon à ce que les fêtes fussent célébrées au même moment dans toutes les églises catholiques du monde entier. Sa théorie pêche d'ailleurs par la base même puisque suivant en cela le système astronomique de Ptolomée, il fait tourner le soleil autour de la terre. Opuscule rare. (Biblioth. champenoise 24 fr.).

994 BERGIER (Nicolas). — Le Point du jour, ou Traicté du Commencement des jours et de l'Endroit où il est établi sur la Terre par feu H. Nicolas Bergier.
Reims, N. Hécart, 1629, pet. in-8°, 232 pp. Tit. et frontisp. gravés fig.
[V. 21653

Le but de l'auteur est de prouver l'importance de déterminer un point sur la Terre où commence le Jour Civil, afin d'éviter toute contestation sur le Moment de la célébration des Fêtes dans le Monde Catholique.
(St-Y-1437

995 BERGIER (Abbé Nicolas Sylvestre) né à Darney. Lorraine, en 1718, mort à Paris en 1790. curé en Franche-Comté, puis professeur de théologie à Besançon, principal du collège de Besançon. — La certitude des preuves du Christianisme, ou réfutation de l'examen critique des Apologistes de la Religion chrétienne.
Paris, Humblot, 1767, in-12.
Forme le Tome II des Œuvres de M. Bergier en 6 volumes in-16.
[Z. 41061-7
(G-57.

996 BERGIER (Abbé Nicolas Sylvestre). — Les Éléments primitifs des Langues, découverts par la comparaison des racines de l'hébreu, avec celles du Grec, du Latin et du Français. Ouvrage dans lequel on examine la manière dont les langues ont pu se former et ce qu'elles peuvent avoir de commun. Nouvelle édition augmentée d'un Essai de grammaire générale.
Besançon, Lambert, 1837, in-8° de VI-344 pp. (8 fr.).
[X. 5922 (1)
(Très rare).

Savant travail antérieur, mais parallèle

aux études du même genre de Fabre d'Olivet, et Court de Gébelin. Le célèbre auteur du Monde Primitif, voyant Bergier attaqué par ceux-là même dont sa découverte ruinait tout le système suranné, se constitua l'ardent champion de l'audacieux novateur. De plus, il s'en inspira largement pour son monumental ouvrage, citant toujours Bergier avec éloge. A signaler principalement dans ce vol. les études mythologiques sur Bacchus, Cérès et ses mystères, Apollon, Pan et les Lupercales, Vulcain et l'ésotérisme de la Bible.

907 BERGIER (Abbé Nicolas Sylvestre). — L'origine des Dieux du Paganisme, et le sens des fables découvert par une explication suivie des poésies d'Hésiode.
Paris, Humblot, 1774, 2 vol. in-12. (10 fr.).

[J. 24050-60

Précurseur et ami de Court de Gébelin, Bergier peut être considéré comme un des plus grands mythologues de son siècle. Le symbolisme profond des fables païennes se trouve dégagé, par sa savante exégèse, des explications puériles de ses prédécesseurs. C'est vraiment là une œuvre ésotérique où l'allégorie est clairement dévoilée. De plus, hébraïsant de premier ordre, l'auteur a pénétré fort avant dans les arcanes de l'antiquité et est parvenu jusqu'aux racines cachées des choses. Ses démonstrations mythologiques par l'étude comparée des langues est un travail fondamental où l'on doit toujours recourir, si l'on veut remonter aux bonnes sources.

998 BERGMANN. (Christian Paul). — Christian Paul Bergmanns gründliche and ausführliche Nachricht von Ausarbeitung des Steins der Weisen, darinnen die materia solvenda, das medium solvens, und modus solvendi, in einer natürlichen Ordnung vorgetragen wird; nebst einem juristischen Informat cum rationibus dubitandi et decidendi von der Kunst Gold und Silber zu machen.
Cahla, Georg Friedr. Schreiber, 1746, in-8° de 63 pp.

(O-1327

1086 BERGMANN (Frédéric Guillaume) professeur à la Faculté des lettres de Strasbourg, ville où il naquit en 1812. Mort à Strasbourg en 1887. — La fascination de Gulfi. Gylfa Ginning. Traité de mythologie scandinave, traduit du texte norrain en Français et expliqué dans une introd. et un commentaire critique perpétuel par F. G. Bergmann.
Edition augm. de notes additionnelles et d'un répertoire alphabétique des mots et des choses expliquées dans l'ouvrage.
Strasbourg, Genève et Paris, Trentel, Cherbuliez, 1861, in-8° de XII-543 pp. (5 fr.).

[M. 30701

Rare ouvrage de mythologie scandinave.

999 BERGMANN (F. G.). — Le Message de Skirnir et les dits de Grimnir (Skirnisfor - Grimnismäl) : poèmes tirés de l'Edda de Saemund.

1000 BERGMANN (F. G.). — Notice sur la vision de Dante au Paradis terrestre. Traduction et commentaire ésotérique.
Paris, Imprimerie Impériale, 1805, in-8° de 25 pp.

[Y d. 7127

1001 BERGSON (Henri). — Essai sur les données immédiates de la conscience. 2e édit.
Paris, Félix Alcan, 1898, in-8°, VIII-182 pp.

[8° R. 15533

1002 BERGSON (Henri). — Matière et Mémoire, essai sur la relation du corps à l'esprit.
Paris, Félix Alcan, 1900, in-8°, de III-279 pp.
Bibliothèque de Philosophie Contemporaine.

[8° R. 14115

1003 BERILLON (Dr Edgar). — Histoire de l'Hypnotisme expérimental : les précurseurs : l'œuvre de Charcot à la Salpêtrière et de Dumontpallier à la Pitié.
Paris, Revue de l'Hypnotisme, 1902, gr. in-8° de 32 pp. et 21 fig. (1 fr. 50).

[Te¹³ 217

1004 BERILLON (Dr Edgar). — Hypnotisme et Suggestion : théorie et applications pratiques (Théorie et pratique de l'hypnotisme. Procédés d'hypnotisation. Indications thérapeutiques de la suggestion hypnotique, etc ;......) conférence recueillie par le docteur Crouigneau.

Paris, Société d'Éditions Scientifiques, 1891, in-8° de 30 pp. (Avec 12 fig) (1 fr. 50.).

[Te 13. 145

1005 BERILLON (Dr Edgar). — Hypnotisme expérimental ; la dualité cérébrale et l'indépendance fonctionnelle des deux hémisphères cérébraux ; lettre-préface du Dr Dumontpallier.

Paris, A. Delahaye et E. Lecrosnier, 1884, in-8° de 102 pp. (4 fr.).

[Te 13. 71

Anatomie. Physiologie. Embryogénie. Thermométrie cérébrale. Pathologie mentale. Psychologie. Le rêve. Hystéro-épilepsie. suggestions. catalepsie. illusions. hallucinations. &c.....

1006 BERILLON (Dr Edgar). — Les indications formelles de la Suggestion hypnotique en psychiatrie et en neuropathologie.

Paris, Bureaux de la Revue de l'Hypnotisme, 1891, gr. in-8°, de 10 pp. (1 fr.).

[Te 13. 101

1007 BERILLON (Dr Edgar). — Mécanisme des phénomènes hypnotiques provoqués chez des sujets hystériques.

S. l. (1892), in-8° (0 fr. 70).

1008 BERILLON (Dr Edgar). — De la Suggestion envisagée au point de vue pédagogique.

Paris, Bureau de la Revue de l'Hypnotisme, 1886 in-8° de 10 pp. (0 fr. 75.).

[Te 13. 87

1009 BERILLON (Dr Edgar). — De la suggestion et de ses applications à la Pédagogie.

Paris, Bureaux de la Revue de l'Hypnotisme, 1888, in-8° de 10 pp. figures. (1 fr.).

[Te 13 103

1010 BERILLON (Dr Edgar). — Le traitement psycho-thérapique de la Morphinomanie.

S. l. (1892) in-8°. (0 fr 75.).

1011 BERJON (Dr A.). — La grande hystérie chez l'homme : phénomènes d'inhibition et de dynamogénie ; changements de la personnalité ; action des médicaments, à distance.

Paris, 1886, gr. in-8°. (Avec 10 planches). (2 fr.).

1012 BERJOT (E.). — Manuel historique élémentaire et pratique de magnétisme animal, contenant les principes généraux de l'art magnétique, l'explication des divers phénomènes qui s'y rattachent, la description des symptômes des principales maladies chroniques, leurs causes déterminantes et les procédés reconnus les plus convenables à leur guérison au moyen du magnétisme, par E. Berjot, membre titulaire de la Société du mesmérisme de Paris, suivi d'une dissertation sur le fluide magnétique animal, par A. Bauche, membre titulaire de la même société.

Paris, l'auteur, 1858, in-12 de XI-118 pp. (3 fr.).

[R. 28292

L'auteur exerce actuellement la médecine en Amérique. M. Bauche, ex-vice président de la société de magnétisme de Paris a depuis publié un autre ouvrage.

(D. p. 164

1013 BERLICH (Dr Adam Gottlob). — Dr Adam Gottlob Berlichs Abhandlung von der allgemeinen Arztney ; nebst einem Anhange gleichen Inhalts von Montesnyders : dans Schröder (F. J. W.) : Neue Sammlung der Bibliothek für..... Chemie (1776) II, 113-240.

La 1re édition est de Iéna, 1679.

(O-1176

Sc. psych. — T. I. — 10.

1014 BERLIOZ (J. B.). — La voix du désert. — Notre-Dame de la Salette et réparation. — « Vous le ferez passer à tout mon peuple ». (Paroles de la Sainte-Vierge.
Lyon, 1808, in-10. (2 fr. 50).

1015 BERMONDIUS CHOVERONIUS. —Bermondii Choveronii Commentarii de publicis Concubinariis.
Spirae, 1507, in-8°.
(S-2510

1016 BERNA (Dr Didier-Jules), né à Sedan (Ardennes). — Magnétisme animal. Examen et réfutation du rapport fait par M. E. F. Dubois (d'Amiens) à l'Académie royale de médecine, le 8 août 1837, sur le magnétisme, par D. J. Berna, Docteur en médecine.
Paris, Just Rouvier, 1838, in-8° de 16 pp. (2 fr.).
[R. 28294

Il est indispensable de lire cette critique et celles qui vont suivre après le rapport auquel elles répondent.
(D. p. 115

1017 BERNA (Dr Didier). — Expériences et considérations à l'appui du magnétisme animal, thèse présentée et soutenue à la Faculté de Paris par D. Berna.
Paris, 24 février 1835, in-4° de 40 pp.
[Th. Paris 303

Très rare.
(D. p. 110

1018 [BERNARD (Capitaine Jean-Jacques)]. — Opuscules théosophiques auxquels on a joint une Défense de St. Pétersbourg. Par un Ami de la sagesse et de la vérité.
Paris, Migneret, 1822, in-8° de 244 pp. (3 fr.).
[R. 45431

Attribué par Barbier à Bernard, capitaine au 23e Régiment de ligne en 1824, mort à Paris, en 1828 d'une fièvre cérébrale.
(G-1160

1019 BERNARD (Claude), né à Saint-Julien, près de Villefranche-sur-Saône (Rhône) en 1813, mort à Paris le 10 Février 1870. Médecin savant et profond philosophe. — Leçons sur les Phénomènes de la Vie communs aux animaux et aux végétaux.
Paris, J. B. Baillière et fils, 1878-79, 2 vol. in-8° fig. et pl. (8 fr.).
[Tb¹¹ 104

Définitions dans les sciences. Les définitions de la vie. La vie et la mort. Hypothèses sur la vie. Pythagore. Paracelse. Van Helmont. Les 3 formes de la vie. Phénomènes de destruction organique. Phénomènes de création organique, etc....

1020 BERNARD (Dr Jean, de St Usuge, Saône-et-Loire). — Traité des maladies nerveuses et de leur rapport avec l'électricité.
Paris, J. Vial, 1857, in-12 de 158 pp.
[Td⁸⁵ 249

Epilepsie. Hystérie. Eclampsie. Danse de St-Gui. Satyriasis. Nymphomanie. Anaphrodisie. Folie. Mercurialisme, etc...

1021 BERNARD (Jean Frédéric). — Eloge de l'Enfer. Ouvrage critique, historique et moral.
Londres, 1777, in-8°. (20 fr.).

Curieuse satire ornée d'un frontispice de 15 figures hors texte, de culs de lampe et vignettes gravées par G. Sibelius.

Autre édition :
La Haye, P. Gosse junior, 1759, 2 vol. in-10, pl.
[Y² 32185-6
(G-1157

1022 BERNARD (Jean Frédéric). — Histoire de l'état de l'homme dans le péché originel, où l'on fait voir quelles sont les causes et les suites de ce péché dans le monde.
Edition originale française, imprimée dans « le Monde » en 1714. (5 fr.).
Imprimé dans « le Monde » en 1731, in-12. (5 fr.).
[D². 5284

Imitation du « Peccatum originale » de Beverland.
(G-1158 et 1159

1123 BERNARD (Joseph Ferdinand). — Hygiène de la Respiration. La

147

Gymnastique Pulmonaire, par le Professeur de Chant Joseph Ferdinand BERNARD, ex-fort Ténor du grand opéra, créateur de la Gymnastique pulmonaire depuis 1840. Cinquième édition, revue, corrigée et considérablement augmentée, contenant : Un Avant-Propos de M. Dujardin-Beaumetz... Une Préface de M. Alfred Ducamp, suivie d'une Entrevue de l'illustre CLAUDE BERNARD et de Joseph-Ferdinand BERNARD.

Paris, J. Bretuacher et l'auteur, 1891, Imprimerie Typographique de E. Walelet, gr. in-8° de XVI-151 pp. Figures anatomiques et musique dans le texte. « Prix net 15 fr. » (2 fr. 50).

[Te 143. c

La première édition a paru en 1868. Curieuse liste de Souscripteurs : « le bon et désintéressé » Untel : « le généreux » X*** : « le Mécène des soldats de la pensée » : « Madame Montgolfier, descendante des aéronautes »; et les Rothschild (p. XV). Conseils d'Hygiène générale (p. 131).

Somme toute, ouvrage bien singulier.

1024 BERNARD (Julien Auguste). — Histoire des Révélations et communications divines, leur raison d'être.

Paris, G. Téqui, 1879-80. 2 forts vol. in-18. (8 fr.).

[8° G. 600

« Avons-nous besoin de justifier le
« titre de cet ouvrage ? déclare l'auteur
« dans sa préface. C'est, avant tout, une
« histoire qui n'avait pas encore été
« faite, au moins dans la forme que nous
« lui donnons. Nous en avons réuni et
« coordonné les éléments épars dans de
« nombreux documents pour en former
« un ensemble complet dont toutes les
« parties s'enchaînent et s'expliquent
« successivement ». Ailleurs, il se flatte d'exciter et de satisfaire la curiosité du lecteur par une longue série de faits extraordinaires où le merveilleux tient une large place.

1025 BERNARD (L.), professeur de philosophie. — Les odeurs dans les romans de Zola.

Montpellier, 1889, in-8°, (1 fr. 75).

Curieuse étude psychologique.

1026 [BERNARD (Louis-Rose-Désiré)]. — Innocent BONNEFOY de Gonesse, — La Cranomanie. Comédie en un acte, mêlée de vaudevilles.

Paris, Mme Masson, 1808, in-8° de 60 pp. (4 fr.).

[8° Yth. 4195

Comédie dans laquelle l'auteur se moque des disciples de Gall et tout particulièrement de ses concitoyens de Gonesse, alors férus de crânologie.

1027 BERNARD (S.). — Le Verbe de Dieu. Esquisse d'une étude critique.

Paris, in-12. (1 fr.).

1028 BERNARD (S.). — La vierge-esprit. La doctrine de la sagesse selon la tradition et la philosophie.

Paris, A. Beaudelot, 1909, in-8° de 46 pp. (1 fr.).

[8° R. Pièce 11656

1029 BERNARD (Thalès). — Etude sur les variations du Polythéisme grec, par Th. BERNARD.

Paris, A. Franck, 1853, in-18 de XXXVI-158 pp. (4 fr.).

[J. 25273

Savante interprétation des mythes de la religion grecque. L'auteur a soigneusement recueilli les traditions de toute nature éparses dans les poètes, les mythographes, les historiens de l'antiquité, et en a fait une synthèse remarquable.

1030 BERNARD-ACARRY père. — La Franc-Maçonnerie du Grand Orient de France. — Examen critique de ses doctrines.

Paris, Ledoyen, 1859, in-8°, 40 pp. (4 fr.).

[Hp. 1161

BERNARD PICART — Voir : PICART (Bernard).

1031 BERNARD LE TREVISAN. — Il a existé deux personnages distincts auxquels ce nom a été appliqué avec peu de discernement. M. Hoefer, dans son « Histoire de la Chimie » (pp. 421 et 437) les distingue on ne peut plus nettement. Le plus ancien, Bernard de Trèves, vivait vers la fin du XIVe siècle. C'est à lui qu'est adressée la « Lettre de Thomas de

Bologne » et c'est de lui qu'est la « Réponse » à cet auteur. Ces ouvrages sont restés manuscrits. (Bib. Nat. N° 266, Suppl. lat. 4).

L'autre Trévisan est le Comte Bernard de Trévise, né à Padoue, vers 1406 et mort vers 1490. C'est lui l'Alchimiste célèbre, l'auteur du « Traité de la nature de l'Œuf, etc... Bernard le Trévisan est un des Adeptes qui a possédé le secret de la Pierre Philosophale.

Voir aussi : ZACHAIRE (Denis) « Opuscule très excellent... » qui est suivi du « Traité de la Philosophie... » de « Bernard Trévisan ».

Les ouvrages de cet auteur sont catalogués à la Bibliothèque Nationale, Catalogue Général. XI-col. 739 à 42.

1032 BERNARD TREVISAN. — La Response de messire Bernard, comte de la Marche Trevisane à Thomas de Boulongne, medecin du roy Charles huictiesme, trad. pour la premiere fois, par Gabriel Joly ; dans Traictez (Trois anciens) de la Philosophie naturelle (1626). 27-89.

Cet ouvrage est de BERNARD DE TRÈVES, qui vivait vers la fin du XIV° siècle.

(O-833

1033 BERNARD TREVISAN. — Des Hn. Bernards, Grafens von der Mark und Tervis Abhanlung von der Natur des (philosophischen) Eyes, ein hermetisches Sendschreiben ; aus einem uralten und höchst seltenen, noch nie gedruckten lateinischen Manuscript, den Ehrwürdigen Weisen zu Gefallen..... mit möglichstem Fleisse ins Deutsche übersetzt.....

Hildesheim, Schröder, 1780, in-8° de 112 pp.

(O-834

1034 BERNARD TREVISAN. — Bernh. Comitis Trevirensis absonderlicher Tractat vom Stein der Weisen, aus dem Latein ins Teutsche übersetzet ; dans *Hermetischer Rosenkrantz*, (1682), 98-110, et (1747), 99-112.
[R. 38466

Ou encore, *Hambourg 1659*, in-8°
[R. 38463
(O-836-1113

1035 BERNARD TREVISAN. — Des Hn. Bernhardi, Grafen von der Marck und Tervis chymische Schrifften, von dem gebenedeyten Stein der Weisen ; aus dem Lateinischen ins Teutsche übersetzet, ingleichen mit des H. D. Joachim Tanckens (Tanckius) und anderer Gelehrten Anmerckungen ans Liecht gestellet durch Caspar Horn.

Nürnberg, Joh. Paul Krauss, 1740 in-8° de C-300-IV pp. avec 1 pl.
[R. 28334

Outre le travail du nouvel éditeur, Gasp. Horn, qui remplit presque toutes les cent pages liminaires, et les X traités du Trévisan on trouve encore dans ce volume : Send-Brief Galli ; Dicta Alani ; et Metallurgia, das ist von der Generation.

Depuis 1593, qu'a paru la 1ʳᵉ édition de la traduction allemande faite par Tanckius, la composition de ces œuvres chimiques de Bernard Trévisan n'a pas ou a très peu varié.

(O-700-820-1400

1036 BERNARD TREVISAN. — Bernardi Graf. von der Marck und Trevis, III. Bücher von der Hermetischen Philosophie der Weisen ; dans Der Hermetische Philosophus, oder... (1709) pp. 103-303.

Comprend trois traités divers.

(O-830

1037 BERNARD TREVISAN. — La Parole délaissée, traité de Bernard, comte de la Marche Trevisane ; dans Divers Traités de la Philosophie naturelle (1672), 67-173.
[R. 33870

Le même ouvrage dans Bibliothèque des philosophes chimiques, T. II (1741), 400-30.

(O-830 et 831

1038 BERNARD TREVISAN — Le Songe vert, véridique et véritable, parce qu'il contient vérité.

Quelques personnes attribuent au Trévisan cet ouvrage qui forme la IV° partie du Texte d'Alchimie.

N'ayant pas eu, lors du classement des titres de ce catalogue, l'excellent ouvrage de M. Hoefer, j'ai fait, comme à peu près tous mes devanciers, confusion entre Bernard de Trèves et Bernard de Trévise [Ladrague].

(O-840

1039 BERNARD TREVISAN. — Le Songe Verd, véridique et véritable, parce qu'il contient Vérité ; dans Bibliothèque des philosophes chimiques, II (1741) 437-40.

On croit que le Trévisan est l'auteur de cet opuscule, qui fait la IV° partie du Texte d'alchimie, dit en note l'éditeur.

(O-1208

1040 BERNARD TREVISAN. — Bernardi G. von der Marck und Ternis (sic) Symbolum apostolicum Cabalistisch, jedoch einfältig erkläret, und mit dem grossen urhalten Stein der Weisen verglichen ; dans Thesaurinella olympica aurea.... (1682), pp. 42-51.

(O-838

1041 BERNARD TREVISAN. — Symbolum des Edlen und Wolgeboren H. Bernardis Graffen von der Marckt und Tervisz. XIII° pièce de Alchymia vera, das ist..... (1604).

(O-837

1042 BERNARD le TREVISAN. — Le Texte d'alchimie (I, II et III parties ; par F. A. D. M....) et le Songe verd (IV° partie, attribuée à Bernard Trévisan.)

Paris, Laurent d'Houry 1695. gr. in-12 de 117 pp. avec 1 pl. col. (10 fr.).

[R. 52201

Traité fort rare, orné d'un curieux frontispice mis en couleurs.

(O-1297
(G-58

1043 BERNARD TREVISAN. — Traicté de la nature de l'Œuf des Philosophes, composé par Bernard, comte de Treves, allemand.

Paris, (Moët) 1659. in-8° de 64 pp. (4 fr.).

[R. 53115

[Généralement relié avec Basile Valentin].

Ce traité est difficile à trouver isolé, se trouvant toujours réuni avec d'autres ouvrages du célèbres Trévisan.

Autre édition :

Paris, L. et C. Périer, 1624. in-8° de 64 pp.

[R. 53112
(O-835

1044 BERNARDIN (Charles). — Notes pour servir à l'histoire de la Franc-Maçonnerie à Nancy jusqu'en 1805 précédées d'un précis historique du Grand Or∴ de France jusqu'à la même époque.

Nancy, Imp. de L. Bertrand, 1909, in-16.

[8° Lk⁷. 36943

Tome I seul paru ; précis historique du G∴ O∴ de France.

L'auteur est vénérable de la Loge de Nancy. Le tome II qui terminera l'ouvrage est encore à paraître.

1045 BERNHEIM (D° Hippolyte). — Hypnotisme. Suggestion. Psychothérapie. Etudes nouvelles, par le D°. Bernheim.

Paris, O. Doin, 1891. fort in-8° II-518 pp. (4 fr.).

[Te¹³. 133

1046 BERNHEIM (D° Hippolyte). — De la suggestion dans l'état hypnotique et dans l'état de veille.

Paris, O. Doin, 1884. gr. in-8° de 110 pp.

[Te¹⁴. 65

Dans cet ouvrage, l'auteur expose tout d'abord la méthode employée pour provoquer l'hypnotisme. Après un court aperçu historique de la question, il compare les théories émises sur le mécanisme psychologique des phénomènes avec les siennes et il termine par une étude sur les applications de la suggestion.

1047 BERNHEIM (D° Hippolyte). — De la suggestion; de ses applications à la thérapeutique.

Paris, O. Doin, 1886. in-18 de III-428 pp. fig. (3 fr. 50).

[Te¹⁴. 80
(G-1161

Cet ouvrage contient une classification des divers états ou degrés de l'hypnose qui est une conception nouvelle et presque une démonstration lumineuse de la nature psychique des phénomènes. Il renferme un très grand nombre d'observations nouvelles sur la thérapeutique suggestive.
Idem :
Paris, *Doin*, 1888, in-12.
Paris, 1891, in-12.

1048 BERNOU (J.). — La chasse aux Sorcières dans le Labourd. (1609).
*Agen, Calvet, et Céléri*é. 1897, in-8° jés. 414 pp. Gravure au titre d'après Goya. (o fr.).
[Li 2s. 241

Ouvrage tiré à très petit nombre. Savante et consciencieuse étude historique sur l'état de la sorcellerie et des pratiques superstitieuses du Sud-Ouest de la France au commencement du XVII siècle. En 1609, deux magistrats du Parlement de Bordeaux, d'Espagnet et de Lancre, reçurent la délicate mission d'aller délivrer le pays de Labourd (entre Bordeaux et la Bidassoa) des nombreux sorciers dont il était infesté. Ces juges souverains, qui prononçaient sans appel, brûlèrent un nombre considérable de femmes, de vieillards, d'enfants et même de prêtres, tous convaincus d'avoir assisté aux fêtes nocturnes du Sabbat, et d'avoir nui par leurs maléfices, aux hommes, aux animaux et aux fruits de la terre.
(Y-P- 1533

1049 BEROSE, astrologue et historien chaldéen, très probablement né au temps d'Alexandre le Grand. Il était prêtre de Belus à Babylone, mais quitta sa patrie pour s'établir dans l'île de Cos, en Grèce. — Antiquitatum libri quinque, cum commentariis Joan Annii Viterbensis.
Antverpiæ, in ædibus J. Steelsii, 1545, in-8° de VII-300 f°s. (3 fr. 50).
[G. 12224 (1)

La publication de Bérose, historien chaldéen du temps d'Alexandre le Grand donna lieu à quantités de libelles qu'échangèrent entre eux les savants du 16° siècle pour ou contre Annius de Viterbe qui le publia. Il paraît établi que la Version de Viterbe est apocryphe.
La meilleure édition des fragments authentiques de Bérose est donnée par M.

Müller dans la Collection des Historiens Grecs publiée par Firmin-Didot (II-495).
(S-6487

1050 BEROSE. — Le Antichità di Beroso Caldeo sacerdote, et d'altri scrittori, cosi hebrei, come greci et latini, che trattan delle Stessematerie ; trad. da Fr. Sansovino.
In Vinegia, presso Altobello Salicato, 1583, in-4° VII-112 f°s (5 fr.).
[G. 3867

Excellente édition des histoires de Babylonie et de Chaldée de cet historien chaldéen qu'il a composées sur les archives du Temple dont la garde lui était confiée.

1051 BERRIER (Leroy), Professeur américain de Magnétisme personnel, etc... résidant à Davenport (Iowa). 2301 Farnam Street. — Cultivation of Personal Magnetism. A Treatise on Human Culture. By Leroy Berrier. Anthropologist and Author, Founder of The American Institute of Human Culture. Revised Edition.
Davenport (Iowa) Leroy Berrier, s. d. [1899] in-8° de 123 pp. et Catalogue (4 s.).

C'est sans doute l'ouvrage capital de l'Auteur. Les qualités de clarté et d'élévation de son esprit s'y sont données libre carrière, et le résultat est un de ces livres qu'il faut avoir lu si on désire bien posséder la question. Il en existe une traduction en français par M. Paul Nyssens.
The Coming Race. — Author's Preface. — Personal Magnetism. — Pleasure and Pain. — Magnetic Control. — Cultivation. — Life-Sustaining Systems. — Temperaments. — Waste of Personal Magnetism. — Exercises. — Etiquette and Ethics. — Man, a Magnet. Magnetic Influence through Suggestion and Hypnotism.

1052 BERRIER (Leroy). — Le Magnétisme Personnel. Une méthode pour le développer. — Traité de culture humaine, trad. de l'anglais et interprété par Paul Nyssens.
Bruxelles et Paris, A. Maloine. Paul Nyssens, s. d. [1909]. in-16, 168 pp. etc. figures.

Excellent ouvrage, trop peu connu sur ce sujet de capitale importance.

Introduction : La Loi essentielle de la Vie. — Le Magnétisme personnel. — Culture. — Fonctions vitales. — Pertes de Magnétisme. — Magnétisme Sexuel. — EXERCICES : Culture du Thorax, la Respiration. Suppression des pertes Magnétiques... — Exercices des Yeux. — Attitudes et Manières. — L'Homme est un Aimant. — Influence magnétique et Suggestion. — L'Amour et la Bonté. — Etc.

1053 BERRIER (Leroy). — The New Life. By LEROY BERRIER. This Book deals with the Principles and Laws which open unto Man the Floodgates of Infinite Creative Power and put him into Conscious Possession of his Birthright. — the Mastery over all Things.
Davenport. (Iowa), Leroy Berrier s. d. [1002]. in-8° de 120 pp. (2s. 6d.)

Tous les ouvrages de cet auteur respirent la pensée la plus large et la plus bienfaisante : voici un extrait de la table des matières :
« Resolution ». — A Fore Word. — A Psychological Laboratory. — Fundamental Principles. — Relation of Man to his Environment. — CONCENTRATION. — Training of Thought. — Purpose and Aim of Life. — HUMAN CULTURE.

1054 BERRIER (Leroy). — The Power of Self Formation, by LEROY BERRIER. Author and Devotee to the Science of HUMAN CULTURE.
Davenport. (Iowa), Leroy Berrier. s. d. [1904]. in-12 de 97 pp. et Catalogue. (2s. 6d.)

Petit ouvrage des plus remarquables sur la Constitution de l'Homme, et sur les extraordinaires pouvoirs du Mental sur le Physique, principalement au moyen de Méthodes Auto-Suggestives savamment appropriées.

1055 BERSOT (Ern.). — Mesmer et le magnétisme animal par Ern. BERSOT.
Paris. Hachette, 1853. in-16 de 192 pp. *Bibliothèque des chemins de fer.* (2 fr.).
[Tb⁸². 27
(D. p. 149

1056 BERSOT (Ern.). — Mesmer et le magnétisme animal. Deuxième édition augmentée d'un chapitre sur les tables tournantes et les esprits.
Paris. L. Hachette, 1854. in-16 233 pp.
[Tb⁸². 27. A.
Quatrième éd. parue en 1870.
(G-1163-1683-84

1057 BERSOT (Ern.). — Du spiritualisme et de la nature.
Paris. Ladrange, 1846. in-8°, LX-302 pp. (4 fr. 50).
[R. 28384
(G-1685

1058 BERTEAUX (Abbé). — La Science sacrée.
Paris, 1870. 4 forts vol. in-8°. (2600 pp.) (12 fr.).

La Trinité chrétienne clé de la philosophie altissime (*sic*). Les Juifs, les Vaudois et les Albigeois. L'Inquisition. La foi, les traditions, les mystères. Les sept sacrements, considérés aux points de vue philosophique, moral, social, traditionnel, liturgique et polémique, etc.
On trouve dans cet ouvrage et principalement dans la partie consacrée aux sept sacrements, toutes les traditions des peuples primitifs, le processus initiatique des mystères d'Eleusis et de Samothrace, les rites symboliques eucharistiques chez les païens.
L'auteur a puisé à pleines mains dans le célèbre ouvrage de CREUZER fabuleusement rare et hors de prix, et ce n'est pas là son seul mérite.

1059 BERTET (Adolphe). — Apocalypse du Bienheureux Jean, apôtre surnommé le Théologien, dévoilée contenant l'accord de la foi et de la raison par l'explication, mise à la portée de tout le monde, des mystères du royaume de Dieu.
Paris, Arnauld de Vresse. 1861. in-8° de 362 pp. (20 fr.).
]D. 25579
Ouvrage d'une très grande rareté, la famille de l'auteur en ayant ordonné la destruction. A. Bertet fut le disciple d'Eliphas Lévi. Outre un texte très correct et une bonne traduction de l'Apocalypse, on trouvera dans ce livre d'excellents commentaires ésotériques du chap. 22 de St-Jean. L'Apocalypse est le livre mystérieux qui renferme tous les secrets réservés à l'initiation de la doctrine se-

crete du Christianisme et cette doctrine remontante à Judas le Gaulanite, son véritable fondateur.

Cet ouvrage est devenu pour l'Église le livre scellé des 7 sceaux et une énigme indéchiffrable. Bertet en donne donc ici la clef.

(G- 1105

1060 BERTET (Adolphe). — Apocalypse du bienheureux Jean Dévoilée, ou divulgation de la doctrine secrète du Christianisme.

Chambéry. Imp. de Ménard. 1870. in-8°. de 362 pp. (20 fr.).

[A. 14171

Cet ouvrage rarissime, dont le contenu justifie amplement le titre, est de la plus grande importance pour l'étude de la Kabbale et du Christianisme ésotérique. Le mot *Apocalypse* exprime dans son sens véritable : recouvrir d'un voile, transparent pour l'initié, opaque et impénétrable pour le profane, une doctrine que l'on veut tenir secrète. Il n'y a pas d'ouvrage dont le sens ait été plus contesté de tout temps que l'Apocalypse ; l'Église, vers la fin du II siècle de l'ère chrétienne, a perdu la clef ou tradition orale qui était nécessaire pour en découvrir le sens mystérieux si l'on excepte qq. rares adeptes comme l'abbé Trithème, le curé d'Ars, et qq. autres, à tel point qu'aujourd'hui on va jusqu'à considérer ce monument de la Tradition comme un pamphlet contre Néron ! Pour l'auteur de cette œuvre admirable, la véritable clef de l'Apocalypse se trouve dans le livre hiéroglyphique de Thot ou le Tarot qui, comme on le sait, contient le résumé symbolique de la Tradition primitive ou Kabbale, résumé de la science des Mages qui repose tout entière sur le dogme fondamental de l'analogie. Dans une introduction superbe, l'auteur donne un savant commentaire du Tarot, presque entièrement inédit ; puis prenant séparément chacun des 22 chap. de l'Apocalypse, il en fait jaillir, de la façon la plus claire, l'ésotérisme profond qui y est renfermé. On remarquera que les nombres y jouent un grand rôle : les sept sceaux, les quatre animaux correspondant aux quatre éléments du sphinx, les douze portes de la Nouvelle Jérusalem, les vingt-quatre veillards... etc. L'important cependant, n'est pas tant de le constater que d'en trouver le sens ésotérique dans les diverses applications : c'est ce qu'a réussi à faire l'auteur, de même que pour les autres symboles qu'il a admirablement compris.

BERTET (Jean). — Voir : *THILLAC* (le R. P. de).

1061 BERTHALDUS (Le P. Pierre Berthault). — Petri Berthaldi. Liber singularis de Ara.

Nannetis. (Nantes) ex off. F. Dorion. 1636. in-8° de 452 pp.

[J. 10793
(S-5256

BERTHELOT (Pierre-Eugène-Marcellin), né à Paris en 1827 est le fils d'un Médecin distingué. Savant chimiste, il étudia avec ardeur les origines de cette science. Homme politique, il fut Ministre à deux reprises.

1062 BERTHELOT (Marcellin). — Archéologie et histoire des sciences.

Paris. Gauthier-Villars. 1906. in-4°. 377 pp. fig. (15 fr.).

[F. V. 0182

N'a pas été mis dans le commerce.

1063 BERTHELOT (Marcellin). — Histoire des Sciences. La chimie au moyen âge. — Ouvrage publié sous les auspices du Ministère de l'Instruction Publique.

Paris. Imp. Nationale. 1803. 3 vol. in-4°. (420 pp. chac. environ), fig. (80 fr.).

[4° R. 1071

Œuvre splendide, dont l'analyse complète demanderait de nombreuses pages ; nous nous bornerons à en faire une description succincte : Tome I. Essai sur la Transmission de la Science antique au moyen âge. Doctrines et pratiques alchimiques. Traditions techniques et traductions arabico-latines. Le Livre des Feux de Marcus Græcus (90 p). Impression originale du Liber Sacerdotum : 23 fig. d'appareils, table analytique et index. Papyrus de Thèbes. Pratiques et théories des gréco-égyptiens. Recettes magiques. Les plus anciens manuscrits d'Alchimie. Livre d'Hermès. Livre des météores. Le Pseudo-Aristote. Albert le Grand. Jacobus Theutonicus. Roger Bacon. Orthulanus. Moines alchimistes de la haute Italie. Le Livre des Prêtres ou de Jean. Recettes attribuées à Aristote. Formules des Livres de Secrets. Arnauld de Villeneuve.

Raymond Lulle. L'alchimie dans Vincent de Beauvais et dans les savants du moyen-âge. Publication et analyse de nombreux traités inédits. Analyse des œuvres de Géber. Écrits alchimiques en langage provençal se rattachant à l'École de Raymond Lulle, etc......
Tome II. L'Alchimie Syriaque, comprenant : une introduction et plusieurs traités d'alchimie syriaques et arabes, d'après les manuscrits du British Museum et de Cambridge. Texte et traduction avec notes, commentaires, reproduction des signes et des figures d'appareils, etc.......
Tome III. L'alchimie arabe : comprenant : une introduction historique et les traités de Cratès, d'El-Habib, d'Ostanès et de Djaber, tirés des manuscrits de Paris et de Leyde. Texte arabe et traduction, avec notes, figures, et Index analytique, etc......

1064 BERTHELOT (Marcellin). — Chimie organique fondée sur la synthèse, par Marcellin BERTHELOT.
Paris, Mallet Bachelier, 1860, 2 vol. gr. in-8°. (10 fr.).
[R. 16075-6

1065 BERTHELOT (Marcellin). — Introduction à l'étude de la chimie des anciens et du moyen-âge.
Paris, G. Steinheil, 1889. 1 vol. in-8°, XII-330 pp. figures et pl. (20 fr.).
[8° R. 9520

Portr. de l'auteur en frontispice. 8 pl. hors texte, et quantité de figures alchimiques dans le texte.
Origine égyptienne de l'alchimie. Traduction complète, commentaire et étude détaillée du papyrus de Leyde ; Formules magiques. Gnosticisme. Relations entre les métaux et les planètes. La sphère de Démocrite et les médecins astrologues (fig). Signes et annotations alchimiques (planches) Ouvrages apocryphes de Moïse. Recettes des alchimistes et leur explication complète. Écrits apocryphes d'Hermès ; lettres d'Isis ; auteurs divers. Figure astrologique du corps humain. Alphabets magiques et hermétiques. Manuscrits divers. Les fleurs, les plantes et les herbes en alchimie. Analyse détaillée des leçons de Stéphanus. Traité de Justinien, etc......
Index alphabétique de tous les mots cités.

1066 BERTHELOT (Marcellin). — Leçons sur les méthodes générales de synthèse en chimie organique.
Paris, Gauthier Villars, 1864, in-8° XXI-524 pp. (3 fr.).
[R. 17094

1067 BERTHELOT (Marcellin). — Les Origines de l'Alchimie.
Paris, G. Steinheil, 1885, fort vol. gr. in-8°. XX-445 pp. portr. (18 fr.).
[8° R. 6925

Superbe ouvrage prodigieusement documenté, dans lequel le savant célèbre mort tout récemment, rétablit le trait d'union entre notre chimie moderne et l'antique alchimie dont la première n'est que le côté matériel, exotérique. S'appuyant sur les célèbres travaux de Lepsius, de Kopp, d'Hœfer et d'autres auteurs contemporains, ainsi que sur les papyrus de Leyde, les manuscrits grecs des Biblioth. de Paris, de Venise, etc...., l'auteur démontre scientifiquement que la chimie actuelle est redevable de toutes ses théories à l'alchimie dont elle n'est que la déformation grossière et systématique. Partant de la plus haute antiquité, depuis les origines mystiques, il passe en revue les sources égyptiennes, chaldéennes, juives et gnostiques de l'art sacré, dont la connaissance était tenue secrète au fond des Temples, et n'était communiquée qu'aux fils de rois. Cette œuvre ne traite pas seulement de l'alchimie, mais de l'Hermétisme dans toutes ses branches. C'est un travail de tout premier ordre que seul, l'esprit large, synthétique et immensément érudit du savant modeste et justement renommé pouvait mettre au jour. Un superbe portrait gravé et deux très curieuses pl. coloriées représentant la Chrysopée de Cléopâtre et les signes alchimiques des métaux d'après un manuscrit de St Marc, un index alphabétique de tous les noms et mots cités viennent encore rehausser l'intérêt de cette œuvre immortelle, qui se dresse comme une citadelle semblant jeter un défi au matérialisme, et à laquelle personne, jusqu'à ce jour, n'a encore osé s'attaquer.

1068 BERTHELOT (Marcellin). — La révolution chimique. Lavoisier... par M. Berthelot
Paris, F. Alcan, 1890, in-8°, XII-334 pp. pl. (3 fr. 50).
[8° R. 81

1069 BERTHELOT (Marcellin). — Science et morale.
Paris, Calmann Levy. 1897. in-8°. XII-518 pp. (3 fr. 75).

[8° R. 13959

Le but de la science éducatoire. Pasteur, Claude Bernard. J. J. Rousseau et la Révolution française. Les sociétés animales. La chimie chez les Arabes. En l'an 2000, etc...,...

1070 BERTHELOT. (Marcellin). — La synthèse chimique, par M. BERTHELOT.
Paris, G. Baillière. 1880. in-8°. VIII-294 pp. (3 fr.).

[8° R. 81

Idem. :
Paris, 1876, in-8°.

1071 BERTHELOT (Marcellin) et RUELLE. — Collection des Anciens Alchimistes grecs.
Paris Steinheil. 1887-88, 3 vol. in-4" (500 pp. environ chacun) pl. fig. (90 fr.).

[4° R. 762
[J. Renan 1426.

La 1re livraison comprend : Introduction. — Indications générales. Traités Démocritains (Démocrite, Synésius, Olympiodore) texte grec et traduction française avec variantes notes et commentaires. — Illustré de figures et fac similé dans le texte.
Nombreuses figures et reproductions de manuscrits.

(G-1686

1072 BERTHELOT (sur Marcellin). — Cinquantenaire scientifique de M. BERTHELOT (1851-24 nov. 1901).
Gauthier-Villars, 1902. in-4" (12 fr.).

[Ln²⁷ 49108
Orné de 24 magnifiques planches hors texte.

10,3 BERTHELOT (Marcellin). — Commémoration du Banquet BERTHELOT, 4 Avril 1895 publié par les soins du Grand Collège des Rites du Grand Orient de France. Suprême Conseil pour la France et les possessions Françaises.
Paris, 1895, in-12. (7 fr.).

[Ln²⁷ 44127

Contenant les discours des FF.·. Delpech, Blatin, Roussel, L. des Hayes, Brisson, etc... Non mis dans le commerce et tiré sur papier de Hollande.

1074 BERTHELOT (Philippe). — Louis Ménard et son Œuvre. — Étude, précédée du portr. et d'un autographe de Louis Ménard, accompagnée de deux reproductions de ses tableaux et suivie de pages choisies. —
Paris, F. Juven, s. d. in-12. (6 fr.).
(Édit. originale).

1075 BERTHELOT. (René) — Evolutionnisme et Platonisme.
Paris, Félix Alcan, 1908, in-8° IV-320 pp.

[8° R. 22504

BERTHEROY (Jean). — pseud. de LE BARRILLIER (Mme Berthe) q. v.

1076 BERTHET (Bertrand, dit Elie) né à Limoges en 1815. Romancier fécond. — Le dernier alchimiste. (nouvelle de 3 pp. à 2 colon. illust.).
Paris.

[Y². 1092

1077 BERTHOLON. (Pierre) médecin et physicien, né à Lyon en 1742, mort en 1800. Ami de Benjamin Franklin. — De l'électricité des végétaux. Ouvrage dans lequel on traite de l'électricité de l'atmosphère sur les plantes, de ses effets sur l'économie des végétaux, de leurs vertus médico- et nutrito électriques, etc.
Lyon et Paris. Didot. 1783. in-8°, XVI-468 pp. (5 fr.).

[S. 14909
Illustrée de 5 pl. gr. se dépliant.

1078 BERTHOUD (Samuel-Henri), né à Cambrai en 1804, fils d'un Imprimeur protestant, journaliste français. — Le Dragon Rouge, ou l'Art de commander au Démon et aux Esprits Infernaux.
Paris, Renault et Cie. [1861]. in-18, de 180 pp. Avec 7 gravures sur bois.

[Z. 12352

Réimp. s. d. [1805] *Ibid Id.*, in-18 de 180 pp. fig.

[Z. 12362

Éditions de Colportage sur papier grossier.

(Y-P-1003

1079 BERTHOUD (S. Henry). — Légendes et traditions surnaturelles des Flandres.
Paris. Garnier. 1862 in-18, de 520 pp.

[Y² 17830

Même ouvrage que les « Chroniques et Traditions Surnaturelles de la Flandre.»
Paris. Werdet. 1831-34, 3 vol. in-8°. fig.

[Y² 75107-9

1080 BERTRAND. —
1) — Le Reveil-matin, fait par Bertrand pour réveiller les prétendus Savans Mathématiciens de l'Académie de Paris.
Hambourg. 1674 in-8°.
2) — Ne trompez plus personne, ou Suite au Reveil-matin.
Hambourg. 1675. in-8°.

(S-3425 b

1081 BERTRAND (D*r*). — Extase ; de l'état d'extase considéré comme une des causes des effets attribués au magnétisme animal, par le docteur BERTRAND. 1828, in-8°. 50 pp.

(Extrait de l'Encyclopédie progressive, 8*eme* traité). Il s'agit d'un tiré à part destiné aux amis de l'auteur, la pagination de l'Encyclopédie n'est même pas changée.

(D. p. 104

1082 BERTRAND. — La Sorcellerie.
Paris, s. d., in-12, (1 fr.).
Qu'est-ce que la Sorcellerie? Démonstration par les faits. Répercussion et bilocation.

1083 BERTRAND (Alexandre), médecin né à Rennes en 1795, mort en 1831. — Du magnétisme animal en France et des jugements qu'en ont portés les sociétés savantes avec le texte des divers rapports faits en 1784 par les commissaires de l'académie des sciences, de la Faculté et de la Société royale et une analyse des dernières séances de l'Académie royale de médecine et du rapport de Monsieur Husson. suivi de considérations sur l'apparition de l'extase dans les traitements magnétiques par Alexandre BERTRAND ancien élève de l'école Polytechnique, etc...
Paris, J. B. Baillière. 1828. in-8°, 550 pp. (3 fr.).

[Tb⁶² 11

Ce livre fit sensation lorsqu'il parut. L'auteur soutenait des opinions toutes contraires à celles qu'il avait enseignées jusqu'alors : aussi les critiques ne manquèrent-elles point et Deleuze fit dans l'Hermès, une critique du livre. En résumé le docteur Bertrand est d'avis qu'il n'y a pas d'agent émanant du magnétiseur, que la volonté de ce dernier n'est pour rien dans la production des phénomènes et que le sujet s'influence lui-même. Un chapitre sur l'extase au contraire reçut des éloges. On trouve encore dans ce volume le rapport secret de Bailly au Roi sur les dangers du magnétisme au point de vue des mœurs, rapport qui n'est qu'une suite d'exagérations et de craintes chimériques. Autant prohiber la lumière de crainte d'incendie. Feu Bertrand a laissé dit-on des matériaux importants restés entre les mains de son fils aujourd'hui membre de l'Institut. Il est fâcheux que ce dernier ne les fasse pas connaitre.

(D. p. 104

1084 BERTRAND (Alexandre). — Traité du somnambulisme et des différentes modifications qu'il présente par A. BERTRAND, docteur de la Faculté de médecine de Paris, ancien élève de l'école Polytechnique.
Paris, J. G. Dentu. 1823. in-8°. IV-521 pp. (5 fr.).

[Tb⁶³. 15

Cet ouvrage est le premier traité général de Somnambulisme qui ait paru en France. Il devait faire sensation et en effet on le cite encore dans les ouvrages de médecine comme une autorité. L'auteur reconnait quatre espèces de somnambulisme : le somnambulisme essentiel (résultat d'une disposition nerveuse particulière au sujet). Le somnambulisme symptomatique (observé dans le cours des maladies) Le somnambulisme artificiel (produit par les procédés du magnétisme animal) Le somnambulisme extatique (résultant d'une exaltation morale.) Cette classification n'a plus de valeur aujourd'hui et l'on se borne à considérer deux états somnambuliques : le naturel et l'artificiel.

L'ouvrage de Bertrand est intéressant et assez complet ; l'auteur a fait de très grandes recherches dans les documents anciens, il eut pu les augmenter de beaucoup et surtout mieux les classer. Il déclare que le triomphe du magnétisme est assuré dans les affections nerveuses, surtout dans l'hystérie.

(D. p. 96
(G-1087

1085 BERTRAND (Alexandre). — La Religion des Gaulois. — Les Druides et le Druidisme. — Leçons professées à l'Ecole du Louvre en 1806 par Alexandre BERTRAND. Membre de l'Institut.

Paris, E. Leroux, gr. in-8°, 1807. 62 fig. dans le texte et 31 pl. hors texte. (6 fr.).

Ouvrage fort intéressant et bien documenté.

1086 BERTRAND (Elie), naturaliste suisse né en 1712 mort en 1790. Pasteur à Berne et Académicien de Stockholm, Berlin, etc.. — Mémoires sur la structure intérieure de la terre.

Zuric (sic). *Heidegguer*. 1752. in-8°, 106 pp.

[R. 14521
(G-562

1087 BERTRAND (Emile). — BERTRAND (L. D. Æmilius). — Doctorum potentiumque liber omnibus gentibus religantis philosophice momentum. Ad s. s. papam Pium IX. TRIUMPHANS UNITAS, seu universale generis humani criterium.

Parisiis Anno MDCCCLXV (1865) apud *Dentu* bibliopolam editorem.

[*Paris, Dentu*], in-12 de VI-216 pp. (5 fr.).

[R. 28476

Ce livre, écrit en latin, en plein milieu du XIX° siècle, est une véritable curiosité bibliographique, en dehors de sa grande valeur intrinsèque. Emile Bertrand, ami et disciple d'Eliphas Lévi, était un magiste érudit et profond, fort réputé de son temps. C'est pour atteindre les savants du monde entier qu'il écrivit en latin TRIUMPHANS UNITAS, ouvrage de philosophie transcendante où il s'efforçait de tirer l'Eglise romaine de son immuable impassibilité. Cette spéculation remarquable est précédée d'une étude magistrale intitulée : *De fluidico homine scientia ; Homo Fluidicus*, où durant soixante-cinq pages, il révèle les mystères magiques de l'être humain dans ses rapports avec lui-même, ses semblables, le monde supérieur, etc...

1088 BERTRAND (l'abbé François Marie) né à Fontainebleau en 1807, curé d'Herblay puis Chanoine de Versailles. — Dictionnaire universel, historique et comparatif de toutes les Religions du Monde, comprenant le Judaïsme, le Christianisme, le Paganisme, le Sabéisme, le Magisme, le Druidisme, le Brahmanisme, le Bouddhisme, le Chamanisme, l'Islamisme, le Fétichisme, etc... les rites, usages, cérémonies religieuses, fêtes, dogmes, mystères, symboles, sacrifices, pratiques superstitieuses, en usage dans tous les systèmes de religion, etc....

Paris, [*Migne*], 1848-51, 4 forts vol. in-4°. (25 fr.).

[D. 3019

(Encyclopédie Théologique publiée par M. l'abbé Migne. T. 24-27)

Ouvrage d'une importance considérable, véritable monument d'érudition et de science, puisé aux meilleures sources, l'auteur s'est également inspiré des auteurs tels que Court de Gébelin, Bernard-Picart, Clavel, Garcin de Tassy, Pauthier, Champollion, Sylvestre de Sacy, Bœchinger, Klaproth, etc.. etc..

Cet ouvrage est le plus important sur ce sujet.

1089 BERTRAND (l'abbé François Marie). — Les séances de Haidari, récits historiques et élégiaques sur la vie et la mort des principaux martyrs Musulmans ; trad. de l'hindoustani ; suivi de l'Elégie de Miskin, trad. par Garcin de Tassy.

Paris, Benjamin Duprat, 1845, in-8°, de VII-342 pp.

[O²s. 10

Les Schiites et la religion musulmane dans l'Hindoustan. Culte de Huçain. Cérémonie des fleurs. Notes. Dictionnaire etc...

1090 BERTRAND (le P. Joseph). — Mémoires historiques sur les missions des ordres religieux, et spécialement sur les questions du clergé indigène et des rites malabares, d'après des documents inédits.
Paris, P. Brunet, 1862, in-8° de VIII-467 pp. (10 fr.).
[O² k. 538

Il y a une cinquantaine d'années, les Missionnaires, et notamment les Jésuites, furent accusés d'avoir introduit des rites idolâtriques au sein des cérémonies chrétiennes. Cette accusation n'était pas nouvelle et venait de très loin. Il s'agit surtout ici de nombreuses conversions de Brahmes. Or, pour qui connaît leur esprit réfractaire à tout ce qui peut venir d'Occident, l'on se demande, si, imitant en cela St Paul qui dit « Je me suis fait juif pour convertir les juifs », les Missionnaires n'auraient pas risqué des concessions peu dogmatiques. Ce volume a pour but de remettre les choses au point. On y trouve des documents du plus haut intérêt sur le culte des Brahmes & leur doctrine secrète. S'il est vrai que des prêtres catholiques furent initiés et prirent les titres de Gourou, Sannuassi, etc., c'était pour mieux catéchiser les indigènes et gagner leur confiance, semblerait-il. Mais il y a toujours là un mystère de la vie évangélique qui n'a jamais été élucidé de manière satisfaisante.

1091 BERTRAND (L.). — L'Occultisme ancien et moderne. Les mystères religieux de l'antiquité païenne. La Kabbale maçonnique. Magie et magiciens fin de siècle.
Paris, 1908, in-12.

L'Occultisme en Egypte, en Chaldée, en Perse, chez les Grecs, les Chinois, les Thibétains, dans les Gaules, chez les Juifs depuis Moïse jusqu'à nos jours.

1920 [BÉRULLE (Pierre Cardinal de)] né au château de Serilly près de Troyes en 1575 mort à Paris en 1629. — Traité des Energumènes, suivi d'un discours sur la Possession de Marthe Brossier, contre les calomnies d'un Médecin de Paris, par Léon d'Alexis (Pierre Cardinal de Bérulle).
Troyes, 1599, in-8°, de 83 pp.
[Ln²⁷. 3079
(S-3217 b

1093 BESANT (Annie). — An Autobiography.
London, Unwin, 1893 in-8°, 368 p. 2 portr.) (10 fr.).
[Nx. 2406

1094 BESANT (Annie). — Le Christianisme Esotérique, ou les Mystères Mineurs, par Annie Besant, traduit de l'Anglais.
Paris, Publications Théosophiques, 1903, in-8° écu (ou in-16) de VIII-421 pp.
[8° R. 18506

1095 BESANT (Annie). — La Construction de l'Univers, par Annie Besant, traduit de l'Anglais.
Paris, Publications Théosophiques, 1908, gr. in-18 jésus de VIII-166 pp.
[8° R. 22505

1096 BESANT (Annie). — Etude sur la Conscience, par Annie Besant. Traduit de l'Anglais.
Paris, Publications Théosophiques, 1910, in-12.

1097 BESANT (Annie). — L'Evolution de la Vie et de la Forme, par Annie Besant, traduit de l'Anglais.
Paris, Art Indépendant, in-18 jésus.

1098 BESANT (Annie). — L'Homme et ses Corps, par Annie Besant, traduit de l'Anglais par F. B.
Paris, Public. Théosoph. 1902, in-18 jésus 130 pp.
[8° R. 18137

Autres éditions :
Ibid. id. 1899, puis 1908.
Bruxelles, 1894, in-8°.

1099 BESANT (Annie). — Karma ou la Justice immanente, d'après la Théosophie ; trad. de l'angl.
Paris, Publications Théosophiques, 1899, in-18 de 104 pp.
[8° R. 15874

Les 3 plans de la nature. Génération et activité des formes pensées. Comment se forme le Karma. Construction de l'avenir. Karma collectif, etc,

1100 BESANT (Annie). — Les Maîtres et l'Œuvre Théosophique (Conférences de Londres, 1907), par Annie Besant. Traduit de l'Anglais par Emile Marcault.
Paris, Publications Théosophiques. 1910, in-12.

1101 BESANT (Annie). — Mélanges Théosophiques, Conférences réservées aux Théosophes. (Londres 1900), par Annie Besant. Traduit de l'anglais.
Paris, Publications Théosophiques. 1910, in-12.

1102 BESANT (Annie). — Le Monde de Demain. Huit Conférences faites à Londres, en Mai et Juin 1909 par Annie Besant. Traduit de l'Anglais par Gaston Revel.
Paris, Publications Théosophiques, 1910, in-12 de III-340 pp.
[8° R. 23264

1103 BESANT (Annie). — La Mort et l'Au delà ; trad. de l'angl.
Paris, Publications de la Société Théosophique. 1896, in-18 de 135 pp.
[8° R. 14057
La destinée du corps et du double éthérique. Les coques. Les élémentaires. Les Devachanis. Nirvâna. Communications entre la terre et les autres sphères.

1104 BESANT (Annie). — La Nature du Christ. Trad. de l'angl. par G. Revel.
Paris, Publications Théosophiques. 1910, in-12.

1105 BESANT (Annie). — Pourquoi je devins théosophe ; trad. de l'angl. par Mme Camille Lemaître.
Paris, Libraire de l'Art Indépendant, 1899, gr. in-8°, de 32 pp.
[8° R. Pièce 4505

1106 BESANT (Annie). — Le pouvoir de la Pensée, sa maîtrise et sa culture.
Paris, Publications Théosophiques. 1905, in-8°, VII-71 pp.
[8° R. 18329
La nature de la Pensée, sa transmission, son développement et celui des facultés mentales tour à tour nous achemine vers le moyen d'actionner de la pensée ; nous arrivons ainsi à la concentration qui la renforce, nous permet de la diriger pour aider les vivants et les morts. Étude très consciencieuse.
Réédité en 1907.
[8° R. 21219

1107 BESANT (Annie). — Les Religions pratiquées actuellement dans l'Inde, par Annie Besant, traduit de l'Anglais.
Paris, Art Indépendant.
in-16 écu, (3 fr.).

1108 BESANT (Annie). — La Sagesse Antique. Exposé sommaire de l'Enseignement Théosophique, par Annie Besant. Traduit de l'Anglais.
Paris, 1899, 2 vol. in-18.
Paris, Public. Théos, 1905, in-8°, écu ou in-16, de 532 pp. (5 fr.).
[8° R. 20206
Ces deux volumes sont divisés en 12 chap. qui comprennent le plan physique et astral, le Kamaloka, le plan mental, le Devakan, les plans Bouddhique et Nirvâna, la Réincarnation, le Karma, la loi du sacrifice, l'Ascension humaine et la construction d'un Cosmos. — En somme, toute la doctrine théosophique.

1109 BESANT (Annie). — Le Sentier du Disciple, par Annie Besant, traduit de l'Anglais par H. D.
Paris, Publications Théosophiques. 1900, in-18 jésus de 180 pp.
[8° R. 10899
Karma-Yoga. Purification. Méditation. Les quatre initiations. La vie du disciple.

1110 BESANT (Annie). — Vers le Temple, par Annie Besant, traduit de l'Anglais.
Bruxelles, 1900, in-18, (2 fr.)
La Purification. L'Entraînement mental. La construction du caractère. L'Alchimie spirituelle ; sur le seuil.
Cette œuvre est justement considérée comme un enseignement éthique très élevé.

1111 BESANT et BHAGAVAN DAS. — La Bhagavad Gita. (Le Chant du Seigneur). Traduit du Sanscrit par Annie Besant, et Bhagavan Das, mis en Français par D. A. Courmes.
Paris, Publications Théosophiques, in-8° raisin, (2 fr. 50).

1122 BESANT et LEADBEATER. — Les Formes Pensées, traduit de l'anglais par J. L. S.
Paris, Publ. Théos. 1905, in-8° raisin de 114 pp. avec 58 illustrations, la plupart coloriées. (8 fr.). 6 f.

[4° R. 1989

Les deux effets de la Pensée. La signification des couleurs. Le sentiment religieux. Emotions diverses. Formes-pensées créées dans la méditation. Pensée envoyée dans six directions Les Pensées de secours. Les Formes construites par la musique, etc.....
Ouvrage singulier et remarquable.

1113 BESNARD (Abbé François-Guillaume). — Doctrine de M. Gall, son orthodoxie philosophique, son application au christianisme.
Paris, Didot, 1830, in-8°. 330 p. (3 fr. 50).

[R. 8550

1114 BESNIER (Pierre) philologue français, né à Tours en 1648, mort à Constantinople en 1705. De l'ordre des Jésuites. — La Réunion des Langues, ou l'Art de les apprendre toutes par une seule, par le P. BESNIER.
Paris S. Mabre-Cramoisy. 1674. in-4° de 54 pp.

[X. 1517 etc

Autre édition : *Liège.* 1674. in-12.
(S-3525

1115 [BESOIGNE (Abbé Jérôme).] — Histoire de l'abbaye de Port-Royal.
[Ld° 66
Cologne. 1752, 6 vol. in-12. (15 fr.).
Ouvrage compact, plein de documents, divisé en 2 parties à peu près égales : 1° Histoire des religieuses ; 2° Histoire des "Messieurs".

1116 BESSARION (Jean. Cardinal). né à Trébizonde vers 1389 ou 1395, mort à Ravenne en 1472. Il fut évêque de Nicée, puis Cardinal, Patriarche de Constantinople, et légat du Saint-Siège auprès de Louis XI, roi de France. — Quæ in hoc volumine tractantur : Bessarionis, Cardinalis Niceni, in calumniatorem Platonis libri quator, opus uarium, ac doctiss, etc. Eiusdem correctio librorum Platonis de legibus. G. Trapezuntio interprete. Eiusdem de natura et arte. Eiusdem metaphysicorum Aristotelis tralatio. Theophrasti metaphysicorum liber unus. Etc.
Veniliis, in ædibus Aldi et Andreæ soceri. 1516. 2 parties in-f°, (30 fr.).
[Réserve R. 21 etc.
(G-1482

1117 BESSON (Paul) Ingénieur des Arts et manufactures. — Le Radium et la Radioactivité. Propriétés générales. Emplois médicaux par Paul BESSON. Ing. des Arts et Manufactures. Avec une Préface du D' A. d'ARSONVAL. Membre de l'Institut.
Paris. Gauthiers-Villars. 1904. in-16 de VII-170 pp. (1 fr. 50).

[8° R. 19305

Intéressant Historique et Résumé de la question du Radium, par l'Ingénieur qui a fait exécuter dans l'Usine de la Société Centrale de Produits Chimiques les premiers traitements nécessaires à l'extraction du Radium en grand — relativement.
Rayons de Becquerel. Radioactivité. — Polonium. Radium. Actinium. — Etude et Nature du Rayonnement. — Effets Physiques et Chimiques des Rayons de Becquerel. — Action Physiologique et Médicale des Rayons du Radium. — La Radioactivité Induite. — Variation d'activité des Sels du Radium. — Hypothèses sur la Nature et sur les Causes du Phénomène. Considérations générales.

1118 BESUCHET de SAUNOIS (D' Jean Claude), né à Boulogne sur Seine en 1790, chirurgien militaire sous Napoléon 1er. — Précis historique de la Franc-Maçonnerie, depuis son introduction en France jusqu'en 1829, suivi d'une biographie des membres de l'ordre, les plus célèbres par leurs travaux, leurs écrits, ou par leur rang dans le monde.... et d'un choix de discours et de Poésies par J-C. B. [le docteur Jean Claude BÉSUCHET DE SAUNOIS].
Paris, Rapilly. 1829, 2 vol. in-8°, (20 fr.).

[H. 12775-6

Ce fameux ouvr. à la rédaction duquel Bazot a contribué pour une large part, est devenu classique pour l'étude de l'histoire de la Fr∴ M∴ qui y est traitée avec une rare compétence et une très grande impartialité. La biographie très complète qui occupe la majeure partie du tome second est particulièrement remarquable, elle contient les biographies de plus de 200 maçons appartenant à toutes les classes de la société, depuis le plus haut rang, jusqu'au plus modeste : rois, magistrats, prêtres, acteurs, littérateurs, etc... citons au hasard les noms de Bazot, Beyerlé, Bonaparte, L. de Bourbon, Cabanis, Cadet de Gassicourt, Cambacérès, Catherine II, Court de Gébelin, Dulaure, Eug. Napoléon, Fabré-Palaprat, Franklin, Frédéric le Grand, Harnouester, Lalande, Lacépède, Lenoir, Martinez Pasqualis, Parny, Piron, Ramsay, Robin (l'abbé), Roucher, Cl. de Saint-Martin, Tissot, Thory, Tschoudy, Vassal, Voltaire, Weishaupt, etc.... Suivent des discours maç∴ du plus grand intérêt, sur le symbolisme la morale maç∴ et la philosophie des hauts grades.

1119 ...... BETBUCH für Freymaurer. S. l. s. adr. ni date, (mais *Prag, Schönfeld*, 5784, c. à d. 1784.) in-8° de IV-202 pp. imprimé en caractères cursifs allemands avec 1 titre gravé.

Imprimé par décision des Loges de Bohême.

(O-417)

1120. BETKIUS (Joachim). — In nomine Jesu. — Excidium Germaniae, das ist : gründlicher und warhaffter Bericht, wer daran Ursach, dasz zur Zeit des Alten Testaments, das Judenthum und zur Zeit des Neuen Testaments, Deutschland, zum zehnfachen Sodom worden, und Gott deswegen mit Schwerdt, Krieg, Hunger und Pest, als seines Zorns Plagen, dasselbe verderben, ausbrennen, schleiffen, zu wüsten machen..... Samt einer kurtzen Delineation des Decreti Stultitiae, oder Abbildung des Geheimnüsses der Göttlichen Thorheit ; durch Joachimum BETKIUM, weyland treuen Zeugen und Dienern Jesu Christi,.... (cum Praefatione Friderici BRECKLINGII).....

Gedruckt in Amsterdam, 1701, in-8° de 391-XXXIII pp.

(O-100)

1121 ...... BETRACHTUNGEN über die Weisheit : eine Maurerische Rede gehalten bey der feyerlichen Einführung des von I. Maj. dem Könige der Loge zu denen drey Weltkugeln allerhuldreichst geschenkten Höchsteigenen Bildnisses.

Berlin, G. J. Decker, 18 Julius 1777, in-8° de 12 pp.

(O-350)

1122 BEUNAICHE de la CORBIÈRE (Dr J. B.). — De l'influence que doit exercer la phrénologie sur les progrès ultérieurs de la philosophie et de la morale.

Paris, Masson, 1854, in-8°. (4 fr.).

Avec figures dans le texte.

1123 BEUTHER (David). — David Beuthers zwey rare chymische Tractate, darinnen nicht nur alle Geheimnisse der Probier-Kunst, derer ertze und Schmeltzung derselben, sondern auch die Möglichkeit der Verwandelung, der geringen Metallen in bessere, gar deutlich gezeiget werden, aus einem alten raren, von anno 1514 bisz 1582 geschriebenen Buche zur ersten mahl in Druck gegeben; deme Beygefüget dieses Autoris Universal, oder vollkommene Bericht von der wahren Alchymie.

Leipzig, Joh. Christ. Martini, 1717, in-8° de XVI-218-XII et 58 pp.

L'Universal, und vollkommener Bericht...... a un titre et une pagination séparés.

(O-058-059)

1124 BEVERLAND (Adrien), écrivain flamand, né à Middelbourg vers 1653 mort vers 1712. Son "Peccatum Originale" fut brûlé par le bourreau et lui-même emprisonné. — Etat de l'homme dans le péché originel. Où l'on fait voir quelle est la source, et quelles sont les causes et les suites de ce péché dans le Monde.

Imprimé dans le Monde, en 1740. in-12, (12 fr.).

Cet ouvrage est une traduction libre ou plutôt une imitation de BEVERLAND par J. Fr. BERNARD.

Beau frontispice gravé par Yver qui, à cause de la liberté de l'allégorie qu'il représente, fut supprimé dans maintes éditions.
Voir BERNARD (Jean Frédéric).
(G-59)

1125 .... BEWEIS für sämtliche Liebhaber der echten höheren Chemie das die von Zweiffern auf eine unverzeihliche Weise verrufene hermetische Philosophie, wirklich existiret und in der Natur gegründet sey, durch zwey Experimente mit allen Handgriffen bestätiget von einem Liebhaber der chemischen Grund-Mischung.
Leipzig, Christ. Gottl. Hilscher, 1791, in-8° de 32 pp.
(O-1524)

1126 BEXON (l'abbé Gabriel Léopold Charles Amé), naturaliste et historien, collaborateur de Buffon, né à Remiremont en 1748, mort en 1784.
— Histoire de Lorraine, par M⁹ l'abbé BEXON. Tome premier.
Paris, Valade, Nancy, 1777, in-8° LXXXIV-351 pp., portr. de Marie Antoinette.
2 ex. [K². 000
[Réserve Lk². 000
Consacre un article très philosophique (p. 264-267) à Nicolas RÉMY, le célèbre démonologue et juge lorrain. Mais ne donne aucun document nouveau ni fait précis.

1127 BEYER, physicien. — Aux amateurs de Physique, sur l'utilité des paratonnerres.
Paris, 1800, in-8°, (2 fr.).
Très curieux avec 2 pl. gr. et hors texte, représentant les paratonnerres et la maison d'habitation de Beyer, à Paris, rue de Clichy.
Edition originale.
Ibid. Imprimerie de l'Institution Impériale des Sourds Muets, 1800, in-8° de 58 pp. 2 pl. en couleurs.
[R. 28573

1128 [BEYERLÉ (Jean Pierre Louis)] né à Nidervillon près de Metz en 1740, mort à Paris vers 1800. Fils du directeur de la Monnaie de Strasbourg. — Essai sur la Franc-Maçonnerie ou du But essentiel et fondamental de la Fr∴ M∴ de la possibilité et de la nécessité de la réunion des différents systèmes ou branches de la M∴ du régime convenable à ces systèmes réunis, et des lois Maç∴ (par Jean Pierre Louis BEYERLÉ).
Latomopolis, Xiste Audron, l'an de la V∴ L∴ 5788, 2 vol. in-8° de 318, et 410 pp., avec 2 tableaux. (25 fr.).
[H. 19738-9
Idem, Latomopolis, 5784.
Le titre porte le nom de l'auteur(?) en lettres maçonniques que je n'ai pu déchiffrer, étant beaucoup plus compliquées que celles indiquées dans les alphabets ordinaires. Toutes les vignettes dans ces deux vol. représentent des signes maçonniques.
Il y en a une édit. précédente 5784. 2 vol.
L'auteur qui a signé son épitre dédicatoire, F∴ B∴ dit dans sa préface que Edme Beguillet avait composé et était prêt de livrer à l'impression, un ouvrage sur la F∴ M∴ contenant 6 discours : les deux premiers sur les œuvres du G∴ A∴ l'harmonie des Sphères et la grande chaîne des Etres, le troisième présentant l'histoire maçonnique, et les trois derniers roulant sur les grades, les symboles, les règlements.... des F∴ M∴ Cet ouvrage a-t-il été imprimé? Quérard n'en parle pas, Besuchet non plus, ni G. Klosz.
(O-273

1129 [BEYERLÉ (Jean Pierre Louis)]. — Des Hochw. Br. L. a Fas. Präf. des Lothund Visit. der Pr. von Aust. [Jean-Pierre-Louis Beyerlé] Abhandlung über die allgemeine Zusammenkunft der Freynmaurer, bey dem Gesundbrunnen in Wilhelmsbad, ohnweit Hanau ; ins Teutsche übersetzt ; mit Anmerkungen und Erläuterungen, von R. v. S. [Ritter vom Schwan, pseud. de Adolph von Knigge].
S. l. ni adr. [Francfort], 1784, in-8° de 276 pp.
Cet écrivain cite le baron de Knigge comme l'auteur de ce rapport, mais il se trompe, car il n'en est que le trad. Les initiales L.. a Fas. (ou Fascia) Präf......

sont le masque de Beyerlé, membre du Directoire préfectural de Lorraine et visiteur près de la province d'Autriche. Cet ouvr. est la traduction de : de Conventu generali Latomorum apud aquas Vihelminas... 1782.

(O-483

1130 [BEYERLÉ (Jean Pierre Louis).] — Versuch über die Freymaurerey, oder von dem wesentlichen Grundzwecke des Freymaurer-Ordens ; von der Möglichkeit und Nothwendigkeit einer Vereinigung seiner verschiedenen Systeme und Zweige; aus dem Fransösischen des Br. B*** (Beyerlé) übersetzt, durch den Br. A. R. v. S. (Adolph Franz Frid. Ludw. von Knigge).

S. l. ni adr. (Franckfurt, Brönner). Jahr der M.·. L.·. =785. [1785]. 2 vol. in-8° de LIV-248 pp. et 408 pp.

[H. 19740-1
(O-274

1131 .... BEYTRAG zur Geschichte der Höhern Chemie oder Goldmacherkunde in ihrem ganzen Umfange. Ein Lesebuch für Alchemisten, Theosophen und Weisensteinsforscher, auch für alle, die wie sie, die Wahrheit suchen und lieben.

Leipzig, Christ. Gottlob. Hilscher. 1785. in-8° de VIII-695 pp. avec une table ms. des ouvr. cités in-8°, de 28 pp.

La préface est signée : Carbonarius.

La Bibliothèque alchimique qui occupe la fin du vol. depuis la p. 546, contient, avec les autres indications aux noms des principaux alchimistes, environ de 650 à 700 titres d'ouvrages presque tous allemands. Quoique loin de contenir autant de titres que la Bibliothèque qui se trouve à la fin de l'Histoire de la philosophie hermétique de Lenglet-Dufresnoy, celle-ci est beaucoup plus utile, car le plus grand nombre des titres est accompagné de notices dont plusieurs très développées.

(O-551

1132 .... BEYTRAG zur neuesten Geschichte des Freymaurerordens in IX Gesprächen : mit Erlaubnisz meiner Obern herausgegeben.
Berlin s. adr. 1786. in-8° de X-182 pp.

(O-213.

1133 BEZ (Auguste). — Les Miracles de nos Jours ou les Manifestations extraordinaires obtenues par l'intermédiaire de Jean HILAIRE, cultivateur à Sonnac (Charente-Inférieure), recueillies avec soin et annotées par Auguste Bez.

Paris, A. Matha, Bordeaux, l'auteur, 1864. in-8°, de XVIII-150 pp. (4 fr.).

[R. 28577

1134 BÈZE (Th. de) chef Calviniste, né à Vézelay en 1510, mort en 1605. Il succéda à Calvin et fut recteur de l'Académie de Genève. — Histoire ecclésiastique des Églises réformées au royaume de France, en laquelle est descrite au vray la renaissance et accroissement d'icelles depuis l'an 1521, jusques en l'année 1563, leur reiglement ou discipline, synodes, persécutions tant générales que particulières, noms et labeurs de ceux qui ont heureusement travaillé, villes et lieux où elles ont esté dressées avec le discours des premiers troubles ou guerres civiles desquelles la vraye cause est aussi déclarée. Divisée en trois tomes (par Théodore de Bèze).
A Anvers, [Genève] de l'imprimerie de Jean Rémy, 1580. 3 vol. in-8°. (200 fr.).

[L.d¹⁷⁵.1

Édition originale de cet ouvr. très rare et fort recherché auquel collabora Jean des Galards.

1135 BÈZE (Théod. de). — D. N. novum Testamentum ex postrema D. Bezæ interpretatione, cum notis brevioribus, tum ex interpretationibus D. Bezæ, tum ex D. Camerarii Cherponty et aliorum observationibus.
Amstelodami, 1633, in-12.

(S-72

1136 BÈZE (Théodore de). — Novum J. Christi Testamentum, cujus Græ-

co contextui respondent versiones duæ, altera Gallica altera Latina auctore Theod. Beza.
Genève. 1628. in-8°.

(S-49

1137 BEZE (Théodore de). — Les Psaumes de David mis en rimes Françoises, par Clément Marot et Théodore de Beze.
[*Genève*]. 1500, in-8°.
[Rés. A. 10140
C'est le Psautier adopté par les Églises Calvinistes.

(S-40

1138 BEZOBRAZOW (Olga de). — Batailles de l'idée. — Roman scientifique. Tome II. Le Cercle du Parnasse. — Arcane de la Religion. Un salon féministe. — Arcane du féminisme, etc...
Paris, P. Leymarie. 1907. in-18, portr.
[8° Z. 17432
2° volume :
Paris, E. Leymarie. 1907. in-18. 337 pp.
[8° Z. 17432

1139 BEZOBRAZOW (Mad. Olga de). De l'unité des Religions au point de vue de l'Université de l'Esprit ; préf. de Papus.
Paris, 1893. in-12.

BHAGAVAD-GITA, un des UPANISHADS, ou Livres Sacrés qui terminent les VEDAS de l'Inde. C'est un des épisodes du « MAHABHARATA » célèbre épopée Hindoue, qui chante la rivalité de deux familles en XVIII Chants, soit 150.000 vers en tout. On l'attribue au Solitaire VYASA.

La Bhaghavad-Gita, qui est un des plus beaux poèmes initiatiques connus a été traduite maintes fois : voir aux articles :

BESANT.
BURNOUF.
PARRAUD.

C'est un Dialogue entre KRISHNA et ARJUNA.

1140 BHARTRIHARI. — Les Stances Erotiques, Morales et Religieuses de BHARTRIHARI, traduites du Sanscrit par P. REGNAUD.
Paris, E. Leroux, 1875, in-18 de XVI-114 pp.
[Ya. 610

1141 BIBLE : Voir l'Article « Versions françaises de la Bible » dans le « Dictionnaire de la Bible » par F. Vigouroux (II-2346).
Paris, Letouzey et Ané, 1899, in-8°.

La Bible en laquelle sont contenus tous les Livres Canoniques de la Sainte Ecriture, tant du Vieil que du Nouveau Testament, et pareillement les Apocryphes. Le tout translaté en Langue Françoise auec diligente Collation : non seulement aux anciens et fideles exemplaires, mais aussi à l'Original et signamment des Canoniques. [Par P. R. Olivetan, aidé de Jean CALVIN, avec un Indice des Matières par Nicolas Malingre.]
Genève, Jean Gérard, 1540, pet. in-4° Gothique à 2 col.

Traduction protestante de la Bible, appelée la « Bible à l'Epée, » à cause du Fleuron du Frontispice, où se trouvait cette arme.

(Y-P-224

1142 BIBLE (la). — Traduction Nouvelle [de Samuel CAHEN] avec l'Hébreu en regard, accompagnée des Points-voyelles et des Accents toniques, avec des Notes Philologiques, Géographiques, et Littéraires, et les Principales Variantes de la Version des Septante et du Texte Samaritain.
Paris, l'Auteur, 1832-1852. 20 vol. in-8°. (100 fr.).

Cette traduction Juive de la Bible, ne comprend, naturellement que l'Ancien Testament. Mais elle donne le Texte Hébreu.

(Y-P-216
(G-1166

1143 BIBLE. — La Sainte Bible en Latin et en François avec des Explications du sens Littéral et du sens Spirituel. [Par Louis Isaac LE MAISTRE DE SACY, Th. DU FOSSÉ et l'abbé de BEAUBRUN].

Paris, L. Rouland et G. Desprez, 1682-1700, 32 vol. in-8°.

C'est la célèbre traduction de Lemaistre de Sacy, surtout destinée aux Gens du Monde.

(Y-P-223)

1144 BIBLE. — La Sainte Bible en Latin et en François, avec des Notes Littérales pour l'Intelligence des endroits les plus difficiles ; divisée en deux Tomes, avec un troisième Tome, contenant la Concorde des Quatre Evangiles, les Livres Apocryphes en Latin et en François et plusieurs autres pièces.

Paris, Guillaume Desprez et Jean Desessartz, 1715, 3 vol. gr. in-f°.

C'est une Traduction Catholique de la Vulgate, avec permis d'imprimer et de vendre de S. E. L. A. Cardinal de Noailles Archevêque de Paris, daté du 13 Mars 1701.

(Y-P-223)

1145 BIBLE. — La Sainte Bible, ou l'Ancien et le Nouveau Testaments ; version de J. D. OSTERVALD, publiée par la Société Biblique Protestante de Paris.

Paris, Marc Aurel, 1842, in-4°.

Traduction Protestante la plus répandue.

(Y-P-225)

1146 BIBLE DE REUSS. — La Bible nouvellement traduite sur les textes originaux avec une introduction à chaque livre, des notes explicatives sur l'Ancien Testament et un commentaire complet sur le nouveau Testament ; par Ed. REUSS.

Paris, Fischbacher, 1874-81, 19 vol. gr. in-8°. (100 fr.).

C'est l'ouvrage le plus savant et le plus érudit des éditions de la Bible faites jusqu'à ce jour. Elle est ainsi divisée : Hist. des Israélites depuis la conquête de la Palestine jusq. l'Exil (Livre des Juges, de Samuel et des Rois). Les Prophètes. L'histoire sainte et la Loi (Pentateuque et Josué) Chronique ecclésiastique de Jérusalem (Chroniques, Esdras, Néhémie). Poésie lyrique : le Psautier, les Lamentations, le Cantique des Cantiques. Philosophie religieuse et morale : Job, Proverbes, Ecclésiaste Ecclésiastique, Sapience, Contes moraux, Baruch, etc. Littérature politique et polémique, Ruth, Maccabées, Daniel, Esther, Judith, etc. L'Histoire Evangélique (Synopse des trois premiers Evangiles), L'Histoire apostolique (Actes des Apôtres), Les Epîtres Pauliniennes, L'Apocalypse, Les Epîtres catholiques : Hébreux, Jacques, Pierre et Jude, La Théologie joannique (Evangiles et Epîtres)

1147 BIBLE. — La Sainte Bible Polyglotte, contenant le Texte Hébreu Original, le Texte Grec des Septante, le Texte Latin de la Vulgate et la Traduction Française de l'Abbé GLAIRE, avec les différences de l'Hébreu, des Septante et de la Vulgate, des Introductions et des Notes, par l'Abbé F. VIGOUROUX.

Paris, Roger, 1900-1908, 7 vol. gr. in-8°. (40 fr.).

Reproductions et Cartes.

Tome I — Le Pentateuque. — II Josué, les Juges, Ruth et les Rois. — III Paralipomènes, Job. — IV — Psaumes, les Proverbes, l'Ecclésiaste, le Cantique des Cantiques, la Sagesse. — V. Isaïe, Jérémie, les Lamentations, Baruch. — VI ; Ezechiel, Daniel, Osée, etc., les Macchabées - VII. Les Quatre Evangiles, les Actes des Apôtres.

1148 BIBLIOTHÈQUE du magnétisme animal par MM. les membres de la société du magnétisme.

Paris, Imp. Poulet ; libr. Dentu, 1817/19, 8 vol. in-8°. (20 fr.).

Ce journal qui a succédé aux Annales, est complet en 8 volumes. Il renferme un grand nombre de pièces originales. Nous citerons les principales.

I — Mémoire sur la Puissance de la volonté par le marquis de Puységur. Opinions de Van Helmont sur le magnétisme par Deleuze. Mémoire sur le fluide vital ou magnétisme animal par le Docteur Ch.

II — Des associations magnétiques par le marquis de Puységur. Recherches historiques sur le magnétisme chez les Anciens, les sibyles dans l'ancienne Italie sous les empereurs et dans les Gaules (Remarquable travail d'érudition continué dans les volumes suivants.)

III : — Observations dans l'administration du magnétisme par de V... Lettre de S. E. le Comte Panin. Explication de la magie, du magnétisme, traduit de l'allemand d'Eschenmayer.

IV — Extrait d'une lettre du Baron du Gavedel concernant un médecin de Paris devenu somnambule magnétique. Extrait d'une lettre du docteur Hamel, médecin de l'empereur de Russie sur le fluide magnétique.

V : — Ce volume contient un article sur les faits qui semblent prouver une communication des somnambules avec les êtres spirituels et une réponse de Deleuze à cet article. Je m'étonne que les journaux dits spirites n'aient point recueilli ces deux documents. La lettre de Deleuze est un modèle de prudence et de saine critique. Docteur Brosse. Sur quelques faits observés à Berlin. Docteur Muck Du magnétisme en Allemagne. Faits rares de somnambulisme par le marquis de Puységur. Deux relations de traitement par le comte de Lœwenhielm.

VI : — Une note intéressante sur l'influence du magnétiseur sur le magnétisé au moment de la mort, par le professeur Nasse de Halle. Des lettres curieuses du comte Panin. Notice et analyse de Monsieur de Puységur sur des expériences faites par le professeur Reiss de Moscou.

VII. — Une cure due à Ribault, le cuisinier du marquis de Puységur et son élève intelligent en magnétisme, ce qui fit beaucoup rire autrefois.

VIII. Une lettre du docteur Wolfart. Fait de somnambulisme, par Lamy-Sémart.

Tous ces volumes contiennent en outre un grand nombre de cures importantes dues à des médecins ou à des personnes du monde, comptes rendus de livres magnétiques français et étrangers des lettres adressées aux collaborateurs du journal MM. de Puységur. Deleuze, Comte Lepelletier d'Aulnay, etc... et leurs réponses. Ces huit volumes renferment une quantité de documents des plus importants pour l'histoire du magnétisme en France et à l'étranger.

(D. p. 88

1149 BICHAT (Marie François Xavier) né à Thoirette en Bresse en 1771, mort à Paris en 1802. Son père était médecin et maire de Poncin, près Nantua. — Recherches Physiologiques sur la Vie et la mort.

Paris. Brosson, Gabon, et Cie, An VIII, in-8° de IV-440 pp.
[T b¹¹. 12

Paris, 3me édition. Brosson et Cie, An XII-1805, in-8° de 347 pp. (4 fr.).
[T b¹¹. 12. A.

Réimprimé de nombreuses fois :
— Avec notes de Magendie : *Paris, Béchet jeune*. 1822 puis 1829. in-8°. XXVI-538 pp.
[T b¹¹ 12. C.

— Avec Notes du Dr Cerise. *Paris V. Masson*. 1852, in-18 de XXXII-582 pp. (3 fr.).
[T b¹¹. 13. A.

1150 BICHAT (M. F. X.). — Recherches physiologiques sur la vie et la mort. Précédées d'une notice sur la vie et les travaux de Bichat et suivies de notes par le Dr Cerise.

Paris. Fortin, Masson et Cie, s. d, [1844]. in-18° de XXXV pp. portrait.
[T b¹¹. 13

Avec un portrait sur acier de Bichat d'après le monument de David d'Angers. C'est la 1re édition avec *les notes du Dr Cerise.*

[G-304

1151 BIDEGAIN (Jean). — Le Grand Orient de France, ses doctrines et ses actes.

Paris. Librairie antisémite, 1905, in-16 de 289 pp. fac simile. couv. ill. d'un portrait.

[L b²⁷. 13873

Documents inédits, nombreux fac similés concernant surtout l'affaire des fiches.

1152 BIDEGAIN (J.). — Magistrature et justice maçonniques. Avec une préface du Cte de Colleville.

Paris. Librairie des St- Pères, 1907, in-12.

Nombreux fac-simile d'autographes.

1153 BIDEGAIN (J.). — Masques et visages maçonniques. Documents inédits.

Paris. Librairie Antisémite, 1906, in-16, de X-425 pp. fig. portr. et fac-simile.

[L b²⁷. 14053

1154 BIENVILLE (de). — La Nimphomanie ou traité de la fureur utérine dans lequel on explique avec autant de clarté que de méthode les commencements et les progrès de cette cruelle maladie dont on développe les différentes causes.
Paris, 1771, in-12.
Au point de vue des remèdes curieux de la médecine ancienne, les prescriptions de l'auteur contre cette maladie sont particulièrement à noter.
Idem.
Paris, 1790. in-12, (200 pp.).
Amsterdam, MM. Rey. 1771, in-12 de XX-168 pp. (5 fr.).
Edition originale.
[Rés. Td⁸⁶. 30
(S-3360 b

1155 BIGEL (Dr). — Manuel diététique de l'Homœopathie.
Varsovie, et Paris, Glucksberg et Crochard, 1833. in-8°. de VIII-124 pp. (2 fr. 25).
[Te¹³⁴. 8
Aliments tirés des règnes animal et végétal. Des boissons. Des assaisonnements. Régime à suivre dans le traitement des maladies. Régime homœopathique, etc..
« Le poireau, diminutif de l'ail » ne peut être toléré dans le régime homœopathique (p. 98)..., curieux. Le poivre et ses dangers (p. 3).
Seuls assaisonnements permis par l'auteur « sel, sucre, beurre, huile et lait » (p. 94).

1156 BILLARD (Ludovic). — Bréviaire du baccara expérimental par Ludovic Billard, licencié-ès-sciences.
Paris, chez l'auteur. 1883. in-32. 228 pp. (30 fr.).
[8° V.6094
Curieux petit traité dont l'auteur a réalisé une grosse fortune en appliquant les principes qu'il expose au cours de son ouvrage. — Tiré à très petit nombre, il est devenu très vite introuvable ; un exemplaire fut adjugé 160 frs en 1887 à la vente de Chaudérys.
On y trouve de la philosophie là où on n'en attendait guère. Vingt cinq « Méditations » bien curieuses appliquées à un sujet généralement scabreux —au point de vue raison. — A partir de la 17ᵉ Méditation, le traité devient très technique et difficile à suivre pour les profanes.

1157 BILLAUDEL (Jean Baptiste-Bazile (?). — Lettre à Monsieur Deleuze, par Billaudel.
Bordeaux. 1827. in-8°.
(D. p. 184

1158 BILLOT (G. P.). — Recherches psychologiques sur la cause des phénomènes extraordinaires observés chez les modernes voyans improprement dits somnambules magnétiques ou correspondance sur le magnétisme vital entre un solitaire et M. Deleuze, bibliothécaire du Muséum à Paris, par G. P. Billot, docteur en médecine.
Paris, Albanel et Martin, 1838 et 1839. 2 vol. in-8° 342/368 pages et 4 pages d'errata. (8 fr.).
[Tb⁶⁴. 143
Cet ouvrage a été très recherché dans les ventes publiques. Il est curieux à plus d'un titre ; c'est le premier travail où il soit question d'apport d'objets pendant des expériences de somnambulisme. Ainsi au milieu d'une séance, des branches de thym de Crète (sic) des fragments d'ossements de martyrs (sic) tombent aux pieds des expérimentateurs. Et le vénérable Deleuze écrit à cet égard qu'il ne doute pas de ces faits, il en cite de semblables et en rencontre d'analogues qu'il tient du docteur Chapelain. Lui et M. Billot croient aux communications des esprits : *c'était devancer les spirites de nos jours.*
Nous sommes loin de partager toutes ces croyances, aussi devons nous ajouter que le livre est fort bien écrit et qu'il contient bon nombre de faits intéressants et bien détaillés. [Note de M. Dureau].
(D. p. 114
(G-1689

1159 BILLY (Jacq. de). — Le Tombeau de l'Astronomie Judiciaire, par Jacques de Billy.
Paris. in-4°. 1657, (5 fr.).
(S-3400 et 3460b
(G-60

1160 BILZ (F. E.). — La Nouvelle Médication Naturelle.
Paris, l'Auteur. s. d. 2 vol. in-8°. de IV-1040 pp. et 1041 à 2080 pp. 723 fig. dans le texte. Planches en couleurs. Figures d'Anatomie découpées. (11 fr.).

Ouvrage utile pour se soigner sans drogues par des méthodes rationnelles et simples : compresses tièdes, bains locaux. Autre édit.

S. L. F. E. Bilz. s. d. [1909] 3 vol. in-8°, pl. en coul. découpées, portraits.

[8° T.ell. 357

1101 BINET (A.). — Le Fétichisme dans l'amour ; la vie psychique des micro-organismes, l'intensité des images mentales, etc...

Paris. Octave Doin. 1888. [puis 1891]. in-18 de 307 pp. fig.

[Td**. 570

1102 BINET et FÉRÉ. — Le magnétisme animal, par Alfred BINET et Ch. Féré.

Paris. Alcan. 1887. in-8° de 285 pp. fig.

[8° R. 81

Paris. Alcan. 1894. in-8°. (3 fr. 50).

Histoire du magnétisme. Procédés d'hypnotisation. Suggestion. Hallucinations. Les monuments et les actes. Thérapeutique. etc...

(G-1692

1103 BINET (Alfred). — La psychologie du raisonnement. Recherches expérimentales par l'hypnotisme.

Paris. Félix Alcan. 1886 [puis 1896]. in-18. de 171 pp.

[8° R. 7211

1104 BINET (A.). — Les révélations de l'écriture d'après un contrôle scientifique.

Paris. Félix Alcan. 1900. in-8°. VIII-260 pp. fig. fac-similés (5 fr.).

[8° V. 31430

Le sexe de l'écriture. — L'âge de l'écriture. — L'intelligence dans l'écriture. — Le caractère dans l'écriture.

1105 BINET (A.). — La Suggestibilité.

Paris. Schleicher, frères. 1900, fort in-8°. de 391 pp. (Avec 32 fig. et 2 pl.)

[8° R. 16890

Les idées directrices. L'action morale. L'imitation. Les mouvements subsconscients. etc...

1106 [BINET (Benjamin)]. — Idée générale de la théologie payenne, servant de Réfutation au Système (du Monde enchanté) de m. BEKKER, touchant l'existence et l'opération des Demons, ou Traité historique des Dieux du Paganisme : par m. B. *** [Benjamin BINET, curé d'Orgeval].

Amsterdam. Jean du Fresne. 1699. in-12 de XII-227 pp.

[D². 3760

Le titre courant est le titre primitif de l'ouvrage : Traité historique des Dieux et des Démons du Paganisme.

Très curieux.

(G-01-505-1690
(O-1688

1107 BINET (Benjamin). — Traité historique des Dieux et des démons du Paganisme, en forme de lettres, avec quelques remarques critiques sur le Système de M. BEKKER : [dans Dictionnaire des Sciences occultes (1846-52), T° II. col. 905-1000].

Séparément :

Delft. A. Voorstad. 1699. in-12 de 227 pp. (4 fr.).

[G. 32035
(O-1689
(G-559 et 1091

1108 BINET (le P. Étienne) jésuite, né à Dijon en 1569 mort en 1639. — [le P.Binet] (sous le pseudonyme de RENÉ FRANÇOIS). Essay des merveilles de nature et des plus nobles artifices, 12° édit. augm. de nouveau.

[Z. 10840

Paris. Dugast. 1646. fort in-12, (4 fr.).

Véritable encyclopédie des arts et des sciences naturelles et occultes au 17° siècle. Avec figures, entre autres dans la partie Blason et Beaux-Arts.

1109 BINET-SANGLÉ (le Dʳ). Professeur à l'École de Psychologie. — La Folie de Jésus, par le Docteur BINET SANGLÉ Tome 1ᵉʳ. — Son hérédité. Sa constitution. Sa physiologie. To-

me 2. — Ses connaissances. Ses idées. Son délire. Ses hallucinations.
Paris. A. Maloine. 1908 et 1910. 2 vol. in-8° de XIII-204 et ? pp. (1 fr. le vol.).
[8° H. 0045

1170 BINET-SANGLÉ (D^r). — Les Prophètes Juifs, des origines à Élie. Etude de psychologie morbide.
Paris. Dujarric. 1905. in-18. 324 pp. (3 fr. 50) (3 fr.).
[A. 21040

Intéressant ouvrage, de la « Bibliothèque de l'Ecole de Psychologie ». La Psychologie des dégénérés : les Dégénérés Mystiques. L'exégèse rationaliste. Schemouël. Les hallucinations Verbales des prophètes. Les Voyants du Roi David. Les nabis anonymes de Bethel. Les Prophétesses de la Bible.

1171 BINSFELD (Pierre). — Tractatvs de confessionibvs maleficorvm et sagarvm recognitus et auctus. An et quanta fides ijs adhibenda sit. Accessit de nouo, eodem auctore, commentarius in titulum Codicis lib 9 de maleficis et mathematicis, etc...
Aegustæ Trevirorvm. excudebat H. Bock, 1591, pet. in-8°. de 633 pp. (10 fr.).
[D. 13847

Rare. — Ouvrage violent contre les prétendus possédés sorciers et sur les maléfices, avec son supplément.
Idem :
Augustæ Trevirorum. H. Bock. 1605. fort vol. pet. in-8°. de 767 pp.
[D. 26088
(S-3240 b
(G-02-1167

1172 BINSFELD (P.). — Commentarius in titulum Codicis de Maleficiis.
Augustæ Trevirorum. (Trèves) Excudebat H. Bock, 1591. in-8°.
C'est le supplément du Traité précédent, qui manque à nombre d'exemplaires.
[D. 13847
(S. 3240 b

1173 BIOT (Jean Baptiste). astronome, mathématicien, chimiste et physicien, né à Paris en 1774 mort en 1862.

Académicien. — Etudes sur l'astronomie indienne.
Paris. Impr. Impériale. 1850-1860, in-4°. de IV-00 pp. et pl. (7 fr.).
[V. 12813

1174 BIOT. (Jean Bapt.). — Etudes sur l'astronomie indienne et chinoise. par J. B. Biot.
Paris. Michel Lévy frères 1862, in-8°. LII-308 pp. et 2 pl. (3 fr. 50.
[V. 32301

Résolution symbolique du problème d'Hipparque. — Astronomie Chinoise, — Sur les Nakshatras des Hindous. — Etc..

1175 BIOT (Jean-Bapt.). — Mémoire sur le zodiaque circulaire de Denderah. par M. Biot.
Paris. Impr. Royale. 1844. in-4°, de 107 pp. et pl.
[Z. Renan 325

1176 BIOT (Jean Baptiste). — Précis de l'histoire de l'astronomie chinoise.
Paris. Impr. Impériale. 1861. in-4° de 00 pp. et 2 pl. (7 fr.)
[V. 12815

1177 BIOT. (Jean Baptiste). — Sur un Calendrier Astronomique et Astrologique trouvé à Thèbes en Egypte, dans les Tombeaux de Rhamsès VI et de Rhamsès IX.
Paris. Didot. 1853. in-4°. Grands Tableaux hors texte. (4 fr.).
Le Même. — 2ème et dernier Mémoire.
Paris. Imp. de F. Didot. 1853. in-4° de 166 pp. Planche et Tableaux. (3 fr.).
[V. 12812

Deux Mémoires distincts. sur le même sujet, l'un faisant suite à l'autre.

1178 BIOT (Jean Baptiste) — La vérité sur le procès de Galilée, articles de M. J. B. Biot.
[*Paris. Imp. Impériale.* 1858] in-4°, 41 pp. (7 fr.).
[K. 3917

1179 BIQUET (Adolphe). — Histoire des Fous Célèbres. Extravagans, Originaux et Autres Personnes qui se sont rendues remarquables par leurs Habitudes Singulières, leurs Bizarreries, leurs Manies, leurs Tics, etc. suivie de Propos, Dialogues, Lettres, Mariages et Testamens Bizarres et Originaux....... Publié par l'Imbécile Adolphe Biquer.

Paris, Roy-Terry, 1830, in-18. Frontisp. plié en Coul. (4 fr. 50).

1180 BIRKHOLZ (Adam Melchior). Die sieben heiligen Grundsäulen der Ewigkeit und Zeit : in deutlichen Sinnbildern, zum Besten aller Weisheit Suchenden : nebst dem Brunnen der Weisheit und Erkenntnisz der Natur : den Grundsätzen der wahren Alchemie, und vier merkwürdigen Briefen eines Adepten, herausgegeben von AdaMah Booz (Adam Melchior Birkholz).

Leipzig, Paul Gotthelf Kummer, 1783, in-8° de 142 pp.

A la fin du vol. se trouve une grande planche in plano représentant *Liber Naturæ apertus* de la composition de Birkholz.

(O-1518-1519)

1181 BIRKHOLZ (Adam Melchior). — Von der Natur und Kunst : ein Danksagungsschreiben an den erleuchteten Verfasser des hermetischen A. B. C. von einem christlich gesinnten hermetischen Lehrjünger. Nebst einem Auszuge aus etlichen sehr rar gewordenen deutlich und aufrichtig abgefaszten Werken des berühmten neuesten wahren Adepten, Hermann Fictulds : als ein Ergänzungsstück zum hermetischen A. B. C., von Adamah Booz (Adam Melchior Birkholz).

Leipzig, Ad. Friedr. Böhme, 1781. in-8° de XVI-208 pp.

L'ouvrage qui est fort ancien, s'arrête p. 60 ; le reste du volume est consacré aux Extraits des Œuvres de Fictuld.

(O-1511)

1182 BIZOUARD (Joseph). — Des rapports de l'homme avec le Démon, Essai historique et philosophique.

Paris, Gaume, 1863-64. 6 vol. In-8°, (20 fr).

[R. 29124 à 9

Ouvrage curieux partagé en 36 livres, les quatre premiers traitent des temps où régnaient l'idolatrie, le cinquième s'occupe des temps du moyen Age et enfin dans les autres livres l'auteur étudie la magie et la sorcellerie du XVI° siècle à nos jours.

Vénérable encyclopédie qui embrasse tout ce qui intéresse l'occulte. Malgré le point de vue où se place l'auteur, cet énorme travail n'en est pas moins une source précieuse de renseignements où le philosophe puisera des connaissances variées, et souvent nouvelles, qui lui demanderaient de longues années de recherches et une bibliothèque spéciale difficile à réunir.

(G- 500 et 1168

1183 BLACKIE (John Stuart), Professeur à l'Université d'Edimbourg. — Education de soi-même, intellectuelle, physique et morale. Vade-mecum des jeunes gens et des étudiants, par John Stuart Blackie.... trad. de l'anglais par F. Pécaut. Deuxième édition.

Paris, Hachette. 1882, in-12 VII-103 pp. (1 fr. 25).

[8° R. 4419

Intéressant ouvrage, et curieux conseils, entre autres sur l'éducation physique. Les notes du Traducteur (sur les préceptes d'alimentation, entre autres) ne sont pas toujours empreintes du plus grand jugement. C'est d'ailleurs une remarque assez générale pour les notes de traducteurs.

1184 BLACKWELL. (Thomas). — Lettres sur la mythologie, dans lesquelles on rapporte les opinions des anciens en matière de religion, les pratiques et les cérémonies qui y ont rapport, et l'on développe les sens le plus caché et le plus mystérieux des fables du paganisme, par M. Blackwell, traduites de l'anglois, par M*** [M. A. Eidous].

Paris, Hérissant fils, 1771. 2 vol. in-12 (5 fr.).

[J. 25043-4

1185 BLAEU (Guillaume). — Institvtion astronomiqve de l'vsage des globes et sphères célestes et terrestres, comprise en deux parties, l'une suivant l'hypothèse de Ptolémée, qui veut que la terre soit immobile ; l'autre, selon l'intention de Copernic, qui tient que la terre est mobile.
Amsterdam. Blaev. 1669, in-4°
Figures géométriques dans le texte. (10 fr.).

[V. 7490

Ouvrage estimé de Guillaume Blaeu, disciple et ami de Tycho-Brahé.

1186 BLAGRAVE. — Blagrave's Introduction to Astrology. In three Parts. The First contains the use of an Ephemeris and how to erect a Figure of Heaven to any Time proposed ; also the Signification of the Houses, Planets, Signs and Aspects. The second treats of Elections. The Third comprehends an absolute Method for Rectifying and Judging Nativities.
London, 1682. (25 fr.).

1187 BLAIRAT. (Eugène). — Ce qui est. — La Science. — La Religion. — La Politique. — La Femme. — Les Socialistes. — Conclusion.
Paris, Edition de « ce qui est », 6 rue de Turenne. 1905.
In-18 de 286 pp.

[8° R. 20000

1188 BLAKE (William). — Le Mariage du Ciel et de la Terre ; trad. franç. avec introduction par Ch. Grolleau.
Paris, L. Chamuel. 1900. in-8°. 53 pp. portraits et 6 dessins fantastiques.

[8° Y k. 603

Curieux et singulier ouvrage de ce fameux mystique, qui a publié plusieurs ouvrages prophétiques, sensationnels. Ch. Grolleau nous donne quelques aperçus de la doctrine de Blake. C'est la paraphrase enthousiaste de la prophétie apocalyptique « Voici, je fais toutes choses nouvelles » une perception agrandie du sens de toutes choses, de l'immensité, de la beauté de la Vie universelle qui font du voyant un précurseur. M. Blake fut un obscur Messie de l'Art et de la Pensée libre, baptisé dans l'Eglise des Révoltés.

1189 BLAN DENIER. — La vie divine.
Bâle, Librairie française, s. d. (vers 1880), in-f° de VI-31 pp. (6 fr.).

[D² 440

Tiré à petit nombre. Imprimé en noir et sanguine.

(G-1169

1190 BLANC (Charles). — Membre de l'Institut. — Voyage de la Haute Egypte. Observations sur les Arts Egyptiens et Arabes. avec 80 dessins par Firmin Delangle.
Paris, H. Loones, 1876, fort in-8°. 307 pp. fig. (8 fr.).

[O³ b. 380

Le célèbre égyptologue a reconstitué, dans ce superbe vol. la plupart des anciens temples initiatiques de l'Egypte, avec descriptions topographiques et liturgiques, et reproductions de figures symboliques. Le Temple de Dendérah, fêtes célébrées dans l'enceinte et processions antiques. L'étoile Sirius et le calendrier égyptien. Ténèbres intérieures, ce qu'en dit Champollion. Les Danses des almées, antiquité de ces danses. — Karnak. Les rangées de sphinx. Sanctuaire d'Ammon. Phénomène mystérieux qu'y ont constaté des savants envoyés en mission. — Thèbes. Les tombeaux, précautions mystérieuses des constructeurs. — Esné et son zodiaque. Temple colossal d'Edfou. Abydos. Légende d'Osiris. Antiquité effrayante de l'Egypte.

1191 BLANC (Hipp.) — De l'Inspiration des Camisards. Recherches nouvelles sur les Phénomènes extraordinaires observés parmi les protestants des Cévennes à la fin du XVIIIe siècle.
Paris, H. Plon, 1859, in-18 de XI-211 pp. (4 fr.).

[L. d³. 200

1192 BLANC (Hipp.). — Le merveilleux dans le jansénisme, le magnétisme, le méthodisme et le baptisme américain ; l'épidémie de Morzine, le spiritisme. Recherches nouvelles.
Paris, H. Plon, 1865, in-8° de X-445 pp. (5 fr.).

[R. 29141

Recueil de la plus grande richesse en documents de toute sorte dans le domaine de la magie. A signaler notamment les épidémies de convulsions observées parmi les enfants en Hollande. Du rôle des enfants dans la sorcellerie, etc.... La transplantation des maladies de l'homme aux végétaux. Les miroirs magiques et leur effet, etc.....

(G-1169)

1193 BLANC. (Louis Jean Joseph) publiciste, né à Madrid en 1811 mort à Cannes en 1882. — L'Amour du merveilleux en Angleterre ; par Louis BLANC ; dans ses Lettres sur l'Angleterre, IIe Série, (1866). I. 318-29.

Globe magique procurant des apparitions.

[Nc. 3053
(O-1813

1194 [BLANC de Royal Saharasin (Cte Eugène)] — Pandémonium français, almanach charivarique de l'AnteChrist pour l'an de Satan 40 : calendrier omnibus à l'usage de tout le monde et de plusieurs autres, par UN GAULOIS.

Paris, l'auteur Dentu, 1846. in-18. de 212 pp. (3 fr.).

[Le²² 145

Curieux ouvrage.

1195 BLANC de ST BONNET. (le chevalier Antoine Joseph Élisée Adolphe né à St Bonnet (Rhône) vers 1815 mort en 1880. — De la douleur, précédé : Des temps présents.

Paris, Langlois, Lyon, Gibertou et Brun, 1849. in-12. de CXII-294 pp. (3 fr.).

[R. 49813

1196 BLANC de ST BONNET (le Chevalier). — L'Infaillibilité. par l'auteur de la Restauration française.

Paris, E. Dentu, 1861. in-8°. XX-320 pp. (4 fr.).

[E. 5195

1197 BLANC de ST BONNET (le chevalier). — La Légitimité. par A. Blanc de St Bonnet.

Tournai, Vve H. Casterman. 1873. fort vol. gr. in-8°. 715 pp. (5 fr.).

[Lb⁵⁷. 0661

Ouvrage rare de ce grand penseur (Causes réelles de nos revers. Siège de nos erreurs. Lois d'or de la société, Bases réelles des libertés. Moyens de gouverner. L'Avenir, etc......)

1198 BLANC de ST BONNET (Le Chevalier Antoine). — De l'unité spirituelle de la société et de son but au delà des temps.

Paris, C. Pitois. 1841. 3 forts vol. gr. in-8°, (18 fr.).

Idem :

Paris, Langlois et Leclere, 1845, 3 vol. in-8°. 2e édition.

[R. 29150-1-2

Ouvrage très important de ce grand penseur & palingénésiste, l'un des plus fervents disciples de Ballanche. Ce livre renferme une étude de l'Etre, une étude de l'homme & une étude de la Société ; c'est-à-dire une ontologie, une psychologie et ce que l'on peut appeler une cœnologie, ou science de la Société ou de la communion humaine.

1199 BLANC St HILAIRE (Marie-Jean). — Les Euskariens ou Basques, le Sobrarbe et la Navarre, leur Origine, leur Langue, et leur Histoire, par BLANC St HILAIRE.

Paris, A. Picard, 1888, Lyon, et Cannes, 1888, gr. in-8°. IV-446 pp. (10 fr.).

[Lk². 3770-

Edition originale :

Cannes, impr. de H. Vidal, 1879. in-8° de 21-45 pp.

[8° X. 12388 (3).

D'après l'auteur, l'Euskarien serait antérieur au Sanscrit, lequel lui aurait fait de larges emprunts. Il paraîtrait aussi qu'un idiôme du genre du Basque, ou Euskarien, est parlé encore actuellement en Cochinchine.

1200 BLANCHE (C. L.). — Le surnaturel. Etudes de métaphysique religieuse.

Paris, V. Palmé. 1872. in-8°. XVI-359 pp. (4 fr.).

[D. 61981
(G-63.

1201 BLANPAIN (Narcisse). — La Voisin, par N. BLANPAIN.

Paris, E. Dentu, S. D. [1885] in-12, 273 pp.

[Ln.²⁷ 30019

De la Bibliothèque des Causes Célèbres.

(Y-P-1716

1202 BLANQUI (Louis Auguste) né à Nice en 1805 mort à Paris en 1881. Fondateur du Journal « *Ni Dieu ni Maître* ». — L'Eternité par les Astres, hypothèse astronomique, par A. Blanqui.

Paris, Germer Baillière. 1872. in-8°. 77 pp.

[V. 32300

1203 BLATIN (Docteur Jean Baptiste Antoine) né à Clermont-Ferrand en 1841. — Grand Orient de France. — Discours de clôture de la session du Convent de 1883.

Paris, 1883. in-8° de 20 pp.

1204 BLATIN (Docteur A.). — Rituels maçonniques pour tenues blanches. Adoption et reconnaissance conjugale.

Paris, Grand Orient de France, 1895. in-4° de 26 pp. (4 fr. 50).

Non mis dans le commerce.

BLAVATSKY ou BLAVATSKA (Mme). — Helena Petrovna HAHN, née en 1831 à Ekaterinoslav (Sibérie) épousa à dix-sept ans M. Blavatski. Trois mois après son mariage, elle s'enfuit à Tiflis à cheval, puis voyagea dans le monde entier : dans l'Asie Centrale, l'Inde, l'Amérique, l'Afrique et l'Orient. Au Caire elle connut un Magicien Copte ; à la Nouvelle-Orléans, elle fut initiée aux Mystères du Vaudou. Elle fit ensuite un long séjour dans l'Inde, où elle entra en relations avec certains Sages de la région Himalayenne, et revint en Europe prêcher le « *Boudhisme ésotérique* » qui est l'origine de la Société Théosophique toujours existante. Elle mourut à Londres, en Mai 1891.

Ses deux grands ouvrages sont : « *Isis unveiled* » et « *The Secret Doctrine* ». Ce dernier vient d'être traduit en français.

1205 BLAVATSKY (H. P.) — La clave de la Teosofia, exposicion clara en forma de preguntas y respuestas de la ética, ciencia y filosofia. Traducida del Inglés por J. X. H.

Madrid 1893. pet. in-4°. (4 fr.).

Avec portrait de l'auteur. On trouve à la fin un important glossaire.

1206 BLAVATSKY (H. P.). — La Clef de la Théosophie, par Mme H. P. Blavatsky, traduit de l'Anglais par Mme H. de Neuville.

Paris, Publications de la Société Théosophique, 1895, in-18 Jésus, 410 pp.

[8° R. 12750
(G-64

1207 BLAVATSKY (H. P.). — La Doctrine Secrète, Synthèse de la Science, de la Religion et de la Philosophie, par H. P. Blavatsky.

Tome I. — Cosmogenèse : Evolution Cosmique : Stances de Dzyan ;
Tome II. — Cosmogenèse : Evolution du Symbolisme : Science Occulte et Science Moderne.
Tome III. — Anthropogenèse.
Tome IV. — Symbolisme archaïque des Religions. Appendice.
Tome V. — Miscellanées.
Tome VI. — Sous Presse, pour paraître en 1911.

Paris. Art Indépendant. 1899-1911 6 vol. in-8° raisin (Pub. à : 8-8-7-0-6-?-fcs.).

[8° R 10090

1208 BLAVATSKY (Mme H. P.). — The Secret Doctrine : The Synthesis of Science, Religion, and Philosophy. By H. P. Blavatsky. Author of « Isis Unveiled ». Third and revised édition.

London, The Theosophical publishing Society.
New York, The Path Office.
Madras, The Theosophist Office.
1893, 2 vol. in-8° de XXII-740 et XVII-842 pp. qq. Fig. et Hiéroglyphes dans le texte.

Tome I. Cosmic Evolution. Stanzas of Dzyan. The Evolution of Symbolism.

Tome II. ANTHROPOGENESIS. Stanzas of DZYAN. The Archaic Symbolism of the World Religions.

Imposant ouvrage qui vient seulement d'être traduit en français.

1209 BLAVATSKY (H. P.). — Fausses conceptions. Réponse à diverses critiques.
Tours, Imp. de E. Arrault, 1887, in-8° de 20 pp. (2 fr.).
[8° R. Pièce. 3782

Déclaration importante de l'illustre Théosophe. Elle répond vigoureusement à un article hostile, signé ALEPH (c-à-d. Ch. LIMOUSIN, directeur de l'Acacia). La réponse se développe sous chacune des lettres de l'alphabet ainsi que l'attaque qu'elle suit pas à pas. On trouvera ici la conception théosophique et sociale de H. P. Blavatsky, de même que son appréciation à cette époque, du rôle et du travail qu'elle avait fondés. L'écrit n'est pas une traduction, il est du français même de l'auteur.

1210 BLAVATSKY (H. P.). — From the Caves et Jungles of Hindustan.
London Theosophical Society, 1892, in-8°. (2 fr. 50).

1211 BLAVATSKY (H. P.). — L'Hypnotisme et ses rapports avec les autres méthodes de fascination.
S. l. [Paris 1891] in-12, 17 pp. (0 fr. 75).
Extrait du Lotus Bleu.

1212 BLAVATSKY (Helena Petrovna). — Isis UNVEILED. A Master Key to the Mysteries of Ancient and Modern Science and Theology. By H. P. BLAVATSKY, Corresponding Secretary of the Theosophical Society. Second edition.
New York J. W Bouton. London Bernard Quaritch. 1877, 2 vol. in-8° de XLV-628, et IV-692 et 20 pp. de Catalog. Avec 2 pl. pliées. (II-p. 264). (40 à 50 fr.).
[8° R. 1404

Réédité au moins cinq fois dans le même format, à Londres et New York.

Ouvrage d'une érudition remarquable et d'ailleurs, dit-on, écrit en partie, tout au moins, médiumniquement, c'est-à-dire inconsciemment de la part de son écrivain. Il renferme des renvois et des citations innombrables témoignant d'une connaissance presque surhumaine de tout, ou à peu près, ce qui touche au Surnaturel.

Cette Œuvre a fait époque dans l'Occultisme.

1213 BLAVATSKY (H. P.). — Practical Occultism and Occultism versus the occult arts.
[London], 1888, in-4°. (1 fr.).

1214 BLAVATSKY (H. P.). — Premiers Pas sur le Chemin de l'Occultisme, par Mme H. P. BLAVATSKY, traduit de l'Anglais par A. Sauerwein.
Paris, Public. Théos. 1909, in-32 colombier (ou in-16) de 64 pp.
[8° R. 23007

1215 BLAVATSKY (H. P.). — La Voix du Silence. Fragments choisis du Livre des Préceptes d'Or, par Mme H. P. BLAVATSKY, traduit de l'Anglais par AMARAVELLA (E. J. COULOMB).
Paris, Art Indépendant, in-18 jésus.

Réimpression d'un ouvrage d'abord anonyme : voir Voix.

1216 [BLAVATSKY]. — Le Lotus, revue des hautes études Théosophiques.
Paris, 1887-89, 2 vol. in-8°.
[8° R. 8474

1217 [BLAVATSKY]. — Revue Théosophique. Rédacteur en chef : Mme H. P. BLAVATSKY. Directrice : Comtesse G. D'ADHÉMAR.
Paris Sauvaitre, 21 Mars 1889-au 21 Février 1890, 12 N°s in-8° raisin avec Dessins et Portraits.

Unique Année de cette importante Publication (15 fr.).
[8° R. 10010

« Collection épuisée et devenue rare. « Complet en 12 N°s. Cette année seule « a paru. » (S. de G.)

Collaborateurs : Mme Blavatsky, Ely Star, D' Mac-Nab, Comtesse d'Adhémar, Marcus de Vèze (Bosc), Eug. Nus, J. Péladan, Papus, abbé Roca, Tolstoï, etc.

(G-20, 48, et bis.

1218 [BLAVATSKY]. — Le Lotus Bleu, seul organe en France de la Société Théosophique.
Paris. 1890-91. 3 vol. in-10.
[8° R. 10010

C'est la suite de la Revue Théosophique qui paraît encore aujourd'hui.

1219 BLAVATSKY (H. P.) (sur). — Derniers moments de H. P. Blavatsky : — COOPER (L.). Comment elle nous laissa. — JUDGE (W. Q.). A vous jusqu'à la mort et après !. — SINNETT (A. P.) Incarnation de H. P. (Bavatsky).
S. l. (1891). in-12. (0 fr. 75).

Brochures sur la Mort de la célèbre Théosophe.

BLAVATSKY (H. P.). — Voir MATTHEUS (J.) et HACHTMEISTER (Ctesse).

1220 BLAVIGNAC (J. H.). — La Cloche, Etude sur son Histoire et sur ses Rapports avec la Société aux différents Ages.
Genève, Grosset, Paris, Didot, 1877. gr. in-8° XXVIII-478 pp. (4 fr.).
[4° V. 2633

Le Bourdon, le Nom, le Temps, le Jacquemart, l'Horloge Portative, la Vie, l'Adoration, le Carillon, la Tempête, l'Emeute, l'Incendie, etc.

1221 BLAWEN (André de). — Epistola Andreæ de Blawen ad Petrum Andr. Matthiolum in qua agitur de multiplici auri potabilis parandi ratione : dans Theatrum chemicum (1001). VI, 458-70.
(O-1002

1222 BLEGNY (de) chirurgien français né vers 1652 mort vers 1722. D'abord bandagiste-herniaire, il fut emprisonné pour escroquerie. Ses ouvrages sont peu estimés. — Le bon usage du Thé, du Caffé, et du Chocolat, par de BLÉGNY.
Lyon T. Arnaulry, 1687. in-12 357 pp. front. gravé et pl.
[Te²³ 16. A, (S-3320

1223 BLEGNY (de). — Secrets concernant la beauté et la santé, recueillis et publiez par M. de BLÉGNY, Médecin et Directeur de la Société royale de médecine.
Paris. L. d'Houry et la Veuve de feu D. Nion. 1688-89. 2 vol. in-8° (10 fr.).
[Te¹⁸. 130

Recueil de secrets. Contient une quantité considérable de formules, de recettes et de remèdes secrets et singuliers du genre de ceux d'Alexis Piémontais, de Wecker, de Mad. Fouquet, de Guybert etc... Il contient également des formules et descriptions de divers parfums et cosmétiques ayant des propriétés médicinales.

1224 BLEGNY (Nic. de). — Zodiacus medico-gallicus, sive Miscellaneorvm medico-physicorum gallicorum, titvlo recens in re medica exploratorvm, etc.
Genevæ sumptibus L. Chouet, 1680-1682. 2 tomes in-4° (10 fr.).
[T³². 5

Enrichi de figures grav. et d'un frontispice hors texte. Curieuse dissertation sur les monstres.

1225 BLENDECQ (Ch.). — Cinq histoires admirables, esquelles est monstré comme miraculeusement par la vertu et puissance du S. Sacrement de l'autel a esté chassé Beelzebud... avec plusieurs autres démons... hors des corps de quatre diverses personnes, et le tout advenu en.... 1582 en la ville de... Soissons. Recueillies des actes d'un notaire royal... et mises en ordre... par D. Charles BLENDEC...
Paris. G. Chaudière, 1582. in-8° de [15]-123 ff-[7 ff] de tab. et 1 d'errata (40 fr.).

Curieuses relations d'exorcismes.
[L k⁷ 9304 (G- 65 et 507

—Cinq Histoires admirables de Quatre Personnes possédées du Diable en la ville de Soissons, délivrées miraculeusement par la vertu du S. Sacrement de l'Autel, recueillies par Ch. BLENDEC.
Paris, 1613, in-8°.
(S-3219

1226 BLEUNARD (A.). — L'Art de prédire le temps, notions populaires de Météorologie.
Paris, s. d. in-12, (2 fr.).

Phénomènes acoustiques, lumineux, magnétiques, électriques, barométriques, etc... Prévision du temps. Prévision des cyclones. Prédiction au moyen de la lune. Pronostics tirés des nuages. Variations de la température. etc...

1227 .... BLICK in das Geheimnis des Rathschluzes Gottes über die Menschheit, von der Schöpfung bis an das Ende dieser Welt-Zeit. Hohe Würde des Menschen, sein Beruf, seine Hoffnungen.
Strasẓburg, Joh. Heinr. Silbermann, 1810. in-8° de XXII-355 pp. avec 7 tabl.
(O-162

1228 .... BLICKE in die Geheimnisse der Natur-Weisheit denen Herren von Dalberg. Herdern und Kant gewidmet.
Berlin und Leipẓig. G. Jac. Decker, 1787. pet. in-8° de XVI-150 pp.
(O-510

BLOCQUEL (Simon) Imprimeur Libraire à Lille, vers 1840, qui s'était fait une spécialité de Grimoires, Secrets, etc. pour le Colportage. Il compilait assez souvent lui-même ces ouvrages, en indiquant généralement la source où il les avait puisés.

Ses principaux Pseudonymes sont : ALBANO, Noble Portugais ; — L'Helléniste AARON ; — BLISMON ; AYMANS ; — etc.

On tente quelquefois de donner à ces ouvrages une valeur qu'ils n'ont guère, attendu que tout ce qu'ils contiennent se retrouve ailleurs.

1229 BLOCQUEL (Simon). — L'avenir dévoilé ou l'astrologie, l'horoscope et les divinations anciennes expliquées par les devins du Moyen-Age et rédigées par AYMANS sur les manuscrits d'Indagine.
Paris, Delarue, s. d. [1844]. in-12 de 120 pp.
[R. 27227

Figures sur bois. — A la fin se trouve un intéressant catalogue illustré de la librairie Delarue contenant entr'autres de nombreux livres d'astrologie, magie et cartomancie.
(G-407

1230 [BLOCQUEL (Simon).] — AARON. — La Magie rouge crème des sciences occultes, naturelles ou divinatoires.
Paris, cheẓ tous les marchands de nouveautés. s. d. [1843] in-16 de 160 pp. fig. (20 fr.).
[R. 25997

Ce grimoire est d'une insigne rareté et se vend quelquefois 40 fr. Il contient de nombreuses figures, sceaux magiques, talismans, etc... Biographie de tous les hommes qui se sont occupés de magie (Agrippa, Albert, Cardan, Etteila, N. Flamel, Honorius, Paracelse, Porta, Pythagore, etc...)
Caractères cabalistiques des planètes — Connaissances des tempéraments — Secrets de beauté. — Physionomie — Cartes à jouer — Poisons et contre-poisons — Guérison des morsures, des brulûres, etc...
Ouvrage des plus intéressants dans son genre.

Autre édition :

Paris, 1821, pet. in-8° frontispice et fig. sur bois.
(G-542

1231 [BLOCQUEL (Simon).] — Les mille et un tours ou expériences de physique amusante et de magie blanche : physique amusante, magie blanche, jeux de casse-tête, clé des rébus, tours de cartes, jeux arithmétiques, ruses de charlatans, articles variés, par BLISMON.
Paris, Delarue, s. d. [1856]. 3 parties. in-18, figures. (2 fr. 50).
[V. 32422

Ouvrage recherché à titre de curiosité, illustré d'un nombre considérable de figures hors et dans le texte.

1232 [BLOCQUEL (Simon).] — Phylactères ou Préservatifs contre les Maladies, les Maléfices, et les Enchantements. Exorcismes ou Conjurations, ensemble les Pratiques et

Croyances populaires les plus répandues. Publié par ALBANO. Noble Portugais. [Simon Blocquel, Imprimeur à Lille]. Ouvrage rempli de Renseignements curieux.

Paris, chez tous les Marchands de Nouveautés, S. D. [1848], in-10, de IV-148 pp. Fig. (Croix de S¹ Benoît et Planche de l'Agnus Dei), imprimé à Lille, chez Blocquel-Castiaux. (o. 25 et 80 (!) fr.).

[R. 20140

Recueil de Secrets extraits un peu de partout, et en grande partie de l'ouvrage du P. Le Brun. "Histoire Critique des Pratiques superstitieuses qui ont séduit les Peuples, etc", ainsi que l'auteur lui-même le dit. p. 96.

La Planche de la P. 144 est un Fac-Similé de "La feuille qui se délivre avec tout Agnus Dei en cire". (Paul Parfait a étudié cette Superstition dans "L'Arsenal de la Dévotion" 3ᵉ édition S. D., p. 327).

Il y a aussi une Notice sur les Vertus de la Croix St Benoît, précédée d'une Lettre du P. Fronteau sur la Philotésie (Ancien usage de se saluer à table et de s'y exciter à boire).

Voici au surplus le contenu de l'Ouvrage :

I. Des Phylactères ou Préservatifs, des Remèdes Surnaturels.

II. De quelques Phylactères qui se font sans paroles, des Talismans, des Gamahez, etc.

III. Des Charmes ou Enchantements.

IV. De quelques Divinations relatives au Mariage, des Philtres amoureux, etc.

V. Quelques Pratiques qui regardent le Dénouement de l'Aiguillette.

VI. Des Exorcismes ou Conjurations, des Bénédictions ou Oraisons pour guérir les maladies des Hommes et des Bêtes, pour les préserver de Danger, pour détourner les Orages.

VII. Des Présages ou des Préjugés Vulgaires, ou Croyances Populaires.

VIII. Lettre sur la Philotésie (par le P. Fronteau).

IX. Notices sur les Vertus de l'Agnus Dei, et sur celles de la Croix de S¹ Benoît.

Les ouvrages sérieux sur les Talismans, Amulettes, etc. sont ceux de WOLFF, " Amuletarum Scrutator" ou du P. Dom Bernard de MONTFAUCON, "L'Antiquité expliquée..." qui donne une remarquable collection d'Abraxas Gnostiques. Bien entendu, il y a aussi l'Ouvrage, déjà cité du P. LE BRUN "Histoire Critique des Pratiques..."

1233 BLOIS (le B. François-Louis de) ou Blosius, théologien flamand est né vers 1500 au château de Donstienne dans le pays de Liège et mort vers 1565. Il fut élevé avec le futur Charles-Quint. — Le Guide Spirituel, ou le Miroir des Ames religieuses, par le B. Louis de BLOIS ; traduit par M. l'abbé F. de LA MENNAIS, avec une Préface du traducteur, suivi de Deux Opuscules de Ste Thérèse...

Paris, Librairie Grecque-Latine-Allemande, 1820, in-32 de 437 pp. et 1 f⁰ limin. front. gravé.

De la "Bibliothèque des Dames Chrétiennes", 2ᵐᵉ livraison. (2 fr.).

JD. 20203

1234 BLONDEL. — M. Léon Ollé Laprune.

Paris, S. D. in-4⁰ de 58 pp. 1 portrait. (5 fr.).

Non mis dans le commerce.

1235 BLONDEL. (David) Pasteur protestant et grand érudit né à Châlons-sur-Marne en 1521, mort à Amsterdam en 1655. — Les Sibylles celebrées tant par l'antiquité payenne que par les Saincts Peres ; discours traittant des noms et du nombre des Sibylles, de leur condition, de la forme et matiere de leurs vers, des Liures qui portent jusqu'aujourd'huy leurs noms, et de la consequence des suppositions que ces livres contiennent principalement touchant l'estat des hommes bons et mauvais après la mort.

Se vendent à Charenton par la

veufve L. Perier et N. Perier., *1649*.
in-4°, 515 pp. (20 fr.)

[D². 951

Rare.

(S-3470 b
(G-00-1171

1236 BLONDEL. (David). — De Johanna papissa : sive famosae questionis, an fœmina ulla inter Leonem IV et Benedictum III romanos pontifices, media sederit.
Amstelædami, typis, G. Blaeu, 1657, pet. in-8° LXXXXIV-140 pp. (7 fr.).

[H. 0141, etc.

Première édition, rare, de cette traduction faite par l'auteur même, de son traité "Familier éclaircissement de la question, si une femme a esté assise au siège papal de Rome". Elle est d'ailleurs beaucoup plus complète que l'édition française.

(S-4875

1237 BLONDEL. (David). — Familier Eclaircissement si une Femme a été assise au siège Papal de Rome, par David Blondel. (Edit. originale).
Amsterdam J. Blaeu, 1649, in-8°, 100 pp. (5 fr.).

Rare.
[H 0078

(Contre). — Traité contre l'Eclaircissement à la Question de Blondel, par Cognard.
Saumur, 1655, in-8°.

(S-4877

1238 BLONDEL. (Jules-Edouard). — Phonologie mécanique de la langue française.
Paris, Guillaumin, 1895, in-8°, VI-407 pp. (2 fr. 50).

[8°·X. 11244

1239 BLONDEL (Maurice). — L'action : essai d'une critique de la vie et d'une science de la pratique.
Paris, Félix Alcan, 1893, in-8° XXV-443 pp. (40 fr.).

[8° R. 11784

Fort rare.

1240 BLONDEL. (Moyse). — Jérusalem et Rome au secours de Genève, c'est-à-dire Traité des Livres apocryphes, par Moyse Blondel.
Sedan, 1621, in-8°.
Autre édition :
Charenton, J. Berjon et M. Daniel, 1619, in-8° de 128 pp.

[D². 3715
(S-104

1241 BLONDLOT (R.), professeur à l'Université de Nancy. — Rayons "N". Recueil des communications faites à l'Académie des Sciences par R. BLONDLOT, Correspondant de l'Institut, etc., Avec des Notes Complémentaires, et une Instruction pour la Confection des Ecrans Phosphorescents.
Paris, Gauthier-Villars, 1904, in-16 de VI-78 pp. avec un "Ecran Phosphorescent" à la fin. (1 fr. 50).

[8° R. 19235

Etudes fort intéressantes sur des Radiations qui ont soulevé beaucoup de controverses. L'auteur décrit minutieusement le mode de préparation (fort simple, d'ailleurs) des Ecrans au Sulfure de Calcium ; un échantillon de ceux-ci est donné à la fin de la brochure.

Sur la Polarisation des Rayons X. — Sur une nouvelle espèce de Lumière. — Sur l'existence, dans les radiations émises par un bec Auer, de Rayons traversant les Métaux, le bois, etc. — Sur une nouvelle action produite par les rayons N et sur plusieurs faits relatifs à ces Radiations. — Sur la propriété d'émettre des Rayons X que la compression confère à certains corps, et sur l'émission spontanée et indéfinie de Rayons X par l'Acier trempé, le verre trempé et d'autres corps en état d'équilibre moléculaire contraint, etc.

BLOSSEVILLE (Marquis de). — Voir : *PORET DE BLOSSEVILLE*.

1242 BLOT (le R. P. François René). — Au ciel, on se reconnaît : lettres de consolation.

[D.26222

Paris, V. Palmé, 1884, in-18.
Une des 22 réimpressions de l'éd. orig. in-18 de 175 pp.
Paris et Lyon, Périsse frères, 1863.

Sc. psych. — T. I. — 12.

Pour justifier le titre de son livre, l'auteur cite un grand nombre de passages d'écrivains mystiques et sacrés, d'apparitions et de manifestations spontanées, qui prouvent la réunion, après la mort, de ceux qui se sont aimés et les rapports qui existent entre les morts et les vivants.

1243 BLOT LEQUESNE (Avocat à la Cour Royale). — Fragments de philosophie sociale ou études sur les socialistes modernes. Premier fragment. Examen du Système Thalisien de M. Jean Antoine GLEIZES.
 Paris, Ledoyen, 1843, in-8°. (52 pp.).
 [R. 20310

En frontispice, Prospectus de la Thalysie de Gleizes : "Trois volumes in-8°. *Paris, Ledoyen, 1843* (8 fr.).

1244 BLOY (Léon. — Belluaires et Porchers.
 Paris, P. V. Stock, 1905, in-18. XLI-351 pp. fac similé.
 [8°Z. 16008

1245 BLOY (Léon). — Un brelan d'excommuniés. — L'enfant terrible. — Le fou. — Le Lépreux.
 Paris, A. Savine, 1889, in-18, de 128 pp. (4 fr.).
 [Ln°. 105

Rare. Édition originale.

1246 BLOY (Léon). — Le Révélateur du Globe. Christophe Colomb et sa béatification future, préface de J. Barbey d'Aurevilly.
 Paris, A. Sauton, 1884, in-8°. X-374 pp. et tabl. (6 fr.).
 [8°K. 3075

Curieuse couverture à lettres ornées en coul.
Ouvrage de mystique pure. Jos. Péladan, en 1886, à propos de ce livre, s'exprimait ainsi dans une revue littéraire : "Il faut le lire pour en comprendre la singulière valeur, et qui aura l'esprit de commencer ces pages parfois surnaturelles en un certain sens ne les finira pas sans penser que c'est là un maître livre et que Léon Bloy, ce du Bartas de l'éreintement est malgré tout un écrivain et un mystique dans la plus haute portée du terme." Curieux ouvrage dans l'inénarrable style habituel de cette fine lame littéraire.
Renferme 17 p. de catalogue d'ouvrages *franco-Canadiens* : Québec, Montréal, St Hyacinthe, etc...

1247 BLOY (Léon). — Le Salut par les Juifs.
 Paris, A. Demay, 1892, in-8°, 152 pp. (4 fr.).
 [8° H. 5803

Ouvrage rare de ce fougueux polémiste, il appelle cet ouvrage l' "Apothéose de la Vermine". Très violente préface sur Émile Zola. — Curieuse étude sur le Christ et les Juifs dans la Synagogue et la société.

1248 BLUET D'ARBERES, né en 1566 dans le hameau d'Arbères, pays de Gex, il fut d'abord berger, puis artilleur, tout en restant surtout le bouffon de ses maîtres. Ce singulier auteur, qui ne savait ni lire ni écrire, comme il le répète à satiété dans ses opuscules, mourut à Paris, âgé d'une quarantaine d'années, au moment où ses protecteurs commençaient à se lasser de lui. On ne connaît pas de Collection absolument complète de ses 173 ou 180 opuscules, publiés de 1600 à 1605. —

L'Intitulation et Recueil de toutes les Œuvres de Bernard de Bluet d'Arbères, Comte de Permission, Chevalier des Ligues des XIII Quantons de Suisse ; et Ledict Comte de Permission vous advertit qu'il ne sçait ny lire ny escrire, et n'y a jamais aprins....
 Paris, l'Auteur, 1600 à 1605, 175 plaquettes in-12. (4 à 500 fr. suivant nombre et état.)
 [Réserve Z. 2811-13

Parmi les plus curieux sont les 58° et 75° Livres : Le 1er "Traicté du remède comment les femmes mettent les Hommes en temptation" ; l'autre possède une Planche sur bois, représentant une femme nue, lardée de "phalli" ailés ; dans le texte, l'auteur exprime ces emblèmes par le curieux hiéroglyphe : (:) Il s'agit d'un Songe !

Voir sur cet Auteur : DELEPIERRE Hist. Litt. des Fous pp. 107-162 et BRUNET : Les Fous Littéraires, pp. 25-28.
Ces auteurs renvoient aux autres sources.

1249 ..... BLUT (Das) der natur, oder Entdeckung des allergeheimesten Schatzes der Weisen, seyende nichts anders als der rothe Lebenssafft, davon alle Geschöpffe nach dem Villen des Allmächtigen herstammen, erhalten, und fortgepflantzet werden ; denen Kindern der Weiszheit zum Besten hervorgegeben von Anonymus von Schwartzfuss.
Franckfurt und Leipzig. J. G. Eszlinger. 1767, in-8° de 70 pp. avec 1 pl.
La préface est datée de Londen, 1646.

(O-1270)

BOAISTUAU DE LAUNAY (Pierre). — Historien et Littérateur, né à Nantes, mort à Paris vers 1566. Son Théâtre du monde a eu un grand succès : une vingtaine d'éditions. On connait peu sa biographie.

1250 BOAISTUAU (Pierre). — Histoires prodigievses les plvs mémorables qvi ayent esté observées, depvis la Nativité de Jésus-Christ, jusques à notre siècle : extraictes de plusieurs fameux autheurs, Grecz et latins, sacrez et prophanes : mises en nostre langue, avec les portraits et figures par Boaistuau, surnommé Launay, natif de Bretaigne.
Paris, pour Vincent Serlenas, imprimé par Annet Brière. 1560, in-4°, 173 f°s. fig. (50 fr.).

[Rés. Y². 963

Edition originale, rarissime, illustrée de bois très curieux.

(G-67

1251 BOAISTEAU (Pierre). — Histoires Prodigieuses extraites des plus fameux auteurs grecs et latins, sacrés et profanes par P. BOAISTEAU.

[Réserve. Y². 2977

Paris, Vincent Serlenas, 1561, pet. in-8° 180 f°s, 49 grandes Vignettes sur bois. (15 fr.).
C'est la deuxième édition de ce curieux ouvrage. — Génération des Monstres. — Histoire de deux filles, engendrées de nostre temps, collées ensemble. — Si les Diables peuvent concevoir. — Le Tonnerre, entrant par la bouche d'une fille qui était à cheval lui fit sortir la langue par les parties honteuses. — Déluges et cruelles Inondations d'eau. — Diverses Histoires des Visions faulses et vrayes. — Prodiges des Chiens qui mangeoient les Chrestiens. — Etc.

1252 BOAISTUAU (Pierre). — Histoires tragiqves extraictes des œuvres italiennes de BANDEL et mises en nostre langue françoise par (Pierre) Boaistuau surnommé Launay, natif de Bretaigne.
Paris, Serlenas, 1559, pet. in-8°, (35 fr.).

Première édit. de la traduction de ces curieuses nouvelles italiennes de Bandello.

Autre édition :
Lyon, P. Rollet, 1578, in-8°.

[Y². 15908
(G-68

1253 BOAYSTUAU (Pierre). — Le théâtre dv monde ov il est faict vn ample discovrs des misères humaines. Avec un vn bref dirscovrs de l'excellence et dignité de l'homme par Boaystuau, seigneur de Launay, natif de Bretaigne.
Troyes, Nic. Oudot, s. d. (vers 1600), in-12, (20 fr.).

Impression Troyenne, fort rare, d'un ouvrage curieux et très recherché.

Autre édition :
Paris, Vincent Serlenas, 1558, in-8° de 110 f°s et 14 f°s liminaires.

[Rés. R. 2278(¹)
(G-69

1254 BOAISTUAU (Pierre). — Des Visions et prodiges nocturnes qui ont souvent prédit et assigné le jour de la mort des hommes ; tiré du T. II des Histoires prodigieuses continuées par Cl. TISSERANT (1583), 69 et suiv.

— 180 —

dans LENGLET-DUFRESNOY : Recueil de dissertations......(1752) T. I, partie II. 40-65.

(O-1756

1255 BOAISTUAU (Pierre). — Visions prodigieuses, avec plusieurs histoires mémorables des spectres, phantosmes, figures et illusions qui apparoissent de nuict, de jour, en veillant et en dormant. Tirées des Hist. prodigieuses de Boiestuaux (sic) ; dans LENGLET-DUFRESNOY : Recueil de dissertations (1752), T. I, p. I, pp. 131-77.

(O-1740

1256 BOBART (Félix). — Le Sanctuaire. Photographies cléricales.
Paris, Dubuisson, 1899, in-8°, 488 pp. (4 fr.).

[Ld⁴. 0127

Critique mordante de tout ce qui se passe dans l'Église, depuis le bedeau jusqu'au presbytère. Une foule de silhouettes, découpées à l'emporte-pièce, défilent dans ces pages alertes, dans les attitudes les plus pittoresques. Cet ouvrage qui émane de la plume courageuse d'un croyant sincère, n'a rien de commun avec certaines productions de bas étages. Félix Bobart est un philosophe à l'âme haute, un libre penseur religieux qui ne saurait se complaire dans les bas-fonds où aime à fouiller le croc des chiffoniers de la littérature.

1257 [BOBER (Johann)]. — Auswahl von Freymaurerliedern : durch die Loge Muse Urania gesammelt. (von Johann Böber).
s. l. ni adr. (mais St Pétersbourg) 1788, gd. in-8° de XII-272-VII (pour la Table) pp. avec une lyre, armes de la loge sur le titre.

(O-782

1258 BOBRICK (Ed.). — Histoire de la Franc-Maçonnerie, son idée fondamentale et sa constitution développées selon l'esprit de notre siècle. Traduit de l'allemand par Ed. Lenz.
Lausanne, Ducloux, 1841, in-8°, (5 fr.).

(G-1094

1259 BOCER (Heinrich). — Henr. Boceri Tractatus de Quaestionibus et Torturis Reorum.
Tubingae typis J. G. Geyssleri, 1030 in-8°, XIV-522 pp. et l'index. Troisième édition.

[F. 24055
(S-2570

1260 BOCHART de SARON (François Théodore). — Histoire de l'Église angélique de Notre-Dame-du-Puy par le frère Théodore Bochart de Saron.
Au Puy, A. Delagarde, 1903, pet. in-8°, VIII-450 pp. (20 fr.).

[Lk⁷ 3855

Livre rare et recherché.

BOCK (Jean Nicolas Etienne, Baron de), né à Thionville en 1747, mort en 1809. D'abord Militaire, il se fixa ensuite à Metz. Il émigra à la Révolution, puis revint en France et obtint un poste de conseiller de Préfecture à Luxembourg.

1261 BOCK (de). — Herman d'Unna, ou aventures arrivées au commencement du XV° siècle, dans le temps où le Tribunal secret avait sa plus grande influence. Traduit de l'allemand [de Mme Bénédicte Naubert] par J. N. Et. de Bock.
Paris, Maradan.
Metz, Behmer, 1791, 2 vol. in-12, (8 fr.).

[Y². 41806-7

Peu commun, précédé d'une notice sur le tribunal secret et les Francs-Juges de Westphalie. Le traducteur dit en outre dans sa préface que cet ouvrage entièrement conforme à la vérité historique, est le seul qui donne sur le Tribunal secret les éclaircissements qui soient parvenus jusqu'à nous ; des détails curieux sur le caractère et les aventures de l'empereur Winceslas, de l'impératrice Sophie, de son père Sigismond, roi de Hongrie, et de la reine Barbe ; sur les mœurs des anciens chevaliers, des moines, des religieuses et des bourgeois de ce temps là.

Autre édition :

Ibid. idem. An IX-1801, 2 in-16 de 344 et 355 pp. 2 frontispices (6 fr.).

1202 BOCK (Baron de). — Histoire du Tribunal secret, d'après les lois et les constitutions de l'Empire Germanique, pouvant faire suite aux Chevaliers des sept Montagnes, et à Hermann d'Unna par Jean Nicolas Etienne Baron de Bock.

Metz, Impr. de Behmer ; Leipzig, Texier, Paris, Maradan. An-IX-1801, in-8° de 143 pp. frontispice. (8 fr.).

[8° M. 4090

Le meilleur ouvrage sur la question ; il contient des renseignements du plus grand intérêt sur l'organisation, la réception et les coutumes des Francs-Juges.

Ce tribunal existait à Dortmundt, en Westphalie. Origine du tribunal secret. — Grands maitres de ce tribunal. — Hiérarchie des francs-juges. — Obéissance aveugle des membres du tribunal. Ils se donnaient le titre de voyants et d'illuminés. — Les délits qui étaient de la compétence des juges. — L'empereur, Souverain chef de ce tribunal. — Réforme intérieure et manière d'installer ce tribunal. — Formalités du jugement. — Modèle d'une citation. — Sceau du tribunal secret. — Cause de sa décadence. Abus, corruption et cruautés et pièces justificatives.

1203 BOCK (Baron de). — Œuvres diverses contenant : Essai sur l'histoire du Sabéisme auquel on a joint un catéchisme qui contient les principaux dogmes de la religion des Druses. — Mém. Historiq. sur le peuple nomade appelé (sic) en France Bohémien et en Allemagne Zigeuner, avec un vocabulaire comparatif des langues Indiennes et Bohémiennes, trad. de l'Allem. de Grellmann. — Les apparitions, le voyageur, le Tribunal secret. — Recherches philosophiques sur l'origine de la pitié et divers autres sujets de morale.

Metz, Londres et Paris, 1787-1788, 3 vol. in-12, (0 fr.).

(G-71

1264 [BOCON de LAMERLIERE (Hugues-Marie-Humbert, dit Eugène)] né à St-Marcellin, Isère, en 1792. — Le Monstre, par l'auteur du Damné.

Paris, U. Canel, 1824, 2 in-16 de 227 et 108 pp. (20 fr.).

[Y. 54285 et 6

Ce romantique de la bonne époque fut saisi aussitôt après publication.

Scène de Sadisme (I-184) avec beaucoup de lignes de points (8 en 2 fragments) : la pauvre Louisa expire : le comte son assassin fait une autre victime. Marie, qu'il regarde exécuter en personne sur l'échafaud même ; il est ensuite frappé de la foudre et termine ainsi la vie du Monstre.

1205 [BODE (J. Joachim Christoph)]. — Almanach oder Taschen-Buc, für die Brüder Freymäurer der vereinigten Deutschen Logen, auf das Jahr Christi 1776 ; (herausgegeben von J. Joachim Christoph Bode) zu finden in den Logen.

S. l., adr. ni date, in-24 non paginé, avec le médaillon de Ferdinand, duc de Brunswick et Lunebourg ; et 10 pages de musique.

(O-241

1206 BODE (J. J. C.). — Almanach oder Taschen-Buch für die Brüder Freymäurer der vereinigten Deutschen Logen, auf das J. Christi 1777.....

In-24 non paginé, avec 8 grav. dont 1 pour 1 médaillon de Charles Sackville ; et 7 pp. de musique.

Le 1er vol. contient une Liste de 84 ouvrages maçonniques, le 2e une des nos 85 à 200.

(O-242

1207 BODERIUS (Thomas). — Thomas Boderius de Ratione et Usu dierum Criticorum, cui accessit Hermes Trismegistus, de Decubitu Infirmorum.

Parisiis apud. A. Wechelum, 1555, in-4° de 50 fts.

[V. 8789
(S-3305 b

1208 BODIN (l'abbé H.). — Les livres prophétiques de la Sainte Bible, traduits en français sur les textes originaux, avec des remarques.

Paris. Leroux et Jouby, 1855, 2 vol. in-8°. (6 fr.).

[A. 8187

Ouvrage contenant les livres d'Isaïe, Jérémie, Baruch, Ezéchiel, Daniel, les 12 petits prophètes.

BODIN (Jean), magistrat français, né à Angers en 1530, dans un faubourg de la ville. Sa famille est inconnue : on lui donne quelquefois pour mère une Juive espagnole, mais cela est incertain. Il apprit le Droit à Toulouse, et y devint même professeur. La St Barthélemy faillit lui être fatale, à cause de sa tolérance, et il dut quitter Paris quelque temps. D'abord Ligueur, il revint ensuite au parti d'Henri IV. Il succomba à la peste, en 1590.

1269 BODIN (Jean). — De la Démonomanie des Sorciers, par J. Bodin.

Paris, J. du Puys, 1580, in-4°, 252 f^{os}.

[R. 7023]

Idem : Reueu, corrigé et augmenté d'une grande partie.

A Paris, chez Jacques du Puys, 1587, in-4°, 276 f^{os}.

[R. 7024]

Seule complète, cette édition de 1587 comporte à part le texte même entièrement remanié, 10 feuillets non paginés qui ne se trouvent dans aucune autre, sans excepter les éditions postérieures. Ces feuillets qu'on peut lire immédiatement après la table des matières renferment la minute in-extenso du procès d'un sorcier du nom d'Abel de la Rue ouvrier de vieil cuir condamné à mort par Nicolas Quatre Solz, lieutenant du Bailly de Colombier homme de bien et studieux de la justice, 1582. — Cette pièce est des plus curieuses et ne se trouve reproduite nulle autre part à ma connaissance. (S. de G.)

(S-3149 b)
(G-1172 et 1695)

1270 BODIN (J.). — De la démonomanie des sorciers. De nouueau reueu et corrigé oultre les précédentes impressions.

Anvers, Keerberghe, 1593, pet. in-8°, (20 fr.).

Idem :

Lyon, 1593, fort in-8°.

(G-508)

1271 BODIN (J.). — La démonomanie des sorciers. Reueuë et corrigée d'vne infinité de fautes qui se sont passées ès precedentes impressions par Iean Bodin. Angeuin. Auec vn indice des choses les plus remarquables contenues en ce liure.

Paris, E. Prévosteav, 1598, in-12, 604 pp. (30 fr.).

[R. 23301]

Excellente édit. du rare et très recherché livre de Bodin. Elle contient une table détaillée des matières qui n'existe pas dans les éditions in 4°.

(G-509)

1272 BODIN (Jean). — La Demonomanie des sorciers, par I. Bodin. Angevin. Reueuë et corrigée d'vne infinité de de fautes qui se sont passees ès precedentes impressions. Auec un Indice des choses les plus remarquables contenuës en ce liure.

Edition dernière.

A Rouen, de l'Imprimerie de Raphael du Petit Val, Libraire et Imprimeur ordinaire du Roy, M.DCIIII [1604], in-12 de 604 pp. et 16 f^{os} de Table. (20 fr.).

Une des plus rares des éditions de Bodin. Avec la "Refvtation des opinions de Iean Vvier" [Wier] à la fin (p. 523-604).

Ne se trouve pas à la Bibliothèque Nationale.

1273 BODIN (J.). — Le fleav des demons et sorciers par J. Bodin Angevin. Reueu et corrigé de plusieurs fautes qui s'estoyent glissées ès précédentes impressions.

A Nyort, par D. du Terroir, 1616, in-8°. XXXVIII-550 pp. et la tab. (40 fr.).

[R. 20303]

Cette édition, avec encadrement sur le titre, est de toutes la plus rare et la plus recherchée.

Idem :

Niort, 1626, in-12.

Ouvrage de sorcellerie des plus curieux, considéré comme le meilleur traité de démonomanie.

Nombreux récits de pactes avec le diable et de copulation charnelle avec les démons.

(G-72)

1274 BODINI (Ioa.). — Ioa. Bodini Andegavensis de magorum dæmonomania libri IV accessit ejusdem opinionum Ioa. Wieri. confutatio.
Francofurti, W. Richter, 1603. in-8°.
Basilæ, per T. *Guarinum*, 1581, in-4° 488 pp. et préface. (12 fr.).
[R. 7025

Cet ouvrage du Fléau des sorciers, est considéré comme le meilleur des traités de démonomanie. Bodin avait foi aux pactes faits avec le diable et à la copulation charnelle avec les démons.

1275 BODIN (Jean). — Les Six Livres de la République de J. Bodin. Ensemble une Apologie de René Harpin pour la République de Bodin.
Paris J. du Puys, 1583, 2 part. in-8°.
[Rés.* E. 527

Harpin est le Pseudonyme de Bodin, qui se cacha sous ce nom pour répondre à ceux qui avaient écrit contre la République. V. Brunet. 5° Éd. T. I. col. 1025.

(S¹Y-1179

1276 BODIN (Jean). — Les VI livres de la République de J. Bodin.
Lyon, B. Vincent, 1593, in-8°, (20 fr.).
[*E. 2049

Traité politique recherché, dans lequel l'auteur se montre partisan d'une monarchie constitutionnelle, et qui a été souvent comparé à l'Esprit des Lois, de Montesquieu.

Idem :
Paris, I. du Puys, 1579, in-f° de 759 pp. et la tab. Édition originale (?)
[Rés.*E. 67
Paris, Gabriel Cartier, 1599, très fort vol. pet. in-8°.

(S-3014

1277 BODIN (J.). — Apologie pour la République de I. Bodin, par René Herpin.

Lyon, Gabriel Cartier, 1594, pet. in-8°. (15 fr.)

Cette apologie fut écrite par Bodin sous un pseudonyme.

1278 BODIN (Jean). — Johannis Bodini de Republicâ librorum Breviarium.
Amstelodami, ex officina J. Janssonii, 1645, in-12, 883 pp.
[*E. 2058
(S-3013

1279 BODIN (J.). — Le théâtre de la nature universelle de Jean Bodin ivrise. Auquel on peut contempler les causes efficientes et finales de toutes choses, desquelles l'ordre est continué par questions et responses en cinq liures. Traduict du latin par Fr. de Fougerolles, Bourbonnois.
Lyon, Jean Pillehotte, 1597, pet. in-8° de 917 pp. et la tab. (25 fr.).
[R. 12717

Cet ouvrage de Bodin est rempli de propositions singulières et hardies et le naturisme est le fond du système qui y règne. C'est une espèce de dialogue entre deux interlocuteurs : le premier appelé Théodore y débite des propositions singulières et impies, auxquelles, le second, appelé Mystagogue, ne répond que très faiblement, de sorte que le premier a toujours gain de cause...... Cet ouvrage, qui est du même genre que ceux de J. C. Vanini, a été défendu......" De Bure. La présente traduction inconnue à De Bure est beaucoup plus rare que l'original latin.

(G-570
(S-2824

1280 BODIN (J.). — Universae naturae theatrum. In quo rerum omnium effectrices causae, fines contemplatur et continuae series quinque libris discutiuntur.
Lugduni, apud J. Roussin, 1596, in-8° de 633 pp. (20 fr.).
[R. 25707

Première édition de cet ouvrage rempli de propositions singulières et hardies.
BODIN (Jean).
Voir : FRANCK (Ad.).

— LAVIE (Le président J. Ch de)
— BAUDRILLART (Henri)
— PLANCHENAULT (M. N.).
BODIN (Lucien), ancien libraire à Paris, voir :
Echo (L') du Monde Occulte.

1281 BODISCO (Constantin-Alexandrowitch de), chambellan de S. M. le Czar de Russie. — Recherches psychiques (1888-92), dédiées aux incrédules et aux égoïstes. Traits de lumière. Preuves matérielles de l'existence de la vie future. Spiritisme expérimental au point de vue scientifique. Préface de Papus, directeur de l'Initiation.

Paris, Chamuel, 1892, in-8° de XVI-122 pp. (5 fr.).
[S°R. 10800

Avec 5 curieuses pl. hors texte, en couleurs sauf une. Compte-rendu, excessivement curieux d'expériences et de phénomènes psychiques entièrement inédits qui ont intéressé le monde savant.

BOÈCE. — Anicius Manlius Torquatus Severinus Boetius, ou Boethius, en français Boèce, Philosophe et Homme d'état Romain, est né à Rome vers 470 et mort dans les tortures, pour cause de Magie, vers 520. En lui finit la Philosophie Classique, et après lui commence celle du Moyen-Age. Il fut Consul, Prince du Sénat et « Magister Palatii » du Roi Goth Théodoric. Dans cette charge il s'aliéna le parti Gothique qui le fit accuser de Trahison et de Magie ; son supplice fut, dit-on, horrible. Son fils Symmaque fut décapité et sa veuve privée de ses biens. Plus tard, toutefois la mémoire de Boèce fut réhabilitée et vénérée.

1282 BOÈCE. — Les Consolations de la Philosophie, traduit de Boèce par de Cérisiers.

Paris, C. Angot, 1003, in-12 de 124 pp.
[R. 20374

—Les Consolations de Boèce avec sa Vie, des remarques historiques, et une dédicace Maçonnique par un Frère Masson, membre de l'académie roiale de Berlin [Joseph du Fresne de Francheville].
Berlin, Rohleau, 1744, 2 vol. in-8°.
[S°R. 18105

—Anit. Man. Sever. Boetii Consolationis Philosophiae libri V.
Lugduni Batavorum, apud F. Hackium, 1656, 2 part in-8° Tit. gravé.
[R. 18089

Il en existe plus de cent éditions différentes à la Biblioth. Nationale (Cat Gén. XIV-835 à 852) en latin, français, anglais, allemand, espagnol, italien, polonais et provençal. (6 à 10 fr.).

1283 BOÈCE. — La Consolation philosophique. Traduction nouvelle par Octave Cottreau, avec une préface de Theod. Gerfberr.
Paris, Quantin, 1889, pet. in-4° de VI-152 pp. et pl. (6 fr.).
[4°R. 819

Livre illustré de 6 pl. hors texte reproduisant les miniatures qui décorent l'exemplaire de Charles VIII conservé à la Biblioth. Nationale.

1284 BOÈCE. — De Consolatione philosophiae libri quinque, editi à Petro Bertio.
Lugduni Batavorum, apud Ioan. Maire, 1620, in-04. (6 fr.).

Jolie et rare édition, d'un format tout petit, inusité à l'époque.

1285 BOÈCE DE BOODT (Anselme), médecin de Rodolphe II et naturaliste flamand, mort vers 1634. — Anselmi Boetii de Boot, Gemmarum et Lapidum Historia, cum commentariis Ad. Toll.
Lugduni Batavorum, ex officinâ J. Maire, 1636, in-8° VI-576 pp. et l'ind. fig. et tableaux. (15 fr.).
[S. 20302

Idem :
Hanoviae, typis Wechelianus, apud C. Marnium, et heredes J. Aubrii, 1609, in-4° pièces liminaires, 294 pp. et l'ind. fig. et tableaux.
[S.5234

Edition originale de ce livre que l'on pourrait appeler le parfait joaillier. Toutes les pierres précieuses y sont étudiées,

les procédés de taille et de polissage indiqués et illustrés de figures sur bois bien curieuses.
(S-3200)

1286 BOECE de BOODT (Anselme). — Le Parfait Ioallier ov Histoire des Pierreries : ov sont amplement descrites leur naissance, iuste prix, moyen de les cognoitre, Facultez médicinales et propriétez.
Composé par Anselme Boëce de Boodt. Médecin de l'Empereur Rodolphe, et de nouueau enrichi de belles Annotations par André Toll Doct.
A Lyon. Chez Iean Antoine Hvgvetan, à l'enseigne de la Sphère. M.D CXLIV. (1644).
In-8°, pieces liminaires, 746 pp. et la table, fig. et tableaux. (15 fr.).
[S. 20393
Rare et singulier.

1287 BOECE de BOODT (Anselme). — Symbola varia diversorum principum archiducum, ducum, comitum et marchionum totius Italiæ, cum facili isagoge.
Arnhemiæ, apud viduam J. F. Hagen, 1686, in-12, 487 pp. front et fig. gravés. (6 fr.)
[8° K. 2573
Titre frontispice daté de 1697 et 146 pl. d'emblèmes gravées d'après Mulder.
Ouvrage fort curieux d'hieroglyphes, d'emblèmes et de symboles, rappelant par leurs mystérieuses figures les emblèmes hermétiques de Michel Maier.
Idem :
S. L. 1613, pet. in f° près de 900 fig. d'emblèmes. (12 fr.).

BOEHME (Jacob). Théosophe célèbre, et l'un des plus importants des Mystiques modernes, né en 1575, près de Gœrlitz, mort dans cette ville, en 1624.
D'une famille pauvre, mais honnête, il exerça le métier de cordonnier toute sa vie, à Gœrlitz.
Les Doctrines de Boehme ont une grande parenté avec celles qui ont flori dans l'Allemagne contemporaine, avec Schelling, Hégel, etc.
Il est presque un précurseur de Spinoza.

La première édition de ses Œuvres a paru en Hollande, par les soins de Henri Betke. Mais la plus complète est celle donnée par Gichtel, à Amsterdam, en 1682 (10 vol. in-8° quelquefois réunis en 9).

1288 BOEHME (Jacob. — Des gottseeligen hoch-erleuchteten Jacob Bœmens alle Theosophischen Wercke, darinnen alle tieffe Geheimnusse Gottes, der ewigen und zeitlichen Natur und Creatur samt dem wahren grunde christlicher Religion und der Gottseeligkeit, nach dem apostolischen Gezengnusz offenbahret werden. Theils aus des Authoris eigenen Originalen, theils aus den ersten und nachgesehenen besten Copyen auffs fleissigste corrigiret ; und in Beyfugung etlicher Clavium so vorhin noch nie gedruck, nebenst einem zweyfachen Register.
Amsterdam, (*Wetstein*), 1682, pet. in-8°, 9 vol.
(O-2 à 16
C'est le titre général de l'édition des Œuvres du célèbre théosophe allemand, due aux soins de Johann Georg Gichtel ; édition réunie habituellement en 9 vol. et dont voici le détail :

1). — Un vol. avec le titre général indiqué ci-dessus, et composé de LXXIII ff. non chiffr., avec 2 pl.
Presque tout ce volume est empli par Jacob Bohmens Lebens-Lauff, par Abraham von Franckenberg.

2). — Morgenröte im Aufgang, das ist : die Wurtzel oder Mutter der Philosophiæ. Astrologiæ und Theologiæ, aus rechtem Grunde : oder Beschreibung der Natur, wie alles gewesen und im Anfang worden ist : wie die Natur und Elementa Creatrülich worden seynd ;... durch Jacob Böhme, in Görliz, im J. Christi 1612, seines Alters 37 J.. Dienstag in Pfingsten : alles von neuem übersehen, und mit Fleisz nach des Authoris eigenem Manuscripto corrigiret und verbessert.
Amsterdam, (Wetstein) 1682, pet. in-8° de XXVI-500-III pp. avec 1 Pl.

Autre édit.

Amsterdam, 1656, in-12 de LXXII-618 pp. front.

[D². 6062

3). — Beschreibung der drey Principien göttliches Wesens das its : von der ohnUrsprungewigen Gebuhrt der Dreyfaltigkeit Gottes, und wie durch uns aus derselben sind geschaffen worden die Engel, so wol die Himmel auch die Sterne und Elementa... fürneinlich vom dem Menschen, woraus ergeschaffen worden, und zu waserley Ende : und dan wie der aus seiner ersten paradisischen Heiligkeit gefallen in die zornige Grimmigkeit... und dan auch was der Zorn Gottes (Sünde, Todt, Teuffel und Hölle) sey : wie derselbe in ewiger Ruhe, und in grosser Freude gestanden : auch wie alles in dieser Zeit seinen Anfang genommen, und wie sichs treibet, und endlich wieder herden wird, durch Jacob Böhmen.

Amsterdam, (*Wetstein*,) 1682, pet. in-8° de II-448-VII pp. avec pl.

Autre :

Amsterdam, bey H. Betkio 1660, in-8° de XIV-624 pp. front.

[D². 6060

4). — Hohe und tieffe Gründe von dreyfachen Leben des Menschen, nach dem Geheimnüsz der dreyen Principien göttlicher Offenbarung. Geschrieben nach göttlicher Erleuchtung durch Jacob Böhmen, im J. 1620.

Amsterdam. (*Wetstein*). 1682, pet. in-8° de II-307-III pp., avec 2 pl. dont une grande.

5). Viertizg Fragen von der Seellen Urstand, Essentz, Wesen, Natur und Eigenschafft, was sie von Ewigkeit in Ewigkeit sey ; verfasset von Dr. Balthasar Walter, Liebhaber der grossen Geheimnüssen, und beantwortet durch Jacob Böhme, darbey am Ende beygefüget ist das ungewandte Auge von Seelen und ihrer Bildnüsz.

Amsterdam. (*Wetstein*); 1682, pet. in-8° de II-165-II pp., avec 2 pl. dont 1 double.

[D². 6064 (1)

Quarante questions sur la substance, l'essence, la nature, et les facultés de l'âme.

6). — Von der Menschwerdung Jesu Christi, wie das ewige Wort sey Mensch worden, und von Maria der Jungfrawen, wer sie von ihrem Urstand gewesen, und was sie sey in der Empfängnüsz ihres Sohnes Jesu Christi für eine Mutter worden, in drey Theil abgetheilet. Geschrieben nach göttlicher Erleuchtung durch Jacob Böhme, in J. 1620.

Amsterdam. (*Wetstein*). 1682. pet. in-8° de II-204-IV pp., avec 3 fig., une entête de chaque partie.

[D². 6064(2)

7). — Von Sechs Puncten hohe und tieffe Gründung. I. vom Gewächse der drey Principien ; was ein jedes in sich, undauss sich selber für einem Baum oder Leden gebähre... II. von dem vermischten Baum Boses und Gutes... III. vom Urstande des Widerwertigkeit des Gewächses, in dehme das Leben in sich selber streitig wird. IV. wie der heitige und gute Baum des ewigen Lebens aus allen Gewächsen... V. vom Baum und Lebens, Gewächse der Verderbnüsz... VI. vom Leben der Finsternüsz, darrinnen, die Teufel wohnen... durch Jacob Bohmen, im Jahr 1620.

Amsterdam. (*Wetstein*) 1682. pet. in-8° de II-104 pp. avec 2 pl.

Ce traité remplit les 70 premières pages, puis viennent : Eine kurtze Erklärung nachfolg. Sechs Puncten (pp. 77-90), et : Gründlicher Bericht vom... Mysterio (pp. 91 et suiv.)

[D². 6064 (3)

Établissement solide et profond de 6 points : I. Des trois principes, ce qu'est chacun en soi, et quel arbre ou quelle vie il produit de lui-même. Comment on doit interroger et pénétrer les fonds intimes de la nature, etc.

8). Der Weeg zu Christo, verfasset in Bneun üchlein, das 1) von wahrer Busse ; 2) vom heiligen Gebeth ; 3) ein Schlüssel göttlicher Geheimnüsse ; 4) von wahrer Gelassenheit, 5) von der Wiedergebuhrt ; 6) vom übersinnlichen Leben ; 7) von got-

tlicher Beschauligkeit ; 8) von der erleuchteten und unerleuchteten Seele ; 9) von den vier Complixionen. Gestellet aus göttlichen Erkäntnüsz durch Jacob Bohme.
Amsterdam, (*Welstein*), 1682, pet. in-8° de II-245 pp. avec 5 fig.
Ce sont les traités IX à XIV, XXIII et XXIV de l'édition de 1715.
Il existe une Réimpression Martiniste de cette collection, S. L., 1803, in-8° 6 fr. (Bodin).
Autre édition :
S. L. 1035, in-12 de 245 pp.
[D. 20203

9). — Bedencken über Esaiae Stifels Büchlein : von dreyerley Zustand des Menschen, une dessen New Gebuhrt. Geschriben A. Chr. 1622 von Jacob Böhme.
Amsterdam, (*Welstein*), 1682, pet. in-8° de II-368 pp. avec 1 fig.
Cet ouvrage va jusqu'à la page 32., viennent ensuite :
II. Apologia wider Esaias Stiefel, pp. 33-170.
III. Apologia wider Balthas. Tilken pp. 171-200.
IV. Zweyte Apologia wider B. Tilken, pp. 207-322.
V. Apologia wider Gregor Richter. pp. 323-08.
Ce sont les traités apologétiques, indiqués sous les N°° XV de l'édit de 1715.

10). — De signatura rerum, das ist : von der Gebuhrt und Bezeichnung aller Wesen ; wie alle Wesen aus einem einigen Mysterio urständen ; und wie sich dasselbe Mysterium von Ewigkeit immer in sich selber erbähre, und wie das Gute ins Böse, und das Böse ins Gutte verwandelt werde... Beschrieben durch Jacob Bohme.
Amsterdam, (*Welstein*), 1682, pet. in-8° de II-287 pp. avec 1 pl. et 1 tabl.
On trouve dans ce vol. avec titres séparés :
1° Clavis oder Schlüssel etlicher vornehmen Punctun und Worter, so in allen des Authoris Büchern zi finden, deutlicher erkläret. Geschrieben . im Monat Aprili. des J. 1624. durch J. Böhme, pp. 221-67.
2° Tabula Principiorum von Gott, und von der grossen und kleinen Welt, Gestellet durch Jacob Böhme. pp. 269-87, avec 1 gd. tableau.
Ce sont les traités XIX, XXVI et XXVII de l'édit. de 1715.
Autre édition :
S. L. 1635, in-12 de 403 pp.
[R. 20403.

11). — Von der Genaden-Wahl, oder dem Willen Gottes über die Menschen, das ist : eine kurtze Erklährung und Einführung des höchsten Grundes, wie der Mensch zu göttlicher Erkäntnüsz gelangen möge ; auch wie die Sprüche heiliger Scrifft zu verstehen seynd..... Geschrieben nach göttlicher Erleuchtung durch Jacob Böhme.
Amsterdam, (*Welstein*), 1682, pet. in-8°, de II-108-II pp. avec 1 pl.
[D². 0004 (4).
De la Grâce.

12). — Von Christi Testamenten zwey Büchlein, das erste von der H. Tauffe, wie die selbe im Grunde zu verstehen, und warumb ein Christ soll getauffet werden ? das zweyte von dem H. Abendmahl des Herrn Christi, was das sey, nütze und würcke, und wie dasselbe würdig genossen werde ?..... durch Jacob Böhme.
Amsterdam, (*Welstein*), 1682, pet. in-8°, de II-108 pp. avec 1 pl.

13). — Mysterium magnum, oder Erklarung über das erste Buch Mosis, von der Offenbarung göttlichen Worts durch die drey Principia göttliches Wesens, auch von Ursprung dez Welt und der Schöpffung, darinnen das Reich der Natur, und das Reich der Gnaden erkläret wird : zu mehrerm Verstande des Alten und Neuen Testaments, was Adam und Christus sey ;.... Beschrieben durch Jacob Böhme.
Amsterdam, (*Welstein*) ; 1682, pet. in-8° de IV-805-VII pp. avec 1 pl. double. Curieux frontisp. gravé (20 fr.).

Autre édition :
S. L. 1640, in-4°, de XVI-735 pp.
[A. 3020

14). — Betrachtung göttlicher Offenbahrung, was Gott, Natur und Cratur so wohl Himmel, Hölle, und Welt sembt allen Creaturen sind ; woher alle Dinge in der Natur ihren Ursprung genommen haben : und wozu Gott dieselbige geschaffen hat : sonderlich von dem Menschen, was Adam und Cristussey :... in 177 theosophischen Fragen vorgestelt :...... Angefangen :..... im Julii 1624, durch Jacob Böhme.

Amsterdam, (*Wetstein*), 1682, pet. in-8° de II-48 pp., avec 1 pl.

Ce traité a reçu des augmentations dans l'édit. de 1715, ou il est le XXV. Après la 14°. Frage (p. 48), le texte est terminé par Mehr hat der Author nicht geschrieben.

15). — Theosophische Send-Briefe, des von Gott in Genaden Erleuchteten Jacob Böhme, von Alt Seidenburg ; enthaltende allerhand gottseelige, Ermahnungen zu wahrer Busz und Besserung : wie auch einfältigen Bericht vom hochwürdigen Erkäntnüsz göttlicher und natürlicher Weiszheit ; nebenst rechter Prüfung jetziger Zeit.....

Amsterdam, (*Wetstein*), 1682, pet. in-8° de II-264 pp. avec 1 pl.

16). — Zwey Register über alle Jacob Böhme seel. Schrifften... pet. in-8° de XCVIII ff. non chiffrés.

1288 bis BOHME (Jacob). — Theosophia revelata, das ist : Alle göttliche Schrifften des gottseligen und hocherleuchteten Deutschen Theosophi Jacob Böhmens, darinnen... Mit vielem Fleisz und heiliger Sorgfalt, aus genauer Untersuchung der bisherigen Editionen, insonderheit der von Ao. 1682, auch anderweitigen schriftlichen Urkunden, vieler Orten merklich verbessert ; anbey mit des... Johan Georg Gichtels....

(*Hamburg*), *Gedruckt im Jahre der Verkündigung des grossen Heyls:* 1715 2 vol. gd. in-4° gd. papier format in fol. ensemble de X ff. — 3928 col. avec fig.

A la suite se trouve : Historischer Bericht von... J. Böhmens, als : I. Abrah. von Frankenbergs ausfürliche Lebens-Beschreibung des J. B. — II. Corn. Weisners M. D. Bericht von der Theosophi Chistlich gefürten Wandel : — III Tob. Kobers M. D. Nachricht von dem sel. Absterben J. B. ; — IV. Ehrenfr. Hegenitii Zeugnisz von des Auth. hohem Geistes, Talent und Schriften ; — V. Mehrere Merkwürdigkeiten von J. B. Person, Gaben und Schriften ; — VI. Von den Alten und Neuern Editionen oder Abdrucken dieser hohen Schriften ; — item, von der Holländischen, Englischen, Französischen und Lateinischen Übersetzung derselben, 100 colonnes.

Schlüszel zum inwendigen Geistes-Grunde..... von Johan Wilhelm Aberfeld, 2 ff. mss. L'ouvrage est terminé par les Tables sur 60 ff.

(O-17

1289 BOHME (Jacob). — The Works of Jacob Behmen, the teutonic theosopher ; to which is prefixed the Life of the author ; with figures, illustrating his principles, left by the reverend William Law, M. A.

London, *printed for M. Richardson*, 1764-81, 4 vol. gr. in-4° avec 1 portrait et des fig.

Contient : Tome I. Life of J. Behmen, XXVI pp ; 1) Aurora, the day-Spring, 270-V pp ; 2) The Three Principles of the divine essence, 302-XXII pp. avec 2 pl. col., — T. II. 3) The Threefold Life of man, 193-XXXIV pp. ; — 4) The Answers to forty questions concerning the soul 120 pp. ; — 5) The Treatise of the incarnation, 160 pp. ; — 6) The Clavis, or an Explanation...... 32 pp. ; avec 13 pl. — T. III. 7) The Mysterium magnum...... 508-XXV pp. ; 8) Four Tables of divine Revelation.... 37 pp. avec 4 pl. ; — T. IV. 9) Signatura rerum... pp. 1 à 140 ; — 10) of the Election of Grace.... pp. 141-304 ; — 11) the **Way to Christ....** pp. 1-91. ; — 12) a Discourse between a soul hungry and thirsty after the Fountain of Life,... pp. 93-118 ; — 13) of the Four Complexions, pp. 119-43 ; — 14) of Christ's Testaments. Baptism, and the Supper, pp. 153 (pour 145, huit pp. sautées) — 222 et VII pp. avec 2 gr. pl.

(O-33

1290 BOHME. (Jacob). — L'Aurore naissante ou la Racine de la philosophie, de l'astrologie et de la théologie ; contenant une description de la nature, dans laquelle on explique comment tout a été dans le commencement ; comment la nature et les élémens sont devenus créaturels ; ce que sont les deux qualités bonne et mauvaise, dont toute chose tire son origine ; comment ces deux qualités existent et agissent maintenant, et ce qu'elles seront à la fin des tems ; ce qu'est le royaume de Dieu et le royaume infernal ; et comment les hommes opèrent créaturellement dans l'un et dans l'autre ; le tout exposé avec soin, d'après une base vraie, dans la connaissance de l'esprit, et par l'impulsion divine ; ouvrage traduit de l'allemand, de Jacob Böhme (sic), sur l'édit. d'Amsterdam, de 1682 ; par le Philosophe inconnu (Louis-Claude de Saint-Martin).

Paris, impr. de Laran et Cie, an IX (1800). 2 vol. in-8° de IV-200, et IV-342 pp. (40 fr.).

[R. 11388-9
(O-37
(G-74

1291 BOHME (Jacob). — Bedencken über Essaïae Stifels Büchlein : .... ; geschrieben anno Chr. 1621 Jacob Böhmen.

Amsterdam, H. Betkins, 1676. pet. in-12 de 58 pp.

(O-32

1292 BOEHME (Jacob). — Le chemin pour aller à Christ, compris en neuf petits traités réduits ici en huit, par Jacob Böhme du vieux Seidenbourg, nommé communément le Théo Philosophe Teutonique.

Berlin, 1722, in-8°. (40 fr.).

(G-1174

1293 BOEHME (Jacob). — Le Chemin pour aller à Christ, compris en IX petits traités, réduits ici en VIII : de la Vraie Repentance ; de la Sainte Prière ; de la Véritable Equanimité, dit l'Abandon ; de la Régénération ; Dialogue de la vie supersensuelle ; de la Contemplation divine ; Entretien d'une âme illuminée avec une autre qui n'est pas illuminée ; des Quatre Complexions. Trad. de l'allemand de Jacob Böhme (par.....).

Berlin, Gotbard ; Schleeliger, 1722 in-12 de 438 pp. Titre en deux couleurs, rouge et noir. (40 fr.).

(O-36
(G-75

1294 BOEHME (Jacob). Clavis oder Schlüssel etlicher vornehmen Puncten und Wörter so in allen des Authoris Büchern zufinden deutschlicher erkläret. Geschrieben im Monat Aprili des Jahrs 1624, durch Jakob Böhmen, sonsten Teutonicus Philosophus genannt. Tabula principiorum von Gott der Grossen und Kleinen Welt.

Amsterdam, bey H. Betkio, 1662. 3 part. in-12 de 118 pp. (20 fr.).

[D². 0001 (1)

C'est la « Clef » de Jacob Böhme, en petite édition. Elle a été traduite en Français, puis réimprimée dernièrement à Paris chez Dorbon Aîné.

1295 BOEHME (Jacob). — Clef ou Explication des divers Points et Termes principaux employés par Jacob Böhme dans ses ouvrages, traduite de l'Allemand sur l'édition de ses Œuvres complètes, imprimées en 1715 [par Noé, Juif Polonais].

Paris, Migneret, 1826, in-8° de XLVII-70 pp. et 1 grand tableau plié à la fin.

[R. 31876

Extrêmement rare. A été réimprimé dernièrement par Dorbon Aîné.

1296 BOEHME (Jacob). — Clef ou Explication des Divers Points et Termes principaux employés par Jacob Bœhme dans ses ouvrages. Traduite de l'Allemand, sur l'édition de ses Œuvres complètes imprimées en 1715.

Paris, sur l'édition rarissime de 1820, chez *Dorbon l'Ainé, libraire*. S. D. [1909 ?] pet. in-8° de lxvij (pour xlvij)-70 pp. et 1 grand tableau plié.

Tiré à 300 exemplaires. Attribué par Barbier à « Noé, Juif Polonais ».

L'Ouvrage comprend deux parties : d'abord une Biographie de Böhme par un de ses familiers de Görlitz, et la « Relation véritable faite par Corneille Weissner, docteur en Médecine, de la douceur, de l'amabilité de Jacob Böhme, et de l'Examen qu'il a subi à Dresde, en présence de S. A. Electorale et de huit principaux Professeurs ». Ensuite, une 2° partie, par Böhme lui-même : c'est un résumé et une explication de ses divers ouvrages, accompagné d'un grand Tableau Mystique in-f°.

1297 BOEHME (Jacob). — De l'incarnation de Jésus-Christ, exposée en trois parties, savoir : comment le Verbe éternel est devenu homme et de la Vierge Marie ; 2° que nous devons entrer dans les souffrances, l'agonie et la mort de Christ ; 3° de l'arbre de la foi chrétienne. Ecrit d'après une élucidation divine, par *Jacob Böhm*, en l'année 1620. Trad. de l'allem. (par Bury, de Lausanne).

Lausanne, 1861, in-8°, avec un portrait de l'auteur. (30 fr.).

(G-70)

1298 BOEHME (Jacob). — De Incarnatione Verbi, oder von der Menschwerdung Jesu Christi, in drey Theile abgetheilet : ...... Geschrieben nach göttlicher Erleuchtung von Jacob Böhmen, im J. 1620.

S. l. n. a. *Gedruckt im J*.... 1730, in-8° de IV-221 pp. avec 1 pl.

(O-22)

1299 BOEHME (Jacob). — Jacob Böhms kurtze und deutliche Beschreibung des Steins der Weisen, nach seiner Materia, aus welcher er gemachet, nach seinen Zeichen und Farbe. ...... deme noch beygefügt eine Schutz-Schrift seiner Schriften.

Amsterdam, s. adr. 1747, in-8° de 91 pp.

(O-1217)

1300 BOEHME (Jacob). — Miroir temporel de l'Eternité ; auquel est représenté, comment toutes choses, sont marquées extérieurement selon leur forme intérieure. Comment ce monde visible, qui comprend les astres, les animaux, végétaux et minéraux, nous conduit en celuy qui est invisible. Comment le sublime procès Philosophal nous découvre notre Regeneration. Ecrit par Jac. Boem, nommé Philosophe Teutonique, et trad. de l'allem. en fr. par le Sr Jean Macle : doct. et medecin tres celebre (*sic*). (Publié par S. L. B.).

S. l. n. a. 1787, in-8° de 300 pp. dont 2 pour l'errata.

La rédaction du titre fait pressentir le style du traducteur.

(O-35)

1301 BOEHME (Jacob). — Morgenröte im Aufgang, das ist : die Wurzel oder Mutter der Philosophie, Astrologie...... (ut supra) ..... Neue Auflage.

Berlin und Leipzig, *Christian Ulrich Ringmacher*, 1780, pet. in-8° de XXVI-500-IV pp., avec 1 pl.

Autre édition :

Amsterdam, 1656, in-12 de LXXII-618 pp. front.

[D². 0002
(O-18)

1302 BOEHME (Jacob). — Quarante Questions, sur l'origine, l'essence, l'être, la nature et la propriété de l'Ame, et sur ce qu'elle est d'éternité en éternité ; suivies de la Base profonde et sublime des six points ; par Jacob Böhme, trad. de l'allemand, sur l'édit. d'Amsterdam de 1682, par un Ph. In. (L. C. de Saint-Martin.)

Paris, *Migneret*, 1807, in-8° de VIII-486 pp. avec 1 pl. (30 fr.).

Ces ouvrages sont les seuls de J. Boehme, que Saint-Martin a traduits ; Quérard (art. Boehme et art. Saint-Martin) s'est trompé en présentant la Ministère de l'homme-esprit.... comme une traduction de Boehme.

Très rare traduction du philosophe inconnu : Cl. de Saint-Martin. Avec une intéressante pl. gravée : « Globe philosophique ou l'œil de l'Eternité ».

(O-40
(G-77

1303 BOEHME (Jacob). — [Titre de la Couverture Imprimée] : Jacob Bœhme. — De Signaturà Rerum (De la Signature des Choses). Miroir Temporel de l'Eternité. Traduit de l'Allemand par Sedir. Avec des Suppléments et un Vocabulaire.
Paris, Bibliothèque Chacornac, 1908 in-8° de 210 pp. Titre bleu et noir, sur la Couverture imp.

Le titre intérieur de l'ouvrage est assez différent.
Jacob Boehme. — De la Signature des Choses, ou de l'Engendrement et de la Définition de tous les Etres : Comment toutes choses prennent leur Origine dans un seul Mystère ; comment ce Mystère s'engendre lui-même de toute Eternité ; comment le Bien est changé en Mal, et le Mal en Bien.
Item : Comment la Cure du Corps doit être conduite suivant des Analogies ; ce qui est le Commencement, la Rupture, et le Salut de toute Chose.
D'où Analogie de la Pierre des Sages pour la Cure Temporelle, avec la Pierre angulaire de la Sagesse du Christ, pour la Cure eternelle de la Régénération.
Porte très profonde de la Nature Eternelle et de la Nature initiale temporelles et de leurs Statures.
A Paris, [Sans éditeur]. 1908. (5 fr.).

1304 BOEHME (Jacob). — Les Tempéraments et la Culture Psychique, d'après la Doctrine de Jacob Böhme, par Sédir. Deuxième édition.
Paris, Chacornac, 1906, in-8°. (1 fr.).

La première édition est de :
Paris, 1894.

1305 BOEHME (Jacob). — Della Triple vie de l'homme, selon le mystère des trois principes de la manifestation divine, écrit d'après une élucidation divine par Jacob Bêhme (Bœhme). autrement dit le philosophe teutonique, en l'année 1620, imprimé à Amsterdam en 1682, trad. de l'allem. en français par un Ph. In. en 1705 (de Saint-Martin).
Paris, Migneret, 1809, in-8° de VIII-552 pp. avec 1 pl, (40 fr.).

Une des plus rares traductions de Boëhme.

(O-39
(G-78-79

1306 BOEHME (Jacob). — Des trois Principes de l'essence divine, ou de l'éternel Engendrement sans origine. De l'homme : d'où il a été créé et pour quelle fin. Comment tout prend son commencement dans le tems, comment tout poursuit son cours, et ce que tout reviendra à la fin ; par Jacob Bêhme, du vieux Seidenbourg, nommé le philosophe Teutonique, trad. de l'allem. sur l'édit. d'Amsterdam, de 1682 ; par le philosophe inconnu (Saint-Martin).
Paris, imprimerie et librairie de Laran (Migneret). An X-1802. 2 vol. in-8° de IV-XXI-550, et IV-402 pp. (40 fr.).

De la plus grande rareté. Cet ouvrage est celui qui résume le mieux toute la doctrine de Bœhme et en offre un tableau presque synthétique.

(O-38
(G-80 et 81

1307 BOEHME (Jacob). — De la Vie supersensuelle. Traduit par Sedir.
Paris, 1903, in-8°, (1 fr.).

C'est le 5° Traité du Recueil : « Le Chemin pour aller à Christ ».

1308 BOHME (Jacob). — Die letzte Posaune an alle Völker, oder Prophezeyungen des gottselig. und hocherleucht. Theosophi Jacob Böhmens von dem naheseyenden Untergang des Antichrists und Babels ; von Offenbarung der Lilien zeit, von der Tinctur der Weisen, von der innstehenden Juden, Türken und Heidenbekehrung,.... aus dessen sämmtlichen Schriften sorgfältig herausgezogen von einem kleinen Zweiglein am Perlen-Baume, und jetzo denen Liebhabern der Weisheit zu einem angenehmen Geruche dargestellet.
Berlin und Leipzig, Christ. Ulricq Ringmacher, 1779, in-8° de 80 pp. avec 1 pl.

(O-47

1309 (sur) BOHME (Jacob). — Metallurgia Böhmiana, das ist : eine Beschreibung der Metallen, nach ihrem Ursprung und Wesen, und wie sie ausz dem Mercurio, Sale und Sulphure gebohren werden, nach desz Jacobi Böhmii Philosophi Teutonici principiis.

Amsterdam, s. adr. 1665, pet. in-12 de VIII-352 pp.

[O-1218

sur BOEHME (Jacob). — Voir :
BOUTROUX (E.), son biographe.
SILLIG (Johann Frédéric) —
SEDIR (Paul) —
RATZE

1310 BOENS (H.). — LOUISE LATEAU, ou les mystères de Bois d'Haine dévoilés. 2e édit. revue et augm.

Paris, Delahaye, 1875, in-12.

Intéressante étude sur une des plus fameuses hallucinées et stigmatisées modernes.

BOERHAAVE (Hermann), célèbre médecin, né près de Leyde en 1668, mort dans cette ville en 1738. Il étudia d'abord la Théologie, se fit recevoir Docteur en Philosophie, puis en Médecine. Il professa, à Leyde, à la fois la Médecine théorique, la Médecine pratique, la Botanique et la Chimie.

1311 BOERHAAVE (Hermannus). — Aphorismes de chirurgie commentés par Van-Swieten, traduits du latin en français.

Paris, Vve Cavelier et fils, 1753-1765, 7 vol. in-8°. (10 fr.).

[Td^{36} 2

1312 BOERHAAVE (Herm.). — Aphorismes sur la connaissance et la cure des maladies, trad. en fr. par *** [Offroy de la Mettrie].

Paris, Huart, 1745, in-12 de XII-552 pp. (4 fr.).

[Td^7, 28

1313 BOERHAAVE (Herm.). — Libellus de Materia Medica et Remediorum formulis quæ serviunt aphorismis de cognoscendis et curandis morbis. 3e édit.

Lugduni Batavorum, apud I. Severinum, 1740, in-8° de XII-279 pp. et l'index.

Paris, 1745. (2 fr. 50).

[Td^7, 13, D (2)

1314 BOERHAAVE (Herm.). — Praelectiones academicæ de Morbis Nervorum édit. Jacobus Van Eems.

Lugduni Batavorum apud P. Vander Eyk et C. de Pecker, 1761, 2 vol. in-8°. (5 fr.).

[Td^{38}, 04

1315 BOERHAAVE (Herm.). — Praelactiones Academicæ, in propriis institutiones rei Medicæ... avec notes et add. de Haller.

Gottingæ, apud A. Vandenhoeck, 1739-44, 6 tomes in-8°. (8 fr.).

[T^{30}, 112

1316 BOERHAAVE (Herm.). — Herman Börhaavens Schutzschrift für die Alchemie ; in einigen akademischen Vorlesungen von der Nothwendigkeit und dem verschiedenen Nutzen Chemischer Wissenschaft und Künste ; nebst einigen Anmerkungen des Uebersetzers ; dans Schröder (F. J. W.) : Neue Samlung der Bibliothek für.... Chemie (1779) I, 1-88.

(O-590

1317 BOERHAAVE (Herm.). — Tractatus de Viribus Medicamentorum.

Parisiis, apud G. Cavelier filium, 1727, in-12 de XXIV-400-12 pp. et l'index.

[Te^{138}, 115

Autre :
Venetiis, 1730, in-12. (5 fr.).

Important ouvrage de ce célèbre médecin et botaniste hollandais, sur les propriétés des médicaments. De l'action des médicaments solides, liquides, solides et liquides, des topiques, des médicaments secrets, etc....

1318 BOGAERTS (J.). — Les 1200 Recettes ; recueil de recettes utiles, d'une exécution simple et avantageuse sur l'industrie et l'économie domestique ; l'agriculture ; l'horticulture ; la viticulture ; les aliments et la fabrication des vins, vinaigre, bière, cidre, poiré, hydromel, eaux-de-vie et liqueurs de toute espèce ; l'hygiène ; la médecine populaire et vétérinaire ; les petites industries nouvelles, etc....

Troyes, V. Martellet, s. d. [1888] fort in-12 de 345 pp. (2 fr.).

[8°V. 24013]

Important recueil de secrets.

1319 BOGUE (David). — Discours sur le Millenium.
Paris, M. H. Servier, 1823-24. 2 vol. in-8°. (7 fr.).

[D². 0057]

Le Millenium, c'est les Nouveaux Cieux et la Nouvelle Terre dont parle l'Apocalypse, autrement dit le Règne du Saint-Esprit annoncé par les grands Mystiques et attendu anxieusement par tous les Ésotéristes. Dans cette œuvre, hautement inspirée, David Bogue dévoile, avec une audace et une clairvoyance de prophète, tous les arcanes du Livre fermé de Saint-Jean. Il annonce la fin des cléricalismes césariens, la chute des despotismes, l'avènement d'un christianisme régénéré en Esprit et en Vérité, l'abolition des guerres, enfin, la religion d'Amour. Quiconque sait tant soit peu à cette heure, l'évolution religieuse et sociale du monde sera vivement frappé par cette merveilleuse exégèse dont toutes les prédictions sont en voie d'accomplissement.

BOGUET (Henri), né à Dôle, vers le milieu ou la fin du XVIᵉ siècle et grand juge de la Terre St Oyan de Joux, dite de St Claude, en Bourgogne.
Ses ouvrages ont longtemps servi de code de torture pour persécuter les malheureux accusés de Sorcellerie.
On dit qu'il fut à son tour brûlé pour crime de Sorcellerie.

1320 BOGUET (Henry). — Discours execrable des sorciers, par Henry Boguet, grand Iuge au comté de Bourgongne. Ensemble leur (sic) procez faicts depuis 2 ans en çà, en diuers endroicts de la France. Auec vne instruction pour vn Iuge en faict de sorcelerie (sic).
Rouen, Martin le Mesgissier, 1603 in-12.

Et encore : Seconde édition, *Paris, D. Binet, 1603,* in-8° de XVI-101 pp. et la table.

[Réserve R. 2291]

Cet ouvrage est particulièrement intéressant pour l'histoire des provinces de Franche-Comté et de Bourgogne, rendant compte des procès et interrogatoires que fit subir à de prétendues sorcières ledit Boguet. — Il contient des chapitres absolument curieux et d'une liberté !...

Idem :
Rouen, Jean Osmont, 1606, in-16, (35 fr.).

(S-3238
(G-82

1321 BOGVET (Henry). — Discours des sorciers. Tiré de quelques procez faictz de deux ans en çà à plusieurs de la mesme secte, en la terre de S. Oyan de Ioux, dicte de S. Claude au Comté de Bourgongne. Auec une instruction pour un Iuge en faict de sorcelerie. Par Henry Bogvet, grand Iuge en la susdicte terre. Seconde édition augmentée et enrichie par l'autheur de plusieurs autres procez, histoires et chapitres.
A Lyon, par Iean Pillehotte, 1603. in-8°. (35 fr.).

Idem :
Lyon, Iean Pillehotte, 1605, in-12 XXIV-502 pp.

[R. 29398]

Ouvrage rarissime de démonologie, qui est en quelque sorte le résumé de toutes les absurdes légendes de sorcellerie qui avaient cours à l'époque. Cet ouvrage fut d'ailleurs par la suite soigneusement retiré du commerce par la famille du trop fameux juge franc comtois.

(G-1175

1322 BOGUET (Henry), Dolanois grand Iuge en la terre S. Oyan de Ioux, dicte de S. Claude au comté de Bourgongne. — Discovrs des sor-

Sc. psych. — T. I. — 13.

ciers avec six advis en faict de sorcelerie. Et vne instruction pour vn Juge en semblable matière. Troisième édition.
Lyon, Rigaud, 1610, in-8°. (45 fr.).
[R. 9400

Edition très rare et la plus complète (avec la seconde qui est de tout point semblable) de ce livre rare et recherché. Sur son exemplaire St. de Guaita a ajouté cette note "Entre les plus féroces démonologues de son temps.. H. Boguet se distingue par son atrocité naïve doublée d'une imperturbable sottise......Son Instruction a longtemps fait autorité dans les Parlements et bailliages."
(O-83 et 84
(S-3205 b

"Ce qui explique la rareté du livre de Boguet, c'est que les membres de la famille de ce singulier magistrat se ruinèrent longtemps à racheter en masse les exemplaires. A son tour, Boguet fut condamné au feu.... et par les siens...."

"Le livre de Boguet eut une autorité immense. MM. des Parlements étudièrent comme un manuel ce livre d'or du petit juge de Saint Claude.... qui fit de son pays un désert. Il n'y eut jamais un juge plus scrupuleusement exterminateur..." Stanislas de Guaita.

Idem :
Lyon. P. Rigaud. 1608, 3 tomes, in-8°.
(G-1170

1323 BOHABDIL (Ismaël). — Le livre des Bohémiennes, contenant l'art de dire la bonne aventure, par les rides du front, par la physionomie, par les lignes de la main, par les gestes, par les grains de beauté. etc... etc..., précédé de l'histoire des Bohémiens.
Paris, s. d. [vers 1820]. in-18, figures. (4 fr.).

Ouvrage curieux et rare, contenant un singulier chap. intitulé Petite Mégalantropogénésie, ou moyen d'avoir de beaux enfants, et des enfants d'esprit ; suivi de la manière de distinguer si une femme est enceinte d'un garçon ou d'une fille.

1324 BOHN (Dr E). Der Fall Roth ; eine criminal-psychologische Untersuchung.
Breslau, 1901, gr. in-8°. Avec 8 pl. hors texte. (2 fr. 25).

Curieuse étude sur Anna Roth, le médium aux fleurs, arrêté récemment à Berlin. Voir Roth.

1325 BOILEAU. (A.). — Mémoire contenant des recherches critiques et philosophiques sur la Maçonnerie ; dans Annales Maçonn...... par Caillot (1807) III. 5-170.
(O-283

1326 BOILEAU (A.). — Des mystères d'Eleusis, extrait d'un ouvrage inédit, ayant pour titre : Essai sur les initiations anciennes et modernes, par A. Boileau ; dans Annales Maç...... par Caillot. (1807). I. 35-82, et II. 5-62 ;
(O-178

BOILEAU (Jacques). Théologien français, frere du Poete, né à Paris en 1635, mort en 1700. C'était un érudit distingué, d'un esprit mordant et satirique, grand ennemi des Jésuites. Ses pseudonymes littéraires furent : Jacques Barnabé, Claudius Fonteius, Marcellus Ancyramus. Ses principaux ouvrages sont écrits en Latin.

1327 BOILEAU. (l'abbé J.). — De l'Abus des nudités de gorge. Seconde édit. aug.
Paris, de Saize de Bresche, 1677. in-12. IV-116 pp.
[D. 20205

Cette seconde édit. est plus complete que celle de 1675 publiée à Bruxelles. Fr. Foppens, in-12 de VI-110 pp.
[D. 13685

Cette édition originale de ce traité singulier qui est communément attribué à l'abbé Boileau, parait davantage être l'œuvre d'un curé de Beauvais, nommé de Neuilly. Rare.
(15 fr.).

Autre édition:
Paris, Delahaye, 1858, in-12.
Réimpression de l'édit. de 1677.
(S-1090
(G-85 et 1178

1328 BOILEAU (J.). — Histoire des Flagellans, par l'abbé Boileau. Où l'on fait voir le bon et le mauvais usage des flagellations parmi les chrétiens.
Amsterdam. H. du Sauzet. 1732, in-12. XXXII-316 pp.

[H. 8433

Seconde édition revue et augmentée par l'abbé Jean-Joseph Granet.

Idem :
Amsterdam, chez J. Van der Plaats 1701, in-12 XVI-330 p. (9 fr.).

[H. 8432 (1)

Livre curieux. — Les flagellations volontaires. — La secte des flagellans condamnée par l'église. — Le fouet donné sur les épaules est dangereux. — Il est nuisible sur les reins et sur les cuisses, etc....

(G-1179
(S-5286

1329 BOIN (Dr). — Coup d'œil sur le magnétisme et examen d'un écrit qui a paru sous ce titre : Lettre sur le magnétisme à M.... à Paris par M. Morisson de Bourges, par M. Boin, médecin à Bourges.
Bourges. 1813, in 8°, 20 pages.
Critique d'une lettre de M. Morisson de Bourges.

(D. p. 84

1330 BOIRAC (Emile) Recteur de l'Académie de Dijon. — La Psychologie inconnue. Introduction et contribution à l'étude expérimentale des sciences psychiques.
Bibliothèque de Philosophie contemporaine.
Paris, Alcan. 1908, in-8° de 346 p. et cat.

[8° R. 22186

Analyse les travaux de psychisme moderne : ouvrages de de Rochas, etc.

1331 BOIS (George). — Maçonnerie nouvelle du Grand Orient de France. Dossier politique et rituels réformés.
Paris, V. Retaux & fils, 1892, in-8°, 521 p. (5 fr.).

[8° H. 5745
(G-1180

1332 BOIS (George). — Le Péril occultiste. Les Thèses de l'occultisme, leur Néant, leur Péril.
Paris, V. Retaux, s. d. [1899], in-18 de XIII-315 p.

[8° R. 16200

Très curieux, orné de reproductions de bizarres bois anciens. Table des chapitres. — La lampe, le manteau, le bâton. — L'analogie, l'équilibre, l'unité. — Le plan astral et ses habitants. — La divination, l'astrologie, la chiromancie. — Le tarot. — Le Ternaire, la comparaison du fiacre. — Fantôme des vivants, les pointes de fer. — Une séance de Maçonnerie égyptienne, la fin de Cagliostro. — Les morts, les évocations. — La Cabale. — L'Alchimie.
Ouvrage " bien pensant " comme des Mousseaux, de Mirville et consorts. Seule la particule manque à son auteur : le reste il le possède.... Les bizarres " bois anciens " sont des reproductions au trait d'un vulgaire Tarot italien. Tarot-Cabale-Alchimie, etc....

1333 BOIS (H), professeur à la Faculté de théologie protestante de Montauban. — La valeur de l'expérience religieuse.
Paris. Emile Nourry. 1908, in-16 de 217 pp.

[8° H. 6956

Cette étude remarquable comble une lacune. Elle pose exactement, hardiment la question essentielle à toute religion. L'expérience religieuse correspond-elle à une réalité objective et divine ? La réponse est celle d'un croyant, mais qui n'ignore rien de toutes les enquêtes modernes des psychologues et des critiques. — Il mérite une place d'honneur à côté de MM. Boutroux et W. James.

1334 BOIS (Jules). — L'Au-Delà et les Forces inconnues. (Opinion de l'Elite sur le Mystère). Lettre préface de Jean Izoulet, professeur au Collège de France.
Paris. P. Ollendorff, 1902, in-18, XVI-387 p.

[8° R. 18131

Curieuse enquête sur les opinions des intellectuels contemporains concernant l'Au-delà.
Sentiments à ce sujet de Mmes Augusta Holmès, Clémence Royer, Juliette

Adam et de MM. Victorien Sardou, Huysmans, F. Coppée, Verlaine, Jean Lorrain, Mistral, Paul Adam, Alph. Daudet, Albin Valabrègue, V. Joncières, A. Hepp, A. Besnard, Jean Rameau, Jules Lemaitre, H. Fouquier, Lionel Dauriac, Aristide Bruant, Th. Ribot, Jean Grave, D' Toulouse, Henri Becque, Rémy de Gourmont, Emile Gautier, Max Nordau, Binet-Sanglé, Jules Soury, Charcot, Claretie, Flammarion, Lombroso, Mgr Méric, Krafft Ebbing, Finot, D'' Luys et Liébault, Anatole France, Bourget, etc.

1335 BOIS (Jules). — L'Eternelle Poupée.
Paris, P. Ollendorff, 1894, in-18, 430 p.
[8° Y². 48760

L'auteur décrit les Trois Gestes de cette " Eternelle Poupée " que sont notre Société et ses Femmes : Le Geste de Flétrissure Morale ; le Geste de Cérébrale Perversion ; le Geste d'Homicide.

1336 BOIS (Jules). — L'Eve Nouvelle.
Paris, Léon Chailley, 1896, in-18 de 381 p.

Nécessité, pour la Femme, d'une nouvelle éducation. Le Sabbat, selon l'auteur fut le premier club féminin.

Réimprimé par E. Flammarion, S. D., in-18 de 381 p.
[8° R. 14728
(Y-P-971

1337 BOIS (Jules). — Les Faquirs et les Yoguis. La science du Souffle.
Paris, La Revue, nos du 1er et 15 Juillet, et 1er Août 1893, 51 p. in-8°. Très curieuses figures.

Ce travail extrêmement curieux sur les Yoguis pratiquant dans l'Inde est orné de singulières photographies de ces Mystiques durant leurs exercices. Un peu court, mais fort intéressant.

1338 BOIS (J.) — Il ne faut pas mourir. Dialogue.
Paris, libr. de l'Art indépendant, 1891, in-16 de 24 pp. (1 fr.)
[8° Ye. Pièce 2989
(G-86

1339 BOIS (Jules). — Le Miracle Moderne.
Paris, P. Ollendorff, 1907, in-8° de XVI-411 p.
[8° R. 21790

La Métapsychique. — La Suràme et le Surhomme. — La Télépathie et les Fantômes des Vivants. — Rayons Humains. — Maisons hantées. — Aventures d'un revenant. — Un Chapelet de Voyantes. — Le Mystère des tables tournantes éclairci. — Le mécanisme du Miracle de Lourdes. — Les Professeurs de Volonté. — Le Miracle est en Nous. — Création d'une Humanité supérieure.

1340 BOIS (Jules). Le Monde Invisible. Lettre de M. Sully-Prudhomme de l'Académie Française. Les Occultistes. — Les Théosophes. — Le Luciférisme. — Le Satanisme. — Les Deux Envoutements. — Les marchands d'Espoir. — L'Eglise Spirite. — Les Recherches Psychiques. — Conclusion.
Paris, Ernest Flammarion S., D., 1902, in-16 de IX-431 p.
[8° R. 18050

Etudes sur les principaux Kabbalistes et Mystiques contemporains, avec nombreux et bien curieux détails (souvent assez peu bienveillants) sur leurs personnalités.

Péladan, Guaita, Jounet, Papus, René Caillé, l'abbé Roca, St-Yves d'Alveydre, Albert Poisson, Tiffereau, Jollivet-Castelot, le Colonel Olcott, Annie Besant (très détaillé), Gévingey, Ely Star, Leymarie, Chaigneau, Bué, Durville, Fabius de Champville, le Zouave Jacob, de Rochas, défilent en kaléidoscope dans cette œuvre un peu étourdissante à lire sans désemparer.

1341 BOIS (Jules). — Les Noces de Sathan, drame ésotérique. Dessin de H. Colas.
Paris, Chamuel, 1892, in-18 de 36 p. Frontispice.
[8° Ye. Pièce 2944

Etude sur le Symbolisme, initiatique de Satan, qui intéresse tous les Démonographes.

1342 BOIS (Jules). — Les Petites religions de Paris.
Paris, L. Chailley, 1894, in-18 de VI-217 p.
[Ld¹⁴⁴. 8

Réimprimé :
Paris, Ernest Flammarion S. D., in-12 de VI-215 p. et tab.
[Ld¹⁸⁶. 8

Les derniers Païens. — Les Swedenborgiens. — Les Bouddistes. — Les Théosophes. — Le Culte de la Lumière. — Vintras, Boullan et le Satanisme. — Le Culte de l'Humanité. — Les Lucifériens. — L'Essénianisme. — Les Gnostiques. — Le Culte d'Isis.

1343 BOIS (Jules). — La Porte Héroïque du Ciel. 2ᵉ drame ésotérique.
Paris. Art indépendant. 1894. Gr. in-8° oblong de 87 p. Figures.
Avec deux compositions mystiques d'A. de la Rochefoucauld et une partition d'Erick Satie.
[4° Yf. 84
(G-1181

1344 BOIS (Jules). — Prière. Poème. (1885-1893).
Paris. Art indépendant. 1898.
Format des Eucologes : in-8° de 122 p. Couv. ill. par Ch. Filiger.
[8° Ye. 3051

1345 BOIS (Jules). — Le Satanisme et la Magie, avec une Étude de J.-K. Huysmans. Illustrations de Henry de Malvost.
Paris. Léon Chailley, 1895, in-8° de XXVII-427 p. Fig. dans le texte et 10 à 12 Pl. au trait, hors texte. (10 fr.)
[8° R. 13237
(G-1182-3 & 4

Ouvrage consciencieux sur le Sabbat : la Sorcellerie, les Messes Noires, les Incubes et Succubes, les Envoûtements, les Exorcismes, etc.
Il contient en Appendice la Traduction française du IVᵉ Livre de la Philosophie Occulte d'Agrippa, qui n'avait encore jamais été publié en français : Levasseur, traducteur des Trois premiers, le considérant comme apocryphe, ou pour d'autres raisons, ne l'ayant pas joint aux autres.

Autre édition :
Ibidem. Idem S. D. [1896] in-18 de XXVIII-339 p.
[8° R. 14130

Paris. E. Flammarion, S. D., in-18.
Je ne sais pas si cette édition donne la Traduction du IVᵉ Livre d'Agrippa susmentionnée. Elle n'est pas illustrée.

1346 BOIS (Jules). — Visions de l'Inde.
Paris. P. Ollendorff 1903, in-18 de 634 p.
[O² k. 1161
Édition originale.

1347 BOISSARD (Ferjus). — Dante révolutionnaire et socialiste, mais non hérétique, 2-e édit. aug.
Paris. C. Douniol, 1858, in-8°, LXXIV-180 p. portr.
[K. 10014
Réfutation de l'ouvrage de M. Aroux sur Dante.

BOISSARD (Jean-Jacques), archéologue et poète latin moderne, né à Besançon en 1528, mort en 1602.

1348 BOISSARDUS (Janus Jacobus.) — Jani Jacobi Boissardi Vesvntini.... Tractatus posthumus de Divinatione et magicis præstigiis, quarum veritas ac vanitas solide exponitur per descriptionem deorum fatidicorum qui olim responsa dederunt ; eorumdemque prophetarum, sacerdotum, phæbadum, sibyllarum et divinorum qui priscis temporibus celebres oraculis existerunt.
Oppenheimii typis Hieronymi Galleri. s. d. (circa 1605) in-f° de XXIII-538 pp.(100 fr. en très bel exemplaire.)
[R. 744
Ouvrage fort rare et très recherché pour les 33 superbes planches gravées de J. Théodore de Bry qu'il renferme.
(G.-1185
(S-3187 b

1349 BOISSARIE (Docteur). — Les grandes guérisons de Lourdes.
Paris. Douniol, 1900, gr. in-8°, 140 similigrav. et 24 grav. h. t.

1350 BOISSARIE (Dʳ Prosper-Gustave). — Lourdes. — Histoire médicale, 1858-1891.

Paris, Lecoffre, 1891, in-12 de X-458 pp.

[Td³⁴. 637

L'histoire de Lourdes a été décrite par les médecins. — Comment on constate un miracle. — La clinique de Lourdes. — Le pèlerinage national et ses mille malades. — L'hystérie à Lourdes, la suggestion et le miracle.

1351 BOISSAT, Sieur de LICIEU. — Histoire des Chevaliers de l'Ordre de St-Jean-d'Hiérusalem, écrite par le sr P. S. D. L. [Pierre de Boissat, sieur de Lucieu]. Augmentée par J. Beaudoin, et illustrée d'une ample Chronologie des Vies des Grands-Maîtres, d'un grand nombre de Figures en taille douce, d'un Abrégé des Privilèges de l'Ordre, etc., par F. Anne de Nobérat.
Paris, M. Soly. P. Billaine et G. Alliot. 1629, 3 port. in-f°
[H. 1820-22

Fig. Cartes et Portr.. des 52 Grands Maitres.

Autre édition (par J. Bosio?)
Paris. 1650, 3 vol. in-f°.
[H. 1945-47
[St Y-3010 et 11

1352 BOISSEAU (J. A.). — Notice sur le choléra, par J. A. Boisseau.
Paris, 1849, in-8°, 8 pages.
(D. p. 142

1353 BOISSIER (A.). — Recueil de lettres au sujet des sortilèges et maléfices par Boissier, servant de réponse aux lettres du sieur de Saint-André, médecin à Coutances sur le même sujet. Avec la sçavante remontrance du Parlement de Rouen faite au Roy Louis XIV au sujet du sortilège, de maléfice, des sabats (sic) et autres effets de la magie, pour la perfection du procez dont il est parlé dans ces lettres.
Paris, Brunet fils et Bordelet. 1731 in-12 XVI-387 p.. (5 fr.)
[R. 29426
(S-3211 b
(G.-1186, 87 et 1282

1354 BOISSIER (Gaston). — La fin du paganisme, étude sur les dernières luttes religieuses en Occident au quatrième siècle.
Paris, Hachette, 1891, 2 vol., in-8°.
[8° H. 5589

1355 [BOISSIERE (Mme L.)]. — Magnétisme maternel ou conseils aux mères de familles, par Mme L. B. [Boissière].
Paris, Librairie du Petit Journal, 1865, in-18, 64 pages, (75 cent.)
[R. 54515
(D. p. 178

1356 BOISSIERE (Prudence). — La Pensée, comment et par quoi elle est produite.
Paris, l'auteur, 1879, in-18, III-212 p.
[8° R. 1896

Instinct, sommeil, songes, imagination, âme, vie future, mémoire, volonté, etc...

1357 BOITEAU d'AMBLY (Dieudonné-Alexandre-Paul). — Les cartes à jouer et la cartomancie.
Paris, L. Hachette, 1854, in-10, 390 p. fig. (4 fr.).
[V. 32502

Ouvrage peu commun, orné de 18 reproductions de tarots et cartes à jouer.

Idem.
London, 1859, in-8°.

Au cours de son travail, l'auteur fournit d'intéressantes indications sur les bohémiens et leurs relations avec la cour sous Catherine de Médicis, et sur les cartomanciens et cartomanciennes modernes et anciens.
(G.-1090

BOLL (François) voir CUMONT (François).

1358 BOLLINGER (Ulrich). — Elegia de vera antiqua philosophica medicina, ad Dn. O. Crollium, medico-chymicum felicissimum, etc.
S. l. n. d. (Francofurti, 1622). in-4°. (20 fr.).

Autre :
Francofurti, 1609, in-4°.
[T.e¹³¹. 46
(G-108

1359 BOLSWERT (Boetius a). — Le pélerinage des deux sœurs Colombelle et Volontairette vers leur Bien-Aimé dans la cité de Jérusalem.

A Liège, et se vend à *Lille*, *chez Jacques*, s. d. (1636). in-12. (12 fr.)

Ouvrage orné de curieuses et naïves gravures. L'exemplaire de Guaita contenait une appréciation de sa main, débutant ainsi : « Le Pèlerinage des deux sœurs est fort plaisant. Les dévots y prendront de la joie. Un empyreume s'en dégage comme du sphincter d'un capucin, etc. etc... »

Autre édition :
Paris, H. Nicolle S. D., in-12, XII-288 p. fig.
[D. 20288
(G-571

BOLYNGBROCKE. L'un des innombrables pseudonymes de VOLTAIRE.

1300 BOMBASTE (Comte de). — Le miroir des alchimistes où l'on voit les erreurs qui se font en la recerce (*sic*) de la Pierre Philosophale, par explication de diverses sentences des anciens philosophes qui en ont escrit soubs figures, analogie et couuertement en général. Auec instruction aux Dames pour doresnauant estre belles et en conualescence, sans plus vser de leurs fards venimeux ordinaires. Par le Cheualier Impérial.

S. l. 1609, in-12 (20 fr.)

Ouvrage rarissime, avec un curieux frontispice gravé qui manque souvent. L'impression de ce livre est faite partie en caractères romains, partie en caractères dits de civilité.

(G-87

1301 BOMBASTE (Comte de). — Le trompette françois, ou fidelle François.

S. L. 1609, in-12, 143 pp. frontisp.
[Lb³⁵. 855

Ouvrage rarissime, avec un curieux frontispice gravé qui manque souvent. L'impression de ce livre est faite partie en caractères romains, partie en caractères dits de civilité.

(G-87

1302 BOMBASTE (Comte). — La prophétie de ce grand Bonbast fidellement annoncée par le Trompette François, dès l'année 1609. Sur la mort de Henry le Grand et sur le regne de Lovys traisième (*sic*) Roy de France et de Nauuarre, à présent regnant. Ensemble vn advertissement qu'il donne au Roy de la Grande Bretagne.

S. l. 1610, in-8° de 56 pp. (20 fr.).
[Lb³⁵. 903

Opuscule de toute rareté, formant en quelque sorte le complément de : *Le trompette françois* paru l'année précédente, en 1609.

(G-572

1303 [BOMBAY]. — Procédés du magnétisme animal.

S. L. 1784, in-8° de 39 pp.
Autre éd. *S. L. N. D.* [1785] in-12, 55 pp. (5 fr.).
[Tb.⁸². 1. (134)

Cette brochure est attribuée à un Médecin de Mâcon, nommé Bombay, qui fut employé par le marquis de Tissart à Beaubourg en Brie lors du traitement public établi par celui-ci à l'instar du marquis de Puységur. L'auteur indique les moyens de magnétiser les bassins d'eau, la confection des baquets, l'usage des arbres magnétisés dont il est grand partisan. Sous le titre de Notions générales, il donne les procédés applicables pour chaque maladie. Ses connaissances médicales laissent à désirer. Ainsi, il veut qu'on cherche dans les viscères la cause de l'épilepsie, et il croit que dans la petite vérole le virus s'accumule aux extrémités.

(D. p. 57

1364 BONA (Jean), né à Mondovi en 1609, mort en 1674. Général des Feuillants, créé Cardinal par le Pape Clément IX.

Traité du discernement des esprits, par le Cardinal Bona. [traduit par G. le Roy, abbé de Haute-Fontaine].

Paris, Bilaine, 1675, in-12, de XXIV-550 pp. (8 fr.).

[D. 17382

Ce traité, qui jouit d'une grande faveur parmi les initiés est entièrement consacré aux apparitions, à l'extase, aux illuminés, et établit les règles par lesquelles on peut discerner les bons et les mauvais esprits. C'est la seule traduction française de ce manuel de mystique que ne possédait point S. de Guaita.

(S-3142 b

1305 BONA (Joannes). — De discretione spirituum liber unus, authore Joanne Bona.
Parisiis, apud Lud. Bilaine, 1673, in-8° de XX-420 pp. et l'index (6 fr.).

[D. 20318

Edition originale, rare, de ce Traité du discernement des esprits, l'un des plus curieux ouvrages du cardinal Bona (Manquait à St. de Guaita.)

1306 [BONAI (de)]. — Abrégé de l'Astronomie intérieure des Sept Métaux, avec un Essai de l'Astronomie naturelle Supérieure [par de Bonai.]
Paris, I. de Senlecque, 1644, in-4°, XXXVI-185 pp.

[V. 7751

Ouvrage attribué aussi à Jean BROUAULT, q. v.

(S-3303 b

1307 BONALD (Louis-Gabriel-Ambroise de). — Législation primitive considérée dans les derniers temps par les seules lumières de la Raison, suivie de plusieurs traités et discours politiques.
Paris, Le Clère, An XII, 1802, 3 vol. in-12. (20 fr.).

[*E. 1004-5

Manque le Tome I à la Bib. Nat.

(G-573

1308 BONAMY. — Du rapport de la Magie avec la Théologie payenne. Extrait, in-12 de 17 pp.

Critique de l'ouvrage de Bonamy extraite de l'Histoire de l'Académie Royale des Inscriptions et Belles-Lettres (année 1729).

(O-1077

1309 BONAMY. — Sentiments des anciens philosophes sur la pluralité des Mondes.
Paris, 1733, in-4°.

1370 BONAVENTURE (Saint) [le Dr Séraphique]. — Tractatus preclarus et insignis de Profectu Religiosorum a Beato Bonauenture editus.
Parisiis, Rembold, 1517, pet. in-4° de 2 f⁹⁹ n. c. et 50 f⁹⁹. (40 et 50 fr.).

Edition très rare de l'un des plus curieux Traités de St Bonaventure surnommé le Docteur Séraphique. Cet auteur a puissamment contribué à la création de la Théologie Mystique en tant que Science.

Autres éditions :

Rouen 1404, in-8°, gothique.

[Rés. D. 26306

Paris, Denis Roce S.D. in-8° goth. de 4 f⁹⁹ n. c. et 126 f⁹⁹

[Réserve D. 20395

1371 BONCOMPAGNI (Baldassare). — Intorno allavita ed ai lavori di Andalo di Negro matematico ed astronomo Genovese del secolo decimoquarto d'altri matematici e cosmografi genovesi: memoria di Cornelio de Simoni seguitada un Catologo dei lavori di Andalo di Negro.
Roma, 1874, in-4°, (2 fr 25.).

BONGUS ou BONGO (Pierre). — Voir: *BUNGUS (Petrus).*

1372 BONI (Pierre-Antoine) médecin de Ferrare. — Magistri Petri Boni Lombardi Ferrariensis Margarita pretiosa novella correctissima, exhibens introductionem in Artem chemiæ integram, ante annos plus minus ducentos septuaginta composita: dans Theatrum chemicum, V (1622), 507-794.

Et aussi, séparément :

Venitiis apud Aldi filios, 1546, in-8° de XX-202 pp. et tab.

[Rés. R. 2491
(O-1001

1373 BONIFACIUS (B). Rhodiginus. — Historia ludicra. Opus ex omni disci-

plinarum genere selecta et jucunda eruditione refertum Editio nova.
Bruxellæ, typis J. Mommartii, 1650, in-4" de XVIII-501 pp. front (0 fr.).

[Z. 3873

Cet ouvrage orné d un joli frontispice gravé par Collin, est un recueil de curiosités historiques, médicales, théologiques, philologiques, etc. etc....

1374 BONIVARD (François). — Advis et Devis de la source de Lidolatrie et tyrannie papale, par quelle practique et finesse les Papes sont en si haut degré montez, suivis des difformes Reformateurz, de ladvis et devis de mensonge et des fauls miracles du temps présent, par François Bonivard ancien Prieur de Saint-Victor.
Genève, chez Jules Guillaume Fick. 1856, in-8° de XIV-180 pp. (7 fr.).

[H. 12014

Cet ouvrage resté jusqu'alors inédit a été publié avec un court préambule par MM. J. J. Chaperon et G. Revilliod, qui l'ont fait imprimer à l'imitation des productions typographiques genevoises de l'époque où vivait l'auteur.

1375 [BONIVARD FR.]. — Histoire veritable et digne de memoire de quatre Iacopins de Berne, Heretiques et Sorciers qui y furent bruslez : ensemble les Finesses et Meschancetez desquelles ilz vsoyent enuers vn conuers de leur Ordre : traduite d'allemant. [par Fr. BONIVARD].
S. L. [Genève J. Gerard]. 1549. in-4°.

Réimprimé à :
Genève, Fick, 1867, in-4°.

Se retrouve aussi dans LAVATER « Trois Liures des Apparitions des Espritz » Partie I, Chap. VI.

(Y-P-1580

1376 BONJEAN (A.). — L'Hypnotisme, ses rapports avec le droit et la thérapeutique, la suggestion mentale.
Paris, Félix Alcan. 1890, in-16 IX-376-IV pp.

[8° F. 6670

Le magnétisme dans l'histoire. Le magnétisme thérapeutique. Le magnétisme et le droit. La suggestion mentale. Bernheim. Delbœuf. Gilles de La Tourette, Braid. Ochorowicz. P. Janet. A. Gauthier. Lafontaine. etc....

1377 BONNAMY (Michel). Juge au Tribunal de Villeneuve-sur-Lot. — Mémoires d'un Spirite. L'Œuvre de Dieu, par Michel Bonnamy. Juge près du Tribunal de première instance de Villeneuve-sur-Lot, Membre du Congrès Scientifique de France, ancien Membre du Conseil Général de Tarn-et-Garonne, Président honoraire du Cercle de la Morale Spirite, fondé à Toulouse, Auteur de la « Raison du Spiritisme ».
Villeneuve-sur-Lot. Imprimerie de X. Duléis. 1871-72.
Paris, Lacroix-Verboeckhoven 3 vol. in-8° de LXXII-680, VIII-406, IX-767 pp. (0 fr.).

[R. 20499-50

Singulier ouvrage d'un Magistrat convaincu, qui sacrifie tout à ce qu'il considère comme sa Vocation de Prophète. Il est persuadé d'être en relation directe et constante avec « son Dieu ». Le style se fait remarquer par une surabondance d'interjections : « Oh ! » au début des paragraphes, et par l'emploi de mots peu usités, comme « géminés » par exemple, qui revient à tout propos. — Curieux à étudier.

1378 BONNAMY (Michel). — La raison du spiritisme, par Michel Bonnamy.
Paris, Librairie Internationale, 1868 in-18 VIII-340 pp. (3 fr. 50).

[R. 29502
(G-1188

1379 BONNARDOT (F.). — L'effort collectif. Projet d'établissement entre les Francs-Maçons du Rite Ecossais, d'une société ayant pour but de servir une pension de retraite aux Frères arrivés à la vieillesse et de constituer un petit capital payable à leur décès.
Paris, imprimerie Maç∴ écoss∴ 1901, in-8° de 94 pp.

[8° R. 17498

1380 BONNAUD (F.). — Cabet et son œuvre.
Paris, Société libre d'édition des gens de lettres, 1900, in-18 IV-198 pp.
[Ln^{27} 48658

1381 BONNAYMÉ (D^r) de Lyon. — La Force Psychique. L'Agent Magnétique Et les Instruments servant à les mesurer, par le Docteur BONNAYMÉ de Lyon. Avec Préface de H. DURVILLE, et 73 Figures. Deuxième édition.
Paris, Librairie du Magnétisme. Novembre 1908, in-12 de 220 pp. et 16 de catalogue, figures.
[8° Tb^{65}. 517

La première édition est une brochure dont la couverture imprimée sert de Titre, et qui était une Conférence faite à la Société d'études psychiques le 8 avril 1907.
Cusset, imprimerie Bouchet. 1907. in-8° de 38 pp. et table.
La Force Psychique. — Le Dynamoscope. — Le Bioscope. — Le Magnétomètre. — Le Galvanomètre de M. Puyfontaine. — Le Biomètre. — Le Sthénomètre. — Le Pendule de Thore. — Les Moteurs du Comte de Tromelin. — etc....
Voir sur ces sujets, l'Ouvrage du Comte de TROMELIN.

1382 BONNEAU (Alexandre). — La Crémation et ses Bienfaits ; son Histoire chez tous les Peuples. Preuves de son existence chez les Juifs et chez les Chrétiens. Révolution Française. Le Présent et l'Avenir. Plan d'Organisation.
Paris. E. Dentu. 1886, in-18 de II-320 pp.
[T^{55}. 40

1383 BONNEFON (Jean de). — Le Cantique des Cantiques qui est sur Salomon, traduit littéralement et remis à la scène, par Jean de Bonnefon.
Paris, Librairie Universelle, s. d. [1905], pet. in-fol., 83 pp. figures. (20 fr.).
[A. 15254

L'illustration comprend, outre de petites vignettes, culs-de-lampes et lettres ornées, 7 grandes et admirables compositions gravées sur bois, de F. Kupka.

1384 BONNEFON (Jean de). — La Ménagerie du Vatican, ou le Livre de la Noblesse Pontificale, avec la Liste des Laïcs, Clercs, Moines, nés Français, et pourvus de titres, Prélatures, Camérierats, et autres Fonctions près de Sa Sainteté. Avec des Portraits courts, mais bienveillants. Avec la Description des Ordres de Chevalerie. Avec des Recettes pour obtenir ces Honneurs. Avec un Avis discret et précieux sur l'Article dix-septième du Code Civil ; par Jean de BONNEFON.
Paris, 1906, gr. in-8°. (9 fr.).
Ce curieux ouvrage manque à la Bibliothèque Nationale.

1385 BONNEFON (Jean de). — La Ménagerie du Vatican. Le Livre de la Noblesse Pontificale, avec la Liste des Familles anoblies par les Papes.
Paris, Société d'édition des « Paroles », s. d. gr. in-8°. (30 fr.).
Tiré à nombre restreint, sur papier bleu. Document curieux, pour l'histoire de la « Vanité Catholique au début du XXe Siècle ». On y trouve l'état complet des Princes, Ducs, Marquis, Comtes et Barons créés par les Papes ; des Évêques Français assistants au Trône Pontifical ; des Protonotaires référendaires, Prélats, Camériers, Chapelains, etc.... qui, nés Français, sont au service du St. Siège ; des Généraux, ou Procureurs Français d'Associations religieuses à Rome ; des Décorations Pontificales. Avec « la manière de les obtenir et de s'en servir » (!). — Le tout avec les Dates, description des Armes, Notices Biographiques, etc....

BONNEFOY (Innocent). — Voir : BERNARD (Louis-Rose-Désiré).

1386 BONNEFOY (Abbé Jehan de). — Le Catholicisme de demain.
Paris, Émile Nourry, 1908, in-16 de 202 pp.
[8° H. 0050

Ch. I. Mes amis les Catholiques progressistes. — Ch. II. Les Catholiques d'étiquette. — Ch. III. Les semis de Basile. — Ch. IV. Les Charbonniers. —

Ch. V. La faillite du Catholicisme libéral. — Ch. VI. Quo vadis? — Ch. VII. L'Encyclique Pascendi gregis et la France.

1387 BONNEFOY (l'abbé Jean de). — Les Leçons de la Défaite, ou la Fin d'un catholicisme.
Paris, Émile Nourry, (?) 1907, in-12.

Ces pages, émanées d'une plume sacerdotale sincère, déchirent le voile qui recouvre bien des fautes, mais apportent en même temps, le remède souverain aux maux dont souffre l'Église actuelle. Vieilli sous la chape, l'auteur a autorité pour parler aux jeunes lévites, et sa voix qui tombe de haut, ne peut manquer de porter très loin.

1388 BONNEFOY (J. de). — Vers l'Unité de croyance.
Paris, Émile Nourry, 1907, in-12 de III-121 pp.
[D. 80048

C'est un livre délicat sur un sujet épineux : il résout en partie une des difficultés de croire dont parle Brunetière, celle qui s'appuie sur l'égale intensité des aspirations religieuses à travers les formes cultuelles.

1389 BONNEFOY (Dr J.-B.). — Analyse raisonnée des rapports des commissaires chargés par le Roi de l'Examen du magnétisme animal, par J.-B. Bonnefoy, membre du Collège royal de chirurgie de Lyon.
Lyon et Paris, Prault, 1784, in-8° de 68 pp. (3 fr.).
[Tb⁶¹. 62

Travail intéressant, que l'on partage ou non les idées de l'auteur. Il tire un grand parti des phénomènes électriques connus à cette époque, chez les animaux et chez l'homme, pour expliquer ceux qui sont dus au magnétisme animal.
(D. p. 49)

1390 BONNEFOY (Dr J. B.). — De l'application de l'électricité à l'art de guérir ; dissertation inaugurale, etc..
Lyon, 1782, in-8°. (3 fr. 50).

1391 BONNEFOY (Dr J. B.). — Examen du compte rendu par M. Thouret, sous le titre de correspondance de la Société royale de médecins, relativement au magnétisme animal.
Lyon, 1785, in-8° de 59 pp. (3 fr.).
[Tb⁶¹. 201
(G-1824

1392 BONNEJOY (Docteur), né vers 1833, végétarien de marque. — Principes d'Alimentation rationnelle, hygiénique et économique, avec des Recettes de cuisine végétarienne et le Portrait de l'Auteur, par le Docteur Bonnejoy, du Vexin, de la Faculté de Médecine de Paris, de la Société d'Archéologie Lorraine, de la Société Végétarienne, etc...
Paris, chez Berthier.
Lausanne, chez Benda, 1884, in-16 de VII-250 pp. portrait et 3 figures. (2 fr. 50).
[Tc²⁰. 68

A la fin, Bibliographie Végétarienne (p. 245-252). L'Ouvrage est une suite d'études sur les divers aliments — végétariens, bien entendu — Pain, Lait, Légumes, Soupes, Plats sucrés, Fruits, Condiments, Boissons diverses, etc... — Nourriture des Malades, convalescents, etc... — Machines à traiter le blé et la Farine pour obtenir le pain de Graham.

1393 BONNEJOY (Dr). — Le Végétarisme et le Régime Végétarien rationnel..., par le Docteur Bonnejoy (du Vexin).
Paris, J. B. Baillière, 1891, in-16 de VIII-341 pp. et cat.
[Tc²¹. 154

Ouvrage capital du Dr BONNEJOY, lequel fut guéri par le Végétarisme, et converti par sa guérison.
Importance de la diététique. — Étymologie du mot l'égétarisme. — Caractéristique du Végétarisme rationnel. — Ptomaïnes et microbes de la viande. — Les Brahmes de l'Inde. — Les Bouddhistes de Çakya-Mouni. — Jésus Végétarien. — Le Végétarisme égyptien. — Pythagore et sa doctrine. — Le Végétarisme dans l'Hagiographie. — Charles Ménard. — Gleizès. — Le Dictionnaire Larousse. — La Vie Végétarienne. — L'air des villes. — Le Lait. — Autoexpérimentation. — Végétariens et Nécrophages. — Etc....

1394 BONNEL (L. Antonin). — De la controverse de Bossuet et de Fénelon sur le Quiétisme.
Mâcon. Impr. de Dejussieu, Paris, Hachette. 1850, in-8° de LVI-204 pp. (3 fr.).
[Ld³. 77
(G-1697)

1395 BONNELIER (Hippolyte). — Urbain Grandier.
Paris, Vernarel et Tenon. 1825, in-12 de XIX-240 pp. (3 fr. 50).
[Y². 18800
(G-1189)

— Nostradamus, roman.
Paris, A. Ledoux. 1833, 2 vol. in-8°. (8 fr.).
[Y². 18795-6
Roman historico-cabalistique. Edition rare avec 2 eaux-fortes de Boisselat sur Chine volant, avant la lettre.

1396 BONNEMÈRE (Eugène). — L'Ame et ses Manifestations à travers l'Histoire, par Eugène BONNEMÈRE....
Paris, Dentu, s. d. [1888], in-18 de VIII-340 pp.
[8° R. 8644

C'est, avec le célèbre ouvrage de Pezzani, le plus beau traité que l'on ait écrit sur les manifestations de l'âme ; et pour lequel le prix Guérin fut attribué à son auteur. A ceux qui prétendent que les phénomènes modernes d'apparitions, télépathie, commerce avec l'au-delà, sont des maladies caractéristiques d'une société sénile, Bonnemère, l'histoire à la main, oppose un victorieux démenti. C'est le livre de chevet, réconfortant aux heures de défaillance et de doute, et le recueil le plus suggestif d'événements extraordinaires.
(Pen. p. 140

1397 BONNEMÈRE (Eugène). — Les Déclassés. Œuvre médianimique.
Paris, in-12.
(Pen. p. 140

1398 BONNEMÈRE (Eugène). — Histoire des Camisards, par Eugène Bonnemère.
Paris, Décembre-Alonnier. 1869, in-18 de 340 pp.
[Lb³⁵. 4870

Autre édition : « Les Camisards des Cévennes ». Historique.
Paris, in-12.
(Pen. p. 140

1399 BONNEMÈRE (Eugène). — Louis Hubert. [Œuvre médianimique], par Eugène Bonnemère.
Paris, Librairie Internationale, 1868, in-18 de 310 pp.
[Y². 18814
Histoire d'un Curé de Village, et des Tribulations que ses idées avancées lui suscitent.
(Pen. p. 240

1400 BONNEMÈRE (Eugène). — Le Roman de l'Avenir, par Eugène Bonnemère.
Paris, Librairie Internationale, 1867, in-18 de XIII-292 pp.
[Y². 18815
Œuvre médianimique remarquable.
(Pen. p. 140

BONNET (Charles). Philosophe et Naturaliste Suisse, né à Genève en 1720, mort en 1793. Sa jeunesse fut consacrée à l'Entomologie ; puis sa vue faiblissante le décida à se tourner vers des spéculations philosophiques. Sa Palingénésie Philosophique contient presque toute sa Métaphysique.

1401 BONNET (Ch.). — Considérations sur les corps organisés, où l'on traite de leur origine, de leur développement, de leur reproduction, et où l'on a rassemblé en abrégé, tout ce que l'Histoire naturelle offre de plus certain et de plus intéressant à ce sujet.
Amsterdam, Rey. 1762, in-8°, (4 fr.).
(G-88

1402 BONNET (Ch.). — Essai analytique sur les Facultés de l'âme, par Ch. Bonnet.
Copenhague, les frères C. et A. Philibert, 1760, in-4° XXXII-552 pp.
[R. 3415
Idem.

Copenhague et Genève, 1769, in-8°. (4 fr.).
(S-3126 b
(G-89

1403 BONNET (Charles). — La palingénésie philosophique ou idées sur l'état passé et sur l'état futur des êtres vivants.
Amsterdam. Rey. 1769. 4 vol. pet. in-8°. (10 fr.).
Idem.
Genève. C. Philibert et B. Chirol. 1770. 2 vol. in-8°.
[R. 11827-8

Précurseur de Ballanche. Bonnet s'occupe ici des destinées de l'âme avant et après la mort. Il pense que tous les êtres vivants, même les plantes, ont une âme en voie de transformation et de développement indéfini, et que cette âme habite successivement en des corps de plus en plus perfectionnés. Malgré ses vues hardies, C. Bonnet était un chrétien ardent mais son christianisme, comme celui de Ballanche, s'accommodait mal de l'immutabilité du dogme. Il peut être considéré comme un des pères du Modernisme.
(G-90

1404 BONNET (Ch.). — Essai de Psichologie, ou Considérations sur les opérations de l'âme, par C. Bonnet.
Londres, 1755. in-12 XLII-390 pp.
[R. 13181
(S-3129 b.

BONNET (Charles). — Voir : *CARAMAN*.

1405 BONNET. (Jacques) — Histoire générale de la Danse sacrée et profane, par Bonnet.
Paris. 1724, in-12.

Autre édition :
Paris. d'Houry fils, 1723, in-12 de XL-260 pp.
2 ex. [Rés. V. 2568 et 69.

1406 BONNET (Louis). — Le Miracle dans la vie du sauveur.
Paris, Grassart, 1867, in-18 de 172 pp.
[H. 12962

Essai de rationalisme.

BONNEVILLE (Nicolas de), né à Evreux en 1760, mort à Paris en 1828. Il joua un certain rôle politique sous la Révolution, et mourut bouquiniste à Paris, rue des Grés. C'était un révolutionnaire Mystique et Illuminé de l'Ecole de St Martin.

1407 BONNEVILLE (Nic. de). — De l'esprit des religions, ouvrage promis et nécessaire à la Confédération universelle des amis de la Vérité. — Appendices de l'esprit des religions pour servir à l'entretien, à la propagation des bons principes.
Paris, impr. du Cercle social, an IV. [1791]. 2 part. in-8° fig. (0 fr.).
[Z. 17247

Très intéressant ouvrage. On trouve dans cet ouvrage toutes les données des modernes théosophes. Bonneville fut l'un des plus ardents propagateurs de l'illuminisme dans les loges maçonniques.
(G-91

1408 [BONNEVILLE (Nicolas de)]. — Les Jésuites chassés de la Maçonnerie, et leur poignard brisé par les Maçons. (Faux titre). — La Maçonnerie écossoise comparée avec les trois professions et le secret des Templiers du 14e siècle. 1re partie. — Mêmeté des quatre vœux de la compagnie de S. Ignace, et des quatre grades de la Maçonnerie de S. Jean, IIe partie. (par Nicolas de Bonneville).
Orient de Londres, s. adr. (Paris. C. Volland), 1788. 2 parties in-8° de VIII-134, et VIII-172 pp. avec 1 pl. dans la IIe partie.

La dédicace est signée Nic. de Bonneville.

Avec la 3e partie « Notes et preuves » et le frontispice maçonnique gravé par Ransonnette. (15 fr.).

L'exemplaire de la Bibliothèque Nationale est de *Londres J. G. Robinson*, 1788. 2 vol. in-8°, pl.
[H. 12972-3.
(G-92
(O-292

1409 BONNIOT (le P. de). — Le miracle et les sciences médicales. Hallu-

cination, apparitions, extase, fausse extase, par le P. de Bonniot.
Paris, Didier, 1870, in-12 XI-403 pp.

[D. 65885

BONQUEVAL (J.-G. de). — Voir : *GENTY DE BONQUEVAL (J.)* Sur le même sujet, voir aussi *MATTEI* (Comte).

1410 BONSENS (J. L. P.). — Philosophie religieuse et sociale. Le clergé catholique et le spiritisme en face du problème social, cri d'alarme.
Paris, Chacornac, 1908, in-18, 138 pp.

[8° R. 22299

1411 BONTIUS (Jacobus). — De Medicinâ Indorum... Voir : *ALPINO (Prospero)*.

1412 BONY. — L'histoire de l'esprit humain, ov des égarements de nostre ame et de son retovr à la vérité. Imitation du tableav de Cebes.
Paris, Veuve C. Savreux, 1670, gr. in-8°, 250 pp. et pl. (7 fr.).

[D. 37719

Avec une jolie et curieuse planche allégorique de format in-f° repliée, gravée par Chauveau et intitulée : Carte de l'Esprit humain.

(G-93

BOODT (Anselme BOECE de). — Voir : *BOECE de BOODT (Anselme)*.

1413 BOOTHBY (Guy). — Pharos l'Egyptien, traduit de l'anglais par J. H. Aubry.
Paris, La Vie Illustrée, s. d. [1898-99], gr. in-8° de 188 pp. fig.

[4° Y². 5071

Edition « pré-originale. » En 24 livraisons, du 20 Septembre 1898 au 30 Mars 1899. (3 fr.).

Autre édition :
Paris, Juven, S. D. [1899], in-16 de 304 pp. fig. (3 fr.).

[8° Y². 51865

Bizarre histoire de la Momie Egyptienne du chef des Magiciens du « Pharaon de l'Exode », lequel magicien Ptahmès, réincarné, se retrouve en momie, s'ensevelit lui-même à nouveau, et par vengeance pour la violation de sa sépulture répand la Peste dans toute l'Europe. — Nombreuses scènes de Visions et de Magie Egyptienne.

1414 BORCH ou Borrichius (Olaf ou Olaüs), savant danois né dans le Jutland en 1626, mort en 1690. Professeur, puis bibliothécaire à Copenhague.
Hermetis Ægyptiorum et chemicorum Sapientia.
Hafniæ, sumptibus P. Hauboldi, 1674, in-4°, pièces limin. 448 pp. et l'index.

[R. 7053

1415 BORCHEN (Henri de). — Tractatus de superstitiosis quibus | dam casibus, compilatus in alma universitate coloniensi | per egregium sacre theologie professorem Magistrum Henri | cum de Borchen. Incipit feliciter : |
In-8° Gothique de 11 pp., non chiffrées, sans réclames, à la suite du « Flagellum Maleficorum » de Pierre Mamonis.

[Réserve R. 2440

Le Cat. Sépher attribue par erreur ce Traité à Pierre Mamonis, sans doute parce qu'il est imprimé à la suite de l'ouvrage de ce dernier. Quant au Catalogue Général de la Bibliothèque Nationale, il ne mentionne pas le nom de Borchen.
Ce même Traité est donné sous le nom de « Henricus de Gorichem » à la fin du Tome III du « Malleus Maleficarum » q. v.

(S-3212 b

1416 BORD (Gustave). — La Franc-Maçonnerie en France, des Origines à 1815.
Paris, Nouvelle Librairie Nationale, [1909] in-8°, 580 pp. (9 fr.), port.

[8° La³². 827

Cet ouvrage récemment paru fait l'Historique de la Fr∴ M∴ en France. Dans une première partie tout à fait remarquable on lira avec intérêt les chap. consacrés à Radclyffe et au prétendant Charles-Edouard et le récit de la création des premières loges. Minutieux historien des rites et des grades, l'auteur passe ensuite en revue les diverses sortes de loges qui s'établirent en France au XVIII° siècle. Cette œuvre est remplie de renseignements sur une infinité de personnes touchant de près à la Maçonnerie ; qq. bibliographies spéciales sont consacrées à des maçons qui jouèrent un rôle important, comme Martinez Pasqually, Saint-Germain, Gagliostro, et Savalète de Lange. On y trouve le nom des loges installées en France à cette époque, avec la date de leur fondation et le plus souvent la liste de leurs membres ; ces renseignements portent sur 138 loges de Paris, un grand nombre de loges de provinces, enfin sur 18 loges militaires.

1417 BORDEAUX (H.). — La Vie et l'Art : Ames modernes, Henrik Ibsen Pierre Loti, José-Maria de Hérédia, Jules Lemaître, Edouard Rod, Villiers de l'Isle-Adam.
Paris, Perrin, 1895, fort. in-16 de VI-330 pp.
[8°. Z. 13977

Personnages symboliques. Ames cosmopolites. La joie de vivre et le renoncement. Symboles du dilettantisme. L'intuitivisme. Le monde mystérieux. Philosophie et religion. L'éternelle beauté, etc...

1418 BORDEAUX (H.). — La Vie et l'Art. Sentiments et idées de ce temps.
Paris, Perrin, 1897, fort in-16 de 280 pp.
[8° Z. 14479

Les impressions de voyage. La Tradition. Le dilettantisme. Ames de jeunes filles. De l'amitié et de l'amour. De l'oubli des livres et de la beauté de la vie, etc...

BORDELON (Laurent), abbé et docteur en Théologie, né à Bourges en 1653, mort à Paris en 1730. Il ne publia que des ouvrages singuliers, avec des titres bizarres.

1419 BORDELON (l'abbé). — De l'astrologie judiciaire. Entretien curieux, où l'on répond d'une manière aisée et agréable à tout ce qu'on peut dire en sa faveur, et où l'on fait voir en même tems la superstitieuse vanité de sa pratique et la dangereuse fausseté de ses prédictions.

Paris, Louis Lucas, 1689, in-12, pièces liminaires, 147 pages et table. (0 fr.).
[V. 21823

Astres, leur sexe. — Cardan se laisse mourir de faim pour vérifier sa prédiction. — Henry III, sa mort prédite. — Henry IV, bon mot de ce prince sur la prédiction de sa mort. — Impost sur les astrologues. — Nostradamus père et fils. — Talismans, etc... etc...
(G-94 et 1190

1420 BORDELON (l'abbé). — Le tombeau de l'Astrologie Judiciaire, par Bordelon.
Bruxelles, de Leener 1710, in-12 (9 fr.).

Plus correcte que la précédente et contient en outre : « les Sentiments modernes de plusieurs fameux auteurs du Jardinage ».
(G-574
(S-3467

1421 BORDELON (Abbé). — Les Coudées franches.
Paris, P. Praull, 1712, 2 part. in-12 (3 fr. 50).
[Y². 24918-0
Livre singulier, rempli d'extravagances.

1422 BORDELON (l'abbé). — Gomgam ou l'homme prodigieux transporté dans l'air, sur la terre et sous les eaux.
Paris, Saugrain, 1711, 2 vol. in-12 (5 fr.).
[Y². 39452 et 3
Autres éditions :
2°. Paris, Praull, 1712.
[Y². 39454 et 5
3°. Amsterdam, E. Roger, 1713.
[Y². 39456 et 7

Satire des mœurs du temps. — Une flèche merveilleuse transporte le héros partout où il désire aller, mais il préfère voyager dans une voiture publique !
On y parle de Pierre Philosophale (II-317) mais de façon peu intéressante.
(S-4080

1423 [BORDELON (l'abbé)]. — Histoire des imaginations extravagantes de mons. Oufle, servant de préservatif contre la lecture des livres qui traitent de la magie, du grimoire, des démoniaques, sorciers, loups-garoux, incubes, succubes et du sabat ; des esprits-folets, génies, phantômes et autres revenans ; des songes, de la pierre philosophale, de l'astrologie judiciaire, des horoscopes, talismans, jours heureux et malheureux, éclipses, comettes ; et enfin de toutes les sortes d'apparitions, de divinations, de sortilèges, d'enchantements, et d'autres superstitieuses pratiques ; avec un grand nombre de nottes curieuses qui rapportent fidellement les endroits des livres qui ont causé ces imaginations, et qui les combattent. (2ᵉ édit.) Paris, Duchesne, 1754.

[Y². 18835-9

5 parties in-12 de XII-151, VI-144, IV-164, IV-175, IV-204 pp. souvent réunies en 2 vol. avec fig. par G. Crespy.

Idem :

Amsterdam, E. Roger, P. Humbert, P. de Coup. et les frères Chatelain. 1710, 2 vol. in-12. (12 fr.).

[Y². 42330
(O-1051 (G-05 (S-4005

1424 [BORDELON (l'abbé)]. — Histoire de monsieur Oufle, retouchée et réduite par m. G. (Garnier, l'éditeur) ; dans Voyages imaginaires, Tome XXXVI.
Paris, Amsterdam, S. E. M.DCC. LXXXIX. [1789], in-8° de 300 pp. 2 fig. de Marillier en taille douce (3 fr.).

(O-1052

1425 [BORDELON (l'abbé)]. — Le Supplément de Tasse-Rouzi Friou Titave aux femmes, ou aux maris, pour donner à leurs femmes (par l'abbé Bordelon).
Paris, Veuve Barbin, P. Prault, 1713, in-12. (2 fr.).

[R. 24488

Londres 1750, in-12, (2 fr.).

1426 BORDELON (l'abbé). — Les tours de maître Gonin.
Paris, Ch. Le Clerc, 1713, 2 vol. in-12. par Crespy. (10 fr.).

[Y². 12340-50

Ouvrage facétieux orné de 12 figures gravées.

(G-575

1427 BORDELON (l'abbé). — Le voyage forcé de Becafort hypocondriaque qui s'imagine être indispensablement obligé de dire ou d'écrire, et qui dit ou écrit en effet, sans aucun égard, tout ce qu'il pense des autres et de lui-même sur quelque matière que ce soit.
Paris, J. Musier, 1760, in-12 XXXV-342 pp. (4 fr. 50).

[Y². 0041

1428 BORDEU (Théophile de). — Recherches sur l'histoire de la Médecine ; précédées d'une notice historique sur l'auteur, par Lefevre.
Paris, A. Ghio, 1882, in-8° 347 pp. portr.

[T d⁶⁵. 151. A.

Médecine empirique chez les Egyptiens et les Chaldéens. Médecine des Druides. La Thériaque, chef-d'œuvre de l'empirisme. La médecine chez les Gaulois. Les Médecins dogmatiques, théologiens, mécaniciens et chimistes. Médecine chez les Arabes. Les Médecins Philosophes. Van Helmont. La Chambre, Locque, etc... La médecine avant le déluge, etc...

1429 BORDIER (Dʳ A.). — La Vie des Sociétés.
Paris, C. Reinwald, 1887, in-8° XV-350 pp.

[8° R. 7087

Colonies animales. La Sociabilité. Les maladies aux divers ages. La Superstition. Croyance aux Esprits. Possession diabolique. Tatouage. Les grandes superstitions ou religions. Voix intérieures. La Femme. etc....

1430 BORDIER (Henri) et MABILLE (Emile). — Une fabrique de faux autographes ou récit de l'affaire Vrain Lucas.
Paris, Téchener, 1870, in-4° de 110 pp. 14 fac-similés. (5 fr.).

[Q. 1085

Intéressante et rare brochure accompagnée de 14 fac-similés des principaux documents mis en cause dans le procès.

C'est l'historique d'une fraude extraordinaire qui a ému pendant deux ans les Savants du Monde entier. Vrain-Lucas avait cédé à Mr Michel Chasles, Membre de l'Institut, VINGT SEPT MILLE « Autographes » d'une fausseté manifeste, parmi lesquels des Lettres de Sapho (la Poëtesse Grecque), Jules César, Dagobert, Charlemagne, Héloïse, Jeanne d'Arc, etc...

La question scientifique qui a fait découvrir cette impudente fraude est, autant qu'il m'en souvient, une discussion sur la priorité de la Découverte de la Loi de Gravitation de Newton.

1431 BOREL (Pétrus). — Champavert, contes immoraux, par Pétrus Borel. *Bruxelles*, 1872, in-8°. (5 fr.).

Frontispice à l'eau-forte par Adrien Aubry.

Ed. originale :

Paris, E. Renduel, 1833, in-8° de 438 pp.

[Y². 18857]

1432 BOREL (Pétrus). — Pétrus Borel, le Lycanthrope. — Madame Putiphar.

Paris, Ollivier, 1839, 2 vol. in-8° front. (15 fr.).

(Rés Y². 5005-6)

Edition originale.

Autre édition : 2°.

Paris, L. Willem, 1877-78, 2 vol. gr. in-8° de XXII-287 et 307 pp. 1 frontispice à chaque vol. (6 fr.) (5 fr.).

BOREL (Pétrus). — Voir : CLARETIE (Jules).

1433 BOREL (Pierre), Médecin, Chimiste et Académicien, né à Castres vers 1620, mort vers 1689. Il fut nommé Médecin ordinaire du Roi en 1653 et Membre de l'Académie des Sciences en 1674. — Bibliotheca Chimica, seu Catalogus librorum Philosophicorum Hermeticorum..... authore Petro Borellio.

Parisiis, apud C. du Mesnil et T. Jolly, 1654, in-12, Pièces liminaires et 270 pp.

[Q. 3391]

M. Bose (Bib. des Sc. Occ. p. 2) l'accuse d'énumérer près de 4.000 auteurs hermétistes, bien qu'à son époque, il n'en existât que 850 ou 880 au plus [Bose]. Borel aurait, paraît-il manqué de sens critique, et introduit dans son ouvrage des auteurs imaginaires (ce qui peut arriver à tout le monde) et des livres de Médecine, n'ayant que peu de rapport avec son sujet. Quoiqu'il en soit, c'est un des rares bibliographes du sujet.

(S-3373)

1434 BOREL (Pierre). — Borellus (Petrus) Medicus regius Castrensis. Historiarvm et observationvm medico-physicarum centuriæ IV in qvibvs non solvm mvlta vtilia, sed et rara, stupenda ac inaudita continentur. Accesserunt D. Isaaci Cattieri obseruationes medicinales raræ, et Renati Cartesii vita eodem P. Borello, authore.

Parisiis, apud J. Billaine, 1657. 5 part. pet. in-8° XIV-384-78-60 pp. (8 fr.).

[Td⁶¹. 156]

La première « Centurie » avait paru :

Castris apud Arnaldum Colomerum, 1653, in-12 de 11 f⁹⁸-240 pp. (5 fr.).

BORELLUS (Petrus). — Nom Latinisé de BOREL (Pierre). Médecin de Castres ; voir : BOREL, ci-dessus.

1435 BOREL (Th.). — Le comte Agénor de GASPARIN, par Th. Borel.

Paris, J. Bonhoure et Cie, 1879, in-18 de XII-152 pp. planches. (4 fr.).

[Ln²⁷. 31077]

Le Comte A. de Gasparin a savamment étudié les phénomènes de lévitation des tables, dans le spiritisme. Voir ses ouvrages.

Réimprimé 4 fois au moins jusqu'en 1883 :

Neuvième édition :

Paris, E. Plon, 1883, in-12, de XII-152 pp.

[Ln²⁷. 31077. D.

Sc. psych. — T. I. — 14.

Contient une succincte bibliographie à la fin, après la Table, p. 151-2.

1436 BORET (De). — Lettres sur le magnétisme par le docteur de Boret, publiées pour la première fois par l'Union magnétique.
Paris, Jusset, Imp. Voitelain, l'Auteur, 1864, in-8°, 68 pp.
[Th⁶⁵. 245

Travail intéressant. D'abord destiné au Siècle, journal trop peu scientifique pour avoir pu l'apprécier.
(D. p. 176.

1437 BORMES (Baron de). — Epître à MM. les savans et amateurs en chymie, pour servir de réponse à un article des Elémens d'histoire naturelle et de chymie de M. Fourcroy, suivie de plusieurs mémoires sur des opérations nouvelles et curieuses en chymie.
Bruxelles et Paris, Harduin et Galley, 1787, in-8° de 145 pp. Avec Frontisp. et 2 gr. planches. (5 fr.).
2 ex: [R. 20616 et S. 23640

Nitre fait avec le sel marin ; — éther marin ; — huile de vitriol tirée du soufre ; — métal imitant parfaitement l'or, composé par l'auteur, etc...

1438 [BORMES (Baron de)]. — Lettres de M. l. B. d. B. à M. P. L. G. H. D. L. S., à Marseille, sur l'existence du Magnétisme Animal et l'agent universel de la nature dont le D' Mesmer se sert pour opérer ses guérisons... avec le moyen de se bien porter sans le secours du médecin.
Genève et Paris, Couturier, 1784, in-8° de 87 pp. avec la Planche du Chien qui lève la patte, cependant que la Renommée plane dans les airs. (2 fr.).
[Th⁶⁵ 19

BORN (Baron Ignaz von). — Célèbre minéralogiste allemand, né en 1742 à Carlsbourg, en Transylvanie, mort à Vienne en 1791. Conseiller aulique des Mines et Monnaies de l'Empire. On lui doit des ouvrages de minéralogie et de métallurgie très estimés et en outre une amusante Satire contre les moines, signée du pseudonyme spirituel : JEAN D'ANTIMOINE.

1439 BORN (Ignaz von). — — La Monacologie, ou Histoire Naturelle des Moines, traduite de l'original Latin par BROUSSONNET. Réimpression textuelle sur l'édition originale française de 1784. Avec de nombreuses figures dans le texte.
(*Evreux, Imp. Hérissey*) *Rouen lib. Lemonnyer*, 1879, pet. in-8° XXIII-88 pp. Tit. rouge et noir, figures, (2 fr.).
[8° G.804

Tiré à petit nombre sur papier teinté. Terminé par un superbe catalogue de la librairie J. Lemonnyer (24 pp. et pl. en taille douce).
Cet ouvrage célèbre a été publié en latin, en français, en allemand, en anglais, etc... Voir Bibl. Nat⁹⁵, Catalogue Général, XVI-441 à 2.
La première édition latine semble dater de 1783. *Augusta Vindelicorum, sumtibus J. Mertz*, in-4° avec 3 pl.
[H. 3947

1440 [BORN (I. de)]. — Essai sur l'Histoire Naturelle de quelques Espèces de Moines, Décrits à la Manière de Linné. Ouvrage traduit du Latin par JEAN D'ANTIMOINE, Naturaliste du Grand Lama, etc...
Paris, chez H. Chabanon et Cie, 1883, in-12 de 131 pp. Couv. et Pl. lithogr. en Coul. (2 fr.).

Satire, ou Facétie Anti-Cléricale spirituelle et amusante.

1441 BORRE (N. de). — Apologia pro exorcistis energumenis, maleficiatis et ab incubis Daemonibus molestatis, in qua demonstratur fuisse omni œvo et ubique modoque : esse etiam apud nos, plurimos omnis ætatis et conditionis energumenos, maleficiatos et ab incubis daemonibus molestatos... continens insvper vera signa et argumenta, ex quibus certo dignosci potest an quis vere sit energumenus vel maleficiatus, modosque seu remedia efficacissima a Daemonum potestate eos liberandi... cvm plenaria et exacta exorcistarum, hanc in rem. instructione. authore... D. Nicolao de BORRE.

Lovanij, typis G. Lipsij. 1600, in-4°. pièces limin. et 230 pp. (35 fr.).

[R. 7051

Contient le manuel complet de l'exorcisme. On trouve à la fin de l'ouvrage plusieurs chapitres sur les démons incubes et succubes.

(S-3222

1442 [BORREL (Jean).] — Joan Buteonis. [pseud. de Jean Borrel], de Qvadratvra circuli, lib. dvo vbi multorum quadraturae confutantur et ab omnium impugnatione defenditur Archimedes. Eivsd... annot. opuscula in errores Campani, Zamberti, Orontii, Peletarii, Io. Penae interpret. Euclidis.

Lvgdvni, apud G. Rovillium. 1559. pet. in-8°. 283 pp. (6 fr.).

[V. 10183

Rare ouvrage de mathématiques de Jean Borrel ou Buteo, provençal, qui fut l'élève du célèbre Oronce Fine.

1443 BORRICHIUS (Olaus). — Expériences chimiques; par Olaus Borrichius ; dans Mémoires littéraires contenant..... tr. de l'angl. (par Eidous). 1750), 204-10.

(O-1231

1444 BORVIUS (J.). — J. Borvii. Apelliticus Ceraunobolus, sive Theatrum Diabolorum.

S. I. N. D. in-8°.

(S-3147

1445 [BORY de St-VINCENT]. — Lamuel ou le livre du Seigneur. Traduction d'un manuscrit Hébreu exhumé de la Biblioth. ci-devant Impériale. Histoire authentique de l'empereur Apollyon et du roi Béhémot. Par le Très Saint-Esprit.

Liège, Collardin, 1816, in-10, (14 fr.).

Pamphlet violent contre le gouvernement de la Restauration : les masques sont aisément levés : le roi Béhémot n'est autre que Louis XVIII et Apollyon symbolise Napoléon. — Quant à la dédicace de Chateaubriand, elle est entièrement formée de passages extraits des œuvres de cet écrivain et est signée Q. S. M. D. V. (qui se moque de vous). — Avec trois gravures "faites d'après les derniers tableaux du célèbre peintre R. Girodet."

La destruction de cet ouvr. fut ordonnée.

(G-96

1446 BOSC (Ernest), Architecte français. un moment éditeur de *"La Curiosité"* q. v. — Addha-Nari ou l'occultisme dans l'Inde antique : Védisme, littérature hindoue, mythes, symboles, doctrine ésotérique, cosmogonies, musique, etc..

Paris, Galignani, Nice, 1893, in-16 de XVI-359 pp. (5 fr.).

Figure d'Addha-Nari et planche en couleurs. (La couverture porte Chamuel.)

[O² K. 1010

Cette œuvre se place au premier rang de celles qui ont été faites sur ce sujet. Aucune n'a été conçue d'une façon aussi synthéti- que et avec autant d'érudition. l'auteur étant d'une compétence indiscutable en la matière.

(G-1191

1447 BOSC (Ernest). — De l'Aimantation Universelle. La Polarité et le Fluide vital.

Paris, Bibliothèque de la Curiosité, Imprimerie du XX° siècle, 1910, in-16 de 338 pp.

Théorie de l'Homme. — De l'Electricité. — De la Gravitation. — De l'Aimant.— Des Magnétomètres.— De la Fégatothérepie — Phénomènes de Luminescence. — De l'aimantation cérébrale. — De l'Electricité animale. — De l'Electroculture. — La baguette divinatoire. — Etc.

1448 BOSC (Ernest). — Bélisama, ou l'Occultisme Celtique.

Paris, in-18 jésus, (3 fr.).

1449 [BOSC (Ernest)]. — Bibliographie Générale des Sciences Occultes.

Paris, Le voile d'Isis, 1891-1894, in-8° de 96 pages (non terminé : l'ouvrage devait en comporter 400 d'après l'annonce de L. Mauchel.) (7 fr.).

Cette Bibliographie a paru comme partie du journal "Le Voile d'Isis. du N° 46 (Novembre 1891) au N° 167 (Juillet 1894) inclus, avec sa pagination propre, et suivie, bien que faisant partie du corps du journal.

Elle comprend en tout 2031 N°, parmi lesquels à peu près tous ceux donnés par Lenglet-Dufresnoy dans le Tome III de l'Histoire de la Philosophie Hermétique.

La Publication a cessé brusquement au milieu de la 1re Partie de la VIe Section : Philosophie Occulte. La fin de cette section et tout ce qui se rapporte au Magnétisme, à l'Hypnotisme, au Spiritisme et à la Franc-Maçonnerie n'a pas paru.

L'ouvrage est d'ailleurs assez peu détaillé et confus.

On peut le trouver à la Bibliothèque Nationale dans la Collection du Voile d'Isis, Volumes 1890-91, 1892 et 1893-95, soit trois volumes: Cote : [4° R. 044

1450 BOSC (E.). — La Chiromancie médicinale, suivie d'un Traité sur la physionomie et d'un autre sur les marques des ongles par Philippe May de Franconie. Traduit de l'allemand par P. H. Treusches de Wezhausen, avec un avant-propos et une Chiromancie synthétique par Ernest Bosc.

Paris, Chamuel. M.DCCC.XCV. [1895] in-12 de XIII-190-48 pp. Titre et couv. noir et rouge. Figures. (3 fr.).

En publiant à nouveau ce livre, l'auteur a rendu service à tous ceux qu'intéresse la chiromancie, gens du monde et professionnels.

Cet ouvrage rarissime, nullement conforme aux idées des chiromanciens modernes, est en opposition avec les plus célèbres données contemporaines. Il est par ce fait, d'autant plus curieux à connaître, à lire et à méditer.

1451 BOSC (Ernest). — Diabolisme et Occultisme (Diabolisme : Luciferianisme ; Palladisme ; le Diable au XIXe siècle ; Lucifer Démasqué ; Groupes ouverts ; Groupes fermés : Occultisme).

Nice, Imprimerie de "La Curiosité" 1896, in-16 de 36 pp.

[8° R. Pièce. 0917
(Y-P-217

1452 BOSC (Ernest). — Dictionnaire d'orientalisme et de psychologie ou Dictionnaire de la science occulte.

Paris, Chamuel. Nice, Bureau de la Curiosité, 1896, 2 vol. in-16 de XIII-432 et 440 pp. Portr. et fig. (12 fr.).

[8° R. 10077

Ce dictionnaire est le plus précieux que nous possédions, et est l'œuvre d'un occultiste compétent. Son ouvrage est entièrement original, et ne fait pas double emploi avec les ouvrages antérieurement publiés qui touchent, de près ou de loin, à ce sujet : c'est un outil de travail indispensable, car il résume les théories anciennes et modernes et contient le vocabulaire de tous les mots usités. Il embrasse dans son cadre : la Divination, la Magie, la Sorcellerie, l'Hypnotisme, l'Occultisme, le Spiritisme, la Théosophie, l'Orientalisme, l'Astrologie, l'Alchimie, la Kabbale, la Mythologie et les Religions anciennes, etc.....

1453 BOSC (E.). — Dictionnaire général de l'Archéologie et des Antiquités chez les divers peuples.

Paris, 1881, in-16, de VII-570 pp. fig. (8 fr.).

[8° G. 902

Bel ouvrage illustré de 450 gravures intercalées dans le texte.

1454 BOSC (E.). — La Doctrine ésotérique à travers les âges. — Symbolisme. — Langue sacrée. — Evolution. De l'Homme. Transformisme. Races et sous-Races. Sémites et Aryens. D'Isis et d'Osiris. Livre des Morts. Renaissance. Vierges-Mères. Cosmogonies. Les Déluges. Continents disparus.

Paris, Chamuel. [1899-1900]. 2 vol. in-18.

[8° R. 16539

Le titre de l'ouvrage en dit suffisamment pour qu'il soit inutile d'insister sur sa valeur, surtout lorsque l'auteur est d'une si grande compétence sur les matières qu'il traite.

1455 BOSC DE VEZE (Ernest). — L'Electroculture, action de l'Electricité sur les Plantes.
Paris, in-18 jésus. (1 fr.).

1456 BOSC (E.). — L'Homme invisible. Etude sur l'Aura humaine, ses couleurs et ses significations physiques, morales et psychiques.
Nice, Bureaux de la Curiosité, 1904, in-10 de 46 pp.
[8°R. Pièce 9715

1457 [BOSC (Ernest)] sous le pseud. "Jean DARLÈS". — Glossaire raisonné de la Théosophie, du Gnosticisme, et de l'Esotérisme.
Paris, Librairie du XX° Siècle, 1910. in-18, de 240 pp. (Bibliothèque de "La Curiosité").
[8°R. 23034

Utile dictionnaire.

1458 JEAN DARLÈS. — Idées, Principes et vérités théosophiques. (Philosophie orientale.)
Paris. H. Daragon, 1909, in-10, 144 pp.
[8° R. 22532

1459 BOSC (Ernest). — Isis dévoilée ou l'Egyptologie sacrée ; hiéroglyphes, papyrus, livres d'Hermès, religion, mythes, symboles, occultisme, etc...
Paris, Chamuel, s. d. [1892] "Le Val des Roses, à Nice, 5 déc. 1891". in-16 de VI-304 pp. (4 fr.).
Portrait de l'auteur.
[O²a. 707

Idem : 2° édit.
Paris, Perrin, 1897, in-12 de VI-356 pp.
[O²a. 707. A.

Véritable encyclopédie de la religion, des usages, mœurs et coutumes des anciens égyptiens. Seul ouvrage permettant de connaître l'Egypte au point de vue ésotérique.
(G-1192

1460 BOSC (E.). — Le Livre des respirations. — Traité de l'art de respirer, ou Panacée pour prévenir ou guérir les maladies de l'homme.
Paris, Chamuel, in-16, XV-108 pp. figures.
[Th³⁸. 71
Paris, Chacornac, in-12, 1905.
Paris, in-18, 1906, (3 fr.).

Compendium de plusieurs théories et procédés mis en œuvre, surtout dans l'Orient et en Europe, par les savants et les médecins, pour utiliser le mieux possible une de nos plus importantes fonctions physiologiques. Cet ouvrage ne renferme que des documents de première main. — Indispensable pour le traitement des maladies et le développement des pouvoirs psychiques.

1461 BOSC (Ernest). — Notes sur Paracelse, suivies de son "Discours sur l'Alchimie".
Paris, 1901-02 in-8° de 84 pp.

Bio-bibliographie de Paracelse, et traduction du traité alchimique par E. Bosc. Travail très précieux et des plus intéressants.

1462 BOSC de Vèze (Ernest). — De l'Opium et de la Morphine. Leur emploi, leur utilité, leurs dangers. Guérison assurée des Troubles physiques et psychiques du Morphinisme.
Paris, H. Daragon, 1908, pet. in-8° de 84 pp. et tab. (2 fr.).
[8° T¹²⁰ 139 (9)

1463 BOSC de Veze (E.). — Petite encyclopédie synthétique des sciences occultes : Alchimie, Hermétisme, Magie, Oracles, Divination, Féeries, Sybilles, Météorologie, Physique et Mystique, Kabbale, Nombres, Sociétés secrètes. Mouvement occultiste contemporain.
Nice, au bureau de « la Curiosité » 1904, in-18, 285 pp.
[8° R. 18602

Excellente encyclopédie résumant sous une forme concise, toute la matière de l'occultisme ; à la fin se trouve une bibliographie des romans ayant trait aux sciences occultes.
Ouvrage sérieux.

1464 BOSC (Ernest). — La psychologie devant la Science et les Savants. —

Od et fluide odique. — Aura, polarité humaine, fluide astral, magnétisme, clairevue, clairaudience, télépathie, médium, extériorisation, possessions, obsessions, les sept dimensions de l'espace, la force psychique, spiritisme, les trois âmes de l'homme, magie et Goëtie, occultisme.
Paris, Chamuel, s. d. (1894). in-18 XVIII-299 pp. (3 fr.).

[8° R. 13383

Autre édition (3°)
Paris. 1908, in-18 de XVIII-300 pp.

C'est une source abondante, où les adeptes de l'occulte trouveront à puiser des connaissances nouvelles, acquises par l'auteur à la suite d'une longue expérience et d'enquêtes minutieuses et sévères.

1465 BOSC de VEZE (E.). — Traité de Longévité, ou l'art de devenir centenaire. — Manuel des convalescents. — Manuel des gens bien portants.
Paris, H. Daragon, 1908, in-18 de 205 pp. (5 fr.).

1466 BOSC de Vèze. (Ernest). — Traité de Yoga. Aura, Od et Ob. Hatha Yoga, Raja Yoga, Yoga Sonique, Karma Yoga, diverses Yogas, Chakras. — Les Asanas : Siddhâsanâ, Padmâsana. — Yogis, Fakirs, Thaumaturges. — Hypnotisme, Siddhis. — Cures Magnétiques. — Mémoire. — Plexus. — Pranâyama. — Samadhis.
Paris, H. Daragon, s. d. [1908] in-8° de 205 pp.

[8° O²k. 1275

C'est le premier ouvrage en français sur la matière. Tout récemment a paru celui du Swami VIVEKANANDA. q. v.

1467 [BOSC (E.)]. — Traité Théorique et pratique du Haschich et autres substances psychiques, cannabis, herbes magiques, opium, morphine, &c, formules et recettes diverses ; bols, pilules, pastilles, électuaires, opiats.
Paris, Chamuel, 1895, in-18 177 pp. fig.

[Te ⁵¹. 007 (³)

Excellent et remarquable travail rempli de renseignements où les curieux et les savants trouveront d'amples matériaux pour leurs expériences : et les lecteurs, avec le moyen de se servir avec ménagement et utilité des drogues narcotiques, sauront le danger grave qu'il y aurait d'en abuser.

Idem (Avec le nom de l'auteur).
Paris, (2° édit.) in-18 jés. (3 fr.).

1408 BOSC (E.). — La Transmutation des métaux : l'Or alchimique : l'Argentaurum. Divers procédés de fabrication avec lettres et documents à l'appui.
Paris, Dorbon ainé. 1902. in-16 48 pp.

[8° V. 20346

1469 BOSC de Vèze (E.). — Vie ésotérique de Jésus de Nazareth.
Paris, Dorbon ainé, 1902, in-8° de 448 pp.

Vie de Jésus, écrite au point de vue ésotérique, ce qui n'avait pas encore été fait. Et Dieu sait si les livres sur le Christ sont nombreux. A ce point de vue, l'œuvre est donc neuve, originale, et digne de figurer à côté des plus discutées et des plus sérieuses.

1470 BOSC (E.). — De la Vivisection. — Etude physiologique et philosophique. Histoire, vivisection et science. Expériences monstrueuses, crimes et infamies. Découvertes de Pasteur. Microbiculture, incertitude, condamnation. Tremplin. Droits et science. Philosophie, morale.
Paris. Chamuel. 1894. in-18 174 pp.

[Ta ⁶⁰. 04

Œuvre d'un « anti-vivisecteur » qui discute point par point les prétendus services de cette pseudo-science. M. Ernest Bosc, qui nie les bienfaits et récuse les nécessités de la vivisection emploie toute son éloquence et son savoir à faire partager ses vues. Il y réussit.

1471 BOSC (Mᵐᵉ Ernest ou Marie-Antoinette, femme du précédent). — Amias Frigoulet.
Paris, Chacornac, 1903. in-12 de XI-388 pp.

Scènes d'obsession du domaine des Infernaux sathaniques. Ce roman narre les événements les plus tragiques avec des données curieuses ; c'est un roman vécu, où la criminalité est scientifiquement pratiquée, pour ainsi dire, par deux frères, dont l'un exerce constamment sur l'autre des actes de fascination et l'entraîne au crime.

1472 BOSC (Mme E.). — Catéchisme de doctrine spiritualiste (Ésotérisme élémentaire).
Paris, Libr. des sciences psychiques, 1897, pet. in-8° 90 pp.
[8° R. 14289

L'auteur s'est efforcée, dans cette œuvre, de combattre le matérialisme. Œuvre remarquable à tous points de vue.

1473 BOSC (Mme E.). — L'envoûtement, avec préface, notes et postface par Marcus de Vèze.
Paris, Chamuel, 1898, in-10 XVI-331 pp.
[8° Y². 50700

Peut-on ou ne peut-on pas envoûter ? Voilà ce que se demandent beaucoup de personnes. Sous la forme du roman, l'auteur y étudie la question et donne la solution juste et vraie de l'envoûtement.

1474 BOSC (Mme E.). — Nouvelles ésotériques : le Sacrilège, le Drapeau noir, l'Ombrelle verte ou la Jettatura, Lysmha la Korrigane, la Roche-du-Maure, ou la Roche Vidal.
Paris, Librairie des sciences psychiques, Édition de la Curiosité, 1897, in-12 de XIV-340 pp.
[8°Y² 50224

Cinq nouvelles extrêmement intéressantes et instructives. Le Sacrilège est une nouvelle théosophique, publiée dans le Lotus bleu. — Le Drapeau noir, une nouvelle spirite qui a été très goûtée lors de sa publication dans la Revue spirite. — Lysmha la Korrigane et la Roche Vidal sont des nouvelles occultes.

1475 BOSC (Mme E.). — Romans ésotériques. Voyage en Astral, ou vingt nuits consécutives de dégagement conscient par M. A. B. (Mme Ernest Bosc). Avec préface, notes et notules par J. Marcus de Vèze.

Paris, Chamuel, 1896, fort in-16 VIII-403 pp. 1 portrait de Mme Clairville.
[8° Y². 50104

Deuxième édition :
Paris, Société libre d'éditions des Gens de Lettres [1901], fort in-16 de 406 pp. portr. de Mme Clairville.

L'initiation. Intervention occulte. Communication médianimique. Un apport. Les mages noirs. Une séance spirite. Sur les éléments. Psychologie et magie. Union mystique. En Érèbe. En Kama-Loka, etc.

Cet ouvrage est sans contredit, une des œuvres contemporaines les plus intéressantes. L'auteur nous montre ce qu'est la vie de l'au-delà : la vie sur le plan astral ou plan psychique. — Recommandé spécialement aux Théosophes.

1476 BOSC (Mme E.). — Romans ésotériques (infernaux et sataniques). Épisode en Égypte : Expiation : Revue rétrospective : 500 ans en arrière. Épisode à Jérusalem, avec préface, note et notules par Marcus de Vèze.
Paris, Chamuel, 1898, in-18 X-318 pp.
[8° Y². 50710

Sous ce titre générique sont réunis trois romans remarquables, qui ont obtenu auprès du public occultiste et des théosophes un accueil des plus sympathiques et des plus mérités.

1477 BOSC (Mme E.). — M. A. B. (Mme Ernest Bosc). — Série : Infernaux et Sathaniques. La suggestion mentale ou la Grande Denise. Avec préface, notes et notules de J. M. de Vèze. — La poupée merveilleuse, édition de la Curiosité.
Paris, Chamuel, s. d. [1899], in-18 XIV-266 pp.
[8° Y². 51905

Dans ce roman, se déroulent tous les faits les plus intéressants de la suggestion, et tout ce qui s'y passe est strictement scientifique, de là le puissant intérêt que comporte cette œuvre.

Deuxième édition :
Paris, Société libre d'édition des Gens de Lettres, s. d. in-12 de XIV-266 pp.

1478 BOSC (Mme E.). — Thomassine.

Paris, Chamuel, s. d. [1800], in-18 XI-402 pp.

[8° Y². 50700 bis

Thomassine est la continuation du roman l'Envoûtement ; mais l'affabulation des deux romans étant complètement distincte on peut les lire indifféremment l'un ou l'autre.

Dans le premier roman, la scène se passe au moyen-âge ; dans le second, à l'époque de la Renaissance, sous le Règne de Catherine de Médicis.

1479 BOSCAMP (C. F. von). [Pseudonyme de Johann-Jan-Joseph-Car] von Ecker von Eckhoven]. — Werden und können Israëliten zu Freymaurern aufgenommen werden ? veranlaszt durch die zur Beherzigung für Freymaurer von einem Ungenannten herausgegebene Schrift : authentische Nachricht von den Ritter-und Brüder-Eingeweihten aus Asien : herausgegeben von C. F. Von Boscamp, genannt Lasopolski.

Hamburg, B. G. Hoffmann, 1788, pet. in-8° VIII-80 de pp.

(O-401

1480 BOSE (Georges-Mathias). — Observation du dernier Passage de Mercure sur le Soleil, en 1743, par J. M. Bose.

Wittembergue, 1743, in-4°, 34 p. pl. et tableaux.

[V. 8014, etc.
(S-3410 b

1481 BOSIO (G.). — Histoire des chevaliers de l'Ordre de St-Jean de Hierusalem, contenant leur admirable institution et police, la suite des guerres de la Terre Saincte, où ils se sont trouvez et leurs continuels voyages, entreprises, batailles, assauts et rencontres, cy devant escrite par le feu P. D. B. S. D. L. (P. de Boissat, sieur de Luçay) augm. par J. Baudoin et illustrée d'une ample chronologie des Grands Maitres, etc... par F. A. de Naberat, aumosnier de la Reyne.

[H. 1045-45
Paris, J. d'Allin, 1659, 3 t. en 1 fort vol. in-f°.

Voir aussi à Boissat. — Orné de trois beaux frontispices gr. par C. de Pas et Blanchin, des portraits de tous les Grands-Maitres de l'Ordre, du costume des religieuses de St-Jean de Jérusalem et de 9 vues et plans de Jérusalem, Margat, Ptolémaïde, Chypre, Rhodes, Valette, Malte, etc..... Au dire de Guigard, cet ouvrage présente des particularités curieuses et des plus intéressantes.

1482 BOSSARD (Abbé Eugène) auteur d'une thèse sur Alain de Lille et le Dante [8° Yc. 135]. — Les derniers jours de Barbe-Bleue. (Gilles de Rais).

Nantes, 1800, in-12.

Curieux ouvr. sur Gilles de Rais, maréchal de France et compagnon de Jeanne d'Arc, brûlé vif à Nantes, le 26 oct. 1440, pour avoir pratiqué la magie et la sorcellerie, s'être donné à Satan afin d'obtenir science, richesse et puissance ; il était également accusé d'avoir souillé et fait périr plus de 200 enfants pour ses sacrifices magiques. Son procès est un des plus retentissants que nous ayons dans notre histoire.

BOSSUET (Jacques Benigne) né à Dijon en 1627, mort à Paris en 1704. La mansuétude qu'on lui prête généralement vis à vis des Hérétiques ne paraît pas bien prouvée. Voir sur ce grand Evêque de Meaux :

Mémoires et Journal sur la Vie et les Ouvrages de Bossuet, publiés pour la première fois d'après les Manuscrits autographes et accompagnés d'une Introduction et de Notes par l'abbé Le Dieu.

Paris, 1856.

1483 BOSSUET (Jacques B.). — L'Apocalypse, avec une explication, par Jacq. B. Bossuet.

Paris, Impr. de la Vve de S. Mabre-Cramoisy, 1689, in-8° de 838-pp. et la table.

[D. 22207
(S-176

1484 Instruction sur les estats d'oraison, où sont exposées les erreurs des faux mystiques de nos jours.

Paris, Anisson, 1697, in-8°, de 483-CXXX pp. et la table.

[D. 10045(¹)

Rare, seconde édition parue la même année que l'édition originale. A la fin se trouvent, paginés séparément, les Actes de la condamnation (sic) des Quiétistes.

(G-1690

1485 BOSSUET (Jacq. Ben.). — De nova questione tractatus Tres. — I. Mystici in tuto. — II. Schola in tuto. — III. Quietismus redivivus auctore J. Ben Bossuet.

Parisiis apud J. Anisson, 1608. in-8° de 440 pp.

[D. 19073
(S-874

1486 Remarques sur la réponse de l'Archevêque de Cambrai à la relation sur le Quiétisme.

Paris, J. Anisson, 1608, in-8° de 230 pp.

[D. 10061(²)
(S-874

1487 Relation sur le Quiétisme par Messire Jacques Bénigne Bossuet.

Paris, Impr. de J. Anisson, 1608. in-8° de 148 pp.

[D. 19061(²)
(S-874

1488 BOST (A). — Histoire ancienne et moderne de l'Eglise des frères de Bohème et de Moravie depuis son origine jusqu'à nos jours.

Paris, L. R. Delay, 1844, 2 vol. in-8°. (6 fr.).

[M. 24353-4

J. Huss. Vaudois en Bohême. Les Inspirés et les Séparatistes. Dons surnaturels, etc.....

L'édition originale (?) est de *Genève, S. Guers,* 1831, 2 vol. in-8°.

[M. 24355-6

1489 BOTTEY (D' Fernand). — Le "magnétisme animal". Etude critique et expérimentale sur l'hypnotisme ou sommeil nerveux provoqué chez les sujets sains. (Léthargie, catalepsie, somnambulisme, suggestion, etc..... par le docteur Fernand Bottey.

Paris, E. Plon-Nourrit et Cie, 1884, in-18.

[Tb⁶¹, 284

Autres éditions :
Paris, Plon, 1888, in-12.
Paris, 1850, in-12.

(G-1193

1490 BOUBÉE (J. S.). — Etudes historiques et philosophiques sur la Franc-Maçonnerie ancienne et moderne, sur les Hauts Grades et sur les loges d'adoption par le F∴ J. S. Boubée.

Paris, Dutertre, 1854, in-8° de VIII-277 pp. (12 fr.).

[H. 13027

Ouvrage du plus haut intérêt. Origine et but de la Maç∴ primitive. — Des hauts grades. — Ses tribulations en Egypte. — Mystère des souterrains. — Etablissement de la Maç∴ primitive à Rome, par Numa ; à Crotone, par Pythagore ; à Jérusalem, par Moïse et Salomon ; son état à l'époque des Croisades et son importation en Occident et son adoption par les Templiers. — Origine du nom de la F∴ M∴. — Les Druides. — Les constructeurs de cathédrales. — Les Illuminés d'Allemagne. — Création de l'Ecossisme. — Explication des hauts grades ; examen particulier de ceux de l'Ecossisme. — Du Rite Egyptien. — Le Convent des Philalètes et de Cagliostro. — Apparition en France du Rite de Misraïm. — De le grande Loge nationale. — Maçonnerie d'adoption. — Précis de la morale maç∴, etc.....

1491 BOUBÉE (J. S.). — (Officier d'honneur du G∴ O∴ de France, Doyen de la Maç∴ française). Précis Historique de la Franc-Maçonnerie, ou Souvenirs Maçonniques, précédés d'une notice historique sur l'Origine de la Franc-Maçonnerie.

Paris, Impr. du F∴ A. Lebon, 1860, in-8° de 240 pp. (10 fr.).

[H. 13028

Etude sur l'origine de la Franc-Maçonnerie, son introduction dans nos contrées et sa marche progressive jusqu'à la Terreur. Relation des travaux du G∴ O∴ de France jusqu'à l'avènement du prince Murat, à la dignité de

Grand Maître de l'ordre, en 1852; son administration jusqu'à la révolution maçonnique de 1861.

1492 BOUCHÉ DE CLUNY (Jean Baptiste). — Les Druides.

Paris, Martinon, 1844. in-8° de 289 pp. (5 fr.).

[La². 76

"Je me suis moins proposé de mettre sous les yeux l'Histoire philosophique du Culte Druidique que les Points de ce Culte qui sont arrivés jusqu'à nous et qui m'ont paru les plus propres à donner une idée exacte des premiers Temps de la Civilisation Politique et Religieuse de ces Prêtres Philosophes et Législateurs."

Déluge et Incendie. — La Celtique et les Celtes. — L'Enfer et Carnac. — Les Dieux et les Lieux Sacrés. — Les Législateurs et les Poètes. — Les Prophétesses et le Paradis.

1493 BOUCHE-LECLERCQ (A.). — L'Astrologie grecque.

Paris, Ernest Leroux, in-8° de XX-658 pp. (18 fr.).

[4°V. 4789

Travail considérable, digne d'un bénédictin et d'une immense érudition, dans lequel la science astrologique se trouve exposée et critiquée dans ses moindres détails. Les précurseurs. L'astrologie chaldéenne. Les dogmes astrologiques. Les Planètes et les types planétaires. La route des Planètes ou Zodiaque. Combinaison des signes du Zodiaque et des Planètes. Domaines planétaires. Les Décans. Rapport de position des planètes entre elles. Le Zodiaque considéré comme cercle de la géniture. Cycles divers. Système des sorts. Propriétés et patronages terrestres des astres. Apotélesmatique universelle, et individuelle ou généthlialogie. Du moment fatidique, conception ou naissance. Détermination de l'Horoscope. Interprétation des thèmes. La médecine astrologique. L'astrologie dans le monde romain. L'astrologie et l'orthodoxie chrétienne. Précieux index alphabétique. Toutes ces parties sont traitées à fond avec toute la compétence désirable ; le nom seul de l'auteur est d'ailleurs le meilleur garant du caractère hautement scientifique de cette belle œuvre.

1494 BOUCHE-LECLERCQ (A.). — (Membre de l'Institut). — Histoire de la divination dans l'antiquité par A. Bouché-Leclercq.

Paris, E. Leroux, 1879-82. 4 vol. in-8°. (30 fr.).

[8°R. 1907

Monument d'érudition de tout premier ordre qui doit trouver sa place dans la bibliothèque d'un philosophe.

1495 BOUCHER. — Essais sur l'Hyperespace. Temps. Matière. Énergie. Paris, (5 fr.).

1496 BOUCHER (Gustave). — Une séance de spiritisme chez J. K. Huysmans.

Niort, Imprimerie Niortaise, 1908. in-16 de 31 pp.

[8°R. 11654

Tiré à 200 ex., numérotés hors commerce.

L'auteur fut médium involontaire pour une matérialisation d'un esprit, supposé celui du Général Boulanger (chez J. K. Huysmans, vers Janvier 1893).

BOUCHER (Jean) Docteur en Théologie et un des instigateurs de la Ligue, né à Paris, vers 1540, mort à Tournay vers 1644. Il fut Recteur de l'Université et Prieur de la Sorbonne. Il s'est surtout fait connaître par la violence de ses pamphlets. Ces libelles exposent la frénésie des passions politiques de l'époque.

1497 [BOUCHER (Jean) docteur en Théologie]. — La Vie et faits notables de Henri de Valois, tout au long sans rien requérir.

S. L. 1589, in-8° de 141 pp. portr. et fig.

[Lb³⁴.812

Attribué à J. Boucher, 6 rééditions au Cat. Gén. de la Bib. Nat. (XVI-1.093).

1498 [BOUCHER] (attribué à Jean). — Lettre Mystique, touchant la Conspiration dernière, avec l'ouverture de la Cabale Mistérielle (sic) des Jésuites.

Leiden, 1003, in-12.

(S-5801

1499 BOUCHER (Jean). — Lettre Mystique, touchant la Conspiration dernière, avec la Cabale Mystérielle (sic) révélée en songe à J. Boucher, fuyant en Espagne.
Leiden, 1602, in-12.

(S-5791)

1500 BOUCHER (Philippe), Pasteur. — Les Harmonies de la Croix par Ph. Boucher.
Paris, Ducloux, 1851, in-18, de XXVII-256 pp. (3 fr.).

[D². 6164

Qu'est-ce que la Croix ? Ignorance de ce qu'est la Croix. La Croix dans ses harmonies embrasse toutes les sphères, etc...

1501 BOUCHET (Ulysse) Calculateur Principal du Bureau des Longitudes. — Hémérologie, ou Traité pratique complet des Calendriers Julien, Grégorien, Israélite et Musulman....
Approuvé par l'Académie des Sciences.
Paris, E. Dentu, 1868, in-8° de VII-531 pp. (3 fr. 50).

[V. 32707

Ouvrage très curieux, et de la plus haute érudition, précise et mathématique.
Comment ont été choisis les Noms des Jours de la Semaine. — Ceux des mois. — Nombre d'Or. — Cycle Solaire. — Lettre Dominicale. — Épacte. — Lettre du Martyrologe. — Pâques. — Concordance des divers Calendriers.

1502 BOUCHUT (Dʳ Eugène). — La Vie et ses attributs dans leurs rapports avec la philosophie et la médecine par le Dʳ E. Bouchut.
Paris, J. B. Baillière et fils, 1876, in-18 de XXII-444 pp.

[Tb¹¹. 68. A

Historique très intéressant.

1503 BOUDON (J.). — Adam a son origine, roi et unique médiateur de tout l'univers planétaire. Question délicate touchant à la pluralité des mondes habités, par J. Boudon.
Paris, Bloud et Barral, 1878, in-16 de 431 pp.

[D. 65140

1504 BOUDSOT (A. A.). — Du Dynamie.
Paris, 1863, in-8°.
(Manque au Catalog. et supp. de la Bib. Nat.)

1505 BOUÉ de VILLIERS (Amaury-Louis. R.). — La Normandie superstitieuse. Le Pèlerinage de la fontaine Ste Clotilde aux Andelys. Les Saints grotesques.
Paris, A. Le Chevalier, s. d. [1870] in-18 de 71 pp. (3 fr. 50).

[Lk⁷. 15482

1506 BOUÉ de VILLIERS (Maurice). — Les chevaliers de la Table Ronde. Roman.
Paris, H. Chacornac, 1902, in-12.

Tout en empruntant du tableau et de la légende la partie naïve et poétique, l'auteur a su faire, avec beaucoup de verve et de talent, un des meilleurs livres de la littérature occulte. Il est intéressant comme un conte de fée et mystérieux comme un drame dans l'inconnu.

1507 BOUÉ de VILLIERS (Maurice). — Manuel de Magie, sommaire de science occulte.
Paris, H. Chacornac, 1902, in-12.

Œuvre de vulgarisation, où l'auteur passe une revue rapide de toutes les matières dont s'occupent les occultistes. Dogme, tradition et symbolisme occulte. La Divination. Pratiques magiques. Phénomènes. L'Envoûtement. Astrologie, etc...

1508 BOUÉ de VILLIERS (Maurice). — Le Secret de la Rose ✝ Croix.
Paris, Bibliothèque des Entretiens Idéalistes, 1907, in-8° de 22 pp.

[8° Y². Pièce 1069

BOUELLES, BOUILLES, ou BOUVELLES (Charles de) en latin BOVILLUS ou BOUILLUS, philologue et érudit, est né à Sancourt, en Picardie, vers 1470, et mort vers 1553. Il fut Chanoine et professeur de Théologie à Noyon.

1509 BOUELLES (Charles de). — Caroli Bovilii, de Raptu Divi Pauli.

Parisiis apud Simonem Colinaeum. 1531, in-8° de IV-46 ff°*. marque typog. sur le titre.

[A. 7178 (1)
(S-3463 b

1510 BOUELLES (Charles de). — Carolus Bouillus Samarobrinus. Liber de remediis viciorum humanorum et eorum consistentia.
Parisiis, apud Magistrum Guichardum Soquand. 1532. (Editum Nouiodunii). pet. in-8°. (20 fr.).

Curieuse vignette sur bois au milieu du titre.

« Samarobriva » est un des noms latins d'Amiens.

(G-577

1511 [BOUGEANT (G. H.)]. — Amusement philosophique sur le langage des bêtes.
Paris, Gissey, 1750. in-12 de 100 pp. (5 fr.).

[R. 54385

Rare, avec la lettre de l'auteur à l'abbé Savalette conseiller au Grand Conseil, où il rétracte hautement les diverses opinions qu'il avait émises dans son ouvrage.

Idem.
Amsterdam, 1750. pet. in-8°.
(S-105 Supp.
(G-576, 1195 et 1700

1512 BOUGEANT (Le Père). — La Femme docteur ou la Théologie tombée en quenouille.
Liège. 1730. in-12. (10 fr.).

On y réunit : Suite de la Femme docteur, comédie nouvelle en cinq actes. Liège 1732. — La Critique de la Femme docteur, comédie. Londres. 1731. — Le Nouveau Tarquin. com. en 3 actes (par J. J Bel). — Le Saint déniché, ou la banqueroute des marchands de miracles. com. (par le P. Bougeant) La Haye. 1732. frontispice gr. — Les Quakers François ou les nouveaux trembleurs, com. (par le P. Bougeant) Utrecht. 1732. — Toutes ces pièces ont pour sujet les miracles du diacre Paris et l'affaire du Père Girard et de la Cadière.

Arlequin esprit follet, comédie, 1732.
Très rare pièce contre le Jansénisme et le Molinisme.

Autre édition :
Liège. Vve Procureur, 1731, in-12 de XIV-150 pp.
[Yf. 7265

1513 BOUGEANT et GROZELLIER (les PP.). Observations sur toutes les parties de la Physique, par les PP. Boujeant et Grozellier.
Paris, 1730. 3 vol. in-12.
(S-3242 b

L'édition originale (?) est : « Observations Curieuses... »
Paris, J. Mongé, 1719. in-8° de 512 pp.
[R. 13665

C'est la suite, en 2 volumes qui est attribuée au P. Nicolas Grozelier.

1514 BOUGEANT (Père Jésuite). — Les Quakres Français ou les nouveaux trembleurs, comédie en trois actes.
Utrecht. Henryk Kbyrks le jeune. 1732. in-12 de 66 pp. et pl. (4 fr.).
[I. d² 1779

Pièce rare contre les convulsionnaires; au commencement de l'ouvrage, se trouve une curieuse gravure satirique.

1515 BOUGLÉ (C.). — L'Église Romaine. Drame historique de vingt siècles.
Paris, Charnuel, 1902. 308 pp. in-12 (3 fr. 50).
[8° H. 0550

Origine du triangle. Les Papes et les Conciles. Inquisition d'Espagne. Foi et miracle. Règne de Satan. Martyrs de la Pensée. Manuel des Inquisiteurs, etc... Les Sorciers et les envoûtements au moyen-âge, etc...

1516 BOUGLÉ (C.). — Un esprit malin à la Chaux de Fond (Suisse).
Paris, Librairie de la Prime Universelle. 1895. in-12 de 292 pp.
[8° M. 8813

1517 BOUHOURS (le P. Dominique). — La Vie de St-Ignace, par le P. Bouhours.
Paris, S. Mabre Cramoisy, 1679, in-4° de XII-405 pp. et la Table.
[Oo. 425
(S-5090

1518 BOUILLAUD. — Examen critique du magnétisme animal par Bouillaud.
Paris, in-8°, S. D. (vers 1820) (1 fr. 50).
(D. p. 186

1519 BOUILLIER (Francisque). — Du plaisir et de la douleur.
Paris. Hachette, 1877. in-18 de XII-365 pp.
[8° R. 662

Idem.
Paris, Germer Baillière, 1865, in-18 de XI-159 pp.
[R. 20712

Principe de la sensibilité. L'Amour de l'être, fin universelle des êtres vivants, principe de tout plaisir et de toute douleur, etc....

1520 BOUILLIER (Francisque). — Du principe vital et de l'âme pensante ou examen des diverses doctrines médicales et psychologiques sur les rapports de l'âme et de la vie par Francisque Bouillier.
Paris, J. B. Baillière et fils, 1862, in-8° de XIV-431 pp.
[T¹⁹ 219

BOUILLUS, ou BOVILLUS (Carolus). — noms latins de : BOUELLES (Charles de) q. v.

1521 BOUILLY (Jean Nicolas). — Explication des 12 écussons qui représentent les emblèmes et les symboles des douze grades philosophiques du rite Ecossais ancien et accepté.
O∴ de Paris, 5838 [1838] in-4° de 30 pp. (30 fr.).
[Hp. 239

Ouvrage rare, contenant 15 belles planches d'emblèmes maçonniques dont les 12 premières lithographiées et coloriées et les trois dernières originales, dessinées et coloriées.

1522 BOUIX (Abbé Dominique). — L'œuvre de la Miséricorde, ou la nouvelle secte dévoilée.
Paris, A. Leclère, 1849, in-8° de VI-86 pp. (10 fr.).
[Ld¹⁹³. 12

Critique violente de la secte de Vintras si âprement prise à partie par Guaita dans le « Temple de Satan ».

1523 BOUIX (Le P. Marcel). — Apparitions de Notre-Dame de Lourdes et particularités de la vie de Bernadette et du pélerinage, depuis les apparitions jusqu'à nos jours.
Paris, C. Taranne 1878. in-8°. XIII-407 pp.
[Lk⁷. 19592.A

1524 BOULÆSE. (Iehan). — L'abrégée histoire dv grand miracle par nostre Sauueur et Seigneur Iesvs-Christ en la Saincte Hostie du Sacrement de l'Autel, faict a Laon. 1566, escrite et augmentée avec la carte représentant le tout au vif par Iehan Boulæse.
Paris, T. Belot, 1573, in-16 de 16 ffos. (80 fr.).
[Lk⁷. 5414

Plaquette excessivement rare, fort intéressante pour l'histoire de la ville de Laon, et renfermant une grande et curieuse figure gravée sur bois, représentant l'intérieur de la cathédrale de Laon où prit place la délivrance d'une femme possédée. « Nicole Obri, agée de quinze à seize ans, a Vvréuin en Thiérasche, du gouvernement de Picardie, diocèse de Laon en Laonnoys. »

Au bulletin Morgand de Février 1895, cet ouvrage est coté 150 francs. Quelques exemplaires de ce livre renferment une planche pliée.
(G-98 et 1196

1525 BOULÆSE (Iehan). — Histoire admirable de la gverison advenve et faicte par la bonté et miséricorde de Dieu tout puissant, tout a l'heure, a l'endroict d'vne femme nommée Nicole Obry, femme de Loys Pierret, marchand demeurant a Vreuin, de long tems priuée de l'usage de la veüe, et abandonnée des medecins et chirurgiens (comme estant incurable) à l'attouchement de la venerable relique du chef de Monsieur S. Iean Baptiste en la grande eglise d'Amiens le dimenche dix neufiesme iour de May 1577.
Paris, Nicolas Chesneau, 1578. in-4°.

Cet ouvrage se trouve presque toujours réuni au « Thrésor et Entière Histoire de la Triomphante Victoire.... »
Ouvrage rarissime et de haute curiosité intéressant l'histoire religieuse de Picardie.

(Y-P-627

1526 BOULÆSE (Iehan). — Le manvel de l'admirable victoire dv corps de Diev sur l'esprit maling Beelzebub, obtenuë à Laon 1566.
Paris, D. Du Val, 1575, in-16 de XXXII-319 pp. (80 fr.)

[L k⁷. 3415

Ouvrage rarissime relatif à la délivrance d'une jeune fille possédée Nicole Obri fille de Pierre Obri marchand boucher et de Catherine Veuillot demeurant « en la ville de Vrevin, au païs de Tierasche, en l'eucsche de Laon en Laonnois. » —
(G.-99 et 1196.)

1527 BOULÆSE (Jean). — Le Thresor et entière Histoire de la triomphante Victoire de Dieu sur l'Esprit maling de Béelzébuth, à Laon, l'an 1566, recueillie par J. Boulæse, au salvt de tovs.
Paris, chez Nic. Chesneau. 1578. in-4° de 787 pp. et pl. (80 fr.).

[L k⁷. 3410

Ouvrage rarissime et de haute curiosité intéressant l'histoire religieuse de la Picardie. Contient une grande planche gravée sur bois, ou image « représentant av vif la triomphante victoire du précievx corps de Diev, obtenve à Laon » qui manque le plus souvent.

(S-5160
(G-578 et 1197

1528 BOULAGE (Thomas Pascal) avocat à la Cour Royale, professeur à la Faculté de Droit de Paris. — Des mystères d'Isis, par T. P. Boulage... Ouvrage Posthume.
A Paris, Delestre-Boulage, 1820. in-8° de 152 pp.

1529 BOULAGE (P.). — La rose de la vallée ou la maçonnerie rendue à son but primitif et renfermée dans ses seuls vrais principes.
Paris, Maugeret, 1808, in-18 (5 fr.).

1530 BOULANGER (Nicolas Antoine). — L'antiquité dévoilée par ses usages ou examen critique des principales opinions cérémonies et institutions religieuses et politiques des differens peuples de la terre.
Amsterdam, Marc M. Rey, 1766, 3 vol. in-12.

[*E. 2446-8

Amsterdam, M. M. Rey, 1772, 3 vol. in-12.
Amsterdam, 1775, 3 vol. in-8°,
Amsterdam, Marc M. Rey, 1777, 3 vol. in-12.
En Suisse, Imp. Philosophique. 1791, 10 vol. in-18.

[Z. 24316-19

L'édition originale (?) serait :
Amsterdam, Marc M. Rey, 1766, in-4° de VIII-412 pp.

[*E. 090

Ouvrage posthume refait sur le mss. original par le Baron d'Holbach avec un précis de la vie de l'auteur par Diderot, d'après Grimm.
Intéressant ouvrage sur les différents cultes.

(G.-1702

1531 BOULANGER (Nicolas Antoine). — Examen critique de la vie et des ouvrages de Saint-Paul, avec une dissertation sur Saint-Pierre.
Londres, 1770, pet. in-8°. (3 fr.).

[D². 5340 (2)

1532 BOULANGER (Nicolas Antoine). — Recherches sur l'origine du despotisme oriental. Ouvrage posthume de M. B. I. D. P. E. C. [Mr Boulanger Ingénieur des Ponts et chaussées].
S. L. 1761, 1e édit. in-12 de XXXII-435 pp.

[*E. 2438

Idem.
Londres, Seyffert, 1762, in-12 de 264 pp. (10 fr.).

[Z. Beuchot 1093
(G-97

1533 BOULANGER (sur le Général). — Le Journal de la Belle Meunière. Le Général Boulanger et son amie. Souvenirs vécus.

Paris, Dentu, 1895, in-18 jésus de 531 pp. Gravures. Portraits et fac-similé.

Curieux et assez peu commun.

1534 BOULARD (Martin-Sylvestre). — Le Roman de Merlin, l'Enchanteur, remis en bon français et dans un meilleur ordre, par M. S. Boulard.
Paris, Boulard. 1797, 3 vol. in-8°
[Y². 63497-9
(Y-P-1623

1535 BOULENGER (Jean).— Traicté de la sphère dv monde. Divisé en cinq liures, par le Sieur Bovlenger, lecteur ordinaire du Roy. Quatriesme édit. reueüe et corrigée.
Paris, Olivier de Varennes. 1664. pet. in-8° de VIII-245 pp. fig. (10 fr.).
[V. 20740

Orné de nombreuses figures gr. sur bois dans le texte.

1536 BOULLAN (Abbé Joseph Antoine) [Docteur Johannès]. — Vie divine de la Très Sainte Vierge Marie, ou abrégé de la cité mystique d'après Marie d'Agréda. [Traduit du P. Bonaventura Amadeo CÆSARE].
Colmar. 1853. in-16.
[D. 43358

Paris. 1865, in-12. (4 fr.).

Réédité en 1858, à Paris en 1861, 1867, 1874, toutes in-18.
Le fameux docteur Johannès, le Jean Baptiste du Temple de Satan, est l'auteur de ce livre suspect dès son apparition, et qui lui attira une longue série de tribulations. On sait que la mystique scabreuse de ce prêtre l'amena devant les tribunaux ou il fut condamné pour faits spéciaux rappelant le fameux procès du Père Girard et de la Cadière. Intrinsèquement, l'ouvrage n'est que la quintessence de la doctrine de Marie d'Agréda, qui fut, il est vrai, vivement attaquée en son temps.

1537 BOULLAND (Dʳ J. F. A.ˣ Auguste). — Essai d'Histoire Universelle, ou Exposé comparatif des Traditions de tous les peuples depuis les temps primitifs jusqu'à nos jours.

Paris, Paulin. 1836. 2 vol. in-8° tableau. (12 fr.).
[G. 20362-3

Disciple du philosophe ,et Carbonaro Buchez, le Dr Boulland, sous l'inspiration de son illustre maitre, s'est livré, dans cette œuvre, à des recherches prodigieuses pour découvrir les traditions symboliques de tous les peuples depuis l'origine des siècles jusqu'à nos jours. Il nous est impossible d'énumérer tous les anciens cultes et cérémonies qu'il exhume au cours de ces volumes, en passant par les Atlantes, les Pélasges, les Druides, Orphée, les Hindous, les Egyptiens... Les Livres apocryphes, les traditions hermétiques, etc... entrent pour une bonne part dans ce travail qui considère le christianisme comme l'épanouissement logique de tous les cultes qui l'ont précédé. Quand on considère les attaches de l'auteur avec les sociétés secrètes de son temps, on est obligé de convenir que si le carbonarisme n'était pas papal, il demeurait néanmoins sincèrement chrétien, quoiqu'on en ait dit.

1538 BOULMIER (Joseph). — Estienne Dolet, sa vie, ses œuvres, son martyre par Joseph Boulmier.
Paris, A. Aubry, 1857, in-16 de XV-303 pp. portr. (4 fr.).
[Ln²⁷ 6138

Intéressant volume, tiré à petit nombre et orné d'un portrait frontispice gravé sur bois.

1539 BOURASSÉ (abbé Jean Jacques). — Les miracles de Madame Sainte Katherine de Fierbois en Touraine (1375-1440).
Tours, Mame. 1858. in-18 (3 fr. 50.).
[Réserve Lk⁷. 9099 (1-3)

Histoire pittoresque des pèlerinages à la chapelle de Fierbois, récits (de l'époque) des miracles opérés.

1540 BOVRDELOT (l'abbé Pierre Michon). — Conversations de l'Académie de Monsieur l'Abbé Bovrdelot, contenant diverses recherches, observations, expériences et raisonnements de physique, médecine, chymie et mathématique. Le tout recueilly par le sieur Le Galois. Et le parallèle de la physique d'Aristote et de celle de

Mons. Des Cartes, leu dans ladite Académie.
Paris, Th. Moette, 1673, in-16 de X-70-350 pp. (10 fr.).
[R. 41354
(G-1198

1541 BOURDET (le Fr∴). — Le Patriotisme universel, ou les Qualités réunies des nations, qui sont nécessaires à un franc-maçon, et celles dont un profane doit se reconnaître possesseur avant de se faire initier dans l'ordre ; par le Fr. Bourdet, officier ingénieur et inspecteur général des hydrauliques du roi de Prusse et orateur de la loge Frédéric aux trois Séraphins de Berlin.
Paris, G. J. Decker, 1777, in-8° de 28 pp.
(O-343

1542 BOURDIN (Antoinette). — Cosmogonie des fluides. Le Christ, esprit protecteur de la Terre.
Genève, 1884, in-12 (5 fr.).
(G-1200

1543 BOURDIN (Antoinette). — Entre deux Globes.
Genève, imp. de J. Benoit, 1874, in-16 de 303 pp. (4 fr. 50).
[8° R. 628
Contenant de curieux chapitres sur le monde des esprits.

1544 BOURDIN (Antoinette). — Les esprits professeurs. Instructions sur les drames de la vie et sur l'éducation des Esprits.
Paris, Libr. spirite, 1886, in-12
Un corps qui sert pour deux existences. Les Esprits maîtres d'école. Exercice de la pensée. Créations fluidiques. La prière de la délivrance, etc..

1545 BOURDIN (Antoinette). — La Médiumnité au verre d'eau ; instructions générales données par les esprits.
Paris, Librairie Spirite, S. D. [1873], in-12 de 348 pp. (6 fr.).
[R. 29754
Ouvrage fort rare et curieux, très recherché des médiums et des spirites.

1546 BOURDIN (Ch.). — Histoire de ce qui s'est passé de plus remarquable à l'occasion d'une image de la Ste Vierge, dite N. Dame de Paix, nouvellement trouvée dans le village de Ficulaine, diocèse de Noyon, et des effets miraculeux que Dieu y a fait paroître.
S. Quentin, Claude Le Queux, 1662, pet. in-12, pièces limin. et 108 pp. (20 fr.).
[Lk⁷. 2774
Petit livre très rare ; le frontispice gr. représente la reine Anne d'Autriche, couronnée par les anges, agenouillée aux pieds de l'autel de N. D. de Paix.

Réimprimé :
Soissons, Imp. de Fossé Darcosse, 1851, in-16.
[Lk⁷. 2774 A.

1547 BOURDIN (Dʳ Claude Etienne). — Traité de la catalepsie contenant des recherches historiques, et pratiques sur les symptômes, le diagnostic, l'anatomie pathologique, les causes, le traitement et la nature de cette maladie.
Paris, J. Rouvier, 1841, in-8° de VII-216 pp. (4 fr.).
[Td⁸⁵. 181

1548 BOVRDIN (Nicolas). — L'Vranie de Messire Nicolas Bourdin, Seignevr de Villennes, ou la traduction des quatre livres des Iugements des Astres de Claude Ptolemée, prince des sciences célestes.
Paris, Cardin Besongne, 1640, in-12 de 432 pp. pièces liminaires. (18 fr.).
[V. 20888
Rare ouvrage et des plus estimés sur l'astrologie ; c'est la seule traduction française des Quatre livres de Ptolémée.
(G-579 et 1109
(Sᵗ Y-1511

On lui joint l'ouvrage suivant :

1549 BOVRDIN (Nicolas). — Le Centilogve de Ptolémée ov la seconde partie de l'Vranie. Par vne exposition fort ample commode à tous les astronomes, philosophes, astrologues,

médecins, arboristes, jardiniers, nautonniers, cronologistes, (sic) et cosmographes.
Paris, Cardin Besongne, 1651, in-f°, pièces limin. 205 pp. fig. (65 fr. les deux parties).

[V. 1009

Cet ouvrage, complet de ses deux parties, est de la plus insigne rareté, rareté qui s'explique d'autant plus facilement que la 2ᵉ partie parut 11 ans après la première et sous un format complètement différent (in-folio tandis que la première est in-12).

(G-1190

1550 BOURDIN (Pierre). — Petri Bourdin, Sol Flamma, sive Tractatus de Sole ut Flamma est, ejusque Pabulo...
Parisiis, apud S. et G. Cramoisy, 1646, in-8°, pièces limin., 73 pp.

[R. 12017
(S-3416

1551 BOURDON (Isidore). — La Physiognomonie et la Phrénologie, ou connaissance de l'homme d'après les traits du visage et les reliefs du crâne, par Isidore Bourdon.
Paris, Ch. Gosselin, 1842, in-12 de 342 pp. Portraits, (2 fr. 50).

[Thᵒⁿ. 67

1552 BOUREAU-DESLANDES (André-François), né à Pondichéry en 1690, mort à Paris en 1757. Commissaire de la Marine. — Histoire Critique de la Philosophie, [par Deslandes].
Amsterdam, F. Changuion, 1737, 3 vol. in-12.
L'édition de 1756, Ibid. est en 4 vol. in-12.

[R. 10101-4
(S-2050

1553 BOUREAU-DESLANDES (A. F.). — Reflexions sur les grands hommes qui sont morts en plaisantant. Nouvelle édition augmentée d'épitaphes et autres pièces curieuses qui n'ont point encore paru.
Amsterdam, aux dépens de la Compagnie, 1758, in-12, (15 fr.).

Cet ouvr. a été mis à l'index le 5 déc. 1758.
Semble confondre le libertinage et la philosophie.
Frontispice gravé représentant une danse macabre.

(G-1201

Idem :
Rochefort, Jacques Lenoir (Paris), 1774, in-12.
Amsterdam, Welstein, 1732, pet. in-12.
Rochefort, Lenoir, 1755, in-12 de XXIV-202 pp. et table.

[G. 32817

Amsterdam, 1766, in-12.
Liège, 1771, in-12. (En général de 5 à 9 fr.).

(S-4217

1554 [BOUREAU-DESLANDES]. — Reflexions sur les grands hommes qui sont morts en plaisantant. Nouvelle édit. aug. d'épitaphes et autres pièces curieuses, qui n'ont point encore paru.
Amsterdam, Welstein, 1782, in-12 front. gr. (3 fr.).

1555 BOURGADE (Abbé François), né à Ganjou (Gers) en 1806. Missionnaire en Afrique. — Baal-Hah (maître de l'anneau), c-a-d Mercure représentant le Soleil dans sa révolution annuelle. (Extrait de la Toison d'or de la langue phénicienne.
Paris, Firmin Didot fils et Cie, 1857, in-18 de 35 pp. et pl. (2 fr. 50).

[Oᶜᵉ. 165

Deux grandes planches se dépliant.

1556 BOURGADE (Abbé). — La Clef du Coran, faisant suite aux Soirées de Carthage.
Paris, J. Lecoffre, 1852, in-8° de 184 pp. (4 fr.).

[J. 16952

1557 BOURGEAT (Abbé J. B.). — Etudes sur Vincent de Beauvais, théologien, philosophe, encyclopédiste, ou spécimen des études théologiques,

Sc. psych. — T. I. — 15.

philosophiques et scientifiques au Moyen-Age. XIII° siècle : 1210-1270. *Paris, A. Durand, 1856*, in-8° de VIII-231 pp. (3 fr. 50).

[Ln²⁷. 20563

Traité de main de maitre. — Vincent de Beauvais. surnommé *Speculator*, fut un des plus puissants cerveaux du moyen-âge. Son Speculum majus, ou Miroir général du monde, est une mine de science extraordinaire pour son temps Il renferme la matière de 50 vol. in-8°, et on y voit avec surprise qu'une foule de découvertes soi-disant modernes, lui étaient parfaitement connues : la vapeur, l'Amérique, la rotondité de la terre, les lois de Newton, etc... Grand métaphysicien, il a traité des destinées de l'âme avec des vues supérieures, car il possédait parfaitement les lois du ternaire ; c'est d'ailleurs chez les philosophes qu'il puisait ses preuves, de préférence aux théologiens. L'abbé Bourgeat a mis en évidence, dans son livre, tout le savoir prodigieux de Vincent, et on y remarquera le Chap. VII : Du monde supérieur et invisible, qui ne s'éloigne pas sensiblement des grandes théories hermétiques.

1558 BOURGEAT (Jean Gaston) artiste et littérateur né à Rochefort (Charente Inférieure) le 1ᵉʳ Août 1804, d'une famille militaire. — Magie : Exotérisme et ésotérisme ; l'Homme ; l'Univers ; Dieu et le Démon ; le plan astral ; Les élémentals et les élémentaires ; la Mort, ses mystères ; l'au-delà ; Les Sorciers ; L'Envoûtement ; L'Avenir ; Le Tarot ; Astrologie ; Moyen facile de prophétiser les événements d'une année ; Evocations dangereuses ; La messe noire.
Paris, Bibliothèque Chacornac. 1904, in-18 jés. de 148 pages.
Paris, 1900, in-12 (3ᵉ édit).

Excellent résumé recommandé spécialement à ceux qui veulent avoir une idée de l'Occultisme, ou qui veulent entreprendre l'étude de l'Hermétisme.

Edition originale :
Paris, Chamuel. 1895, in-18 de 160 pp.

[8° R. 12822

1559 BOURGEAT (Jean Gaston). — Le Tarot, aperçu historique. Signification des vingt deux Arcanes majeurs et des vingt deux premiers nombres. Significations des cinquante six Arcanes mineurs. De l'Interprétation. — De la Manière d'opérer pour obtenir des Oracles. — La Colombe. — L'Epervier. — Les perles d'Isis. — Méthode des Gitanes. — Le tout suivi de 84 Exemples en Tableaux. Ouvrage illustré par l'Auteur.
Paris, Bibliothèque Chacornac. 1906, pet. in-8° carré de 128 pp. et tab. Fig. hors texte.

Ouvrage intéressant, et surtout un des plus pratiques pour apprendre à se servir des Tarots.

1560 BOURGEAT (Gaston) et l'abbé JULIO. — L'empire du Mystère. Essai Philosophique sur le phénomène du Sommeil avec Explication ésotérique des Songes, par Gaston Bourgeat et l'abbé Julio. Edition ornée de Deux Portraits et 10 gravures.
Paris, Chacornac. 1910, in-18 de 410 pp. pl.

Biographie de Gaston Bourgeat. — Biographie de l'Abbé Houssay (l'abbé Julio). — Une envolée dans l'Au-Delà mystérieux. — Les deux « MOI » de l'Etre. Le Rêve. — La Mémoire Ancestrale. — Classification rationnelle des Visions se produisant pendant le Sommeil. — Dictionnaire interprétatif des Scènes et Objets perçus en Songe.

1561 BOURGEOIS (Loyse), dite BOURCIER, sage-femme de la Reine. — Observations diverses sur la stérilité, perte de fruict, foecondité, accouchements et maladies des femmes et enfants nouveaux naiz ; amplement traictées et heureusement pratiquées.
Paris, J. Dehoury, s. d. [1652], 3 tomes in-8° titre gravé portr. (14 fr.).

[Td¹²². 3. B. (1)

Ouvrage très rare et très curieux de cette célèbre sage-femme qui assista dans toutes ses couches Marie de Médicis, femme de Henri IV. Il est enrichi d'un superbe titre-frontispice gr. et de deux magnifiques portr. représentant l'un Marie de Médicis et l'autre Loyse Bourgeois coiffée du chaperon, grav. par P. Firens et Thomas de Leu.

1562 BOURGEOIS (Loyse) dite BOURSIER. — Recveil des Secrets auquel sont contenues les plus rares expériences pour diuerses maladies, principalement des Femmes, avec leurs embellissemens.
Paris, J. Deboury, 1635, in-8° de V-151 pp. (10 fr.).
[Td¹²². 3. B. (2)

Ce recueil des Secrets de cette fameuse sage-femme de la Reyne mère du Roy est des plus rares : il est surtout recherché pour ses secrets de beauté pour le visage et le corps : baume pour les reins et flancs, pilules excellentes, eau céleste, emplastre divin, pour blanchir les mains, pour oster verrues et rousseurs du visage et rides, pour affermir les tétines, pour faire mamelles dures et petites, etc...

1563 BOURGUET (Louis). — Lettres philosophiques sur la formation des sels et crystaux, et sur la génération et le méchanisme organique des plantes et des animaux, à l'occasion de la Pierre Bélemnite et de la Pierre Lenticulaire. Avec un mémoire sur la théorie de la Terre, par M. Bourguet.
Amsterdam, Marc M. Rey, 1762, in-12 XXIV-270 pp. et la table.
[S. 20617

Edition antérieure :
Ibid. 1729, in-12 de XLIX-220 pp. et la table (10 fr.).
[S. 20615
(S-100 Supp.
(G-100

BOURIGNON (Antoinette) célèbre mystique, née à Lille en 1616, morte à Franeker (Province de Frise) en 1680. Elle eut une vie des plus agitées. Expulsée de Flandre, elle erra en Belgique, en Hollande et dans le Nord de l'Allemagne. Ses Œuvres comportent 21 vol. in-8°.

1564 BOURIGNON. (Antoinette). — Toutes les œuvres de Melle Antoinette Bourignon (recueillies par Pierre POIRET ministre protestant), contenues en dix-neuf volumes.

Amsterdam, Henri Welstein, 34 vol. pet. in-8°, (3 à 400 fr. complet).
[D². 4152

Cette collection de la célèbre mystique contient :
La Vie de dam^{elle} Antoinette Bourignon écrite partie par elle-même, partie par une personne de sa connaissance (POIRET) dans les Traités dont on voit le titre à la page suivante.
Amsterdam, Jean Riewerts, et Pierre Arents. 1683.

1) Composé de : Préface apologétique touchant la personne et la doctrine de Melle Bourignon, (par P. Poiret). 230 pp.

2) La parole de Dieu ou la Vie intérieure de D^{elle} A. B. depuis l'an 1634 jusqu'à l'an 1663 ou ses entretiens spirituels avec Dieu et les desseins de Dieu sur elle et par elle, sont décrits par elle-même, et publiés pour les âmes de bonne volonté après sa mort. pp. 1-136.

3) La Vie extérieure de ..... écrite par elle-même, pp. 137-224.
[D². 1432 (1)

4) La vie continuée de dam^{elle} Ant. Bourignon, reprise depuis sa naissance et suivie jusqu'à sa mort, (par P. POIRET). Sans titre, avec un seul faux-titre, 608 pp.

5) L'Appel de Dieu et le Refus des hommes, où l'on voit comment Dieu dans ces derniers temps appelle les hommes, soit à l'administration, soit à la participation de la plénitude de ses grâces et de son divin banquet ;... Le tout contenu dans ce recueil des premières lettres de dam^{elle} Ant. Bourignon, à une personne appelée de Dieu, sans y avoir bien correspondu. (Publié par P. POIRET).

Amsterdam, les mêmes, 1682-84, 2 parties de XVI-138 et XVI-254 pp.

6) Traité de la Vie solitaire : termine le vol. précédent à partir de la page 213.

7) La dernière miséricorde de Dieu qui découvre toutes les vérités essen-

cielles des matières de la vraye foi chrestienne,..... composée par Ant. Bourignon (précédée d'une préface par Christian de Cort.). 1681. XVI-160 pp.

[D² 4152 (3)]

8) La Lumière née en ténèbres, qui incite tous les hommes de bonne volonté d'ouvrir les yeux de leurs entendements pour la connoitre ; elle se présente à nous par les moyens de diverses missives écrites par Ant. Bourignon, (publiée par Christian de Cort).
Anvers. s. adr. 1669 (et II° édit.) *Amsterdam, Arentz.* 1684. 4 parties de XX-72-52, VI-118, VI-190 et XIV-219 pp.

[D² 4152 (4-6)]

9) Le Tombeau de la fausse théologie, exterminée par la véritable venant du Saint-Esprit, avancée en certaines missives écrites à diverses personnes, par Ant. Bourignon, dans lesquelles elle fait connoitre en plusieurs matières le véritable sens des SS. Écritures.... II° édit. plus correcte (publié par Chr. de Cort).
Amsterdam, le même, 1678, 2 parties de VIII-176 et VIII-176 pp.

Suite du précéd. III° et IV° parties, XVI-231, et XVI-286 pp.

[D² 4152 (7 & 8)]

10) La Lumière du monde. Récit t.ès véritable d'une pèlerine. Ant. Bourignon, voyageant vers l'éternité mis au jour par M. Christian de Cort)
Amsterdam, Pierre Arentz, 1678 3 parties de XLVIII-228, XXIV-216, et XV-328 pp.

[D² 4152 (9)]

11) L'Académie des Sçavans théologiens, où ils peuvent apprendre à discerner la vérité de Dieu hors des veritez étudiées par les hommes...... par Ant. Bourignon.
Amst. Jean Riewerts et P. Arents, 1681, 3 parties de XXVIII-178, VIII-144, et XVI-144 pp.

[D² 4152 (10)]

12) Confusion des ouvriers de Babel ; traitté recœüilly des lettres de feu Mlle A. Bourignon, où l'on void comment les ouvriers qui devroyent édifier Jérusalem, s'opposent le plus aux vérités divines.....

[D² 4152 (11)]

13) Traitté admirable de la solide vertu, laquelle n'est pas connue des hommes de maintenant, puisqu'ils prennent la vertu apparente au lieu de la reëlle, enseignée par Jesus Christ.... par Ant. Bourignon, écrite en XXIV lettres à un jeune homme qui cherchoit la perfection de son âme.... (et en XVIII lettres à diverses personnes aspirantes après la véritable vertu....)
Amsterdam, les mêmes, 1679-78, 2 parties de XXIV-250 et XXIV-328 pp.

[D² 4152 (12)]

14) Avertissement d'Ant. Bourignon, adressé au peuple contre la secte des trembleurs, où sont solidement découverts et établis les fondements de l'authorité et de la puissance de toutes sortes de Supérieurs dans l'état ecclésiastique, le politique et l'œconomique........ Le tout pour répondre à un libelle publié par Benjamin Furly sous le titre de : Antoinette Bourignon découverte, et son esprit, etc., où il a tâché de la diffamer injustement.
Amsterdam. J. Riewerts et P. Arentz. 1682. XLIV-387 pp.

[D² 4152 (13)]

15) Les Persécutions du juste, ou Lettres écrites par feüe Mlle A. Bourignon, à l'occasion de toutes sortes de persécutions.....
Amst. P. Arentz. 1684. XIV-264 pp. (12 fr.).

[D² 4152 (14)]

16) Le Témoignage de vérité, opposé aux faussetés et aux mensonges publiés pour détourner les hommes des lumières salutaires par deux libelles intitulés : Vray pourtrait d'Ant. Bourignon, imprimés à Altena (*sic*) proche de Hambourg sous le nom de

Jean Berkendal, consolateur des malades de l'église reformée du dit lieu, a quoi la dite Dam-elle A. B. repond icy par de vrayes et solides veritez... (I-re partie).

Amsterdam., J. Rieverts et P. Arents, 1682. LXXX-415 pp.

[D². 4152 (15-17)]

17) Recueil de quelques-uns des témoignages publics et particuliers, rendus à la personne de Mad-elle A. Bourignon, touchant sa vie, ses mœurs et ses écrits, pour opposer aux honteuses calomnies et medisances diffamatoires que Jean Berkendal et autres calomniateurs ont publiées tant par livres que de vive voix....... mis au jour premierement l'an 1673, en alleman, (par Jean Conrad Hase), et maintenant publiés en françois après sa mort.

Amst., les mêmes, 1682. XVI-448 pp.

[D². 4152 (17)]

18) Le Témoignage de verité. II-e partie, contenant la déduction de la conduite de feu Mlle A. Bourignon, dans le pays de Holstein, avec les recits des traverses, outrages et persecutions que luy ont causé les ecclésiastiques, tant ceux de Holstein que ceux de Brabant pour faire detenir et ravir ses biens...

Amst. P. Arentz, 1684. LXXXVI-511 pp.

[D². 4152 (17)]

19) L'innocence reconnue et la Verité découverte, par A. Bourignon, pour la justification de m. Chrestien de Cort, jadis Supérieur de la congrégation de l'Oratoire en la ville de Malines en Brabant, et Pasteur de l'église paroissialle de S. Jean en icelle; sur diverses fausses accusations et calamités faites à sa personne à grand tort, suivies de l'emprisonnement d'icelle en la ville d'Amsterdam le 12 de mars 1669, où sont déclarées plusieurs veritez... II-e édit. aug. de plusieurs lettres.

Amst., les mêmes, 1684. 198 pp.

20) La Pierre de touche, pour connoistre l'or de la vraye charité, apparente, et pour expliquer en quoy consistent les merites de nostre Sauveur Jésus-Christ, et le vray amour de Dieu......; par A. Bourignon, pour contredire aux mensonges et calomnies qu'a fait d'elle et de ses escrits un certain m. George Henry Burchardus.....

Amst., P. Arents, 1679. 44-XXVIII-357 pp.

[D². 4152 (18)]

21) L'étoile du matin. Traité recueilly des lettres que feu Dam-elle Ant. Bourignon a laissées après sa mort....; avec un Recœuil des fragments de la ditte demoiselle.

Amst., les mêmes, 1684. XVI-296 pp.

[D². 4152 (19)]

22) L'Aveuglement des hommes de maintenant, qui est plus grand au regard de leur salut qu'il n'a esté de tous les siècles depuis la création du Monde......; par Ant. Bourignon.

Amst., Pieter Arentsz, 1679, 2 parties de XXIV-128-288, et XVI-295 pp.

[D². 4152 (20)]

23) L'Antechrist decouvert, qui montre le temps dangereux auquel nour vivons maintenant et comment le Diable a le domaine sur les esprits des hommes, qu'il se fait adorer comme s'il étoit Dieu.... par Ant. Bourignon.

Amst., les mêmes, 1681, 3 parties de XVI-128, XVI-136, et XVI-160 pp.

[D². 4152 (21)]

24) La Sainte Visiere, avec laquelle on peut voir en quel état sont tous les hommes en général au regard de leur salut éternel, écrite par A. Bourignon dans une missive qu'elle adresse à tous les hommes qui sont et seront créés de Dieu.

Amst., les mêmes, 1682. XXIV-150 pp.

[D². 4152 (22)]

25) Le Renouvellement de l'esprit

évangelique, Ire partie, qui monstre par une lettre particulière à une personne qui suivoit les mouvements de sa nature corrompue, les misères et malheurs que le péché a apporté à l'homme..... ; IIe partie, laquelle traitte de la corruption que le péché a apporté en l'homme..... ; IIIe partie où il est traitté très efficacement de la nécessité et de la manière de vaincre la corruption..... : par Ant. Bourignon.

Amst., les mêmes, 1679-81-82, 3 parties de 58-XXVI-224, XXIV-182, et XVI-208 pp.

[D². 4152 (23)

26) Les Pierres de la nouvelle Jérusalem : traitté recueilly des lettres posthumes de Dam^elle A. Bourignon, où l'on peut voir quelles dispositions, qualités et conduite l'on doit avoir pour devenir vray chrétien....

Amst., les mêmes, 1683, XXIV-542-XVIII pp.

[D². 4152 (25)

27) Le Nouveau Ciel et la Nouvelle Terre, contenant des merveilles inouïes, jamais vûes ni déclarées de personne, puis qu'il montre clairement l'état glorieux auquel a esté créé l'homme et toutes les autres creatures, célestes et terrestres.....; composé pour la consolation des bonnes ames, par A. Bourignon

Amst., P. Arentz. 1679 XXIV-258 pp.

[D². 4152 (24)

28) Avis et instructions salutaires, à toutes sortes de personnes, et sur toutes sortes de matières, divines, morales, de théorie, de pratique et de conscience, recoeuillis des lettres de feu Melle A. Bourignon.

Amst., P. Arentz. 1684. XXIV-123 pp.

[D². 4152 (26)

29) Divine Vision et Revelation des trois etats, l'ecclésiastique, le politique, et l'œconomique, laquelle moy jean Engelbert, de Bronswic, ay vûe de mes yeux et veillant, étant à Winsem, au païs de Lunebourg, l'an 1625, ecrite pour une seconde fois à Embden, l'an 1640, par l'autheur mesme, en allemand, et trad. en françois pour l'edification des ames qui cherchent Dieu.

Amst. P. Arentz. 1680. XXXVI-124 pp.

Tous ces écrits ne sont pas nécessaires pour connaitre les doctrines de cet écrivain mystique. Poiret n'indique comme nécessaires, que les N° 1. 4. 10. 13. 23-25, et 28.

Tous ces écrits existent en flamand, à l'exception des N°* 6. 12. 15, 18. 19. 24 et 26 ; les mêmes ou à peu près, existent aussi en allemand ; trois ou quatre ont été traduits en latin.

(S-877
(O-62.

1505 BOURIGNON (Antoinette). — Avertissement d'Ant. Bourignon, adressé au peuple contre la secte des Trembleurs....

Amsterdam. 1682. in-8°, 387 pp.

[D². 4152 (13)
(O-03

1506 BOURIGNON (Antoinette). — Ein verwunderenswürdiger Tractat welcher handelt von der wahren Krafft-Tugënd...... verfasset durch Anthoinette Bourignon.... aus dem Original Frantzösischen übergesetzt.

Amsterdam. Peter Arentz. 1679. 2 vol. in-8°.

(O-05

1507 BOURIGNON (Antoinette). — An Apology for Anton. Bourignon.

London, 1699. in-8°.

(S-879

1508 BOURIGNON (Antoinette), (sur). — Deffensio relationis de Antonia Burignonia, actis eruditorum Lipsiensibus, aut. Leibnitz.

Lipsiæ. 1687.

Monitum necessarium ad acta eruditorum Lipsiensia. 1686. in-4°

.(S-878

Sur BOURIGNON (Antoinette), voir : WILD.

1569 BOURNAND (François). — Histoire de la Franc Maçonnerie des origines à la fin de la Révolution française.
Paris, H. Daragon. 1905. in-16. 304 p.

[8° H. 6807

Bibliothèque des Sciences Maudites.

Tirage limité à 500 exemplaires. La Franc Maçonnerie en différentes contrées de l'étranger. Où et comment est née la Franc Maçonnerie. La Franc Maçonnerie en France.

1570 BOURNAND (François). — Les juifs et nos contemporains.
Paris, A. Pierret, S. D. [1890]. in-18. 316 p. fig.

[Lb⁵⁷. 12466

Curieux et suggestif.

1571 BOURNEVILLE (D' Désiré Magloire) Médecin de Bicêtre et homme politique, né à Garancières, Eure, en 1840, mort à Paris vers 1900. (La vente de sa bibliothèque s'est faite en Janvier 1910). — Recherches Cliniques et Thérapeutiques sur l'Epilepsie, l'Hystérie et l'Idiotie. Comptes rendus du Service des Enfants idiots, épileptique, et arriérés de Bicêtre, avec le concours des Internes et des Elèves du Service.
Paris, Delahaye et Alcan. 1883-1897. 10 vol. in-8°. Nomb. pl. et Fig. (20 fr.)

[Td⁸⁵ 598

1572 BOURNEVILLE et P. REGNARD. — Iconographie photographique de la Salpêtrière (service de M. Charcot). I. Hystéro-épilepsie : description des attaques ; les Possédées de Loudun ; du Crucifiement. — II. Epilepsie partielle et Hystéro-épilepsie : attaques, chorée, délire, hémianesthésie. Hystériques : Madeleine Bavent et Marie Alacoque. — III. Hystéro-épilepsie : Zônes hystérogènes ; Sommeil ; Attaque de sommeil ; Hypnotisme ; Somnambulisme ; Magnétisme : Catalepsie : Procédés de Magnétisme. Sabbat.
Paris, aux bureaux du Progrès médical 1876-80. 3 vol. in-4° carré (en feuilles dans des cartons spéciaux). 120 Pl. 45 f.

[T³⁷.30

1573 BOURNEVILLE et TEINTURIER. — Le Sabbat des Sorciers, avec 25 gravures et une Pl. Hors texte.
Paris aux Bureaux du Progrès médical, Lecrosnier. 1890. in-8° de 38 p. Planche pliée et 1 f° non ch. (3 f.)

[8° R. 8040

De la Bibliothèque Diabolique.

(G-101

1574 BOURNEVILLE (D' Désiré Magloire). — Science et Miracle. Louise LATEAU ou la Stigmatisée Belge, par le Docteur BOURNEVILLE, Ancien Interne des Hopitaux de Paris, Membre de la Société de Biologie, Membre honoraire de la Société Anatomique, Membre du Conseil Municipal de Paris, etc. 2ᵐᵉ édition....
Paris Bureaux du Progrès Médical. — V. A. Delahaye et Cie. 1878. in-8° de 88 p. Beau Frontispice à l'Eau forte. (2 fr.)

[8° M. 803

Intéressant ouvrage sur cette célèbre Stigmatisée. Avec indication de travaux sur le même sujet par H. BOENS, CHARBONNIER, CROCQ, etc.
L'édition originale est de

Ibidem, Idem, 1875 in-8°, 70 p. fig. et pl.

[M. 24381

1575 [BOURNEVILLE (D')]. — Vente des 10 et 11 Janvier 1910. (Salles Silvestre). Catalogue de Livres anciens et modernes, rares et curieux. Sciences Occultes. Sorcellerie. Miracles etc. Médecine et Chirurgie. — Assistance Publique. — Histoire des Religions. — Ouvrages sur Paris. — Journaux politiques de 1848 à 1851. [De la Bibliothèque du Docteur Bourneville].
Paris, Em. Paul fils et Guillemin, 1910. in-8° de 62 p. et tab. (La couv. imp. sert de titre).

C'est le Catalogue de la Vente de la Bibliothèque du Docteur BOURSEVILLE. Il contient en tout 366 N°°, dont plus des 2/3 ont trait aux Sciences Occultes. C'est en date, la dernière Vente publique importante de cette classe d'Ouvrages.

1576 BOURQUENOUD (le P. Alexandre). — Mémoires sur les monuments du culte d'Adonis dans le territoire de Palæbiblos, par le R. P. Bourquenoud.
Paris, J. Lecoffre, 1801, gr. in-8° de 51 pp. et pl. (2 frs).

[J. 10050

Savante étude sur ce sujet mythologique, d'après l'archéologie. On sait qu'Adonis était un jeune grec d'une grande beauté qui fut blessé mortellement par un sanglier et que Vénus changea en anémone. On célébra en son honneur les fêtes appelées Adonies.

Sur ce même sujet (Culte d'Adonis), voir VELLAY (Charles). Tome XVI de la Bibliothèque d'Etudes du Musée Guimet.

1577 BOURQUIN (A.) Pasteur. Membre des Sociétés Asiatiques de Paris et d'Allemagne. — Brahmakarma, ou Rites Sacrés des Brahmanes., par A. Bourquin.
Paris, Ern. Leroux, 1884, in-4° 145 p., errata et figures. (10 fr.)
Extrait des Annales du Musée Guimet, T. VII.

[O² k. 801
[Z. Renan 1403

L'auteur qui a intimement fréquenté les Brahmanes durant de longues années nous donne ici le Code de leurs Rites Secrets.
L'Incantation des Sept Sons Mystiques. — Le Sacrifice de Brahm. — Rite de la Restriction de la Respiration. — Le Grand Rite sacrificatoire. — L'Incantation du Feu. — Description et Figure du Cercle Magique pour le Rite du Baliharana. — Investiture du Cordon Sacré, signe distinctif des Initiés. — Etc.

1578 BOURQUIN (A.). — Le Panthéisme dans les Védas. Exposition et critique du Panthéisme védique et du Panthéisme en général, par A. Bourquin.

Paris, Fischbacher, 1886, in-8° 270 p. (6 fr.)

[O² k. 871. A.

Ouvrage d'un grand intérêt " où il est démontré que l'Orient a influé sur le panthéisme de Spinoza par la Kabbale, et sur le panthéisme matérialiste de nos jours, par la littérature de l'Inde ".

1579 BOURRU (D' Henri) et BUROT. — La Suggestion mentale et l'action à distance des substances toxiques et médicamenteuses, avec figures par les D' H. Bourru et P. Burot.
Paris, J. B. Baillière et fils, 1887, in-16, 312 p. (3 frs 50).

[Td¹¹. 97

Ouvrage de Pharmaco-Magnétisme, fort important. Effets des émanations, onctions et ingestions de certaines plantes. Inspirations prophétiques. Essais de Pharmaco-magnétisme du D' Viancin. Le musc cristatique ; effets contraires du camphre. Cas d'empoisonnement par des actions extérieures. Influence des doses infinitésimales. Action à distance des métaux et des plantes, etc... Nombreuses illustrations très suggestives.

1580 BOURRU et BUROT. — La suggestion mentale et les variations de la personnalité.
Paris, Baillière, 1895, in-12, avec 15 photographies hors texte.
Autre :
Paris, J. B. Baillière, 1888, in-16 310 p. fig. (3 frs 50).

[Td⁸⁶. 555
(G.-1202

Alternance de la personnalité. Substitution de la personnalité. Aliénation de la personnalité. Eléments constitutifs de la personnalité, etc.....

1581 BOURSIER. — Instruction familière en forme de catéchisme, sur l'usage légitime des miracles, conformément à la conduite et à la doctrine de Jésus-Christ et de ses apôtres.
S. l. n. d. pet. in-8°. (5 fr.).

(G-104

1582 BOURSIER (Abbé Laurent-François), né à Ecouen en 1679, mort en 1749. Théologien. Il joua un rôle ac-

tif dans le Jansénisme. — De l'action de Dieu sur les créatures, traité dans lequel on trouve la prémotion physique par le raisonnement, et où l'on examine plusieurs questions, qui ont rapport à la nature des esprits et à la Grâce.
Paris, F. Babuty. 1713. 6 vol. in-12. (10 frs).

[D.27021
(G-103

1583 BOURSIER (Abbé Laurent-François). — Mémoire théologique sur ce qu'on appelle les secours violents dans les convulsions.
Paris, Crapart. 1788. in-12 de 108 p. (5 f.).

[Ld⁴. 2260. A. (1)

L'édition originale (?) est :
S. L. 1743. in-4° de 142 p.

[Ld⁴. 2260
(G-104

1584 BOURZEIS (J. A. de). — Observation très importante sur les effets du magnétisme animal par M. de Bourzeis.
Paris, P. F. Gueffier. 1782. in-8°. 28 pages. (1 fr.).

[Th⁸⁺. 12

Brochure contre Mesmer, à l'occasion du traitement ordonné par celui-ci d'un client de l'auteur, traitement non suivi de succès. Cependant M. de Bourzeis conclut : " Le magnétisme, quel qu'il soit, ne peut être utile que dans des cas particuliers, " ce qui est bien un demi aveu ; il ajoute " qu'il n'y a dans la nature d'autre agent universel que la nature elle-même ", ce qui n'est pas déraisonnable. On voit dans cette plaquette que Mesmer avait déjà quelques concurrents jaloux de sa vogue, un sieur Comus, par exemple, physionomie assez curieuse, électriseur à la mode, ayant la spécialité des maladies nerveuses.

(D. p. 18

1585 BOUTERWECK (Fr.). — Paulus Septimus, oder das lezte Geheimnisz des Eleusinischen Priesters ; herausgegeben von Fr. Bouterweck.
Halle, 1795. 2 vol. in-8°.

(O-103

233

1586 BOUTET (Frédéric-C). — Contes dans la nuit.
Paris, Chamuel, 1898. in-12. (2 fr.)

(G-105

" Nouvelle édition ". Préface de Paul Adam.
Paris, Charles Carrington, 1903, in-18 de XII-202 p.

[8° Y² 54003

1587 BOUTET DE MONVEL (Louis-Maurice). — Jeanne d'Arc.
Paris, Plon. 1896. in-4°. (6 fr.)

Orné de 44 compositions en couleurs par l'auteur.

[L²⁸. 389

1588 BOUTROUX (D. J. P.). — Prophéties de Nostradamus, précédées de la vie de Nostradamus et suivies de l'Art de tirer les cartes, du Tableau de l'Univers, de l'Horoscope suivant les signes du Zodiaque, des Jours de la semaine, du Sens mystérieux des fleurs, du Sens Mystérieux et Symbolique des Couleurs, de la Science de Lavater pour connaître les caractères de la Science... du D⁽ Gall, etc., etc.
Paris et Montereau, T. Moronval S. D. [1840]. in-16. 108 p. fig. (10 fr.).

[R. 20849

Curieux ouvrage traitant des Nombres, des Formes, des Couleurs, etc. Les Prophéties de Nostradamus dont il est question sont entièrement distinctes des célèbres Centuries du même auteur. M. Boutroux dit avoir acheté vers 1843, dans un vieux Château de Provence, un lot de Manuscrits provenant de Nostradamus, dont il donne ici une traduction. S'agirait-il là des Prophéties Posthumes dont Nostradamus a lui-même annoncé la découverte, longtemps après sa mort? En tout cas elles semblent posséder quelques caractères véritablement prophétiques.

1589 BOUTROUX (Emile). — Le Philosophe allemand Jacob Böhme (1575-1624) par M. Emile Boutroux.
Paris. J. Alcan, 1888. in-8° 60 p. (2 f. 50).

[8° R. 8688

Excellente étude sur le célèbre Illuminé.

1590 BOUVERY (J.). — Le spiritisme et l'anarchie devant la science et la philosophie.
Paris, Chamuel, 1897, in-8° de 464 pp.

[8° R. 13964

Œuvre de propagande inspirée par une conviction profonde, où il est parlé intelligemment du Magnétisme, du Somnambulisme ; du Périsprit, etc.... du colonel de Rochas, du D' Gibier, de Crookes, de Saint-Yves d'Alveydre, etc...

(G-1203 et 1703

1591 BOUVET, prévôt général des armées du Roy. — Les manières admirables pour découvrir toutes sortes de crimes et de sortilèges, avec l'instruction pour bien juger un procès criminel, par le sieur Bouvet.
Paris, chez Jean de la Caille, 1659, in-8° XX-342 p. (20 fr. : N° 198. Vente Bourneville : 9 fr.)

[F. 30089

Livre très rare sur les procès de sorcellerie contenant de très intéressants chapitres sur la manière de donner la question et sur divers crimes tels que : sodomie sous ses différentes formes, inceste, adultère, fornication, fétardise, etc....

(S-3239 b
(G-106 et 1704

1592 [BOUVIER] (D' Marie-André-Joseph). — Lettres sur le Magnétisme animal où l'on discute l'ouvrage de M. Thouret, intitulé : Doutes et Recherches (etc.) et le rapport des commissaires sur l'existence (etc.).
Bruxelles, 1784, in-8°, 103 pages, (2 fr.).

[Th6°. 1.

Cet ouvrage a pour auteur M. Bouvier docteur en médecine et chef du traitement de Versailles. Un exemplaire pour être complet doit contenir 6 pages numérotées, 35 a, b, c, d, e, f, l'ancienne page 35 ayant été remplacée. Des corrections manuscrites ont été ajoutées par l'auteur après l'impression et doivent avoir été copiées sur tous les exemplaires. Les divisions de l'ouvrage sont : Lettres d'un physicien de Versailles à l'un de ses amis de province sur le livre de M. Thouret, etc... 33 pages ; extrait d'une lettre du chef du traitement de Versailles écrite à M.Thouret,6 pages. Lettre du chef de traitement Versailles à M. Gentil,son de oncle, prieur de Fontenet, Membre des Académies de Montpellier, Dijon, Auch, etc. 68 pages. — Le docteur Bouvier défend le magnétisme sans exagération ; son langage est mesuré et spirituel. Il relate diverses cures dont il est l'auteur.

(D. p. 47

1593 BOUVIGNIER (L.-J.-D. de). — Notice sur le magnétisme ou manière de se magnétiser soi-même, par L. J. D. de Bouvignier.
Paris, 1841, in-8°, 16 pages.

(D. p. 121

1594 BOUYS (Théodore). — Nouvelles considérations puisées dans la clairvoyance instinctive de l'homme, sur les oracles, les sybilles et les prophètes, et particulièrement sur Nostradamus, sur ses prédictions concernant 1° la mort de Charles 1er Roi d'Angleterre ; 2° Celle du Duc de Montmorency sous Louis XIII ; 3° La persécution contre l'Eglise chrétienne en 1792 ; 4° La mort de Louis XVI ; celle de la Reine et du Dauphin ; 5° l'Elévation de Napoléon-Bonaparte à l'empire de France ; 6° la longueur de son règne ; 7° la paix qu'il doit procurer à tout le continent ; 8° sa puissance qui doit être un jour aussi grande sur mer qu'elle l'est actuellement sur terre ; 9° enfin la conquête que ce héros doit faire l'Angleterre, par Théodore Bouys, ancien professeur à l'Ecole centrale du Département de la Nièvre et avant la révolution, près de l'élection de Nevers.

Paris, Desenne et Debray. 1806. 3 parties in-8°. XXVIII — 404 pages. (9 francs).

[R. 29887

Très rare.

Autres éditions (?) :

Ibidem, iidem, 1803 & 1805, in-8°
Ouvrage dans lequel on donne les moyens de diriger cette clairvoyance ins-

tinctive sur des objets bien plus utiles, bien plus intéressants que l'art de tirer les horoscopes et de prédire des événements sinistres qu'on ne peut éviter.

Le titre de ce livre singulier que nous donnons en entier nous dispense d'une analyse. Il est du reste écrit en faveur du somnambulisme.

(D. p. 79
(G.-107 et 1705

1595 BOUYS (Th.). — Traité du magnétisme de l'homme, du somnambulisme magnétique et de la clairvoyance qu'il procure, suivi d'un discours sur le magnétisme.
Paris, 1808, in-8°.

Prospectus par Bouys.

(D. p. 82

1596 BOVET (François de) archevêque de Toulouse. — Des Dynasties Egyptiennes par M. de Bovet.
Paris, J. J. Blaise. 1829. in-8°. 500 p. (4 frs).

[J. 10900

L'auteur, armé des découvertes de Champollion, reprend la thèse de Guérin du Rocher dans l'Histoire des Temps fabuleux, et s'efforce de justifier scientifiquement les hypothèses de l'érudit mythologue. La chronologie de Manéthon est passée au crible d'une critique serrée et souvent heureuse ; mais qui dévoilera jamais les secrets du prêtre de Sébennytis ?

1597 BOVET (Fr. de). — Les Dynasties Egyptiennes suivant Manéthon, considérées en elles-mêmes et sous le rapport de la chronologie........ par M. de Bovet... 2e édition.
Avignon, Seguin aîné, 1835, in-8° de 504 pp.

[O³ a. 148

Œuvres de M. de Bovet. T. 3.

1598 BOVILLON (R. P. François). — Histoire de la vie et du purgatoire de Saint Patrice, archevesque et primat d'Hybernie.
Lyon, Vitalis, 1674, in-12. (7 f.).

(G-108

1599 BOWDEN. — Imitation du Bouddha. Maximes pour chaque jour de l'année. Traduction par L. de Langle et J. Hervez ; introduction de René Lorrain.
Paris, Chamuel, 1895, in-16 raisin XXXIX-142 p.

(O² m. 142

Cet ouvrage expose tout un côté du Bouddhisme assez peu connu. Au point de vue philosophique, il fournit la plupart des éléments nécessaires pour juger de l'influence populaire et morale de cette Religion.

1600 BOYELDIEU-D'AUVRIGNY (Mme Louise). — Cagliostro (extr. de Compendio della vita..... di G. Balsamo Rome, 1791) ; par mad. Boyeldieu d'Auvrigny ; dans LECANU (l'abbé) Dictionn. des prophéties (1852), I, 388-410.

(O-520.

1601 BOYELDIEU d'A. (Mme). — Mlle Lenormand ; par mad. L. Boyeldieu d'Auvrigny ; dans LECANU (l'abbé) : Dict. des prophéties (1854), II, 34-40.

(O-1854

1602 BOYER (Abel). — Abrégé de l'histoire des Vaudois, par Boyer.
La Haye, Meindert Vitgeer], 1691, in-12, 330 p.

[H. 11293

Attribué soit à Abel Boyer, soit à Pierre Boyer ministre protestant.

(S-5288

1603 [BOYER (le P. Fr. Oratorien)]. — Quatrième Gémissement d'une âme vivement touchée de la constitution de N. S. P. le pape Clément XI, du 8 septembre 1713.
S. l., 1739, in-12 (2 fr. 75).

Les 3 premiers " Gémissements " sont de l'abbé LE SESNE D'ESTEMARE, q. v.

1604 BOYER D'AGEN. — Lourdes.
Paris, Ollendorff, 1894, in-8°.

BOYER D'ARGENS. — Jean-Baptiste de BOYER, Marquis d'ARGENS, est né à Aix-en-Provence vers 1704, fils du Procureur Général au Parlement de cette ville. Déshérité par son père, il vécut longtemps à la Cour du Roi de Prusse, Frédéric II, puis revint achever ses jours en Provence, près de Toulon, où il mourut vers 1771. Il avait été Chambellan du Roi de Prusse et Directeur de son Académie.

1005 [BOYER D'ARGENS]. — Lettres Cabalistiques ou correspondance philosophique, historique et critique, entre deux cabalistes, divers esprits élémentaires et le Seigneur Astaroth. Nouv. édit. augm. de nouvelles Lettres.
La Haye, 1760-07, 7 vol. in-12 (8 fr.) (N° 236, Bourneville : 3 fr.)

Ouvrage intéressant, mis à l'index le 8 juillet 1742. Cette édition de 1766-67 est la plus complète.
Rare.
Table détaillée à la fin du VII° vol.

Autres éditions :
La Haye, *Paupie*, 1754, 7 vol. in-12 : XXIV-306, XII-308, VI-340, VIII-348, 356, 344, 305 pp.
[Z. 30453-9

Idem :
1741, 6 vol. in-8°.
1754, 7 vol. in-12.
La Haye, *Paupie*, 1769-70.
[Z. 15541-7
(S-4577
(G-100

1006 [BOYER D'ARGENS. — Lettres Juives, ou corespondance philosophique, historique et critique entre un Juif voyageur en différents Etats de l'Europe, et ses correspondants en divers endroits.
La Haye, *P. Paupie*, 1754, 8 vol. in-12. (9 fr.).
[Z. 30445-52

Intéressant ouvrage rempli de curieux renseignements.

Supplément aux Lettres Juives.
(S-4578

1007 BOYER D'ARGENS (Mquis de). — Lettres morales et critiques sur les différents états et les diverses occupations des hommes. Nouvelle édition.
Amsterdam, *Charreau et Du Villard*, 1750, pet. in-12 (3 fr. 50).
[Z. 15326

Idem :
Londres, 1737, in-12 de 236 pp.

1008 BOYER D'ARGENS (Mquis de). — Mémoires et Lettres.
Londres, 1762, in-12 (5 fr.).

Curieux mémoires, dans lesquels l'auteur raconte ses aventures galantes, de nombreuses anecdotes scandaleuses parmi lesquelles le célèbre procès du Père Girard et de la Cadière et l'histoire de plusieurs filles galantes de son temps.

1009 BOYER D'ARGENS (Mquis de). — La philosophie du bon sens ou réflexions philosophiques sur l'incertitude des connaissances humaines à l'usage des cavaliers et du beau sexe. Nouvelle édition corrigée et augm. considérablement par l'auteur. Avec un examen critique des remarques de M. l'abbé d'Olivet.
La Haye, *P. Paupie*, 1755, 3 vol. pet. in-12. (8 fr.).
[R. 54408-10

Condamné par arrêt du Parlement en 1759.

Idem :
Londres, 1737, in-12 XII-444 pp.
[R. 20873

1010 BOYER-REBIAB (Louis). — La volonté magnétique dominatrice. Guide secret du succès.
Paris P. Leymarie, s. d. [1909], in-16, 328 p. 4 pl. hors-texte, 18 fig. (10 fr.).
[8° R. 22851

Paris, Biblioth. des arts modernes, 1910, in-12.

Bible psychique, pleine d'idées pratiques, bourrée de faits palpables : écrite par un Dominateur érudit, qui a beaucoup vécu et beaucoup observé. L'auteur explique ce qu'est le magnétisme personnel, l'énergie physique et morale, la domination volique, directe, latente, par la concentration des pensées, les vibrations mentales, le rayonnement total, la quiétude intégrale, le domptage des contreforces, la thérapeutique pulmonaire, l'action indéfectible, etc...

BOYLE (Robert). — Robert BOYLE, fils de Richard, Comte de Cork et d'Orrery, est né à Lismore en Irlande en 1626, année de la mort de Francis Bacon ; d'abord destiné à l'Eglise, sa santé l'obligea à se retirer dans la terre de Stalbridge, où il se voua entièrement à la science. C'est lui qui réunit autour de lui le " Collège Philosophique " devenu plus tard le noyau de l' " Académie Royale des Sciences ". D'une excessive modestie il refusa tous les honneurs, même celui du titre de président de la "Société royale" nom pris à Londres par le " Collège Philosophique ". Robert Boyle mourut à Londres le 30 Décembre 1691 et repose dans l'Eglise de l'Abbaye de Westminster. Le Grand dictionnaire Larousse le nomme, on ne sait pourquoi, CHABERT Boyle.

1011 BOYLE (Robert). — Roberti Boyle, Opera omnia.

Veneliis, 1697, 3 vol. in-4°. Figures.

(S-3244 b

1012 BOYLE (Robert). — Notæ etc. de Atmospheris Corporum consistentium, ostendentes Corpora etiam dura et solida emittendis Effluviis, adeoque habendis Atmosphæris apta esse. Auctore Rob. Boyle.

Londini, M. Pill, 1673, in-12 de 34 pages.

[R. 14707

Comme on le voit, les recherches de Crookes, du Dr Gustave le Bon, de Mme et de M. Pierre Curie, sur l'état radiant de la Matière sont des confirmations modernes de Vérités déjà connues du XVII° siècle... et de l'Antiquité aussi.
Pourrait se rapporter au Pharmaco-Magnétisme déjà signalé à l'article " BOURRU & BUROT "

(St Y-1255

1613 BOYLE (Robert). — Tracts containing, I Suspicions about the Qualities of Air, II Animadversions upon Hobbes, Problem de Vacuo, by Robert Boyle.

London, M. Pill, 1674, 4 part. in-8°

[R. 14010-23
(S-3433

1614 BOYVIN DU VAUVROUY (Henry de). — La Physionomie, ou les Indices que la Nature a mis au Corps humain, traduit du Grec par Henry de Boyvin du Vauvrouy, âgé de 12 ans.

Paris, 1030, in-8°.

[V. 21864

Traduction des Traités d'Adamantius et de Mélampe.

(S-3447
(G-1030

1615 [BRACK]. — Testament politique de M. Mesmer, ou la précaution d'un sage, avec le dénombrement des adeptes ; le tout traduit de l'Allemand par un Bostonien (attribué à M. Brack, médecin).

Leipzick et Paris, 1785, in-8°, 50 pages.

Cet ouvrage dit M. Mialle a été arrêté parce que l'auteur nommait les personnes de condition a qui Mesmer faisait des legs.

(D. p. 67

1616 [BRACK]. Histoire du magnétisme en France, de son régime et de son influence, pour servir à développer l'idée qu'on doit avoir de la médecine universelle.

Vienne et Paris, Royez, 1784, in-8° 32 pages (3 fr.).

Brochure contre Mesmer. L'auteur s'occupe fort peu de l'histoire du magnétisme. Il donne quelques détails plus ou moins exacts sur la teneur des séances de la Société de l'Harmonie dont nous parlerons plus loin, et d'autres trop concis sur l'établissement du magnétisme à Malte, à Bordeaux, à Amiens, à Lyon et à Versailles. Il termine par une invocation à la patrie : " Né Français il bénit le gouvernement sous lequel il vit... Il doit la vérité et la vie à la patrie... O ! ma patrie, finit-il, un seul de tes regards me tiendra lieu de tout... " M. Prud'homme n'eut pas mieux dit. M. Mialle après quelques auteurs attribue cette brochure à un sieur Brack, médecin de Lyon. Je crois pouvoir certifier qu'il n'y avait pas de médecin de ce nom à Lyon en 1784.

(D. p. 22

1617 [BRACK]. Lettre de Figaro au Comte Almaviva sur la crise du magnétisme animal, avec des détails propres à fixer enfin l'opinion sur l'inutilité de cette découverte ; nouvelle édition précédée et suivie des réflexions qui ont rapport aux circonstances présentes, traduites de l'espagnol.

Madrid et se trouve à Paris chez les marchands de nouveautés. 1784. in-8°, 45 pages. (2 fr. 50 à 4 fr.).

M. Mialle cite une première édition de 38 pages et indique le nom de l'auteur, un médecin nommé Brack. L'esprit de Beaumarchais est complètement étranger à cette brochure qui n'a rien de scientifique. Elle est recherchée dans les ventes en raison de ses allusions badines concernant la salle des crises.

(D. p. 29

1618 BRAD (Jean-Louis). Les Grâces Maçonnes. Poème

Paris, s.d., in-8° [vers 1810]. (3 fr.)

Délicieuse poésie maçonnique dans le goût romantique sur divers sujets mythologiques.

1619 BRAD (J.-L.). Les Maçons de Cythère. Poème.

Paris, Caillot, 1813, in-18, 216 p. et pl. (5 fr.).

[Ye 10581

Avec frontispice gravé par Desrais. Division de l'ouvrage : Réceptions au premier grade. — La chambre des réflexions. — Préparation. — Interrogations. — Les trois questions écrites ou la profession de Foi. — Les Voyages. — Immersion dans l'eau. — La coupe d'amertume. — La saignée. — Le cachet de l'Ordre. — L'aumône. — L'accusation. — Les Enfers. — Le serment. — Réception. — La première lumière. — La deuxième lumière. — Le mot, le signe et l'attouchement. — Le Baiser fraternel. — Discours de l'orateur. — Puissance du nombre trois. — Religion, croyance, philosophie, etc.]

Comme on voit, tout le processus initiatique se déroule dans cet ouvrage symbolique.

BRAID (James). Chirurgien anglais, né à Rylaw House, en Écosse, vers 1795, mort à Manchester en 1860, il fut médecin des Mines de Leads'Hill dans le Lanarkshire et s'établit ensuite à Manchester où il assista aux expériences de Charles LAFONTAINE, alors en tournée en Angleterre. Adversaire du magnétisme, il crut trouver une autre cause aux phénomènes qui se produisaient et inventa ce qui est devenu plus tard l'HYPNOTISME. Il nomma d'abord son Système « Neurypnologie » et DURAND DE GROS, qui l'a beaucoup étudié, le nomme « *Braidisme* ».

1620 BRAID (James). Neurypnologie. Traité du Sommeil nerveux ou Hypnotisme, par James BRAID. Traduit de l'Anglais par le Dr Jules SIMON, ancien Interne à l'hôpital de Rothschild, avec Préface de C. E. Brown-Séquard, Professeur de Médecine au Collège de France.

Paris, Adrien Delahaye et Émile Lecrosnier, 1883, in-12 de XV-272 p. et erratum. (4 fr.).

[Te¹¹. 64

Traduction française de l'Ouvrage du célèbre « Inventeur » (après beaucoup d'autres) de l'Hypnotisme. Du moins en a-t-il inventé le nom.

1621 BRAID (James). Neurypnology : or the rationale of nervous sleep, considered in relation with animal magnetism ; illustr. by numerous cases of its successful application in the relief and cure of disease.

London, John Churchill, 1843, in-16, XXII-265 p. (15 fr.).

[Te¹¹. 64 bis

Ouvrage excessivement rare et recherché, surtout comme document de la naissance de l'Hypnotisme moderne.

1022 BRALEDA (Vicomte).—La Patrie, La Langue maternelle, la Vraie Religion. Études Psychologiques.
Luxembourg. 1804. in-8°. (4 fr.) (Hors commerce).

Cet ouvrage, plein d'originalité et d'érudition, renferme une très intéressante note additionnelle intitulée : Objection tirée du Travail de Papus, sur le Tarot des Bohémiens. — Réfutation.

1023 BRANDAU (M. E. von). — Matthäi Erbinäi von Brandau. XII Grund-Säulen der Natur und Kunst, worauf die Verwandlung der Metallen gebauet, benebst V. vornehmer Artisten wahrhafften Processen, worunter einer des Th. Paracelsi, welcher noch niemahlen in Druck gesehen worden.....
S. l. ni adr., 1680, in-8° de 50 pp.

(O-1191)

1024 BRANDAU (M. E. von). — Matth. Erbinäi von Brandau, warhaffte Beschreibung von der Universal-Medicin, und Güldnen Tinctur Ursprung, Anfang, Mittel und Ende, wie auch derselben Zubereitung nach der alten und neue philosoph. warhafften Gründen.... aus des seel. H. Autoris Msto zum Druck Befördert und communiciret durch T. P. G. L. M. S.
Leipzig, Lanck, 1680, in-8° de XII-148 pp.

(O-1192)

1025 BRASSEUR (A. J.).—Enseignement de la vraie doctrine du magnétisme. Les principes expliqués d'après les effets, mémoire, adressé à l'académie des sciences, par A. J. Brasseur.
Paris, Pilloy, 1860, in-12. 14 pages.

(D. p. 173)

1026 BRASSEUR de BOURBOURG. (Abbé Etienne-Charles).—Recherches sur les Ruines de Palenqué et sur les origines de la civilisation au Mexique.
Paris, Arthus Bertrand, s. d., [1866] gr. in-4°, XXI-84 p. (5 fr. 50).

[Pd. 209

1027 BRASSEUR de BOURBOURG. (Abbé Etienne-Charles). Le Sérapéon. Épisode de l'histoire du IVe siècle.
Paris. Debécourt. 1839, in-8° de 72 pp. (4 fr. 50).

[Y² 19597

Peu connu ; peu commun, mais intéressant. — Histoire de la vestale Cécilia, réfugiée dans un temple égyptien de Sérapis. — Elle se fait chrétienne.— Olympe, prêtre de Sérapis en est amoureux et la poursuit au milieu de troubles civiques de toute nature. — Cécilia retourne à Rome, où Olympe vient aussi. — Cécilia le sauve des mains des Barbares conquérants, il se convertit au christianisme et se retire en solitaire dans les Apennins.

BRASSEY-HAHLED (Nathaniel). Voir : *HAHLED (Nathaniel Brassey)*

1628 BRAVNS (Herm. Frieder). — Nodus gordius aenigmatis sibyllini de nomine ἱερατικὰ γράμματα, τετραπλάσιον praemissa de sibyllis et oraculorum earvndem avtoritate brevi disquisitione solvtvs.
Lipsiae, apud W. Deer. 1728, in-4°. 02 p. (4 fr. 50).

[Yb. 493

1629 BRECHER (Gedalia ben Eliezer, *alias* Gideon). — L'immortalité de l'âme chez les Juifs, traduite de l'allemand et précédée d'une introduction par Cahen.
Paris. Franck, 1857, in-12.

[A. 8254 bis

Traité rare sur l'immortalité de l'âme et sur la résurrection de la chair.

Autres ouvrages du même sur la magie du Talmud (en allemand), Catal. de la Bib. Nat¹⁰ : XIX : 118.

[A. 8255

1630 .....BREF DISCOURS et abrégé de la vie, vertus et miracles du Bienheureux Père Jacques, religievx des Frères Minevrs de l'Observance, béatifié par nostre S. P. P. Vrbain VIII. Célébrée à Namur, le 3 de Juillet avec applaudissement de tout le peuple, l'an 1625.
Liège, 1625, in-12. (7 fr. 50).

(G-110

1631 [BREMER (Johann Gottfried)]. Die Symbolische Weisheit der Aegypter aus den verborgensten Denkmälern des Alterthums. Ein Theil der Aegyptischen Maurerey der zu Rom nicht verbrannt worden (von Joh. Gottfr. Bremer). Herausgegeben von Karl Philipp Moritz.
Berlin, Karl Matzdorff, 1793. in-8° de XIV-190 pp.

La Préface de l'auteur est signée J. G. B.

(O-185 et 186)

1632 BRENIUS (Dan.). [Daniel de Breen]. Dan Brenius Breves in Vetus et Novum Testamentum annotationes ; adjectus est tractatus de regno ecclesiæ glorioso pei Christum erigendo. Item De qualitate regni Christi, quodque totum illud in spirituali dominio consistat, etc. nec non Amica disputatio adversus Judæos, etc...
Amsterdam, 1664. in-fol°. (7 fr.).

Ouvrage curieux de ce fameux théologien protestant. Il était Socinien et Arminien, disciple d'Episcopius.

1633 BRENNUS (Docteur). — L'Acte Bref. Traité de l'Incontinence spasmodique. Suivi d'une étude par le Dr Caufeynon sur l'érection fugitive, l'Aspermatisme et les Noueurs d'Aiguillette.
Paris, André Hall, Saint-Elme Guérin, S. D. in-12 de 111 p. (3 fr. 50).

Singulier ouvrage, un peu du genre de ces publications de Spécialités pharmaceutiques qui à chaque page offrent un nouveau remède à tous les maux connus. Celui-ci offre des comprimés, des Tubes, des machines électriques, des Pommades, et même des Suppositoires (Note, p. 85). Le " Docteur Brennus " est aussi l'auteur de " Amour et Sécurité ", qui d'après son prospectus, est " unique et sans précédent, poursuivi en Cour d'Assises à Paris..... Cent-Unième et dernière édition. "

[8° Th¹¹, 183 & bis

Ces ouvrages sont de véritables Traités de Magie Noire.

1634 BRENNUS (Docteur). — Secrets d'Alcôve et d'ultime Beauté. Séduction : le Talent, l'Art, la Science.
Paris, Éditions scientifiques, Maison Guérin, S. D., in-12 de 244 p. (5 f.)

Cet ouvrage est un prospectus détaillé de la Maison Guérin : " Aux Galeries Laferrière " dont il indique en détail la nature et l'usage des diverses spécialités : la " Céphaluse ", les " Pilules Virilogènes ", la Crème pruritale dite la " Voluptueuse ", la " Caloméline ", la " Jouventine ", le " Rectilus ", etc. etc.

1635 BRENTANO (Clemens). — Vie de N.S.Jésus-Christ, écrite d'après les visions d'Anne-Catherine Emmerich, trad. par l'abbé de Cazalès, chanoine de Versailles.
Paris, Tournai, Bray, 1800-01. 6 vol. in-16. (9 frs).

[D. 33000

1636 BRENTZI (André). — Andreæ Brentzi, variarum philosophorum sententiarum perveniendi ad lapidem benedictum. Collectanea ; dans Theatrum chemicum. IV (1133). 372-400.

(O-1005

1637 BREREWOOD (Ed.). — Recherches curieuses sur la diversité des langues et religion en toutes les principales parties du monde, et mises en français par J. de la Montagne.
Paris, Olivier de Varennes, 1640. in-8°. XXII-258 p. (7 fr.)

[X. 5038

Idem :

Saumur, chez Lesnier 1662. in-12.
[X. 5033

Édition rare publiée à Saumur.

Id. dernière édition revue et corrigée.

A Saumur et à Paris chez O. de Varennes. 1663.

[G-32047
(G-580-1700-7-8

1638 BRÈS (Guy de). — La racine, source et fondement des Anabaptistes ou Rebaptisez de nostre temps, par Guy de Brès.

[S. L.] *A. Clémence*, 1505, in-8°
de XVI-603 p.

2 ex. : [D² 4302
          [H. 11454
          (S-1512

1639 BRESCIANI (le P. Antoine, Jésuite)
— Le Juif de Vérone, ou Les Sociétés Secrètes en Italie par A. Bresciani.

Paris, H. Casterman. 1858. 2 vol.
in-12. (10 fr.).

[Y². 10745 et 6

« Le but du Juif de Vérone " nous dit
l'auteur, « a été de montrer la perfidie
« des Sociétés Secrètes. C'est l'histoire
« des Révolutions accomplies sous nos
« yeux par la Franc-Maçonnerie. Depuis
« la mort de Grégoire XVI jusqu'à l'as-
« saut du Quirinal, cet ouvrage montre
« une partie des crimes, des perfidies et
« iniquités commis par les Sociétés Se-
« crètes, conjurées pour la ruine du mon-
« de... etc. etc. »

Réédité en 1850 ([Y¹. 10747-8) —
1860-1864-1867-1869 etc.

Il existe une suite : " Lionello, faisant suite au Juif de Vérone... "

Paris, H. Casterman. 1859, in-12
338 p.

[Y². 10757

Également plusieurs fois réédité en
1860, 1868, 1869, etc.

1640 [BRETEAU]. — Grand jeu de Société. Pratiques secrètes de Mlle Lenormand.

1re Partie : — Explication et application des Cartes Mytho-Hermétiques
ornée de gravures et accompagnée
d'un jeu de 54 cartes imprimées en
couleur.

                [R. 37605
Jeu de cartes : [R. 37607
(15 f.).

2me Partie : — L'Astrologie Ancienne et Moderne, contenant toutes
les Tables nécessaires pour dresser
toutes sortes de Thèmes, en quel lieu
et pour quel âge que ce soit; suivi
d'un Traité des Nombres Cabalistiques par Mme la Comtesse de***. Ornée de figures et accompagnée d'une
Carte Urano-Géographique.

*Paris, chez l'éditeur 46, rue Vi-
vienne, au premier*, 1845, in-12 de
508 p. et une cinquantaine de folios
d'éphémérides, de 1811 à 1830. (5 f.)

[R. 37606

3me Partie : — Traité complet de
Chiromancie, suivi d'un petit Traité
de Physiognomonie et de Cranios-
copie, d'après Lavater et Galles, orné
de gravures.

(4 fr.)

[R. 37606 bis

4me Partie : — Le Jeu de la Fortune
orné de gravures et avec une roue
métallique tournant sur pivot.

(5 fr.)

[R. 37606 ter

5me Partie : — Les Oracles des 12
Sibylles, orné d'une gravure.

(2 fr. 50).

[R. 37606 quater

5 volumes in-12 (ensemble 25 f.).
Curieuse collection, assez peu connue,
attribuée à "Breteau" par les Catalogues
de Lucien Bodin et de la Bib. Nat.

1641 BRETON. — Philosophie du magnétisme par Breton.
1854.

Je ne connais que l'annonce de cet ouvrage.

[D. p. 157

1642 BRETON (Sébastien). — Arrest
de parlement donné en l'audience de
la Tournelle le premier jour de Décembre 1601...... en cause de Sébastien BRETON et Jehanne SIMONI sa
femme accusez de sortilège.

Paris; Jean de Hecqueville. 1602.
in-8° de 73 p. compris le titre.

Le titre courant est : Arrest de défenses de faire espreuve par eau en accusation de sortilège.

[Réserve R. 2444

1643 BRETTES (chanoine Ferdinand).
— Les apparitions de Tilly. Consul-

Sc. psych. — T. I. — 16.

lations théologiques par l'abbé Brettes.
Paris, F. Téqui, 1897. in-8° de V-97 p. (2 frs).

[Lk⁷. 30908

Curieuse brochure de 67 pp. relative aux phénomènes de Tilly-sur-Seules et au prophète Pierre-Michel Vintras dont elle expose les doctrines, les prédictions. etc....

1644 BREVANNES (Roland). — L'Orgie Satanique à travers les Siècles.
Paris, Charles Offenstadt, in-12 de 270 p. et 7 p. de Catalogue. Planches hors texte.

[8° R. 21651

Satan. — Messes Rouges. — Sorciers et Sorcières. — Messes Noires. — Mme de Montespan. — Messes Blanches. — L'Orgie contemporaine. — Etc.
Le catalogue final décrit 6 ouvrages du D' Caufeynon, et d'autres du D' Jaf, de Charles Montfort, etc.

1645 BREVANNES (Roland). — La Papesse Noire.
[*Paris*], *Massy (Seine-et-Oise), Select Bibliothèque*, 1907. in-16 de 250 p. Planches hors texte dont une à double page.

[8° Y². 50293

Intéressant Roman. — L'Ombre Vivante. — Une Religion nouvelle. — Le Lys Noir. — Le Sacre de la Papesse. — Le Livre des Destinées. — Les Apothéoses sanglantes. — Le Doigt de Satan. — Etc.

1646 BREVIAIRE (Le) du Devin et du Sorcier, contenant le Traité de la Baguette Divinatoire, le Dragon Rouge, les Merveilleux Secrets du Petit Albert, l'Enchiridion du Pape Léon III, et autres Formulaires Magiques pour guérir tous les maux, commander aux Démons, conjurer leurs Maléfices, découvrir les Sources, les Trésors cachés, et même les Voleurs et les Assassins, suivis de Curiosités Infernales et Occultes.
Paris, Imp. de Paul Dupont, S. D. [1894 et 1895], in-12.
Voir aussi à DUCRET.

(Y-P-1128

1647 .... BREVIS Tractatio de antiquissimo atque certissimo illo particulari quod par Exaltationem seu gradationem Solis s. Auri parari solet, oder kurtze, iedoch ausführliche und richtige Handlung vom dem uhralten und bewährtesten Particular welches durch Erhöh- und Vermehrung des Goldes-Farbe verrichtet zu werden pfleget...... durch einem Freund der edlen Chymie..........
Leipzig, Joh. Herbord Klosz, 1715 in-8° de VIII-70 pp.

(O-1437

1648 BREWER (Dr Ebenezer Cobham). — La Clef de la science ou les phénomènes de la nature expliqués, par le Dr E. C. Brewer.
Paris, J. Renouard, 1854. fort vol. in-18 XVI-532 p. Nombreuses fig. (2 fr. 50).

[8° R. 2107

1649 BRICAUD (Joanny ou Johannès). — Catéchisme Gnostique. — A l'usage des fidèles de l'Eglise Catholique Gnostique donné par S. G. Johannès Bricaud, Evêque-Primat.
Lyon, 1907. in-16 de 48 pp. (1 f.).

Qu'est-ce que la Gnose. La doctrine secrète du Christ. Mystères illuminateurs. Le Monde Divin. Le Monde spirituel. Le Monde Hylique ou matériel. De l'Homme. L'Ascension du Plérôme et la dissolution du Monde Hylique. Mystères purificateurs. — La Vie Religieuse. Le Péché. La Prière. Les Sacrements. Le Mystère des onctions pneumatiques.

1650 BRICAUD (Joanny). — Un Disciple de Saint-Martin, Dutoit-Mambrini, d'après des documents inédits.
Paris, L'Initiation, in-8° de 18 p. (1 fr.).

[8° M. Pièce. 2802

1651 BRICAUD (Joanny). — Eléments d'Astrologie.
Paris, S. D., in-12. (1 fr.).

Les abords rébarbatifs de cette science, la plus ancienne et la plus profonde, éloignent le profane de sa divine lumière. Pour faciliter l'accès du trépied sacré, Joanny Bricaud, avec une méthode d'adaptation des plus accessibles met tous les ressorts de cette divination à la portée des plus novices. Au moyen de ce traité vraiment pratique, le jeune adepte pourra manier facilement toutes les combinaisons de l'horoscope et dresser en peu de temps des thèmes de nativité de la plus grande exactitude.

1652 BRICAUD (Joanny). — J. K. Huysmans et le Satanisme.

Paris, La Revue du Temps présent, 25 juin 1908, in-8°. Extrait de 14 pages (1 fr.).

Publié dans " La Revue du Temps présent ".

1653 BRICAUD (Joanny). — Premiers éléments d'occultisme, avec fig.
Paris, S. D., in-12. (1 fr.).

Histoire et théories de l'occultisme. Constitution de l'homme. Le Corps astral. Le Plan astral. Les Élémentals. La Mort et ses mystères. Auras et images astrales. L'occultisme pratique. Vocabulaire et bibliographie.

BRICAUD (Joanny ou Johannès). Voir aussi : *FUGAIRON et BRICAUD*.

1654 BRIDGMAN (Frédérick Arthur). — L'Anarchie dans l'Art, trad. de l'anglais.
Paris, L. H. May, S. D. [1898]. in-18 248 p. couv. illust.

[8° V. 27321

Le Socialisme dans l'art. Impressionnisme symbolique. Exagérations. Toquades. L'anarchiste en musique. Wagner et les formes nouvelles. Le critique anarchiste, etc...

1655 .... BRIEFE über Religionswesen und Freymäurerey, an allerley Leser, avec cette épigraphe :
O Medici, medici, medium pertundite venam. S. l. ni adr. (*Frankfurt, Esslinger*), 1780, in-8° de 120 pp.

(O-407.

1656 BRIÈRE (de). — Eclaircissements sur la destination de trois Zodiaques antiques savoir : le Zodiaque rectangulaire de Denderah ; le Zodiaque du cercueil de l'Egyptien Pétéménon, et le zodiaque de l'église Notre Dame de Paris ; et explication de certains symboles qui s'y trouvent.
Paris, 1830, in-4° 18 p. et pl. (2 fr.).

[V. 13009

Avec une grande planche représentant les trois Zodiaques.

(G.-1709

1657 BRIÈRE (de). — Essai sur le symbolisme antique d'Orient, principalement sur le symbolisme égyptien ; contenant la critique raisonnée de la traduction du passage du cinquième livre des stromates de S. Clément d'Alexandrie, relatif aux écritures égyptiennes de M. Letronne de l'Institut, accompagné d'une planche lithographiée par Gendré.
Paris, B. Duprat, 1847, in-8°, 103 p. tableau et pl. (4 frs.)

[J. 16995

Ouvrage d'une grande importance pour l'étude de l'ésotérisme, et devenu introuvable.

1658 BRIERRE de BOISMONT. — Des hallucinations ou histoire raisonnée des apparitions, des visions, des songes, de l'extase, du magnétisme et du somnambulisme.
Paris, Germer-Baillière, 1845, in-8° VIII-615 p.

[8° Li. 2111

Rare. Edition originale.

(G.-1204 et 1205

1659 BRIERRE de BOISMONT. — Des hallucinations ou histoire raisonnée des apparitions, des visions, des songes, de l'extase, des rêves, du magnétisme et du somnambulisme.
Paris, G. Baillière, 1832, in-8° de XV-719 pp. (7 frs).

[Td⁸⁶. 131 B.

Idem :
Paris, Baillière, 1862, fort vol. in-8°, XVI-720 pages.

[Td⁸⁶. 131 A.

Ouvrage rare dans lequel on a rassemblé plusieurs séries d'observations curieuses ; tous les excès de la vie, soit en bien soit en mal, pouvant exalter le cerveau et y produire des stagnations de lumière y trouvent une explication ; il est également riche en phénomènes psychologiques spontanés observés dans l'aliénation mentale, la catalepsie, etc....

(G.-1710

1660 BRIERRE de BOISMONT. — Du suicide et de la folie-suicide, par A. Brierre de Boismont.
Paris, Germer-Baillière, 1856. in-8° XVI-663 p. (3 frs).

[8° li. 2113

Livre très substantiel, nourri de faits, point déclamatoire, où la statistique la plus rigoureuse vient en aide aux considérations les plus élevées, et qui se lit avec entraînement jusqu'à la dernière page. — Causes du suicide. — Derniers sentiments exprimés par les suicidés dans leurs écrits. — Physiologie morbide du suicide des aliénés. — Nature du suicide. — Distribution du suicide par régions, modes, époques. — Traitement. — Médecine légale, etc.......

BRIERRE de BOISMONT. — Voir RIVET (Mme M. née etc).

1661 BRIEU (Jacques). — Essai critique sur la Forme d'après la théosophie, la kabbale, l'occultisme.
Paris, Librairie du Magnétisme, 1909. in-16, 30 p. (1 fr.).

[8° R. Pièce 12879

Origine de la forme. — Processus des trois personnes divines et de la création, d'après la philosophie védanta, la kabbale, la théosophie.— De leurs symboles géométriques. De l'Infini, de l'Indéfini et du Fini. — Passage de l'Absolu au Relatif. Des êtres à n dimensions. — Réalisation et matérialisation des idées.

1662 BRIEU (Jacques). — La philosophie et la métaphysique sont-elles mortes?
Paris, in-8° (1 fr.).

Réponse à une étude de M. Boutroux qui conclut qu'il n'y a plus de philosophie, plus de métaphysique. M. Brieu fait voir que la métaphysique a pour objet l'étude des propriétés des antinomies et qu'alliée à la science des correspondances elle forme la véritable science générale et synthétique.

1663 BRIFFAULT (Eugène). — Le secret de Rome au 19me siècle. Le peuple. La cour. L'église.
Paris. P. Boisard, 1846, [1845], in-4° IV-600 p. fig. et pl. (15 frs).

[H. 5102

Intéressant ouvrage du même genre que les " Mystères de l'Inquisition " de Mme Suberwick, q. v. ; illustré d'un frontispice, de 25 fig. hors texte, et de nombreuses vignettes dans le texte, gravés sur bois d'après les dessins de Célestin Nanteuil, Demoraine, Marcki, Moynet. Intéressants bois de l'époque.

Idem :
Paris, Lécrivain et Toubon, 1861, in-4° VIII-425 p. fig et pl.

[4°Uu. 407

1664 BRINVILLIERS (Marquise de). — Marie-Madeleine (et non Marguerite comme le portent par erreur certains Factums) d'Aubray est née en 1630. Elle mourut sur l'échafaud en 1676, après avoir, de son propre aveu, empoisonné son père et ses deux frères.

Voir à son sujet :
Bibliothèque Nationale, Collection Morel de Thoisy, 322.
La Marquise de Brinvilliers, récit de ses derniers moments. Manuscrit du P. [Edme] Pirot [docteur en Sorbonne] publié par G. Roullier.
Funck-Brentano : — Le Drame des Poisons.

1665 BRINVILLIERS (Marquise de). —
1) Factum du Procès extraordinairement fait à la Chaussée, Valet de Sainte-Croix, pour raison d'empoisonnement du sieur d'Aubray, Lieut. Civil.
Paris, 1676.

2) Factum pour Dame Marguerite d'Aubray, Marquise de Brinvilliers, accusée.
Paris, 1676.

3) Mémoire du Procès contre la Dame de Brinvilliers.

Paris, 1676, in-12.
(S-2635)

1666 BRINVILLIERS (Marquise de). — Factum pour Dame Marie Magdelaine d'Aubray, Marquise de Brinvilliers.
Paris, 1676, in-4°.
(S-2634)

1667 BRINVILLIERS (sur la marquise de). Mémoire du procès extraordinaire contre Madame de Brinvillier et de la Chaussée, valet de Monsieur Sainte-Croix. Pour raison des empoisonnements de diverses personnes. Avec la défension (sic) et l'arrest de la cour donnée contre la dite dame, du 16 Juillet 1676.
Amsterdam, Boom, 1676, in-12.
(15 fr.).

Ce volume qui se joint à la collection des Elzéviers est d'une rareté extrême surtout lorsqu'il contient les 4 titres différents.
(G-1606)

BRINVILLIERS (Marquise de). — Voir : ROULLIER (G.).
FUNCK-BRENTANO (Fr.).

1668 BRIOT (Pierre). — Histoire de la religion des Banians et des Parses de Henri Lord, traduit de l'Anglois par P. Briot.
Paris, 1667, in-12.
[O²k. 582
(S-2140)

1669 BRIQUET (le D' Pierre). — Traité clinique et thérapeutique de l'hystérie par le D' P. Briquet.
Paris, J. B. Baillière et fils, 1859, in-8°, VII-724 p. (4 fr.).
[Td⁸⁵. 267

1670 BRISSEMORET (Alphonse) et JOANIN. — Les drogues usuelles, par MM. Brissemoret et Joanin, Chef de Laboratoire et préparateur du Laboratoire de Pharmacologie et de Matière Médicale de la Faculté de Médecine de Paris. Avec Préface de M. le professeur Gabriel Pouchet, Membre de l'Académie de Médecine.

245

Paris, Octave Doin, 1898, gr. in-12 de XVII-674 p. (4 fr.).
[Te¹³⁹. 150

Précieux aide-mémoire, où sont mentionnées et décrites à peu près toutes les Drogues connues.

1671 BRISSET (Jean-Pierre). — La Science de Dieu ou la création de l'homme.
Paris, Chamuel, 1900, in-18, 252 p. (5 fr.).
[8° R.16534

Très curieux ouvrage, consacré presque exclusivement à l'étude de la formation de tous les mots d'après la « Grande Loi ou Clef de la Parole » et dans lequel on trouve les plus extraordinaires étymologies.

1672 BRISSET (Mathurin-Joseph). — Le mauvais œil, tradition dalmate, suivi d'une nouvelle française par M. Brisset.
Paris, Urbain Canel, 1833, in-8°, 303 p. et 16 de catalogue. (3 fr.)
[Y². 10835

Edition originale de ce romantique rare, sur le même sujet que la « Jettatura » de Théophile GAUTIER.

1673 BRISSOT de WARVILLE (Jacques-Pierre), membre du comité des recherches de la municipalité à Stanislas Clermont (ci-devant Clermont-Tonnerre).... sur la diatribe de ce dernier contre les comités de recherches, et sur son apologie de Madame Jumilhac, et des illuminés.
Paris, Buisson, 1790, in-8° de 52 pp. (2 fr. 50).
[Lb³⁹. 3974

1674 BRISSOT de WARVILLE. — Un mot à l'Oreille des Académiciens de Paris, par Brissot de Warville.
1784, in-8°, 24 pages. (1 fr.)

Réflexions en faveur du magnétisme sur le premier rapport des commissaires.
(D. p. 56)

1675 [BRITTEN (Emma Hardinge)]. —

Art Magic, or Mundane, Sub-Mundane, and Super-Mundane Spiritism. New-York, 1876, in-8°. (50 fr.).

Ouvrage de très haute importance. Divisé en III Parties et 23 Chapitres. — La 1re Partie contient de précises notions sur la Matière, la Force et l'Esprit ; la grande Trinité de l'Etre ; l'Historique chez les peuples anciens et modernes. — La 2e Partie traite du Spiritisme et de la Magie à travers le Monde. — La 3e Partie est consacrée plus particulièrement aux Sciences Occultes et aux Phénomènes Psychiques.

C'est un ouvrage du genre Médianimique qui a été recueilli par les soins de Mrs Emma Hardinge BRITTEN.

1676 [BRITTEN (Emma Hardinge)]. — Ghost Land, or Researches into the Mysteries of Occultism.

Boston, 1876, in-8° (50 fr.).

Un des plus remarquables Traités médianimiques sur l'Occultisme. Contient une foule de renseignements précis sur ces matières généralement peu connues.

1677 [BRITTEN (Emma Hardinge)]. — Au Pays des Esprits, ou Roman vécu des Mystères de l'Occultisme. Première Traduction française. Préface de Papus.

Paris, Edition de l'Initiation, 1903, in-16 de IV-418 p. (3 fr. 50).

[8° Y². 54531

C'est la Traduction de « Ghost Land », ce Traité-Roman si remarquable : Sur le Seuil. — Zwingler le Bohémien. — Magie en Angleterre. — Le Transfert d'une Vie. — Dans la Solitude. — Le Réveil. — Sur l'OCCULTISME, ses Usages, ses abus. — L'Enchanteresse. — Magie Noire. — Etc.

Œuvre qui a eu un profond retentissement dans tous les centres voués à l'étude de l'occultisme, parce qu'elle correspond à des descriptions strictement exactes de visions et d'expériences. — Les traits de dédoublement astral, les initiations, et jusqu'aux théories présentées actuellement comme Esotériques y sont analysés cinquante ans avant l'arrivée en Occident des doctrines Bouddhiques et de leur adaptation à l'occultisme. — L'auteur anonyme de ce voyage dans les pays merveilleux nous présente le récit le mieux combiné et le plus captivant pour donner au lecteur une idée bien précise de ce qu'est la science occulte. — Ce remarquable ouvrage peut être mis en parallèle avec « Zanoni » de Bulwer-Lytton, avec lequel il ne fait cependant pas double emploi.

1678 BROCA (Paul), chirurgien français, né à Sainte-Foy-la-Grande (Gironde), en 1824, mort à Paris en 1880, sénateur. Sa biographie a été publiée par le Docteur Pozzi (1880, in-8°).

Etude sur les animaux ressuscitants. Rapport lu à la Société de Biologie, les 17 et 24 mars 1860 au nom d'une commission composée de..... Berthelot, Brown Séquard, Dareste, Ch. Robin, etc...

Paris, A. Delahaye, 1860, gr. in-8° de 145 pp. et 1 pl. gravée. (3 fr.).

[S. 23014

Etude des plus intéressantes sur ces curieux animaux (Rotifères, Tardigrades et Anguillules) qui possèdent la curieuse propriété de pouvoir être desséchés, conservés indéfiniment en cet état, puis revivifiés, simplement par l'humectation.

Le fait avait été exposé tout d'abord par Ant. A. Leeuwenhoek dans son ouvrage : « Continuatio Arcanorum Naturæ ». Lugduni Batavorum, 1719, in-4°, p. 384 et suiv. (Lettre « ad Henr. Bassyncum » datée du 8 février 1702). Il est absolument hors de doute aujourd'hui.

Des animaux desséchés à une température de 100° centigrade, pendant trente minutes ont conservé encore la propriété de se ranimer au contact de l'eau (p. 140).

1679 BROCA (Paul). — Sur l'anesthésie chirurgicale hypnotique. Note présentée à l'Académie des sciences le 5 décembre 1859 suivie d'une lettre au rédacteur en chef du Moniteur des sciences médicales par M. Paul Broca, professeur agrégé à la Faculté de Médecine, chirurgien des hôpitaux.

Paris, impr. Noblet, 1859, in-8°, 16 pages.

[Te³⁹.60

M. Broca l'un des savants les plus dis-

tingués de notre temps s'est efforcé de donner aux faits hypnotiques une interprétation scientifique. Il n'a pas été compris par ses confrères.
(D. p. 168

1680 BROCHARD (Victor - Charles - Louis), Maitre de conférences à l'Ecole normale supérieure. — Les Sceptiques grecs par Victor Brochard.
Paris, imprimerie Nationale, 1887 in-8°. IV-432 p. (40 fr.).
[8° R. 8247

1681 BRODEAU DE MONTCHARVILLE, Marquis de Châtres (Pierre-Julien) mort en 1711. — Preuves des existences et nouveau système de l'Univers, ou idée d'une nouvelle philosophie.
Paris, J. Josse, 1702, in-8°. IV-128 p. frontisp. (8 fr.).
[V. 33313

Avec un plan gravé du nouveau système de l'Univers.
(G.-1200

1682 BROECKX (le Dr Corneille). — Le Baron François-Mercure VAN HELMONT [Fils du grand Alchimiste et Médecin] Seigneur de Mérode, Oirschot, Pellines, Royenborch, etc. par C. BROECKX.
Anvers, imprimerie J.-E. Buschmann, 1870, in-12 de 28 p. (2 fr).

Extrait des *Annales de la Société de Médecine d'Anvers*.
Donne des renseignements biographiques sérieux sur le fils du grand Alchimiste Jean-Baptiste VAN HELMONT, auquel son père donna le nom de « Mercure » en l'honneur du grand HERMES TRISMÉGISTE, après sa conversion à la Philosophie Hermétique.

1683 BROECKX (Dr Corneille). — Commentaire de J. B. Van Helmont sur le premier livre du Régime d'Hippocrate, intitulé ΠΕΡΙ ΔΙΑΙΤΗΣ.
Anvers, 1840. in-8° (1 fr. 75)
[T.c°. 16

Autre :
Anvers, 1851, in-8°.

1684 BROECKX (Dr Corneille). — Interrogatoires du docteur J. B. Van Helmont sur le Magnétisme animal, publiés pour la première fois.
Anvers, 1856. in-8° (4 fr.).

1685 BROECKX (Dr Corneille). — Notice sur le manuscrit " Causa J. B. Helmontii " (Magnétisme animal) déposé aux Archives archiépiscopales de Malines.
Anvers, 1852, in-8° fac-similé. (2 fr.).

1686 BROECKX (Dr Corneille). — Le premier ouvrage de J. B. Van Helmont seigneur de Mérode Royenborch, Oirschot, Pellines, etc... ou Eisagoge in artem medicam a Paracelso restitutam, publié pour la première fois.
Anvers, 1854, in-8° (6 fr.).

Tiré à 100 exemplaires.

1687 BROGNOLUS (R. P. Candidus). Alexiacon hoc est opus de maleficiis ac morbis maleficis:Quibus non solum eorum causae, sed curationes omnes, tam reprobandae, quam amplectendae exacte explicantur. Adductisque ex reprobatis Exorcistarum variis erroribus, verus, certus, catholicus, et apostolicus eijciendi Daemones ab hominibus, è rebus ad homines spectantibus, Deumque in cunctis necessitatibus propitium habendi modus traditur.
Venetiis, J. B. Catanei, 1668, 1 fort in-f°. (12 fr.).

Manuel d'exorcisme fort rare.

1688 BROGNOLUS (R. P. Candidus) Bergomensis. — Manvale exorcistarum ac parochorum, hoc est tractatus de curatione et protectione divina, in quo variis reprobatis erroribus, verus, certus, securus, catholicus, apostolicus et euangelicus eiciendi daemones ab hominibus et e rebus ad homines spectantibus, Curandi infirmos, ab inimicis se tuendi, Deumque in cunctis necessitatibus propitium habendi modus traditur.
Lugduni apud Iohannem Racaisson, 1658, in-4° pièces limin. 402 p. et la table.

Manuel d'exorcisme fort rare.

Idem :

Bergomi, typis M. Ant. Rubei, 1651, in-4°, pièces limin., 452 p. et la table.

|B. 1066

Édition originale (?).

1689 BROMLEY (Thomas). — Das Gesetz der Beschneigung : oder wie ein Mensch, der bishero nur ein Christ nach dem Fleische gewesen, wenn er ein vollkommner Mann oder Priester in Christo werden will...... : worinnen, nach dem grunde Heil. Schrifft, angewiesen wird, dasz diese Beschneidung zweyerley, als : Ceremonialisch, Buchstäblich..... : dasz das ceremonialische oder buchstäbliche Gesetze der Beschneidung im Fleische nur ein Vorbild und Schatten der innern und geistlichen gewesen... : durch den sel. Thoma Bromley im Englischen aufgesetzt, in Manuscripto hinterlassen, nun ins Hochteutsche übergesetzt und zum Druck übergeben.

S. l. ni adr., 1712, in-8° de 72 pp.

(O-91

1690 BROMLEY (Thomas). — Gründliche Anmerckungen von denen Offenbahrungen, welche man ausserordentliche zu nennen pfleget : samt vorläuffiger Erzehlung der mancherley Arten derselben : durch welche Gott von den Menschen, von Anfang der Welt her, hat pflegen zu offenbahren: von dem seel. Thomas Bromley geschrieben hinterlassen : wormahls, zu Londen gedruckt, und nun den Liebhabern der Wahrheit zu gefallen treulich übersetzet.

S. l. n. adr., 1714, in-8° de 152 pp.

(O-92

1691 BROMLEY (Thomas). — Schriftmäsziges Zeügnüsz vom innern und aeussern Worte Gottes wie nemlich alles nach der Natur und Gnade, Krafft des Wesentlichen, innern und ewigen Worts des Vatters, von Innen herausz komme : und was dann das Aeussere, insonderheit die heilige Schrifft und das Lehr-Ampt zum Heyl der Menschen, im reich der Gnaden beytrage und befördere. Ausz Liebe desz Nächsten hertusgegeben durch einem Auffrichtig-Gesinnten.

S. l. ni adr., 1713, in-8° de 152 pp.

(O-94

1692 BROMLEY (Thomas). — XCIV evangelisch-christlich praticale Send-Schreiben, abgelassen an einige des Authoris gute Freunde, sie dardurch in ihrer christlichen Lauff-Bahne aufzumuntern, und in ihren Versuchungen zu trösten und zu stärcken : worinnen gute Seelen, die in ihren Willen aus Egypten, nach dem himmlischen Canaan oder Paradiese ausgegangen :...... anfänglich in Englischer Sprache geschrieben durch Thomas Bromley, und jetzund meiner Nation zu liebe ins Hochteutsche übergesetzt und zum Drucke gebracht.

S. l. ni adr., 1710, in-8° de 224 pp.

(O-93

1693 [BROSSES (Président Charles de)] — Du culte des dieux fétiches, ou parallèle de l'ancienne religion de l'Egypte avec la religion actuelle de Nigritie.

S. l., 1760, in-8° 285 p. (3 fl. 50)
|O³ a. 231
(G-1714

BROSSIER (Marthe). Voir :
MARESCOT
DU BOSC ROGER
BERULLE.

1694 BROTOFFER. — Aut hic aut nusquam. Elucidarius major, oder

Erleuchterunge über die Reformation der gantzen weiten Welt. F. C. R. ausz ihrer Chymischen Hochzeit, und sonst mit viel andern Testimoniis philosophorum, sonderlich in Appendice, dermassen verbessert, dasz beydes materia et præparatio lapidis aurei, deutlich genug darinn angezeigt werden, durch Radtichs Brotofferr. Luxeme.

Lüneburg, bey den Sternen 'Buchf., 1617, in-8° de 254-III pp.

(O-1538-1539)

1005 BROTONNE (Frédéric Pascal de). — Civilisation primitive ou essai de restitution de la période antéhistorique pour servir d'introduction à l'histoire universelle par F. de Brotonne.

Paris, 1843, in-8° de 530 pp. (7 fr.).

[G. 20472

Tableaux synthétiques hors-texte. Excellent ouvrage peu connu. Doctrine des êtres intermédiaires entre Dieu et l'homme. Hiérarchie et rôle des esprits intermédiaires. Systèmes religieux et philosophiques de l'Orient. Le Gnosticisme. Origine des races et des castes. Traditions diverses. Similitude des Cosmogonies de tous les peuples. Origine du langage, etc....

1006 BROUARDEL (Paul-Camille-Hippolyte) & J. OGIER. — Le Laboratoire de Toxicologie. Méthodes d'expertises toxicologiques.Travaux du Laboratoire par P. Brouardel et J. Ogier.

Paris, J. B. Baillière et fils, 1891, gr. in-8°, 224 p. fig. (4 fr.).

[Tf¹³. 80

Sous un autre titre :

. Documents sur les Travaux du Laboratoire de Toxicologie — par les mêmes.

Paris, J. B. Baillière et fils, 1891 in-4°, 224 p. fig.

[Tf¹². 81

Même ouvrage que le précédent.

1007 [(BROUAULT) (Jean)]. — Abregé de l'Astronomie inferieure des sept métaux, expliquant exactement l'harmonie des systèmes de ces sept planetes ensemble des douze signes du Zodiac et autres constellations du Ciel des Philosophes Hermetiques ; avec un essai de l'Astronomie naturele superieure, contenant aussi l'harmonie des sept planetes des douze signes du Zodiac et autres constellations superieures [par Jean Brouault].

Paris, I.de Senlecque ; Jean Remy ; I. Henault, 1645, in-4° de XVIII-186 pp.

L'Essai d'Astronomie naturelle commence à la p. 127.

Edition originale (?) *Ibidem, Iidem* 1644, in-4° de XXXVI-185 p.

[V. 7751

(Attribué aussi à D. BONAL, q. v.)

(O-1137

1008 BROUSSAIS (Emile) & FRAPART. — Extrait de l'Hermès. N° 9, novembre 1820.

Paris, Gueffier, 1828. in-8°, 3 pages.

[Tc¹⁴. 250

Il s'agit d'un certificat signé E. Broussais et Frapart.

(D. p. 104

1009 BROUSSAIS (François-Joseph-Victor), illustre médecin, né à St-Malo en 1772, mort à Vitry en 1838. Il fut chirurgien de la marine, Académicien & professeur à la Faculté. — Cours de Phrénologie.

Paris, J. B. Baillière, 1836, in-8° de X-85 pp. (4 fr.).

[Tb³⁰. 47

1700 BROUSSAIS (D⁰ F.-J.-V.). — De l'irritation et de la Folie, ouvrage dans lequel les rapports du physique et du moral sont établis sur les bases de la médecine physiologique par F.-J.V. Broussais.

Paris, J. B. Baillière, 1830, 2 vol. in-8° (3 fr. 50).

[Td⁸⁶. 75

Incubation de la Folie. Manies. Suicide. Nécroscopie des fous. Doctrine physiologique etc...

1701 BROUSSOLLE (Abbé J.-C.). — La critique mystique & Fra Angelico.
Paris, 1902, in-12 (2 fr.).
Curieuse étude sur le bienheureux peintre de Fiesolle, l'artiste tout céleste.

1702 BROUSSON (Claude). — Relatation sommaire des merveilles que Dieu a faites dans les Cévennes, etc. pour la consolation de son Eglise désolée, par Cl. Brousson.
1694, in-8°.
(S-1084

1703 BROWN-SEQUARD (Dr Charles-Edouard), physiologiste et médecin, né à l'Ile Maurice en 1818. Professa la physiologie à Harvard en Amérique puis à Paris. — Recherches expérimentales et cliniques sur l'inhibition et la dynamogénie. Application des connaissances fournies par ces recherches aux phénomènes principaux de l'Hypnotisme et du transfert.
Paris. G. Masson, 1882. in-8° 57 p. (1 fr. 50).
[Z. Renan. 2412

Méthode du Dr BROWN-SEQUARD pour prolonger la vie, etc., voir : GOIZET (Dr L. H.).

1704 BROWNE (Thomas) médecin et antiquaire anglais né à Londres en 1605, mort en 1682, à Norwich. Ses Théories ne sont pas toujours inattaquables. — Essai sur les erreurs populaires, trad de l'anglais de Thomas Browne, par l'abbé Souchay.
Paris, P. Witte, 1733. 2 vol. in-12
[T²¹. 96

Ouvrage très curieux rempli d'observations intéressantes sur une foule de sujets. Des minéraux, des plantes, des végétaux, de l'homme. Des Pigmées et des Géants. La Grande année climatérique. Des jours caniculaires. Des syrènes. Des licornes. Des Figures hiéroglyphiques des Egyptiens. Du Nil. Des Bohémiens. Des mandragores de Lia. Du lac Asphalte. De la mort d'Aristote, etc...

Idem :
Paris, Briasson, 1738, 2 vol in-12 (9 frs).
[Rés. p. R. 400
(S-2769

1705 BROWNE (Sir Thomas). — Religio Medici cum annotationibus.
Argentorali sumptibus Frederick Spoor. 1652, in-8°. 440 p. tit. grave.
[D². 0250
(S-1800

1706 BROWNE (Th.). — Religio Medici by sir Thomas Browne, etc... Also sir Kenelm Digby's observations.
London, 1736. in-8°.
Réimprimé :
London, G. Bell, 1898. in-8°. X-187 p. portr. pl. (9 frs).
[D². 10982

Argentorati, Io. Frédéric Spoor, 1665, in-16 ; 7 ff. 440 pp. (20 ff. d'index).

Ouvrage singulier, avec un curieux frontispice gravé : Un homme tombant, les jambes en l'air. — Des Mystères, des Esprits, de la Magie, des apparitions des fantômes, des songes, des propriétés, etc........
(S-1801

1707 BROWNE (Th.). — La Religion du médecin, c-à-d. description nécessaire par Thomas Browne, médecin renommé à Norwich, touchant son opinion accordante avec le pur service divin d'Angleterre.
S. l. Imprimée l'an 1668, in-12, 18 f⁵. 300 pp. Curieux frontispice gravé. (9 frs).
[D².5179

Edition en gros caractères sortant probablement des presses de Blacu à Amsterdam.

1708 BROWNSON (le Dr Orestes Augustus.). — L'Esprit frappeur, Scènes du Monde Invisible par le Dr A. Brownson, ouvrage traduit de l'Anglais.

Paris et Tournay, H. Casterman, 1802, in-12. 252 p.

[Y². 19949]

" Ce n'est ni un Traité ni un Roman, mais c'est un livre très intéressant ".

(Y-P-410

1709 BROWYNE (Dr A. de). — La Puissance en soi-même par le Magnétisme et l'Hypnotisme ou l'art d'influencer ses semblables.

Macon, impr. Perroux, 1903, in-12. 150 pp. (5 fr.).

[8° T⁶³ b. 311

Idem :

Macon, 1900. in-12.

Simple compilation et paraphrase des auteurs américains. Turnbull etc.. ...
Influence exercée par certains hommes. Hypnotisme ou Suggestion. Magnétisme personnel. Fixité du regard. Fascination. Résultats obtenus, etc...

1710 ... BRUCHSTUCKE aus den Begebenheiten eines unbekannten Beherrschers der verborgenen Obern der höhern Illuminaten unh höhern Propaganda.

Halle, J. C. Hendel, 1703-04, 3 vol. in-8° de 192, 192 et 100 pp.

(O-515

1711 BRUCK (Major Nicolas-Rémi)né à Diekirch (Luxembourg) le 1ᵉʳ octobre 1818, mort à Ixelles, le 21 février 1870. Major à l'Etat Major du Génie Belge. Commandant provisoire du Génie à Mons, Chevalier de l'Ordre de Léopold. — Etude sur la Physique du globe ; phénomènes atmosphériques.

Bruxelles, 1869. gr. in-8°. (6 frs).

Les théories de Brück sont fort remarquables et très appréciées des occultistes.

1712 BRUCK (Rémi). — L'Humanité son Développement, sa durée.

Bruxelles, (?) 2 vol. (20 frs).

1713 BRUCK (Capitaine Rémi). — L'origine des étoiles filantes.

Bruxelles, 1868, in-8°. (6 frs).

Tous les ouvrages du remarquable auteur du Magnétisme du Globe etc...... sont fort recherchés. Ce volume est une nouvelle application du magnétisme terrestre à la solution des problèmes de la physique du globe et adhère pleinement à l'occulte scientifique ; il est accompagné de grands tableaux explicatifs se dépliant.

BRUCK (R.). — Voir :
LAGRANGE (Ch.).
DONEUX (A.).

1714 BRUCKNERUS (Guil.Hieron). — Commentatio de Magicis personis et artibvs. Cvi accedit dispvtatio iuridica ordinaria de Probatione criminis Magiae quam svb præsidio D. Iohannis Schackii anno 1706. in Academia Gryphica, pvblice defendet Martinus von Normann.

Iena, ex off. Helleriana, 1750. pet. in-4° de 50 p. (10 frs).

(G-1208

1715 ....BRÜDER (Die) St. Johannis des Evangelisten aus Asien in Europa oder die einzige wahre und ächte Freimaurerei nebst einem Anhange die Fesslersche kritische Geschichte der Freimaurerbrüderschaft und ihre Nichtigkeit betreffend von einem hohem Obern.

Berlin, Joh. Wilh. Schmid, 1803, in-8° de XVI-384 pp.

(O-402

1716 BRÜDERLICHE Vermahnungen an einige Brüder Freymaürer : von dem Bruder Seddag.

Philadelphia, s. adr. (*Leipzig, Böhme*). 1781. pet. in-8° de 108 p. avec fig. symboliques sur le titre encadré en rouge.

(O-1557

1717 BRUEYS (David-Augustin de) né à Aix en Provence, en 1640, protestant converti au Catholicisme et devenu abbé. Ami de Palaprat il mourut en 1723 à Montpellier. — Histoire du fanatisme de notre temps.

Utrecht, H. C. Le Febvre, 1737. 3 vol. in-12 portr. (5 frs).

[Ld°. 5533 C.

Avec un portr. et 2 pl. gravées, dont une représentent les Fanatiques dans leurs extases et convulsions. Excellent ouvrage sur la guerre des Cévennes contre les Camisards et les cruautés dont ils souffrirent.

(S.-5304

1718 BRUGHAT (B. de). — Phénomènes du Mesmérisme par B. de Brughat.

Bruxelles, V. Lemaire. 1824. in-8° 48 p.

[Th^{se}. 122

Cet ouvrage m'a été signalé par un correspondant, mais sans autre détail. (Dureau).

(D. p. 183

1719 .... BULLA DIABOLI, qua paterne papam suum admonet atque quomodo genere se debeat in regenda romana curia et toto terrarum orbe.

S. l. (1545?) pet. in-8° de 16 pp. (20 frs).

Pièce rarissime à la la fin de laquelle se lit : Datum apud centrum terrae, in nostro palacio tenebroso....... Farfarellus Cantabrisa secretarius. — Elle a été traduite en allemand en 1550, sous le titre de " Bulle des Antéchrists ".

BRUHIER D'ABLAINCOUT (Jean-Jacques), né à Beauvais, mort à Paris, en 1756. Membre de l'Académie d'Angers et Censeur Royal.

1720 BRUHIER D'ABLAINCOURT (J.-J.). — Caprices d'imagination, ou lettres sur différents sujets d'histoire, de morale, de critique, etc.... (par Bruhier d'Ablaincourt.

Paris, Briasson, 1746. — in-12. 514-40 p. (4 frs).

[Z.14310

Sur les sirènes; sur la " baguette divinatoire "; sur la pierre philosophale; sur l'esprit de société. — Dépravation du goût; sur les sourds-muets; sur les œuvres de Racine; sur les avantages et les dangers de l'Amour, etc. etc. etc....,

1721 BRUHIER D'ABLAINCOURT (J. J.). — Dissertations sur l'Incertitude des signes de la Mort, et l'abus des Enterrements précipités, par J. J. Bruhier. Seconde édition.

Paris, De Bure l'aîné, 1749. 2 vol. in-10.

[T⁵³. 2. A.
(S-115 Supp.

1722 BRUHIER D'ABLAINCOURT (J. J.). — Sur les végétations de l'or et d'autres minéraux par Bruhier d'Ablaincourt; XXIIe lettre de ses Caprices d'imagination, (1740). 479-91.

(O-1387

1723 BRUHIER D'ABLAINCOURT (J. J.). — Sur la baguette divinatoire, IVe lettre de ses Caprices d'imagination (1740). 55-67 ; XVe lettre de ses Caprices d'imagination 402-24.

(O-1821

1724 BRUHIER D'ABLAINCOURT (J. J.). — Sur la Pierre philosophale; V^e lettre de ses Caprices d'imagination (1740). 68-81.

(O-503

1725 BRULARD (le Dr Joseph). — Considérations générales sur l'état hypnotique.

Nancy, 1880, in-8° (3 fr.).

(G-1209

1726 BRULOVIUS [Caspar BRULOW]. — Moses. Tragi-Comedia sacra, à Gasparo Brulovio.

Argentorati, typis et impensis P. Ledertz, 1621. in-12 XIV-100 p.

[Yc. 8055
(S-3027

1727 BRUMORE (de) voir : SWEDENBORG. — De Brumore est le pseudonyme de Guyton, frère de Guyton de Morveau, le Chimiste, qui a signé ainsi une assez médiocre traduction d'un ouvrage de Swedenborg : *Traité curieux des Charmes de l'Amour Conjugal…*

1728 BRUNET (Charles). — Marat, dit l'ami du peuple. — Notice sur sa vie et ses ouvrages.

Paris, Poulet-Malassis, 1862, in-12, 57 pp. 1 portr. (8 fr.).

[Ln²⁷. 26068

1729 BRUNET (Pierre-Gustave), né à Bordeaux en 1807. Savant littérateur et bibliographe. — Curiosités théologiques : récits apocryphes relatifs à des personnages de l'Ancien Testament, miracles, susperstitions, prédicateurs bizarres. Diable. Brahmanes. Bouddhistes, Mormons, etc.

Paris, Garnier, s. d. [1885], in-12 II-351 p. (4 fr.).

[D². 14891

Idem :

Paris, A. Delahays, 1861, in-16, II-358 pp.

[Z. 44221

La 3 partie. (P. 301 à 352) analyse divers ouvrages étranges rattachés à « la religion ».

Livre très intéressant et bien documenté Récits apocryphes relatifs à des personnages de l'Ancien Testament. Légendes. Miracles. Superstitions. Sacrements. Prédicateurs bizarres. Idées singulières chez divers peuples anciens et modernes. Brahmanes. Bouddhistes. Africains. Mahométans. Opinions relatives à l'autre monde. Diables. Visionnaire. Mormons. Rabbins, etc.

(G-411

1730 BRUNET (P. G.). — Dictionnaire des Ouvrages Anonymes (par A. A. Barbier), suivi des Supercheries littéraires dévoilées (par J. M. Quérard). — *Supplément* à la dernière édition de ces deux ouvrages (édition Daffis) par Gustave Brunet….

Paris, *J. J. Téchoz*, 1889, in-8º, III pp. 310 colonnes, CIX pp. 122 col. XIV p.

[8º Q. 1021

Ne contient que le *Supplément* à ces deux ouvrages, et l'Essai sur les Bibliothèques Imaginaires en LXIII p. Histoire du Catalogue Fortsas (XXIX).

Liste de Livres " toujours anonymes " LXV à CIX.

1731 BRUNET (P. Gust.). — Dictionnaire des Apocryphes relatifs à l'Ancien et au Nouveau Testament, pour la plupart trad. en franç. pour la première fois sur les textes originaux enrichi de préface dissertations critiques, notes historiques, bibliographiques, géographiques et théologiques.

[Paris] *Le Petit Montrouge*, 1856-1858, 2 vol. in-8º (30 fr.).

[D. 3023

(Coll. abbé Migne, Encyclopédie Théologique T. XXIII-XXIV).

Livre d'Adam, conservé chez les Sabéens. Années diverses chez les Gnostiques. Livre de St-Jean selon les Albigeois. Livres sacrés des Druses. Ouvrages attribués à Hermes Trismegiste. Issachar. Evangile de St-Jean selon les Templiers. Livre de la fidèle Sagesse, de St-Jean. Testament de Judas. Possédés du Démon Livres sybillins, Sohar, livre cabalistique. Templiers. Testament des 12 Patriarches. Valentin le Gnostique. Evangile Eternel. Evangiles apocryphes. Manichéens. Sepher Jésirah, livre attribué à Abraham. Evangiles des Egyptiens, etc.

1732 BRUNET (P. Gust.). — Les Evangiles apocryphes traduits et annotés d'après l'édition de J. C. Thilo, suivis d'une notice sur les principaux livres apocryphes de l'ancien Testament.

Paris, *Franck*, 1848, in-12 (20 fr.).

Idem :

Paris, *Hérold*, successeur de Franck 1863, in-12 de 403 pp.

[A. 12956
(G-111

1733 [BRUNET (P. G.)]. — Les fous littéraires. Essai bibliographique sur la littérature excentrique, les illuminés, les visionnaires, etc. par Philomneste Junior.

Bruxelles, Gay, 1880, in-12. (12 fr.).

[8° Z. 15453
[Rés. p. Z. 26

Cet ouvrage en forme de dictionnaire contient non seulement une très intéressante bio-bibliographie d'écrivains que l'auteur prétend fous à tort et à raison (par exemple Newton et Michelet) ; mais en outre celle de tous les adeptes des sciences occultes, depuis Fludd, Vanini et Paracelse, jusqu'à Bohme, Naundorff et Vintras, John Wesley et Walt Whitman.

Il a donné lieu à des rectifications et additions par *Tcherpakoff,* pseud. de M. LADRAGUE, q. v.

1734 [BRUNET (P. Gustave)]. — Le Marquis de Sade, l'homme et ses écrits, étude bio-bibliographique

Sadopolis, chez Justin Valcourt, [Gay], L'an 0000 [1805], pet. in-12. (5 fr.)

1735 [BRUNET (P. Gustave)]. — La Papesse Jeanne, étude historique et littéraire par Philomneste Junior.

Paris, J. Gay, 1862, in-16, 156 pp. (8 fr.).

Tiré à 54 exemplaires numérotés.

[8° H. 6644

1736 BRUNET (Louis). — Eurêka. — Préface d'Ed. Drumond.

Paris, Libr. antisémite, 1905, in-8° (2 fr.).

Brochure anti-maçonnique, dans laquelle, l'auteur se flatte d'avoir découvert le véritable secret de la Franc-Maçonnerie et la signification exacte de ses emblèmes.

Illustrée d'un curieux frontispice et de 16 magnifiques photogravures, cette étude est basée sur les documents maçonniques les plus orthodoxes, traite ésotériquement et savamment du mystère des dix premiers nombres, du dogme, de la doctrine et du secret maçonnique. Le Chap. des Symboles est crûment scandaleux ; suivant l'interprétation longuement motivée de l'auteur, la F∴ M∴ serait la religion du Phallus, dont le culte se célèbre dans la " chambre du milieu ". Malgré son point de vue hostile, cet ouvrage est d'une érudition remarquable et ne saurait laisser indifférent ni les initiés ni leurs adversaires.

1737 BRUNETIÈRE (Ferdinand), de l'Acad. française. — La Science et la Religion : réponse à quelques objections.

Paris, Firmin Didot, 1895, in-12 de 106 p.

[8° R. 12916

Cette publication fit un bruit immense dans le monde philosophique et scientifique.

1738 BRUNFELS (Otto). — In hoc volvmine continentvr : Insignium medicorum, Ioan. Serapionis Arabis de Simplicibus medicinis opus praeclarum et ingens, Averrois Arabis, de eisdem Opusculum perutile. Incerti item avtoris de Centaureo libellus hactenus Galeno inscriptus. Dictionvm arabicarvm ivxta atque latinarum index valde necessarius. In qvorvm emendata excysione ne quid omnio desyderaretur, *Othonis Brunfelsii,* singulari fide et diligentia cautum est.

[In fine] *Argentorati, excvdebat Georgivs Vlricher Andlanus,* 1531, in-f° (40 fr.).

[Te^rp. 5

Cet ouvrage contient les fameux traités des médecins arabes Sérapion, Averroës & Rhazès, sur les remèdes, traduits en latin par Brunfels, qui fut lui-même un médecin distingué et le restaurateur de la botanique au XVI° siècle.

1739 BRUNHES (Bernard). — La dégradation de l'énergie.

Paris, E. Flammarion, 1908, in-12 304 p. (3 fr.).

[8° R. 22485

(Biblioth. de philosophie scientifique)·

1740 .... BRUNNEN der Weiszheit und Erkänntnisz der Natur, aus welchem die, nach denen Geheimnissen der Natur dürstenden Liebhaber das wahre Wasser der Weisen nach Vergnügen schöpffen können ; von einem unvergleichlichen Philosophus gegraben, und geöffnet durch Anonymum von Schwartzfuss.

Frankfurt und Leipzig, J. G. Esslinger, 1767, in-8° de 47 pp. avec 1 pl.

Second traité de Fünff curieuse chym. Tractat.

(O-1485)

BRUNO (Giordano), né à Nola, près de Naples, en 1550, brûlé vif à Rome, en 1600 par le Saint-Office. D'abord moine Dominicain, il mena ensuite une vie errante & aventureuse. Il professa la Philosophie à Paris, à Oxford, puis à Wittemberg. Il retourna enfin en Italie, où il fut aussitôt arrêté, à Padoue, ou à Venise. Après 6 ans de prison à Venise, il fut livré au St-Office à Rome qui l'excommunia d'abord, puis le brûla ensuite.

1741 BRUNO (Giordano). — Jordani Bruni.... Opera latine conscripta, publicis sumptibus edita...

Neapoli apud D. Morano (et Florentiae typis successorum LeMonnier) 1870-1891, 3 tomes en 8 volumes in-8°.

[8° Z. 10269

Œuvres complètes de ce philosophe, en édition moderne. Voir le détail au Catalogue de la Bibliothèque Nationale : XX-794.

1742 BRUNO (Giordano). — Philothei Jordani Bruni Nolani, recens et completa Ars Reminiscendi, etc. — Ejusdem Explicatio triginta sigillorum.

S. l. n. d..., in-8°, sign. a-g. Figures.

[Rés. R. 1923
(2me ouvrage) : [R. 25574
(S-128 Supp.

1743 BRUNO (Giordano). — Philothei Iordani Brvni Nolani Cantus Circæus ad eam memoriæ praxim ordinatus quam ipse iudiciariam appellat.

Parisiis, apud Ægidium Gillium, 1582, in-8° (40 fr.).

(G-1210
(S-3141

Voir aussi T. II, part. I, 3, des Œuvres complètes.

1744 BRUNO (Giordano). — Jordani Bruni Nolani, de imaginum, signorum et idearum compositione, libri III.

Francofurti, apud J. Wechelum et P. Fischerum, 1591, in-8°, VI-210 p. et l'index, figures.

[R. 11135
[Rés. D² 5276 (2)
(S-3140 b

1745 BRUNO (Giordano). —
1) Jordanus Brunus Nolanus, de umbris Idearum.
Parisiis, apud Æ. Corbinum, 1582, 2 parties in-8°.

[D². 5268

2) Ars Memoriæ.
Parisiis, 1582.

3) Ars Phonicea [?] et naturalis Memoriæ juvamen.
Lutetiæ, 1589, 4 ouv. in-8°.

Sans doute tous du même éditeur, Gilles Corbin ou Gorbin.

(S-3141

1746 BRUNUS (Iordanvs). — Iordanvs Brvnvs Nolanvs. De vmbris idearvm. Implicantibus artem quaerendi, inueniendi, iudicandi, ordinandi et applicandi. Ad internam scripturam et non vulgares per memoriam operationes explicatis. Protestatio.

Parisiis apud Ægidium Corbinum, 1582, in-8° (40 fr.).

[D² 5268
(G-1210

Voir aussi : VOUGNY (L. Val. de), traducteur du " Ciel Réformé ".

1747 BRUNO (de), Introducteur des ambassadeurs du Comte d'Artois. —

Recherches sur la direction du Fluide magnétique.

Amsterdam, Paris, Gueffier, 1785. in-8° VII-206 pp. et pl. (3 fr.).

[R. 30126

Avec 6 gr. pl. gravées hors-texte.

BRUNO (de). — Voir aussi : *SARRAZIN de Montferrier*, qui a publié des extraits de ses manuscrits, sous le nom de " *de LAUSANNE* ".

1748 BRUNTON (Thomas). — Chronologie universelle. Marche synchronique de tous les peuples et Canon de toutes les dates sacrées et profanes, d'après les traditions, légendes et documents de l'antiquité, l'histoire chinoise, hébraïque et égyptienne, par Thomas Brunton.

Aix-en-Provence. Remondet-Aubin, 1872. 2 vol. in-4°. (12 frs).

[G. 5500-7

Ce savant travail se recommande à l'attention des occultistes par une intéressante étude sur les traditions et légendes de l'antiquité : Orphée, sa doctrine et son initiation et la Kabbale science traditionnelle. La Chaldée, l'Égypte, la Chine etc... fournissent à l'auteur d'excellents chap. On y remarquera, notamment la partie intitulé Philosophie de l'Antiquité qui comprend : Dieu, l'âme, l'immortalité, la matière, l'origine du mal, Orphée la doctrine d'Orphée, la vie Orphique, Initiation, etc....

1749 BRUSQUAMBILLE (Dr). — Prédictions grotesques de Docteur Brusquambille.

Paris, 1618, in-8°.

(S-3473 b

1750 BRUYÈRES (Hippolyte). — La phrénologie, les gestes et la physionomie démontrés par 120 portraits, sujets et compositions gravés sur acier.

Paris, Aubert, 1847, in-4° 518 p. et 90 planches.

Idem :

Paris, Aubert, 1848, fort in-8°

[Tb⁵⁰ 82

Disposition innées. — Études sur l'expression. — Application du système phrénologique à l'observation des caractères, aux relations sociales à l'éducation etc... Les nombreux portraits hors texte qui sont d'une finesse de gravure remarquable représentent presque tous des portraits d'hommes célèbres.

(15 fr.) (N° 30 de la vente Bourneville : 6 fr.).

(G.-1711

1751 BRUZEAU (Paul), prêtre de la communauté de St-Gervais. — La Conférence du Diable avec Luther contre le Saint Sacrifice de la Messe, avec la réfutation d'un écrit fait par M. Freiter, ministre de Monsieur l'ambassadeur de Suède, pour défendre cette conférence. Et l'examen de IV endroits du dernier livre de M. Claude ministre de Charenton intitulé La défense de la Reformation dont le premier regarde cette conférence.

Paris, en la boutique de Charles Savreux, 1673. in-12. (4 fr. 50).

Édition originale de cet ouvrage réimprimé par Lenglet Dufresnoy à la suite de son recueil de dissertations.

(G.-1712

Autre édit.

Paris, J. Édouard. 1740. in-12. pièces limin. et XXII-172 p.

[D². 4279 (2).

1752 BRUZEN de la MARTINIÈRE (A. A.). L'art de conserver sa santé, composé par l'École de Salerne avec traduction en vers français. Augm. d'un traité sur la conservation de la beauté des dames et de plusieurs autres secrets utiles et agréables.

Paris, Cie des Libraires, 1777, in-12. (3 à 5 fr.).

[Te¹⁹. 20. A.

Paris, Le Prieur. 1749. in-12. XXXVII-78 p.

[Te¹⁹. 29

Paris, 1760, pet. in-8°
Paris, 1772, pet. in-8°.

Rare et curieux. Contient les célèbres vers latins de l'Ecole de Salerne, et leur traduction en vers français. Voir aussi à ce sujet : *MEAUX-St-MARC.*

1753 — BRUZON. — La médecine et les Religions.
Paris. 1904. in-18. (4 fr.).

1754 .... BUCH (Das) Amor Proximi geflossen aus den Oehl der göttlichen Barmhertzigkeit, geschärfet mit dem Wein der Weisheit, bekräftiget mit dem Saltz der göttlichen Warheit, dem armen zwischen Hyericho und Hierusalem verwundren und unter die Mörder gefallenen nechstem........ ; ans tag-licht gegeben per Anonymum.
Franckfurt und Leipzig. s. adr. 1740. pet. in-8° de 150 pp.
La 1re édit. est de 1680.
(O-1402)

1755 .... BUCH (Das) der Schopfung. Der Buchs der Welt (Sans indication le bas de la page est coupé) in-8° de 884 pp., avec une pl. représ. le système astronomique.
(O-1605)

1756 BUCHAN (Guillaume) [ou William]. — Médecine domestique, ou traité complet des moyens de se conserver en santé, de guérir et de prévenir les maladies par le régime et les remèdes simples ; trad. de l'anglais.
Edimbourg et Paris. G. Desprez. 1780. 5 vol. in-8°, portr. (12 fr.).
(Tell. 112. A.

Très curieux ouvr. de médecine populaire ancienne contenant une infinité de secrets et de remèdes singuliers excellents pour la guérison des maladies et la santé en général.

1757 BUCHANAN (Professeur Joseph Rodes). Docteur en médecine, Professeur de " Materia Medica " à l'Université de Transylvanie. Psychiste éminent et philosophe spiritualiste, né à Frankfort (Kentucky), Etats-Unis, le 11 décembre 1814, et mort à San-José (Californie) le 20 décembre 1800, âgé par conséquent de 85 ans.

Le Professeur BUCHANAN est l'inventeur de la *Psychométrie*, qu'il a décrite pour la première fois dans son " *Journal of Man* ", publié à Cincinnati (Ohio), en 1849, et à laquelle il a initié le célèbre professeur DENTON (q. v.) qui a largement écrit sur le sujet.

C'est aussi, sans doute, au Professeur BUCHANAN qu'il convient de faire remonter, sous le nom de " *Biologie* ", l'origine de la moderne " *Suggestion* ", qui nous fut, comme on le sait, rapportée d'Angleterre (qui la tenait elle-même d'Amérique) par le Docteur DURAND DE GROS; celui-ci l'ayant rebaptisée pour la circonstance, du nom d' " *Electro-Biologie* ".

Au cours de ses recherches psychométriques, le Professeur BUCHANAN avait en effet remarqué que les Sensitifs étaient influencés par ses propres pensées, et cette remarque, développée et étendue par ses disciples et successeurs fut le germe de la Science à laquelle le Dr DURAND DE GROS fut initié à Londres.

Le Professeur BUCHANAN fut le Doyen de quatre Collèges de médecine américains ; il fonda plusieurs Instituts thérapeutiques portant son nom, et fut Président de plusieurs Sociétés Savantes.

1758 BUCHANAN (Prof. Joseph Rodes). — Manual of Psychometry : Dawn of a New Civilisation.
Boston. (Massachussetts). 1886, in-12.

1759 BUCHANAN (Prof. Joseph Rodes). — Outlines of Lectures on the Neurological System of Anthropology.
Cincinnati (Ohio), 1854.

On trouve dans cet ouvrage l'exposé des découvertes de l'auteur en Psychologie cérébrale.

Sc. psych. — T. I. — 17.

1760 BUCHANAN (Prof. Joseph Rodes). — Journal of Man.

Cincinnati, 1849-1855, puis 1887-1889.

C'est dans ce "Journal" qu'ont été publiés les premiers faits de *Psychométrie*.

1761 BUCHANAN (Prof. Joseph Rodes). — Primitive Christianity. 1895.

1762 — Therapeutic Sarcognomy.

Boston. (Massachussetts), 1884.

Idem :

Ibidem and London, 1891, in-8°, illustré, avec glossaire. (25 s.).

1763 BUCHEZ (le Dr Philippe-Joseph-Benjamin). — Essai d'un traité complet de philosophie.

Paris, E. Eveillard, 1838-1840, 3 vol. in-8° (5 frs).

[R. 30152-4

L'auteur en de larges aperçus expose nettement la route du progrès.

1764 BUCHNER (le Dr Louis ou Ludwig). — A l'aurore du siècle. Coup d'œil d'un penseur sur le Passé et l'Avenir.

Paris, Schleicher, frères, 1901, in-8° 155 p.

[8° Z. 15430

Science. Philosophie. Matérialisme, Religion, Spiritisme, Politique, Anarchie, Question sociale, Féminisme, Question juive, Littérature et les Arts, tout se tient, se solutionne par des contingences respectives.

1765 BUCHNER (le Dr Louis). — Conférences sur la théorie Darwinienne de la transmutation des espèces et de l'apparition du monde organique ; traduit de l'allemand par A. Jacquod.

Paris, Reinwald, 1869.

Leipzig, T. Thomas, in-8°, XVI-281 p.

[8° S. 4604

1766 BUCHNER (Dr Louis). — Force et Matière. Etudes philosophiques et empiriques de sciences naturelles, mises à la portée de tout le monde. Ouvr. trad. de l'allemand d'après la 7e édit. avec l'approbation de l'auteur par L. F. Gamper.

Paris, C. Reinwald, 1805, in-16, XIV-272 p.

[R. 30156

Autres éditions :

Bruxelles, 1865, in-12, 2e édit.
Bruxelles, 1869, in-8°, 3e édit.
Paris, Reinwald, 1804, in-8°, XL-546 pp. 7e édit.

[8° R. 15477

Paris, 1900, in-8°.

Immortalité de la matière et de la force. Eternité du mouvement. Périodes de création sur la terre. Cerveau et âme. Dieu créé par l'homme à son image. Impossibilité du libre arbitre. La Morale opposée à la Religion.

1767 BUCHNER (le Dr Louis). — L'homme selon la science, son passé, son présent, son avenir, ou d'où venons-nous ? — Qui sommes-nous ? — Où allons-nous ? Trad. par Ch. Letourneau.

Paris, JC. Reinwald, 1870-1872, in-8° 438 p. et fig.

[G.20515

Autres éditions :

Paris, Reinwald, 1878, in-8°.
Paris, Reinwald, 1885, in-8°.
Paris, 1903, in-8° de 440 pp. 4e édit.)

1768 BUCHNER (le Dr Louis). — Science et Nature, essais de philosophie et de science naturelle. Trad. de l'allemand avec autorisation de l'auteur, par Augustin Delondre.

Paris, Germer-Baillère, 1866, 2 part. in-18.

[R. 30159-60

1769 BUCHON (Jean-Alexandre C.). — Choix d'ouvrages mystiques avec notices littéraires par J. A. C. Buchon.

Paris, Desrez, 1835, in-8°. (4 fr. 50).

St-Augustin : Confessions, méditations. Boèce: Consolations de la philosophie. St. Bernard : Traité de la considération. Gerson : imitation de J. C. Cardinal Bona : Principe de la vie chrétienne, chemin du ciel. Tauler: institutions. Louis de Blois : Le directeur des âmes religieuses.

Autre :

Paris, Société du Panthéon littéraire, 1843, gr. in-8°, 704 p.

[4° Z. 9605 (6)
(G-1713

1770 BUCKE (Docteur Richard Maurice) Médecin des Asiles d'Aliénés d'abord de Hamilton, puis de London, Ontario, Canada. Né en 1837, en Angleterre, à Methwold (Norfolk). Ses parents émigrèrent au Canada alors qu'il était en bas âge. Il resta orphelin de bonne heure, et jusqu'à vingt et un ans, mena une vie d'aventures dans les États-Unis. C'est alors seulement qu'il se livra à l'étude, tant à Londres (où il reçut le degré de Docteur en Médecine) qu'à Paris. A l'âge de trente-six ans il éprouva l'étrange phénomène de la " Conscience Cosmique " qui le conduisit à rédiger l'ouvrage qui va suivre. Le Docteur Bucke fut un des trois exécuteurs testamentaires littéraires du grand poète américain Walt Whitman : les deux autres étant Messrs H. L. Traubel et T. B. Harned (Référence 103 de la " Cosmic Consciousness "). — Cosmic Consciousness. A Study in the Evolution of the Human Mind. Edited by Dr Richard Maurice Bucke. [Avec l'épigraphe :] " Verily, verily I say unto thee, except a man be born anew he cannot see the kingdom of God ".

Philadelphia, Innes and Sons, 1905, in-4° de XVIII-318 p. avec portrait de l'auteur et fac-similé de son écriture. (17 s. 6 d.).

D'après le " Copyright " l'édition originale serait de :

Philadelphia, Innes et sons, 1901, et il paraît qu'elle aurait été tirée seulement à 500 exemplaires.

Cet ouvrage est peut être le plus étrange du présent recueil, qui cependant est assez fertile à ce point de vue. C'est une étude de Psychisme transcendant, c'est-à-dire des Facultés mentales de la Race Humaine qui va suivre immédiatement la présente. La caractéristique de ce nouvel Intellect, évolué de l'ancien, sera la " Conscience Cosmique " ou Union de notre Esprit avec l'Absolu dont il émane. Cet état particulier de l'être humain est le plus haut point de son développement qu'il nous soit donné d'entrevoir présentement, et il est le but de tous les pratiquants des Sciences Psychiques. On le connaît d'ailleurs sous des noms assez divers : c'est l' " Illumination " des Membres de Sociétés Sercètes; l' " Extase " des Mystiques Orthodoxes; le " Samahdi " des Yogis Hindous, le huitième degré de la Yoga de Patanjali; ou encore le " Nirvana " des Buddhistes. Sa réalisation, inutile de le dire, a été atteinte par un nombre infime d'individus, jusqu'à présent, car il est toujours l'indice certain d'une haute spiritualité. La véritable " Conscience Cosmique " est tout à fait différente des Phénomènes Psychiques courants dans le somnambulisme, etc., lesquels se passent dans un plan inférieur au sien. Elle est en réalité, l'éveil de la Spiritualité de l'Homme.

L'ouvrage du Docteur Bucke examine d'abord les Quatre échelons de l'Intellect perceptif, puis réceptif, puis conscient, puis enfin intuitif. Il étudie rapidement la " Psychogenèse " de l'Homme, son passage de l'intellect conscient à l'intuitif. Enfin le corps même de l'ouvrage consiste en une étude aussi intéressante qu'étrange d'une cinquantaine de cas plus ou moins avérés de cette surprenante Faculté. A la fin on trouve quelques mots sur le Dr William Stainton Moses, le Spirite anglais bien connu, et sur quelques phénomènes du Spiritisme.

Voici d'ailleurs un extrait de la table :
List of Books quoted. — To Self-Consciousness. — On the plane of self consciousness. — Devolution. — From Self to Cosmic Consciousness. — Gautama the Buddha. — Jesus the Christ. — Paul. — Plotinus. — Mohammed. — Dante. — Las Casas. — John Yepes. — Francis Bacon. — Jacob Bœhmen. — William Blake. — Honoré de Balzac. — Walt Whitman. — Edward Carpenter — Some of the Lesser, Imperfect, and Doubtful instances : Moses, Gideon, Isaiah, Li R. Socrates, Roger Bacon, Pascal, Benedict Spinoza, Swendenborg, Emerson, Tennyson, Ra-

makrishna Paramahnsa, Horace Traubel etc. — Last Words. »

Du même auteur : " Man's Moral Nature ", New-York, G. P. Putnam's Sons, 1879. — " Walt Whitman ", Philadelphia, David Mc Kay, 1883, — " In Re Walt Whitman ". Edited by his Literary Executors : H. L. Traubel, R. M. Bucke, and T. B. Harned. Philadelphia, David Mc Kay 1893.— Etc.

1771 BUDÆUS (Johannes-Franciscus). —Traité de l'Athéisme et de la Superstition, par Franç. Budæus, trad. par Louis Philon et mis au jour par J. Chrestien Fischer.

Amsterdam, F. Mortier, 1740. in-8° (4 fr. 50).

[D. 27339

Ouvrage très estimé.

(S-1341

1772 BUDDEUS (Johann Franz). — Jo. Franc. Buddei historich-und politische Untersuchung von der Alchemie, und was davon zu halten sey ? aus dem lateinischen ins teutsches übersetzet. Dans Deutsches Theatrum chemicum de Fr. Roth - Scholtz (1728), I, 1-145.

La 1re édit. latine est de Hall, 1702.

(O-549.

1773 BUDDEUS (Johann Franz). — Introductio ad historiam philosophiæ Ebraeorum.

Halæ Saxonum typis et impensis. Orphanotrophei, 1720, fort in-8° pièces limin. 736 p. et l'index (5 fr.).

[R. 0558

Cet ouvrage roule entièrement sur la Kabbale et contient des planches explicatives curieuses. Une importante étude gnostique sur l'hérésie valentinienne termine le vol.

1774 BUÉ (le capitaine Hector-Joseph, dit Alphonse). — Le magnétisme curatif. Manuel technique.

[Te14. 167

Paris, Chamuel, 1803, in-18 XXII-196. pp. (3 fr.).

Avec un portrait de Mesmer.

Autres éditions :

Chamuel, 1000, in-12.

Paris, 1905, fort vol. in-12.

(G.-1211

Un des ouvrages les plus estimés sur la question, étant donné la compétence bien connue de l'auteur et la clarté et la simplicité avec lesquelles il expose les principes et les règles de cette science qui dans l'antiquité, était l'apanage des seuls initiés, et que l'on n'acquerait qu'au bout de longues épreuves.

1775 BUÉ (Hector Joseph dit Alphonse). — Le magnétisme curatif. Psycho-Physiologie. Hypnotisme. Somnambulisme. Fascination. Suggestion mentale, clairvoyance. Loi phénoménale de la Vie.

Paris, 1804, in-12. (4 fr.).

Idem :

Paris, 1900, in-12.

Excellent ouvrage destiné à rendre d'immenses services. Il contient les règles les plus pratiques et les meilleures méthodes à employer pour l'application du Magnétisme curatif. Portrait.

1776 BUÉ (Hector Joseph, dit Alphonse). — La main du général Boulanger. Sa prédestination : avec portr. figures kabbalistiques et tableau symbolique de l'horoscope, préf. de Théodore Cahu.

Paris, E. Dentu, 1889, in-18, XVIII-73 p. pl. et fig. (3 frs.).

[Lb57. 9967

Curieuse divination d'après Christian (Pitois) mais le Né a succombé à la Fatalité. Curieux Tarots à lettres romaines.

1777 BUÉ (Hector Joseph, dit Alphonse). — La Vie et la Santé, ou la Médecine est-elle une science ?

Paris, A. Ghio, 1882, in-18 de 150 p.

[Te14. 58

Magnétisme humain. Le Magnétisme dans les affections externes, dans les rhumathismes, les névroses, l'anémie ou la chlorose, etc...

1778 BUHLE (Johann Gottlieb). — Ueber den Ursprung und die wornehmsten Schicksale der Orden der Rosenkreuzer und Freymaurer. Eine historisch-kritische Untersuchung : von Johann Gotlieb BUHLE.

Göttingen, Johann Friedr. Röwer, 1804, in-8° de XII-419 pp.

[H. 13115

Origine des principaux faits de l'histoire des Rose + Croix et des Francs-Maçons.

[O-1502

1779 BUKATY. — Résolution générale des équations. — Méthode spéciale ou théologique de H. Wronski, démontrée.

Paris, Gauthiers-Villars, 1878, in-4° de 20 p. (2 fr.).

1780 BUKENTOP (Henricus de) récollet. — Tractatus de Sensibus Sacræ Scripturæ et Cabalæ Judæorum. Auctore F. Henr. de Bukentop.

Lovanii (Louvain), apud Ægidium Denique, 1704, in-8°, 138 p.

[A. 7539
(S.-3166 b

BULAU (Frédéric). Historien et Publiciste, né en 1805 à Freyberg, Saxe, mort à Leipzig en 1859. Il fut professeur à l'Université de cette ville et dirigea en outre de nombreuses publications, principalement historiques.

1781 BULAU (Fréd.). — Personnages énigmatiques, histoires mystérieuses, évènements peu ou mal connus. Traduit de l'allemand par W. Duckett.

Paris, Poulet-Malassis et de Broise, 1861, 3 vol. in-12, VIII-430-432 et 472 p. (10 fr.).

[G. 20528-30

Les hôtes mystérieux du Château d'Eishausen. — La superstition au XVIIIe siècle : Cagliostro, Cte de St-Germain, les Convulsionnaires, Cazotte. — Histoire de revenants arrivées à la cour de l'électeur de Trèves.

(G-112

1782 [BULLET (l'abbé J.-B)]. Recherches historiques sur les cartes à jouer avec des notes critiques et intéressantes, par l'auteur des Mémoires sur la langue Celtique.

Lyon, J. Deville, 1757, in-8°, 166 p.

[G. 32716

Ouvrage intéressant. Cet anonyme (inconnu à Barbier) est selon Quérard un écrit rare et curieux : l'abbé Bullet était professeur de théologie à l'université de Besançon.

(G.-1714

1783 BULLET (Abbé Jean-Baptiste). — Histoire de l'Etablissement du Christianisme, tirée des seuls auteurs juifs et païens.

Paris, Méquignon fils aîné, 1814, fort in-8° de X-436 p. (8 fr.).

[H. 13126

Le savant auteur du Dictionnaire Celtique, si recherché, a donné dans ce beau volume une nouvelle preuve de sa vaste érudition. Bullet reproduit un grand nombre de textes rabbiniques et autres, relativement à la magie de Jésus et des premiers chrétiens. Le Talmud de Jérusalem y est mis également à contribution, ainsi que celui de Babylone. Ils sont un témoignage important de l'historicité de Jésus, mise en doute par nos Modernistes. Une longue dissertation sur Apollonius de Tyane, philosophe pythagoricien et une foule de documents relatifs à la magie, aux Esprits et aux prodiges font rechercher des amateurs cet ouvrage curieux.

1784 BULLETIN de la Loge Karma. Nos 1 à 9.

Paris (?), novembre 1907 à novembre 1908. (4 fr.).

Hors commerce.

1785 BULLETIN DU G∴ O∴ de France. Suprême conseil pour la France et les possessions françaises. Journal officiel de la Fédération ; de la troisième année 1847 à la 42e. Février 1887.

36 volumes, in-8°. (250 fr.).

Collection rarissime et absolument complète. Ce n'est en effet qu'en 1847 que le bulletin du grand Orient parut sous cette forme et par conséquent la troisième année est en réalité la première.

1786 BULLETIN MAÇONNIQUE DE LA GRANDE LOGE symbolique Ecossaise. De l'origine 1880 à 1899 inclus.

20 volumes, in-8°. (80 fr.).

A partir de 1891 ce bulletin s'intitule l'organe de la Franc-Maçonnerie universelle. — Collaborateurs principaux : Dumonchel ; Oswald Wirth ; Lampué ; G. Mesureur ; Salva ; E. Lepelletier ; D' Richet ; Ch. M. Limousin ; Papus ;F. Pyat ; Horresco referrens ; J.-B. Bidegain.

1787 BULLETIN magnétique, journal des sciences psycho-physiques rédigé par une réunion de magnétistes, de médecins, de savants, sous la direction de M. MONGRUEL.

Paris, Germer Baillière.

Lyon, chez l'auteur.

T. I., 1854, in-8°, 504 pages.

Seul volume paru. Collaborateurs MM. Poulard, A. Pezzani, docteur Roessinger (de Genève).

(D. p. 157

1788 BULLETIN officiel du Conseil fédéral pour la France et ses dépendances. Rite Ecossais. Anc∴ et acc∴ de l'origine Juin 1895 à Mars 1896.

Paris, 1895-1896, in-8°. (5 fr.).

1789 BULLETIN OFFICIEL du Suprême CONSEIL de FRANCE. — Rite Ecossais ancien accepté.

Paris, 1893 à 1894, in-8°. (6 fr.).

BULWER - LYTTON. — Edward George BULWER. Lord LYTTON, est né en 1805. Poète et Romancier, il fut en même temps homme politique de marque. C'est en 1842 qu'il publia son curieux ouvrage : « Zanoni ».

1790 BULWER-LYTTON (E. G.). — Alice, ou les mystères, traduit par Mlle A. Sobry.

Paris, Fournier, 1838. 2 vol. in-8°. (5 fr. 50).

[Y². 20129-30

Première édition rare.
Roman occulte.

En anglais :

Alice, or the Mysteries..... by E. L. Bulwer.

Paris, Baudry, 1838, in-8°, 385 p.
[Z. 32710

1791 BULWER-LYTTON (E. G.). — Le dernier des barons. Trad. de l'anglais par Mlle A. Sobry.

Paris, Dumont, 1844. 4 vol. in-8°.
[Y². 20145-8

1792 BULWER-LYTTON (E.-G.). — Les derniers jours de Pompéi. Trad. de l'anglais par P. Lorrain.

Paris, L. Hachette, 1859, in-16, 427 p.
[Y². 20153

Paris, 1867, in-16.
Paris, Hachette, 1873, in-12.
Paris, s. d., in-12.
(1 à 3 fr.)

Réimprimé plus de 40 fois.

1793 BULWER-LYTTON (E. G.). — La maison hantée. Traduit par René Philipon.

(*Paris, l'auteur*), *Tours, imp. de A. Arrault, s. l. n. d.* (1894), in-12 de 47 p. (4 fr.)
[8°Y² pièce 1316

Etude fort curieuse et très réaliste des phénomènes qui caractérisent l'état de hantise. (Note de St. de G.).

(G-115 et 1212

1794 BULWER-LYTTON (E. G.). — Paul Clifford ; trad. de l'angl. par V. Boileau.

Paris, L. Hachette, 1873. 2 vol. in-16. (4 fr.)
[Y². 20226-7

Curieux roman.

1795 BULWER-LYTTON (Edward G.).
— La race future. Préface par Raoul
Frary.
Paris, Dentu, 1888, in-18. XII-
313 p. (5 fr.).

[8° Y². 45244

Première édition française de ce voyage au centre de la terre où l'auteur sous
une forme attractive émet de nombreuses
idées de réformation de la société... et
nous représente un état de civilisation
où les hommes, les Vril-ya, jouiraient de
la plus grande somme de bonheur que
comporte leur condition mortelle.

En anglais : « *The coming race* ».
(G-534)

1796 BULWER-LYTTON (Sir Edw.G.).
— Zanoni. Roman anglais traduit
sous la direction de P. Lorain (par
Sheldon).
Paris, L. Hachette, 1867. 2 tomes,
in-16. (10 fr.).

[Y². 20250-7

Rare et unique traduction française de
ce curieux ouvrage qui n'est rien moins
qu'une grande épopée ésotérique et idéaliste. C'est un livre gros de révélations et
d'arcanes. Sous un voile l'auteur a dégui-
sé les traditions secrètes de la Rose
Croix et jusqu'au lointain dépôt des fraternités les plus antiques et occultes,
dont l'Ordre institué par Rosenkreutz
n'est que l'ultime prolongement. En somme, cet ouvrage est un résumé complet
de la Science occulte.

(G-1213)

Autres éditions :

Paris, 1858, in-12.
Paris, 1882. 2 vol. in-12.
Paris, Baudry, 1842. fort in-8°,
première édit. en anglais de VIII-
337 p.

[Z. 32866

1797 BUNGVS (Petrus). — Mysticae
Nvmerorvm significationis opus
maximarum rerum doctrina, suavitate
copia, et varietate refertum Theolo-
gis. Philosophis. Mathematicis. adq.
aliis studiosis omnibus tam utilitate,
quam incunditate allatorum.

*Bergomi. typis Comini Venturae et
socii*, 1584-1585, 2 part. in-f°. (15
fr.).

[R. 748-9

Le seul ouvrage important et vraiment
sérieux écrit sur la Mystique des nombres, avec les systèmes comparatifs de
Raymond Lulle, Denys l'Aréopagite, et
autres grands initiés. On y remarque une
étude approfondie du Soleil comme ma-
festation de la trinité divine et qui est
comme une réfutation anticipée de l'ouvrage de Dupuis qui ne vit rien au delà
du système planétaire. Il nous est impossible de suivre l'auteur dans l'ésotérisme
des nombres qu'il pousse jusqu'à des
chiffres fantastiques, par exemple 144.000
et au-delà.

1798 BUNGUS (Petrus). — P. Bungi
[Bongo] Numerorum Mysteria.
Bergomi, 1595. in-4°.

Curieux traité.

Autre édition :

*Luteliae. Parisiorum. apud L. Son-
nium*, 1617. in-4° pièces limin.sign.
a-l — 676-ll-60 p. et index.

[V. 6612
(St.Y-1407

BUNYAN (John). anabaptiste anglais, né à Elstow, près de Bedford,
en 1628, mort à Londres, vers 1688.
D'abord d'une vie dissolue, il se fit
soldat, puis frappé de la grâce, il se
convertit et devint prédicateur des
Anabaptistes de Bedford. Emprisonné
pour fait de religion. c'est dans sa
prison qu'il composa son immortel
ouvrage « Pilgrim's Progress ». Cet
ouvrage est d'autant plus remarquable que son auteur était fils d'un
simple chaudronnier et complètement
illettré.

1799 BUNYAN (John). — Le pèlerinage d'un nommé Chrétien écrit sous
l'allégorie d'un songe. Traduit de
l'Anglais par Rob. Estienne.
Amiens, Caron-Vitel, 1827. in-16.

« Bizarre. bizarre ouvrage de dévotion.
Bien curieux ». (St. de G.). C'est la traduction d'un ouvrage fort célèbre en Angleterre « *The pilgrim's progress* ».

L'édition originale (?) est :
Paris, Méquignon junior. [1772]. in-18 de VII-210 p.

[R. 45014]
(G.-121)

Réimprimé 10 fois (Bibl. Nat. XXI-403).

1800 BUNYAN (John). — The Pilgrim's Progress, with forty illustrations by David Scott. A Life of Bunyan by the Rev. J. M. Wilson.

London, Fullarton. s. d.. In-8°, portr. et 41 fig. grav. hors texte. (8 fr.).

1801 BURDIN (Claude) jeune et DUBOIS (Fréd.). — Histoire académique du magnétisme animal, accompagnée de notes et de remarques critiques sur toutes les observations et expériences faites jusqu'à ce jour, par C. Burdin jeune et Fréd. Dubois (d'Amiens).

Paris, J.-B. Baillière, 1841, in-8°, XLVII-651 pages. (5 fr.).

[Th⁶², 13]

La place manque pour analyser ici ce gros volume dont l'effet fut tout autre que celui prévu par son auteur. Ce livre reproduit bon nombre de documents déjà cités dans cette bibliographie. Tous les faits de l'histoire académique du magnétisme y sont commentés, discutés, quelquefois d'une manière plaisante, d'autre fois d'une façon plus sévère sans qu'on sache bien la raison de ce double mode d'examen. Tout ce que l'auteur conteste a été affirmé par ses confrères que les lecteurs n'ont aucun motif de croire moins intelligents que lui. Les allégations de M. Dubois (d'Amiens) ont été critiquées, combattues de toutes les manières. Ses conclusions manquent de précision et de clarté. Il ne nie pas certains faits du somnambulisme mais il en doute... L'insensibilité dans l'état magnétique est incontestable, mais rien ne prouve qu'elle soit due à l'action magnétique... C'est plutôt la force de la volonté qui...etc... Il reste à expliquer ce que c'est que la force de la volonté.

Le livre de M. Dubois (d'Amiens) loin d'être une histoire impartiale du magnétisme animal semble plutôt une série d'articles souvent spirituels, quelquefois méchants, dûs à la plume d'un chroniqueur obligé de sacrifier au petit mot pour rire. M. Burdin passe pour avoir vu écrire ce livre ; le style est bien celui du secrétaire perpétuel de l'Académie ; peut-être M. Burdin a-t-il aidé à la préparation des documents, à l'impression du volume, etc...

(D. p. 121)

1802 BURET (D.). — Esprit de vérité ou métaphysique des esprits par D. Buret. — La vie de l'âme est amour. *Paris, A. Petit-Pierre,* 1850, in-18, 201 p. (2 fr.).

[R. 30260]

Ouvrage peu commun.

(G-114)

1803 BURGGRAEVE (Ad.). — Livre d'or de la Médecine dosimétrique.

Paris, Institut Dosimétrique, 1886, in-4° de CCXXXV-500 pp. et 2 pl. (8 fr.).

[Te¹⁷, 271]

1804 BURGGRAEVE (Docteur). — La Longévité humaine par la médecine dosimétrique à la portée de tout le monde, avec les applications à nos races domestiques.

Paris, dans les librairies et gares de chemin de fer, 1887, in-16, XI-354 p. (2 fr.).

[Te¹⁷, 274]

1805 BURGGRAEVE (Dr Adolphe). — Manuel de Pharmaco-dynamie dosimétrique avec des Tableaux sphygmographiques et thermométriques.

Paris, 1876, in-12.

1806 BURGGRAEVE (Dr). — La Société de Médecine de Gand et la Médecine dosimétrique. 1834-1880.

Bruxelles, imp. de A. Lesigne, Paris, 1890-1891, grand in-8° de CXXVI-512 pp. Portr. de J. Guislain. (5 fr.).

[Te¹⁷, 280]

1807 BURGGRAVIUS (Johann Ernest). Médecin allemand, né à Neustadt. — Biolychnium, seu Lucerna cum Vita ejus cui accensa est Mystice, curâ Ernesti Burggravii.

Franekerae (Franeker), 1611, in-8°.

Autre éd.

[*S. L.*], *typis M. Kempffer, sumpt. H. Pillzeri*. 1629, in-8° de 144 p.

(R. 10444
(S-3380

1808 BURGGRAVIUS (Johann Ernest). — Burggravii Lampadem vitae et mortis omniumque graniorum in microscomo πκθόν indicem, hoc est Biolychnium sive lucernam., antehac quidem cura et studio, J. E. B. (Brugravii) obscure nimis (more philosophico) traditam, nunc dilucidiori stylo se expositurum intimat G. F. MDCS.

Lugduni Batavorum apud A. Doude, 1678, in-12 de 72 pp. Frontispice et 2 curieuses figures. (5 fr.).

[R. 30280

1809 BURGONOVO (Archangelus de). — Apologia fratris Archangeli de Burgonovo Agri Placentini ordinis Minorum, pro defensione doctrinae Cabalae contra Reverendum D. Petrum Garziam episcopam Vssellensem Mirandylam impugnantem, sed minime laedentem. Et conclvsiones cabalisticae nvmero LXXXI secundum opinionem propriam eivsdem Mirandvlae....

Bononiae (Bologne) per A. Benaccium, 1564, pet. in-8°. (20 fr.).

Autre édition :

Basileae, 1600, in-8°.

Et encore :

Basileae per S. Henricpetri, 1600, in-8°.

[A. 7728
(G-581
(S-3167

1810 [BURGOYNE (T. H.)]. — Celestlestial Dynamics : course of Astro-Metaphysical Study by the Author of " The Language of the Stars " and " The Light of Egypt ".

Denver, Colorado, by the Astro-Philosophical Publishing Co.1896, in-8° de 107 p. (5 fr.)

C'est l'original anglais de " La Dynamique Céleste ".

1811 [BURGOYNE ou BOURGOYNE(T. H.)]. — La Dynamique Céleste. Cours de Métaphysique astrale ; par l'auteur de la Lumière d'Egypte.

Paris, Bibliothèque Chacornac 1899 gr. in-8° de 158 p. (6 fr.).

"Bibliothèque Astrologique" n° 3.

Cet ouvrage profond constitue avec la Lumière d'Egypte, que d'ailleurs il complète, le travail le plus précieux que nous possédons sur la science astrologique, le haut magnétisme et les lois des grands courants vitaux. Les Forces occultes de la Nature. Le langage des Etoiles. La force vitale. Le tempérament physique et magnétique. Les facultés mentales et intellectuelles. Les destins financiers. Amour et Mariage. Amis et Ennemis. Les forces célestes en action. Le diagnostic des maladies et leur traitement occulte, etc....

1812 BURGOYNE (T. H.)]. — The Language of the Stars. A primary Course of Lessons in Celestial Dynamics, by the Author of " The Light of Egypt" " Celestial Dynamics " etc.

Denver (Colorado) The Astro-Philosophical Pub. C°. 1892, in-8° de 100 p. (50 c.). 2 fr.

Traité élémentaire d'Astrologie pour les commençants. Donne une méthode pour établir un horoscope et pour le juger.

1813 [BURGOYNE ou BOURGOYNE]. — The Light of Egypt or the Soul and the Stars, in two Parts, by.

London, George Redway, 1889. (15 frs), in-8° de XI-292 p. avec 8 curieuses pl. hors texte, à fond noir et en couleur pour quelques unes.

Un des Ouvrages les plus intéressants et les plus importants à étudier pour se faire une idée de la Science des Mages.

Traité des Mystères de la Création, de la Fin de l'Homme, de l'Astrologie, et abondamment, des Rapports Planétaires.

1814 [BURGOYNE (T. H.)]. — La lumière d'Egypte ou la Science des astres et de l'âme, en deux parties, par...
Paris, Chamuel, 1875, gr. in-8° de 240 pages.
[8° R. 13222

Le traducteur Français de cet ouvrage, qui à l'instar de l'auteur a cru devoir garder l'anonymie, n'est autre que M. René Philipon.

Orné de 9 figures hors texte.

Cet ouvrage est un des plus profonds sur la Science des Mages. La Genèse de la vie. — Le Royaume de l'Esprit: de la matière. — La transmission de la vie. — Incarnation et Réincarnation. — Constitution Hermétique de l'Homme. — L'Ame : sa nature et ses attributs. — La mort et l'Immortalité. — Le Satellite sombre. La Science des astres. — Principes de la Science céleste. — Nature et influence des signes et des planètes. — La Chaîne Mystique, ou l'Union de l'Ame et des Astres.

L'auteur réfute presque amèrement les " Théosophistes " modernes de Mme Blavatsky, ainsi, d'ailleurs, que les Spirites.

(G.-115 et 1215

1815 [BURJA (N.)]. — Six chansons maçonniques; au profit des pauvres (par N. Burja).
Berlin, G. J. Decker, 1777, in-8° de 16 pp.
(O-305.

1816 BURLEN (Marie). — L'Arc-en-Ciel. Livre de la destinée humaine.
Paris, l'auteur, 1804, fort in-12 244 p. et pl.
[8° R. 12403

Très savant ouvrage de chiromancie. C'est en étudiant les maitres : Desbarolles d'Artigny, Papus et autres, que l'auteur a pu centraliser dans un livre clair et concis, l'art de lire dans la main le passé, le présent et l'avenir de chacun. Les influences astrales tiennent une place capitale dans ce traité et l'auteur étudie de près les rapports étroits de la Chiromancie avec l'astrologie hermétique.

1817 BURLEN (Marie). — Les mystères de la création et la fin du monde dévoilés. La métempsycose.
Paris, l'auteur, 1897 in-16 107 p.
[8° R. 14302

Paris, 1899, in-12.

Langage de la création. — Comment les esprits présagent les évènements. Le Sanctuaire. Le corps astral. Supplice des Esprits damnés. Magnétisme. Magie, Etc......

1818 BURNET (Th.). Maître de la Chartreuse de Londres. — Traité de l'état des morts et des resuscitans (*sic*). Traduit du latin par M. Jean Bion, ministre de l'Eglise Anglicane.
Rotterdam, Jean Hofhout, 1731, in-12, 285 p. (6 fr.)
[D². 4559

Traité intéressant et peu commun.

(G-116

1819 BURNETIUS (Th.). — Telluris theoria sacra, originem et mutationes generales orbis nostri, quas aut jam subiit aut olim subiturus est complectens. Accedunt archeologiæ philosophicæ, sive doctrina antiqua de rerum originibus. Editio ultima priori longe correctior.
Amstelodami, apud Wolters, 1699 in-4° 558 p. frontisp. gravé. (12 fr.).
[R. 3106

Ouvrage fort curieux. La théorie sacrée de la Terre contient l'histoire des temps ante-diluviens, basée sur des paradoxes les plus fantaisistes ; et dans son Archéologie philosophique il explique plusieurs des récits de la Genèse par des allégories (Ouvrage mis à l'index).

(G-117

BURNOUF (Emile). Orientaliste, Professeur à la Faculté de Nancy, puis Directeur de l'Ecole Française d'Athènes, né à Valognes (Manche), en 1821. C'est à lui qu'est dû le remarquable ouvrage : " *La Science des Religions* ". Il a aussi donné une Méthode et un dictionnaire de Sanscrit.

1820 BURNOUF (Emile Louis). — Chants Sacrés. Le cantique des cantiques et l'Apocalypse ; précédés des Eléments musicaux du Plain Chant.

Paris, Art Indépendant, 1898, in-8° raisin avec musique ; 94 pages. (4 fr.).

[Vm¹. 3007

1821 BURNOUF (Emile). — Essai sur le Véda, ou Etudes sur les Religions, la Littérature et la Constitution Sociale de l'Inde depuis les temps primitifs jusqu'aux temps Brahamaniques par Emile Burnouf. Ouvrage pouvant servir d'introduction à l'Etude des Littératures Orientales.

Paris, Degobry, F. Tandou et Cie, 1863, in-8° de VI-470 p. (8 fr.).

[Ya. 487
(G-1216

1822 BURNOUF (Emile). — La Bhagavad-Gîta. (Le Chant du Bienheureux) poème indien, traduit du Sanscrit par Emile Burnouf. 2° édition.

Paris, Art indépendant, 1895, in-8°, format allongé des Eucologes, de 122 p. (2 fr.).

[8° Ya. 181

Idem :

Paris, 1905, in-12.

Ce livre est probablement le plus beau qui soit sorti de la main des hommes. Bhagavad, c'est Krishna, 10° incarnation de Vishnou. La religion qui porte son nom est, dans l'Inde une des dernières venues ; elle a de grandes analogies avec celles du Bouddha et du Christ.

Le poème se rattache comme épisode au Mahâbhârata ; il comprend dix-huit chap. Jamais on n'a énoncé avec plus de force l'Unité du principe absolu des choses, essence et point culminant de la philosophie indienne.

Edition originale :

Nancy, Grosjean. Paris Duprat, 1861, in-8° de XXII-235 p. (5 fr.).

[Ya. 553
(G-1217

1823 BURNOUF (Emile). — Choix de morceaux sanscrits, traduits, annotés, analysés par L. Leupol.

Paris, Maisonneuve. 1867. in-8° XVI-230 p. (5 fr.).

[Z. 53559

1824 BURNOUF (Emile-Louis). Méthode pour étudier la langue sanscrite.

Paris. Maisonneuve. B. Duprat, 1861, in-8° XV-130 p. (4 fr.).

[X. 16558

Excellent traité pratique de la langue sanscrite, considéré comme le meilleur.

1825 BURNOUF (Emile-Louis). — La science des religions.

Paris. Maisonneuve. 1872, in-8° IX-461 p.

In-8° IX-461 p. (2me édit.)

2 éditions semblables de même date.

[8° H. 6008
[H. 15147

Paris, 1876, in-12, (5 fr.).

Ouvrage extrêmement intéressant : Méthode historique. Unité historique des Religions. Unité des Rites. Action des Races. Naissance, grandeur et chute, des Orthodoxies. Origines du Christianisme. Buddha canonisé par erreur au XI° siècle Etc...

1826 BURNOUF (Emile-Louis). — Le Vase Sacré et ce qu'il contient. Dans l'Inde, la Perse, la Grèce, et dans l'Eglise chrétienne ; avec un appendice sur le Saint Graal.

Paris, Bibliothèque de la Haute-Science, 1896, in-8° écu ou in-16 de VI-180 p. (5 fr.).

[8° G. 7312

On suit pas à pas dans ce bel ouvrage l'histoire du vase sacré, symbole mystique de la tradition, depuis son emploi réel dans le Véda, jusqu'aux temps modernes, c'est-à-dire jusqu'à son apparition fantastique sur nos théâtres. Une quantité considérable d'importantes citations du Véda, de l'Avesta et des mythographes de l'antiquité grecque font de cette œuvre un travail très utile et très documenté, destiné à jeter un grand jour sur le fameux symbole du Saint-Graal derrière lequel on retrouve le mythe antique du Vase sacré.

1827 BURNOUF (Emile Louis). — La vie et la pensée, éléments réels de philosophie.

Paris, C. Reinwald, in-8° VIII-452 p. (5 fr.).

[8° R. 7651

1828 BURNOUF (Eugène), né et mort à Paris, en 1801-1852. Célèbre orientaliste, restituteur de la langue Zend en laquelle sont écrits les manuscrits de Zoroastre. Enlevé à la Science au milieu de ses travaux, qu'il laissa malheureusement en partie inachevés.

1829 BURNOUF (Eugène). — Commentaire sur le Yaçna, l'un des livres religieux des Perses par Eugène Burnouf. Ouvrage contenant le Texte Zend expliqué, les Variantes des quatre manuscrits de la Bibliothèque Royale et la version sanscrite inédite de Nériosengh.

Paris, Imprimerie Royale. 1833-35, in-4°; Tome I en 2 vol. (Seul paru) CLIV-502-CXCVI pages. (60 f.).

[O² h. 250

L'avant propos a été tiré à part : cote.

[O² h. 250 bis
(Pen. p. 113

1830 BURNOUF (Eugène). Compte-rendu de l'ouvrage intitulé : Introduction à l'histoire du Buddhisme indien.

Paris. 1840, in-8° (3 frs).

Excellente étude sur le Buddhisme.

1831 BURNOUF (Eugène). — Introduction à l'histoire du Buddhisme indien. 2ᵐᵉ édit. précédée d'une notice de M. Barthélemy St-Hilaire.

Paris, Maisonneuve, 1876, gr. in-8° XXXVIII-586 p. (15 fr.).

[O². 540

Ouvrage très rare et très recherché.

L'édition originale est : Tome I [seul paru].

Paris, Imprimerie Royale, 1844, in-4° de VI-649 p. (20 fr.).

[O² k. 407

1832 BURNOUF (Eugène). — Le Lotus de la Bonne Loi.

Paris, Impr. Nationale. 1852, in-4°.

[Z. Renan 1457
[Ya. 353

Chap. XXI, (p. 258) Formules magiques (Mantras).

C'est la suite de l'ouvrage précédent.

1833 [BURNOUF (Eugène)]. — Notice sur les types étrangers du spécimen de l'imprimerie royale [par Eugène Burnouf].

[Réserve V. 521

Alphabets Arabe — Sanscrit — Javanais — Chinois — Japonais — Persépolitain — Samaritain — Hébreu — Syriaque — Zend — Persan — Mandchou — Arménien — Etc.

1834 BURNOUF (Eugène). — Vendidad Sadé, l'un des livres de Zoroastre, lithographié d'après le mss. Zend de la Bibliothèque royale.

Paris, 1820-1843, in-f°. (100 frs).

[Réserve O² h. 240

Ouvrage important, tiré à cent exemplaires seulement.

(Pen. p. 115

BURQ (Victor-Jean-Antoine), médecin français, né à Rodez en 1852, mort à l'Abbaye-au-Bois (Paris), en 1884. Il est le Créateur de la Métallothérapie, qui consiste à soigner certains malades au moyen de plaques métalliques (en cuivre généralement) appliquées un peu partout sur le corps. Cette méthode peut être rendue plus active en appliquant des métaux par couples voltaïques. Le Dr Burq toutefois, repoussait ce perfectionnement.

1835 BURQ (Dr Victor). — Métallothérapie ; traitement des Maladies nerveuses, paralysies, rhumatisme chronique, etc... du choléra, etc... par le docteur V. Burq.

Paris, Germer Baillère. 1854. in-8°. 48 pages. (1 fr. 50).

[Te⁶³]. 90. A.

Intéressant travail pour l'étude du magnétisme et de l'électricité regardés comme moyens thérapeutiques. " Tous les sujets somnambuliques sont sensibles à l'action du cuivre ", dit l'auteur. Il rapporte un certain nombre d'expériences et de faits curieux ; nous regrettons que parmi les savants cités comme ayant étudié la question de l'influence des métaux il n'ait pas connu le docteur Despine père dont les travaux sur ce sujet sont des plus remarquables.

L'édition originale est de 1853. (*Ibid. Id.* in-8° de 48 p.).

[Te⁶³. 90
(D. p. 153

1836 BURQ (Dr). — I. Des origines de la métallothérapie, part qui doit être faite au magnétisme animal dans sa découverte. Le Burquisme et le Perkinisme. — II. Antiseptiques et maladies infectieuses. Du cuivre contre le choléra et la fièvre typhoïde, préservation et traitement. — III. La métallothérapie, à Vichy contre le diabète et la cachexie alcaline. Association des métaux à la médication alcaline pour en augmenter et corriger les effets. — IV. — La métallothérapie devant le Lyon médical, le Bulletin thérapeutique et la médecine officielle pendant 30 années. Revendications et négociations, avant-propos d'une institution scientifique libre basée sur tous les suffrages des intéressés. — V. Etude expérimentale sur la métalloscopie et la métallothérapie du docteur Burq. Rapport fait à la Société biologique (1877-78) au nom d'une commission composée de MM. Charcot, Luys et Dumontpallier.

Paris, Delahaye et Lecrosnier, 1879-84. 5 brochures in-8°. (8 fr. le lot) (1 fr. 50 à 2 fr. pièce).

[Te⁷. 211
[Te¹³¹. 324 (4)
[Te¹⁰³. 1078 (22)
[Te⁶⁴. 242
|manque

1837 BURTON (Robert). — The Anatomy of Melancholy, what it is, with all the kindes, causes, symptomes, prognosticks, and several cures of it. In three partitions, with their several sections, members, and subsections, philosophically, medicinally, historically opened and cut up by Democritus junior [Robert BURTON]. The eleventh edition corrected, to which is prefixed an account of the author.

London. 1806, 2 vol. in-8° Portrait et 2 frontispices. (4 fr.).

Ouvrage curieux et rare.

Ed. originale (?)

Oxford. H. Cripps. 1638. in-f° 78-723 p. tit. grav., tableaux.

[R. 441

BUSSIÈRES (Th. de) voir : *RENOUARD DE BUSSIÈRES* (Marie-Théodore de).

1838 BUSSON (Abbé Claude-Ignace).— Premières [secondes et troisièmes] lettres sur l'extatique de Niederbronn et sur ses révélations.

Besançon, Imprimerie de Sainte-Agathe aîné. 1840-1853. 3 vol. pet. in-8° ou in-10. (5 frs).

[8° H. 6667

Les *troisièmes* semblent manquer à la Bibliothèque Nationale.

BUSSY (Charles de) voir : *MARCHAL* (Jules).

BUTEO (Joannes) voir *BORREL* (Jean).

1839 BUTTE (Wilhelm). — Prolégomènes de l'arithmétique de la Vie humaine par Wilhem Butte.

Paris J. G. Dentu, 1812, in-8° XXIV-192 p. planches et tableaux (3 frs).

[Th². 13

W. Butte, docteur en philosophie, se propose dans cet ouvrage bizarre d'initier le lecteur à la connaissance de certaines lois de la nature, qui font que l'homme n'a pas toujours l'âge que lui accorde son état civil. Il édifie sur cette idée tout un système philosophique des plus étranges qui recèle peut-être des vérités profondes pour qui saura en pénétrer les arcanes.

1840 BUTTI (Enrico A.). — L'Ame. Roman, trad. de l'italien, par J. de Casamassimi.

Paris, P. Ollendorff, in-18 de XII-289 p.

[8° Y². 50330

Dans ce roman, l'auteur s'est surtout attaché à des phénomènes que la médecine et la philosophie ont depuis quelques années commencé à mettre en lumière : les névroses, les suggestions, les hallucinations télépathiques, le surnaturel en général.

1841 BUXTORF (Jean) dit l'Ancien, né en 1564, à Camen, en Westphalie, mort en 1629 à Bâle. Professeur d'Hébreu dans cette dernière ville. — Johannis Buxtorfii De Abbreviaturis Hebraïcis Liber novus et copiosus, cui accesserunt operis Talmudici brevis Recensio, cum ejusdem Librorum et Capitum Indice; item " Bibliotheca Rabbinica " nova ordine alphabetico disposita, cum appendice..

Basileæ, Typis Conradi Waldkirchii, impensis Ludovici Konig, 1613, in-8° de 335 p.

[A. 7505
[A. 7509 (2)

3 autres éditions postérieures :

Bâle, 1640, in-8°.
Franeker, 1696 in-8°.
Herbornæ Nassaviæ, 1708, in-8°

1842 BUYSE (Omer).— Méthodes américaines d'Education générale et technique, avec 365 figures.

Paris, Dunod, 1905, in-8° de 744 p.

1843 BYRON (George-Gordon-Noël, lord). — Le Vampire, nouvelle traduite de l'anglais par H. Faber.

Paris, Chaumerot jeune, 1819, in-8°, 62 p.

[Y². 20373

Cet ouvrage n'est point de Lord Byron Il est de Polidori, qui s'est seulement inspiré du " Giaour " de Lord Byron.

L'édition originale (?) en anglais (apocryphe bien entendu) est :

The Vampyre, a Tale by the Right Honourable Lord Byron.

Paris, Galignani, 1819, in-12, 80 p.

[Y². 20371
(Y-P-1091

1844 BYSE (Charles), pasteur protestant Suisse, de Lausanne, né à Vevey (Suisse) en 1835. — Deo Sancto uno. Le Prophète du Nord. — Vie et Doctrine de SWEDENBORG, avec portrait et diagrammes par Charles Byse.

Paris, Fischbacher, 1903, in-8° de XXIV - 303 p. et 2 tableaux en couleurs.

[8° M. 13028

Ouvrage de haut intérêt, principalement au point de vue de la Conciliation du Christianisme et de la tradition des Initiés concernant Jésus-Christ et sa divinité.

Cette biographie du célèbre voyant, second maître de Cl. de Saint-Martin ,est la meilleure qui ait été faite. Elle contient admirablement résumée toute sa doctrine. Jeunesse de Swédenborg. Crise intérieure. Le merveilleux dans sa vie et ses rapports avec les esprits. Son système. La triade divine, le divin humain, Dieu en Christ. Sens interne de la parole. Les trois cieux et leurs sociétés. Des rapports des Anges avec l'Homme. Le Hadès ou monde intermédiaire. La vie d'outre-tombe. Les démons et les génies. L'ouvrage contient aussi trois curieux diagrammes coloriés représentant : les trois Cieux, le Royaume céleste et le Royaume spirituel.

Autres ouvrages du même, du même genre, à la Biblioth. Nat^le : Catalog. gén. T. XXI, col. 1230-1231.

1845 C...... — Lettres de M. C...... à M. R... sur le magnétisme animal.

Paris. Dentu. 1814. in-8°.

Cet ouvrage est indiqué par le Journal ou Tableau de la Littérature Française.

(D. p. 86

1846 C...... (Christian). — Le fluide vital, par Christian C..., chimiste.

Paris. Ledoyen. 1864. in-8°. 24 pages (75 cent.).

(D. p. 177

1847 C. D. — Du magnétisme animal, analyse de quelques critiques qui ont été faites sur cet agent prétendu, par C. D., docteur médecin.

Cambrai. Simon, 1844. in-12.

(D. p. 131

1848 C. G. H. — Eines wahren Adepti besondere Geheimnisse von der Alchymie zum Gebrauch und Nutzen denen Liebhabern herausgegeben von C. G. H. (......).

Dresden, Joh. Nic. Gerlach. 1757 in-8° de XII-270-XVI pp. avec 13 pl.

(O-1474

1849 C. H. L. P. J. G. — Regenspurgischer Heerholdt, ausztuffend an die alda bey ihrem Oberhäupt versamlete Reichs-Glieder, I. woher dieser Türcken-Krieg entstanden, II. wie er nach dem Willen Gottes zu stillen, III. was endlich, da er nicht gestillet zu erwarten ; nebenst beygefügtem Extract etlicher wunderlichen newen Offenbahrungen, angehende diesen Türcken-Krieg :.... von C. H. L. P. J. G.

(Amsterdam, Benedict. Babuson). Im Jahr Christi. 1664. in-8° de 288 pp.

(O-68

1850 CABALA MAGICA. — Cabala Magica, tripartita, c'est-à-dire trois tables cabalistiques très remarquables & qui surpassent de beaucoup toutes les Caballes (sic) imprimées jusqu'à présent avec leur explication et usage, par le moyen desquels chacun faisant des questions touchant ses propres affaires ou celles des autres, tant en allemand qu'en latin et françois, pourra déchiffrer par une seule clef dans toutes les trois langues une réponse positive.

S. l. 1747. in-8°.

Opuscule fort rare, imprimé en allemand et français, avec 3 tables cabalistiques.

(G-119

1851 ..... — CABALA Speculum Artis & Naturæ in Alchymia.

Aug. (Augsbourg, ou Trèves ?), 1654.

Figures.

(S-3383 b

1852 ..... CABALA. Spiegel der Kunst und Natur in Alchymia ; vas der Weisen uralte Stein, doch für ein Ding sey, der da dreyfach, und nur ein Stein ist : Welches allen müheseligen Liebhabern der Kunst zu Ehren so klar als ein Spiegel fürgestellt : davon vil biszhero geschrieben, aber wenigen bekandt ; gantz offenbar mit kurtzen Worten, der gantzen Warheit, durch deise beyligende Figuren, erklärt, und an Tag gegeben, durch einem unbekandten (........) doch genannten, wie ihm das Signet in der ersten Figur Zeugnus gibt.

Leipsig, Kronig und Göbel. 1704. in-4° de XII ff. non chiffr. avec 4 pl. in-fol.

(O-1299

1853 ..... CABALÆ verior Descriptio, das ist : gründliche Beschreibung und Erweisung aller natürlichen und übernatürlichen Dingen, wie durch das Verbum fiat alles erschaffen, und darnach durch das Centrum Coeli et Terræ...... generirt, nutrirt, regiert und corrumpirt wird.

Franckfurt, Joh. Friedr. Fleischer, 1701, in-8° de II-96 pp. avec 1 fig.

(O-1477-776

CABALE, ou CABBALE. — Voir : KABBALE.

1854 CABALISTE (Le) amoureux et trompé. Histoire véritable et récente.

Amsterdam, 1745, in-12 (5 fr.).

Curieux pamphlet, d'ailleurs assez rare dirigé contre les cabalistes et les Frères de la Rose + Croix (St. de G).

(G-1218
(S-4029

1855 CABANES (abbé de), prieur et seigneur de Bar le Régulier, diocèse d'Autun. — Commentaire sur l'Apocalypse, pour l'intelligence du texte, des figures et des prophéties qui y sont contenues.

Paris, Vve C. Debause, 1724, in-8° de 514 p. front.

[A. 7260

Autre édition :

Paris, 1724, in-8° de XXII-514 p. front.

[A. 7270 bis
(G-120

1856 CABANÈS (Dr Augustin). — Le cabinet secret de l'Histoire entr'ouvert par un médecin.

Paris, A. Charles, 4 vol. gr. in-12 figures (20 fr. ensemble).

[T²¹ 500 A
[T²¹ 500 B

Tome I : La fistule d'un grand roi (Louis XIV) ; les maladies de Louis XV ; l'impuissance de Louis XVI ; la première grossesse de Marie-Antoinette. Quelle était la maladie de Marat ? L'œil de Gambetta ; etc.... (6 fr.).
Tome II : (avec 12 grav.). Le Dr Quesnay ; Sophie Arnoult ; Guillotin ; Charlotte Corday ; La vie intime de Robespierre ; Le " cas " de Mme Récamier etc... (6 fr.).
Tome III : Les infirmités physiques de J. J. Rousseau ; le Dr Chambon, médecin et maire de Paris, pendant la Révolution. Deux culs-de-jatte illustres : Couthon et Scarron, etc.... (3 fr. 50).
Tome IV : François Ier est-il mort de la Belle-Féronnière? L'accusation d'inceste portée contre Marie-Antoinette et le dauphin. La prétendue folie du marquis de Sade. (6 fr.).

1857 CABANÈS (Dr Aug.). Le cabinet secret de l'Histoire. Nouvelle édition complètement remaniée.

Paris, Albin Michel, 1905-1906, 4 vol. in-12 de 1.400 pp. de texte environ, 28 gravures (18 fr.).

Cette réimpression d'un ouvrage devenu introuvable, est sensiblement différente des premiers tirages ; outre les gravures qui n'existaient pas dans ceux-ci, cette nouvelle édit. comprend douze chap. inédits. Quant aux chap. ils ont été revus et pour la plupart notablement augm. L'ordonnance du livre a été également modifiée ; pour faciliter les recherches, l'auteur a adopté l'ordre chronologique. Un tirage de cette édition porte le nom de " *Dorbon aîné* ".

1858 CABANÈS (Dr Augustin). — Les indiscrétions de l'Histoire.

Paris, 6 vol. in-16. (27 fr.).

La flagellation à la cour et à la ville. — Une consultation pour la Pompadour. — Napoléon Ier a-t-il manqué sa vocation ? — Comment se mariaient les rois au XVIIIe siècle. — Napoléon était-il épileptique ? — Un régicide ignoré. — Mirabeau fut-il empoisonné ? — Louis XI jugé par l'histoire et expliqué par la médecine, etc....

Nombreuses gravures hors-texte.

Idem :

Paris, A. Michel, 1903, in-16. XII-344 p.

[T²¹, 771

1859 CABANÈS (Dr Aug.). — Les infirmités du génie.

Paris, 1903, in-8° (Extr.).

1860 CABANÈS (Dr Aug.). — Marat inconnu : l'homme privé, le médecin, le savant, d'après des documents nouveaux et inédits.

Paris, L. Genonceaux, 1891, in-18, de VI-328 p. (10 fr.).

[Ln²⁷. 39560

Edition originale de cet ouvrage devenu rare dont toutes les éditions sont épuisées.

1861 CABANÈS (Dr Aug.). — Mœurs intimes du passé.

Paris, Albin Michel, s. d. [1908-1909], 2 vol. in-16 de XII-403 p. — & ? (6 fr.).

[8° Li². 173

143 reproductions de gravures du temps.

Comment nos aïeux se garantissaient du froid. — Comment se mouchaient nos aïeules. — Dieu vous bénisse. — L'origine du peigne. — Quelques meubles intimes. — L'hygiène sexuelle au temps jadis. — etc., etc...

1862 CABANÈS (Dr Aug.). — Les Morts Mystérieuses de l'Histoire. Souverains et Princes français, de Charlemagne à Louis XVII.

Paris, Maloine, 1901, in-8°, XVIII-540 p. (4 fr.).

[T²¹. 703

Édition originale (contenant tous les passages supprimés ou modifiés postérieurement) de cet ouvrage apportant des éclaircissements curieux sur maints problèmes historiques, qui ont, de tout temps passionné les chercheurs, entr'autres — et ce n'est pas le moins troublant — celui de la mort de Louis XVII. On y trouve des détails extrêmement singuliers sur les causes de la mort de Charles VII. — La zoophilie de Marie d'Anjou ; — les hémorroïdes de Louis XI ; — l'opinion d'Ambroise Paré sur la mort de Henri II ; la religion d'Ambroise Paré ; — l'autopsie de Henri IV ; — les cœurs des personnages conservés jadis au Val-de-Grâce — la maladie de Louis XIV ; — les autopsies de Louis XV et de Louis XVI, et pour terminer, un magistral examen des pièces relatives à la mort de Louis XVII, que l'érudit auteur conduit avec une finesse, un esprit de logique, de véritable juge d'instruction et la compétence spéciale que peut seul apporter un praticien très expert dans cette question, pour ainsi dire, médico-légale.

1863 CABANÈS (Dr Aug.) et NASS. — Poisons et sortilèges. Les Césars. Envoûteurs et sorciers. Les Borgia.

Paris, Plon Nourrit, 1903, in-16, VIII-308 pp.

[8° G. 8098

Bien curieuses recherches sur toutes les manières d'empoisonner usitées dans le monde. Procédés de Mithridate (38) ; son Electuaire (antidote général (42). La Rome impériale (71-136). Au Moyen-Age (141-196). Envoûtement (197-253). Les Papes (254-290).

Les Docteurs Cabanès et L. Nass. se sont fait une spécialité bruyante dans la reconstitution des procédés de l'ancienne sorcellerie et ce que les initiés s'étaient efforcés de tenir secret, ils le divulguent in-extenso, sans autre préoccupation que celle de servir au public une pâture excitante et souvent dangereuse. Ce volume retrace toutes les pratiques d'envoûtement traditionnelles, sans oublier un iota du formulaire. Sceptiques, ils haussent les épaules ; mais les faits les obligent à reconnaître, en passant qu'il y a là quelque chose. Bien que l'utilité de semblables publications soit contestable, le curieux trouvera dans ce volume les moyens en usage dans tous les temps et chez différents peuples, pour perpétrer l'œuvre de magie noire : l'envoûtement dans l'antiquité, au Moyen-Age, à notre époque, chez les Chinois, les Mexicains, etc.

Un chap. est consacré au Pape Jean XXII et à ses pratiques occultes.

1864 CABANÈS et L. NASS (Docteurs). — Poisons et Sortilèges. Deuxième série. Les Médicis, les Bourbons, la Science au XXe siècle.

Paris, Plon Nourrit, 1903, in-16 de 388 pp.

[8° G. 8098

La Brinvilliers (82).

Ce volume aussi documenté que le précédent est révélateur au même titre. Les XVIIe et XVIIIe siècles, si féconds en scandales y revivent sous un jour spécial sur lequel la plupart des écrivains avaient jeté un voile discret. La sorcellerie s'y manifeste dans toute son horreur et ne recule devant aucune turpitude. Nul n'oserait, à notre époque, renouveler se semblables monstruosités.

1865 CABANIS (Dr Pierre-Jean-Georges) médecin et philosophe de l'école sensualiste né à Cosnac, Charente-Inférieure en 1757, mort à Paris en 1808. — Coup d'œil sur les révolutions et sur la réforme de la médecine.

Paris, Crapart, Caille et Ravier.

Sc. psych. — T. I. — 18.

an XII-1804, in-8° de XII-438 pp. (2 fr.).

[T¹. 41

1806 CABANIS (D¹ P. J. G.). — Du degré de certitude de la médecine. Nouv. édit.
Paris, Crapart, Caille et Ravier, an XI-1803, in-8° de 537 pp. (4 fr.).
[T²¹. 172. A.

1807 CABANIS (D¹ P. J. G.). — Rapports du physique et du moral de l'homme, précédés d'une table analytique par M. D. T. [Destutt Tracy]. Membre de l'institut et suivis d'une table alphabétique par M. Sue.
Paris, 2 vol. in-8°, 1805.
[T¹⁹. 62 L.

Paris, Caille. (3ᵉ édit.). 1815. 2 vol. in-8°.
[T¹⁹. 62 A.

Paris, Béchet Jeune.(4ᵉ édit.). 1824. 2 vol. in-8°.
[T¹⁹. 62 C.

Paris, Charpentier. 1843. in-8°. (8ᵉ édit.).

Paris, 1844. in-8° de 712 pp. (5 fr.).

1808 CABET (Etienne), fondateur de la secte des Communistes dits « Icariens », fils d'un tonnelier né à Dijon en 1788. Fut reçu avocat à Dijon puis nommé Procureur général en Corse. Sa secte répudiait l'emploi de la force pour faire triompher ses idées. Cabet fut repoussé par la Communauté qu'il avait fondée à Nauvoo, dans l'Illinois, Etats-Unis, et mourut de chagrin à Saint-Louis, Missouri, vers 1856. — M. Cabet en Cour d'Assises. Défense apologétique en vers par A. Murat.
Paris, Rouanet. 1833. (2 fr. 50).

1809 [CABET]. — Douze lettres d'un Communiste à un Réformiste sur la Communauté.
Paris, imp. Bajat, 1842, in-8° 140 p. (3 fr.).
[R. 30348

1870 [CABET]. — Poursuite du gouvernement contre M. CABET, député de la Côte d'Or, directeur du *Populaire*.
Paris, Herhan, s. d., 23 pp. (2 fr. 50).

1871 CABET (Etienne). — Procès du communisme à Toulouse, par M. Cabet.
Paris, Bureaux du « Populaire », 1843, 4 part. in-8° et pl. (3 fr. 50).
[Lb⁵¹. 3834

2 pl. et portraits des 12 accusés avec vue de l'audience.

1872 CABET (Etienne). — Procès et acquittement du citoyen Cabet, accusé d'escroquerie pour l'émigration icarienne.
Paris, Malleste, s. d., in-8° de 240 pp. (7 fr.).

Autre :
Paris, Bureau du Républicain, 1851. 3 part. in-8°.
[Ln²⁷. 3317

1873 CABET. — Recueil de 10 ouvrages et brochures.
1°) Arrestations illégales des crieurs du *Populaire* ; poursuites contre M. Gisquet, etc. 1833. — 2°) Poursuites du gouvernement contre M. Cabet, directeur du *Populaire*. 2 parties (Chambre des députés; Procès devant la Cour d'Assises). — 3°) La justice d'avril, lettre à M. Guizot, 1835. — 4°) Notre procès en escroquerie, ou poursuites dirigées contre les citoyens Cabet et Krolikowski, à l'occasion de la fondation d'Icarie, 1840. — 5°) Icarie, nouvelles de Nauvoo, n° 1 à 5, 15 mars, 12 octobre 1840 (*très rare*). — 6°) Lettre du citoyen Cabet à l'archevêque de Paris en réponse à son mandement du 8 Juin 1851.
Paris, in-8°. (ensemble 15 fr.).

1874 [CABET (Etienne)]. — *ADAMS* (Fr.). — Voyage et aventures de Lord William Carisdall en Icarie, trad. de l'Angl. de Francis Adams par Th. Dufruit.

Paris, H. Souverain, 1840. 2 vol. in-8°, Portr. (10 fr.).

[R. 26059 & 60

Un des ouvrages les plus étendus et les plus complets que l'on ait publiés sur la célèbre république de CABET et sur ce qu'on a appelé l'Utopie Icarienne.

Aucun de cet noms propres ne désigne de personnage réel ; l'ouvrage est purement et simplement de CABET.

1875 CABET. — Voyage en Icarie.

Paris. 1848. in-12. (3 fr. 50).

Idem :

Paris, bureau du Populaire. fort in-12, 1845.

Paris. 1846. in-12 de VIII-600 pp.

[R. 30355

Peu commun.

1876 CABET. — Le Vrai Christianisme suivant J.-C.

Paris. 1847. in-18, XII-636 pp. (3 fr. 50).

[R. 30300

Sur CABET, Voir :
BONNAUD (F.).
ICARIE.
PRUDHOMMEAUX.

1877 CADET BUTEUX. — Le Magnétisme décrit par Cadet Buteux à son ami La Tulipe.

Besançon, Deis. 1840. in-8°. 4 pages.

Voici un des douze couplets de cette chanson assez drôle (air du « Pas redoublé ») :

On l'i brûle du soufre au museau,
  Des pétards à l'oreille,
Voir' mêm' des charbons sus la peau,
  Sans qu'tout s'manèg' l'éveille,
C'pendant i' distingue sous ses doigts
  Un cheveu d'mâle ou d'femelle,
Et par son estomac quéqu'fois
  I peut lir' sans chandelle.

Cadet Buteux est un personnage imaginé par DÉSAUGIERS pour les besoins de sa critique, de ses parodies et de ses chansons. Ces couplets seraient-ils de Désaugiers ?

(D. p. 184

— 275

CADET-GASSICOURT (Charles-Louis), littérateur et pharmacien français né à Paris en 1769, mort en 1821. Il fut d'abord avocat, puis sous l'Empire devint pharmacien militaire de l'empereur. Il avait eu pour amis d'Alembert, Buffon, Franklin, Condorcet, Lalande, et était Membre de l'Académie de médecine.

Ses Œuvres, des plus variées, ont trait à la Jurisprudence, à la Médecine, à la Franc-Maçonnerie, à la Chimie. Il a écrit en outre des Poésies, des Pièces de Théâtre, et l'amusante parodie de Chateaubriand : « L'Itinéraire de Lutèce au Mont-Valérien, suivant le Fleuve Séquanien et revenant par le Mont des Martyrs ».

Son père, son oncle et son fils furent également des pharmaciens de marque.

1878 CADET-GASSICOURT (Ch.Louis). — Le tombeau de Jacques Molai, ou le secret des conspirateurs, à ceux qui veulent tout savoir.

Paris, chez les marchands de nouveautés, l'an 4° de l'ère française, in-8°, de 51 p.

[Lb^{42}, 1109

« Le Tombeau de Jacques Molai » qui est si recherché est ici dans l'édition originale in-8°, beaucoup plus complète que celle de format en-18, parue l'année suivante (1797) chez DESENNE.
Cet ouvrage estimé et recherché a servi de sources à la plupart des historiens maç.·. Il contient des détails et des renseignements soigneusement cachés jusqu'alors sur les plus importantes sociétés secrètes.
Frontispice gravé.

(G-527 et 1715

1879 CADET-GASSICOURT (Ch.-L.). — Le tombeau de Jacques Molai, ou histoire secrète et abrégée des Initiés anciens et modernes, des Templiers Francs-Maçons, Illuminés, etc. et recherches sur leur influence dans la Révolution française, suivie de la Clef des Loges.

Paris, Desenne, an V, 1797. Frontispice gravé par Jacowick, in-16, 162 p. et fig. (6 fr.).

(Lb⁴². 1110
(G-121

1880 [CADET-GASSICOURT (Charles-Louis)]. — Les Initiés Anciens et Modernes, suite du « Tombeau de Jacques Molai ». Œuvre posthume par le C. C. L. C. G. D. L. S. D. M. B. C. D.V.[le Chevalier Charles-Louis Cadet-Gassicourt, De La Section Du Mont-Blanc, Condamné De Vendémiaire].

S. l., in-8° de 55 p.

[Lb⁴² 1111

1881 CADET de GASSICOURT (Félix), et DU ROURE de PAULIN (Bon E.). — L'Hermétisme dans l'Art Héraldique.

Paris. Daragon. 1907. in-8° de 182 pp., avec 55 illustrations, 3 tableaux et 7 pl. hors texte (tableau séphirotique, fig. magiques, blasons et ex-libris hermétiques, etc.).

[8° V. 52220

Le symbolisme en blason, en religion, chez les hermétistes, dans les sociétés secrètes. — Doctrine des initiés. — Les nombres. — Décomposition des diverses pièces du blason et leur symbolisme ; leurs correspondances avec les différentes parties du corps. — Animaux végétaux et minéraux dans leurs correspondances avec les plantes. — Symbolisme des figures chimériques. — Symbolique maçonnique. — Symbolique religieuse. Voici maintenant quelque titres de gravures :

Blason du Chap∴ de Rose-Croix de Hérédom de Kilwinning. — Séphiroth kabbalistiques. — Clé cosmologique. — Pantacle de Jupiter. — Clavicule de Salomon. — Ex-libris maçonniques∴ et autres etc...

1882 CADIÈRE (Catherine). — Marie-Catherine Cadière ou La Cadière, est née à Toulon en 1709. Elle fut séduite par le P. Girard, de la Cie de Jésus, sous couleur de Mysticisme, et donna lieu à un retentissant procès. Catherine Cadière était d'ailleurs d'un tempérament hystérique qui favorisa les menées du P. Girard. Ce procès se termina assez bizarrement par l'acquittement du P. Girard et la mise hors de cause de la malheureuse Catherine que le Père accusait d'imposture. Le P. Girard mourut à Dôle en 1733. Quand à Catherine, elle disparut après le procès et on suppose qu'elle termina ses jours dans un couvent.

1883 CADIÈRE. — Factum pour Marie Catherine Cadière contre le Père Jean-Baptiste Girard, jésuite. Où ce religieux est accusé de l'avoir portée par un abominable quiétisme aux plus criminels excès de l'impudicité, et d'avoir sous le voile de la plus haute spiritualité, jetté (sic) dans les mêmes excès six autres dévotes, qui comme elle, s'étaient mises sous sa direction. — II. Mémoire instructif pour le P. J. B. Girard. — III. Suite des procédures de Catherine Cadière contre le R. Père Girard, contenant la réponse au mémoire instructif de ce jésuite.

La Haye. 1731. 3 pièces. pet. in-4°. (15 fr.).

Réunion fort rare de pièces relatives à ce fameux procès scandaleux où le père Girard, (né à Dôle du Jura) fut accusé devant le Parlement d'Aix par une de ses pénitentes d'une grande beauté, de sorcellerie, de séduction et de tentative d'avortement.

(G-309

1884 CADIÈRE. — Histoire du Procez entre Demoiselle Cadière, et P. Cadière, Jacobin. Mre Cadière, prêtre, P. Nicolas, prieur des Carmes dechaussez du Toulon, d'une part ; et le P. Girard, Jésuite, recteur du Seminaire royal de Toulon, de l'autre.

S. l. [1731]. in-8° de 29 p.(12 f.).

Pièce rare et curieuse sur le Procès de Sorcellerie et viol combinés, intentés par Catherine Cadière à son confesseur, le P. Girard.

(G-400

1885 CADIÈRE. — Recueil de Pièces sur le fameux procès intenté au Père Girard par la belle Cadière.

S. L. N. D., [1731]. in-12, (7 f.).

Mémoire instructif pour Messire François CADIÈRE. — Réflexions sur la récrimination en prétendu complot imputé au P. Est. Thomas CADIÈRE. — Observation sur l'Escrit intitulé Briève Réponse aux divers mémoires faits contre le P. Girard. — Parallèle des Sentiments du P. Girard avec ceux de Molinos.

(G-2040

1886 CADIÈRE. — Recueil général des Pièces concernant le Procez entre la demoiselle Cadière, de la ville de Toulon, et le P. Girard, Jésuite, recteur du Séminaire royal de la marine de ladite ville.

A la Haye, chez Swart. 1731. 6 ou 7 vol. in-12 (peut-être 8). Portraits gravés de la Belle Cadière et du P. Girard. (50 fr.).

(G-2041

1887 CADIÈRE. — Recueil général des pièces concernant le procez entre la demoiselle Cadière, de la ville de Toulon et le père Girard, Jésuite, directeur du Séminaire royal de la marine de ladite ville, actuellement pendant au Parlement d'Aix-en-Provence.

S. l. (La Haye). 1731, 36 factums in-f°. (45 fr.).

Recueil très complet, puisque contenant 36 pièces au lieu de 22 portées à la table, sur ce procès scandaleux qui fut au XVIII° siècle, ce que fut l'affaire Dreyfus au XIX° et qui divisa la France en deux camps. Rien n'est plus curieux, en effet, que le récit des relations qu'eurent ensemble le P. Girard, dont la réputation en tant que prédicateur et directeur de conscience était grande, et sa pénitente Catherine Cadière jeune fille de 18 ans, d'une surprenante beauté. Leur commerce tout d'abord purement spirituel, les actes de mortification (et de flagellation même) aidant, se changea en ce que l'Eglise qualifie d' " inceste spirituel ". Il y eut tentative d'avortement. La jeune pénitente, qui sous l'influence d'aspirations hystérico-mystiques croyait toujours qu'il ne s'agissait que de caresses du " Divin Epoux " en fit part à ses deux frères, l'un prêtre séculier, l'autre dominicain. On était alors au temps des querelles du Jansénisme et la France entière se rangea dans l'un ou l'autre camp : pour ou contre les Jésuites. — Cette affaire croustillante donna lieu à un des romans érotiques les plus célèbres : " Thérèse philosophe ".

Sur CADIÈRE, voir :
BEL : *Recueil de Pièces.*
Bibliographie Yves Plessis. N°s 1407-1481, p. 180-187.

Et aussi : THERESE PHILOSOPHE.

1888 CÆSALPINUS ou CÉSALPINO (André), médecin Italien, né à Arezzo vers 1519, mort à Rome vers 1603. Philosophe et illustre botaniste. — De metallicis libri tres. Andrea Cæsalpino Aretino. Medico et Philosopho auctore. Noribergae recusi, curante Conrado Agricola.

Nuremberg, Conrad Agricola, 1602. in-4°. Pièces liminaires et 222 p. (7 fr. 50).

[R. 2864

1889 CÉSALPINO (André). — Dæmonum investigatio peripatetica, in qua explicatur locus Hippocratis in Progn. si quid divinum in morbis habetur. Andrea Cæsalpino de Blancis, Aretino, Authore.

Florentiae, apud Juntas, 1580 in-4° de 25 f°.

[4° R. 1074

CAGLIOSTRO. — Joseph Balsamo, dit comte Alexandre de Cagliostro est né à Palerme le 8 juin 1743 et mort à Rome sans doute en 1795, dans les prisons du Saint-Office, probablement au Fort St-Léon dans le Duché d'Urbin. Il est tout à fait impossible de se faire une idée nette du caractère de ce personnage. On en a dit tout le mal et tout le bien possibles. Il semble avoir possédé de véritables connaissances magiques et alchimiques, tandis que d'autre part il semble également s'être conduit en pur et simple imposteur.

Une des meilleures et plus récentes

études sur Cagliostro a été donnée en 1904 par M. Henri d'ALMÉRAS. q. v.

1890 CAGLIOSTRO. — Confessions du comte de C......, avec l'histoire de ses voyages en Russie, Turquie. Italie et dans les Pyramides d'Egypte.

Au Caire et à Paris, Cailleau 1787 in-12, 1. pl. hiéroglyphique. II-172 p. (5 fr.).

[Y². 23627 (G-123

1891 CAGLIOSTRO. — L'Evangile de Cagliostro. retrouvé, traduit du latin et publié avec une introduction par le le Dr Marc Haven [Emmanuel LALANDE]. Ouvrage orné d'un portrait hors texte.

Paris, librairie Hermétique, MCMX [1910], pet. in-8° de 86 p. Portrait de Cagliostro. Tit. rouge et noir. (3 fr.) Imprimé à Bruges par la " St. Catherine Press Ltd ".

Ce sont les notes prises par un anonyme durant un séjour de Cagliostro à Roveredo, et publiées en latin dans un style évangélique, sous le titre : " Liber Memorialis de Caleostro, cum esset Roboreti ". L'ouvrage a dû être brûlé avec tous les papiers de Cagliostro dans l'Auto-da-Fé du 4 mai 1791 à Rome lors de la condamnation de ce personnage. Les exemplaires en sont de toute rareté.

1892 CAGLIOSTRO. — Leben und Thaten des Joseph Balsamo, sogenanten Grafen Cagliostro ; nebst einigen Nachrichten über die Beschaffenheit und Zustand der Freymaurersekten ; aus den Akten des 179 in Rom wider ihn geführen Prozesses gehaben, und aus den in der päbstlichen Kammerdruckerey eschienenen italienischen Originale übersetzt.

Zurich, Orell, Gessner, Fussli und C..., 1791, in-8° de XII-171 pp.
(O-518

1893 CAGLIOSTRO. — Testament de mort et déclarations faites par Cagliostro. de la secte des Illumines, et se disant chef de la Loge Egyptienne. condamné à Rome le 7 avril 1791. à prison perpétuelle, comme pertubateur du repos public. Trad. de l'italien.

Paris, 1791, in-8° de 44 p. Portr. de Cagliostro, (7 fr.).

[K. 10102 bis

1894 CAGLIOSTRO. — Vie de Joseph Balsamo connu sous le nom de comte de Cagliostro. extrait de la procédure instruite contre lui à Rome en 1790.

Paris et Strasbourg, Onfroy et Treuttel, 1791, in-8° de 259 pp. Un portrait de Cagliostro. (15 fr.).

[K. 14208

Réception dans les " Illuminés " d'après Luchet (p. IX). Cet ouvrage, dû à la plume d'un M.·. et écrit d'après les actes du tribunal de l'inquisition est le plus impartial sur le célèbre initié ; c'est un monument bien digne d'être conservé. En dehors de la vie de Cagliostro, on y trouve les détails les plus complets. la plupart inédits. sur la maç.·. égyptienne qu'il avait créée.

On y relève cette phrase significative au sujet de la secte des Illuminés. dite de la Haute Observance : " Celle-là professe l'irréligion la plus décidée, emploie la magie dans ses opérations, et sous le prétexte de venger la mort du Grand Maitre des Templiers, elle a principalement en vue la destruction totale de la religion catholique et de la monarchie."

Sur CAGLIOSTRO. Voir :

ALMERAS (Henri d').
LESCURE (M de).
MOLA (E. H.)
Et à l'article *LA MOTTE*, pour ce qui concerne l'affaire du Collier.

1895 CAGLIOSTRO. — Le Grand interprète des songes. rêves et visions avec l'indication des numéros de loterie pour chaque songe. et un choix très intéressant d'anecdotes relatives aux songes, aux rêves et aux apparitions, par le dernier descendant de Cagliostro.

Paris, s. d. fort in-12, (figures), (2 fr. 50).

. Mystères du sommeil. Antiquité de l'interprétation des songes. Art d'interprêter les songes. Table de jours heureux Signification cabalistique des lettres alphabétiques, etc...

CAGNARD de MAILLY. — Voir : CAIGNARD de MAILLY.

1896 CAGNIARD de la PRÉE (François-Nicolas). — De la Société. Ouvrage divisé en trois opuscules : 1° Dieu, la création et l'âme ; 2° Du mal ; 3° de la Société.

Paris. Le Normant. 1821. in-8° 128 p. (3 fr.).

[R. 30387

L'auteur expose, au cours de cet ouvrage une théorie des nombres qui lui est personnelle, résout le problème du mal par des arguments victorieux, étudie la répartition des récompenses et des peines avec une science qui, pour n'être pas orthodoxe, n'en a pas moins une piquante saveur.

1897 CAHAGNET (Louis-Alphonse), né à Caen en 1805, mort à Argenteuil en 1885. Fut un adepte ardent du Spiritisme, du magnétisme et de la religion de Swedenborg. Les professions qu'il exerça furent nombreuses et variées : horloger, tourneur, photographe, etc. L'article du premier supplément de Larousse juge bien sévèrement les ouvrages de cet auteur ; ce rédacteur les a-t-il lus ? et dans ce cas les a-t-il compris ? Il y a lieu de douter de l'un et de l'autre.

1898 [CAHAGNET (Louis Alphonse)]. — Arcanes de la vie future dévoilés, ouvrage contenant la preuve irréfutable de la faculté que les somnambules magnétiques ont de voir des décédés et de converser avec eux.

Paris l'auteur et Germer Baillière. 1848-54. 3 vol. in-18 (9 fr.).

[R. 30389-91

Cet ouvrage est en trois volumes. Le deuxième est de 1849 et le troisième de 1854. Il y a eu aussi un deuxième tirage en 1860. L'auteur, swedenborgien plus précis, plus arrêté encore que son devancier est une originalité de ce monde spécial des spiritualistes. C'est dans tous les cas un homme convaincu et honnêtement enthousiaste.

C'est le premier traité de nécromancie paru jusqu'à ce jour. Théorie du monde invisible et constatation de ses rapports avec le monde corporel, tirées de révélations somnambuliques.

(D. p. 142

1899 CAHAGNET (L. Alph.). — Arcanes de la vie future dévoilés. 3° édit.

Paris, Vigot frères, 1896, 3 vol. in-18. portrait. (10 fr.).

[8° R. 13844
(G-124

1900 CAHAGNET (Alphonse). — Cosmogonie et anthropologie, ou Dieu, la Terre et l'homme étudiés par analogie.

Paris et Argenteuil. 1880, in-12. (3 frs).

Facultés humaines. Puissance de l'âme et des pensées. La mort, la vie, etc.

1901 CAHAGNET (Alphonse). — Etudes sur l'homme.

Argenteuil, l'auteur, 1858. in-18 de 80 p.(1 fr. 50).

[R. 30402

1902 CAHAGNET (Alphonse). — Etudes sur l'âme et sur le libre arbitre, par Alphonse Cahagnet.

Paris, 1879. in-18. 64 p. (1 fr. 75).

[8° R. 2371

L'âme est un composé d'unités. Groupage corpusculaire formant la matière. Les atômes. Fonctions du cerveau, du cœur, du poumon, de l'estomac. Les rêves, etc...

1903 CAHAGNET (Alphonse). — Etudes sur le matérialisme et sur le spiritualisme.

Argenteuil, l'auteur, 1860. In-18 de 67 p. (2 fr.).

[R. 30403

La matière. Existence d'outre-tombe. Dieu. Le Bien et le Mal, etc.

1904 CAHAGNET (Alphonse). — Etudiants Swedenborgiens.

Paris, 1883, in-12, (1 fr. 50).

Dieu. L'être et la tombe. Le connu et l'inconnu. Magnétisme, spiritualisme, etc..

1905 CAHAGNET (Alphonse). — Force et matière ou réfutation des doctrines de cet ouvrage. Dieu.

Argenteuil, l'auteur, 1866, in-18, 35 p. (1 fr. 25).

[R. 0359

1906 CAHAGNET (Alphonse). — Guide du magnétiseur ou procédés magnétiques d'après Mesmer, de Puységur et Deleuze, mis à la portée de tout le monde suivi des bienfaits et dangers du somnambulisme, par L. Cahagnet.

Paris, l'auteur, 1848, in-16, 64 p. (1 fr. 25).

[Th^es. 30
(D. p. 142

Idem :

Paris, 1000 in-12 de 54 pp.

1907 CAHAGNET (Alphonse). — Introduction aux études religieuses, scientifiques et sociales des étudiants swedenborgiens.

Paris, 1866, in-12, (1 fr.).

Cette étude est faite dans l'intention d'offrir une instruction première à tout entrant dans la vie, le cercle et la fraternelle école des Étudiants swedenborgiens.

1908 CAHAGNET (L. Alphonse). — Lettres odiques magnétiques du chevalier de Reichenbach, traduites de l'Allemand, publiées par L. A. Cahagnet.

Paris, Germer Baillière, 1855, in-18, 120 pages. (1 fr. 50).

[R. 48003

Petit livre intéressant, c'est un extrait des œuvres du savant physicien de Berlin. Malheureusement ses expériences ne sont pas assez nombreuses et elles n'ont pas donné partout la même précision dans les résultats.[Dureau].

(D. p. 153

1909 CAHAGNET (L. Alphonse). — Lumière des morts, ou études magnétiques philosophiques et spiritualistes dédiées aux libres penseurs du XIXᵉ siècle par L. A. Cahagnet.

Paris, l'Auteur, in-18, XIII-322 p. (5 fr.).

[R. 30404

Savante dissertation philosophique sur les questions d'occultisme.

(D. p. 147
(G-125

1910 CAHAGNET (L. Alphonse). — Magie magnétique ou traité historique et pratique de fascination, miroirs cabalistiques, apports, suspensions, pactes, talismans, possession, envoûtements, sortilèges, etc. 2ᵉ édit. augm.

Paris, Baillière, 1858, fort in-12, de 510 p. (6 fr.).

[R. 30406

Réimprimé par : Vigot, frères, 1895:

[8° R. 12784

L'édition originale est :

Paris, Baillière, 1854, in-18 de 528 p.

[R. 30405

Ouvrage très estimé, rempli de faits authentiques et peu connus.

La question des miroirs magiques est fort bien traitée.

L'auteur se plaçant au point de vue du magnétisme spiritualiste, a fait des recherches expérimentales très curieuses.

(G-126, 1219 et 1220

1911 [CAHAGNET]. — Le magnétiseur spiritualiste, journal rédigé par les Membres de la Société des magnétiseurs spiritualistes de Paris.

Paris, Germer Baillière, 1849, in-8° et in-12.

M. Cahagnet fut le gérant de ce journal, qui contient un assez bon nombre de faits mystiques, apparitions, possessions, etc... Il y a deux volumes du format in-8° (1849-1851, 6 francs). Puis le journal devenant une œuvre personnelle, prend le format in-12 et le titre d'Encyclopédie magnétique spiritualiste.

(D. p. 143)

1912 CAHAGNET (L. Alphonse). — Magnétisme. Encyclopédie magnétique spiritualiste, traitant spécialements de faits psychologiques, magie magnétique, swedenborgianisme, nécromancie, magie céleste, etc., par L. A. Cahagnet, auteur des Arcanes de la vie future dévoilée, etc. etc.

Argenteuil, l'Auteur. 1854-1862.
Paris, Germer Baillière, in-18, 7 vol.

[R. 30305-401

Suite du précédent.

Un septième volume a paru avec le titre : Études sur les Facultés prophétiques de l'homme (année 1862).

En tout 7 volumes in-18 (18 fr.).

(D. p. 102)

1913 CAHAGNET (Alphonse). — Magnétisme : Révélations sur la justice divine et la justice facultative des hommes. Extrait du 3e volume des Arcanes de la Vie Future dévoilés, par L. A. CAHAGNET.

Paris, l'auteur. 1854, in-18 de 15 p. (1 fr.).

[Rp. 0994

1914 CAHAGNET (Alphonse). — Méditations d'un Penseur ou mélanges de philosophie et de Spiritualisme, d'appréciations, d'aspirations et de déceptions.

Paris, 1860, 2 vol. in-18. (0 fr.).

[R. 30407-8

Athéisme et religion. Trouble de l'humanité. Sympathisme. Vie sextuplée. Fini et infini. Mysticisme. Swedenborgianisme. Immortalité. Magnétisme. Somnambulisme, extase. etc.

1915 CAHAGNET (L. Alphonse). — Pour combattre les maladies par les simples. Étude sur les Propriétés Médicinales de 150 plantes les plus usuelles d'après une somnambule avec des notions de Thérapeutique.

Paris, s. d., in-12 de 72 pp. Portrait. (1 fr. 50).

1916 CAHAGNET (L. Alphonse). — Révélations d'Outre-Tombe par les Esprits Galilée, Hypocrate, Franklin, etc. sur Dieu, la Préexistence des Âmes, la Création de la Terre, l'Astronomie, la Météorologie, la Physique, la Métaphysique, la Botanique, l'Hermétisme, l'Anatomie Vivante du Corps Humain, la Médecine, l'Existence du Christ et du Monde Spirituel, et les Manifestations Spirituelles au XIXe siècle, par L.-A. CAHAGNET.

Argenteuil, l'auteur.
Paris, Germer-Baillière, 1856, in-18, 383 p.

[R. 30409

Donne une Théorie de l'Envoûtement (p. 149-157).

(Y.P-985

1917 CAHAGNET (L. Alphonse). — Sanctuaire du spiritualisme, étude de l'âme humaine et de ses rapports avec l'Univers d'après le Somnambulisme et l'extase, par L. A. Cahagnet.

Paris, l'auteur. 1850, in-8, 382 p. portr. de Swedenborg. (4 fr.).

[R. 30410

Idem :
Paris (2e édit.). 1857. in-18.

Arcanes occultes. Nombres mystérieux. Grollius, Sendivogius, Swédenborg. Cazotte. Puységur. Madrolle, Poé, etc... Les Mystiques. Guide de l'extatique par le haschisch. Les sciences occultes. etc...

(D. p. 146

1918 CAHAGNET (Alphonse). — Thérapeutique du Magnétisme et du Somnambulisme appropriée aux Maladies les plus communes ; aidée par l'emploi des plantes usuelles en Médecine. Renseignements sur la Composition et sur l'application des Remèdes conseillés. Planches anatomiques avec explication philosophique.

Paris, Librairie Scientifico - Psy-

chologique, 1883, in-18. 430 p. (15 fr.).

[Te¹⁵. 62

Remarquable traité de Magnétisme curatif, aidé par la Médecine des Simples.

CAIGNART DE MAILLY (P.). Juriconsulte et révolutionnaire français, né à Mailly vers 1750, mort en 1823. Il fut journaliste et fit partie de la Police à Paris. Il termina sa vie dans la carrière du Barreau.

1919 [CAIGNART DE MAILLY]. — Annales maç∴ dédiées à son Alt. Séréniss. le prince Cambacérès, archichancelier de l'Empire et G∴ M∴ de l'O∴ M∴ en France ; par Caillot. R∴ C∴ (et rédigé par Caignart de Mailly).

Paris, Caillot, 1807-10. 8 vol. in-8. (50 fr.).

[H. 11035-40 (manque Tome VII)

Caillot [voir ce nom pour plus de détails], n'a été que l'édit. de ce journal, dont il devait paraître 4 vol. d'environ 250 pp. par an au prix de 16 fr. ; il était aussi tiré format in-18, au prix de 5 fr. Le format in-18 était même le véritable, car l'in-8° n'a été imprimé qu'avec de grandes marges à la composition in-18.
Caignart de Mailly a ouvert ce recueil par : Coup-d'œil sur les anciennes initiations. I. 11-22.
Le tome VIII est terminé par une table alphabétique et analytique de l'ouvrage.
Ce journal contient, comme toujours, des discours, des comptes rendus de séances, des poésies, etc. Nous y avons pourtant remarqué : des mystères d'Eleusis, par A. Boileau ; Mémoires sur la Maçonnerie, par le même ; Trinosophie, par le comte de Saint-Germain.

(O-200

1920 CAIGNART DE MAILLY. — Recherches sur l'origine, l'essence, le but et les rapports mutuels des divers rites maçonniques. Discours.

S. l., in-18. (6 fr.). 5.800.

Extrait des Annales Maçonniques.

1921 CAILLAU (Abbé Armand-Benjamin). — Les nouveaux illuminés, ou les adeptes de l'Œuvre de la Miséricorde convaincus d'extravagance et d'hérésie.

Orléans, Impr. de A. Jacob, 1849, in-8°, 52 pp. (3 fr.).

[Ld¹⁹². 31

Ouvrage contre cette célèbre « Œuvre de la Miséricorde » fondée par le Prophète Pierre-Michel Vintras.

1922 CAILLÉ (R.). — Napoléon 1ᵉʳ à propos de la Franc-Maçonnerie.

Fontenay, 1880, in-8°. (5 fr. 50). Rare.

CAILLEAU (André-Charles), né en 1731, mort en 1798 ; imprimeur libraire à Paris, en même temps que littérateur.

1923 [CAILLEAU]. — Clef du grand Œuvre, ou lettres du Sancelrien Tourangeau à madame L. D. L. B*** T. D. F. A. T ; dans la 1ʳᵉ sera enseigné où trouver la matière des sages ; dans la 2ᵉ, les vertus et merveilles de l'Elexir blanc et rouge, sur les trois Règnes de la Nature ; dans la 3ᵉ adressée à mon frère (prêtre, sousdoyen en dignité d'une noble et insigne Eglise), sera prouvé la réalité du grand Œuvre par tout ce qu'il y a de plus positif dans l'Histoire sacrée et profane ; qu'il a été et sera toujours le fondement ainsi que le premier mobile de toutes les Religions du monde ; et dans les suivantes jusqu'au nombre de 10, tout ce qu'il m'est permis d'écrire sur cette science, sans passer les bornes prescrites pour conduire les Elus au but désiré ; [avec cette épigraphe] : « In Sale omnia, sine Sale nihil ».

Corinte et Paris, Cailleau, 1777. (1ʳᵉ et 2ᵉ lettres), in-8° de 94 pp. avec 1 frontisp. gravé. (10 fr.).

[R. 31875

Très rare. — Une Note ancienne de l'exemplaire de Guaita attribuait cet ouvrage, non au libraire Cailleau, comme le fait Barbier, mais à J. J. COULON, Avocat au Parlement et Maire de la Ville d'Amboise en 1766-68.

(O-000
(G-127

1924 CAILLET (Albert Louis), Ingénieur Civil, né à Paris en 1869. — Traitement Mental et Culture Spirituelle. La Santé et l'Harmonie dans la Vie Humaine par Albert L. CAILLET, Ingénieur Civil.

Paris, Vigot frères, 1912, in-18 d'environ 500 pages.

C'est un résumé *pratique* de l'application des Sciences Psychiques à l'Homme, tant pour conserver que pour recouvrer la Santé et le Bonheur.
I. — Les Neufs Lois Métaphysiques de la Pensée et de la Création. — Le « KYBALION ». — Force-Pensée. — Dieu et l'Homme.
II. — CULTURE PSYCHIQUE. Entrée dans le Silence. — Pranayama. — Le Regard. — L'Attention. — La Concentration. — Développement de la Volonté. — Mentation Subconsciente. — Projection Télépathique. — Attitude générale, ou DHARMA du PSYCHISTE. — CULTURE PHYSIQUE : Lois de la Santé. — Respiration. — Nutrition. — Exercices Hygiéniques. — Eau. — Soins généraux du corps. — Conclusion.
III. — MÉTHODES PSYCHIQUES DE GUÉRISON. Généralité et Preuves, dans l'Antiquité, le Moyen-Age, et les Temps présents.
PRATIQUE. MESMÉRISME. — Opérateurs divers. — Méthode opératoire. — Passes magnétiques. — Réveil. — HYPNOTISME. — James Braid. Dangers de l'Hypnotisme. — SUGGESTION. — Omnipotence de la Suggestion. — Les Lois Psychiques de la Suggestion. — La FOI. — Affirmation et Négation. — Suggestion Mentale, Verbale, Mimée, Écrite, Matérielle, Relayée. — Auto-Suggestion. — Auto-Suggestion Plastique : par Polarisation. — Choix des Heures. — Suggestibilité. — TRAITEMENT MENTAL PUR. — Le Dr Thomson Jay HUDSON. — Le Yogi RAMACHARAKA. — Le Traitement Mental, branche de la Télépathie et de la Suggestion Mentale. — Traitement Mental du Yogi RAMACHARAKA. — Traitement Métaphysique du même. — TRAITEMENT SPIRITUEL. — Pratique du traitement Spirituel. — AUTO-TRAITEMENT et CONCLUSION. — Mantram Final. — BIBLIOGRAPHIE du Sujet.

1925 CAILLEUX (Théophile). — La Judée en Europe. La vérité sur les Juifs, leur origine et leur religion;
précédé d'une préface de Ch. Limousin et d'une notice bibliog. de E. de Reyle.

Paris, Chamuel, 1894, in-18 de XV-223 pp. (4 fr. 50).

[8° H. 5081]

Ouvrage précieux pour les études celtiques et l'origine de la nation juive, dans lequel on trouve une grande quantité de documents complètement inédits sur l'histoire des peuples primitifs et sur la mythologie et les religions anciennes.

1926 CAILLEUX (Th.). — Théorie nouvelle sur les Origines humaines. Homère en Orient. Troie en Angleterre.

Bruxelles, 1883, in-12 de 208 pp. (6 frs).

Edition originale, sous un titre légèrement différent :

Paris, Maisonneuve, 1878, in-8°, III-533 pp.

[8° G. 6092]

Volume des plus curieux. Documentation absolument nouvelle et originale sur les initiations et les mystères sacrés des peuples primitifs, leur symbolisme. Volume précieux par ses révélations singulières, notamment sur les tablettes de Mithra et de Denderah et les mystères de Circé.

1927 CAILLIÉ (René). L'Ame. Religion. Science et Sociologie. Organe de l'ère nouvelle.

Paris, 1895-96, 6 fasc. in-8°. (5 frs).

Entre autres articles intéressants, on trouve dans les 6 numéros de cette revue une étude magistrale de F. Ch. Barlet, sur la Sociologie où le système synarchique est exposé dans tous ses détails, et un article très étendu de R. Caillié intitulé : l'Eglise invisible : étude sur les prophéties et les secrets du Nouveau Testament.

1928 CAILLIÉ (René). — Dieu et la Création.

Paris et Avignon, 1882-85, 4 vol., in-12, (6 frs).

1929 CAILLIÉ (René). — Le Poëme de l'Ame, poëme initique, orné de trois Pentacles et accompagné de deux mélodies pour piano et chant.

Paris, Comptoir d'édition, 1895. in-8" écu ou in-16 de IV-329 p. Figures et musique. (5 fr.).

[8° Ye. 3554

Épopée initiatique d'une haute envolée lyrique : c'est le long cantique d'une vie entière avec les premières amours, les souvenirs et les rêves, les troubles, les douleurs, le triomphe et ses joies, l'apothéose du couple androgyne.

C'est la Thèse présentée aux Rose-Croix pour être reçu dans leurs rangs (Avignon, 30 mars 1895).

(G-128

1930 CAILLIÉ (René). — Voix d'outre tombe : La vie de Jésus dictée par lui-même. Précédée d'une préface.

Avignon, Paris, Libr. des Sciences Psychologiques, 1885, in-16. XIII-433 p. (3 fr.).

[8° H. 5006
(G.-1223

1931 [CAILLIÉ (René)], directeur de : l'ÉTOILE, revue mensuelle. Kabbale messianique, socialisme chrétien, spiritualisme expérimental. Fondateur Albert Jouney. Rédacteur en chef : l'abbé Roca. Secrétaire de la rédaction : J. Bois. Directeur : R. Caillié. Origine : Mars 1889. N° 84 et dernier Décembre 1895, ensemble 7 années. —

Tours, 1889-1895, in-4°, (50 fr.).

[4° R. 883

Collection complète et rare d'une intéressante revue qui comptait parmi ses collaborateurs Marius Decrespe, Ern. Bosc, René Caillié, V. Charbonnel, Léon de Rosny, l'abbé Roca, le Dr Baraduc, G. Mourey, Lerminat, J. Bois, Ely Star, H. Destrem, H. de Régnier, Moréas, P. Quillard, Maur. Bouchor, Albert Samain, etc. etc.

(G.-1358

1932 [CAILLIÉ (René)]. — Revue des Hautes-Etudes. Ancien " Anti-Matérialiste ". Organe mensuel de la Synthèse Scientifique, Sociale et Religieuse paraissant sous la direction de René Caillié, avec la collaboration de MM. Dr Johannès, Barlet, Dramart Thurman, L. Platon, etc.

Paris, Carré, Sept. 1886-Février 1887. in-4° (15 fr.).

[4° R. 786

Tout ce qui a paru de cette revue.

(G-2044

1933 CAILLOT (Antoine) R∴ C∴ — Annales Maç∴ dédiées à S. A. S. le Prince Cambacérès, Archi-Chancelier de l'Empire et G∴ M∴ de l'O∴ M∴ en France, [rédigées par Caignart de Mailly, q. v.]

Paris, Caillot, 1807-1810, 8 vol. in-8°, (50 fr.).

[H. 11625-32 (manque Tome VII) Collection complète.

Cette œuvre importante ne se trouve que dans quelques rares bibliothèques ; elle contient une foule de travaux des plus intéressants et érudits qui n'ont pas été reproduits ailleurs. En voici la liste abrégée. Coup d'œil sur les anciennes initiations (80 p). Sur l'innocence des Templiers. Les mystères d'Eleusis (60 p) Mémoire sur la Maçonnerie (Histoire très documentée, 170 p). Du véritable art royal. Un profane aveugle par accident peut-il être reçu maç∴ (40 p). Essence de l'Ord∴ Maç∴ Des rapports de la Maç∴ avec la Philanthropie.La Trinosophie : traité de Maç∴ hermétique d'après un manuscrit attribué au comte de Saint-Germain (48 p). Hymne maç∴ gallois du XVIe siècle. Coup d'œil sur Jean-Baptiste. Origine des emblèmes maç∴. De l'origine et du développement de la Maç∴ en France, par le F∴ Boubée. Sur la possibilité de l'union et du rapprochement des maç∴ professant les divers rites maç∴ et prouvant qu'ils émanent d'une même source et qu'ils tendent au même but, par le F∴ Caignart de Mailly (60 p). Installation de la L∴ des commandeurs du Temple du Mont Thabor, rite écossais philosophique (78 p). Discours sur l'origine et le but de la fête Saint-Jean (16 p). Les Grâces maçonnes, par le F∴ L. Brad (44 pp). Table analytique et alphabétique des mat. cont. dans les 8 vol.

Cette édit. dans le format in-8° est excessivement rare. C'est d'ailleurs l'édition in-16 réimposée sur grand papier.

1934 CAILLOT (Ant.). — Thuileur portatif des 33 degrés de l'Ecossisme du Rit ancien et accepté ; suivi du thuileur des trois grades symboliques écossais, tels qu'ils sont pratiqués dans la grande loge d'Ecosse, à Edimbourg. Nouvelle édit. rev. et corr.

Paris, au Magasin de Librairie maç.·. 1828, in-32. (4 fr.).

Avec 6 pl. gr. hors texte.

Edition originale :

Ibidem, Idem, 1819, in-18 de 144 p.

[H. 18995

1935 CAIRE (A.). La science des pierres précieuses... par feu A. Caire.

Paris, A. Leroux et C. Chantpie, 1826, in-8° de 423 pp. 16 pl. (8 fr.).

[8°. B. 2329

Consacré à l'étude des gemmes, ce livre s'adresse surtout aux lapidaires, antiquaires, graveurs sur pierres, etc... Il est indispensable à tous ceux qui s'occupent de la gravure des talismans au point de vue de la technique professionnelle du joaillier.

CAITHNESS (Lady). — Maria Sinclair de Mariategui, née à Madrid, a été deux fois veuve ; d'abord du Général duc de Médina Pomar, puis de lord Barrogill, chef du clan de Sinclair, et quatorzième comte de Caithness, qu'elle avait épousé en 1872 et qui mourut à New-York.

Après son second veuvage elle s'est fixée en France.

1936 CAITHNESS (Comtesse de) duchesse de Pomar. — Bêtes malfaisantes et formes du mal.

S. l. (1888), in-8° (0 75).

1937 CAITHNESS (Comtesse de) duchesse de Pomar. — La célèbre prophétie de Trithemius.

S. l. (1888), in-8° (1 fr.).

1938 CAITHNESS (Comtesse de) duchesse de Pomar.— Fragments glanés dans la Philosophie occulte d'Orient.

Paris, 1880, in-8° (2 frs).

Les Mahatmas. Bouddha et le Christ. Karma. Devachan. La chaîne planétaire, Nirvana etc...

Edition originale (?)

Nice, 1884, in-8° de 81 p.

[8° R. 5073
(G.-1716

1939 CAITHNESS (Comtesse de) duchesse de Pomar. — Interprétation ésotérique des livres sacrés.

Paris, Art Indépendant, 1891, in-16 - 227 p.

[A. 20753

Guide au milieu du labyrinthe des récits et des mythes bibliques que notre siècle scientifique a repoussés comme des fables parce qu'il ne possède pas la clef qui peut les expliquer.

Ce qu'il faut entendre par " Christianisme Esotérique ". — L'Enseignement ésotérique. — De l'Allégorie et du Symbole. — Ce qu'est ésotériquement l'Enfant divin. — Du Tétragramme et de l'étude de la Kabbale. — L'Ame humaine au point de vue ésotérique. — Sceau de Salomon appliqué à l'âme ; son explication. — Etc.

1940 CAITHNESS (Comtesse de). — Mystery of the Ages, contained in the Secret Doctrine of all Religions, By the Countess of Caithness.

London etc. Redway 1887, in-8° de 541 p. (15 fr.).

Extrait de la Table des Matières :
Introductory. — The Theory and Practice of Theosophy. — The Secret of Mythology. — Egyptian and Christian Gnosticism. — The Theosophy of the Brahmins, Magi, and Druids. — Buddhist Theosophy. — Esoteric Buddhism. — Chinese Theosophy. — Pagan Theosophy. — Theosophic Ideas of the Ancient Romans. — The Kabbala, or Hebrew Theosophy. — The Sufis, or, Mohammedan Theosophy. — Christian.

Theosophy. — The Theosophy of Christ. The Theosophic interpretation of the Bible. — Conclusion : Soul, Infinity, The Path. Nirvana. The End.

1941 CAITHNESS (Comtesse de) duchesse de Pomar. — L'Occultisme le plus élevé.

S. L. 1899. in-8°. (0 fr. 75).

1942 CAITHNESS (Comtesse de) duchesse de Pomar. — L'ouverture des Sceaux.

Paris, " Nouvelle Revue ". 1893. in-16 de 316 p. (8 fr.).

[A. 20888

Le plus rare ouvrage de Lady Caithness. La Bible est un livre strictement mathématique. Le premier chap. de la Genèse élohistique ; le second chap. Jéhovistique. — Le Moi supérieur. — Nos Progéniteurs spirituels. — Le témoignage des livres sacrés. — Signification mystique du Jardin d'Eden. — L'Homme parfait du septième jour. — Appendice sur les Gnostiques, etc.

1943 CAITHNESS (Comtesse de). duchesse de Pomar. — La quadruple constitution, mode de l'amour divin et de la sagesse divine.

Paris, in-8°, 86 p. (5 fr.).

Ouvrage théosophique de premier ordre basé sur l'interprétation mystique des nombres et le rôles du principe féminin dans l'évolution des mondes.

[8° R. 5216
(G.-129

1944 CAITHNESS (Comtesse de) duchesse de Pomar. — Le Secret du Nouveau Testament.

Paris, " Aurore du Jour Nouveau" 1896, fort in-16 XXII-550 p. (3 frs).

[A. 21102

La clef des Ecritures. — Transfert des annales sacrées aux Gentils. — La seconde venue du Christ. — Le Christ porteur de la nouvelle semence. — Le témoignage de Jacob Boëhme, le théosophe inspiré du XVI° siècle (1575). — L'église invisible. — Les secrets du nouv. Testament.

1945 CAITHNESS (Comtesse de) duchesse de Pomar. — La théosophie chrétienne.

Paris, Georges Carré. 1886, in-8° 174 p. (8 fr.).

[D². 15207

Œuvre de haute iniation et de profond ésotérisme, très recherchée. Voici quelques-unes des subdivisions de ce volume. Christ enseignait la théosophie. — La clef perdue. — La Trinité et les sept esprits de Dieu. — Du signe du Taureau. — Le Serpent emblème de la sagesse terrestre. — La doctrine fondamentale du Logos. — Quelques textes ésotériques. — La Théosophie de Christ. — Melchissédech. — Le grand secret terrestre, etc...

1946 CAITHNESS (Comtesse de) duchesse de Pomar. — Théosophie sémitique. Les vrais Israélites, l'identification des dix tribus perdues avec la nation britannique. Les Suffis et la Théosophie Mahométane.

Paris, Geo. Carré. 1888, gr. in-8° XIII-129 p. (3 frs).

[8° H. 5529

1947 CAITHNESS (Comtesse de) duchesse de Pomar. — Théosophie universelle. La Théosophie bouddhiste.

Paris. Georges Carré. 1886, in-8° 121 p. (2 frs).

[O²m. 91

Dans ce volume, se trouve exposée la synthèse de l'idée religieuse ésotérique.

1948 CAITHNESS (Comtesse de) duchesse de Pomar. — Une visite nocturne à Holyrood.

Paris, 1884, gr. in-8° planche (2 fr. 50).

Avec une vue des ruines d'Holyrood.

Sur CAITHNESS (Lady) voir : COMBES (Paul) son biographe.

ÇAKOUNTALA, ou SACONTALA, célèbre drame Sanscrit qui a été le sujet d'innombrables traductions. Nous citerons celles de MM. :

JONES (Sir W.)

HAROLD (A.-Ferdinand).

1049 CALABRITTI (Antonio). — La lira Focence dell'abate Antonio Jerocades.

Milano, 5809, in-12 (8 fr.).
Excessivement rare.

Recueil de chants maçonniques mystiques à l'usage des loges illuminées d'Italie.

1050 CALAS (T.). — Plotin et les premiers docteurs de l'Eglise ; étude sur le Néoplatonisme et le Christianisme.

Genève, 1873. in-8º (2 fr.).

1051 CALDAIN (Jean de), du Salon de la Rose + Croix. — Les Assomptions, suite de 9 Lithographies sur Chine monté, chaque planche signée par l'Artiste. Epreuves avant la lettre tirées à 25 exemplaires seulement et les planches effacées après le tirage.
Prélude aux Assomptions, par ALCANTER DE BRAHM.
Cantique des Assomptions, par LOUIS FORTOUL.

Paris, [vers 1900]. gr. in-f° (50x40). (150 fr.) 40 fr.

Ces estampes ultra-singulières d'un artiste de talent peignent ses Visions des Elémentals dans l'au-delà. Ce sont surtout des scènes d'Incubat et de Succubat d'une réalité et d'une horreur inouïes.

1052 CALDERA de HEREDIA (Gaspar). Gasparis Calderæ de Heredia medici ac philosophi Hispanensis Tribunal medicum magicum et politicum.

Ludguni Batavorum. apud J. E. Elsevirium, Academ.typograph. 1658 2 part in-F° (50 fr.).

Inconnu en général aux Bibliographes.

[Td^{au}. 114

On trouve entre autres dans ce livre rare, l'explication des tourments et supplices que l'Inquisition faisait subir aux Magiciens.

1753 CALDERA. — Gasp. Calderæ de Heredia Tribunalis Medici Illustrationes et Observationes praticæ. Acc. Liber de facile parabilibus ex Arcanis Naturæ chymico artificio et artis magisterio eductis.

Antverpiæ. Meursius. 1663, in-f°. (25 fr.)

1954 CALEB (S.). — [Titre de la couverture imprimée :] S. CALEB. Les Merveilleux Trésors de la Magie Noire et rouge. — Evocation du Démon. — Maléfices. Talismans. — Philtres et envoûtements d'amour. — Messes Noires. — Secrets d'Albert le Grand et du Petit Albert pour gagner au Jeu, pour la Fortune, la Puissance, la Virilité, la Vengeance, la Haine. — Découverte des Trésors. — Sortilèges. — Cérémonies et Instruments Magiques. — Horoscopes. — Cérémonies Magiques et Instruments de Magie. — Nombreuses Illustrations.

Paris, (VIe) chez De Porter, s. d., in-16 de 275 p. et 43 de catalogue. Couvert. ill. en couleur, nombreuses figures. (2 fr.).

L'ouvrage en lui-même est la Compilation habituelle des Grimoires connus. Le catalogue de la fin est curieux et vraiment pas banal. On y trouve l'énumération des ouvrages de MM. Victor EMCA, ou LEVIC-TORCA : Drs CAUFFEYNON et JAF ; Jean de CHERVEIX. BRENNUS. P. GARNIER, RHAZIS. DESORMEAUX, etc... SACHER-MASOCH y figure aussi. Collection vraiment singulière.

1955 CALEB (S.). — [Titre de la couverture imprimée]. S. CALEB. — Les Véritables et les Fausses Messes noires. Messes d'Envoûtement. Messes Diaboliques. Cérémonies et adorations emblématiques.Sacrifices sanglants. Illustré.

Paris (VIe). chez De Porter, s. d., in-16 de 273 p. et 43 de catalogue. Figures. (2 fr.).

Origines des Messes Noires. — Le Règne du Diable. — La Possession Démoniaque. — Les Messes Sacrilèges. — L'Amour des Mystiques et le Diable. — Les Messes de Tiffauges. — Les Messes Noires des TEMPLIERS. — Messes Noires sous Louis XIV. — Le Diable Amoureux. — Fausses Messes Noires. — Les Superstitions devant la science. — Les

Convulsionnaires. — Le Baiser d'un Cadavre.

1956 ..... — CALENDRIER historial et Almanach perpétuel pour savoir les nouvelles et pleines Lunes, etc., avec aucunes tables pour trouver le nombre d'or, etc.

A St-Lô, 1765.

(S-46

CALENDRIER MAGIQUE. — Voir : ORAZI (Manuel).

1957 CALIXTE (le R. P.). — La vénérable Anna-Maria Taïgi et la servante de Dieu Elisabeth Canori-Mora, tertiaires trinitaires, 3e édition.

Paris, V. Sarlit, 1872, in-18. XIV-417 p.. (2 fr. 50).

2 Portr. Gravure quelquefois ajoutée représentant le « Soleil mystérieux dans lequel Anne-Marie lisait l'avenir ».

[K. 10109

1958 CALLERI. — Vie et miracles du bienheureux Valfré, béatifié le 31 août 1834. Traduit de l'italien.

Paris, Audin, 1835, in-16, 1 portr. lith. (2 fr.).

1959 CALLET (Auguste). — L'Enfer par Auguste Callet.

Paris, Michel Lévy, 1861, in-18, 344 p. (3 fr. 50).

[D². 12000

Ouvrage intéressant et recherché. Explication des traditions payennes sur l'Enfer. Effet de ces traditions au moyen-âge. Des mystères. L'Enfer de Platon, des Juifs, des Théologiens. Les preuves mystiques de l'Enfer, etc.
L'auteur conclut contre l'éternité des peines.

1960 CALMEIL (L. F.). — De la Folie, considérée au point de vue Pathologique, Philosophique, et Juridique, depuis la Renaissance des Sciences en Europe jusqu'au XIXe siècle. Description des grandes Epidémies de Délire simple ou compliqué qui ont atteint les populations d'autrefois ou régné dans les monastères. Exposé des Condamnations auxquelles la Folie a donné lieu. Par L. F. CALMEIL, Docteur en Médecine de la Faculté de Paris, Médecin des Aliénés de Charenton.

Paris, J.-B. Baillière, 1845, 2 vol. in-8°. (14 fr.).

[Td⁸⁵. 130

C'est un des Ouvrages les plus complets, au points de vue Médical, sur la Lycanthropie, Démonologie, Démonopathie, Sorcellerie, Vampirisme, etc. Nombreux exemples.

CALMET (Dom Augustin), né à Mesnil-la-Horgne, près Commercy, en 1672, d'une famille obscure, mort en 1757 dans son abbaye de Senones. Savant bénédictin et grand commentateur de la Bible. La ville de Commercy lui a élevé une statue en 1801.

1961 CALMET (Dom). — Comment. littéral sur tous les livres de l'Ancien et du nouveau Testament, par Dom Calmet.

Paris, 1720, 9 vol. in-f°.

[A. 904

Autre édition :

Paris, P. Emery, 1707-1716, 23 tomes in-4°.

[A. 2990
(S-121

1962 CALMET (Dom Aug.). — Dictionnaire historique, critique, chronologique, géographique et littéral de la Bible.

Paris, Emery, 1722-28, 4 vol. in-fol. planches. (22 fr.).

[Ge. DD. 1540-3

Illustré de très nombreuses pl. et cartes gravées, figures qui représentent les « antiquitez » judaïques.

1963 CALMET (Dom). — Histoire de l'Ancien et du nouveau Testament, par Dom Augustin CALMET.

Paris, P. A. Martin, 1742, 5 vol. in-12.

[H. 6928-32
(S-213 Supp.

1964 CALMET (Dom). — Dissertations sur les Apparitions des Anges, des Démons et des Esprits et sur les revenans et vampires de Hongrie, de Bohême, de Moravie et de Silésie, par le R. P. Dom Augustin Calmet.

Paris, de Bure l'aîné, 1746, in-12, XXXVI-500 p. (8 fr.).

[R. 30.456

A la fin se trouve une réimpression curieuse : « Dissertation sur ce qu'on doit penser de l'apparition des esprits, à l'occasion de l'avanture (sic) arrivée à St-Maur (*près Paris*). A PARIS. 1707 »[par Poupart, chanoine dudit lieu (BARBIER) publiée à Part ; Paris, Cellier, 1707, in-12.

Ce curieux ouvrage contient un grand nombre de faits psychologiques, visions, apparitions, phénomènes auditifs, etc.

(S-3150

1965 CALMET (Dom). — Dissertations sur les apparitions des Esprits, et sur les Vampires ou les revenans de Hongrie, de Moravie, etc. ; par le R. P. dom Augustin Calmet. Nouv. édit. rev. et corr.

A Einsidlen, dans la princière abbaïe par Jean Everhard Kälin, 1749, 2 vol. in-8° de [XXVI]-430, et[XIV]-238 pp. (10 fr.).

Analysé sur la première édit. dans le Journal des Savans, 1746, pp. 655-63.

Cette édit.est une réimpression pure et simple de l'édit. de Paris, 1746 ; elle ne contient donc pas les additions de l'édit. de Paris, 1751 ; ces additions sont : Lettre du marquis de Maffei sur la magie, adressée au R. P. Innocent Ansoldi, trad. de l'italien ; et Lettre de dom Calmet à De Bure aîné, sur le Traité historique et dogm. sur les apparitions, par Lenglet-Dufresnoy. Ces deux pièces se trouvent, tome II, 381-469, et 473-83.

(O-1733

1966 CALMET (Dom Augustin). — Traité sur les Apparitions des esprits et sur les vampires, ou les Revenants de Hongrie, de Moravie, et c. par le R. P. Dom Augustin Calmet.

Paris, de Bure l'aîné, 1751, 2 vol. in-12 (10 fr.).

[R. 30457-8

Assez rare.

De la Magie. Magie des Égyptiens et des Chaldéens. Des Sorciers et Sorcières. Le Sabbat. Louis Gaufridi et Magdeleine de la Palud. Vampires suçant le sang, etc.

Idem :

Senones, Parisel, 1759, 2 vol.in-12.

Cette édit. de Senones est peu commune et généralement inconnue des bibliographes.

(S-3150
(G-582

1967 CALMET (Dom). — Dissertation sur les bons et les mauvais Anges ; dans la Bible (de Rondet, 1707), 255-92.

Dissertations sur les obsessions et possession du Démon dans la Bible (de Rondet, 1767), XIII, 205-330.

(O-1707-1798

1968 CALMET (Dom). — Dissertation sur l'apparition de Samuel à Saül ; par dom Calmet, retouchée par Rondet ; dans la Bible (de Rondet, 1707) IV, 71-84.

(O-1729

1969 CALMET (sur Dom). — Une statue à Dom Calmet dans la ville de Commercy, par le Curé de Ménil-la-Horgne [l'abbé E. LA BOUILLE].

Bar-le-Duc, Mme Laguerre et Contant-Laguerre, 1801 in-12 de 30 p. signé E. La Bouille, p. 54.

[Lk⁷. 2186

Assez intéressante biographie du célèbre Bénédictin, abbé de Senones, Dom Augustin Calmet, baptisé le 29 février 1672 à Ménil-la-Horgne, où il était né deux ou trois jours auparavant d'une famille assez obscure.

1970 CALVIN (Jean), fondateur de la « Réforme » en France, né à Noyon en Picardie, le 10 juillet 1509, mort à Genève en 1564. Il avait fait peser sur cette ville une lourde tyrannie, et envoyé Michel Servet au bûcher.— Traité des Reliques : ou aduertissement très vtile du grand profit qui

Sc. psych. — T. I. — 19.

reviendrait à la Chrestienté s'il se faisait inventaire de tous les Corps Saints et Reliques, qui sont tant en Italie, qu'en France, Allemagne, Espagne et autres royaumes et pays. Avtre traitté des Reliques contre le Décret du Concile de Trente, trad. du latin de Chemnicius. Inventaire des Reliqves de Rome mis d'italien en françois. Responce avs allégations de Rob. Bellarmin, iesuite pour les Reliques.

A Genève. P. de la Rovière. 1599. in-8°, pièces liminaires, table et 208 p.

[D² 5874

Cet ouvrage est d'une insigne rareté.

Réimpression de J. G. Fick de Genève, faite en 1803, in-8° pièces limin, table et 252 pages.

[D². 6407

Le «Traité des Reliques» se trouve réimprimé aussi à la fin du Tome III du « Dictionnaire critique des Reliques » de Collin de Plancy : p. 251-361.

CAMBACÉRÈS (le Prince). — Pièces Maçonniques sur son élection, voir :

EXTRAIT du Livre d'Or...

1971 CAMBRIEL (L. P. François), né à la Tour de France en 1764. Fabricant de draps à Limoux (Aude). — Cours de philosophie hermétique ou d'alchimie en 19 leçons. Traitant de la théorie et pratique de cette science ainsi que de plusieurs autres opérations indispensables, pour parvenir à trouver et faire la Pierre Philosophale. Suivies des explications de qq. articles des cinq premiers chapitres de la Genèse et de trois additions prouvant trois vies en l'homme, animal parfait. Par L. P. François CAMBRIEL, de St-Paul de Fenouillet, dép. des Pyrénées Orientales né à la Tour de France, le 8 nov. 1764 et ancien fabricant de draps à Limoux, département de l'Aude.

Paris. Lacour et Maistrasse. 1843, in-12 de 215 p. 1 planche (15 fr.).

[R. 30464

Ouvrage bizarre et peu commun d'un illuminé ancien fabricant de draps, comme il le déclare lui-même, devenu alchimiste et que citent et étudient Tcherpakoff dans ses Fous LITTÉRAIRES et Champfleury dans ses EXCENTRIQUES.

— [TCHERPAKOFF est le pseudonyme de Ladrague, q. v., rédacteur du célèbre catalogue Ouvaroff].

(G-130

1972 [CAMBRY (Jacques)]. Traces du magnétisme, [par Jacques Cambry]

La Haye. 1784, in-8° 48 Pages, frontispice (2 fr)

[Th⁶¹ 22

Une gravure représentant une figure allégorique du genre chimère ou sphinx, avec une tête en profil que l'on pourrait prendre pour la charge de Mesmer. Cette brochure est de Cambry, le savant antiquaire, l'un des fondateurs de l'Académie celtique, aujourd'hui Société des antiquaires de France. C'est un résumé intéressant de toutes les croyances anciennes ayant quelque analogie avec la théorie et les phénomènes du magnétisme. L'auteur défend Mesmer et ne cesse de répéter que la nature offre encore bien des mystères : il est partisan du fluide universel " qui meut et dirige l'univers dans ses grandes masses comme dans ses atomes, dans les êtres que nous nommons animés, comme dans la matière que nous nommons inerte."

(D. p. 21

1973 CAMERARIUS (JOACHIM 1ᵉʳ), né à Bamberg en 1500, mort à Leipzig en 1574. Son vrai nom est LIEBHARD (*Larousse*) ou Kammermeister ou bien encore Camer-Meister. Il fut un célèbre Helléniste et Erudit, chef de toute une famille de Savants : Médecins, Naturalistes, etc.

Ses Œuvres sont cataloguées en plus de DIX pages à la Bibliothèque Nationale : Catalogue Général, Tome XXII,-Col. 1.004 à 1.025.

Aidé de Mélanchton il avait rédigé

la célèbre " Confession d'Augsbourg ".

Un de ses traités se trouve dans le " *Flagellum Haereticorum* " de Nicolas JACQUIER, q. v.

1074 CAMERARIUS (Joachim). — Joachimus Camerarius, de eorum qui Cometæ appellantur nominibus, Causâ et Significatione.

Lipsiæ Imprimebat J. Steinman 1582 in-8° 110 p.

[V. 19143
(S-3429

1075 CAMERARIUS (Joachim). — Joachim Camerarii Commentarius de generibus Divinationum.....

Lipsiæ Imprimebat J. Steinman 1576 in-8° XXIV-154-11 p.

[R. 30465
(S-3429

1076 CAMERARIUS (Joachim). — De natura et affectionibus dæmonum libelli duo Plutarchi Cheronensis cum explicationibus.

Lipsiæ, imprimebat Job. Steinman, typis Voegelianis. 1576, pet. in-8° (12 fr.)

[R. 55157

1077 CAMERARIUS (JOACHIM II. dit LE JEUNE). — Symbolorum et emblematum centuriæ quatuor.

Moguntiæ, apud Bourgeat, 1668 pet. in-8° planches (16 frs).

Curieux ouvrage, orné par Pécoul de 400 figures gravées sur cuivre, d'emblèmes relatifs aux arbres et aux plantes, aux animaux, aux oiseaux, aux poissons et aux reptiles.

Edition antérieure :

Lipsiæ, typis Voegelianis. 1605, 4 tomes in-4°. fig.

[Z. 3515

CAMPANELLA (Thomas), né dans un petit village de la Calabre, à Stilo, en 1568. Il mourut à Paris en 1639. Moine Dominicain, la liberté de ses idées le contraignit à quitter son couvent de Naples. Rêvant de délivrer son pays du despotisme espagnol, il trama un complot qui fut découvert et le fit emprisonner pendant 27 ans. Il subit d'affreuses tortures, et cependant c'est en prison qu'il composa le plus grand nombre de ses ouvrages. Délivré il alla à Rome, mais fut contraint de fuir à nouveau et de se réfugier en France.

1978 CAMPENELLA (Thomas). — Thomae Campanellæ, de Rerum Naturâ, Hominum moribus, Politicâ, cum annotationibus Tob. Adami. 1623.
— De Sensu Rerum et Magiâ, 1620.
— Astrologicorum libri VII. 1630.
— Apologia pro Galileo, 1622.
— Prodromus Philosophiæ instaurandæ, 1717.

Franekeræ. [Franecker en Frise] in-4°.

(S-2714

1979 CAMPANELLA (Thomas). — Œuvres choisies précédées d'une notice par Mme Louise Colet.

Paris, Lavigne. 1844 in-12 (5 fr.).

[Z. 44767
(G.-1225

1980 CAMPANELLA (Thomas). — R. P. Campanellæ, Astrologicorum libri VI in quibus astrologia, omni superstitione arabum et judaeorum eliminata, physiologice tractatur.

Lugduni, sumptibus J. A. et M. Prost, 1629. in-4° VI-232-p. fig. et Tableaux.

[R. 1922

Le VII° livre manque à cette édition originale. Il se trouve dans la 2ᵐᵉ édition.

Ibidem Iidem. 1630 in-4° de VI-232-24 p. fig. et tableaux.

[R. 1926

1981 CAMPANELLA (Thomas). — Thomae Campanellæ Atheismus triomphatus, seu contra Antechristianismum, etc. de gentilismo non retinendo, de predestinatione et reprobatione etc.

Parisiis apud T. Dubray, 1636 2 vol in-4°.

[Rés. R. 851
(S-1213

1982 CAMPANELLA (Thomas). — La Cité du Soleil ou idée d'une république philosophique. Trad. du latin par Villegardelle.

Paris, A. Levasseur, 1840, in-16 de 171 p.

[R. 30404

La Cité du Soleil, ouvrage du célèbre moine de Stilo, contient les germes les plus purs du socialisme et du collectivisme moderne. Campanella attribue tous les maux du monde à la propriété individuelle et à l'inégalité des conditions ; c'est dans l'absence de ces 2 principes qu'il cherche les sources du bonheur. Emprisonné 27 ans, sous prétexte de conspirations politiques, le fougueux dominicain, n'en fut pas moins considéré toute sa vie comme le plus profond philosophe et astrologue de son temps.

1983 CAMPANELLA (Thomas). — De Gentilismo non retinendo, suivi de : De Praedestinatione, Electione, Reprobatione et de Auxiliis divinæ gratiæ.

Parisiis, Du Bray. 1636 in-4" (20 fr.).

[Rés. R. 851

1984 CAMPANELLA (Thomas). — De sensu rerum et magia libri quatuor. Pars mirabilis occultæ philosophiæ, vbi demonstratur Mundum esse Dei vivam statuam... et fere omnium Naturæ Arcanorum rationes aperiuntur. Tobias Adami recensvit et nunc primum evulgauit.

Francofurti, apud E. Emmelium, impensis G. Tampachii. 1620. in-4°. XIII-371 p. (25 fr.).

[R. 1923

Livre très curieux. Campanella passait pour un des plus sublimes philosophes de son temps. Cette édition de 1620 (la première de cet ouvrage) est surtout précieuse parce que l'auteur dut remanier son travail et que toutes les autres éditions postérieures n'ont pu paraitre qu'expurgées. Titre frontispice gravé.

Cet ouvrage du Sens des choses et de la Magie, est très rare. L'auteur, un dominicain italien, astrologue, persécuté comme magicien, sortit de prison à la demande du pape ; il mourut à Paris en 1639.

" Un des plus curieux livres de magie ".

(G-131 et 1224

1985 CAMPANELLA (Thomas). — De Sensu Rerum et Magia, libros quatuor.

Parisiis, apud D. Béchet, 1637 in-4° XIV-92-220 p. (25 fr.)

[Rés. R.852

1986 CAMPANELLA (sur). — Vita et Philosophia Th. Campanellæ, auctore Ern. Sal. Cypriano.

Amstelodami, 1705 in-12.

(S-6058

1987 CAMPBELL (George), prof. de Théologie à Marischal College. — Dissertation sur les miracles contenant l'examen des principes de Hume, trad. de l'Anglais de Campbell et de J. Castillon... par M. E... (Eidous).

Utrecht. 1765 in-12.

Autre éd.

Amsterdam, et se trouve à Paris, Merlin. 1767 in-12 de XXIV-348 p.

|D². 4526
(S-620

CAMPBELL. — Voir COHAUSEN.

1988 CAMPET de SAUJON (de). — L'éther et l'atôme ou l'origine de l'univers et de la vie.

Marennes, 1893 in-8° (2 frs 50)

1989 CANCANS magnétiques.

Montpellier, Séguin, 1850 in-8° 8 pages.

Je ne connais que le titre de cette brochure.

(D. p. 112

1990 [CANELLE (A.)]. — Du phréno-mesmérisme [par A. Canelle.]

Paris Imprimerie de E. Voitelain, 1862. in-8° 7 pages.

Extrait du journal de l'Union magnétique.

[Te¹¹. 28

Thèse présentée et soutenue par l'auteur pour l'obtention du grade de membre titulaire dans la Société du Mesmérisme de Paris.

(D. p. 169

1991 CANEPARIUS (Petrus Maria). — P. M. Caneparius, medicus ac philosophus. De Atramentis cujuscunque generis. Opus sane novum, hactenus a nemine promulgatum.

Londini, impensis J. Martin, J. Alestry. T. Dicas. 1660. pet. in-4° XVI-568 p. (15 fr.).

[S. 5388

De Pyrite lapide atramentorum metallorumque stirpe. — De atramento sutorio vulgo vitriolo. — De atramento scripterio tum veterum, tum et recentiorum. — De Indico Dioscoridis. De variis operationibus ex vitriolo gerendis. — etc.

1992 CANGIAMILA (François-Emmanuel) Inquisiteur général du Royaume de Sicile né à Palerme en 1702 mort en 1763. — Phil. Emman. Cangiamila Embriologia sacra.

Panormi (Palerme) typis J. Valenza. 1758 in-f° XXIV-358 p. Figures.

]D. 3060

Larousse cite une autre édition Ibidem, 1761. in-f°.

La Biblioth. Nat¹ᵉ en offre 3 en latin et 1 en Italien (XXIII-288) mais ne mentionne pas celle de Larousse.

(S-3300

1993 CANNAERT. — Olim : procès des sorcières en Belgique sous Philippe II et le gouvernement des Archiducs, tirés d'actes judiciaires et de documents inédits.

Gand. C. Annool-Braekman 1847 in-8°, 155 p. et pl. (6 f..).

[F. 30627

Avec un Frontispice, une pl. représentant le sabbat et un joli cul-de-lampe gravés par Onghena.

Traduction abrégée de " Bydragen tot de Kennis van het onde Strafrechte in Vlaenderen... "

Gent. Gyselynck. 1835. in-8°.

(Y-P-1597
(G-132-133

CANONS.... — Voir FINE (Oronce).

1994 CANTAGREL (François-Jean-Félix) né à Amboise, en Touraine, en 1810, mort en 1887 — Homme politique. Fouriériste et Gérant du Journal " La Phalange ". — L'Être, ou ébauche d'une étude intégrale de la vie universelle. I⁽ʳ⁾ mémoire : Comment les dogmes commencent.

Paris. Bruxelles, 1857. in-12 (4 fr.)

Cet ouvrage très clair et fort bien fait contient l'exposition mathématique de la loi occulte d'analogie universelle. A ce titre c'est une vraie clef des sciences modernes considérées au point de vue occulte.

1995 CANTAGREL (F.). — Le Fou du Palais Royal, par Cantagrel.

Paris. Lib. Sociétaire. 1845. in-18 305 p (5 fr.).

Deuxième édition.

[R. 30544

Publication de l'Ecole Sociétaire de Fourier. Cantagrel s'attache à démontrer qu'il est possible de rebâtir les villes, de transformer chacune d'elles en un seul ménage sociétaire, enfin de réaliser toutes les merveilles du monde harmonieux, rêvé par Fourier.

C'est le premier ouvrage de l'auteur ; il eut un grand succès.

L'édition originale est de Ibid. Id. 1841, in-18 de IV-504 p.

1996 CANTAGREL (F.). — D'où nous

venons, où nous allons, où nous sommes ; ou le lien des sphères et l'analogie des fonctions.

Paris, 1858, in-12, (4 fr.).

Œuvre très forte, basée sur l'analogie, ayant pour but de résoudre le grand problème de la destinée des êtres, individuelle et collective. L'auteur y aborde les harmonies numériques progressives, le but cosmique de la culture intégrale du globe et une foule de questions profondes qui, à un moment, suscitèrent entre lui et Eliphas Lévi des débats fort piquants.

CANTIQUE DES CANTIQUES. — Voir : *BONNEFON* (Jean de).
PIEROTTI (Dr Ermete).

1997 CANTIQUE en l'honneur de la Dame de Saint-Amour.

Nantes, Hérault. 1828, in-8° 4 pages.

Indiqué par le Journal de la Librairie.

(D. p. 106

1998 CANTU (César) — Les Hérétiques d'Italie, discours historiques de César Cantu.

Paris, A. Le Clère. 1860-1870. 5 forts vol. in-8° de 700 pp. env. (40 fr).

[K. 10255-9

Ouvrage très réputé et des plus complets pour la connaissance intégrale du mouvement ésotérique depuis l'origine de l'ère chrétienne jusqu'à nos jours. Voici un extrait de la table des matières : Manichéens et Vaudois, Albigeois. Patarins, leur organisation, leur culte, leur initiation. Les Mystiques : l'Évangile éternel. l'abbé Joachim de Flore et son école. Les Templiers. Le Dante. Les Mystères maç∴ de la chevalerie et le Secret de l'amour platonique au moyen-âge. Le Gnosticisme du Dante. Le Magicien Cecco d'Ascoli, analyse de ses ouvrages, documents curieux sur sa condamnation au bûcher. Pierre d'Aban et ses écrits occultes. Marsile Ficin. Pomponace, Régiomontanus, Pic de la Mirandole, Savonarole, ses théories, ses accusateurs, ses apologistes. L'astrologie, la sorcellerie, la magie. Les Cabalistes et les Alchimistes : Bernard Trévisan, Jérôme Cardan. Porta. Postel.

Prélats et papes favorables à la magie. Concini, l'alchimiste Ruggiero. Socin et ses doctrines (on sait que Socin est considéré comme le père de la Franc-Maç∴). Giordano Bruno, Campanella et ses doctrines occultes. Vanini, Ferrante Pallavicino. Galilée, le Tasse, ses hallucinations. Spinosa, Bacon. Le Mysticisme et Molinos. Madame Guyon. Les Encyclopédistes et les Francs-Maçons. Cagliostro, Martinez Pasqualis. Cazotte et les Illuminés. Le mouvement maç∴ contemporain en Italie, etc.

Travail considérable, bourré de documents curieux et peu connus, et indispensable pour suivre, à travers les siècles, la progression latente de l'occultisme.

1999 CANTU (C.). — La Réforme en Italie : les Précurseurs : trad. de l'ital. par A. Digard et E. Martin.

Paris, A. Le Clère, 1807, fort in-8, (5 frs).

[K. 10255

Premières hérésies. Mariage des prêtres. Manichéens et Vaudois, Albigeois. Initiation. L'Inquisition et ses procès. Les Mystiques. L'Évangile Éternel. Joachim Flor. Les Templiers. Dante, son hérésie, son orthodoxie et son mysticisme. Les Flagellants. Pierre d'Abano, M. Ficin. Pic de la Mirandole. Ste-Brigitte. etc.

C'est le Tome I de l'ouvrage précédent.

2000 CAP (Paul Antoine). — Études biographiques pour servir à l'histoire des Sciences. 1ʳᵉ et 2ᵉ Séries.

Paris, V. Masson, 1857-1864, 2 vol. in-18. (12 frs).

(G. 20003-4

Renferme une bonne étude sur Paracelse. Van Helmont. Bernard Palissy, Moïse Charras, Boyle, Lémery. etc... Précieux au point de vue de l'alchimie, de l'art spagirique et de la médecine hermétique.

2001 CAPEFIGUE (Jean Baptiste Honoré Raymond). — La Baronne de Krüdner.

Paris, Amyot. 1866, in-12. XLIV-204 pp. (2 fr. 50).

[M. 24668

Curieux pour l'histoire de l'action des Illuminés dans la diplomatie. — Terminé par une " Notice sur les principaux adeptes des sociétés mystiques ou secrètes en rapport avec la baronne de Krüdner "

2002 CAPELIS (F. Francisco Maria). Capucin. — Circulus Aureus, seu breve Compendium Cæremoniarum et Rituum, quibus passim ad suas, et proximi utilitates Presbyteris uti contingit....

Milano, 1685, in-16 de 405 p. (12 fr.).

Manuel d'Exorcismes moitié en Italien, moitié en Latin. Il donne des Conjurations pour expulser les Esprits des Maisons Hantées, se défendre contre les Envoûtements, chasser les Tempêtes et les animaux nuisibles. — On y trouve la manière de composer des Amulettes pour se préserver des Maléfices et des Prières singulières du genre de celles des Grimoires.

2003 CAPITULAIRES. — Voir : Bibliographie d'Yve-Plessis, p. 147.

Lois anciennes, concernant les Sorciers, Magiciens, Exorcismes, etc.

2004 CAPPELLI (Adriano). — Lexicon Abbreviaturarum quæ in Lapidibus, Codicibus, et Chartis praesertim Medii Ævii occurrunt...Dizionario di Abbreviature latine ed italiane..... per cura di ADRIANO CAPPELLI, Archivista Paleografo presso il R. Archivio di Stato in Milano.

Milano, Ulrico Hoepli, 1899, pet. in-8° ou in-16 de LXII-435 p. pl. (Pub. à Lire 7.50).

Des " Manuali Hoepli ".

[8° V. 28126

Excellent et très complet Dictionnaire Latin et Italien des Abréviations et signes Paléographiques. Contient les signes conventionnels, de Médecine, la Numération Arabe-Romaine, etc.

Plus étendu que, et d'un genre un peu différent de, l'ouvrage classique français par CHASSANT. q. v.

2005 CAPPERON. — Lettre de m. Capperon, ancien doyen de St Maixant, à M....... sur les fausses apparitions, où il fait voir quelles en sont les causes ordinaires, comment on peut les reconnoitre, et ce qu'il convient de faire pour les dissiper ; dans Lenglet-Dufresnoy : Recueil de Dissert., II, 128-43.

2006 CARACCIOLI (le Marquis Louis-Antoine de). — L'Univers énigmatique, par le Marquis Caraccioli.

Avignon, Delaire, 1759, in-12 XLVI-209 p.

[R. 19620

Et encore :

Francfort en Foire, chez J. F. Bassompierre, libraire à Liège, 1760, (puis 61, 62, 63,) in-12, XVIII-211 p.

[R. 19616-7-8, etc.

Histoire de Convulsionnaires, de " Secouristes " se rapportant aux Histoires des Possessions de Landes. Diocèse de Bayeux.

[Y-P-756

2007 CARACCIOLO (Mme Enrichetta) princesse de Forino. — Mystères des couvents de Naples. — Mémoires de Mme Enrichetta Caracciolo.

Paris, Dentu, 1865, in-18, V-404 p. portrait (3 fr. 50).

[K. 10280

Avec un portr. de l'auteur (princesse de Forino, ex-Bénédictine), qui a " retracé dans des scènes très énergiques la paresse l'ignorance et la dépravation du clergé régulier, ainsi que l'esprit d'intrigue et les instincts tyranniques du clergé séculier dans les Deux-Siciles, sous les Bourbons ».

C'est une auto-biographie de l'auteur analysée dans le Grand Dictionnaire Larousse (XI-753) Article MYSTÈRE.

2008 CARADEUC de la CHALOTAIS (Louis René de). Magistrat français né à Rennes en 1701, mort en 1785. Célèbre ennemi des Jésuites. — Compte rendu des constitutions des Jésuites, par M. Louis René de Caradeuc, etc., procureur général du Roy au Parlement de Bretagne.

S. L., 1762, in-4°. (3 fr.).

[Ld39. 385
(G.-1226

2009 CARAMAN (Victor Antoine Charles de RIQUET Duc de), né en 1810. — Charles Bonnet, philosophe et naturaliste, sa vie et ses œuvres par le Duc de Caraman.

Paris, A. Valon, 1850, fort in-12 de XXXVI-436 pp. (6 fr.)

[M. 24683

Le célèbre palingénésiste suisse, si goûté des mystiques par sa philosophie pleine d'ésotérisme, a rencontré en M. de Caraman un biographe et un analyste remarquables. Tout le système du " Contemplateur de la nature " y est examiné à fond et mis en lumière jusque dans ses moindres détails. C'est d'ailleurs, le seul ouvrage important sur l'illustre naturaliste.

2010 CARDAN (Jérôme), en Italien, Girolamo CARDANO. Grand médecin, mathématicien et philosophe, né à Pavie en 1501, mort à Rome en 1576. Il enseigna la médecine et les Mathématiques à Milan, à Pavie et à Bologne. Il termina sa vie comme médecin à Rome.

Son fils, Jean-Baptiste CARDAN fut aussi un médecin. Malheureusement, en soignant sa femme, il l'empoisonna, et on l'accusa de meurtre. Il eut la tête tranchée. Ses Œuvres, *De Fulgure et De abstinentia ab usu feridorum ciborum* sont imprimées avec celles de son père : (*Lyon 1663*). Il ne vécut que 26 ans : 1534-1560.

2011 CARDAN (Jérôme). — Hieronymi Cardani Mediolanensis Opera Omnia... curâ Caroli SPONII....

Lugduni, sumptibus J. A. Huguetan et M. A. Ravaud, 1663, 10 vol, in-f° figures et portrait.

[Z. 1425-34

Un exemplaire, incomplet du Tome III, s'est vendu 7 f. (sept francs) à la vente du D' Bourneville, en Janvier 1910. (Exemplaire sur grand papier, aux armes de l'Abbaye de Prémontré.N° 134 du Catalogue).

2012 CARDAN. — Hier. Cardanus, de Immortalitate animorum.

Lugduni, 1545, in-12.

(S-3121 b

2013 CARDAN. — Hier. Cardani. Libelli duo. Unus de Supplemento Almanach. Alter de Restitutione Temporum et Motuum Cœlestium. Item Geniturae, LXXVII, insignes Casibus et Fortuna, cum expositione.

Norimbergae (Nuremberg) apud Io Petreium, 1543. in-4° sign. A-Z, aa-dd, fig. Portrait sur bois sur le titre. Fig. et Thèmes astrologiques. Edition rarissime. (20 fr.).

[V. 8779

Il parait que c'est la première édition et la seule complète des deux pièces de la fin : " De Mutatione Æris " et " Encomium Astrologiæ ".

(S-3454 b

2014 CARDAN (Jérôme). — Les livres de Hierome Cardanus, Medecin Milannois, intitvles de la Subtilité et subtiles inuentions, ensemble les Causes Occultes, et raisons d'icelles, Traduis de Latin en François, par Richard le Blanc.

A Paris, Par Ian Foucher... 1556, in-4° de 5 f⁰⁵ liminaires. 301 f⁰⁵ chiffrés et 20 f⁰⁵ n. c. de table. Figures. (25 fr.).

Première édition française, avec quelques figures sur bois.

Autres de même date :

1) *Paris, G. Le Noir.* 1556, in-4° de IV-391 f⁰⁵ et la table, fig.

[4° R. 856

2) *Paris, Ch. l'Angelier.* 1556, in-8° de IV-391 p. et la table, fig.

[Rés. R. 878

2015 CARDAN. — Les Livres d'Hier. Cardanus, de la Subtilité et Subtiles Inventions ; ensemble les Causes Occultes et Raisons d'icelles, trad. en François par Rich. Leblanc.

Paris, J. Houzé, 1584, in-8° pièces limin.. 478 f⁰⁵ Figures sur bois.

[R. 30599

Cette traduction a été faite sur le texte de 1554, et elle reproduit les passages qui y ont été censurés. Edition estimée du meilleur ouvrage de l'auteur.

(St.Y-1246

2016 CARDANUS. (Hierosme), médecin Milannois. — Les livres intitulés de la subtilité, et subtiles inuentions ensemble les causes occultes et raisons d'icelles. Tradvits de latin en françois par Richard Le Blanc.

Rouen, chez la vefve du Bosc, 1642. in-8° pièces limin. 478 f⁰⁵ figures. (25 fr.).

[R. 30600

Très curieux ouvrage " contruit esotériquement sur les XXI clefs du Tarot " Figures sur bois.

(G-136-583 et 1228

2017 CARDAN. — Hieronymus Cardanus. De Subtilitate Libri XXI.

Lugduni, 1550. de 32 f⁰⁵ 621 p.

Autres éditions :

Norimbergae apud J. Petreium, 1550 in-f°. 17 f⁰⁵-371 p. fig.

[R. 777

Basileae. 1503. Port. et Nomb. Fig. sur bois.

Basileae, per Lud. Lucium. 1554. in-f° 561 p. Port. et Initiales sur bois.

[R. 778

Basileae, ex officina Petrina. 1560. 44 f⁰⁵ 1420 p. 2 f⁰⁵. Port. et Nomb. Fig. sur bois.

[R. 11121

Basileae, apud Seb. Henricpetri, 1611 in-8° de 40 f⁰⁵-1148 p. Port. et Fig. sur bois.

[R. 11123

2018 CARDAN. — Hieronymi Cardani de subtilitate libri XXI.

Lugduni, 1551. in-8°. Fig. sur bois. (10 fr.).

(S-2808

2019 CARDAN. — La métoposcopie, comprise en 13 livres et hvit cens figures de la face humaine. A laquelle a esté ajouté le Traicté des marques naturelles du corps, par Melampus, antien (*sic*) autheur grec. Le tout traduit en François, par le sieur C. M. de Lavendière docteur en médecine.

Paris, Thomas Iolly. 1658. In-F°, 4 f⁰⁵-227 p. fig. (30 fr.).

[Rés. V. 311

Traité fort rare orné de 800 figures sur bois et qui ne se trouve point dans la collection des œuvres de Cardan.

(S.-3455
(G.-1227

2020 CARDAN. — Préceptes de Hierome Cardan à ses Enfants.

Paris. 1649. in-8° (?)

En latin. Hieronymi Cardani. ... De Praeceptis ad Filios Libellus...

Parisiis apud T. Blasium 1635 in-8° 4 f⁰⁵ et 38 p.

[*E. 2118 (4)
(S-3443 b

2021 CARDAN. — Hieronymi Cardani De Propriâ Vità liber.

Parisiis apud V. Villery, 1645, in-8°.pièces liminaires. 374 p.

[K. 10293

Idem... ex Bibliothecâ Gab. Naudæi. *Amsterdam, Jean Ravestein*, CIƆ, IƆ, CLIV [1654]. pet. in-16 de 34 f⁰⁵ n. c. 1 f⁰ blanc et 288 p. (5 fr.).

[K. 10294
(S-2869

2022 CARDANUS (Hieronymus) Mediolanensis medicus. — De rervm varietate libri XVII. Adiectus est capitum rerum et sententiarum notatu dignissimarum index.

Basileae per H. Petri, anno 1557, pet. in-F°. pièces limin. 707 p. et l'index; figures (30 fr.).

[R. 782

Portrait gravé sur bois de Jérome Cardan, daté de 1553. Titres des principaux chapitres : " De mundi partibus diuinioribus, de metallis, de lapidibus, distillationes et chymica, de diuinatione occultiore, per singula genera rerum ; chiromanticæ observationes, miracula, mentis præsagia : de diuinatione artificiosa.(præsagia et oracula), de rebus præter naturam admirandis (magia naturalis, magia Artesii, præcantationes, daemones et mortui.) etc..."

Autre :

Lugduni, B. Honoratus, 1580, pet. in-8° 883 p. (8 fr.).

[Rés. R. 2308
(G-1717

2023 CARDAN.— Hieronymus Cardanus, philosophus et medicus longe clarissimus, De Sapientia libri qvinqve, qvibvs omnis hvmanæ vitæ cursus, uiuendique Ratio explicatur. Eiusdem De Consolatione Libri tres. His, propter similitudinem argumenti et ipsius Cardani commendationem adiecti sunt P. Alcyonii, viri undequaque doctissimi, De Exilio, Libri duo.

Aureliopoli (Orléans) apud P. et J. Chouët, 1624, 3 part. pet. in-8°. Portrait sur bois.

[R. 30592-4

L'imprimeur aura sans doute déménagé cette même année car il existe aussi :

Genevæ apud P. et J. Chouët, 1624, 3 parties in-8°. Portrait sur bois au Verso du Titre.

[R. 30589-91

2024 CARDAN. — La science dv monde ov la sagesse civile.

Paris, Sorbron, 1645, in-4°. (12 fr.).

Excellente traduction de l'ouvrage que Cardan lui même jugeait son chef-d'œuvre.

(G-134

2025 CARDANUS. — Somniorvm Synesiorvm omnis generis insomnia explicantes libri quatuor. Qvibvs accedvnt, eiusdem hæc etiam De libris propriis : De curiationibus et prædictionibus admirandis : Neronis encomium etc., etc.

Basileæ, per Seb. Henricpetri, s. d., [1585]. 2 parties in-4°. (25 fr.).

[Z. 3717

" Edition originale (?) fort rare. — Les œuvres de Cardanus ont été interdites par la Congrégation de l'Index. "

Si c'est l'édition originale, elle est antérieure à 1585, car je trouve :

Basileæ, ex officina Henrici Petri 1562, 2 part. in-4°, caractères italiques et lettres ornées sur bois.(18 fr.)

[Z. 3716
(S.-3402
(G-135

2026 CARDANUS — De utilitate ex adversis capienda, libri IIII.

Amstelodami apud Ioannem Ravesteinium, 1672, in-8° pièces limin. 870 p. et l'index front. gravé. (6 fr.). Titre gravé.

[R. 30500

Autre édition.

Basileæ, s. d. [1051]. in-8°.

(G-1220

2027 [CARDILUCIUS (Jean Hiskias)], médecin de Nuremberg du XIII° siècle : comte Palatin et premier médecin du duc de Wurtemberg. — Antrum Naturæ et Artis reclusum, das ist : die geheimnusvollë eröffnete Höhle der Natur und der Kunst, worinnen sowohl das hohe cabalistiche Geheimnus, so durch die Natur allein verrichtet wird..., samt voran gedruckter Missiv an die hocher leuchtete Brüderschafft des Ordens des göldenen und Rosen-Creutzes, heraus gegeben von einem liebhaber philosophischer Wissenschafften (Joh. Hiskias Cardilucius).

S. l. (Nürnberg) ,Wolfgang Moritz, 1710. in-8° de XXXII-830 pp.

Recueil composé de quatre traités de Philalèthe ; des œuvres, (en quinze traités), de G. Ripley, et du Testament de Basile Valentin ; en tête, se trouve Polykarp Chrysostomi Missiv.....

(O-617-848-1105-1106-1169-1171)

2028 CARION (Henri). — Lettres sur l'évocation des Esprits ... par M. Henri Carion; compte rendu de nombreuses expériences à l'aide desquelles l'auteur, après avoir examiné avec impartialité la question, signale le vrai et le faux et surtout les dangers de ces entretiens.

Paris, Denlu, 1853, in-16 de XVIII p. et pl. (2 fr.).

[R. 30617

Avec un fac-similé de l'écriture de l'Esprit qui a déclaré être Voltaire.

Série de 6 lettres sur le spiritisme, qui a fait le sujet d'un badinage dans le même format par M. M. Nourac et Hirne, q. v.

2029 CARO (Elme Marie). Professeur de Philosophie au Lycée de Rennes. — Du Mysticisme au XVIIIme siècle. Essai sur la Vie et la Doctrine de Saint-Martin, le Philosophe Inconnu, par E. Caro.

Paris, Hachette, 1802, in-8° de 310 p. et errata. (8 fr.).

3 ex. :
[L n27 18293
[8° R 10671 (1)
[Z Renan 2518

Très rare.

Mentionne la " Secte d'Avignon " née à Berlin, avec Dom Pernety. Mérinval. Grabianka (p. 15-20).

Etude sincère et intéressante.

Thèse curieuse et fort recherchée sur le célèbre théosophe d'Amboise.

(G-137 et 1230

2030 [CARON]. — Caron, amiral à Mesmer.

1800.

Cette brochure est citée par plusieurs auteurs. Il s'agit sans doute d'une facétie ou d'une note restée manuscrite. Dans tous les cas il n'a existé aucun amiral de ce nom.

[D. p. 78

2031 CARON (A.). — Manuel de santé et d'économie domestique, ou exposé de découvertes modernes. telles que le moyen de prévenir les effets du Méphitisme, de désinfecter l'air, de purifier les eaux corrompues, de revivifier une partie des aliments, etc....

Paris, 1810, in-12. (3 fr.).

Curieux.

Aliments tirés des végétaux et des minéraux. — Procédés relatifs à la conservation des végétaux. — De la chair des animaux. — Maladies des artisans. — Procédés relatifs aux bestiaux. — Etc....

2032 CARPENTARIUS (Iacobvs) ou Jacques CHARPENTIER, né à Clermont en Beauvoisis en 1524, mort en 1574. Médecin de Charles IX et grand philosophe. — Iacobvs Carpentarius, Claromontanus Bellouacum, Libri qvatvor decim qui Aristotelis esse dicvntvr, de secretiore parte Diuinæ Sapientiæ secundum Ægyptios. Qvi si illivs svnt, eivsdem metaphysica vere continent, cum Platonicis magna ex parte conuenientia.

Parisiis, ex officina I. du Puys, 1571, in-4° (15 fr.).

Autre : *Ibidem Idem*, 1572, in-4° pièces limin. 150 f".

[Rz. 2575

2033 CARPENTER (Edward). Philosophe et poëte mystique anglais contemporain, né en 1844 à Brighton. D'abord pasteur puis conférencier. Personnalité des plus remarquables au point de vue spirituel, et décrite dans le curieux ouvrage du Dr BUCKE : " Cosmic Consciousness ". Ses œuvres poétiques sont considérées comme égales ou supérieures à celles de son maître, le poète Américain Walt WHITMAN. q. v. — From Adam's Peak to Elephanta. By Edward CARPENTER.

London, Swan, Sonnenschein et C°, 1892, in-8° (15 s.)

Réédité ensuite. *Ibid., Iid.*. 1902.

Ouvrage du plus haut intérêt au point.

de vue de la « *Conscience Cosmique* ». Il contient plusieurs chapitres extrêmement intéressants sur la Science des Mages suivant la Tradition Hindoue, qui est comme on le sait la souche, peut-être la plus antique (l'Egypte seule pourrait peut être l'égaler), de ce que nous possédons encore actuellement sur ce sujet, le plus élevé que puisse atteindre l'Esprit humain.

2034 CARPENTER (Edward). — Towards Democracy.

London, 1883, in-8°.

Autres éditions considérablement augmentées en 1885, 1892, 1896.

Ce célèbre recueil de vers d'un des remarquables mystiques de notre époque est un des meilleurs pour se faire une idée de la « Conscience Cosmique » et de ses différences avec la conscience pure.

A cet égard il égale dit-on, les poèmes de Walt Whitman, q.v.

2035 CARPENTER (Edward). — A Visit to a Gnani. By Edward Carpenter.

Chicago (Illinois) The Yogi Publication Society, 1905, in-8° de 05 p. et Catalogue (25 cents).

C'est un tirage à part de la partie du livre du même auteur : « Adam's Peak to Elephanta » qui concerne directement les Sciences Psychiques.

On y trouve le récit de la visite de l'auteur à un « GNANI » (nom donné aux Yogis qui ont atteint la « GNANA YOGA »); puis des études du plus haut intérêt mystique sur la « CONSCIENCE SANS PENSÉE », les Méthodes de développement et les Traditions de la Religion des Anciens Sages.

2036 CARPENTIER (Dom Pierre), bénédictin de St-Maur, né à Charleville en 1697 mort à Paris en 1767. Savant paléographe.— Alphabetum Tironianum, seu Notas Tironis explicandi Methodus, cum pluribus Ludovici Pii chartis, etc. labore et studio Dr P. Carpentier.

Lutetiæ Parisiorum, apud H. L. Guérin et S. Guérin. 1747, in-f° de 108 p. et pl.

[V. 4482
[Rés. V. 631
(Solar-789

2037 CARPOVIUS (Jacobus) ou Jacques CARPOV, théologien allemand né à Goslar en 1699, mort à Weimar en 1768. Professeur de philosophie à Halle et Iéna. — Revelationes sacrosanctæ Trinitatis mysteriorum a Jacobo Carpovio.

Francfort, 1737, in-4° (12 fr.)

Ce vol. comprend plusieurs traités de Kabbale : sur la création des anges d'Abrabanel, la clef du Talmud de Josué Lévy, la théologie judaïque, la bible rabbinique, etc....

2038 CARRA (Jean Louis). — Examen physique du magnétisme animal, analyse des éloges et des critiques qu'on en a faits jusqu'à présent, et développement des véritables rapports sous lesquels on doit considérer le principe, la théorie et le secret.

Londres et se trouve à Paris, E. Onfroy, 1785, in-8° 68 pages (2 fr.).

[Th 80

On ne peut pas dire que l'auteur soit un ami de Mesmer, mais il n'est pas non plus son ennemi, ou plutôt s'il est sympathique à Mesmer médecin, il l'est moins à Mesmer magnétiseur. Il croit, d'ailleurs, « au fluide universel; aux propriétés électriques et magnétiques du corps humain, à la théorie des atmosphères individuelles et à leur communication avec l'atmosphère générale de la terre... tous ces phénomènes ont eu lieu de tout temps...ils présentent des moyens de plus pour l'art de guérir, etc. ».

(D. p. 62
(G-1702

CARRÉ DE MONTGERON. — Louis Basile Carré de Montgeron est né à Paris en 1686. Il était Conseiller au Parlement de Paris à l'époque des Miracles du Cimetière de St-Médard. Ayant été s'en rendre compte par lui-même, il fut convaincu et écrivit son grand ouvrage sur « *La Vérité des miracles* » qu'il présenta au Roi. Il fut aussitôt arrêté et conduit à la Basfille, puis à Valence, où il mourut, en 1754.

2039 CARRÉ DE MONTGERON. — La vérité des miracles opérés par l'intercession de M. de Paris, démontrée contre l'Archevêque de Sens.

Utrecht, les Libraires de la Compagnie, 1737. 2 vol. in-4° Belles pl. h. t. (15 fr.).

(Ld¹ 2140

(Edition originale).

Très rare, orné du portr. du diacre Fr. de Paris, à genoux en prière ; d'une grande planche pliée représentant le miracle de conversion opéré sur l'auteur le 7 sept. 1731 avec vue de la tombe du diacre Paris, et du cimetière St-Médard, et 18 belles planches gr. par Yver. — Les sujets sont doublés en regard l'un de l'autre et présentent les convulsionnaires à l'arrivée au tombeau et après leur guérison immédiate. — L'auteur fut enfermé à la Bastille une heure après l'apparition de cet ouvrage. Intéressant livre sur le célèbre thaumaturge posthume que fut le diacre Paris. — C'est le plus important et le plus curieux à consulter sur les convulsionnaires.

2040 CARRÉ DE MONTGERON. — La vérité des miracles opérés par l'intercession de M. de Paris et autres appellants, démontrée contre M. l'Archevêque de Sens ; avec des observations sur le phénomène des Convulsions.

Nouvelle édition revue et augmentée par l'auteur.

Cologne, les libraires de la Compagnie, 1745-47. 3 vol. in-4° planches (45 fr.).

|Ld¹ 2140. B.

Edition fort rare ornée d'un portrait du diacre de Paris et d'une trentaine de grandes planches gravées intéressantes à plus d'un titre et formant comme autant de tableaux représentant les principaux miracles obtenus sur la tombe du Diacre Paris.

Il faut vingt estampes au tome 1ᵉʳ qui fut publié à trois livres (!).

Autre édition :

Sine loco. 1737-41-48 en 3 vol. in-4°

(G-1231 et 1718

2041 CARRÉ DE MONTGERON. — Abrégé du premier [et du second] volume de M. de Montgeron, sur les miracles de M. de Paris.

S. L., 1790, in-12 (6 fr.).

117 pages séparées, à la fin, contiennent les Pièces justificatives.

2042 CARRÉ DE MONTGERON (Pièces sur l'ouvrage de). — Second discours sur les miracles opérés au tombeau et par l'intercession de Monsieur de Paris, diacre, où l'on répond aux objections.

S. l. n. d., 1741.

Dissertations sur les miracles. — Démonstration de la vérité et de l'autorité des miracles des appellants, suivant les principes de M. Pascal.

S. l. n. d., 1737.

Relation de la maladie de Mlle Le Juge, fille de M. Le Juge conseiller du Roy et de sa guérison miraculeuse arrivée le 9ᵉᵐᵉ jour de mars 1737.

S. l., 1737.

Certificat de M. Le Juge par lequel il reconnaît la vérité de tous les faits contenus dans la relation de la guérison miraculeuse de sa fille.

S. l., 1737.

Relation des maladies et des guérisons miraculeuses de Marie Gault et surtout de la dernière opérée par l'intercession de M. Desangins, prêtre mort à Paris, en 1731, et enterré à Saint-Séverin.

S. l. n. d.

Ecrit pour engager à l'acceptation de la Bulle Unigenitus avec la réponse à cet écrit, et des réflexions et des notes abrégées sur les remarques de l'auteur.

S. l., 1736.

Copie de l'acte passé devant le notaire de Moisy, diocèse de Blois, par Louise Trémasse guérie au mois d'octobre 1737, par l'intercession du bienheureux Paris.

S. l. n. d., 1737.

Réflexions importantes sur le miracle arrivé au mois d'octobre dernier au bourg de Moisy, en Beauce, diocèse de Blois, en la personne de Louise Tremasse, par l'intercession de M. de Paris, diacre de sainte mémoire....

1737.

Justification et apologie de la démarche de M. de Montgeron par les évêques de Senez et de Montpellier.

1737.

Réflexion sur la démarche de M. de Montgeron.

S. l. n. d.

Carré de Montgeron. Suite des lettres à un magistrat sur cette même démarche.

S. l. n. d., 12 ouvr. in-4°. (12 fr.).

2043 CARRÉE (F.). — Le Christ. Les Eglises. Les peuples. Lettres d'un voyant.

S. d., in-8° de 55 pp.

2044 CARRET (Dr J.). — Les Hérétiques de la médecine; l'homœopathie, les rebouteurs, les magnétiseurs et les somnambules, le système Raspail.

Paris, 1890, in-4° (3 fr.).

2045 CARRIÉ (Abbé). — Hydroscopographie et métalloscopographie, ou l'art de découvrir les eaux souterraines et les gisements métallifères, au moyen de l'électro-magnétisme par M. l'abbé CARRIER.

Saintes, Fontanier, 1863, in-8° 250 p. fig. (4 fr.).

[S. 24673

Ouvrage curieux, accompagné de figures.

2046 CARRUCCI (Raphael). — Les mystères du syncrétisme Phrygien dans les catacombes Romaines de Prétextat.

Paris, Poussielgue, 1854, in-f° 54 pages (4 fr.)

Orné de nombreuses gravures dans le texte.

(G-1705

2047 CARTARI (Vincent), poète et littérateur italien né à Reggio au début du xvi° siècle. Il fut attaché au Cardinal Hippolyte d'Este. — Les Images des dieux des anciens, contenant les idoles, coustumes, cérémonies et autres choses appartenans à la Religion des payens. Recueillies premierement et exposées en italien par le seigneur Vincent CARTARI de Rhege, et maintenant traduites en français et augm. par Antoine Du Verdier, seigneur de Vauprivas. Avec deux tables l'une des lieux et matieres plus notables, et l'autre des pourtraicts contenus en ce livre.

A Lyon, Estienne Marcel, 1581, in-4° fig. sur bois dans le style dit de Fontainebleau. (15 fr.).

Idem :

Tournon, Claude Michel, 1606-7, 2 port in-8°, fig. front

[J. 25120-7

Lyon, P. Frellon, 1610, 2 part. in-8° fig.

[J. 24008

2048 CARTARI (Vincent). Imagines deorvm qvi ab antiqvis colebantvr: In quibus simulacra, ritus, ceremoniæ, magna ex parte veterum religio explicatur : Olim a Vincentio Chartario Rhegiensi ex variis auctoribus in unum collectæ, atque Italica lingua expositæ : nunc vero ad communem omnium utilitatem Latino sermone ab Antonio Verderio.

Lvgdvni, apvd Bartolomoeum Honoralem apvd S. Michaelem 1581, pet. in-4° de VI-350 p. et pièces limin. pl. (12 fr.).

[J. 7827

Édition fort estimée de cet ouv. orné de nombreuses fig. sur bois.

2049 CARTARI (Vincent). — Vicenti Chartarii. Imagines Deorum.

, *Moguntiæ sumplibus L. Bourgeat* 1687, in-4° 228 p. Figures.

[J. 7830
(S.-200 Supp.

2050 CARTARI (Vincent). — Vincentius Chartarius Rhegiensis. Pantheon antiqvorum exhibens imagines deorvm qui ab antiquis colebantvr; Ubi simul ritus, simulacra, ceremoniæ, magnaque ex parte Veterum religio explicatur. Latino sermone ab Ant. Verderio, domino Vallis-privatæ, expressum.

Rotenburgi-ad-Tubarim, typis N. de Milenau; 1685, pet. in-4° (40 fr.).

[J. 7828

Frontispice gravé par Haffner, et 88 singulières figures hors texte des divinités antiques, très naïvement exécutées à l'eau-forte.

(G-588

2051 CARTERON (Ed.). — Analyse des recherches de M. Letronne sur les représentations zodiacales, ou étude des monuments astronomiques des anciens peuples de l'Égypte, de l'Asie, de la Grèce, conduisant à une réfutation scientifique complète du système Dupuis, par Édouard Carteron.

Paris « Annales de la Philosophie chrétienne », 1843, in-8° de 136 pp. (2 fr. 50).

[(8° V. 7008

Intéressante étude de mythologie comparée.

2052 CARTIER (Etienne). — Lumière et ténèbres. Lettre d'un franc-maçon, par E. Cartier.

Paris, Letouzey et Ané, 1888, in-16 de 606 pp. (4 fr.).

[8° H. 5228

Origine et esprit de la Fr∴ M∴. Les ancêtres. Les Philosophes. Les hérétiques d'Orléans. Les Albigeois jugés par Michelet. Les Templiers. Voltaire. L'encyclopédie. Weishaupt et les Illuminés. Rôle politique de la Fr∴ M∴. L'organisation maç∴. Réception de l'abbé Barruel. Comparaison du symbolisme maç∴ et chrétien. Les légendes maç∴. Hiram, Adoniram, Soliman et Balkis. etc..... Description du Temple maç∴ et de son ornementation.

Cet ouvrage est rempli de documents intéressants.

(G-1719

2053 CARTOUR (B.). — Histoire des Vestales et de leur Culte, d'après Plutarque, Tacite, Suétone, etc. Trad. de l'Italien par B. Cartour.

Paris, s. d., [1825 ?], in-12. Front. et 3 Pl. de Dévéria (8 fr.).

[J. 18960

De Vesta et de son Temple. — Du feu qui lui était consacré. — De l'Institution des Vestales. — De leur nombre, et des qualités requises pour faire partie de cet ordre. — Cérémonies observées à la réception des Vestales. — Habillements et Fonctions de ces Prêtresses. — Des Fêtes des Vestales ; leurs Honneurs, Devoirs, et Privilèges : Délits, Peines et Supplices. — Chute de l'Ordre des Vestales.

2054 CASALIS (Eugène). — Les Bassoutos... par E. Casalis.

Paris, C. Meyrueis, 1860, in-8° de 37 pp. pl. fig. et carte. (6 fr.).

[O³ q. 4. A.

Curieuses recherches sur la religion, la métaphysique des Bassoutos, leurs pratiques superstitieuses, etc... Ce volume comprend en outre des légendes et des chansons populaires avec musique notée et d'un grand intérêt pour les Folkloristes.

2055 CASALIUS (Jean-Baptiste), en Italien Giambattista CASALI, antiquaire du XVIIᵉ siècle. — J. B. Casalius. de veteribus Ægiptiorum Ritibus.

Id. De antiqvis Romanorum ritibvs.

De veteribus Christianorum ritibvs.

Romæ ex typ. Andræ Phæi. 1644. 3 part in-4" figures.

[B. 1507

Figures gravées sur bois et en taille-douce.

12 fr. les 3 ouvrages qui ne forment qu'un seul tome en général.

(S-6508
(G-1720

2056 CASSANIONE (Johannes) ou Jean CHASSANION. — De Gigantibus, eorumque Reliquiis quæ ante nostram Ætatem in Galliâ reperta sunt, auctore J. Cassanione.

Basileæ. 1580, in-8° IX-75 p.

[Tbᵉ¹.
(S-3283

CASSIODORE. — Magnus Aurelius Cassiodorus est né vers 468 dans la Calabre. Il fut un érudit, un philosophe et un historien remarquable. Sa passion pour les livres fut telle qu'on peut le considérer comme un des premiers Bibliophiles du Monde. Il alla jusqu'à composer un traité de l'Orthographe, pour instruire ses Copistes, et se faire présenter des manuscrits plus corrects. Cassiodore vécut près de cent ans.

2057 CASSIODORE. — De l'âme. Traduction française de St. de Rouville. [la seule qui existe].

Paris, Rouquette, 1874. in-10 IV-156 p. (3 fr.).

[R. 30700

Auteur du Vᵉ siècle. Cassiodore a joui durant tout le moyen-âge, d'une grande popularité. Son traité de l'Ame est une perle fine du plus bel orient. « On me demande, dit-il, de dévoiler quelques-uns des mystères que j'ai pu découvrir, persuadé qu'il m'a été donné de pénétrer les secrets de si grandes choses ». Dès les premières lignes, le Pythagoricien s'affirme à propos de l'harmonie des sphères ; il déclare que « nous mettons trop de mollesse à vouloir découvrir d'aussi profonds mystères. » Le philosophe disserte ensuite admirablement sur l'origine de l'âme, sa forme, son siège dans le corps, la composition d'icelui ; de la manière de connaitre les méchants et les bons ; ce que font les âmes après la mort, etc... La mystique des nombres dans leurs rapports avec les membres du corps humain occupe le IXᵉ chap.

(G-138

2058 CASSIUS (Dʳ Jean Jacques Joseph). — Précis succinct des principaux phénomènes du Galvanisme, suivi de la trad. d'un commentaire de J. Aldini, sur un mémoire de Galvani, ayant pour titre : Des Forces de l'électricité dans le mouvement musculaire, et de l'extrait d'un ouvrage de Vassali Eandi ayant pour titre : Expériences et observations sur le fluide de l'électromoteur de Volta.

Paris, Delaplace et Goujon. An XI-1803. 3 part. in-8" (2 fr. 25).

[Teˡˢ 20

2059 CASTAGNE ou Castaigne (le R. P. Gabriel de), Cordelier, docteur en Théologie et aumônier du Roi, mort en 1030. — Les Œuvres du rev. p. Gabriel de Castaigne, tant médicinales que chymiques, divisées en quatre principaux traitez :

I. Le Paradis Terrestre.

II. Le Grand Miracle de la nature metallique.

III. L'or potable.

IV. Le Thresor philosophique de la médecine metallique.

IIᵉ édit. (de ces divers Traités), a quoy sont adjoutez les Aphorismes Basiliens ; et la méthode particulière pour bien faire le merveilleux Onguent appelé Manus Dei.

Paris, Jean d'Houry, 1661. in-8". (20 fr.).

[Teˡᵃˡ. 50

Ce titre général se trouve placé par J. B. de la Noue, réviseur des œuvres de Castaigne, en tête du Paradis Terrestre, vol. de 20-94 pp. Les autres traités ont des paginations séparées. Ce Paradis terrestre est un mélange de recettes de médecine et d'opérations d'alchimie, dont la base est toujours l'Or potable.

Les ouvrages de ce R. P. Cordelier sont très rares et recherchés des adeptes.

(O-1015

2060 CASTAIGNE. — Le grand Miracle de Nature métallique, par le R. P. de Castagne.

Paris, 1615, in-8°.

Compose la II° Partie des " Œuvres du R. P. Gabriel de Castaigne, tant médicinales que chymiques "... ci-dessus.

Paris, J. d'Houry, 1661. 4 parties in-8°.

[Te¹³¹. 59
(S-3501

2061 CASTAIGNE. — Le Grand Miracle de nature métallique, que en imitant icelle sans sophistiqueries tous les métaux imparfaits se rendront en or fin, et les maladies incurables guariront. (présenté comme l'Œuvre de Jean Saunier, élève d'Artephius, composé le 7 may 1412), mis en lumière par le rév. p. de Castaigne (II° édit.)

Paris, Jean de Houry, 1666, in-8° de II-78 pp.

[Te¹³¹. 59

Edit. faisant partie des " Œuvres de Castaigne " (voir ante).

(O-1015

2062 CASTAIGNE (R. P. Gab. de). — Le Paradis terrestre, auquel on trouvera la Pierre philosophale et le vray or potable pour guarir toutes maladies incurables.

Paris, C. Sevestre, 1615, in-8°, 88 pp. (10 fr.).

[Te¹³¹. 58

Traité d'alchimie très recherché. Contient un chap. sur les ensorcelés. Comment on peut ressusciter les morts, et plusieurs grands secrets admirables.

2063 CASTALION ou CHATEILLON (Sebastien). Théologien protestant, français, né à Châtillon en Bresse, en 1515, mort à Bâle en 1563. Latiniste élégant. — Sibyllinorum Oraculorum Libri VIII, à Sebast. Castalione, cum notis Xisti.

Basileæ, 1555, in-8°, Grec et Latin.

2 ex. : [Yb. 2157
[Rés. p. Yc. 1221
(S-3470

2064 CASTANIER (Prosper). — Le Lotus du Gange.

Paris, Berel, 1902, in-12 de II-158 p. table et 2 f⁹⁵ limin. Illust. de Marodon. (1 fr. 50).

La naissance de Çakya-Mouni. — Le Mariage du Bouddha. — Dans le palais de Kapila. — Vie errante du Bouddha. — La Tentation de Çakya Mouni. — L'Intelligence suprême.

Indique, à la fin une douzaine d'ouvrages, anglais et français, sur le Bouddha Çakya-Mouni.

2065 CASTEL DE SAINT-PIERRE (Charles-Irénée), né en 1658 à Saint-Pierre-l'Eglise, près Barfleur, en Normandie. Philanthrope ardent, et membre de l'Académie Française, mort à Paris en 1748. Ses ouvrages occupent 6 colonnes du Catalog. Gén¹. Bibl. Nat¹⁰ (XXIV-701-6).

Ch. Irénée Castel de Saint Pierre. — Ouvrajes (sic) de Politique [et de Morale].

A Roterdam, J. D. Beman et se vend à Paris, chez Briasson, 1738-41 16 volumes in-12.

[* E. 3521-34

— Projet de Taille Tarifée.

Ibidem, Iidem, 1739, in-12 XXIV-492 p.

[R. 24527

Ensemble, 40 fr.

Projet de Paix perpétuelle. — Nouveau plan de Gouvernement Souverain. — Projets pour : Agrandissement de la Capitale. — Perfectionner la Médecine. — Perfectionner le Commerce de France. — Perfectionner nos Loix sur le Duel. —

Sc. psych. — T. I. — 20.

Rendre les troupes meilleures et les soldats plus heureux. — Sur les Colonies éloignées. — Sur l'Economie bienfaisante — Etc.

Ecrit tout entier en orthographe simplifiée : Ouvrage : ouvraje. — Second segond. — Opposé : opozé, etc.

2066 CASTEL DE SAINT-PIERRE. — Les Rêves d'un Homme de bien qui peuvent être réalisés, ou les Vues utiles et praticables de M. l'abbé de St-Pierre, choisies dans ce grand nombre de projets singuliers, dont le Bien public était le principe. (recueillis par P. A. ALLETZ).

Paris, Vve Duchesne 1775. in-12, XII-502 p. Portrait. (5 fr.).

[*E. 2226

C'est une sorte de Résumé des innombrables ouvrages de cet ardent, mais peu pratique Philanthrope.

2067 CASTELLANI (Ch.). — Entre Moloch et Satan.

Paris, 1001, in-16, VI-201 pp.

[Lb57. 13020

2068 [CASTERA (de)]. — Lettre de M. C... à Mme B... sur le magnétisme animal.

Paris, Dentu, 1814, in-8°, 28 pages.

(D. p. 85

2069 CASTI (l'abbé Jean-Baptiste), poète Italien, né à Prato (Toscane), en 1711, mort à Paris en 1803. — Nouvelles galantes de l'abbé Casti, traduites pour la première fois: — L'épouse cousue. — La bulle d'Alexandre VI. — La loterie. — L'Antechrist. — Le Vernis. — La Gageure, etc.

Paris, Isidore Lisieux, 1880, 9 parties in-12. (12 fr.)

[Rés. Yd. 1371

2070 CASTI (l'abbé). — La Papesse, nouvelle en trois parties et en vers de l'abbé Casti, traduite en français pour la première fois, texte italien en regard, avec les notes et pièces justificatives.

Paris, Isidore Lisieux. 1878, in-24, XIX-224 p. (3 fr. 50).

[Yd. 7631

2071 CASTI (de). — Du magnétisme. (Fluide, Polarité, Sommeil magnétique. Suggestion. Hypno-téléphonie, etc.)...

S. l. (1890), in-8° (1 fr.).

CASTILHON ou CASTILLON. — Jean-Louis Castillon ou Castilhon est né à Toulouse vers 1720 et mort vers 1793. Il s'occupa surtout de Philosophie. Son frère, Jean, fut le fondateur du Lycée de Toulouse, et rédacteur du Journal de Trévoux.

2072 [CASTILHON (Jean-Louis)]. — Essais sur les Erreurs et les Superstitions anciennes et modernes, par M. L. C... [Castilhon].

Francfort, Knoë et Eslinger, 1766, 2 vol. in-8°.

[G. 32720 (1 et 2)
(S-5238
(G-584

2073 CASTLE (Dr Michel-Arthur). — Phrénologie spiritualiste, nouvelles études de psychologie appliquée, par M. A. CASTLE.

Paris, Didier, 1862, in-8°, VII-408 p. (4 fr. 50).

[Th30. 103
(G-1721

2074 CASTON (Alfred de). — Les Marchands de miracles. Histoire de la superstition humaine par Alfred de CASTON.

Paris, E. Dentu, 1864, in-12, 338 p. (4 fr.).

[R. 30782

La magie maitresse du monde. Clovis et le magicien Raba. L'Evocateur de la Régence. Le Comte de Saint-Germain. Cagliostro. Mlle Le Normand et Napoléon Ier et curieux détails sur un grand nombre d'hermétistes célèbres.

2075 CATALOGUE d'une précieuse collection de livres anciens, manuscrits et imprimés, de documents originaux, etc., sur les Francs-Maçons, les Rose Croix, le Mesmérisme, la Magie, l'Alchimie...

Paris, Tross, 1863, in-8°, 111 pages (2 fr.).

Ce catalogue d'une vente publique contient un assez grand nombre de livres sur le magnétisme. Tous sont indiqués dans notre travail.
Ces Ouvrages composaient la Bibliothèque de la R∴ [respectable] L∴ [loge] Ec∴ [écossaise] de St-Alexandre d'Ecosse. Ils donnent d'importants renseignements sur cette L∴ et sur la F∴ M∴ en général.

(D. p. 174)

2076 CATALOGUE des bijoux décorations, enseignes, diplômes, gravures, objets divers, curiosités datant pour la plupart du XVIII° siècle et du premier Empire, composant la collection Franc-Maçonnique de M. Léon Coblentz.

Hôtel Drouot, 25 Novembre 1904, in-8°. (1 fr. 75).

Intéressant catalogue accompagné de notices.

2077 CATALOGUE. — Bibliothèque Cardinal. — Abonnements : Paris, Province, Etranger. Salle de travail. — CATALOGUE méthodique et raisonné contenant un grand nombre de Notes Bibliographiques, Historiques et Littéraires, à l'usage des Travailleurs.

Paris, 51, Rue de Rennes, Novembre 1888, in-8° de XXIV p., 1184 col. et 1185 à 1248 p. (3 fr.).

Plan du catalogue. — Table des collections analysées ou décrites. — Tables des Revues. — Bibles diverses. — Pères de l'Eglise (939). — Philosophie. — Dalloz. — Voyages. — Tables du Tour du monde. — Histoire de France, Collections, Tables des Documents. — P. Anselme ; La Chesnaye-Dubois. — Geliot, d'Hozier. — ECOLE DES CHARTES. — Histoire des Provinces (Bénédictins). — D'Achéry, Mabillon, Martène et Durand. — Recueils Scientifiques. — SCIENCES OCCULTES. — Poésies, Romans, Théâtre. — Brunet, Quérard, Lorenz, Niceron. — Beaux-Arts. — Encyclopédies, Revues. — TABLE ALPHABÉTIQUE DES AUTEURS ET DES MATIÈRES.

Se trouve dans la Salle à la Bibliothèque Nationale.

2078 CATALOGUS. — Catalogus Codicum Astrologorum Græcorum......
Bruxellis, H. Lamertin, 1898-1904 6 vol. gr. in-8°.

[4° V. 6125

Voir aussi : CUMONT.

2079 CATALOGUS Librorum Rarissimorum ab Artis Typographicæ Inventoribus, ante Annum 1500 excusorum.

Veneliis, 1757, in-8°.

(S-6738

2080 CATALOGUS manuscriptorum chemico-alchemico-magico-cabalistico-phisico-curiosorum.

S. l. ni odr., 1788, petit in-8° de II-XXVI-310-67, 8 pp.

310 pp. contenant 463 N°° consacrés aux mss. magiques et cabalistiques ; la presque totalité de ces mss. est allemande.

(O-543

2081 CATÉCHISME adopté par la T∴ R∴ L∴ St-Jean d'Ecosse, mère-loge écossaise de France à l'O∴ de Marseille.

L'an de la G∴ L∴ 5801, in-12 de 16 pp.

(O-297

2082 CATÉCHISME de physique sacrée, par l'auteur de l'Essai sur l'électricité de l'eau.

Paris Gabon, s. d. (1827), in-8° de 52 pp. (4 fr.).

(G-139

2083 CATÉCHISME du magnétiseur ou du magnétisme.
1778.

Ouvrage cité par quelques auteurs notamment par M. Figuier, dans son histoire du merveilleux.

(D. p. 9

2084 CATÉCHISME Républicain à l'usage des sans culottes et de leurs enfans. Présenté à la Convention Nationale et favorablement accueilli par les représentans du peuple, nécessaire dans les Ecoles publiques.
Paris, 1794. in-18. (10 fr.).

2085 CATECHISMUS für Freymaurer ; aus den Altenglischen mit Anmerkungen ; für alle Brüder in und auszer den Logen nutzbar.
Freyberg, Gerlach, s. d. (1804). in-12 de 24 pp.

(O-309

2086 CATECHISMUS für Freymaurer des dritten Grades ; aus dem Altenglischen mit Anmerkungen ; für die Brüder in und ausser den Logen zum Gebrauch.
Freyberg, Gerlach. s. d. (1804), in-12 de 20 pp.

(O-311

2087 CATECHIMUS für Freymaurer des zweiten Grades ; aus dem Altenglischen mit Anmerkungen ; für die Brüder in und ausser den Logen zum Gebrauch.
Freyberg, Gerlach. s. d. (1804). in-12 de 16 pp.

(O-310

2088 CATELAN (Lavrens) ou CATALAN (Laurent), pharmacien de Montpellier du XVIIe siècle. — Rare et cvrieux Discours de la Plante appelée Mandragore ; de ses espèces, vertvs et vsages. Et particulièrement de celle qui produict vne Racine representant de figvre le Corps d'un Homme ; qu'aucvns croyent celle de Joseph, appellé Baaras ; et d'autres les Teraphins de Laban, en l'Ecritvre Sainte... par Lavrens CATELAN,

Mr appothiquaire à Mont-Pellier, dans l'Auditoire dv College de Medecine destiné à faire les Demonstrations des Drogues aux Escholiers, estudians en ladite Faculté de Medecine.
Paris, aux despens de l'auteur. s. d. [1639]. très pet. in-8° ou in-12, de V-55 p.

[Te[5]. 727

Rare et très curieux. Traité de la Mandragore et de son emploi dans les sortilèges.

L'auteur a également publié des traités sur la confection d'Alkermès, sur la Thériaque, sur la « Licorne »,et sur la « Pierre Bezoar ». (Bib. Nat. Cat. Gén. XXIV-1101-2).

(Y-F-1011

2089 CATHOLICI — Lendemain d'Encyclique.
Paris. in-12 de 120 pp. (1 fr.25).

A la question nettement posée : Quelles seront les conséquences intellectuelles et spirituelles de l'Encyclique Pascendi, on a répondu avec une sincérité et une franchise dont les audaces mêmes sont profondément émouvantes. Nul ne pourra lire ce livre, sans se sentir troublé, nul aussi ne pourra le faire, sans se sentir meilleur. Sa sincérité contagieuse est une incomparable sollicitation à l'effort vers la vérité.

2090 CATLIN (George). — Ferme ta bouche et sauve ta vie, ou l'art de devenir centenaire.
Bruxelles. 1872. in-12. 28 fig. sur bois. (2 fr.).

Curieux traité sur la respiration ou l'art de respirer.

CATROU (François). — Le P. François CATROU Jésuite, est né à Paris en 1659 et mort en 1737. Il fut un grand prédicateur et un des fondateurs du journal de Trévoux, qu'il rédigea pendant 12 ans.

2091 CATROU (Le P.). — Histoire des Anabaptistes, ou relation curieuse de leur Doctrine, Règne et Révolutions, tant en Allemagne,

Hollande, qu'Angleterre, où il est traité de plusieurs sortes de Mennonites, Kouakres et autres qui en sont provenus. Le tout enrichi de figures en taille-douce.

A Paris, chez Charles Clouzier, MDCXV (1615 ?), in-12, Frontisp. et Fig. (20 fr.).

Ouvrage curieux et assez peu connu. Il existe deux éditions de titre différent mais de même format, date et éditeur. Il y en a un exemplaire décrit au cat. Yéméniz. (N° 2734. p. 610).

2092 CATROU (Le P.). — Histoire des Anabaptistes, contenant leur Doctrine.

Amsterdam, Desbordes, 1700, pet. in-8°, VI-280 p. Figure. Nouveau Titre à l'édition *Ibid.* de 1699.

[H. 11455

Autres éditions :

Paris, Ch. Clouzier, 1605, in-12, 175 p. fig. (7 fr.).

[S° H. 6742

Cet ouvrage est dit-on une Traduction du « *Lamberti Hortensii Tumultuum Anabaptistarum Liber unus* ». V. LAMBERTUS.

Curieuse relation de leur doctrine, règne et révolutions en Allemagne, en Hollande, en Angleterre, où il est traité de plusieurs sectes de Mennonites, Quakers, Frères Moraves et autres qui en sont provenus.

(S-5344

2093 CATTAN (C. de) ou CATTANEO (Cristophoro). — La Géomance du seigneur Christofe de Cattan, gentilhomme Genouois Liure non moins plaisant et récréatif, que d'ingénieuse inuention pour sçauoir toutes choses présentes, passées et advenir. Avec la Roué de Pythagoras. Le tout mis en lumière par Gabriel du Préau. Reueu et corrigé depuis la précédente impression.

Paris, Micard, 1577, pet. in-4°. Titre orn. et fig. sur bois. (40 fr.).

Idem :

Paris, G. Gilles, 1558, in-4°, XVI-282 p.

[Rés. V. 1354

Paris, 1571, pet. in-4°.

Paris, 1572, pet. in-4°.

A Paris, pour Gilles, 1567, pet. in-4°, 147 f°s, figures.

[V. 8840

Ouvrage très estimé. C'est peut-être le traité le plus complet de Géomancie que nous ayions, et il comprend en outre des données du plus haut intérêt sur l'Astrologie et les autres branches de la Divination.

(S-3456 b
(G-140-585
(S-Y-1496

CATTIER (Isaac). Docteur de la Faculté de Montpellier et Médecin ordinaire du Roi Louis XIV. Il est l'auteur de plusieurs Traités singuliers.

2094 CATTIER (Isaac). — Divers traictez à sçavoir : De la nature des bains de Bourbon et des abus qui se commettent à présent en la boisson de ces eaux auec une instruction pour s'en seruir vtilement. De la Macreuse. De la poudre de sympathie.

Paris, P. David, 1651, 5 parties in-8° (8 fr.).

[T° 16a. 334
(G-1233

2095 CATTIER. — Response à M. Papin, touchant la Poudre de Sympathie, par Isaac Cattier ; en laquelle est traicté de l'esprit universel et des proprietez de l'Ayman.

Paris, impr. de Edme Martin, 1651, in-8°, 87 p. (8 fr.).

[R. 12977

Fort rare.

(S-3401 b
(G-1233

2096 CATTIER (contre). — La Poudre de Sympathie défendue contre les objections de M. Cattier, médecin du Roy.

Paris, Pigel, 1651. in-8°.

(S-3401
(G-1233

2097 CAUBET (Jean Marie Lazare). — La Franc-Maçonnerie. Lettre à Mgr. l'Evêque d'Orléans, par Caubet.
Paris, Monde Maçonnique ; Tessier 1875, in-8° de 48 p. (2 fr.).

[H. 13333

L'auteur a édité le « *Monde Maçonnique* » de 1873 à 1879 :

[H. 11701-6

2098 CAUCHOIS (Henri). — Cours oral de Franc-Maçonnerie symbolique en douze séances par H. Cauchois.
Paris, E. Dentu, 1863. in-8°. 207 p. (6 fr.).

[H. 13342

Ouvrage initiatique de premier ordre. Caractères distinctifs et définition de la F∴M∴. — La F∴M∴ comparée aux Religions et aux Mystères anciens. Origine et but de la F∴M∴. — But des Mystères maç∴. — Utilité du langage symbolique. Explication symbolique détaillée des nombres maç∴ — Grades d'Apprenti, de Compagnon et de Maître ; Réceptions, Initiations, Décorations, Epreuves, Voyages, Questions. Etoile flamboyante. Fable d'Hiram. Fêtes et banquets maç∴, etc...

2099 CAUCHOIS (Henri). — Instructions de Franc-Maçonnerie symbolique. Grades d'apprenti, compagnon et maître.
Paris, Journal des Initiés, 1867. 3 vol. in-18 de 108 pp. (2 fr. 50).

[H. 13339-41

Ces instructions comprennent de nombreux détails sur le symbolisme, l'esprit des 3 premiers grades, le Rituel, les voyages, les épreuves et les décorations des loges, les banquets, etc...

CAUFEYNON (Dr). — Voir :

FAUCONNEY (Dr Jean).

2100 CAULLET de VEAUMOREL. — Aphorismes de M. Mesmer, dictés à l'assemblée de ses élèves. Troisième édition revue et considérablement augmentée.
Paris, [*Quinquet*], 1785, pet. in-8° de 240 p. (4 fr.)

[Th⁶². 1 (135)

Sur le titre est la vignette au Monogramme C. Q. de C. Quinquet, maître en pharmacie.

Voir, pour plus de détails, à l'Article *MESMER*.

2101 CAULLET de VEAUMOREL. — Description de la machine électrique négative et positive, de M. Nairne, trad. de l'anglais par Caullet de Veaumorel.
Paris, 1784, in-12, 5 pl. (5 fr.).

[R. 14273

CAULLET de VEAUMOREL. — Voir : *MESMER*.

CAURRES de MOREUIL (Jean des). — Voir :

DES CAURRES DE MOREUIL.

2102 CAUS (Salomon de) Ingénieur français mort vers 1635, sans doute près de Paris. On le croit originaire de Normandie. — Les Raisons des Forces Mouvantes, avec diverses Machines, tant utiles que plaisantes, auxquelles sont adjoints plusieurs desseings de Grotes et Fontaines, par Salomon de CAUS, Ingénieur et Architecte de S. A. Palatine Electorale.
A Francfort, en la Boutique de Jan Norton, 1615, 3 part. in-f°, Frontispice gravé. Figures. (60 fr.)

[V. 2440

Livre remarquablement rare et curieux, surtout pour les gravures. Première édition. V. Brunet. (5° édition). T.I.col.1691: intéressante Notice.

Traité d'une Machine à Vapeur, de la Facture des Orgues, etc.

(S'Y-1425 bis

2103 CAUSSINUS (N.) ou Nicolas CAUSSIN, jésuite, théologien ascétique et confesseur du Roi Louis XIII, né à Troyes en 1583, mort en 1651. — De Symbolica Aegyptiorum Sapientia, auctore P. Nicolao Caussino. — Polyhistor symbolicus, electorum symbolorum et parabolarum historicarum stromata XII libris complectens, auctore P. Nicolao Caussino.

Parisiis, Romani de Beauvais, 1618, in-4° (12 fr.)

Rare ouvrage sur les symboles.

Autre édition.

Parisiis, Sumptibus A. Taupinart, 1634, 2 part. in-8°.

[Z. 17363

2104 .....CAUTELLES (Les) Canons et Cérémonies de la Messe, etc. avec des annotations pour l'intelligence du texte [par Pierre Viret].

Lyon, 1563, in-8°.

Très rare.

(S-2040

2105 CAUTIO criminalis, seu de Processibus contra Sagas.

Rhintellii (Rinteler?), 1631, in-8°.

(S-3237

2106 CAUZONS (Th. de). — Histoire de l'Inquisition de France. I. Les origines de l'Inquisition.

Paris, Bloud, 1909, in-8° (7 fr.).

[S° Ld⁴. 65

Ce vol. (le premier des 2 à paraître) entièrement consacré aux origines de l'Inquisition, recherche les causes philosophiques de l'intolérance religieuse, suit, à travers les siècles, l'évolution de la mentalité ecclésiastique à ce sujet ; examine les peines infligées à l'hérésie, la formation des tribunaux exceptionnels créés contre elle et recherche comment par la force des circonstances, la papauté aboutit à des mesures coercitives sanglantes. Cet ouvrage est, au jugement des meilleurs critiques, le plus impartial qui ait jamais été écrit sur cette brûlante question. On trouve dans ce vol. une liste bibliographique de 40 pp. des ouvrages cités.

2107 CAUZONS (Th. de). — La Magie et la Sorcellerie en France.

Paris, Bloud, 1909 et suivantes, 4 vol. pet. in-8°, de 428 p. et ?

En cours de publication.

Tome I. — Les Sorciers d'autrefois. Le Sabbat. La Guerre aux Sorciers. Origines de l'Inquisition.

Tome II. — La Magie, jusqu'à la Réforme Protestante. La Magie dans l'Antiquité. — en Gaule. — sous les premiers Capétiens. — sous St-Louis. — Les Templiers. — Le XVᵉ Siècle. — Jeanne d'Arc.

Tome III. — Sorcellerie de la Réforme à la Révolution Française. Les Dominicains de Berne. — Les Tribunaux ecclésiastiques : Rémy, Boguet, de Lancre. — Le Siècle de la Philosophie ; fin des persécutions. — MAGNÉTISME ET SOMNAMBULISME.

Tome IV. — Sorcellerie contemporaine. — Transformation du Magnétisme. Manifestations de l'Invisible. — Le SPIRITISME. — Les Faits Scientifiques. — Conclusion.

2108 CAVAILHON (Edouard). — La Fascination magnétique ; précédée d'une préface par Donato, et de son Portrait photographié.

Paris, E. Dentu, 1882, in-12 de LXX-334 p., portr. (4 fr.).

[Tb⁶¹. 276

Magnétisme et Donatisme. Transmission de pensée. Fièvre extatique, Amour et magnétisme, etc..... Portrait photographié du célèbre Donato.

Intéressant surtout pour les renseignements de dates comparées des travaux des Médecins hypnotiseurs et des Séances du célèbre Fascinateur.

2109 CAVANIOL (Henri). — Nidintabel. — La Perse ancienne.

Paris, A. Durand et Pédone-Lauriel, 1868, in-8° de II-342 pp. (5 fr.).

[O²h. 75

Bel ouvrage, sérieusement documenté, dans lequel l'auteur fait revivre la Perse ancienne, dans ses coutumes, ses cérémonies religieuses, etc.... De précieuses notes et d'intéressants développements sur la religion et la mythologie persanes viennent encore en augmenter l'intérêt.

2110 CAVARANTES, ou CARAVANTES alchimiste espagnol. — Practica Caravantis Hispani ; dans Theatrum chemicum (1613), III. 170.

(O-1012

2111 CAVELLIER. — Histoire des Camisars, par Cavellier.

Londres, 1744, 2 vol. in-8°.

(S-5354

CAYET (Pierre-Victor PALMA).— Chroniqueur, Controversiste et Philosophe Hermétique français, né à Montrichard (Touraine), en 1525, mort en 1610. Disciple de Ramus, il fut d'abord Pasteur et Prédicateur de Catherine de Bourbon. Il abjura cependant, fut nommé professeur d'Hébreu au Collège de Navarre, et ordonné prêtre à l'âge de soixante-quinze ans.

2112 CAYET (P. V. P.). — De l'Avenue de l'Ante-Christ, par V. Cayet.

Paris, 1602, in-8°.

(S-82 Supp.

2113 CAYET (Pierre-Victor PALMA).— Histoire Prodigieuse et Lamentable du Docteur Fauste, grand Magicien, [par Widemann, traduite de l'Allemand par Pierre-Victor PALMA-CAYET].

Paris, 1598, in-12.

[Rés. p. M. 73

Autres éditions :

Paris, Binet, 1603, in-12.

Rouen, Nicolas d'Oisselet, 1604, in-12.

Rouen, T. Doré, 1606, in-12.

Paris, (Jouxte la Copie Imp. à Rouen) 1616, in-12.

Paris, Vve du Carroy, 1622, in-12.

Rouen, Clément Malassis, 1607, pet. in-12.

Voir sur cette Histoire, Du ROURE, "Analectabiblion", Tome II. p. 97.

(S-3206 b
(Y-P-1633

2114 CAYET (Pierre-Victor PALMA).— Histoire prodigieuse et lamentale (sic) dv Doctevr Favste, auec sa mort espouentable. Où est monstré combien est misérable la curiosité des illusions et impostures de l'Esprit malin ; ensemble la corruption de Satan par luy mesme, estant contraint de dire la vérité. Cinqviesme édit.

Rouen, chez Louis Coste, 1619, in-12 (35 fr.).

Édit. rare, inconnue à Brunet, et différant des autres.

La fameuse légende de Jean Faust est celle de qui s'est inspiré Goethe dans son immortel chef-d'œuvre ; elle est remplie d'occulte d'un bout à l'autre et renferme certainement un grand fonds de vérité. Conjuration du Diable par le Dr Faust ; son pacte avec Méphistophélès ; sur la puissance des Diables ; de leur principauté de la Géhenne ou de l'Enfer. Faust astrologue ; ses enchantements, ses Bacchanales ; ses amours avec Hélène de Grèce ; sa fin abominable et effroyable, etc.....

(G-141

2115 CAYET (P. V. P.). — Histoire prodigieuse et lamentable de Jean Fauste, grand magicien, avec son testament, et sa vie épouvantable.

A Cologne, chez les héritiers de Pierre Marteau, 1712, in-12 ou pet. in-8° (18 fr.).

[M. 30014

Ouvrage singulier et très rare qui a atteint dans les ventes les prix les plus élevés. — Curieux frontispice gravé de Harrewyn.

(G-142 et 586

2116 CAYET (PALMA). — Tractatus de Sepulturâ et Jure Sepulchri, auctore P. V. Palmà [Cayet].

Parisiis, 1597, in-8°.

(S-0527

2117 CAYLA (Jean Mamert). — La boutique des papes, ou taxes casuelles de la Chancellerie romaine d'après l'édition de 1520 et la traduction de Dupinet, 1564. Ouvrage annoté et continué jusqu'à nos jours, par J.-M. Cayla.

Paris, E. Dentu, 1872, in-12, 24 p.
[H. 14188

Opuscule curieux.

2118 CAYLA (J.-M.). — Le diable, sa grandeur et sa décadence.

Paris, E. Dentu, 1864, in-18 de 402 p. (4 fr.)
[D². 13541

Un extrait de la table des matières suffit à faire connaître l'intérêt de ce livre peu commun : Magie et Sabéisme ; le diable à Alexandrie et à Rome. Pactes de quelques papes avec le diable. L'ordre de la mouche ; le diable à la Cour des Valois, etc.

(G-143

2119 CAYLA (J. M.). — L'Enfer démoli.

Paris, E. Dentu, 1865, fort in-18, XII-327 p. (5 fr.).
[D². 13704

L'Enfer des Indiens, de Bouddha et des Égyptiens. Mythologie des Mages. Sectes philosophiques. Croyances surnaturelles. Révélations de Ste-Brigitte. Étude très intéressante autant que vaste sur cet immense sujet.

2120 CAYLUS (Anne Claude Philippe de Tubières-Grimoard de Pestels de Levis, comte de) et SALLE. — Le Somnambule, comédie, par le Comte A. C. P. de CAYLUS, SALLE, et le Marquis A. de PONT-DE-VEYLE, représentée pour la première fois par les Comédiens françois, le 19 Janvier 1739.

Paris, Prault fils, 1739, in-8° 53 p. (4 fr.)
[Yf. 5184

Rarissime pièce parue bien avant Mesmer.

2121 CAZALIS. — Histoire du magnétisme (Magnétisme, hypnotisme ; procédés ; le fluide ; thérapeutique ; objets magnétisés ; médecine magnétique etc).....

S. l. (1800), in-8° (o fr. 75).

2122 CAZENEUVE (J. de). — Les hommes célèbres caractérisés par leurs noms. Études psychologiques sur les rapports qui peuvent exister entre le nom et certaines individualités. 1re série Tome I [seul paru].

Paris, A. Ghio, 1880, in-18 345 p. figures graphologiques.
[Ln². 236

Ouvrage d'un magnétiste convaincu qui voit dans les noms une relation intime avec le caractère et l'aptitude des individus ; très curieux travail que tous les partisans du magnétisme et de l'occultisme devraient posséder. Contient des fac-similés de A. Lamartine, Marie-Elisa Birch (Mme de Lamartine), C. Flammarion, Sylphie Pétiaux (Mme C. Flammarion) ; Marie-Victor Hugo, baron du Potet.

2123 CAZENEUVE (Marius), officier de Santé et prestidigitateur français, né à Toulouse, Conférencier en Sorbonne et Membre de la Société Astronomique de France. — A la Cour de Madagascar. — Magie et Diplomatie, par Marius Cazeneuve, Médecin et Conseiller intime de la Reine de Madagascar Ranavalo Manjaka.

Paris, Ch. Delagrave, 1895, in-12 342 p. portrait de Cazeneuve.
[Lk¹¹. 533

Marius Cazeneuve, prestidigitateur, médecin et Conseiller intime de la Reine RANAVALO MANJAKA nous raconte au moyen de quels prestiges il parvint à gagner la faveur de la Reine de Madagascar, qui le considérait comme le plus grand des Sorciers.

2123 bis CAZIN (Dr F.J.). — Traité Pratique et raisonné des Plantes Médicinales Indigènes, par F. J. CAZIN...., 2me édition.

Paris, Labé, 1858, gr. in-8°, avec Atlas de 200 plantes lithographiées et coloriées. (15 fr.)
[Te¹¹². 147 A.

Il y a, en tout, cinq éditions de cet ouvrage : la dernière de 1885.

— CAZOTTE (Jacques). — Littérateur et Mystique né à Dijon en 1720. Il fut d'abord Contrôleur de la Marine, puis, par la mort de son frère fut mis en possession de biens considérables. Adversaire de la Révolution française, il fut guillotiné le 25 septembre 1792. Sa fin dramatique a inspiré un roman historique à la Comtesse Anna-Marie d'HAUTEFEUILLE, q. v.

2124 CAZOTTE. — Correspondance mystique de J. CAZOTTE avec Laporte et Pouteau, intendant et secrétaire de la Liste civile pendant les années 1790, 91 et 92, contenant des détails intéressants sur le voyage du ci-devant roi à Varennes ; précédée d'une notice historique sur la vie et les ouvrages de cet homme célèbre, suivie de son interrogatoire et de son jugement.

Paris, Lerouge, an VI. 1 vol. in-12 182 p. portrait. (8 fr.).

[Lb⁽³⁹⁾. 81
(G-122

2125 CAZOTTE (Jacques). — Le Diable Amoureux, Roman fantastique, précédé de la vie de Cazotte, de son Procès et de ses Prophéties et Révélations, par Gérard de NERVAL.

Paris, Ganivet, 1845, in-8°. XC-192 p. fig. grav. et pl. (17 fr.).

[Y². 21473

La notice sur Cazotte par Gérard de Nerval qui précède ce roman fantastique, comprend 84 pages ; elle est fort intéressante et montre le côté mystique et illuminé de l'auteur du Diable amoureux qui dans cet ouvrage sut sans être initié pénétrer des secrets accessibles aux seuls initiés de premier ordre et qui plus tard se fit recevoir parmi les Martinistes (ou disciples de Martinez Pasqualis).

Portrait de l'auteur gravé sur acier 200 vignettes sur bois par Ed. de Beaumont et 6 figures hors texte, reproductions des planches de l'édition originale.

Jacques Cazotte, fut un des Illuminés qui jouèrent un grand rôle dans la Révolution française : il joignit à de grandes qualités de cœur une connaissance profonde de l'ésotérisme dont le Diable amoureux, sous son apparence badine révèle pas mal d'arcanes ; quant à la prophétie, on sait qu'elle se réalisa entièrement.

Idem :

Paris, Plon, 1871, in-12.

[Y². 21474

Paris, Quantin, 1879, in-8°.

(G.-1722-1723

2126 CAZOTTE. — Le Diable Amoureux, nouvelle espagnole ; dans Voyages Imaginaires Tome XXXV. p. 33-150.

(O-1810

2127 CAZOTTE (feu). — Les Posthumes, etc... lettres reçues après la mort du mari par sa femme qui le croit à Florence, par feu Cazotte.

Paris, Duchêne, 1802. 4 vol. in-12. (9 fr.).

[Y². 21481-4

Dans ce curieux ouvrage, l'auteur expose ses idées sur les Illuminés, le Martinisme, Cagliostro et son opinion sur l'état des âmes après la mort, etc.... Cet ouvrage fut saisi dès son apparition, quoiqu'à cette époque, la police saisit rarement.

2128 CAZOTTE. — Procès de J. Cazotte, condamné à mort par le tribunal criminel du 10 août 1792, avec des détails authentiques sur sa détention dans la prison de l'Abbaye. Sa fille obtient sa grâce et le sauve des mains des assassins du 2 et 3 sept. 1792, etc...

Paris, Hedde, s. d. (an IV). in-12, port. (4 frs 50).

Correspondance mystique avec Laporte et Pouteau, contenant les détails intéressants sur le voyage de Varennes, etc..,.

2129 [CAZOTTE (J. S.)]. — Témoignage spiritualiste d'outre tombe sur le magnétisme humain, fruit d'un long pèlerinage par J. S. C. [Cazotte] publié et annoté par l'abbé Loubert, ex-vicaire de St-Etienne du Mont, chapelain de l'église cathédrale et professeur de religion à l'Institut national de Santiago (Chili).

Paris, Gosselin, 1804. in-8° LVI-134 pages. (3 fr.).

[R. 52215

Opinion de Cazotte sur le somnambulisme avec notes de l'abbé Loubert.

(D. p. 178

CAZOTTE (Jacques). — Voir *HAUTEFEUILLE* (Anne Marie d').

CÉBÈS de Thèbes, philosophe Grec de l'Ecole de Socrate, né à Thèbes vers 440 av. J. C. Son ouvrage le plus célèbre, le " *Pinax* ", dialogue connu sous le nom de " *Tableau de Cébès* ", est une allégorie, dont le but est de préconiser la Modération et la Patience, car le Mal est inévitable dans la vie.

Cebetis Tabula, et graeca et latina. Carmina aurea Pythagorae...

[*Lovani*]. *T. Martini*, s. d., in-4°, 22 ff. non chiff., 1 cahier non signé, la suite signée b-e. marque typ. sur le titre.

[Rés. X. 1320

Voir une belle collection d'ouvrages de Cébès: Catalogue de la Bib. Nat. : XXV-504 à 512.

2130 [CÉLESTIN (Claude)]. — Des Choses merveilleuses en nature, ou est traicté des erreurs des sens, des puissances de l'âme, et des influences des cieux, trad. (du latin de Claude Célestin) en français par Jacq. Girard de Tornus (en Masconnois).

Lyon. Macé Bonhomme, 1557, très pet. in-8° de 102 pp.

[R. 27366

Cette trad. du *De his quae Mundo mirabiliter....* se joint à la petite collection d'ouvrages alchimiques dont le Miroir d'Alquimie de Roger Bacon forme la tête; malgré cela, l'ouvrage de Cl. Celestin ne concerne pas l'Alchimie, mais l'Astrologie et la Divination, contre lesquelles il est dirigé.

330

Voir Catalogue de la Bib. Nat. XXX-435. article Coelestinus.

(O-1860

2131 CELLIER DU FAYEL (Narcisse Honoré). — La vérité sur Mlle Lenormand ; Mémoires, Révélations intimes des mystères de la Sibylle et de ses Adeptes ou Consultants, par N. H. Cellier du Fayel, professeur à l'Athénée Royal, Directeur du Journal " *Le Génie des Femmes* ".

Paris, C. Tresse, 1845, in-8° de 155 p. et table. (2 fr.)

[Ln^{27}. 12281

Ma première visite. — Lettres autographes de Mlle Le Normand. — Notice biographique. — Une dot sans femme. — Leçon de Droit. — Une Vierge folle : Arthémise***, et le boire amoureux. — Les Esprits familiers. — On peut fixer la Fortune. — Songes.

2132 CELSE. Aulus, ou Aurelius Cornelius Celsus, célèbre médecin contemporain d'Auguste. — A. Corn. Celsi de Medicina libri octo: ex recognitione Joh. Antonidae Van der Linden.

Lugduni Batavorum, apud Johannem Elzevirium (marque : le Solitaire) 1657, pet. in-12 de XXII-500 p. front. gravé. (5 fr.).

[Rés. T^{28}. 14

Edition assez rare.

2133 CELTICUS (Le Dr). — La Lèpre. Le Dr Celticus. Les 19 Tares corporelles visibles pour reconnaître un Juif. (avec 19 dessins hors texte). Prix : 1 fr. 50.

Paris, Librairie Antisémite, 1903, in-18. 108 p. 19 pl.

[8° Lb^{57}. 13503

Le nez crochu. — Le nez rond. — Les lèvres. — Les yeux. — Les épaules. — Le front. — Les oreilles. — Les cheveux. — Les pieds et les mains. — Le prépuce. — Le teint. — L'odeur. — L'accent. — Les noms. — La poignée de main. — Allure de gestes. — Saleté. — Opinions. — Professions.

2134 CELTIL. — L'âge de Plâtre.

Paris, Dentu, 1873, in-16 de 32 pp. (2 fr.).

[Ye 17365

Très rare.

Celtil est supposé être le pseudonyme de St-Yves d'Alveydre.Cette pièce est un poème en vers hexamètres : un dialogue entre le poète et sa lyre. Critique sévère — mais ô combien juste — de notre âge.

2135 CENSORINUS, grammairien et chronologiste qui florissait à Rome vers le milieu du IIIe siècle — Censorinus, de Die Natali, cum notis Henrici Lindenbrogii.

Lugduni Batavorum, (Leyde) ex officina. J. Maire, 1042, in-8° XVI-288 p. et pl.

[V. 34200
(S-3450 b
(S^tY.-2205

2136 CENSORINUS. — Censorini liber de Die natali ; cum perpetuo commentario Henrici Lindenbrogii, nec non natarum spicilegio collecto, ex Scaligeri, Meursii, Salmasii, Barthii ; aliorumque scriptis ut et C. Lucilii, satyrarum quæ supersunt reliquiæ cum notis et animadversionibus Franc. Jan. F. Douzae, ex recensione Sigeberti Havercampi, cum indicibus locupletissimis.

Lugduni Batavorum apud G. Poluliet, 1743, in-8° (15 fr.).

Cet écrit publié sous le titre " de Die Natali ", ou du jour natal, a été plus qu'aucun autre utile à l'établissement de la chronologie ancienne, car il a servi à fixer le commencement de l'ère de Nabonassar. Le même ouvrage donne par une date précise le commencement d'autres ères et c'est pour ce motif que Scaliger appelait Censorin "eximius et doctissimus temporum vindex ", et que Daunou dans ses doctes leçons de chronologie, les mettait en lumière. Dans cet important ouvrage on s'occupe aussi de la durée de la gestion de l'homme, de la division de sa vie en périodes climatériques de sept en sept années et autres, et enfin de la limite de la vie à quatre vingts ans, ou au plus à cent ans. Enfin, il y est parlé de musique. Le style est clair et précis.

Autre édition :

Ludg. Batav. apud S. et J. Luchtmans, 1767, in-8° pièces lim. 448 p. et index.

[Z. 12575

L'édition de 1743 qui est en même temps la plus rare et la plus soignée emprunte une valeur considérable aux notes de Scaliger et de Salmaise qui l'accompagnent.

2137 CENSORINUS. — Censorinus, Obsequens, et Ampelius. — I. Livre de Censorinus, traduit par Mangeart, 1843. — II. Les Prodiges de Julius Obsequens, traduit par Verger, 1842. — III. Le Mémorial de Lucius Ampelius, traduit par Verger, 1842.

Paris, Panckoucke, 3 ouvr. en 1 vol in-8° de 134-160-60 pp. figures. (5 fr.).

[Z. 18919(1)

De la " Bibliothèque Latine-Française" de Panckoucke.

2138 CÈRE (Emile). — Bréviaire du Bouddhiste.

Paris, s. d. in-16.

Excellent manuel.

Le fondateur du Bouddhisme. Philosophie bouddhiste. Idée de Dieu. La transmigration. Le Nirvana. L'âme. Les prêtres et le culte.Science et amour. Préceptes bouddhistes. Le mouvement bouddhiste, etc....

2139 CERIZIERS (Abbé René de).— Le philosophe français,par le sieur de Ceriziers, aumosnier de Mgr. le duc d'Orléans.

Rouen, A. Ferrand, 1654, 3 tomes in-12, front. gravé (14 frs).

[R. 30923-5
(G-144

2140 CERIZIERS (Abbé R. de). — La Sainte Curiosité ov qvestions curievses sur les principaux articles de la Foy, mystères de la Religion et cérémonies de l'Eglise.

Paris, Estienne Daugrr, 1643, in-8° XXII-572 p. (15 fr.).

[D. 11747
(G.-1234

2141 CERNEAU. — L'affaire Cerneau — The Sup∴ Council for France and its dependencies. In re Joseph Cerneau, O∴ of Washington.

Washington, 1886, in-8° (15 fr.).

Résumé de l'affaire de Cerneau. Négociant à New York qui avait pris indûment le titre de grand inspecteur général. On a ajouté à certains exemplaires des lettres autographes d'Albert Pike Gd M∴ du Sup∴ Cons∴ de New York contre Cerneau et un fac similé photographique de trois pages signé de Mathieu Dupotet G∴ M∴ de toutes les L.L∴ d'Amérique en faveur du même Cerneau.

2142 CERTIFICATS des cures magnétiques de Mme Tournois et sa fille.

Marseille, Impr. Desboirs, Fessal ainé et Demonchy, 1841, in-8°, 37 pages.

(D. p. 186

2143 CÉSAIRE (Prophétie de Saint). — Prophétie écrite en 540 par CÉSAIRE, Évêque d'Arles, mort en 542, et imprimée en 1525.

Paris, Chaumerot jeune, 1815, in-8° de 10 p.

[Rp. 8185

Cette Prophétie célèbre se retrouve dans le "*Mirabilis Liber*" et dans le Recueil de l'abbé Curique.

CESALPINO (Andrea). — Voir : *CAESALPINUS* (Andreas).

CÉVENNES (Miracles des) voir : *BROUSSON* (Cl.).
MISSON.

2144 CHABANEIX (Dr Paul) médecin de la marine. — Physiologie cérébrale. — Le Subconscient chez les artistes, les savants et les écrivains.

Paris, Baillière, 1897, in-8° de 124 p. Tableaux.

[T⁴⁸b. 58

Phénomènes oniriques, (p. 31). — Hallucinations. Amulette de Pascal (reproduction) (p. 70). Index bibliographique, (p. 149-21).

2145 CHABAS (François-Joseph). — Le Papyrus Magique Harris. Traduction analytique et commentée d'un manuscrit Egyptien, comprenant le texte hiératique, publié pour la première fois, un Tableau Phonétique et un Glossaire.

Châlon-sur-Saone, Impr. J. Dejussieu, 1860-61, gr. in-4° de VI-251 p. 12 pl. et 2 Tableaux.

[O³a. 276

Publication de la Société d'Histoire et d'Archéologie de Châlon-sur-Saone. On y trouve, entre autres choses, les Maléfices d'un Berger du temps des Pharaons, nommé Haï (169-174).

Traduction suivie de l'ensemble du Papyrus (158).

Tout l'ouvrage abonde en renseignements sur la Magie cérémonielle Égyptienne.

(Y-P-1062

2146 CHABOSEAU (Augustin). — Essai sur la philosophie Bouddhique.

Paris, Georges Carré, 1891, in-8° de 252 pages. (4 frs).

[O²m. 109

Cet ouvrage d'un occultiste distingué est considéré par tous les initiés comme l'un des meilleurs sur la question qu'il expose de la façon la plus exacte.
Sakya-Muni, sa vie et sa légende. Histoire philosophique du Bouddhisme. Maya. L'évolution planétaire. Les Upadhis. Les Skandhas. Le Karma. Le Nirvâna. La volonté. La Prière. L'Esthétique et la Morale dans le Bouddhisme.

(G-1235

2147 CHAHO (J.-Augustin). — Histoire primitive des Euskariens Basques. Langue, poésie, mœurs et caractère de ce peuple; introd. par l'auteur.

Madrid et Bayonne, Jaymebon, 1847, in-8° LXIV-243 p. (5 frs).

[Lk². 235

2148 CHAHO (Aug.). — Paroles d'un voyant, en réponse aux Paroles d'un croyant de M. l'abbé de la Mennais.

Paris, P. Dondey-Dupré. 1834, in-8° de XX-159 pp. (0 frs).

[R. 30037

C'est à ce volume, d'esprit absolument m∴ et dirigé contre l'Église romaine, qu'Eliphas Lévi a emprunté les longs extraits qu'on trouve reproduits dans son Dogme et Rituel de la Haute Magie. Chaho se manifeste, dans ces pages ardentes et souvent sublimes, comme le pontife d'un culte étrange et mystérieux, qui serait celui des anciens Atlantes, continué secrètement chez certains Basques initiés.

(G-145

2149 CHAHO (A.) de Navarre. — Philosophie des révélations adressée à M. le professeur Lerminier.

Paris, Vve Dondey-Dupré. 1835. in-8°. 251 p. (19 fr.).

[R. 30041

Opuscule devenu fort peu commun.

(G.-140

2150 CHAHO (A.). — Philosophie des religions comparées.

[*Paris*], *Bayonne*, " *Courrier de Vasconie* " [1849], 2 vol. in-8° de 500 pp. chacun. (10 fr.).

[R. 30030-40

Ouvrage rare et fort curieux.

Edition la plus complète de l'ouvrage principal de l'éminent magiste A. CHAHO. Voir l'appréciation d'Eliphas Lévi aux dernières pages du Rituel de la Haute magie. (St. de G.)

Cette œuvre vaste et profonde, n'a rien de commun avec les ouvrages similaires et plus ou moins superficiels ; c'est tout un système philosophique analogue à ceux de Fabre d'Olivet et de Court de Gébelin, auprès desquels, il peut dignement figurer sans faire double emploi. On sait, d'ailleurs, toute l'estime que témoignait Eliphas Lévi à Aug. Chaho qu'il cite élogieusement dans son Dogme et Rituel. Voici la reproduction de quelques titres de chap : Les trois états de l'esprit humain. Le Polythéisme ; ses transformations jusqu'à nos jours. Les Mystères. Les Miracles. La Tradition. La Mythologie. Formation des langues. Les civilisations patriarchales et les écoles sacerdotales, qui leur ont succédé. Le dogme de la Trinité dans l'antiquité, son explication. Le Globe terrestre et ses Révolutions périodiques ; les déluges. Les grands cataclysmes. Traditions juives. Personnification mythologique d'Adam. Légendes primitives. Le symbolisme dans l'Art. Les Prêtres égyptiens, les Brahmes, les Mages, les Druides. Origine des Mystères. Le Mysticisme. Origine des Cultes et de l'Idolatrie. Traditions arabes. Zoroastre. Explication de la démonologie. Théorie des prophéties patriarcales. Recueil d'allégories. Système de Confucius. Révélations évangéliques. Règne du Serpent. Mystère de la Croix, etc.....

(G-147 et 1236

2151 CHAHO (Aug.). — Voyage en Navarre pendant l'insurrection des Basques. (1830-1835) par J. Augustin Chaho.

Paris, 1836, in-8°, X-436 p. pl. et carte. (4 fr. 50).

[O. 115

Avec portr. et costumes.

CHAHO (Augustin). — Voir : LAMBERT.

2152 CHAIGNEAU (J. Camille). — Les Chrysanthèmes de Marie et Appendice aux Chrysanthèmes.

Paris, Dentu, 1880. *Royan, Imp. Victor Billaud*, 1883. 2 part. in-18 de 302 et 27 p. tableau et portrait. (5 fr.).

[Ye. 17422

L'auteur célèbre en 302 pages de Vers et de Prose son union avec une Désincarnée ; puis, en 27 pages d'appendice, annonce à son ami, M. Hugo d'Alési, son mariage avec une Incarnée.

(G-148

2153 CHAIGNET (Antelme Edouard). — La philosophie de la science du langage, étudiée dans la formation des mots.

Paris, Didier, 1875, in-12, XI-471 p. (3 fr. 50).

[X. 22309

2154 CHAIGNET (Antelme Edouard). — Pythagore et la Philosophie Pythagoricienne contenant les fragments de Philolaüs et d'Archytas, traduits pour la première fois en français.

Paris, *Didier*, 1873, 2 vol. in-8°. (10 frs).

[J. 17228 et 9

De tous les travaux publiés sur Pythagore, sa Doctrine, son Ordre, celui-ci est le plus étendu et le plus riche en documents de toutes sortes. Le tome 1er développe la vie du grand Philosophe dans tous ses détails, fait l'historique de l'Ordre pythagoricien avec son organisation, sa constitution, ses règlements, son caractère. Le Tome 2 pousse l'étude des nombres jusqu'à ses dernières limites : le nombre ; les éléments du nombre ; le système des nombres dans le monde, etc. Enfin, les travaux de Philolaüs et d'Archytas, publiés pour la première fois, donnent à cet ouvrage une valeur inestimable.

Réédité *Ibid. Id.* 1874, in-12 de XXVIII-354 p. et 302 p. et la table. (9 fr.).

2155 CHAILLOT (Abbé Ludovic). — Principes de Théologie Mystique, par Mgr. Chaillot.

Paris, *L. Hervé*, 1866, in-18, 384 p. (3 fr.).

[D. 55083

Doctrine catholique. De la Vie purgative. De la divine contemplation. Hérésies, doctrines condamnées (Simon le Magicien ; Manichéisme ; Gnosticisme ; illuminés d'Espagne, etc..). La Cité Mystique. etc...

2156 CHAINE (La) D'UNION DE PARIS. — Journal de la Maçonnerie universelle fondé à Londres le 15 Septembre 1864. Venu à Paris le premier Juin 1869.—Hubert rédacteur en chef.

De Décembre 1871 à Décembre 1886 inclus.

In-8° (60 fr.).

Très intéressante revue contenant des fac similés d'autographes.

2157 CHAINE MAGNÉTIQUE (La). — Organe des Sociétés Magnétiques de France et de l'Etranger, Echo des Salons et Cabinets de Magnétisme et de Somnambulisme... Administrateur Gérant : Louis AUFFINGER fils, Secrétaire de M. le baron DU POTET.

Paris, 15 rue du Four-St-Germain depuis le 15 Juillet 1879 jusqu'en 1895. 16 années, in-4°

[4°. R. 404

Curieux organe d'un des deux " successeurs " du baron Du Potet : l'autre étant M. Hector *Durville*, q. v.

2158 CHAINE (Léon). — Les catholiques français et leurs difficultés actuelles.

Lyon, *A. Storck et Cie*, 1908, in-8° VIII-727 p. (4 frs).

[8° Ld¹. 0278 bis

Du Militarisme. — Du Nationalisme. — Les femmes et la politique. Antisémitisme — Les Catholiques et le bon vieux temps. — Timidité intellectuelle de certains catholiques. — L'abus des dévotions nouvelles. — Le Christianisme social et les conservateurs. — La Loi du 1-er juillet 1901 et les " Dreyfusards ". — Du Clergé séculier et des congrégations. — etc.. Articles. — Comptes-rendus. Notices bibliographiques.

2159 CHAINE (Léon). — Menus Propos d'un catholique libéral.

Paris, *E. Nourry*, 1908, in-16 de 224 pp.

[8° H. 0056

L'auteur de " Les Catholiques français et leurs difficultés " est trop connu du public pour qu'on ait besoin de le lui présenter.

Cet ouvrage nouveau fait comme la suite naturelle du précité. L'auteur y aborde tous les sujets qui préoccupent aujourd'hui les catholiques. On en jugera par la table des chapitres : De quelques Réformes de Pie X. — De l'Action des laïques dans l'Eglise. De l'ignorance religieuse de certains catholique. Nouveautés nécessaires. Des Evêques et des Cardinaux. Du Syllabus de Pie X et de l'Encyclique Pascendi, etc...

2160 CHAIS (Ch.). — Dissertation sur les démoniaques dont il est fait mention dans l'Evangile.

La Haye, 1741, in-12. (4 fr.).

[D². 4517

formant le 3-ème et dernier vol. de : Le sens littéral de l'Écriture sainte, défendu contre les objections des antiscripturaires et des incrédules modernes, traduit de l'anglais de M. Stackhouse. (Ce 3-ème volume est entièrement du traducteur Ch. Chais).

Les précédents sont datés de 1738.

2161 CHAIS SOURCESOL (Guill.). — La clef des oracles divins ou Supplément au livre des manifestes.

S. l. au I-er du XVIII-e S. de l'ère chrétienne, in-12. (4 fr.).

Grégoire, évêque de Blois, consacre à Chais Sourcesol, prêtre insermenté qui voulait ramener l'Église à sa primitive simplicité, un long et curieux art. dans son Histoire des Sectes religieuses.

(G-140

2162 — Le Livre des Manifestes...

[*Avignon, 1800*]. 2 part. in-12.

[Lb³⁹. 436

2163 ..... CHALDEÆ seu Æthiopicæ Linguæ Institutiones.

Romæ, 1630. in-8°.

(S-3330

2164 CHAMBARD (D' Ernest). — Du Somnambulisme en général, nature, analogies, signification nosologique et étiologie, avec huit observations de somnambulisme hystérique.

Paris, Octave Doin, 1881. gr. in-8° 140 p. (2 frs 50).

[Th⁶⁰ 7

Des fonctions de relation dans le sommeil, le rêve, la léthargie lucide et ses délires généraux. Hystérie. Épilepsie. Délire mystique. Nymphomanie. Hallucinations, terrifiantes, etc...

2165 CHAMBON (Jean). [pseudonyme de ALHAIZA (Adolphe) ?]. — Catéchisme naturaliste. Essai de synthèse physique, vitale et religieuse.

Bruxelles, impr. de E. Mendel, 1889, in-8°, 436 p. (2 fr. 50).

[8° R. 958]

2166 CHAMBON (Jean ou Joseph ?). — Jean Chambon, cy devant premier médecin de J. Sobieski, roy de Pologne. Traité des métaux et des minéraux, et des remèdes qu'on en peut tirer. Avec des dissertations sur le sel et le soulphre des Philosophes, et sur la goutte, la gravelle, etc. avec un grand nombre de remèdes choisis.

Paris, Cl. Jombert, 1714. fort in-12. XL-550 p. (12 fr.).

[Te¹⁸. 154

C'est la Suite des " Principes de Physique rapportes à la Médecine pratique " *Paris, Vve Jombert*, 1711.

[Te¹⁸. 155

2167 CHAMPERIUS (Symphorianus). — Symphorien CHAMPIER, célèbre médecin et historien français, né vers 1471 à St Symphorien-le-Loise dans le Lyonnais, mort vers 1540. Médecin du Duc Antoine de Lorraine, et créé chevalier sur le champ de bataille. Niceron énumère 54 ouvrages de cet auteur. — Pars Theologalis Ubi secundæ pratis D. Simphoriani Champerii.

Lugduni, 1507. in-8° Gothique.

(S-3171

2168 CHAMPERIUS (Symphorianus). nobilissimi Lotharingie ducis Antonij primarius medicus. Pronosticon libri tres, quorum primus est de Pronosticis seu Presagijs prophetarum. Secundus de Presagijs Astrologorum. Tertius de Presagijs Medicorum.

(*In fine*) : Lugduni, regnante Francisco Francorum rege Christianissimo huius nominis primo.

Anno ab incarnatione 1518, impensis Vincentij de Portonariis.

in-8°, Gothique de 23 pp. (85 fr.).

[Rés. Z. Fontanieu. 150 (5)

Ouvrage rare sur les pronostics et présages des prophètes, des astrologues et des médecins.

2169 CHAMPFLEURY (Jules François Félix HUSSON, dit FLEURY, dit). — Les Excentriques. (2-ème édit).

Paris, Michel Lévy frères, in-18, 346 p. (3 fr.).

[Ln² 106. B

Études très suggestives sur l'Alchimiste Cambriel, le Démonomane Berbiguier, Miette, l'un des sept fils du dragon de Paris, etc...

A signaler un chap. plein de renseignements utiles sur Fabré-Palaprat, les néo-templiers et l'abbé Chatel.

Ed. originale.

Ibid. Iid., 1852. in-18 de 373 p.

[Ln² . 100

CHAMPIER (Symphorien) Voir : *CHAMPERIUS.*

2170 CHAMPIER (Victor). — Les Anciens Almanachs illustrés. Histoire du Calendrier depuis les Temps anciens jusqu'à nos jours. Ouvrage accompagné de 50 Pl. hors texte, en Noir et en Couleurs, reproduisant les principaux Almanachs illustrés ou gravés par Léonard GAULTIER, CRISPIN DE PASSA, Abraham BOSSE, de LARMESSIN, LEPAUTRE, AUDRAN, GRAVELOT, COCHIN, QUEVERDO, DEBUCOURT, DEVERIA, etc.

Paris, L. Frinzine, 1886, in-8°, 150 p., fig. et pl. (20 fr.).

[Fol. V. 1045

Renferme reproductions d'Almanachs et de Calendriers de toutes les époques, dont 50 hors texte.

2171 CHAMPION (Maurice). — La fin du monde et les comètes au point de vue historique.

Paris, A. Delahays, 1850, in-18, 188 p. (3 fr.).

[V. 31358

Étude générale sur les innombrables prédictions sur la fin du monde, faites tour à tour, à toutes les époques, depuis l'ère chrétienne.

L'auteur est aussi biographe de Frédéric SOULIÉ.

Paris, Moquet, 1847. in-12, 46 p. et portr.

[Ln²⁷. 19099

2172 CHAMPOLLION (Jean François, dit le Jeune), célèbre Orientaliste né à Figeac, Lot, en 1790, mort en 1832, Conservateur du Musée Égyptien du Louvre. Frère cadet de Champollion-Figeac. — Dictionnaire égyptien en écriture hiéroglyphique, publié d'après les manuscrits autographes.

Paris, Firmin Didot, frères, 1841-43. in-f°, XXXVI-487 p. fig. lithographié (40 fr.).

[X. 903

Dictionnaire fort apprécié, contenant 487 pages lithographiées de signes hiéroglyphiques, écrits entièrement de la main de l'auteur.

2173 CHAMPOLLION (le Jeune). — Précis du système hiéroglyphique des anciens Égyptiens, ou recherches sur les éléments premiers de cette écriture sacrée, sur leurs diverses combinaisons et sur les rapports de ce système avec les autres méthodes graphiques égyptiennes. Seconde édit. revue par l'auteur et augm. de la lettre à M. Dacier, relative à l'alphabet des hiéroglyphes phonétiques employés par les Égyptiens sur leurs monuments de l'époque grecque, et de l'époque romaine.

Paris, Impr. Royale, 1828. 2 vol. in-8° dont 1 de planches.

[X. 0532-3

Avec 20 planches et tableaux explicatifs des signes et groupes hiéroglyphiques cités au cours de l'ouvrage.
Ouvrage Capital de Champollion.

2174 CHAMPOLLION-FIGEAC (Jacques Joseph ou Jean Jacques ?) né à Figeac, Lot, en 1778, frère aîné du précédent. Secrétaire de Napoléon Ier. Mort à Fontainebleau en 1867. — Égypte ancienne.

Paris, Firmin Didot, 1839. in-8°, 500 p. et 92 pl. (8 fr.).

[O³a. 34

Œuvre de premier ordre pour l'étude du symbolisme égyptien. Mythologie. Astrologie. Thème natal de l'Univers. Médecine et Alchimie. Prodiges de la Magie. Description des grands temples. Tradition secrète des prêtres égyptiens. Rituel funéraire ; Livre des manifestations

Sc. psych. — T. I. — 21.

à la lumière ; tableaux symboliques. Livres d'Hermès-Thoth. Grandes fêtes. L'Ecole d'Alexandrie. L'Ecriture hiéroglyphique. Le labyrinthe mystérieux. Le Sphinx et les Pyramides. Les Zodiaques. Alphabet égyptien.

Idem : *Paris*, 1858, 1 vol. in-8°.

2175 CHAMPROUX (Stanislas). — Le vrai moyen de vivre longtemps.

Paris, E. Dentu, 1885, in-8° 463 p. (4 fr.).

[8° R. 6561

" L'ivrognerie est le plus grand fléau de l'humanité."

2176 CHAMPSAUR (Félicien). — Masques modernes (Félicien Rops, Desboutins ; Notes sur M. Huysmans : notes sur M. Zola ; sur Alph. Daudet, etc)...

Paris Dentu, 1889, in-18, 341 p. front. de Rops et couv. ill. (4 fr.).

[8° Z. 12940

2177 CHAMPVILLE (Gustave-Fabius de). — La Liberté de tuer, la liberté de guérir, étude critique et documentée sur le monopole de la médecine opposé au libre exercice du Magnétisme et l'alcoolisme.

Paris, 1894, in-12. (0 fr. 50).

2178 — Le Magisme, étude de valgarisation...

Paris, Librairie Spiritualiste, s. d. [1894], in-12 de 54 p.

[8° R. 12245

2179 CHAMPVILLE (Fabius DE). — Pour devenir lucide : la Lucidité et la Divination à travers les âges.

Paris. (1 fr. 50).

12 portr. et fig.

2180 CHAMPVILLE (Fabius DE). — Pour transmettre sa pensée. Notes et documents sur la Télépathie, ou transmission de pensée.

Paris. (1 fr. 50).

2181 CHAMPVILLE (Gustave Fabius de). — Science Psychique d'après l'œuvre de M. Am. H. Simonin, président de la Soc. Magnétique de France.

Paris, Librairie du Magnétisme, 1890, in-16, 33 p. (0 fr. 50).

[8° R. Pièce. 4004

2182 CHAMPVILLE (Fabius de). — La transmission de la pensée.

Paris, 1893, in-12 (0 fr. 40).

2183 [CHAMSKI (Jozef Tadeusz)]. — L'Univers dévoilé, ou observations sur la nature et le système des corps célestes, par un compatriote de Kopernik (T.-J. Chamski, exilé de France).

Paris, 1802, in-8° 3 planches en couleurs (5 fr.).

« Rien de ce qu'il y a dans ce volume, dit l'auteur, n'est extrait d'aucun écrivain, car il présente au monde civilisé, uniquement ses propres idées ». Il serait difficile d'examiner en quelques lignes les théories originales de Chamski. Il faudrait des pages entières. Nous nous bornerons à dire que l'auteur fait de l'Electricité le grand agent de son système. Il étudie le soleil et ses habitants, et prétend que les comètes elles-mêmes sont le théâtre d'un monde spécial très analogue à celui du soleil. Très souvent il a des vues identiques à celles de Michel de Figanières, et ce rapprochement est d'autant plus précieux que Chamski semble ignorer les révélations du célèbre voyant.

2184 CHANGEUX (Pierre-Nicolas). — Traité des extrêmes ou éléments de la science de la réalité par M. Changeux.

Amsterdam, Darkstée et Merkus, 1767, 2 vol. in-12 (4 fr.).

[R. 11935-6
(G.-1237

2185 CHANNING (William Ellery) pasteur et philosophe américain, né à Newport (Rhode Island) en 1780, mort à Bennington (Vermont) en 1842. — Œuvres de W.E. Channing. Traités religieux, précédés d'une introduction par Edouard Laboulaye.

Paris, Lacroix-Comon, 1857, in-12 XXVIII-323 p. (3 fr.).

[D². 6564

2186 CHANNING (W. E.). — Le christianisme unitaire.

Paris, Dentu, 1862, in-12 (3 fr.).

[D². 6565

2187 CHANNING (William E.). — De l'Éducation personnelle ou culture de soi-même.

Paris, Charpentier, 1860, plaquette in-18 de 84 pp. (0 fr. 75).

[R. 31002

Traduit par Ed. Laboulaye. Membre de l'Institut.
Auto-suggestion par les lectures. (p. 48). Les journaux quotidiens, etc. (p. 64). M. Hazard auteur d'un curieux traité sur la volonté (note page 76).

2188 CHANNING (sur W.E.). — W. E. Channing, sa vie et ses œuvres. Avec une nouvelle préface de Ch. Remusat.

Paris, Didier, 1861, in-12, (3 fr.).

(Traduit de l'anglais).

2189 CHANTE-PLEURE d'eau-vive redondant : cœur componer, fait joyeux en larmoyant, seu pénitentiale irriguum cum focario et scintillantibus focariis, ou le Fusil de pénitence avec ses allumettes.

Parisiis, 1537, in-8°

Livre rare et singulier.

(S-1104

2190 CHAPELET (Le) de vertus...

in-4° Gothique, sans dates réclames, chiffres, finit ainsi : « Cy finit le roman de Prudence, imprimé à Paris, par Cailleau.».

(S-945

2191 CHAPOUTOT (Henri). — Villiers de l'Isle-Adam. L'écrivain et le Philosophe.

Paris, M. Delesalle, 1908, in-18 de XVIII-244 p. (1 fr. 75).

[8° Ln²⁷. 53522

Intéressante étude sur cette étrange figure de grand initié que fut le comte Villiers de l'Isle-Adam.
Le Monde tel qu'il est d'après Villiers de l'Isle-Adam. — Le monde idéal, d'après le même. — Villiers de l'Isle-Adam Philosophe. — L'Occultisme et la Magie dans l'Œuvre de Villiers de l'Isle-Adam. — Etc.

Jean Marie Mathias Philippe Auguste VILLIERS DE L'ISLE-ADAM, est né à St Brieuc le 7 Novembre 1838.

2192 CHAPPELAIN (Ludovic). — Les mystères de l'histoire révélés par le somnambulisme lucide par Ludovic Chappelain [ou Chaplain].

Paris, 1853.

Nous ignorons si ce livre a été mis dans le commerce.

(D. p. 149

2193 CHAPPRON. — Nécessaire maçonnique, par E... J... C.... Mn.·. Régr.·.

Paris, Canel, 5.812, [1812], pet. in-8° ou in-12, 114 p. et pl.

[H. 19822

Id. :

Paris, l'auteur, 1827, in-8° de II-224 p. (10 fr.).

[H. 13443

Edition à laquelle on a ajouté les secrets de la Maçonnerie dévoilés à LL. SS. les Papes ou observations sur les bulles portant excommunication des membres composant les sociétés dites de Francs-Maçons et dans laquelle on a conservé le nécessaire maçonnique d'adoption à l'usage des dames.

(G-150

2194 CHAPPUIS ou CHAPUIS (Jacques Antoine), avocat, ancien proscrit du Deux-Décembre, né à Marseille (?) le 14 avril 1822, mort vers 1897 à l'hôpital des Dellys. Vénérable de la Loge « La Réforme » de Marseille, puis

Avocat-Défenseur à Tizi-Ouzou (Algérie). — Le Christ au Vatican, ou Visite émouvante de Jésus-Christ au Pape Léon XIII. Poésie satirique célèbre avec une intéressante notice historique et biographique sur le vrai auteur. Prix : 0,40 centimes.

Saint-Etienne. Samuel Porchère, s. d., [vers 1898]. pet. in-8° de 20 p. (1 fr.).

Edition précédée d'une intéressante Notice historique et biographique sur le véritable auteur de ce célèbre Poème satirique, qui fut un moment attribué à Victor Hugo, et qui eut un grand succès dans les Loges Maçonniques.

Autre éd.
St-Germain, Lib. anti-cléricale, s. d., [1884], in-4° de 11 p. (0 fr. 25).

[4° Ye Pièce 68

2195 CHAPUIS (D' Adolphe-Achille-Abraham). — Précis de Toxicologie, par le D' Adolphe Chapuis. Avec 43 figures.

Paris J. B. Baillière et fils, 1882. in-8° VII-730. p. fig.

[T[?]. 83

Réédité 2 fois. Ibid., Id., 1886. in-18, et 1807. in-8° (VIII-702 p. fig.).

[T[?]. 83 B.

2196 CHAPUIS (Gabriel) né à Amboisse en 1546, mort à Paris en 1611. Historiographe de France et Interprète du Roy pour la Langue Espagnole. — L'examen et parfait ivgement des esprits propres naiz aux sciences. Ou par merueilleux et vtiles secrets, tirez de la vraye Philosophie, tant naturelle que divine, est démontrée la différence de grâce et habiletez qui se trouvent aux hommes, et à quel genre de lettres et sciences est conuenable l'esprit de chacun.

Paris, 1588. fort in-18 (4 fr. 50).

Ouvrage fort curieux et singulier traduit de Jean Huarte, q. v. dans lequel l'auteur s'est fait un devoir de ne rien atténuer de la liberté des expressions.

Autre édition :
Rouen, 1598, in-12.

[R. 38804

2197 CHARACTERISTICK der alten Mysterien für Gelehrte und Ungelehrte. Freymaurer und Fremde, aus den Original-Schrift-stellern.

Franckfurt und Leipzig, s. adr., 1787, in-8° de 26-432 pp.

(O-182

CHARAS (Moyse), médecin, né à Uzès en 1618, mort à Paris en 1698. Il était « Apothicaire artiste du Roy en son Jardin Royal des Plantes », et il y enseignait la chimie. La Révocation de l'Edit de Nantes l'obligea à se réfugier en Angleterre, puis en Hollande et en Espagne, où le roi Charles II l'avait appelé. Revenu enfin à Paris il fut élu Membre de l'Académie des Sciences.

2198 CHARAS (Moyse). — Pharmacopée Royale, Galénique, et Chymique, par Moyse Charras.

Paris. [l'auteur (?)] 1672 (?). (Larousse). [Cette indication est sans doute erronnée, pour 1682].

Autres :
Paris, l'auteur, 1676. in-4° Pièces liminaires. 1000 p. et la Table. Front. gravé. Planches.

[Te¹⁴⁶ 97

Paris. L. d'Houry, 2ᵐᵉ édition, 1682. 2 vol. in-8°.

[Te¹⁴⁶ 97 A.

Ibid. Id., 1691, 2 tomes in-4°, Frontisp. gravé Portr. et planches.

[Te¹⁴⁶ 97 B.

2199 CHARAS (Moyse). — Nouvelles Expériences sur la Vipère.... par Moyse Charras.

Paris, l'auteur (?), 1672, in-8°.

Edition originale :

Ibid., Id., 1609, in-8° de XII-278 p. et 201 à 218, 6 p. non chiff. fig. et pl.

[S. 24998 (S-3376 b.

2200 CHARAS (Moyse). — Thériaque d'Andromachus [Médecin de Néron], avec une Description particulière des Plantes, des Animaux et des Minéraux employés à cette grande composition, et les Réformations et Observations nécessaires, tant sur leur élection et préparation, que sur leur dernier mélange, par Moyse CHARRAS, Apothicaire artiste du Roy, en son Jardin Royal des Plantes.

Paris, O. de Varennes, 1668, in-12 de XXIV-310 p. Frontisp. gravé représentant un Castor et des Vipères. (10 fr.).

[Te¹⁵¹ 1496

C'est le même ouvrage que celui intitulé plus tard : « Histoire Naturelle des Animaux ».

Paris, L. D'Houry, 1685, in-12 de X-312 p. Front. gravé.

[Te¹⁵¹ 1496 A.

Les 65 ingrédients composant cette Thériaque sont énumérés p. 22 et suivantes. Certains de ces ingrédients comportent eux-mêmes dix sept Substances (p. 58 par ex.).

C'est dans la préface du premier de ces deux ouvrages, p. 1, que l'auteur s'attribue nettement la paternité du Livre paru sous le nom de Christofle GLASER « Traité de Chymie »... « j'aimay mieux le publier sous le nom de Christofle GLASER, que d'y faire voir le mien... » dit-il.

2201 [CHARAS (Moyse)]. — Christophle GLASER. — Traité de la chymie, enseignant par une briève et facile méthode toutes ses plus nécessaires préparations. Quatrième édit. augm. par l'auteur.

Bruxelles, 1676, in-12. (10 fr.).

Ch. Glaser, ainsi que son associé Sainte-Croix, périrent en distillant leurs drogues, et c'est alors que la justice ayant pénétré dans leur ténébreuse officine, furent découvertes certaines pièces qui conduisirent à l'arrestation de la Brinvilliers et de ses complices et furent le point de départ de l'affaire des Poisons. — Il est curieux de voir quelle conception l'empoisonneur Glaser se faisait de la chimie.

(G-351

Autres éditions :

Paris, chez l'Auteur, 1663, in-12 de 8 ffs n. c. dont 1 blanc, 378 p. et et 2 ffs n. c. Front. et Pl.

[R. 37340

Paris, 1667, in-12.

Paris, d'Houry, 1673, 2 vol. in-12.

Dans l'édition originale : Huile et sel volatil de Crâne Humain (p. 357). — Distillation de la chair des vipères. — Or fulminant (p. 81).

2202 CHARBONNEL. (Abbé Victor). — Congrès universel des Religions en 1900. Histoire d'une Idée.

Paris, A. Colin, 1897, fort in-18 VI-301 p. (3 fr. 50).

[8° H. 6184

Le mouvement général des Peuples vers une fusion politique et religieuse est magistralement étudié dans ce livre qui ne dissimule point, d'autre part, l'effort désespéré des vieilles religions caduques pour empêcher ce grand baiser fécond dont doit naître un monde nouveau. Il est curieux de voir, à l'heure prochaine de cette immense conversion christique, les manœuvres dissolvantes des théologiens qui, poussés on ne sait trop par quel esprit, usent leurs dernières forces pour faire avorter cette union, où se trouvera réalisée la véritable Église universelle.

2203 CHARBONNEL. (Abbé V.). — Les Mystiques de la littérature présente (de Vogüé, Tolstoï, Renan, Zola, P. et V. Margueritte, Ed. Rod, Bouchor, Rodenbach, A. France, Huysmans, Verlaine, Baudelaire, Barbey d'Aurevilly, Villiers de l'Isle-Adam, Péladan, J. Bois, R. de Gourmont, etc)...

S. l., 1895, in-8°.

Autre :

Paris « Mercure de France », 1897 in-18 de 205 p.

[8º Z. 14482

2204 CHARBONNEL (V.). — L'origine musulmane des Jésuites.

Paris, Fayard frères, 1900, in-8º 24 p.

[8º H. Pièce, 851

Extrait de la « Revue des Revues » du 15 Nbre 1899.

La thèse soutenue par l'auteur sur ce sujet si controversé est des plus curieuses. Ignace de Loyola fut en relations avec les Mores d'Espagne et avec les confréries musulmanes telles que les Quadryas, les Chadelyas, les Aïssaouas, les Soufis ou Kouans, etc... et il s'inspira de leurs règles et rituels pour organiser l'ordre des Jésuites. L'auteur traite longuement des initiations, de l'organisation et de l'esprit des différentes sociétés secrètes musulmanes.

2205 CHARBONNIER (Dʳ Nestor). — Maladies et facultés diverses des mystiques, par M. le Dʳ Charbonnier de Bruxelles.

S. l., 1874, in-8º (Hors commerce) (4 fr.)

Coup d'œil historique sur les stigmatisés et extatiques. De l'abstinence. De la stigmatisation et de l'extase. — Sur LOUISE LATEAU. — Etc.

Autre éd. :

Bruxelles, Henri Manceaux, 1875, in-8º de XVI-280 p. et tab. (4 fr.).

[T¹⁶. 351

CHARCOT (Dʳ Jean-Martin). Né et mort à Paris : 1825-1893. Médecin célèbre surtout par ses expériences sur les Hystériques de la Salpêtrière et le Système Hypnotique qu'il en a déduit. Ce système est maintenant reconnu inexact. Le Docteur Charcot était Membre de l'Académie de Médecine.

2206 CHARCOT (J. M.). — I. Maladies du système nerveux, 25 fig. 10 pl. (15 fr.).

II. Maladies du système nerveux, 33 fig. 10 pl. (15 fr.).

III. Maladies du système nerveux, 80 fig. (12 fr.).

IV. Les localisations dans les maladies du cerveau et de la moelle épinière, 87 fig. (12 fr.).

V. Maladies des poumons et du système vasculaire, 51 fig. 2 pl. (15 fr.).

VI. Maladie du foie, des voies biliaires et des reins, 37 fig. 7 pl. (12 fr.).

VII. Maladies des vieillards, goutte et rhumatisme, 10 fig. 4 pl. (12 fr.).

VIII. Maladies infectieuses, affections de la peau, kystes hydatiques, 10 fig. (10 fr.).

IX. Hémorrhagie, ramollissement du cerveau, hypnotisme, électrothérapie, 54 fig. 1 pl. (15 fr.).

X. Clinique des maladies du système nerveux, pub. par M. Guinon, (12 fr.) (I).

XI. Clinique des maladies du système nerveux, pub. par M. Guinon, (12) (II).

XII. Leçons du mardi à la Salpêtrière. Policlinique 1887-88, 101 fig. (20 fr.).

XIII. Leçons du mardi à la Salpêtrière. Policlinique 1888-89, 120 fig. (20 fr.).

(40 fr. le tout).

[T²⁵. 146

2207 CHARCOT (Dʳ Jean Martin). — Leçons sur les Maladies du Système Nerveux, faites à la Salpêtrière : (Tomes I et II des Œuvres Complètes, éditées par le Dʳ Bourneville).

Paris, A. Delahaye et E. Lecrosnier, 1885.

[T²⁵. 146

2208 CHARCOT (Dr Jean Martin). — Œuvres complètes, tome IX.

Paris, Lecrosnier, et Babé, 1890, in-8º de VIII-571 pp. 34 fig. et 1 pl. en chromo.

[T²⁵. 140

Hémorrhagie, ramollissement du cerveau, HYPNOTISME, électrothérapie. C'est le Volume des Œuvres du Dr Charcot qui a le plus spécialement trait aux Sciences Psychiques.

2209 CHARCOT (J. M.). — La foi qui guérit.

Paris, « Progrès Médical » 1897, in-8º. VIII-30 p. (3 fr.).

[8º R. 8040

Bibliothèque diabolique. Collection Bourneville.

Charcot a fait en quelque sorte ici la synthèse de son enseignement au sujet des cas réputés miraculeux et appartenant au domaine de l'hystéro-démonomanie.

2210 CHARCOT et P. RICHER. — Les démoniaques dans l'art.

Paris, Delahaye et Lecrosnier, 1877, in-4º de XII-116 p. fig. (12 fr.).

[T⁸⁵ d. 739

Nombreuses reproductions de curieuses gravures anciennes, mosaïques, fresques, miniatures, etc... — St-Rémy délivre une pucelle qui avait le « diable au corps » (p. 19-20). A la fin dessins des attitudes des hystériques durant leurs crises.

2211 CHARCOT et RICHER. — Les difformes et les malades dans l'Art.

Paris Lecrosnier et Babé, 1889, in-fº VI-102 p. fig. (15 fr.).

[T²¹. 573

Avec 98 figures dans le texte. Les grotesques ; les nains ; les bouffons ; les idiots ; les infirmes ; les aveugles ; les teigneux et les pouilleux ; les syphilitiques ; les lépreux ; les pestiférés ; les malades ; les morts, etc.

2212 [CHARDEL (Casimir-Marie-Marcellin-Pierre-Célestin)]. — Esquisse de la nature humaine expliquée par le magnétisme animal précédée d'un aperçu du système général de l'univers, et contenant l'explication du somnambulisme magnétique et de tous les phénomènes du magnétisme animal.

Paris, Dentu et Delaunay, 1826, in-8º. 308 pages (4 frs).

Manque à la Bib. Nat.

Cet ouvrage est du conseiller Chardel, il contient dans la troisième partie un fait de somnambulisme artificiel prolongé pendant plusieurs mois fait bien rare dans les annales du magnétisme.

A remarquer le chap. consacré au Tableau de la mort naturelle vu par une somnambule, avec explication de la manière dont l'âme se sépare du corps et le quitte.

(D. p. 109
(G-387

2213 CHARDEL (C.). — Essai de psychologie physiologique, par C. Chardel, conseiller à la Cour de cassation, ancien député de la Seine, auteur de l'Esquisse de la nature humaine.

Paris, J. Ponce Lebas, 1838, in-8º VIII-355 pages, (5 fr.).

[R. 31093

Idem :

Paris, " Encyclopédie Portative ", 1831 in-8º. XXIV-372 p.

[R. 31092

Il y a eu deux éditions successives de ce livre, puis une troisième que nous indiquons plus loin (1844). Cet ouvrage est assurément fort estimable. L'auteur examine avec soin les facultés des somnambules et sans partager ses théories, on ne peut lui refuser le mérite de bonnes observations en même temps qu'un excellent style.

Ouvrage recommandé par Papus, dans son Traité de magie pratique, comme indispensable pour arriver au grand magistère. L'auteur y examine avec soin les facultés des somnambules. (Du fluide éthéré et des ondes lumineuses. Analogie du fluide nerveux et de la vie spiritualisée. Du sommeil et des rêves. Du magnétisme

2214 CHARDEL (C.). — Essai de psychologie physiologique. 3ᵐᵉ édition.

Paris, G. Baillière, 1844, in-8°. VIII-404 p. (5 fr.).

[R. 31094

Troisième édition, augmentée des "Notions puisées dans les phénomènes du Somnambulisme lucide et révélations de Swedenborg sur le mystère de l'incarnation des âmes et leur état pendant la vie et après la mort".

(G-151

2215 [CHARDEL]. — Mémoire sur le magnétisme animal présenté à l'Académie de Berlin en 1818.

Paris, Baudoin frères, 1818, in-8°. II-40 pages. (2 fr.).

[Th⁽⁾. 225

Cet ouvrage très bien écrit est attribué à Chardel le Magistrat.

(D. p. 92

2216 [CHARDEL]. — Observations de l'auteur de l'Esquisse de la nature humaine sur l'article magnétisme animal, inséré dans le 13ᵉ volume du dictionnaire de médecine par le Dr Rostan.

Paris, 1827, in-8°, 12 pages.

Cette brochure de Chardel est rare.

(D. p. 102

2217 CHARDIN (Charles) ingénieur et constructeur électricien à Paris. — L'Electricité et la thérapeutique moderne.... Loi de Chardin....

Paris, A. Maloine, 1900, in-18 de 98 pp. fig.

[Te¹⁵. 255

— Précis d'électricité médicale: théories, appareils, définitions, terminologie, par C. Chardin.... et le Dr Foveau de Courmelles.

Paris, O. Berthier, 1896, in-18 de III-448 pp. fig.

[Te¹⁵. 234

— Précis d'électricité médicale, ouvrage de principe, synthétique et pratique..... par Ch. Chardin... un groupe de docteurs adeptes et amis.....

Paris, A. Maloine, 1904, in-18 de 839 pp. fig.

[Te¹⁵. 274

Ouvrages du célèbre électricien-guérisseur dont les cures ne se comptent plus, et dont les procédés voisinent souvent avec ceux de certains magnétiseurs : Guillaume EDARD, q. v. entre autres.

2218 CHARDON. — Résolution géométrique du célèbre problème de la Quadrature du Cercle, ou sa rectification, tirée d'une équation indéterminée du troisième degré, qui n'est elle-même qu'un cas particulier d'une égalité de ce dernier.

Paris, 1746, in-8°, avec 2 pl. gravées. (3 fr. 50).

Ouvrage curieux sur cette question restée célèbre.

2219 CHARDON de la ROCHETTE (Simon) né en 1753, dans le Gévaudan, mort à Paris en 1814. Helléniste et Bibliographe. — Mélanges de critique et de philologie.

Paris, d'Hautel, 1812, 3 vol. in-8° (400 p. env.). (12 frs).

[Z. 23317-19

Ouvrage rempli de documents très intéressants. Des choses incroyables que l'on voit au delà de Thulé, par A. Diogène. Notice sur Jamblique. Les Babyloniques, ou les amours de Rhodanes et de Sinonis, par Jamblique, Documents sur Pythagore. Eclaircissements sur l'histoire d'Hérodote, etc...

2220 CHARENCEY (Comte Hyacinthe de). — Des Ages ou Soleils d'après la mythologie des peuples de la Nouvelle Espagne.

Madrid, impr. de Fontanet, 1883, in-8° 124 p. (1 fr. 50).

[Pd. 318
(G.-1724

2221 CHARENCEY (H. de). — Les animaux de la vision d'Ezéchiel et la symbolique chaldéenne.

Caen, Imprimerie de F. Le Blanc-Hardel, 1875, in-8° de 26 pp. (1 fr. 50).

[A. 14243

2222 CHARENCEY (de). — Chronologie des âges, ou soleils d'après la mythologie mexicaine.

Caen, impr. de J. Le Blanc-Hardel, 1878, in-8° de 31 p. (1 fr.).

[Pd. 278

2223 CHARENCEY (Comte de). — Des couleurs considérées comme symboles de points de l'horizon chez les peuples du Nouveau Monde.

Paris, E. Leroux, 1877, in-8°, 69 p. (1 fr. 25).

[P. 715
(G.-1725

2224 CHARENCEY (H. de). — De quelques idées symboliques se rattachant au nom des douze fils de Jacob.

Paris, Maisonneuve, 1874, in-8°, 104 p. (2 fr. 50).

[H. 13456
(G.-1726

2225 CHARLES LE CHAUVE. — Visio Caroli Calvi de locis poenarum et felicitate justorum ; tiré du ms. latin 2447 de la Biblioth. du roi ; dans Lenglet-Dufresnoy : Recueil de dissertat..... (1752). T. I. p. I. 184-89.

On trouve la trad. de cette vision, dans Douhet (J. de) Dict. des légendes (1854). 1230-242.

(O-1750

2226 CHARLES (Emile-Auguste). — Roger Bacon. Sa vie, ses ouvrages, ses Doctrines.... Thèse par Emile Charles.

Bordeaux, Imp. de G. Gournouilhou. Paris, Hachette, 1861, in-8°, XVI-416 p.

[Nx. 107

Le principal ouvrage sur ce grand Alchimiste et Philosophe.

Donne à la fin (p. 335) non seulement des Analyses et Extraits de ses œuvres dans le texte latin mais encore la Bibliographie des Manuscrits d'où ils sont tirés, car on sait que la majeure partie de l'œuvre de Bacon est restée manuscrite, et qu'il n'existe pas une bonne édition de ses œuvres complètes.

2227 CHARLETON (Gvalterus), ou Gauthier ou Walter, né à Sheptonmalet en 1619 mort en 1707. Médecin de Charles Ier d'Angleterre. — Spiritus Gorgonicus vi sua saxipara exutus ; sive de causis, signis et sanatione Lithiaseos, diatriba.

Lgd. Batav., ex officina Elseviriorum, 1650, pet. in-8°. X-242 p. (7 fr.).

[Td^{110}. 9

Curieux ouvrage de médecine occulte.

(G-152

2228 CHARLETY (Sébastien). — Histoire du Saint-Simonisme (1825-1864) par Sébastien Charlety.

Paris, Hachette, 1896, in-16, 498 p. (4 fr.).

[Ld^{129}. 251

H. de St-Simon. L'École. Enfantin. Bazard. Rodrigues. La Doctrine. Carnot. Barrault. J. Raynaud. M. Chevalier. H. Leroux. L'Église. Le Globe. Fin du St-Simonisme. etc.

2229 CHARLIAC (Paul de). — L'Antechrist du moine Adson et les origines des prophéties modernes. Le dernier roi des Francs.

Paris, Dujarric, 1905, in-8°.

[Lb^{57}. 13067

2230 CHARMA (Antoine). — Du sommeil (Nature du sommeil. Psychologie. De la volonté. De l'intelligence. La perception. De la sensibilité, etc.)

S. l. n. d. [Paris, L. Hachette, et Caen. 1851]. in-8°, 104 p. (2 fr.).

[R. 31117

2231 CHARMA (Antoine). — Essai sur la Philosophie orientale... par M. A. Charma.

Paris, L. Hachette, 1842. fort in-8° XII-525 p. (10 fr.).

[R. 31114

Œuvre capitale du célèbre professeur qui restera comme un impérissable monument. Elle est la clef de l'Inde, de la Chine et de l'Égypte. Toutes les doctrines et les symboles s'y trouvent interprétés et le Magisme des Perses d'où nous sont venus tous nos grimoires y est l'objet d'un chap. très développé.

2232 CHARMES et Caractères de Sorcellerie de H... de V..., trouuez ne la maison de Miron, son premier Medecin.

Paris, J. Parant, 1589. in-8° pièce, avec deux figures.

[Lb³¹. 707

Il s'agit de Henri III de Valois, roi de France, assassiné la même année.

(S-5712

2233 CHARPENNES (Lucien). — Le Royaume de Dieu. Textes colligés, Récits d'histoire et gloses.

Laval, Imp. de L. Barnéoud, 1905. in-12, 404 pp.

[O²f. 1055

Etude très informée sur les sources du Messianisme, la personnalité de Jésus et des apôtres. Elle présente, dit modestement l'auteur, quelques vues directrices qui, peut-être permettront d'ordonner le chaos d'Israël au premier siècle de notre ère. Il conclut à la fin du ritualisme chrétien, qui, en mourant, engendrera une forme religieuse plus épurée et mieux en en harmonie avec les temps nouveaux.

2234 CHARPENTIER (J. B. A.). — Analyse du magnétisme de l'homme ; manière de l'administrer comme guérison naturelle : des effets et des phénomènes qui en résultent, par J. B. A. Charpentier

[Tb^ns. 140

Paris, Rousseau, 1838. in-18, 35 pages.

Petite brochure dont la forme autant que les exagérations de l'auteur laissent à désirer, en dépit peut-être de ses bonnes intentions.

(D. p. 114

2235 CHARPENTIER (Dr R.). — Les Empoisonneuses. Dégénérescence mentale et hystérique. Etude psychologique et Médico-légale.

Paris, G. Steinheil, 1906. in-8° de 232 p. fig. et pl. (6 fr.).

[T f¹³. 144

Empoisonneuses à Rome. — Marquise de Brinvilliers. — Empoisonneuses aux XVIII°, XIX° et XX° siècles, — etc.

L'auteur a donné aussi une brochure sur les Empoisonneurs.

Lyon, A. Rey, 1909, in-8° de 55 p. fig.

[8° Tf¹³. 156

2236 CHARPIGNON (Dr Louis-Joseph-Jules. — Coup d'œil appréciateur sur certaines doctrines médicales, systèmes classiques homéopathie, magnétisme, etc., par le Docteur Charpignon.

Paris, Germer Baillière, 1840, in-8°, 48 pages. (2 fr.).

[T³. 153
(D. p. 142

2237 CHARPIGNON (Jules). — Etudes physiques sur le magnétisme animal soumises à l'Académie des sciences par Jules Charpignon médecin à Orléans.

Paris, et Orléans, Germer Baillière in-8°, 41 pages. (2 fr.).

Il s'agit d'expériences comparatives entre l'électricité galvanique, l'aimant, etc., et les effets du magnétisme.

(D. p. 126

2238 CHARPIGNON (J.). — Etudes sur la médecine animique et vitaliste par

J. Charpignon, docteur en médecine.

Paris. *Germer Baillière*, 1804, gr. in-8°, VI-191 pages. (4 fr.).

[T³. 205

Hypnotisme et électro biologie. — Influence de l'Imagination. — Magie. — Amulettes. — Talismans. — Opinions de Paracelse et Van Helmont. — Sur l'occultisme et l'homœopathie, etc.

La première partie de cet ouvrage a été l'objet d'une mention honorable à un concours de l'académie de médecine. C'est une excellente étude de l'influence du moral dans certaines maladies et de sa direction et de son emploi comme moyen thérapeutique. La deuxième partie contient plusieurs guérisons importantes dues au magnétisme. En général l'animisme ancien ou nouveau ne nous paraît pas rigoureusement scientifique; il y a là plus d'un inconnu à dégager.

(G-1238
(D. p. 176

2239 CHARPIGNON (Dr J.). — Lettre au docteur Frappart sur le magnétisme par le docteur Charpignon.

Orléans, Imp. Jacob, 1843, in-8°, 8 pages.

[Tb⁶³. 159

(Extrait du journal de magnétisme de Ricard, 1840).

(D. p. 185

2240 CHARPIGNON (J.). — Physiologie médecine et métaphysique du magnétisme, par J. Charpignon docteur en médecine de la Faculté de Paris, membre de plusieurs sociétés savantes.

Orléans, Pesty, 1841, in-8°, 366 pages. (4 fr.).

[Tb⁶³. 24

Ce livre est un de ces traités où l'auteur, se plaçant à un point de vue scientifique, se préoccupe d'expliquer les divers phénomènes que présente le magnétisme à l'aide d'un petit nombre de lois adoptées en physique, en physiologie, en médecine. Son livre est méthodiquement divisé. C'est d'abord la comparaison de l'hypothèse du fluide nerveux avec les autres impondérables : le magnétisme et les phénomènes nerveux, le somnambulisme, l'extase, la médecine magnétique, le parti qu'on peut tirer du somnambulisme ; les opérations chirurgicales et l'insensibilité magnétique, la méthode et les procédés ; des études psychologiques, l'examen des faits dus à l'action du moral sur le physique, l'enthousiasme, la foi, etc., le magnétisme dit surnaturel, un mot d'histoire. M. Charpignon, dont nous ne partageons pas toutes les idées est du petit nombre de ces hommes courageux qui sacrifient volontiers leurs intérêts matériels à la satisfaction d'agir et d'écrire selon leur conscience. Il y a eu une deuxième édition de ce livre en 1848.

(D. p. 122

2241 CHARPIGNON (J.). — Physiologie, médecine et métaphysique du magnétisme, par J. Charpignon, docteur en médecine.

Paris. *Germer Baillière*, 1848, in-8°, VIII-407 pages. (5 fr.).

[Tb⁶³. 24 A.

Deuxième édition presque doublée de l'ouvrage précédent.

(D. p. 141
(G--1239

2242 CHARPIGNON (J.). — Rapport du magnétisme avec la Jurisprudence et la médecine légale par J. Charpignon, docteur en médecine.

Paris. *Germer Baillière et Durand* 1860, in-8°, 61 pages (1. fr.).

[F. 31315

Brochure des plus intéressantes. L'auteur examine au point de vue de la médecine légale l'exercice du magnétisme par des personnes non munies d'un diplôme de médecin, le somnambulisme de profession avec ou sans le secours de l'homme de l'art, sa simulation, ses dangers et abus, la réglementation de l'exercice du magnétisme, etc.

(D. p. 109

2243 CHARPY (Prof. Dr Adrien). — Cours de Splanchnologie : Les centres nerveux ; leçons publiées par A. Suis.

Montauban, imp. de J. Guillau, 1889, in-8°, III-270 p. Avec 550 fig. en couleurs. (5 fr.)

[Ta³¹. 79

Ouvrage avec lequel on peut se faire une idée juste de l'entéraptose, de l'exploration de l'espace de Traube, des circulations dérivatives dans la cirrhose et des hémorragies qu'elles entraînent et de tant d'autres sujets intéressant la séméiologie ou la Thérapeutique.

2244 CHARPY de STE-CROIX. — Le véritable lien des peuples, ou la Franc-Maçonnerie rendue à ses vrais principes ; recueil fait par un Européen, pour l'instruction des LL∴ qui se sont établies dans l'Asie et dans l'Inde au commencement du XIX⁰ siècle.

Paris, Migneret, 1820, in-8° de 48 pp. (3 fr.).

2245 CHARRON (Pierre), moraliste français, né à Paris en 1541, fils d'un libraire. Mort à Paris en 1603. Avocat, puis prédicateur, d'une orthodoxie un peu douteuse. — De la Sagesse, par Pierre Charron.

Paris, Veuve de J. Méial, 1621, pet. in-8°, 818 p.

[8° R. 10000

A cette édition, est ajouté : Un petit traité contenant un sommaire des trois livres, une apologie et response aux plaintes et objections qu'on faisoit contre iceux avec qq. discours chrestiens trouvez après le décez de l'auteur.

Autres éditions :

Leide, les Elzeviers, 1646, in-12, pièces limin. 603 p. et tab. titre gravé.

[Rés. R. 2034

Paris, 1613, in-8°.

Paris, 1662, Amsterdam, chez Louys et D. Elzevier, pet. in-12.

Genève, Cazin, 1777, 3 vol. in-16.

Paris, Bastien, 1783, fort in-8°.

Leide, J. Elsevier, s. d., pet. in-12.

Bordeaux, 1601, chez Barrois aîné, 2 vol. in-12.

(S-2877 et 78

2246 CHARRON (Sur Pierre). — Analyse raisonnée de la Sagesse de Charron, par le Marquis de Luchet.

Amsterdam, 1763, 2 vol. in-8°.

(S-2879

CHARTARIUS (Vincentius). — Voir : CARTARI (Vincent).

2247 CHARTIER (Emile-Auguste). — Spinoza (Sa vie et ses œuvres : sa philosophie. La méthode réflexe. — Dieu et l'âme Des sentiments et des passions. — De l'esclavage de l'homme. — De la raison. — De la liberté et de la béatitude. — Bibliographie).

Paris, P. Delaplane, s. d., [1901] in-16, 122 pp. (1 fr.).

[8° R. 17022

2248 CHARTIER (Jean). — Johannis Chartieri M. D. et professoris Paris. scientia plumbi sacri seu cognotio rarum potestatum et virtutum antimonii ; dans Theatrum chemicum, VI (1661), 569-66.

(O-1140

2249 CHARVOZ (Abbé Alexandre), curé de Montlouis, près de Tours. — Abbé Alexandre Charvoz (l'un des nombreux témoins). — Le Livre d'or, révélations de l'archange Saint-Michel (du 6 août 1839 au 10 Juin 1840).

Paris, Ledoyen et Dumineray, 1849 in-8° de VII-432 pp. (12 fr.).

[D². 5.435
ou
[Ld¹⁹⁴. 10

Relatif à Pierre VINTRAS et à ses adeptes (qui soutenaient les intérêts de Nauéndorff-Louis XVII). — Le Livre d'or remplaçait toutes les brochures si rares publiées précédemment par les Apôtres de l'œuvre, et il était regardé par eux, comme l'exposé le plus authentique. — Il est précédé d'une dissertation théologique et apologétique et contient la collection des révélations et des visions dont le ciel avait favorisé Vintras.

(G-1240

2250 [CHARVOZ]. — Les prisons d'un

prophète actuel poursuivi par tous les pouvoirs. Par M. La Paraz.

Caen, Ch. Woinez, 1840, in-12, 342 p. (8 fr.).

" Les prisons d'un prophète " sont un livre fort rare sur le " prophète " Pierre Michel Strathanaël Visiras, ancien contre-maître d'une fabrique de papier-carton à Tilly-sur-Seules (p. 17). L'auteur qui s'est abrité sous le pseudonyme de « La Paraz », s'appelle en réalité Charvoz et était curé de Montlouis, près Tours.

Voir Quérard " Supercheries ".

(G-600

2251. CHASLES (Victor-Euphémon-Philarète), né en 1700 à Mainvilliers près de Chartres. Bibliographe et critique, Professeur au collège de France. — Etude sur les hommes et les mœurs au XIX° siècle.

Paris, Amyot, s. d. [1850], fort in-18, XIII-450 p. (4 fr.).

[Z. 15004

Volume du plus haut intérêt et où l'occulte fournit matière à des pages savoureuses. Philarète Chasles y étudie le célèbre Coleridge, ses hallucinations, sa philosophie qui tient à la fois de la magie et du rêve. plus loin, il scrute l'origine milésienne des Irlandais, analyse Amar, le swedenborgien, et fait la critique des erreurs de la société française de 1827 à 1840.

2252 CHASLES (Philarète). — Galileo Galilei. Sa vie, son procès et ses contemporains, d'après les documents originaux, avec un portrait gravé d'après l'original d'Ottavio Leoni, par Philarète Chasles, professeur au Collège de France.

Paris, Poulet-Malassis, 1862, in-8° VIII-286 p. portr. gravé. (5 fr.).

[K. 10505

Une tradition secrète assure que Galilée était de race juive, et que son système n'est pas autre chose que la vulgarisation d'un chap. du Zohar, où se trouve enseigné le mouvement de la terre. Ce détail, tenu caché jusqu'à ce jour, ouvre de nouveaux horizons sur la vie du célèbre astronome. Philarète Chasles ne mentionne pas ce fait, et pour cause ; mais il étudie avec une érudition méticuleuse le savant et son époque, et ses conclusions ne sont pas faites pour contredire la rumeur occulte ; elles lui donnent plutôt une nouvelle force, si l'on sait lire dans les blancs. Dans tous les cas, son livre est décisif et met fin à une longue controverse.

2253 CHASLES (Philarète). — Le Moyen-Age.

Paris, Charpentier, 1876, in-12, VIII-418 pp. (4 fr.).

[8° G. 271

Ce volume contient une forte dissertation sur l'ésotérisme des poèmes de Dante, envisagé comme Gibelin, ennemi de Rome, et allié au mouvement mystique représenté par les Albigeois. Chasles attaque vivement les Dominicains, les Franciscains, pourvoyeurs inlassables des tribunaux de l'Inquisition, et fait un tableau lugubre de cette période du moyen âge.

2254 CHASLES (Philarète). — Voyage d'un critique à travers la vie et les livres.

I. Orient.

II. Italie et Espagne.

Paris, Didier, 1865-68, 2 vol. in-8° (4 fr.).

[Z. 45067-8

Ouvrage des plus curieux pour l'étude des Sociétés secrètes en Chine. L'ordre des Assassins y est l'objet d'un chap. spécial. Par ailleurs Philarète Chasles étudie les Livres et les traditions de l'Orient, explique le vrai sens du mythe de Prométhée, et nous ouvre sur l'Inde d'admirables perspectives.

2255 [CHASSAIGNON (Jean-Marie)], né à Lyon en 1735 mort en 1795. — Cataractes de l'imagination, déluge de la scribomanie, vomissement littéraire, hémorragie encyclopédique, monstre des monstres, par EPIMÉNIDE L'INSPIRÉ.

Dans l'antre de Trophonius, au pays des visions [*Lyon*], 1779, 4 vol. in-12. (18 fr.).

[Z. 29726-9

Ouvrage curieux et rare orné de deux frontispices.

L'auteur de cette extravagante publication est J. M. Chassaignon, de Lyon, qui a déployé une très grande érudition, prouvant par des extraits et des citations sans nombre qu'il avait immensément lu ; malheureusement, il y a chez lui une telle incohérence, qu'il faut bien reconnaître en son livre le produit d'un cerveau en délire. (Quérard).

2256 CHASSANG (Alexis), né à Bourg la Reine en 1827. — Histoire du Roman et de ses rapports avec l'Histoire dans l'antiquité grecque et latine, ouvrage couronné par l'Institut.

Paris, Didier, 1862, in-8° de IV-472 pp. (9 fr.).

[Y² 22428

Mythes religieux ; mythes philosophiques. L'Atlantide de Platon. Livres apocryphes des Juifs. Le Merveilleux. Mythes des Néoplatoniciens et des Gnostiques. Pythagore, Apollonius de Tyane. Plotin. Les Évangiles apocryphes. Les Clémentines et Simon le Magicien. Le pasteur Hermas. Le Récit Égyptien de Synésius. Les fables milésiennes. Les métamorphoses d'Apulée, etc...

2257 CHASSANG (Alex.). — Le merveilleux dans l'antiquité : Apollonius de Tyane, sa vie, ses voyages, ses prodiges, par Philostrate et ses lettres. Ouvrages traduits du grec.

Paris, Didier, 1862, in-18. (10 fr.).

[J. 20274
(G-1607

2258 CHASSANION (Jean) de Monistrol en Vellai. — Histoire des Albigeois, touchant leur doctrine et religion, contre les faux bruits qui ont estés semés d'eux, et les escrits dont on les a à tort diffamés : et de la cruelle et longue guerre qui leur a esté faite, pour ravir les terres et seigneuries d'autrui, sous couleur de vouloir extirper l'heresie, le tout recueilli fidelement de vieux exemplaires ecris à la main, l'un au langage du Languedoc, l'autre en vieil françois, reduite en quatre livres.

S. l. (Genève) chez Pierre de St-André [ou F. de Sainclandre], 1595, pet. in-8° ou in-12 de 252 p. (30 fr.).

[Rés. La¹⁰. 9
(S-5297

2259 CHASSANION (J.). — Histoire memorable des grands et merveilleux jugemens et punitions de Dieu, avenus au monde, principalement sur les Grands, a cause de leurs mefaits, par J. Chassanion.

Paris, 1586, in-8°.

Larousse indique la date 1585.

(S-984

Autre sous le titre " Les grands et redoutables jugemens et punitions de Dieu advenus au Monde.... "

A Morges, par Jean le Preux, imprimeur de très puissans seigneurs de Berne, 1581, in-8° pieces limin. 409 p. et tab.

[Rés. D². 15083

CHASSANION. — Voir aussi : CASSANIONE.

2260 CHASSANT (L. Alphonse). — Dictionnaire des abréviations latines et françaises usitées dans les inscriptions lapidaires et métalliques, les manuscrits et les chartes du Moyen-Age.

Evreux, Cornemillot, 1846. (Édit. orig.). in-12. XXXII-136 pp. (12 fr.).

[V. 34500

Très rare et recherché.

Ouvrage presque entièrement gravé renfermant tous les signes secrets ou conventionnels, usités depuis les premiers temps du christianisme, jusqu'au moyen-âge dans les inscriptions monumentales, les anciens manuscrits, etc... Très recherché pour déchiffrer les anciens textes. — Donne 60 formes de l' " A " par exemple. — Contient en abondance des reproductions de signes paléographiques.

Autres éditions :

Paris, Aubry, 1862, in-16 LII-170 pp.

[V. 34501

Paris, Aubry, 1866, in-16.
[8° V. 8299]

Paris, Aubry, 1876, in-16.
[8° V. 1150]

Paris, 5ᵐᵉ édit., Marlin, 1884, in-16, LII-172 pp.
[8° V. 6061]

2261 CHASSANT (Alph.) et DELBARRE (P. J.). — Dictionnaire de Sigillographie pratique, contenant toutes les notions propres à faciliter l'étude et l'interprétation des Sceaux du Moyen-Age.

Paris, J. B. Dumoulin, 1860, in-12, VIII-260 p., 10 planches (12 fr.).
[Lj³⁶. 4]

Ce travail de haute érudition est indispensable pour la lecture des figures et symboles employés dans l'art héraldique, religieux ou profane du moyen-âge, époque mystérieuse où le langage secret fut très répandu parmi les nombreuses Sectes et Sociétés Secrètes. L'auteur y parle des Chevaliers du Temple et de différents ordres de chevalerie.

2262 CHASSE (La) donnée aux espouvantables esprits du chasteau de Bicestre près la ville de Paris, par la démolition qui en a esté faite, avec les estranges tintamarres et effroyables apparitions qui s'y sont toujours veüs.

S. l., 1634, in-8° (2 fr. 50).

Réimpression à Lyon, chez Louis Perrin, vers 1875-76.

2263 CHASSERIAU (A.). — A mes juges et au public. Mémoire par A. Chassériau, libraire.

Paris, Impr. de J. Tastu, 1823, in-8° de 42 pp. (3 fr.).
[8° Q. Pièce. 1700]

Intéressante plaidoirie de Chassériau en faveur de l'abrégé de l'origine de tous les cultes de Dupuis qu'il avait édité [Paris, 1822, in-8°] et qui venait d'être saisi.

2264 CHASSIN (Ch. Louis). — Edgar Quinet, sa vie et son œuvre.

Paris, Pagnerre 1859, in-8° 473 pp. (3 fr. 50).
[Ln²⁷. 19836]

2265 CHASTAING (P. F. Marius). — Astréologie, ou remède aux causes du malaise social.

Lyon, Impr. de Rodanet, 1848, in-12, 242 p. (2 fr. 50).
[R. 31188]

Libre examen. Mystères et Franc-Maçonnerie. La Révolution. St-Simonisme. Communisme. Fouriérisme. Pacifisme, etc...

2266 CHASTELAIN (Jean Mathieu), né à Agde, mort en 1715. Médecin. — Traité des convulsions et des mouvements convulsifs qu'on appelle à présent vapeurs.

Lyon et Paris, J. Anisson, 1691, in-16 de VIII-288 pp. (4 fr.).
[Td⁸⁵. 31]

CHASTENET DE PUYSEGUR (Marquis de). — Amand-Marc (et non Armand-Marie)-Jacques de CHASTENET, Marquis de PUYSEGUR, premier quart-comte de Soissons, comte de Chessy, vicomte de Busancy, colonel du Régiment de Strasbourg-Artillerie, puis Commandant de l'Ecole de la Fère en 1791, et Maréchal de Camp, est né à Paris en 1751 et mort à Busancy, près Soissons, en 1825. Elève de Mesmer, il a laissé une impérissable renommée de grand magnétiseur. Il a sinon découvert, du moins mis en lumière le somnambulisme magnétique.

Une bonne étude de la famille de Puysegur a été donnée par le marquis Poret de Blosseville. Voir : PORET.

2267 CHASTENET DE PUYSEGUR (A. M. J.). — Appel aux savans observateurs du XIXème siècle de la décision portée par leurs prédécesseurs contre le magnétisme animal, et traitement du jeune Hébert par A. M. J. Chastenet de Puysegur, ancien officier général d'artillerie.

Paris, Dentu. 1813, in-8° 338 Pages (2 fr.).

C'est la réunion des trois fascicules relatant le traitement du jeune Hébert et parus successivement en 1812. L'auteur y ajouta une introduction et une préface en forme d'appel aux savants.

(D. p. 84).

2268 CHASTENET DE PUYSEGUR (A. M. J.).—Continuation du traitement magnétique du jeune Hébert (mois de Septembre).

Paris, Dentu. 1812, in-8° 110 pages. (2 fr.).

Tiré à 100 exemplaires.
Cet ouvrage est également du marquis de Puységur. Il avait eu deux autres parties tirées à petit nombre et réunies plus tard.
Ces cures merveilleuses eurent un retentissement considérable à leur époque.

(D. p. 85

2269 CHASTENET DE PUYSEGUR (Marquis de). — Détail des cures opérées à Busancy, près de Soissons, par le magnétisme animal.

Soissons, 1784, in-8°, 42 pages. (1 fr. 50).

Cette nomenclature accompagnait une lettre du marquis de Puységur, membre de la société de l'Harmonie, à M. Bergasse, membre de la même société. — A la suite l'extrait de la lettre du P. Gérard et la cure du fils de M. Kornmann. (V. ci-après). L'auteur faisant allusion aux démêlés de M. Mesmer, regrette " qu'il ne soit pas dans un état de tranquilité et de sérénité lui permettant d'opérer les effets de sa découverte, mais il lui rend l'hommage que tous ses élèves et dans peu l'Europe entière s'empresseront de lui rendre." Les détails manquent pour porter un diagnostic certain, mais des maladies diverses figurent dans cette nomenclature, et les guérisons ne peuvent être mises en doute.

(D. p. 25

2270 [CHASTENET DE PUYSEGUR (A. M. J.)].— Les fous, les insensés, les maniaques et les frénétiques, ne seraient-ils que des somnambules désordonnés ?

Paris, Dentu. 1812, in-8° 91 pages (2 fr. 50).

(D. p. 85

2271 CHASTENET DE PUYSEGUR (Mquis de). — Lettre à l'intendant de Soissons sur les opérations Mesmériennes de M. de P... (de Puységur) à Buzancy.

1784, in-8° 13 Pages.

Cette lettre a été reproduite dans le Conservateur de François de Neufchateau.

(D. p. 57

2272 CHASTENET DE PUYSEGUR (A. M. J.). — Du magnétisme animal considéré dans ses rapports avec diverses branches de la physique générale par A. M. J. Chastenet de Puységur, ancien maréchal de camp du corps royal de l'artillerie.

Paris, Desenne. 1807, in-8° IX-418 pages. (3 fr.).

Indépendamment des études comparatives qui ont fait l'objet de ce livre, on lira non sans intérêt les lettres de Lavater, de Servan, du P. Amyot, du docteur Grandchamp etc., adressées au marquis de Puységur et les observations de ce dernier. Il y a aussi dans le volume des renseignements précieux sur la société harmonique de Metz, celles de Strasbourg, de Bayonne, etc.
Un certain nombre d'exemplaires de cet ouvrage ont une gravure représentant le baquet Mesmérien et une scène des Mémoires du même auteur.
Une 2e édition a paru en 1820 chez Dentu, elle est de XIX-472 pages, elle a une préface de plus (3 fr.).

(D. p. 80
(G-153

2273 CHASTENET DE PUYSEGUR (A. M. J.). — Mémoires pour servir à l'établissement du magnétisme animal par A. M. J. de Chastenet, marquis de Puységur.

Paris, Dentu. Deux parties : in-8°

1re Edition, 1784, 2e Edition, 1809 3e Edition, 1820. 473 Pages et XXIV de préface et introduction, avec Gravures. (5 fr.).

1re éd. : [Tb⁶¹. 72
2me éd. : [Tb⁶¹. 72. A
3me éd. : [Tb⁶¹. 72. B.

La Troisième édition est la plus complète. Il y a eu une édition faite à Lyon à l'insu de l'auteur.

C'est dans cet ouvrage que le marquis de Puysegur fit connaître la découverte qu'il venait de faire (Mai 1784) des phénomènes qu'il désigna sous le nom de somnambulisme artificiel. Plusieurs cures importantes minutieusement observées et dûment certifiées, sont relatées dans ces Mémoires indispensables à consulter. L'arbre magnétisé qui fit tant de bruit à sa page historique. L'auteur, l'un des hommes les plus honorables et les plus bienfaisants de son temps a sans doute émis sur certaines parties de la science en général des idées que celle-ci ne peut accepter aujourd'hui ; mais on ne peut lui refuser une connaissance réelle de ce que l'on savait alors de l'électricité, et personne n'a su mieux tirer parti des ressources offertes par le somnambulisme artificiel. Officier général représentant d'une des grandes familles de France, si ses expériences eurent pour témoins, acteurs ou bénéficiaires un grand nombre de personnages illustres, sa maison ne fut pas moins ouverte à tous les pauvres des environs.

Id.

Londres et Paris, 1786, in-8°

(D. p. 54
(G-124)

2274 CHASTENET DE PUYSEGUR (Général Mquis). — Suite des mémoires pour servir à l'histoire et à l'établissement du magnétisme animal.

Paris, Cellot, 1809, in-8°. (3 fr.).

Autre édition :

Paris ou Londres, 1785, in-8°.

[Tb⁶¹. 72

Cette suite est rare, et se trouve très rarement jointe aux Mémoires.

2275 [CHASTENET DE PUYSEGUR] (A. M. J). — Procès verbal du traitement par l'action magnétique d'une femme malade (*par la rupture d'un vaisseau dans la poitrine* (de près Soissons.

1807, in-8°, 39 pages.

, Brochure attribuée à A. M. J. Chastenet de Puysegur.

(D. p. 80

2276 CHASTENET DE PUYSEGUR (A. M. J.). — Recherches, expériences et observations physiologiques sur l'homme dans l'état de somnambulisme provoqué par l'acte magnétique, par A. M. J. Chastenet de Puysegur, ancien général d'artillerie.

Paris, Dentu et l'auteur, 1811, in-8°, 430 pages. (3 fr.).

Cet ouvrage comprend un envoi au docteur Lullier, médecin de l'auteur, une lettre à la Faculté de Paris : comment l'on provoque le somnambulisme et quelle est la conduite à tenir à l'égard des somnambules, une comparaison du somnambulisme naturel avec le somnambulisme provoqué, et un cas intéressant de somnambulisme naturel ; plusieurs faits nouveaux de somnambulisme lucide rapportant des cures, l'une d'elles concerne l'auteur ; une réponse au docteur Salgues, auteur d'un compte rendu des mémoires de M. de Puysegur, etc...

(D. p. 82

2277 [CHASTENET DE PUYSEGUR (Marquis de)]. — Les vérités cheminent : tôt ou tard elles arrivent.

Paris, Dentu, 1814, in-8°, 14 pages.

Cette Brochure est du marquis de Puysegur.

(D. p. 80

2278 [CHASTENET DE PUYSEGUR (le comte Maxime de)]. Rapport des cures opérées à Bayonne par le magnétisme animal, adressé à M. l'abbé Poulouzat, conseiller clerc au Parlement de Bordeaux, par le comte de Puysegur, avec des notes de M. Duval d'Esprémenil, conseiller au Parlement de Paris.

Bayonne et Paris, Prault, 1784, in-8°. 52 Pages (2 fr. 50).

[Te¹⁸ 204

Sc. psych. — T. I. — 22.

La lettre du comte de Puysegur, colonel du Régiment du Languedoc, frère du marquis est curieuse. Il raconte comment il a été amené à faire publiquement du magnétisme pendant l'exercice du régiment sur un de ses officiers atteint d'un coup de sang et sur un petit chien blessé à la suite d'une chute involontaire. Voici donc la magnétisation des animaux déjà établie ; le comte de Puysegur eut bientôt plus de malades qu'il n'en désirait et 60 cures furent constatées du 19 Août au premier Octobre 1784. Les certificats ont été établis en bonne forme devant une commission d'officiers et de médecins, puis devant le maire et déposés chez le notaire. L'histoire du magnétisme en ce temps est, on le voit, pleine d'incidents dramatiques.

(D). p. 50

2279 CHASTENET-PUYSEGUR (Comte de). — Lettre de M. le C. de C. P. à M. le P. E. de S.

S. L. N. D. 1782, petit in-8°, 59 pages. (2 f.).

Cette lettre publiée par les soins d'un partisan de Mesmer qui signe D. M. B. est attribuée à M. le Comte de Chastenet Puysegur, frère du marquis, et aurait été adressée à l'évêque de Strasbourg Elle est en faveur du magnétisme animal et de la théorie du fluide. L'éditeur l'a fait suivre d'une cure due à M. de Puysegur, certifiée par huit médecins de la Marine de Brest. Six d'entre eux déclarent avoir été témoins de diverses expériences. Dans l'une la jeune fille sentait venir son magnétiseur à cent pas de distance elle était isolée et ne répondait qu'à lui. Ce sont là des incidents du somnambulisme artificiel déjà constatés à cette époque.

(D). p. 18

2280 CHATEL (Abbé Ferdinand François), né à Gannat, Allier, en 1795, mort en 1857. Aumônier militaire, prédicateur, puis fondateur de l'Eglise Catholique Française.— Le Code de l'humanité, ou l'Humanité ramenée à la connaissance du Vrai Dieu ou véritable Socialisme, par l'abbé Châtel, Primat de l'église française.

Paris, l'auteur, 1838, in-8° de 488 p. (7 fr.).

[Ld¹⁹¹. 6]

De Dieu. — De la Loi naturelle. — Réhabilitation de la matière et de l'Esprit.— De la Religion. — De l'Eternité de Dieu, et de la Co-éternité des Mondes. — De la Propriété. — Du Mariage. — De la Loi fondamentale, ou sociale, qui est la Loi de Dieu. — Le Corps et l'Ame. — Les Passions. — Appréciation des faits et gestes de l'Humanité. — Etc.

Nombreux Discours, Lettres, Sermons, etc. du même au Catalogue de la Bib. Nat. (XXVII-503 à 508).

2281 CHATEL (l'abbé). — Nouvel Eucologe Français à l'usage de l'Eglise Catholique Française, édit. rev. et corr. par Ferdinand-François Châtel, seul fondateur de l'Eglise Française par la Miséricorde divine, et par le vœu de ses frères, Evêque primat. Deuxième Edition.

Paris, Prévot, 1835-1836, in-18, IV-280 pp. Portr. de l'abbé Châtel (lith. par de Grailly, 1835). (6 frs).

[B. 11014

Ouvrage très rare, rempli de particularités curieuses, entre autres, une Messe anniversaire pour Napoléon " l'homme le plus grand peut-être qui soit jamais sorti des mains du Créateur... " — La Messe en français bénédiction de l'eau, du sel, du pain et du vin. — Evangile pour le Carême, suivant la version attribuée à St. Mathieu. (p. 72). — Hymnes et Vêpres en vers (p. 247-60 347- par erreur d'impression).

2282 CHATEL (Abbé Ferdinand Fr.). — Discours contre les Excommunications, prononcé par l'abbé Châtel, évêque primat par élection du peuple et du clergé, à l'Eglise catholique française primatiale, faubourg Saint-Martin, le jour de l'anniversaire de la mort de Molière.

S. L. N. D. (Paris, Impr. Aug. Mie). 1833, in-8° de 16 pp. (5 fr.).

[Ld¹⁹¹. 13

Opuscule très rare du fondateur de " l'Eglise catholique française" qui ne dura que quelques années.

2283 CHATTERJI (J.-C.). — La philosophie Esoterique de l'Inde, par J. C. Chatterji.

Bruxelles. G. Balat. 1800. in-16, 150 p.

[8° R. 17042

Paris. Publications Théosophiques — 1903, in-18 Jésus. 134 p.

[8° R. 18447

2284 CHAUBARD (L. A.). — L'Univers expliqué par la Révélation ou Essai de philosophie positive.

Paris, Baillière, Debécourt, l'Auteur 1841. in-8° de 2 f^{os} (a à d)-XLIX-671 p. 2 pl. lithographiées.

[K. 31210

Étude puissante, où l'auteur met en lumière la science prodigieuse des humanités antédiluviennes auprès desquelles, dit-il nos prétendues intelligences modernes, sont des balbutiements d'enfant. Selon lui, la Bible est un abime de mystères dont le progrès avéré de jour en jour la profonde sagesse : l'œuvre de J. C. n'est que commencée, elle s'accomplira intégralement dès ce bas monde. L'ouvrage abonde en idées neuves, et s'enlève souvent, par de hardis coups d'ailes, aux plus grandes hauteurs notamment dans l'exégèse des destinées de l'âme qui est d'un éminent théosophe.

(G.-1242-1523)

2285 [CHAUDON (Dom Louis Mayeul)] Bénédictin de Cluny, né à Valensoles (Basses-Alpes) en 1737, mort en 1817 — Dictionnaire anti philosophique, pour servir de commentaire et de correctif au Dictionnaire Philosophique, et autres livres qui ont paru de nos jours contre le Christianisme.

Avignon, 1769, 2 vol. in-8°. (5 fr.).

Apocalypse. Apollone de Tyane, sa vie et ses prodiges. La Chine, son antiquité. Circoncision chez les Juifs et les Egyptiens. Clarke, Descartes, Boulanger, Helvétius. La Mettrie. Pascal. Servet, Tyndall. Toussaint, Vanini. Voltaire ; Jamblique. Pythagore et Plotin : Jésus-Christ, le curé Meslier. etc.

Autre éd.

Avignon, Aubanel, 1775, 2 vol. in-8°

[8° Aa. 480-1

2286 [CHAUDON (Dom Louis Mayeul)] — Dictionnaire interprète-manuel des noms latins de la géographie ancienne et moderne. Pour servir à l'intelligence des auteurs latins, principalement des auteurs classiques, avec les désignations principales des lieux.

Paris, Lacombe, 1777, in-8°, VIII-444 p. (0 fr.).

2287 [CHAUDON (Dom Louis-Mayeul)] — Nouv. dictionnaire hist. ou histoire abrégée de tous les hommes qui se sont faits un nom.

Caen. Le Roy, 1779, in-8°.

Quatrième édition, très augm. de cet ouvrage toujours consulté qui a servi de base à toutes les grandes biographies postérieures.

Idem.

Lyon. Bruysel ainé. an XI-1804, 13 Vol. in-8°.

[G. 21319-31

2288 CHAUFFARD (A.). — Double tableau synoptique du plan apocalyptique.

Paris, Thorin et fils, 1804. in-12 de 40 p. et tableau.

[A. 20975

Étude du symbolisme de l'Apocalypse, avec deux grands tableaux hors-texte.

2289 CHAUFFARD (A.). — Prophéties anciennes ou modernes et considérations historiques et philosophiques sur la France et son prochain relèvement. Concordance générale de ces prophéties avec les oracles sacrés et les révélations de la Sainte Vierge.

Paris, Thorin. 1886, in-12. (3 fr.)

2290 CHAUFFARD (A.). — La Révolution dans l'ensemble de ses phases et le triomphe final de l'unité catholique par la fondation d'un grand Saint-Empire Romain embrassant l'Occident et l'Orient, d'après les Oracles sacrés et les Prophéties.

Avignon, Aubanel frères, [1893], in-18, XXI-302 p. (2 fr. 50).

[8° R. 11634

La Révélation de St-Jean. Ouverture du Livre fermé à sept sceaux. Le Plan apocalyptique. La Révolution et la Franc-Maçonnerie. La prophétie de St-Malachie, etc...

Ouvrage basé sur l'Apocalypse.

2291 CHAUFFARD (A.). — Les sept sceaux de l'Apocalypse.

Avignon et Paris, 1888, in-12. (4 f.)

Savante interprétation de la Révélation apocalyptique de St-Jean. Dans l'Apocalypse de St-Jean on retrouve la tradition secrète, mais intégrale, des vieux maîtres en Israël à tel point que l'Apocalypse fournit avec le Zohar, le Sepher Jetzirah et quelques pages d'Ezéchiel, le plus pur corps doctrinal et claviculaire de la Kabbale proprement dite.

I. Examen critique comparé des principaux systèmes herméneutiques. II. Essai d'application de la méthode corrélative au sens prophétique des épîtres. Concordance entre les oracles sacrés.

2292 CHAUFFEPIÉ (Jacques Georges). — Pasteur et Prédicateur Protestant d'origine française, né à Leeuwarden en Frise, in 1782, mort à Amsterdam en 1786. Continuateur du Dictionnaire de Bayle. — Nouveau Dictionnaire Historique et Critique pour servir de Supplément ou de continuation à celui de M. P. BAYLE.

La Haye, Amsterdam, Z. Chatelain, 1750-56, 4 vol. in-f°.

[G. 1033-30

Voir à *BAYLE* (Pierre).

2293 CHAULIAC ou CAULIAC (Guy de) chirurgien, né à Chauliac dans le Gévaudan, médecin des Papes d'Avignon Clément VI, Innocent VI et Urbain V.

La Grande chirvrgie de M. Gvy de Chavliac, medecin très fameux de l'Vniuersité de Montpelier, composée l'an de grâce 1363. Restituée par M. Lavrent IOVBERT, médecin ordinaire du Roy, et du Roy de Navarre, etc.....

A Tovrnon, par Clavde Michel, 1598, 2 part. in-8° (12 fr.).

[Td⁷³. 16 B

Une des éditions les plus estimées de l'œuvre du célèbre chirurgien du Moyen-Age. Laurent Joubert y a ajouté une préface et des annotations très complètes, et son fils, Isaac, une "Interprétation des langves de M. Guy de Chavliac, avec les figvres des instruments chirvrgicaux mentionnez en son œuvre". Cette dernière partie est ornée d'un grand nombre de figures gr. sur bois.

2294 CHAUSSARD (Pierre-Jean-Baptiste), né et mort à Paris (1760-1823); prêcha la Théophilantropie à St-Germain-l'Auxerrois, sous le Directoire; professeur et poëte. — Fêtes et courtisanes de la Grèce. Supplément aux voyages d'Anacharsis et d'Anthénor, comprenant : 1° la chronique religieuse des anciens Grecs, tableau de leurs mœurs publiques; 2° la chronique qu'aucuns nommeront scandaleuse, tableau de leurs mœurs privées; 3° un almanach athénien ; 4° la description des Danses grecques, etc.....

4-ème édit. rev. et corr. avec soin, augm. de notes piquantes sur la Mythologie comparée ; enrichie de nouveaux chants anacréontiques, musique de Méhul, etc.....

Paris, Buisson, 1821, 4 vol. in-8° pl. (20 fr.).

[J. 17203-6

Savant ouvrage, rare, offrant un curieux parallèle entre les cérémonies, les mystères et les symboles des anciens Egyptiens (scènes d'ivresse et de lasciveté, flagellations, Priapées, Vénus barbue, Hermaphrodites, Système des Pyramides, Mystères de Samothrace et d'Éleusis, Initiation, Associations secrètes, Astrologie empirique, Danses nues et lascives, etc..)

Orné de 4 front. par Garnery, de 6 feuillets d'airs gr., de la planisphère des travaux d'Hercule, d'un tableau du culte du Soleil et de 6 gr. pl. gravées de Garnery représentant tous les détails relatifs au costume et à la toilette des courtisanes.

Autre édit.

Paris, F. Buisson, An-IX, 1801, 4 vol. in-8°.

[J. 17289-92

2295 [CHAUSSARD (P. J. B)]. — Héliogabale ou esquisse morale de la dissolution romaine sous les empereurs.

Paris, Dentu. An X-1802. in-8°
XIV-348 p. et pl. (0 fr.)

[J. 14070

Rare et non moins curieux que les "Fêtes et Courtisanes de la Grèce".
Exposition du sujet. — Éducation vertueuse d'Alexien (Alexandre Sévère) et débauche monstrueuse d'Héliogabale. — Excès croissants d'Héliogabale. — On l'amène au point d'adopter son rival Alexien. — Catastrophe.
Sous forme épistolaire : LXI lettres en tout.

2206 CHAUTARD. — Les révélations d'un magnétiseur, trucs ingénieux employés au théâtre pour obtenir les Phénomènes de la Transmission de Pensée, du magnétisme et de l'hypnotisme.

Montceau-les-Mines. 1904. in-12 de 68 pp. (3 fr.).

Manque à la Bib. Nat'.

2207 CHAUVELIN (l'abbé Henri-Philippe de) (1710-1770) chanoine de Notre-Dame à Paris. — Réplique aux apologies des Jésuites.

S. l., 1761-62. 2 parties in-8° (5 fr.).

(G-1226

2208 CHAUVET (Emmanuel). — Les Médecins Philosophes contemporains. — M. Lélut, par M. Emm. Chauvet.
Paris, Durand et Pédone-Lauriel, 1870, fort in-18, XLIII-354 p. (2 fr.).

[Ln²⁷. 25330

Résumé très concis des travaux de l'auteur de "l'Amulette de Pascal" "du Démon de Socrate", etc.
Étude de l'âme aux points de vue psychologique, phrénologique, physiologique. — Les Hallucinations dans l'âme et dans l'histoire. — Sur le sommeil, les songes et le somnambulisme.

2209 [CHAUVIN (Pierre) méd. au Collège de Lyon, et Médecin ordinaire du Roy. — Lettre [de M. Chauvin] à Madame la Marquise de Sénozan, sur les moyens dont on s'est servi pour découvrir les complices d'un assassinat commis à Lyon le 5ᵐᵉ de Juillet 1692.

Lyon, chez J. Bapt. et Nicolas de Ville, 1693. in-12 de 120 p. et 12 fᵒˢ n. c. (12 fr.).

[Lk⁷. 10598

Très rare, non cité par Brunet.

(S-3178 b

[CHAUVIN]. — Pour d'autres ouvrages de la même époque sur la Baguette Divinatoire, voir :
GARNIER
DISSERTATION.

2300 CHAVANNES (Félix). — Le miroeur du monde. Manuscrit du XIVᵐᵉ siècle, découvert dans les Archives de la commune de La Sarra, et reproduit avec des notes.

Lausanne, Bridel. 1845. in-8° (5 fr.).

[S° M. 239

Peinture des mœurs du temps. Traité de Morale mystique, de philosophie chrétienne.

2301 CHAVAUTY (Abbé F.). — Art d'Apprendre et de se souvenir, dit vulgairement l'Art de ne jamais oublier ; exposition générale de la nouvelle méthode.

Tarbes, Impr. de E. Croharé, 1890, in-4° de 255 p. (6 fr.).

[4° R. 893

Le même auteur a publié 5 ou 6 autres ouvrages sur ce même sujet, voir Cat. Gén. de la Bib. Nat. : XXVII-col. 946.

2302 CHAVÉE (Honoré-Joseph). — Idéologie lexicologique des Langues Indo-Européennes, par Honoré Chavée.

Paris, Maisonneuve, 1878, in-8° XV-66 p. portr. (2 fr.)

[8° X. 707

Méthode intégrale, embryogénie de la pensée et loi de création des verbes primitifs.

2303 CHAVIGNY ou CHEVIGNY (Jean-Aimé de) astrologue, né à Beaune vers 1524, mort vers 1604. Elève de Nostradamus. — La première face du Janus françois, contenant sommairement les troubles, guerres civiles, et autres choses memorables advenues en la France et ailleurs, dès l'an 1534 jusqu'en 1589, fin de la maison Valésienne, extraite et colligée des centuries et autres commentaires de Mich. NOSTRADAMUS : plus un discours de l'advenement à la couronne de France du roy Henri IV, etc. le tout fait en françois et latin par Jean-Aymes de CHAVIGNY.

A Lyon, par les héritiers de P. Roussin, 1594, in-4° 336 p. et tab. (28 fr.).

[Rés. Yc. 432

Ouvrage fort singulier.

2304 CHAVIGNY (Jean-Aymé de). — Commentaires du Sr J. Aymes de CHAVIGNY, Beaunois, sur les Centuries et prognostications de feu m. Michel de NOSTRADAMUS conseiller et médecin ord. des très chrestiens Henry II, François II et Charles IX, roys de France ; contenant sommairement les troubles, divisions, partialitez et guerres civiles, advenües tant en ce royaume de France qu'ailleurs depuis l'an 1534 jusques à présent.

Paris, pour Gilles Robinot, 1590, petit in-4° (et non in-8° comme dit Brunet) de 80 ff.

La Bibl. Nat^{le} indique :

Paris, A Du Breuil, 1590, in-8° de 80 ff.

[Yc. 7375
(O-1868
(S-3480

2305 CHAVIGNY (A. de). — Les Pléiades du sieur de CHAVIGNY, Beaunois, divisées en VII livres ; prises et tirées des anciennes prophéties et conférées avec les oracles du tant célèbre et renommé Michel de NOSTRADAME. Où est le traité du renouuellement des siècles, changement des empires et aduancement du nom Chrestien...... auec les présages sur l'horrible eclipse de Soleil veuë au mois d'octobre 1605, l'an 1604.

S. l. (Lyon), chez Pierre Rigaud, 1606, 2 part. in-8 de 620 p. (50 fr.).

[R. 31242

Idem :

Lyon, Pierre Rigaud, 1603, pet. in-8° de 639 p. titre gravé.

[R. 31239
(S-3480
(G-154
(S^{t}Y.-1513

2306 CHAVIGNY (Jean Aimé de) connu sous le nom de JANUS GALLICUS. — La vie et le testament de Michel NOSTRADAMUS, docteur en médecine astrophile, etc. Avec l'explication de plusieurs prophéties très curieuses.

Paris, Gattey, 1789, pet. in-8° ou in-12 de 179 p.

[Ln^{27}. 15273

Eugène Bareste cite ce vol. comme très rare.

(G-155

2307 CHAZARAIN (Docteur Louis-Théodore) et DÉCLE. — Le Docteur CHAZARAIN, né vers 1829 vient de mourir en 1911. — Découverte de la Polarité humaine, ou Démonstration expérimentale des Lois suivant lesquelles l'Application des Aimants, de l'Electricité, et les Actions manuelles ou analogues du corps humain déterminent l'état hypnotique et l'ordre de succession de ses trois phases ; provoquent, transfèrent, résolvent les Contractures, les Anesthésies et les Hyperesthésies ou s'opposent à leur réalisation quand elles sont suggérées; augmentent ou diminuent la force de pression dynamométrique ; produisent l'Attraction ou la Répulsion, etc., etc. par le Docteur CHAZARAIN, Ancien Médecin des Hôpitaux civils de St-Louis et de Ste-Marie de Bathurst (Sénégambie)... et M. Ch. DÉCLE, Membre de l'Association pour l'avancement des Sciences. — Prix 2 francs.

Paris, O. Doin. 1880. in-8° de 29 p. et table. Planche Lithographiée, pliée (3 fr.).

[Tb⁶¹. 286

Cette "Découverte" remonte à Paracelse — au moins — en passant par Mesmer; de sorte que le Titre de cet opuscule peut laisser rêveur. D'autre part, M. Durville n'est pas sans avoir fait des travaux importants sur ce sujet, et revendique même la priorité de ce renouveau sur MM. Chazarain et Décle.

2308 CHAZARAIN et DÉCLE. — Les Courants de la Polarité dans l'Aimant et le Corps humain. Communication présentée au Congrès de Toulouse le 26 Septembre 1887, suivie d'Expériences démonstratives faites sur un sujet. 118 figures.

Paris, chez les Auteurs. Septembre 1887, in-8° de 99 p. Planche lithographiée pliée. (4 fr.).

[Te¹⁵. 182

Tiré à 1200 exemplaires non mis dans le commerce.

Brochure rare et curieuse. La Polarité du corps humain avait été signalée par Paracelse, Van Helmont, le P. Kircher, Mesmer, d'Eslon et Reichenbach. Ce dernier a même publié des travaux des plus intéressants à cet égard. La présente brochure en est un résumé moderne.

2309 CHEIRO [Comte Leigh de Hamong ?]. — Cheiro's Language of the Hand. Complete pratical Work on the Sciences of Cheirognomy and Cheiromancy, containing the System, Rules and Experience of CHEIRO (Comte de HAMONG). Fifty-five Full-Page Illustrations and over Two hundred Engravings of Lines, Mounts and Marks....

New Sixth édition.

New-York Tennyson Neely. London Nichols et Cⁱᵉ. MDCCCXCVII [1897] in-4° de XV-162 p. suivies de 32 pl. et 4 fⁿˢ liminaires. (15 f.).

Donne la reproduction des mains d'un grand nombre de célébrités contemporaires : Sarah Bernhardt, Mark Twain, Mme Nordica, Mr Annie Besant, le Swami Vivekananda, Mme Melba, etc., etc.

A la fin (p. 158) quelques mots sur un appareil du genre du Sthénomètre de Joire, ou du Biomètre de Baraduc inventé par M. d'Odiardi.

2310 CHEMIN-DUPONTÈS (Jean-Baptiste) né en 1761. — Code de Religion et de Morale Naturelles à l'usage des Adorateurs de Dieu et Amis des Hommes. Rédigé, publié et mis en ordre par J. B. Chemin, adopté par les différens Conseils de direction de la Théophilanthropie, et constamment suivi depuis l'origine de ce Culte. Nouvelle édition.

A Paris, chez l'Auteur, An VII, in-12 de XXIV-205 p. et 24 p. de Musique gravée.

[Ld¹⁸⁸. 41 (1)

2311 Morale des Sages de tous les Pays et de tous les siècles, ou collection épurée des Moralistes anciens et Modernes, par J. B. Chemin.

A Paris, chez l'éditeur, An VI. in-12 de X-384 p. (Seconde partie du premier ouvrage). (0 fr.).

[Ld¹⁸⁸. 41 (2)

Iʳᵉ Partie. — Précis Historique sur la Théophilanthropie. — Manuel, ou Exposition de la Croyance, etc. des Théophilanthropes. — Rituel. — Naissances, Mariages, Décès. — IIᵉ partie : Pensées Morales : de la Bible, du Védam, de Zoroastre, de Confucius, de Pythagore, de Socrate, d'Aristote, de Plutarque, de Jésus et de ses Disciples, d'Epictète, de Marc-Aurèle, de Labruyère, de Guillaume Penn, de Fénelon, de Franklin, de J. J. Rousseau, etc.

Curieux et intéressant document.

Cette édition contient donc : 1° le "Manuel" 2° l' "Instruction élémentaire", 3° le "Rituel" ; le tout dans sa première partie.

2312 CHEMIN-DUPONTÈS (J. B.). — Cours pratique de Franc-Maçonnerie, publié sur la demande et sous les auspices de la R∴ L∴ Isis-Montyon.

Paris, l'éditeur, 1847, fort in-12. (12 fr.).

Incomplet : [H. 14109-200

Ouvrage de premier ordre, formant un tout complet sur l'ensemble de la science maç∴. Il est divisé en 5 parties dont les trois premières sont consacrées chacune à l'un des grades symboliques, la quatrième aux grades capitulaires, la cinquième aux grades philosophiques. On y trouve les détails les plus étendus sur les Initiations, Épreuves, Réceptions, Catéchismes, etc.... Système symbolique. Idolâtrie. Salomon. Doctrine des Nombres. Symboles divers. Légende d'Hiram. La Chevalerie. Le Fétichisme. Roman de Don Quichotte. Caractères spéciaux des grades de R. C... et de Chev... K... Maçonnerie des Dames, etc...

Publié en 3 cahiers, les deux derniers (celui-ci dessus manque) (grade de compagnon et de Maître).

[H. 14100-200

2313 CHEMIN-DUPONTÈS (J. B.). — I. Manuel des Théophilantropes ou adorateurs de Dieu et des hommes. — II. Instruction élémentaire sur la morale religieuse par demandes et par réponses (Catéchisme des Théophilanthropes) — III. Recueil de cantiques, hymnes et odes pour les fêtes religieuses et morales des Théophilanthropes. — IV. Année religieuse des Théophilanthropes.

Paris, 1707-08, 1 fort in-18. Orné d'un front. colorié et musique notée. (12 fr.).

    I. [Ld¹⁸⁸. 2
    II. [Ld¹⁸⁸. 4
    IV. [Ld¹⁸⁸. 5

Recueil d'ouvrages rares.

2314 CHEMIN-DUPONTÈS (J. B.). — Travaux maçonniques et philosophiques par le F∴ Chemin-Dupontès, suivis de l'Encyclopédie maçonnique ou Mémoires sur les Sociétés secrètes.

Paris, l'auteur, 1810-1821-1825, 5 vol. in-12 de 375-400 pp. chacun. (20 fr.).

[H. 11714-5 bis

Paru en livraisons ; la Vᵉ est intitulée Encyclopédie Maç∴ ou travaux m...... A partir de la VIᵉ livr. commençant le T. II, l'ouvrage a pris le titre de « Encyclopédie maçonnique ou mémoires sur les sociétés secrètes ».
Recherches sur les initiations anciennes et modernes. — Loges de dames. — Institution en France du rit persan philosophique. — Institution de concours annuels maç∴ et littéraires par la L∴ des Trinosophes. — Examen des griefs imputés à la Fr∴ Maç∴. — Mémoire sur l'Ecossisme. — Réponse aux objections faites contre les publications maç∴. — Projet d'établissement d'une caisse de famille entre tous les Maç∴. — Bulle du pape Léon XII contre les Carbonari et autres sociétés secrètes. — Templiers modernes.

(O-2632

2315 CHENEAU (Constant). — Troisième et dernière alliance de Dieu avec sa créature, révélée à son serviteur Cheneau ou Chaînon, négociant de Mennetout sur Cher, pour être manifestée aux hommes.

Paris, Imprimerie de P. Dupont, 1842, in-8° 305 p. tit. gravé, (6 fr.).

[R. 31278

Ouvrage fort curieux. Voir Brunet, " Fous Littéraires ", p. 42 et Delepierre " Histoire littéraire des Fous " p. 51.

2316 CHENU (Adolphe). — Les Conspirateurs. Les Sociétés secrètes avant février. La Préfecture de Police sous Caussidière. Les Corps Francs...

Paris, Garnier frères, 1850.

[Lb⁵³. 13

2317 DE LA HODDE. La naissance de la République en février 1848.

Paris, 1850.

2318 Réponse à Chenu et à ses complices.

2319 Réponse au deux libelles de MM. Chenu et de La Hodde, par Jules Miot.

Paris, 1850, 4 ouvr. in-12. (4 fr.),

Excessivement curieux pour l'étude des personnages de la révolution de 48 par un de leurs amis " qui mangea le morceau.

2320 CHÉREAU (Antoine-Guillaume). Explication de la Croix philosophique des Chev∴ Souv∴ R∴ ✝ (Rose-Croix) dédié au G∴ O∴ de Portugal, présidé par le T∴ R∴ F∴ Egas Moniz, G∴ M∴ de la Maç∴ L∴ du G∴ du P∴ R∴...... par Antoine Guillaume Chéreau, officier-honoraire du G∴ O∴ de France, membre du Souv∴ Chap∴ et de la Loge des Chevaliers de la Croix. O∴ de Paris, officier-général de l'Ordre d'Orient.

S. l. 5806 [Paris, 1806], in-8° de 21 pp. avec 1 gr. planche. (3 fr.).

[Hz. 684
(O-310 et 377

2321 CHEREAU (A. G.). — Explication de la pierre cubique ; par le Fr. Ant. G. Chéreau.

[*Paris*,] 1806, in-8° de 10 pp. avec 3 planches gravées représentant la pierre et la croix philosophiques et l'alphabet maçonnique.
(7 fr.).

[Hp. 686

(O-315.

2322 CHERFILS (Christian). — Un essai de religion scientifique. — Introduction à Wronski, philosophe et réformateur.

Paris, *Fischbacher*, 1808, in-8° de 230 p. (4 fr.).

[S⁰ R. 15103

2323 CHERON de VILLIERS (Pierre-Théodore). — Marie-Anne-Charlotte de Corday d'Armont. — Sa vie. — Son temps. — Ses écrits. — Son procès. — Sa mort.

Paris, *Amyot*, 1865, gr. in-8°. VIII-469 p. portrait et atlas in-f°. (5 fr.).

[Ln²⁷. 21285

Un des meilleurs ouvrages consacrés à Charlotte Corday, orné d'un beau portrait lith. par Devéria.

2324 [CHERPIN (J.)]. — L'Arche sainte, ou le guide du Franc-Maçon, destiné à perfectionner l'instruction des récipiendaires à tous les degrés, par le directeur de la Revue Maçonnique. [J. Cherpin].

Lyon, *Impr. de B. Boursy*, 1851, in-18 de VIII-252 pp. (7 fr.).

[H. 12202

Cet ouvrage, vade mecum indispensable à tout Franc-Maçon, contient l'origine, les principes, la doctrine, l'appréciation des rites, grades, cérémonies, fêtes, usages, etc...... de la Maçonnerie, les constitution, puissances dogmatiques, attributions des loges, les devoirs de leurs officiers, des anecdotes, etc...

Idem : 5ᵐᵉ édition.

Lyon, 1861. 1 vol. in-18, 168 p.
[H. 12206

CHÉRUBIN DE S. MARIE RUPPÉ (le R. P.) : voir : RUPPE (le R. P. Cherubin de Sᵗᵉ Marie).

CHESNEL — Louis Pierre François Adolphe, Marquis de Chesnel de la Charbouclais, est né à Paris en 1791, et mort en 1862. Il était officier supérieur d'infanterie et avait de nombreux pseudonymes : Malvius, Alphénor, Alfred de Noré, d'Arbèce, etc.

2325 CHESNEL (Louis Pierre François Alphonse ou Adolphe, Marquis de) — Dictionnaire des superstitions, erreurs, préjugés et traditions populaires, où sont exposées les croyances superstitieuses des temps anciens et modernes, répandues surtout dans les populations agricoles, pastorales et maritimes, touchant les esprits de l'air, de la terre et des eaux, les possessions diaboliques, le monde des fées et celui des sorciers, les pressentiments, les songes, les visions et les apparitions, les prédictions, etc. etc. par M. (le marquis Louis-Pierre-François) Adolphe de Chesnel.

[*Paris*], *Petit-Montrouge*, *J. P. Migne*, 1856, gr. in-8° de 1360 col. (12 fr.).
[D. 3623

Suite naturelle et complémentaire du Dictionnaire des sciences occultes donné par le même édit. C'est une compilation puisée partout et dans laquelle l'auteur a refondu ses Coutumes...... des provinces de Frances (1846), publiées sous le pseud. de DE NORE.

Il a encore paru chez Migne : Dictionnaire des prophéties et des miracles ; par l'abbé LECANU (1852). 2 vol. gr. in-8° ; cet ouvr. fourmille d'art. se rattachant à notre sujet, et il doit être consulté. Du reste, nous citons dans la section des sciences occultes beaucoup de ces art.

Consultez pour compléter la série de renseignements sur les faits surnaturels, le dictionnaire de mystique chrétienne... publié par l'abbé Migne (N°.....) et la Mystique divine naturelle et diabolique, par GORRES (N°.....)

(O-1661
(G-150

CHESNEL. — Des possessions fausses et apparentes ; par A. Chesnel ; à la fin de son Dictionnaire des Superstitions (1856), col. 1285-350.

Revue des possessions de Lyon, d'Aix, de Loudun, etc.

(O-1709

2326 CHESNIER-[Duchesne]. — Les hiéroglyphes français ou méthode figurative appliquée à l'instruction primaire, contenant en outre un essai sur la prononciation des langues étrangères ; 2° la plus simple des sténographies, etc....

Paris. Rorel. 1843, in-8° 136 p. et pl. (4 fr.).

[X. 22478

Très curieux ouvrages où l'on trouve tout, même des choses intelligentes.... Écritures secrètes, sténographie, etc... Avec dix planches hors texte gravées.

Idem :

Paris. Rorel. 1844, in-8° 97 p. et pl.

[X. 22479

Le seul système qui figure la prononciation française avec des signes non équivoques, et à l'aide duquel on puisse apprendre seul à lire, à compter, après quelques heures de leçon.

2327 CHEVALIER (A.). — Dictionnaire des altérations et falsifications des substances alimentaires, médicamenteuses et commerciales, avec l'indication des moyens de les reconnaître ; 3° édit. revue. corr. et augm:

Paris. Béchet jeune, 1857-58. 2 vol. in-8° (7 fr.).

2328 [CHEVALIER (Claude)] Médecin ordinaire du Roi et des Cent-Suisses. L'Existence de la Pierre merveilleuse des Philosophes, prouvée par des faits incontestables. Dédié aux Adeptes par un Amateur de la Sagesse (Claude Chevalier, méd. ord. du roi et des Cent-Suisses).

En France, s. adr. 1765. gd. in-12 de XVI-108 pp.

4 ou 5 autres ouvrages cités au Catal. Gén¹ de la Bib. Nat¹ᵉ XXVIII-186.

(O-598

2329 CHEVALIER [Sabine Stuart]. femme du précédent ; elle était de la famille des Stuarts, rois d'Écosse. — Discours philosophique sur les trois principes animal, végétal et minéral, ou la clef du sanctuaire philosophique ; par Sabine STUART [femme du médecin] de CHEVALIER. Cette clef introduit celui qui la possède dans le sanctuaire de la Nature ; elle en découvre les mystères ; elle sert en même temps à dévoiler les écrits du célèbre BASILE VALENTIN, et à le défroquer de l'Ordre respectable des Bénédictins, en donnant la véritable explication des douze clefs de ce philosophe ingénieux.

Paris. Quillau. 1781 (pour les 2 premiers vol., et Saulus. s. d. pour les 2 autres).

[R. 51003-4

4 vol. in-12 de XXIV-IV-211, IV-227-IV, LVI-II-185, et II-202 pp. avec 2 planches. (30 à 40 fr.).

Les deux derniers volumes sont de Claude CHEVALIER ou DE CHEVALIER, médecin, mari de Sabine STUART, écossaise, de la famille des rois d'Ecosse : le titre de ces deux vol. est : Clef du sanctuaire philosophique, et la véritable explication des douze Clefs du célèbre et ingénieux philosophe BASILE VALENTIN.

Quérard. II. 182. indique cet ouvrage avec un titre un peu différent, et lui donne : Paris. 1772. 4 vol. — Suite. Paris. 1784, 4 vol., en tout 8 vol. in-12. Ne se trompe-t-il pas ?

(O-1427
(G-003-2129

2330 CHEVALIER (Joseph-Philippe), pharmacien-chimiste. — L'immense Trésor des sciences et des arts, ou les secrets de l'industrie dévoilés, contenant 600 recettes et procédés nouveaux inédits ; suivi du Bon conseiller à la maison.

Saint's. Foulanier. 1858. in-8° IV-555 p. (4 fr.).

[V. 34053

Curieux ouvrage renfermant une foule considérable de secrets et de procédés pour la guérison des maladies des personnes et des animaux, pour l'économie domestique, l'industrie, le jardinage, etc...

2331 CHEVALIER (Chanoine Ulysse).— Le Saint-Suaire de Turin est-il l'original ou une copie ? Etude critique.

Chambéry. V. Ménard. 1899. in-8° de 31 p. (2 fr.).

[8° K. Pièce 802 et 015

Autres :

[Le 21. 07
[8° K. Pièce 995
[8° K. Pièce 1024
[8° K. Pièce 1030 — etc. etc.

2332 Etude critique sur l'origine du Saint-Suaire de Lirey-Chambéry-Turin.

Paris. Alph. Picard. 1900. in-8° de 59 p. et appendices.

[B. 29023

Il existe en outre deux ou trois autres brochures du même auteur, sur le même sujet. (Voir Cat. Gén. Bib. Nat^{le}).

2333 [CHEVANES ou CHAVANES (R. P. Jacques)], frère de Jacques-Auguste célèbre jurisconsulte de Dijon, est né à Autun, et mort en 1678.. Il était Capucin. — L'incrédulité sçavante et la crédulité ignorante au sujet des magiciens et sorciers. Aueccqué la response à vn liure intitulé Apologie pour tous les grands personnages qui ont été faussement soupçonnés de magie. Par le P. Iaqves d'Avtvn, prédicateur capucin.

Lyon, J. Molin, 1671, in-4°. pièc. limin. et 1108 p. (20 fr.).

[D. 8205

Idem :

Lyon, J. Cesle, 1674, in-4°, XL-1108 p. et table.

[R. 7150

Jacques d'Autun, n'est, selon Quérard, que le pseudonyme d'un capucin fameux le R. P. CHAVANSES.— Ouvrage rare et précieux sur la démonologie qui vit le jour à la suite des troubles survenus en Bourgogne vers 1664, lorsque les populations se soulevèrent contre les sorciers et les jeteurs de sorts.

Traité de démonologie devenu absolument introuvable, et coté quelquefois 50 fr. Comme son titre l'indique, cet ouvrage tend principalement à prouver l'existence des phénomènes provoqués par les Sorciers ou Magiciens ; il traite du commerce des hommes avec les démons, des pactes du Sabbat, de l'Astrologie, de la Divination, des Nombres, des Talismans, des Prophéties, de la Médecine occulte. Divers indices pour reconnaitre les sorciers ; comment discerner le maléfice d'une maladie naturelle ; preuves et épreuves pour la découverte des crimes, philtres d'amour ; de la métamorphose des sorciers en loups ou Lycanthropie etc. La réponse à l'" Apologie " de Naudé, est aussi très intéressante ; il y est parlé longuement de Zoroastre, Orphée, Pythagore, Numa, Pompilius, Démocrite, Apollonius, Paracelse, Agrippa, R. Lulle, A. de Villeneuve, Albert le Grand, Saint-Thomas, etc...

(G-157 et 158
(O-3215

2334 CHEVÉ (Charles-François). — Dictionnaire des Conversions, ou essai d'encyclopédie historique des conversions au catholicisme depuis dix-huit siècles, et principalement depuis le Protestantisme, contenant l'histoire nominale et détaillée de plus de 8.000 conversions principales et l'indication sommaire de plusieurs milliers d'autres ; les motifs de ces conversions, la plupart écrits par les convertis eux-mêmes avec une table des matières indiquant la date de chaque conversion.

[*Paris*]. *Au Petit Montrouge, J. P. Migne,* 1852, in-8° 1072 col. (7 frs).

[D. 3020

Apulée, Béroalde de Berville, Boccace, Calvin, Clément d'Alexandrie, Simon Deutz, David Drach, Dupuis, Florimond de Rémond, Lulle, Nostradamus, Plutarque, Porphyre, Ptolomée, Ratisbonne, Sylvio Pellico, Th. d'Aquin, etc...

2335 CHEVILLARD (Alphonse).— Études experimentales sur le fluide nerveux et solution rationnelle du problème spirite. 4ᵐᵉ édit. précédée d'un aperçu sur le magnétisme animal.

Paris, E. Dentu, 1882, in-8°. VII-118 p. (3 fr.).

[Tb²³ 7. C.

Idem :

Paris, 1869, in-8° de 38 p.
Paris, 1872, in-8°.

Impressions sensorielles. — Phénomène névrostatique et typtologique. — L'Agent nerveux. — Mouvements d'objets inanimés. — Phénomènes à distance. — Médium et médiumnité.— Hallucinations, Obsessions. — Extatiques. — Transmission de pensée. — etc.....

(G-159

2336 CHEVIN (abbé) curé de N. D. de Bar-le-Duc. — Dictionnaire latin-français des noms propres de lieux ayant une certaine notoriété principalement au point de vue ecclésiastique et monastique.

Paris, Rétaux, s. d. in-8° (4 frs).

Ouvrage estimé.

Autre édit :

Bar-le-Duc, imprimerie de l'œuvre de St-Paul s. d. [1807], in-8° de VI-358 pp.

[8° G.7374

Dictionnaire analogue, par *CHAUDON* et aussi *DESCHAMPS*.

2337 CHEVREUL (Eugène) célèbre chimiste et Académicien, né à Angers en 1786, mort à Paris vers 1800. — De la Baguette divinatoire, du Pendule explorateur et des tables tournantes, au point de vue de la critique et de la méthode expérimentale, par Mr E. Chevreul.

Paris, Mallet-Bachelier, 1854, in-8° XVI-258 p. (5 fr.).

[R. 31354

Le célèbre savant, membre de l'Institut, a réuni dans cet ouvrage de bonne foi, tous les documents et observations relatifs à la psychique transcendante, dont il reconnait l'exactitude, mais explique par une cause psychique, une sorte d'extériorisation de la Volonté. Après des considérations générales très étendues sur les sciences occultes, il fait l'étude de la baguette divinatoire depuis l'antiquité jusqu'à nos jours. Il examine le Pendule explorateur et les Tables tournantes comme des phénomènes d'automatisme inconscient ; mais il ne s'obstine pas dans ses théories et laisse à l'avenir le soin de les vérifier ou de les condamner. Au point de vue historique il convient de signaler les cas très curieux de Mlle Ollivet, Mlle Martin, du Prieur Barde, de M. du Pernan, du chanoine de Saint-Chef, et de M. Espié, fort suggestifs dans leur brièveté.

2338 CHEVREUL. (E.). — De la loi du contraste simultané des couleurs et de l'assortiment des objets colorés, considéré d'après cette loi, dans ses rapports avec la peinture, les tapisseries, la mosaïque, les vitraux, etc.....

Paris, Pitois-Levrault, 1839, in-8° XV-735 p. (65 fr.)

[V. 20601

Atlas in-4" :

[V. 11007

Ouvrage estimé et rare.
L'Atlas comprend 40 planches, la plupart en couleurs.

Idem :

Paris, Gauthier Villars et fils, in-f° XVI-571 p. pl. en noir et coul.
[Fol V. 2230

Ouvrage capital du grand savant.

2339 CHEVREUL (E.). — Recherches chimiques sur la Teinture.

Paris, Impr. de Firmin Didot frères, 1803, in-4° 404 p. (18 frs).
[V. 13484

Ce volume fait partie des comptes-rendus de l'Académie des sciences.

2340 CHEVREUL (E.). — Recherches chimiques sur les corps gras d'origine animale.

Paris, Impr. nationale, in-f° XXIV-425 p. et pl. (18 fr.).
[Fol. R. 16]

Orné d'une planche.

Ouvrage recherché publié à 25 fr.

2341 CHIARINI (Abbé Louis A.).— Le Talmud de Babylone, traduit en français et complété par celui de Jérusalem et par d'autres monuments de l'antiquité judaïque, par L. Chiarini.

Leipzig, 1831. 2 tomes en 1 fort vol. in-8°. Carte. (15 frs).
[A. 14040

Notions de la Kabbale. — Esprit malin. — Superstitions. — Philosophie orientale ou Kabbale. — Magie. — Astrologie. — Livre des Rêves. — Médecine. — Traditions rabbiniques et talmudiques, etc...

2342 CHIDE (A.). — L'idée de rythme.

Digne Chaspoul et Baraboux, 1905, in-8° de 180 pp.
[8° R. 20747

Chronique de la métaphysique moderne où il n'y a guère de rythme que sur le titre. — Bergsonisme (p. 41).

2243 CHIFFLET (Jean-Jacques) médecin du roi d'Espagne Philippe IV, né à Besançon en 1588 mort en 1660. — J. J. Chiffleti de Linteis Sepulchralibus Christi...

Antverpiæ ex officina Plantiniana, 1624, in-4°. XVI-228 p. figures.
[Z. 3820
(S-5153

2344 [CHILLIAT (Michel)].— Les souffleurs. Comédie.

Paris, Vve de C. Coignard, 1694, in-12 143 p., musique. (10 fr.).
[Yf. 7653

Relatif à la Pierre Philosophale, orné de 3 gr. en taille douce de Tardieu.

2345 CHOMET (Dr Antoine-Joseph, dit Hector). Membre de l'Académie de médecine de Rio de Janeiro, ancien administrateur des Hôpitaux de Moulins (Allier). — Effets et influences de la Musique sur la Santé et la Maladie, par le Dr H. Chomet.

Paris, Germer Baillière, 1874, in-8° III-257 p. (3 fr.)
[T^e. 170

Sur l'emploi de la Musique en Thérapeutique.

Effets de la musique sur l'organisme. — Influence du rythme et de la mesure. Nombreux exemples de maladies traitées, guéries et soulagées par la Musique. — Précautions à prendre dans l'emploi de la Musique.—Choix du genre et des morceaux de Musique. — Règles à suivre dans l'Application de la Musique chez les malades de tempéraments différents. — Etc.

C'est Guy d'Arrezzo (pense-t-on), qui a nommé les notes actuelles d'après l'Hymne de St-Jean-Baptiste (p. 58) :

Ut queant laxis
Re sonare fibris
Mi ra gestorum
Fa muli tuorum
Sol ve polluti
La bii rectum
Sa ncte Johannes

2346 CHOMPRÉ (Etienne Maurice) né à Paris en 1701, mort en 1784, maître de pension à Paris. — Dictionnaire abrégé de la fable par l'intelligence des poètes, des tableaux et des statues, dont les sujets sont tirés de l'histoire poétique.

Paris, 1796, in-12, (3 fr.).

Cette édition est la plus complète.

Autre édit.

Paris, 1800, in-12.

Commentaire général de mythologie sur les textes des anciens auteurs.

2347 CHOQUET (Dr Victor Arsène). — Hypnologie, ou du sommeil considéré dans l'état de maladie par V. A. Choquet.

Paris, 1808, thèse in-4°.

(D. p. 81

2348 CHOU-KING. — La Morale du Chou-King, ou le Livre Sacré de la Chine.

A Paris, chez Victor Lecou, 1851, pet. in-10 de VIII-227 p. (2 fr. 50).

De la « Nouvelle Collection des Moralistes anciens ».

La Traduction est du P. Gaubil, qui est mort à Pékin en 1759. L'ouvrage en lui-même est le plus beau monument de la Morale Chinoise.

Il se retrouve dans les « Livres sacrés de l'Orient » de M. Pauthier, q. v.

2349 CHOVIN (François) de Die, dit François le Dauphiné, compagnon menuisier du Devoir. — Le Conseiller des Compagnons par Chovin.

Paris, Duverdier, 1860, in-18, III-244 p. (4 fr. 50).

[V. 34800

Intéressant petit ouvrage dans lequel l'auteur, après avoir donné un court historique du compagnonnage et de l'organisation du « Tour de France », cherche à ramener les aspirants menuisiers dans la Société en leur expliquant l'utilité et l'avantage d'être Compagnon.

CHRISTIAN (P.). voir *PITOIS* (Christian).

CHRISTIAN SCIENCE. — Secte Américaine de Guérisseurs Psychiques fondée vers 1866 par Mrs Mary Baker Glover Eddy, q. v., qui vient de mourir (Décembre 1910). Cette branche du Psychisme applique la Prière Mystique à la guérison des maladies et autres inharmonies de toute nature. Elle exige de ses adhérents le retrait des Médecins ordinaires et des Ministres de tout autre culte.

Ces particularités ont produit au moins une Secte dissidente, dont le Chef est l'évêque Oliver C. Sabin, q. v. et qui se nomme généralement : « Christology ».

Les traitements de ces Sectes sont les mêmes que ceux de Jean Sempé, de son continuateur, l'abbé E. Houssay (ou Julio), du Zouave Jacob, d'Antoine le Guérisseur, en Belgique, etc. (voir à ces noms).

Bien entendu, les formules de prières employées n'influent en rien sur les résultats forts réels de ces Traitements : toutes réussissent pourvu que l'on ait la Foi la plus entière dans celle dont on se sert. La preuve en serait (s'il y avait besoin de preuve !) que les formules les plus différentes, avec ou sans l'intervention du Christ et des Saints, et dans les langues les plus diverses, réussissent toutes également bien et dans la mesure seulement de l'Entraînement Psychique et de la Foi de l'Opérateur.

Le remarquable ouvrage « *Psychic Healing* », par le Yogi Ramacharaka, donne la Théorie et la Pratique les plus claires de cette intéressante branche du Psychisme. On l'y trouve la entièrement dépouillée des superstitions plus ou moins bizarres qui semblent l'accompagner invariablement chez le plus grand nombre d'auteurs.

2350 CHRISTIANE. — Pax. Vers un Monde meilleur. Simples méditations, avec une lettre de M. Sully Prud'homme, de l'Académie Française.

Paris, Annales Politiques et Littéraires, s. d. [1906], in-12 de XXXVI-408 p. et Tab. Imprimé en bleu. Front. plié en Lithog. (2 fr.).

[8° R. 21048

Intéressante étude d'une femme qui voudrait faire triompher la Philosophie du Cœur dans notre Monde Hylique.

2351 CHRISTIANUS ou CHRISTIANI (David).—Tractatus Fhisico-Astronomico-Politicus, de Cometarum Essentiâ, Generatione, Speciebus, Pronosticis et Disparitione authore Dav. Christiano.

Giessae, ex officina Chemliniana, 1653, in-4, 84 p.

[V. 7979
(S-3407

2352 CHRISTIE (Richard Copley). — Etienne Dolet, le martyr de la Renaissance, sa vie et sa mort, traduit de l'anglais par Casimir Stryienski, agrégé de l'Université.

Paris, Librairie Fischbacher. 1886, fort in-8°, XXII-557 p. et 1 f° n. c. avec la marque d'Etienne Dolet (la doloire).

[Ln²⁷. 39355

On sait le rôle d'Etienne Dolet au XVIᵉ siècle. La vie du célèbre Libre-Penseur évoque tout le siècle philosophique de la Renaissance où défilent Vanini, Giordano Bruno, Campanella et tous les esprits affranchis de cette grande époque.

2353 CHRISTMANN (Jacob), Orientaliste, professeur à Heidelberg, né à Johannisberg en 1554, mort en 1613. — Muhamedis Alfragani Arabis,Chronologica et Astronomica Elementa.

Francofurti, 1590, in-8°.

[V. 20803

Autres traités singuliers du même à la Bib. Nat. Cat. Gén. (XXVIII-1071-1072).

(S-3404 b

2354 CHRISTOFLE DE BORDEAUX. — Deux discours sur les Faits Miraculeux advenus depuis quelque temps à l'endroit de plusieurs pélerins de S. Michel du Mont de la Mer... par Christofle de Bordeaux.

Paris, 1613, in-8° de 25 p. (1 fr. 50).

Réimpression de Lyon, par Louis Perrin vers 1875-76.

CHRISTOLOGY. — Secte dissidente de la CHRISTIAN SCIENCE, fondée par l'évêque Oliver C. *SABIN*, q. v.

2355 CHRISTOPHE (Abbé Jean-Baptiste). — Histoire de la Papauté pendant le 14ᵉ siècle avec des notes et des pièces justificatives:

Paris, L. Maison, 1853, 3 vol. in-8° (9 fr.).

[H. 13521-3

Ouvrage curieux et intéressant pour l'histoire, le procès et la destruction des Templiers (Les Guelfes et les Gibelins, Dante Alighieri, Procès des Templiers. Clément V abolit l'ordre. Supplice de J. Molai. Les Spirituels. Sur les accusations intentées aux Templiers, etc..)

2356 CHRISTOPHE (César-Auguste).— Réforme médicale du dix-neuvième siècle par la doctrine des impondérables ou nouveaux principes de médecine chimique appliqués à la pathologie et à la thérapeutique.

Paris, G. Baillière, 1856, in-8° VIII-479 p. (5 fr.).

[Tᵇ. 218

Le but de cet ouvrage est de fonder une nouvelle doctrine sur les lois des agents impondérables. Cette doctrine s'appuie sur les bases de la chimie et cet ouvrage servira à tout médecin pour dissiper et guérir les maladies.

2357 CHRISTOPHE DE PARIS. — Elucidarius Christophori Parisiensis, das ist : ein edles Büchlein, von rechten Grund, Mittel und Ende der Wahren Philosophiæ, oder grossen Stein der alten Weisen, vor etlich hundert Jahren, durch Christophorum Parisiensem... von einem Liebhaber und Discipul des wahren (mit nichten aber der betriegerischen und reichmacherischen) Spagyriæ, in Druck vergertiget.

Gedruckt zu Hall, in Sachsen, durch Erasm. Hynitzsch, 1608, in-8° de CXXVII ff. non chiffrés, sign. a-g.

[R. 54509

Petit livre du fondement de la véritable philosophie, ou de la grande pierre des Anciens Philosophes.

(O-718 et 719)

2358 CHRISTOPHE DE PARIS. — Christophori Parisiensis Elucidarius, das ist : ein edles Büchlein von rechten Grund, Mittel und Ende der wahren uhralten philosophischen Universal-Medicin, für etlich hundert Jahren von diesem Authore beschrieben, Jetzo aber in einer Weit Besseren teutschen Version in Druck verfertiget.

Franckfurt und Leipzig, Joh. Paul Krauss, 1772, in-8° de 94 pp.

(O-720 et 721)

2359 CHRYSANDER (Alétophile). — Aureum Seculum patefactum, oder : die eröffnete Güldene Zeit, darinnen das von allen Chymicis und wahren Philosophis Längstgewünschte Menstruum universale, seu Materia chaotica sornenklar entdecket, Gott zu Ehren, und denen, die ihn lieben, zum erfreulichen Vergnügen ausgefertiget von Aletophilo Chrysandro.

Nürnberg, Joh. Zieger, 1709, in-8° de 207 p.

(O-1328)

2360 CHRYSOGONE DE PURIS. — Das Pontische Mercurial-Wasser der Weisen, aus philosophischen Schrifften denen Söhnen der Kunst ordentlich vorgestellet, von Chrysogono de Puris Uranopolita. Symbol.

Aurea Vellera sunt, in Colcho Hylealia dona, anno 1683 ; dans Deutsches Theatrum chemicum de Fr. Roth-Scholtz (1728), I, 301-414.

(O-906)

2361 [CHRISOSTOME (Polycarpe)]. — Missiv an die hocherleuchtete Brüderschaft des Ordens des Goldenen und Rosenkreutzes, Lux in Cruce et Crux in Luce (von Polycarpus Chrysostomus) ; en tête de Antrum Naturæ et Artis (1710), dans les liminaires.

Première édition de cet opuscule.

(O-1531)

2362 CHYMICA VANNUS. — Reconditorum ac reclusorum opulentiæ scientiæque numinis mundi magni cui deditur in titulum Chymica vannus (*sic*).

AUT. PHILALETHE.

Amsterdam, 1666.

Commentatio de Pharmaco catholico, Ibid, 1665, in-4°.

Tel est, in-extenso, et avec les fautes d'impression elles-mêmes conservées, le texte du n° 3584 b, du catalogue de l'Abbé Sépher, qui nous permet d'attribuer à Thomas Vaughan le Philalethe un ouvrage des plus curieux qu'il soit.

L'Abbé Sépher était certes qualifié pour attribuer une telle œuvre à son véritable Auteur.

Voir la description détaillée sous l'article « *VAUGHAN* ».

(S-3584 b)

2363 CHYMIPHILUS (J. J.). Der wahren chymischen Weisheit Offenbahrung, das ist : getreue und auffichtige Entdeckung der Materie, welche genommen werden musz, wann man den wahren Weisen-Stein, Lapidem Philosophorum, Tincturam Universalem machen will ; aus vielen Theophrastischen Handschrifften, vorhin niemahlen in den Truck kommen...; alles denen Liebhabern der chymischen Weisheit zu Gefallen in offenen Truck gegeben von J. J. Chymiphilo.

S. l., s. adr... Gedruckt im Jahr, 1720, in-8° de VIII-210-XIV pp.

(O-1439)

2364 CHYMISCHER Seig-und Weg-Weiser, worinnen die Möglichkeit der Metallen-Verwandlung vor Augen gestellet, und der Weg zum philosophischen Stein eröffnet wird.

Nürnberg, Joh. Zieger, 1689, trés pet. in-12 de 48 pp.

(O-1289)

2365 CHYMISCHES Etwas in Nichts, das ist : vie der hochberühmte Stein der Weisen als eine edle Gabe Gottes entfernet, und in hohen Dingen vergeblich gesuchet, aber nahe, und in geringen, glücklich wird gefunden, in Etwas, doch gründlich entworfen, und mit einem vollständigen Register versehen, von einem, der sich Mit In GOtt Belustiget.

Dresden und Leipzig, Gottfried Lesch, 1722, in-8° de 38-X pp.

(O-1440

2366 CHYMISCHES Neuigkeiten von einer feinen Particular-Medicin, fortgestzet mit einer höchst-deutlichen Beschreibung der Materie des Steins der Weisen, und dessen wahren Grunde, auch fernerer Handleitung von einem Philosophen aus der alten Welt.

S. l. et s. adr., anno 1742, in-8° de IV-52 pp.

La préface est signée : Aus Der Monaden-Burg in Strahlen-Stadt, den langsten Tag im Jahrs 1742. T. G. X.

(O-1641

CIACONO (F. Alfonse) ou CHACON, en latin CIACONIUS, frère prêcheur, né à Baeça en 1540, mort à Rome en 1599. Ne pas le confondre avec son homonyme Pierre Chacon, de Tolède (1525-1581).

2367 CIACONO (F. Alphonse), pénitentier du pontife Romain, nostre Sainct Père le pape Grégoire XIII. — Histoire véritable comment l'âme de l'empereur Trajan a esté délivrée des tourmens d'enfer par les prières de S. Grégoire.

Paris, J. Gesselin, 1607, pet. in-8° de 95 p. (18 fr.).

[J. 16247

Opuscule mystique des plus rares, mis en fr. par Palma Cayet, le fameux traducteur de l'ouvrage rarissime « Histoire prodigieuse et lamentable de Jean Fauste » qui a dédié celui-ci à la Reyne Margverite.

L'édition originale latine : Tractatus de liberatione animæ Trajani Imperatoris a pœnis inferni precibus Sancti Gregorii P. M., est de Rome, 1576, in-4°.

(G-589

2368 CICCOLINI (Sofia, marquise A.). — L'inspiration profonde, active inconnue en physiologie.

Paris, Masson, 1800, in-8° de 97 pp. fig. (2 fr.).

[Td⁷¹. 608

Rare et curieux travail sur la théorie de la respiration, fig. à la fin.

2369 CICÉRON (Marcus Tullius), né à Arpinum en 100 av. J.-C., mort en 43 av. J.-C. Orateur illustre. — Les Deux livres de la Divination de Cicéron, par M. l'abbé Regnier.

Paris, G. Dupuis, 1710, in-12, XXII-388 p. (7 fr.).

[R. 31369

Intéressant ouvrage, traitant des divers genres de divination en usage chez les Romains.

Id. par Regnier-Desmarais avec le texte latin. Suivis du traité de la consolation, par Morabin.

Paris, chez les frères Barbou, an III, in-12, IV-480 p.

[R. 0091
(S-3024
(G-103 et 1245

2370 CICÉRON. — De la divination. — Du destin. Trad. nouv. par J. V. Le Clerc.

Paris, Lequien, 1826, pet. in-12, (4 fr.).

Texte en face de la trad.

2371 CICÉRON. — Le Songe de Scipion. Trad. en fr. avec des notes par M. Pottin.

Paris, Hachette, 1884, in-16 de 32 pp.

[8°*E. Pièce 72

Ce morceau célèbre de l'antiquité classique a trait à l'immortalité de l'âme, à

Sc. psych. — T. I. — 23.

l'harmonie des sphères, à la mission de l'homme, etc.....

2372 CICÉRON. Traité du destin, trad. pour la première fois du latin en françois avec des notes, par l'abbé Giraud.

Lyon, Aymé frères, Paris, Brunot-Labbé, 1816, in-12, XII-156 p. (4 fr.)

[R. 31574

Texte en face de la traduction.

2373 CIGOGNA (Strozzio). — D. Strozzio Cigogna Magiae omnifariae vel potius vniversæ Naturæ theatrvm : in quo primis rervm principiis arcessita disputatione vniuersa Spirituum et Incantationum natura, etc. explicatur. Ex italico latinitati donatum opera et studio Gasparis Ens. L.

Coloniae sumptibus Conradi Butgenii, 1607, in-12, (10 fr.).

Ouvrage de magie fort curieux et peu commun.

(S-3100
(G-1240

2374 CIGOGNA (Strozzi). — Del Palagio de gl'incanti et delle grande maraviglie degli Spiriti et di tutta la natura, da Strozzi Cigogna.

In Vicenza, 1605, in-4°.

(S-3207 b

2375 CIRCONCISION. — De la Circoncision et spécialement de la Circoncision Rituelle envisagée au point de vue historique, hygiénique, préventif et prophylactique.

[Th. Paris, 1871

C'est la Thèse du D' Lazare Mayer dit *Mayersohn*, qui se termine par une Bibliographie de plus de 300 articles sur le sujet.

2376 CISSÉ (Comte Joseph de). — Description intéressante de Claude Ambroise Seurat, appelé l'homme anatomique ou le squelette vivant, par M. le comte J. de Cissé.

Paris, impr. de Stahl, s. d., [1834], in-8°, 10 p. portrait.

Avec un très curieux front. gravé.

[Ln^{27}, 18900. B

2377 CLARENS (Jean Paul). — Strada.

Paris, Paul Ollendorff, S. D., [1894], in-8° de XII-252 p.

[8° Ye. 3795

La Foi. — Dieu. — L'Homme. — Le Christ. — L'Œuvre du Christ. — L'Eglise et les Sacrements. — Histoire de l'Eglise. — Suite de l'Histoire de l'Eglise. Bibliographie succincte des Œuvres de Strada à la fin. Aucun détail biographique.

2378 CLARETIE (Jules-Arsène-Arnaud) écrivain et journaliste français, né à Limoges en 1840. — Pétrus Borel le Lycanthrope. Sa vie, ses écrits, sa correspondance. Poésie et documents inédits. — Frontispice à l'eau-forte avec portr. par Ulm.

Paris, Pincebourde, 1865, in-16 de 159 pp. (3 fr.).

[Rés. Ln^{27} 21213

Edition originale.

Couverture muette Pétrus Borel d'Hauterive, né à Lyon le 28 juin 1809 ; d'abord architecte à Paris. — Etude-résumé de ses œuvres. — Invraisemblables contes intitulés " Champavert ". Un de ses personnages va demander au bourreau de bien vouloir le guillotiner. Et dit le commentateur ", Champavert " n'est rien à côté de " Madame Putiphar. — Borel mourut en Algérie Inspecteur de la colonisation à Constantine.

2379 CLASEN (Dan.). — Dan. Clasen, de Oraculis gentilium, et in specie, de Sibyllinis Vaticiniis.

Helmontii (Helmont), 1073, in-8°.

(S-3469

2380 CLAUCHAI-LARSENAL (Charles). — Berguille et Louise Lateau. — Etude comparative par Charles Clauchai-Larsenal

Bordeaux, L. Coderc, 1874, in-12, 54 pp.

[Ln^{27}, 28117

2381 CLAUDE (Georges). — Lauréat

de l'Institut. — Air liquide, Oxygène Azote. — Préface de M. d'Arsonval, Membre de l'Institut.

Paris, H. Dunod et E. Pinat, 1909 in-8° de 400 p. avec 149 fig. (15 fr.).

[8° R. 22708

Savant et intéressant ouvrage.

La Liquéfaction des Gaz. — La Liquéfaction industrielle de l'Air. — Conservation et propriétés de l'Air Liquide. — La Séparation de l'Air en ses Éléments. — Etc.

2382 CLAUDER. (Gabriel). — Eine Abhandlung von dem Universalsteine, wo insbesondre gegen den Pater Athanasius Kircher die Wirklichkeit des Steins des Weisen behauptet wird von D. Gabriel Clauder ; dans Neue Alchym. Bibliothek, de Schröder (1774). II. I-re p. 280.

(O-500

2383 CLAUDIER (Gab.). — Gabrielis Clauderi, des berühmten Medici Dissertation von der Universal-Tinctur, oder dem Stein der Weisen, in welcher 1) was diese sey ; 2) ob sie in der Natur gefunden werde, und ob einem Christen nützlich seye, selbe zu erforschen ; 3) aus was für einer Materi ; und 4) wie sie bereitet werde, durch Beweisz-Grund und Erfahrungen beschrieben wird.... : denen Liebhabern zu Gefallen ins Teutsche versetzet von einem Teutschgesinnten.

Nurnberg, Peter Paulus Bleul, 1682, in-8° de 278 pp.

La 1re édition latine est d'Altembourg 1678.

Dissertatio de Tinctura universali *Altenburgi, apud G. Richterum*, 1678, in-4° de 272 p. etc.

[Te¹³¹. 134
(O-1230

2384 CLAUZEL (Hippolyte). — Le triomphe du Christ ou découverte d'une science immense perdue depuis 5000 ans.

Bergerac, imp. de Faisandier, 1875 in-8° de 240 p. 8 p. et pl. (4 fr.).

[D. 64300

Rare ouvrage sur le symbolisme égyptien, avec 6 planches hors texte représentant 36 fig. hiéroglyphiques. — Beau cercle ailé à urœus, (pl. V.). — Son interprétation (p. 6, 2-ème pagination) ne parait pas absolument conforme à la vérité.

(G-164

2385 CLAVE (Estienne de). — Le Cours de chemie d'Estienne de Clave, doct. en med., qui est le second livre des Principes de nature.

Paris, Olivier de Varennes, 1646, in-8° de XII-188 pp. et la table.

[R. 31853
(O-1081

2386 CLAVE (Estienne de), médecin et alchimiste du XVIIe siècle.— Nouvelle lumière philosophique des vrais principes et elemens de nature, et qualité [d'iceux. Contre l'opinion commune.

Paris, Olivier de Varennes, 1641, pet. in-8°. 403 p. etc. (15 fr.).

[R. 9640
(G-165

2387 CLAVEL. (F. T. Bègue). — Almanach de la Franc-Maçonnerie. [depuis 1844, première année, jusqu'en 1848].

Paris, Pagnerre, 5844-5848, 5 volumes. in-16. (7 fr.).

[H. 13538-42

Avec de curieuses figures. Signe de détresse. Les maçons israélites en Allemagne. Le mythe maç∴ dans l'Inde. Initiation des Indous. Les nombres maç∴. Les Francs-Macons au 13-e siècle. Société secrète des Thurgs. Emblèmes maç∴ chez les païens. Templiers et Fr∴ Maçons, etc.....

2388 CLAVEL (F. T. Bègue). — Histoire pittoresque de la Franc-Maçonnerie et des sociétés secrètes anciennes et modernes.

Paris, Pagnerre, 1843. gr. in-8°, IV-390 p. pl. et front. (20 fr.).

[H. 5230

Idem :

Paris, Pagnerre, 1844, gr. in-8°, IV-407 p. etc.

[H. 5231

Paris, Pagnerre, 1843, 2 vol. in-8° pl.

[G. 7038-9

Livre rare détruit en partie par les F. M. Orné de 25 belles gravures sur acier de Marvy, Seigneurgens, Compagnon Buzelot, etc.
L'édition de 1844 est la plus complète(?) elle contient un important appendice sur les Fendeurs Charbonniers ; une histoire de l'ordre royal de Hérédom de Kilwinning ; des éclaircissements sur l'origine de l'Ecossisme ; une notice sur les Sociétés secrètes Polynésiennes; des anecdotes relatives aux Sociétés secrètes allemandes au Tugend-bund, etc... Voici quel est le plan général de l'ouvrage : Statistique et géographie maç∴ Liste des grades, des loges et tableau des principales fondations maç∴ Calendrier et alphabet maç∴ Origine et organisation de la F∴M∴ Persécutions, Innovations, Schismes. Rapports de la F∴ M∴ avec les anciens Mystères du Paganisme, des Juifs, des Chrestiens, des Musulmans, de la Chevalerie, etc...

(G-100-1247

2389 CLAVEL (F. T. B.). — L'Orient, revue universelle de la Franc-Maçonnerie.

Paris, 1844-45. gr. in-8°. (6 fr.).

[H. 5712

2390 CLAVEL (Dr Auguste). — Les Races humaines et leur part dans la civilisation.

Paris, Poulet-Malassis et De Broise 1860, in-8°. 431 pp. (5 fr.).

[R. 31859

Bon ouvrage. Formation, caractères, croisement et dégénérescence des races. Religions. Philosophie, Pythagore, Socrate, École d'Alexandrie, etc......

2391 CLAVEL (Mme Gratien). — Révélations prophétiques. Instruction. Morale. Initiation.

Paris, 1902. in-8° de 40 pp. (2 fr.).

Opuscules devenus rares de cette célèbre Voyante-prophétesse.

Idem.

Paris. 1904. in-8°.

2392 CLAVICULE (La), de la Science hermétique, écrite par un habitant du Nord, dans ses heures de loisir, l'an MDCC-XXXII (avec le latin en regard : Clavicula hermeticæ Scientiæ ab hyperboreo quodam horis subsecivis calamo consignata.........).

Amsterdam, P. Mortier, 1751. in-8° de 75 pp. (5 fr.).

Texte latin et traduction franç. en regard. A la fin se trouve le catalogue des livres pub. par Mortier.

Même ouvrage.

S. l. et s. adresse (mais en Russie), 1780. pet. in-8° de 70 pp.

Voici la dédicace : A la Nature vierge non souillée et à l'art qui la suit comme guide, je consacre très humblement mes délassements du soir, moi qui suis un grain de poussière du Paradis, un Homme.

(O-1475-1476
(G-167

CLAVICULE DE SALOMON. — Voir :
SALOMON....
FYOT.

2393 CLAVIER (Etienne). — Membre de l'Institut. — Mémoires sur les oracles des anciens.

Paris, 1818. in-8°. (4 fr.).

Cette dissertation a été lue en 1814 à la troisième classe de l'Institut. L'auteur démontre que les démons étaient étrangers à ce qui se passait dans les oracles.
Ce volume est plein de recherches savantes sur les Pythies et leurs relations mystérieuses avec l'au-delà.

2394 [CLAVIER DU PLESSIS]. — Mytho-Hermetischer Archiv (et au tome II Kritiken. Untersuchungen. Erläuterungen, Bemerkungen......) ; ein periodisches Werk ; aus dem Französischen des Hn. Clavier du Plessis.

Gotha, Carl Wilh. Ettinger. 1780-81. 2 vol. in-8°.

Le tome I de 160 pp. est en deux parties, le tome II n'a que 32 pp.

Quel est ce Clavier du Plessis ? aucun biographe ni bibliographe consulté par moi ne m'a répondu.

En français :

Archives Mitho-hermétiques, ouvrage périodique.

Paris, Valleyre l'ainé. S. D.. 2 numéros, in-8° X-124 p.

[R. 20800
(O-1423

2305 CLEF D'OR (La), ou l'art de gagner à la loterie, suivant les calculs mathématiques de Cagliostro, Vinckelli, Cornélius Agrippa et autres célèbres savans. Contenant entre autres combinaisons précieuses, le Chêne d'or, l'Etoile miraculeuse, la Clef d'or, etc...... Suivi d'une table des numéros déterminés par les rêves et d'un traité de physionomie et de chiromancie, par un moderne Cabaliste.

Lille, Castiaux, s. d. (1810), in-16 front. et 34 fig. hors texte. (8 fr.)

Il existe un Traité de même titre par *ALBUMAZAR* de Carpentéri.

2306 ... CLEF (La) de la Perfection, qui ouvre aux croyans le mystère de notre double régénération, pour devenir parfaits.

La Haye, 1751, in-12.

(S-863

2307 CLEF (La) du grand œuvre, ou lettres du Sancelrien..... Voir :

CAILLEAU (André) à qui Barbier attribue cette pièce, bien qu'elle soit aussi donnée à J. J. Coulon, Avocat au Parlement, et Maire d'Amboise en 1760-68.

357

2398 CLELAND (John), littérateur Anglais, né en 1707, mort en 1789. Il fut consul à Smyrne, puis aux Indes et revint en Angleterre où il publia le célèbre ouvrage qui suit. — Memoirs of Fanny Hill, by John Cleland. A new and genuine edition from the original Text: (London 1749).

Paris, Isidore Liseux, 1888. in-8° XI-325 p. (15 fr.).

[Enfer 104

Rare.

Cet ouvrage, fort licencieux, eut un grand succès de scandale et enrichit son éditeur.

Au moins 5 traductions françaises, de 1751, in-8°. — 1776, 2 vol, in-16, — 1786, in-8°, — 1790, 2 vol. in-16, — 1887, in-8° de X-327 p., cette dernière par Isidore Liseux.

[Enfer, 127

2399 CLEMENT (D' Emmanuel). — Hygiène et Bien-être. — Préceptes pour vivre longtemps. — Utilité des Régimes aux différents âges de la Vie — Par le D' Clément de la Faculté de Médecine de Paris.

Paris, Jules Taride. 1886. in-16 de 165 p. et tab. 10 f*s* de Catalogue.

[T*ell*. 415

2400 CLEMENT (Pierre), de Genève.— Les Fr.-Maçons, hyperdrame.

Londres, 1740, in-12 92 pp.(5 fr.).

[8° Yth. 7646

2401 CLEMENT (Pierre). — Les sainctes cvriositez par M*re* Pierre Clement, chanoine régulier.

Langres, Iean Boudrot, s. d. [1651] in-12. 370 p. etc. (20 fr.).

[H. 13544

Livre singulier orné d'un titre gravé et rare, comme tous ceux imprimés à Langres. Contenant de bien curieux chap. tels que ceux-ci : Si c'estoient des Cherubins armez qui gardoient le Paradis terrestre. — Comment les enfans d'Adam s'osoient marier auec leurs sœurs. — Si la Synagogue des Juifs estoit infaillible comme l'Eglise... etc.

(G-590

2402 CLEMENT d'ALEXANDRIE. — Titius Flavius CLEMENS, philosophe et docteur chrétien est né à Athènes, ou à Alexandrie, vers 160 et mort vers 217. Il fut prêtre à Alexandrie. C'est un Père de l'Eglise Gnostique. — Œuvres traduites par M. de Genoude.

Paris, 1839, 2 forts vol. in-8°. (formant ens. env. 1100 p. (20 fr.).

Cette traduction des œuvres gnostiques de Clément d'Alexandrie " la seule complète " est presque introuvable aujourd'hui. On y remarque les célèbres Stromates, comprenant sept livres du plus haut intérêt, parmi lesquels celui consacré à la Symbolique, où le profond philosophe donne la clef d'un grand nombre d'hiéroglyphes et dévoile le sens caché de beaucoup de figures mystérieuses. Il interprète, en même temps, les signes représentés sur les habits des prêtres hébreux et les cérémonies en usage dans les sacrifices. C'est sans contredit, dit Charpentier, un des morceaux les plus curieux qui nous restent de l'antiquité.

L'édition princeps en latin fut donnée par P. Victorius.

Florentiæ, L. Torrentinus, 1550. in-f°. 347 p. frontisp.

[C. 58

Avec reliure de Grolier :

[Rés. C. 60 *bis*

2403 CLEMENTE AMITIÉ (La). —

1°) A tous les Maçons la Loge Française de la Clémente Amitié O∴ de Paris, 5826.

2°) Mémoire justificatif de la R∴ ☐ chapitrale de la Clémente Amitié dans son affaire avec le G∴ O∴ de France.

3°) La L∴ de la Clémente Amitié aux membres des LL∴ de la correspondance du G∴ O∴ Paris, 1844.

4°) Complainte sur l'horrible catastrophe de la démolition de la Clémente Amitié en punition de ses forfaits épouvantables. Paris. 1826. 1 vol. in-16. (6 fr.).

2404 CLERICUS ou Jean LE CLERC (?) — J. Clerici Pneumatologia, cum Phernæ Stanlei Philosophiâ Orientali.

Amsterdam, 1710. in-12.

(S-2663

2405 CLOCQUET. — Lettre de M. Clocquet, receveur des gabelles à Soissons, à M....

1784. in-8°, 11 pages (2 fr.).

L'auteur convaincu des effets du magnétisme, témoigne des cures opérées à Busancy par M. le marquis de Puységur de concert avec le comte Maxime, son frère. Ici le traitement est gratuit : il a lieu sur la place du village, à l'aide d'un orme demeuré célèbre et les malades ont assurément un bienfaiteur dans la personne charitable du marquis de Puységur.

(D. p. 25

2406 CLODIUS (Balduinus). — Fünff underschiedliche Tractätlein, das i-te Balduini CLODII Officina chymica von köstlichen und spagyrischen Zubereitungen allerhand distillirten köstlichen Oelen und Medicamenten in allen Kranckheiten desz Menschlichen Leibs, auch zu Erhaltung dessen Gesundheit nutzlich zugebrauchen.....; das II**er**. Johann Ernst BURGGRAFFENS.. von der Ungarischen Haupt-Schwachheit, auch andern epidemischen gifftigen Fiebern..... ; das III**te** Aur. Theophrasti PARACELSI, von der Pest cum Commentariis Jobi KORNTHAUERI ..... ; das IV**te** Rolandi CAPELLUTII.... von Curir und Heylung der Pestilentzischen Beulen und Geschwehren ; das V**te**. Caroli WIDEMANNI Bewehrt Mittel zur Pest....

Franckfurt am M., Joh. Beyer, 1640, in-4° de VIII-110-V pp. pour la Pharmacopée de Clodius ; 110 pp. pour le traité de Burggrave ; et 136 pp. pour les trois autres traités.

Tous ces traités concernent la médecine métallique, mais principalement la Pharmacopée de Clodius ; les autres ont pour principales spécialité, le traitement des épidémies ; pour plus de détails voy. BURGGRAVE, KORNTHAUER, etc.

Autre :

Getruckt zu Oppenheim bey H. Gallern.... 1620, in-4° de VI-100 p.

[T^{el}. 70
(O-1601

CLOPINEL DE MEUNG. — Voir : MEUNG (Jean de) dit CLOPINEL.

2407 CLOSMADEUC (Dr Gustave Thomas de). — Les Sorciers de Lorient. Procès criminel devant la Sénéchaussée d'Hennebont, en l'année 1736.

Vannes, Impr. de Galles, 1885, in-8° 46 p.

[List. 740
(Y-P-1529

2408 COATES (James). — Seeing the Invisible. Practical studies in PSYCHOMETRY, Thought Transference, TELEPATHY, and allied Phenomena. By James COATES, Ph. D., F. A. S....... Second edition.... With five plates.

London and New-York : L. N. Fowler and Wells C°; 1000, in-8° de XIX-315 pp. et catalogue. Portrait du professeur Joseph Rodes BUCHANAN (Inventeur de la Psychométrie), et de Mr et Mrs COATES (p. 143).

Intéressant ouvrage sur la Psychométrie, etc., donnant des renseignements sur l'origine de cette découverte, et incidemment sur les travaux du Professeur BUCHANAN, à qui, je crois, on peut faire remonter l'origine du terme " Biologie " remplaçant " Magnétisme ". Il se pourrait que le professeur BUCHANAN (q. v.) fût la source de l' " électro-biologie " postérieure du professeur DURAND DE GROS.

The Psychometric sense discovered by Dr Joseph Rodes BUCHANAN. — Invisible Forces et Emanations. — Magnetic Fluid & Nervaura of BUCHANAN. — Psychometry, or Intuition, the first rung in the ladder of Psychic experiences. — Nature's invisible Biograph. — ".The Past is entombed in the Present " (BUCHANAS). — Psychometric Experiments. —Psychometric Practice. — Thougt transference et TELEPATHY. — Psychic Faculty et Telepathy. — Appendix : Professor Joseph Rodes BUCHANAN, M. D.

2409 COCCHI (Le docteur Antonio), professeur de Médecine à Pise et d'Anatomie à Florence. — Le Régime de Pythagore d'après le Dr COCCHI. De la Sobriété, conseils pour vivre longtemps, par L. CORNARO. Trad. Meaux St Marc. Le vrai moyen de vivre plus de cent ans dans une santé parfaite, par L. LESSIUS. Trad. de M. de la Bonodière.

Paris, J. B. Baillière et fils, 1880, in-12, VII-243 p. et 5 pl.

[T^{el} 393

Autre édition de COCCHI seul :

La Haye, Paris, Gogué et Dessain Junior, 1762, in-8°, 138 p. & pl.

[S. 13105 & T^{el} 107

2410 COCHET (Jules). Savoisien. — La métaphysique qui contient l'ortologie, la théologie naturelle et la pneumatologie. Par l'auteur de la Clef des sciences et des beaux-arts.

Paris, Desaint, 1753, in-8° (10 fr.)

(G-169

COCLES (Barthélémy DELLA ROCCA, dit) Médecin et Alchimiste Italien, né à Bologne en 1467, assassiné en 1504 par un seigneur de cette ville, Bentivoglio, à qui il avait prédit qu'il mourrait en exil. Il a aussi pris pour pseudonyme : Andrea CORVO DE LA MIRANDOLA.

2411 COCLES de Bouloigne (Berthelemy) (sic). — Le Compendion et brief enseignement de physiognomie et chiromancie. Monstrant par le regard ou visage, signe de la face et linéamens de la mains, les meurs (sic) et complexion des gens selon les figures par le liure despinctes.

A Paris, Pierre Drouart, 1500, in-8° sign. A-O, fig. sur bois (15 fr.)

[V. 21928
(G-1709

2412 COCLES (B.). — Physiognomiæ et chiromantiæ compendium.

Argentorati, 1534, pet. in-8° (12 fr.).

Ouvrage fort rare, contenant une quantité de figures de physiognomonie et de chiromancie, gravées sur bois.

Autre :

Lichae, excudebat, N. Erbenius, 1597, in-8° sign. A-B.

[V. 18228

2413 COCLES (B.). — La Physionomie naturelle et la chiromancie de Barthelemy Cocars de Boulogne... où par les traits et les signes du visage et par les marques et linéaments de la main, on peut connoitre les mœurs, les complexions, le naturel et l'intérieur des hommes.

Rouen, Jean-B. Besongne, 1608, in-12 (12 fr.).

Idem.

Rouen, Besongne, 1700, in-12.

Cet ouvrage de chiromancie qu'on préfère au petit Albert est, dit une note ancienne, fort rare et recherché des devins ou diseurs de bonne fortune. Cet ouvrage est en effet fort peu commun, à presque chaque page il contient une figure sur bois.

(S-3450 b
(G-501 et 1248-

2414 CODELMANN (Jo. Georg.). — Jo. Georg. Codelmanni, Tractatus de Veneficiis et Lamiis recté cognoscendis et puniendis.

Norib. (Nuremberg ?) 1670, in-8°.

(S-3241

2415 CODRONCHIUS (Baptista) ou CODRONCHI médecin italien né vers 1500 à Imola. — Batiste Codronchii de Morbis Veneficis ac Veneficiis, libri quattuor, in quibus non solum certis rationibus veneficia daro demonstratur, sed eorum species...... aperiuntur......

Venetiis, apud F. de Franciscis, 1505, in-8°, 199 f°s etc. (4 fr.).

[Te¹³⁹. 38

2416 CŒLESTINUS (Claudius). — F. Claudius Cœlestinus, de his quæ Mundo mirabiliter eveniunt de mirabili Potestate Artis et Naturæ, ubi de Philosophorum Lapide F. Rogerii Baconis, edente Orontio F. [FINEO]......

Lutetiæ Parisiorum apud S. Colinaeum, 1542, in-4° III-52 f°s.

[R. 5092

Original latin de notre N° 2130 : CAUSSIN.

(S-3583

2417 [COENDERS VAN HELPEN (Barent). — Escalier des Sages, ou la philosophie des Anciens. Conceü et mis en lumière (sic) par un Amateur de la Vérité qui a pour l'anagramme de son nom : Rediens nunc ero pulchra fides.

Groningue, chez Ch. Pieman, 1686, in-f° (50 fr.).

Ouvrage dont les exemplaires peu communs sont recherchés par les amateurs d'alchimie. (Brunet). Edition princeps fort rare avec le frontispice et 17 fort belles figures hermético-allégoriques. Dans certains catalogues cet ouvrage est coté 80 et 100 Francs.

C'est l'édition originale du "Thresor de la Philosophie des Anciens" cité plus loin

(G-1128

2418 COENDERS van Helpen. — Introduction à la Philosophie des Anciens ; par un amateur de la vérité (Barent COENDERS van Helpen, retouchée quant au style dans cette édit. par Fr-M-Pompée COLONNE) :

Paris, veuve Claude Thiboust et Pierre Esclassan, 1689, in-12 de XII-505 pp.

Divisé en quatre livres : le 1ᵉʳ du Premier Estre ; le IIᵉ des Deux Contrarietez ;

le III⁰ des Quatre Elemens; et le IV⁰ des Trois Principes.

C'est le même ouvrage que : l'Escalier des sages, ou Philosophie des Anciens, par un amateur de la vérité (Groningue. 1689. in-fol.) sur lequel on peut consulter Barbier : Dictionnaire des annon. N° 5330, ou Quérard : Supercheries litt. N° 122.

L'Introduction à la philosophie des Anciens a été analysée dans le Journal des savans. 1690, pp. 104-06.

Le critique, après avoir parlé du bon style de l'ouvrage, dit : " Aussi a-t-on sçu que c'est M. l'abbé de Saint-Ussan qui a prêté sa plume pour le mettre en l'estat où il paroit ". Colomb était-il abbé de Saint-Ussan ? M. Chésurolles (Biogr. univ. N. édit. VIII. 664) ne lui reconnait pas ce titre, car il ne lui en donne aucun.

(O-501
(G-39 et 1008

2410 COENDERS VAN HELPEN (Barent). — Thresor de la Philosophie des Anciens où l'on conduit le lecteur par degrez à la connoissance de tous les metaux et mineraux, et de la maniere de les travailler et de s'en servir pour arriver enfin à la perfection du Grand Œuvre.

Cologne, chez Claude le Jeune. 1693. in-f° de V-340 p. Frontisp. et Pl.

[R. 1282

Cet ouvrage est le même sous un titre différent que *l'escalier des sages*, et contient les mêmes figures.

(G-1129

2420 CŒNOBIUM (Revue Internationale éditée à Lugano). — Ce qu'ils Lisent. Cent-dix-sept Réponses à l'Enquête sur la Bibliothèque d'un Libre Cénobite. Avec une Préface par Adolphe Ferrière.

Lugano, Casa editrice del Cœnobium. 1909. in-8° de 207 p. (2 fr. 50)

Intéressante recherche sur les Auteurs ou les Livres en général les plus populaires auprès des Intellectuels Contemporains. Ce sont : Dante, Shakespeare, la Bible, Platon, Gœthe, Marc-Aurèle, Victor-Hugo, Homère, qui tiennent la tête.

2421 COËSSIN (François Guillaume), Mystique français né à Montgommery-St-Germain, près de Lisieux, en 1770, mort à Paris en 1843. Fondateur à Paris, de la "*Maison Grise*" pour l'élévation morale de l'homme. — Les neuf livres, suivis de la théorie de l'envahissement et d'un aperçu général de la théorie des forces humaines.

Paris, Leblanc. 1809. in-8° XV-251 p. (12 fr.)

[Rés. R. 2079

François-Guillaume Coëssin, illuminé à la manière de Saint-Martin, était le disciple d'un obscur théosophe du XVIII⁰ siècle, nommé Louis MONTRABŒUF de THÉNORGES, seigneur des Petites Armoises, et auteur d'ouvrages curieux et peu connus tels que : *le Chemin du ciel par la fortune*; *l'Homme réintégré dans le bon esprit*; *l'Éducation des ordres splendides*; *Les Phases éclatantes de la nature*. Coëssin avait fondé à Paris, une " Fraternité chrétienne " qui eut un grand retentissement sous le gouvernement de Juillet. On y rencontrait des hommes éminents, parmi lesquels l'abbé CONSTANT, devenu célèbre sous le nom d'ÉLIPHAS LÉVI.

2422 COËSSIN. — Premier bulletin des Enfans de Dieu réunis en familles spirituelles, adressé aux Enfans de Dieu dispersés sur toute la terre.

Paris, Impr. de Béthune, 1829. in-8° de 150 pp. (3 fr.).

[R. 31930

2423 COHAUSEN (Jean-Henri) médecin allemand né à Hildesheim, Hanovre, en 1675, mort en 1750. Médecin de l'évêque de Münster. — Dissertatio satyrica physico-medico-moralis de Pica Nasi, sive Tabaci sternutatorii moderno abusu et noxa.

Amstelodami, apud J. Oosterwyck, 1716. pet. in-8° XVI-188 p. front. gravé (0 fr.).

[T⁰⁰. 14
(S-3333 b

2424 COHAUSEN (J. H.). — Johannis Henrici Cohausen, Hermippus redivivus, sive Exercitio medica, de prorogandâ Senectute ad CXV annos.

Francofurti ad Mænum apud J. B. Andreæ, et H. Hort, 1742, in-8° XVIII-oo p.

[Tc³¹. 10
(S-3327

2425 COHAUSEN (J.H.). — Hermippus redivivus ou le triomphe du Sage sur la Vieillesse et le Tombeau ; contenant une méthode pour prolonger la vie et la vigueur de l'homme ; traduit de l'Anglois, par de la Place.

Paris et Bruxelles, Maradan, 1789, 2 vol. in-8°. Portrait gravé par Nicollet d'après Cochin. (6 fr.)

[Tc³¹. 11

Livre curieux et rare, d'après lequel la vie humaine pourrait se prolonger au delà des limites normales, par une sorte de vampirisme élégant qui s'allie aux conclusions les plus scientifiques. L'Hermétisme occupe une large place dans ce travail qui renferme, par ailleurs, d'étonnantes révélations sur Nicolas Flamel qui, d'après l'auteur, vivait encore de son temps.

(G-170 et 171

2426 COHAUSEN (J. H.). — Jo. Henrici Cohausen. Lumen Novum Phosphoris accensum sive Exercitatio physico-chymica, de causis lucis in phosphoris tam naturalibus quam artificialibus....

Amstelodami apud J. Oosterwyck, 1717, in-8°, 506 p. etc. front. gravé (6 fr.).

[R. 10100

Front. et remarquables figures énigmatiques à emblèmes hermétiques.

(S-163 Supp.

2427 COHEN (Joseph). — Les Déicides. Examen de la Divinité de Jésus-Christ et de l'Eglise Chrétienne au point de vue du Judaïsme, par J. COHEN.

Paris, Michel Lévy frères, 1861, in-8°, 399 p. (5 fr.)

[A. 12408

Idem.

Paris, Lévy, 1864 in-8° LXVII-348 p.

[A. 13149

Strauss et Renan. Crise de croyances religieuses. Cause de l'incrédulité des Juifs touchant la divinité et le messianisme de Jésus, La philosophie juive. Prophètes et thaumaturges. Traditions apocalyptiques. Ecole d'Alexandrie. Sociétés Secrètes, etc....

(G-2211

2428 COL. de VILLARS (Elie) né à La Rochefoucauld (Charente), mort en 1747. Médecin du Roy et Doyen de la Faculté de Paris. — Dictionnaire françois-latin, des termes de médecine et de chirurgie, avec leur définition, leur division et leur étymologie.

Paris. Coignard, 1741, in-12 IV-474 p. (3 fr.)

[T²³. 28

2429 [COL de VILLARS (Elie)]. — Recueil alphabétique des prognostics dangereux et mortels sur les différentes maladies de l'homme ; pour servir à MM. les curés et autres personnes ayant charge d'âme, dans l'administration des sacrements. Par M***

Paris. Delalain, s. d. in-8° (12 fr.).

Ouvrage fort curieux, beaucoup plus ancien que le nom d'éditeur ne le fait supposer. — Celui-ci se contenta de refaire un titre à l'édition de 1736.

Paris, Impr. de J. B. Coignard, 1736, in-8° 270 p.

[Td²². 11

2430 [COLARDEAU]. — Essai ou note élémentaire sur le magnétisme animal par M.... [COLARDEAU, de Charleville].

Paris, Garet, in-8°, 38 pages.

(D. p. 186

2431 COLBERG (Daniel). — Das Platonisch-Hermetisches - Christenthum die historische Erzehlung vom Ursprung und vielerlei Secten der heutigen fanatischen Theologie, unterm Namem der Paracelsisten, Weigelianer, Rosencreutzer, Quacker, Bohmisten, Wiedertauffer, Bourignisten, Labadisten, und Quietisten ; ausgefertiget von M. Ehre Gott Daniel Colberg.

Franckfurt und Leipzig, Moritz. Georg Weidmann. 1690. — 1691. 2 vol. in-8" de XXIV-438 et XXXII-771-LV pp.

(O-1

2432 COLEBROOKE (Henri Thomas). — Essais sur la Philosophie des Hindous ; trad. de l'angl. et augmenté de textes sanscrits et de notes nombreuses par G. Pauthier.

Paris. Didot. 1833. in-8" X-322 (12 fr.).

[O² k. 828

Doctrines du Sankhya. — Systèmes Nya'ya et Vais'Echika. — Système Védanta. — Sectes hérétiques indiennes. — Sectes de Bouddha. — Pantcharatras et Bhagavatas. — Atma-Boddha ou la Connaissance de l'Esprit, etc.

Le même en anglais :

London. Williams and Norgate, 1858, in-8", 325 pp.

[O² k. 413

2433 COLIN ou COLLIN. — Bienfaits du somnambulisme, ouvrage dédié à Mme Roger, aux amis de la vérité, et aux personnes amies d'elles-mêmes, par COLIN.

Paris. Kugelmann. 1808. in-18. 170 pages. (3 fr.).

Ce livre est un recueil de faits de somnambulisme artificiel.

(D. p. 181

2434 COLIN (Dr). — Essai sur l'état mental des hystériques.

Paris. 1890. in-4". Nombreuses figures. (3 fr.).

Influence du sexe. Phénomènes délirants. Somnambulisme. L'Hystérie parmi les prostituées. Stigmates. Folie hystérique. Maniaques. Idées mystiques. Perversions sexuelles.

2435 COLL. — Traitements magnétiques suivis de guérisons.

Paris, s. d. [(1791)], in-8". (1 fr. 50).

Curieux effets, obtenus par l'auteur archiprêtre du canton de Daugé.

2436 COLLECTANEA CHEMICA. — Collectanea Chemica : being certain select Treatises on Alchemy and Hermetic Medicine. By EIRENÆUS PHILALETHES. — D' FRANCIS ANTONY. — GEORGE STARKEY. — Sir GEORGE RIPLEY, and ANONYMOUS UNKNOWN.

London. James Elliott et C". 1893, in-8" de 160 p. (10 fr.).

C'est la publication d'un manuscrit de la collection de Mr. Frederick HOCKLEY, connu pour ses relations étendues dans les Sociétés secrètes.
The Secret of the Immortal Liquor called Alkahest. — Aurum Potabile. — The Admirable Efficacy of the True Oil of Sulphur Vive. — The Stone of the Philosophers. — The Bosom Book of sir George Ripley. — The Preparation of the Sophic Mercury.

2437 COLLECTION de (9) traités d'Alquimie, publiée à *Lyon par Macé Bonhomme.* 1557, pet. in-8°.

Voy. Roger BACON : Miroir d'Alquimie.

(O-632

2438 COLLECTION des lettres sur les miracles écrites à Genève et à Neufchâtel par M. le proposant Théro, M. Covelle, M. Needham, M. Beaudinet, et M. de Montmolin, etc...

Neufchâtel. 1766, in-12. (4 fr.).

(G-1729

2439 COLLESSON (Jean), doyen de Maigné, né à St-Dizier. — L'Idée parfaite de la philosophie hermétique, ou l'Abrégé de la théorie et pratique de la Pierre des Philosophes. III° édit..

augm. d'Observations pour l'intelligence des principes et fondemens de la nature et de la philosophie hermétique ; avec une méditation sur les Mystères de la sapience divine et humaine ; par m. I. Collesson.

Paris, Laurent d'Houry, 1719. 3 pet. in-12 ou pet. in-8° de 63-XIV — 81-20 pp. (10 fr.).

[R. 52017-18

Les vingt dernières pp. sont consacrées à un songe de l'auteur qui ne se trouve pas dans l'édit. précéd. de Paris. Hervé du Mesnil. 1631. in-8°, qui est la II°.

(O-1132
(G-172

2440 [COLLESSON]. — L'Idée parfaite de la philosophie hermétique, ou l'Abrégé de la théorie et practique de la Pierre des Philosophes (par Jean COLESSON, doyen de Maigné, né à Saint-Dizier). Nouv. édit. (faite sur la II° édit. de 1631, et comme elle, suivie d'Observations pour l'intelligence des principes et fondemens de la Nature et de la Philosophie hermétique ; avec une Méditation sur les Mystères de la sapience divine et humaine).

S. l. et s. adr., 1788. in-8° de 70 pp.

Réimpression faite en Russie ; le Songe de l'auteur ne s'y trouve pas. La Dédicace est rejetée à la fin du vol.

(O-1133

2441 COLLIER (Affaire du). — Voir un excellent résumé de ce procès célèbre dans LAROUSSE (IV-614 à 618, avec figure du célèbre Collier, p.617). Il renvoie aux principales sources.

Voir aussi :

LA MOTTE (Comtesse Valois de).

2442 COLLIER (Affaire du). — Défense à une accusation d'escroqueries: Mémoire à consulter et consultation pour J. Ch. Vinc.⁄ de Bette d'Etienville, bourgeois de St-Omer, en Artois détenu ès-prison du Châtelet de Paris, accusé contre le sieur Vaucher horloger, et le sieur Loque, marchand bijoutier à Paris, plaignans.

Paris, 1786. in-8°. (3 fr. 50).

Curieuses révélations sur Cagliostro et sur son rôle d'escroc dans l'affaire du Collier de la Reine.

2443 COLLIER (Affaire du). — Mémoire pour Louis-René Edouard de ROHAN, cardinal de la Ste Eglise Romaine, évêque et prince de Strasbourg, etc... accusé contre M. le Procureur Général ; en présence de la Dame de La Motte, du sieur de Villette, de la demoiselle d'Oliva, et du sieur Comte de CAGLIOSTRO, co-accusés.

Paris, 1786. in-8°. (3 fr.).

2444 GOLLIÈRE (le Dʳ Henri). — Le Végétarisme et la Physiologie Alimentaire par le Docteur Henri COLLIÈRE.

Paris. Société Végétarienne de France, 1907. in-8° de 100 p. et tab. plus 2 Fᵐˢ d'annonces. (3 fr.).

Intéressant ouvrage qui contient une foule de renseignements bibliographiques sur le sujet.
Avant-propos. — Historique. — Eléments de Physiologie Alimentaire. — Les Régimes Carnivores condamnés par la Physiologie Alimentaire. — Le Végétarisme justifié par la Physiologie Alimentaire.

2445 COLLIN LA HERTE, ou DE la Herte. — Sous l'initialisme partiel « Victor C*** de Stenay ». M. Victor COLLIN DE LA HERTE, de Stenay a publié un certain nombre de très curieuses recherches sur les Prophéties, Miracles, etc.

Dans l'un de ces ouvrages, il donne son nom et son adresse.

2446 [COLLIN DE LA HERTE]. — Victor C*** de Stenay. — L'avenir dévoilé jusqu'à l'Antechrist d'après les prophéties carthusiennes inédites et autres prophéties authentiques.

Paris, 1870. in-8°. (3 fr.).

2447 [COLLIN DE LA HERTE]. — Victor C*** de Stenay. — Le diable apôtre par la possession d'Antoine Gay, de Lyon (1821-1871). Biographie et documents.

Paris et Lyon, 1894, in-8°. (4 fr.).

Savante étude sur la possession diabolique. Antoine Gay était possédé par trois démons qui avaient exercé leur puissance dans la fameuse possession des Ursulines de Loudun au XVIIe siècle.

2448 [COLLIN de la HERTE]. — La Grande Crise et le Grand triomphe d'après le Curé d'Ars, l'extatique d'Oria et Mélanie de la Salette, par Victor C*** de Stenay.

Paris, 1872, in-12. (1 fr.).

[Lb³⁷. 3997

2449 [COLLIN DE LA HERTE]. — Victor C*** de Stenay. — Les Grandeurs et les malheurs de la France, annoncés par une Prophétie Rémoise du Ve siècle, suivie de XXXV prophéties interprétées dont XI inédites, précisant la solution de la crise actuelle, le règne de l'antéchrist et la fin du monde.

Paris, Vendôme, in-12, 1871. Assez recherché. (5 fr.).

Collect. précieuse de pièces inédites ayant trait à l'avenir et publiées par M. Collin la Herte dont les volumes fort curieux sont aujourd'hui introuvables.

2450 [COLLIN DE LA HERTE]. — Victor C... de Stenay. — Le Prophète David Lazzaretti. Sa mission et ses Prophéties.

Paris, Palmé et Seppré, nov. 1872, in-12, 71 pp. et tab. (4 fr.).

[K. 13802

Ouvrage rarissime sur Lazzareti, mystérieux personnage italien qui périt d'une manière si dramatique.

Suite d'«Avis et Prédictions» adressées aux Nations. Puis « Songes et Visions » et un « Appendice Epistolaire-prophétique » : lettre de Mélanie de la Salette, etc...

On trouve dans cet ouvrage le véritable nom de l'auteur.

2451 [COLLIN de la HERTE]. — Victor C... de Stenay. — Le Soleil prophétique d'un Français sur la destinée de la Révolution. Le triomphe de l'église et la résurrection de la France.

Paris, Vendôme, 1873, in-8°. (15 frs).

[Lb³⁷. 4433

Ouvrage rare, bien complet. — La 2ᵐᵉ partie est presque entièrement consacrée à Louis XVII. Véritable pièce de collection.

2452 [COLLIN de la HERTE]. — Victor C... de Stenay. — La vraie prophétie de Belley : interprétation du texte original inédit.

Paris, 1884, 24 pp.

2453 COLLIN de PLANCY (Jacques Albin Simon) né à Plancy, près d'Arcis s/Aube, en 1793, mort à Paris en 1887. — S'est converti en 1837. Il fut imprimeur libraire à Paris et à Plancy. Ecrivain d'une étonnante fécondité.

Éditeur de nombreux ouvrages, entre autres un de cartomancie par Aldégonde Perenna, q. v.

Pseudonymes : Eugène Alent. — Paul Béranger. — Le R. P. Croquetardon. — C. Brindamour. — Le Dr Ensenada. — Baron de Glamanville. — Hormisdas Peath. — Nathanael Lenoir. — Jacques Loyseau. — Jacques de l'Enclos. — Victor de Neri. Baron Jacques de Nilinse. — Mme Gabrielle de Paban. — Julien de St-Acheul. — Jacques de St-Albin. — Jean de Septchênes. — Johannès Videlbius. — " Le Neveu de mon Oncle ". — Etc.

La date de la conversion de l'auteur a bien son importance car, de voltairiens, avant, ses ouvrages deviennent jésuitiques, après.

2454 COLLIN de PLANCY (J.). — Le champion de la sorcière et autres légendes de l'hist. de France au moyen-âge et dans les temps modernes.

Paris, Putois, 1859. in-12. nombreuses figures. (2 fr. 50).

Autre :

Paris, Société de St-Victor, 1854. in-18. 243 p.

[Y² 23377

2455 COLLIN de PLANCY.— Le diable peint par lui-même ou galerie des petits romans et des contes merveilleux sur les aventures et le caractère des démons, leurs intrigues, leurs malheurs et leurs amours et les services qu'ils ont pu rendre aux hommes; extrait et traduit des écrivains les plus respectables.

Paris, P. Mongie aîné, 1825. in-8" XL-318 p. et pl. (7 fr.).

[R. 32024

Idem.

Paris, 1819, 1 vol. in-8" XL-318 p.

[R. 32023

Avec un curieux frontispice gravé représentant une entrevue de l'auteur avec le diable.

Ouvrage publié avant la conversion de l'auteur et dont les exemplaires furent en partie détruits. — Histoire des démons. Formes et métamorphoses. Démons en bouc, en tronc d'arbre, en crapauds, en chats noirs, en ours, en pourceaux, en jeunes filles, etc... Services rendus par les démons. Le diable et St-Dominique. Mésaventures et faiblesses des démons. Le Conseil infernal. De l'estime qu'on a eue pour les démons. Beaumot de Thomas Morus, Goyon de Matignon. Agrippa, Cardan, Scaliger. Mesmer. Cagliostro, etc..... Des amours des démons avec les mortels. Amour d'une religieuse et d'un démon. Amour d'un diable pour une nonne chaste, etc.

(G.-1731

2456 COLLIN de PLANCY (J. A. S.). Dictionnaire critique des reliques et des images miraculeuses, par J. A. S. Collin de Plancy.

Paris, Guien et Cie, 1821-22, 3 vol. in-8° de LVIII-450, 470 et 415 p. (15 fr.).

[H. 10288-90

Cet ouvrage est précédé d'un essai historique sur le Culte des Reliques et des Images, les guerres des Iconoclastes,etc. à la fin, se trouvent deux ouvrages très rares, l'un de Jean CALVIN, intitulé : Traité des Reliques, ou avertissement très utile du grand profit qui reviendrait à la chrétienté s'il se faisait inventaire de tous les corps saints et reliques qui sont tant en Italie qu'en France, Allemagne, Espagne, et autres royaumes et pays, et l'autre qui est une réponse au livre de Calvin, intitulé : " *Traité des Saintes Reliques par l'Abbé de Cordomoy* ", publié en 1719. L'ouvrage comporte en outre un Supplément et dix tables des matières.

2457 [COLLIN de PLANCY]. — Dictionnaire de la Folie et de la Raison ; parsemé de petits romans, de nouvelles et de contes, d'anecdotes inédites ou peu connues, de facéties, de recherches curieuses et d'aperçus variés sur les Superstitions et la Philosophie, sur la littérature et les mœurs, sur le libéralisme et la féodalité, sur le siècle présent comparé aux siècles passés, etc...

Paris, T. Grandin, 1820. 2 vol. in-12 (7 fr,).

[Z. 40000 et *bis*

Ouvrage peu connu du fameux auteur du Dictionnaire Infernal, écrit *avant sa conversion*. — Alchymie. Influence des noms. Apparitions. Beauté. Faquirs. Grossesse. Infidélité conjugale. Magie. Miracles. Prodiges. Prophéties. Reliques. Revenans. Sorciers. Traditions populaires. Virginité, etc...

2458 COLLIN de PLANCY (J. A. S.).— Dictionnaire féodal, 2me édit. corr. et augm. d'un tableau de l'ancien régime, comparé à l'état actuel de la France.

Paris, Brissot-Thivars, 1820. 2 vol. in-8" (15 fr.).

[Ll². 32

Ouvrage intéressant rempli d'anecdotes et de recherches curieuses.

2459 COLLIN de PLANCY. — Dictionnaire Infernal, ou Recherches et anecdotes sur les démons, les esprits, les fantômes, les spectres, les revenants, les loups-garoux, les possédés, les sorciers, le sabbat, les magiciens, les salamandres, les sylphes, les gnômes, etc, les visions, les songes, les prodiges, les charmes, les maléfices, les secrets merveilleux, les talismans, etc. ; en un mot, sur tout ce qui tient aux apparitions, à la magie, au commerce de l'enfer, aux divinations, aux sciences secrètes, aux superstitions, aux choses mystérieuses et surnaturelles, etc., etc., par J. A. S. Collin de Plancy.

Paris, P. Mongie ainé, 1818. 2 vol. in-8° de XLVIII-300, et IV-403 pp., avec 1 front. gravé représentant la superstition.

Première édit. d'un ouvrage qui en est maintenant à sa VI° édit. [*Paris, Plon,* 1863]. gd. in-8° fig.

Il est bon de comparer les dernières éditions avec les premières, pour se faire une idée des variations philosophico-religieuses de l'auteur.

Toutefois au point de vue de l'étendue et de la valeur du sujet traité, c'est la seconde édition .

Paris, P. Mongie ainé, 1825-26, 4 vol. in-8° de XXIV-483, 401, 498, et 559 p. et 15 pl. lithographiées. Frontisp. au Tome I. (25 fr.).

[R. 32023-8

qui est la meilleure à consulter. Les planches reproduisent entre autres choses le Pacte d'Urbain Grandier et de curieuses " griffes " de divers démons.

(G.-174-1240
(O-1059

2460 COLLIN de PLANCY. — Dictionnaire infernal. Répertoire universel des êtres, des personnages, des livres des faits et des choses qui tiennent aux esprits, aux démons, aux sorciers au commerce de l'enfer.

Paris, Mellier, 1844. in-8° 582 p.

[R. 32029

3™° édition différant totalement tant pour l'esprit que pour la forme des éd. qui l'ont précédée ou suivie.

Bruxelles, 1845. in-8° Quatrième édit. totalement différente des précéd.

(G-176 et 1731

2461 COLLIN de PLANCY. — Dictionnaire des Sciences Occultes, savoir de : aéromancie, alchimie, alectryomancie, aleuromancie,........ bascanie, bélomancie, bibliomancie, botanomancie,........ cabalomancie, capnomancie, cartomancie, catoptromancie...... dactylomancie, dapenomancie...... démonocratie, démonographie, démonomancie, engastrimisme, fantasmagorie, fatalisme, gastromancie,...... ou répertoire universel des personnages, des livres, des faits et des choses qui tiennent aux apparitions, aux divinations, à la magie, au commerce de l'enfer, aux démons, aux sorciers, aux Sciences Occultes, aux grimoires, à la cabale, aux esprits élémentaires, au grand œuvre...... et généralement à toutes les fausses croyances merveilleuses, surprenantes, mystérieuses et surnaturelles [par Jacq.-Aug. Simon Collin, dit de Plancy) suivi du Traité historique des dieux et des démons du Paganisme, par BINET, et de la réponse à l'histoire des oracles, de FONTENELLE, par BALTUS ; publié par m. l'abbé Migne.

Paris, au Petit-Montrouge, J. P. *Migne.* 1846-52. 2 vol. in-4°.

[D. 3019

C'est encore le Dictionnaire infernal qui reparait dans cet ouvr. revu, corrigé, et augmenté à coups de ciseaux, d'articles pris dans les autres publications du voltairien devenu catholique exalté. Nous conseillons pourtant aux personnes qui voudraient se servir de cet ouvr. de préférer la II° édit. (1825-26) 4 vol. in-8° avec un cahier de planches.

(O-1660

2462 COLLIN de PLANCY. — La fin

des temps confirmée par des prophéties authentiques.

Paris, s. d. in-12. (4 fr.).

Petite édition rare, ornée de nombreuses gravures.

Autre :

Paris, J. Plon, 1871, in-12, 212 p. fig.

[R. 52031

Contient d'intéressants chap. : Cazotte, Abbé Werdin, Lemoine de Padoue, Le solitaire d'Orval, Nostradamus, Martin de Gallardon, La croix de Migné, etc...

2463 COLLIN de PLANCY. — Histoire des fantômes et des démons qui se sont montrés parmi les hommes, ou choix d'anecdotes et de contes, de faits merveilleux, de traits bizarres, d'aventures extraordinaires sur les revenants, les fantômes, les lutins, les démons, les spectres, les vampires, et les apparitions diverses, etc.; par mad. Gabrielle de P**** [PABAN].

Paris, Locard et Davi; Mongie aîné Delaunay, 1819, in-12 de VIII-241 pp. avec 1 fig. (6 fr.).

Il est plus que probable que COLLIN de PLANCY, parent de Mme de PABAN (son cousin, selon Quérard, son époux, selon St. de Guaita) est l'auteur de cet ouvrage ou tout au moins qu'il y a puissamment contribué.

(O-1704
(G-1936

2464 COLLIN de PLANCY. — Démoniana, ou nouveau choix d'anecdotes surprenantes, de nouvelles prodigieuses, d'aventures bizarres sur les revenants, les spectres, les fantômes, les démons, etc.... par Mme Gabrielle de P... [PABAN].

Paris, Locard et Davi, 1820, in-18, 216 p. fig. (5 fr.)

[R. 33403

2465 COLLIN de PLANCY. — Histoire des vampires et des spectres malfaisants, avec un examen du vampirisme.

Paris, Masson, 1820, in-12.

(G-177 et 1230

2466 COLLIN de PLANCY. — Imogène ou les moines du Liban, par J. A. S. Collin de Plancy.

Paris, C. Paimparré, 1822, 2 vol. in-12 avec 2 front. lith.

[Y². 25308-9

2467 COLLIN de PLANCY. — Jacquemin le Franc-Maçon, légende des sociétés secrètes, par J. de SERCIENNES.

Plancy et Paris, Société de Saint Victor, 1855, in-18 VIII-347 p. fig. (4 fr.).

[Y². 08205

Illustrations hors texte gr. sur bois.
Chansons maç∴, Souper maç∴, Le mystère du chevalier prussien, Le comte de Cagliostro, Origine des Francs-Maçons, Les illuminés, Une société secrète chez les Romains, La Cour Vehmique (tribunal secret), Les Sociétés secrètes dans le Passé, Maçonnerie des Dames, Apprentissage, Funérailles maç∴, Compagnonnage, Maîtrise, Initiation au grade de chevalier de l'Asie, Installation à Bruxelles de la Loge " Le Travail ", Sociétés secrètes dites Compagnonnage, État actuel de la F∴ M∴.

Autres éditions.

Paris, Périsse, 1848, in-12.

Paris, Société des liv. liturgiques illustrés (1847), in-16 de 380 p. et fig.

[Y² 08264

Paris, Dillet, 1866, in-12 de 300 pp.

Cet ouvrage se distingue surtout par une étude importante sur les sociétés secrètes chez les Romains : les Illuminés, la cour vehmique, et une documentation précieuse sur les sociétés secrètes dites Compagnonnage. — Beaucoup de points négligés par une foule d'historiens de l'Ordre, sont mis en évidence avec une érudition critique, il est vrai, mais puisée à bonne source. — Le Chapitre sur l'installation à Bruxelles de la Loge maçonnique " Le Travail " mérite d'être signalé.

2468 COLLIN de PLANCY. — Les Jésuites remis en cause ou entretiens des vivans et des morts, partisans et adversaires à la frontière des deux mondes. Drame théologique en cinq journées, par M. Collin de Plancy.

Paris, Dondey-Dupré, 1825, in-8°, 399 p. (5 fr.).

[Rés. Ld¹⁹. 020

Id.

Plancy, Société de St Victor.

Paris, Saguier et Bray, 1833, in-18, 264 p. fig.

[Ld³⁹. 021

Rare.

4ᵐᵉ édition illustrée d'humoristiques vignettes sur bois hors texte de Bertall et autres.

(G.-1253

2469 COLLIN de PLANCY. — Les Jésuites, mystère en quatre cohues, à cent personnages, scènes, disputes et anecdotes.

Plancy. Société de St-Victor, 1840, in-16. (4 fr.).

(G.-1254

2470 COLLIN de PLANCY. — Les Jésuites, mystère en cinq journées.

Paris, Josse, 1870, in-12. (4 fr.).

Les Jésuites jugés par les protestants. — Les Jésuites, le papisme et le tyrannicide. — Leur expulsion. — Etc.

(G.-1255

2471 COLLIN de PLANCY. — Légende de la Franc-Maçonnerie (par J. A. S. Collin, dit de Plancy); dans son dictionnaire des sciences occultes, I, 646-713.

Réimpression d'une des Légendes ultra-catholiques de l'auteur parue d'abord sous le titre de *Jacquemin le Franc-Maçon* légende des sociétés secrètes ; par Jean de Septchênes, ancien timbalier de S. M. le Roi de Prusse. Cette légende est destinée à remplacer l'art. très louangeur que l'auteur avait placé dans le tome III, (82-7) de la IIᵉ édit. de son Dictionnaire infernal.

Cette légende est un tissu de sottises et d'absurdités.

(O-469.
(G.-1251

2472 COLLIN de PLANCY. — Légendes de l'Ancien Testament, recueillies des Apocryphes, des Rabbins et des Légendaires, par J. Collin de Plancy.

Paris, H. Plon, s. d. [1861], in-8°, 300 p. avec fig. en chromo, (4 fr.).

[A. 12470

Les origines du monde. Avant Adam. Les préadamytes. Chute d'Adam. Le livre d'Enoch. Légendes orientales des géants. La version des Septante. Le Messie des Juifs, etc...

2473 COLLIN de PLANCY. — Légendes de l'autre monde, pour servir à l'histoire du Paradis, du Purgatoire et de l'Enfer avec quelques esquisses de personnages peu soucieux de leur âme.

Paris, Plon, s. d. [1863], in-8°, 300 p. illustré d'un frontispice et d'une pl. en coul. (4 fr. 50)

[H. 13597

Légende de la mort. Les Revenants. Légende des morts perennizez sur la terre. Légendes de l'Enfer. L'autre monde dans Homère. Vision de Sainte-Thérèse. Légende de l'autre vie chez les Musulmans. Légende de l'éternité, etc...

(G-178

2474 COLLIN de PLANCY. — Légendes de l'Histoire de France, par J. Collin de Plancy.

Paris, Mellier, s. d. [1840], in-8°, 380 p. avec fig. chromo. (3 fr. 50)

[L.³⁵. 329

Le dragon de Tournay. Les Horoscopes. La reine Berthe au grand pied. La chronique de Beaudoin Bras de fer, etc...

2475 COLLIN de PLANCY. — Légendes de la Sainte Vierge.

Paris, P. Mellier, s. d. [1845] in-8° 392 p. orné de 2 chromolithographies. (3 frs 50).

[H. 13602

Sc. psych. — T. I. — 24.

2476 COLLIN de PLANCY. — Légendes des commandements de Dieu.
Paris, P. Mellier, 1845. in-8° 372 p. (1 frontispice. (3 fr.).
[H. 13508

2477 COLLIN de PLANCY. — Légendes des commandements de l'Église.
Paris, Plon. s. d. [1861]. in-8°. Figures en chromolith. (4 fr.).
[H. 13601

La langue de l'Église. Légendes du chant des anges, du droit d'asile, de l'invocation des saints, des profanateurs, de la Messe, des cloches, de la confession, etc..., Symbolisme du signe de la Croix, etc....

2478 COLLIN de PLANCY. — Légendes des Croisades, depuis les premiers temps jusqu'à nos jours.
Paris, H. Plon. s. d. [1863]. in-8° 396 p. Fig. coloriées, couv. ill. (4 f.)
[J. 17460

Recueil de 56 curieuses légendes du moyen-âge et du temps des Croisades, puisées dans les chartes et les manuscrits de l'époque (Les Albigeois, les Templiers, Guerres de religion, etc...)

2479 COLLIN de PLANCY. — Légendes des douze convives du chanoine de Tours.
Paris, H. Plon. s. d. [1856], in-8° 300 p. Orné de 2 chromolithographies. (4 fr.).
[Y². 75265

2480 COLLIN de PLANCY. — Légendes des esprits et des démons qui circulent autour de nous par J. Collin de Plancy.
Paris, H. Plon. s. d.. [1864], in-8° de 396 pp. (5 fr.).
[R. 32032

Les Elfes. — Les fées. — Les esprits frappeurs. — Les démons mineurs. Les démons honnêtes. — Les revenants. — Les esprits élémentaires, etc. — Les Klabbers, esprits du foyer. — L'Ourisk. — Le Stalkers et le hénisseur. — Le Spunkie. — Mélusine. — La femme des bois. — Humbert Birck et Malebranche. — Les esprits et les démons chez les rabbins. — Orthon le farfadet. — Démons s'attaquant aux saints. — Le démon de l'incendie. — Les nains de l'Oberland, etc.

2481 COLLIN de PLANCY.— Légendes des femmes dans la vie réelle.
Paris, H. Plon. s. d. [1861], in-8° 411 p. Avec un frontispice en coul. (3 fr.).
[G. 21560

2482 COLLIN de PLANCY. — Légendes des origines.
Paris, P. Mellier, s. d. [1846], in-8°. 412 p. Avec 2 planches en chromolitho.
[Y². 75266

Des noms et de leur influence sur leurs titulaires ; les découvertes attribuées aux modernes connues des anciens. Le docteur Van Helmont. Les ballons. Les origine des peuples, etc... Le cocher de Charles Quint. Histoire de la loterie, la boussole, les canards célèbres. Le premier carillon, etc.

2483 COLLIN de PLANCY. — Légendes des personnages, les uns illustres, les autres célèbres, qui ont eu des relations avec le Diable.
Paris, Société de St-Victor. 1854, in-18. 288 p. Figures. (3 fr. 50).
[R. 32030

Le Dr Faust. Robert-le-Diable. Agrippa. Le Maréchal de Retz. Urbain Grandier, etc.

2484 COLLIN de PLANCY.— Légendes des Sacrements.
Paris, H. Plon. s. d. [1862], in-8° 384 p. Figures coloriées. (4 fr).
[H. 13605

Légendes du baptême, de la présence réelle, de l'extrême-onction, etc... Les communions indignes. Légendes du mariage, etc.

2485 COLLIN de PLANCY. — Légendes des 7 péchés capitaux. 6e édition.

Paris, H. Plon, s. d. [1804]. in-8°
390 p. Frontispice. (3 fr.).

[Y². 75270

Edition originale.

Paris, P. Mellier, s. d. [1844],
in-8°, VI-390 p.

[Y². 75268

2486 COLLIN de PLANCY. — Légendes des vertus théologales.

Paris, H. Plon, s. d. [1862]. in-8°
306 p. pl. en couleurs. (3 fr.).

[H. 13606

2487 COLLIN de PLANCY. — Légendes du calendrier.

Paris, H. Plon, s. d. [1863], in-8°
306 p. Nombreuses gravures en couleurs hors texte. (6 fr.).

[H. 13607

Curieux et intéressant ouvrage très documenté. Légende du Temps. Les Almanachs. Le Calendrier astrologique. Légendes de la semaine, des jours, des mois, des saisons, des étrennes, du carnaval, du carême, de Guillaume Tell, de Noël, etc... Légende des fêtes religieuses. Calendriers catholique de l'ancienne Rome, des Gaules païennes, etc. Appendice à propos des horoscopes.

2488 COLLIN de PLANCY. — Légendes du Juif Errant et des seize Reines de Munster. 4ᵉ édition.

Paris, H. Plon. 1860, in-8°. 395 p. (5 fr.).

[Y². 75272

Lydwine. Le Juif errant. Le Noviciat du voyant. Les prophètes au combat. Mission anabaptiste, etc...

2489 COLLIN de PLANCY. — Légendes du Moyen-Age.

Paris, H. Plon, s. d. [1863], in-8°
396 p., fig. en coul. et couv. ill. (4 fr.).

[Y². 75273

Les 12 mendiants d'Enghien. La tour de Cordouan. Les matinées de Marie de Champagne. La Pierre Philosophale. Une conspiration au XIIᵉ siècle, etc.

2490 COLLIN de PLANCY. — Légendes infernales. Relations et pactes des Hôtes de l'Enfer avec l'espèce humaine par Collin de Plancy.

Paris, H. Plon, s. d. [1862], in-8°
306 p., front. en couleur. (6 fr.).

[R. 32033

Simon le magicien. Apollonius de Thyane. Robert le Diable. Le Maréchal de Retz. Le Dʳ Faust. Martin Luther. Calvin. Urbain Grandier. Agrippa. Les sorciers et le sabbat.

2491 COLLIN de PLANCY. — Mémoires d'un Vilain du XIVᵉ siècle, trad. d'un manuscrit de 1369, par J. A. S. Collin de Plancy.

Paris, L'Huillier Lemouli, 1820, 2 vol. in-12, 184 et 148 p. (10 fr.).

[Y². 23372-3

Le Templier proscrit. — La Sorcière, — Le Sabbat. — Exécution d'une bande de Sorcières. — Etc.

Curieux chap. sur le droit de cuissage au Moyen-Age. Dans cet ouvrage est relatée l'histoire de cette grande guerre appelée *Jacquerie*, que cent mille vilains illustrèrent par tant de courage, et qui se termina par tant d'atrocité. A la fin se trouve un appendice ayant trait aux reliques, des vers magiques, et la prophétie de Jacques CAILLET.

(Y-P-965

2492 COLLIN de PLANCY. — Légendes des Saintes Images de Notre-Seigneur, de la Sainte-Vierge et des Saints.

Paris, H. Plon, s. d. [1862], in-8°
395 p. Orné de 2 chromolithographies (4 fr.).

[H. 13604

2493 [COLLIN de PLANCY et GARINET]. Taxes des parties casuelles de la boutique du Pape, rédigées par Jean XXII et publiées par Léon X pour l'absolution (argent comptant), de toute espèce de crimes avec la fleur des cas de conscience... par M. Julien de Saint-Acheul. Seconde édition.

Paris, Brissot Thivard, Aimé An-

dré, 1821, in-8º de VIII-328 p. (5 fr.).

Cet ouvrage qui fit un bruit énorme valut l'excommunication à Garinet; quant à Collin de Plancy, il dut abjurer solennellement, pieds nus et la corde au cou.

La première édition est de 1820 :

[D² 7504

SAINT ACHEUL était le nom d'un très célèbre collège de Jésuites, situé dans le département de la Somme à 2 kilom. d'Amiens.

Voir aussi : *SIXTE IV*, auteur de ce singulier tarif, et *DUPINET*.

2494 COLLINEAU. — Les miracles devant la science.

Paris, 1874, in-12 (1 fr.).

2495 COLLINS (Ant.). Paradoxes métaphysiques sur le principe des actions humaines ou dissertation philosophique sur la liberté de l'homme. Ouvrage nouvellement traduit de l'anglais par Lefèvre de Beauvray.

Éleuthéropolis, 1754, in-12.

Autre (?) ;

Ibidem, 1756, 2 part. in-12.

[D² 6719
(G-502

COLLINS (Mabel), Transcripteur d'un Ouvrage célèbre parmi les Théosophes modernes, intitulé : " Lumière sur le Sentier ", ou, en Anglais : " Light on the Path ".

Cet Opuscule est un des plus remarquables de la Littérature Inspirée moderne.

Voir :

LIGHT.
LUMIÈRE.

2496 COLLONGUES (Dr Léon). — Le Bioscope appliqué à la Mesure des Fonctions de la Sécrétion Cutanée ou de l'état hygrométrique de la peau, par le Dr COLLONGUES.

Paris, J. B. Baillière et fils, 1876, in-8º de 31 p. (0 fr. 50).

Curieux Mémoire sur la composition des sueurs et l'usage du Bioscope, instrument de mesure de la moiteur de la main inventé par le Dr Collongues. Cet instrument est décrit aussi par GASC-DESFOSSÉS, q. v.

2497 COLLONGUES (Dr). — Consultations par le Bioscope.

Paris. (2 fr.).

2498 COLLONGUES (Dr). — Traité de Bioscopie et de Biothérapie thermale ou mesure de l'action des eaux de Vichy sur le dynamisme de l'estomac...

Vichy, impr. de P. Vexenat, 1896, in-8º, 63 p. et tableaux (2 fr.).

[Te¹⁶² 1078 (96)

2499 COLLONGUES (Dr). — Traité de Dynamoscopie, par L. Collongues.

Paris, Asselin, 1862, in-8º, XVI-575 p.

[Td¹⁸ 32

2500 COLONIA (le Père de). — Dictionnaire des livres jansénistes ou qui favorisent le jansénisme, par le père Dominique de COLONIA.

Anvers, J. B. Verdussen, 1752, 4 vol. in-12. (10 fr.).

[Q. 3991-4

La meilleure édition (augmentée par le P. Louis PATOUILLET), d'un ouvrage recherché qui fut deux fois condamné à Rome. — C'est un guide excellent et raisonné de tous les livres écrits pour le jansénisme et par des jansénistes.

(G-1733

2501 COLONIA (le P. Dominique de). Dictionnaire des Livres Jansénistes, ou qui favorisent le jansénisme (Nouvelle édit. augm. par le P. Louis PATOUILLET).

Anvers, J. B. Verdussen, 1755, 4 vol. in-12 (10 fr.).

[Q. 3995-6

A la fin du T. IV : Corps de doctrine hérétique ou Résultat (de la lecture) des Livres dont il est parlé dans l'ouvrage.

2502 COLONIA (R. P. Dominique de). — La Religion chrétienne, autorisée par le témoignage des anciens auteurs payens par le P. D... de Colonia.

Paris, Besançon, Gauthier frères, in-8°. LXXI-409 p. et 5 pl. (3 fr. 50).

[D. 30558

L'époque des ténèbres arrivées à la mort de J.C. marquée dans l'ancienne astronomie chinoise. Les Platoniciens admirent le commencement de l'Évangile de St-Jean. Porphyre reconnait dans sa Théurgie que J.C. est immortel. Julien l'Apostat. Joseph l'historien, etc...

2503 COLONNA (François) ou Colonne; en latin Columna, littérateur italien, né à Venise vers 1440, mort vers 1520. Il fut Dominicain et professeur de belles-lettres à Trévise et de Théologie à Padoue. L'édition originale de son principal ouvrage est :

Hypnerotomachia Polyphili.

Venetiis, Aldus Manutius. 1499, in-f° (Pellechet 3807).

[Rés. Y². 405

Le second mot du titre est le nom de la femme qui faisait rêver ce philosophe et le premier signifie " Combat du Sommeil et de l'Amour. "

2504 COLONNA (le R. P. François) Dominicain. — Songe de Poliphile. Traduction libre de l'Italien par J. G. Legrand.

Paris, imp. de P. Didot, 1804. 2 vol. in-18. (18 fr.).

[Y². 68975-0

Cet ouvrage dont le titre véritable est l' " Hypnerotomachie " (Hypnerotomachia Polyphili) est l'œuvre de Francesco Columna, dominicain, mort à Venise vers 1510. La première édit. est de 1499; la seconde de 1545, et la troisième, de 1546. C'est la plus belle et la plus complète. J. C. Legrand s'en est servi pour sa traduction. Au XVII-e siècle, ce livre fut très recherché, les amateurs d'alchimie ont cru qu'il cachait sous divers emblèmes le secret du grand Œuvre. Aujourd'hui, comme Félibien, les amateurs le désirent pour son érudition et comme le bon génie auquel nous devons en partie la renaissance du goût pour l'architecture en France et même en Italie. Ce volume impr. par P. Didot l'ainé et tiré à petit nombre, est rare.

(G-179

2505 COLONNA, ou COLONNE. — François-Marie-Pompée Colonna était le fils naturel d'un prince de Gallicano, membre de l'illustre famille des Colonna. Il naquit vers 1649 et mourut à Paris en 1726. Célèbre Alchimiste, il périt dans un incendie de la maison qu'il habitait.

2506 [COLONNE]. — Abrégé de la doctrine de Paracelse et de ses Archidoxes ; avec une explication de la nature des principes de Chymie, pour servir d'éclaircissement aux Traitez de cet auteur et des autres philosophes, suivi d'un Traité-pratique de différentes manières d'operer, soit par la voye sèche, ou par la voye humide ; (par F. M. Pompée Colonne).

Paris, d'Houry fils, 1724, in-12 de XVI-LIV-442 pp. (10 fr.)

[R. 45684

L'auteur dit à la fin de sa Préface : "... je cache mon nom en une anagramme latine qui marque que je suis un habitant de la France . Sum incola Francus."

(O-913

(G-180 et 593

2507 COLONNE (François Marie Pompée).—Histoire Naturelle de l'univers par M. Colonne.

Paris, A. Cailleau, 1734. 4 vol. in-12. pl.

[R. 10080-3

(S-3256

2508 COLONNE (Pompée). — Le nouveau miroir de la Fortune ou Abrégé de la géomance.

Paris, Cailleau, 1726, in-12. (5 f.)

Figures. L'auteur est le fameux Pompée Colonne, auteur de l'abrégé de la doctrine de Paracelse,

(G-1256

2509 [COLONNE]. — Les Principes de la Nature suivant les opinions des anciens philosophes, avec un abrégé de leurs sentiments sur la composition des corps ; où l'on fait voir que toutes les opinions sur ces principes peuvent se réduire aux deux sectes des Atomistes et des Académiciens (par F. Mar. Pompée Colonne).

2 vol. in-12 de II-XLVIII-284, et II-449 pp. (12 fr.).

Paris, *André Cailleau*. 1725, in-12

[R. 11014-5

Ouvrage publié par Mr de Gosmosn, ami et élève de l'auteur. Il est divisé en trois parties, touchant les végétaux, animaux et minéraux et suivant les opinions des anciens philosophes. Son système consiste en l'existence d'une matière première qui se meut, de laquelle proviennent les particules élémentaires, qu'il considère comme de véritables atômes.

(O-1313

2510 COLONNE (Pompée). — Les principes de la nature ou de la génération des choses.

Paris, A. Cailleau, 1731, in-12. XXIII-336 p. (8 fr.).

[R. 10070
(G-181

2511 [COLONNE (Pompée)]. — Les Secrets les plus cachés de la philosophie des anciens, découverts et expliqués à la suite d'une histoire des plus curieuse ; par M. Crosset de la Haumerie (Pompée Colonne).

Paris d'Houry fils, 1722. gr. in-12 de XVI-336 pp. (12 fr.).

[R. 32740

Ces secrets d'alchimie sont encadrés dans un récit.

Analysé avec éloges dans le Journal des savans, 1723, pp. 112-15.

Distillation des Plantes, des Métaux, etc. — Composition de la Pierre Philosophale. — Semences métalliques. — Manières d'extraire les Essences Séminales des Corps des Trois Règnes de la Nature, pour la Médecine. — Médecine universelle contre toutes sortes de Maladies. — Mercure et Or Philosophiques. — Enigmes et Paraboles des Philosophes. — Etc.

(O-1314
(G.-1740

2512 [COLONNE].— Vade mecum philosophique, en forme de dialogue, en faveur des enfans de la science, nouvellement mis au jour, où l'on fait voir ce que c'est que la vraye quintessence : avec un petit traité des dissolutions et coagulations naturelles et artificielles ; par le sieur Le Crom (pseud. de Fr. Mar. Pompée Colonne)

Paris. Impr. de D. Jollet ; *Vve Papillon*. 1719, in-12 de VIII-107-40 (pour les Dissolutions)-XXVIII (non chiff.) pp.

[R. 41205

A la p. 91 commence : Pratique de l'œuvre des philosophes, puis vient le Traité des dissolutions ; les 28 pp. non chiffr. contiennent : Dissertation philos. sur le sel arabe et la poudre solaire.

(O-1312

2513 COLQUHOUN (John Campbell). — Isis revelata, an Inquiry into the Origin, Progress, and present State of Animal Magnetism.

Edinborough. 1836. 2 vol. in-8°.

(Gr. p. 44

2514 COLTAT (S.). — La Franc-Maçonnerie, voilà l'ennemi. Cri d'alarme jeté à la civilisation par S. Coltat.

Paris, Palmé ; Rennes, Imp. de A. Leroy fils. S. D. [1880], in-18 de 106 p. (1 fr.).

[8° H. 522

Curieux opuscule anti maç∴ contenant une véritable histoire de la Fr∴ M∴ avec des détails intéressants sur presque tous les maç∴ remarquables.

2515 COMBARIEU (Jules). — Etude de philologie musicale : fragments de l'Enéide en musique d'après un manuscrit inédit.

Paris, A Picar del fils, 1808, in-8°

88 p. — Avec 8 pl. de facsimilés phototypiques.

[4° V. 5001

2516 COMBARIEU (Jules). — La musique et la Magie. Etude sur les origines populaires de l'Art Musical, son influence et sa fonction dans les Sociétés par Jules Combarieu, Docteur et agrégé des Lettres, chargé de cours d'histoire de la musique au collège de France.

Paris, Alphonse Picard et fils, 1909. gr. in-8° de VIII-374 p. et errata, musique notée (10 fr.).

[4° V. 4497 (3)

Œuvre vraiment magistrale et pleine de savantes recherches sur le rôle de la musique dans les rites magiques, et son influence bénéfique ou maléfique. La magie, les rites manuels et les rites oraux. — Le chant magique. — Le primitif, et la magie musicale. — Importance du nom des esprits. — La musique moyen de communiquer avec les Esprits. — Enchanter et chanter. — Le charme. — L'ode et la formule magique. — Sens du mot Mage. — Le chant magique employé pour agir sur le monde physique et le monde moral. — Le chant magique chez les Mexicains. — Symphonie magique pour obtenir l'eau du ciel. — Chant magique pour la pluie chez les Chinois, chez les Hindous et les Egyptiens. — L'hymne du Nil. — Croyance des Grecs et latins. La magie musicale et le beau temps. — Les Indiens. Les Orientaux. — L'Eglise et le rituel Romain. — Le chant magique et la vie humaine. — Le chant magique pour la naissance. Croyance des anciens. — Le chant magique et l'amour, chez les Egyptiens, les Grecs, les Romains, les Septentrionaux, les Indiens, etc... — Pourquoi y a-t-il des incantations d'amour ? — Le Chant magique et la médecine. — Chants magiques contre la morsure des serpents. — Le chant magique et les prophètes. — Le livre de Marcellus sur les médicaments. — Le chant magique employé comme moyen de nuire. — Effets divers de l'incantation. Les chants de perdition en Chine, en Amérique. — Chants pour rendre une terre stérile. — Le chant magique et l'amnésie. — L'incantation homicide dans la civilisation chrétienne (avec reproduction du chant noté). — Effets du chant magique sur les animaux. — Effets terribles du chant magique d'après les Scandinaves. — Le chant magique et la resurrection des morts. Effets du chant magique sur les astres, etc. — Le chant magique dans l'évocation des ombres et des spectres. — La Liturgie Romaine et la Magie. — La musique du diable, etc... — De nombreuses reproductions de musique magique complètent heureusement cette superbe étude si richement documentée.

2517 COMBARIEU (Jules). — La musique, ses lois, son évolution, par Jules Combarieu.

Paris, E. Flammarion, 1907. in-12, 348 p. (3 fr. 50).

[8° V. 31734

2518 COMBE (Abbé Emile). — Le Grand Coup, avec sa date probable, c'est-à-dire le grand châtiment du monde et le triomphe universel de l'Eglise. Etude sur le secret de la Salette comparé aux prophéties de l'Ecriture et d'autres prophéties authentiques.

Vichy, Impr. de P. Vexenal, 1866. in-8° 128 p. (2 fr.).

[Lb57. 11641

Pressentiments sinistres. Epouvantables châtiments. Commentaire d'Holzhauser sur l'Apocalypse. Voleuses d'hosties, etc...

2519 COMBE (George). — Essai sur la constitution de l'homme considérée dans ses rapports avec les objets extérieurs.

Paris, A. Bertrand, in-8° XXII-344 p. fig. (3 fr.).

[R. 32056

2520 COMBE (George). — Traité de phrénologie. Traduit de l'anglais avec des notes par H. Lebeau.

Bruxelles, Hauman, 1840. in-8°. (7 fr.).

Figures hors et dans le texte: 4 en couleurs.

Idem.

Paris, Baillière, 1844. 2 vol. in-8°

En anglais : A System of Phrenology, by George Combe 4th edition.

Edinburgh, Maclachlan and Stewart, 1830, 2 vol. in-8°, fig. et pl.

[Th³⁰. 18
(G.-1257

2521 COMBE (Louis de).—Notes sur les Illuminés Martinistes de Lyon. Comment J. B. Willermoz devint Apprenti Rose-Croix, par Louis de Combes.

Trévoux, Imp. de J. Jeannin, 1907 in-8° de 35 p. (1 fr. 50).

[8° Ln²⁷. 53032

2522 COMBES (Paul). Nos contemporaines par Paul Combes. — Lady Caithness, Duchesse de Pomar.

Paris, Librairie universelle, 1888, in-16 de 16 p. port. (2 f.).

[8° G. 5005

2523 COMENSIUS (Bernard). — Lucerna Inquisitorum Haereticae pravitatis, à Bernardo Comensio.

Venetiis, 1666, in-4°.

(S-5374

2524 COMET (D' C. J. B.).— La vérité aux médecins et aux gens du monde sur le diagnostic et la thérapeutique des maladies éclairées par le somnambulisme naturel lucide.—Observations de facultés surnaturelles,de clairvoyance, d'intuition et d'extase dévolues à quelques individus dans l'état de santé et de maladie. Opinions raisonnées sur le magnétisme animal et ses effets par le docteur Comet, chevalier de la Légion d'honneur fondateur de l'Abeille médicale.

Paris, Henri Plon, 1860-1861, in-8° 388 pages. (4 fr.).

[Te¹³. 51

Cet ouvrage commencé en 1860 fut publié en fascicules et terminé en 1861 ; c'est une étude et une habile défense du somnambulisme médical. Le sujet qui l'a motivé est l'épouse même de l'auteur dont les diverses phases de la maladie avec somnambulisme furent examinées par les célébrités médicales de l'époque : Les docteurs Cruveilhier, Chomel, Husson, Moreau, Bousquet, Piorry, Cornac, Jules Guérin, Rayer, Fleury, Londe, etc... Plusieurs d'entre eux se réunirent en commission académique pour être témoins du phénomène de vue à distance présenté par la malade ce qui malheureusement n'eut pas lieu devant ces MM. Le livre contient deux lettres intéressantes des docteurs Frappart et Gama. Il est fâcheux que le docteur Comet bien convaincu des faits qu'il relate n'ait point ouvert largement ses colonnes de l'Abeille médicale à l'exercice et à l'interprétation de ces faits : le nombre important des lecteurs de ce journal eut amené sans doute d'intéressantes communications.

(D. p. 170

2525 COMETTANT (Oscar). Les civilisations inconnues.

Paris, Pagnerre, 1863, in-16 401 p. (5 fr.).

[G. 21581

1" édition : l'Utah, le royaume Hawaïen, le Japon, le monde des Esprits, Haïti, Vancouver, le Brésil, le Paraguay, le Pérou.

(G-182

2526 COMIERS ou COMMIERS (Claude), savant mathématicien et Kabbaliste, né à Embrun (Htes Alpes) mort à Paris en 1693. Il fut professeur de Mathématiques & chanoine d'Embrun.

— L'art d'écrire et de parler occultement, par Comiers.

Bruxelles, 1655, in-12. (7 fr.).

Avec une grande et curieuse planche pliée et gravée intitulée : « Steganographia impenetrabilis » et dédiée au Père de la Chaise.

Id :

Paris, Guéront, 1690, in-16, 72 p.

Bruxelles, J. Léonard,. 1691, in-16 de XII-270 p.

[X. 0008
(S-5403 b

2527 COMIERS. — Factum pour la baguette divinatoire par M. Commiers.

S. l., 1693, in-12, 103 p.

[V. 21000
(S-5177 b

2528 COMIERS. — La nature et présage des cometes : ouvrage mathématique, physique, chimique et historique, enrichi des Propheties des derniers siecles, et de la Fabrique des grandes lunetes ; par Claude Comiers.

Lyon, Charles Matheret, 1665, in-8° de XXIV-500-XLVI (non chiff. pour la table) pp.

|V. 21104

Cet ouvr. astrologique est divisé en VII traités : le IV° est un catalogue de 20 ouvr. imprimés sur l'Ante-Christ et la fin Monde, et le VII, la Façon de faire les grandes lunettes à longue vueë à trois et quatre verres convexes.

(S-3430
(O-1873

2529 COMMIERS. — Pratique curieuse ou les oracles des Sibylles, sur chaque question proposée. Troisième édition augmentée d'une seconde partie. Avec la Fortune des humains inventée par M. Commiers et mise nouvellement dans ce beau jour par L. D. T.

Paris. M. Brunet, 1698, 3 part. pet. in-18. frontisp. (7 fr.).

|R. 47434-5

Ibidem Idem, 1004. in-8° de 170 p. etc. front. gravé.

|R. 47433

Rotterdam. 1733. in-12 de 176 p. front.

Paris, Nyon, 1745, in-12.

Paris, Brunet. 1750. in-8°.

|R. 32070-80
(G-1258-1734

2530 COMMIERS. — Pratique curieuse ou les Oracles des Sibylles sur chaque question proposée : par (Claude) Commiers. Nouv. édit. augm. d'une seconde partie sur de nouvelles questions qui n'ont point encore paru ; avec la Fortune des humains, inventée par m. Commiers et mise nouvellement dans ce beau jour par L. D. T. (.......)

Paris, libraires associés, 1770. (la plus complète). in-12 de XXIV (non chiff).-170-169 pp.

La Fortune des hum. a un titre et une pagination séparés:

(O-1848
(G-183 et 1735

2531 COMMIERS. — La Fortune des humains, décidée par les Dieux, Déesses, Demi-Dieux et grands Hommes de l'hist. profane, avec une brieve explication de leur origine et caractère. Inventée par Commiers, (Nouv. edit.), mise nouvellement dans ce beau jour par L. D. T.

Paris, libraires associés, 1770. in-12 de XXVI (non chiff)-62 pp.

Cet ouvrage doit se joindre à la Pratique curieuse dont il est le complément.

(O-1849

2532 COMMANDEUR (Auguste). — Le Voyant de Figanières et son Œuvre. Les Livres de la Grande Synthèse Philosophique, Scientifique et Religieuse. [Signé : Auguste Commandeur].

Paris. Chamuel. 1895. in-8° 24 p. (1 f.).

[Ln27. 43504

Etude remarquable sur les œuvres de Louis Michel de Figanières.

2533 COMMENT les habitants de La Rochelle et de Saint-Jean d'Angely sont tourmentez et meurtris par des serpens et autres bestes venimeuses, et pour en estre guaris se sont vouez à S. Sébastien.

S. l. s. d. in-8° (2 fr.).

Réimpression à *Lyon, chez Louis Perrin* vers 1875-76.

2534 COMMUNAY (Armand). — Le conseiller Pierre de Lancre.

Agen, imp. de Vve Lamy, 1890. in-8°. 60 p. (6 fr.).

[Ln27. 39238

Brochure curieuse et peu commune.

(G-41

2535 COMPERET. — Lettre à l'auteur d'un article inséré dans la Feuille d'Avis de Genève.

Genève, 4 août 1787. 13 pages, in-8°.

(D. p. 73

Rare.

2536 COMPTE RENDU des deux procès intentés à M. Eugène MOLTENO à l'occasion de son massage contenant les débats, les dépositions des témoins, le réquisitoire du ministère public et les deux plaidoiries de M° Johanet, d'Orléans, avocat à la Cour d'appel de Paris.

Orléans, J. Garnier, 1835, in-8°, 119 pages. (3 fr.).

Intéressant procès dont le massage est le sujet, mais qui peut être classé dans notre travail : les témoins guéris appartiennent à toutes les classes de la société et chose fort honorable pour le prévenu, plusieurs d'entre eux, notables de la ville n'ont pas hésité à venir déposer en sa faveur. Les déclarations des médecins sont embarrassées, la plupart des malades ayant été soignés infructueusement par eux. Quelques uns de ces MM. se font remarquer par leur âpreté et leurs raisonnements peu scientifiques. Le docteur Jallon croit que masser, frictionner, ce n'est pas exercer l'art de guérir ; mais ordonner le massage et le pratiquer soi-même c'est faire de la médecine. Quel est ce galimatias ? Le docteur Lanoix père pense " que le massage influe aussi sur l'imagination ". Il nous semble qu'il influe aussi sur autre chose, par exemple sur les parties du corps que l'on masse.

(D. p. 111

2537 COMTE (Louis-Christian-Emmanuel-Apollinaire) Physicien du Roi [Louis XVIII] né à Genève en 1788, mort à Rueil (S. et O.) en 1859. Prestidigitateur et ventriloque. — Manuel complet des Sorciers, ou la Magie blanche dévoilée par les découvertes de la chimie, de la physique et de la mécanique ; contenant un grand nombre de tours dus à l'électricité, au calorique, à la lumière, à l'air, aux nombres, aux cartes, à l'escamotage, etc.... ainsi que des scènes de ventriloquie ; précédé d'une Notice historique sur les Sciences Occultes, par J. de Fontenelle.

Paris, Rorel, 1820, pet. in-12.

Paris, Rorel, 1841, fort in-16 (4 fr.). Avec 3 grandes planches pliées.

[R. 16553

Ouvrage devenu rare et recherché : c'est le bréviaire du prestidigitateur, enrichi d'un grand nombre de figures hors texte.

(G-771

2538 CON- et Dissensus Chymicorum de famigeratissimo rustici minoris particulari, oder ungleiche Meynungen von des Kleinen Bawers particular, bestehende und vorgestellet in Funfzehen davon handelnden Processen, woraus der kunst-liebende Leser den Con- et Dissensum deter Autorum derselben vernehmen wird nebst noch zweyen andern sehr curieusen Particularien de Exaltatione Solis ejusque animae extractione in über 30 der besten Processen bestehende ; mit groszem Fleisz aus vielen Manuscriptis zusammen getragen und dem Liebhabern der Kunst zu Dienst auf Ersuchung, zum öffentlichen Druck befördert, denen curiositatis gratia des Jacobi Tollii Caelum chemicum noch beygefüget worden ; durch einen Freund der edlen Chymie und Metallurgie am grünen Hartze.

Leipzig, Job Herbord Klosz, 1715. in-8° de X-70 pp.

(O-1450

2539 CONAN DOYLE (Dr Arthur). — Le Parasite. Traduction Albert Savine, et Georges MICHEL. Deuxième édition.

Paris, P. V. Stock, 1900, in-18 de 321 p. et table.

[8° Z. 15408

Curieuse histoire d'attraction magnétique, d'envoûtement, presque. Les autres contes sont de la fascination, des histoires d'Esprits, etc.

2540 CONCILES de Tholose, Besiers et Narbonne ensemble les ordonnances du comte Raimond, contre les Albigeois. Rendu de latin en françois. - P. Arnauld Sorbin, P. de Monteig.

Paris, G. Chaudière, 1500, in-8°, (15 fr.).

(G-001

2541 CONDAMIN (Mme). — Révélations d'une bergère des Alpes.

Paris, Dujarric et Cie, 1904, in-12 de 187 p. et tab.

[8° Y² 54404

Ce sont les révélations d'une petite bergère des Alpes, Juliette Méry, plus connue sous le nom de Liette. La partie la plus curieuse de ces révélations est une descente aux enfers au XXme siècle. C'est une conversation entre Liette, un franciscain et Satan.

Apologie en règle de Fénelon et du Quiétisme. — Évocation de Satan par le P. Loire (p. 121). — Puis une bonne diatribe sur l'Or dans la Société moderne ; — trop exact, hélas !

CONDILLAC. — Etienne BONNOT DE CONDILLAC, abbé de Mureaux, grand philosophe, chef de l'École dite " Sensualiste " est né à Grenoble en 1715 et mort près de Beaugency en 1780. Ce grand métaphysicien vécut toute sa vie dans l'isolement. Il avait été académicien.

2542 CONDILLAC (Abbé). — Œuvres complètes, revues corr. par l'auteur et augm. de la langue des calculs.

Paris, Impr. de C. Homel, An VI-1798, 23 t. in-8° pl. (20 fr.).

[Z. 23585-607

Autre :

Paris, Dufart, 1830, 31 vol. in-12.

2543 [CONDILLAC]. — Essai sur l'origine des Connoissances humaines, [par l'abbé de Condillac].

Amsterdam, P. Mortier, 1746, 2 vol. in-12 (6 fr.).

[R. 11405-6

Ouvrage où l'on réduit en un seul principe tout ce qui concerne l'entendement humain. Contient entre autres choses curieuses, des chapitres sur les signes, l'origine de la fable et le symbolisme : du rôle, du geste, et de la signification des mots.

(S-2061

2544 [CONDILLAC (Abbé)]. — Traité des Sistèmes, où l'on en démêle les inconvéniens et les avantages.

A la Haye, Neaulme, 1749, in-12 449 p. (3 fr.).

[R. 10084

Savante étude philosophique sur les différents systèmes, sur la divination, les monades, sur Leibnitz, sur Spinosa, etc.

2545 CONDORCET (Marie Jean, Antoine Nicolas CARITAT, Marquis de), philosophe, mathématicien, homme politique et académicien, né en 1743 à Ribémont, près St-Quentin, mort à Bourg la Reine en 1704. Il s'empoisonna pour échapper aux bourreaux de la Convention. — Esquisse d'un tableau historique du progrès de l'Esprit humain, suivi d'un fragment de l'histoire de la quatrième époque et d'un fragment sur l'Atlantide.

Paris, " Bibliothèque choisie ", 1829, in-8° 431 p. (5 fr.).

[R. 32168

Les conclusions de Condorcet ressemblent beaucoup à celles des anciens alchimistes, en ce qu'il admet comme une certitude que l'homme parviendra, tôt ou tard, à prolonger son existence à des limites invraisemblables. De nos jours, le savant Metchnikoff, de l'Institut Pasteur, partage cette manière de voir, et il espère réaliser lui-même le rêve de Condorcet, par une découverte qui changera les destinées du monde. Le fragment sur l'Atlantide, qui se trouve dans cette édition ajoute un nouvel attrait au volume.

2546 CONDORMANTS ou MULTI-PLIANTS. — Secte religieuse du XIIe au XVIe siècle qui autorisait la Promiscuité des Sexes.

Voir Bibliographie d'Yve-Plessis, n°s 967 et 968.

Voir aussi : Bibliothèque de l'Ecole des Chartes, *Paris, J.B. Dumoulin* 1846, in-8°, Tome I, p. 186.

2547 CONFALONIERI (Jean-Baptiste). — Jo. Bapt. Confalonieri, de Vini Natura, ejusque alendi ac medendi facultate. Disquisitio.

Basileæ apud J. Bebelium, 1555, in-8°, 59 f^{os}.

[T²⁵. 4
(S-3329 b

2548 CONFÉRENCES prononcées à la Loge Alsace Lorraine.

Paris, 1891, in-12, 200 pages.

Ouvrage intéressant et de toute rareté, non mis dans le commerce.
La L∴ Alsace Lorraine, par le f∴ Gerschel.
La prise de la Bastille, par le f∴ Floquet.
La République Messine, par le f∴ Woirhaye.
Le procès du Maréchal Ney, par le f∴ Dussaud.
La statue de la Liberté éclairant le monde, par le f∴ Bartholdi.
L'œuvre scolaire de la 3e République par le f∴ Bauber.
Erckmann-Chatrian et leurs œuvres, par le f∴ Benoît Lévy.
A Son-Tay, par le f∴ Siebecker.

CONFESSION COUPÉE. — Voir LEUTERBREUVER (R. P. Christophe).

2549 CONFUCIUS et MENCIUS : Khoung-fou-Tseu et Meng-Tseu. Confucius serait né vers 551 av. J. C. dans la province actuelle de Chan-Thoung. Mencius était son disciple. — Les quatre livres de philosophie morale et politique de la Chine, traduits du chinois par M. G. Pauthier.

Paris, Charpentier, 1846, in-18, 515 p. (2 fr. 25).

[R. 32214

Longuement analysé dans le Grand Dictionnaire Larousse (IV-910-921).
Les quatre livres sont : 1° — le Ta-Hio, ou la Grande étude ; 2° — le Tchoung-Young, ou l'invariabilité dans le milieu ; 3° le Lun-Yu, ou les entretiens philosophiques ; 4° — le Livre de Meng-Tseu, ou Mencius.

2550 CONGRÈS maç∴ international du centenaire 1789-1889. Compte rendu des séances du congrès et discours prononcés dans cette Assemblée.

Paris, 1889, in-8°. (8 fr.).

Ce compte rendu qui n'a pas été mis dans le commerce est des plus intéressants. Il contient entre autres articles, l'historique de la Fr∴ M∴ française au XVIIIe siècle par le Fr∴ Amiable ; l'histoire du G∴ O∴ de France et la liberté de conscience, par le F∴ Desmons ; un rapport du F∴ Dequaire sur l'histoire, les travaux, l'esprit et les aspirations des at∴ du G∴ O∴ de France avec l'histoire pittoresque des diverses loges, etc...

2551 CONJURATIO malignorum Spirituum in corporibus hominum.

S. l. n. d., in-8° gothique.

(S-3221 b

2552 CONNAY (Jean). — Le Compagnonnage, son Histoire, ses Mystères par Jean Connay.

Paris, édité par l'Union des Charpentiers de la Seine, 1909, in-18 de 203 p. et figures.

[8° R. 22709

Cette curieuse publication, faite d'après des manuscrits de la Chambre Syndicale des Charpentiers de la Seine, donne les Rites secrets des anciens " Devoirs " et toute l'Histoire de cette vieille institution.

2553 CONNOISSANCE DES TEMPS, ou des mouvements célestes, à l'usage des astronomes et des navigateurs.

Paris, à partir de 1685 (?) in-12 et in-8°.

Une collection citée comprenait les années 1680, 1740-63-67-68-71-72 et 1776 à 1814.

En moyenne 1 à 2 fr. le volume.

2554 CONNOR (Bernardus). médecin et philosophe irlandais né dans le Comté de Kerry, vers 1666, mort vers 1698. Médecin de Montpellier il voyagea en Pologne et fut médecin de Sobieski. — Evangilivm medici : sev medicina mystica : de svspensis natvrae legibvs sive de miracvlis, reliqvisqve. ἐν τοις βιβλοοις memorantis quae medicae Indagini svbiici possvnt Ubi perpensis privs corporis natvra, sano et morboso corporis hvmani statu, nec non motvs legibus, rervm statvs svper natvram, praecipve qvi corpvs hvmanvm et animam spectant ivxta medicinae principia explicantvr.

Londini, R. Wellinton, 1697, 2 part. in-8°.

[T²¹. 326

Iterv apud Crockerem, 1724, in-12, (8 fr.).

(S-1803

2555 CONRINGIUS (Hermannus) érudit né à Norden (Ost-Frise) vers 1606, mort vers 1681 — Professa la physique, la philosophie, la médecine et le droit. — De hermetica medicina libri duo quorum primus agit de Medicina, pariterque de omni sapientia veterum Ægyptiorum : alter non tantum Paracelsi, sed etiam chemicorum, Paracelsi laudatorum, aliorumque, potissimum quidem medicinas omnes, simul vero et reliqua universa doctrina examinatur.

Helmestadii, typis et sumplibus H. Mulleri, 1669, 2 part. pet. in-4°. (18 fr.).

[T³. 30 (1)

Ouvrage de médecine alchimique.

2556 CONSIDÉRANT (Victor) né en 1805 à Salins (Jura). Polytechnicien et Capitaine du Génie — Philosophe phalanstérien fouriériste. — Le Socialisme devant le vieux monde ou le Vivant devant les morts, suivi de Jésus-Christ devant les conseils de guerre, par Victor Meunier.

Paris, Librairie Phalanstérienne, 1848, in-8°, V-III264 p.

[R. 32285

Paris, 1840, in-8° (4 fr.).

Curieux.

2557 CONSIDERATIO oder philosophische Betrachtung. von der Materia Lapidis philosophici, in siebensehen unterschiedliche Bericht abgetheilet und erkleret, den Naturkündigern zum besten publicirt ; à la suite de Triumph Wagen Antimonii (1604) 525-74.

(O-864

2558 CONSIDÉRATIONS filosofiques (sic) sur la Franc-Maçonerie (sic), dédié (sic) à tous les Oriens en France, par un député de Jérusalem ; avec cette épigraphe :

Hic venit in testimonium, ut testimonium, perhiberet de lumine.

Secundum Joann.

Hambourg, de l'impr. d'Arbas, au Temple de la Vérité, et se trouve à Rome, chés Falamos, rue Fauloccini, au Cierge Pascal, DD. DCC. LXXVI. in-12 de 464-XII pp.

Les XII pp. qui terminent le vol. contiennent un Catalogue des livres (imaginaires) de Franc-Maçonerie qui ont paru en France jusqu'à ce jour, et qui se trouvent en fonds chés Arbas..... nous allons en indiquer quelques-uns :

Dispute entre un Fr.-Maçon et un Téologien, 81 vol. in-fol. à la Haie... 222 liv.

Préjugés sur la société des Fr-Maçons. Apr. en Sorbonne, Impr. sur parchemin, 45 vol. (la suite sous presse)..... 45 liv.

L'Orateur Franc-Maçon..... 2 liv.

Critique sur la Franche Maçonerie,.

avec une table générale des matières, beau papier. 301 vol. 77ᵉ édit.

Et ainsi de suite, et d'un français aussi pur que celui indiqué sur le titre.

(O-437.

2550 CONSIDÉRATIONS sur le magnétisme animal dédiées à la société d'émulation des Vosges.

Epinal, Impr. Veuve Cley, 1849. in-8°.

(D. p. 144

2500 CONSTANT (Abbé). — La doctrine du sacrifice dans les Brâhmanas.

Paris, Leroux, 1898, In-8°.

Forme le IIᵉ vol. de la Biblioth. des Hautes-Etudes (sciences religieuses).

CONSTANT (L'abbé Alphonse Louis), né et mort à Paris en 1816 et 1875. Fut professeur d'Hébreu (?) au Petit Séminaire St Sulpice. S'est occupé d'art (de peinture, particulièrement) puis de politique : de ce dernier chef il subit même quelques mois de prison.

En 1848, il quitte définitivement la soutane et épouse Mlle Noëmie Cadiot, qui est connue comme romancière, sculpteur et journaliste sous le nom de CLAUDE VIGNON. Cette union, peu heureuse, fut annulée au bout de quelques années, et en 1875, après la mort de l'abbé Constant, sa veuve épousa Maurice Rouvier, député de Marseille, et plus tard Ministre et président du Conseil.

Dans les dernières années de sa vie, l'abbé CONSTANT dut demander ses moyens d'existence à un petit commerce de fruiterie.

Son pseudonyme ELIPHAS LEVI ZAED, est la traduction en Hébreu francisé de ses trois noms : Alphonse, Louis, Constant, mot à mot.

Il a aussi signé (le " *Livre des larmes* " entre autres) : " l'Abbé A. Constant (de Beaucour)".

On attribue généralement à l'abbé Constant les ouvrages de Mme Flora TRISTAN, qui fut, dit-on, très liée avec lui. On pense encore que le pseudonyme HORTENSIUS FLAMEL (Livre Rouge, Livre d'Or), lui appartient aussi.

Enfin on lui avait aussi attribué la série de Romans signés "Abbé X***" qui sont maintenant reconnus l'œuvre de l'abbé Jean Hippolyte MICHON.

2561 CONSTANT (abbé). — ELIPHAS LEVI. — Œuvres complètes de philosophie occulte.

Paris, Germer Baillère, 1860-65. 6 vol. in-8°.

(90 fr. en superbe exemplaire de Guaita, relié 1/2 maroquin)

I. Histoire de la Magie, avec une exposition claire et précise de ses procédés, de ses rites et de ses mystères (Avec 18 planches représentant 86 figures).

II. et III. Dogme et rituel de la Haute Magie. 2 vol. 2ᵉ édit. augm. avec 24 figures.

IV. La clef des grands Mystères suivant Henoch, Abraham, Trismegiste, et Salomon.

V. Fables et symboles avec leur explication où sont révélés les grands secrets de la direction du magnétisme universel et des principes fondamentaux du Grand œuvre. (Très rare).

VI. La science des Esprits : révélation du dogme secret des Kabbalistes : esprit occulte des Evangiles : appréciation des doctrines et des phénomènes spirites.

Cette réunion factice est, inutile de le dire, un peu incomplète.

(G-400 et 612

2562 CONSTANT (l'abbé). — L'Assomption de la femme ou le livre de l'amour.

Paris, A. Le Gallois, 1841, in-18. XXVIII-252 p. (10 fr.).

[R. 32312
(G-185

2563 CONSTANT (l'Abbé). — La Bible de la Liberté, par l'abbé Constant.

Paris, Legallois, 1841, in-12 (ou format bâtard) de 2 fᵒˢ n. c. et 111 pages (14 fr.).

Très rare ouvrage saisi et condamné, qui valut à son auteur huit mois de prison ; à son éditeur trois mois de la même peine, et qui fut en outre soigneusement détruit.

(G-1250 et 60)

Le procès fait le sujet de l'ouvrage qui suit :

2564 THOMAS (J.). — Procès de la Bible de la Liberté, recueilli à l'audience.

Paris, in-8° 1841.

(G-1200)

2565 ELIPHAS LÉVI. — Le catéchisme de la paix, suivi de quatrains sur la Bible et de la Bible de la Liberté (extraits).

Paris, Chamuel, 1896, in-8° de 238 p. (4 fr.).

[8° R. 13804

Cette œuvre inédite, est une des plus ésotériques du Maître ésotérique ; c'est à proprement parler un traité de morale, où les maximes les plus hautes et les pensées les plus belles sont présentées sous cette forme ingénieuse et noble que les lecteurs admirent si justement. Elle résume les opinions sociologiques du grand Maitre.

(G-1344)

2566 ELIPHAS LÉVI. — Clefs majeures et clavicules de Salomon.

Paris, Chamuel, 1895, in-8° carré de 104 pp. et 3 f^{os} n. c. (15 fr.).

[8° R. 12001

Cet ouvrage qui suivant le catalogue de l'éditeur est " réservé pour l'usage exclusif des initiés " est la reproduction exacte d'un manuscrit exécuté par Eliphas Lévi pour son disciple, le baron Spedalieri et contient 100 dessins de la main du célèbre occultiste.

(G-1345)

2567 CONSTANT (Abbé). — La Clef des Grands Mystères, suivant Hénoch, Abraham, Hermès Trismégiste et Salomon.

Paris, G. Baillière, fort in-8° IV-408 p. et pl. (12 fr.).

[R. 41808

Autre édition :

Paris, Félix Alcan, S. D. [1897] in-8° de VIII-500 p.

[8° R. 14439

Explication de la valeur symbolique et prophétique des nombres (70 p.). Raison des Mystères. Mystères philosophiques, magnétiques, magiques. Les grands secrets pratiques. La baguette de Circé. Le bain de Médée. Les secrets de Cagliostro. Possibilité de la résurrection : exemple de Guillaume Postel, dit le Ressuscité. Le grand arcane de la mort. La religion au point de vue kabbalistique. Les Classiques de la Kabbale. Le Talmud. Prophétie et diverses pensées de Paracelse. La génération des esprits de l'air. Le respir astral. Pneumatique occulte et kabbalistique. Le sphinx et ses correspondances. Pièces relatives à la Magie noire. Prières et conjurations du Grimoire des bergers. Les grands mystères de la philosophie hermétique. Traité de l'Asch Mezareph, avec commentaires. Analyse des sept chapitres d'Hermès. De Dieu et de ses attributs. Création et chute des Anges. etc.

Comme on le voit, cette œuvre magique est un traité complet de haute kabbale et de philosophie hermétique.

2568 CONSTANT (Abbé). — La dernière incarnation. Légendes évangéliques du XIX-e siècle par Constant.

Paris, A la librairie Sociétaire, 1846, in-16 de 120 p. pub. à 0 fr. 60. (7 fr.).

[A. 8431

Très rare.

Etude sur le symbolisme de l'évangile.

2569 CONSTANT (Abbé). — Dictionnaire de Littérature chrétienne... par A. L. Constant, ancien professeur au Petit Séminaire de Paris.

Paris, chez J. P. Migne, au Petit Montrouge, 1851, fort in-4° de 1250 colonnes. (9 fr.).

[D. 3620

Bel ouvrage fort peu connu des disciples d'Eliphas Lévi. A signaler un remarquable drame biblique entièrement inédit et intitulé : Le Mystère de Babel, ou Nemrod. Voici les personnalités les plus intéressantes, à la vie et la doctrine desquels sont consacrés d'importants travaux: Agrippa, Albert le Grand, Apollonius de Tyane, Dom Calmet, Clément d'Alexandrie, Dante, Faust, Hermas et son livre apocryphe. Autres articles non moins intéressants : Allégories, Merveilleux, Mystères, Mystiques, Palingénésie, etc......

2570 CONSTANT (Abbé). — Doctrines religieuses et sociales par l'Abbé Constant.

Paris, A. Le Gallois, 1841, in-18 de 85 p. (12 fr.).

[R. 52313

2571 [CONSTANT (Abbé)]. — Dogme et rituel de la Haute Magie.

Paris, G. Baillière, 1856, 2 vol. in-8°. (15 fr.).

[R. 41869-70

Idem :

Paris, 1861, 2 vol. in-8°.

[R. 41871-72

Paris, Félix Alcan, 1894, 2 vol. in-8°.

[8° R. 14059

Paris, Alcan, 1903, 2 vol. in-8°.

Œuvre la plus importante du plus grand occultiste moderne et qui contient la substance d'innombrables volumes. Il est impossible d'être plus clair et plus concis à la fois. Chaque phrase est posée comme un axiome, offrant un vaste champ à la méditation du penseur ; le style est fort, superbe ; on sent en le lisant, le calme et la majesté de l'initié véritable, conscient de la vérité qu'il expose et parfaitement maître de lui-même. L'ouvrage est divisé en deux parties indépendantes, la première théorique : Dogme, la seconde pratique : Rituel. Voici l'énumération des 22 chapitres, basés sur les 22 arcanes du Tarot, composant le Dogme. Le Récipiendaire. Les Colonnes du Temple. Le Triangle de Salomon. Le Tétragramme. Le Pentagramme. L'Equilibre magique. L'Epée flamboyante. La Réalisation. L'Initiation. La Cabbale. La Chaîne magique. Le Grand Œuvre. La Nécromancie. Les Transmutations. La Magie noire. Les Envoûtements. L'Astrologie. Les Philtres et les Sorts. La Pierre des Philosophes. La Médecine universelle. La Divination. Résumé et clef générale des quatre sciences occultes. (Cabale, Magie, Alchimie, Médecine occulte). Le Rituel comprend également 22 chapitres : Les Préparations. L'Equilibre magique. Le Triangle des pantacles. La Conjuration des quatre. Le Pentagramme flamboyant. Le Médium et le Médiateur. Le Septénaire des Talismans. Avis aux imprudents. Le Cérémonial des Initiés. La Clef de l'Occultisme. La Triple Chaîne. Le Grand Œuvre. La Nécromancie. Les Transmutations. Le Sabbat des sorciers. Les Envoûtements et les Sorts. L'Ecriture des étoiles. Philtres et Magnétisme. Le Magistère du Soleil. La Thaumaturgie. La science des Prophètes. Le Livre d'Hermès ou le Tarot. Cet ouvrage magnifique contient encore le *Nyctéméron* d'Apollonius d'où les initiés ont tiré leurs noms mystiques ; et un intéressant chapitre sur la Magie des campagnes.

Il est enrichi de 23 superbes gravures magiques, avec leur explication.

(G-279

2572 [CONSTANT (l'abbé)]. — Mme FLORA TRISTAN. — L'émancipation de la femme ou le testament de la paria. Ouvrage posthume complété d'après ses notes et publié par A. Constant.

Paris, 1846, in-18. (5 fr.).

[R. 52847

Brochure rare, œuvre du célèbre abbé CONSTANT plus connu sous le nom d'ELIPHAS LÉVI.

(G-1020

2573 CONSTANT (Abbé). — L'Evangile du peuple.

Paris, Le Gallois, 1840, in-12. (15 fr.).

" En écrivant la vie de Jésus de Nazareth, dit Eliphas Lévi, nous avons exposé les destinées futures de l'humanité, car le Christ est une figure de ce qui doit arriver à tous les hommes. "

2574 ELPHAS LEVI. — Fables et symboles avec leur explication où sont révélés les grands secrets de la direction du magnétisme universel et des principes fondamentaux du Grand Œuvre, par ELIPHAS LÉVI.

Paris, Baillière, 1892. [la couverture porte, 1893], in-8º de XIII-180 p. (25 fr.).

[R. 41873]

L'ouvrage le plus rare d'Eliphas Lévi, manquant à presque toutes les collections de ses œuvres ; il contient la révélation de la haute philosophie cachée dans le symbolisme des anciens. Commentateur de la Légende dorée, des Fables d'Esope, du Roman de la Rose, des Fables de la Fontaine même, Eliphas Lévi reprend ces œuvres au point où elles ont été laissées et, sous sa plume puissante, l'allégorie devient symbole, et le symbole lui-même irradie majestueusement la Vérité qu'il manifeste. Plusieurs de ces symboles ont été extraits des Évangiles apocryphes, des traditions rabbiniques et des légendes du Talmud, clef occulte de la tradition. Ce livre admirable sert de base à toute la philosophie occulte, dont il aplanit les difficultés et révèle les plus profonds mystères.

(G-13-jo)

2575 CONSTANT (Abbé). — Le grand Arcane, ou l'Occultisme dévoilé par ELIPHAS LÉVI.

Paris, Chamuel, 1898. fort in-8º VIII-300 pp. (12 fr.).

[8º R. 15007]

Cet ouvrage posthume est le testament de l'auteur, c'est le plus important et le dernier de ses livres sur la science occulte. Il est divisé en 3 parties principales : 1 Le Mystère hiératique ou les documents traditionnels de la haute initiation. 2º Le Mystère royal ou l'art de se faire servir par les puissances. 3º Le Mystère sacerdotal, ou l'art de se faire servir par les esprits. Il contient les chapitres suivants : Le Magnétisme. Le Mal. La double chaîne. Les Ténèbres extérieures. Le Grand Secret. Le Pouvoir qui crée et qui transforme. Les Emanations astrales et les Projections magnétiques. Le sacrifice magique. Les Évocations. Les Arcanes de l'Anneau de Salomon. Le Secret terrible. Les Forces errantes. Les pouvoirs des prêtres. L'Enchaînement du Diable. Le Surnaturel et le Divin. Les Rites sacrés et les Rites maudits. De la divination. Le Mouvement perpétuel. Le Magnétisme du Mal. L'Amour fatal. La toute Puissance créatrice. La fascination. L'Intelligence noire. Le grand arcane. L'Agonie de Salomon. Le Magnétisme du Bien.

Cet ouvrage fait suite au " LIVRE DES SPLENDEURS " qui en est le Livre I.

2576 CONSTANT (Abbé). — Histoire de la Magie, avec une exposition claire et précise de ses procédés, de ses rites et de ses mystères par ELIPHAS LÉVI.

Paris, Félix Alcan, 1892. fort vol. in-8º de XVI-500 p. 10 planches hors texte représentant 90 fig. (14 fr.).

Autre édit :

Paris, Germer Baillière, 1860. fort in-8º XVI-500 p.

[V. 44920]

Œuvre considérable dont l'analyse demanderait plusieurs pages. Ce n'est pas seulement l'histoire des phénomènes de l'occultisme depuis la plus haute antiquité, c'est aussi un ouvrage de haute Cabbale prodigieusement documenté : Origines fabuleuse de la Magie. Le Sépher-Ietzirah, le Zohar, et l'Apocalypse. L'Initiation assyrienne. Zoroastre et les démons. Magie hindoue. Origine indienne du Gnosticisme. Magie hermétique. Le Tarot, Science magique de Moïse. Magie en Grèce. Mystères orphiques ; Magie mathématique de Pythagore; sa doctrine. Vers dorés. Les Nombres. la Sainte Cabbale Les Clavicules de Salomon. Symbolisme primitif de l'histoire. Initiations et épreuves de l'Antiquité. Mystères de la Virginité. Des superstitions. Monuments magiques. Synthèse et réalisation divine du magisme par la révélation chrétienne. Sens ésotérique de l'Évangile de St Jean. Symbolisme de la Légende dorée et de l'Ane d'or. Les Gnostiques. Légendes de Charlemagne. Les franc-juges. Les Illuminés. La Chevalerie. Procès célèbres. Les Templiers, leur doctrine secrète, leur procès, leur destruction apparente. Les Bohémiens. Les Alchimistes. Origines magiques de la Franc-Maçonnerie. Le Comte de St-Germain. Cagliostro. Cazotte. La Révolution. Eckartshausen. Faust... La magie au XIXᵉ siècle. Vintras. Œgger. etc......

2577 CONSTANT (Abbé). — De la Kabbale considérée comme source de tous les dogmes.

Sc. psych. — T. I. — 25.

2578 CONSTANT (Abbé). — Le Livre des Larmes, ou le Christ Consolateur. Essai de conciliation entre l'Eglise Catholique et la Philosophie Moderne Par l'Abbé A. CONSTANT (de Baucour).

Paris, Paulier, 1845, in-16 de viij-247 p. (10 fr.)

[D. 31030

Extrêmement rare. Des Douleurs Physiques et Morales.— Consolations Religieuses. — Recherche d'une Profession de Foi Catholique, en harmonie avec les besoins de l'époque.

(G-9

2579 ELIPHAS LÉVI. — Le Livre des splendeurs contenant : le Soleil judaïque, la Gloire chrétienne et l'Etoile flamboyante. Etudes sur les origines de la Kabbale avec des recherches sur les mystères de la franc-maçonnerie suivies de la profession de foi et des éléments de kabbale. Appendice par PAPUS.

Paris, Chamuel, 1894, in-8° de VII-333 p. (8 fr.).

[A. 21152

Idem :

Paris, 1902, in-8°, 340 p.

Ouvrage de haute portée sociale et philosophique dont le contenu justifie amplement le titre. — L'Idra Suta ou le Grand Synode, commentaire du Siphra Dzeniuta, par S. Ben-Jochaï.— La Légende de Christna.— Légendes maçonniques extraites d'un rituel du VIII° siècle. — Histoire du Chevalier du Lion. — La clef des paraboles maçonniques.— Histoire de Phaleg. — Le Baphomet. — Eléments de Kabbale, en dix leçons. — Un intéressant appendice de Papus termine l'ouvrage (70 p.) il se compose de : Introduction à la doctrine d'Eliphas Lévi. La Lumière astrale. La Religion. Les Sciences occultes. Le Symbolisme. Les Contemporains.

(G-1347

2580 CONSTANT (l'abbé Alph.). — La Mère de Dieu, épopée religieuse et humanitaire, par l'abbé Alphonse CONSTANT.

Paris, Au Comptoir des Imprimeurs réunis [La couverture porte: " Librairie de Charles Gosselin "] 1844, in-12 de 380 p. et la table. (10 fr.).

[H. 13004

Les Symboles. — Le Dernier Jugement — Le Monde Nouveau. — Les Images de Marie (en vers).

2581 CONSTANT (abbé). — Des mœurs et des doctrines du rationalisme en France.

Paris, Debécourt, 1839, in-8°. (10 fr.).

(G-187

2582 CONSTANT (abbé). — l'Abbé Constant SYMON DE LATREICHE. — Du mystère de la Vierge ou du rôle de la femme dans la création.

Besançon, imprimerie de P. J. Proudhon, 1840, 1 vol. in-8°. (10 fr,)

[D. 52004

Le catalogue de St. de Guaita attribue cet ouvrage à l'abbé Alphonse-Louis-CONSTANT.

(G-187

2583 CONSTANT (Abbé). — Mystères et réalités de la Kabbale.

Paris, 1850, in-8°. (Extr).

2584 CONSTANT (Abbé). — Les origines kabbalistiques du Christianisme.

Paris, 1855, in-8°, (Extr.).

2585 CONSTANT (Abbé). — Philosophie occulte : La Science des Esprits révélation du dogme secret des Kabbalistes ; esprit occulte des Evangiles; appréciation des doctrines et des phénomènes spirites par ELIPHAS LÉVI.

Paris, Germer-Baillière, 1865, in-8° de 507 p. 1-re édit. (7 fr.).

[R. 41881

Autres éditions :

Paris, *Félix Alcan*, 1894, in-8° de 507 pages.

Paris, *Alcan*, 1900, in-8°.

Histoire de Jésus d'après les Talmudistes. Dogmes kabbalistiques. Esprits ou fantômes, visions, évocations, phénomènes de nécromancie. Les Initiés. Les Hiérophantes, etc...

2586 CONSTANT (Abbé). — Le sorcier de Meudon.

Paris, *Libr. nouvelle, A. Bourdilliat et Cie*, 1861, in-18 de 320 p. (25 fr.).

[Y². 40040

Roman assez faible, mais rarissime, du célèbre occultiste.

2587 CONSTANT (A.). — Le testament de la Liberté.

Paris, *J. Frey*, 1848, in-8° 210 pages. (15 fr.).

[Lb⁵⁵. 2603

Un des plus beaux ouvrages philosophiques du grand rénovateur de l'Occultisme. On y remarque les chap. suivants: La Genèse de la Lumière. Les Filles de Lucifer. L'Arche de l'Etoile. La colonne de feu. Le Sphinx et la Croix. La Foi des hommes libres. La parole éternelle. L'Esprit des Ruines. Le Voile du Temple déchiré. La Comète et l'étoile. La lutte des deux Génies.

(**1261 et 1262

2588 CONSTANT (Abbé). — Theosophical Miscellanies. — N° 2. — Unpublished Writings of Eliphas Levi. THE PARADOXES OF THE HIGHEST SCIENCE. Translated from the French M. S. S. by a Student of Occultism.

Calcutta By the Calcutta Central Press Cº, Ltd, 1883, in-8° de IV-113 p. (4 f.).

La Religion est la Magie unie à l'Autorité. — La Liberté est l'Obéissance à la Loi. — L'Amour est la Réalisation de l'impossible. — La Connaissance et l'Ignorance ou la Négation du Mal. — La Raison, c'est Dieu. — L'Imagination réalise ce qu'elle invente. — La Volonté accomplit tout, pourvu qu'elle ne s'abaisse pas au Désir. — Magie et Magisme. — Les Principes inaltérables. — Le Grand Secret.

2589 CONSTANT de BAUCOUR (M.A.) — Les trois harmonies, chansons et poésies par M.A.Constant de Baucour.

Paris, *Fellens et Dufour*, 1845, in-8° IV-316 p. (6 fr.).

[Ye. 18970

1ʳᵉ édit. (Très rare), avec frontispice romantique gravé sur bois.

Constant de Baucour n'est autre que le fameux ELIPHAS LÉVI.

(G-188

2590 CONSTANT (Abbé). — Les trois malfaiteurs ; légende orientale.

Paris, *A la Librairie Phalanstérienne*, in-16 de 36 p. (pub. à 30 centimes) (3 fr.).

[Yp². 749

Ouvrage très rare, d'une lecture attachante. Les trois héros du drame qui s'y déroule sont Jésus et ses deux compagnons de crucifiement, Johanan et Oreb.

2591 [CONSTANT (Abbé)]. — La Voix de la Famine.

Paris, *Ballay aîné*, 1846, in-8°, 32 pp. (15 fr.).

[Lb⁵¹. 4198

Opuscule de 32 pp. qui valut à son auteur un an de prison et mille francs d'amende.

CONSTANT [de REBECQUE] (Benjamin), publiciste et orateur, né à Lausanne en 1767 d'une famille protestante française ; mort en 1830. Son père était colonel d'un régiment Suisse au service de la Hollande.

2592 CONSTANT (Benjamin). — Du Polythéisme romain, considéré dans ses rapports avec la philosophie grecque et la religion chrétienne. Ouvrage posthume, précédé d'une introduction de M. J. Matter.

Paris, Béchet aîné. 1885. 2 vol. in-8°. (8 fr.).

[J. 17490

On trouve dans cet ouvrage de très curieux aperçus sur l'esprit des Religions et Mythologies anciennes, sur les Mystères de la Magie, la Démonologie, l'Astrologie, etc... Le Gnosticisme dans toutes ses branches y est aussi longuement étudié dans son essence et au point de vue de l'influence qu'il exerça sur le Christianisme primitif.

2593 CONSTANT (Henri). — Le Christ, le Christianisme et la Religion de l'Avenir.

Paris, Société d'éditions littéraires. 1899. in-16. 411 p.

[8° R. 10203

Le Christianisme dogmatique, dit l'auteur, ne répond plus aux exigences de l'esprit moderne. Sans sortir de sa doctrine qui est celle de l'amour, l'humanité, devenue adulte, doit rompre ses lisières et marcher par ses propres moyens à la conquête d'une nouvelle formule religieuse. Le dogme de l'avenir est dans les traditions anciennes qui nous viennent de Pythagore, et qui s'harmonisent admirablement avec les enseignements de Jésus.

2594 CONSTANTIN (Comte de), et DURVILLE (H.).— Discours prononcé à l'inauguration de la Société magnétique de France, le 7 octobre 1887.

Paris, s. d. [1887]. in-12. (0 fr. 40).

2595 CONSTANTIN. — Lettre à M. Pressavin, gradué etc., par M. Constantin, maître en chirurgie de la même ville [Lyon].

1784. in-8°.

Cette brochure est citée dans celle qui suit du même auteur. M. Constantin relève le défi adressé à M. Dutrech.

(D. p. 43

2596 PRESSAVIN. — Suite de la correspondance de Monsieur Pressavin, gradué, etc., avec les magnétiseurs de la même ville [Lyon].

1784. in-8°. 15 pages. (1 fr. 25).

Le docteur Pressavin écrit à Monsieur Constantin qu'il l'accepte comme champion du magnétisme à la place de Dutrech. Il pose seulement certaines conditions ; ainsi Monsieur Constantin devra prendre un bain chaud et revêtir des vêtements apportés par Pressavin avant de magnétiser celui-ci. le docteur craint les narcotiques dont le corps du magnétiseur pourrait être imprégné ; la seconde pièce de cette brochure est une Réponse de M. Pressavin à l'anonyme qui se dit élève de Monsieur Mesmer. Dans cette brochure l'auteur ne ménage pas Mesmer qui cependant n'avait rien à voir dans le débat. Le grand tort de l'auteur (il a raison sur certains points) est de ne pas attendre patiemment le résultat de son pari et de préjuger la question.

(D. p. 43

2597 CONSTANTIN. — Réponse à la lettre de M. Pressavin, gradué, etc., par M. Constantin, etc.

1784. in-8°. 6 pages.

M. Constantin *accepte le bain à condition que le docteur Pressavin en prendra également un* (*) L'on comprend aisément que cette polémique ne pouvait avoir d'autres résultats que d'amuser les bons habitants de la ville de Lyon ; c'est ce qui eut lieu.

(D. p. 43

2598 CONSTANTIN (Yves de) et Raymond MAYGRIER. — Le Surnaturel au XXᵉ siècle par Yves de Constantin et Raymond Maygrier.

Paris, Librairie du XXᵉ siècle, 1910 in-12 de 203 pp.

Le Magnétisme dans l'Antiquité. — L'Hypnotisme. — La Suggestion. — Dangers de l'Hypnotisme. — Son interdiction nécessaire (!). — Le Spiritisme. — Authenticité de certaines expériences. — William Crookes et Katie King. — Le Miracle. — Lourdes. — Bernadette. — Guérison Miraculeuse. — La Médaille Miraculeuse, etc.

2599 CONSTITUTION de 1702. Edition nouvellement publiée par l'ordre du Grand Consistoire de l'Etat de la Louisianne.

Nouvelle Orléans, 1850, in-8°. (12 fr.).

Texte français et anglais.
Pièce maçonnique.

2000 CONSTITUTIONS (The) of the antient and honourable fraternity of Free and accepted Masons : containing all the particular ordinances and regulations of the Grand Lodge : of the state of New-York.

New-York, 1820, in-8°.

Illustrations of Masonry by one of the fraternity who has devoted thirty years to the subject.

New-York, 1827, in-8°.

Jachin and Boaz, or an authentic Key to the door of the Free Masonry ancient and modern. Calculated, not only for the instruction of every new made mason ; but also for the information of all who intend to become brethren ; illustrated with a beautiful frontispice of the Regalia, Jewels and Emblematical Ornaments belonging to Masonry ; and an Accurate Plan of the Drawing on the floor of a lodge.

New-York, 1808, in-8°.

Rarissimes ouvrages dont le dernier surtout est du plus grand intérêt.

2001 CONSTITUTIONS, statuts, règlements généraux et dispositions judiciaires de l'Ordre Maçonnique en France G∴ O∴ de France.

Paris, 1859 à 1885, in-8° (1 fr. chaque).

2002 CONSULTATION de l'oracle par les puissances de la Terre, pour savoir si le Prince des (sic) Galles Dieudonné, est supposé ou légitime (trad. de l'anglois).

A. Whitehall, 1688, in-12 de 90 pp. (12 fr.).

Ouvrage singulier et fort rare dont les principaux personnages sont : le Pape, les Quackers (sic) les Presbiteriens(sic),le Père La Chaise, les Algériens, Mme de Maintenon, les Suisses, le Comte d'Estrées, M. de Vauban, le Canada ou la Nouvelle-France, le Dauphin, la Dauphine et toutes les principales têtes couronnées du globe.

« La naissance de ce jeune prince (le prince de Galles), dit l'auteur dans l'avis au lecteur, fait aujourd'hui tant de bruit que toutes les puissances de l'Univers accourent au Temple de l'Oracle pour y apprendre quelle sera sa destinée. » Voici ce que dit de Bonnechose à propos de cette naissance : « La reine (épouse de Jacques II d'Angleterre), depuis longtemps réputée stérile, venait d'accoucher d'un fils ; mais cette nouvelle, accueillie dans le public avec incrédulité, accrut l'irritation générale comme une supercherie inventée par les Jésuites pour écarter du trône Guillaume d'Orange comme héritier légitime. Ce prince était l'espoir du protestantisme.

(G-504

2003 CONSULTATION pour une jeune fille condamnée à être brûlée vive.

Paris, Impr. de A.-C. Cailleau, 1786, in-4°. (12 fr.).

L⁴ Fm. 29455

Opuscule non cité dans la Bibliographie Normande d'Ed. Frère, relatif à une erreur judiciaire du Bailliage de Caen condamnant Marie Françoise Victoire Salmon de la paroisse de Méautis en Basse-Normandie à être brûlée vive.

Cinq autres factums, à la Bibliothèque Nationale : Catalogue des Factums [Casier M. 331], V-498 et 9.

(G-1203

2604 CONTA (Olga). — Contribution à l'étude du sommeil hystérique.

Paris, 1897, in-8° de 96 pp.

2605 CONTANT-D'ORVILLE (André-Guillaume), né à Paris vers 1730, mort vers 1800, littérateur et auteur dramatique. — Histoire des différens peuples du monde, contenant les cérémonies religieuses et civiles, l'origine des Religions, leurs sectes et superstitions, et les mœurs et usages de chaque nation.

, Paris, Hérissant le fils, 1770-1771. 6 vol. in-8°, figures. (25 fr.).

[P. Angrand. 803-8

Ouvrage curieux et recherché pour l'abondance et le pittoresque de sa documentation. C'est un des recueils les plus complets de traditions et superstitions peu connues et bizarres qui intéressent le symbolisme, la mythologie, la magie, la démonologie, le folkore, etc... Les moindres peuplades y sont l'objet de révélations curieuses avec un luxe de détails forts piquants. Un certain nombre de fines gravures sur cuivre ajoute au texte déjà très suggestif un rehaut attrayant.

2606 CONTES THÉOLOGIQUES, suivis des Litanies des Catholiques du XVIII° Siècles, et de Poésies éroticophilosophiques, ou Recueil presque édifiant.

Bruxelles, Gay et Doucé, 1879, in-18. (10 fr.).

Tirage limité à 500 ex. sur Vélin. Contient près de Cent contes, en prose et en Vers.

2607 CONTI DA MACERATA (Luigi). — Discours philosophiques sur les deux merveilles de l'Art, et de la Nature, ou le traité de la liqueur de l'Alchaest et de la Médecine universelle ; de la matière de l'une et de l'autre ; du moyen d'opérer ; et de la voye qu'il faut tenir pour faire le Sel de Tartre volatil, composez en latin par M. Des Comtes [Luigi] de Conti da Macerata, médecin italien, et mis en françois par Robert Preud'homme, ancien maistre escrivain juré à Paris, II° édition rev. et corr.

Paris, Jean d'Houry, 1678, in-12 de 206 pp.

[Te¹³¹, 119 A

Langlet-D. qui donne le titre d'une manière incomplète (III, 92), et ne connait pas l'auteur ni le but, dit cet ouvr. peu connu ; pourtant il a eu au moins deux édit. Dans une approbation donnée à Padoue le 3 juin 1661, et reproduite p. 197, l'auteur est nommé Ludovico de i Conti da Macerata. L'Avant-propos du trad. aux Scavans est un vrai traité de prononciation en usage à l'époque ; c'est certainement ce qui offre maintenant le plus d'intérêt dans ce volume.

(O-1220

2608 CONVERSATION avec Saint Martin sur les spectacles.

(1 fr.).

(G-940

CONVULSIONNAIRES DE SAINT-MÉDARD. —

Voir la Bibliographie *YVES PLESSIS,* n°ˢ 078-743 (p. 84-93) et aussi :
CARRÉ DE MONTGERON.
MATHIEU.
HECQUET : (Suceuse convulsionnaire...).

CONVULSIONNAIRES DES CÉVENNES. — Voir :
YVE-PLESSIS (Bibliographie, etc. N°ˢ 071-077).

2609 CONWAY (Moncure Daniel). — Demonology and devil lore by Moncure Daniel Conway second edition revised and enlarged, with numerous illustrations.

London, Chatto and Windus, 1880, 2 vol. in-8° fig. (12 fr.).

[Z. Renan. 2820

Idem :

London, Chatto and Windus, 1879, 2 vol. in-8° fig.

[8° R. 2104

L'ouvrage anglais le plus complet sur la démonologie : « Ahriman, Wiswamitra, le Serpent, Eve, Lilith, Satan, l'Antechrist, Faust et Mephistophélès, la sorcellerie, l'animalisme, le serpent, dans l'Inde ». Avec de nombreuses gravures dans le texte.

(G-1736

2610 COOKE (Alexandre), ministre de la Parole de Dieu à Leeds, en la comté d'Yorke (*sic*). — La papesse Ieanne ov dialogve entre vn Protestant et vn Papiste provvant manifestement qu'vne femme nommée Ieanne a esté

Pape de Rome contre les suppositions par Robert BELLARMIN... mis en François, par I. de la Montagne.

A Sedan, 1633, in-8°. VIII-286 p. (10 fr.).

[D². 6820

« Volume de toute rareté » (S. de G.) Critique et réfutation du fameux ouvrage de Florimond de ROEMOND « l'Anti-Papesse » paru à Cambrai en 1612.

(G-1264

2611 COOKE (William), recteur d'Oldbury. — An enquiry into the Patriarchal and Druidical religion, temples, etc... wherein, the primoeval institution and universality of the Patriarchs and Druids are laid open and shewn to correspond entirely with each other, and Both with the doctrines of Christianity : etc...

London, L. *Davis*, 1754. in-4° XIV-71 p. et pl. (3 fr. 50).

[Nl. 10

Ouvrage curieux sur le Druidisme, sa religion et ses mystères, avec 4 planches hors texte et 3 figures gravées.

2612 COPIN-ALBANCELLI. — Le Drame Maçonnique. La Conspiration juive contre le Monde chrétien, par Copin-Albancelli.

Paris, la Renaissance française, 1909. in-16. 534 p.

[8° H. 6973

Qu'est-ce que la Franc-Maçonnerie ?... Qu'a-t-elle fait dans notre pays depuis bientôt deux siècles ?... Qu'y fait-elle actuellement... Par qui un aussi extraordinaire instrument a-t-il pu être imaginé ?... Dans quel but ?...

2613 COPIN-ALBANCELLI. — Le Drame Maçonnique. Le Pouvoir occulte contre la France, par Copin-Albancelli.

Paris, la Renaissance française, *Lyon*. E. *Wille*. 1908. in-16. 420 p. (1 fr. 25).

[8° L. b⁵⁷. 14494

Brochure explicative accompagnant le bulletin d'adhésion à la Ligue de Défense nationale contre la Franc-Maçonnerie.

2614 COPIN-ALBANCELLI — Directeur du Journal "LA BASTILLE" q. v.

Paris, 1902. gr. in-f°.

[Lc². 6157

2615 [COQUELET (Louis)].—Critique de la Charlatanerie, divisée en plusieurs discours, en forme de panégyrique, faits et prononcés par elle-même.

Paris, Vve Mergé, 1726-1727. 2 vol. in-12 (4 fr. 50).

[Z. 12804

Curieux ouvrage sur les Charlatans, les Bateleurs, les débitants de poudres et de panacées, etc... On trouve le nom de Coquelet comme auteur de cet ouvrage dans le catalogue des livres de l'abbé SEPHER. (1786).

D. F. Camusat et Carle y auraient aussi collaboré.

2616 COQUELET. — Le triomphe de la Charlatanerie, dédié au grand T*** par L. Coquelet.

Paris, A. de Heuqueville, 1730. in-12. (4 fr. 50).

[Rés. Li³. 84

Curieux ouvrage sur les Charlatans, les Bateleurs, les débitants de poudre et de panacées, etc...

2617 CORAS (Iean de). — Arrest mémorable du Parlement de Tholose. Contenant vne histoire prodigievse d'vn supposé mary, advenüe de nostre temps : enrichie de cent et onze belles et doctes annotations par M. Iean de Coras.

Paraphrase svr l'édict des mariages clandestinement contractez par les enfans de famille, contre le gré et consentement de leurs pères et mères.

Paris, V. Norment, 1572. pet. in-8°. 100 p. et l'index.

[F. 32004

Ouvrages fort intéressants. Le premier est particulièrement curieux : c'est la relation d'un procès jugé le 12 sept. 1560. L'accusé Arnault de Tiru, abusant d'une ressemblance étrange et de certains détails privés " qui interviennent le plus secrètement entre mariez " que lui avait confiés un de ses camarades, Martin Guerre, qui avait quitté sa femme pour servir comme soldat, et ayant appris de lui " jusques aux lieux, temps et heures des actes secrets du mariage, et les propos qu'avant, après et en l'acte ils auroyent tenus " se présenta devant la femme de son ami trop confiant, se donna pour lui et pendant 3 ans la trop crédule épouse et l'imposteur demeurèrent " comme vrais mariez mangeans, beuvans et couchans ordinairement ensemble ". La fraude découverte, De Tiru fut condamné à faire amende honorable puis à être pendu étranglé et à avoir ensuite son cadavre brûlé.

(G-101)

CORDAY (Charlotte). —
Voir : O-ITEL.
CHERON de VILLIERS.

2018 CORDEMOY (Abbé Louis-Géraud de). — Réflexions importantes sur la réponse des docteurs Luthériens de Helmstad à la question qui leur a été proposée par l'Impératrice : Si l'on se peut sauver dans l'Eglise Catholique. La conférence du Diable et de Luther en latin, françois et allemand.
Paris, F. Babuty, 1715, in-12, XII-228 p. (4 fr.).

[D. 21003
(G-505

2019 CORDEMOY (Abbé de). — Traité des Saintes Images prouvé par l'Ecriture et par la Tradition, contre les nouveaux iconoclastes.
Paris, F. Babuty, 1715, in-12, XVI-200 p. (4 fr.).

[D. 22320

Avec de nombreuses relations de miracles.

Idem :
Paris, Babuty, 1719, in-12.

(G-505

2020 CORDIER (Alph.). — Le docteur Guillotin, épisode du Régime de la Terreur.
Paris, Biblioth. Populaire, s. d. [1808], in-16 de 188 pp. (2 fr.).

[Y². 24555

2ᵐᵉ édit. :

Ibidem, Idem. [1800], in-16, 188 p.

[Ln²⁷ 24763

Nouvelle sur la Mort de Louis XVI et les atrocités de la guillotine sous la Terreur.

2021 CORDIER DE LAUNAY DE VALERI (Louis-Guillaume-René). Magistrat français né en 1750, mort à St-Pétersbourg en 1820. Emigra à la Révolution. — Théorie circonsphérique des deux genres de Beau, avec application à toutes les mythologies et aux cinq beaux arts par M. Louis-Guillaume René Cordier de Launay de Valeri.

Paris, 1812, fort in-8° de 412 pp., (8 fr.).

Ed. originale :

Berlin, impr. de L. Quien, 1800, in-4° 282 p. et carte.

[R. 2832

Curieux travail d'ésotérisme très personnel où l'auteur expose le symbolisme des ouvrages mystiques et donne, notamment une fort originale explication de l'apocalypse. On y remarque un étonnant parallèle entre la Volu-Spa, et le livre kabbalistique de Saint-Jean, et il est singulier de constater les étroites analogies qui existent entre ces deux ouvrages, concordance que nul encore n'avait remarquée et qui ouvre peut-être un précieux filon aux érudits.

2022 CORNARO (Louis), noble vénitien, né à Venise vers 1462, mort à Padoue en 1566. — L'Art de conserver la santé des Princes et des personnes du premier rang, auquel on a ajouté l'Art de conserver la santé des Religieuses et les avantages de la Vie sobre du Seigneur L. CORNARO, noble

Vénitien, avec des Remarques sur ce dernier, aussi curieuses que nécessaires, par RAMAZZINI.

Leyde, 1724, in-12 (5 fr.).

[Tc³², 2

2023 CORNARO (Luigi). Conseils pour vivre longtemps.

Paris, Behu, 1783, in-12, VIII-100 p. (4 fr. 50).

[Tc¹¹, 45 B.

Très rare petite imitation de Cazin.

2024 CORNARO (Luigi). — L'Art de vivre longtemps et en bonne santé... trad. sur l'édit. de 1040... par le Dr J. Patézon.

Paris, Delahaye, 1861, in-8° de 44 pp.

[Tc¹¹ 208

L'ancêtre de la « cure par la faim » et peut-être du « Fletcherisme » qui lui sauva la vie à 40 ans, conseille plusieurs repas par jour 2 à 4 suivant l'âge, mais, en tout 12 onces d'aliments solides et 14 onces de vin. « Pain, panade, œufs surtout ».

Quatre discours en tout — bonne édition.

2025 CORNAY (Dr Joseph-Émile). — Anthropologie. Mémoire sur le Métisme animal chez les espèces humaines etc... et exposition des principes de physiométrie générale.

Paris, J. B. Baillière et fils, 1863, in-18 104 p. Figures.

[Tb¹³, 63

Spécisme. Hybridisme. Métisme. Les propriétés divines descendent de Dieu à l'homme et aux espèces par la loi de la genèse. L'ovaire terrestre, etc...

2026 CORNAY (J. E.). — Principes de physiologie et exposition des formules des forces vitales : interprétation des mots cabalistiques ou Abracadabra, Abracalan, Abrasaxas et Abrasax.

Paris, J. B. Baillière et fils, 1862, in-18, 102 p. (4 fr.).

[Tb⁹, 68 (G-780

2027 CORNELIO GHIRARDELLI. — Cefalogia Fisonomica.

Bologne, 1074, fort in-12 de 600 pp. 100 figures sur bois très curieuses. (10 fr.).

Traité précieux pour l'étude de la physiognomonie. L'éminent psychologue Ledos, avait fait une étude approfondie de cet ouvrage qui renferme en lui-même Porta, Lavater, et les adeptes plus récents de cette science. Les cent figures qui accompagnent le texte, forment un commentaire lumineux des procédés de l'auteur, et l'on peut dire qu'aucun type n'a échappé à la subtilité de son analyse.

2028 CORNET (C.). — Comment on jouit d'une bonne santé. — Comment on se guérit sans médicament par un régime hygiénique rationnel.

Paris, (1 fr.).

Cette brochure illustrée contient nombre de conseils pratiques.

2029 CORTET (Eugène). — Essai sur les fêtes religieuses et les traditions populaires qui s'y rattachent par Eug. Cortet.

Paris, E. Thorin, 1867, in-18, 283 p (5 fr.).

[D. 01108

Travail consciencieux, rempli de renseignements de toute sorte. Origine des coutumes et des fêtes religieuses de tous les peuples. Le jour de l'an : l'Epiphanie; le Carnaval ; le Carême ; la Mi-Carême ; les Rameaux ; Pâques ; les Rogations ; la Pentecôte ; la Saint-Médard ; la Fête-Dieu ; la Saint-Jean ; la Toussaint ; Noël.

Précieux à consulter pour les traditions populaires.

CORVO DE LA MIRANDOLE. — Voir :

COCLES (Barthélemy).

2630 CORTEZ (le P. Jérome). — Lunario general y Pronostico de los Tempos, por Hieronymo Cortes, dirigido al Christoval Colom.

En Barcelona, 1599, in-8°.

(S-3414 b

Réédité : El non plus ultra del Lunario y Pronostico perpetuo...

Barcelona, Impr. de J. Forcada, 1681, in-16, 214 p. et table.

[V. 21351

Le même auteur a écrit sur la Physionomie :

Barcelona, H.Margarit. 1610 in-8° IV-115 f°s.

[Rés. V. 2248

2631 CORYN (H.). — Hypnotisme, transmission de la pensée et médiumnité.

Montigny-le-Tilleul. 1894. in-16. (1 fr. 50).

Publication privée : non mis dans le commerce, seulement distribuée aux Théosophes.

2632 [COSANDEY (Sulpitius)]. — Anzeige eines aus dem Orden der Frey-Mäurer, oder der sogenannten Illuminaten, getrettenen Mitglieds (Sulpitius Cosandey) in Bayern, über die Einrichtung und den Zweck dieser Gesellschaft ; mit Anmerkungen (von Adam Weishaupt).

Sparta (.....). 1786, in-8° de 61 pp.

(O-501

2633 [COSMANN (Wilhelm)]. — Almanach für Freymaurer aufs J. 580 3/4 ; vom Verfasser des Taschenbuchs für Maurer 580 2/3 (C. Fr. Wilh. Cosmann).

Berlin, E. G. Schöne. 1803. in-8° de IV-292 pp.

[H. 12029

La Clef des Loges (pp. 287-92) est en français. Klosz : N° 35 indique 3 vol. ou années dont celui-ci serait le 1er.

(O-259

2634 [COSMAN (Wilhelm)]. — Maurerisches Taschenbuch auf das Jahr 5802 bis 5803 [5805]. von X. Y. Z. (C. Friedr. Wilh. Cosmann).

Berlin, Joh. Wilh. Schmidt. 1802. in-16 de IV-346 pp. avec pl. de musique par Hurka.

3 années à la Bib. Nat^{le} :

[H.10655-7
(O-255

2635 [COSMANN (Wilhelm)]. — Maurerisches Taschenbuch auf das J. 5803 bis 5804. von X. Y. Z. (C Friedr. Wilh. Cosman).

Berlin, Joh. Wilh. Schmidt. 1803. in-16 de XII-340 pp. avec le portr. de F. W. A. von Sellentin.

Vide ante.

(O-256

2636 [COSMANN (Wilhelm)]. — Maurerisches Taschenbuch auf das J. 5804 bis 5805. von X. Y. Z. (C. Friedr. Wilh. Cosmann).

Berlin, Joh. Wilh. Schmidt. 1804. in-16 de II-341 pp.

Vide ante.

(O-257

2637 [COSMANN (Wilhelm)]. — Maurerisches Taschenbuch auf das J. 5805 bis 5806. von X. Y. Z.

Berlin, Joh. Wilh. Schmidt. 1806. in-16 de IV-308 pp.

(O-258

COSMIQUE (la Tradition).

Voir :

TRADITION COSMIQUE.
P. D.
PRINCIPES.
REVUE COSMIQUE.

2638 COSMIUS (Henri). — Magna Naturæ œconomia curiose ostendens gentium quotquot mundus habet, etc.

Francofurti et Lipsiæ impensis C. Hauboldi, 1687. in-8° 362 p. etc. (0 fr.).

[Te^{ll}. 145

Traité singulier de toutes les curiosités de la nature. On y trouve des dissertations relatives à l'influence des astres sur les maladies et leur guérison ; action de la magie sur les tempêtes. Des propriétés occultes des plantes, de l'opium, etc.....

COSMOPOLITE (Le), pseudonyme de deux Alchimistes connus : Alexandre SETHON et Michel SENDIVOG. Le dernier a publié les ouvrages du premier sous ce pseudonyme et l'on ne sait pas au juste ce qu'il a ajouté de son crû.

Voir :

SENDIVOG (Michel).

2639 COSTA (E. L. de). — La superstition et les nombres fatidiques.

Paris, Lucien Bodin, 1907, in-12 de 96 pp. (2 fr. 50).

Chronogramme. Fatum. Extraits. La Superstition. Peut-on prédire l'avenir. Numero Deus impare gaudet. Les Nombres (1, 3, 5, 9, 13). Le Vendredi, etc....

2640 COSTA DE BEAUREGARD (Le Marquis). — Catalogue des Livres Manuscrits et Imprimés composant la Bibliothèque de feu M. le Marquis COSTA DE BEAUREGARD, ancien Membre du Parlement Sarde, Commandant de la Légion d'Honneur, Président du Conseil Général de la Savoie, etc.

Paris, L. Potier, 1808, in-12 272 p. (0 fr.)

[Δ. 19385

Présente une belle série d'ouvrages curieux, sur la Kabbale, la Magie, les Apparitions, les Démons, l'Alchimie, l'Astrologie, les Anciens Rites, etc.

L'exemplaire de la Bib Nat^{le} porte, au crayon, les prix et les noms des adjudicataires : Potier, Jullien, Lippmanssohn, Dumont, Fontaine, Demichelis, Hénaux, etc., etc.

2641 COSTADEAU ou COSTADAU (Le R. P. Alphonse) Dominicain, né dans le Comtat Venaissin, mort en 1726 à Lyon. Professeur de Théologie. — Traité historique et critique des principaux signes qui servent à manifester les pensées ou le commerce des esprits, par Le R. P. Alphonse COSTADEAU.

Lyon, frères Bruyset, 1720-24, 12 vol. in-12, Figures. (25 fr.).

[R. 32458-09

Signes d'institution humaine, par lesquels les hommes s'entendent les uns les autres. — Signes superstitieux et diaboliques, par lesquels certains hommes s'entendent avec les démons. — Des Chiffres. — De la Cabbale. — De la Stéganographie et autres écritures occultes. — Des écritures hiéroglyphiques. — Des Symboles. — Des habits sacrez. — Des Anneaux et de leurs différentes significations. — Des Visions ou Apparitions. — Les Démoniaques. — Etc....

(G-596

2642 COSTE (Dr Albert). — Les phénomènes psychiques occultes, état actuel de la question.

Montpellier C. Coulet, et Paris, Masson. 1895, in-12, 220 pp. (3 fr.)

[8° T.d⁸⁶. 664

Autre édit.

Montpellier. 1898, in-12.

L'ouvrage commence par : *coup d'œil sur le merveilleux,* étude historique, précieux pour les chercheurs.

2643 COSTE (Dr Marie-Léon). — L'Inconscient, étude sur l'hypnotisme, par le Dr L. Coste.

Paris, J. B. Baillière et fils, 1889, in-10 de 150 pp. (3 fr.).

[Te¹⁵. 148

2644 COSTE de LAGRAVE (D^r). — Hypnotisme, états intermédiaires entre le Sommeil et la Veille.

Paris, J. B. Baillière et fils, 1888, in-16 160 p. (2 fr.)

[Te¹⁵. 113

Volonté pendant l'hypnotisme. Influence à l'état de veille. Auto-suggestion. Différentes manières d'hypnotiser, etc......

2645 COTELLE (Dr Th.). — Saint-François d'Assise, étude médicale.

Paris, C. Poussielgue, 1895, in-18, 105 p.

[T²¹. 004

Hystérie. Hallucinations. Extases et stigmatisations. St-Fr. théomane, visionnaire, etc.....

2646 COUCHOUD (Paul Louis). — Benoît de Spinoza.

Paris, Alcan, 1902, in-8°, XII-305 pp.

[8° M. 12053

De la Collection "Les Grands Philosophes".

2647 COUDRETTE (Abbé Christophe). — Mémoires pour servir à l'histoire générale des Juifs, ou extraits de l'Histoire universelle de M. de Thou.

Paris, 1701, 2 parties in-12, 224-228 p. (3 fr.).

[H. 11001
(G-1205

2648 COUEDON (Mlle). — Les manifestations du monde surnaturel et Mlle Couédon ; la voyante de la rue de Paradis, en face des mécréants et des adversaires, etc... par un curé de Campagne.

Paris, Donniol, 1897, in-12, (2 fr.).

2649 COUILLARD du PAVILLON (Antoine) né près de Lorris dans le Gatinais, mort en 1575. Érudit spirituel. Voir une liste de ses ouvrages dans Bareste, *Nostradamus*, p. 205 et note.
— Les Antiquitez et Singularitez du Monde, par le Seigneur du Pavillon, près Lorriz.

Paris, J. Dallier, 1557, in-8° 130 f^{os} et c.

[G. 11493
(S-4710

2650 COUILLARD. — Les contredicts du Seigneur du Pavillon-lez-Lorriz en Gatinois, aux faulses....Prophéties de Nostradamus.

Paris, Charles l'Angelier, 1560, in-8° 116 f°s 12 f^{os} n. c. etc.

[V. 21815

Très rare.

(S-3479

2651 COULLERY. Médecin à La Chaux de Fonds.—Les Mystères de la Génération.

Berne, 1862, in-12 (3 fr.)

(G-2212

2652 COULOMB (E. J.) [AMARAVELLA]. — Le Secret de l'Absolu, par E. J. Coulomb (Amaravella). Préface de Mr E. Burnouf. Prix : 3 fr. 50.

Paris, Bibliothèque de la Renaissance Orientale, 1892, in-18 jésus de XV-255 p.

[8° R. 11550 et 11408

Ce volume est maintenant édité par la Librairie de l'Art Indépendant.

La Tendance des sciences modernes est bouddhique, assure M. Burnouf, et Amaravella en dévoilant l'Orient ésotérique dans ce livre semble justifier la parole du savant indianiste. De puissants chap. sur le Mystère de la Trinité, la Science du bien et du mal, etc... recommandent ce travail solide aux méditations des philosophes et des mystiques.

(G-192

2653 [COULOMB (E. J.)]. — AMARAVELLA. Le secret de l'Univers, selon le Brahmanisme ésotérique. Le Brahmanda ou univers intégral.

Paris, "l'Initiation", 1900, in-16 70 p.

[O² k. 1103

2654 COULOMB (E. G.) [Amaravella]. — La Théosophie, ce qu'elle est et ce qu'elle n'est pas.

Paris, s. d., in-4°, (1 fr.).

2655 COUPLETS chantés au banquet d'adieu offert le 26 février 1840 à M. Du Potet par ses élèves Bisontins.

Besançon, 1840, in-8°, 4 pages.

(D. p. 184)

2656 COURCELLES (F. de). — Le desabvsement sur le bruit qvi covrt de la prochaine consommation des siècles, fin du Monde, et le jour du Ivgement Vniversel. Contre Perrières Varin qui assigne le jour en l'année 1660 et Napeir, Ecossois, qui le met en l'année 1608.

A Roven, par Lavrens Maurry. 1667, in-12. (8 frs).

Idem :

Rouen, Laurens Maurry, 1662, in-8°, 136 p. etc.

[D. 12684]

Raisons des Cabalistes qui assurent la prochaine consommation des siècles. — Raisons tirées des conversions et révolutions pour établir la longue durée de l'univers etc....

(G-103)

2657 COURDAVAULT (Abbé). — La Mnémotechnie ou l'art d'acquérir facilement une mémoire extraordinaire, par M. l'abbé Courdavault.

Lille Desclée, de Brouwer et Cie, s. d. [1905], in-16 de 16 p. (3 fr).

[8° R. Pièce. 10022]

2658 COURET DE VILLENEUVE (Martin) — L'Ecole des Francs Maçons. — Recueil de poésies maçonnes.

Jérusalem [Orléans], 1748, 2 ouvrages in-12. (6 fr.).

Jolis frontispices et vignettes gravés à l'eau forte.

(G.-1737)

2659 COURMES (le commandant Dominique A.). — Questionnaire théosophique élémentaire.

Paris, Direction du Lotus Bleu, 1897, in-18, 166 p. (1 fr. 50).

[8° R. 14133
(G-1266)

2660 COURNAULT (Edouard). — De l'Ame, essai de psychologie expérimentale.

Paris, Ladrange, 1855, in-8°, 287 p. (2 frs).

[R. 32526]

De la méthode psychologique. Des rapports de l'âme et du corps. Des perceptions. Des diverses sortes d'instincts, etc.

2661 COURS DE MAÇONNERIE PRATIQUE, enseignement supérieur de la Franc Maçonnerie (rite écossais ancien et accepté).

2 vol. in-12, de plus de 500 pages chacun, ornés de planches explicatives. (10 fr.).

C'est le manuel en usage dans les loges spiritualistes. La doctrine y est exposée in extenso et les tenues cérémonielles y sont réglées dans tous leurs détails.

2662 COURSET (Baron Georges Louis Marie de DUMONT de). — Météorologie du cultivateur. Suivie d'un avis aux habitants des campagnes sur leur santé et sur quelques-uns de leurs préjugés.

Paris, an VII (1798), in-12, (3 frs 50).

L'auteur cite entre autres choses, dans cet intéressant vol. le procédé employé par les bonnes femmes de Bretagne pour conjurer les maléfices et les mauvais sorts.

COURT (Antoine), Ministre protestant français, né dans le Vivarais, en 1696, mort à Lausanne, en 1760. Il fonda à Lausanne, le plus important séminaire protestant de langue française de l'époque. Le célèbre COURT DE GÉBELIN était son fils.

COURT (Antoine). voir : HUGUES (Ed.).

COURT DE GEBELIN (Antoine). Grand savant français, fils d'Antoine Court, le ministre protestant; il naquit à Nîmes en 1728 et mourut à Paris en 1784. Il fut un des plus grands érudits de son temps. La fin de sa vie fut malheureusement attristée par de grands embarras pécuniaires, et il mourut dans le dénûment.

Son immense ouvrage, " Le Monde Primitif " compte 9 volumes in-4° et est resté inachevé.

Voir un autre ouvrage du même genre, à l'article MONDE.

2663 [COURT DE GEBELIN]. — Histoire des troubles des Cévennes, ou de la Guerre des Camisards.

Villefranche, P. Chrétien. 1760, 3 vol. in-12. (20 fr.).

Rédigé par le célèbre auteur du " Monde Primitif ", sur les notes de son père, Antoine COURT.

[Lb^{37}. 4250.

Réimprimé en 1819. (*Alais. J. Martin.* 3 vol. in-12). par les soins du Pasteur Vincent.

[Lb^{37}. 4250. A

Le plus intéressant et l'un des plus rares ouvrages sur les Camisards. — Antoine Court, père de Court de Gebelin, joua le rôle pacificateur le plus important dans les Cévennes auprès de ses coréligionnaires protestants.

(S-5355

COURT DE GEBELIN. — Dissertation sur les plus vraisemblables des grades maçonniques; par Court de Gebelin ; dans son monde primitif analysé....... (1773-84).

tome...

(O-438.

2664 COURT de GEBELIN — Histoire naturelle de la parole.

Paris, Plancher — Eymery — Delaunay — 1816. 8-XVII-699 p. Frontisp. et 2 pl. dont 1 en couleurs. (5 fr.).

[X. 6055

L'auteur célèbre du Monde primitif entre ici dans des considérations philosophiques du plus haut intérêt.

2665 COURT de GEBELIN. — Lettre de l'auteur du monde primitif à messieurs ses souscripteurs sur le magnétisme animal.

Paris, Valleyre l'aîné. 31 juillet 1783. in-4° 47 pages et 2° édition 1784. 48 pages. (2 fr.).

[Tb^{63}. 11
et : [Tb^{63}. 11. A.

Court de Gébelin était malade depuis longtemps. Ayant trouvé quelque soulagement dans le traitement magnétique qu'il suivit chez Mesmer, il devint l'un de ses plus chauds partisans. — La plupart de nos lecteurs connaissent au moins de nom le Monde primitif, vaste conception dans laquelle l'auteur cherchait à retrouver l'origine des mœurs, des coutumes, des croyances, de la civilisation enfin, de tous les peuples et qui, si elle eut été continuée avec les mêmes développements que les premiers volumes, aurait demandé plus que la vie d'un seul homme. Court dans l'intervalle de l'apparition d'un volume voulut être agréable à ses lecteurs en les entretenant de la chose nouvelle. Il leur raconte sa maladie, comment il a connu Mesmer depuis son arrivée en France, la nécessité d'étudier les effets nouveaux, la conduite des corps savants, il critique les divers écrits publiés contre le célèbre médecin de Vienne, et indique les avantages du traitement magnétique, qu'il classe ainsi : 1° la force rendue aux malades ; 2° la confiance qu'inspire le traitement ; 3° point de diète, — ce qui semble lui sourire ; 4° l'influence du magnétisme sur le tempérament et le caractère. — La lettre de Court est en résumé, une défense très sage, très bien faite du magnétisme et de Mesmer. L'auteur était à cette époque censeur royal, membre de diverses académies et président honoraire perpétuel du Musée de Paris. Son habile plaidoyer eut beaucoup de retentissement.

(D. p. 17

2606 COURT de GEBELIN. — Lettre de M. Court de Gébelin à M. Maret, secrétaire perpétuel de l'Académie de Dijon.

28 mai 1782.

Antoine COURT (Gébelin est un surnom) était membre protestant et partageait sa vie entre des travaux d'érudition et la défense de ses correligionnaires. C'est l'auteur du *Monde primitif*.
[Ne pas confondre Antoine COURT avec son fils Antoine COURT DE GÉBELIN ; voir ces noms].

(D). p. 17

2607 COURT de GEBELIN (sur). — Lettre sur la mort de Court de Gébelin.

Paris, 1784. in-8° 6 pages. (1 fr.).

Court de Gébelin qui avait éprouvé un soulagement réel à la suite d'un premier traitement suivi chez Mesmer retourna bientôt chez ce dernier dans un état de délabrement tel qu'il mourut quelques jours après. Un procès verbal d'autopsie signé Mittié, La Caze, Cheigneverd, Sue fils et la Motte ne laisse aucun doute sur la gravité de l'état de Court que le magnétisme ne pouvait guérir, ce plus qu'il ne pouvait tuer, ce que ne manquèrent pas de dire les ennemis du médecin allemand.

(D). p. 24

2608 COURT de GEBELIN — Monde primitif analysé et comparé avec le monde moderne considéré dans son génie allégorique et dans les allégories auxquelles conduisit ce génie. Précédé d'un plan général des diverses parties qui composeront ce Monde Primitif.

Paris, l'auteur. 1773-1784. 9 vol. in-4° (50 fr.).

[X. 1520-28

Idem :

Paris, Durand, 1787. 9 forts in-4°.

Ouvrage rare surtout avec le tome IX qui manque souvent. COURT DE GÉBELIN de qui procède d'ailleurs le célèbre FABRE D'OLIVET, a réuni dans cet ouvrage une foule de documents de toute sorte : dissertations sur l'origine de la parole, de l'écriture, du calendrier, du blason, des jeux ; des dictionnaires étymologiques des langues Française, Grecque et Latine ; un traité des antiquités Américaines ; une curieuse études sur les allégories etc. L'éditeur y a joint de nombreux frontispices et vignettes de Marillier ainsi que des cartes et une cinquantaine de planches fort intéressantes de symboles et d'antiquités.

Cette œuvre monumentale constitue toute une encyclopédie. Voici la distribution générale de l'ouvrage . Tome I. Allégories orientales, ou le fragment de Sanchoniaton qui contient l'histoire de Saturne, suivie de celles de Mercure et d'Hercule, et de ses douze travaux avec leur explication longuement détaillée. — Tome II. Grammaire universelle. — Tome III. Origine du langage et de l'écriture, avec 22 superbes grandes planches se déployant et représentant les alphabets hiéroglyphiques primitifs et les organes de la voix. — Tome IV. Histoire civile, religieuse et allégorique du Calendrier ou Almanach avec 3 grandes planches hors texte se déployant. — Tome V. Dictionnaire étymologique de la langue française. — Tome VI. Origine des langues et des peuples de l'Italie, leurs cultes. Dictionnaire étymologique de la langue latine. Avec 2 grandes planches d'Hiéroglyphes et d'alphabets. — Tome VII. Dictionnaire étymologique de la langue latine (2ème partie). — Tome VIII. Essai d'histoire orientale pour les VIe et VIIe siècles avant Jésus Christ. Des symboles, des armoiries et du blason des Anciens. Des noms de famille.

La partie la plus intéressante de ce volume est celle consacrée au Tarot, et qui comprend 60 pp. de texte serré ; l'auteur prouve que le Tarot était un livre égyptien et il en dissèque la constitution ésotérique la plus secrète. Huit magnifiques planches hors texte reproduisent les figures primitives des 22 arcanes.—Tome IX. Origine de la langue et de la nation grecques. Dict. étymologique de la langue grecque.

(G-167

La Bib. Nat. en possède un exemplaire aux armes de Marie-Antoinette:

[Rés. X. 662-670

2669 COURT de GEBELIN. — Les Toulousaines: ou lettres historiques et apologétiques en faveur de la Religion réformée et de divers Protestans condamnés dans ces derniers temps par le Parlement de Toulouse, ou dans le Haut Languedoc (par Ant. Court de Gébelin).

A Edimbourg (*Lausanne*) 1763, in-12 de III-444 pp. (10 fr.).

[Ld¹⁷⁶. 671

Autre :

Ibid. 1763, in-12 de IV-458 p.

[Z. Beuchot 1102

2670 [COUSIN (Jules)]. — Secrets magiques pour l'Amour. Octante et trois charmes, conjurations sortilèges et talismans publiés d'après les manuscrits de Paulmy par un bibliomane. [P. Lacroix et Jules Cousin].

Paris, Acad. des bibliographes, 1868, in-12 de XII-102 p. et 2 f⁰ˢ de Catalog. (10 fr.).

[R. 50918

Petit ouvrage curieux tiré à 413 exemplaires numérotés " pour l'esbattement des bibliophiles et non aultres " avec frontispice en sanguine reproduction du titre du manuscrit ancien.

Impression d'un grimoire du Marquis de Paulmy (Bibliothèque de l'Arsenal, N⁰ 92 Sciences et Arts français in-4⁰.)

(G.-1738 bis

2671 COUSTOS (Jean). — Procédures curieuses de l'Inquisition de Portugal contre les Francs-maçons. Pour découvrir leurs secrets avec les interrogatoires et les réponses, les cruautés exercées par ce tribunal, la description de l'intérieur du S. Office, son origine et ses excès. Par un Frère Maçon sorti de l'Inquisition.

Dans la Vallée de Josaphat, l'an de la fondation dv Temple de Salomon, 2803. (Hollande, 1745).

pet. in-8⁰. VIII-254 p. (6 fr.).

[Ot. 60
(G-185

2672 COUTAN, maître-boutonnier. — Le Grand Œuvre dévoilé en faveur des enfans de la Lumière, traduit [prétendu] du Chaldaïque, par m. Coutan.

Amsterdam, et se trouve à *Paris, Delalain*, 1775, in-12 de 72 pp. (6 fr.).

[R. 32004

Contre l'Alchimie.

Satire assez originale ; sur le titre du vol. se trouve une figure, soi disant alchimique représentant un zodiaque, au milieu la pierre cubique, au milieu de la pierre, le triangle, et au milieu du triangle une bouteille dans laquelle se trouve un œuf.

(O-575
(G-166

2673 COUTANCE (Le Dr Amédée-Guillaume-Auguste). — Venins et poisons ; leur production et leurs fonctions pendant la vie ; dangers et utilité pour l'homme, par le Docteur Amédée Coutance.

Paris, J. Rothschild, 1888, in-8⁰ de 420 p. (5 fr.).

[T¹⁰. 70

Le Poison. — Le poison dans le monde minéral. — Le poison dans le monde vivant. — Le poison dans le règne animal. — Le poison chez les insectes. — Le poison chez les animaux supérieurs. — Le poison chez les reptiles. — Le venin. — Le poison dans le monde végétal. — La Toxicité chez les Plantes. — Le poison dans le regne humain. — Curare. — La civilisation multipliée. — Les poisons. — Poisons autorisés. — Eaux de vie ; Tabac : Opium ; Haschich ; Ether ; Morphine, etc.

2674 COUVREUR (le père Séraphin). — Cheu King. Texte chinois, avec un double traduction en français et en latin, une introduction et un vocabulaire.

Ho-Kien-Fou, Impr. de la Mission Catholique, 1896, in-8⁰ de XXXII-556 pp. (6 fr.).

[8⁰ O²n. 1324

Cartes h. t. et fig. avec nomb. hiéroglyphes.

2675 COYER (l'abbé Gabriel François). — Bagatelles morales et dissertations par M. l'abbé Coyer...

Londres, et se vend à Francfort, Knoch et Eslinger, 1755, in-8°, 239 p.

[Rz. 27370

Cet ouvrage contient : Le siècle présent. Découverte de la pierre philosophale. L'Année merveilleuse. La Magie démontrée. Découverte de l'isle Frivole. — Etc.

Du même auteur :

De la Prédication.

S. l. n. d., in-12 170 p. (Ensemble (5 fr.).

[Z. 20521
(G.-1209)

2676 COYNART (Charles Tranloc de). — Les malheurs d'une grande dame sous Louis XV, par Charles de Coynart.

Paris, Hachette, 1904, in-16 IV-300 p. (4 fr.).

[Ln27. 51233

Edition originale de cet ouvrage qui renferme l'histoire de Louise Elisabeth Cottes de Mortaigne, comtesse de Montboissier incarcérée à la Bastille et poursuivie pour faits de sorcellerie.

2677 COYNART (Charles de). — Une sorcière au XVIIIe siècle : Marie-Anne de La Ville 1680-1725. Avec une préface de P. Ségur.

Paris, Hachette, 1902, in-16 de IV-286 pp. (3 fr. 50).

[Ln27. 40112

Edition originale.

Histoire de sorcellerie remplie d'intérêt avec tous les détails usuels.

2678 [COZANET (Albert)]. — Jean d'Udine. — L'art et le geste.

Paris, 1910, in-8°.

2679 [COZANET (Albert)]. — Orchestration des couleurs par J. d'Udine. Analyse, classification et synthèse mathématiques des sensations colorées.

Paris, A. Joanin, 1903, pet. in-4° 217 p. Illustré de 20 figures dans le texte, 10 planches en chromolithographie hors texte.

[8° V. 32573

Curieux et intéressant pour les gammes colorées.

2680 CRAISSON (D.). De Rebus Venereis ad usum confessariorum auctore D. Craisson. (Des choses de l'amour à l'usage des confesseurs).

Paris, Poussielgue frères, 1870, in-18. (4 frs).

[Rés. D. 00493

" Le latin, dans les mots, brave l'honnêteté ", dit un vieil adage. C'est pour cette raison que l'auteur, ancien supérieur du Grand Séminaire et vicaire général du diocèse de Valence a cru prudent de se réfugier dans la langue de Cicéron pour traiter les sujets les plus scabreux qui s'imposaient à son étude. Cet ouvrage est si peu connu qu'il a échappé aux traductions intrépides de Léo Taxil. Un chap. en français traite de l'opération césarienne, des monstres et de la conduite du prêtre dans certains cas difficiles.

2681 [CRAMPON]. — Le magnétisme animal à l'usage des gens du monde suivi de quelques lettres en opposition à ce mode de guérison.

Le Havre, Chapelle, 1827, in-8°, 79 pages. (2 fr. 50).

[Te11. 15

Cette brochure est de M. Crampon, négociant au Havre, guéri par le magnétisme et qui, ayant voulu témoigner des faits se vit obligé de répondre aux attaques dirigées contre ses convictions par le journal de la localité.

(D. p. 103

2682 CRAWFORD (Francis Marion). — Zoroastre. Préface par Ern. Chesneau.

Sc. psych. — T. I. — 26.

Paris, Perrin, 1887, in-18 de VI-353 pp. (5 fr.)

[8° Y². 0303

Peu commun.

Traduction de :
" Zoroaster " [Edition anglaise].
London, 1885. 2 vol. in-8°.

[8° Y². 8007

Très intéressant roman antique genre du " Roi Mage " de Pierre Deschamp.
Description de la grotte magique (p. 221.)

2683 CREBILLON (Prosper Jolyot de). poète tragique né à Dijon en 1674 mort en 1762 — Fils d'un notaire royal. — Le Sylphe, par Crébillon.

Paris, 1733.

(S-4100

2684 CREILING (Joh.). — Abhandlung vom goldenen Vliesz oder Möglichkeit der Verwandlung der Metalle. aus dem Lateinischen des H. Joh. C. Creiling übersetzt : dans Magazin für die...... Chemie (1787). II, XVII-XXII-1-170.

Autres ouvrages d'Hermétique à la Bib. Nat. (Cat. Gén. XXXIII-1071 et 2).

(O-1196

2685 CRELLIUS (Jo.). — Tractatus de Spiritu Sancto, qui fidelibus datur aut Jo. Crellio.

1650, in-8°.

Fort rare.

(S-1532

2686 CREPIEUX Jamin. — Cours de magnétisme humain, historique, théorique et pratique.

Paris, S. d., pet. in-8° (2 fr. 50).

L'auteur, de l'école des grands magnétiseurs, s'étend principalement sur les phénomènes du somnambulisme et de l'hypnotisme.

2687 CREPIEUX Jamin. — L'écriture et le caractère, précédé d'une préface du Dr Hélot. 3e édition.

Paris, Félix Alcan, 1895, in-8° VIII-441 p. 123 figures dans le texte (6 fr).

[8° V. 23366

Autre édit (?).

Paris, 1890, in-8°.

2688 CREPIEUX Jamin (J.). — Traité pratique de graphologie. Etude du caractère de l'homme, d'après son écriture par J. Crépieux Jamin.

Paris, C. Marpon et Flammarion. S. d. [1885], in-18. XV-268 p. facs.

[8° V. 7705

2689 CRESPET (Pierre) religieux célestin français né à Sens en 1543 mort en 1594. Ligueur ardent. — Deux livres de la haine de Sathan et malins Esprits contre l'homme et de l'homme contre eux, par le P.Crespet.

Paris, Guill. de la Noüe. 1590, in-8° 428 f°s etc. (40 fr.).

[D. 31400

Le livre du P. Crespet se rencontre très difficilement : c'est un des traités de sorcellerie les plus rares qu'on ait publié au XVIe Siècle.

(S-3153
(G-197

2690 CRESPO. — La circulation de la matière et de l'énergie dans l'Univers: trad. par M. Deloche.

Aérès, 1894, in-8°. (3 fr.).

Constitution de la matière. Système solaire. Milieu universel.La chaleur primitive. L'âge des étoiles. Fin des mondes et état final de l'Univers, etc.

2691 CRESTEY (Abbé Joseph).— Sans Dieu. — La raison répudie-t-elle la foi ? Que devient le monde sans Dieu ?

Paris, Chamuel, 1896, in-18 370 p.

[D. 84321

2692 CREUTZHERN (Der) in Preussen Practica auſſ des Universel, anno 1564 IXᵉ pièce de *Alchymia vers. das ist...* (1604).

(O-1537

2693 CREUZÉ de LESSER (Auguste). — Les chevaliers de la Table ronde. *Paris*, 1812, in-12 de 400 pp. (5 fr.)
On retrouve dans ce poème, derrière le voile de l'allégorie, les plus secrets mystères de la Maçonnerie. Sous la forme d'une ingénieuse fiction, l'auteur décrit les exploits des chevaliers de la Table ronde, institution d'un caractère essentiellement maç∴, allant à la conquête du Saint-Graal, symbole de la tradition.
Autres éd. : La Table ronde, poème par M. Creuzé de Lesser, 3ᵉ édition.

Paris, Delaunay. 1814, in-12. XLII-402 p. 8 pl.

[Ye. 10318

4ᵉ édit.

Paris, A. Gobin. 1820, in-8° LIX-464 p. et pl.

[Ye. 19319

2694 CREUZER (Georg Friedrich), célèbre philosophe, né à Marbourg (Hesse Electorale) en 1771, mort à Heidelberg en 1858. Professeur d'histoire et de Philologie. — Religions de l'Antiquité, considérées principalement dans leurs formes symboliques et Mythologiques, par le Dʳ Frédéric CREUZER, Ouvrage traduit de l'Allemand, refondu en partie, complété et développé par J. D. GUIGNAULT.

Paris Treuttel et Würtz (W. Kossbühl et F. Didot Frères). 1825-1851 10 vol. in-8° dont 1 de 202 Planches (250 francs).

[Z. Renan 2904

Le détail du contenu est donné au Cat. Gén. de la Bib. Nat. (XXXIV-66)

(Y-P-78

2695 CREUZER, (Fr.). — Symbolik und mytologie der alten Vœlker, etc. *Leipzig, und Darmstadt, Heyer und Leske*. 1819-1823. 6 vol. in-8° pl. (40 fr.).

[J. 25160-5

Rare ouvrage d'une importance considérable pour les religions anciennes de l'Orient et de l'Occident, les mythes, les symboles et les fables, enrichi d'une centaine de planches gravées color. et en noir. hors texte. — Arienische relig.(cultes magie, dæmonologie, kosmogonie, symbol. und mythyk, mithra myster, etc.). — Indiens Relig., kosmogonie, ind thierdienst. Indischen und Ægyptischen relig., Krichna pneümatologie und ethik, etc.... — Religions des alten Ægyptens (Isis, Osiris, symbolik und mythologie, Hermes, Cyclen der Ægyp., symbolen (lotus), etc... Religionen der vorderen und mittleren Asiens. — Griechischen religion — Alt italische relig. — Bachische myster.und religion. — Eleusis, etc......

2696 CRINSOZ (Théodore). — Essais sur l'Apocalypse avec des éclaircissements sur les Prophéties de Daniel, qui regardent les derniers temps, par Crinzoz.

Rotterdam, (?), 1729, in-4°.

(S.-1583

2697 CRIVELLI (Joseph-Louis). — Discours sur les mystères anciens, dans leurs rapports avec la morale et la franc-Maçonnerie, par J. L. Crivelli.

Paris, imp. de F. Sétier. 1824, in-8° 24 p. (3 fr.).

[H p. 666

2698 CROCQ (Dr Jean) fils. — L'hypnotisme et le crime par le Dʳ Crocq (fils).

Paris, H. Lamertin, 1896, in-8° (3 fr.).

[Te¹⁴. 187 A

Sommeil hypnotique chez les animaux. LeViol.Suggestions criminelles consenties. Assassinats, suicides et empoisonnements dus à l'Hypnotisme etc...

2699 CROCQ fils(Dr). — L'Hypnotisme scientifique. Introduction de M. le professeur Pitres.

Paris, Société d'éditions scientifiques

1896, in-8° XI-451 p. Avec 98 pl. h. t. (6 fr.).

[Te¹⁴. 187

Bibliothèque générale de Médecine.

2700 **CROESIUS**, ou **CROËSE** (Gérard) théologien né à Amsterdam en 1642, mort à Dordrecht en 1710. — Gerard. Croesi, Historia Quakeriana, sive de vulgo dictis " quakeriis ".

Amstelodami apud H. et viduam T. Boom, 1695, in-8° XVI-581 p.

[H. 11480
(S-5358

2701 **CROI** (Jean de) ou de **CROY**. — Les Semeis convaincvs, ov la conviction des ignorances, des faussetez, des impostures, des calomnies, et des impietez, contenuës dans vn livre, auquel on a donné le titre impie de La saincte Liberté des Enfants de Dieu et freres de Jesus-Christ.

Orange, Ed. Raban, 1650, pet. in-8°. (7 fr.).

" Première partie seule parue. Excessivement rare et d'une haute curiosité. Inconnu à Brunet. L'auteur est un calviniste ardent ". (St. de Guaita).

(G-597

2702 **CROLLIUS** (Oswald). — Osualdi Crollii veterani Hassi Basilica Chymica continens philosophicam propria laborum experientia confirmatam descriptionem et usum remediorum Chymicorum selectissimorum e lumine gratiæ et naturæ desumptorum. In fine libri additus est Autoris ejusdem Tractatus novus de signaturis rerum internis.

Francofurti, impensis God. Tampachii. s. d. (1622). 3 part. in-4°.(20 fr.)

[Te¹³¹ 40. A.

Titre gravé et Portraits de Hermes Trismégiste, Morienes, R. Lulle, Geber, R. Bacon, et Paracelse, par SADELER.

(G-198

2703 **CROLL** (Oswald). — La Royalle Chymie de (Oswald) Crollius, traduite en françois par J. Marcel de Boulene.

Lyon, Pierre Drouet, 1627, in-8° de 220-210-LIV (non chiff.)- 124-XXVI (non chiff.) pp. avec un joli titre gravé reprds. des figures et 4 port.(20 fr.)

[Te¹³¹. 47. A.

Contient: 1° Preface admonitoire contenant les mystères très profonds........ de la Philosophie tant naturelle que de la grace, touchant l'excellence de la médecine chymique et grandeur du Microcosme, 223 pp.

2° La Royale chymie. 210 pp. suivi d'un Index très ample, LIV pp.

3° Traicté des signatures, ou Vraye et vive anatomie du grand et petit monde. 124 pp. suivi d'un Index de XXVI pp.

Cette 3° partie manque souvent.

Autres éditions :

Lyon, P. Drouet, 1624, 3 part. in-8° titre gravé.

[Te¹³¹. 47.

Paris, Mathurin Henault, 1633.

[Te¹³¹. 47. B

Contient les " Notes ou Characteres des Métaux et Minéraux." (p. 110-119).

(O-1500-1600
(G-199

2704 **CROMBACH** (Hermann). Jésuite, né à Cologne en 1580, mort en 1680. — Primitiæ gentium, seu Historia SS. Trium Regum Magorum auctore R. P. Hermanno Crombach.

Coloniæ Agrippinæ, apud J. Kinchium, 1654, 3 vol. in-f° 883 p. etc.

[H. 595

Autre édition avec légère différence de titre :

Primitiarum gentium... Ibid. Id. 1654, 3 in-f° 883 p. front. gravé.

[H. 2003
(S-5027

2705 **CROOKES** (Will.?). — Eléments et méta-éléments. Traduit par W. Lewy.

Paris, Gauthier-Villars et fils, 1888, in-18, 37 p. fig. (2 fr.).

[8° R. Pièce 4010

— La genèse des éléments. Traduit par Gust. Richard.

Paris. Gauthier-Villars. 1887. in-18. 53 p. fig. (2 fr.).

[8° R. 8207
(G-1271

2706 CROOKES (Sir W.). — I. Recherches sur les phénomènes du Spiritualisme. (Nouvelles expériences sur la force psychique). — II. Discours récents sur les recherches psychiques.

I. Paris, Lib. des Sciences Psychologiques. s. d. [1878]. in-18. 170 p. fig.

[8° R. 1594

II. Paris, P. G. Leymarie. s. d. (1903). in-18 de 50 p. (3 fr. 50 les 2 ouvrages).

[8° R. 18338

La grande figure du savant anglais, une des plus grandes du spiritualisme moderne, est chère à quiconque s'intéresse aux choses de l'au-delà. Ses recherches, opérées à l'aide des instruments de précision les plus rigoureux, ont démontré victorieusement la réalité des phénomènes occultes et confondu la mauvaise foi de la critique. En dehors de leur caractère scientifique, ces deux volumes offrent un piquant attrait par leur côté documentaire et le nombre de faits merveilleux mis en évidence.

2707 CROS (Dr Antoine). — Les fonctions supérieures du système nerveux. Recherche des conditions organiques et dynamiques de la pensée.

Paris, J. B. Baillière et fils, 1874, in-8°. 543 p. (8 fr.).

[Th. 28

2708 CROS (Dr Ant.). — Le problème. Nouvelles hypothèses sur la destinée des astres.

Paris, Georges Carré, 1890, in-8° VI-293 p. (15 fr.).

[8° R. 9824

La doctrine. l'âme, les atomes et les molécules, la série des univers, le souvenir intégral, théorie générale de la création, la morale, les religions, etc...

(G-1739

CROSSET de la HAUMERIE. —
Voir :
COLONNA (François-Marie-Pompée).

2709 CROUZET (J. P. L.). — Répertoire du Spiritualisme, contenant le Résumé de toutes les Questions, de tous les Principes et de tous les Faits exposés dans les Ouvrages fondamentaux de la Doctrine publiés par Allan Kardec et dans les Treize volumes de la Revue Spirite correspondant aux années 1858 à 1870. Par J. P. L. Crouzet, Avocat.

Paris, Bureau de la « Revue Spirite ». 1874. in-8°. 559 p. (6 fr.).

[R. 32729
(Y-P-30

2710 CROWE (Catherine). — Les côtés obscurs de la nature, ou fantômes et voyants, trad. de l'anglais, sous la direction du Colonel de Rochas.

Paris. P. G. Leymarie. 1900, in-8° VI-500 p. (4 fr. 50).

[8° R. 16583

Rêves allégoriques. Avertissements, Rêves doubles et trance. Apparitions. Pouvoir de la volonté. Esprits troublés. Maisons hantées. Lumières surnaturelles. La possession. Actions sympathiques, etc.

2711 CRUAUTÉ d'une jeune damoiselle à l'endroit de son propre père, mariée outre sa volonté à un vieillard qui en devient jaloux, exécutée à Villeneuve d'Agen.

S. l., 1624, in-8°. (2 fr.).

Réimpression à Lyon, chez Louis Perrin, vers 1875-76.

2712 CRUICE (Mgr Patrice François Marie). Docteur ès lettres, évêque de Marseille, et auteur d'une traduction latine connue des PHILOSOPHUMENA (voir ce mot) (Bibliothèque Nationale [C. 4420). — Etudes sur de nouveaux Documents historiques empruntés à l'ouvrage récemment découvert des PHILOSOPHUMENA, et relatifs aux commencements du Christianisme, et en particulier de l'Eglise de Rome, par M. l'abbé Cruice

Paris et Lyon, Périsse frères, 1853. in-8º de XX-308 p. (12 fr.).

[C. 3902
[Z. Renan 2912

Analyse des PHILOSOPHUMENA. — Rapports de la Philosophie Grecque et de la Religion Chrétienne dans les premiers siècles de notre ère. — Platoniciens convertis à la nouvelle Doctrine. — Charisiens. Esséniens. Sadducéens. — Ecole d'Alexandrie. — Les GNOSTIQUES. — Etc.

2713 CRUIKSHANK (George). — Phrenological illustrations : or an Artist's view of the craniological system of Doctors Gall and Spurzheim, by George Cruikshank.

London, the Author, 1827, in-f° de 2 p. pl. (60 fr.).

[Dép. des Est., Tf. 110

Album du célèbre dessinateur Cruikshank qui renferme 6 grandes planches, chacune à cinq sujets, gr. par lui-même et col. au pinceau. Ces 30 vignettes constituent un humoristique commentaire des doctrines de Gall et de Spurzheim.
Très rare, surtout avec la couverture.

2714 CRUSIUS (Jacob Andreas). — Jacob. And. Crusius, de nocte et nocturnis Officiis, tam sacris quam prophanis ; lucubrationes historico-philosophico-juridica.

Bremæ, typis et sumptibus J. Köhleri, 1660, in-12, IV-448 p.

[F. 24775
(S-2332

2715 CUBI I SOLER (Don Mariano). — La Phrénologie Régénérée ou véritable système de philosophie de l'homme considéré dans tous ses rapports. LEÇONS DE PHRÉNOLOGIE scientifique et pratique complétée par de nouvelles et importantes découvertes psychologiques et nervo-électriques.

Paris, s. d., [1858], 2 vol. in-8º de XVI-547 et 634 pp. fig. (8 fr.).

Fondamental pour l'étude de cette science et enrichi de documents groupés avec un talent merveilleux. C'est le seul traité vraiment transcendant et basé sur des expériences rigoureuses.

Du même auteur :

La Frenologia i sus glorias..

Barcelone, imp. de V. Castanos, 1853, in-8º, 1100 p. fig.

[Tb⁵⁰. 102

2716 CUCHERAT (Chanoine François). — Vie et miracles de la Bienheureuse Marguerite Marie Alacoque par M. F. Cucherat.

Clermont, imp. Centrale, 1874, in-18, 58 p. (1 fr.).

[Ln²⁷. 27840

2717 CUDWORTH (Ralph). — The intellectual system of the Universe...

London, R. Royston, 1678, in-fol. pièces limin., 890 pp. Frontispice gr.

[D². 230

Et 4 autres éditions, dont 1 ou 2 en latin (XXXIV-col. 581-2 du Cat. Général de la Bib. Nat.).

L'auteur est partisan de la Théorie du *Médiateur Plastique* (Æther).

2718 CUER (Le) de philosophie, translaté de latin en françois à la requeste de Philippes le Bel, roy de France.

Imprimé à Paris, pour Anthoyne Vérard (vers 1504), gr. in-4º (450 fr., en superbe exemplaire. Maroquin plein par Paul Vié).

[Rés. R. 840 et 841

Ouvrage rarissime en première édit., caractères gothiques avec grandes lettres ornées et 72 fig. sur bois dans le texte.

(G-201

2719 CUEUR DE PHILOSOPHIE. —
1) Le Cueur de Philosophie translaté du latin en françois, à la requête de Philippe le Bel.

Paris, 1534, in-f° Goth.

[Rés. R. 445
(S-2700

2) Sensuyt le cueur de philosophie contenant plusieurs demandes et questions proposées par le saige Placide au philosophe Tymeo et les responces contenuz en icelluy. Auec le traictie de lespere du monde et le compost et Kalendrier touchant le cours du soleil et de la lune des festes fixes et le bissexte.

Paris, s. d., in-4° Gothiq. Fig. sur bois.

[Rés. R. 930

Ce rarissime ouvrage a été imprimé par Philippe le Noir, « lung des deux relieurs de liures iuré de luniuersité » vers 1520. D'après Brunet, Simon GREBAN de Compiègne en aurait été le Réviseur. (Le Métayer-Masselin, 1867).

2720 CUISIN (J. P. R.). — Les femmes entretenues dévoilées dans leurs fourberies galantes ou le fléau des familles et des fortunes. — Espiègleries comiques d'Armantine. — Les secrets du métier dévoilé. — L'épouse victime d'une rivale entretenue. — Les débuts galants d'Almaïde Pommerose ou la folie des connaisseurs. — Les fredaines de la Farfanne, ou la Sémillante espagnole. — Le dindon aux œufs d'or, ou l'idole du culte des femmes entretenues. — Le boudoir magique de Madame Albertine, dite Rosalie Psyché. — Les Bavaroises au lait, ou la célèbre femme jaune. — Angélique, la paysanne parvenue du jour, ou les bizarreries de la destinée. — Les roueries galantes de Madame de St-Apolin, etc...

Bruxelles, 1883, in-18.

Paris, chez les libr. du Palais Royal, 1821, 2 vol. in-12. (10 fr.).

Frontispice gravé.

[Y². 34166 et 7

2721 CUISIN (P.). — « Le numéro 113 », ou les catastrophes du Jeu, histoire véritable.

Paris, Pigoreau, 1814, in-12. XI 174 pp. front. gravé par Tassaert. (10 fr.).

[Y². 25307

Paris, Plancher, 1815, in-12. XV-170 pp.

[Y². 25308

Le N° 113 est une maison de Jeu du temps dont on décrit les mœurs.

2722 CUISIN (J. P. R.). — Les ombres sanglantes, galerie funèbre de prodiges, événements merveilleux, apparitions nocturnes, songes épouvantables délits mystérieux, phénomènes terribles, forfaits historiques, cadavres mobiles, têtes ensanglantées et animées. Recueil propre à causer les fortes émotions de la Terreur.

Paris, Vve Lepetit, 1820, 2 vol. in-12. (18 fr.).

Peu commun. Avec deux frontispices : l'un représentant un épisode de la Révolution, et l'autre une scène nocturno-macabre.

[Y². 57184 et 5
(G-598

2723 CULLERRE (Dr Alexandre). — Magnétisme et hypnotisme : exposé des phénomènes observés pendant le sommeil nerveux provoqué au point de vue clinique, psychologique, thérapeutique et médico-légal, avec un résumé historique du magnétisme animal.

Paris, Baillière, 1886, in-18, VIII-381 p. 23 fig. (3 fr.)

[T¹¹e. 70

Idem :

Paris, Baillière, 1887, in-12. (28 fig.).

Paris, Baillière, 1892, in-18. IX-300 p. (30 fig.).

[Te¹¹. 70 A.

Paris, Baillière, 1893, in-12.

Cet ouvrage est un résumé concis de tout ce qui a paru d'important depuis quelques années sur le sommeil magnétique et hypnotique et une étude sur les origines de cette science.

2724 CULLERRE (D' A.). — Nervosisme et névroses, hygiène des énervés et des névropathes.

Paris, J. B. Baillière et fils, 1887, in-16, 352 p. (2 fr. 50).

[Td??. 732

La maladie du siècle. Névroses d'autrefois et d'aujourd'hui. Les tempéraments. Hystérie. Psychopathies. Opium. Morphine. Sommeil. Aberrations et excès sexuels, etc...

2725 CULTE (sur le) des divinitez des eaux.

Extrait.

In-4°, 1747, 22 pages. (2 fr.).

(G-1272

2726 CUMONT (Frantz). — Catalogus Codicum Astrologorum Graecorum. I. Codices Florentinos descripsit Alexander OLIVIERI.

Bruxellis, H. Lamertin, 1898, gr. in-8° de VII-182 p.

[4° V. 0125

V Codicum Romanorum partem priorem descripserunt Franciscus Cumont et Franciscus Boll.

Bruxellis, H. Lamertin, 1904, gr. in-8° de VIII-250 p. (3 fr.).

[4° V. 0125

VII. — Codices Germanicos descripsit Franciscus Boll.

Bruxelles, 1908, in-8° (?). (4 fr.).

2727 CUPPÉ (Pierre). Curé de Boin. — Le ciel ouvert à tous les hommes, ou traité théologique par lequel, sans rien déranger des pratiques de la religion, on prouve solidement, par l'Ecriture Sainte, et par la raison, que tous les hommes sont sauvés.

Londres, 1783, in-8° (8 fr.).

[D². 6951

Ouvrage écrit dans un violent esprit anticlérical et fort rare. De Bure parlant de l'ouvrage de Cuppé dans sa Bibliographie dit : "Ouvrage dangereux et rempli de maximes impies, dont les copies se vendaient fort cher".

Autre édition.

S. l., 1708, in-8°, 115 p.

[D. 31514
(G-202

CUREAU DE LA CHAMBRE (Marin), écrivain vulgarisateur et Médecin français, né au Mans vers 1594, mort à Paris en 1675. Académicien et Médecin ordinaire de Louis XIII, protégé du Chancelier Séguier. Il est un des premiers qui aient traité en français de questions scientifiques et Philosophiques.

2728 CUREAU DE LA CHAMBRE (Marin). — L'Art de Connoistre les Hommes, par Marin CUREAU DE LA CHAMBRE.

Amsterdam, J. Le Jeune (Elsévier), 1660, pet. in-12 XII-278 p. et tab., tit. gravé.

[R. 10550

Jolie édition. Voir Brunet, T. III, col. 726. — Véritable Elzévir d'Amsterdam, compris dans les Cat. offic. de Daniel, de 1675 à 1681.

(St-Y-1153

2729 CUREAU DE LA CHAMBRE (Marin). — L'Art de connoitre les Hommes par DELACHAMBRE.

Paris, J. D. Allin, 1602, in-4°, 471 p. etc. (8 fr.).

[R. 0148

Autre édit. :

Paris, d'Allin, 1663, in-12.

Idem.

Amsterdam, Jacques le Jeune, 1669, in-12.

Paris, Rocolet, 1659, in-4°.

De l'Homme: des inclinations; des mouvements de l'âme; des esprits; des vertus et des vices naturels ; des signes naturels ; des signes astrologiques ; de la chiromancie ; de la métoposcopie.

(S-2915)
(G-444-445-642 et 1830)

2730 CUREAU DE LA CHAMBRE (Marin). — Les Charactères des passions, par de la Chambre.

Paris, J. d'Allin, 1662-1663, 5 vol. in-4°.

[R. 6143-47

Autres éditions :

Paris, P. Rocolet, 1643.
Amsterdam, Antoine Michel, 1658, 5 vol. pet. in-12.
Paris, 1662, in-4°.
Paris, 1645-48, 2 vol. in-4°.
Paris, Rocolet, 1648-1660, 4 vol. in-4° (Édit. orig.).

De l'Amour. — De la Joye. — Du Ris. — Passions courageuses. — De la Hardiesse. — De la colère. — Quelle est la connoissance des bestes et jusques où elle peut aller, etc...

(S-2880)
(G-446)

2731 CUREAU DE LA CHAMBRE (Marin). — Discours sur les principes de la chiromancie.

Paris, P. Rocolet, 1653, in-8°, 150 p. (15 fr.).

[V. 21040

Aux armes de Séguier, protecteur de l'auteur : [Rés. V. 2260
(G-447 et 1840

2732 CUREAU DE LA CHAMBRE (Marin). — Nouvelles observations et conjectures sur l'iris.

Paris, d'Allins, 1662, in-4°, VI-340 p. et tab. Figures gravées. (10 fr.)

[R. 6150

Important ouvrage sur l'arc-en-ciel, sur la nature et la décomposition des couleurs.

Autre éd.

Paris, P. Rocolet, 1650, in-4°, VI-340 p. et tab. figures gravées, au chiffre de Gaston d'Orléans :

[Rés. R. 1126

2733 CUREAU DE LA CHAMBRE (Le Sieur). — Nouvelles pensées sur les causes de la lumière, du débordement du Nil et de l'amour d'inclination.

Paris P. Rocolet, 1634, 3 part. in-4° (20 fr.).

[R. 6157

2734 CUREAU DE LA CHAMBRE (Le Sieur de). — Recueil des Epistres, lettres et préfaces de M. de La Chambre.

Paris, Cl. Barbin, 1664, in-12, 520 p. front. grav. (3 fr.).

[Z. 14305

2735 CUREAU DE LA CHAMBRE. — Le Système de l'Ame, par de La Chambre.

Paris, J. d'Allin, 1665, in-12, 554 p. etc. (3 fr.)

[R. 13151

Curieux. Orné de qq. figures.

(S-3126

2736 CUREAU DE LA CHAMBRE. — Traité de la Connoissance des Animaux, où tout ce qui a esté dit pour et contre le raisonnement des bestes est examiné, par le Sieur de La Chambre.

Paris, J. d'Allin, 1664, in-12, 438 p. etc. (5 fr.).

[R. 40253

Ouvrage rare et d'un très grand intérêt.

(S-105 Supp.

2737 CURICQUE (J. M.). — Voix prophétiques, ou Signes, Apparitions et Prédictions modernes touchant les grands évènements de la Chrétienté au XIXme siècle et vers l'approche de la fin des temps.

Paris, V. Palmé, Bruxelles, A. Vroment, Luxembourg. P. Bruck (5ᵐᵉ édit.) 1872. 2 vol. in-12 de 621 et 720 pp. (5 fr.).

[H. 15811-2

Le plus complet de tous les recueils sur le sujet. — On y trouve l'histoire de toutes les prophéties, signes, apparitions, etc. depuis J.-C. jusqu'à nos jours : Saint-Rémy, Orval, Sainte-Hildegarde, Saint-Malachie, Marie Alacoque, Labre, Marie d'Agréda, les PP. Calixte, Nectou, l'abbé Souffrand (qui croyait à Louis XVII), la croix de Migné (1826), les hosties sanglantes de Vrigne-au-Bois ; la Salette ; Lourdes ; apparitions de Nancy, 1870 ; Saint-Louis, 1871 ; Metz, 1872 ; Aveux du démon pendant un exorcisme (1848) ; les stigmatisées : Marie de Moreri, sœur Bernatine Bouquillon (à Saint-Omer) ; Marguerite Bays (en Suisse), etc.... Signes prophétiques, aurores boréales (1870 et 1872) ; incendie de la cellule de Luther ; Nombres mystérieux (Bourbons et Louis Philippe), etc...

2738 CURIE (Pierre). — Œuvres. Publiées par les soins de la Société Française de Physique.

Paris, Gauthier-Villars, 1908, in-8° de XXII-621 p. et 2 Planches. Portrait en Frontispice, et nombreuses Figures dans le Texte. (15 fr.).

[8° R. 22290

Travaux sur l'Électricité engendrée dans les Corps par la Pression. — Cristallographie. — Mouvements amortis. — Propriétés magnétiques des Corps à diverses températures. — RADIOACTIVITÉ. (p. 335-512). — Études d'Instruments divers: Balance. — Dynamomètre. — Quartz piézo-électrique. — Électromètres.
Bibliographie des ouvrages de M. Curie p. 605.

2739 CURIE (Madame Pierre) née Sklodowska. — Traité de Radioactivité, par Mᵐᵉ Pierre CURIE, Professeur à la Faculté des Sciences de Paris.

Paris, Gauthier-Villars, 1910, 2 vol. in-8° de 428 et 548 p. avec 193 fig., 7 pl. et un Portrait. (30 fr.).

Tome I. — Ions et Électrons. — Procédés d'études et de mesures en Radioactivité. — Radioactivité de l'Uranium et du Thorium. — Minéraux radioactifs. — Les nouvelles substances Radioactives. — Radioactivité à durée limitée. — Radioactivité induite. — Gaz radioactifs, ou Émanations. — Théorie des transformations des corps radioactifs. — Etc.

Tome II. — Nature des Radiations. — Divers Phénomènes observés en présence des corps radioactifs. — Dégagement de chaleur par les substances radioactives. — Uranium et sa famille. — RADIUM et sa famille. — POLONIUM. — Thorium et sa famille. — Actinium et sa famille. — Minéraux radioactifs. — PRODUCTION du RADIUM. — Ionium. — Analogies et Liaisons entre les familles d'éléments radioactifs. — Radioactivité du sol et de l'atmosphère. — Tableau des données numériques. — Appendice.

2740 CURIEUSE Untersuchung etlicher Mineralien, Thiere und Kräuter, insonderheit derer sich die Sophisten in præparirung des Lapidis bedienen....; mit allen dazu nöthigen Handgriffen und Observationibus Treuhertzig mitgetheilet, von einem Liebhaber der curieusen Wissenschafften und Membro des Collegii Curiosorum in Teutschland. Gedruckt im Jahr (le bas de la page est coupé.)

In-8° de XXXVI ff. non chiffrés, avec 1 gde pl.

(O-1242

2741 CURION (Jacques) médecin allemand, né à Hoff, dans le Voigtland, en 1497, mort en 1572, zélé partisan des doctrines de Paracelse, professeur de Physique et de Médecine. — Jacobi Curionis.... inscriptus Hermotimi nomine dialogus.... in quo primum de umbratio illo medicinæ agitur genere quod in scholis ad disputandum non ad medendum, comparatum videri potest ; deinde et de illo recens ex chymicis furnis nato eductoque altero, etc....

Basileæ, per P. Pernam, 1570, in-4°. IV-192 p. (25 fr.).

[T⁵. 252

2742 CURIOSITÉ (La). Revue des Sciences Psychiques (ou " Journal de l'Occultisme Scientifique]. Editeur : M. Ernest Bosc.

Nice, 6ᵉ et 10ᵉ année, 21 Mars 1894 au 6 Mars 1898, 4 vol. in-4".

[4" R. 1345

2743 CURTIUS (Franciscus) nom latinisé de l'Italien Francesco CORTI. — Syntagma de Annulis historico-symbolicum, sive Tractatus annularis de Annulorum origine, virtute et dignitate.

Antverpiæ, 1700, pet. in-8", front. et fig. gravées (10 fr.).

2744 CURZON (Henri Parent de). — La règle du Temple.

Paris, Renouard (H. Laurent suc.) 1886 de xlj-368-XII pp. (6 fr.).

[8° H. 5090
[Rés. L¹⁶ 60

Fort intéressant ouvrage très soigneusement imprimé pour la Société de l'histoire de France et donnant la traduction de la règle latine de 1128, les statuts hiérarchiques, le règlement de l'existence journalière des frères, le code pénal, un résumé de l'organisation de l'ordre, les cérémonies de l'admission, etc... En résumé, curieuse étude sur les mœurs intimes des Templiers ; donne le texte de leur "Règle" en latin et en savoureux vieux français. (XIIIᵐᵉ ou XIVᵐᵉ siècle).

(G-1741

2745 CUSA (Nicolaus KHRYPFFS, dit Cardinal Nicolas de). — Conjecture touchant les derniers temps. Ecrite l'an 1452. Avec la traduction d'une pièce extraite des œuvres mêlées de Baluze, imprimées à Paris 1678. Contenant la censure faite à Rome en 1318 de 60 articles extraits du Commentaire de Frère Pierre Jean Olive sur l'Apocalypse et de ses remarques sur ces deux pièces curieuses.

Amsterdam, chez Daniel Pain, 1700, pet. in-8° (17 fr.)

Autre :

La conjecture des Derniers jours... Trad. par François Bohier.

Paris, Impr. de Vascosan. 1562, in-8", 48 p.

[D. 65138
(G-1273

2746 CUSTOS de NOCTE (pseud. de ?) — Les dessous malpropres de l'Eglise, par Custos de Nocte. (Tribunaux ecclésiastiques. Les Congrégations. Jésuites de toutes robes. Les Dames du Sacré-Cœur. Les Evadés. Prêtres politiques. Défenseurs et adversaires de l'église, etc...).

Paris, Chamuel. 1902, in-8°, 68 p. (1 fr.).

[8° H. 0552

2747 CUTTEN (George Barton). — Three Thousand Years of Mental Healing. By George Barton CUTTEN, Ph. D. Yale. Author of " The Psychological Phenomena of Christianity". Illustrated.

London. New-York. Toronto, Hodder and Stoughton, s. d. [1911] in-8° de 318 pp. 9 pl. hors texte. (Portraits de Valentin GREATRAKES, de sir Kenelm DIGBY, de MESMER, de J. A. DOWIE, G. O. BARNES, et Mrs FDDY) (8 fr. 50).

Intéressant ouvrage pour l'historique du *Traitement mental* dans tous les âges ; mais spécialement en ce qui concerne sa reprise puissante, en Amérique, de nos jours.

Introduction · Mental Healing. — Early Civilizations. — The Influence of Christianity. — Relics and Shrines. — Healers. — Talismans. — Amulets. — Charms. — Royal Touch. — Mesmer and after. — The Healers of the Nineteenth Century.

2748 CYLIANI ou CILYANI. — Hermès dévoilé. Dédié à la Postérité. [Par CYLIANI].

Paris, impr. de Félix Locquin, 1832, in-8° de 64 p.

[R. 38462

L'auteur débute : « Le Ciel m'ayant « permis de réussir à faire la PIERRE PHI-« LOSOPHALE, après avoir passé trente-sept « ans à sa recherche...... »

Et l'ouvrage continue. — le plus bizarre récit que l'on puisse lire.

2749 D*** (de). — Dissertation physique dans laquelle il est démontré clairement que les talents que l'on attribue à l'homme à baguette de suivre à la piste les meurtriers, les voleurs et les transplanteurs de limites ; de trouver de l'eau, l'argent caché, les mines d'or, d'argent, de fer, etc... sont tous talens supposez, par M. de D...

Grenoble, in-12, 1693. (15 fr.).

Ouvrage curieux pour ou contre les vertus de la baguette divinatoire.

D... (Mme de). — Sur le Comte de SAINT-GERMAIN et la Marquise de POMPADOUR.

Voir : *LAMOTHE-LANGON*.

D... — TRAITÉ DES EUNUQUES : Voir : *ANCILLON* (Charles).

2750 D. J. B. D. F. J. C. — Le Messager de la Vérité. Traité contenant la composition et propriété d'un Remède spécifique pour toutes sortes de maux ; la manière de s'en servir avec le régime de vivre.....; la vertu que l'on trouve dans les végétaux, minéraux, métaux et animaux....; une eau pour le teint des dames... ; l'explication des 5 figures philosophiques (lisez astrologiques) lesquelles expliquent les qualités et les effets des influences des sept planètes, et des douzes signes du Zodiaque. Ouvrage nécessaire au public ; par D. J. B. D. F. J. C. IIe édit. rev. et augm.

Augsbourg, impr. de Christophe von Grayeasten, 1725, pet. in-12 de XXX (non chiff.), 98 pp. avec 5 pl.

Les Naturalistes connaîtront bientôt la matière de ce Spécifique par les cinq lettres suivantes R. A. N. F. E. qui sont les initiales du nom de chaque chose qui entre dans sa composition.

Prenez bien garde de vous tromper, et ne prenez pas ce spécifique sous un signe du Zodiaque qui ne serait pas celui indiqué.

(O-1030
(S-3307 b

D. L. C. D. B. — Voir :

LA CODRE DE BEAUBREUIL (DE).

2751 D. R. — Explication du Tableau intitulé « *Sapientia generalis* par D. R. d'après le système du R. P. S[ABBATHIER]... Dédié aux Fidèles Chrétiens.

Paris, chez l'Auteur, 18, Bd St Martin, 1844, in-8° de 55 p. et tableau plié de l' « Ordre et Economie des principales Sciences ». (3 fr.).

[D. 34550

Système Kabbalistique découlant de celui du R. P. SABBATHIER, q. v. et contenant une tentative de classification des Sciences.

DACIER (André), grand philologue et Académicien, né à Castres en 1651, mort à Paris en 1722. Il étudia d'abord à Puylaurens, puis à Saumur où le professeur et érudit TANNEGUY-LEFÈVRE le reçut dans sa maison et lui fit partager les leçons de sa fille Anne, qui devint plus tard la célèbre Madame DACIER.

Les deux époux étaient protestants et abjurèrent en 1685.

Dacier et sa femme furent d'infatigables traducteurs des chefs-d'œuvre de l'Antiquité.

2752 DACIER (André). — *Trad. et Annot.* d'Épictète. Tome I. Le manuel d'Épictète et les commentaires de SIMPLICIUS avec cinq traités de SIMPLICIUS : Tome II. Nouveau manuel d'Épictète.

Paris, 1715, 2 vol. in-12. (5 fr.).

[R. 17900-1
[R. 17902-3

Autres éditions en 1776 (in-8°). — 1775 (in-18).—1782, ln-16.—1790 (in-8°). — 1798 (in-18). — 1863 (in-32, Biblioth. Nationale, collect. à 0 fr. 35). — 1866 in-32, 2e édit.). — 1895 (in-32).— 1896 (in-32).

2753 DACIER (André). — La Vie de Pithagore. Ses Symboles, ses vers dorez. et la vie d'Hiéroclès rétablis sur ses manuscrits et trad. en franç. avec des remarques par M. Dacier.

Edition originale.

Paris, Rigaud, 1706, 2 vol. pet. in-8°. (10 fr.).

[R. 0051 et 2

Autre édition :

Paris, Saillant et Nyon, 1771. 2 vol. in-12 de clxxxviij-327 et 343 p. (Tomes I et II de la Biblioth. des anciens philosophes par DACIER, RACINE et de MAUCROIX).

[R. 0241 et 2

Cette dernière édition est bien complète des Symboles et des Vers dorés, avec le texte en regard de la trad. fr. C'est la seule édition donnant la traduction française des Commentaires d'Hiéroclès qui sont fort précieux pour l'étude et les sources de la philosophie pythagoricienne.

« Pythagore, le premier et le plus célèbre des philosophes » (p. iij et xv)« postérieur au seul Thalès de Milet ».

(S-0880
(G-503

Bibliothèque des anciens philosophes, éditée par DACIER, RACINE et de MAUCROIX.

Paris, Saillant et Nyon, 1771. 9 vol. pet. in-8°. (20 fr.).

[R. 0241-2 et ?

Contenant : la vie de Pythagore, ses symboles, ses Vers dorés avec les commentaires d'HIÉROCLÈS, les œuvres de PLATON, etc.

(G-363

2754 DA-CUNHA-BELLEM. — Le Franc-Maçon, drame en quatre actes, traduit du Portugais par E. SEGUIN.

Dieppe, Impr. de Delevoye, Lavasseur et Cie, 1879, in-8°, 86 pp.

[Yg. 3727

2755 [DA GAMA MACHADO (le Chevalier Commandeur José Joachim)].— THEORIE DES RESSEMBLANCES, ou essai philosophique sur les moyens de déterminer les dispositions physiques et morales des animaux, d'après les analogies de formes, de robes et de couleurs, par le Ch^{er} de G. M... [José Joachim DA GAMA MACHADO].

Paris, Treuttel et Würtz ; Délaunay, 1831, in-4° de 133 pp. Avec 40 curieuses planches h. t. gravées et finement coloriées. (8 fr.).

Amour Physique. — Amour des enfants. — Organes de l'amitié. — Courage. — Instinct carnassier. — Orgueil. — Vanité. — Organe des Voyages. — Profondeur d'esprit : Métaphysique. — [Explication des Planches] : Du Saïmiri, ou Sapajou orangé, et de ses principales analogies avec qq. animaux. — Du cheval de course. — Du Lion. — De l'Hyène. — Du Phoque. — De la petite perruche à front fleur renoncule-cerise — Du Sénégali à front fleur scabieuse (fleur de veuve). — Des signes extérieurs de l'espèce douce ou méchante du Chien d'après Gall. — Etc.

DAGOBERT (roi de France). — Quo modo de manu dæmonum liberata est anima Dagoberti regis, per gloriosos martyres Areopagitam Dionysium, atque Mauricium et beat. Martinum, Turonensem archiepisc. ; tiré du ms. latin 2447 de la Biblioth. du roi ; dans Lenglet-Dufresnoy : Recueil de dissertations... (1752). T. I, 178-79.

(O-1747

2756 DAILLANT DE LA TOUCHE. — Abrégé des ouvrages d'Em. SWEDENBORG contenant la doctrine de la Nouvelle Jérusalem Céleste, précédé d'un discours où l'on examine la vie de l'auteur, le genre de ses écrits et le rapport au temps présent.

A Stockholm, et se vend à Strasbourg chez J. G. Treuttel, 1788, in-8° LXX-306 p. (5 fr.).

[Z. 35457
(G-1274

2757 DAILLIER-CRETON (Mme). — La Paix du monde ou le droit commun rétabli pour tous par le Baptême de la femme et son prochain avènement.

Paris, E. Dentu, 1805, in-16 de XVI-376 p. (4 fr.).

[R. 32853

Ce curieux ouvrage, qui vaticine une profonde révolution religieuse et politique dont la femme sera la pierre angulaire, est absolument conçu dans l'esprit philosophique de Guillaume Postel. D'après l'auteur le catholicisme est à la veille de disparaître, pour renaître transfiguré sous une nouvelle forme qui ne conservera rien de sa vieille chrysalide.

2758 DAILLON (Benjamin de). — Examen de l'opression des Réformez en France, où l'on justifie l'innocence de leur religion. Avec l'explication de la doctrine des Démons, où l'on prouve qu'il n'y a qu'un diable dont on examine le pouvoir.

Amsterdam, chez P. Mortier, 1691, in-12, IV-350 (12 fr.).

[8° LJ¹⁷⁶ 503 A

Redoutable pamphlet contre la papauté. Mis à l'index en 1709 et condamné au feu.

(G-1275

2759 DALENCÉ ou D'ALANCÉ (Joachim), né à Paris, mort à Lille vers 1707. — Traité de l'Aiman, divisé en deux parties ; la première contient les expériences et la seconde les raisons que l'on en peut rendre.

Amsterdam, H. Wetstein, 1687, in-12 de 140 pp, 1 tableau et un gr. nombre de fig. hors texte. (4 fr.).

[S. 20620

2760 [DALENCÉ (J.)]. — Traité des baromètres, thermomètres et notiomètres ou hygromètres par M. D***.

Amsterdam, P. Marret, 1708, in-12, front. et fig. (5 fr.).

[Rés. V. 2040

2761 DALIBERT. — La Nouvelle Jérusalem et le Phalanstère, ou de l'union définitive de la Religion et de la Science (E. Swedenborg, Fourier, Wronski, Mesmer, Hahnemann, Gall, etc...).

Paris, 1839, in-8°, (2 fr.).

2762 [DALLOZ (A. L. J.)], né vers 1762. — Analogies principales de la nature faisant suite au Discours sur les principes généraux de la théorie végétative et spirituelle de la nature, etc. par A. L. J. D... (Dalloz).

Paris, Rorel et Roussel, 1822, in-12, 454 pages.

[S. 22380

L'auteur s'est plaint que son ouvrage n'ait pas été bien accueilli des journalistes et même des magnétistes de son temps

(D. p. 90
(G-204

2763 [DALLOZ (A. L. J.)]. Discours sur les principes généraux de la théorie végétative et spirituelle de la nature, faisant connaître le premier moteur de la circulation du sang, le principe du magnétisme animal et celui du sommeil magnétique, dit somnambulisme par A.L.J. D...(Dalloz).

Paris, l'Auteur, 17, Bd de la Madeleine, 1818, in-12, 308 pages, (5 fr. alors et aujourd'hui 1 fr. 50 au plus peut-être) [Dureau].

[R. 33850

Idem :

Paris, Doublet, 1819, in-12.

Paris, Rorel et Roussel, 1822, pet. in-8°, (6 fr.).

Œuvre théosophique où tous les arcanes de l'Univers sont expliqués d'après les doctrines secrètes d'Hermès, et les lois de l'analogie. Pour l'auteur, la lumière astrale est la clef de tous les mystères, le ressort caché du lien social (quoique invisible) de tous les hommes. La nature de ce fluide est très longuement étudiée dans ce volume, fort curieux à bien d'autres titres.

(D. p. 91
(G.- 230

2704 [DALLOZ]. — Entretiens sur le magnétisme animal et le sommeil magnétique dit somnambulisme, dévoilant cette double doctrine et pouvant servir à en porter un jugement raisonné, par A. L. J. D... (DALLOZ).

Paris. Deschamps. 1823. in-8°. 300 pages. (4 fr.).

Cet ouvrage contient un certain nombre d'expériences et entre autre des faits de magnétisation à distance qu'il serait bon de renouveler. L'auteur croit aussi qu'un anneau d'or magnétisé placé dans les cheveux d'un somnambule naturel peut empêcher celui-ci de se lever la nuit. etc. En général il conclut trop vite d'un fait particulier à une loi générale.

(D. p. 97

2705 DALMAS (Jean-Baptiste). — Les Sorcières du Vivarais devant les Inquisiteurs de la Foi, par Jean-Baptiste DALMAS. Membre de la Société Géologique de France, etc...

Privas. imp. de P. Guiremand. 1863. in-8°. 251 p. Portr. de l'Auteur, lithographié par Lasnier. (7 fr.)

[8° Lk² 2120

Le Portrait manque souvent.

Contenant d'intéressants chap.. les druides théocrates et les druidesses sybilles. Les démons. Les fées. La danse épileptique et Satan. La messe noire. Le sabbat nocturne aux XV° et XVI° siècles. Médecins-devins. Premier procès d'inquisition (La Peyretone). Procès d'inquisition contre la Vachonne, du Roux. Procès contre la sorcière Catherine Las-Hermes. Les sorciers du XVII° siècles. Le sabbat et la lycanthropie au XVIII° siècles. etc.

(Y-P-1572

2706 DALTON (Joseph G.). — The Spherical Basis of Astrology, being a comprehensive Table of Houses for Latitudes 22° to 56° with rational views and suggestions, explanation and instruction. correction of wrong Methods, and auxiliary Tables, by Joseph G. DALTON.

Boston. Arena Publishing C°, 1893 gr. in-4° de vi-67 p. et 1 f° n. c. (10 fr.).

Très bonnes tables astrologiques pour l'érection des Thèmes. C'est de l'Astrologie strictement scientifique.

Le dernier folio de l'ouvrage contient une curieuse chanson. dont le titre pourrait se traduire : " La Chanson à Boire de l'Astronome. "

2707 DAMAS-HINARD (Jean Joseph Stanislas Albert). — Un Prophète inconnu. Prédictions. jugements et conseils par le Marquis de LA GERVAISAIS.

Paris, Ledoyen. 1850. in-12 de 151 pp. (4 fr.).

[8° Ln²⁷ 11050

Nicolas Louis Marie Magon Marquis de la Gervaisais. né à St-Servan le 17 juin 1785. mort à Paris en 1838 (p. 35).

Ces curieuses prophéties embrasent la religion et la politique. Suivant M de la Gervaisais. " notre monde a vécu. Il est sur le point de mourir. et, comme le phénix. il ressuscitera sous une autre forme. La richesse et la propriété ont à se rédimer du péché originel. " Versez à pleines mains votre prix de rachat. dit-il aux capitalistes ; ainsi, et non autrement vous obtiendrez quelque ajournement, quelque adoucissement au moment du formidable saut ". Au train où vont les choses. qui oserait traiter M. de la Gervaisais de faux prophète ?

Ses œuvres réunies formeraient au moins 25 vol. in-8° et il en existe une bonne collect. à la Bib. nat.

Leurs titres, passim. en note. p. 13-18-19-21-23-27 de l'ouvrage ci-dessus.

Les " Prophéties " sont des extraits de ses œuvres.

2708 DAMCAVALD. — Dragon Rouge. offert aux mânes des Gaulois. réparation due à nos ancêtres. Les vrais Romains, par DAMCAVALD.

Paris, Impr. de G. Rougier, 1885, in-18 VIII-453 pp. (2 frs 50).

[8° Ye. 1182

Curieux ouvrage sur les Druides. ces mages des Gaules. qui pouvaient passer pour les maîtres de ceux de l'Orient. Apollonius cite Pythagore comme disciple des Druides.

2ᵐᵉ édit.

Paris, Imprimerie nouvelle, 1886, in-18, même collation.

[8° Ye. 1342

Ouvrage en vers.

Il existe aussi un pseudonyme analogue : DARCAVALD, q. v.

2769 DAMHOUDERE (Joost de) ou DAMHOUDER, jurisconsulte flamand, né à Bruges en 1507, mort à Anvers en 1581. Il fut reçu docteur à l'Université d'Orléans. — La Practique et Enchiridion des Causes Criminelles, illustrée par plusieurs élégantes figures, fort utile et necessaire à tous Souverains Bailliz, Escoutestes, Mayeurs et autres Justiciers et Officiers, rédigée en escript par Iosse de DAMHOUDERE.

Louvain, Impr. Estienne Wauters et Jehan Balben, 1555, in-4° de [XVI] 368 p. fig. sur bois. caract. italiques.

[F. 12081
[Rés. F. 612

Curieuses figures sur bois de Gérard de Jode, imprimées dans le texte et représentant les Crimes et Supplices.

(Y-P-1177

Sous un autre titre :

Practique ivdiciaire es cavses criminelles, tres vtile et necessaire a tovs baillitz, prevotz, seneschaux, escovtettes, maires, drossartz et autres justiciers et officiers de toutes prouinces, etc., par Messire Iosse de DAMHOUDERE.

En Anvers, chez Iehan Bellere, soubz l'Aigle d'or, 1554, in-4°. (35 fr.).

Il existe une autre édition, Ibid., Id. 1564, pet. in-4°, dont les 60 figures gravées à l'eau forte sont appliquées au lieu d'être tirées à même le texte.

Ouvrage fort curieux à cause des nombreuses figures sur bois qui y sont imprimées avec le texte, et qui représentent des crimes, supplices et scènes de débauche. — Ces figures sont particulièrement précieuses pour l'histoire du costume, de l'ameublement et des mœurs au XVI° siècle ; certaines d'entre elles sont licencieuses, notamment celles des feuillets 108, 109 et 110; relatifs au " stupre ou paillardise " à la " fornication " et à l'inceste. — De même certaines parties du texte sont assez libres comme celle traitant des " macquereaux et macquerellage ".

Edition latine du même :

D. Iodoci DAMHOUDERIUS Praxis rervm criminalivm, elegantissimis iconibvs ad materiam accomodis illvstrata, praetoribus, propraetoribus, consulibus, proconsulibus, magistratibus, reliquisque id genus Iustitiariis ac officiariis, apprime vtilis ac necessaria.

Antverpiae, apud Bellerum, 1554, pet. in-4°. (35 fr.).

Tres rare édition latine, particulièrement recherchée comme contenant un meilleur tirage des bois, qui sont au nombre de 56, la plupart à pleine page et qui sont des plus intéressants au point de vue du document : costumes, ameublement, métiers, sans oublier quelques uns qui sont fort libres ; on comprendrait difficilement aujourd'hui que dans un ouvrage purement juridique des chap. tels que ceux relatifs à l'inceste, au viol, au " peché contre nature ", fussent illustrés de figures... explicatives.

2770 DAMIRON (Jean Philibert) né à Belleville (Rhône) en 1794, mort à Paris en 1862. Professeur et philosophe. — Cours de philosophie.

Paris, Hachette, 1831-36, 3 vol. in-8°. (15 fr.).

[R. 32874-6

Les Rapports de l'âme avec la société. — Les rapports de l'âme avec la nature. — Les rapports de l'âme avec la divinité, etc...

2771 DAMIRON (Ph.). — Essai sur l'histoire de la philosophie en France au XVII° siècle.

Paris, L. Hachette, 1846, 2 vol. in-8° (7 fr.).

[R. 32878-9

Descartes, Hobbes, Gassendi, disciples de Descartes : Spinoza ; Malebranche.

2772 DAMIRON (Ph.). — Essai sur l'histoire de la Philosophie en France au XIXᵉ siècle.

Paris, Poulbieu, 1828, in-8°, XII-XXXII-447 p. (9 fr.).

[R. 10173

Au nombre des philosophes analysés dans ces deux volumes, on trouvera Saint Martin qui y est l'objet d'une excellente étude, le baron d'Eckstein qu'il serait impardonnable aux théosophes contemporains d'ignorer car il a été le premier importateur en Europe des traditions hindoues en vue d'une synthèse des religions ; enfin Ballanche le voyant, Volney le Pyrrhonien, etc.... — Azaïs, Bonnald, de Maistre, Maine de Biran, Jouffroy, etc.

Autres édit.

Bruxelles, 1832, in-8°.

Paris, Hachette, 1834, 2 vol. in-8°.

2773 DAMMY ou DAMIS (Mathieu), alchimiste italien né à Gênes vers la fin du XVIIᵉ siècle. Fils d'un Marbrier. Plusieurs fois emprisonné pour dettes. — Mémoires de Matthieu marquis Dammy, contenant des observations et Recherches curieuses sur la Chimie, le Travail des Mines et Minéraux, écrits par lui-même.

Amsterdam, 1730, in-8°.

Manque à la Bib. Nat.

Ce sont les Mémoires d'un Aventurier qui fit du bruit à Paris, se retira en Allemagne et y épousa une demoiselle de Condition. On prétend qu'il possédait des Secrets Hermétiques, entre autres celui de blanchir les diamants teintés.

Voir aussi FIORAVENTI, autre nom (?) du même (?) personnage.

(L.-D.

2774 [DAMPIERRE (Antoine-Esmonin Marquis de)]. — Réflexions impartiales sur le magnétisme animal, faites après la publication du rapport des commissaires chargés par le roi de l'examen de cette découverte.

417

Genève, Barthélemy Chirol. Paris, Périsse le jeune, 3 septembre 1784, in-8°, 80 pages. (2 fr.).

[8° Tb⁶³. 46

Cette brochure, datée de Lyon a été attribuée au marquis de Dampierre ; elle est en faveur du magnétisme. L'auteur rend compte d'expériences plus concluantes, dit-il, que celles dont les commissaires ont été témoins ; celles faites sur des somnambules magnétiques, sur un cheval magnétisé devant le prince Henri de Prusse, etc. Cette dernière mérite d'être signalée. La plupart des magnétiseurs de Lyon, le chevalier de Barberain, que l'auteur vante beaucoup, Monsieur Orelut, M. Brasien médecin de Saint-Etienne, M. Dutrech, chirurgien, M. La Noix, pharmacien, sont cités dans cet ouvrage.

(D. p. 40

2775 [DAMPIERRE (Marquis de)]. — Réflexions intéressantes sur le magnétisme animal depuis le rapport, p. M. le M. de D...

Genève, Paris, Périsse. 1784, in-8° (1 fr.).

Cet écrit en faveur du magnétisme est attribué au marquis de DAMPIERRE.

(D. p. 48

2776 DAMPIERRE (A. E. Marquis de). — Vérités divines pour le cœur et l'esprit.

Lausanne, D. Pelillet, 1824, 2 vol. in-8°. (7 fr.).

[D². 14110

Ouvrage curieux et rare d'un théosophe de l'Ecole de St-Martin et de Dutoit-Mambrini.

DAMVILLIERS (le sieur de) Voir : NICOLE (Pierre).

2777 DANEAU (Lambert) savant théologien, né à Beaugency, Loiret, Ministre Protestant à Gien, Orthez et Castres où il mourut en 1595. — Les Sorciers, Dialogue très utile et nécessaire pour ce temps auquel ce qui se

Sc. psych. — T. I. — 27.

dispute aujourd'hui des Sorciers et Striges est traicté bien amplement.

S. l. [Genève ?], Jacques Bourgeois, 1574, in-12.

Autre édition :

Genève, 1577, in-8º.

(Y-P 830

2778 DANEAU (Lambert). — Devx traités novveavx, très vtiles povr ce temps. Le premier tovchant les sorciers, auquel ce qui se dispute aujourd'hui sur cette matiere, est bien amplement résolu, et augmenté de deux procès extraits des greffes pour l'esclaircissement et confirmation de cet argument. Le second contient vne breue remontrance sur les ieux de Cartes et de Dez.

S. l. [Genève ?], Par Iacqves Baumel, 1579, pet. in-8º de 160 p. (00 fr.).

[R. 32010

Ouvrage rarissime d'un des plus savants théologiens du XVI-e siècle.

(G-205
(S.-121. Supp.

2779 DANEAU (Lambert). — Lambertus Danæus, de Veneficis, quos olim Sortilegos, nunc autem vulgô Sortiarios vocant, Dialogus, in quo...

Coloniæ Agrippinæ, apud J. Gimnicum, 1575, in-8º de 118 p.

[R. 32908

Voir aussi le recueil " Flagellum Haereticorum " du frère Nicolas JACQUIER.

(S-3201

2780 DANGERS (Les) du magnétisme animal.

Paris, Leclerc et Delossy, 1835 ou 36, in-8º, 23 pages (2 fr.).

" Le libertinage somnambulique est un des plus puissants secrets de l'enfer pour démoraliser les hommes, " s'écrie l'auteur, qui signale aussi les dangers du magnétisme pour la santé et la vie.

(D. p. 111

2781 DANIELO (Julien F.). Histoire et Tableau de l'Univers, par J. F. DANIELO.

Paris, 1838-1841, 4 forts vol. in-8º de 600 pp. chacun. (20 fr.).

[G-22403-6

Œuvre considérable et très peu connue qui constitue un système philosophique complet. Nous ne pouvons en donner une idée qu'en citant quelques extraits de la table. Discours sur l'histoire, la genèse et l'harmonie des choses. — La Sagesse suprême. — Le ciel des cieux, ses splendeurs, ses habitants. — Le fleuve de la vie. — Analyse du poème de Dante : ce qu'est Béatrix. — Les chroniques de la nature. — Les Saturnales. — La Mythologie. — Les premiers chrétiens et leurs mystères. — Origine du langage. — Examen des travaux de Volney, Ch. Nodier, Creutzer, Court de Gebelin, Benjamin Constant, Herder, Gœrres. — Etude des religions anciennes d'après Hérodote, Apulée, Saint Clément d'Alexandrie, Philostrate, Porphyre, Origène, etc... Les Gymnosophistes. — Culte des Brahmes. — Voyages d'Apollonius de Thyane en Inde, ses récits. — Les *Philosophumena*. — Examen de Kircher, Abraham Roger.— Etude des Livres sacrés de l'Inde, Anquetil-Duperron, P. de Saint-Barthelemy, Rapports des Pimanders égyptiens avec les Védas.

Le tome III de cette œuvre magnifique comprend en 600 pp. de texte, uniquement consacré l'étude approfondie de toute la philosophie de l'Inde. Cérémonies, rites sacrifices, Le Homa, Hymnes aux Planètes, Le chap. sanglant. Les Oupanishads, Les grands dieux, Brahma, ses quatre têtes symboles des quatre régions du monde et des quatre Védas, Hiérarchie des divinités indiennes. — Comparaison de Brahma et de Prométhée. — Les Mantras. — Le monosyllabe sacré Aum. Les Chastras, les Puranas. — Manou. — Les grands poèmes épiques.

Le tome IV (650 pp.) traite de la Chine de la Perse et de l'Egypte.— Symbolisme de la couronne impériale et du costume impérial représentant la nature. Origine chinoise de l'astrologie, de la magie, de l'alchimie, Superstitions, sorcellerie, bonzeries.

— La religion] chinoise : Confucius. Le système de Lao-Tseu et la sorcellerie. Le merveilleux en Chine. Mythologie cosmogonique et fabuleuse. Les Génies. Doctrines du Tao ou de la Magie. Les quatre rois, les quatre fleuves, les enfers, les dix montagnes Bouddhistes. Les six voies ou les six classes d'êtres. Doctrines de la Perse. Le Zend Avesta. Culte des astres et des éléments. Rapports de Zoroastre avec Moïse et Bouddha. Le culte d'Ormuzd. Science et antiquité des Chaldéens. Les symboles: pyramides, temples, sphinx, etc...

Appendice. Hymnes de Cléanthe, d'Homère. Epode de Galien sur l'organisation du corps humain et de l'Univers. Invocation à Vénus, à Mithra. Isis ou la nature d'après Hermès Trismégiste. Le chant secret, etc...

2782 DANKSAGUNGS-Rede eines Bruders bey seiner Aufnahme in den Freymaürer-Orden gehalten in der Loge zu den drey Weltkugeln am 29 april 1778.

Berlin, G. J. Decker, in-8° de 8 pp.

(O-301

2783 DANSE des Tables (La) dévoilée, expériences de magnétisme animal, manière de faire tourner une bague, un chapeau, une montre, une table, et même jusqu'aux têtes des expérimentateurs et celles des spectateurs.

Paris. 1853, in-16, (1 fr.).

2784 DANSE MACABRE (La Grande), des Hommes et des Femmes. Précédée du dict des Trois Mors et des Trois Vifs, du débat du corps et de l'âme, et de la complainte de l'Ame Dampnée.

Paris, Bailleu, in-4° (4 fr.).

Réimpression avec les figures sur bois de la Danse Macabre de Troyes, et conforme, quant au texte, à l'édition de 1486. Les nombreuses gravures qui ornent l'ouvrage sont des plus suggestives.

2785 DANTAL (Pierre). — Calendrier perpétuel et historique, fondé sur les principes des plus célèbres astronomes, tels que Copernic, Galilée, Clavius, Cassini, Newton, Lahire, Lalande, etc... par P. DANTAL.

Paris, Delalain, Lyon, Imprimerie de J. M. Boursy, 1810, in-8° XI-368 p. et pl. (5 fr.).

[V. 21642

Orné d'une pl. gr. comprenant 8 figures et de nombreux tableaux dans le texte. — Ouvrage indispensable pour ceux qui composent des annuaires, des almanachs, qui désirent connaitre les planètes, les constellations, etc..

DANTE (sur le)

Voir :

AROUX (Eugène).
ARTAUD de MONTOR (Ch.).
DELECLUZE (E. J.).
FERJUS-BOISSARD.
OZANAM (A. F.).

2786 DARAS (Abbé Édouard). — Lourdes par l'Abbé DARAS.

Paris, Gaume, 1875. in-18, 324 p. (2 fr.).

[8° Lk⁷. 18415

2787 DARCAVAL JOR [voir aussi DAMCAVALD]. — Le Fantôme des Landes, suivi du dragon rouge. — Poèmes dédiés au manes des Gaulois.

Paris, Franc, 1889. in-12. Orné de gravures. (2 fr. 50).

2788 DARCAVAL JOR. — Izida la Savante et le Grimoire du vieil Hermès.

Paris, Franc, 1889, in-12, Couv. ill. (3 fr.)

2789 DARCHE (Jean-François-Frédéric) — Vie nouvelle du vénérable curé d'Ars et de Sainte-Philomène, vierge et martyre.

Paris, V. Palmé, 1870, in-8° VIII-404 p.

[8° Ln²⁷ 21657. A

Nouv. édit. rev. et augm.

2790 DARCHE (Jean). — Vie très complète de Sainte Philomène, thaumaturge du XIXᵉ siècle.

Paris, Bourguet Colas et Cie, s. d. [1876]. in-12 XVI-318 p.

[8° J. 20

Nul n'ignore que les occultistes modernes ont revendiqué Sainte Philomène pour patronne et qu'elle est de leur part l'objet d'un culte fervent et fécond en prodiges de toutes sortes. Ce volume contient une longue suite de miracles opérés par l'intercession de la Sainte, et tout un formulaire de prières pour obtenir des guérisons, des secours et des grâces dans toutes les circonstances de la vie.

2791 DARDEPS. — Aperçu de quelques expériences magnétiques faites à Nimes, par M. Dardeps.

Bordeaux, imp. Ramadié, 1839, in-8°, 8 pages.

[8° T.¹ˢ. 203
(D. p. 114

2792 DAREL (Th.). — De la naissance spirituelle ou nouvelle naissance.

Paris, Chacornac, 1000, in-18 de 36 pp.

[D². 17734

2793 DAREL (Th.). — De La Spiritualisation de l'Etre : 1° Par l'Evolution. — 2° Par la Morale. — 3° Par le Psychisme.

Paris, Chamuel, 1898, in-16, 334 p.

[8° R. 15147

Œuvre positive remplie de logique, contenant les principes de l'ésotérisme et de la connaissance (Gnose) en même temps que des règles précieuses à appliquer aux recherches psychiques, tant en ce qui concerne la médiumnité, qu'au point de vue du développement particulier aux Sciences Occultes.

DAREMBERG (Charles Victor). Médecin et érudit, né à Dijon en 1817. Bibliothécaire de l'Académie de Médecine, puis de la Bibliothèque Mazarine, et Professeur au Collège de France.

2794 DAREMBERG (Ch.) et SAGLIO (Edm.). — Dictionnaire des antiquités grecques et romaines, d'après les textes et les monuments contenant l'explication des termes qui se rapportent aux mœurs, aux institutions, à la religion, aux arts, aux sciences, au costume, au mobilier, à la guerre, à la marine, aux métiers, etc... Ouvrage rédigé par une société d'écrivains spéciaux, d'archéologues et de professeurs.

Paris, Hachette, [1877-1900. 43 fasc. in-4° (120 fr.).

[Fol. J. 75

Ouvrage encore en publication, illustré de 7000 figures dessinées sur bois, d'après l'antique, par P. Sellier.

2795 DAREMBERG (Ch.). — Histoire des sciences médicales comprenant l'anatomie, la physiologie, la médecine, la chirurgie et les doctrines de pathologie générale, par Ch. Daremberg.

Paris, J. B. Baillière, 1870, 2 vol. in-8° ens. 1300 pp. (18 fr.).

[8° T¹. 76

T. I. Depuis les temps historiques jusqu'à Harvey. T. II. Depuis Harvey jusqu'au XIXᵉ siècle.

2796 DAREMBERG (Ch.). — La médecine. Histoire et doctrines. La médecine dans les poètes latins. Galien et ses doctrines philosophiques. Paul d'Egine et les médecins du Bas-Empire. L'Ecole de Salerne. Albert le Grand et les sciences au moyen-âge. La circulation du sang et son histoire. Louis XIV et ses médecins. Les merveilles du corps humain. Santé des gens de lettres. Hygiène des malades, etc... (Ouv. cour. par l'Acad. fr.) 2ᵉ édit.

Paris, Didier, 1865, in-18 de XXIV-491 p.

[8° T³. 214 A.

La 1re édition de même date est:

Paris J. B. Baillière et fils, 1865 in-8° XXIV-491 p.

[8° T³. 214

2797 DARESTE de la CHAVANNE (Dr Camille). — Recherches sur la production artificielle des Monstruosités ou essais de Tératogénie expérimentale par M. le Dr C. Dareste. 2-ème édit. rev. et augm.

Paris. C. Reinwald. 1801, in-8° XVI-590 p. 92 fig. et 18 pl.

[8° Tb.¹³. 133. A

Paris. (1-re édit) C. Reinwald, 1877 in-8° de V-364 pp. 10 pl. en couleur hors texte. (15 fr.).

[8° Tb⁷³. 133

Anomalie et monstruosités. Doctrine de la préexistence des germes. Production des monstres simples et doubles. Conditions de la vie et de la mort chez les monstres. L'Hermaphrodisme, etc.....

2798 DARGET (Commandant). — Exposé des différentes méthodes pour l'obtention des photographies fluido-magnétiques et spirites. Rayons V (Vitaux).

Paris, 1909, in-12. (0 fr. 50).

Cet ouvrage contient 4 pl. hors texte donnant sept photographies et un portr. de l'auteur.

2799 DARIEX (Dr). — Annales des sciences psychiques, recueil d'observations et d'expériences.

Paris. Alcan. 1891-94. in-8°.

[8° R. 11400

Les 4 premières années de cette publication.

2800 DARIOT (Claude). Médecin français, né à Pomard, Côte d'Or, en 1533 mort en 1604. Traducteur de Paracelse. — Die gulden Arch-Schatz : und Kunstkommer, in drey theil underscheiden ; immersten werden ausführlich verhandlet drey Gesprach von Spagirischer preparation und subereitung der Arts-neyen ; als warumb die nicht allein von den Vegetabilibus und Animabilibus, sondern auch von den Minerabilibus, hergenommene eintzele Medicamenta anderst als biszhero von den Gallenisten beschehen....... ; im andern und letsten Theil hat der Kunstbegierige Leser vieler als der fürnembsten auszerlesenisten Philosophorum, Medicorum und Spargicorum Geschrifften und Bücher...... durch M. Claudium Dariorum, in Frantzösischer Sprach beschrieben........ ins Teutsch mit sonderbarem fleisz ubergesetzt, durch L. A. M. D.

Basel, in verlegung des Authorn, 1614, 3 vol. in-4° de XX-309, VI-303, et XI-278 pp. avec frontisp. grav. rel. en 1 vol.

L'ouvrage de Dariot remplit le tome 1 ; le second contient 17 traités alchimiques; et le troisième 11.

(O-1606

2801 DARIOT (Claude). — Médecin à Beaune. — Discours de la Goutte, auquel les cavses d'icelle sont amplement déclarées auec sa guérison et précaution.

Lyon. A. de Harsy, 1589. in-4 64 pp. (0 fr.).

[4° Td¹²⁸. 16

Ouvrage rare de ce fameux médecin, traducteur de Paracelse.

2802 DARIOT (Claude). — Trois discours de la préparation des Médicamens, contenant les raisons pourquoy et comment ils doivent estre ; etc.... par M. Claude Dariot.

Lyon. A. de Harsy, 1589, in-4° 256 p. (14 fr.).

[4° Td¹³⁷. 23

Ouvrage très rare de ce célèbre médecin hermétiste et astrologue, traducteur réputé de la Grande Chirurgie de Paracelse ; d'ailleurs cet ouvrage est établi d'a-

DARLES (Jean). — Pseudonyme Théosophique de Mr Ernest BOSC de Vèze, q. v.

2803 DARMANSON (Jean M.). — La beste transformée en machine. — Divisée en deux dissertations prononcées à Amsterdam, dans ses conférences philosophiques.

Suivant la copie imprimée, 1684. in-12. X-93 p. Frontispice gravé (5 fr.).

[R. 14453

Intéressant traité d'un disciple de Descartes sur cette question de l'âme des bêtes qui passionna si fort le XVII-e S.

(G-206

2804 DARMESTETER (James), célèbre Orientaliste français, né à Château-Salins en 1849. Professeur de Persan au Collège de France. — La Chûte du Christ, poème traduit [en prose] de l'anglais.

Paris, 1879, in-12. (2 fr.),

[Yk. 3801

Cette pièce fut en partie détruite. De cette fiction audacieuse, le poète dégage une grande pensée, l'écoulement éternel de la matière divine, la souveraineté de l'homme sur ses dieux, qu'il crée, puis qu'il détruit, et il essaie d'entrevoir le destin futur de l'humanité, veuve du Christ.

2805 DARMESTETER (James). — Le Zend-Avesta : la Liturgie (Yasna et Vispered). — La Loi (Vendidad). — L'Epopée (Yashts). — Le Livre de Prières (Kherda Avesta). Traduction nouvelle avec commentaire historique et philologique.

Paris, E. Leroux, 1892-93. 3 vol. in-4°. Planches photogravées.(100 fr.)

[4° O². 910

Tomes 21, 22 et 24 des Annales du Musée Guimet, illustrés de 10 planches hors texte.

Ouvrage des plus recherchés.

2806 DARRAS (Abbé Joseph-Épiphane). — Histoire générale de l'église, depuis le commencement de l'Ere chrétienne jusqu'à nos jours par l'Abbé J. E. Darras.

Paris, L. Vivès, 1854. 4 vol. in-8° Orné d'une carte en couleurs. (10 fr.)

[H. 13877-80

Réédité 5 autres fois : 1855-57-61-64-69

2807 DARRAS (Abbé). — Saint Denys l'Aréopagiste, 1-er évêque de Paris. Etude sur les origines chrétiennes des Gaules, par l'Abbé Darras.

Paris, L. Vivès, 1863, in-8° XV-370 p. (3 fr. 50).

[8° Ln²⁷ 5775

2808 DARSTELLUNG des unter dem Namen des Tudendbundes bekannten sittlich wissenschaftlichen Vereins nebst Abfertigung seiner Gegner.

Berlin und Leipzig, in allen Buchläden, 1816. in-8° de 102 pp.

Nous n'avons pas trouvé cet ouvrage cité dans l'excellente Bibliographie Franc-Maçonne de Klosz. (pp. 272 et s.)

(O-533

2809 DARSTELLUNG der Verhältnisse der Freimaurerei zur Religion und Staate.

Deutschland, s. adr. (Heidelberg, Groos), 1819, in-8° de 31 pp.

(O-455

2810 DARTIGUES (J. P.). — De la Procréation volontaire des sexes. Etude physiologique de la femme par le Dr P. Dartigues.

Versailles, F. Hosteau, 1885, in-8° de XVI-238 pp. (3-ème édit) (4 fr.).

[8° Tb⁷¹. 127. A

De la femme, de la fille nubile, de la continence virginale et de ses résultats, de l'incontinence,du célibat, de la copulation, — etc...

2811 DARUTY de GRANDPRÉ (Mis Jean Émile). — Recherches sur le rite Ecossais ancien accepté précédéesd'un historique de l'origine et de l'introduction de la franc-maçonnerie en Angleterre, en Ecosse et en France par J. Émile DARUTY.

Ile Maurice et Paris, General Steam Printing Company, 1879, in-8° XV-340 p. (10 fr.).

[8° H. 530
(G-1743

DARWIN (Charles-Robert). Naturaliste et Physiologiste anglais né à Shrewsbury en 1809, mort en 1882. Il est le grand prophète de l'Evolution dans les temps modernes.

2812 DARWIN (Ch.). La descendance de l'homme et la sélection sexuelle, préface par C. Vogt. Edition définitive.

Paris, S. D. 1 fort vol. in-8° 38 planches. (7 fr.).

Paris, C. Reinwald, 1872, 2 vol. in-8°.

[S. 25737-8

Paris, C. Reinwald, 1873, 2 vol. in-8°.

Paris, C. Reinwald 1891, in-8°

2813 DARWIN (Ch.). De l'origine des espèces par sélection naturelle, ou des lois de transformation des êtres organisés. Trad. par Mlle Clémence Auguste ROYER...

Paris, Guillaumin, 1862, in-18 LXIV-712 p. (4 fr.).

3e édition.

[8° li. 2777

Paris, V. Masson, Guillaumin, 1870, in-8° LXXI-VIII-614 p.

[S. 25743

Paris, Reinwald, 1873, 2 vol. in-8°
Paris, Reinwald, 1876, in-8°.
Paris, Masson Guillaumin, 1886, fort in-8°.

Paris, Reinwald, 1887, in-8°.

2814 DARWIN (Ch.). — Les plantes insectivores. Traduit de l'anglais par Ed. Barbier, précédé d'une introduction biographique et augm. de notes complémentaires par Ch. Martins.

Paris, Reinwald, 1877, in-8° jés. XXIII-540 p. Avec 30 fig. dans le texte. (6 fr.).

[8° S. 432

2815 DARWIN (Francis). fils de Ch. Darwin. — La vie et la correspondance de Charles DARWIN, avec un chapitre autobiographique: trad. de l'anglais par H. C. de Vatigny.

Paris, 1888, 2 forts gr. in-8°. Avec 3 portr. gravure et fac-similé d'autographe. (10 fr.).

[8° Nx. 2001

2816 DASTRE (Albert). — La Vie et la Mort.

Paris, E Flammarion. S. D. [1903] in-12, VII-330 p. (2 fr.).

[8° R. 18470

Bibliothèque de Philosophie Scientifique

2817 [DAUBERMÉNIL (François Antoine)]. — Extraits d'un manuscrit intitulé " Le culte des adorateurs " contenant des fragments de leurs différents livres sur l'instruction, les préceptes et l'adoration.

Paris, Imp. du Cercle Social An IV-1796, in-8° VI-175 p. 2 frontispices. (10 frs.).

[8° Ld¹⁵⁷. 1

La secte des adorateurs du feu n'est autre que celle des Parsis qui compte encore aujourd'hui cent mille sectaires. Formule religieuse d'inhumation. Fragments du livre des Institutions,desObservances, de l'Instruction, despréceptes, etc...

2818 DAUDET (Alphonse). — Sapho. Mœurs Parisiennes.

Paris, G. Charpentier, et Cie, 1884, in-12. (3 fr.).

[8° Y². 6889

Edition originale de cette célèbre étude de Mœurs, relative à l'aberration sexuelle féminine.

2819 DAUFRESNE (D' Charles). — Epidaure, Les Prêtres, Les Guérisons.

Paris, Vigot frères, 1900, in-8° de 120 pp. 15 fig. (2 fr.).

[8° Th. Paris 2032

Thèse de la Faculté de médecine de Paris. Description (avec plan) du sanctuaire d'Asklepios à Epidaure. — Interessantes figures d'ex-votos antiques. — " Observations " de cas extraordinaires : Ambrosia, d'Athènes, aveugle d'un œil ; Kleinatas de Thèbes, et ses poux ; Diastos de Cyrène, boiteux, guéri, etc. — Incubation. — Guerison par la prière : MARINUS, dans la Biographie de Proclus (p. 89). — Quelques anecdotes interessantes sur le Docteur GRIMY (p. 100-103) — Etc. A rapprocher de l'ouvrage du D' GAUTHIER (L. P. Auguste) q. v.

2820 [DAUGIS (Antoine Louis)]. — Traité sur la magie, le sortilège, les possessions, obsessions et maléfices, où l'on en démontre la vérité et la réalité ; avec une Methode sûre et facile pour les discerner, et les reglements contre les Devins, Sorciers, Magiciens, etc. Ouvrage très utile aux ecclésiastiques, aux médecins et aux juges ; par m. D*** [DAUGIS ou DAUGY].

Paris, Pierre Prault, 1732, in-8° de IV-XXXII-304 pp. [la Bib. Nat¹ᵉ donne : in-12 de XXIV-304-12 p.]. (8 fr.).

[R. 32083

A la suite, on trouve : Edit du roi pour la punition de différents crimes qui sont devins, magiciens...... du 31 Août 1682, et déclaration du roi rendue contre les Bohèmes et ceux qui leur donnent retraite du 11 Juillet 1682 ; sur 18 pp.

Cet ouvrage est destiné à confirmer l'ouvrage de BOISSIER contre celui de SAINT-ANDRÉ : Daugis est aussi crédule que Boissier s'il ne l'est pas plus.

(O-1710
(G-1281 et 1282

2821 DAUVERGNE (Mlle). — Recueil des secrets touchant la médecine éprouvez en quantité des maux qui arrivent au corps humain par les soins de Mlle Dauvergne.

Paris, Vangon, 1692, in-12 (9 fr.)

2822 DAUVIL. (Commandant Léopold). — Souvenirs d'un spirite. — Vieilles notes. — Roman de deux âmes. — L'abbé Bonave.-Jérusalem.

Paris, P. Leymarie, 1908, in-8° de 405 p. portrait. (5 fr.).

[8° R. 22101

Intéressantes histoires, Spirites et Magnétiques.

2823 DAVACH DE LA RIVIERE. — Le Miroir des Urines suivant les longues expériences du Sieur Davach de la Rivière, par lesquelles on voit et connait les différents tempéraments, les humeurs dominantes, les sièges et les causes des maladies de chacun.

4ᵐᵉ édition :

Paris, Cavelier, 1732, in-12, 315 p. et c.

[8° Td¹⁵. 30. B.

Autres édit :

Paris, l'auteur, 1690, (in-12 de 340 pp.).

[8° Td¹⁵. 39

— 1702 (300 pp.).

(S-3307

2824 DAVANZATI (Gioseppe). — Dissertazione sopra i vampiri, di Gioseppe Davanzati.

Napoli presso i Fratelli Raimondi, 1774, in-8° XXXII-230 p. (4 fr.).

[R. 32996

Dans cette étude des plus documentées sur les vampires, l'auteur conclut, contrairement aux idées alors reçues, que leur existence et leurs apparitions sont de pures chimères.

Réimprimé :

Ibid., 1789.

2825 DAVASSE (Le Dr Jules). — Les Aïssaoua, ou les Charmeurs de serpents, par le Dr Jules Davasse. Nouvelle édition, revue, corrigée et augmentée.

Paris, E. Dentu, 1802, in-8° de VIII-00 p. (2 fr.).

Fort intéressante brochure sur ces extraordinaires mystiques.

Réédité :

Paris, Impr. de Poupart Davyl, 1882, in-8° 00 p.

[8° O⁴. 355

2826 DAVID. — Le droit augural et la divination officielle des Romains.

Paris, Klincksieck, 1805, in-8°. (4 fr. 50).

2827 DAVID de SAINT-GEORGES (Jean Joseph Alexis). — Histoire des Druides et particulièrement ceux de la Calédonie, d'après M. Smith. Suivie de recherches sur les antiquités celtiques et romaines des arrondissements de Poligny et de St-Claude, et d'un Mémoire sur les tourbières du Jura.

Arbois, Impr. de A. Javel, 1845, 3 part. in-8° (6 fr.).

[8° La². 80
(G-210

2828 DAVIDSON (Peter). — The Misteltoe and its philosophy, showing its history, the origin of its mystical and religious rites, why this weird plant was preferably chosen to others, ram...

Glasgow, 1898, in-8°. (5 fr.).

Pour l'appréciation de cet ouvrage, voir le suivant, sa traduction française.

Le Gui et sa Philosophie. Traduit de l'Anglais par P. Sédir.

Paris, Chamuel, 1899, in-12 de 102 p. (3 fr.).

Ce petit volume est encore un de ceux qui a une histoire. Elle est d'ailleurs résumée dans une " Note du Traducteur " intercalée à la fin, en manière d'errata : " Nos lecteurs ont sans doute remarqué, avec quelque surprise, le grand nombre de passages qui, au cours du présent livre ont été littéralement extraits de diverses œuvres fort connues.... comme l' " Histoire philosophique du genre humain " de Fabre d'Olivet ; la " Mission des Juifs " de St Yves d'Alveydre ; le " Temple de Satan " de St. de Guaita ; [les " Nouvelles Etymologies Médicales tirées des Gaulois " par Langlet-Mortier et Dugoens Vandamme ; " Les Grand Initiés " par Edouard Schuré].

Nous sommes convaincu (continue le Traducteur), qu'un Savant aussi original et aussi érudit que M. Davidson n'a omis de citer les Sources où il a puisé, que par l'ignorance où il est des procédés littéraires, ignorance fort explicable de la part d'un ermite, vivant depuis de longues années dans un isolement complet.

Ceci rappelle l'Ecclésiaste : « Nihil sub « Sole novum ; nec valet quisquam di- « cere ; Ecce, hoc recens est ; Jam enim « præcessit in Sæculis, quæ fuerunt ante « nos. » (Ecc. I-10).

2829 DAVIN (Abbé Vincent) chanoine de Versailles. — Bossuet, Port-Royal et la Franc-Maçonnerie. Les Jansénistes politiques et la Franc-Maçonnerie. Didier (Bossuet), 1699-1783 .... La Loge de la Candeur d'après le registre de la loge, par l'Abbé V. Davin.

Paris, Dentu, s. d. [1882], in-8°, de 110 p. (2 fr.).

Idem :

Paris, Dentu, s. d. [1850], in-8°.

Extrait des " Nouvelles Annales de Philosophie Catholique ".

Etude très documentée sur les rapports mystiques qui relient le Jansénisme à la Maçonnerie ; les nombreuses apparitions de la Mère Angélique au F∴ Doinel sembleraient justifier le point de vue de l'auteur, bien que son travail ait paru avant les confidences du Patriarche gnostique.

Des renseignements précieux sur les Nazaréens considérés comme les fondateurs de la Franc-Maçonnerie semblent ouvrir une voie nouvelle aux recherches. Enfin des détails intéressants sur le rôle de la Maçonnerie dans la Révolution recommandent cette brochure aux initiés comme aux profanes.

Ce curieux écrit montre d'une part, le Jansénisme devenu à la fin du XVIe siècle la plus formidable des sociétés secrètes, et d'autre part, Louis Philippe Egalité, Vénérable d'une Loge d'où sortirent les agents les plus efficaces du renversement de la Royauté.

2830 DAVIS (Sir John Francis). — La Chine ou description générale des mœurs et des coutumes, du Gouvernement, des Lois, des Religions, des Sciences, etc.... traduit de l'anglais par A. Pichard, revu et augm. par Bazin ainé de la Société Asiatique de Paris.

Paris, Paulin, 1837. 2 forts vol. in-8° illustrés de 55 figures. (8 fr.).

[8° O² n. 102

Histoire mythologique. La Religion, les livres mystiques, le Y-King, ses analogies avec la doctrine de Pythagore. Le Bouddhisme, ses cérémonies, leur rapport avec le culte catholique. Divinité de Tien heou, ses analogies avec la Vierge. Jésus rangé au nombre des dieux dans l'histoire complète des Dieux et des Génies. Singulière concordance des textes chinois avec les récits évangéliques. Citations importantes. Les magiciens et les alchimistes. Superstitions des Chinois, charmes et talismans. La Croyance aux Esprits. Les bons et les mauvais principes. La divination. Science des nombres. L'Astrologie et la médecine.

2831 DAVIS (Dr Philip). — La fin du monde des esprits. Le spiritisme devant la raison et la science par le Dr Philip Davis.

Paris, Montgredien, s. d. [1887], in-12.

L'auteur de cet ouvrage ne serait autre que Louis Jacolliot, l'auteur de la Bible dans l'Inde, etc... Œuvre instructive et de nature à attirer les esprits studieux vers l'étude des phénomènes psychiques élémentaires.
Histoire du spiritisme. — Théorie spirite. — Les Médiums. — Spiritisme expérimental. — Etc.

Autre :

Paris, Librairie illustrée, s. d. [1892], in-18 de XXIV-205 p.

[8° R. 11004

2832 DAVISSONE (Guillaume) ou mieux DAVIDSON ; en latin : DAVISSONIUS, médecin Ecossais du XVIIe siècle. Il fut intendant du Jardin des Plantes à Paris, Médecin du Roy, puis alla s'établir en Pologne. — Les Elemens de la philosophie de l'art du feu ou Chemie, contenant les plus belles observations qui se rencontrent dans la résolution, préparation et exhibition des végétaux, animaux et minéraux, et les remedes contre toutes les maladies du corps humain, comme aussi la Metallique appliquée a la théorie.... Œuvre nouveau (sic) et tres-necessaire a tous ceux qui se proposent jetter de bons fondemens pour apprendre la philosophie, medecine, chirurgie et pharmacie, trad. du latin du sieur (Guillaume) Davissone par Jean Hellot.

Paris, Franç. Piot, 1651, in-8° de XIV-677 pp.

[R. 33010
(O-1083

2833 DAVY (Sir Humphrey), illustre Chimiste, né à Penzance, dans la Cornouailles, en 1778, mort à Genève, en 1829. D'abord apprenti chez un Pharmacien, il devint Professeur à l'Institution Royale puis baronnet et enfin Président de la Société Royale (en 1820). — Les Derniers Jours d'un Philosophe. Entretiens sur la Nature, les Sciences, les Métamorphoses de la Terre et du Ciel, l'humanité, l'Ame et la Vie Eternelle. Ouvrage traduit de l'anglais, accompagné d'une Préface et de Notes par Camille Flammarion. Troisième édition.

Paris, Didier et Cie, 1872, in-12

de XXXII-308 p. Couv. ill. par L. Benest.

[R. 33027]

La Vision. — La Religion. — L'Inconnu. — L'Immortalité. — Apologie de la Chimie, ou Philosophie des Sciences. — Le Temps.

2834 DÉAL (Jean-Nicolas). — Dissertation sur les Parisii ou Parisiens et sur le culte d'Isis chez les Gaulois... par J. N. Déal.

Paris F. Didot, père et fils, 1826. in-8°, 120 p. (4 fr.).

[8° Lk⁷. 0500]

Avec la reproduction gravée d'une amulette égyptienne.

Savante dissertation sur la célébration du culte d'Isis par les premiers habitants de Paris. L'auteur fut de l'Ordre des Néo-Templiers de Fabre-Palaprat.

(G-1744)

2835 [DEBANS (Camille)]. — Discours contre le spiritisme, par un Médium incrédule. Avec une lettre à M. Allan Kardec.

Paris, E. Dentu, 1865, in-8°, 221 p. (4 fr. 50).

[R. 33820]

2836 DEBAY (Auguste), ancien médecin militaire, né à Clermont-Ferrand en 1802. Ses innombrables ouvrages sont assez peu estimés. — Le Cœur et l'Ame aux différents âges de la vie.

Paris, E. Dentu, 1862, in-18, 284 p. (2 fr. 50).

[R. 33007]

Le passé, le présent, l'avenir. Les Femmes infidèles. Le bonheur. La Vie, la Mort. Les instincts et penchants. La pensée, etc...

2837 DEBAY (A.). — Histoire des sciences occultes, depuis l'antiquité jusqu'à nos jours.

Paris, Dentu, 1860, in-18, 530 p. (3 fr.).

[V. 36017]

Paris, 1869. fort in-12 de 540 pp. Puis encore 1883, etc.

Magie. Théurgie. Thaumaturgie. Médecine sacerdotale ou occulte. Les différentes substances employées. secrets divers. Breuvages magiques. philtres. talismans. amulettes. hippomanes. Cagliostro, le Sabbat. l'onction magique. Miroirs magiques. anneaux constellés. Pierre philosophale. Les sorciers. les fées. les Dames blanches. etc..

(G-211-293-1284)

2838 DEBAY (A.). — Hypnologie : du sommeil et des songes au point de vue physiologique : Somnambulisme magnétisme extase, hallucinations ; exposé d'une théorie du fluide électro sympathique par A. Debay.

Paris J. Masson, 1843, in-12. 187 p.

[8° Th⁰¹. 171]

Compilation sans aucune valeur.

(D. p. 128)

2839 DEBAY (A.). — Les Mystères du sommeil et du magnétisme. explication des prodiges qu'offre cet état de la vie humaine. par M. Debay.

Paris. J. Masson, 1844, in-12, 334 pages.

[8° Th⁰¹. 172]

Deuxième édition, voir la première sous le titre " Hypnologie ". en 1843. ci-dessus. Nouvelles éditions 1845 et 1854.

Contient de curieux chapitres sur la catalepsie.

L'édition de 1845, avec frontispice est la plus recherchée de toutes les Œuvres de Debay.

(D. p. 129)

Les Mystères du Sommeil et du Magnétisme. ou physiologie anecdotique du somnambulisme naturel et magnétique. Physique des tables tournantes.

Paris Dentu, 1873, in-12.

Troisième titre différent du même ouvrage.

(G-1285)

2840 DEBAY (A.). — Le soir de la Vie ; les souvenirs.

Paris, E. Dentu, 1868, in-12, 234 p. (2 fr.).

[Z. 46689

Les grandes affections de la vie. L'idéal et le positif. Le temps, l'espace, le bonheur. La destinée. Cause principe de l'univers. Les religions, etc.

2841 DEBOUT (Dr Émile). — Esquisse de la phrénologie et de ses applications par le Dr. Debout.

Paris, H. Lebrun, 1843, in-16, 170 p. Figures.

[8° Tb⁸⁰. 72

2842 DEBREYNE (Dr Pierre Jean Corneille). Médecin et Trappiste français né à Quaëdypre, près Dunkerque, en 1785. Il fut médecin à Paris, puis à la Trappe de Mortagne, où il prit l'Habit vers 1840. — Essai philosophique sur l'influence comparative du régime végétal et du régime animal sur le physique et sur le moral de l'homme. etc…

Bruxelles, 1847, in-12, (2 fr. 50).

Suivant l'auteur dont les ouvrages firent un certain bruit le régime végétarien est une véritable panacée et la source de la longévité. Son travail abonde en observations intéressantes, et revient au plan de l'actualité à notre époque, où le végétarisme est si répandu.

2843 DEBREYNE (le Père). — Essai sur la Théologie Morale, considérée dans ses rapports avec la Physiologie et la Médecine, par le P. DEBREYNE, Trappiste et Médecin.

Paris, Poussielgue Rusand, 1842, in-8° XV-544 p. (5 fr.).

[D. 31722

Dans le Chap. IV, tout en faisant ses réserves sur les Cas de Possession cités dans le Nouveau Testament (qui sont des ARTICLES DE FOI), l'auteur admet que les autres possédés ne sont que des Malades ou des Charlatans (!).

Les ouvrages de ce savant et courageux trappiste eurent un retentissement considérable et se vendaient exclusivement au clergé. On remarque dans cet ouvrage une savante théorie des tempéraments, ainsi que des chap. très scabreux sur la luxure et l'onanisme masculin et féminin; sur l'incubat et le succubat, le baptême des embryons et des monstres ; la survie du fœtus ; le magnétisme animal ; l'hypnotisme ; les possessions démoniaques, etc…

(Y-P-783

2844 DEBREYNE (le Père). — Etude de la mort, ou initiation du prêtre à la connaissance pratique des maladies graves et mortelles, et de tout ce qui peut se rattacher à l'exercice difficile du saint ministère.

Paris, 1845, in-8°, (4 fr.).

Ouvrage destiné au clergé seulement. Précis de sémeiologie ou des symptômes et des signes. Des signes tirés du pouls, des palpitations, de la respiration, etc… Des morts apparentes et des moyens de prévenir les inhumations précipitées. Doctrine des crises dans les maladies aiguës, etc… On y voit également que l'on peut baptiser l'enfant dans le ventre de sa mère.

Autre :

Paris, Vve Poussielgue-Rusand, 1863, in-8° 202 p.

[8° Td⁸⁰ 344

2845 DEBREYNE (le Père). — Mœchialogie ou traité des péchés contre les 6e et 9e commandements du Décalogue et toutes les questions matrimoniales qui s'y rattachent directement et indirectement ; suivi d'un Abrégé pratique d'embryologie sacrée, par le P. J. C. DEBREYNE.

Paris, Poussielgue Rusand, 1845, in-8° d'environ 500 p. (9 fr.).

" Première édition rare d'un livre recherché " (S. de G.).

Autres éditions :

Bruxelles, 1846 (in-12).

Bruxelles, 1859 (in-12).

Paris, Poussielgue et fils, 1805
(in-8° XII-427 p.)
[D. 55051
Paris, Poussielgue et fils, 1874.
(in-12).

Rare ouvrage de ce savant médecin trappiste, dans lequel il aborde une quantité de questions délicates (luxure consommée et non consommée, onanisme, pollution, sodomie, bestialité, fornication, viol, inceste, livres obscènes, etc...) il aborde également les pratiques magnétiques. Cet ouvrage n'était destiné qu'au clergé, exclusivement ; il fut beaucoup blâmé.

(G-1280

2846 DEBREYNE (Le Père). — Pensées d'un croyant catholique, ou considérations philosophiques, morales et religieuses sur le matérialisme moderne, l'âme des bêtes, la phrénologie, le suicide, le duel, le magnétisme animal, etc. par le P. J. C. DEBREYNE.

Bruxelles, 1843, in-18. (3 fr.).

Autre.

Paris, Poussielgue Rusand, 1830, in-8° 480 p.
[Salle de lect. 8° Aa.500

Ibid. Id. 1840, in-8° 406 p.
[D. 31728

2847 DEBREYNE (Le Père). — Physiologie catholique pour servir d'introduction aux études de la philosophie et de la théosophie morale, suivie d'un traité d'hygiène physique et morale, 4-ème édit.
Paris, Poussielgue-Rusand, 1865, in-12 VIII-468 p. (3 fr. 50
[8° Th¹. 155 bis

Autre.

Bruxelles, 1844, in-12.

Cet ouvrage ne se vendait qu'au clergé et aux séminaires seulement et sur un certificat de l'archevêché. (Sommeil et veille. Songes ou rêves. Somnambulisme. Vie de génération. Hermaphrodisme,

Grossesse. Monstres. Tempérament érotique ou génital. Longévité, etc..)

2848 DEBREYNE (Le Père). — Le Prêtre et le Médecin devant la société.
Paris, 1848, in-8° (3 fr.).

Influence de vertu, de sacrifice et de dévouement du prêtre. Du célibat du prêtre. Influence de lumière et de science du prêtre. Influence de moralité, de dévouement et de science du médecin. La religion du médecin, etc...

2849 DEBREYNE (Le Père). — Du Suicide considéré aux points de vue philosophique, religieux, moral et médical, suivi de quelques réflexions sur le Duel.
Paris, 1847, in-8° (3 fr. 50).

Folie, manie ou monomanie. Suicides manqués ou avortés. Suicides simulés. Hérédités et épidémie du Suicide, etc...

Autre :

Bruxelles, 1854, in-12.

2850 DEBREYNE (Le Père). — Thérapeutique appliquée, ou traitements spéciaux de la plupart des maladies chroniques.
Paris, J. B. Baillière, 1841 in-8° 240 p. (2 fr. 50).
[8° Te²² 21

Curieux ouvrage (Epilepsie, hystérie, danse de St-Guy, névroses et névropathes phlegmasies, asthénies, etc)...

2851 DÉBRIS (Les) du baquet ou Lettres critiques de la requête de Mesmer.
Paris, chez les Marchands de Nouveautés, 8 octobre 1784, in-8° 23 pages. (3 fr.).

Pièce rare d'une violence inouïe contre Mesmer.

L'auteur demande la fermeture de son *tripot,* etc. Des invectives plutôt que des raisons,

(D. p. 45

2852 DECEMBRE-ALONNIER (nom collectif de Joseph Décembre et Edmond

Alonnier). — Almanach annuaire de la Maçonnerie universelle, publié par le F.·. Décembre-Alonnier.

Paris, M. Blanc, 1870, in-16 312 p. (4 fr.).

[N° H. 474

2853 DECHEVAUX-DUMESNIL (J. P. A.). et LAVOINE. — Le Franc-Maçon, revue Mensuelle avec la collaboration des FF.·. de divers Orients.

Paris de 1848 à 1864. 4 volumes in-8°. (60 fr.).

[H. 11041-55

Collection fort rare de cette Revue, l'une des meilleures publiées au XIX° siècle et contenant des documents inédits très précieux pour l'étude des sociétés secrètes en général et l'ordre maçonnique en particulier.

A paru de 1848 à 1870.

2854 DECHEVRENS (le P. A.). de la Société de Jésus. — Etudes de Science Musicale, par A. Dechevrens.

Paris, l'auteur, 1898, 4 vol in-8° (17 fr.).

[4° V. 4442

Savante étude principalement de la musique Grégorienne.

T. I. — Origine et formation de l'Echelle Musicale. — Développement du principe musical. — La Musique Grégorienne. — Système Modal de Pythagore et des Grecs postérieurs. — La Musique ecclésiastique des Grecs Modernes. — La musique Gréco-Romaine et l'Octoechos. — La musique Arabe. (II-491 p.)

T. II. — De la musique Grégorienne. — Le Rythme Grégorien d'après l'histoire. Reconstitution du Rythme Grégorien.

T. III. — Documents. — Chants Latins. — Chants Coptes et Arabes. — Mélodies Grecques. Mélodies Arméniennes. — Mélodies Hébraïques. — Mélodies Turques et Chinoises.

T. IV. — De la Musique Arabe (69 p.)

2855 DECKER (Johann). — Spectrologia h.e. discursus ut plurimum philosophicus de spectris brevibus et succintis Thesibus... auctor Joh. Decker.

Hamburgi apud G. Liebernickel, 1690, in-12, 108 p. etc. front. gravé (4 fr.).

[R. 33103

2856 [DECOMBES]. — Concubitus sine Lucina, ou le Plaisir sans Peine [par Decombes].

Londres, 1850. in-8°.

Cet ouvrage se joint à celui de Hill "Lucina sine Concubitu" paru la même année, sous le pseudonyme "Johnson"

(S-3350

2857 DECOURCELLE (Charles). — Traité des Symboles, ouvrage qui donne la clef de toutes les allégories, tant sacrées que profanes et des Mystères les plus cachés des Sociétés maçonniques, hermétiques, théosophiques, etc... par Ch. Decourcelle.

Paris, Debray, 1800, in-12, 120 p. (9 fr.).

[Z. 46705

2858 DECOURDEMANCHE (Jean Adolphe). — De la littérature superstitieuse chez les Turcs. Livre de la physiognomonie. Livre des sorts. Livre des songes. Livres des heures. L'astrologie. Livre des atteintes.

Paris, 1881. gr. in-8°.

2859 DECOURDEMANCHE (J. A.)— Le Miroir de l'avenir. Recueil de sept traités de divination traduits du turc.

Paris, 1899, in-16. (4 fr.).

[8° Z. 437

Bibliothèque Orientale Elzévirienne. LXXIV.

Importante collect. du plus haut intérêt pour tous ceux qui se livrent à la divination, ou à l'étude philosophique des présages les sorts, les blessures, les heures, l'influence zodiacale, celle des prénoms y sont l'objet d'une étude curieuse et profonde.

2860 DECREMPS (Henri). Mathématicien Français, né à Béduer en Querci. (Lot), en 1746, mort en 1826, auteur d'ouvrages très ingénieux sur la Physique Amusante, avant la Révolution. En 1794, il publia un singulier ouvrage : " La science sans-culottisée. " — Diagrammes chimiques, ou recueil de 360 fig. sur 112 planches par M. Decremps.

Paris, Carilian-Gœury. 1823, in-4" XLVII-80 p., pl. et fig. (10 fr.).

[R. 7200

2861 DECREMPS (Henri). — La Magie Blanche dévoilée, ou explication des tours surprennants (sic) qui font depuis peu l'admiration de la capitale et de la province. Avec des réflexions sur la baguette divinatoire, les automates joueurs d'échecs, etc. II. Supplément à la magie blanche dévoilée.

Paris, Langlais, 1784-85, in-8° de xvj-140-vj-287-4 p. (8 fr.).

[R. 12036-7

Orné de 2 frontispices, de 2 titres avec encadrements et vignettes et de 2 planches, le tout gravé en taille-douce et de nombreuses figures sur bois dans le texte.

2862 DECREMPS (Henri). — Testament de Jérôme Sharp. Professeur de Physique Amusante ; Où l'on trouve parmi plusieurs tours de subtilité, qu'on peut exécuter sans aucune dépense, des Préceptes et des Exemples sur l'Art de faire des Chansons impromptu ; pour servir de Complément à la Magie Blanche Dévoilée ; par M. Decremps, du Musée de Paris. Avec 60 figures.

Paris, L'Auteur. Granger, Bailly, etc. M.DCC.LXXXVI, [1786], in-8° de XIX-328 p. 1 f° n. c. Fig. et Musique (4 fr.).

[R. 12638

C'est la suite de ce curieux et intéressant ouvrage.

2863 DECREMPS (Henri). — Codicile de Jérôme Sharp, Professeur de Physique Amusante : où l'on trouve, parmi plusieurs tours dont il n'est point parlé dans son Testament, diverses Récréations relatives aux Sciences et Beaux-Arts ; pour servir de Troisième Suite à La Magie Blanche Dévoilée : par M. Decremps. Avec 64 Figures.

Paris, Chez Lesclapart, Libraire de Monsieur, M.DCC.LXXXVIII, [1788] in-8° de 286 p. et 2 grands tableaux pliés. Fig. Portr. de l'Aut. en Frontisp. (4 fr.).

[R. 12647

2864 DECREMPS (Henri). — Les Petites Aventures de Jérôme Sharp, professeur de Physique Amusante : Ouvrage contenant autant de Tours Ingénieux que de Leçons utiles, avec quelques petits portraits à la Manière Noire ; par l'Auteur de la Magie Blanche. 18 Figures.

A Bruxelles, chez la Veuve Dujardin et à Paris, chez Defer de Maisonneuve, 1789, in-8° de 286 p. Frontispice et Figures. (4 fr.).

[R. 12649

Se joint à la Collection de la " Magie Blanche " de cet Auteur.

2865 DECRESPE (Marius). — L'éternel féminin et le mécanisme de l'amour.

Paris, Chamuel. 1887. in-16 de 33 p. (2 fr.).

[8° R. Pièce. 6228

Interprétation originale de l'amour sexuel au point de vue psychologique.

(G-1287)

2866 DECRESPE (Marius). — Magnétisme. Hypnotisme. Somnambulisme.

Paris, A. L. Guyot. S. D. in-16 185 p. (1 fr. 50).

[8° Y². 48312

Collection A. L. Guyot. U. S.

Ce petit traité de magnétisme est certainement le meilleur qui ait été fait, aussi bien au point de vue théorique que pratique. L'auteur a réuni d'une manière très concise, les meilleurs procédés, et les a mis à la portée de tous par leur simplicité.

2867 DECRESPE (Marius). — La main et ses mystères.

Paris, A. L. Guyot, S. D. 2 vol. in-16. fig. (2 fr. 50).

[8° Y². 48312

Collection A. L. Guyot. U. 5, 6 [sic. pour 3, 4].

Excellent traité devenu rare, travail de vulgarisation remarquable. Histoire abrégée de l'occultisme. Théorie des signatures astrales. Les correspondances du Tarot et de la main (partie très curieuse et originale) Chirognomonie. Les types planétaires. Correspondances de la main avec le reste du corps, etc...

2868 DECRESPE (Marius). — Manuel de Graphologie appliquée. 2ᵉ édition.

Paris, A. L. Guyot, S. D. 2 vol. in-16. (Nombr. fac-similés). (2 fr.).

[8° Y². 48312

Collection A. L. Guyot. U. 5. 6.

Rapports de la graphologie avec les autres sciences divinatoires et la science occulte. Différentes parties de la main. Correspondance avec le Tarot.

2869 DECRESPE (Marius). — Principes de physique occulte : les microbes de l'Astral.

Paris, Chamuel, 1895. in-12 de 108 pp. front. gravé (1 fr. 50).

[8° R. 13008

Avec figures.

Autres éditions.

Paris, Chamuel, 1894, in-12.

Paris, 1903, in-12 de 58 p.

Essai intéressant d'adaptation des découvertes modernes de la psycho-physiologie aux théories du corps astral.

(G-1288

2870 DECRESPE (Marius). — Recherches sur les conditions d'expérimentation personnelle en physio-psychologie.

Paris, 1800, in-12 de 32 pp.

2871 DECRESPE (Marius). — La Vie et les Œuvres de M. de Norkiewicz Iodko, membre et collaborateur de l'Institut impérial de médecine expérimentale de St-Pétersbourg.

Paris, Chamuel, 1800, in-12 de 51 p. portr.

[8° M. 0300

2872 DECRESPE (Marius). — De la vision provoquée chez les aveugles et d'un nouveau procédé d'hypnotisation.

Troyes, impr. de G. Arbois, 1808. gr. in-8°, 7 p.

[1° T⁵⁵, 502

(Non mis dans le commerce).

2873 DÉCRET de la Faculté de Médecine de Paris, du 24 août 1784 par lequel est adopté le Rapport des commissaires (Français et Latin).

27 août 1784, in-4°.

Pièce fort rare. Je ne l'ai jamais rencontrée et je ne puis certifier que cette décision ait été imprimée à part.

(D. p. 44

2874 DEDEKIND (Gustav-Ernst-Wilhelm). — Dokimion oder praktischer Versuch über ein reales Verhältnisz der Geister der Verstorbenen zu den hinterbliebenen Jhrigen. Erster und zweiter Theil. Von Gustav Ernst Wilhelm Dedekind.

Hanover, Hahn, 1797. in-8° de XVI-108 pp.

(O-1789

2875 DEE (John). Mathématicien et Astrologue célèbre, né à Londres en 1525, mort en 1607. Il fut Astrologue de la Reine Elizabeth, de l'Empereur Rodolphe II d'Allemagne et du roi Etienne de Hongrie. Comme Nostradamus, il s'aidait d'un Cristal pour ses Visions. — Monas Hieroglyphica Joannis Dee...

Antverpiæ, G. Silvius excudit. 1564, in-4°, 28 p. fig.

[V. 0555

Autre éd.

Francofurti, apud J. Wechelum et P. Fischerum, 1591, in-8° de 107 p. fig.

[V. 19050 (S-6620

2876 DEE (John). — Joannis Dee, Londinensis Monas hieroglyfica mathematice, magice, cabalistice, anagogiceque, explicata : dans Theatrum chemicum (1613), II-101-230.

(O-630

2877 DEE (John). — Joannis Dee Tuba Veneris, id est : Vocatus sive citationes sex Spirituum sub Veneris dominio existentium, ubi docetur methodus perficiendi sigillum Veneris ejusque tubam ; circuli compositio, nomina propria spirituum...... Das Büchlein der Venus zur Beschwörung böser Geister auf eine gottselige Weise, aus dem Lateinischen übersetzt von Leopold F*** ; dans Handschriften für Freunde..... (1794), 476-516.

(O-940

2878 DEE (John). — A true and faithful relation of what passed for many years between Dr John Dee... and some Spirits... with a preface by Merice Casaubon...

London, T. Garthwait, 1659, 2 part. in-f°, pl. et fig.

[R. 835

2879 DEFER (Dr J. B. E.). — Expériences sur le magnétisme animal, par J. B. E. Defer.

Mely, F. Robert, 1858, in-8°, 52 pages.

[8° Th⁽ⁿ⁾, 139

Autre :

Mely, 1859, in-8° (0 fr. 75).

Très bonne étude sur le magnétisme et relation de nombreuses expériences faites sur une seule personne dans un groupe privé, composé de personnes dont les noms sont cités à la fin de la brochure.

(D. p. 113

2880 DEFRANCE (Eugène). — Singularités Religieuses, par Eugène Defrance.

Paris, A. Noël et Chaleou, 1907, in-8°, XI-101 p. fig. couv. ill., encadrements.

Tiré à 500 ex.

[D. 80209

DEJEAN distillateur, pseud. de HORNOT (Antoine).

2881 DELAAGE (Marie-Henri), homme de lettres né à Paris en 1825, Petit-fils du célèbre Chaptal ; magnétiseur et mystique. — Doctrines des sociétés secrètes, ou épreuves, régimes, esprit, instructions, mœurs des initiés aux différents grades des mystères d'Isis, de Mithra, etc.

Paris, E. Dentu, 1852, in-18, 180 p. (3 fr.).

[R. 33185

Ouvrage peu commun.

Il n'est pas nécessaire de faire l'éloge d'un tel livre, le titre répond exactement à son contenu.

(G-214

2882 DELAAGE (H.). — L'éternité dévoilée ou vie future des âmes après la mort. Quatrième édition.

Paris, Dentu, 1854, in-8°.

Paris, E. Dentu, 1864, in-12 de

Sc. psych. — T. I. — 28.

2883 [DELAAGE (Henri)]. — Initiation aux mystères du magnétisme par Henri D... [Henri DELAAGE]. Théorie du magnétisme. — Connaissance des maladies, causes et remèdes. — Faits magnétiques. — Vision somnambulique. Vision dans l'avenir et dans l'espace, etc...

Rouen, Imp. A. Péron. Paris, Dentu. 1847. pet. in-18 de VI-97 p. (3 fr.).

[8° Tb⁶³ 34

L'auteur a été une originalité du monde parisien. Tour à tour journaliste, auteur de livres mystico-magnétiques, secrétaire d'un homme politique, ami du P. Ventura, de Veuillot, d'Alexandre Dumas, de Rigolboche, etc. Assistant à toutes les fêtes du théâtre, de la littérature, du monde et des églises ; Habitué des bals de l'Opéra et l'un des auditeurs fidèles du P. Lacordaire, sa popularité a longtemps étonné les petits et les grands journaux. Chiromancien amateur, lucide éveillé, son modeste appartement de la rue Duphot a été en même temps un cabinet de consultation où de grandes et de petites dames n'hésitaient pas à aller consulter l'oracle. Avec une conversation embarrassée par un vice de prononciation, l'auteur parlait peu, mais ses livres sont écrits en fort beau style et ils sont tous consacrés à la défense du magnétisme et du catholicisme. M. H. Delaage comme homme du monde est d'ailleurs très doux, très obligeant et très sympathique.

(D. p. 137)

2884 DELAAGE (Henri). — Le Monde occulte, ou mystères du magnétisme dévoilés par le somnambulisme, par H. DELAAGE précédé d'une introduction sur le magnétisme par le P. Lacordaire.

Paris, 1re édition, P. Lesigne, 1851.

2e éd., Dentu, in-18 (3 fr.).

3e éd. S. d., in-12.

[8° Tb⁶³. 44
[8° Tb⁶³. 44. A

Physionomie du somnambulisme à Paris. Sorcières et Cartomanciennes. Influence amoureuse des passes et attouchements magnétiques... J. C. magnétiseur. Phénomènes de seconde vue. Guérisons par la médication somnambulique. Mystères de l'éternité entrevus par les extatiques. Perfectionnement physique de la race humaine. Etc...

(D. p. 147)
(G.-1289)

2885 DELAAGE (Henri). — Le Monde prophétique, ou moyens de connaître l'avenir employés par les Sibylles, les Pythies, les Aruspices, les Sorcières, les Tireuses de cartes, les Chiromanciennes et les Somnambules lucides ; suivi de la biographie du somnambule ALEXIS.

Paris, E. Dentu, 1853, in-18, 172 p.

[R. 33188

Autre éd. :

Paris, 1863, in-12. (3 fr.).

L'esprit prophétique. Les oracles de l'antiquité. La Magie prophétique. L'art de tirer les cartes. L'art d'expliquer les songes. Initiation des devins chez les sauvages, etc...

2886 DELAAGE (Henri). — Perfectionnement physique de la race humaine ou moyen d'acquérir la beauté, d'après les procédés occultes des Mages de Chaldée, des philosophes hermétiques, d'Albert le Grand, de Paracelse, et des principaux thaumaturges des siècles écoulés.

Paris, Lesigne, 1850, in-18 de 157 pp. (3 fr. 50).

[R. 33189

Doctrine secrète des mystères de l'antique Orient. Etudes sur l'esprit de lumière et de vie. Lois de la configuration humaine. Du mécanisme de la pensée, moyens de préserver la beauté des altérations du temps, etc...

Œuvre d'ailleurs passablement nébuleuse et impratique : " l'homme perçant les Monts,lance à travers leurs flancs l'airain animé d'une vie puissante "...?

(G-213

2887 DELAAGE (Henri). — Les ressuscités au Ciel et dans l'enfer, par Henri DELAAGE.

Paris, Dentu, 1855, in-8", 208 pages. (3 fr.)

[R. 33190

Ce livre comme tous ceux de l'auteur a pour but l'alliance du magnétisme avec les mystères et les dogmes de la foi catholique. Il est écrit en fort beau style. C'est un livre de doctrine spiritualiste ce n'est point un livre de science.

Initiation aux mystères de la vie. Analogie entre le sommeil et la mort. La lucidité somnambulique et la résurrection. La vie future chez les peuples de l'antiquité. Descente de J. C. aux enfers. Le Paradis et l'Enfer des Chrétiens et de Mahomet. La vie future selon Swedenborg. Apparitions, etc...

(D. p. 150

2888 DELAAGE (Henri). — La science du vrai, ou les mystères de l'éternité et de la religion dévoilés.

Paris, Dentu, 1882, in-18. 220 p. (4 fr.).

[8° R. 4044

Etude fort intéressante sur l'Initiation dans l'antiquité et sur les divers enseignements : (La vraie lumière. Initiation aux mystères de l'amour, de l'éternité, de la religion dévoilés. Le règne de Dieu).

(G-215-1290-1291

2289 DELACROIX. — Dictionnaire historique des cultes religieux établis dans le monde depuis son origine jusqu'à présent dans lequel on trouvera les différentes manières d'adorer la Divinité, que la révélation, l'ignorance et les passions ont suggérées aux hommes dans tous les temps l'histoire abrégée des Dieux et demi-Dieux du Paganisme, et celle des religions Chrétienne, Judaïque, Mahométane, Chinoise, indienne, etc....

leurs sectes et hérésies principales ; leurs ministres, prêtres et ordres religieux ; leurs fêtes, cérémonies, dogmes et croyances.

Paris, 1770, 3 forts vol. in-8", gravures. (10 fr.).

Cabale. Magie. Sabbat. Satan. Superstitions. Talmud. Albigeois. Livres apocryphes. Astrologie. Bohémiens. Chiromancie. Démons. Les Eddas. Gnostiques. Illuminés. Incestueux. Infernaux. Lucifériens. Maléfices. Manichéisme. Rose-Croix. Vaudois. Exorcismes. Templiers. Sorciers. Druides. Mages. Initiations.

2890 DELACROIX (Charles). — De la connaissance du tempérament, peinture fidèle des états sanguins, nerveux, bilieux et glaireux, comme principes de toutes maladies ; signes auxquels chacun reconnaîtra facilement si les maux qu'il éprouve, sont causés par le sang, l'hu   ou les nerfs; signes qui annoncent une bonne constitution et les probabilités d'une longue vie.

Paris, l'auteur, 1828, in-8". 67 p. (2 fr. 50).

[8° Tth. 258

Curieux et réimprimé 12 fois entre 1828 et 1834.

2891 DELACROIX (Frédéric). — Les procès de Sorcellerie au XVII° siècle.

Paris, Nouv. Revue, 1894 in-18, 328 p.

[8° F. 7890

Autre :

Paris, 1890, in-12, (4 fr.).

La foi démoniaque, la puissance et le gouvernement du Diable. Pouvoir et agissement des sorciers. Le rêve du Sabbat. Les sorciers devant la justice. Sorcellerie des campagnes. Ensorcellement par le souffle, le regard, la parole, l'attouchement, etc. Art de désensorceler. Messes noires. Envoûtement. Sortilèges. Conjurations. Tortures et épreuves ; etc..

2892 DELACROIX (Dr Henri). — Essai sur le mysticisme spéculatif en Allemagne au quatorzième siècle.

Paris, Alcan, 1900, in-8°.

2893 DELACROIX (Dr Henri). — Etudes d'histoire et de psychologie du Mysticisme. Les Grands mystiques chrétiens par Henri Delacroix.

Paris, J. Alcan, 1908, in-8° XIX-470 p.

[8° R. 21929

2894 DELAMBRE (Jean-Baptiste-Joseph) Chevalier de St Michel, et de la Légion d'honneur né à Amiens en 1749, mort à Paris en 1822. Astronome, Secrétaire perpétuel de l'Académie des sciences. — Rapport sur les mémoires relatifs à l'origine commune des sphères de tous les anciens peuples, et à l'époque voisine du commencement de notre ère, que retracent les zodiaques découverts en Egypte, spécialement ceux de Dendéra Mémoires lus et présentés à l'Acad. par M. de Paravey.

Paris, Impr. de A. Belin, 1821, in-8°. LII-30 p. (4 fr.).

[V. 48824

2895 DELANDINE (Antoine-François). né et mort à Lyon en 1756-1820. Avocat et Bibliothécaire à Lyon. — L'Enfer des peuples anciens ou histoire des Dieux infernaux, de leur culte, de leurs temples, de leurs noms et de leurs attributs. Avec la description des morceaux célèbres de peinture, gravure et sculpture des artistes anciens et modernes qui ont représenté ces divinités.

Paris, 1784, 2 vol. in-12, XII-571 p. (9 fr.).

[J. 10900

Ouvrage d'érudition écrit avec méthode. Chaque chap. renferme l'histoire, les noms et les attributs d'une divinité ; à la fin se trouve la table des artistes qui ont représenté les dieux infernaux et une table des auteurs cités et des éditions dont on s'est servi.

(G.-1292

2896 DELANDINE (Antoine-François).

Notice historique sur les systèmes et les écrits anciens qui se rapportent au magnétisme animal par Delandine.

Paris, in-8°, 16 pages.

(D. p. 08

2897 DELANDINE (A. F.). — De la philosophie corpusculaire, ou des connaissances et des procédés magnétiques chez les divers peuples, par M. Del*** [Delandine].

Paris, Cuchet, 1785, in-8°, III-200 pages. (5 fr.).

[8° Th⁶².1 (XI. 130)

Intéressant ouvrage pour l'époque. Il donne un résumé des écrits des anciens sur les pratiques qui peuvent se rapporter au magnétisme.

(D. p. 50

2898 DELANNE (Gabriel). — L'âme est immortelle. Démonstration expérimentale.

Paris, Leymarie, 1000, in-12.

Ed. originale :

Paris, Chamuel, 1800, in-18, 408 p.

[8° R. 16079

2899 DELANNE (Gabriel). — L'évolution animique. Essai de psychologie physiologique suivant le spiritisme.

Paris, Chamuel, 1897, in-18, 368 p. (3 fr.).

[8° R. 14474

Force vitale. Périsprit. Force nerveuse psychique. Amour conjugal. L'inconscient psychique. Somnambulisme provoqué. L'obsession et la folie, etc...

(G.-1293

2900 DELANNE (Gabriel). — Le phénomène spirite, témoignage des Savants. Etude historique. Exposition méthodique de tous les phénomènes. Discussions des hypothèses. Conseils aux médiums. La théorie philosophique.

437

Paris, Chamuel, 1893. in-12. VII-290 p. Frontisp. figures. (3 fr.).

[8° R. 11464

Phénomènes d'évocation. Force psychique. La lévitation humaine. Transmission de la pensée. Médiumnités diverses. Psychographie. Phénomènes d'apports. Apparitions. Matérialisations. Réincarnations. etc...

2001 DELANNE (Gabriel). — Le spiritisme devant la science.

Paris. Dentu. 1885, in-18. 472 p.

[8° R. 6642

Autre :

Paris. 1893. in-12. (3 fr. 50).

Delanne est trop connu du monde spiritualiste pour en donner ici le moindre crayon. Écrivain sincère, souvent éloquent, toujours érudit, il mène depuis de longues années le bon combat contre le matérialisme. Son *Spiritisme devant la science* est un plaidoyer magistral bourré de documents, d'un effet irrésistible. Pendant environ 500 pp. compactes, l'auteur fait revivre la grande tradition depuis l'antiquité jusqu'à nos jours, apportant à l'appui de sa thèse les témoignages les plus divers, les faits les plus saisissants.

(G.-1294

2902 DELAPORTE (le P. Albert). — Le diable existe-il, et que fait-il ? 5e édit. revue et augm.

Paris. C. Dillet, 1864. in-18. 130 p. (1 fr. 50).

[D. 31826

2903 DELAPORTE (le P. Victor). — Du merveilleux dans la littérature française sous le règne de Louis XIV.

Paris. Rétaux-Bray, 1891. in-8°. 424 p. (5 fr.).

[8° Z. 12180

Des différents genres de merveilleux. — De la foi au Merveilleux chrétien. — Croyances aux ombres et revenants. Loups garous, etc. — Croyance à la magie des sorciers. — Croyance à l'alchimie, à l'astrologie judiciaire. — Des esprits dits élémentaires ou cabalistiques. etc.

(G-1745

2904 DELARQUE (le F...). — Les Loges doivent-elles faire la déclaration de publicité prévue par l'article 5 de la Loi sur les Associations ?

Paris, 1902. in-8° de 24 pp. (2 fr.).

2905 DELARVATIO Tincturæ Philosophorum, das ist : kurtze und einfältige Erklährung des Lapidis Benedicti, worinnen die hieroglyphica Nomina Philosophorum obscura, welche die Philosophi aenigmatisch beschrieben, klar und deutlich gemachet, durch einem, der wahren Philosophie Liebhabern entdecket und erkläret, der in der Wahrheit genuine Feuer-Arbeit Liebet, un da es wohl heissen mag, Aut hic, aut nusquam.

Ober-und Nieder-Wasserberg. gedr. durch Mercurium Schweffelmann, 1747 in-8° de XVI-94-X pp.

(O-1463

2906 DELASIAUVE (Dr Louis - Jean - François). — Journal de Médecine Mentale... résumant toutes les questions relatives à la Folie, aux Névroses convulsives...

Paris, Victor Masson et fils, 1861-1871. 11 vol. in-8° d'environ 380 pp. chacun. (40 fr.).

[8° T37 9

2907 DELASSUS (Jules). — Les incubes.

Paris, Mercure de France, [1898], in-18 de 62 pp. (2 fr. 50).

[8° R. 15046

Très curieux ouvrage.

Les légendes et les faits. Les doctrines. Comment on arrive à l'incubat et au succubat.

(G-216 et 217

2908 DELATTRE (A.). — Les inscriptions historiques de Ninive et de Babylone ; aspect général de ces documents : examen raisonné des versions françaises et anglaises.

Paris, 1879, in-8° (2 fr.).

Histoire des constructions. Les inscriptions historiques et la Bible, etc.

2909 [DELAULNAYE (François-Henri - Stanislas)]. — Récapitulation de toute la Maçonnerie, ou Description et explication de l'hiéroglyphe universel du Maître des Maîtres (par François H. Stanislas DELAULNAYE). Orient de Memphis, XXXVIIIMDCLXXXXII.

Impr. de Nouzou (Paris, Piat, 1813), in-8° de 47 pp. avec 2 pl.

(O-320

2910 [DELAULNAYE (F. H. S.)]. — Thuileur des trente-trois degrés de l'Ecossisme du rit ancien, dit accepté, auquel on a joint la rectification, l'interprétation et l'étymologie des mots sacrés, de passe, d'attouchement, de reconnaissance, etc..., qui, pour la plupart, empruntés de la langue hébraïque, ont été tellement altérés, soit dans la tradition orale, soit dans les instructions mss., qu'ils ne présentent plus aucune signification ; suivi de l'exposé du système de la génération universelle des êtres, selon la doctrine symbolique des anciens (par François Henri Stanislas DELAULNAYE).

Paris, Delaunay, 1813, in-8° de X-319 pp. avec 1 tableau et 14 pl. (20 fr.).

Cet ouvrage rare et recherché est un des meilleurs thuileurs qui existent. Il contient tous les mots sacrés en texte hébreu avec leur étymologie radicale, la disposition des loges pour tous les degrés et un certain nombre d'annotations philosophiques. La première planche est un grand tableau hors texte représentant le système de physique générale suivant la doctrine symbolique des anciens. L'ouvrage se termine par une table alphabétique des noms cités dans le tuileur, rétablis dans leur véritable orthographe avec leurs significations.

(O-323.
(G-464

2911 DELAUNAY (Ferdinand-Hippolyte). Moines et Sibylles de l'Antiquité Judéo-grecque par Ferd. Delaunay.

Paris, Didier, 1874, in-8° XIX-403 p. (5 fr.).

[H. 13907
(G.-1296

2912 DELAUNAY (Ferdinand H.). — Philon d'Alexandrie : écrits historiques, influence, luttes et persécutions des Juifs dans le Monde Romain par Ferdinand DELAUNAY.

Paris, Didier, 1867, in-8° XVI-380 p. (5 fr.).

[A. 13704

Autre édition :

Paris, 1870, in-12.

2913 DELAUNAY (J.). — Les lois des grands tremblements de terre et leur prévision.

Paris, 1884, in-8° de 64 pp.

2914 DELAVAULT (J. B.). — L'attracteur magnétique ou découverte d'une propriété nouvelle et thérapeutique des corps isolants par DELAVAULT.

Troyes, imp. de E. Caffé, 1853, in-8° de 64 p.

[8° T^{e33} 20

Cet ouvrage nous est inconnu. [Dureau].

(D. p. 150

2915 DELAVILLE (Salvador). — Aimons-nous.

Paris, in-18 jés. (3 fr. 50).

Etude de mœurs très fouillées, d'un intérêt toujours palpitant et remplie de vives et puissantes clartés qui rayonnent sur des évènements d'un réalisme vraiment dramatique.

2916 DELBŒUF (Joseph Rémi Léopold). — Eléments de Psychophysique générale et spéciale.

Paris, 1883, in-12.

Mesure des sensations de lumière et fatigue. Théorie générale de la sensibilité, etc...

2017 DELBŒUF (J. R. L.). — L'Hypnotisme et la liberté des représentations publiques.

Liège. 1888. in-8°. (5 fr.).

L'auteur, un apôtre convaincu du magnétisme et de l'hypnotisme voudrait la liberté entière de la pratique du magnétisme curatif.

2918 DELBŒUF (J. R. L.). — Le Magnétisme animal, à propos d'une visite à l'Ecole de Nancy.

Paris. 1889. gr. in-8°. (1 fr. 50).

Les Ecoles de la Salpêtrière et de Nancy. Les cliniques. Les suggestions criminelles.

2919 DELBŒUF (J. R. L.). — De l'origine des effets curatifs de l'Hypnotisme: étude de psychologie expérimentale.

Paris. 1887. in-8°. (1 fr. 50).

Autres ouvrages du même au Catal. Gén. de la Bib. Nat. XXXVII-627.

2920 DELBRUCK (Georges). — Au Pays de l'Harmonie.

Paris. Perrin et Cie. 1900. in-16 de 312 p.

[8° Y² 55305

Roman d'aventures scientifique et philosophique, écrit dans une veine vraiment extraordinaire. Expose nombre de vérités occultes sous un voile d'enjouement.

2921 DELÉCLUZE (Etienne-Jean), peintre, littérateur et critique, né à Paris en 1781, mort en 1863. Fils d'un Architecte. — Dante Alighieri : La vie nouvelle.

Paris. 1843. in-18. (3 fr. 50).

Œuvre délicieuse de jeunesse du maitre italien, avec observations du traducteur.

Autre édition :

Paris. 1847. in-18.

[Yd. 7833

2922 [DÉLÉON (Abbé Joseph)]. — Curé de Villeurbanne. — Donnadieu. — La Salette Fallavaux (Fallax-Vallis) ou la vallée du mensonge.

Grenoble. Redon. 1852-53. 2 vol. in-16. (3 fr.).

[8° Lk⁷ 3517

2923 DELÉON (Abbé Joseph). — La Salette devant le Pape, ou Rationalisme et Hérésie découlant du fait de la Salette, suivi du mémoire au Pape par plusieurs membres du Clergé diocésain.

Grenoble. Impr. de E. Redon. 1854 in-8° de 574 p. (7 fr.).

[8° Lk⁷ 3528

Pamphlet célèbre contre l'apparition de la Salette qu'une partie du clergé de Grenoble considéra comme une imposture. L'Abbé Déléon y accuse formellement Mlle Lamerlière de Saint-Ferréol d'avoir joué le rôle de la Vierge, et accumule contre cette ancienne religieuse des preuves troublantes. — On sait que ces polémiques donnèrent lieu à un grand procès plaidé par Jules Favre. q. v.

2924 DELEPIERRE (Octave Joseph). Bibliophile, littérateur et Consul Belge né à Bruges en 1804. D'abord Avocat à Bruxelles. Mort Consul général à Londres en 1875. — L'Enfer, essai philosophique et historique sur les légendes de la vie future, par Octave Delepierre.

Londres. N. Trübner. 1870. in-12, 157 p. (6 fr.).

[D. 64715

Ouvrage excessivement curieux et devenu très rare, dans lequel on trouve groupées toutes les idées que se firent de l'Enfer les principaux mystiques et visionnaires de tous les temps et de tous les pays ; visions de Godefroy (dans Trithème, 1321), de Charles le Chauve, de Ste-Thérèse, de Swedenborg, etc... A la fin de l'ouvrage se trouve une bibliographie raisonnée de l'Enfer.

2925 DELEPIERRE (Octave). — Histoire littéraire des fous.

London, Trübner et C° 1860, pet. in-8° 184 p. et 4 f^{ts} n. c. de catalogue. (5 fr.).

[Z. 46770

Ouvrage très curieux, et devenu très rare. — L'auteur se souvenant un peu trop que " le génie frise la folie " range au nombre des fous des écrivains tels que Kant. Guill. Postel. Ant. Fuzy. Démons d'Amiens, etc...

2926 [DELEPIERRE (Octave)]. — Un point curieux des mœurs privées de la Grèce. Suivi d'une notice bibliographico-littéraire sur " *Alcibiade enfant à l'école*".

Athènes. 1871. in-16 de 30 pp. (4 fr.).

Tiré à 150 exemplaires numérotés seulement.

Très rare dissertation sur l'amour contre nature en usage et .... en honneur chez les Grecs des deux sexes. L'auteur y contredit l'étrange opinion du célèbre archéologue allemand WELCKER lequel prétendait " que la péd... fortifiait chez les Grecs les liens de l'amitié, et même que ce vice n'était pas le résultat d'une sensualité mal entendue, mais d'un principe élevé de la théorie du beau."

Par une hypocrisie stupide, ce petit ouvrage qui n'est qu'une reconstitution archéologique pour ainsi dire, de la vie antique et qui est écrit en termes fort courtois, eut les honneurs de la destruction.

L'édition originale serait

Paris, J. Gay. 1861. in-18 29 p.

[Enfer 311

Il en existe une de Bruxelles. J. Blanche, 1870. in-12 de 30 p.

Voir DRUJON : Catalogue des Ouvrages Condamnés. Paris, 1879, in-8° p. 12.

2927 DELEPIERRE (Octave). — Vision de Tondalus récit mystique du douzième siècle mis en français pour la première fois.

Mons. 1737, [pour 1837] in-8° (8 fr.).

[Z. 28428

Opuscule fort rare tiré à 100 exemplaires seulement et très intéressant, contenant, outre le Récit de Tondalus une bibliographie des ouvrages les plus intéressants sur les visions et une préface, fort documentée sur ce sujet. Texte imprimé en noir, rouge, bleu et vert.

On voit dans cet écrit toutes les idées populaires des siècles d'ignorance sur l'enfer, le purgatoire et le paradis.

(G-1746

2928 DELESTRE (Jean-Baptiste). — De la Physiognomonie.

Paris. Vve J. Renouard, 1866. gr. in-8° 508 p. Fig. Physiognomoniques et Fac-similés d'écriture. (5 fr.)

[V. 13060

Autres éditions :

Paris, Renouard. 1876 (in-8°).

Paris. 1805 (in-8°).

2929 DELESTRE (Pierre François). ancien Elève de l'Ecole Normale. Principal du Collège de Sens. Officier de l'Université. — Le Voyant, ou les Mystères. L'Apocalypse et la Fin des Temps.

Sens. 1830, in-16. (5 fr.).

(Manque à la Bibl. Nat^{le})

Delestre, Disciple de Pierre-Michel [VINTRAS] fut un des plus éloquents écrivains de l'Œuvre de la Miséricorde. Le présent ouvrage n'est pas cité par Quérard.

Des Mystères. — De l'Apocalypse. — Durée du monde. — L'Antechrist. — Règne de l'Eternité. Le dernier jour. — Etc...

2930 DELESTRE (Pierre-François-Paul) — Exploration du ciel théocentrique par P. F. P. DELESTRE.

Paris. Delhomme et Briguet. S. D. [1890] in-8° de VIII-424 pp. [manquent les pp. 233-80 retranchées par l'auteur]. Fig. Cartes et Pl. en coul. (3 fr. 50)

[8° V. 22052

Les réfractions atmosphériques, l'éther atmosphérique, les marées, analyse des inégalités planétaires, analyse cosmogonique, etc....

2931 DELESTRE (P. F. P.). — L'organisme des cieux par P. F. P. Delestre — L'astronomie pratique. Les étoiles. — L'astronomie des Invisibles. etc...

Paris, J. Michelet, 1891, in-18, 104 p. (2 fr. 50).

[8° V. 22891

DELEUZE (Jean [ou Joseph] Philippe-François). Naturaliste et célèbre magnétiseur, né à Sisteron en 1753 mort à Paris en 1835. D'abord lieutenant dans un régiment d'infanterie, puis Bibliothécaire du Muséum, à Paris. C'est vers 1785 qu'il eut connaissance des Cures effectuées par le Marquis de Puysegur à Busancy ; bientôt après, il entra, en relations avec ce dernier, et devint un de ses meilleurs élèves.

2932 DELEUZE (J. P. F.). — Défense du magnétisme animal contre les attaques dont il est l'objet dans le dictionnaire des sciences médicales, par J. P. F. Deleuze.

Paris, Belin-Leprieur, 1819, in-8° 270 pages. (4 fr.).

[8° Tb⁶³. 109

Critique très sensée quant au fond, très modérée quant à la forme.

Autre édit :
Paris, 1826 (in-8°)

(D. p. 93

2933 DELEUZE (J. P. F.). — Histoire critique du magétisme animal, par J. P. F. Deleuze.

Paris, Mame, 1813, in-8° 298 et 340 pages (7 fr.).

[8° Tb⁸². 8

Ouvrage indispensable dans une bibliothèque magnétique. Il a trouvé grâce devant les antagonistes de la cause de Mesmer qui ne peuvent s'empêcher de reconnaître la bonne foi et l'esprit de conciliation de l'auteur. La première partie est relative à l'histoire et à la pratique du magnétisme ; la seconde contient une analyse et des extraits des principaux ouvrages parus sur le magnétisme jusqu'en 1813 avec un certain nombre de notes précieuses.

Deleuze ne fut pas seulement un grand magnétiseur occultiste instruit, il eut des relations suivies avec St-Martin et autres grands initiés de l'époque. Son ouvrage très philosophique, ne se limite pas à un magnétisme étroit; au contraire, il aborde largement le problème de l'occulte, analyse les écrits de ses contemporains : Keleph-ben-Nathan et sa Philosophie Divine; Bouys et ses écrits sur Nostradamus et les Prophètes ; Carré de Montgeron et les Miracles du Diacre Paris, etc., et en donne une solution très scientifique.

(D. p. 83
(G-218

Idem :

Paris, Belin-Leprieur, 1819, 2 vol. in-8°

2934 DELEUZE (J. P. F.). — Instruction pratique sur le magnétisme animal par J. P. F. Deleuze suivi d'une lettre écrite à l'auteur par un médecin étranger [Koreff].

Paris, Dentu, 1825, in-8° de [II]-472 p. (3 fr. 50).

Il y a eu plusieurs éditions de ce livre : une in-8°. Une autre faite en Belgique contient l'article du professeur Rostan, extrait du dictionnaire de médecine.

Toute personne qui veut se livrer à la pratique du magnétisme doit posséder ce livre dans sa bibliothèque. On y trouve sans doute plus d'une erreur que l'auteur serait le premier à faire disparaître aujourd'hui mais son ouvrage restera une œuvre de bon sens, d'expérience et surtout d'honnêteté.

Autres éditions :

Paris, G. A. Dentu, 1846, in-16, 352 p.

[8° Tb⁶³. 32

Paris, G. Baillière, 1850, in-16,
XXIII-415 p.
[8° Tb⁶³. 32. A

Paris, G. Baillière, 1853, in-16,
XXI-407 p.
[8° Tb⁶³. 32. B
(D. p. 97-148

2935 DELEUZE (J. P. F.). — Lettre à
M. M... de la Marne, en réponse à
l'écrit qu'il vient de publier sous le
titre d'Étude raisonnée sur le magnétisme animal par M. Deleuze.
1828

Indiqué par le Journal belge le Magnétophile, je doute qu'il ait été mis en brochure.
(D. p. 100

2936 DELEUZE (J. P. F.). — Lettre à
MM. les membres de l'Académie de
médecine sur la marche qu'il convient
de suivre pour fixer l'opinion publique relativement à la réalité du magnétisme animal, aux avantages qu'on
en peut retirer, et aux dangers qu'il
présente lorsqu'on en fait une application inconsidérée, par J. P. F.
Deleuze.
Paris, Béchet Jeune, 1826, in-8°
30 pages.
[8° Tb⁶⁴. 129

Excellents conseils.
(D. p. 99

2937 [DELEUZE (J. P. F.)]. — Lettre
[de J. P. F. Deleuze] à l'auteur d'un
ouvrage intitulé : Superstitions et
Prestiges des philosophes du XVIIIᵐᵉ
siècle ou les démonolâtres du siècle de lumière, par l'auteur des Précurseurs de l'Ante Christ [Abbé Wendel-Wurtz q. v.]
Paris, J. G. Dentu, 1818, in-8°
80 Pages (3 fr.).
[R. 33330

Réfutation savante de cette brochure
diabolique de l'ex-abbé Wendel-Wurtz.
(D. p. 91

2938 DELEUZE (J. P. F.). — Mémoire
sur la faculté de prévision par J. P.
Deleuze, suivi de notes et pièces justificatives recueillies par M. Mialle.
Paris, Crochard, 1836, in-8° 160
pages. (2 fr.).

Idem :
Paris, 1834, in-8°

Les notes forment plus de la moitié du
volume ; elles sont choisies parmi les
faits intéressants rapportés par les anciens, et quelques unes concernent des
magnétistes du temps.
(D. p. 112

2939 DELEUZE (J. P. F.). — Observations adressées aux médecins qui désireraient établir un traitement magnétique par J. P. F. Deleuze.
Paris, Belin Le Prieur, 1821, in-8°
20 pages (1 fr.).

Intéressant mémoire, comme tout ce
qui porte le nom de l'auteur.
(D. p. 94

2940 DELEUZE (J. P. F.). — Réponse
aux objections contre le magnétisme
par J. P. F. Deleuze.
Paris, J. G. Dentu, 1817, in-8°
52 pages. (2 fr.).
[8° Tb⁶³. 105

Réponse sensée.
(D. p. 96

2941 DELEUZE (J. P. F.). — Sur les
faits qui semblent prouver une communication des Somnambules avec
les êtres spirituels, et sur les conséquences qu'on peut tirer de ces faits.
S. L. 1818, in-8° (1 fr. 50).

2942 [DELEYRE Alex.], né aux Porhats, près Bordeaux, en 1726. Mort
en 1797. D'abord Jésuite puis athée.
Membre de l'Institut. — Analyse de
la Philosophie du Chancelier François
Bacon [par Alex. Deleyre], avec sa
Vie, traduite de l'Anglois [de David
Mallet, par Pouillot].

Amsterdam et Paris. 1775, 3 vol. in-12.

Autre édition.

Leyde, J. Murry. 1775. in-8° 245 p.

Et encore :

Leyde, les librairies associés, 1778, 2 vol. in-12. Portrait gravé.

[R. 19807

(Tome I seul).

Amsterdam, Arkstée et Merkus. 1755. 2 vol. in-12.

[*E. 2550-57

2943 DELÉZINIER (D' Michel). — Etudes d'ésotérisme mathématique. Essai de théorie simple de qq. phénomènes électriques, comme base de mesure des effets de transformation de l'Od, par Michel DELÉZINIER

Paris. Chamuel. 1802. in-8° 14 p.

[8° R. Pièce, 5231

2944 DE L'ISLE. — Des Talismans ov figures faites sous certaines constellations, pour faire aymer et respecter les hommes, les enrichir, guérir leurs maladies, chasser les bestes nuisibles destourner les orages, et accomplir d'autres effets merveilleux, avec des observations contre le livre des Cvriositez Inovyes de M. I. Gaffarel ; et un traicté de l'vngvent des armes, ou vngvent sympathetique et constellé, pour sçauoir, si l'on en peut guérir vne playe l'ayant appliqué seulement sur l'espèce qui a fait le coup, ou sur un baston ensanglanté, ou sur le pourpoint et la chemise du blessé.

Paris. 1630. pet. in-8° (15 fr.).

Ouvrage très rare et des plus curieux contenant une infinité de recettes et des formules magiques pour la confection des talismans, et des secrets mystérieux pour la guérison des maladies même les plus graves. De l'Isle fut un philosophe hermétique très réputé.

2945 DE L'ISLE (l'abbé). — Lettres de M. l'Abbé de l'Isle à un ami de Paris sur les miracles qui s'opèrent par l'intercession de M. de Paris.

Utrecht. Le Febvre, 1732. in-12 (6 fr.).

Avec un portrait du diacre Paris,

(G-1322

2946 DELISLE (Léopold). — Inventaire général et méthodique des Manuscrits français de la Bibliothèque Nationale par Léopold DELISLE. Membre de l'Institut. Directeur de la Bibliothèque Nationale.

Paris, H. Champion, 1878, 2 vol. in-8° de CLIX-201 et 355 pp.

[Salle de lect. Casier M. 592 et 93

Théologie. — Rituels et Cérémoniaux (I-37). — Théologie Mystique. Textes du Moyen-Age (I-83). — Traités sur la Grâce, le Jansénisme, Port Royal (I-145). — Hétérodoxes (I-193).

Philosophie grecque (II-159). — Latine (II-165). Encyclopédies du Moyen-Age (II-170). — *Philosophie du Moyen-Age* (II-177). — Alchimie (II-207. etc.). — Médecine (II-220). — Astrologie (II-248), — *Sciences Occultes* (II-272). — Arts de la Mémoires, de l'Ecriture (II-276).—Etc.

2947 DELISLES de SALES (Jean-Baptiste Claude ISOARD ou ISOUARD, dit), né à Lyon en 1743, mort à Paris en 1816. D'abord Oratorien, puis Académicien. — Histoire philosophique du monde primitif 4-ème édit. entièrement refondue et augm. de plusieurs vol.

Paris. 1793. 7 vol. in-8° et 1 album de planches et portr. (20 fr.).

[R. 20725-731

Le tome 8 forme album et contient 30 pl. zodiaques, cartes anciennes, volcans, etc. En tête du premier volume, un beau portrait de l'auteur. — Edition bien plus complète que la première qui ne formait que 3 vol. in-12. Traitant de toutes sortes de sujets : Géographie souterraine, fondements d'une nouvelle cosmogonie. Volcans et tremblements de terre. Atlantide. Navigations célèbres du monde primitif que les peuples d'une antiquité intermédiaire se sont appropriés. Catalogue des ouvrages qui ont servi à la composition de cet ouvrage (plus de 200 titres) etc...

2948 DELISLES de SALES. — De la philosophie de la nature ou traité de morale, pour l'espèce humaine, tiré de la philosophie et fondé sur la nature.

Londres, (3-ème édit). 1777, 6 vol. in-8° front. titres et pl. gravées. (20 fr.).

[Rés. R. 2103-8

Avec un frontispice. 12 belles gravures hors texte et titres gravés. — L'auteur fut condamné au bannissement à perpétuité et à la confiscation de ses biens lors de la publication de cet ouvrage en 1769. Cette condamnation n'eut d'ailleurs pas de suites.

Autres édit.

Londres, 1789 (7 vol. in-8°)

Paris, Gide, 1804 (10 vol. in-8°)

[R. 20732-41

2949 [DELISLES de SALES]. — Philosophie du bonheur. Manuscrit de Platon publié par l'auteur de la "Philosophie de la nature". Nouv. édit.

Paris, Moutardier, An VIII. 1800 2 vol. in-8° (6 fr.).

[R. 40543-4

2950 DELIUS et PAPUS. — Anatomie et physiologie de l'Orchestre.

Paris, Chamuel. 1894. in-12 de 24 pp. (0 fr. 75).

[8° V. Pièce 10336

Planches et tableaux.

2951 DELLA RIVIERA (César). — Il Il Mondo Magico degli heroi de Cesare DELLA RIVIERA.

In Milano. 1605. in-4°

(S-3103 b

2952 DELLA TORRE (Raphaël). — Raphaeli DELLA TORRE, diversi Tractatus de Potestate ecclesiastica coercendi Dæmones, circa Energumenos.

Colonia Agrippina, 1629, in-4°

(S-3240

2953 [DELLON (D' C.)]. voyageur et médecin français, né vers 1649. — Histoire de l'Inquisition de Goa.

Amsterdam, P. Morlier, 1697. in-12. 251 p. etc. pl. et fig. (4 fr. 50).

[8° Oy. 87. B

Ouvrage rare d'un auteur qui fut lui-même prisonnier des inquisiteurs de Goa, décrivant avec une impartialité remarquable les horribles supplices qu'il supporta des terribles inquisiteurs de la Foi.

Curieuses figures, et en-têtes gravés.

Autre édit.

Amsterdam, Joubert. 1737. in-12.

(G-1209

2954 [DELLON (C.)]. — Relation de l'Inquisition de Goa.

Paris, D. Horthmels. 1688. in-12, 437 p. etc. pl. et fig. (10 fr.).

[8° Oy. 87. A

Autre édition :

Amsterdam, El. Roger. 1719. in-8° 6 f^{ts}. 202 p. et 7 f^{ts} n. c. de table. Front. et 8 pl.

Cette dernière édition (1719) est recherchée à cause des 8 figures gr. qu'elle contient et qui représentent le tribunal secret, les costumes des hérétiques, la procession dans les rues de Goa, l'auto-da-fé et le supplice.

Ouvrage consciencieusement écrit par un médecin français, qui, ayant entrepris un voyage aux Indes, fut mis en suspicion auprès du gouvernement portugais, déféré à l'Inquisition et condamné à cinq années de galères. Sa relation, quoique écrite avec une impartialité très rare, fut mise à l'Index en 1690.

(G-220-1298

2955 DELLON (C.). — Voyages de M.

DELLON avec sa relation de l'Inquisition de Goa, aug. de diverses pièces curieuses et l'Histoire des dieux qu'adorent les gentils des Indes.
Cologne, les héritiers de P. Marleau, 1709, 3 vol. in-12, pl. (15 fr.).

[8° O² K. 43

Première édition collective. Le Tome I est consacré aux Voyages. Le Tome II contient la Relation de l'Inquisition de Goa. Le T. III Histoire des " Dieux qu'adorent les Gentils des Indes ".

Remarquable narration vécue des horreurs de l'Inquisition : Avec les curieuses planches se dépliant, représentant les diverses phases de l'Auto-da-Fé, jusqu'au bûcher inclusivement.

2956 Autre édition :
Cologne, chez les héritiers de P. Marleau, 1711, in-12.

[8° O² K. 43 B

Edition à la Sphère. — Le T. III qui comprend l'Histoire de l'Inquisition de Goa, et qui contient de curieuses fig. h. t. manque souvent.

L'ouvrage fut mis à l'index, bien que l'auteur l'eut rédigé avec la plus grande impartialité.

(S.-4000)

2957 DELOBEL. (Dr Em.). — Cours d'alchimie rationnelle, 1ʳᵉ partie : Démonstration exotérique de l'alchimie, preuves de sa réalité scientifique.
Paris, H. Daragon, s. d. [1008]. in-8° IV-12 p. (5 fr.).

[8° R. 22238

Ouvrage tiré à petit nombre.

L'auteur, Dr en Hermétisme et en Kabbale, Membre Maître de la Société Alchimique de France, a traité avec une compétence captivante l'unité de la matière et son évolution, l'existence de la pierre philosophale, les théories scientifiques de la pierre et des transmutations. Etc…

2958 DELORMEL. (Jean). — Explications des Prophéties de Daniel sous le rapport de la Grande Période.

Paris, l'auteur, 1806, in-8°. (3 fr.).

[Rz. 3800

Une des qq. pièces rares publiées par *Delormel,* après l'apparition de sa Grande Période, ovrage qui fit un bruit énorme à l'époque.

2959 [DELORMEL. (Jean)]. — La Grande Période ou le retour de l'âge d'or. Ouvrage dans lequel on trouve les causes des désordres passés, des espérances pour l'avenir et le germe du meilleur plan de gouvernement ecclésiastique civil et politique, par M. D··· [DELORMEL].
Paris, Blanchon, 1790, in-8°, 453 p.

[E. 4185

Idem :
Paris, an V-1797, 1 vol. in-8°, pl. gravées.

" Parmi les initiés, nous trouvons Delormel que l'on a accusé d'avoir trahi les secrets dont il avait été instruit dans son rare et curieux ouvrage intitulé : la grande période solaire… et qui périt d'une mort tragique attribuée à une vengeance occulte. " (Pezzani).

C'est sans doute le seul ouvrage initiatique qui mette au grand jour la véritable doctrine ésotérique des mystères anciens.

(G.-1300)

2960 DELORMEL. (Jean). — Réfutation du système imaginé par les savants du dernier siècle contre la théorie de la Grande Période.
Paris, l'auteur, s. d. [1806], in-8°, (3 fr.).

[Rz. 3800

Pièce rare, se joignant à la " *Grande Période* ".

2961 DELORMEL. (Jean). — Lettre à M. Delalande, professeur en astronomie, membre de l'Institut et de toutes les académies de l'Europe. Plan d'un nouveau calendrier, ou la nouvelle semaine.

S. l. n. d. [Paris, vers 1800], in-8° (2 fr.).

2002 DELORMEL. (Jean). — Réponse amicale au rédacteur du Journal des Débats sur son article " Grande Période " dans son numéro du 27 Floréal : suivie du Tableau chronologique sur la Grande Période.

S. l. [Paris, 1805], in-8°, 9 p. (2 fr.).

[V p. 6028

Autre :

Paris, impr. de Vuel. s. d., in-8° de 9 p.

[V p. 6029

2003 DELORMEL (Jean). — Les six jours de la création selon Moyse, ou développement de cet article de la Grande Période.

Paris, l'auteur, 1800, in-8° (2 fr.).

[Rz. 3800

2004 DELOZE (André). — La Franc-Maçonnerie et son œuvre. (Réunion de tous les principaux documents. — (plus de 700) maçonniques connus.

Paris, s. d. in-8° (2 fr.).

2005 DEL PRATO (l'abbé Antoine) fondateur de la Secte des THÉOCOSMITES. — Dissertation sur la possibilité d'une félicité universelle et durable sur la terre, avec un précis, tant du but général de l'Institut chrétien philosophique que de l'organisation et des premières règles de la Société, par l'abbé Antoine DEL PRATO, promoteur de cet Institut.

Paris, 1816. in-8° (10 fr.).

Les Loges de cette Société se nommaient ". Théopoles " et ", Archithéopoles " ; l'initiation durait trois ans et était suivie des trois vœux facultatifs de Chasteté, de Pauvreté et d'Obéissance. Les juifs, les Musulmans, les Chinois, en un mot les adeptes de toute Religion étaient admis dans l'Ordre.

Le véritable nom de l'auteur serait, paraît-il DUPRÉ.

2966 DEL RIO (Martin-Antoine), savant Jésuite hollandais, né à Anvers en 1551, mort à Louvain en 1608. Reçu Docteur en Espagne, il professa la Philosophie et la Théologie à Salamanque, Douai, Liège et Louvain. — Les controverses et recherches magiques auxquels sont exactement et doctement confutées les sciences curieuses, les vanitez et superstitions de toute la magie. Avecques la manière de procéder en Justice contre les Magiciens et Sorciers, accommodée à l'instruction des Confesseurs. Trad. et abrégé du latin par André DU CHESNE Tourangeau.

Paris, Jean Petit Pas, 1611, in-8°. (40 fr.). [Réserve R. 2368

Ouvrage rarissime et des plus intéressants sur les formes de procédure employées contre les prétendus sorciers et sur les diverses formes de la Magie, ainsi que sur les prophéties et la divination, devant l'épouvantable tribunal que les Flamands, terrorisés baptisèrent du nom significatif de « conseil de sang » et dont Del Rio était l'un des plus féroces juges. — Le sixième livre qui n'est pas des moins curieux traite de « l'office et devoirs des confesseurs en fait de sorcellerie ».

(G-221. 600 et 1301

2007 DEL RIO (Martin). — Disqvisitionvm magicarvm libri sex qvibvs continetvr accvrata cvriosarvm artivm et vanarum superstitionum confutatio.

Lugduni, apud Ioannem Pillehotte, 1612. pet. in-f° (15 fr.).

Titre frontispice gr. — Ouvrage qui, au point de vue documentaire, est des plus précieux. Martin del Rio pouvait disserter avec expérience sur la procédure à suivre en matière de sorcellerie, sur la manière de donner la question aux accusés. Ne fut-il pas un des plus féroces membres du conseil de Sang qu'institua le duc d'Albe dans les Flandres? Le livre VI est intéressant tout particulièrement; car il nous fait voir le rôle que jouaient les prêtres dans ces procès infâmes. — Cette éd. in-f° est beaucoup plus recherchée que l'édit. in-4° car elle contient plusieurs tables et répertoires.

Autres éditions :

Lovanii, Ex off. G. Rivii. 1599. 3 vol. pet. in-4°.

Lugduni, apud Pillehotte. 1604. fort vol. in-4°. [R.7273-75

Moguntiæ sumptibus Petri Henningii, 1624, in-4°. [R.7277

Coloniæ, Agrippinæ, 1633, fort vol. in-4°. [R.7278

Coloniæ, Agrippinæ, sumptibus P. Henningii, 1637, fort vol. in-4°.

(S-3194 b)

2968 DELVILLE (Jean). — Le Frisson du Sphinx.

Bruxelles, 1897, in-8° (5 fr.).

Poésies d'une grande élévation inspirées par l'Initiation Orphique.

2969 DELVILLE (Jean). — Le mystère de l'évolution ou de la généalogie de l'homme d'après la Théosophie.

Bruxelles, 1905, in-8° (2 fr. 50).

Excellent ouvrage de Théosophie, utile pour arriver à la connaissance de la doctrine secrète.

2970 DEMANGEON (Jean-Baptiste). — De l'imagination considérée dans ses effets directs sur l'homme et les animaux et dans ses effets indirects sur les produits de la gestation ; ouvrage où l'on fait la part de l'imagination dans les phénomènes du magnétisme, de l'exorcisme, de l'ascétisme et d'autres prestiges.

Paris, Rouen frères, 1829, in-8° de VII-500 pp. (12 fr.).

[8° Tb⁷¹ 65

Fascination. — Noueurs d'aiguillette. Maladie sacrée. — Guérisons du prince de Hohenlohe. — Mme de Saint-Amour. Apollonius de Thyane. — Sorcelleries. — Mots magiques. — Démonomanie. — Mesmer. — Les toucheurs. — Sabbat. — Incubes et Succubes. — Influences de l'Imagination de la mère sur le fœtus. — Moyens pour avoir de beaux enfants. — Effets surprenants d'une volonté ferme, etc...

2971 DEMANGEON (J. B.). — Physiologie intellectuelle ou développement de la doctrine du professeur Gall sur le cerveau et ses fonctions, etc.... suivie du rapport de la visite de Gall dans les prisons de Berlin, de Spandau et dans la maison de Bicêtre.

Paris, Jortin, Masson et Cie, 1843 in-8° XV-005 p. fig. (4 fr. 50).

[8° Tb⁵⁹. 10

3ᵐᵉ édit. enrichie de plusieurs observations nouv.

Autres éditions :

Paris. 1806, in-8° de 426 pp.

Paris, 1808, fort in-8° de cxlvii-480 pp. portrait et 8 pl.

2972 DEMARQUAY et GIRAUD-TEULON (les docteurs). — Recherches sur l'hypnotisme nerveux comprenant une série d'expériences instituées à la maison municipale de santé par MM. les docteurs DEMARQUAY, chirurgien de la maison municipale de santé, du conseil d'État, membre de la société de chirurgie etc..., et GIRAUD TEULON ancien élève de l'école Polytechnique, lauréat de l'Institut.

Paris, J. B. Baillière, et fils, 1860 in-8° 56 pages. (2 fr.).

[8° Te¹¹. 54

Excellente étude, faits bien observés. Les auteurs en regrettant que cette question de l'hypnotisme soit morte après avoir si peu vécu sont convaincus des effets utiles de cette anesthésie non seulement en ce qui concerne la médecine opératoire mais encore pour le soulagement de certaines névralgies. Frappés des dangers qui pouvaient résulter de leurs expériences pour la liberté de la personnalité humaine, ils n'admettent pas que l'hypnotisme soit exercé en dehors de la médecine.

Un des premiers travaux faits en France sur l'hypnotisme.

(D. p. 70)

2973 DEMENY (Georges) directeur du Cours Supérieur de l'Université, né à Douai (Nord) en 1750. — Les Bases Scientifiques de l'Education physique, par G. Demeny, professeur au Cours d'éducation physique de la ville de Paris, et de physiologie appliquée à l'Ecole militaire de gymnastique de Joinville-le Pont.

Paris, F. Alcan, 1902, in-8° de 328 p. avec 193 grav. et catalogue, (6 fr.).

[8° R. 81

Forme le Tome 90 de la " Bibliothèque scientifique internationale ". Rôle social de l'éducation. — Préjugés courants sur l'éducation physique. — Effets de l'éducation physique sur les fonctions de la vie. — Education de l'appareil digestif ; — de la fonction circulatoire ; — de la fonction respiratoire ; des fonctions de désassimilation ; Fatigue et Entraînement. — Influence du mouvement sur la forme du corps. — Modification du squelette ; du système musculaire. — Ampliation thoracique. — *Education des centres nerveux* ; coordination des mouvements. — Education des sens. — Virilité, ou effet de l'éducation sur le caractère. Contrôles des résultats obtenus. — Etc.

2074 DEMENY (Georges). — Mécanisme et Education des Mouvements par Georges Demeny.

Paris, Félix Alcan, 1903. [puis 1904, et 3ᵐᵉ édition, 1907]. in-8°, II-523 p. [1904] avec 565 grav. [1907], (9 fr.).

[8° R. 81

Forme le Tome 90 de la " Bibliothèque Scientifique Internationale ".

Description et mécanisme des mouvements. — Analyse des attitudes et des mouvements. — Locomotion avec les bras. — Locomotion et allures diverses. — Conditions économiques de l'utilisation de la force musculaire.

2075 DEMOCRITE D'ABDÈRE, né à Abdère en Thrace vers 475 av. J. C. célèbre philosophe et Initié grec, contemporain et ami d'Hippocrate. — Democrites Abderyta Græcus, de Rebus Sacris, naturalibus et mysticis cum Notis Synesii et Pelagii. Tumba Semiramidis. Hermetice sigillatæ.

Norimbergæ (Nuremberg) apud heredes J. D. Tauberi, 1717. in-8°, 63 p.

[R. 54451

Trois autres ouvrages cités au Cat. Gén. de la Bib. Natˡᵉ (XXXVIII-252).

(S-3388

2076 DEMOCRITUS Ridens, sive Campus recreationum honestarum, cum Exorcismo Melancholiæ.

Amstel, 1655, in-18. Frontispice gr. (5 fr.).

Honorarium Alchimistæ. Astrologiæ vanitas, etc.... abonde en curieuses boutades.

2077 DEMONS (Jean) seigneur d'Hédicourt, né à Amiens au début du XVIᵉ siècle, et conseiller au présidial de cette ville. — La demonstration de la Quatriesme partie de Rien, et Quelque chose, et tout. Avec la quintessence tirée du quart de Rien, et de ses dependances contenant les preceptes de la Saincte Magie et deuote innocation de Demons. Pour trouuer l'origne (sic) des maux de la France et les remédes d'iceux, dédiée à la ville d'Amiens.

S. l. [Amiens]. 1594. pet. in-8°. 78 p. (35 fr.).

[8° Lb³⁵. 007

Voir Charles NODIER : " Mélanges tirés d'une petite Bibliothèque ".

(S-4199
(G-222

2078 DEMONS (Jean) — La Sextessence Diallactique et Potentielle, tirée par une nouvelle façon d'alambiquer, suivant les Preceptes de la Saincte Magie et Invocation de Demons.

Paris. E. Prevosteau, in-8°, 300 p.

[Rés. Lb³⁵. 1191
(aux armes d'Henri IV)

Très rare, comme tous les Ouvrages du Président Debonss, gratifié du titre de Fou, par M. P. G. Brunet (Fous Littéraires, P. 50-52).

(S-5811

2979 DENIS l'ARÉOPAGITE (Saint). — Dissertation sur Saint-Denis l'Aréopagite, où l'on fait voir que ce saint est l'auteur des ouvrages qui portent son nom... où l'on donne en passant plusieurs éclaircissements considérables sur l'ancienneté des Rites ecclésiastiques, des Temples, ou Eglises, des Autels, des Encensements, des Cathécumènes, des Energumènes, des Pénitents, et des Moines thérapeutes.

Paris, 1702, in-8°, (5 fr.).

Curieux.

Voir aussi *DENYS*

2980 DENIS (A.) et VAN de LANOTTE (Dr). — Hypnotisme, maladies, guérisons.

Paris, Verviers, 1895, in-8° (1 fr. 75).

Avec un tableau des maladies où l'emploi de l'hypnotisme est indiqué.

2981 DENIS (A.). — Utilité de l'Hypnotisme (Sommeil nerveux. Sens hypnotique. Manière de magnétiser. Somnambulisme, catalepsie, léthargie. Double vue. Suggestion. Hallucinations. Thérapeutique magnétique, etc...)

Paris, 1893, in-12.

2982 DENIS (Jacques François), professeur à la Faculté des Lettres de Caen. — Histoire des Théories et des Idées morales dans l'antiquité, par J. Denis.

Paris, A. Durand, 1856, 2 vol. in-8°, (12 fr.).

(R. 33426-7

Œuvre remarquable couronnée par l'Institut, où tous les systèmes philosophiques et religieux de l'antiquité, les mythes, les mystères, le gnosticisme, etc. sont étudiés dans toute leur profondeur : Pythagore, ses doctrines, son institut, son influence. Platon et ce qu'il dit de l'âme, de ses facultés ; des Dieux et de leurs cultes. — Explication du polythéisme. Minerve ou le Logos, ou Verbe Divin. Apulée. Apollonius de Tyane. Esséniens et thérapeutes. Philon le Juif, son exégèse. Le verbe du Logos. Le Mysticisme. Gnosticisme oriental. Quiétisme. Contemplation, extase. Religion et théurgie. Proclus. Les Alexandrins. Etc...

2083 DENIS (Jean Ferdinand) né à Paris en 1798. Bibliothécaire de Ste Geneviève. Historien de l'Amérique et du Portugal. — Le monde enchanté ; cosmographie ou histoire naturelle et fantastique du moyen-âge.

Paris, Fournier, 1843, in-16, IV-370 p. et frontisp. (5 fr.)

[R. 33.425

Curieux et érudit petit ouvr. suivi de notes et d'une savante bio-bibliographie sur l'occultisme et ses diverses branches.

2084 DENIS (Ferdinand). — Sciences occultes (au moyen-âge) ; par Ferd. Denis ; dans Paul Lacroix, le Moyen-âge et la Renaissance (*Paris*, 1851, in-4°), IV, 32 ff., avec 3 pl. dont une or et couleur.

[G. 0200

Terminé par une Bibliographie de 50 ouvrages.

(O-1657

2085 DENIS (Ferdinand). — Tableau historique, analytique et critique des sciences occultes, où l'on examine l'origine, le développement, l'influence et le caractère de la divination, de l'astrologie, des oracles, des augures, de la kabbale, la féerie, la magie, la sorcellerie, la démonologie, la philosophie hermétique, les phénomènes merveilleux, etc. ; précédé d'une Introduction, et suivi d'une Biographie, d'une Bibliographie, et d'un Vocabulaire ; par Ferdinand Denis.

Paris, Mairet et Fournier, 1842, gd. in-32 de XII-296 pp. (4 fr.).

Sc. psych. — T. I. — 29.

Paris, Bachelier, 1830. in-32. X-296 p. et pl.

[8° Z. 11700

Paris, 1830. *Encyclopédie portative*, 1 vol. in-8° de 74 p.

[Z. 11547

Petit ouvrage assez bien fait, publié dans la collection de l'Encyclopédie portative (1830), l'édit. de 1842 est la même avec nouv. titre.

Cet ouvr. n'est pas comme l'a avancé QUÉRARD (art. SALVERTE) un abrégé de : Des Sciences occultes...... par Eusèbe SALVERTE. (1829, 2 vol., III° édit. 1856).

Il a paru depuis : Curiosités des Sciences occultes, par P. L. JACOB bibliophile (P. LACROIX). Paris, 1862. in-18 ; c'est une très bonne analyse d'un grand nombre d'ouvrages sur ces sciences.

(O-1050
(G-1302

2086 DENIS (Léon), spirite contemporain. — Après la mort. Exposé de la doctrine des esprits. Solution scientifique et rationnelle des problèmes de la vie et de la mort ; nature et destinée de l'être humain ; les vies successives.

Paris Leymarie, 1891. in-18 de 424 p.

[8° R. 10202

Cet ouvrage qui jouit d'une énorme popularité, justifie son brillant succès par une érudition remarquable et une foule de documents du plus haut intérêt.
"Dieu a tué Dieu, pour apaiser Dieu" citation de Diderot (p. 85). Les sélections de phénomènes du D° Charcot (p. 189).

2™° édit. Paris, Leymarie, 1893.

Paris, 1000, in-12.

2987 DENIS (Léon). — Christianisme et Spiritisme.

Paris, Leymarie, 1898. in-12, 418 p.

[8° R. 15310

Les vicissitudes de l'Evangile. La Doctrine secrète du Christianisme. Relations avec les esprits des morts. La nouvelle Révélation.

2988 DENIS (Léon). — Dans l'Invisible. Spiritisme et médiumnité. Traité de spiritualisme expérimental. Les faits, les lois. Phénomènes spontanés. — Typtologie et psychographie. Les Fantômes des vivants et les esprits des morts, la médiumnité à travers les âges.

Paris, Leymarie, 1904. in-18 de 466 p.

[8° R. 18973

Ouvrage très curieux, abondant en phénomènes étranges et originaux.

2989 DENIS (Léon) — Jeanne d'Arc Médium. Ses Voix, ses Visions, ses Prémonitions, ses Vues actuelles exprimées en ses propres Messages.

Paris, 1910 (?), in-12 de 450 p.

Vie et Médiumnité de Jeanne d'Arc.— Ses Voix : Phénomènes analogues, anciens et récents. — Vaucouleurs, Chinon, Poitiers, Tours, Orléans, Reims, Compiègne, Rouen. — Les Missions de Jeanne d'Arc. — Jeanne d'Arc et le Spiritualisme Moderne.

2990 DENIS (Léon). — Pourquoi la Vie ? solution rationnelle du problème de l'existence ; ce que nous sommes ; d'où nous venons ; où nous allons.

Paris, Librairie des Sciences Psychologiques. 1892. in-16, 71 p. (0 fr. 50).

[8° R. 10946

2991 DENIS (Léon). — Le problème de l'être et de la destinée. Etudes expérimentales sur les aspects ignorés de l'être humain, les doubles personnalités, la conscience profonde, la rénovation de la mémoire, les vies antérieures et successives, etc.....

Paris, Libr. des sciences psychiques, 1908, in-18, 544 p.

[8° R. 21785

2993 DÉNONCIATION aux Cours royales des clubs menaçans de la Franc-Maçonnerie et preuves décisives de leur illégalité, de leurs projets affreux et de la nécessité de les détruire sans aucun délai ; suivie d'une défense des Congrégations de Prières par un T∴ C∴ du D∴ de P∴.

[Paris ?] Hiverl. [1827]. in-8° (3 fr. 50).

Brochure très rare.

2993 DENORMANDIE (A. J.). — Examen comparatif et raisonné de diverses prédictions, concernant la France, et Paris en particulier ; suivi de l'explication des chapitres de l'Apocalypse, à partir du n° 4 jusques et compris le n° 18.

Paris, 1848, in-8° (2 fr.).

2994 DENTON (Prof. William) lecturer on Geology in Boston (Mass.), and DENTON (Elisabeth). — Soul of Things, or Psychometric Researches and Discoveries.

New-York etc., Wellesley, 1803-73, 3 vol. in-12 de 350 à 450 p. chacun (20 fr.)

Un des Ouvrages les plus intéressants et le premier en date (après les notes de BUCHANAN, q. v.), sur cette si curieuse forme de Voyance, étudiée en France, de nos jours, par PHANEG, q. v. La Psychométrie consiste à reconstituer, dans l'Astral, le Passé d'un objet quelconque, en le tenant, ou en en tenant un fragment, généralement appuyé sur le front.

2995 DENYS L'ARÉOPAGITE (Saint). — Œuvres traduites du Grec en Français, précédées d'une introd. où l'on discute l'authenticité de ces livres, et où l'on expose la doctrine qu'ils renferment et l'influence qu'ils ont exercée au moyen-âge, par Mgr. DARBOY, avec Prolégomènes, Manchettes, Notes, etc., par l'abbé J. DULAC.

Paris, Martin-Beaupré. 1865, in-8° 671 p. (5 fr.).

[C. 4781

Idem.

Paris, 1800, in-12.

Le Dr Auguste Kestner, dans son célèbre ouvrage l' " Agape " ou la " Ligue secrète et universelle des chrétiens ", dit à propos de ce singulier ouvrage, qu'il est le formulaire, ou mieux, la liturgie des rites mystérieux célébrés dans une société secrète fondée par Clément de Rome sous le règne de Domitien, et dont Denys faisait partie. D'autre part, suivant Baumgarten-Crusius, les œuvres de St-Denys furent composées afin d'introduire dans le christianisme les Mystères des religions païennes. L'auteur affirme-t-il, s'était fait initier aux Mystères de Bacchus (Dyonisiaques) et avait pris pour nom mystique le nom de Denys. Au point de vue intrinsèque, le vol. renferme : La Hiérarchie céleste, les Noms divins, la Théologie mystique, et les Lettres symboliques. Le point de vue initiatique et maç∴ de ce recueil méritait d'être signalé aux initiés.

(G-2074

V. aussi : DENIS.

DENYS LE CHARTREUX, le DOCTEUR EXTATIQUE, est né à Ryckel, Diocèse de Liège, dans le Limbourg belge, vers 1402 ; son nom patronymique est VAN LEEUVEN, ou DE LEEUVIS, ou de LEEWIS. Il se cloitra dans la Chartreuse de Ruremonde où il mourut le 12 Mars 1471 à 11 heures du matin.

Les œuvres de cet auteur sont cataloguées à la Bibliothèque nationale. Catalogue général : XXXVIII-581-604.

2996 DENYS LE CHARTREUX. — D. Dionisii Carthusiani contra Alchoranum et sectam Mahometicam libri quinque. Ejusdem, De instituendo bello adversus Turcas, et de celebrando generali concilio, contra vitia Superstitionum.

Coloniae, apud Petrum Quentel, 1533, in-8°, 630 p. etc. fig.

[D. 21680
(S-1216

2997 DENYS LE CHARTREUX. — Dio-

NYSIUS CARTHUSIANUS, de discretione spirituum et regimine Prelatorum, edente Theodoro Petreo.

Aschafenb (sic). 1620, in-12.

(S-2396)

2998 DENYS LE CHARTREUX. — DIONISII CARTHUSIANI liber utilissimus, de quatuor hominis novissimis.

Coloniæ, 1535, in-8°.

Parisiis, apud Audoenum Paruum, 1551, in-16 (4 fr.).

L'un des plus curieux ouvrages du " *docteur extatique* ". Les quatre dernières choses de l'homme sont la mort, le jugement dernier, les peines de l'enfer et les joies du Ciel.

Dix autres éditions à la Bib. Nat. de 1486 à 1763 dont trois en traduc. française.

(S-961)

DENYS LE CHARTREUX (sur)
Voir : MOUGEL.

2999 DENYS (Jules). — L'Evangile de l'Humanité, ou le Christianisme universel par Jules DENYS.

Paris, Fischbacher, 1891, in-16. 201 p.

[8° H. 5019

Dans ce volume substantiel et de vues larges, Jules DENYS, démontre que le christianisme essentiel gît au cœur de toutes les religions. Passant en revue le védisme, le mazdéisme, les Egyptiens, les mystères antiques, etc.... il prouve par leur symbolisme et les traditions secrètes des temples, que la vérité fut de tout temps l'apanage des initiés et des sages, de même qu'aujourd'hui le vrai christianisme n'est pas celui des foules fétichistes, mais bien celui des penseurs et des philosophes versés dans l'ésotérisme. Le culte de Mithra, les mystères de Samothrace et d'Eleusis et leurs analogies frappantes avec le ritualisme chrétien y sont l'objet d'un parallèle fort suggestif.

3000 DEPARCIEUX (Antoine). — Nouveaux Traités de Trigonométrie Rectiligne et Sphérique, Démontrés par une Méthode Nouvelle et plus facile que celle que l'on a employée jusqu'à présent, accompagnés de Tables des Sinus, Tangentes et Sécantes, en parties réelles ; des Logarithmes des Nombres Naturels depuis l'Unité jusqu'à vingt mille ; et des Logarithmes des Sinus et des Tangentes, mises dans l'ordre le plus naturel et le plus commode. Avec un TRAITÉ DE GNOMONIQUE, dans lequel on applique le Calcul des deux Trigonométries à la construction des Cadrans Solaires.... par M. DEPARCIEUX, Maître de Mathématiques.

A Paris, chez Hipp.-Louis Guérin et Jacq. Guérin, M.DCC.XLI [1741], in-4° de XII-3 f⁰⁵ n. c.-118-103 f⁰⁵ n. c.-100 p. XVII pl. en taille-douce (6 fr.).

[V. 0346

Intéressant ouvrage de Mathématiques, par le célèbre Auteur de la Table de Mortalité, encore en usage aujourd'hui.

3001 DEPONT (Octave) et COPPOLANI (Xavier). — Les confréries religieuses musulmanes ; publié sous le patronage de M. J. CAMBON.

Alger, A. Jourdan, 1897, gr. in-8° XXVIII-577 p., 4 chromo-lith., 7 gravures hors texte, 55 dans le texte et une carte en couleurs (12 fr.).

[4° O²g. 583

3002 DEQUAIRE-GROBEL. (le F∴ Jules). — ...La Franc-Maçonnerie éducatrice de la Démocratie. Discours prononcé par le F∴ Jules DEQUAIRE GROBEL.

Paris, Grand Orient, 1888, in-8° 14 pages (2 fr.).

[8° H. Pièce. 425

3003 DERHAM (Guillaume) Pasteur et Philosophe anglais, né à Stoughton, près Worcester, en 1657, mort à Upminster, près Londres, en 1735. Chanoine de Windsor. — **Théologie** astronomique, ou Démonstration de l'existence de Dieu, par l'Examen des Cieux, par Guillaume DERHAM.

Paris, Chauberl, 1729, in-8°, XLVIII-211 p. etc. pl. (12 fr.).

[D² 4804

Œuvre basée sur l'Ordre et l'Harmonie des dispositions des êtres et de leurs organes.

(S-3105

3004 DERHAM (Guillaume). — Théologie physique, ou Démonstration de l'existence de Dieu, tirée des œuvres de la création, trad. de l'anglais par Jacques Lufneu (2ᵉ édit.) suivie de la Théologie Astronomique.

Rotterdam, J. D. Beman, 1726. 2 part. in-8°, 26-627 p. Planche hors texte (12 fr.).

[D². 7061

3005 DEROSNE (Charles Bernard). — Méditations sur la mort et l'éternité.

Paris, 1803, in-8°. (2 fr. 50).

[D² 12017

C'est une traduction de Johann Heinrich Daniel ZSCHOKKE.

3006 DESACHY (Paul). — La France noire. [5ᵉ édition].

Paris, Fayard Frères, s. d., in-12 de XX-470 pp.

[8° Ld¹ 9254

Œuvre anticléricale, très documentée, où Paul DESACHY prêche une violente croisade contre les congrégations et le clergé dont il dévoile les manœuvres politiques.

3007 DESAGES (Luc). — De l'extase ou des miracles comme phénomènes naturels par Luc DESAGES.

Paris, F. Henry 1866, in-8°, VI-308 pages. (6 fr.).

[R. 33482

Plusieurs chapitres sur l'extase et ses différentes formes, un chapitre sur le fluide magnétique, l'od et l'hypnotisme.

453

Études des phénomènes du magnétiset du spiritisme. L'Extase : sa manifestation dans l'histoire. Les mystères. L'Ane d'or. Un Concile de magiciens. Apollonius de Tyane. Les Songes. Les manes. Une nouvelle vue sur les Ursulines de Loudun. Les Camisards. Les Convulsions, etc.

3008 DESBAROLLES (Adolphe), artiste peintre et célèbre chiromancien, né à Paris en 1804, mort dans la même ville en 1886. Il est l'apôtre moderne de la chiromancie. — Abrégé de chiromancie, et chirognomonie appliquées d'après la méthode de Ad. Desbarolles, par Mlle M. Paris.

Paris, 1899, in-8°. Orné de nombreuses figures hors texte.

3009 DESBAROLLES (Ad.). — Le caractère allemand expliqué par la physiologie.

Paris, A. Lacroix, 1860, in-18, 320 p. (4 fr.).

[M. 25363

Le nom seul du célèbre DESBAROLLES suffit à recommander cette œuvre dans laquelle se trouve l'analyse psychologique de tous les principaux savants et philosophes allemands : Mozart, Descartes, Leibnitz, Kant, Fichte, Schelling, Hegel, etc...

3010 DESBAROLLES (Ad.). — Chiromancie nouvelle en harmonie avec la phrénologie et la physiognomonie ; les mystères de la main révélés et expliqués, 5ᵉ édition, augm.

Paris, Librairie du Petit Journal, s. d. [1865], in-12. (5 fr.).

[V. 36510

L'édition originale est :

Paris, E. Dentu, 1859, in-18, 625 p. fig.

[V. 36507
(G-225

3011 DESBAROLLES (Ad.). — Chiromancie Nouvelle, en Harmonie avec la Phrénologie, la Physiognomonie et la Graphologie. — LES MYSTÈRES DE LA MAIN révélés et expliqués. Art de connaître la Vie, le Caractère, les Aptitudes et la Destinée de chacun d'après la seule inspection des Mains, par AD. DESBAROLLES. Quatorzième édition revue corrigée et augmentée d'Explications Physiologiques.

Paris, Garnier Frères et chez l'Auteur, s. d. in-12 de LVII-1 f°-624 p. (3 fr. 50).

C'est l'ouvrage classique de la Chiromancie, et le premier à lire pour se rendre compte de cette science. Naturellement Desbarolles n'est pas un rigoureux philosophe, mais il est incontestablement — ou plutôt, il était — un Chiromancien d'une rare inspiration. Son ouvrage, tout semé d'anecdotes et de digressions, est remarquable, malgré le désordre qui y règne en maître.

Adda-Nari. — Sancta Kabbala. — Mystères Orphiques. — Hermès. — Nécessité de la lutte : Jakin et Bohas. — La Trinité humaine. — Lumière astrale. — Chirognomonie. — Notre système. — Chiromancie. — Les Sept Planètes. — Signes Chiromanciques. — Phrénologie. — L'homme en rapport avec les Astres. — Portraits d'Alexandre Dumas, Émile Augier, Proudhon, Meissonnier, Gérome, Corot, Déjazet, Got, Home, Alexis [Didier].

3012 DESBAROLLES (Ad.). — Mystères de la main. Révélations complètes. Suite et fin : 500 gravures explicatives. Chiromancie, phrénologie, graphologie se prouvant l'une par l'autre. Études physiologiques : signes des maladies, aptitude des enfants, choix des professions. Révélations du passé. Connaissance de l'avenir par Ad. DESBAROLLES.

Paris, chez l'auteur, s. d., [1879]. gr. in-8° de 1.048 pages. (10 fr.).

[8° V. 4259

Avec 500 gravures de chiromancie et graphologie dans le texte.

Plan de l'Ouvrage (p. 48). — Sciences nécessaires aux Révélations chiromanciques. — Signatures astrales. — Phrénologie. — Chirognomonie. — Chiromancie proprement dite. — Graphologie perfectionnée. — Les Maladies et leurs Signes. — Planètes. Astrologie. — Études de Physiologie Mystérieuse. — Le Cercle Dynamique de Bähr. — L'Od et les Sensitifs de Reichenbach. — Singulières découvertes de l'Électricité.

Description de l'Appareil du peintre Bähr, un peu oublié maintenant.

3013 DESBAROLLES ET JEAN HIPPOLYTE [MICHON]. — Les mystères de l'écriture : Art de juger les hommes sur leurs autographes.

Paris, Garnier frères, 1872. in-18, LXXVI-517 p. fac similés. (4 fr.).

[V. 30518

Avec une vignette sur bois de Godefroy-Durand et de nombreux fac-similés d'autographes.

De toutes les sciences occultes, la graphologie est évidemment la plus positive et la mieux accueillie. La magie est excommuniée, mais la graphologie a ses entrées dans les Salons. Le grand chiromancien DESBAROLLES n'avait pas à faire pour passer de la main à l'écriture. Il l'a franchi avec bonheur. Son livre se ressent des fortes études spéciales qu'il avait dû entreprendre, aussi bien que de son commerce familier avec le plus haut initié Éliphas Lévi. Ce Traité, le moins connu de Desbarolles, est un des meilleurs qui soit sorti de sa plume, et complète harmonieusement son traité célèbre de chiromancie.

L'Avant-Propos est bien de DESBAROLLES mais tout l'Ouvrage est généralement attribué au célèbre Graphologue et abbé Jean-Hippolyte MICHON.

(G-1305

3014 DES BILLONS (le P. François Joseph TERRASSE) S. J., né à Châteauneuf en Berri, en 1711, mort à Manheim en 1789. Remarquable Poète latin moderne. — Nouveaux éclaircissements sur la vie et les œuvres de Guillaume POSTEL.

Paris, J. J. Tutot, 1773. in-8°, 102 p. (6 fr.).

[8° Ln²⁷ 10537

Ouvrage rare sur le célèbre voyant qui soutenait que les hommes seuls avaient été rachetés par J.-C. et que les femmes le seraient pareillement par la Mère Jeanne, vieille Vénitienne dont il s'était infatué. Ses idées ont été d'ailleurs si peu clairement exprimées que d'autres critiques ont prétendu que Postel disait que, seule, la partie supérieure de l'homme avait été rédimée par le sang du Christ tandis que le rachat de « l'Anima » ou partie inférieure ayant été « surmontée par le meschant, sot et coüard Satanas » devait l'être par la mère Jeanne.

3015 DESBONNET (Professeur). — L'art de créer le pur-sang humain par le Docteur Georges Rouhet et le Professeur Desbonnet.

Paris, Nancy, Berger - Levrault, 1908, in-8° de LXXV-398 p. et catalogue, avec 182 photographies et gravures. (10 fr.).

[8° Tc¹⁶ 119

Nombreux renseignements et descriptions d'appareils et de méthodes.
Aperçu biographique sur le Docteur Rouhet et le professeur Desbonnet. — Culture physique. — Méthode Desbonnet. — Muscles en général.

3016 DESBONNET (le Professeur). — La force physique. Culture rationnelle. Méthode Attila, méthode Sandow, méthode Desbonnet. La santé par les exercices musculaires. (6ᵉ édit.).

Paris, Berger-Levrault, 1900, in-8° XI-200 p., fig. (2 fr. 25).

[8° V. 33206

Utilité de la culture physique. — Exposé de la méthode. — La culture physique dans le passé. — Développement de la culture physique au XXᵉ siècle. — Biographies des principaux athlètes professionnels : Attila (de New-York), Apollon, Bonnes, Sandow (né à Kœnigsberg en Prusse), Cyclops (de Dantzig), Louis Cyr (de Montréal, Canada), etc.

DESBORDES. — Voir :
HOLYWOOD...

3017 DES BROSSES (Président). — Du culte des Dieux fétiches, ou parallèle de l'ancienne religion de l'Egypte avec la Religion actuelle de la Nigritie.

S. l. [1760 ?], in-12. (6 fr.).

Volume rempli de recherches savantes sur les mythes anciens, la théurgie, la magie et les cultes secrets.

3018 DESCARTES (René), illustre philosophe, né à la Haye-en-Touraine en 1596, mort à Stokholm en 1650. D'abord soldat, il voyagea dans toute l'Europe, se fixa un moment en Hollande à Egmond, puis près de la Reine Christine de Suède. — Œuvres par V. Cousin.

Paris, F. G. Levrault, 1824-26, 11 vol. in-8°, portr. de l'auteur, pl. et fac-similé. (80 fr.).

[Z. 10772-82

3019 DESCARTES. — Œuvres philosophiques publ. d'après les textes originaux avec notice, etc... par Ad. Garnier.

Paris, L. Hachette, 1835, 4 vol. in-8°. (27 fr. 50).

[R. 33525-28

Voir le dépouillement de ces deux numéros au Cat. Gén. de la Bib. Nat. XXXVIII-1189 et 90.

3020 DESCARTES. — Discours de la méthode de Descartes, avec une préface par J. Larocque.

Paris, Libr. des Bibliopb., 1887, in-16 XXVII-105 p. (4 fr.).

[8° R. 8731

(De la collec. des Petits Chefs d'œuvres).

3021 DESCARTES. — Discovrs de la méthode, pour bien conduire [sa raison et rechercher la vérité dans les sciences. Plvs la dioptrique et les météores, qui sont des essais de cette méthode.

A Paris, chez Henry le Gras, 1658, pet. in-4°, 78-294 p. etc. (15 fr.).

[R. 3480

Réimpression rare et citée par Brunet de l'édition originale publ. à Leyde en 1637.

Orné d'un grand nombre de fig. gr. sur bois dans le texte.

3022 DESCARTES. — Les méditations métaphysiques, touchant la première philosophie, dans lesquelles l'existence de Dieu, et la distinction réelle entre l'âme et le corps de l'homme sont démontrées, traduite du latin par l'auteur par le dd. l. n. s. et les objections faites contre ces méditations.

Paris, Vve J. Camusat, et P. Le Petit, 1647, pet. in-4°, 007 pp, etc. (25 fr.).

[Rés. R. 085

3023 DESCARTES. — Les Passions de l'Ame, ou Traité de la Lumière, par DESCARTES.

Paris, 1710, in-12.

(S-2801

3024 DESCARTES. — La Philosophie morale touchant les Passions de l'âme et par occasion toute la Nature de l'homme.

Brusselle, 1707, in-12. (5 fr.).

Une vingtaine d'éditions, en latin et français, à la Bib. Nat.

3025 DESCARTES. — Les principes de la philosophie, écrits en latin et trad. en français par un de ses amis.

Rouen, 1706, in-12. (5 fr.).

Édition ancienne recherchée, contenant de nombreuses gravures.

Même remarque que précédemment.

3026 ...DESCARTES (sur). — Discours des Influences des Astres, selon les Principes de DESCARTES.

Paris, 1671, in-12.

(S-3449 b

3027 DES CAURRES de MORŒUIL (Jean) curé de Pernay et principal du Collège d'Amiens, né à Moreuil en 1540, mort en 1587. — Œuvres morales et diversifiées en histoires pleines de beaux exemples enrichies d'enseignements vertueux, et embellies de plusieurs sentences et discours.

Paris, G. de la Noüe, 1584, in-8° de 054 f'"' etc. (20 fr.)

[8° Z. 10005

Cet énorme vol. aborde tous les sujets de l'occulte : la démonologie, la magie, l'astrologie, les comètes, et tous les phénomènes anormaux des régions célestes : des somnambules, des salamandres, des apparitions, etc...

L'auteur donne aussi quelques recettes singulières. L'ouvrage est écrit dans cette langue un peu grasse du XVI° siècle, illustrée par Rabelais.

3028 DESCAUX (Philippe). — Une Sibylle au XIX° siècle : la Reine de Tadmor. Lady Hester STANHOPE.

Paris, s. d., in-12 (5 fr.).

Lady Stanhope fut un des personnages les plus étranges du siècle dernier. Initiée à l'astrologie judiciaire par les Arabes, et livrée à un mysticisme exalté, " elle se regardait, dit Forgues, comme cette femme prédestinée que les Saint-Simoniens et les Francs-Maçons appellent de tous leurs vœux ". Elle prophétisait la venue d'un nouveau Moïse, précédée par la ruine de presque tous les royaumes de la chrétienté, excepté la France prédestinée à une grande mission. — Philippe Descaux nous a admirablement restitué cette singulière figure à l'aide d'une documentation très nourrie.

3029 DESCHAMPS (Emile). — Au Pays des Veddas, Ceylan, par Emile DESCHAMPS.

Paris, Société d'Éditions scientifiques, 1892, in-8° de III-403 pp. Avec 110 figures et planches d'après les croquis et photographies de l'auteur et une carte.

[8° O²k. 951

Excellent travail donnant les plus précieux renseignements sur ce pays si mystérieux. — Mœurs. — Coutumes. — Superstitions, — Temples Bouddhistes. — Cérémonies. — L'astrologue à la naissance de l'enfant. — Offrande aux démons. — Chez les prêtres bouddhistes. — Histoire légendaire des premiers temps historiques. — Récits, suivant la Mahavansa et la Rajavalva, du débarquement de Vijaya de son alliance aux Yakkas (démons) et de l'origine des Veddas. — Les hommes démons et les hommes serpents. — La médecine occulte. — La musique. Etc...

3030 DESCHAMPS (F.). Médecin homœopathe. — De la systématisation et de l'unification de l'œuvre universelle. L'entité électrique, organe de l'attraction et aussi l'agent virtuel des règnes animal et végétal et des phénomènes de l'ordre physique et de l'ordre psychique qu'elles manifestent, etc...

Saint-Lô, impr. de C.-J. Delamare, 1894, in-8° de 203 p. (4 fr. 50).

[R. 33545
(G-227

3031 [DESCHAMPS (le P., puis Mgr Nicolas)]. — Un éclair avant la foudre ou le communisme et ses causes, par l'auteur....

Avignon, impr. de Séguin aîné, 1848-49, 2 vol. in-8°. (6 fr.).

[R. 52060-70

3032 DESCHAMPS (Mgr N.). — La Franc-Maçonnerie, son caractère, son organisation, son extension, ses sources, ses affluents, son but et ses secrets.

Paris, Palmé, 1874, in-16 (2 fr. 50).

Ouvrage de critique.

3033 [DESCHAMPS (le R. P. N.)]. — Les sociétés secrètes et la Société, ou philosophie de l'histoire contemporaine, par l'auteur....

Avignon, J. Séguin, 1874-76, 3 vol. in-8°. (15 fr.).

[G. 29202-3 *bis*

Ouvrage intéressant et fort documenté.

Idem :

Avignon, 1894, 3 forts volumes in-8° (20 fr.).

L'ouvrage de N. Deschamps devenu d'une extrême rareté, est l'histoire la meilleure et la plus documentée de la Franc-Maçonnerie qui ait été écrite. Aussi il n'est pas utile d'insister sur l'importance de ce travail, qui est d'ailleurs assez connu et passionnément recherché.

Paris, 1880, 3 forts vol. in-8° (25 fr.).

Edition la plus complète.

(G-226 et 1750

3034 DESCHAMPS (Mgr N.). — Les sociétés secrètes et la société, ou philosophie de l'histoire contemporaine.

Avignon, Séguin frères, 1880, 3 vol. in-8°. Le tome III est très rare. (20 fr.).

[8° G. 482

Troisième édition entièrement refondue et continuée jusqu'aux événements actuels avec une introduction sur l'action des sociétés secrètes au XIX° siècle par Claudio Jannet.

3035 DESCHAMPS et JANNET (C.). — Les sociétés secrètes et la société ou philosophie de l'histoire contemporaine avec une introduction sur l'action des sociétés secrètes au XIX° siècle par Claudio Jannet. 4me édition.

Avignon et Paris, 1881-83, 3 vol. in-8° ensemble 1772 pp. (20 fr.).

[8° G. 987

Cet ouvrage est certainement le plus documenté sur l'histoire et le fonctionnement de toutes les sociétés secrètes, principalement de la Franc-Maçonnerie le monde entier (Illuminisme, Martinisme, Misraïm, Rose Croix, Carbonarisme, Franc-Maçonnerie, Doctrines philosophiques, les plus célèbres Maçons avant et depuis 1789, Maç∴ des femmes, le Gnosticisme, le manichéisme albigeois, Templiers, L'armée des sociétés secrètes, etc).

3036 DESCHAMPS (Pierre). — Notice biographique et bibliogr. sur Gab. Peignot par P. D. [P. Deschamps].

Paris. Téchener, 1857. gr. in-8° de 60 p. Tiré à 125 exemplaires.

[Ln²⁷. 15947

3037 DESCHAMPS (Pierre). — Le Roi Mage, par Pierre Deschamps.

Paris, Bibliothèque Chacornac, 1902, in-8° de VI-412 p. et pl. (4 fr.).

[8° R. 17804

Avec de curieuses figures hors et dans le texte, d'après l'antique. (Les Dieux planétaires. — Les Nombres. — L'Initiation — Théologie chaldéenne. — Talisman. — Mystères de Mithra. — Les Alexandrins. — La Kabbale. — Les Symboles, etc...)

Retiré, dit-on, du commerce, après conversion de son auteur au Catholicisme romain militant.

3038 DESCHAMPS (V.). — Le Christ et les Antechrists dans les Écritures : l'histoire et la conscience.

Paris, 1858, gr. in-8° de 000 pp. env. (4 fr. 50).

Sens des sacrifices expiatoires selon les traditions universelles. J. C. chef de l'histoire de l'ancien et du nouveau monde. Origines du Bouddhisme. Origines des religions. Origines des vies successives. L'Apocalypse. etc...

3039 DESCHANEL (Emile-Auguste-Etienne-Martin). Professeur et conférencier, né à Paris en 1819. Professeur au Collège de France et Sénateur inamovible. — Les Courtisanes Grecques.

Paris, Michel Lévy, Lecou, E. Blanchard, 1855. in-18 de XVI-208 pp. (8 fr.).

[J. 17875

Rare et recherché (Collect. Hetzel-Lévy).

Pépinières de courtisanes. — Lesbos.— Collèges et couvents de Courtisanes dans l'Inde, en Égypte, en Grèce. Courtisanes sacristaines. — Prostitution sacrée. — Concours de beauté. — Aspasie. — Laïs, Thaïs, Sapho, etc... Hystérie et Mysticisme. etc...

3040 DESCHANEL (Emile). — Le mal et le bien qu'on a dit des femmes...

Paris. J. Hetzel, 1807. in-18. 399 p. (3 fr.).

[R. 33546

3041 DESCHANEL (Emile). — Physiologie des écrivains et des artistes ou essai de critique naturelle par Émile Deschanel.

Paris, L. Hachette. 1864. in-18, 388 p. (2 fr. 50).

[Z. 40804

L'âme et le corps. — Le climat. — Le sol. — La race. — Le Sexe. — L'âge. — Le tempérament. — Le caractère. — L'hérédité physique et morale, etc.

3042 DES COMTES (Louis) ou Luigi Conti. — Discours philosophiques sur les deux merveilles de l'art et de la nature ou Traité de la liqueur d'Alchaest et de la Médecine universelle. De la matière de l'une et de l'autre. Du moyen d'opérer. Et de la voye qu'il faut tenir pour faire le Sel de Tartre volatil. Mis en françois par Rob. Preud-homme.

2ᵉ édition.

Paris. J. de Houry. 1678. in-12, 204 p. (8 fr.).

[Te¹³¹. 119 A.

3043 L'éd. originale est :

Paris. J. de Villery. 1666. in-12 de 204 p.

[Te¹³¹ 119
(G-228

3044 DESCOSSE (Chanoine François). — Découverte des sources et exploration des eaux souterraines.

Marseille, impr. de Vᵛᵉ P. Chauffard, 1862, in-8° 93 p. (2 fr.).

[S. 20054

3045 DESCOTTES (G.). — Voyages dans les Planètes et la Découverte des véritables destinées de l'homme.

Paris, A. Rigaud, 1864 in-8° 308 p. (5 fr.).

[R. 33547

Basé sur la transmigration des âmes et leurs étapes successives dans chaque planète, au cours de leur voyage éternel; l'ouvrage de Descottes, à peu près inconnu du monde occultiste, est une contribution savante et originale à la solution du grand problème de l'au delà et mérite une place d'honneur auprès des livres célèbres de Pezzani, Dupont de Nemours Bonnemère et A. d'Orient [VIAL].

3046 DESCOURCELLES. — Le Désabusement du bruit qui court de la Fin du Monde, contre Perriere VARIN. et NAPER, par DESCOURCELLES.

Rouen, 1605, in-8°.

(S-3472 (bis)

Voir : COURCELLES. N° 2656.

3047 DESCRIPTION d'un signe et miracle, qui a été vu au ciel, le 5 jour de décembre dernier, en la ville d'Altfond, au pays de Wirtemberg, en Allemagne. (Sur l'impr. à Paris, Anth. Houic, 1758) ; dans Lenglet-Dufresnoy : Recueil de dissert.... (1752). T. I, part. II, 5-13.

(O-1753

3048 DESCURET (Jean-Baptiste Félix), médecin, né à Châlon-sur-Saône en 1795, médecin d'un bureau de bienfaisance à Paris. — La Médecine des passions.

Paris, Béchet jeune et Labé, 1841, in-8° XVI-785 p. (2 fr. 50).

[8° T¹⁹. 127

3049 DESDOUITS (Léon M.). — Les soirées de Montlhéry. Entretiens sur les origines bibliques, recueillis et publiés par M. DESDOUITS, 3ᵐᵉ édition

Paris, J. Lecoffre, 1855, in-8° 416 p. (4 fr.).

[A. 8530
(G-1306

Ed. originale :

Paris, Gaume frères, 1836, in-8° XXXIII-367 p.

[A. 8529

3050 DES ESSARTS (Dʳ). — Aperçu historique sur la doctrine du polyzoïsme humain.

Paris, 1805, in-8° (0 fr. 75).

3051 [DESESSARTS (Abbé Alexis)], Janséniste, né à Paris en 1687, mort en 1774. — De l'Avènement d'Élie.

En France, 1734-1735. 2 vol. in-12. (10 fr.).

[D. 12639

Livres mystiques fort étranges et des plus rares, le tome II surtout.

(G-229

3052 [DESESSARTS (Jean-Baptiste PONCET)]. — De l'Autorité des Miracles, et de l'usage qu'on en doit faire. Recueil de plusieurs Histoires très autorisées qui font voir l'étendue du pouvoir du démon dans l'ordre surnaturel. [par J. B. PONCET-DESESSARTS].

S. l. [1748 ?], 2 part. in-4° à 2 col. de 22 et 05 p. sans table (12 fr.)

[4° Ld³. 5855

Traité des événements surnaturels qui se sont produits durant la vie de : Christine POSLATOVIA ; MARIE de l'Incarnation Madelaine de MONTDIDIER ; Mᵐᵉ GUYON ; Marie BUCAILLE ; etc.

Autres ouvrages du même genre : Bib. Nat. Cat. général : XXXIX — col. 244 à 246.

3053 DES ESSEINTES (J.). — Méthode pratique pour l'Incubat et le Succubat.

Gaillac, 1902, in-8° (1 fr.).

[Inconnu à la Bib. Natˡᵉ

Non mis dans le commerce.

Curieuse étude d'auto-hétéro-suggestion magique.

3054 DES ETANGS (Dʳ Albert). —

Etude sur la mort volontaire. Du suicide politique en France depuis 1789 jusqu'à nos jours, par le Dr A. des Etangs.

Paris, Victor Masson, 1860, in-8° de 531 pp. (4 fr. 50).

[8° Ln⁵. 30]

3055 DES ETANGS (Nicolas Charles) (1766†1847). Œuvres Maçonniques de N. C. Des Etangs. Ancien Président de la L∴ des Trinosophes O∴ de Paris, ornées de son Portrait, mises en ordre, annotées, et précédées d'une Notice sur l'Auteur, par F.-D. Pillot.

Paris, A. Berlandier, 1848. [pour 1847]. gr. in-8° de XVI-382 p. et 1 f° de prospectus. Portr. par Villeray, bien gravé (15 fr.).

[H. 5203]

Des Etangs était Vénérable de la L∴ des Trinosophes, à l'O∴ de Paris ; ce fut de cette L∴ que sortirent les meilleurs écrivains Maç∴, entre autres le célèbre Ragon.

Voici le Plan de l'ouvrage

Le Véritable Lien des Peuples, ou la Franc-Maçonnerie rendue à ses vrais principes. — Des Initiations. — Réceptions aux Grades Symboliques. — Les H∴ G∴. — Fêtes et Cérémonies Maç∴. — Baptêmes Maç∴. — Inauguration d'un temple. — Installation d'un Vén∴.

Mais la partie la plus intéressante de l'ouvrage est celle intitulée : La Franc-Maçonnerie justifiée de toutes les calomnies répandues contre elle ou Réfutation du livre de l'abbé Barruel. On y trouve une étude fort bien faite sur les origines de la F∴ M∴, sa descendance de l'Ordre du Temple, ses rapports avec l'Illuminisme, et surtout l'examen de la doctrine de Weishaupt ; serments des initiés, questions pour les grades élevés, réceptions aux différents grades, etc... L'ouvrage contient de plus des discours maç∴ prononcés par Des Etangs dans diverses cérémonies

3056 [DES ETANGS (N. C.)]. — La Franc-Maçonnerie justifiée de toutes les calomnies répandues contre elle, ou réfutation du livre de l'abbé Barruel contre les francs-maçons, par le F∴ N.-C. D.

Lyon, A. Baron, 1859, in-8° XX-91 p. (4 fr. 50).

[H. 19823]

Ouvrage très intéressant. Templiers ; injustice des accusations portées contre eux. Illuminés, Weishaupt. Congréganistes. Comparaison des Franc-Maçons avec les Jésuites, etc.

3057 DES ETANGS (N. C.). — Le véritable lien des peuples, ou la Franc-Maçonnerie rendue à ses vrais principes. Rituels maçoniques.

Paris, Impr. de Migueret, mars 1820. 2 pièces in-8°

[H. 10128]

Autre.

Paris, 1847. 6 pièces gr. in-8°

Collection de 5 rituels maç∴ à l'usage des loges, chap∴ etc... et non mis dans le commerce. I. Apprent.—II. Compagnon —III. Maître. — IV. Rose-Croix. — V. Chevalier-Kadosch.

Autre édition.

Paris, in-8° 1833

Paris, in-8° 1828

3058 DESFOSSÉS (Abbé G.). — Le démon cause et principe des maladies. Moyen de les guérir par l'Abbé G. Desfossés. 4ᵐᵉ édition.

Paris, H. Gautier, 1899. in-18, 100 p. (2 fr. 50).

[D. 71829]

Dans notre siècle étouffé par le matérialisme, un prêtre courageux s'est rencontré qui n'a pas craint de braver les sarcasmes en démontrant le rôle occulte de l'invisible dans les épidémies et les simples maladies endémiques. Tous ces fléaux, dit-il, sont guérissables par la prière, et au moyen de certaines prières. Au nombre de celles-ci, mentionnons les formules pour la guérison des convulsions, croup, méningite des enfants, la scrofule, l'épilepsie, la rage, le typhus, la variole, les brûlures, etc... et pour la protection des troupeaux. Parmi les chap. les plus suggestifs, l'Imposition des mains et sa puissance mystique, d'après les anciennes traditions de l'Eglise, renferme des pages admirables qui justifient, sur ce point, toutes les théories modernes. En résumé, petit livre curieux et surtout très précieux.

3059 DESGRANGES (Alix) Ancien professeur de Mathématiques. — Grammaire Sanscrite Française, par M. DESGRANGES.

Paris, Imprimerie Royale, 1845-1847. 2 vol. in-4° (18 fr.).

[X. 2084-5

3060 DESHAIRES (Germain). — La Vie de Jésus, les Evangiles et M. Renan par G. DESHAIRES.

Paris, Dentu, 1863. in-8° de 105 pp. (1 fr. 75).

[H. 14006

3061 DESHAYES (P. B.). — Essai de physique sur le système du monde. Dédié à Mgr. le duc de la Vrillière, par P. B. DESHAYES.

Paris, F. A. Didot aîné, 1772. in-8° VIII-88 p. pl. gravées. (5 fr.).

[R. 13685

Contient 3 planches gravées.

(G-250

3062 DES INNOCENS (Guillaume) de Toulouse. — Examen des Elephantiques ou Lepreux, par G. des INNOCENS, de Tolose.

Lyon pour T. Soubron, 1595, in-8° 132 p. etc.

[8° Td¹³². 1
(S-3316 b

3063 DÉSIRÉ (Artus). — Les batailles et victoires du Cheualier Céleste, contre le Cheualier Terrestre, l'vn tirant à la maison de Dieu, l'autre à la maison du Prince môde chef de l'Eglise maligne, auec le terrible et merueilleux assault dône contre la sainte cité de Ierusalem figurée à nostre mère Saincte Eglise enuironée des ennemys de la Foy.

Pares, Iehan Ruelle, 1500, in-16 176 f⁰ˢ fig. sur bois (30 fr.).

[Rés. p. Ye. 326

Rarissime ouvrage orné de nombreuses figures sur bois.

(G-1307

3064 DESJARDIN de RÉGLA (Docteur Paul). — El Ktab, Des Lois secrètes de l'Amour, d'après le Vhôdja, Omer Haleby, Abou Othman : Traduction, Mise en ordre et commentaire par Paul de RÉGLA.

Paris, Albin Michel, S. D. [1906] in-8° (5 fr.).

[Rés. O² g. 533. B.

De la Connexion naturelle. — Autres manières licites de pratiquer le coït. — Coïts et pratiques illicites. — De la Fornication proprement dite. — Des Eunuques. — De la Prostitution. — Les Mystères de l'Amour. — De la Circoncision. — Secrètes Pratiques. — Formules Magiques et recettes : Chap. V.

Edition originale.

Paris, Geo. Carré, 1893. in-8° (5 fr.).

[Rés. O² g. 533

On dit que les éditions postérieures ont été expurgées.

3065 DESJARDIN de RÉGLA (Docteur Paul). — [DOCT.] Paul [DESJARDIN] de RÉGLA. — Jésus de Nazareth, au point de vue historique, scientifique et social.

Paris, Geo. Carré, 1891, in-8° XXXI-404 p. Avec une jolie fig. de Jésus. (5 fr.).

[8° H. 5615

Ouvrage intéressant sur ce sujet si controversé, en tout cas très documenté.

3066 [DESJARDIN] de RÉGLA (Docteur Paul). — Les Mystères de Constantinople.

Paris, P. V. Stock, 1897, in-18 VII-300 p. (1 fr. 75).

[8° Y². 50133

3067 DESJARDINS (G.), rédacteur en chef du « Tribun du Peuple ». — Première Babylone... Sémiramis la Grande. Traduit d'un manuscrit hiéroglyphique égyptien par G. Desjardins.

Paris, impr. de H. Dupuy, 1834, in-8° de CXLIII-514 p. figure de Stèle et fac-similés dans le texte (15 fr.).

]Ye. 20122 bis

En prose et en vers.

Livre mysterieux précédé d'une grande étude sur le symbolisme, notamment celui des cathédrales. Voici quelques subdivisions de ce singulier ouvrage : Les années climatériques du genre humain (p. 14). — Le retentissement des oracles. — L'année de Dieu. — Explication du Mystère des trois voix, ou la Parole Royale et sacrée. A signaler l'ancienne formule de malédiction et de jugement (p. 223), de nombreux commentaires initiatiques et reproductions d'anciens textes hébreux coptes et égyptiens.

D'aucuns l'apprécient : «Curieuse élucubration d'un fou littéraire »

DESLON (le Dʳ) Voir : ESLON (le Dʳ d').

3068 DESLYONS (Jean), théologien né à Pontoise en 1615, mort à Senlis en 1700. Théologal de cette ville. — Discours ecclésiastique contre le Paganisme des Rois de la Fève et du Roy-boit, pratiqués par les chrétiens charnels en la veille et au jour de l'Epiphanie de N. S. J. C. par M. Jean Deslyons.

Paris, G. Desprez, 1644, 3 part. pet. in-12. (5 fr.).

[D. 12899

Livre curieux contenant des recherches historiques sur d'anciennes coutumes, l'auteur était théologal de Senlis.

(S-1085

3069 DESLYONS (J.) — Traités singuliers et nouveaux contre le Paganisme du Roy boit, par Jean Deslyons.

Paris, Vve C. Savreux, 1670, in-12, 346 p. (10 fr.)

[D. 12900 (1)

Le premier de ces Traités a pour objet le Jeûne établi à cette époque la Veille des Rois ; le second les Saturnales des Romains, et l'imitation qu'en ont faites les Chrétiens ; le troisième la Superstition de Phœbé (Phœbus) ou la Sottise du Febvé.

(StY-413
(S-1084

3070 [DESMARETS]. — Dissertation sur les moyens de prolonger la vie. Dieppe, Dubuc, 1781, in-12 de 34 pp. (3 fr.).

3071 DESMARETS. — La Vérité des Fables, ou l'Histoire des Dieux de l'Antiquité, par Desmarets.

Paris, 1648, 2 vol. in-8°.

(S-3003

3072 DESMARETS (Le R. P.), oratorien — Histoire de Madeleine Bavent, religieuse du monastère de St-Louis de Louviers. Réimpression de l'édit. de 1652, précédée d'une notice bibliographique et suivie de plusieurs pièces supplémentaires.

Rouen, Lemonnyer, 1878, in-18, XL-VII-160 p. (12 fr.).

[8° Ln²⁷. 32525

Edit. très recherchée, contenant une Bibliographie des ouvrages relatifs aux Possédées de Louviers et deux eaux-fortes dont une fort curieuse, représentant une séance d'exorcisme.

Voir aussi [BAVENT.

(G-321

DESMARETS (Samuel). Théologien protestant voir : MARESIUS (Samuel).

3073 [DESMARETS de SAINT SORLIN (Jean)]. — Les Morales d'Epictete, de Socrate, de Plvtarque et de Seneqve.

Av Chasteav de Richeliev, de l'Im-

primerie d'Estienne Migon, Professeur en Mathématique, et Imp. ordinaire du Roy... 1653, pet. in-8° ou in-12 (50 fr.).

[R. 18028

Impression des presses particulières du Cardinal de Richelieu, installées dans son château. La netteté des caractères est si remarquable que l'on a cru longtemps que les types étaient fondus en argent. On sait aujourd'hui que Richelieu les confisqua à Jean JEANNON habile imprimeur de Sedan. Ils ressemblent un peu à ceux des Elzévirs.
De la Morale d'Epictète [Traduction du " Manuel "]. — D'Arrian. des Propos d'Epictète. — Des choses Mémorables de Socrate. — Des Morales de Plvtarqve. — Des Epistres de Seneqve.

3074 DESMARTIS (Dr Téléphe Poytevin) de Bordeaux. — De l'hypnotisme par le docteur Téléphe P. DESMARTIS. (de Bordeaux).

Bordeaux. Vve Justin Dupuy et C° in-8° 8 pages (1 fr.).

[8° Te¹³. 33
(D. p. 173

3075 DESMAZE (Charles). — Les pénalités anciennes. Supplices, prisons, et grâce en France, d'après des textes inédits par Charles DESMAZE.

Paris. Plon. 1866, in-8° 560 p. pl. (6 fr.).

[8° Li¹⁹. 34

Contient des relations de procès de sorcellerie. Orné de gravures sur bois hors texte, représentant les principaux supplices.

3076 DESMOUCEAUX de GIVRAY (M.) — Pullulation, pièce à thèse théophilanthropique en un acte.

Paris. 1902, in-8° de 53 pp. (4 fr.).

3077 DESMOULINS (Camille). — Le vieux Cordelier, Journal politique rédigé en l'an II.

Paris. Baudoin, frères. 1825, in-8° 394 p. (3 fr.).

[8° Lc². 805
(G-232

3078 DESNOS (Comte Anatole Charles) — Les magnétiseurs sont-ils sorciers? La France est-elle hérétique ? Les mêmes hommes l'ont dit.

Paris. Rouvier et Leleinturier, 1842 in-8°, 34 pages (3 fr.).

[8° Tb⁶¹, 263

Cette brochure est attribuée au Comte Desnos. L'exemplaire en ma possession porte plusieurs notes de la main de l'auteur entre autres celle-ci. " Les Jésuites n'ont été que trop persuadés de la réalité du magnétisme, car ils l'ont ajouté aux moyens dont ils abusent. Ils ont été si irrités du peu que j'ai dit de leur doctrine qu'ils m'ont menacé d'un coup de poignard ou de pistolet à l'occasion de cet opuscule. " En laissant à l'écrivain la responsabilité de ce qu'il avance ici et que je crois invraisemblable, je me borne à dire que la première partie seule de cette brochure concerne le magnétisme; l'auteur trouve avec raison que la décision de la congrégation qui a examiné la question posée par l'évêque de Fribourg n'a répondu qu'à un cas particulier.

(D. p. 125
(G-1119

3079 DÉSORMES (E.) et Adrien BASILE. — Polylexique méthodique. — Dictionnaire d'occultisme. Sciences occultes en général. Sociétés secrètes politiques et philosophiques. Grands-Maîtres de la F∴ Maç∴ des Templiers, de Malte, et Généraux des Jésuites. 1ʳᵉ section.

Angers. Lachèse, et Cⁱᵉ. 1897, in-18 de 178 p. (à 2 col.) et table. (3 fr.).

[8° Z. 14772

Ouvrage du plus grand intérêt, destiné à rendre de grands services à tous les chercheurs. Le Dictionnaire des Sociétés Secrètes occupe à lui seul 60 p. de texte et contient d'une façon très concise, toute la matière de la science maç∴. Objets symboliques. Grades. Personnages célèbres en maç∴. Mots sacrés. Histoire. Branches diverses. Cérémonies etc... Il renferme en outre de curieuses Planches hors texte : Bijoux et insignes maç∴. Planche du Chap∴ des disciples de Saint Vincent de Paul (très curieux). Planche du Sup∴ Cons∴ de la Grande Loge de France, etc.

3080 DES PÉRIERS (Bonaventure) ou DESPERRIERS, poète et pilosophe né à Arnay-le-Duc (Bourgogne), vers la fin du XVe siècle, mort en 1544. — Cymbalum Mundi, ou dialogues satyriques sur différents sujets. Avec une lettre critique dans laquelle on fait l'histoire, l'analyse, et l'apologie de cet ouvrage, par Prosper Marchand.

Amsterdam, Prosper Marchand, 1711, pet. in-12, 144 p. (7 fr.).

[Rés. Z. 2443

Idem :

Amsterdam, chez Prosper Marchand, 1732, in-12, XXX-243 p. pl.

[Z. 10607

Amsterdam et Leipzig, Arkstée et Merkus, 1753, pet in 8° XXX-220 p. pl.

[Z. 10608

Cette dernière édition est particulièrement rare. — Ce curieux ouvrage contient quatre intéressants dialogues ayant trait surtout à la Mythologie. Dans le premier, Mercure est envoyé du ciel par Jupiter pour porter à Athènes un livre intitulé le Livre des Destinées, qui lui est dérobé pendant une absence. Dans le second, Mercure, sous la figure d'un vieillard, s'entretient avec les philosophes sur la Pierre Philosophale. Dans le troisième, Mercure s'aperçoit qu'on lui a ravi le Livre des Destinées et qu'on s'en sert pour prédire l'avenir ce qui le rend furieux. Le quatrième dialogue a lieu entre deux Chiens, ayant appartenu à Actéon et lui ayant mangé la langue lorsqu'il fut métamorphosé en cerf par Diane ; ils en avaient obtenu la faculté de parler, et s'entretiennent sur la sotte curiosité des hommes pour les choses extraordinaires.

(S.-4305

3081 DES PERIERS (Bonaventure). — Le Cymbalum Mundi et autres œuvres réunis pour la première fois et accompagnés de notice et de notes, par P. L. Jacob, bibliophile, avec une lettre du Cymbalum, par Eloi Johanneau.

Paris, Gosselin, 1841, in-18, 274 p. (4 fr.).

[Y². 20027

3082 DESPINE Père (Dr Antoine). — De l'emploi du magnétisme animal et des eaux minérales dans le traitement des maladies nerveuses suivi d'une observation très curieuse de névropathie par le docteur Despine père médecin inspecteur et directeur des eaux thermales d'Aix-en-Savoie. *Paris, Lyon, Germer Baillière*, 1840, in-8°, LX-220 pages avec appendice de 2, 12, et 8 pages. (8 fr.).

[8° Te⁶³. 58

L'un des plus intéressants ouvrages qui aient été publiés sur le magnétisme. Ce livre renferme les détails d'une des cures les plus remarquables dues à ce traitement spécial. Son auteur le docteur Despine père a pour ainsi dire sacrifié sa fortune à l'étude et à la pratique du magnétisme scientifique, du magnétisme sérieux. Doué d'un ardent esprit de charité dans la plus complète acception du mot, aimant son art avec passion, médecin d'un dévouement sans bornes infatigable, sympathique à tous les humbles, prévoyant toutes les misères, bienfaiteur de tous les pauvres, on l'a désigné dans toute la région où il a exercé et on le désigne encore comme la Providence des malheureux. Je ne connais pas parmi tous les médecins de la Savoie de plus honorable et de plus bienfaisante mémoire que celle du docteur Despine Père. Grâce à un heureux concours de circonstances, j'ai pu dépouiller tout le labeur de cet homme de bien. J'ai analysé tout un dossier considérable de documents inédits, j'ai recueilli parmi plusieurs milliers de lettres reçues ou écrites, une quantité de faits précieux pour l'histoire de la science. J'espère commencer prochainement la publication de l'important ouvrage que tous nous devons élever à la mémoire de cet homme éminent et je prie les personnes qui auraient de lui quelque lettre, quelque pièce importante de vouloir bien me les communiquer ou de m'en donner une copie, je ne ferai usage de ces pièces, des noms cités etc... qu'avec leur approbation. Notre travail contiendra la relation de douze observations au moins aussi intéressantes que celles d'Estelle, qui fait en partie l'objet du volume dont le titre est ci-dessus, observation que nous engageons à lire attentivement. Le docteur Despine devait continuer son recueil mais divers événements l'en empêchèrent. [Note de M. Durial]. l'ouvrage qu'il annonce n'a pas paru].

(D. p. 118)

3083 DESPINE (Dr Prosper). — Etude scientifique sur le somnambulisme, sur les phénomènes qu'il présente et sur son action thérapeutique dans certaines maladies nerveuses, du rôle important qu'il joue dans l'épilepsie, dans l'hystérie et dans les névroses dites extra-ordinaires.

Paris, Savy. 1880, in-8°, 425 p. (4 fr.).

[8° Th.bl. 6

3084 DESPINE (Dr Prosper). — Psychologie naturelle. Etude sur les facultés intellectuelles et morales, dans leur état normal et dans leurs manifestations anormales chez les aliénés et les criminels.

Paris, F. Savy, 1868, 3 vol. in-8° de XVIII-640 pp. et ? — ? — (20 fr.).

[R. 33500-001

Facultés intellectuelles et morales, la raison, le libre arbitre et les actes automatiques. Psychologie des aliénés et des criminels. Infanticides. Suicides. Incendiaires. Voleurs. Prostituées. Bases d'un traitement moral.

3085 DESPREZ (Ernest). — Les Tireuses de cartes par Ernest Desprez; dans Nouveau Tableau de Paris (1835). VII. 17-50.

(O-1835

3086 DESPREZ (Louis). — L'évolution Naturaliste : Gust. Flaubert ; les Goncourt ; Alph. Daudet ; Em. Zola ; les Poètes, le Théâtre.

Paris, Tresse, 1884, in-18, 374 p.

[8° Z. 2457

L'impressionnisme. Théories matérialistes. Baudelaire et les Baudelairiens.

Sully-Prudhomme. Essais modernistes, etc...

3087 [DESSADE (J. Fr.)]. — La bio-psychologie des mages primitifs de la Chaldée et de l'Egypte, ou pensées zoologiques sur la substance vivifiante répandue dans l'Univers ; ses attributs ou propriétés essentielles, ses affinités et combinaisons, l'origine des âmes en général, leur formation, leurs facultés, l'action médiate et immédiate des Etres en général, sur la vitalité dérivée, et la réaction de celle-ci sur eux, etc… où l'on explique en même tems d'une manière très simple et par des principes tout à fait neufs, les causes primaires des maladies, l'action des remèdes, des venins etc… Suivie d'un essai sur les forces et facultés hyperphysiques, dites magiques du Microscome. Avec des notes et des anecdotes aussi rares que curieuses.

Paris, " Et se trouve chez tous les libraires ", an X - 1802, in-8° XX-215 p. (15 fr.)

[R. 13100
[R. 2414 A]

Très rare.

Ouvrage dans lequel on trouve les données les plus précieuses sur l'hermétisme, les problèmes vitaux, la médecine occulte et la magie.

Signature autographe de l'auteur (p. XIX) — Traité d'une médecine genre Paracelse. Magnétisme. (p. 149).

(G-210

3088 DESSOYE (J. B. J.). — L'absolu dans un principe et une révolution dans un seul chiffre ou magie numérale et mystères de la contradiction. Découverte de la comptabilité universelle.

Paris, 1803, in-8° de 88 pp. (3 fr.).

Autres ouvrages similaires à la Bibl. Nat.le Cat. Génl (XXXIX-1036); Algèbre de la Comptabilité universelle,

[V. 14027, etc.

Sc. psych. — T. I. — 30.

3089 DESTREM (Hippolyte). — Du moi divin et de son action sur l'univers. Essai d'une application des méthodes philosophiques à la solution des problèmes religieux. Suivi d'une théorie sommaire de l'âme humaine ; son origine, sa fonction, son devenir ultra terrestre.

Paris, Didier. 1864, in-12.

(G.-1310

3090 DES VALLÉES SERNAY. — Histoire de la Ligve Saincte, faicte il y a 380 ans à la condvite de Simon de Mont-Fort, contre les hérétiques Albigeois, tenans les pays de Béarn, Languedoc, Gascogne, et quelque partie de Gvienne et Dauiphiné ; de laquelle a réussi la paix et l'amplitude du royaume de France. Le tout escrit par F. Pierre DES VALLÉES SERNAY de l'ordre de Cisteaux, enuiron l'an 1198 et mis en nostre langue françoise l'an 1500 par Arnauld Sorbin, euesque de Neuers.

Paris, G. Chaudière. 1500, in-8° (30 fr.).

Ouvrage de la plus grande rareté : il forme une chronique de la guerre des Albigeois, où l'auteur retrace les scènes effroyables dont le Midi de la France fut témoin. Première édition.

(G-601

3091 DES VOEUX. — Critique générale du livre de M. de Montgeron sur les miracles de M. l'abbé de Paris ou Nouvelles lettres sur les miracles, par M. DES VOEUX, pasteur de l'Eglise Françoise à Dublin.

Amsterdam, H. Dusauzel, 1740, 2 tomes in-8°, (4 fr. 50).

[8° Ld⁴. 2232

Intéressante critique des miracles du diacre Pâris et des convulsionnaires.

(G.-1313

3092 DETREZ (Alfred) — Les Célébrités d'aujourd'hui. L'Abbé LOISY, par Alfred DÉTREZ. Biographie critique, illustrée d'un Portrait Frontispice et d'un Autographe suivie d'Opinions et d'une Bibliographie.

Paris, E. Sansot, MCMIX [1009], in-12 de 44 p. et table. (1 fr.).

Intéressante étude sur le grand moderniste, censuré et interdit par la Cour de Rome, et Professeur d'Histoire des Religions au Collège de France.

3093 DEUBNER (Ludwig). — De Incubatione capitula duo, dissertatio inauguralis quam.... scripsit Ludovicus DEUBNER.

Gissæ, 1800, in-8° de 40 pp.

[8° (-) Giess. ph. 251

Autre :

De Incubatione capita quattuor scripsit Ludovicus DEUBNER. Accedit Laudatio in miracula sancti Hieronymi martyris Therapontis e codice Messanensi denuo edita.

Lipsiæ, B. G. *Teubner*, 1900, in-8° VII-138 pp.

[8° R. 17355

3094 DEUSINGIUS, ou DEUSING, (Antoine) né à Meurs en Westphalie, vers 1612, mort en 1660. Professeur de Mathématiques, Physique, Médecine à Meurs et Harderwick. Recteur à l'Université de Groningue. — Ant. DEUSINGII Dissertatio de Morborum quorundam supertitiosa origine et curatione speciatim... de LYCANTHROPIA.

Groningæ, typis J. Cöllen, 1656, in-12, 227 p.

[8° Td⁸⁶. 22
(S-3308

3095 DEUSINGIUS. — Antonii DEUSINGII, Sympathetici Pulveris Examen.

Groningæ, typis Cöllenii, 1662, in-12 XII-660 p.

[8° Te¹⁵¹. 1126
(S-3400 b

3996 DEVAUX (Jean), chirurgien né à

Paris en 1640 mort en 1720. Latiniste érudit. — Le médecin de soi-même ou l'art de se conserver la santé par l'instinct.

Leyde de Graefe 1682. in-12. 204 p. etc. frontispice gravé (5 fr.).

[8° T^{el} 141

Cet ouvrage est devenu rare ; il fâcha les médecins contre l'auteur qui a donné dans le plus grand ridicule où les médecins puissent tomber, c'est-à-dire l'astrologie médicinale et les influences des astres (?).

(G-236

3097 DEVAY (Dr Francis). — Des instituts hygiéniques de Pythagore, et de leur influence sur les sociétés antiques par le Dr Francis DEVAY.

Paris, Germer Baillière, 1842. gr. in-8° de 28 p.

[8° T^{el}. 5

Très rare ouvrage sur la vie et la doctrine de Pythagore. — Extrait de la " Revue du Lyonnais ".

3098 DE VERTUS (A.). — La langue primitive basée sur l'idéographie lunaire, principe des idiomes anciens et modernes ; contenant un vocabulaire rédigé en caractères français.

Paris, 1868, in-8° raisin, (5 fr.).

Initiation à la langue primitive. — Principe du langage. — Filiation des idées ayant pour type les cinq principales formes de la Lune. — Signes primitifs de l'écriture lunaire ou idéenne. — Noms universels du Créateur. — Les noms des dieux. — Signification du Croissant. — Le serpent trompeur et sauveur. — Culte expiatoire du Déluge. — Ecriture et langue de l'Egypte. — Vocabulaire de mots primitifs. — Démonstration des 4 Solstices. — Premier serment des Hommes. — Premiers autels, etc.

3099 DEVILLE (Emmanuel). — Qvestions notables sur le Sortilège avec deux celebres arrests du Senat de Savoye donnés au public par Noble Emanuël DEVILLE, baron d'Aypierre,

467

Senateur au même Senat, Rapporteur du Procés.

A Chambéry, chez Estienne Rioudel, M. D. C. LXXXXVII [1697] in-16. VIII-73 p. (5 fr.).

Il y a eu une réimpression à 99 exemplaires de cet opuscule rarissime exécuté par *A. Metzger à Chambéry* en 1893. (5 fr.).

[Rés. p. R. 315
(G.-1313

3100 DEVILLIERS. — Le Colosse aux pieds d'argile par M. DEVILLIERS de l'Académie de Villefranche, Rouen et Marseille.

S. i. 1784. in-8°. IV-174 et 2 pages (3 fr.).

Cet ouvrage contre le magnétisme est dédié à l'Académie de Villefranche à laquelle l'auteur avait déjà lu un discours dans le même sens. Il fait quelques efforts d'érudition afin de prouver que le magnétisme est une chimère. Il accepte certains faits qu'il explique par l'imagination. Il en raconte quelques autres, tout aussi surprenants que ceux qu'il nie.

(D. p. 52

3101 DEVIN (Fortuné). (Voir ALBUMAZZAR DE CARPENTERI). — Le plus sûr moyen de gagner à la loterie ou liste générale des arts, songes, visions nocturnes avec les noms des choses et les numéros à qui elles se rapportent pour s'en servir aux tirages de la loterie comme l'on fait à Venise, Gênes, Rome, Turin, etc..... Ouvrage tiré du vieux livre de l'anonyme Cabaliste et d'Albumazzar de Carpenteri.

Lyon, an VI, in-8°, (3 fr. 50).

Edition ornée de la figure pentagone pour la cabale mathématique et de 90 figures sur bois relatives aux 90 numéros de la loterie.

Et aussi :

Lyon, impr, de J. Roger, 1821, in-8°, VIII-176 p.

[V. 49709

3102 DE VOË (Walter). — Healing Currents from the Battery of Life. Teaching the doctrines of the Positive and Negative Mind of God, and of the Lord Jesus Christ as the Mediator between the two states of Being : revealing how the Truth awakens the Soul to its natural Inheritance as an immortal co-worker with God, giving it dominion over sin, sickness, poverty and death. By Walter De Voë.

Chicago, Vita Publishing C°, s. d. [1905], in-8° de 229 pp. et catalog. Tête du Christ en Frontispice.

Ouvrage d'un guérisseur de la *New Thought* (q. v.).

Knowledge is Power. — Thought the Supreme Remedy. — We grow like That Which We Study. — Healing Treatment for the Eyes. — How to practice Mental Healing. — How to Concentrate. — The Healing Power of JESUS JEHOVAH. — Becoming attuned to the Spirit. — Treatment for Obsession. — Deny the Imperfect, Affirm the Perfect. — How to realize God. — Treatment for the Vital Center. — Etc.

3103 DEVOILLE (Abbé Augustin). — Le Parjure, par A. Devoille.

Paris, J. Vermot, s. d. [1805]. in-8° de 232 p. (6 fr.).

[Y². 27280

Très rare.

C'est le Manuscrit d'un Franc maçon repenti in-extremis (à quatre vingt huit ans passés). Cet auteur (supposé ou non) était, dit-il, né en 1770. Il cite des autorités en général peu connues : Fischer, Muller, Jochmus, Krauss, Boerne, Reghellini de Schio etc.

Ouvrage d'un esprit hostile à l'ordre. On y remarque des traits historiques curieux, notamment ceux relatifs à l'influence du Signe de détresse sur les champs de bataille. Bien qu'écrit dans un esprit hostile, cet ouvrage est appuyé sur des références sérieuses et des extraits fort piquants. Le comble, c'est qu'il est plutôt de nature à amener des adhérents à l'institution qu'il prétend combattre.

3104 DEVOIRS (Les) du Franc Maçon. à l'usage des Loges. Propre à être lu aux initiations des nouveaux frères ou lorsqu'un Vénérable le jugera convenable.

Publié par ordre du Grand Orient d'Haïti, 1824, in-4° (10 fr.).

3105 DEVOIRS (Les). Statuts ou Reglemens généraux des Francs-Maçons, mis dans un nouvel ordre et approuvés par la grande loge des Sept provinces Unies des Païs-Bas. (Dédié à la loge de l'Union à Francfort).

Francfort J Leipzic, J. G. Esslinger, 1704. in-8° de 71 pp.

C. A. Thory en cite une première éd. en hollandais et en français (*Amsterdam,* 1702, in-8°) mais il y en a une précédente de 1701.

(O-275.

3106 DEWEY (Doctor Edward Hooker) célèbre médecin naturaliste et végétarien moderne, partisan de la suppression du premier déjeuner, et du Traitement des maladies par le Jeûne. — The True Science of Living. The New Gospel of Health. Practical et Physiological. Story of an Evolution of Natural Law in the Cure of Diseases, for Physicians and Laymen. How the Sick get Well. How the Well get Sick. By Edward Hooker Dewey, M. D.

Norwich (Connecticut) Charles C. Haskell et C°, 1908, in-8° de 323 p. (10 shill. ou 2 dollars 25 cents).

Ouvrage célèbre de ce grand médecin, l'un des " leaders " du mouvement végétarien moderne.

Traduction d'un extrait de la Table :
La Nature à l'état de Maladie. — L'évolution du Déjeuner. — Evolution de la maladie. — Apoplexie. — Alcoolisme. — Contagion. — Ration journalière. — Les Eaux minérales. — Insomnie. — Etc.

3107 DEWEY (Melvil). — Decimal Classification and relativ Index for Libraries, Clippings, Notes, etc. 5th Edition.... By Melvil Dewey.

Boston, Library Bureau, 1894, in-4° de 393 p.

[4° Q. 699

Ce livre constitue un travail considérable de Classification des Connaissances humaines. C'est avec un regret réel qu'il ne nous a pas été possible d'adopter son Numérotage, à cause de la singulière place assignée à la Magie (133), entre la KLEPTOMANIE (132.6) et le CHARLATANISME (133.7). C'eût été manquer de respect à la Science et à nos Lecteurs que de propager une notion aussi erronée.

Nous tenons néamoins à saluer ce premier effort d'uniformisation bibliographique pour tous les pays.

Le Système d'Indices que nous donnons plus loin est une modification du Système Décimal, où nous nous sommes attaché avec le plus grand soin à ne pas porter de jugements téméraires.

3108 DIALOGUES sur l'âme Par les interlocuteurs en ce temps-là. Suivi de J. Brunus redivivus, ou des erreurs populaires.

S. l., 1771, in-8°. (20 fr.).

Ouvrage peu commun.

(G-245

3109 DIALOGUES sur le magnétisme animal.

Paris, Deulu, 1825, in-8°. 28 pages.

Je ne connais que le titre de cet ouvrage.

(D. p. 98

3110 DICHAS (Docteur A.). — Étude de la mémoire dans ses rapports avec le Sommeil hypnotique. (Spontané et provoqué).

Paris. 1887. gr. in-8°.

Fixation des souvenirs. — Phénomènes de l'ecmnésie. — Oubli des faits accomplis. — Actes suggérés. — La suggestion. — Mémoire inconsciente. — Double personnalité. — Etc.

3111 DICKINSON (Edmond). — Edmund Dickinsons Schreiben an H. Theodor Mundan von der Gold-kunst oder Quintessenz der Filosofen : aus dem Oxforder lateinischen Exemplar übersetzt ; dans Neue alchim. Bibliothek de Schröder (1772). I. 1-re p. 1-114.

(O-1214

3112 DICTIONNAIRE portatif des Ordres religieux et Militaires.

Amsterdam, 1709. in-8°.

(S-4918

3113 DIDAY (Docteur Paul). — Examen médical des miracles de Lourdes, par le Docteur P. Diday.

Paris, Masson, 1873. in-12. XXXVIII-97 p.

[8° Lk⁷ 16762

Ouvrage médical, considéré comme le plus hostile à la croyance aux miracles de Lourdes.

3114 DIDELOT (Nicolas). — Avis aux gens de la campagne ou traité des maladies les plus communes, avec observations sur les causes des maladies du peuple, sur l'abus des remèdes et des aliments dont il fait usage, sur ceux qu'il doit employer pour guérir les maladies auxquelles il est le plus exposé, quand il n'est pas à portée d'avoir le secours d'un médecin. Ouvrage très utile aux pasteurs chirurgiens et gens de la campagne.

Nancy, Gervois, 1772 ; in-12, XXXVI-330 p. (10 fr.).

[8° Td⁸ᵘ 206

L'auteur a puisé dans les meilleurs auteurs sa théorie et sa pratique et ce livre est rempli d'excellentes maximes et de bons conseils.

3115 DIDEROT (Denis) et D'ALEMBERT. — ENCYCLOPEDIE, ou Dictionnaire raisonné des Sciences, des Arts et des Métiers, par une Société de Gens de Lettres, mis en ordre et publié par M. Diderot et quant à la partie Mathématique, par M. D'Alembert.

Genève, Pellet, 1777-1779, 39 volumes in-4° dont 3 de Planches.

Plus, la Table de Ladite :

Lyon, chez A. Le Roy, 1780-1781, 6 volumes in-4°. En tout 45 volumes in-4° dont 3 de Planches et 6 de Tables (75 fr. ou 100 fr. en bel exemplaire). C'est l'édition qui me paraît la meilleure.

[Z. 2658-702

Les éditions précédentes sont de :

Paris, Briasson, 1751-80. (35 vol. in-f° dont 12 de Pl. et 6 de Supp. et Tables : 1776-80).

[Z 342-370

Neufchatel. 1765 (35 vol. in-f°) etc.

3116 DIDEROT. — La Religieuse.

Paris, Marchand, 1797. 2 vol. in-12. (8 fr.).

Deuxième édition originale, très rare, non expurgée de ce Roman qui contient des pages fort libres, condamné par plusieurs jugements et mis à l'Index.
2 jolies figures.

L'édition originale est de :

Paris, Buisson, an V. in-8°. 411 p.

[Y² 27054

3117 [DIDIER (J.)]. Traité complet de mémonique ou l'art d'aider et de fixer la mémoire, en tous genres d'études et de sciences par M***.

Lille et Paris, T. Naudin, 1808, in-8° de XXX-258 p. et 25 pl. (5 fr.)

Curieux frontispice mémonique.

[Z. 47186

3118 DIENHEIM (le Docteur Jean Wolfgang) Médecin allemand du XVIIe siècle qui professait et pratiquait la médecine à Fribourg en Brisgau. Ce Médecin d'abord adversaire déclaré de l'Alchimie, rencontra au cours d'un voyage le célèbre « Cosmopolite » (Alexandre Séthon), qui, pour le convaincre, opéra à Bâle une transmutation qui réussit parfaitement. Le Docteur Dienheim en témoigne lui-même dans l'ouvrage suivant :

Medicina Universalis, seu de Generali Morborum omnium remedio liber... authore Johanne Wolfgango Dienheim...

Argentorati [*Strasbourg*] *sumptibus L. Zetzneri*. in-8°. XVI-87 p.

[8° T²¹ˢ 57

L'anecdote se trouve, au chap. XXIV, p. 64.

3119 DIENHEIM (le Docteur Jean Wolfgang).

Le Triple Flambeau Chimique.

Nuremberg. 1674. in-4°.

3120 DIETSCHINE (J.). — Astra. Les joies du crime. Résurrection divine.

Paris, Chamuel. 1894. pet. in-8° de 50 pp. (2 fr.).

[8° Y² 40232

3121 DIEU, l'Homme et la Nature, tableau philosophique d'une somnambule.

Londres, 1788. in-8°.

C'est la deuxième édition de l'extrait du Journal d'une cure magnétique de Rastadt, avec un supplément de 56 pages qui traite de l'état de l'homme après la mort, du magnétisme physique et spirituel, etc... (Note de M. Mialle).

(D. p. 74

3122 DIEULAFOY (Jane-Paule-Rachel Mayre, dame), née à Toulouse en 1851. — La Perse, la Chaldée et la Susiane... par Mme Jane Dieulafoy. Relation de voyage, contenant 336 gravures sur bois, d'après les photographies de l'auteur et deux cartes.

Paris, Hachette. 1887. in-f°. 739 p. 336 grav. sur bois et 2 cartes. (20 fr.).

[Fol. O² h. 404

Ouvrage estimé, couronné par l'Académie Française.

3123 DIEULAFOY (Mme Jane). — A Suse, journal des fouilles (1884-1885) par Mme Jane Dieulafoy. Ouvrage contenant 121 gravures sur bois et 1 carte.

Paris, Hachette, 1888, in-f° IV-306 p. fig., pl. et carte. (15 fr.).

[8° O³ h. 432

Les gravures contenues dans ce volume ont été dessinées d'après les photographies de la mission par Barclay, Bida, Ferdinandus, E. Girardet, Myrbach, etc.

3124 DIGBY (le Chevalier sir Kenelm), né à Gothurst comté de Buckingham en 1603, mort en 1655. Philosophe et Chimiste. — Discours fait en une célèbre assemblée, par le Chevalier Digby, chancelier de la Reine de la Grande-Bretagne, etc... touchant la guérison des plaies par la poudre de sympathie. De plus une dissertation sur le même sujet par le sieur Papin, docteur en médecine ; Nouvellement traduite par le sieur Rault, où sa composition est enseignée et plusieurs autres merveilles de la Nature sont développées.

A Rouen, D. Berthelin, 1673, in-12 248 p. (0 fr.)

[8° Te¹⁵¹ 1121 E.

« Le chev. Digby, étant à Rome, acheta d'un moine italien le secret d'une préparation de vitriol pour arrêter les hémorragies ; il la nomma poudre de sympathie. Au lieu de se contenter de vanter sa poudre comme styptique, il lui donna des vertus imaginaires. Ce fut à la cour de Jacques I⁽ᵉʳ⁾ que cette poudre obtint sa vogue merveilleuse. Digby à Paris, détailla avec quelqu'art la relation de ses cures hypothétiques et s'efforça de prouver par des hypothèses, la possibilité de guérisons sympathiques... »

Autres éditions :

Paris, Aug. Courbé, 1658, in-8°, 197 p. (édit. originale).

[8° Te¹⁵¹ 1121

Paris, 1666.

Paris, Joly, 1669. in-12 de 95 pp.

Paris, Osmart, 1681.

Paris, Libr. Spiritualiste, 1895, pet. in-8°.

L'action de la poudre de Sympathie, agissant à distance sur les plaies et les cicatrices, est un phénomène merveilleux qui rappelle, dans le même ordre d'idées, les plus curieuses expériences de Paracelse. Parallèlement à son sujet, l'auteur rapporte une foule de faits extraordinaires, l'origine de nombreuses légendes et dictons en cours dans les campagnes et qui cachent souvent un sens profond, aujourd'hui méconnu.

(S-3101

3125 DIGBY (Kenelm). — Eröffnung unterschiedlicher Heimlichkeiten der Natur, worbey viel scharfsinnige, kluge, wohlerwogen Reden von nützlichen und jederman dienlichen Dingen, welche die gleiche Art der Natur entdecken... die Heilungen der Wunden, ohne Berührung, vermöge des Vitrioli, durch die Sympathie betreffend ; in einer Hochansehnlichen Versammlung zu Montpellier in Franckreich Discursweise gehalten durch den Hoch-Wohlgebohrnen Herrn Grafen, Herrn Kenelm Digbi...

Franckfurt und Leipzig, Joh. Gottfried Schelling, 1756, in-8° de IV-188 pp. avec 1 pl. réprés. 9 sujets.

L'article de P. Servius commence à la p. 107.

(O-1031

3126 DIGBY (Kenelm). — Eröffnung unterschiedlicher Heimlichkeiten der Natur, worbey viel scharfsinnige kluge, wol-erwogene Reden von nützlichen Dingen jederman dienlich, die gleiche Artung der Natur entdeckende klar und auszführlich beygefüget, und vornemlich von einem wunderbahren Geheimnusz in Heilungen der Wunden, ohne Berührung, vermög desz Vitroli, durch die Sympathiam ; Discurs weise gehalten in einer hochansehnlichen Versammlung zu Montpellier in Franckreich, durch den... Grafen Hn. Knelm Digby... ubersetzt (aus Französ. in das Teutsche) von M. H. Hupka.

[Franckfurt], zum fünfftenmal gedruckt... von Balthasar Christ. Hust. 1671. in-8° de II-140-66 pp. avec 1 pl. représ. 6 sujets.

[8° Te¹⁵¹ 1122

Les 96 dernières pp. contiennent : Petri Servii, von Spoleto, in dem Gymnasio zu Rom der ArtznenProfessorn. Ausführliches Bedencken, von den insgewein so genannten Waffen-Salben, oder von den Wunderwercken der Natur und Kunst.

Ce P. Servius, de Spolette, ne serait-il pas le moine qui vendit le secret au chevalier Digby ?

Selon F. Roth-Scholtz, Bibliotheca chemica, la II° (il ne parle pas de la 1ʳᵉ) édit. de la traduction par Hupka serait de Francfort, 1661.

(O-1029-1030)

3127 DIGBY (le Chev. Kenelm). — Nouveaux secrets experimentez pour conserver la beauté des dames et pour guérir plusieurs sortes de maladies. Tirez des memoires de M. le Chevalier Digby, Chancelier de la Reine d'Angleterre. Avec son discours touchant la guérison des plaies, par la poudre de sympathie.

La Haye, J. van Vlaenderen, 1718 in-12. Orné de 2 frontispices gravés par Flamevelt. (8 fr.).

Les recettes de Digby et surtout le curieux traité sur la poudre de sympathie firent fureur, tant en France qu'en Angleterre, à la cour de Jacques Iᵉʳ.

Edition de :

La Haye, Foulque, 1700, 2 vol. in-8°.

[8° Te¹⁸ 91

3128 DIGBY (Sir Kenelm). — Observations upon Religio Medici, by sir Kenelme Digby.

London, 1644, in-8°.

Autre :

[S. l.], 1643, in-8°.

[Rés. D² 5178 (S-1802

3129 DIGBY (sur Sir Kenelm). — The Life of sir Kenelm Digby. By one of his descendants.

London, Longmans, 1896, in-8°.

[Nx. 2540

3130 DIGBY (William). — Courte explication historique des sceaux et des trompettes de l'Apocalypse.

Toulouse, E. Cadaux, in-8°, VIII-VIII-220 p. (5 fr.).

[A. 8546

Chez St Jean, on retrouve la tradition secrète et intégrale des vieux maîtres en Israël a tel point que l'Apocalypse forme, avec le Zohar, le Sepher Jetzirah et qq. pages d'Ezéchiel, le plus pur corps doctrinal et claviculaire de la Kabbale proprement dite.

3131 DILLY (Antoine). — De l'âme des bêtes, où après avoir démontré la spiritualité de l'âme de l'homme, on explique par la seule machine, les plus surprenantes des animaux.

Lyon, Anisson et Poysuel, 1676, in-12 XXII-350 p. (3 fr.).

[R. 14445

Nature de l'âme. — Discipline des animaux. — Instinct des animaux. — Actions surprenantes des animaux. — Sagacité des animaux. — De la liaison entre l'ouïe et la parole, etc...

3132 DINAUX (Arthur). — Les sociétés badines, bachiques, littéraires et chantantes, leur histoire et leurs travaux. Revu et classé par Gustave Brunet.

Paris, Bachelin-Deflorenne, 1867, 2 vol. in-8° avec un portrait de Dinaux gr. à l'eau-forte par G. Staal. (12 fr.).

[Z. 47208-9

Très intéressant dictionnaire anecdotique contenant l'historique de près de 500 sociétés de tous genres, badines, chantantes, littéraires, mystiques, franc-maçonniques, rosi-cruciennes, etc....

3133 DINET (Pierre). — Cinq livres des hiéroglyphiques ov sont contenvs les plvs rares secrets de la nature, et proprietez de toutes choses Auec plusieurs admirables considerations et belles devises sur chacune d'icelles. Œuvre... de M. P. Dinet...

Paris, chez Iean de Heuqueville, 1614, in-4°, 709 p. etc. (20 fr.).

[Z. 3575

Vignette de Léonard Gaultier au milieu du titre.

(G-1310 et 1754)

3134 [DINOUART (l'abb° Joseph Antoine Toussaint)]. — Abrégé de l'embryologie sacrée, ou traité des devoirs des prêtres, des médecins, des chirurgiens et des sages-femmes envers les enfants qui sont dans le sein de leurs mères, avec fig. 2™° édition.

Paris, Nyon, 1766, in-12 XXVIII-506 p. (5 fr.).

[D. 32520

3135 DIOGÈNE LAERCE, ou DE LAERTE, philosophe et historien grec, né en Cilicie, vivant, pense-t-on, sous Septime Sévère et Caracalla. — Les vies des plus illustres philosophes de l'antiquité, avec leurs dogmes, leurs systèmes, leur morale, et leurs sentences les plus remarquables ; trad. du grec par Chauffepié.

Paris, 1840, in-12 (7 fr.).

Contient la vie de 84 philosophes de l'antiquité : Thalès, Solon, Anaxagore, Socrate, Xénophon, Eschine, Phédon, Euclide, Criton, Platon, Bion, Aristote, Héraclide, Diogène, Zénon, Pythagore, Empédocle, Eudoxe, Héraclite, Parménide, Pyrrhon, Timon, Epicure, etc...

Autres éditions :

Paris, Charpentier, 1847, 2 v. in-12.

[R. 33806-7

473

Amsterdam, J. H. Schneider, 1761, 3 vol. in-12 (15 fr.).

[R. 33794-9

En plus la vie de l'auteur, celles d'Epictète, de Confucius, et leur morale ; et un abrégé de la vie des femmes philosophes de l'Antiquité.

3136 DIOGÈNE DE LAERTE. — Diogenis Laertii, de Vitis Philosophorum Libri X. Plus quam mille in locis restituti, et amendati ex fide dignis vestutis exemplaribus Græcis, ut inde Græcum exemplum etiam possit restitui ; opera Joannis Sambuci.

Geneve, 1615, in-8°.

Ægyptii Ænigma. Agrippa. Dæmones. Divinatio. Dogma Pythagoreorum. Horoscopia. Initia Philosophiæ. Lucifer. Magi. Medicina. Physiologia Ptolemæi. Pyramidis. Pyrrhonia secta. Sectæ variæ. Zoroaster, etc....

Autres éditions :

Lugduni, Batavorum, 1540, in-8°.
Antverpiæ, Ex officina Christophori Plantini, 1566, pet. in-8°, 456 p. et l'index.

[R. 33770
(S-6878

DIONYS (F.). —

Voir :

LECOMTE (François-Denis).

3137 DIOSCORIDES (Pedacius ou Pedanius) médecin grec né sans doute à Anazarbe en Cilicie, vers le 1er ou le IIe Siècle avant J. C. — Pedacius Dioscorides Anazarbæus. — Opera quæ extant omnia. Ex noua interpretatione Jani-Ant. Saraceni, Lugdunæi medici.

[*Francofurti*]. *Sumptibus hæredum Andreæ Wecheli, C. Marnii et J. Aubrii*, 1598, in-f° (28 fr.).

[Fol. T⁵⁸. 44

Texte grec et latin.

DIOSCORIDES (Pedacius). —

Voir :

MATHIOLUS.

3138 [DIPPEL (Johann Conrad)]. — Apostolischer Wegweiser zur wahren Berechtigkeit Gottes, in neuen Wesen des Geistes, nebst einer Schrifftmäszigen Untersuchung, derer von dem Zorn und Versöhnung Gottes.... auch von aller irrigen Lehre befreyet von Democrito Christiano (Joh. Conrad Dippel.).

Franckfurt, Samuel Müller, 1700, in-8° de 272 pp.

(O-79

3139 [DIPPEL (Johann Conrad). — Deren gelehrten Zeitungen von gelehrten Zeitung erstes Stück, um einige Extracta und Critiques der gewöhnlichen Gelehrten Zeitungen in Teutschland unter weitere Censuren zu nehmen, und dabey dem curiosem Leser nützliche Remarquen zu liefern; nebst einer Zugabe von gantz neuen Begebenheiten, cura et studio Christiani Democriti (Joh. Conrad Dippel.).

Gedruckt in dem von unerwarteten Novitäten. 1733, in-8° de 48 pp.

C'est dans cette défense de sa doctrine, ou plutôt ce pamphlet que Dippel annonçait au monde qu'il ne devait mourir qu'en 1808. Il est mort subitement le 25 avril 1734.

(O-85

3140 [DIPPEL (Johann Conrad)]. — Entdeckung der Gewissen-lose Verdrehung, samt sectirischer Hartnäckigkeit und Blindheit, womit ein so genannter Christophilus vollgemuth, das Systema Christiani Democriti in denen 152 Fragen nicht so woll zu untersuchen, als zu besudeln, sich vorgenommen ;....... aus Liebe und Hochschützung des wahren, allein zur Seeligkeit führenden, Evangelii ausgefertigt von Christiano Democrito (J. C. Dippel.).

S. l. n. a., 1732, in-8° de 302-308 pp.

(O-86

3141 [DIPPEL (Johann Conrad)]. — Weg-Weizer zum verlohrnen Liecht und Recht, oder entdecktes Geheimnüsz beydes der Gottseligkeit und der Boszheit, in einer Schrifftmäszigen Abbildung der Gemeine des neues Bundes, nach ihrer innern und äussern Beschaffenheit, und des ihr entgegen gesetzten Abfalls in dem Reich des Antichristens, samt einer Vorrede, vorinnen Johannes Merckers...... in ungefärbter Liebe, zur freyen evangelischen Warheit, unter dem Segen Gottes auszgefertigt, durch Christianum Democritum (Joh. Conr. Dippel.).

Gedruckt im Jahr Christi, 1704, 2 vol. in-8° de IV-236, et 200 pp, rel. en 1.

Mystico-alchimique.

(O-82

3142 DISCOURS d'une histoire et miracle advenu en la ville de Montfort à cinq lieues près Rennes en Bretaigne, avec une oraison à N. Dame de Lyesse.

Rennes, 1588, in-8° de 15 pp. (2 fr.).

Réimpression à Lyon, chez Louis Perrin, vers 1875-76. Presque toutes les pièces suivantes font partie d'une collection intitulée *Diverses Pièces curieuses publiées par A. Claudin, Lyon, Alf. Louis Perrin et Marinet,* 1875-76, avec la cote générale : [8 G. 72.

Voir le dépouillement à l'article Claudin (Anatole), du Catal. génl de la Bib. Nat. XXIX-791 à 799.

3143 DISCOURS de l'exécrable forfait commis par un garson de la ville de Rumilly en Savoye, lequel a miserablement pendu et estranglé sa propre Mère ; ensemble l'exécution qui en a esté faicte à Chambéry.

S. l., 1690, in-8° (2 fr.).

Réimpression à Lyon, chez Louis Perrin, vers 1875-76.

3144 DISCOURS des terribles et espouvantables signes apparus sur la mer de Gennes.... avec les prodiges du sang qui est tombé du ciel, en pluye.

475

du costé de Nice et en plusieurs endroicts de la Provence ; ensemble l'apparition de deux hommes en l'air, lesquels se sont battuz par plusieurs fois et ont esté veus en grande admiration durant trois jours sur l'isle de Martegue....

Paris, 1606 ou 1608, in-8° de 11 pp. (2 fr.).

Réimpression à Lyon, chez Louis Perrin, vers 1875-76.

3145 DISCOURS epouvantable d'une étrange apparition de demons en la maison d'un gentil-homme en Silesie en 1609 ; dans Lenglet-Dufresnoy : Recueil de dissertations......... (1752) T. I. partie II. p.4-8.

(O-1737

3146 DISCOURS estrange et pitoyable d'une femme envers ses enfants à l'occasion d'un faux monayeur et pour la necessité d'elle et de ses dits enfants, laquelle s'est desesperée et pendue : ensemble ce qui est advenu à son frere et à sa belle-soeur.... le tout advenu auprés de Rouen, en un village nommé La Ferté-en-Bray.

Paris, 1608, in-8° de 15 pp. (2 fr.).

Réimpression à Lyon, chez Louis Perrin, vers 1875-76.

3148 DISCOURS et interprétation sur l'apparition merveilleuse de trois soleils sur la ville de Marseille, arrivée en la présente année, et des causes contenues en icelles.

S. l. 1637, in-8° (2 fr.).

Réimpression à Lyon, chez Louis Perrin, vers 1875-76.

3149 DISCOURS merveilleux de la vie, actions et déportemens de la Roine Catharine (*sic*) de Médicis, mère de François II, Charles IX, Henri III, rois de France.

La Haye, Vlacq, 1663, in-12 (15 fr.).

Satire rare attribuée successivement au célèbre imprimeur Henri Estienne, à Jean de Serre et à Théodore de Bèze.

(G-1317

3150 DISCOURS merveilleux et espouventable des signes et prodiges qui sont apparuz au ciel sur la ville de Genève avec un petit discours de ce qui s'est apparu sur la rivière de Seine, vers le pays d'Amont.

S. l. 1579, in-8° (2 fr.)

Réimpression à Lyon, chez Louis Perrin, vers 1875-76.

[8° G. 72 (6)

3152 DISCOURS merveilleux et espouventable des Signes et Prodiges veus sus et dans la Ville de Sedan, ces Jours Passez.

Sedan par l'Héritier de J. Salesse. 1615, in-8° de 10 p. (2 fr.).

Réimpression rare, de Lyon, par Louis Perrin, vers 1875-76.

3153 DISCOURS miraculeux, inouy et épouvantable avenu à Envers, ville capitale du duché de Brabant, d'une jeune fille Flamande, qui par la vanité et trop grande curiosité de ses habits et collés à fraize, godderonez à la nouvelle mode, fut étranglée du diable, et son corps après telle punition divine étant au cercueil, transformée en un chat noir, en présence de tout le peuple assemblé en 1582 : trad. de la langue flamande, en notre langue fr. ; avec une remontrance aux Dames et Filles.

(*Paris, par Benoist Chandet, s. d.*); dans Lenglet-Dufresnoy. Recueil de dissertations...... (1452). T. I. partie II, 26-39

(O-1755

3154 DISCOURS miraculeux tres admirab'e, prodigieux et véritable d'un de la religion prétendüe reformée de la Coste Saint-André, en Dauphiné, lequel pour avoir blasphemé contre le

476

S. Sacrement a esté misérablement mangé des Rats.....

Chambéry, 1620, in-8° de 11 pp.
[Ld¹⁷⁶. 1304

Réimpression à Lyon, chez Louis Perrin, vers 1875-76. (2 fr.).

3155 DISCOURS prodigieux de ce qui est arrivé en la Comté d'Avignon, contenant tant le deluge, degast des eaux, et feu tombé du ciel, que les ruines du pont de Sorgues Béderide et Aubainien et autres prodiges estranges arrivez ausdits lieux.

Paris, 1610, in-8°.
[Lk². 004

Réimpression à Lyon, chez Louis Perrin, vers 1875-76. (2 fr.).

3156 DISCOURS prodigieux et espouuantable de trois Espagnols, et vne Espagnolle, magiciens et sorciers qui se faisoient porter par des diables de ville en ville, auec (sic) leurs declarations d'auoir fait mourir plusieurs personnes et bestail par leurs sorcillèges (sic) et aussi d'auoir fait plusieurs dégats aux biens de la terre. Ensemble l'Arrest prononcé contre eux par la Cour de Parlement de Bourdeaux. 1610.

A Paris, iouxte la coppie imprimée à Bourdeaux, s. d. in-8° 8 pages (80 fr. [Cat. Guaita]).

Curieux procès intenté sur l'accusation d'un prêtre qui déclare avoir été transporté en 6 heures de Dole (Jura) à Bordeaux par art magique. — Pièce rarissime.

(G-1318

3157 DISCOURS PRODIGIEUX et espouuantable du Thresorier et Banquier du Diable et son Fils : qui ont esté bruslez à Vesouz, en la Franche Comté, le 18 Janvier 1610. après avoir confessé une infinité des maléfices et sorcelleries par eux commises. Ensemble le moyen comme ils furent des-

couuers. Avec la copie de l'arrest du Parlement de Dole.

Lyon. Pour Jean Dorel, S. D. in-16. carré de 10 p. (2 fr. 50).

Réimpression moderne, sans doute par Louis Perrin, de Lyon, vers 1875.

3158 DISCOVRS | sommaire | Des Sortilges (sic), venefices et idolatreries (sic). | tiré des procez criminels Jugez au sie | ge royal de Montmorillon en | Poitou, la presente | année. 1599 | .

Sans Titre, lieu, ni libraire, 1599, in-8° de 51 pp., compris le faux titre.
[Réserve R. 2443
(S-3328

3159 DISCOURS très véritable d'un insigne voleur qui contrefaisait le diable, lequel fut prins et pendu à Bayonne au mois de janvier dernier.

S. L. 1608. in-8° (2 fr.).

Réimpression à Lyon, chez Louis Perrin. 1875-76.

3160 DISCOURS véritable d'un sorcier nommé Gimel Truc... surprins en ses Charmes et Sorcelleries au pays de Vivarois ; ensemble les receptes pour guarir le bestail que par sa subtil poison avait mis sur les champs.

Lyon. 1600. in-8° de 15 pp. (2 fr. 50).

Réimpression à Lyon, chez Louis Perrin. vers 1875-76.

3161 DISCOURS véritable d'un usurier lequel miraculeusement a été mangé des rats à Charret, proche la ville d'Aix-en-Provence.

S. L. 1600. in-8° (2 fr.).

Réimpression à Lyon, chez Louis Perrin. 1875-76.

3162 DISCOURS véritable de l'exécution faicte de cinquante tant sorciers que sorcières exécutez en la ville de Douay.

S. L. 1606. in-8° (2 fr. 50).

Réimpression à Lyon, chez Louis Perrin, vers 1875-76.

3103 DISCOURS véritable de divers prodiges arrivez en la ville d'Angers comme tremblement de terre, signes très horibles, vents en l'air, tempeste impétueuse, et de la furieuse fontaine qu'on appelle la fontaine godeline.

S. L. 1609, in-8° (2 fr.).

Réimpression à Lyon, chez Louis Perrin, vers 1875-76.

3104 DISPENSAIRE magnétique fondé par M. A. Caselli, membre de la Société de magnétisme de Paris.

Paris, Impr. Voitelain, 1873, in-8° 4 pages.

Cette tentative a produit d'intéressants résultats ; c'est, selon nous, le moyen de faire entrer le magnétisme dans le cadre de la thérapeutique pour la part qui peut lui revenir.

(D. p. 175

3105 DISSERTATIO de LAPIDE physico in quam Tumbam Semiramidis ab anonymo Phantastice, non Hermetice sigillatam ; ab anonymo Recusam, etc...

S. L. 1678, in-12 (4 fr.).

Rare traité d'hermétisme.

3106 DISSERTATION sur les visions ou apparitions, où l'on prouve que les morts peuvent revenir, avec quelques règles pour connaître si ce sont des âmes heureuses ou malheureuses ; par M...... célèbre professeur en théologie ; dans Lenglet-Dufresnoy : Recueil de dissertations. 243 et suiv.

(O-1780

3107 [DITFURTH (Franz-Dietrich von)] — Stein des Anstosses und Fels der Aergernisz, alles meinen teutschen Mitbürgern, in und ausser der siebenten Provinz, entdeckt von Ich weisz nicht, von wem ? (von Baron Franz Dietrich von Ditfurth, zu Wezlar).

Gedruckt in Teutschland, in allen Buchläden (Berlin, Nottmann, 1780) in-8° de 160 pp.

(O-482

3168 DIVERS TRAITÉS de la Philosophie naturelle : sçavoir, la Turbe des Philosophes ; la Parole Délaissée, de Bernard Trevisan ; les deux traités de Corneille Drebel ; avec le Très-ancien Duel des Chevaliers.

Paris, 1612, (ou 1672 ?), in-12 de VI-298-V pp. (14 fr.).

Ce titre est celui indiqué par Lenglet-Dufresnoy p. 313 ; l'exemplaire que nous avons ne commençant que par le titre particulier de la Turbe.... [Ladrague]

(O-635 et 697

3169 DIVOIRE (Fernand). Les deux idées. Faut-il devenir Mage ? Eliphas Lévi et Péladan. Nietsche, le Surhomme et le Mage.

Paris, H. Falque, 1909, in-16 119 p. pl. coloriée (2 fr. 50).

[8° R. 22788

Bibliothèque des Entretiens Idéalistes.

3170 [DIVONNE (le comte L. de)]. — La Voie de la Science divine ou Développement des principes et des bases fondamentales de cette science, indépendant de toute opinion et de tout système particulier, en III dialogues, trad. librem. de l'angl. de W. Law ; précédés de la Voix qui crie dans le désert ; par Lodoïk (le comte L. de Divonne).

Paris, Levrault et Schell. (Bâle et Strasbourg, les mêmes ; Lyon, Perisse frères ; Bruysel ; Lausanne, J. H. Pott). an XIII-1805, in-8° de XV-76 (pour la : Voix de la science)- 282 pp. (20 f.).

[D. 40897

Le nom de Lodoïk, qu'on lit dans ce titre, est un pseudonyme sous lequel M. de Divonne s'est caché, mais non Law comme le dit Quérard. Quérard, en suivant Barbier, dit " la Voix qui crie..... présentée comme une traduction de l'angl. " or, il n'est rien ; l'auteur la présente comme une œuvre originale. A propos de la Voix de la Science, l'auteur dit : " Ces trois dialogues furent publiés par W. Law... dans le temps où il se disposait à donner une nouvelle édition de la traduction angl. de Jacob Böhme (celle de 1764-81)... j'aurais cru devoir offrir premièrement : Appel à tous les incrédules (ouv. de Law), si ces mêmes points fondamentaux ne s'étaient pas trouvés rappelés et complètement démontrés dans les Dialogues suivants... Au reste, en présentant cet ouvrage comme ma traduction je dois prévenir que je ne me suis pas astreint à rendre littéralement le texte de l'auteur... Cependant... je ne songeois nullement à cet ouvrage, lorsque la publication en françois d'une partie des œuvres de J. Böhme, par un de mes amis et les sollicitations réitérées de plusieurs personnes respectables me décidèrent enfin à m'en occuper sérieusement (pp. V-VIII de l'avant propos).

L'ami traducteur d'une partie des œuvres de Boehme, dont il est question, est Saint-Martin.

Id. :

" Ce livre de Law donne au lecteur attentif la vrai clé de la Theosophie de Boehme. Armé de cette doctrine on peut aborder sans crainte le texte hébreu de Moyse et lever toutes les difficultés de Fabre d'Olivet a laissé subsister dans ses notes de la Langue hébraïque restituée et dans ses commentaires de Caïn.—Le présent ouvr. de Law est une lumière"(St de G.)— Loboik est le pseudonyme du comte de Divonne, ami du Philosophe Inconnu. Cl. de St-Martin et comme lui disciple de Pasquallys de Martinetz.

(O-57)
(G-247 et 1319)

3171 DOCTEUR (J. C.). — Les problèmes de la Vie. Recherches sur le passé, le présent, l'avenir.

Paris, Victor Palmé, 1881, in-8°
V-286 p.

[8° R. 3792

Recherches sur les destinées de l'homme. — Puissance de l'atavisme. — Traditions, superstitions, sacrifices, prévisions.—Origine du monde et de l'humanité. — Le langage universel. — Révélations du sens intime des phrases musicales. — Nos relations avec l'autre monde. — Influence de la lune sur l'état général de la terre et des êtres qui l'habitent. — Origine des forces physiques et lois qui les régissent, etc...

3172 DOCTEURS (Les) Modernes. Comédie parade en un acte et en vaudeville, suivie du Baquet de Santé, divertissement analogue mêlé de couplets représentée pour la première fois à Paris par les Comédiens Italiens ordinaires du Roi, le mardi 10 Novembre 1784.

1° Edition.

Paris, Brunet, 1784, in-8° 59 Pages.

2° Edition.

Paris, Brunet, 1784, in-8° 65 Pages. (2 à 3 fr.).

Il y a eu deux scènes ajoutées au Docteur et une au Baquet de santé après les premières représentations la deuxième édition est donc plus complète. Il y a quelques couplets assez gentiment tournés dans ces deux piècettes qui ne pouvaient faire aucun tort au magnétisme; cependant elle donna lieu aux deux écrits ci-après :

(D. p. 51)

3173 [DUVAL D'ÉPRÉMESNIL. (Jean-Jacques)]—Réflexions préliminaires à l'occasion de la pièce intitulée, Les Docteurs Modernes, etc...

1784, in-8° 3 Pages.

(D. p. 51)

3174 [DUVAL d'ESPREMENIL]. Suites des réflexions préliminaires à l'occasion des Docteurs modernes.

1784, in-8° 8 Pages.

Ces deux plaquettes sont attribuées à Duval d'Espremenil, honnêtement indigné qu'on ait osé jouer et critiquer sur le théâtre, " un étranger, un homme de génie en butte à des hommes puissants".

(D. p. 51)

3175 DOCUMENTS pour servir à l'histoire de la Franc-Maçonnerie au XIX° siècle.

Paris, 1860. in-8° (5 fr.).

Polémiques entre catholiques et Francs Maçons, suscitées par l'allocution de Pie IX du 25 Septembre 1865 et contenant des articles signés de Edmond ABOUT, Oscar COMMETTANT, Général MELLINET, TAXILE DELORD, etc...

3176 DOCUMENTS pour servir à l'histoire de la Franc-Maçonnerie Française du XIX° siècle. Recueillis et publiés par le G∴ O∴ de France.

Paris, Typ. Lebon, 1866. in-8° (3 fr. 50).

Très intéressant recueil de Discours, Allocutions, Décrets, Circulaires, Lettres polémiques, etc... relatifs à la Franc-Maçonnerie.

3177 DOCUMENTS pour servir à l'histoire de la révision constitutionnelle maçonnique, résultant du projet de fusion (en exécution de la convention du 10 Mai 1882). Extrait des procès verbaux des tenues de la R∴ L∴ chap∴ l'Etoile Polaire a l'O∴ de Paris. 1881. In-8° (2 fr.).

3178 DODELFORT (D' Arnold). — Moïse ou Darwin ? trad. de l'all. par Ch. Fulpius.

Paris. C. Reinwald, 1892. in-8° VIII-168 pp.

[8° S. 7228

Moïse et son enseignement. — Darwin et son époque. — Preuves de la descendance. — L'élevage artificiel et l'action de la sélection naturelle dans la lutte pour l'existence, etc...

3179 [DODSLEY (Robert)]. — Le Bramine inspiré, traduit de l'anglais par LESCALLIER.

Berlin, Etienne de Bourdeaux, 1751 pet. in-8° ou in-12 de 6 f^{ts}-80 pp. Frontisp. en taille douce. — Titre sur bois. Assez rare. (5 fr.).

Autre :

Berlin. F. G. Birnstiehl, 1751, in-16, 120 p. etc.

[Z. 47227

479

Cette traduction a été volée au comédien Désormes par son scribe Lescallier qui fit imprimer de son côté la traduction de son maître. Il existe une édition sans nom d'éditeur ni de traducteur, 1751, in-12. Le titre exactement traduit de l'anglais serait : " L'Économie de la Vie humaine. "

Le même ouvrage est aussi intitulé: « *L'Elixir de la morale indienne* ».

(G-348 et 1755
(S-1767

3180 DODSLEY (Rob). — L'Elixir de la Morale indienne : ou œconomie de la vie humaine, composé par un ancien Bramine, et publié en langue chinoise par un fameux Bonze de Pékin ; avec une lettre écrite par un Gentilhomme anglois demeurant actuellement à la Chine, contenant la manière dont le manuscrit de cet ouvrage a été trouvé, le tout traduit de l'anglais.

Paris. Chez Ganeau, 1760. in-12 140 p. (5 fr.).

[R. 20422

Petit traité de morale écrit dans la langue et le style des Brahmines, c'est un des plus anciens monuments de la sagesse Orientale.

Le même que le précédent, avec une légère variante de titre.

3181 [DODSLEY (Rob.)] — Œconomie de la vie humaine. Ouvrage traduit en françois [par J. B. N. DAINE] sur la traduction angloise du manuscrit indien d'un ancien Bramine [R. DODSLEY].

A Edimbourg, 1752. in-8° XXXII-100 p. frontispice et titre gravés. (5 fr.).

[R. 19202, 20413, etc.

Traduction de M. Daine, ou D'Aine, d'un petit ouvrage anglais, attribué d'abord à Lord Chesterfield, et qui eut un énorme succès.

C'est toujours le même ouvrage que le " Bramine Inspiré ".

3182 DOGÉ. — Traité sur la Magie et les Sortilèges par M. DOGÉ.

Paris, 1732, in-12.

[S-3241 b

DOINEL (Jules-Stanislas ou Stany). Archiviste attaché d'abord à la Bibliothèque d'Orléans puis à celle de Carcassonne a écrit sous son nom Mystique de VALENTIN, Évêque Gnostique et sous le Pseudonyme de Jean KOSTKA. Il est mort en mars 1902. C'est lui qui, vers 1888 a découvert à Orléans une Charte datée de 1022, écrite de la main d'un Martyr Gnostique, le Chancelier ÉTIENNE. De cette époque date le Renouveau de la Gnose en France.

On attribue parfois à Jules Stany Doinel un singulier ouvrage « La Loge Noire », dirigé contre la Franc-Maçonnerie : voir au pseudonyme « UN RÉDACTEUR DE L'ANTI-MAÇON ». On peut aussi voir au nom de PIERRET (Alfred), son directeur, notre notice sur « l'Anti-Maçon » où DOINEL écrivait sous le pseudonyme de KOSTKA DE BORGIA.

3183 DOINEL (J.), Évêque Gnostique. — Études gnostiques. La Gnose des Séthiens.

S. l. [1895], in-8°.

(Extrait). (0 fr. 75).

3184 DOINEL (J.), (Évêque gnostique) — Homélie patriarcale. La Gnose d'amour.

S. l. [1895], in-12.

(Extrait). (1 fr.).

3185 DOINEL (Jules St.). — Hugues le Bouteillier et le Massacre des clercs à Orléans en 1230 par Jules Doinel.

Orléans, H. Herluison, 1887, in-8° 10 pp.

[8° Ln27 37135

Extrait du *Bulletin de la Société Archéologique et Historique de l'Orléanais*, numéro 130.

3186 [DOINEL (J. St.)]. — Hymnarium Gnosticum oratorii Electensis et Mirapiscensis diœceseos editum jusu [sic] illustrissimi et honoratissimi D. D. Episcopi [: J. DOINEL].

Apud Carcassonam, ex typis G. Servière, 1901, in-8° 10 p.

[8° Yc. Pièce. 255

Cet hymnaire remarquable appartient à la seconde phase de la carrière Gnostique de l'auteur, à ce moment Bibliothécaire à Carcassonne. Il était rentré dans la Gnose militante comme évêque d'Aleth et de Mirepoix (Cf. FABRE DES ESSARTS, *Les Hiérophantes*, p. 207-208).

3187 [DOINEL (Jules)]. — Jean KOSTKA. Lucifer démasqué.

Paris, Lyon, Delhomme & Briguet, s. d. [1895 (p. 334)], in-12 de 304 p. couv. et titre illustrés. (4 fr.).

[8° H. 6104

Sous le pseudonyme de Jean KOSTKA, Jules DOINEL, 33°, et Patriarche de l'Église Gnostique, publie ici les cahiers secrets de l'Ordre Martiniste, ainsi que le Rituel du Gnosticisme. L'authenticité de ses sources est inattaquable, et les documents qu'il met en lumière révèlent tous les secrets des deux plus grandes sociétés initiatiques, etc... L'on sait que PAPUS s'est élevé violemment contre cette trahison de l'Ordre. Parmi ceux qui jouèrent un rôle important dans l'histoire de l'occultisme contemporain, la grande figure de Jules DOINEL, le restaurateur de la Gnose, est peut-être la plus extraordinaire. — Son « LUCIFER DÉMASQUÉ » est le livre où il expose toute l'histoire de sa vie, si fertile en événements surnaturels, où il dévoile la majeure partie des enseignements secrets, soigneusement gardés au sein des sociétés initiatiques. — La première partie est consacrée au récit de ses visions et de ses rapports avec le monde occultiste : Lady CAITHNESS, Mme BLAVATSKY, etc... ; on y trouve intégralement le rituel ésotérique de l'Église gnostique pour les divers sacrements et cérémonies, ainsi qu'une étude sur la constitution du Martinisme. — La seconde partie comprend toute l'exposition détaillée de ce que l'auteur appelle « LA SYMBOLIQUE DE LUCIFER » ! Ayant été admis au sein de presque toutes les fraternités initiatiques et poussé par on ne sait quelle crainte dont sont toujours victimes les esprits faibles, il a dévoilé jusqu'au bout les secrets qui ne sont communiqués que sous le sceau du serment ; c'est ainsi qu'on y trouvera les détails les plus exacts sur le rituel et les cérémonies du Martinisme aux trois degrés. — La FRANC-MAÇONNERIE y est également l'objet de longs chapitres ou tous les grades sont développés et interprétés : on sait d'ailleurs que Doinel était 33°.

Enfin, la philosophie Valentinienne, qui contient la plus pure essence du gnosticisme, y est exposée dans ce qu'elle a de plus intéressant et donne lieu à de savants commentaires. — L'esprit du livre est hostile d'un bout à l'autre, mais cela n'empêche pas qu'on y trouve les révélations les plus exactes dans lesquelles chacun pourra facilement discerner la vérité, et cette œuvre est appelée à rendre plus de services à la cause de l'occultisme qu'à lui faire le moindre tort auprès des esprits éclairés.

3188 DOINEL (J.). Evêque gnostique. — Première Homélie sur la Ste Gnose. A l'Eglise du Paraclet.

S. l. n. d., [1892], in-12. (1 fr.).

3189 DOLET (Etienne), célèbre érudit et imprimeur français, né à Orléans en 1509, brûlé à Paris, sur la Place Maubert, le 3 août 1546. Martyr de la Libre-Pensée. — Le second Enfer d'Etienne Dolet, suivi de sa traduction, de deux dialogues platoniciens, l'Axiochus et l'Hipparchus : notice bio-bibliographique par un Bibliophile [P. G. Brunet]. Lyon, 1544.

Paris et Bruxelles, 1868, pet. in-8° de XI-97 p. (6 fr.).

[Ye 20400 (1)

Tiré à 257 exemplaires seulement, pour la Librairie de l'Académie des Bibliophiles.

3190 DOLET (Etienne). — 1°) Le second Enfer d'Etienne Dolet, natif d'Orléans.

2°) Deux dialogves de Platon, philosophe divin et svpernatvrel. Sçavoir est : l'vng intitulé Axiochus, qui est des misères de la vie humaine et de l'Immortalité de l'âme, et par conséquence du Mespris de la Mort : Vng autre intitulé Hipparchus, qui est de la convoytise de l'homme touchant la Lucrativé. Le tout nouvellement traduict en langue françoyse par Etienne Dolet, natif d'Orléans.

Paris, 1544.

3°) Cantique d'Estienne Dolet, prisonnier à la Conciergerie de Paris, sur sa Désolation et sur sa Consolation, en vers, 1546.

Paris, [Réimpression chez Tastu, pour Techener (1830)], in-16 de 152-10 p. et 1 f° (marque d'Etienne Dolet). (12 fr.).

[8° Ye 6620 (1).

Ce livre, la principale pièce du réquisitoire contre Dolet et qui coûta la vie à son auteur, fut détruite après son exécution. La réimpression de ces ouvrages introuvables n'a été tirée qu'à 120 exemplaires, sur papier vergé.

DOLET (Etienne) (sur :)

Voir :

BOULMIER (Joseph).
COPLEY CHRISTIE (Richard).
N. E DE LA ROCHELLE.

3191 DOMAYRON (Antoine) Tholozain. — Histoire dv siège des Mvses, ou parmi le Chaste Amour est traicté de plusieurs belles et curieuses sciences, diuine, morale et naturelle, architecture, alchimie, peincture et autres, par A. Domayron Tholozain.

A Lion, chez Simon Rigaud, 1610, in-8°. 480 pp. frontisp. gravé. (25 fr.).

[Z. 10830

Volume fort singulier et peu connu qui traite entre autres sujets, des sciences occultes. Il y a 9 livres, analogie des 9 Muses : Au I°, il est question d'alchimie, des alchimistes et des souffleurs; Au II°, des faux adeptes, aventuriers et exploiteurs de la crédulité humaine. Le IV° traite des diverses sortes d'amours. Le V° est consacré à la Magie et à la Sorcellerie, etc.

(G-240)

Sc. psych. — T. I. — 31.

3192 DOMENECH (l'abbé Emmanuel), écrivain et voyageur français, né vers 1815. Aumônier militaire de la Campagne du Mexique. — Manuscrit Pictographique Américain des Peaux-Rouges. Ouvrage publié sous les Auspices de M. le Ministre d'Etat et de la Maison de l'Empereur, par l'abbé Em. Domenech, Missionnaire apostolique, Chanoine honoraire de Montpellier, Membre de l'Académie Pontificale Tibérine, de la Société de Géographie de Paris, etc.

Paris, Gide, 1860, in-8° de 119 p. suivies de 228 pl. lithog. p. Lemercier. (60 fr.).

[Dép. des Mss. Facs. 373

Livre rare dont les exemplaires ont été rachetés pour les détruire.

D'après Drujon (*Bibliolytie*, p. 21, n° 83) il paraîtrait que le pauvre missionnaire se serait trompé et que son manuscrit « est tout simplement un cahier d'écolier barbouillé par l'enfant précoce et vicieux d'un émigré allemand ». Il se résigna d'ailleurs et fit retirer du commerce ce qui restait de l'édition. Voir Larousse (Grand Dictionnaire). VI-1049. Article Domenech.

Donc la Nécromancie (*Jesukaw'in*), les Révélations (*Wabeno*) le *Midès* (Corps enseignant la Magie) les *Jissoukès*, ou Devins, et ces Réunions où se pratique le Culte du Phallus sont d'une authenticité qui n'est même pas douteuse. C'est dommage, car les planches sont bien curieuses en leur naïveté. La Flagellation et le Phallisme y jouent un rôle prépondérant.

3193 DOMERGUE. — Moyens faciles et asseurez pour conserver la santé et se garantir et guérir de beaucoup de maladies sans prendre aucun remède accompagnez d'un raisonnement sur l'économie naturelle des esprits, et sur les conversions qui se font dans les élémens, de l'air en eau et de l'eau en air, comme dans les corps animez, par le sieur Domergue.

Paris, D. Thierry, 1687, in-12 de 115 pp. (5 fr.).

[8° Te¹¹ 144

3194 DONAT (Saint), évêque de Besançon du VII° siècle. — Pratique pour honorer St-Donat, martyr, patron contre le tonnerre, la foudre et les orages.

Tournay, 1784, in-18 de 24 pp. (4 fr.).

(De la Biblioth. Bleue ou de colportage).

DONATO. — Alfred Edouard d'HONT dit Donato, est né à Chênée (province de Liège) en 1840 et mort en 1900. Illustre fascinateur magnétique, il vint à Paris en 1870. Son succès suscita les expériences du Docteur Charcot à la Salpétrière.

3195 DONATO, professeur de magnétisme humain. — La Lumière sur le Magnétisme, ses défenses et ses ennemis. *Neufchâtel*, 1888, in-8°. (1 fr. 50).

3196 DONATO [Alfred Edouard d'Hont]. — Le Magnétisme, revue générale des sciences physico-psychologiques présentant le tableau permanent des découvertes et des progrès accomplis pendant l'année 1886.

Paris, 1886, in-4° de 404 pages. Nombr. ill. (6 fr.).

[T¹². 26

Tout ce qui a paru de cette curieuse publication, traitant tour à tour de magnétisme, hypnotisme, névrurgie, zoomagnétisme, suggestion, fascination, somnambulisme, extase, métallothérapie, psychie, etc.

Curieuses lettres des « Fascinés peints par eux-mêmes ».

DONATO :
Voir CAVAILHON (E).

3197 DONEUX (Le Lieutenant-Colonel A.). — Electricité et Magnétisme terrestres. Théorie de N. R. Bruck appliquée à la physique du globe, à la météorologie, aux incendies et au grisou.

Paris, et Bruxelles, Nouv. lib. scientifique et A. Castaigne, 1894, 3 vol. in-12 de 372-408-386 p. (12 fr.).

Les livres du savant Bruck, qui a formulé la loi, connue sous son nom, des influences du magnétisme terrestre sur les destinées humaines, sont introuvables. Ceux de son commentateur, le lieutenant-Colonel Doneux, sont eux-mêmes très rares. Dans cet ouvrage de premier ordre, il est prouvé que tous les cataclysmes qui affligent l'humanité, tremblements de terre, incendies, inondations, etc… sont justiciables d'un courant magnétique périodique qui permet de les prévoir à époques fixes. Des tableaux comparatifs appuient cette thèse d'exemples impressionnants. La Fatalité des dates, les jours dangereux, les années maléfiques sont énumérés avec le commentaire de faits surprenants, revenant aux mêmes périodes. Ce travail sur la grande loi qui dirige les évènements de ce monde, est une contribution magistrale à l'étude de l'occulte.

3198 DONI (Antoine François), prêtre et littérateur Italien, né à Florence, vers 1503, mort en 1574. Ami de l'Arétin. — Les mondes célestes, terrestres et infernaux. Le monde petit, grand, imaginé, meslé, risible, des sages et fols, et le très grand. L'enfer des Escoliers, des mal mariés, des putains et Ruffians, des soldats et capitaines poltrons, des piètres docteurs, des vsuriers, des poëtes et compositeurs ignorans. Tirez des œuvres de Doni Florentin, par Gabriel Chappevis, Tourangeau.

Lyon, B. Honorati, 1578, pet. in-8°, pièces liminaires, 464 p. et la table. (28 fr.).

[Y² 12521

Édition princeps de ce livre rare et singulier, qui se cote assez haut dans les ventes publiques. Les gravures sur bois, en forme de médaillons, sont très intéressantes.

Autre édition : « depuis reueuz, corr. et augm. du Monde des Cornus et de l'enfer des ingrats par François Chappuis ».

A Lyon, pour Estienne Michel, 1583, 2 parties, in-12.

Édition très rare et la plus complète de ce curieux ouvrage ; avec qq. médaillons sur bois.

[Y² 28024-5
(G-250

DONNADIEU. — Pseudonyme de l'abbé Joseph *DELEON* q. v.

3199 DONNÉ (Dr Alfred). — Mademoiselle Pigeaire, Somnambulisme et magnétisme animal avec fig. par le docteur Al. Donné.

Noyon, impr. Soulas Amoudry, 1838, in-8°, 2 Portraits, 50 pages. (2 fr.).

[8° Tb⁶⁴ 141

Cette brochure est la réimpression avec préface de trois articles publiés dans le Journal des Débats. Ces articles bien écrits, en apparence très calmes, semblent tout d'abord laisser supposer que l'auteur accepte la possibilité des faits de clairvoyance somnambulique ; l'auteur croit au sommeil magnétique, etc… mais il termine par le mot de charlatanisme… Il n'a pu rien voir, etc… (Voir à cette occasion l'ouvrage du docteur Pigeaire).

(D. p. 114

3200 DONNELLY (Ignatius), né en 1831 à Philadelphie (Pennsylvannie) ; d'abord avocat puis sous-gouverneur du Minnesota, enfin journaliste. — Atlantis, the Antediluvian World.

New-York, etc., Low. 1882 [puis 1884], fort in-12. (8 fr.).

[8° G. 1295

Le plus récent et le meilleur ouvrage en anglais paru sur l'Atlantide, révélant la mythologie du continent disparu, l'analogie de ses symboles avec ceux des pyramides, de la croix et du jardin d'Eden. Étude copieuse sur l'origine de l'alphabet avec reproductions nombreuses des anciens caractères et leur interprététation, etc…

Voir pour d'autres ouvrages du même : « Allibone's Dictionary ». Philadelphia, Lippincott, 1891, in-4°, Supplément. Vol. I, p. 502. (Bib. Nat. dans la Salle. Casier J. 441).

DOPPET (François-Amédée) Médecin, Littérateur et Général en chef des Armées de la République, né à Chambéry en 1753, mort à Aix-les-Bains en 1800. D'abord soldat aux Gardes-Françaises, puis Docteur en Médecine de la Faculté de Turin. Adversaire de Mesmer, mais Élève de d'Eslon. (Voir la notice de M. Dureau, plus loin).

3201 [DOPPET Amédée)]. — Médecine occulte ou traité de magie naturelle et médicinale.

Paris, in-8°, 1788. (4 fr.).

Cet ouvrage est de Doppet. On l'a cité à tort parmi les livres de magnétisme. Il y a une deuxième édition de 1790 [ou 1791 ?].
La médecine occulte est l'art de guérir toutes les maladies par les remèdes naturels, c'est-à-dire les plantes.

Autre édit. :

Paris, 1791, in-8°.

(D. p. 76
(G-251

3202 [DOPPET (Général A.)]. — Oraison funèbre du célèbre Mesmer, auteur du magnétisme animal et président de la loge de l'Harmonie, par M. D...

In-8°, 1785, 39 pages. (2 fr.).

Facétie assez rare ; elle n'est pas spirituelle, qualité exigée des écrits de ce genre. Le testament supposé de Mesmer et la complainte sont un peu plus gais... mais si peu...

(D. p. 63

3203 [DOPPET (F. A.)]. — Traité du fouet et de ses effets sur le Physique de l'Amour, ou Aphrodisiaque externe. Ouvrage médico-philosophique, suivi d'une Dissertation sur tous les Moyens capables d'exciter aux Plaisirs de l'Amour. Par D..... Médecin.

S. l. [Genève et Paris], 1788, pet. in-12 (8 cm. 5 x 13 cm, rogné) de 107 p. (9 fr.).

[8° Th⁷¹. 56

Petit ouvrage recherché sur ce sujet singulier. L'un des très rares ouvrages sérieux sur la Flagellation.
Discours préliminaire. — Du Fouet et de ses Effets sur le Physique de l'Amour. — Des Causes par lesquelles les Flagellations excitent à l'Amour. — De quelques erreurs qu'il serait utile de détruire principalement dans les Couvents. — De la Nécessité de changer les Peines que l'on inflige à l'Enfance et à la Jeunesse. —Conclusion. — Dissertation sur les Remèdes capables d'exciter aux Plaisirs de Vénus.

3204 DOPPET (F. A.). — Traité du fouet et de ses effets sur le physique de l'amour. Ouvrage priapi-medico-philosophique. Réimpression textuelle sur l'édition originale à Genève, 1788, augm. de notes bibliographiques.

Londres, 1885, in-10 de 72 pp. (8 fr.).

[Rés. p. R. 418

3205 DOPPET. — Traité théorique et pratique du magnétisme animal, par M. Doppet docteur en médecine de l'Académie de Turin.

Turin, Jean Michel Briolo, Imp. lib. de l'Acad. royale des Sciences, 1784, in-8°, 80 pages (3 fr.).

[8° Th⁶³. 2

Doppet est l'une des physionomies curieuses de l'époque. D'abord engagé volontaire puis dégoûté du service, médecin à Turin, ensuite Président du club des Jacobins à Paris, député, colonel de la légion des Allobroges, général de brigade commandant de l'Armée des Alpes, etc. littérateur, etc., on l'a vu tour à tour se livrer aux travaux les plus contrastés. Comme médecin, élève de d'Eslon, il enseignait et pratiquait le magnétisme à Turin lorsque le docteur Giraud, de retour à Paris où il avait été envoyé par le roi de Sardaigne, parvint à lui faire défendre non seulement la pratique du magnétisme mais même l'exercice de la médecine sous prétexte qu'il ne connaissait pas le vrai secret du magnétisme. Doppet put convaincre le roi du contraire et il fut autorisé à publier son traité théorique et pratique.

Après avoir exposé tout ce que le magnétisme peut faire en bien ou mal, après avoir blâmé l'enthousiasme de ses partisans, après avoir produit lui-même des prodiges, dit-il, l'auteur ne veut porter aucun jugement sur cette nouvelle médecine... " Des expériences réitérées peuvent seules décider la question ". En attendant il magnétise et continuera à magnétiser.

(D. p. 53

3207 DORÉ (Adolphe). — Le Doigt de Dieu, ou les tems à venir dévoilés. Prédictions trouvées dans la poche d'un vieil hermite (de l'an 1780 à l'an 2240) publiées par Adolphe Doré (de Sens).

Rheims, Imprimerie de Lalou. 1837 in-8° de 62 pp. (2 fr.).

[8° Lb⁵¹. 2677

Dans la forme des " Paroles d'un Croyant ".

Les prédictions, très curieuses, vont jusqu'à l'année 2050 où arrivera la fin du monde.

3208 DORIGNY (A. C.) [(Dr Claude Jules BERGER)]. — La Bouche humaine. Physiologie, physiognomonie, hygiène, diagnostic moral.

Paris, Dentu. 1862. in-18 jésus, XII-311 p. (3 fr.).

[Ta³⁹. 2

La science buccale chez les anciens. — Porta et son système. — Lavater, Gall. — Influence des professions sur la conformation buccale. — Comment on les reconnaît. — Les bouches historiques. — Le Christ, Dante, le Tasse, etc. — Le caractère, les passions, l'homme intime trahi par sa bouche.

3209 DORN (Gérard) en latin DORNÆUS ou DORNEUS, alchimiste allemand du XVIᵉ siècle. Adepte de Paracelse. Environ 18 ouvrages de cet auteur, traductions de Paracelse, etc., à la Bibliothèque Nationale : Catalogue. XLI. 497 à 499. — La Monarchie du Ternaire, en union contre la Monarchie du Binaire en confusion, par Gérard DORNE.

S. l. 1577. in-8° de 8 ff.

[8° Ye. Pièce. 2805

De toute rareté.

(S-3389

3210 DORN (Gérard). — Gerardi DORNEI. de Naturæ luce physica. ex Genesi desumata in quo continentur : Physica Genesis ; Physica Hermetis Trismegisti ; Physica Trithemii ; Philosophia medicativa ; Philosophia chemica (de Vita brevi ; de Duello animi cum corpore ; de Gemmarum structura) : dans Theatrum chemicum (1613), I, 352-496.

(O-010 à 19

Ou, à part :

Francofurti, apud C. Corvinum, 1583. in-8° de 431 pp. index.

[R. 33937

3211 DORSCHEUS (Johannes Georgius) Théologien allemand né à Strasbourg en 1597, mort en 1659. Pasteur et prof. de théologie. — J. Georgii DORSCHEI, singularium Angelicorum Septenarius.

Argentorati, typis J. P. Mulbii, 1645. in-12. pièces limin. 561 p.

[D². 3334
(S-3189 b

3212 DORTEL (Dr). — L'Anthropologie criminelle et la responsabilité médico-légale.

Paris, 1891, in-4° (3 fr.).

Le criminel-né. — La folie morale et le crime. — Crime et épilepsie. — Tares psychiques du criminel, etc...

3213 DOUAY (Edmond). — Le Suicide ou la mort volontaire.

Paris, Décembre-Alonnier, 1870, in-12.

[R. 33949

Dans ce livre, l'auteur a mis à contribution tout ce qui a été écrit par les anciens et les modernes sur le suicide.

3214 DOUCIN (Louis). Jésuite, né à Vernon (Eure) en 1652, mort à Orléans en 1726. Grand ennemi des Jansénistes. — Histoire du Nestorianisme, par Le P. Louis DOUCIN.

Paris, G. de Luyne, 1698, in-4°. pièces limin., 558 pp. et la table.

[H. 2815

Ouvrage curieux et estimé (Larousse).

Addition à l'Histoire du Nestorianisme...

Paris, impr. de J. Josse, 1703, in-12 de II-68 pp.

[D. 32799
(S-5281

3215 DOUGLASS (R. B.). — La Religion de Zoroastre.

Paris, s. d. in-8°.

Extrait.

3216 DOUHET (Comte Jules de). — Notice bibliogr. et littéraire sur Merlin ; par J. de Douhet ; dans son *Dictionn. des légendes* (1855). 1285-87.

Petit Montrouge, J. P. Migne, 1855, in-4°, 1328 col.

[D. 3623
(O-1685

3217 DOUMER (Paul). — Livre de mes fils.

Paris, Vuibert et Nony, 1906, pet. in-8° ou in-16 de 344 p. (2 fr.).

[8° R. 20286

Une seule citation pourra donner le ton de cette œuvre :

" Sois Patriote avant tout, suivant le mot de Gambetta, et ne mets rien au dessus de ce titre ".

3218 DOUSSIN-DUBREUIL (Dr Jacques-Louis). — Des Egaremens secrets, ou de l'Onanisme chez les Personnes du Sexe par J. L. DOUSSIN-DUBREUIL, Docteur en médecine de l'ancienne Faculté, etc...

Deuxième édition.

Paris, Audin. 1830, pet. in-12 de VI-306 p. (2 fr. 50).

[8° Td¹²¹. 17. A.

Rédigé sous la forme épistolaire. Assez intéressant.

3219 DOUTTÉ (Edmond), professeur à l'Ecole supérieure des Lettres d'Alger. — Magie et religion dans l'Afrique du Sud, par Edmond DOUTTÉ.

Alger, Impr. et Libr. A. Jourdan, 1909, gr. in-8°, 624 p.

[8° O². 1233

La Société musulmane du Maghrib.

Le sujet de ce présent livre est la formation de l'idée du magique et du sacré basé sur l'orthodoxie musulmane. Magiciens et devins. — Les rites magiques. — Les Incantations ou rites oraux. — Les Talismans ou rites figurés. — Les fins pratiques de la Magie. — Les forces sacrées et leur transmission.

3220 DOUZAL (E.). — Production Electrique de l'Ozone et Application à l'Industrie, l'Hygiène, la Thérapeutique.

Paris, 1909, gr. in-8°.

Figures.

DOUZETEMPS ou DUSEDAIN, ou DOUZEDENT, réfugié français en Allemagne, fut accusé faussement d'avoir voulu empoisonner Auguste Roi de Pologne et Duc de Saxe (qui mourut en 1733) ; il fut enfermé dans la prison d'Etat de Sonnenstein, dans laquelle il composa son ouvrage du " Mystère de la Croix " et recouvra la liberté le 4 septembre 1732.

C'est là tout ce qu'on sait de sa vie.

3221 [DOUZETEMPS]. — Das Geheimnis, des betrübenden und tröstenden, des tödtenden und lebending machenden, des erniedrigenden und triumphirenden Kreutzes Jesu Christi und seiner Glieder. Mitten im Kreutze, von innen und von auszen, beschrieben von einem jünger des Kreutzes Jesu [DOUZETEMPS]. Nebst einigen beigefügten lateinischen Gedichten...

Cara CrUX MIhI DUX
Chere CroIX, gUIDe assUré.
Menez aU port azUré !

Aus dem Französischen übersetzt (durch Adamah Booz (Adam Melchior Birkholz).)

Franckfurt und Leipzig. Ferd. Böhme, 1782. in-8° de 306 pp.

(O-125

3222 [DOUZETEMPS]. — Mystère de la Croix affligeante et consolante, mortifiante et vivifiante, humiliante et triomphante de Jesus-Christ et de ses membres. Ecrit au milieu de la Croix au dedans et au dehors, par un Disciple de la Croix de Jésus [DOUZETEMPS]. Achevé le 12 d'Août 1732. On y a ajouté quelques poésies latines sur divers sujets composées aussi dans la solitude de Sonnenstein. Nouvelle édit., avec cette épigraphe :

Chara CrUX, MIhI DUX.
....
Chere CroIX, gUIDe assUré.
Menez aU port azUré !

Lausanne, François Grasset et Comp., 1761, in-12 (et non in-8° comme le dit Klosz) de IV-XXIV-390 pp.

G. Klosz : Bibliogr. der Freimaur. N° 3888, indique 396 pp. mais pas les liminaires, il se trompe : le volume n'a que 390 pp.; il indique la première édit. impr. à Hombourg vor der Höhe. Memhard, 1732, in-8°. Il y a encore une autre édition qu'il n'a pas connue, sans ville ni libraire (mais Moscou ou Pétersbourg), 1786, in-8°.

Voyez H. Fictuld : Probier-Stein, I. 113-14.

Autre édition :

Londres, 1859, in-12, figures (10 fr.).

Le fameux mystique DUPONT-MAMBRINI, auteur de la Philosophie divine, estimait tellement cet ouvrage, qu'il en publia une réédition en 1791, d'ailleurs vite épuisée. Dusedain comme philosophe, suit le grand courant théosophique des Tauler, Gichtel, Law, Bœhm, Saint-Martin, Molitor, etc...

3223 DOYEN (Barthélemy). — Vie de Monsieur de Paris, diacre du diocèse de Paris. Avec les requêtes des curés à M. l'Archevêque et d'autres pièces curieuses.

Utrecht Le Febvre, 1732 [puis 33] in-12 (4 fr.).

[8° Ld⁴. 1726 A.

Avec un portrait gravé du diacre de Paris.

Id.

En France, 1731, in-12.

[8° Ld⁴. 1726
(G-1322 et 1756

3224 DOZON (Henri), lieutenant aux Lanciers de la Garde. — Révélations d'Outre-Tombe. Médium Madame H. Dozon. Evocateur : H. Dozon, ex-lieutenant aux lanciers de la Garde.

Paris, Ledoyen, 1862-63, 4 vol. in-12. (6 fr.).

[R. 34035-8

Communications spirites aussi nombreuses que variées et instructives.

Magnétisme. — Mission des Médiums. — Traité du discernement des Esprits. — Cagliostro. — L'abbé Fournier. — Esprit des âmes, etc...

3225 DOZON (H.). — Révélations d'outre-tombe ; politique et religion (Esprits de Napoléon 1er, de Lacordaire, de J. Sobieski, du Maréchal Ney, de Mme de Staël, de Saint-Louis, de Lamennais, d'Urbain Grandier, de Montaigne, etc)

Paris, s. d., gr. in-8° (1 fr. 50).

Curieuses révélations prophétiques spirituques.

3226 DRACH (Le Chevalier David Paul Louis Bernard), rabbin célèbre par sa conversion au Catholicisme. — Brevis et perspicua institutio linguæ Chaldaicæ, ad intelligendum eas sacri codicis partes quæ Chaldæo idiomate scriptæ sunt ex probatissimis auctoribus excerpta et concinnata.

Parisiis, 1847, in-4° (2 fr. 50).

3227 DRACH (Le Chevalier). — Bible de Vence, en latin et en français, avec un grand nombre de Notes par M. DRACH, Rabbin converti.

Paris, Méquignon Havard, 1827-1832, 27 vol. in-8° d'environ 700 p. chacun et atlas in-4°. (40 fr.).

[Salle de lect. 8° Aa 203-319
Atlas in-4° |A. 2303 bis

Édition des plus intéressantes au point de vue Kabbalistique. Outre le texte Sacré et les Notes elle contient :

Dissertation sur la Version des Septante ; — sur la Vulgate ; — sur l'Histoire des Hébreux ; — sur Hénoch ; — sur les Géants ; — sur Melchissédec ; — sur les Vrais et les Faux Miracles ; — sur Moloch, Chamos et Belphégor ; — sur les Nombres ; — sur les Supplices ; — sur les divinités Phéniciennes ; — sur celles des Philistins ; — sur l'Apparition de Samuel et sur les Évocations Magiques ; — sur les Temples anciens ; sur le Temple de Jérusalem et sur celui de Salomon ; — sur les Démons ; — sur Béhémoth et Léviathan ; — sur la Musique des Anciens, et particulièrement des Hébreux ; — sur les instruments de Musique des Hébreux ; — sur la Magie et les enchantements des serpents ; — sur la Nature de l'âme et sur son état après la Mort ; — sur l'origine de l'Idolatrie ; — sur la médecine et les médecins des Hébreux ; — sur les prophètes ; — sur la Beauté du Christ ; — sur le Retour des Dix Tribus ; — sur Gog et Magog ; — sur les Métamorphoses de Nabuchodonosor, les Systèmes de Pythagore, la Lycanthropie, etc ; — sur les Bons et les Mauvais Anges ; — sur les Obsessions et les Possessions des Démons ; — sur les Évangiles Apocryphes ; — sur les Magiciens de Pharaon ; — sur Simon le Magicien ; — sur le Dieu Inconnu des Athéniens ; — sur le Juif-Errant ; — sur l'Ante-Christ ; — sur la Fin du Monde ; — sur le Livre d'Énoch, etc.

Cette vaste Encyclopédie renferme aussi les trois fameux " Livres des Visions du Pasteur HERMAS " traduits en Français, précédés d'une savante étude de ce remarquable ouvrage ésotérique, auquel Clément d'Alexandrie a fait de nombreux emprunts dans ses " Stromates ".

Le tome 27 de 547 pages est entièrement consacré à la Table des Matières de ce puissant ouvrage.

3228 DRACH (Le Chevalier). — La Cabale des Hébreux vengée de la fausse imputation de Panthéisme par le simple exposé de sa doctrine, d'après les livres Cabbalistiques qui font autorité.

Rome, Impr. de la Propagande, 1864, in-18 de 72 pp. (4 fr.).

[Rés. A. 13017

Principaux docteurs de la Cabale. — Le Zohar. — Les Trois splendeurs suprêmes. Les Sept Esprits de l'Apocalypse. Les Sept Lumières éclatantes. — L'Arbre cabalistique, etc...

3229 DRACH (Le Chevalier). — Catholicum lexicon hebraicum et chaldaicum in veteris testamenti libros, hoc est Guilelmi Gesenii lexicon manuale hebraico-latinum ordine alphabetico digestum.... accesserunt grammatica hebraicæ linguæ.... Lexicon et grammatica linguæ hebraicæ... grammatica chaldaica, etc.... Edidit J. P. Migne.

[*Paris, au Petit Montrouge, J. P. Migne*], in-4° IV-696 pp. (20 fr.).

[X. 4840

3230 DRACH (Chev.). — Haggada ou cérémoniel (sic) des deux premières soirées de Pâques à l'usage des Israélites français, traduit de l'hébreu et du chaldaïque (texte en regard) et enrichi de notes.

Metz, E. Hadamard, 1818, in-8°, 127 pp. (5 fr.).

|A. 8565

Ouvrage curieux contenant de nombreuses allégories mystiques dont le savant rabbin Drach donne la clef dans ses commentaires et ses savantes notes exégétiques.

3231 DRACH (Chev. le). — De l'Harmonie entre l'Eglise et la Synagogue.

Paris, P. Mellier. 1884. 2 forts vol. in-8°. (15 fr.).

[D. 32817

Rare ouvrage de ce célèbre rabbin converti dans lequel on trouve des vues profondes sur la Kabbale, le Messianisme et les traditions rabbiniques. Signalons particulièrement les articles suivants : Notice sur la Cabbale. Traditions anciennes de la naissance miraculeuse du Christ. — Preuves de la Divinité du Messie tirées des traditions anciennes. Traces de la vraie tradition chez les païens. Ce qu'était le serpent qui a tenté Ève. — Lilit la compagne du diable. Fête ou réjouissance du puisage au temple de Jérusalem. — Interprétations ésotériques des textes chaldaïques. — Des sybilles. Des Bétyles, dans la présence desquelles la Divinité se trouvait, selon les dogmes païens. — Le Démon Asmodée, usurpateur du trône de Salomon. Fables rabbiniques. Traité complet de la doctrine de la Ste-Trinité dans la Synagogue ancienne. Le Talmud. Le Zohar. La Mischna. La Ghemara. Le Sépher Yetzirah. Les Juifs chinois et le Tétragrammaton. etc...

" Explication de la prophétie d'Isaïe concernant la maternité miraculeuse de la Vierge ".

3232 DRACH (le Chevalier). — Le Livre Yaschar (Sépher Haïyaschar : Livre du Juste); traduit pour la première fois du texte hébreu rabbinique, accompagné de notes et précédé d'une dissertation sur ce livre.

[Paris.] Petit Montrouge, 1858, in-4°. (6 fr.).

[A. 3045

Extrait du Dictionnaire des Apocryphes publié par l'abbé Migne.

Ce livre hébreu se nomme aussi le livre de la génération d'Adam et encore le livre de l'histoire de l'homme.

3233 DRACH (Chevalier le). — Le pieux hébraïsant contenant les principales pièces chrétiennes, et un abrégé du cathéchisme catholique en hébreu ponctué avec le latin en regard ; accompagné de notes critiques et grammaticales sur le texte hébreu, pour l'utilité de ceux qui étudient la langue sainte.

Paris, Gaume. 1853. in-12. XIX-72 pp. (2 fr.).

[X. 24317

3234 DRACH (P. L. B.). — Relation de la conversion de M. Hyacinthe Deutz, baptisé à Rome, le 3 février 1828.

Chez l'auteur. 1828. in-8° 44 pp.

[8° Ld¹⁸⁵ 134

DRACH (sur le Chevalier)
Voir :
UNGARELLI.

3235 DRAGE (W.) med. and. philos. Doctor at Hitchin in Hartfordshire. — A physical Nosonomy : or a new and true Description of the Law of God (called Nature) in the Body of Man : confuting the rules and methods concerning sicknesses and changes in Man's body.... Set forth in a monitory proaemium, wherein be reasons for. and experiences in the Stars, influencing upon and altering our bodies : II in a tractate of the Diseases of the Head ; III in a tractate of the Diseases of the Lungs ; IV in a tractate of Dropsies. Also, in the second part of this book in a Practice of Physick. drawn from the best of Moderns, and compleatly treating of those Diseases specified in the table. To which is added a Treatise of Diseases from Witchcraft.

London, J. Dover, 1665. pet. in-4° (25 fr.).

Doit-être bien complet du traité paginé à part " Daimonomageia " ou Traité des maladies par sorcellerie et autres causes surnaturelles.

3236 DRAGON NOIR (Le), ou les Forces infernales soumises à l'homme : évocations ; charmes et contre-charmes ; secret merveilleux ; la main de gloire : la Poule Noire. [par François Collet (p. 41-42)].

Paris, Chamuel, 1890, in-18 de 122 p. (10 pentacles magiques). (15 fr.).

Grimoire de sorcellerie contenant une foule de recettes pratiques de Magie noire, réunies par un sorcier contemporain. Comme a dit son auteur, ce livre est celui de la Science du Bien et du Mal. Conjurations des Démons. — Le Grand Exorcisme pour déposséder la créature humaine et les animaux. — Pour lever les Sorts. — Pour enclouer. — Pour gagner au jeu. — Pour se faire aimer. — Pour se garantir. etc...

3237 DRAGON ROUGE. — Le véritable Dragon rouge, ou l'Art de commander les Esprits célestes, aériens, terrestres et infernaux, avec le Secret de faire parler les morts ; de gagner toutes les fois qu'on met aux lotteries (sic) de découvrir les trésors cachés, etc ; suivi de la Poule noire, cabale inconnue jusqu'ici.

S. l. 1521. (*date apocr.*). in-18 de IV-108 pp. titre rouge et noir et figures s. b. (9 fr.).

Idem :

Nismes, 1823. in-16.

Nombreuses réimpressions sur l'édit. de 1521 entre autres :

Paris, (vers 1875) in-16.
Paris, Le Bailly. s. d. in-16.
Paris, Imp. Goupy. s. d.

Ce grimoire est réputé un des plus célèbres. Composition de la baguette foudroyante. Les esprits célestes d'après la Magie d'Arbatel. Les pactes faits avec le Démon. Les horoscopes. Le secret des secrets. Exorcismes pour chasser le démon. Miroir secret de Salomon et sa composition. Secret de la poule noire. Le Sanctum Regnum. Grande appellation des esprits. Véritable manière de faire des pactes. Secrets des pantacles et des talismans. etc.

(G-252-603 et 604
(O-1722

3238 DRAMARD (Louis). — La science occulte. Etude sur la doctrine ésotérique par L. Dramard. 2ᵐᵉ édition complètement remaniée.

Paris, Georges Carré. 1886. in-8° de 28 pp. (3 fr.).

[8° R. Pièce 3360

Louis Dramard, trop tôt enlevé aux études qu'il poursuivait, est un des théosophes les plus instruits qui aient étudié ces questions. Il présida la branche française de la société théosophique l'Isis.

Voici la table des matières :
Les Mahatmas, l'Unité, les sept principes dans l'homme et l'Univers, l'Evolution, la loi du Karma, l'échelle des êtres et la théosophie.

(G.-1223

Edition originale : 1885.

3239 DRAPER (John William), né en 1811 près de Liverpool (Angleterre). Prof. de Chimie à l'Université de New-York. — History of the conflict between Religion and Science.

New York, 1874. in-12.

De la collection " International Scientific Series ". 19ᵉ édition :

London, K. Paul, Trench. 1885. in-18 de XXII-373 pp.

[Salle de lect. 8° li. 2099. D.

Trad. française : (Les Conflits de la Science et de la Religion).

Paris, Germer Baillière. 1875. in-8° de XII-295 pp.

[8° R. 8(

3240 DRAZOR (H. R.), [Anagramme de *ROZARD*]. Champenois. — Histoire tragique de trois magisiens (sic) qui ont accusé à la mort Mazarin en Italie.

A Paris, par François Mesmier, 1649, in-4°, 8 pages (4 fr. 50).

Pièce fort rare.

(G.-1324

DREBBEL, ou DREPPEL, ou DREBEL (Cornelis VAN)
Voir :
VAN DREBBEL. (Cornelis).

3241 DREOLLE (J. A.). — De l'influence du principe religieux sur l'homme et sur la société.

Paris, 1858, in-8°. VII-416 pp. (3 fr. 50).

[R. 34044

Du principe religieux dans l'Inde et en Chine, en Perse, en Chaldée, en Égypte, en Grèce, chez les Celtes et les Gaulois, chez les Mahométans, etc...
Bon ouvrage.

3242 DRESSER (Mrs Annetta Gertrude) guérie par, puis Disciple de Phineas Parkhurst QUIMBY (q. v.), créateur de la " New Thought " en Amérique. Mrs DRESSER est la femme de Mr Julius A. DRESSER, et la mère de Mr Horatio Willis DRESSER, tous deux auteurs importants sur le Traitement mental. Guérison métaphysique, etc. — The Philosophy of P. P. QUIMBY, With Selections from his Manuscripts and a Sketch of his Life. By Annetta Gertrude DRESSER. Second édition.

Boston, Geo. H. Ellis. 1895, in-8° de 114 pp. Portrait de P. P. QUIMBY en Frontispice. (81 2d : épuisé et rare).

Très important pour l'histoire du développement de la New Thought et du Traitement Mental en Amérique, depuis ses origines.

Historical Sketch. — Extracts from the Press, 1857-65. — Reminiscences. — An Exposition of Dr QUIMBY's Philosophy. — Selections from the Manuscripts of P. P. QUIMBY.

Les passages les plus importants de cet ouvrage sont reproduits dans " Health and the Inner Life ", livre remarquable à tous égards, écrit par Mr H. W. DRESSER.

3243 DRESSER (Horatio Willis), fils de Julius A. DRESSER et de la précédente ; l'un des principaux propagateurs de la New Thought. — A Book of Secrets, with studies in the Art of Self Control.

New York and London G. P. Putnam's Sons. 1902, in-8°.

Réédité :

Ibid. Iid., 1907, gr. in-12 de iii-138 pp. et catalog.

The Secret of Success. — A Secret of Evolution. — Secrets of the Age. — A Christian Secret. — The Secret of Pessimism. — The Art of Health. — The Secret of Self-Help. — Spiritual Laws. — A Soul's Message.

3244 DRESSER (Horatio Willis). — Health and the Inner Life. An Analytical and Historical Study of Spiritual Healing Theories, with an Account of the Life and Teachings of P. P. QUIMBY. By Horatio W. DRESSER.

New York and London G. P. Putnam's Sons. 1906, in-12 de 256 pp. (1 dol. 35 c.).

Ouvrage fort intéressant au point de vue de l'Histoire de la " New Thought" et de la " Christian Science ", toutes deux issues du Système malheureusement resté impublié, de Mr P. P. QUIMBY. L'auteur, comme on peut le voir par nos notices est tout spécialement compétent dans ce sujet puisqu'il est le fils de père et de mère disciples de Mr QUIMBY lui-même, et que tous deux ont pratiqué et professé le " Traitement Métaphysique ".

Intrinsèquement le livre contient en outre un exposé fort complet et fort étudié de toutes les branches de " Traitement Mental " métaphysique et spirituel : qui sont, l'auteur le démontre, trois choses distinctes, bien qu'ayant des effets analogues.

Historical Sketch. — Personal Testimony. — Mind and Disease. — QUIMBY's Theory of Man. — The First Teachers. — The Omnipresent Wisdom. — The Power of Thought. — Spiritual Healing. — Methods of Healing. — Etc.

3245 DRESSER (Horatio Willis). — The Power of Silence. An Interpretation of Life in its Relations to Health and Happiness. By Horatio W. DRESSER. 7th Edition.

London, Gay and Bird, 1908, pet. in-8° de XIV-284 p. (3 s. 10d.).

Ouvrage capital de ce célèbre " *Métaphysicien pratique* ". The Point of View. — The Immanent God. — The Word of Manifestation. — Our Life in Mind. — The Meaning of Suffering. — Adjustement to Life. — Poise. — Self-Help.

Autre :

Boston, G. P. Ellis, 1898, in-16 de 219 pp.

[8° R. 15740

3246 DRESSER (Julius A.) guéri par Phineas Parkhurst Quimby, le premier en date des Guérisseurs Psychiques modernes (v. ce nom), et l'un des originateurs de la *New Thought*. Père du précédent.

The True History of Mental Science.

Boston, 1887 puis 1899.

Cité par Cutten : *Three Thousand Years of Mental Healing* p. 298, note. On en trouve quelques extraits dans l'ouvrage de Mr H. W. Dresser " *Health and the Inner Life* ".

3247 DREWS (George J.) — Unfired Food and Hygienic Dietetics for Prophylactic (Preventive) Feeding and Therapeutic (Remedial) Feeding. (Treats on Food in the Cause, Prevention and Cure of Disease.) By Georges J. Drew. " *Alimentationis Doctor* ". Contains 309 Recipes for Health Drinks, Uncooked Soups, Fruit, Flower and Vegetable Salads, Unbaked Bread and " *Brawnfoods* ". Unfired Pies and Wedding Cake ; Directions for Curing every Common Disease, Including Botanical Description and Complete Analyses of Every Natural Food, and Advice for Economical City and Cottage Gardening.

Chicago, Illinois, George J. Drews, 450 E. 42nd Street. s. d. [1900]. gr. in-8° de 315-X pp. Portrait de l'auteur en Frontispice.

Curieux et important ouvrage sur l'Alimentation rationnelle, évitant l'emploi du feu, et permettant néanmoins de faire une cuisine mangeable avec les céréales et légumes usuels.

Unfired and Fired Foods compared. — How to begin the Unfired Diet. — A Banquet Menu. — The Recipes. — Health Drinks. — Summer Soups. — Winter Soups. — Salads (April, May, June, July September, October, et Winter). — Simplicity Salads. — Fruit Salads. — Brawn Foods. — Cakes and Bread. — Cereal Flakes. — Pie Crusts. — Pie Fillings. — Sauces and Desserts. — Confections. — Dressing. — Nut Butter. — Nut Cheese. — Utensiles needed. — Materia Alimentaria. — *Tropho Therapy*. — Food Therapeutics. — Promiscuous Subjects. — Alimentary Botany. — Index.

3248 DREXEL (Jérémie) en latin DREXELIUS, jésuite allemand né à Augsbourg vers 1581 mort à Munich en 1638. Prédicateur de Maximilien de Bavière. Mystique et écrivain Ascétique célèbre. — Aeternitatis Prodromus, mortis nuntius quam Sanis. Œgrotis Moribundis sistit Hieremias Drexelius.

Monachii, M. Segen et N. Henricum, 1628, in-24, pièces limin. 518 pp. Curieux titre frontispice et 3 gravures macabres de Sadeler. (7 fr.).

[D. 32824

Autre édition :

Col. Agrip. 1645, fort in-24.

3249 DREXELIUS (Hieremias). — Trismegistvs christianvs seu triplex cultus conscientiae coelitum corporis.

Coloniae Agrippinae, apud C. ab Egmond, 1631, in-24 pièces limin. 405 pp. titre et frontispice gravé.

[D. 22893

Les ouvrages de ce mystique sont recherchés.

Autre édition :

Deaci, 1625, fort in-24.

(G.-1325

3250 DREXELIUS (Hieremias). — Zodiacus Christianvs locupletatus, seu signa XII Divinæ Prædestinationis, totidem symbolis explicata.

Coloniæ Agrippinæ, apud C. ab Egmond, 1039, in-24 IV-152 pp. Avec 12 gr. h. texte. (4 fr. 50).

[D. 32890

Traduc. française :

Paris, 1837, in-12, X-288 pp. tit. gravé.

[D. 32807

3251 DREXLER (Wilhelm). Der Isis und Serapis Cultus in Kleinasien.

S. l. [1880]. Avec deux planches (3 fr. 50).

(G.-1757

3252 DREY curieuse chymische Tractätlein, das erste, betitult : Güldene-Rose, dast ist : einfältige Beschreibung des allergrössesten, von dem allmächtigsten Schöpffer Himmels und der Erden Jehovah, in die Natur gelegten, und dessen Freunden und Auserwählten zugetheilten Geheimnisses, als Spiegels der göttlichen und natürlichen Weisheit (, aus Licht gebracht durch J. R. V. M. D.). — Das andere, Brunn der Weisheit und Erkänntnis der Natur, von einem unvergleichlichen Philosopho gegraben. — Das dritte, Blut der Natur, oder : Entdeckung des allergeheimsten Schatzes deren Weisen......

Frankfurt und Leipzig, Krauss, 1774, in-8° de 200 pp. avec 1 pl.

L'auteur des deux dernier traités s'intitule Anonymus von Schwartsuz. Ces trois traités avaient d'abord paru dans Fünff cur. chym. Tractätlein.

(O-620, 621, 1280, 1480, 1486.

3253 DREY Freymaurer-Reden beym Jahreswechsel am Stiftungs-und Johannisfeste, gehalten vom Br. R. der Loge sur Weltungel in Lubeck.

Lubeck, Christ. Gottf. Donatius, 1781, in-8° de 64 pp.

(O-367.

3254 DREYZEHN geheime Briefe von dem groszen Geheimnisze des Universals und Particulars der goldenen und Rosenkreutzer, an J. L. B. ; nach abgelegter Pflicht der Verschwiegenheit gesandt.

Leipzig, Ad. Frieder. Böhme, 1788 in-8° de VIII-120 pp. avec fig. s. bois

(O-1587

3255 DRIALYS (Lord). — Les Belles Flagellantes de New-York. Etudes de Mœurs Americaines.

Paris, Charles Carrington, 1906, in-12 carré 204 p. et 71 pages d'un curieux catalogue descriptif d'ouvrages analogues (2 f. 50).

[Rés. p. Y². 301

Roman sur la Flagellation, singulier et intéressant. Le catalogue qui lui fait suite décrit entre autres : Les Vies des Dames Galantes de BRANTÔME. — Etude sur la Flagellation à travers le monde [par Hugues REBELL]. — Le Marquis de Sade par le D' Jacobus X*** — Le Magnétisme du Fouet par Jean de Villiot [Hugues REBELL]. — La Gynécocratie, ou la Domination de la femme, avec une étude sur le Masochisme par Laurent TAILHADE. — La Vénus a la Fourrure par Sacher MASOCH. — Etc...

3256 DRIALYS (Lord). — Les Délices du Fouet, précéd. d'un Essai sur la Flagellation et le Masochisme par Jean de Villiot.

Paris, Charles Carrington, 1907, in-12, carré 436 pp. (2 fr. 50).

[Rés. p. Y² 300

Psychologie du Flagellant Sadique. — La Littérature Masochiste avant Sacher Masoch. — Un type de Masochiste. — Etc.

3257 DRICAS (C. M. J.). — Faits extraordinaires de Tilly-sur-Seulles.

Paris, 1898, in-18 (1 fr.).

Curieuse relation des apparitions de Tilly.

DROMEL (Justin). — Pseudonyme de Mr ECORCHEVILLE q. v.

3258 DRONIOU (Joseph Hyacinthe). — Clef de la science, ou Boussole de l'âme dans le Voyage de la Vie.

Bresl, impr. de A. Proux. 1840-42 in-8º XIII-289 p. pl. (4 fr.).

[R. 34086

Très curieux tableaux synoptiques.

Réédité :

Paris, Périsse frères, 1850. 3 vol. in-8º

[R. 34090-2

3259 DRUJON (Fernand). — Catalogue des ouvrages, écrits et dessins de toute nature poursuivis, supprimés ou condamnés depuis le 21 Octobre 1814, jusqu'au 31 Juillet 1887. Edition considérablement augmentée, avec notes, etc.

Paris, Rouveyre, 1879. in-4º de XXXVII-430 p. (9 fr.).

[4º Q.-280

Contient nombre d'ouvrages intéressants :

DUPUIS. — Abrégé de l'Origine de tous les Cultes, p. 4

DELEPIERRE. — Un point curieux des mœurs privées de la Grèce, p. 12.

CONSTANT. (Éliphas Lévi). — La bible de la Liberté, p. 49.

RICHEPIN. — La Chanson des Gueux.

BÉNARD (Abbé Charles). — Le Christ et César, in-12, 1864, p. 93

BARBEY D'AUREVILLY. — Les Diaboliques. p. 124

ESQUIROS. — Évangile du Peuple, p. 155

PARNY. — La guerre des Dieux anciens et modernes, p. 185

D'HANCARVILLE. — Monumens du culte secret des Dames Romaines... Monumens de la vie privée des Césars, p. 267

THÉRÈSE PHILOSOPHE. — p. 376

3260 DRUJON (Fernand). — Essai bibliographique sur la destruction volontaire des livres, ou Bibliolytie.

Paris, Maison Quantin. 1889, in-4º de 72 pp. (5 fr.).

[4º Q. 417

Tiré à 256 exemplaires.

Index des noms cités à la fin.

Le Nº 220 p. 52 cite "Le Magnétiseur amoureux" qui manque à la Bibl. Nale.

3261 DRUJON (Fernand). — Les Livres à Clef. Etude de bibliographie critique et analytique pour servir à l'Histoire littéraire, par F. DRUJON.

Paris, Rouveyre, 1888, 2 vol. in-8º de XVI pp. 674 col. — 675 à 1311a col. et 1312 à 1355 p. (25 fr.) (sur papier de luxe, 30 fr.). Peu commun

[8º Q. 955

Contient la description de nombre d'ouvrages plus que galants, et aussi de pamphlets révolutionnaires, etc. Singulière littérature.

3262 DRUMMOND (Henry M.). — Les lois de la nature dans le monde spirituel. Traduit de l'anglais par C. A. SANCEAU et précédé d'une introduction par Eug. RÉVEILLAUD.

Paris, Fischbacher, 1887. in-8º 403 pp. (4 fr. 50).

[8º R. 8509

Biogénésie. — Dégénération. — Croissance. — Mortification. Vie éternelle. — Conformité au type. — Parasitisme. — etc...

3263 DRUMONT (Edouard-Adolphe). d'origine Israélite, né à Paris en 1844. Employé à la Préfecture de la Seine, puis journaliste. — La France Juive, essais d'histoire contemporaine.

Paris, Marpon, s. d. [1885]. 2 vol. in-12. (10 fr.).

[8º Lb57 0053

Édition originale, la seule, dit-on qui n'ait pas subi de mutilations.

Publié en livraisons illustrées :

Paris, Blériot, s. d. [1885], in-4º de 754 p. Figures.

Avec Table détaillée. Index des Noms cités et 6 pages de Table des gravures. Sur M. Drumont. Voir
Vitoux " Les Coulisses de l'au-delà "
Renault " L'Israélite Édouard Drumont " etc.

3264 DRUMONT (Edouard). — La France juive devant l'opinion.

Paris, C. Marpon et E. Flammarion, 1886, in-18 308 pp. (1 fr. 50).

[8° Lb⁵⁷. 9162

3265 DRUMONT (Edouard). — La Tyrannie maçonnique.

Paris, in-12 de 152 pp. (1 fr.).

[8° Lb⁵⁷ 12587

L'auteur s'efforce de prouver dans cet opuscule, que la F∴ M∴ est d'origine juive. Les arguments qu'il emploie sont curieux, et les pièces sur lesquelles il s'appuie sont, dans tous les cas, tirées des archives de l'Ordre. Ce pamphlet articule des faits qui prêtent peut-être à la controverse, mais fort piquants à tous les points de vue.

3266 DRUON (Henry Valéry Marc). — Etudes sur la vie et les œuvres de Synésius, évêque de Ptolémaïs dans la Cyrénaïque au commencement du V⁵ siècle. Thèse proposée à la Faculté des Lettres de Paris, par H. Druon.

Paris, Auguste Durand, 1859, in-8° de 500 pp. (4 fr.).

[J. 18000

Intéressante étude sur l'auteur du " Traité des songes " et du " Don d'un Astrolabe ".

(G-1758

3267 DRUSIUS (Jo. ou Jean). — Jan Van Den Driesche, en latin Drusius, ou Drieschius, Hébraïsant belge, né à Oudenarde en 1550, mort à Leyde en 1616, professa l'Hébreu à Oxford, Leyde et Franeker. On l'a accusé d'Arminianisme.

— Apophtegmata Hæbreorum ac Arabum. Franekeræ 1612, in-4° de 62 pp.

[A. 3429 (1)

— Elohim sive de Nomine Dei. Franekeræ, 1603, in-8° de 60 pp.

[A. 6005 (3)

— Responsio ad Quæstiones anonymi. Franekeræ, 1606, in-8°, 32 pp.

[A. 7362 (2),

— Contra Tetragrammaton. Franekeræ, 1604.

— De tribus Sectis Judæorum, libri IV. Franekeræ, 1605.

Ex Officina Æ. Radæi, in-4° et pet in-8°.

(S-2101-02-03

3268 DRUSIUS (Jean). — J. Drusii, Tetragrammaton, sive de nomine Dei proprio, quod Tetragrammaton vocant.

Franekeræ excudebat Æ. Radaeus, 1604, in-8° de 143 pp.

[A. 7362 (1),
(S-184

3269 DRUSIUS (Jo. ou Jean). — Jo. Drusii, de Sectis Judaicis Commentarii, à Josepho Scaligero, edente Sixtino Amama.

Arnhemiae, apud J. Jansonium, 1619, in-4° pièces lim. et 460 pp.

[A. 3048 (1)
(S-2100

Nombreux autres ouvrages du même à la Bib. Nat. XLII-230 à 238.

3270 DUBARRY (Armand). — Les Déséquilibrés de l'Amour. L'Hermaphrodite par Armand Dubarry.

Paris, Charniel, S. D. [1871]. in-12 de III-316 p.

[8° Y². 50634

Etude sur les perversions sexuelles modernes.

3271 DUBARRY (Armand). — Les Déséquilibrés de l'Amour. Les Invertis. par Armand Dubarry. Quarante-quatrième édition...

Paris, H. Daragon, 1906, in-12 de 318 p.

[8° Y². 23444

Roman assez intéressant et assez documenté sur les turpitudes modernes.

3272 DUBARRY (A.). — Les Déséquilibrés de l'Amour : Lourdes amoureuse et mystique. 4ᵐᵉ édition.
Paris, Chamuel, 1900, in-18 300 p.

3273 DUBÉ (Paul). — Le Médecin des pauvres qui enseigne le moyen de guérir les maladies par des remèdes faciles à trouver dans le pays et préparés à peu de frais par toutes sortes de personnes, par M. Dubé, doct. en médecine.
A Lyon, 1700, in-12 de 422 pp. (2 fr. 50).

Edition originale (?) anonyme :
Paris, E. Couterot, 1669, 2 part. en 1 vol. in-12

[8° Te¹⁷. 80

3274 DUBÉCHOT (Henri), fondé de pouvoirs à la recette particulière de Bar-sur-Seine (Aube). — L'Orientation : La Loi : l'Arbre de la Science.
Paris, 1894-1895-1896, 3 vol.in-8° (3 fr. 50 les 3 parties).

[8° R. 10125

Traité de mystique assez important pour les étudiants de l'Illuminisme. L'intérêt de cet ouvrage est de présenter la vie psychique comme une simple modalité de la vie universelle, et de faire pressentir qu'un sentiment religieux profond et épuré s'alliera quelque jour aux doctrines scientifiques et révolutionnistes, dans l'harmonieuse unité de la connaissance.

3275 DUBÉDAT (Dʳ). — Etude sur un médecin gascon du XVIᵉ siècle, Joseph DU CHESNE, sieur de la VIOLETTE, dit QUERCETANUS, suivie d'une notice sur les médecins gascons jusqu'à la fin du XVIIIᵉ siècle.

Paris, 1908 (?) in-8° (?) de 101 p. (1 fr. 50).

Extrait du Bulletin de la Société Archéologique et historique du Limousin(?)

3276 DUBET (Alban). — Les mystagogues contemporains. Souvenirs et impressions.
Paris, Librairie Spiritualiste et morale [1901]. in-12, 300 pp. (5 fr.)

[8° R. 17181

Etude savante sur le monde spirite et occultiste, ses théories, ses expériences, ses préventions et ses systèmes. C'est après avoir lu " l'Esprit consolateur " du P. MARÉCHAL que l'auteur fut amené à l'étude de l'occultisme.

3277 DUBIEF (E.). — Essai sur les idées politiques de St Augustin par E. DUBIEF.
Paris, 1880, in-8°

3278 [DUBIGNAC (Philippe)]. Le vrai guide de la Santé, dédié à l'humanité.
Paris, l'auteur, 1853, in-16 271 pp. portr. et pl. (2 fr.).

[8° Te¹⁸. 272

Dans cet ouvrage, intéressant par son utilité, on verra des notions très précises sur la conservation de la santé sans laquelle point de bonheur. On y trouvera les causes de sa perte, les indications d'un grand nombre de maladies qui affligent l'humanité, leurs symptômes, causes, effets avec les instructions et remèdes les plus simples pour les guérir.

3279 DU BLANC (Guillaume). Evêque de Grasse. — Discours des parricides. Composé par feu Reverendissime, Messire Gvillavme Dv Blanc, evesque de Grasse et de Vance, camérier secret d'honneur du Pape Sixte V. dédié à Messire Alexandre de LA MARCK... par le protonotaire Dv Blanc...
Lyon, Thibaud Ancelin, 1606, in-8° pièces liminaires, 94 ff. (20 fr.).

[F. 26328

Ouvrage posthume publié par le neveu de l'auteur contenant : " Du parricide. — Du patricide. — Du matricide. — De l'infanticide. — Du fratricide. — De l'uxoricide. — Du mariticide. — Etc... ".

(G-1329)

3280 DUBOIS (Alfred), pasteur a Anduze. — Les prophètes cévenols. Thèse...

Strasbourg, impr. de G. Silbermann 1861, in-8° 107 pp (8 fr.).

[D². 7225

Curieux et rare : Hallucinations, songes et visions, convulsions, etc...

3281 DUBOIS (D' Frédéric J.) médecin français né à Amiens en 1799. Secrétaire perpétuel de l'Académie de Médecine. — Examen historique et raisonné des expériences prétendues magnétiques faites par la commission de l'Académie royale de médecine, pour servir à l'histoire de la philosophie médicale au dix neuvième siècle par F. J. Dubois (d'Amiens) agrégé à la Faculté de médecine, etc.

Paris, Deville Cavellin, 1833, in-8° 124 Pages.

[8° Tb⁶⁵ 131

C'est le premier ouvrage de l'auteur contre le magnétisme.

Voir aussi : BURDIN et DUBOIS.

(D. p. 108

3282 [DUBOIS (Hippolyte)]. — Cour de cassation; chambre criminelle. Mémoire pour M. Jules de ROVÈRE, professeur de magnétisme.

Paris, 1852, in-4° 8 pages.

Ce mémoire est de M. Hippolyte Dubois, avocat à la cour de Cassation.

(D. p. 185

3283 DUBOIS (Abbé Jean Antoine), né à St Ramèze, Ardèche, en 1765, mort en 1848, Missionnaire dans l'Inde pendant 36 ans, il reconnut dans un de ses écrits que la conversion des Indous était impossible dans l'état actuel des choses. — Aventures du gourou Paramarta ; conte drôlatique indien, trad. par l'abbé Dubois.

Paris, A. Burraud, 1877, in-8° IX-124 p. planches (7 fr.).

Ouvrage illustré de quantité de dessins humoristiques hors et dans le texte de Bernay et Cattelain, dont 21 (y compris la couv.) gravés à l'eau-forte et tous les autres sur bois.

3284 DUBOIS (l'Abbé J. A.). — Exposé de quelques uns des principaux articles de la théogonie des Brahmes.

Paris, Doudey-Dupré, père et fils, 1825, in-8° 143 pp.

[8° Ok². 300

Contenant la description détaillée du grand sacrifice du cheval appelé Assua Meda ; de l'origine et des grandeurs du Gange du Temple célèbre de Gaya ; des principaux Avataras, ou incarnations de Vichnou, etc... Extrait et traduit des meilleurs originaux écrits dans les langues du Pays.

(G-1730)

3285 DUBOIS (Abbé J. A.). — Le Pancha-Tantra, ou les cinq ruses, fables du brahme Vichnou Sarma ; Aventures de Paramarta, et autres contes. Traduit pour la première fois sur les originaux par J. A.

Paris, Merlin, 1826, fort in-8° (3 fr.).

[8° Ya. 208

Curieux recueil d'apologues, contes et fables de l'Inde.

3286 DUBOIS (Louis François), né à Lisieux en 1773, mort en 1855. Bibliothécaire à Alençon et sous préfet de Bernay et de Vitré. — Recherches archéologiques, historiques, biographiques et littéraires sur la Normandie.

Paris, Dumoulin, 1843, in-8° XVI-324 pp. (4 fr.).

[8° Lk². 1238

Sc. psych. — T. I. — 32.

Les possédés en Normandie. — Histoire de Mortain. Gournai, St-Pierre sur-Dive. Domfront. — Inquisition en Normandie. — Préjugés et superstitions. — Loup-garous. — Revenants. — Sortilèges. — Coutumes religieuses. — Préjugés sur les femmes, les enfants, et les animaux. — Usages divers. — Proverbes et dictons. — Délivrance de Salerne, poème. — Ballades. — Culte de Mercure. — Du Chevalier de Clieu et du café, etc...

3287 DUBOIS (Docteur Octave ?). — Traitement et Guérison des Maladies par la Méthode Alimentaire. — Les Plantes médicinales utiles.

Paris, in-18 de 479 pp. 14 pl. en couleurs. (1 fr. 15).

Les aliments et les boissons. — Maladies des yeux.— Maladies du système nerveux. — Maladies de la peau. — Maladies du sang, des humeurs. — Maladies des organes génitaux. — Maladies des voies urinaires. — Maladies du foie, des intestins, de l'estomac, etc.

3288 DUBOIS (Dr Paul). — L'éducation de soi-même.

Paris, Masson, et Cie. 1908, in-8° 205 p. (2 fr. 50).

[8° R. 22148

Rappelle un peu l'Hygiène de l'âme de Feuchtersleben.

La conquête du bonheur. — La pensée. — L'acte. — La conscience. — L'éducation. — Clairvoyance morale. — ..goïsme et altruisme. — Tolérance. — Indulgence. — Humilité. — Patience. — Vaillance. — Chasteté. — Sincérité. — Bonté. — Idéalisme.

3289 DUBOIS (Pierre). — Le croyant détrompé, ou preuve évidente de la fausseté et de l'absurdité du christianisme.

Paris, Fournier, 1835, 2 vol. in-8° (8 fr.).

[D². 7227

Croyances, usages, cérémonies empruntés aux cultes anciens. Le Paganisme et les idoles. Le Christianisme persécuteur, — L'Inquisition et les Albigeois, etc...

3290 DUBOIS de JANCIGNY et RAYMOND. — Inde.

Paris, 1845, fort vol. in-8° pl. et cartes. (4 fr. 50).

Ouvrage accompagné de 3 cartes et de plus de 80 planches en taille-douce h. t. représentant des divinités, des symboles secrets, des monuments sacrés de l'Inde ancienne. (Bouddhisme, Manou, École Sankya et Vedanta. Philosophie des Indous, Mœurs et coutumes, Religion, etc...)

3291 DUBOIS de JANCIGNY. — Japon, Inde-Chine. — Birman. — Siam. — Annam. — Ceylan.

Paris. (5 fr.).

Cet ouvrage est le plus intéressant à tous les égards qui ait été fait sur ces pays si étranges, au point de vue des mœurs, des coutumes, des légendes, des traditions et des religions. Vingt superbes gravures sur acier, viennent encore en rehausser l'intérêt. L'auteur a habité longtemps les pays dont il parle. Ce volume, fait partie de la collect. si estimée de l'Univers Pittoresque et ne s'est jamais vendu séparément ; il est difficile à trouver isolément.

3292 DU BOSROGER (le Reuerend P. Esprit). — La pieté affligée ov discovrs historiqve et theologiqve de la possession des religieuses dittes de Saincte-Elisabeth de Louuiers. Divisé en 3 Parties. Par Le Reuerend P. Esprit Du Bosroger, principal des RR. PP. Capucins de la Prouince de Normandie.

A Rouen, chez Iean Le Boulenger, 1652, in-4° de XXVI-458 pages. Frontisp. en taille douce. Édit. originale. (40 fr.).

[4° Lk⁷. 4181

L'un des ouvrages erotico-mystiques les plus curieux du XVII° Siècle. Michelet dans " La Sorcière " signale à ses lecteurs " les libertés amoureuses que l'ange Gabriel y prend avec la Vierge, ses baisers de colombe, etc..." dont parle ce traité, qui est néamoins fort précieux pour l'histoire de la sorcellerie en France et particulièrement pour tout ce qui touche l'affaire de Madeleine Bavant et des Possédées de Louviers (1643-46). En outre, l'auteur y traite de la magie, des visions, apparitions, sortilèges, etc...

Une seconde édition:

in-12 pièces limin. et 444 pp. a été imprimée à Rouen, sous l'indication d'*Amsterdam, Pierre Schaier* 1770 [ou 1700 ?] (à la Sphère). (7 fr. Vente Bourneville, n° 194).

[8° Lk⁷. 4181. A
(G-605

3293 DU BOSROGER (le R. P.). — Histoire de Marthe BROSSIER, prétendve possedée, tiré du Latin de Messire Jacques August. De Thou, Président au Parlement de Paris. Avec qvelqves remarqves et considérations generales svr cette Matière, tirées pour la plus part aussi du Latin de Bartholomæus Perdulcis, celebre Medecin de la Faculté de Paris. Le tout pour servir d'Appendice et de plus ample esclaircissement au svjet d'un Livre intitulé La Piété affligée, ov Discovrs Historique et Theologiqve de la Possession des Religievses dictes de Saincte Elizabeth de Lovviers.

Rouen Jacqves Heravlt. 1652. in-4° de 19 p.

Ce Livre, malgré son Titre, est, dit-on du médecin CONGNARD, ou COGNARD, auteur des remarques.

(Y-P-039

3294 DUBREUIL. (Auguste). — Etude Historique et Critique sur les Fareinistes ou Farinistes

Lyon, A. Rey et Cie. 1908. gr. in-8° de 362 p. (8 fr.).

[8° Ld¹⁹⁷. 3

Ouvrage savant et bien documenté. Fareins en Dombes et les Frères Bonjour. — Prophétesses et Possédées. — Enlèvements. — Convulsionnaires. — Exorcismes. — Miracles. — Crucifiements. — Curieux Cantiques (305 à 315).

Les frères Bonjour, tous deux successivement curés du village de Fareins, à 30 kil. de Lyon, sont les fondateurs de la Secte (11). — Ils renouvellent en 1783 les Scènes du Cimetière St Médard sur le tombeau du diacre Pâris. Claude Bonjour ainé est nommé curé de Fareins puis son frère cadet lui succède dans cette cure. Crucifiement d'Etiennette Thomasson en pleine église (109). — Singulière histoire d'Illuminisme.

3295 DUBREUIL (P. J.). — Histoire des Francs Maçons.

Bruxelles. 1833. 2 vol. in-18. (7 fr.).

Signes d'abréviation. — But de l'ouvrage. — Qu'est-ce que la Franc Maçonnerie? Initiations, secrets, signes, paroles, doctrines. Abrégé de l'histoire de Hiram Hadoniram. — Maçonnerie Adonhiramite. — Des chevaliers croisés. — La Maçonnerie en Italie. — La Maçonnerie dans le Nord de l'Europe. — Fêtes maçonniques. — Cérémonies maçonniques, etc..

3296 DUBREUIL. (Victor). — La légende du Messie, précis historique.

Paris, L. Vanier. gr. in-8° de XXVI-390 pp (5 fr.).

[8° H. 5482

Intéressant ouvrage fort documenté sur les origines du Christianisme. Les anciens Nabis. Rivalité d'Israël et de Jéhuda. La captivité de Babylone. Réédification de Jérusalem. Esdras et Néhémias. Croyances eschatologiques des Juifs. Résurrection des morts. Des Anges et des Démons. Johanna le Baptisateur. — L'Apocalypse. — Les Dieux Kénanéens, Phéniciens, Chaldéens. Des Oracles, des Devins, des Prophètes. Emprunts faits par les Juifs aux Chaldéens et aux Perses. Des miracles dans l'Evangile. Les théories ésotériques dans l'Evangile. — Les théories ésotériques de St-Paul. — La doctrine du Verbe, etc...

3297 DUBREUIL - CHAMBARDEL. — Quelques réflexions sur le magnétisme animal, thèse.

Paris, imp. (sic) 1839. in-4° 80 pages.

L'auteur ajoute au sommaire quatre propositions de physiologie et d'anatomie. L'on supposerait à la lecture de ce sommaire que la thèse est toute médicale et que les réflexions sur le magnétisme ne sont qu'un incident. Il n'en est rien.

Le magnétisme prend à lui seul, soixante quatre pages. C'est un travail intéressant d'un médecin convaincu et courageux.

(D. p. 117)

3298 DUBUT de LAFOREST (Jean-Louis), né en 1853 à Saint Pardoux (Dordogne). Romancier et journaliste. — Documents humains.

Paris, E. Dentu, 1888, in-18 336 pp.

[8° Z. 11068

Nouvelles couches féminines. — La fécondation artificielle. — Hypnotisme et suggestion. — Des incapacités sexuelles. — Monomanes, névropathes et gâteux, etc...

3299 DUBUT de LAFOREST. — Le Gaga, Mœurs parisiennes. Huitième édition.

Paris, E. Dentu, 1885, in-18 de 334 pages (4 fr.).

[8° Y² 8030

Rare : l'ouvrage a été saisi et détruit. L'auteur fut condamné à deux mois de prison et mille francs d'amende.

" Le Gaga " est une œuvre de Science autant qu'un Roman et on ne doit pas le confondre avec ces ouvrages simplement obscènes, sans lettres, sciences, ni portée morale, qui déshonorent trop souvent l'art d'écrire et la liberté de pensée.

3300 DUBUT de la FOREST (sur). — L'Affaire du " Gaga " par Edmond Hippeau, avec une Lettre de Dubut de Laforest.

Paris, E. Dentu, 1886, in-18 de 61 pp. (4 f.).

[8° F. 4155

Ouvrage publié peu de temps avant le jugement de ce procès connu. L'Auteur était un des Directeurs de la Librairie Dentu qui avait édité le " Gaga ".

3301 DUCA (Antoine), prêtre. — Septem principvm angelorum orationes cum antiqvis imaginibus. Opera Antonii Ducæ presbyteri Cephaludensis olim editæ.

Neapoli, apud Carlinum et Pacem, 1594, pet. in-8° (40 fr.).

Petite plaquette de toute rareté qui est comme le Rituel mystique de cette religion des Anges dont le traité des Causes secondes de l'abbé Trithème représente le Dogme. Avec 12 curieuses planches emblématiques gravées sur cuivre (Note de St. de Guita).

(G-252.

3302 DU CANGE (Charles-Du Fresne, Seigneur), le plus savant érudit de son siècle, né à Amiens en 1610 mort à Paris en 1688. — Glossarium mediæ et infimæ latinitatis conditum a Carolo Dufresne domino Du Cange auctum a monachis ordinis sancti Benedicti, et cum supplementis integris D. P. Carpentarii et additamentis Adelungii et aliorum digessit C. A. Henschel.

Parisiis, excudebant F. Didot fratres, 1840-50, 7 vol. in-4° (150 fr.).

[X. 4845 (1-7)

Édition dans laquelle tous les suppléments ont été fondus. Le 7-ème vol. est composé d'un glossaire français, de la table des mots étrangers, de l'index des textes et mss. cités dans l'ouvrage, des dissertations qui se trouvent dans le Joinville et dans le Villehardoin de Du Cange enfin d'une dissertation sur les monnaies byzantines.

Réédité pour la dernière fois :

Niort, L. Favre, 1883-87, 10 vol. in-4°

[4° X. 206.

3303 DU CARLET (Maistre Jean Robert) — La cryptographie, contenant vne tres-subtile manière d'escrire secrètement, composée par Maistre Jean Robert Du Carlet.

A Tolose, par I. de Boude et R. Aurelhe, 1644, in-12 de 234 pp. (6 fr.).

[V. 37055

Autre :

Tolose, par A. Gaissat et R. Aurelhe, in-12 de 234 pp.

[V. 37056
(G-606 et 1760.

3304 DUCHASSAING (E.). — La religion rationnelle.

Paris, Michel Lévy frères, 1872. in-18 de 389 pp. (3 fr.).

[R. 34188

Étude sur les principales écoles philosophiques et sur les 4 grands systèmes suivants : le sensualisme, l'idéalisme, le scepticisme et le mysticisme. En outre, se trouve une histoire abrégée des principaux philosophes depuis Socrate jusqu'au XVIII-e siècle inclusivement.

3305 DUCHATEL et WARCOLLIER. — L'art du repos et l'art du travail. — Influence d'orientation sur l'activité musculaire et neuropsychique par Duchatel et Warcollier.

Paris, et Nancy, Berger-Levrault. 1909, in-8° 65 p. (1 fr.).

Les auteurs ont constaté l'influence du courant magnétique terrestre sur des hommes et des animaux et en ont déduit la Loi du Repos et la Loi du Travail, c'est-à-dire les positions à prendre pour se reposer ou pour travailler en obtenant du " moteur humain " le meilleur rendement possible.

N° 3500 (p. 243) du Jal de la Librairie.

3306 DUCHATEL. (Edmond). — Enquête sur des cas de Psychométrie. La vue à distance, dans le Temps et dans l'Espace. Préface de M. J. Maxwell. Suivie d'une Conférence de M° Paul de Fallois sur le Graphisme dans l'Amour.

Paris. Leymarie, 1910, in-8° de XVI-128 pp. (3 fr. 50).

Étude sur ce cas particulier de Voyance nommé " Psychométrie " inventé par le professeur Buchanan et abondamment pratiqué en Amérique par le professeur Denton, q. v.

Analyse des tempéraments psychométriques. — Analyse des résultats psychométriques. — Sensitifs intellectuels, sensibilité matérielle, vision matérielle à distance, vision dans le temps, psychomètres à sensibilité cinématographique. — Analogie avec le symbolisme des messages Télépathiques. — Analyse des moyens : Graphologie, Chiromancie, et autres " Mancies. " — La Psychométrie est-elle une faculté générale de l'Ame humaine ? — Etc.

3307 [DU CHATELET (Gabrielle Emilie LE TONNELIER DE BRETEUIL, Marquise)] née à Paris en 1706, morte au Palais de Lunéville en 1749. Dame de Tabouret de la Reine, puis amie de Voltaire. — Institutions de Physique [par M°° Duchatelet].

Paris, Prault fils, 1740, in-8° 450 pp. etc.

[R. 13885
(S-3256

3308 DUCHENNE de BOULOGNE (Dr. Guillaume Benjamin Armand). — Mécanisme de la Physionomie humaine, ou analyse électro-physiologique de l'expression des passions, applicable à la pratique des arts plastiques..... Album.

Paris. V°° J. Renouard, 1862, [puis 1876 ?], gr. in-8° 99 pp. planches (10 fr.).

[4° Th² 20

Très curieux ouvrage accompagné de 9 planches photographiées représentant 144 figures et un frontispice. (Edition de 1876).

3309 DUCHESNE de la VIOLETTE (Joseph) en latin QUERCETANUS, célèbre Médecin et alchimiste français de la seconde moitié du XVI° siècle. — Le Grand Miroir dv Monde... 2ᵐᵉ édition,.. Annotations... par S. G. S. [Simon Goulart, Senlisien].

Lyon, pour les Héritiers d'Eustache Vignon, pet. in-8° de XXIV-654 pp. (14 fr.).

[Rés. Ye. 1872

L'auteur, partant de l'essence éternelle de Dieu, débute à la création des œuvres extérieures démontrant à l'encontre de Platon, que la matière n'est pas éternelle. La chûte des Anges vient ensuite, faisant pénétrer le mal au sein de la création innocente. Puis les faux dieux, les faux prophètes, les augures et les magiciens, prêtres de Satan, qui pour mieux tromper le monde, contrefont sans cesse l'œuvre divine. La création des oiseaux fournit à l'auteur l'occasion de s'étendre sur l'art de la fauconnerie, afin de plaire à son lecteur.

La meilleure édit. rev. et augm. par Simon Goulart, Senlisien.

3310 DU CHESNE (Jos). sieur de la Violette. — Le povrtraict de la santé Où est au vif représenté la reigle uniuerselle et particulière de bien, sainement et longuement viure. Enrichy de plusieurs préceptes, raisons et beaux exemples, tirés des médecins, philosophes et historiens, tant Grecs que Latins les plus célèbres.

Paris. Claude Morel, 1606. in-8° pièces limin. 591 pp. et l'index (18 fr.).

[8° T^{e11}. 76

Ouvrage rare de médecine occulte. Du Chesne était disciple de Paracelse.

(G-254 et 1701

3311 DU CHESNE (Jos). sieur de la Violette. — Recveil des plvs curieux et rares secrets touchant la Médecine Métallique et Minérale, tirez des manuscrits de feu Mre. Ioseph DV CHESNE.

Paris, S. Pigel, 1648, pet. in-8°. pièces limin. 370 pp. et table, portrait. (20 fr.).

[8° T^{e131}. 90. A.

Contient toutes les recettes et panacées des alchimistes anciens y compris le grand Electre de Paracelse.

(G-255

3312 DUCHESNE de la VIOLETTE. — Joseph QUERCETANI doct. med. ad Jacobi Auberti Vendonis de ortu et causis metallorum Epistolam convitiatoriam responsio ; dans Theatrum chemicum (613) ; II. 159-90.

(O-579

DUCHESNE de la VIOLETTE.- Voir : DUBEDAT (Dr).

3313 DUCLAUX (Emile). — Ferments et maladies.

Paris, G. Masson, 1882, in-8° 284 pp. Figures et 12 pl. (2 fr. 50).

[8° T^{d11} 47

3314 DUCLAUX (Emile). — Mémoire sur le lait. — Deuxième mémoire sur le lait.

Paris, J. Trembley, Nancy, Berger-Levrault, 1882-84. 2 vol. gr. in-8° de 120 et 95 pp. Figures et planches.

[4° S. 470

3315 DUCLAUX (Emile). — PASTEUR. Histoire d'un esprit.

Paris, Masson, 1896 (Sceaux, Imp. de Charaire), gr. in-8°. Figures. (2 fr.).

[8° Ln²⁷. 45335.

De la " Bibliothèque des Annales de l'Institut Pasteur ". Fort intéressant pour les Générations spontanées (p. 119-129, etc.). Toutes les études — si variées — de Pasteur sont exposées en ce volume : Cristallographie — Fermentations lactique et alcoolique — Vins et Vinaigres — Vers à Soie — Bière — Maladies Microbiennes — Virus et Vaccins.

3316 DUCOS du HAURON (Alcide). — La danse macabre au XIXme siècle. Poème cabalistique.

Paris, Firmin Didot frères, 1864, in-16. 100 pp. (2 fr. 50).

[Ye. 20662

3317 DUCRET (Etienne) auteur dramatique, poète et compositeur de Musique, né à Dijon en 1829. — Le Bréviaire du devin et du sorcier, contenant : la Baguette divinatoire, le Dragon rouge, les Secrets du Petit Albert, l'Enchiridion du pape Léon X, avec de nombreuses figures.

Paris, in-18 (3 fr.).

3318 DUCRET. — Les secrets admirables du Grand Albert, comprenant les influences des astres, les vertus des végétaux, minéraux et animaux.

Paris, in-18 (3 fr.).

3319 DUCRET. — Les sciences occultes. Répertoire complet de tout ce qui concerne la divination, la sorcellerie, la magie, l'alchimie, l'astrologie, la cabale, la féerie, etc..... précédé d'une introduction historique et suivi de la liste alphabétique des Démonographes célèbres et de leurs ouvrages.

Paris, Garnier, s. d. [1805]. in-18, 180 pp. fig. (3 fr.).

[8° R. 13130

Nombr. illustr. magiques et dessins fantastiques.

3320 DUCROS JEUNE (Dr Antoine). — Eléments de la Philosophie morale et religieuse, et de la Philosophie des Passions, ou Dialogues.....

Marseille, M. Olive, 1830. in-8°, 400 pp. (3 fr.).

[R. 34242

L'auteur, médecin et spiritualiste, s'inspire des principes de Kant et de Mirabeau pour conduire les peuples pacifiquement à une révolution inévitable. Il met en scène J. C. et Zoroastre, Apollonius, Confucius, Brahma, et Fo, etc.... Il conclut à une religion progressive, allégée d'un monachisme oisif et parasite, et à une régénération sociale qui réalisera le vrai christianisme.

DUDEVANT (Mme). Lucile Amandine Aurore Dupin, épouse de François Dudevant, est née en 1804, s'est mariée en 1822, s'est séparée de son mari en 1830 et est morte en 1876. Elle descendait par son père d'Auguste II, Roi de Pologne (voir d'Heylli. Dic. des Pseudonymes, 1887, p. 305). Elle a illustré le Pseudonyme de George Sand, dont l'origine est la première moitié du nom de Jules Sandeau, son collaborateur du début.

3321 [DUDEVANT (Mme)]. — Le Compagnon du Tour de France, par George Sand.

Paris, Lévy frères, 1861. 2 vol. in-8° (5 fr.).

[Y². 0499-500

Edition originale :

Paris, Perrotin, 1841, 2 vol. in-8°

[Rés. p. Y² 378-79

Etude sur les Antiques Initiations du " Devoir " et sur les us et Coutumes des anciens Compagnons, par un écrivain célèbre.

3322 [DUDEVANT (Mme)]. — George Sand. — Le Drac : rêverie fantastique en 3 actes.

Paris, 1861, gr. in-8° de 50 p.

Extrait.

Id. ;

Paris, Lévy frères, 1865, in-18.

[Yth. 5432

Les Dracs sont une classe d'êtres analogues aux korrigans et aux follets.

3323 [DUDEVANT (Mme)]. — Œuvres de George Sand. XXII. — Spiridion, par George Sand.

Paris, Félix Bonnaire, 1839. in-8° de 472 p.

[Z. 30353

3324 DUEHREN (Dr Eugène). — Le Marquis de Sade et son temps : études relatives à l'histoire de la civilisation et des mœurs du XVIIIe siècle, traduit de l'allemand par le Dr A. Weber-Riga, avec une préface : L'Idée de Sadisme et l'Erotologie scientifique, par Octave Uzanne.

Berlin, H. Barsdorf, Paris, A. Michalon, 1901. in-8° de XXVIII-501 p. (8 fr.).

[8° Ln²⁷. 54491

Etude approfondie et fort documentée sur ce célèbre " Professeur de Crime ", auquel l'auteur trouve, dans son genre, une valeur de Psychologue et d'Observateur incontestable " quoique comme penseur philosophique, il soit plus que médiocre ".

Le livre est rempli de recherches curieuses : sur l'Ordre de la Félicité (p. 134) — sur des formules de " dépilatoires " anciens (p. 202) — sur Charles Villers, l'auteur du "*Magnétiseur Amoureux*" (p. 431-435) — etc.

Fort intéressante et très complète Bibliographie des Œuvres du Marquis et des Écrits auquel il a donné lieu, à la fin de l'ouvrage, p. 472-491.

3325 DUFAUX [de la Jonchère] (Ermance). — Histoire de Jeanne d'Arc, dictée par elle-même à Ermance Dufaux, âgée de 14 ans (Évocation des Esprits).

Paris, Le Doyen, 1860, in-18, VIII-383 pp. (8 fr.).

[8° Ln²⁷. 500 A

Ouvrage assez rare. Contient des passages très curieux, surtout ceux relatifs à la virginité de Jeanne d'Arc. A remarquer le passage où Jeanne se présente à Charles VII, lui faisant part de sa mission sacrée ; ce dernier la prit pour une sorcière et la fit visiter parce que, disait-on à ce moment, une sorcière n'avait plus sa virginité, et comme Jeanne ne se trouvait pas dans ce cas, elle fut appelée la "Pucelle".

Éd. originale :

Melun, impr. de Desrues, 1855, in-18 de 302 pp.

[8° Ln²⁷. 559

3326 DU FAY (Henri). — Études sur la Destinée, par Henri Dufay.

Paris, Germer Baillière, 1870, in-19, XV-203 pp. (3 fr.)

[8° R. 104

Les Religions anciennes, leurs transformations. — Cosmogonie. — Géologie. — Biologie. — Métaphysique. Matérialisme, Panthéisme, Spiritualisme.

3327 DUFAY (Henri). — La Légende du Christ, par Henri Dufay.

Paris, Maurice Dreyfous, s. d. [1880], in-18 de XIX-236 pp. et tabl. et 54 pp. de catalog. (3 fr. 50).

[8° H. 413

Cette excellente étude sur les fondements du christianisme est fort rare. — Les exemplaires en ont été détruits avec soin.

3328 DU FAY (Hortense G.). — Coup d'œil sur le Prophète du XIXᵉ siècle et autres socialistes modernes ; augm. et démontrant par le Livre Trouvé du ministre Spaulding, l'origine de celui de Mormon, etc....

Paris, 1866, in-8° (3 fr.).

Th. Moore. — R. Owen. — St-Simon. — Cabet. — V. Considérant. — Le Mormonisme et Jos. Smith, etc....

Édition originale (?) :

Paris, Dentu, 1863, in-8°, 210 pp.

[8° Pb. 604

3329 DUFEU (A). — Découverte de l'âge et de la véritable destination des Quatre Pyramides de Giseh, principalement de la Grande Pyramide.

Paris, Vve A. Morel, 1873, fort in-8° de LXVIII-324 pp. (8 fr.).

[8° O²ⁿ. 338

Membre de l'Institut Égyptien, A. Dufeu avait toutes les qualités requises pour aborder ce mystérieux problème de la destination des Pyramides d'Égypte, toujours pendant depuis Platon. Il envisage toutes les hypothèses mises en avant jusqu'à lui. Y avait-il une corrélation mystique entre le but et l'âge de ces monuments et la révolution de Sirius, dieu juge des morts ? L'érudit écrivain recherche d'abord l'origine du mot pyramide et sa signification scientifique pour en tirer des conclusions positives. Ces déductions transcendantes le conduisent à faire, en passant, une étude remarquable des connaissances des anciens, puisées sur place par un séjour de plus de trente ans au pays des Pharaons.

La clef du mystère lui fut donnée par un vieux savant indigène, nommé Hékékian, pour qui les annales de sa patrie n'avaient pas de secret, et qui avait arraché au Sphinx le mot de l'énigme.

3330 DUFIEUX (A). — Le sentiment religieux dans l'antiquité, le christianisme avant J. C.

Lyon, E. Vitte, 1904, in-8° de IV-404 pp. (5 fr.).

[8° H. 6634

M. A. Dufieux ne s'affuble d'aucun caractère d'apostolat ; il se défend même de parler théologiquement du dogme ; mais il le fait jaillir de sources nombreuses, des œuvres des meilleurs penseurs de l'antiquité et des livres sacrés ou réputés tels de tous les peuples. De leur saisissante concordance, il déduit clairement qu'il n'y a qu'une seule religion qui, sous trois vocables a été et est le christianisme ; et que le paganisme n'en a point été la négation, mais le travestissement et surtout l'oubli.

3331 DUFOUR (Philippe-Sylvestre). — Traitez nouveaux et curieux du café, du thé et du chocolate (sic) par Philippe Sylvestre Dufour. Ouvrage également nécessaire aux médecins et à tous ceux qui aiment la santé.

Lyon, J. Girin et B. Rivière. 1685, in-12, pièces liminaires, 445 pp. et table. Fig. et planches gravées par Ogier (12 fr.).

[8° T^{e+}. 11
(G-250

3332 [DUFOURNEL]. — La nature dévoilée, ou théorie de la nature. Dans laquelle on démontre, par une analyse exacte de ses opérations, comment et de quoi toutes choses prennent naissance ; comment elles se conservent, se détruisent et se réduisent de nouveau en leur essence primordiale.

Paris, Edme. 1772. 2 vol. pet. in-8° (14 fr.).

Cet ouvrage est une Traduction de l'Ouvrage allemand d'alchimie intitulé : " Aurea Catena Homeri ". q. v. ; Lud. Favrat, ou Faurat, en a donné une traduction latine. Francfort, 1762, in-12 ou pet. in-8°.

M. Ladrague a commenté à fond tous les Bibliographes de cet ouvrage : voir " *Aurea Catena* ".

(G-257

3333 DUFRASNAY (P.). — Mythologie, ou Recueil des Fables Grecques, Ésopiques et Sybaritiques, par P. Dufrasnay.

Orléans. 1750. 2 vol. in-12.

(S-3994

505

3334 DUGUET (Charles). — Pythagore ou précis de philosophie ancienne et moderne dans ses rapports avec les métamorphoses de la Nature ou la Métempsychose, par M. Duguet.

Paris, Joubert. 1841, in-8° de VIII-111 pp. (4 fr.).

[R. 34327

Ouvrage extrêmement intéressant, dans lequel on trouve un exposé du système complet de Pythagore et où le système kabbalistique des Nombres et la théorie de la Métempsychose sont longuement étudiés.

(G-1119

3335 [DUGUET (Abbé Jacques Joseph)]. — Dissertations théologiques 1° sur les Exorcismes et les autres cérémonies du Batême (sic) 2° sur l'Eucharistie 3° sur l'usure.

Paris, C. Labottière, 1727, in-8°, VIII-360 pp. (4 fr.).

[D. 14108

3336 DUGUET (Abbé Jacques Joseph). — Exercices dogmatiques sur les Exorcismes, l'Eucharistie et l'Usure par Duguet.

Paris, Estienne. 1727, in-12. (4 fr.).

(S-084
(G-1702

3337 [DUHAMEL (Abbé Joseph Robert Alexandre)]. — Lettres flamandes, ou l'histoire des variantes et contradictions de la prétendue Religion Naturelle.

A Lille, chez Daniel. (Mons, G. Migeot,) 1754. 2 vol. in-12 (6 fr.).

[Z. 15575 et 6

Ouvrage dirigé contre l'abbé de Prades dont la thèse de doctorat soutenue en Sorbonne causa un véritable scandale et fut la première agression ouverte contre le Christianisme jusqu'alors attaqué par des ouvrages clandestins.

3338 DUHAN (L). — Philosophus in utramque partem, sive selectæ et limalæ difficultates in utramq. partem. cum responsionibus ad usum Scholæ etc...

Parisiis, apud Viduam C. Thiboust et P. Esclassan, 1694, in-12. XVI-463 pp. (3 fr.).

[R. 10016

Curieux ouvrage contenant un intéressant chap. sur la vertu magnétique (De immortalite animæ rationalis. De causa fluxus maritimi. De Lacryma Batavica. De virtute magnetica, etc...)

Réédité en 1697. 1704. 1711. 1714. 1724, 1731. 1733.

Voir Cat. de la Bib. Nat¹⁰. (XLIII, col. 953 et 5).

3339 DUJARDIN (Edouard).— Les Hantises.

Paris, Léon Vanier, 1886, in-12 de 170 p. et tab. (3 fr.).

[8° Y². 8860
(G.-1327

3340 DUJARDIN (Jules). — Recherches rétrospectives sur l'art de la distillation. — Historique de l'alcool, de l'alambic et de l'alcoométrie.

Paris, chez l'auteur, 1900. gr. in-8°. XVI-236 pp. planches. (6 fr.).

[8° V. 28820

Etude très complète des anciens ouvrages des XVᵉ et XVIᵉ siècles, sur la distillation, donnant ainsi l'histoire de l'alcool et de l'alambic ainsi que celle des alchimistes grecs et du moyen âge.

Orné d'un grand nombre de reproductions de documents anciens, portraits, estampes, médailles, appareils de distillation, etc...

3341 DUJARDIN-BEAUMETZ (Docteur G.). — L'Hygiène alimentaire ; aliments, alimentation, régime-alimentaire dans les maladies. 2ᵐᵉ édit. augm.

Paris, O. Doin, 1887, in-8°. VIII-235 pp. Figures et planches en chromolith. (3 fr.).

[8° Te²⁰. 70

(Conférences de Thérapeutique de l'Hopital Cochin 1885-86.)

3342 DUJARDIN-BEAUMETZ (Docteur G.). — L'Hygiène thérapeutique. — Gymnastique, massage, hydrothérapie, aérothérapie. Climatothérapie. 2ᵉ édit. augm.

Paris, O. Doin, 1888, in-8°. VIII-200 pp. Nombreuses fig. dans le texte et une planche chromolith. (3 fr.).

[8° Te¹. 234

3343 DUJARRIC (Gaston). Capitaine au long cours. — Autour du Mystère.

Paris, A. Savine. 1892, in-18. 335 pp.

[8° Y². 45000

Extraordinaires révélations sur l'au-delà et ses mystères. (L'occulte pouvoir. Névrose, etc...)

DULAC (Abbé J.). — Voir :
DENYS l'Aréopagite.

3344 DULAURE (Jacques Antoine), conventionnel, archéologue et historien, né à Clermont-Ferrand en 1755, mort en 1835. — Des cultes qui ont précédé et amené l'idolâtrie ou l'adoration des figures humaines.

Paris, Fournier frères, 1805, in-8° VIII-511 pp. (3 fr.).

[G. 32811

Fétichisme. — Fétiches naturels comprenant les astres, etc... Fétiches artificiels comprenant les signes, les symboles, les images, les pierres plantées, élevées sur d'autres, entassées, etc... Origines des autels, des idoles, des chapelles, des temples, des pyramides, des Thots, des Hermès, des Termes, etc... Culte des morts. — Enfer. — Mystères, etc...

Autre édition :

Paris, 1807, fort in-8°.

3345 DULAURE (J. A.). — Des Divinités génératrices ou du culte du Phallus chez les anciens et chez les modernes ; des cultes du dieu de Lampsaque, de Pan, de Vénus, etc...

Paris, Dentu, 1805, in-8°. XXIV-428 pp. (15 fr.).

[Rés. J. 2431 *bis* et *ter*

Origine du Phallus et de son culte en Égypte, chez les Hébreux, en Perse, chez les Gaulois, parmi les chrétiens, etc...... Culte de Priape sous le nom de St-Foutin, St-Guignolé, etc.... Usages et Institutions des siècles passés dont l'indécence égale ou surpasse celle du Phallus. Processions de personnages entièrement nus. Vertus divines du Phallus et bienfaits de Priape etc.

Autre édition :

Paris, Th. Belin, Lisieux, 1885, in-8° de XVI-422 p. (10 fr.).

[Rés. J. 3005

3346 DULAURE (J. A.). — Histoire abrégée de différens cultes. 2me edit. augm.

[*Paris*, 1805].

Puis *Paris, Guillaume*. 1825. 2 vol. in-8°. (20 fr.).

[G. 32087-88

C'est la réunion des deux ouvrages précédents savoir : 1° des cultes qui ont amené l'idolâtrie ou l'adoration des figures humaines ; 2 Des divinités génératrices chez les anciens et les modernes.

Cette histoire est, avec celle de Dupuis que d'ailleurs elle complète, une des meilleures et des plus documentées que nous possédions.

Le Fétichisme. — Monuments monolithiques. — Origine des autels, des Pyramides, des Niches, des temples, etc...... Mythes et culte de Mercure, de Vénus et autres divinités. — Culte des morts. — Fables mythologiques. — Les mystères. — Le culte du Phallus chez les différents peuples. — Des Mandragores. — Fêtes des Fous et Sous-Diacres. — Processions de personnes nues. — Flagellations publiques, etc..,

(G-258 et 1763

3347 DULAURENS (Henri Joseph) né à Douai en 1719 mort en 1747. emprisonné dans la forteresse de Marienbaum. Célèbre abbé ennemi des Jésuites et auteur du " Compère Mathieu ". — [DU LAURENS (en collaboration avec Grouber de GROUBENTAL DE LINIÈRES]. — Les Jésuitiques enrichies de notes curieuses pour servir à l'intelligence de cet ouvrage.

A Rome aux dépens du Général, 1761, in-10 48 pp. (3 fr.).

[Yc. 35424

Rare.

Cet ouvrage valut, pour un mois, un logis à la Bastille à l'un de ses auteurs : GROUBENTAL, moins heureux que son collaborateur le fameux abbé DU LAURENS, qui avait pu fuir en Hollande. Cet ouvrage est dirigé contre les Jésuites.

(G.-1265

Autre éd. :

Paris, les Marchands de Nouveautés, 1820, in-32, 48 pp.

[Yc. 34153

3348 DULAURIER (Edouard). — Voyage d'Abd-Allah Ben Abd-El-Kader mounschy (homme de lettres), de Singapore à Kalantan, sur la côte orientale de la péninsule de Malaka, entrepris en l'année 1838 ; trad. du malay avec notes et éclaircissements.

Paris, 1850, in-8°. (2 frs 50).

[8° OI². 30

Curieuse relation d'un malais musulman qui a pu pénétrer dans la vie intime des peuples qu'il a visités et dont il décrit savamment les idées, les mœurs, les croyances et le langage.

3349 DULCO, ou DUCLOS, ou DOUX DE CLAVES (Gaston), en latin CLAVEUS, alchimiste né dans le Nivernais vers 1530. Il fut avocat. — Traité philosophique de la Triple preparation de l'or et de l'argent, (suivi de la Droite et vraie manière de produire la Pierre philosophique, ou le sel argentifique et aurifique) ; par Gaston LE DOUX, dit DE CLAVES. amateur es Veritez hermetiques (trad. du latin par Guill. SALMON).

Paris, Laurent d'Houry, 1695. in-12 de 110 pp.

[R. 33712

Joint au Dictionnaire hermétique de SALMON sur le titre duquel, il est indiqué. Voy. sur Dulco, un bon article de GOBERT, dans ses *Anciens minéralogistes du royaume de France* (1779) I. 15-20. Gobert prétend que son véritable nom est DUCLO.

(O-905

3350 DULCO (Gaston). — Gastonis Clavei Apologia Chrisopœiæ et Argyropœiæ adversus Thomam Erastum in qua disputatur et docetur, an, quid et quo modo sit Chrysopœia et Argyropœia; dans Theatrum Chemicum (1613). II, 1-85.

La 1re édit. est de 1598, *S. l. apud hæredes E. Vignon*, in-8° pièces limin. et 210 pp.

[R. 31855

Autres ouvrages, voy. Cat. Gén. de la Bib. Nat., XXIX-col. 969.

(O-578

3351 DULEY (R. P. Joseph-Alvare). Visions d'Anne Catherine Emmerich sur la vie de Notre-Seigneur J. C. et de la très Ste-Vierge Marie, la douloureuse Passion et l'établissement de l'Eglise par les Apôtres, coordonnées en un seul tout, selon l'ordre des faits, traduction entièrement nouvelle du texte allemand par Ch. d'Ebeling.

Paris, Bray. 1885. 3 vol in-12. (8 fr.).

[8° H. 918

DU LOIRET (L. F.). — Voir: LE FOUR DU LOIRET.

3352 DULORA de la HAYE (Mme). — L'Extase.

Paris, chez l'auteur. 1000, in-8°. (2 fr.).

L'auteur est une voyante actuellement exerçant à Paris.

3353 DULORA de la HAYE. — Somnambulisme et Magie.

Paris, Fayard. 1896. in-16, 238 pp. Portrait du Dr J. W. Lorentz. (3 fr.).

Magnétisme. Hypnotisme. Miracles, etc.

[8° R. 17828

3354 DUMAIGRE. — Le Livre d'Or des ménages, nouv. encyclopédie générale des connaissances utiles, de recettes et procédés nouveaux, médecine et chirurgie usuelles, pharmacie des ménages, etc...

Saintes, 1865, in-12. (2 fr. 25).

Contient une quantité de recettes et de secrets de médecine et de pharmacie.

3355 DUMANIANT (Acteur des Variétés) [Antoine Jean BOURLIN]. — Le médecin malgré tout le monde, comédie en 3 actes par M. DUMANIANT.

Paris, Cailleau, 20 février 1780, in-8°, 87 pages.

Pièce contre le magnétisme représentée pour la première fois à Paris sur le théâtre du Palais Royal.

(D. p. 69

3356 DUMAS père (Alexandre). — Jeanne d'Arc, par M. Alexandre DUMAS. Suivi d'un appendice contenant une analyse raisonnée de documents anciens et de nouveaux documents inédits sur la Pucelle d'Orléans, par J. A. BUCHON, avec une introduction par M. Ch. NODIER.

Paris, G. Gosselin. 1843. in-18, XV-453 pp. (3 fr.).

[8° Lb26. 55

3357 DUMAS et MAQUET. — Urbain Grandier. Drame en 5 actes par Alexandre DUMAS et Auguste MAQUET.

Paris, Librairie théâtrale, Marchand, 1850. in-8° 44 pp.

[4° Yth. 4579
(Y-P-1750

3358 DUMAS (Jean), pasteur de Leipzig. — Traité du Suicide ou Meurtre volontaire de soi-même, par Jean DUMAS.

Amsterdam, D. J. Changuion, 1773 in-8°, VIII-444 pp. et tab.

[R. 24704
(S-2582

3359 DUMAS (Jean Baptiste), illustre chimiste né à Alais. Gard en 1800. D'abord élève pharmacien, puis professeur au Collège de France. Mort à Cannes en 1884. — Leçons sur la philosophie chimique, professées au Collège de France, et recueillies par M. A. Bineau.

Paris, Ébrard, s. d. [1837], in-8° de 430 p. (5 fr.).

[R. 31305

2me édition :
Paris, 1878, in-8°.

[8° R. 8808

Définition. — Origines de la chimie. — Chimie des Égyptiens, des Hébreux, des Grecs, des Arabes. — Albert le Grand. — Paracelse. — Bernard Palissy. — Stahl. — Lavoisier, etc...

Ouvrage curieux

(G-007

3360 DUMATZ (Dr). — Le médecin à la maison, un million de remèdes.

Paris, Librairie des Publications populaires, 1905, fort vol. in-12.

3361 DUMESNIL (Alexis Lemaistre). — De l'esprit des religions.

Paris, Maradan, 1811, in-8°, II-421 p. (5 fr.).

[G. 11474
(G-259

3362 [DUMESNIL (Alexis L.)]. — La manifestation de l'esprit de vérité.

S. l., 1819, in-8°, 132 pp. (4 fr.).

[8° Lb³⁹. 3094

Opuscule théosophique devenu rare.

(G-260

3363 DUMESNIL (Alfred). — L'Immortalité.

Paris, E. Dentu, 1861, in-18, XII-386 pp. (2 fr.).

[R. 34414

Très remarquable comme réfutation et matérialisme.

3364 DUMEZ (V.). — Notice sur les traitements magnétique et homœopathico-hydrothérapique par V. Dumez, médecin somnambule.

Paris, l'auteur, 1851, in-8°, 30 pages. (1 fr.).

[8° Te⁷. 150

Il a paru diverses éditions peu modifiées de cet opuscule. L'auteur est un ancien somnambule devenu officier de santé et qui dit-on, loin de renier ses antécédents continue de donner des consultations médicales dans l'état de somnambulisme.

(D. p. 146

3365 DUMEZ (V.). — La Vérité sur le magnétisme et l'homœopatie, par V. Dumez.

Paris, l'auteur, 1852, in-8°, 42 pages.

[8° Th⁵³. 203

C'est une deuxième édition. L'auteur y a fait quelques additions.

(D. p. 148

3366 DU MONCEL (Comte Théodore). — Étude du magnétisme et de l'électro-magnétisme au point de vue de la construction des électro-aimants, par le Vᵗᵉ Th. du Moncel.

Paris, L. Hachette, 1858, in-8°, 208 pp. fig. et pl. (3 fr.).

[R. 34442

3367 [DUMONT (Auguste)] écrivain, né à Namur (Belgique) en 1843. — Martial d'Estoc. — La Franc-Maçonnerie, sa politique et son œuvre.

Paris, Courrier littéraire de la presse, s. d. [1899], 2 vol. in-12 (2 fr.).

Autre édition :

Paris, 1901, 2 vol. in-12 de 202 et 227 pp.

Divisé en 2 parties : historique et documentaire.— Cette dernière (227 pages) rassemble une masse de documents à nulle autre pareille sur : les pères du Maçonnisme, les Templiers, les Chevaliers teutoniques, la Franc-Maçonnerie en 1723, les constitutions, instructions, concentrations, affiliations ; la presse maç∴, Paternité maçonnique juive. Instructions secrètes. Enigmes du Sphinx. Le vieux de la montagne. L'internationalisme maçonnique, etc...... — Une liste de plus de 500 noms de personnages connus faisant partie de la Fr∴ M∴ au commencement de la Révolution, etc.

3368 [DUMONT (A.)]. — Les Jésuites rouges de la Franc-Maçonnerie, par Martial d'Estoc.

Paris, à la Prime Universelle, 1894, in-18, 310 pp. (7 fr.).

[8° H. 6047

Écrit dans une langue très verte, parfois scabreuse, ce pamphlet violent constitue un document historique que l'on ne peut pas ignorer. Voici un extrait de la Table des Matières : Le Précurseur de Weishaupt. Doctrine secrète des Jésuites rouges. — Le grand œuvre des Jésuites rouges : Jésuitisme noir contre Jésuitisme rouge. — Les héritiers du crime, etc..... L'auteur, qui est libre-penseur et non clérical, donne une liste détaillée, par ordre alphabétique des membres de la Fr∴ M∴ jusqu'au XIX° siècle. Tout l'armorial français s'y trouve représenté, et le clergé y figure sous tous les espèces de quelques évêques, moines et prêtres divers. Dans un chap. intitulé Chiappini 1ᵉʳ Roi des Juifs, M. d'Estoc accepte la version qui fait de Louis Philippe le fils d'un geôlier italien.

3369 [DUMONT (A.)]. — Martial d'Estroc. — Paris-Eros. 1ʳᵉ série : Les maquerelles inédites. 2-ème série : Les métalliques.

Paris, Courrier littéraire de la Presse, s. d. [1903], 2 vol. in-12. Nombreux dessins de Gaston Nourry.

[8° Li³. 967

Nouvelles chroniques de l'Œil de Bœuf.

3370 [DUMONT (A.)]. — Martial d'Estoc. — Les propos de Lucius. I. Leur dernier crime. — II. La marche à la mort. — III. La fin.

Paris, Courrier littéraire de la Presse, 1907, 3 vol. in-12.

(I) [8° Y². 50542
(II) [8° Y². 56542
(III) [8° Lb⁵⁷ 14358

3371 [DUMONT (A.)]. — Martial d'Estoc. — Les tueurs de Dieux, roman de l'Abominable d'après Shakespeare.

Paris, Courrier littéraire de la Presse, 1898, in-18, 312 pp.

[8° Y². 51440

Un pacte d'infâmes. — Le viol de Maraïm. — La loi de l'amour. — Le Christ à Nazaré. — Madelena la Nue. — La Cour des suprêmes infamies. — Les signes précurseurs, etc...

3372 DU MOULIN (Antoine). Masconnais. — Physionomie naturelle, extraite de plusieurs philosophes anciens et mise en françois.

Lyon, Jean de Tournes, 1550, in-8° (30 fr.).

Édit. originale d'un ouvr. où l'auteur devançant Lavater, montre les ressemblances entre certains hommes et les animaux, et cherche à déduire des traits du visage le caractère et les inclinations. Il y a entr'autres un curieux chap. sur les " Danseurs et aymans les jeunes enfans impudiquement ".

(G-261

A été traduit en Italien :

In Lione, 1550, in-8°.

[Rés. p. R. 209

Le même auteur a donné de nombreuses éditions : d'ARTÉMIDORE ; de Jean de ROQUETAILLADE (*Rupescissa*) ; d'INDAGINE ; de LA FONTAINE ; de MANILIUS ; etc., voir Cat. Gén. de la Bib. Natⁱᵉ : XLIV-576 à 578.

3373 DU MOULIN (Pierre), célèbre Pasteur né dans le Vexin en 1568, mort à Sedan en 1658. Ministre à Charenton et Sedan. — Anatomie de la Messe, où est monstré par l'Ecriture Saincte et par les témoignages de l'Ancienne Eglise, que la Messe est contraire à la parole de Dieu, et éloignée du chemin de salut par Pierre Dumoulin. Ministre de la parole de Dieu en l'Eglise de Sedan. Quatrième édit. reueuë et augm.

Genève, Mathieu Berjon, 1636, puis : Genève, Gamoule, 1641, pet. in-8° (18 fr.).

Autre :

Genève, J. Chouet. 1636. in-8°. pièces limin. 227 pp. et l'index.

[D². 4277
(G-202 et 1705

3374 DU MOULIN (P.). — Anatomie de la Messe, où il est monstré par l'Ecriture Sainte, et par les témoignages de l'ancienne Eglise que la messe est contraire à la parole de Dieu et éloigne du chemin du salut. Deuxième partie de l'anatomie de la messe : contenant la messe en françois et en latin, avec un commentaire où aussi sont descrites les diverses espèces, avec les mystères et cérémonies et origine de chasque pièce de la messe.

Genève, impr. de P. Aubert. 1640. 2 vol. in-8° (18 fr.).

[D². 7255

Ouvrage très rare de ce fougueux théologien protestant dans lequel il affirme que nul ne doit exercer la prêtrise, s'il n'est sain de corps. Un homme châtré ne peut être ordonné prêtre, à moins qu'il ne porte sur lui, réduites en poussière, les parties qui lui défaillent. La seconde partie est fort curieuse, elle traite des mystères.

Cet ouvrage eut un retentissement énorme au moment de son apparition, et donna lieu au XVIᵉ siècle aux plus fougueuses polémiques. Il est à mettre sur les rayons d'une biblioth. à côté de la Messe et ses mystères de Ragon.

Idem :

Sedan, Jean Jannon. 1636, in-12.
Bruxelles, 1848, 2 vol. pet. in-12.

3375 DU MOULIN (Pierre), ministre de la Parole de Dieu en l'Eglise de Paris. — Apologie pour la saincte Cène dv Seignevr, contre la présence corporelle et transsubstantiation. Item contre les Messes sans communians. Et contre la Communion sous vne espèce.

Genève, pour Pierre et Iaques Chouet. 1613. in-8° (20 fr.).

Autre :

La Rochelle. 1609, in-8° 200 ff.

[D². 3005 (1)
(G-1328

3377 DUMOULIN (Pierre). — L'Antibarbare, ou du langage inconnu tant ès prières des particuliers, etc. où sont représentées les clauses principales de la Messe, par P. Dumoulin.

Genève, 1630, in-8°

Autre :

Sedan, impr. de J. Jannon, 1629, in-8°, pièces limin. et 188 pp.

[D². 3008
(S-2041

3378 DUMOULINET (le Père). — Dissertation historiq. sur la vision que Constantin eut de la Croix de N. S.; vérité de cette vision confirmée par des médailles antiques tirées du Cabinet de Ste-Geneviève de Paris (par le p. Du Moulinet, bibliothécaire de cette abbaye) ; dans le Journal des Sçavans (1681), XIᵉ journal, pp. 79-85, avec une pl. de médailles.

(O-1738-1739

3379 DUMOUTIER (Gustave). — Les Symboles, les Emblêmes et les accessoires du culte chez les Annamites.

Paris, E. Leroux, 1801. in-8° Dessins annamites, 172 pp. (3 fr. 50).

[8° O². 705

Bonheur et Longévité. — La Croix gammée. — Le Dragon. — Le Phénix. — Le Char de l'Esprit. — Le bâton des bonzes.

3380 DUNAND (l'abbé Philippe Hector). — Etudes critiques, d'après les textes sur l'histoire de Jeanne d'Arc.

Paris, Poussielgue, 1905. 4 vol. in-8° (7 fr. 50).

[8° Ln²⁷. 430 bis

I. Les Visions et les Voix. — II. Sa grandeur patriotique, intellectuelle, morale. — III. La Société de l'Histoire de France, Jules Quicherat et Jeanne d'Arc. — IV. Suite et fin du précédent.

3381 DUNAND (l'abbé Philippe Hector). — Histoire complète de Jeanne d'Arc. — L'abjuration du cimetière Saint-Ouen, d'après les textes. — Etude critique, précédée d'une lettre à Mgr Touchet.

Paris, C. Poussielgue, 1901. in-8°, X-190 pp. (2 fr. 50).

[8° Ln²⁷. 414 bis

3382 DUNAND (Docteur Tony). — Magnétisme, somnambulisme, hypnotisme, considérations nouvelles sur le système nerveux, ses fonctions et ses maladies par T. Dunand, médecin de la Faculté de Paris, ex médecin auxiliaire de l'hôpital militaire de Lyon.

Paris, Ledoyen, 1869. in-8°, 23 pages.

[8° Te¹³. 32
(D. p. 171

3383 DUNAND (Dʳ Tony). — Une Révolution en Philosophie, résultant de l'Observation des Phénomènes du Magnétisme Animal. Etude Physiologique et Psychologique de l'Homme par le Docteur Tony Dunand.

Paris, Berche et Tralin, 1880 in-18, 407 pp. (2 fr. 50).

[8° R. 2385

Fluide magnétique chez l'homme et son rôle dans la vie végétative humaine. — Sommeil naturel et sommeil artificiel ou magnétique. — La vie dans le sommeil. — Voyage au pays des sorciers. — La magie, etc....

(Y-P-807

3384 DUNCAN (Daniel), médecin français né à Montauban en 1649 mort à Londres en 1735. Docteur de Montpellier. — La Chymie naturelle ou l'explication chymique et mécanique de la nourriture de l'animal.

Imprimé à Montauban et se vend à Paris, 1682. pet. in-8°, pièces limin. et 350 pp. (5 fr.).

[8° Tb²⁷. 3. A.

Très rare.

La suite du même: Seconde et troisième partie de...

2 parties in-8°.

[8° Tb²⁷. 4

3385 DUNCKER (Max Wolfgang), historien et homme politique allemand, né à Berlin en 1812, mort en 1886. — Les nations sémitiques : les Egyptiens. L'ancien empire de Babylone. Les Arabes, histoire de l'antiquité trad. de Mossmann.

Paris, Marpon et Flammarion, s. d. [1882]. in-8° (4 fr.).

Ce volume a paru en 1874 comme Tome I de " l'Histoire de l'Antiquité ". Les suivants n'ont pas paru en français.

Théorie des prêtres. — Religion des Egyptiens. — Mythes d'Isis et d'Osiris. — Cultes des animaux. — Le corps et l'âme après la mort. — Systèmes d'écritures. — Système des dieux. — Les Hiéroglyphes. — Animaux sacrés. — Le jugement des morts. — L'Astrologie. — Culte des Astres. — Religion des Arabes. etc...

L'original allemand :

Berlin, Duncker und Humblot, [1852-57], puis 1878-1886, 9 vol. in-8°.

[8° G. 435

DUNGLAS HOME (Daniel), voir : *HOME (Daniel Dunglas).*

3386 [DUPANLOUP (Félix Antoine Philibert)], évêque d'Orléans. Académicien, né en 1802 à St-Félix près Chambéry, mort en 1878. — Etude sur la Franc-Maçonnerie, par Mgr l'évêque d'Orléans.

Paris, G. Douniol, 1878, in-8°, 92 pp. (3 fr. 50).

[H. 14173

3387 DUPAU (J. Amédée). — Lettres physiologiques et morales sur le magnétisme animal contenant l'exposé critique des expériences les plus récentes et une nouvelle théorie sur ses causes, ses phénomènes et ses applications à la médecine adressées à M. le Professeur ALIBERT, premier médecin ordinaire du Roi, par J. Amédée DUPAU, docteur en médecine.

Paris, Gabon, Treuttel et Wurtz etc., 1826, in-8°, 248 pages. (3 fr.).

[S° Th°¹. 120

Le docteur ALIBERT avait demandé à l'auteur une note sur le magnétisme qu'il désirait insérer dans ses Eléments de Thérapeutique, M. DUPAU fit plus qu'une note ; comme il le dit il est à la fois partisan et adversaire du magnétisme animal dont il attribue tous les effets à l'imagination.

(D. p. 104

3388 DUPIN (A.). — Le dogme de la Trinité dans les premiers siècles.

Paris, Emile Nourry, 1907, in-16 de 80 pp. (2 fr. 50).

[S° H. 6050

Tiré à 500 exempl.

" Le Dogme de la Trinité dans les trois premiers siècles " est l'œuvre d'un maître, M. A. DUPIN. Pour la première fois, l'auteur met en lumière le rôle de la formule baptismale du dogme chrétien. D'une façon vivante, j'allais dire pittoresque, il nous la montre opérant une sélection à travers les triades des premiers pères, et l'on s'étonne de suivre avec un aussi vif intérêt l'histoire de cette évolution dogmatique.

DUPIN (ELLIES). — Voir : *ELLIES DU PIN.*

3389 DUPLAIS (P.?). — La Vraie Lumière, Journal des Francs Maçons.

Versailles, 1851-1852, in-8°.

Parmi les intéressants articles contenus dans cet ouvrage signalons surtout : Observations sur les mots Francs-Maçons, loges et temple, par le F∴ Lambert, La Maçonnerie avant l'ère vulgaire, par le F∴ Lambert, Instructions maç∴ de l'immortalité de l'âme par le F∴ Madaule, 33 ∴, Considérations sur le 18ème degré par le F∴ Millet Saint Pierre, 33ᵐᵉ ∴, etc... Tous ces articles sont très substantiels et de premier ordre, il ne se trouvent nulle part ailleurs. La Vraie Lumière fut l'organe officiel de la Maçonnerie dans le monde entier à l'époque où elle parut.

3390 DU PLEIX (Scipion), historien né à Condom en 1569, mort en 1661. Protégé de Marguerite de Valois. — Des causes de la veille et du sommeil, des songes et de vie et de la mort.

Paris, F. Gueffier, 1619, in-12, pièces limin. et 252 ff. (12 fr.).

[S° T°°. 4 A

Idem :

Rouen, Manassez de Préaulx, 1626 in-8°.

(G-203 et 1331

3391 DU PLEIX (Scipion). — Corps de philosophie contenant la logique, la physique, la métaphysique, et l'éthique.

A Genève, par Balthazar l'Abbé, 1623, fort in-8°. (15 fr.).

[R. 10055

Recueil factice et titre général.

Les trois dernières parties — chacune avec pagination séparée — sont intitulées : La physique ou science des choses naturelles. La curiosité naturelle rédigée en questions selon l'ordre alphabétique. — Les causes de la veille, du sommeil,

Sc. psych. — T. I. — 33.

des songes, et de la vie et de la mort. — Tous ces ouvrages traitent quelquefois longuement de Magie, de Sorcellerie, de démons incubes et succubes, du monde angélique et de l'état des âmes après la mort.

3392 DU PLEIX (Scipion) — La cvriosité natvrelle redigée en questions selon l'ordre alphabétique.

Paris, chez la vefve Dominique, 1606. in-12.

(G-204 et 1350)

Id.

Rouen, Manassez de Préaulx, 1620. in-8°, pièces limin. et 269 pp. (5 fr.)

[R. 10000

3393 DU PLEIX (Scipion). — La métaphysique ou science natvrelle.

Rouen, I. Berthelin, 1631. 4 part. in-8°. (20 fr.).

La troisième partie qui manque assez souvent, est en elle même un ouvrage complet, un véritable traité des Anges et Démons.

(G-203

Autre :

Paris, Vve D. Salis. 1610. in-12. pièces limin. et 652 pp.

[R. 34550

3394 DU PLEIX (Scipion). — La physique ov science des choses natvrelles. Edit. III reueuë et augm. par l'auteur.

Paris L. Sonnius, 1607. 1 part. in-12.

La même :

Paris, Vve D. Salis. 1603. in-12, pièces limin. et 314 ff.

[R. 34553

Et :

3395 La svite de la physiqve ov science naturelle contenant la cognoissance de l'Ame.

Paris, Vve D. Salis. 1607. 1 part. in-12. (Ensemble 12 fr.).

Tous les ouvrages de Du Pleix sont rares et forts singuliers. Celui ci traite assez au long de Magie, de sorcellerie, du monde angélique et de l'état des âmes après la mort, des démons incubes et succubes du Destin et de la Généthliaque.

(G-206

3396 DU PLEIX (Scipion). — Philosophie de Scipion du PLEIX.

Rouen, 1640. 3 vol. in-12.

(S-2763

C'est sans doute un recueil factice du genre du " Corps de Philosophie " quelquefois aussi intitulé " Cours de Philosophie ". La Bib. Nal^e en catalogue *huit* exemplaires, plus ou moins complets parmi lesquels :

Cours de philosophie...

Paris, C. Sonnius, 1626, 6 part. en 3 vol. in-8°, pl.

[R. 10030-01

3397 [DU PONT (René)]. — La philosophie des Esprits, divisée en cinq livres et généraux discours chretiens, spécifiez en la page suivante, par feu M. R. du P. Recueillies et mises en lumière par F. Mathieu Le Hevrt gardien du Couuent de St-François de Poictiers, et par luy-mesme augm. en cette troisiesme édit.

Rouen, Robert Féron, 1628, in-8°, VIII-272 ff. Beau frontispice gravé (18 fr.).

Id.

Paris, Denys Langlois, 1612, in-8° VIII-367 ff. et table.

[R. 34597

Rouen par Ozée Seignevre, pour Corneille Pitresson, 1646. in-8° VI-262 ff.

[D. 33239

Idem :

Rouen, chez Thomas Daré, 1618, in-8°.

(G-267 et 1331

3398 [DUPONT de NEMOURS (Pierre-Samuel)], Constituant, membre de l'Institut, né à Paris en 1739, mort aux États-Unis en 1817. — Philosophie de l'Univers, 3e édit.

Paris, Goujon, fils, an VII, 1798, in-8°, 339 pp. portr. gravé par Cathelin. (o fr.).

[R. 9677

A la fin, se trouvent plusieurs notes intéressantes, entre autres : sur la sociabilité et la moralité du loup, du renard et du chien sauvage. — Sur Haller et sur Bonnet, sur leur très louable philosophie et sur les erreurs qu'ils pouvaient en retrancher. — Sur la moralité, l'intelligence, les sciences et les institutions sociales des Fourmis. — Sur la propagation des bonnes et des mauvaises actions.

Ouvrage recherché. Dans son *Traité de la Pluralité des Existences*, Pezzani, fait le plus bel éloge de la " Philosophie de l'Univers " Nous proclamerons, hautement dit-il que l'on chercherait vainement un écrivain qui ait une foi plus ferme dans la vraie destinée de l'âme et ait tracé d'une manière plus nette la philosophie de l'Univers moral et spirituel. Nul n'a exprimé en termes si bien sentis l'importance tutélaire de nos communications avec le monde invisible médiateur entre Dieu et l'homme.

(G-208

DUPOTET. — Jules Denis DE SENNEVOY, Baron DU POTET est né à la Chapelle, Yonne, en 1796, et mort à Paris en 1881. D'abord étudiant en médecine, puis illustre magnétiseur.

3399 DU POTET de SENNEVOY. — Cours de magnétisme animal par M. Du Potet de Sevennoy, (fait à l'Athénée Central).

Paris, l'auteur, 1834, in-8°, 456 pages. (3 fr. 50).

(8° Tb⁶³. 17

C'est le premier ouvrage développé de l'un des infatigables adeptes de Mesmer. Le Baron du Potet réunit bientôt autour de lui un nombre remarquable d'auditeurs et de disciples et il commença à donner des séances qui furent connues de tout Paris. 2ᵐᵉ éd. 1840; 3ᵐᵉ 1856.

(D. p. 110

3400 DU POTET (Baron). — Cours de magnétisme en 7 leçons, augm. d'un Rapport sur les expériences magnétiques faites par la commission de l'Académie de médecine en 1831 par le Baron Du Potet de Sennevoy. Deuxième édition.

Paris, Rorel, Germer Baillière, Besançon, Bintôt, 1840, in-8°, VII-502 pp. (4 fr. 50).

[8° Tb⁶³. 18

3401 DU POTET. — Discours sur le magnétisme animal prononcé le 13 février 1835 à l'Athénée central, par Du Potet de Sennevoy.

[*Paris*], impr. de Mme de Lacombe [1835], in-8°, 32 pages.

[8° Tb⁶³. 132

Discours très vif contre la médecine classique.

(D. p. 111

3402 DU POTET (Baron). — Essai sur l'enseignement philosophique du magnétisme, par le baron DU POTET.

Paris, A. René et Cie, Mensut, 1845, in-8° de 356 p. (5 fr.).

[8° Tb⁶³. 27

" Brochure devenu rare " (Dureau).
Cet ouvrage est le complément de la *Thérapeutique magnétique* du même auteur. Qu'est ce que la vie? Attraction des âmes; la Fausse science. Voies intérieures, pressentiments, vues mystérieuses, extase. Cet ouvrage qui contient le dogme du magnétisme, est encore précieux par les faits mystérieux qu'il rapporte.

(D. p. 132
(G.-1336

3403 DU POTET. — Exposé des expériences sur le magnétisme animal faites à l'Hôtel Dieu de Paris pendant les mois d'octobre, novembre et décembre 1820, par J. Du POTET, étudiant en médecine de la Faculté de

Paris et membre résidant de la société de magnétisme de la même ville.

Paris, Dentu, Delaunay, Béchet jeune, 1821, in-8°, 80 pages (5 fr.).

[8° Th⁶⁵. 115

Il a paru de cet ouvrage qui inaugurait avec éclat la carrière de l'auteur, une deuxième édition très augmentée, en 1826 et une troisième édition encore augmentée, même année. Les expériences dont il s'agit eurent un tel retentissement et donnèrent lieu à des discussions si mouvementées à l'Académie de médecine que ce livre, la troisième édition surtout, est toujours recherché.

Autre édition :

Paris, Béchet, 1826, in-8°.

(D, p. 95

3404 DU POTET (Baron). — Journal du magnétisme, par une Société de magnétiseurs et de médecins, sous la direction de M. le Baron Du Potet.

1845-1861, 20 volumes in-8°.

[8° T¹². 15

Mensuel puis bi-mensuel.

Ce journal commencé en 1845 s'arrête en 1861 et comprend 20 volumes. C'est le plus vaste recueil sur le magnétisme que l'on connaisse. Jusqu'alors les journaux de magnétisme n'ont eu qu'une existence éphémère ; celui-ci fondé d'abord à l'aide d'actions fut bientôt repris par M. Du Potet. Nous ne pouvons que renvoyer à cet indispensable recueil ceux qui veulent étudier sérieusement le magnétisme et connaître l'histoire de la période qu'il embrasse. Un grand nombre de médecins ont concouru à sa rédaction.

(D, p. 133

Le journal du Magnétisme paraît encore aujourd'hui, repris par le Magnétiseur bien connu Hector DURVILLE.

3405 DU POTET (Baron). — La Magie dévoilée ou principes des sciences occultes.

Saint-Germain, l'auteur, 1875.

Puis :

Ibid, Imp. Eug. Heutte, 1875, in-4° de VIII-284 p. Texte encadré, figures et planches.

[R. 7343

L'édition originale est de :

Paris, impr. Pommeret, 1852, in-4° VIII-268 pp. fig. et portr.

[R. 1352

" Cet ouvrage n'a pas été mis dans le commerce. Le baron Du Potet le réservait à ses initiés, auxquels il le cédait au prix de 100 fr. l'exemplaire, et moyennant le serment par écrit de ne le communiquer à personne et de ne point révéler les secrets qui s'y trouvent indiqués ". (S. d. G.).

Se rencontre souvent avec un portrait ajouté du Baron du Potet gravé par Demain, 1842.

Idem :

Paris, Paul Vigot, 1903, in-8° de XV-354 pp. Portrait de l'auteur gravé par Froment d'après une miniature et figures dans le texte.

[8° R. 11312
(Y-P.-1121)
(G-600. 1352, 1709 et 7

Cet ouvrage est précédé d'une intéressante auto-biographie de l'auteur. Opérations magiques. Lignes. Miroir. Attraction. Sympathies et antipathies. Flèches, Harmonies magiques. Magique ivresse. Magique vieillesse. L'agent magique. — Principes et secrets. — Créations spirituelles. — Moyens opératoires. — Préparation du miroir. — Visions. — Préparation. — Cercle et miroir visibles et occultes. — Domination du destin. — Visions virginales. — Palingénésie. — Les Esprits et leur langue. — La mort et ses mystères. — Le fruit défendu. — Fausse magie. — Profanations. — Signes et chiffres magiques. — Sorcellerie.

3406 DU POTET (Baron). — Le magnétisme animal opposé à la médecine, mémoire pour servir à l'histoire du magnétisme en France et en Angleterre, par le Baron DU POTET de Sennevoy.

Paris, A. Dentu, Germer Baillière, 1840, in-8° VIII-300 pages. (4 fr.).
[8° Tb⁶³. 150

Récits de voyage de l'auteur à Reims, Bordeaux, Metz; beaucoup de noms cités, beaucoup de faits.
Excellent ouvrage, contenant de nombreux faits et expériences concluantes.
(D. p. 120

3407 DU POTET. — Manuel de l'étudiant magnétiseur ou nouvelle instruction pratique du magnétisme fondée sur 30 années d'observations, suivi de la 4ᵉ édition des expériences faites en 1820 à l'Hôtel Dieu de Paris par le Baron DU POTET DE SENNEVOY.
Paris, Germer Baillière, in-12. (3 fr. 50).

1ʳᵉ éd. 1840. XII-344 p.
[8° Tb⁶³ 33

2ᵐᵉ éd. 1850.
3ᵐᵉ éd. 1854.

Autres éditions :
Paris, 1808, fort in-12 de VIII-306 p.
Paris, 1887.
Paris, Alcan, 1893. 3ᵐᵉ (pour 6ᵐᵉ) édit. in-12.
Paris, 1904, in-12 de 330 pp.
[8° Tb⁶³; puis A. B. C. D.

Ce manuel a eu beaucoup de succès. Il contient des cures intéressantes. C'est un ouvrage initiatique par excellence, qui restera toujours le modèle du genre et un très bon guide pour le débutant.
(D. p. 130
(G-1768 et 60

3408 [DU POTET et CHAPELAIN]. — Le Propagateur du magnétisme animal, journal destiné à la publication des faits et des expériences, etc., et de l'histoire du magnétisme etc.. de la critique des ouvrages etc., etc., par une Société de médecins.
Paris, Chapelain et Du Potet, 6 rue de Seine, 1827-28, 2 vol. in-8°.
[8° T⁴². 5

Publication mensuelle.
Ce journal fondé en novembre 1827 par DU POTET et le docteur CHAPELAIN, qui venaient d'établir un traitement magnétique, vécut deux ans.
Le T. II est rédigé et publié par M. Du Potet.
(D. p. 102

3409 DU POTET (Baron). — Thérapeutique magnétique, règles de l'application du magnétisme à l'expérimentation pure et au traitement des maladies. Spiritualisme, son principe et ses phénomènes par M. le Baron DU POTET.
Paris, l'auteur, Dentu, Truchy, Germer Baillière, 1863, in-8° 539 pages, figures. (18 fr.).
[8° Te¹¹. 36

Cet ouvrage a paru en livraisons pendant l'année 1862. C'est le résumé des laborieux travaux de l'auteur toujours aussi jeune et aussi enthousiaste qu'au début de sa carrière. La partie expérimentale est fort intéressante, quelle que soit l'opinion que l'on ait du magnétisme.

Ouvrage l'un des meilleurs du baron du Potet, enrichi de gravures au trait par Rambert. C'est peut-être le meilleur traité de magnétisme qui existe. L'auteur y traite aussi du somnambulisme, de l'extase et des phénomènes spirites. Chaque maladie y est traitée en détail dans ses symptômes et dans les différents moyens employés pour la combattre.
(D. p. 175

3410 DU POTET. — Traité complet de magnétisme animal. Cours en 12 leçons.
Paris, Baillière, 1882, in-8°. (7 fr.).

Autre :
Paris, Baillière, 1856. — 3ᵉ édition, in-8° VIII-626 pp.
[8° Tb⁶³. 19

Paris, Baillière, 1879, 4ᵉ éd. in-8° VIII-632 pp.
[8° R. 4353

Quatrième (et dernière) édition fort augmentée.

Paris, Alcan, 1896, fort in-8°.

Les ouvrages du Baron Du Potet sont considérés comme les meilleurs, les plus clairs et les plus pratiques sur la question. Histoire du magnétisme. Mesmer. Puységur. Phénomènes produits par le fluide magnétique. Somnambulisme naturel et artificiel. Etat léthargique et extatique. Difficultés du réveil. Application du magnétisme au traitement des maladies. Paracelse, Agrippa, Van Helmont, Porta, Deleuze, Baquet de Mesmer. — Procédés magnétiques de Du Potet. Opinions des anciens sur le somnambulisme. — Hallucinations. — Apparitions. — La Magie dans l'Inde, etc.

(G-209, 1334 et 1770)

3411 DU POTET. — L'Université de Montpellier et le magnétisme animal, ou une vérité nouvelle en présence de vieilles erreurs par M. Du Potet de Sennevoy.

Béziers, Carrière, 1836, in-8°, 71 pages.

Cette brochure contient les deux procès intentés à M. Du Potet par l'Université, son discours au Congrès scientifique de cette ville de la même année : le voyage à Montpellier est l'un des épisodes dramatiques de la vie de l'auteur.

(D. p. 112)

DUPOTET. — Voir aussi notre N° 3725 classé par erreur comme anonyme.

3412 DU POUY (Dr Edmond) Médecin à Paris, ancien interne de la maison de Charenton. — Médecine et mœurs de l'Ancienne Rome.

Paris, J. B. Baillière et fils, 1885, in-18. XVII-432 pp. et pl. (5 fr.).

[8° T²¹. 523

Les plaisirs de la table et la podagre. — Débauche et prostitution. — Courtisanes. — Hypnotisme et somnambulisme. — Herbes et philtres des magiciennes. — Electricité. — Toilette, cosmétique et maquillage. — Eunuques, castration, infibulation. — Etc.

3413 DUPOUY (Dr Edmond). Sciences occultes et physiologie psychique. Préface d'Edouard Drumont.

Paris, Société d'édit. scientifiques, 1898, in-12 de XI-312 pp. figures.

[8° R. 14830

Corps psychique. — Force Vitale. — Extériorisation du Corps Psychique. — Magnétisme. — Extériorisation de la Sensibilité, de la Volonté. — Lucidité. — Transmission de pensée. — Télépathie. — Extériorisation de la motricité. — Matérialisations. — Animisme. — Spiritisme. — Expériences médiumniques. — Maisons hantées.

DUPRAY DE LA MAHERIE (Paul Valentin), est né à Périers, Manche, en 1828. Il fut un moment imprimeur et libraire à Paris, en même temps qu'auteur. Mais sa fâcheuse célébrité lui vient de spéculations malheureuses, qui lui valurent sept ans de prison, vers l'année 1868. On a dernièrement encore arrêté puis remis en liberté ce vieillard de quatre-vingt-trois ans, et les Journaux ont à ce sujet réédité tous les scandales de sa vie extrêmement romanesque. (Voir " Le Journal " du 25 juin au 17 juillet 1910). M. Dupray de la Mahérie est mort dans le plus grand dénûment à l'Hôpital de Santo Spirito à Rome le 31 juillet 1911.

3414 DUPRAY DE LA MAHERIE (P.), Libraire éditeur. — Le Livre Rouge, Histoire de l'échafaud en France, par MM. B. Maurice, A. de Bast, E. Fournier, de la Montagne, J. Morel, Assé, Protz, Babou, de Lescure, etc., ouvrage orné de 30 Portraits... par MM. Boulay, Yan d'Argent, Fath, Bocourt, Hildebrand, etc.

Paris, Librairie Parisienne, [Dupray de la Mahérie], 1863, in-4° de V-358 p. et table avec un frontispice et 30 grands portraits hors texte. (8 fr.).

[Ln¹⁰. 3

Gilles de Rais. — Urbain Grandier. — La Voisin. — La Brinvilliers. — Etienne Dolet. — Jeanne d'Arc. — Jacques Molay. — Cazotte. — Bailly. — Lavoisier. — Etc.

Ouvrage fort documenté sur les principaux suppliciés, brigands, tels que Cartouche, Mandrin, conspirateurs et assassins royaux, sorciers et empoisonneurs, victimes de la Révolution, etc...

3415 DU PREL (Dr Baron Carl). — Philosophe spiritualiste allemand, de l'école " Moniste " né vers 1839, mort vers 1899. — La Magie. Science naturelle. — Tome premier : Physique magique ; tome second : Psychologie magique, traduit de l'allemand par Nissa.

Paris, Liège. Leymarie, Vaillant Carmanne, 1907-1908, 2 vol. in-8° de VI-255 et 438 p.

Dans la magie considérée comme science naturelle, la grande science de Carl Du Prel, s'est appliquée à prouver que l'être humain est la manifestation de son âme, que celle-ci forme le corps pour en faire son instrument, qu'elle est la créatrice, la sustentatrice et la réparatrice de la chair, qu'elle la modifie jusqu'à la faire agir souvent au delà des limites de l'organisme et qu'elle survit à la destruction du corps. — Cet ouvrage offre dans son ensemble, comme dans chacune de ses parties, un instrument de travail de premier ordre par la prodigieuse accumulation des faits et des documents.

L'édition allemande :

Iena, H. Costenoble, 1899, in-8°.

[8° R. 10303

3416 DU PREL (Baron Carl). — La Mort, l'Au-delà. — Traduit de l'allemand par Mad. Agathe HOEMMERLÉ. — Introduction par le Colonel de ROCHAS.

Paris, Chacornac, 1905, in-8°, XXXII-130 p. Portrait.

[8° R. 19640

Excellent livre, qui traite des sciences psychiques. — S'il ne donne pas aux négateurs aprioriques de tout ce qui n'est pas rigoureusement et officiellement scientifique, la clef des mystères troublants qui préoccupent l'humanité pensante, du moins il les déroute et les désarçonne. Quant aux autres, aux chercheurs patients et impartiaux, ne demandant qu'à se rendre compte, cet ouvrage leur donne toute satisfaction.

3417 DU PREL (Carl). — The Philosophy of Mysticism. (Philosophie der Mystik.). By Carl DU PREL. Translated from the German by C. C. MASSEY.

London, etc. Redway, 1889, 2 vol. in-8° (35 fr.).

Traduction anglaise du célèbre ouvrage allemand :

Leipzig, E. Günther, 1885, in-8°, XII-548 pp.

[8° R. 6015

3418 DU PREL (Baron Carl). — Der Spiritismus.

Leipzig, s. d. in-18 (1 fr.).

3419 [DUPUGET (Amédée)]. — Le démon de Socrate.

Paris, Levavasseur, 1829, in-8° de XVI-94 pp. Portrait (?). (4 fr. 50).

[R. 35400

Orné d'une lithographie représentant Socrate d'après le buste authentique du Musée royal. — Ouvrage à comparer à celui que Lélut publia sous le même titre sept ans plus tard.

3420 DUPUIS (Charles-François). Archéologue, membre de l'Institut, né à Trie-le-Château, Oise, en 1742, mort à Is-sur-Tille (Côte-d'Or) en 1809. Ami de Lalande. — Origine de tous les cultes ou Religion universelle.

Paris, H. Agasse, an III, 1794, 4 vol. in-4°, dont 1 atlas.

[G. 7202-5

L'atlas comprend un superbe frontispice dessiné par Ducoudray et gravé par Pauquet et Trière et 22 planches en taille douce de A. Tardieu, Trière, etc.,

(G-1337, 1774 et 75

Autres :

Paris, Décembre Alonnier, 1869, in-18 de IV-386 pp.

[D² 13108

Édition abrégée. Ouvrage curieux qui fut poursuivi et défendu.

Autre édition : la meilleure et la plus complète :

Paris, L. Rosier, 1834-45, 7 tomes in-8° en 10 vol. de 450 à 900 pp. Portr. de Dupuis, et un atlas in-4° de 10 pp. et 22 pl. Avec les additions et notice sur la vie de l'auteur, par P. R. Auguis. (25 fr.).

[G. 32849 à 58

Ouvrage de la plus grande importance pour l'étude des religions et des mythologies primitives. L'auteur, qui était un franc-maçon d'une immense érudition, s'est efforcé de montrer l'utilité du dogme sous la multiplicité des symboles et des allégories qu'il rapporte aux phénomènes de la Nature. Voici les principales lignes de cet ouvrage : Vestiges du culte de la Nature empreints sur tous les monuments. Tableau de l'Univers, de ses divisions, et des agents principaux de la Nature. De l'Intelligence universelle de ses parties. Héracléide. Poème sur Osiris et Isis. Théséide et Argonautique. Bacchus. Ammon. Mithra. Apollon. Orus. Adonis. Atis, etc. Des divinités syriennes et chaldéennes. Culte des pierres. Des plantes, des animaux, des statues des Mystères, de leur origine et de leur progrès, etc...

C'est le traité le plus complet de mythologie comparée qui existe ; une inépuisable mine de science mag...

3421 DUPUIS. — Abrégé de l'origine de tous les cultes, 3e édit, suivie de la Dissertation sur le Zodiaque de Dendra.

Paris, Chassériau, 1822, in-10, 570-VIII pp. (5 fr.).

[G. 32800

Avec la reproduction gravée par Normand fils du Zodiaque de Dendra (ou Denderah). Ouvrage curieux qui fut saisi l'année de sa publication et condamné à être lacéré. Orné du portrait de l'auteur et 3 pl. h. t.

(G-270 et 1772

Autre :

Paris, L. Tenré, 1820, in-10.

[D² 12467

3422 DUPUIS. — Dissertation sur le Zodiaque de Dendra. Précédée d'une Description du Zodiaque circulaire maintenant à Paris.

Paris, Chassériau, 1822, in-12 de IV-47 pp. 2 Pl. pliées. (3 fr.).

[J. 23423

Ibid. 1822, in-12, paginé 541-587 :

[Rés. J. 2529

3423 DUPUY (Antonin). — L'hypnotisme, compte-rendu des conférences du docteur A. J. P. Philips, rédigé par Antonin Dupuy.

Paris, Cercle de la Presse scientifique, 1890, in-8°, 30 pages.

[8° Tb¹⁹ 30

Compte-rendu rédigé en faveur des idées du docteur Philips [Durand de Gros].

(D. p. 174

3424 DUPUY (Pierre), né à Agen en 1582, mort en 1651. Conseiller au Parlement et Garde de la Bibliothèque du Roy. — Histoire de la condamnation des Templiers par P. Dupuy.

Brusselle, F. Foppens, 1713, 2 vol. in-8°.

[8° Lb³⁴. 7

L'auteur a également publié une *Histoire de l'ordre militaire des Templiers...*

Ibid. Id 1751, in-4°, VIII-558 pp. et pl.

[4° Lb³⁴. 8
(S-4992

3425 [DUPUY (Pierre)]. — Histoire des plus illustres favoris anciens et modernes, recueillie par feu monsieur P. D. P. Avec un journal de ce qui s'est passé à la mort du maréchal d'Ancre. [Par Michel de Marolles].

A Leide, chez Jean Elsevier, 1659, 2 part. in-4° (18 fr.).

[G. 5826

Attribué aussi à J. N. de Parival.

3426 DUPUY (Pierre ?). — Mythologie, ou l'Histoire des Dieux, des Demi-Dieux, et des plus illustres Héros de l'Antiquité, par Dupuy.

Paris. 1731, 2 vol. in-12.

(G-3980

3427 DUPUY (Pierre). — Traittez concernant l'histoire de France : sçavoir la condamnation des Templiers, avec qq. actes ; l'histoire du Schisme, les papes tenans le siège en Auignon et qq. procez criminels. Composez par M. Dupuy, conseiller du Roy.

A Paris, chez la veuve Mathurin Du Puis. 1654. in-4° VIII-510 pp. portr. (7 fr.).

[4° L.ns 8

Autres éditions :

Paris, E. Martin, 1685, in-12.

[8° L.ns 8

Paris, E. Martin, 1700, in-12.

[8° L.ns 8 B

Brusselle, 1713, 1 fort vol. in-12. Portr.

Cette dernière édition est en outre augm. de l'histoire des Templiers de Chartres, et de plusieurs autres pièces curieuses sur le même sujet. Ouvrage des plus savants pour la condamnation et les procès intentés contre l'Ordre des Templiers.

3428 [DURAND]. — La Musique naturelle, avec quelques-uns de ses Rapports à la Piété, à l'Oraison vocale, et à la Théologie, par Durand.

Paris. 1716, in-8°. Figures.

L'Exemplaire Sépher avait des Notes MSS de la main de l'Auteur. « Livre Singulier », dit ce Cat.

Autre édition (titre légèrement différent) :

Paris, Impr. de M. Rebuffé, 1700, in-4°, 12 pp. et pl.

[V. 18045
(S-172 Supp.

3429 DURAND (Charles-Félix). — Les Guérisseurs.

Paris. C. Marpon et E. Flammarion, 1884, in-16, 314 pp. (3 fr.).

[8° T²¹ 516

Enquête documentée sur la médecine empirique. Comment on devient rebouteur. La médecine mystique. La médecine noire. Suivant l'auteur, ces procédés rustiques ont de nobles références, car il en a retrouvé tous les principes dans les livres hippocratiques, de Fracturis, de Articulis, etc... L'ouvrage renferme un grand nombre de faits capables de piquer vivement la curiosité et d'intéresser les penseurs.

Autre édit. :

Paris, Martin Boursin, 1885, in-12 de 314 p. (2 fr.).

3430 [DURAND (David)]. — La vie et les sentiments de Lucilio Vanini.

Rotterdam, aux dépens de G. Fritsch, 1717, in-12, XXXII-206 pp. (3 fr.).

[K. 14365
(G-2710

3431 [DURAND DE GROS (Docteur J. P.)]. — Joseph-Pierre Durand, dit de Gros, Physiologiste et Philosophe français, né à Gros, près de Rodez, Aveyron, en 1826, fit sa Médecine à Montpellier, mais ne fut reçu Docteur qu'à Philadelphie, en 1857. Très connu aussi sous son Pseudonyme de PHILIPS (Dr A. J. P.).

Le docteur Durand de Gros est mort à Rodez (Aveyron) vers Novembre 1900.

Cours théorique et pratique du braïdisme, ou hypnotisme nerveux considéré dans ses rapports avec la psychologie, la physiologie et la pathologie et dans ses applications à la médecine, à la chirurgie, à la physiologie expérimentale, à la médecine légale et à l'éducation par le docteur J. B. Philips, suivi de la relation des expériences faites par le professeur devant ses élèves et de nombreuses observations par les docteurs Azam, Braid, Broca, Carpenter, Cloquet, Demarquay, Esdaile, Gigot-Suard, Giraud, Guérineau, Ronzier, Joly, Rostan, etc.

Paris, J. B. Baillière et Germer Baillière, 1860, in-8°, XII-180 pages. (6 fr.).

[8° T^{c11}. 29

Ce livre intéressant est la reproduction de conférences faites par l'auteur, le docteur DURAND (de Gros), au cercle des Sociétés Savantes. Ces conférences eurent beaucoup de succès.

(D. p. 171

3432 [DURAND de GROS]. — Dr J. P. PHILIPS — Dieu, les Miracles et la Science ; lettre à M. A. Guérault à propos de la discussion religieuse engagée entre lui et M. Renan.

Paris et Bruxelles, 1863, in-8°. (2 fr.).

3433 [DURAND DE GROS]. — Electro-Dynamisme vital, ou les Relations physiologiques de l'esprit et de la matière démontrées par des expériences entièrement nouvelles et par l'histoire raisonnée du système nerveux, par A. J. P. PHILIPS, professeur d'électro-biologie [docteur DURAND, de Gros].

Paris, J. B. Baillière, 1855, in-8°, XLVII-383 pages. (5 fr.).

[8° T^{b11}, 49

Ce livre remarquable est une nouvelle et savante étude de la physiologie du système nerveux. Les résultats que l'auteur déclare avoir obtenus consistent selon sa déclaration « à s'emparer, par une action où concourent les forces électriques, de la direction absolue des fonctions animales et végétatives et à en modifier à volonté tous les produits, soit réguliers, soit morbides ; soit pour faire apparaître momentanément tous les désordres de la pathologie, soit pour les éteindre et rétablir l'économie dans l'équilibre de la santé. » M. Durand (de Gros) a encore publié sous le même pseudonyme de Philips, un cours de braidisme dont ses ouvrages sont aussi l'étude et le critérium rigoureusement scientifique.

C'est *le premier traité de « Suggestion »* connu.

(D. p. 160
(G-832

3434 DURAND de GROS (Doct.). — L'idée et le fait en biologie.

Paris, 1890, in-8° de 88 pp. (1 fr. 50).

3435 DURAND de Gros (J. P.). — Le merveilleux scientifique.

Paris, Félix Alcan, 1894, gr. in-8° 344 p. (4 fr.).

[8° T^{b63} 302

Le mesmérisme. — Le Braidisme. — Occultisme et spiritisme.

3436 DURAND de GROS (Doct.). — Les mystères de la suggestion. (A propos de la cure merveilleuse du prof. Dorobetz.).

Paris, 1800, in-8° (1 fr.).

3437 DURAND de GROS (Doct.). — La philosophie physiologique et médicale à l'Académie de médecine.

Paris, Germer Baillière, 1898, in-8° de 100 pp. (2 fr.).

[8° T^b, 255

3438 DURAND de GROS (Doct.). — Questions de philosophie morale et sociale avec introd. par D. Parodi.

Paris, F. Alcan, 1901, in-12 de XXXV-170 pp.

[8° R. 17505

3439 DURAND de GROS (Doct.). — Suggestions hypnotiques criminelles. *Paris*, 1895, gr. in-8° (1 fr 25).

DURAND de GROS : voir aussi DUPUY (Antonin).

3440 DURASTANS (Janus), ou DURASTANTI (Giano Matteo).— Problemata Jani Matthæi DURASTANTIS. I. Dæmones an sint, et an morborum causæ sint... II. an virium imbecillitati juncta cacochymia, per epicrasim curanda sit ? III. et an rhabarbarum ob lienteriam...

Veneliis ex officina J. Zitelli, 1507, 2 part. in-8°

[8° T⁶⁸. 27

Très rare.

(S-3148

3441 DUREAU (Dr Alexis). Bibliothécaire à l'Académie de Médecine.— Histoire de la Médecine et des Sciences Occultes. Notes Bibliographiques pour servir à l'histoire du Magnétisme Animal. Analyse de tous les Livres, Brochures, Articles de Journaux publiés sur le Magnétisme Animal en France et à l'étranger a partir de 1766 jusqu'au 31 Décembre 1868. Par A. DUREAU, Rédacteur de l'Annuaire Bibliographique Médical. Membre de la Société d'Anthropologie de Paris, etc... PREMIÈRE PARTIE [Seule parue] LIVRES IMPRIMÉS EN FRANCE.

Paris, Chez l'Auteur, Joubert, 1869, in-8° de 206 p. (7 fr.).

[8° Tb⁶². 31

Petite brochure de toute rareté et du plus grand intérêt qui est reproduite in extenso dans le présent ouvrage, avec de très rares corrections et additions. Originairement elle portait la date de 1866, Au Bureau du Journal " *L'Union Magnétique* " 10 rue Rodier, et le Titre donné ci-dessus a été cartonné postérieurement. L'exemplaire de la Bibliothèque Nationale comporte les deux titres ; c'est le seul que je connaisse dans ce cas et généralement, on ne trouve que le Titre donné ci-dessus.

M. Dureau était Bibliothécaire de l'Académie de Médecine.

3442 DU RESNEL.— Recherches historiques sur les sorts appelés communément par les Payens : Sortes Homericae, Sortes Virgilianae, etc. et sur ceux qui parmi les Chrétiens ont été connus sous le nom de Sortes Sanctorum.

1753. in-4° 24 pages. Extrait (1 fr. 50).

(G-1339.

3443 DU RESPOUR. — Rares expériences sur l'Esprit minéral pour la préparation et transmutation des Corps métalliques, où est enseigné la manière de faire les agents nécessaires qui ont été jusques aujourd'hui cachés et inconnus au public ; avec la connaissance du mouvement général et particulier du monde élémentaire et de ce qui y est contenu.

Paris, E. Langlois et C. Barbin, 1668, in-8° (10 fr.).

[R. 48020

Tome I. seul paru.

Livre rare et curieux : il regarde surtout les opérations par le zinc. Divisé en 3 parties : 1° De la Nature en général 2° Des Agens métalliques ; 3° Le retour d'Hermès.

On attribue aussi à cet auteur les " CLII Alphorismes Chymiques ",...

Paris, L. d'Houry, 1692, in-12 de 33 pp.

[R. 20751

Voir : *MAUGIN de Richebourg*

3444 DURET (Clavde). Président à Moulins. — Thresor de l'Histoire des Langves de cest Vnivers... par M. Clavde DVRET, Bovrbonnois, Président à Moulins.

Imprimé à Cologny, par Matth. Berjon, Pour la Société Caldorienne, 1613, in-4° de 1030 p. pièces limin., tableaux et figures (40 fr.).

[X. 1511

Consacré en grande partie à la Kabbale.

Abraham kabbaliste. — Symbolisme des lettres. — Le mot Amen. — Anagrammes du nom de JEHOVAH. — Anges. écrivant selon les Kabbalistes. — Ordre des Anges selon les Thalmudistes. — Langage des Anges. — Esprits et intelligences Célestes. — Arbre de Vie. — Balaam, maitre enchanteur. — Boccace et ses Esprits. — Brevets magiques des Juifs. — La Kabbale et ses divisions. — La vraie et la fausse Kabbale.— Kabbale des Africains, Arabes, Tartares et Turcs. — Caractères de l'Ange Raphaël et des autres Anges. — Caractères d'Hénoch. — Chiffres du Grand et Petit Monde. — Cicéron et ses Esprits. — Les Cieux animés selon l'opinion des Rabbins. — La Divination et ses espèces. — Doctrine des Druides. — La Science des Egyptiens. — Les Esséniens. — Exercices kabbalistiques. — La Gématrie ; Gilgul ; Prononciation du Tétragramme. — Pic de la Mirandole et Reuchlin. — Livres d'Hénoch. — Différentes espèces de Magie. — Les Mécubalistes. — La Mercabah. — Le Médrash. — Puissance des mots. — Les Noms Divins. — Nombres Kabbalistiques — La Polygraphie. — Pythagore et ses Disciples. — Des Roues d'Ezéchiel. — La Stéganographie. — Les Thargumim. — Etc.

3445 DUREY (Dr Louis). — Etude sur l'Œuvre de Paracelse, médecin hermétiste, astrologue, alchimiste et sur quelques médecins hermétistes (Arnaud de Villeneuve, J. Cardan, Cornelius Agrippa). Thèse, par le docteur Louis DUREY.

Paris, Vigot frères. [1909]. in-8° de 157 p.

3446 DURGET (E.). — Calendrier républicain et maç∴, comparé au calendrier grégorien, 2-ème année (an 91 de la liberté. — an 5882-83 V∴ L∴. — Nomenclature des Loges des obédiences françaises.

Paris, in-18, S. D. [1882-83]. (3 fr.).

3447 DU ROSSET (Fr.). — Les Histoires Tragiques de notre Tems, par Fr. du ROSSET.

Rouen, 1700. in-8°

(S-9973)

3448 [DU ROURE (Auguste-François-Scipion de GRIMOARD BEAUVOIR, marquis)]. — Analecta biblion, ou Extraits critiques de divers Livres rares, oubliés, ou peu connus, tirés du Cabinet du Marquis D. R. [du ROURE].

Paris, Techener, 1830, 2 vol. in-8° de iij-470 et ij-470 p.

[Q. 3072-3

Cet ouvrage est une mine inépuisable de documents bibliographiques. Avec de très bonnes tables en tête de chaque volume, De Tribus Impostoribus (I-412). — La Vie et Faits notables de Henri de Valois (II-76). — Ses Sorcelleries (II-79) — l'Apocalypse de Méliton (II-285) — le comte de Gabalis (II-304) — le De Usu Flagrorum [de Meibomius], etc. (II-316) — Etc. Etc.

(Solar-3065)

3449 DUROY de BRUIGNAC (Alb.). — Satan et la Magie de nos jours, réflexions sur la magnétisme le spiritisme et la magie par Alb. DUROY de BRUIGNAC.

Paris, C. Blériot. 1864, in-8° XI-218 Pages.

[R. 34079

Témoignage de Satan dans le phénomènes du Mesmérisme.

(D. p. 176
(G-272 et 1777

3450 [DURVILLE (Docteur Gaston et Henri, fils du Magnétiseur Hector DURVILLE)]. — Revue du Psychisme Expérimental. Magnétisme. — Hypnotisme. — Suggestion. — Pyschologie. — Médiumnisme. — Mensuelle illustrée. Directeurs : Docteurs Gaston DURVILLE et Henri DURVILLE fils.

Paris, 30 *Bd de Strasbourg H. Durville fils*. (1er N°) Octobre 1910, in-8° de 48 p. au N°. fig. (10 fr. par an).

Revue fort intéressante, où collaborent MM. BOIRAC, recteur de l'Académie de Dijon. ; Jules BOIS ; les Drs BONNAYMÉ, Gérard BONNET, Desjardin de RÉGLA, FUGAIRON, MOUTIN ; l'Ingénieur A. VAN DER NAILLEN, d'Oakland (Californie) ; le Dr Julian OCHOROWICZ ; etc,

Les Trucs de la Prestidigitation. — Le Dr Comte de Sarak, pseudo-fakir dévoilé dans une Séance à l'Hôtel Continental. — Un coup d'œil sur la vie du pseudo-fakir '' Dr de SARAK '' (portrait). — Recherche de l'Hlwk Génératrice d'une Névrose dans le Somnambulisme Magnétique. — Le Docteur de l'homme dans l'Ancienne Égypte. — Antoine le Guérisseur. — Les Tribunaux : Affaire du Zouave Jacob. — Toujours à propos du Mage Prestidigitateur, Dr Comte de Sarak. — Un incident à la clinique du Magnétisme (Affaire Hector Durville). — Etc.

Voir aussi :
PSYCHOLOGIE EXPÉRIMENTALE (Congrès de).

DURVILLE (Marie-François Hector), né le 8 Avril 1849 à Pourrain (Yonne). Magnétiseur moderne. Directeur du "Journal du Magnétisme". — Almanach spirite et magnétique illustré pour 1893, publié par les soins de l'Union spiritualiste de Liège et de l'Institut magnétique de Paris : avec un calendrier éphéméride.

Paris, 1893, in-16 figures. (0 fr. 50).

3451 DURVILLE (Hector). — Arguments des médecins en faveur de la pratique du massage et du magnétisme, par les masseurs et les magnétiseurs (réponse des Doct. Daremberg, Desjardin de Régla, Pascal, Dupouy, Foveau de Courmelles, Moutin, etc.)

Paris, Lib. du Magnétisme, 1901, 4 fasc. in-16. (1 fr. 50).

[8° Te¹³. 214

3452 DURVILLE (Hector). — Bibliographie du Magnétisme et des Sciences Occultes.

Paris, Librairie du Magnétisme, 1895, in-16. 30 pp.

2 ex. [8° Q. Pièce. 010 et 956

3453 DURVILLE (Hector). — L'enseignement du magnétisme ; lettre préface du Dr Papus.

Paris, Libr. du Magnétisme, 1895 in-16 27 p. (0 fr. 25).

[8° Te¹⁴. 185

3454 DURVILLE (Hector). — Le Fantôme des Vivants, Anatomie et physiologie de l'âme. Recherches expérimentales sur le dédoublement du corps de l'homme.

Paris, Librairie du Magnétisme, Mai, 1909, in-8 de 356 pp. portr. et fig. (3 fr.).

[8° R. 22800

Ce nouvel ouvrage du professeur H. Durville expose fort bien la théorie du corps astral sous le nom de fantôme des vivants. Il fait entrevoir l'immortalité de l'âme de la façon la plus certaine. Dans la première partie, il retrace les faits de dédoublement tels qu'ils ont été constatés à différentes époques de l'histoire ; dans la seconde, il fait l'exposé de ses recherches expérimentales et de ses observations personnelles.

3455 DURVILLE (Hector). — Lois physiques du magnétisme. Polarité humaine. Traité expérimental et thérapeutique de magnétisme.

Paris, Librairie du Magnétisme, 1886, in-12 VIII-181 pp. (1 fr. 50).

[8° Th⁶⁵. 57
(G-610

3456 DURVILLE (Hector). — Le Magnétisme considéré comme agent lumineux.

Paris, Librairie du Magnétisme, 1896, in-18. Figures.

[8° Th⁶⁵. 301

Extrait du Traité expérimental de Magnétisme.

3457 DURVILLE (Hector). — Le magnétisme des animaux. Zoothérapie (Polarité des animaux morts et vivants. Zoothérapie. Biothérapie, etc..)

Paris, Librairie du Magnétisme, 1896, in-18. 48 pp. et fig. (0 fr. 50).

[8° Te¹³. 189

Extrait du «Traité expérimental du Magnétisme».

3458 DURVILLE (Hector). — Le Magnétisme humain considéré comme agent physique.

Paris, Libr. du Magnétisme. 1800 in-12, 30 pp. (o fr. 70).

[8° Th⁶⁵. 293

3459 DURVILLE (Hector). — Magnétisme personnel. Education de la Pensée. — Développement de la Volonté — Pour être heureux, fort, bien portant et réussir en tout.

Paris. Librairie du Magnétisme. 1906, in-12 de 262 pages, fig., pl., portraits. (7 fr.).

Le Magnétisme personnel est une véritable révélation. Il donne le secret de la Vaillance et du Courage, de la Force et de la Santé physique et morale, aussi bien que celui de la Réussite dans toutes les entreprises et l'art souverain de dominer son milieu et de rayonner son influence en amour, en affaires, dans les arts et la politique même. Ce merveilleux volume est le Secret de tous les Secrets, la Clef de la Magie et des Sciences Occultes.

Edition originale :

Ibid. Id. 1905, in-12 de 245 p. fig. pl. portr.

[8° R. 20250

3460 DURVILLE (Hector). — Le massage et le magnétisme menacés par les médecins ; le procès Moureux à Angers ; nécessité d'un amendement à la loi du 30 Nov. 1892, sur l'exercice de la médecine.

Paris, 1897, in-18 (o fr. 40).

3461 DURVILLE (Hector). — Le Massage et le magnétisme sous l'empire de la loi du 30 nov. 1892, sur l'exercice de la médecine. Règlement statutaire de l'Ecole pratique de Magnétisme et de Massage ; statuts du syndicat des Masseurs et Magnétiseurs de Paris.

Paris, 1894, in-18 (o fr. 40).

[8° T¹⁰. 422

3462 DURVILLE (Hector). — Pour combattre la peur, la crainte, l'anxiété, la timidité ; pour développer la volonté guérir ou soulager certaines maladies par la respiration profonde.

Paris, S. D. [1060,] in-16 (1 fr.).

[8° Te⁶⁵. 148

Ext. du Magnétisme Personnel

3463 DURVILLE (Hector). — Pour combattre la surdité, les bourdonnements, l'otite, etc... par le magnétisme).

Paris, S. D. in-12 de 34 pp. 5 figures.

3464 DURVILLE (Hector). — Pour combattre les maladies par l'application de l'aimant.

Paris. 1000, in-10. 10 fig. et 8 portraits.

3465 DURVILLE (Hector). — Pour combattre les maladies par suggestion et auto-suggestion, se débarrasser de ses mauvaises habitudes, prendre de l'Energie et de la Confiance en soi, dominer les autres, et éviter leurs suggestions.

Paris. (1000). in-10. (1 fr.).

[8° Te⁶⁵. 240

Ext. du Magnétisme Personnel.

3466 DURVILLE (Hector). — Processo Magnetico del Prof. H. Durville.

Roma, s. d. in-12. (3 fr. 50).

3467 DURVILLE (Hector). — Traité expérimental de Magnétisme avec Portrait de l'auteur et Figures dans le texte. Cours professé à l'Ecole pratique de Magnétisme et de Massage par H. DURVILLE. PHYSIQUE MAGNÉTIQUE.

Paris, Librairie du Magnétisme, 1895-1806. 2 vol. in-12 de 524 et 500 p. Figures. (4 fr.).

[8° Th⁶³ 57 B

L'Ouvrage du Professeur DURVILLE est complet en quatre volume qui ont paru et se sont vendus séparément. C'est ici la Première partie seule, en deux volume. L'Histoire et Philosophie du Magnétisme, par ROUXEL est de la même collection.

Historique de la Polarité. — Principes généraux du magnétisme. — La Polarité dans la Nature. — Magnétisme Humain. — Magnétisme dans l'Aimant. — Magnétisme de la Terre. — Magnétisme de l'Electricité. — Magnétisme de la Chaleur, de la Lumière, du Mouvement, des Actions Chimiques, des Animaux, des Végétaux, des Minéraux. — Lumière Magnétique.

3468 DURVILLE (Hector). — Traité Expérimental de Magnétisme, avec Figures dans le texte. Cours professé à l'école Pratique de Magnétisme et de Massage par Hector DURVILLE. — THÉORIES ET PROCÉDÉS.

Paris, Librairie du Magnétisme, 1808-1904. 2 vol. in-10 et 532 p. (6 fr.).

[8° Th⁰ˢ 57 bis

Cet ouvrage est le plus clair et le plus complet qui ait jamais été écrit sur la question ; il est enrichi de très jolies reproductions d'estampes anciennes et de nombreux portraits. L'auteur a condensé les théories des praticiens les plus autorisés. Théorie du fluide universel. La Poudre de Sympathie du chevalier Digby et la médecine transplantatoire. Marsile Ficin ; vapeurs ou esprits. Pomponace, l'enchantement. Agrippa, médecine occulte, propriétés occultes des corps. Paracelse, le microcosme, les influences astrales, l'envoûtement. Principes de Van Helmont, les archées et le ferment. Robert Fludd, théorie de la sympathie et de l'antipathie, le magnétisme. Maxwell. Newton. Mesmer. Puységur. Deleuze. Du Potet. Lafontaine. Théorie complète du magnétisme. Procédés diverses.

3469 DUSOLIER (Alcide - François - Alexis). — Nos gens de lettres, leur caractère et leurs œuvres.

Paris, M. Dreyfous, 1878, in-12, VIII-324 pp. (2 fr. 50).

[8° Li⁵ 368 A.

Sainte-Beuve. — Champfleury. — Gust. Flaubert. — Charles Baudelaire. — Le Satan des Fleurs du Mal. — Le mysticisme obscène. — Opium et haschich. — J. Barbey d'Aurevilly. — La possession diabolique, etc…

Paru en 1804 :

A. Faure, in-18 de XI-202 pp.

[8° Li⁵ 368

3470 DU SOUCY (François) Sieur de GERZAN. —

1) — De l'Air, du de l'étendue que Moyse appelle Chamaim ou Rachiac, par Fr. DU SOUCY.

Paris, 1652.

2) De l'Eau et de la Terre, qui fut le succès de la Troisième Journée de la première semaine de la Création du Monde.

3) Le grand et vrai Or Potable des Anciens Philosophes.

Paris, 1652.

4) Le Projet du Plan de la Création du Monde.

Paris, 1654. 4 ouv. in-4°

(S-3252 b

3471 DUSSAUD (le F.·.). — L.·. Alsace-Lorraine.Léon Gambetta. Conférence.

Paris, 1801, in-12, 24 pages. (1 fr. 50).

3472 [DUTENS (Louis)]. Philologue, Numismate, Historiographe du Roi d'Angleterre, né à Tours de parents calvinistes, en 1730, mort à Londres en 1812. Recteur d'Elson, en Northumberland. — Recherche sur l'origine des Découvertes attribuées aux Modernes, [par DU TEMS].

Paris, Vve Duchesne, 1766. 2 vol. in-8° de XLVIIJ-228 et 200 pp. (10 fr.).

[R. 54692-3

Origine des Découvertes attribuées aux Modernes. Où l'on démontre que nos plus célèbres philosophes ont puisé la plupart de leurs connaissances dans les ouvrages des Anciens et que plusieurs vérités importantes sur la religion ont été connues des Sages du Paganisme.

Londres, Spilsbury, 1796, in-4°. (15 fr.).

Troisième édition, considérablement augmentée de cet ouvrage fort recherché.

4e édition :

Paris, G. Dufour, 1812. 2 vol. in-8°.

[R. 34005-4
(S-3249
(G-1340 et 1778

DU THOCELLE (Louys). — Faute de copie ou d'impression du catalogue Sepher pour :

DU THOUM (Louys). Avocat de Bordeaux, q. v.

3473 DU THON (Mme Adèle). — Histoire de la Secte des Amis, suivie d'une Notice sur Madame Fry et la prison de Newgate.

Londres, Treuttel et Wurtz, 1821, in-8°, 248 pp. (7 fr.).

[H. 11401

Curieux et rare.

3474 DU THOUM (Louys). — Le Tremble-Terre ov sont contenvs ses causes, signes, effets et remèdes. Par Louys DU THOUM Docteur ès Droicts et Advocat en la Cour.

A Bourdeavx par Gilbert Vernoy, M. DC. XVI [1616], in-8°, 3 fol. 250 p. tit. encadré.

[R. 25850

Singulier ouvrage sur les Tremblements de Terre. — L'Etymologie du Tremble-Terre. — Sa description. — Ses causes en général. — Si Dieu est la première. — Si les trois plus hautes planettes. — Si la Terre. — Si le Feu. — Si l'Eau. — Si le vent. — Ses espèces. — Ses Signes. — Ses présages. — Ses Remèdes Naturels. — Etc.

(S-3203

3475 DUTILLIOT. — Mémoires pour servir à l'Histoire de la Fête des Foux qui se faisait autrefois dans plusieurs Eglises par [DUTILLIOT J.-Ben. LUCOTTE].

Lausanne et Genève, M-M. Bousquet, 1741. VI-112 pp. et Planches.

[4e Li19 23

La seconde partie renferme des détails intéressants sur la Confrérie de la « Mere-Folle » de Dijon, instituée vers 1831, et supprimée sous Louis XIII.

(St-Y-2847

3476 DUTOIT-MEMBRINI (Marc-Philippe), pasteur protestant.

De l'Onanisme, par M. DU TROIS-MEMBRINI (sic).

Lausanne, impr. de J. Chapuis, 1790, in-12, 185 pp.

[8° Td19 1. Z. j.
(S-3300 b.

3477 [DUTOIT MAMBRINI (Marc Philippe)]. — De l'origine, des usages, des abus, des quantités et des mélanges de la raison et de la foi. De l'évidence morale ; causes de son peu d'effet. Objections des incrédules réfutées. Des cieux purs et des impurs. De l'esprit astral. Des 5 espèces de magie. De l'immortalité de l'esprit. De la puissance du prince de l'air. Du magnétisme et du somnambulisme. Prophéties et prodiges des payens. Des sages d'entre eux. Des trois Révélations. De la croix, loi universelle. De Mahomet. Des passions. De l'amour-propre. De la sensibilité. Des Inspirés et des Illuminés modernes, de tous les degrés. Des sens mystiques. Chronologies Egyptiennes éclaircies. Des Moraves, Piétistes, Anabaptistes et autres. Du Serment, etc. (par Marc Philippe DUTOIT-MAMBRINI, pasteur protestant).

Paris, libr. associés ; se trouve à Lausanne, Henri Vincent, 1790, 2 vol. in-8° de XII-340, et IV-348 pp.

Nous ne savons sur quelles autorités se base Klosz, nos 718 et 3268, pour donner cet ouvrage à Henri Durand, ministre protestant à Lausanne. Il n'a pas connu, puisqu'il ne la cite pas, la nouvelle édition intitulée : la Philosophie divine appliquée aux lumières naturelles, magique, astrale, surnaturelle, céleste et divine, ou aux immuables vérités que Dieu

a révélées...; par Keleph Ben Nathan...,
S. l. ni adr. 1793, 3 vol. in-8° de XVI-
364, et IV-280-61 pp.

[R. 12673-5

La note de Quérard . Supercheries
(II, 327, n° 3440) est peu exacte et peu
intelligible.

(O-136

3478 [DUTOIT MAMBRINI (M. P.)].—
De l'origine, des usages, des abus,
des quantités et des mélanges de la
raison et de la foi... (par M. Ph. Du-
TOIT MAMBRINI).

Paris, 1790, 2 vol. in-8°.

(O-439

3479 DUTOIT-MAMBRINI (M. P.).
La philosophie chrétienne exposée,
éclaircie, démontrée et appuyée sur
l'immuable baze (sic) de la révélation ; ou la véritable religion pratique expliquée et rendue à sa pureté
primitive.

S. l., 1800, 4 vol. in-8°. (22 fr.).

[D² 10956

Ouvrage posthume fort peu commun
du célèbre pasteur protestant Dutoit
Mambrini, disciple de Mme Guyon et
d'Antoinette Bourignon, et qui forme la
suite de la *Philosophie divine* qu'écrivit
ce même auteur sous le pseudonyme de
Keleph Ben Nathan. Publié par Daniel
Petillet, son domestique, et orné d'un
frontispice symbolique gravé par Wexel-
berg.

(G-1341

3480 DUTOIT-MAMBRINI (M. P.). —
La philosophie divine, appliquée aux
lumières naturelle, magique, astrale, surnaturelle, céleste et divine, ou
aux immuables vérités que Dieu a
révélées de lui-même et de ses œuvres, dans le triple Miroir analogique
de l'univers, de l'homme et de la
Révélation écrite. Par KELEPH BEN
NATHAN...

S. l., 1793, 3 vol. in-8° (20 fr.).

[R. 12673-5

C'est le même ouvrage que le N°
3477, précédent.

Ouvrage recherché, suivi d'une plaquette du même auteur intitulé : « Les
trois caractères primitifs des hommes, ou
les portraits du froid, du bouillant et du
tiède. » L'auteur étudie le maniement de
la lumière Astrale, et en révèle le côté
périlleux. L'ouvrage renferme une longue
lettre de St-Martin sur le Magnétisme et
ses dangers, lettre inconnue du plus
grand nombre des disciples du grand
théosophe.

(G-275 et 638

3481 DUTOIT-MAMBRINI (M. P.). —
La science du Christ et de l'homme,
ou la vraie philosophie appliquée aux
vérités immuables dont l'homme,
l'univers et la révélation présentent
le tableau : ouvrage où l'on indique
par occasion la source du magnétisme, du somnambulisme et des différentes sortes d'illuminisme.

S. l., 1810, 3 vol. in-8°. (22 fr.).

(G-276

3482 [DUTOIT MAMBRINI (M. P.)].—
Les Trois caractères primitifs des
hommes, ou les portraits du froid,
du bouillant et du tiède [par M. P.
DUTOIT-MAMBRINI].

S. l., s. adr. ni date (Moscou ?).
[vers 1790], gr. in-8° de 65 pp.
(4 fr.).

Réimpression faite en Russie, vers le
commencement du 19° siècle.

L'auteur (p. 35-6) dit en note : « On
peut voir là-dessus mon ouvrage la Philosophie Divine, et plus précisément mon
Traité sur la Grâce, la Prédestination, la
liberté de l'homme qui en fait le tome
III. » Les Trois' caractères... ne se trouvent pas dans l'édition de 1790, mais ils
se trouvent dans celle de 1793, tome III,
où ils forment l'appendice de 61 pp.

(O-137

3483 DUTOUR. — Recherches sur les
différens Mouvemens de la Matière
Electrique.

Paris, 1740, in-18, 4 Pl. (4 fr.).

Sc. psych. — T. I. — 34.

3484 DU TRIEZ (Robert). — Les ruses, finesses et impostures des Esprits malins. Œuvre fort vtile et delectable pour vn chacun à cause de la variété des choses estranges contenu en iceluy ; mis en lumière par Robert Du Triez, de Lille en Flandres.

Cambray, Nicolas Lombart, 1563, pet. in-4º de 92 ff. chiffrés. (50 fr.).
[Rés. R. 1353
(S — 3152

Ouvrage rarissime.

3485 [DU VAIR (Guillaume)]. Garde des Sceaux, né à Paris en 1556, mort à Tonneins en 1621. — La Saincte philosophie, avec plvsievrs traitez de pieté et autres traictez.

A Chaalons, par Claude Guyot, 1603, pet in-12 (4 fr.).

C'est dans la Philosophie morale des Stoïques de Guillaume Du Vair que Pierre Charron puisa les pensées les plus remarquables des livres I et II de son Traité de la Sagesse.

Autre :

Rouen, A. Malassis, 1603, 6 parties, in-12.
[D. 33377

3486 DUVAL (Jacques). Sieur d'Ectomare et du Houvel. — Des Hermaphrodits, Accouchemens des femmes, où sont expliqués la figure des laboureurs, et verger du genre humain ; signes de pucelage, défloration, conception, etc. par Mr J. Duval.

Rouen, impr. de D. Geuffroy, 1612, in-8º, 447 pp., pièces limin. et tab. portr. fig. (18 fr.).
[Rés. Tb¹³. 8

Autre edit. :

Paris, Liseux, 1880, pet. in-8º.
[8º Tb¹³. 8. A
(S-3286

DUVAL (Paul Alexandre Martin), né à Fécamp le 9 Août 1855, mort à Paris le 30 Juin 1906. Remarquable littérateur contemporain ; connu presque uniquement sous son pseudonyme de Jean Lorrain. Voir, pour sa biographie détaillée, l'ouvrage de Normandy (Georges) : Jean Lorrain, 1855-1906.

(*Paris, Bibliothèque générale d'édition*, 1907, in-12).

3487 [DUVAL.(Paul Alexandre Martin)]. Jean Lorrain. — Un Démoniaque ; Espagnes ; Histoires du bord de l'eau.

Paris, E. Dentu, 1895, in-18, 358 pp.
[8º Y². 49583

Edition originale. — Suite d'histoires extraordinaires, contées de façon banale.

3488 [DUVAL (Paul)]. — Jean Lorrain — La Mandragore — Trente trois illustrations de Marcel Pille, gravées par Deloche, Florian..[Epigraphe] KTHMA ES AEI.

Paris, Ed. Pelletan, 1899, in-8º de 62 p.
[Réserve p. Y². 311

Tiré à 193 exemplaires tous numérotés. Conte de Sorcellerie fort intéressant.

3489 DU VERDIER (Antoine) seigneur de Vauprivas, bibliographe et littérateur né à Montbrison (Forez) en 1544, mort à Duerne en 1600. — Les Diverses Leçons d'Antoine du Verdier, suivant celles de Pierre Messie.

Tournon, C. Michel, 1610, in-8º, pièces limin. 611 pp. et table portr. de l'aut.
[Z. 32337
(S-6969
(G-1610

3490 DU VERDIER (Antoine). — Les Images des Dieux, traduit de l'Italien de Vinc. Cartari, par Antoine du Verdier.

Lyon, 1624, 2 part. in-8º. Figures.
[J. 25128-9
(S-3984

3490 bis DU VIGNOIS (Elisée). — Notre histoire à l'avance racontée par Nostradamus. Interprétation de la lettre à Henri II, des Centuries et des Présages pour les faits accomplis depuis l'année 1555 jusqu'à nos jours.

Paris, A. Leclerc, 1910, in-8° de 10 pp.

[8° Lb⁵⁷. 15145

3491 DU VIVIER (Dr E.). — De la mélancolie.

Paris, V. Masson et fils, 1864, in-18, 251 pp. (2 fr 50).

[8° Td⁸⁶. 260

Spleen, nostalgie, érotomanie, mélancolie religieuse, etc...

3492 DUZ (Doct. M.). — Compendium de médecine synthétique ou homœopathique spécifique.

Paris, 1905, in-16 (2 fr.).

Autre édit.

Paris, Pharm. homœop. centrale, 21 Bd Haussmann, 1897, in-16 de VII-120 p.

[8° Te¹³⁰. 317

Ouvrage consciencieux et recherché. Traitement médical basé sur les tempéraments et sur les influences astrologiques. Aphorismes. — Données astrologiques. — Empirisme. — Charlatans. — Physiognomonie. — Influence des planètes. — Loi du quaternaire. — Tempéraments. etc...

3493 DUZ (Dr M.). — Traité pratique de médecine Astrale et de thérapeutique, permettant à chacun de connaitre ses prédispositions morbides et de leur opposer les moyens thérapeutiques les plus appropriés.

Paris, "La Médecine Pratique"; Bâle et Genève, Georg, [1910], in-18, 180 pp. figures (5 fr.).

[8° Te¹³⁰. 47

Le seul traité paru jusqu'à ce jour sur cette matière.

Des corps célestes et de leurs influences. — Des Airs, des Eaux, des Lieux. — De la Synthèse Physiologique. — De la Synthèse des Tempéraments et des Constitutions. — De l'Homologie Anatomique. — Des Synthèses thérapeutique et diététique. — De la Pathologie Astrale et des Jours Critiques. — De la Pratique Astrale. — Etc.

3494 DUZ (Doc. M.). — Zodiologie médicale, ou Etude des tempéraments individuels et de Thérapeutique appliquée.

Paris, Lucien Bodin, s. d. [1905] (Dédicace datée), in-18 de 116 p. et errata, 2 tableaux et fig.

[8° Te¹³⁰. 44

C'est la première fois que les données de la Science Astrale ont été résumées en un corps de volume pour les choses de la Médecine pratique. L'auteur s'est appliqué à tirer d'un thème astral une base fixe, pour arriver à établir la série des moyens thérapeutiques adaptables à chaque tempérament. La Posologie, l'Hygiène, l'Anatomie homologique, les Localisations cérébrales, les Indications pratiques de l'étude de certains signes, y sont développés d'une manière simple et essentiellement pratique. Plus on l'étudiera, plus on y trouvera de choses utiles. En somme, c'est un multum in parvo tout plein d'originalité et d'inédit.

FIN DU TOME PREMIER

25	17	9
5	13	5
16	19	10

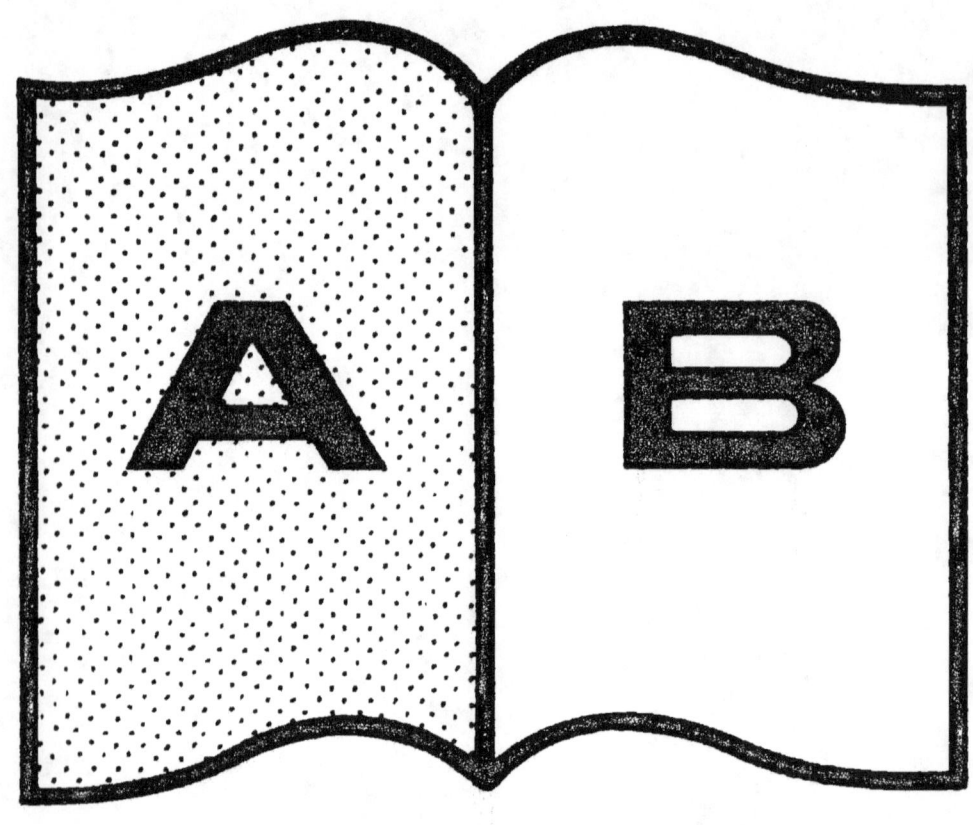

Contraste insuffisant

NF Z 43-120-14

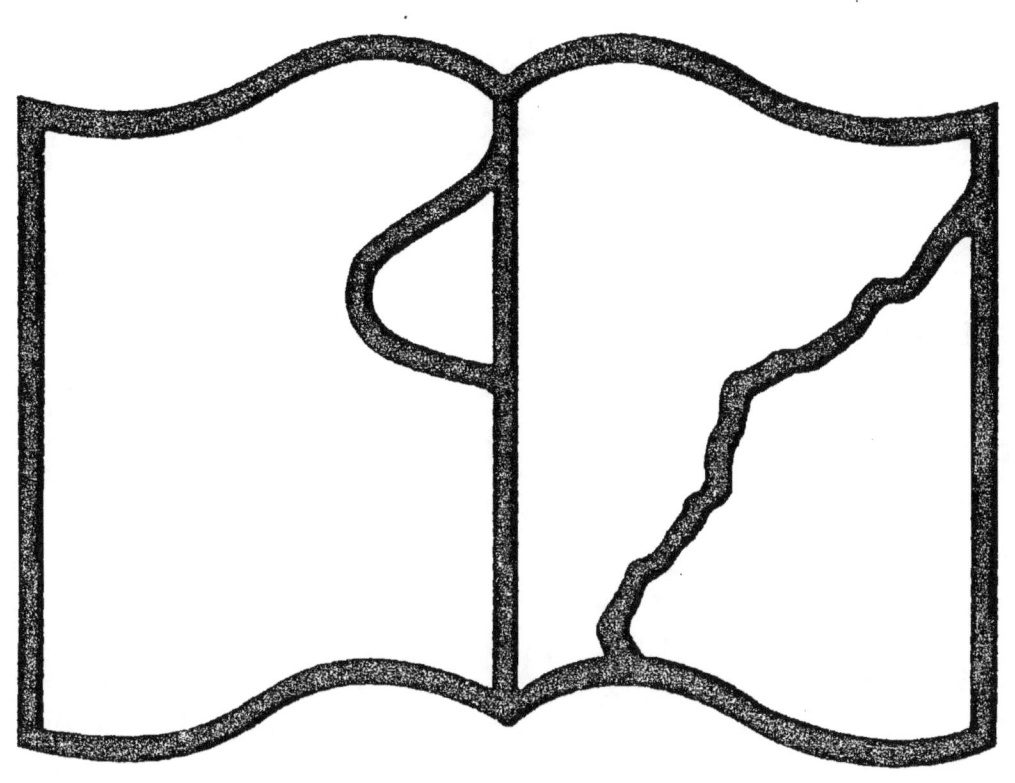

Texte détérioré — reliure défectueuse

NF Z 43-120-11

www.ingramcontent.com/pod-product-compliance
Lightning Source LLC
Chambersburg PA
CBHW060303230426
43663CB00009B/1568